BEN SCHLOBSNER

Die Berücksichtigung des Börsenkurses bei der Unternehmensbewertung

Schriften zum Wirtschaftsrecht

Band 381

Die Berücksichtigung des Börsenkurses bei der Unternehmensbewertung

Von

Ben Schlobsner

Duncker & Humblot · Berlin

Der Fachbereich Rechtswissenschaft der Universität Hamburg
hat diese Arbeit im Jahre 2025 als Dissertation angenommen.

Bibliografische Information der Deutschen Nationalbibliothek

Die Deutsche Nationalbibliothek verzeichnet diese Publikation in
der Deutschen Nationalbibliografie; detaillierte bibliografische Daten
sind im Internet über http://dnb.d-nb.de abrufbar.

Erschienen bei Duncker & Humblot GmbH, Berlin
Satz: 3w+p GmbH, Rimpar
Druck: Beltz Grafische Betrieb, Bad Langensalza

ISSN 0582-026X
ISBN 978-3-428-19726-2 (Print)
ISBN 978-3-428-59726-0 (E-Book)
DOI 10.3790/978-3-428-59726-0

Gedruckt auf alterungsbeständigem (säurefreiem) Papier
entsprechend ISO 9706 ♾

Verlagsanschrift: Duncker & Humblot GmbH, Carl-Heinrich-Becker-Weg 9,
12165 Berlin, Germany | E-Mail: info@duncker-humblot.de
Internet: https://www.duncker-humblot.de

Meinen Eltern

Vorwort

Kann man auf den Börsenkurs als Bewertungsgrundlage abstellen? An dieser auf den ersten Blick einfachen Frage hat sich ein Streit entzündet, der schon seit langem wütet. Wurde der Börsenkurs ursprünglich noch gänzlich abgelehnt, gewann er im Laufe Jahre an Popularität. Gerade in letzter Zeit wollen der Gesetzgeber und die Rechtsprechung ihn als alleinige Bewertungsmethode heranziehen, was vom juristischen Schrifttum weitestgehend bejubelt wird. Dabei wird von aussagefähigen Börsenkursen auf einem effizienten Markt ausgegangen. Aber ist dem wirklich so? Welche Aussagekraft hat der Börsenkurs und kann er eventuell unter weiteren Modifikationen als allein maßgeblicher Bewertungsmaßstab gereichen?

In der vorliegenden Schrift befasse ich mich mit diesen Fragen und der höchst umstrittenen Problematik der Berücksichtigung des Börsenkurses bei der Unternehmensbewertung. Es galt, die vielfach von Unkenntnis und wirtschaftlichen Interessen geleitete Diskussion aus wissenschaftlicher Sicht unter Berücksichtigung der Psychologie, Neurologie, Ökonomie und Wirtschaftsmathematik zu untersuchen. Meine Veröffentlichung sei allen ans Herz gelegt, die über den juristischen Tellerrand hinausblicken und jenseits vermeintlich feststehender herrschender Auffassungen nach Lösungen für Bewertungsproblematiken suchen wollen.

Diese Arbeit wurde im Sommersemester 2025 vom Promotionsausschuss der Fakultät für Rechtswissenschaft der Universität Hamburg als Dissertation angenommen. Rechtsprechung und Schrifttum bis August 2025 wurden berücksichtigt.

Zunächst möchte ich meinem Doktorvater, Herrn Prof. Dr. Heribert Hirte, für den stets bereichernden fachlichen Austausch danken. Durch seine Betreuung wurde es mir ermöglicht, die behandelte Thematik frei vom Einfluss jeglicher Interessengruppen auf Basis wissenschaftlicher Erkenntnisse zu analysieren.

Darüber hinaus sei noch meinen Freunden und all denen gedankt, die mit mir während der Dissertationszeit im fachlichen und beruflichen Austausch standen. Auch sie haben auf ihre Weise zu dieser Doktorarbeit beigetragen.

Vor allem aber ist meiner Familie für die Unterstützung zu danken. Mein größter Dank gilt meinen Eltern, Regina und Günther Schlobsner, die immer an mich geglaubt haben. Ihnen ist dieses Werk gewidmet, welches ohne ihre Zuversicht in mich nie entstanden wäre. Zudem bin ich Lilly und Frieda dafür dankbar, mir beigestanden zu haben.

Schwentinental, im Dezember 2025 *Ben Schlobsner*

Inhaltsverzeichnis

Einleitung und Vorgehen*

Unternehmensbewertungen können aus vielfältigen Anlässen erfolgen. Von besonderer Streitbarkeit erweist sich die Konstellation, in der eine Aktionärsgruppe gegen ihren Willen aus dem Unternehmen ausscheidet oder die grundlegende Veränderung eines Unternehmens hinzunehmen hat. Vor dem Hintergrund, dass die Höhe der Barabfindung oder die Ermittlung des Umtauschverhältnisses eines Aktientauschs von der Bewertung des Unternehmens abhängt, verwundert dies wenig. So wird die Entscheidung über eine Strukturmaßnahme durch die hiermit einhergehenden Kosten bedungen. Auch für die Aktionäre, deren Aktien betroffen sind, ist die Bewertung ihrer Beteiligung am Unternehmen maßgebend.

Die vorliegende Arbeit beschäftigt sich mit der Frage nach der Berücksichtigung des Börsenkurses bei der Unternehmensbewertung. Der Börsenkurs blickt auf eine bewegte Geschichte zurück. Stieß er anfangs noch auf gänzliche Ablehnung, so wurde ihm über die Jahre hinweg immer mehr Beachtung geschenkt. Dies fing mit der Berücksichtigung als Wertuntergrenze an und mündete in der heute immer mehr in den Vordergrund dringenden Alleinmaßgeblichkeit.

Vor diesem Hintergrund wird untersucht, ob und inwiefern der Börsenkurs bei der rechtlich veranlassten Unternehmensbewertung in dominierten Konfliktsituationen zu berücksichtigen ist.

Hierfür wird zunächst erörtert, welcher Wert gesucht ist. Dahingehend erfolgt eine nähere Untersuchung des Werts von Unternehmen und des Aktieneigentums. Im Rahmen dessen sind auch die konkreten relevanten Fälle zu beleuchten. Ferner werden die potenziellen Bewertungsverfahren und hierbei auch die Börsenkursmethode aufgezeigt.

Sodann ist die Kritik an der Berücksichtigung des Börsenkurses zu erörtern. Hierbei wird auch stets ein Vergleich mit der fundamentalen Unternehmensbewertung durch einen Sachverständigen als Alternativansatz gezogen.

Die Kritik entzündet sich zum einen am neoklassischen Kapitalmarktmodell und der Effizienzmarkthypothese. Besagtem Ansatz wird die *Behavioral Finance*, welche psychologische Aspekte in die Betrachtung der Märkte und ihrer Teilnehmer einfließen lässt, entgegengestellt. Auf Basis des aktuellen Forschungsstands soll die Aussagefähigkeit von Börsenkursen einer kritischen Überprüfung unterzogen werden.

---

* Zwecks der besseren Lesbarkeit wurden geschlechtsspezifische Differenzierungen vermieden. Soweit nur die weibliche oder männliche Form verwendet wird, bezieht sich dies auf alle Geschlechter.

Ferner wird auf den Vorwurf der Minderheitsabschläge im Börsenkurs eingegangen. Im Rahmen dessen ist das Konzept der Wertstufen bei Anteils- und Unternehmenswerten zu beleuchten. Auch werden die Börsenkurse aus konzeptioneller Sicht als Wert eines Minderheitsanteils näher untersucht.

Zudem soll die Problematik der Macht- und Informationsasymmetrie und deren Auswirkungen auf den Börsenkurs erläutert werden. In diesem Kontext ist sich der Möglichkeit opportunistischer Verhaltensweise sowie der *Lemon-Market*-Problematik anzunehmen. Hierbei wird auch auf eine mögliche systematische Unterbewertung an der Börse auf Basis der jüngeren Studienlage eingegangen.

Sodann wird ein Vergleich zwischen der Börsenkursmethode und dem fundamentalen Bewertungsansatz unter verfahrens- und gesamtökonomischen Gesichtspunkten vollzogen.

Im Anschluss ist zu untersuchen, ob und inwiefern sich der Börsenkurs mit Blick auf die geäußerte Kritik bereinigen lässt. Hierbei werden die vorgeschlagenen Ausnahmefälle und die Vorgaben zur Durchschnittskursbildung erörtert. Ferner sind weitere Bereinigungsansätze zu diskutieren. Letztlich gilt es, ein Lösungsmodell zu entwickeln und jenes einer ebenso kritischen Betrachtung zu unterziehen.

§ 1 Wertbegriffe und Fallgruppen

Zur Beantwortung der Frage nach der Berücksichtigung des Börsenkurses bei der Unternehmensbewertung ist zunächst zu klären, was genau unter dem Unternehmenswert zu verstehen ist. Hierfür sind die relevanten Fallgruppen näher zu beleuchten und in diesem Rahmen die Wertbegriffe zu erläutern. Sodann bedarf es einer Erörterung der potenziellen Bewertungsmethoden.

A. Unternehmenswert und Bewertungsvorgaben

Zunächst ist zu erörtern, was unter dem Wert eines Unternehmens begriffen wird und welche Vorgaben an dessen Ermittlung zu stellen sind. Dabei offenbart sich ein grundlegendes Problem: Der „eine" Unternehmenswert existiert nicht.

So stellt der Wert stets eine subjektbezogene Größe dar.[1] Es hängt immer von der einzelnen Person und den jeweiligen Umständen ab, welcher Wert einem Gegenstand beigemessen wird.[2] Zum Beispiel wird ein Verdurstender einem Schluck Wasser einen deutlich höheren Wert beimessen als andere, nicht durstige Personen.[3] Ebenso hat ein Unternehmen aus der Sicht eines langfristig orientierten Anlegers einen anderen Wert als in den Augen eines kurzfristig orientierten Anlegers. Die Bewertung eines Unternehmens durch das jeweilige Bewertungssubjekt hängt von dessen Einflussmöglichkeiten, Präferenzen und Investitionsalternativen ab.[4] Dass Aktiengesellschaften und ihre Wertpapiere von verschiedenen Marktteilnehmern unterschiedlich bewertet werden, zeigt schon der Umstand, dass ein Handel an der Börse stattfindet. Schließlich wird aufgrund der Tatsache, dass verschiedene Parteien dem Objekt einen unterschiedlichen Wert zumessen, ein Handel vollzogen.[5] Folglich werden Unternehmen aus der Perspektive verschiedener Bewertungssubjekte unterschiedlich bewertet. Einen objektiven, für jedermann gleichen Unter-

---

[1] *Adolff*, Unternehmensbewertung im Recht der börsennotierten Aktiengesellschaft, S. 1, 260; *Großfeld/Egger/Tönnes*, Recht der Unternehmensbewertung, S. 17 Rn. 72; *Großfeld*, JZ 1981, 641, 644.

[2] *Großfeld/Egger/Tönnes*, Recht der Unternehmensbewertung, S. 17 Rn. 72.

[3] Für ähnliche Beispiele siehe *Großfeld/Egger/Tönnes*, Recht der Unternehmensbewertung, S. 17 Rn. 72.

[4] *Adolff*, Unternehmensbewertung im Recht der börsennotierten Aktiengesellschaft, S. 1.

[5] *Großfeld/Egger/Tönnes*, Recht der Unternehmensbewertung, S. 17 Rn. 71; vgl. *Aders/Muxfeld*, CF 2021, 233, 236.

nehmenswert sucht man vergebens.[6] Vielmehr finden sich verschiedene subjektive Entscheidungswerte oder Grenzpreise, die vom jeweiligen Bewertungssubjekt abhängig sind.[7] Dennoch tendiert die Rechtsprechung zur Forderung nach einem objektiven Wert[8], was die Bewertungspraxis mit einer sog. objektivierten Unternehmensbewertung quittiert[9].

Darüber hinaus erfolgt die Unternehmenswertermittlung auf Basis einer bloßen Schätzung[10] und stellt aufgrund der ihr inhärenten Prognosen nur ein Vertretbarkeitsurteil und kein Richtigkeitsurteil dar[11]. Bei der Unternehmensbewertung wird vielmehr ein Kompromiss als ein allgemeingültiger wissenschaftlich bestimmbarer Wert gefunden.[12] Eine einzelne Methode, die zum einzigen richtigen Bewertungsergebnis führt, existiert ebenso wenig[13] wie ein mathematisch exakt ermittelbarer Unternehmenswert[14]. Dem stehen die Dynamik der Vorgänge innerhalb des Unternehmens und seines Marktumfelds[15] sowie die Ungewissheit zukünftiger Entwick-

---

[6] *Adolff*, Unternehmensbewertung im Recht der börsennotierten Aktiengesellschaft, S. 388; *Drukarczyk*, AG 1973, 357, 357; *Rathausky*, FB 2008, 114, 119; vgl. *Busse von Colbe*, ZGR 1994, 595, 607.

[7] *Adolff*, Unternehmensbewertung im Recht der börsennotierten Aktiengesellschaft, S. 388–389; *Komp*, Zweifelsfragen des aktienrechtlichen Abfindungsanspruchs nach §§ 305, 320b AktG, S. 250; *Matschke/Brösel*, Unternehmensbewertung, S. 52–53; ausführlich zu Grenzpreisen *Moxter*, Grundsätze ordnungsmäßiger Unternehmensbewertung, S. 5 § 1, S. 9–15 § 2.

[8] *Adolff*, Unternehmensbewertung im Recht der börsennotierten Aktiengesellschaft, S. 2–3; *Kuhner/Maltry*, Unternehmensbewertung, S. 63.

[9] *Adolff*, Unternehmensbewertung im Recht der börsennotierten Aktiengesellschaft, S. 3.

[10] BGH, Beschl. v. 29.09.2015 – II ZB 23/14 –, BGHZ 207, 114–135, Rn. 12; vgl. *Risse*, ZIP 2021, 2309, 2310.

[11] Bürgers/Körber/Lieder/*Ruiz de Vargas*, AktG, Anh. § 305 AktG Rn. 8; vgl. BVerfG, Nichtannahmebeschl. v. 24.05.2012 – 1 BvR 3221/10 –, BVerfGK 19, 415–424, Rn. 30; vgl. BGH, Beschl. v. 21.02.2023 – II ZB 12/21 –, BGHZ 236, 180–205, Rn. 17; vgl. BGH, Beschl. v. 15.09.2020 – II ZB 6/20 –, BGHZ 227, 137–154, Rn. 20.

[12] Vgl. *Großfeld/Egger/Tönnes*, Recht der Unternehmensbewertung, S. 10 Rn. 43.

[13] BGH, Beschl. v. 29.09.2015 – II ZB 23/14 –, BGHZ 207, 114–135, Rn. 36; vgl. Fleischer/Hüttemann/*Hüttemann*, RhB Unternehmensbewertung, § 1 Rn. 1.76; vgl. MüKo-AktG/*van Rossum*, § 305 AktG Rn. 86; vgl. *Risse*, ZIP 2021, 2309, 2310; vgl. *Schnorbus/Rauch/Grimm*, AG 2021, 391, 392 Rn. 4.

[14] Bürgers/Körber/Lieder/*Ruiz de Vargas*, AktG, Anh. § 305 AktG Rn. 8; *Risse*, ZIP 2021, 2309–2320, (2310, 2313); vgl. BVerfG, Nichtannahmebeschl. v. 24.05.2012 – 1 BvR 3221/10 –, BVerfGK 19, 415–424, Rn. 30; vgl. BGH, Beschl. v. 21.02.2023 – II ZB 12/21 –, BGHZ 236, 180–205, Rn. 17; vgl. BGH, Beschl. v. 15.09.2020 – II ZB 6/20 –, BGHZ 227, 137–154, Rn. 20; vgl. *Großfeld/Egger/Tönnes*, Recht der Unternehmensbewertung, S. 10 Rn. 42; vgl. *Schnorbus/Rauch/Grimm*, AG 2021, 391, 392 Rn. 4.

[15] *Risse*, ZIP 2021, 2309, 2310.

lungen[16] entgegen. Es lässt sich kein exakter wahrer Wert, sondern nur eine Bandbreite bestimmen.[17]

Letztlich kann nur ein Schätzwert ermittelt werden, der nie frei von jeglichem Subjektbezug ist. Vor diesem Hintergrund sind die Vorgaben an eine Unternehmensbewertung herauszuarbeiten.

Über die Zeit hinweg haben sich verschiedene Bewertungskonzepte herauskristallisiert[18], wobei für die hier untersuchte Problematik die Ansätze der funktionalen Unternehmensbewertung der deutschen Bewertungstheorie sowie der objektivierten Unternehmensbewertung der deutschen Bewertungspraxis auf der einen Seite und der angelsächsische Ansatz der marktorientierten Unternehmensbewertung auf der anderen Seite von Relevanz sind.

Gemäß der deutschen Bewertungstheorie[19] und -praxis[20] hängt der zu ermittelnde Unternehmenswert auch vom Zweck der Bewertung ab. Es bedarf des jeweils zweckadäquaten Unternehmenswerts.[21] Die Vorstellung eines rein objektiven, für

---

[16] Vgl. *Risse*, ZIP 2021, 2309, 2320; auf die Unsicherheit von in die Zukunft gerichteten Prognosen wird auch bei BGH, Beschl. v. 31.01.2024 – II ZB 5/22 = ZIP 2024, 1070, 1071 Rn. 24 hingewiesen.

[17] MüKo-AktG/*van Rossum*, § 305 AktG Rn. 86, 216; vgl. Fleischer/Hüttemann/*Hüttemann*, RhB Unternehmensbewertung, § 1 Rn. 1.76; vgl. *Schulte/Köller/Luksch*, WPg 2012, 380, 384.

[18] Zur historischen Entwicklung der Bewertungskonzeptionen siehe *Behringer*, Eine kurze Geschichte der Unternehmensbewertung, S. 12–17 sowie *Kuhner/Maltry*, Unternehmensbewertung, S. 57 Abb. 2.7.

[19] *Busse von Colbe*, ZGR 1994, 595, 597; *Großfeld*, JZ 1981, 641, 645; *Großfeld*, Unternehmens- und Anteilsbewertung im Gesellschaftsrecht, S. 25; *Matschke/Brösel*, Unternehmensbewertung, S. 22–24; *Moxter*, Grundsätze ordnungsmäßiger Unternehmensbewertung, S. 6 § 1; vgl. *Adolff*, Unternehmensbewertung im Recht der börsennotierten Aktiengesellschaft, S. 168 unter Bezugnahme auf die *Kölner Funktionslehre*; vgl. *Großfeld/Egger/Tönnes*, Recht der Unternehmensbewertung, S. 18 Rn. 78, wo von einer funktionalen Werttheorie die Rede ist; vgl. *Ruthardt*, Normzweckkonforme Unternehmensbewertung und Abfindungsbemessung beim aktienrechtlichen Squeeze Out, S. 32 bzgl. der Funktionenlehre und des Zweckadäquanzprinzips; vgl. *Stein*, Fundamentalanalyse und Börsenkurs als Grundlage richterlicher Schätzung bei der Ermittlung aktienrechtlicher Barabfindungen, S. 7, der die Unternehmensbewertung anlassbezogen betrachtet.

[20] IDW S 1 (2008), Rn. 17; vgl. *Adolff*, Unternehmensbewertung im Recht der börsennotierten Aktiengesellschaft, S. 178–179, der auf die Unterschiede zwischen der *Kölner Funktionslehre* und dem IDW S 1 hinweist; vgl. *Kuhner/Maltry*, Unternehmensbewertung, S. 71–73; vgl. *Matschke/Brösel*, Unternehmensbewertung, S. 22–23. Die Abweichungen zwischen der objektivierten Unternehmensbewertung der Bewertungspraxis und der funktionalen Unternehmensbewertung mit subjektivem Einschlag, wie sie von der deutschen Bewertungstheorie vertreten wird, sind in erster Linie für die Streitfrage zur Verbundberücksichtigung relevant. Jener wird eine separate Veröffentlichung gewidmet und in dieser Schrift nicht weiter erörtert.

[21] *Moxter*, Grundsätze ordnungsmäßiger Unternehmensbewertung, S. 6 § 1, der hierbei vom Zweckadäquanzprinzip spricht; vgl. *Adolff*, Unternehmensbewertung im Recht der bör-

jedermann gültigen Unternehmenswerts ist ebenso wenig zielführend wie eine allein auf subjektive Aspekte des konkreten Investors abstellende Bewertung.[22]

Hierbei lässt sich zwischen zwei grundlegenden Bewertungsanlässen unterscheiden. Zum einen können Unternehmensbewertungen zur Vorbereitung einer Anlageentscheidung erfolgen.[23] Im Rahmen dessen kommt es auf die Entscheidung einer einzelnen Person an[24], wobei der Bewerter in seiner Beraterfunktion auftritt und den sog. Grenzpreis bzw. Entscheidungswert jener ermittelt[25]. Andererseits finden auch Unternehmensbewertungen zur Bestimmung eines für mehrere Beteiligte verbindlichen Wertes statt.[26] In Abgrenzung zum erstgenannten Fall wird versucht, einen Ausgleich zwischen mindestens zwei Parteien zu finden.[27] Hierbei soll der Bewerter in seiner Vermittlerfunktion einen Einigungs-, Schieds- oder Arbitriumwert bestimmen.[28] Die zweite Konstellation betrifft die für diese Arbeit relevanten Fallgestaltungen.[29] So stehen sich hier die von der Maßnahme Betroffenen und der die Maßnahme Betreibende gegenüber, wobei eine Kompensation für Erstere ermittelt werden soll.

Weiterhin ist bei den Unternehmensbewertungen mit Vermittlungsfunktion zwischen dominierten und nicht dominierten Konfliktsituationen zu differenzie-

---

sennotierten Aktiengesellschaft, S. 168; vgl. *Ruthardt*, Normzweckkonforme Unternehmensbewertung und Abfindungsbemessung beim aktienrechtlichen Squeeze Out, S. 32.

[22] *Großfeld/Egger/Tönnes*, Recht der Unternehmensbewertung, S. 18 Rn. 77 bzgl. der objektiven und der subjektiven Werttheorie; vertiefend hierzu auch *Adolff*, Unternehmensbewertung im Recht der börsennotierten Aktiengesellschaft, S. 161–167 und *Matschke/Brösel*, Unternehmensbewertung, S. 14–21.

[23] *Großfeld*, JZ 1981, 641, 645; *Großfeld*, Unternehmens- und Anteilsbewertung im Gesellschaftsrecht, S. 25.

[24] *Großfeld*, JZ 1981, 641, 645; *Großfeld*, Unternehmens- und Anteilsbewertung im Gesellschaftsrecht, S. 25.

[25] *Adolff*, Unternehmensbewertung im Recht der börsennotierten Aktiengesellschaft, S. 171–172; *Busse von Colbe*, ZGR 1994, 595, 597–598; vgl. IDW S 1 (2008), Rn. 12; vgl. KK-AktG/*Koppensteiner*, § 305 AktG Rn. 63; vgl. *Ruthardt*, Normzweckkonforme Unternehmensbewertung und Abfindungsbemessung beim aktienrechtlichen Squeeze Out, S. 33.

[26] *Großfeld*, JZ 1981, 641, 645; *Großfeld*, Unternehmens- und Anteilsbewertung im Gesellschaftsrecht, S. 25.

[27] *Großfeld*, JZ 1981, 641, 645; *Großfeld*, Unternehmens- und Anteilsbewertung im Gesellschaftsrecht, S. 25; vgl. *Ruthardt*, Normzweckkonforme Unternehmensbewertung und Abfindungsbemessung beim aktienrechtlichen Squeeze Out, S. 33–34.

[28] *Adolff*, Unternehmensbewertung im Recht der börsennotierten Aktiengesellschaft, S. 172; *Busse von Colbe*, ZGR 1994, 595, 597–598; KK-AktG/*Koppensteiner*, § 305 AktG Rn. 63; vgl. IDW S 1 (2008), Rn. 12; vgl. *Ruthardt*, Normzweckkonforme Unternehmensbewertung und Abfindungsbemessung beim aktienrechtlichen Squeeze Out, S. 33.

[29] Jeweils bzgl. Abfindungen: *Großfeld*, JZ 1981, 641, 645; KK-AktG/*Koppensteiner*, § 305 AktG Rn. 63; *Ruthardt*, Normzweckkonforme Unternehmensbewertung und Abfindungsbemessung beim aktienrechtlichen Squeeze Out, S. 35; vgl. *Adolff*, Unternehmensbewertung im Recht der börsennotierten Aktiengesellschaft, S. 172; vgl. *Moxter*, Grundsätze ordnungsmäßiger Unternehmensbewertung, S. 22 § 3.

ren.[30] Von einer nicht dominierten Konfliktsituation wird dann gesprochen, wenn keine Konfliktpartei im Alleingang eine Veränderung der Eigentumsverhältnisse des zu bewertenden Unternehmens anstrengen kann.[31] Hierfür bedarf es der Zustimmung aller betroffenen Parteien.[32] Der ermittelte Unternehmenswert stellt in diesen Konstellationen einen bloßen Kompromissvorschlag dar.[33] Im Rahmen einer dominierten Konfliktsituation hingegen kann eine Veränderung der Eigentumsverhältnisse aufgrund faktischer oder rechtlicher Verhältnisse auch ohne die Zustimmung der dominierten Partei beschlossen werden.[34] Letztere unterliegt einem besonderen Schutzbedürfnis.[35] Bei den in dieser Arbeit untersuchten Fallgruppen handelt es sich um dominierte Konfliktsituationen.[36] Schließlich wird hierbei einer Partei aufgrund eines Mehrheitsbeschlusses bzw. der Entscheidung eines Mehrheitsaktionärs eine Veränderung ihres Aktieneigentums in Gestalt eines Verlusts oder einer Umgestaltung aufgezwungen.

Ferner können die Konfliktsituationen in die Typen „Kauf/Verkauf" und „Fusion/Spaltung" untergliedert werden.[37] In der Konstellation „Kauf/Verkauf" verliert eine Partei ihr Eigentum und erhält dafür eine Gegenleistung.[38] Zu diesem Konflikttyp zählen die Fälle der Barabfindung[39] und beispielsweise der Squeeze-out[40].

---

[30] *Matschke/Brösel*, Unternehmensbewertung, S. 88–89; *Ruthardt*, Normzweckkonforme Unternehmensbewertung und Abfindungsbemessung beim aktienrechtlichen Squeeze Out, S. 34; vgl. *Kuhner/Maltry*, Unternehmensbewertung, S. 8.

[31] *Matschke/Brösel*, Unternehmensbewertung, S. 93.

[32] *Adolff*, Unternehmensbewertung im Recht der börsennotierten Aktiengesellschaft, S. 172; vgl. *Ruthardt*, Normzweckkonforme Unternehmensbewertung und Abfindungsbemessung beim aktienrechtlichen Squeeze Out, S. 34.

[33] *Adolff*, Unternehmensbewertung im Recht der börsennotierten Aktiengesellschaft, S. 172; *Ruthardt*, Normzweckkonforme Unternehmensbewertung und Abfindungsbemessung beim aktienrechtlichen Squeeze Out, S. 34.

[34] *Adolff*, Unternehmensbewertung im Recht der börsennotierten Aktiengesellschaft, S. 172; *Ruthardt*, Normzweckkonforme Unternehmensbewertung und Abfindungsbemessung beim aktienrechtlichen Squeeze Out, S. 35; vgl. *Matschke/Brösel*, Unternehmensbewertung, S. 93–95 mit weiteren Differenzierungen innerhalb der Fallgruppe.

[35] *Ruthardt*, Normzweckkonforme Unternehmensbewertung und Abfindungsbemessung beim aktienrechtlichen Squeeze Out, S. 35.

[36] Vgl. *Adolff*, Unternehmensbewertung im Recht der börsennotierten Aktiengesellschaft, S. 172 bzgl. der Umtauschfälle und der Barabfindungsfälle mit Ausnahme des § 31 WpÜG; vgl. *Kuhner/Maltry*, Unternehmensbewertung, S. 9 Abb. 1.11, die hierbei die Fälle der Abfindungen in Bar und in Aktien sowie des angemessenen Ausgleichs, nicht aber des Umtauschs bei Verschmelzungen sowie Auf- und Abspaltungen anführen; vgl. *Matschke/Brösel*, Unternehmensbewertung, S. 95–100, 101 Abb. 31.

[37] *Matschke/Brösel*, Unternehmensbewertung, S. 90–91; vgl. *Adolff*, Unternehmensbewertung im Recht der börsennotierten Aktiengesellschaft, S. 174, wo die Spaltung nicht erwähnt wird.

[38] *Adolff*, Unternehmensbewertung im Recht der börsennotierten Aktiengesellschaft, S. 174; *Matschke/Brösel*, Unternehmensbewertung, S. 90.

[39] *Matschke/Brösel*, Unternehmensbewertung, S. 101 Abb. 31.

Dieser Typ entspricht der in dieser Arbeit als „Barabfindungsfälle“ kategorisierten Fallgruppe.[41] Beim Konflikttyp „Fusion/Spaltung“ wird keine Partei vom wirtschaftlichen Erfolg des Unternehmens abgeschnitten und es kommt zu keinem Eigentümerwechsel, wobei aber eine Veränderung innerhalb der Eigentumsverhältnisse eintritt.[42] So erhalten etwa bei einer Verschmelzung die Aktionäre der übertragenden Gesellschaft Aktien an der aufnehmenden Gesellschaft und verlieren ihre ursprünglichen Aktien, während die Aktionäre der aufnehmenden Gesellschaft die Erweiterung des Aktionärskreises hinzunehmen haben.[43] Beide Aktionärsgruppen haben dabei am wirtschaftlichen Erfolg des verschmolzenen Unternehmens teil und verlieren zugleich ihr Partizipationsrecht an ihrem jeweiligen Ursprungsunternehmen in seiner nicht verschmolzenen Form.[44] Ebenso sind die Fälle der Abfindung in Aktien unter diesen Typ einzuordnen.[45] Die hier als „Umtauschfälle“ bezeichnete Fallgruppe stimmt mit dem Konflikttyp „Fusion/Spaltung“ überein.[46]

Da in dominierten Konfliktsituationen oftmals eine kaum überschaubare Vielzahl von subjektiven Entscheidungswerten aufeinandertreffen, bedarf es einer Typisierung der Bewertungssubjekte zur Ermittlung eines Arbitriumwerts.[47] Schließlich steht einer streng subjektiven Wertermittlung ihre mangelnde Praktikabilität und Nachprüfbarkeit entgegen.[48] Stattdessen wird nicht auf individuelle Erwägungen und Umstände einzelner Personen, sondern auf typische oder durchschnittliche Wertelemente abgestellt.[49]

Einen Schritt weiter geht der in der Bewertungspraxis vertretene[50] und seitens der Bewertungstheorie kritisierte[51] Ansatz des objektivierten Unternehmenswerts.

---

[40] *Adolff*, Unternehmensbewertung im Recht der börsennotierten Aktiengesellschaft, S. 174; vgl. *Matschke/Brösel*, Unternehmensbewertung, S. 90.

[41] Siehe hierzu: § 1 B.I.

[42] Vgl. *Adolff*, Unternehmensbewertung im Recht der börsennotierten Aktiengesellschaft, S. 175; vgl. *Matschke/Brösel*, Unternehmensbewertung, S. 90.

[43] *Adolff*, Unternehmensbewertung im Recht der börsennotierten Aktiengesellschaft, S. 175.

[44] *Adolff*, Unternehmensbewertung im Recht der börsennotierten Aktiengesellschaft, S. 175–176.

[45] *Matschke/Brösel*, Unternehmensbewertung, S. 101 Abb. 31.

[46] Siehe hierzu: § 1 B.II.

[47] *Adolff*, Unternehmensbewertung im Recht der börsennotierten Aktiengesellschaft, S. 176–177; vgl. *Moxter*, Grundsätze ordnungsmäßiger Unternehmensbewertung, S. 25–26 § 4, der vom Typisierungsprinzip spricht; vgl. *Ruthardt*, Normzweckkonforme Unternehmensbewertung und Abfindungsbemessung beim aktienrechtlichen Squeeze Out, S. 37–38.

[48] *Ruthardt*, Normzweckkonforme Unternehmensbewertung und Abfindungsbemessung beim aktienrechtlichen Squeeze Out, S. 37–38.

[49] Vgl. *Ruthardt*, Normzweckkonforme Unternehmensbewertung und Abfindungsbemessung beim aktienrechtlichen Squeeze Out, S. 38.

[50] IDW S 1 (2008), Rn. 29; vgl. *Großfeld/Egger/Tönnes*, Recht der Unternehmensbewertung, S. 21 Rn. 89; vgl. *Matschke/Brösel*, Unternehmensbewertung, S. 54–56.

Hierbei wird versucht, einen Wert auf möglichst objektiver und neutraler Basis zu ermitteln.[52] Mittels einer Objektivierung sollen Ermessensspielräume des Bewertenden beschränkt werden.[53] Letztlich erfolgt auf diesem Wege eine Typisierung durch Modellannahmen, wobei sich in Richtung eines Typisierungsobjektivismus bewegt wird.[54] Auf Objektivierungen kann aber auch bei gewissen Teilbereichen der Unternehmensbewertung, wie etwa der Bestimmung der Kapitalkosten anhand von Marktdaten, zurückgegriffen werden.[55]

Letztlich bedient sich sowohl der bewertungstheoretische Ansatz der funktionalen Unternehmensbewertung als auch der von der Bewertungspraxis unternommene Versuch einer Ermittlung objektivierter Unternehmenswerte individualistischer Typisierungsmodelle.[56] Sie unterscheiden sich hinsichtlich ihres Abstrahierungsgrades.[57] Demgemäß wird auf Modellsubjekte abgestellt, wobei sich die Bewertung weiterhin an der durch den Bewertungszweck vorgegebenen Subjekt-Objekt-Beziehung orientiert.[58]

Dabei wird die Typisierung durch normative Aspekte geprägt.[59] So ist etwa beim Squeeze-out vorgesehen, dass sämtlichen ausscheidenden Minderheitsaktionären dieselbe Abfindung zu gewähren ist.[60]

---

[51] *Böcking*, FS Moxter (1994), S. 1407, 1417; *Busse von Colbe*, ZGR 1994, 595, 601; *Matschke/Brösel*, Unternehmensbewertung, S. 57–58, 786.

[52] *Adolff*, Unternehmensbewertung im Recht der börsennotierten Aktiengesellschaft, S. 179; vgl. *Große-Frericks*, Die Angemessenheit des Entgelts für die Übertragung von Eigentumsrechten als Problem rechtsgeprägter Unternehmensbewertung, S. 359–360.

[53] *Große-Frericks*, Die Angemessenheit des Entgelts für die Übertragung von Eigentumsrechten als Problem rechtsgeprägter Unternehmensbewertung, S. 358; *Moxter*, Grundsätze ordnungsmäßiger Unternehmensbewertung, S. 26 § 4; *Ruthardt*, Normzweckkonforme Unternehmensbewertung und Abfindungsbemessung beim aktienrechtlichen Squeeze Out, S. 39.

[54] Vgl. *Adolff*, Unternehmensbewertung im Recht der börsennotierten Aktiengesellschaft, S. 179–180.

[55] Vgl. *Große-Frericks*, Die Angemessenheit des Entgelts für die Übertragung von Eigentumsrechten als Problem rechtsgeprägter Unternehmensbewertung, S. 359, die derartigen Objektivierungen aber mit Vorsicht begegnen will.

[56] Vgl. *Adolff*, Unternehmensbewertung im Recht der börsennotierten Aktiengesellschaft, S. 261–262.

[57] Vgl. *Adolff*, Unternehmensbewertung im Recht der börsennotierten Aktiengesellschaft, S. 262.

[58] *Adolff*, Unternehmensbewertung im Recht der börsennotierten Aktiengesellschaft, S. 261.

[59] *Adolff*, Unternehmensbewertung im Recht der börsennotierten Aktiengesellschaft, S. 4, 177–178, 183; *Großfeld*, Unternehmens- und Anteilsbewertung im Gesellschaftsrecht, S. 29–30; vgl. *Große-Frericks*, Die Angemessenheit des Entgelts für die Übertragung von Eigentumsrechten als Problem rechtsgeprägter Unternehmensbewertung, S. 355–357.

[60] *Adolff*, Unternehmensbewertung im Recht der börsennotierten Aktiengesellschaft, S. 177; *Große-Frericks*, Die Angemessenheit des Entgelts für die Übertragung von Eigentumsrechten als Problem rechtsgeprägter Unternehmensbewertung, S. 357.

Zuvörderst wird eine rechtlich angeordnete Unternehmensbewertung durch die entsprechenden rechtlichen Vorgaben bestimmt.[61] Denklogisch muss ein rechtlich legitimierter Vorgang den Anforderungen des Rechts genügen. Diesbezüglich kann von einem Normwert[62], einer Normprägung[63] oder einer normzweckadäquaten Unternehmensbewertung[64] gesprochen werden. Hierfür ist zunächst der Gesetzestext der konkreten Norm zu berücksichtigen, wobei in der Mehrzahl der in dieser Arbeit zu untersuchenden Fällen lediglich eine Angemessenheit der Barabfindung bzw. des Umtauschverhältnisses gefordert wird, weshalb eine verfassungsrechtliche Betrachtung naheliegt.[65]

Insgesamt haben rechtliche Gesichtspunkte stark an Bedeutung gewonnen.[66] Gemäß dem *Stinnes*-Beschluss des BGH von 2015 und einem bestätigenden Beschluss aus dem Folgejahr stellt die Frage nach der geeigneten Bewertungsmethode eine Tatfrage dar, die sich anhand der wirtschaftswissenschaftlichen oder betriebswirtschaftlichen Bewertungstheorie und Bewertungspraxis beurteilt.[67] Weder das einfache Gesetz noch das Grundgesetz sehen vor, nach welcher Methode der Unternehmenswert zu schätzen ist.[68] Allerdings ist die Frage, ob die gewählte Bewertungsmethode oder ein innerhalb der Bewertungsmethode gewähltes Berechnungsverfahren den Bewertungszielen des Gesetzes entspricht, ihm zufolge als

---

[61] *Fleischer*, ZGR 1997, 368, 375; *Großfeld*, Unternehmens- und Anteilsbewertung im Gesellschaftsrecht, S. 27; vgl. *Adolff*, Unternehmensbewertung im Recht der börsennotierten Aktiengesellschaft, S. 4–5; vgl. *Große-Frericks*, Die Angemessenheit des Entgelts für die Übertragung von Eigentumsrechten als Problem rechtsgeprägter Unternehmensbewertung, S. 356.

[62] *Adolff*, Unternehmensbewertung im Recht der börsennotierten Aktiengesellschaft, S. 4; *Große-Frericks*, Die Angemessenheit des Entgelts für die Übertragung von Eigentumsrechten als Problem rechtsgeprägter Unternehmensbewertung, S. 356; *Großfeld/Egger/Tönnes*, Recht der Unternehmensbewertung, S. 19 Rn. 79; *Großfeld*, Unternehmens- und Anteilsbewertung im Gesellschaftsrecht, S. 27.

[63] *Fleischer*, ZGR 1997, 368, 375.

[64] *Ruthardt*, Normzweckkonforme Unternehmensbewertung und Abfindungsbemessung beim aktienrechtlichen Squeeze Out, S. 115–117 mit einer Auflistung der aus seiner Sicht bestehenden Vorgaben an die Abfindung beim aktienrechtlichen Squeeze-out; vgl. *Fleischer*, AG 2016, 185, 190.

[65] Vgl. *Adolff*, Unternehmensbewertung im Recht der börsennotierten Aktiengesellschaft, S. 5. Zu den konkreten Fällen siehe: § 1 B.I.3. und § 1 B.II.3.

[66] Fleischer/Hüttemann/*Hüttemann*, RhB Unternehmensbewertung, § 1 Rn. 1.8, der auf die Rechtsprechungsentwicklung der letzten Jahrzehnte hinweist.

[67] BGH, Beschl. v. 12.01.2016 – II ZB 25/14 –, BGHZ 208, 265–278, Rn. 14; BGH, Beschl. v. 29.09.2015 – II ZB 23/14 –, BGHZ 207, 114–135, Rn. 12; *Fleischer*, AG 2016, 185, 189; vgl. Bürgers/Körber/Lieder/*Ruiz de Vargas*, AktG, Anh. § 305 AktG Rn. 7; vgl. *Großfeld/Egger/Tönnes*, Recht der Unternehmensbewertung, S. 1–2 Rn. 5. So jüngst auch BGH, Beschl. v. 31.01.2024 – II ZB 5/22 = ZIP 2024, 1070, 1071 Rn. 22.

[68] BGH, Beschl. v. 29.09.2015 – II ZB 23/1 4 –, BGHZ 207, 114–135, Rn. 12. In diese Richtung weist auch BGH, Beschl. v. 31.01.2024 – II ZB 5/22 = ZIP 2024, 1070, 1071 Rn. 24.

Rechtsfrage zu klassifizieren.[69] Auch sollte in der Frage der Angemessenheit einer Abfindung eine Rechtsfrage erblickt werden.[70] Mithin müssen Rechts- und Wirtschaftswissenschaftler die Problematik der rechtlich veranlassten Unternehmensbewertung gemeinsam angehen[71], wobei das Recht die Zielvorgaben festsetzt[72].

Anders als die deutsche Bewertungslehre stellt die aus dem angelsächsischen Raum stammende marktorientierte Bewertung nicht auf die subjektabhängigen Werte (typisierter) Individuen, sondern auf neoklassische Kapitalmarktmodelle ab.[73] Hierbei wird das Unternehmen aus der Perspektive des Kapitalmarkts bewertet.[74] Eine Ausformung dieser Sichtweise stellt die Berücksichtigung des Börsenkurses des Unternehmens[75] und damit das zentrale Thema dieser Arbeit dar. Auch beim angelsächsischen Ansatz wird nicht bestritten, dass es keinen vollständig objektiven Unternehmenswert ohne jeglichen Subjektbezug gibt und dass die geeignete Bewertungsmethode vom jeweiligen Bewertungszweck abhängt.[76] Man rekurriert auf marktorientierte Typisierungsmodelle, bei denen als Modellsubjekte Anleger herhalten, die auf dem neoklassischen Idealbild entsprechenden Märkten handeln und eine perfekt diversifizierte Portfoliobildung vollziehen.[77] Durch die Marktorientierung wird sich der Vorstellung eines Wertobjektivismus angenähert.[78] Eine solche Bewertung könnte jedenfalls unter idealen Marktbedingungen[79] den

---

[69] BGH, Beschl. v. 12.01.2016 – II ZB 25/14 –, BGHZ 208, 265–278, Rn. 14; BGH, Beschl. v. 29.09.2015 – II ZB 23/14 –, BGHZ 207, 114–135, Rn. 12; Bürgers/Körber/Lieder/*Ruiz de Vargas*, AktG, Anh. § 305 AktG Rn. 7; *Fleischer*, AG 2016, 185, 189; Fleischer/Hüttemann/*Hüttemann*, RhB Unternehmensbewertung, § 1 Rn. 1.8; *Großfeld/Egger/Tönnes*, Recht der Unternehmensbewertung, S. 1–2 Rn. 5; in diese Richtung bereits GK-AktG/*Hirte/Hasselbach*, § 305 AktG Rn. 64. Dies vertritt auch die aktuelle BGH-Rechtsprechung unter BGH, Beschl. v. 31.01.2024 – II ZB 5/22 = ZIP 2024, 1070, 1071 Rn. 22.

[70] Bürgers/Körber/Lieder/*Ruiz de Vargas*, AktG, Anh. § 305 AktG Rn. 7; GK-AktG/*Hirte/Hasselbach*, § 305 AktG Rn. 62.

[71] So auch Fleischer/Hüttemann/*Hüttemann*, RhB Unternehmensbewertung, § 1 Rn. 1.75; *Großfeld/Egger/Tönnes*, Recht der Unternehmensbewertung, S. 1 Rn. 3, S. 2 Rn. 6.

[72] Vgl. bereits *Fleischer*, ZGR 1997, 368, 375.

[73] *Adolff*, Unternehmensbewertung im Recht der börsennotierten Aktiengesellschaft, S. 184; *Matschke/Brösel*, Unternehmensbewertung, S. 26–27; kritisch zu diesem Ansatz *Quill*, Interessengeleitete Unternehmensbewertung, S. 85–88, 365.

[74] Fleischer/Hüttemann/*Hüttemann*, RhB Unternehmensbewertung, § 1 Rn. 1.2.

[75] Bürgers/Körber/Lieder/*Ruiz de Vargas*, AktG, Anh. § 305 AktG Rn. 12 Abb. 1, Rn. 14; *Mattes/Graf von Maldeghem*, BKR 2003, 531, 536.

[76] *Adolff*, Unternehmensbewertung im Recht der börsennotierten Aktiengesellschaft, S. 260–261.

[77] *Adolff*, Unternehmensbewertung im Recht der börsennotierten Aktiengesellschaft, S. 262.

[78] *Kuhner/Maltry*, Unternehmensbewertung, S. 60.

[79] Vgl. *Adolff*, Unternehmensbewertung im Recht der börsennotierten Aktiengesellschaft, S. 187–188, wonach bei einer marktorientierten Bewertung angenommen wird, dass ein allokationseffizienter Markt einen allgemeingültigen Wertansatz bieten würde; vgl. *Matschke/*

Anforderungen an eine normzweckadäquate Unternehmensbewertung zur Ermittlung einer angemessenen Kompensation genügen.

In der marktorientierten Unternehmensbewertung lässt sich eine Gegenbewegung zur funktionalen bzw. objektivierten Unternehmensbewertung der deutschen Wirtschaftswissenschaft und Bewertungspraxis erblicken. Allerdings hat sie in Gestalt der teils durchgeführten marktbasierten Ermittlung von Risikozuschlägen[80] und der Plausibilisierung von Bewertungsergebnissen[81] auch hier ihren Einschlag gefunden. Dies kann als indirekter Marktbezug bezeichnet werden.[82] An einen solchen könnten möglicherweise andere Anforderungen als an eine reine Marktbewertung gestellt werden, sodass er im weiteren Verlauf an den entsprechenden Stellen gesondert erörtert wird.

Letztlich bedarf es einer zweckadäquaten, den rechtlichen Bewertungsvorgaben entsprechenden Unternehmensbewertung, bei der normativ geprägte Typisierungen erfolgen. In den für diese Arbeit relevanten Fallkonstellationen liegt eine dominierte Konfliktsituation vor, in welcher die Unternehmensbewertung in ihrer Vermittlungsfunktion zur Bestimmung eines Einigungswerts zum Einsatz kommt. Hinsichtlich der Frage nach der Berücksichtigung des Börsenkurses bei der Unternehmensbewertung stehen sich die individualistischen und die marktorientierten Typisierungsmodelle gegenüber.

B. Fallgruppen

Unter diesen grundlegenden Bewertungsvorgaben sind die hier relevanten Fallgruppen näher zu beleuchten und dahingehend zu untersuchen, was genau zu bewerten ist.

In Anbetracht der Unterschiede hinsichtlich der jeweils geforderten Kompensation bietet sich eine Differenzierung zwischen Barabfindungsfällen und Umtauschfällen an.[83]

Brösel, Unternehmensbewertung, S. 27–28 bzgl. der idealen Marktbedingungen, unter denen Wert und Preis überstimmen dürften.

[80] *Adolff*, Unternehmensbewertung im Recht der börsennotierten Aktiengesellschaft, S. 262; Fleischer/Hüttemann/*Hüttemann*, RhB Unternehmensbewertung, § 1 Rn. 1.2. Siehe zudem IDW S 1 (2008), Rn. 114–122 zur Ermittlung des Kapitalisierungszinssatzes im Rahmen eines objektivierten Unternehmenswerts auf CAPM- bzw. Tax-CAPM-Basis.

[81] *Adolff*, Unternehmensbewertung im Recht der börsennotierten Aktiengesellschaft, S. 187. Zur Plausibilisierung durch Börsenkurse siehe IDW S 1 (2008), Rn. 15, 142.

[82] Vgl. *Große-Frericks*, Die Angemessenheit des Entgelts für die Übertragung von Eigentumsrechten als Problem rechtsgeprägter Unternehmensbewertung, S. 499.

[83] So auch *Adolff*, Unternehmensbewertung im Recht der börsennotierten Aktiengesellschaft, S. 265, der hierbei auf die Unterteilung von Bewertungsanlässen nach *Matschke* verweist. Unter Bezugnahme auf *Adolff* auch *Fleischer*, AG 2014, 97, 98 sowie *Schulte/Köller/*

I. Barabfindungsfälle

Aus praktischer Sicht kommt den Barabfindungsfällen die höchste Wichtigkeit zu[84], wobei es sich strukturell betrachtet um die einfachste Fallgruppe handelt[85]. In diesen Konstellationen verliert der Abfindungsberechtigte endgültig und vollständig seine Beteiligung und erhält hierfür eine Abfindung in bar.[86] Die Bewertung wird durchgeführt, um den Geldbetrag zu bestimmen, der dem Ausscheidenden zu gewähren ist.[87] Dabei ist das einzelne Unternehmen zu bewerten, aus dem der abzufindende Aktionär ausscheidet.[88] Hinsichtlich der Abfindungshöhe besteht ein Interessengegensatz zwischen den beteiligten Parteien.[89] So ist den Abfindungsberechtigten an einer höchstmöglichen Kompensation gelegen, wohingegen der Abfindungspflichtige ein Interesse an einer möglichst niedrigen Kompensation hegt.[90] Hierbei stehen sich i. d. R. die Mehrheit und die Minderheit einer Gesellschaft gegenüber.[91] Es liegt eine Konfliktsituation vom Typ „Kauf/Verkauf" vor, die auch das zwangsweise Ausscheiden von Minderheitsaktionären beschreibt.[92] Im Abfindungsanspruch aus § 305 Abs. 1 AktG kann der Ausgangsfall der Barabfindung erblickt werden[93], wobei vor allem auch die § 320b Abs. 1 S. 1 AktG und § 327b Abs. 1 S. 1 AktG als typische Barabfindungsfälle zu nennen sind.[94]

In Abhängigkeit ihrer Komplexität lassen sich die Barabfindungsfälle in zwei Untergruppen aufteilen.[95] Zum einen sind Konstellationen wie der aktienrechtliche Squeeze-out normiert, bei denen einem Aktionär gegen seinen Willen die Beteili-

---

Luksch, WPg 2012, 380, 381. Zur Unterteilung der Bewertungsanlässe in die Gruppen „Kauf/Verkauf" sowie „Fusion/Spaltung" siehe *Matschke/Brösel*, Unternehmensbewertung, S. 90–91, 101 Abb. 31 als auch die Ausführungen unter A.

[84] *Fleischer*, AG 2014, 97, 98.

[85] Fleischer/Hüttemann/*Adolff/Häller*, RhB Unternehmensbewertung, § 18 Rn. 18.35.

[86] *Adolff*, Unternehmensbewertung im Recht der börsennotierten Aktiengesellschaft, S. 290–291.

[87] *Adolff*, Unternehmensbewertung im Recht der börsennotierten Aktiengesellschaft, S. 265.

[88] Fleischer/Hüttemann/*Adolff/Häller*, RhB Unternehmensbewertung, § 18 Rn. 18.35.

[89] *Schulte/Köller/Luksch*, WPg 2012, 380, 381–382; vgl. auch *Adolff*, Unternehmensbewertung im Recht der börsennotierten Aktiengesellschaft, S. 294, der von einem Verteilungskonflikt zwischen den Aktionären spricht.

[90] *Schulte/Köller/Luksch*, WPg 2012, 380, 381–382; vgl. *Risse*, ZIP 2021, 2309, 2309.

[91] *Adolff*, Unternehmensbewertung im Recht der börsennotierten Aktiengesellschaft, S. 294.

[92] Vgl. *Matschke/Brösel*, Unternehmensbewertung, S. 90, 101 Abb. 31.

[93] So auch *Fleischer*, AG 2014, 97, 98.

[94] Vgl. *Fleischer*, AG 2014, 97, 98; vgl. *Schulte/Köller/Luksch*, WPg 2012, 380, 381.

[95] *Adolff*, Unternehmensbewertung im Recht der börsennotierten Aktiengesellschaft, S. 290–291; vgl. Fleischer/Hüttemann/*Adolff/Häller*, RhB Unternehmensbewertung, § 18 Rn. 18.2–18.3.

gung entzogen und hierfür eine Abfindung geleistet wird.[96] In anderen Fällen, wie beispielsweise bei der Begründung eines Vertragskonzerns, wird ihm sein Anteil zwar nicht direkt entzogen, aber derart schwerwiegend in seine Aktionärsstellung eingegriffen, dass ihm eine Ausstiegsmöglichkeit gewährt wird, die wiederum mit dem Aktienverlust und einer entsprechenden Abfindung verbunden ist.[97]

1. Kompensationsebene

Der Großteil der Barabfindungsfälle verlangt gemäß seines Normtexts eine angemessene Abfindung der ausscheidenden Aktionäre unter Berücksichtigung der Verhältnisse der Gesellschaft zum Zeitpunkt der beschlussfassenden Hauptversammlung.[98] Jedoch wird die Angemessenheit nicht näher gesetzlich definiert.[99] Es handelt sich um einen unbestimmten Rechtsbegriff.[100]

Allerdings hat die Judikatur den Angemessenheitsbegriff weiter konkretisiert.

Maßgebend war hierbei die *Feldmühle*-Entscheidung des BVerfG aus dem Jahre 1962. Im konkreten Fall hatte es über die Verfassungsmäßigkeit von § 15 i. V. m. §§ 9, 12 des UmwG von 1956 zu entscheiden.[101] Dieser Regelungskomplex sah eine Übertragung der Anteile der Minderheit an die Mehrheit einer Aktiengesellschaft gegen eine angemessene Barabfindung per Hauptversammlungsbeschluss vor.[102] Das BVerfG bestätigte, dass das Aktieneigentum vom Art. 14 GG geschützt ist.[103] In Ermangelung eines staatlich legitimierten unmittelbaren Eingriffs sah es in der Regelung aber keine Enteignung, sondern eine Inhalts- und Schrankenbestimmung.[104] Aus wichtigen Gründen des Gemeinwohls könne der Gesetzgeber eine

---

[96] *Adolff*, Unternehmensbewertung im Recht der börsennotierten Aktiengesellschaft, S. 290–291; Fleischer/Hüttemann/*Adolff/Häller*, RhB Unternehmensbewertung, § 18 Rn. 18.2.

[97] Fleischer/Hüttemann/*Adolff/Häller*, RhB Unternehmensbewertung, § 18 Rn. 18.3; vgl. *Adolff*, Unternehmensbewertung im Recht der börsennotierten Aktiengesellschaft, S. 291.

[98] Vgl. *Fleischer*, AG 2014, 97, 98; vgl. *Ruthardt*, Normzweckkonforme Unternehmensbewertung und Abfindungsbemessung beim aktienrechtlichen Squeeze Out, S. 47. Siehe etwa explizit die §§ 305 Abs. 1, Abs. 3 S. 2, 320b Abs. 1 S. 1, S. 5, 327a Abs. 1 S. 1, 327b Abs. 1 S. 1 AktG. Vertiefend zu den einzelnen Fällen und den teilweisen Abweichungen siehe auch: § 1 B.I.3.

[99] Bürgers/Körber/Lieder/*Ruiz de Vargas*, AktG, Anh. § 305 AktG Rn. 3.

[100] GK-AktG/*Hirte/Hasselbach*, § 305 AktG Rn. 62.

[101] BVerfG, Urt. v. 07.08.1962 – 1 BvL 16/60 –, BVerfGE 14, 263–288, Rn. 23; *Adolff*, Unternehmensbewertung im Recht der börsennotierten Aktiengesellschaft, S. 296.

[102] *Adolff*, Unternehmensbewertung im Recht der börsennotierten Aktiengesellschaft, S. 296.

[103] BVerfG, Urt. v. 07.08.1962 – 1 BvL 16/60 –, BVerfGE 14, 263–288, Rn. 47; Fleischer/Hüttemann/*Hüttemann*, RhB Unternehmensbewertung, § 1 Rn. 1.29; Marsch-Barner/Schäfer/*Gehling*, HdB börsennotierte AG, § 13 Rn. 13.9.

[104] BVerfG, Urt. v. 07.08.1962 – 1 BvL 16/60 –, BVerfGE 14, 263–288, Rn. 48–50, 52; Fleischer/Hüttemann/*Hüttemann*, RhB Unternehmensbewertung, § 1 Rn. 1.29.

Einschränkung des grundrechtlich geschützten Aktieneigentums vorsehen.[105] So steht dem BVerfG zufolge dem von Art. 14 Abs. 1 GG abgedeckten Interesse der Minderheitsaktionäre das durch Art. 2 Abs. 1 GG geschützte Interesse der Mehrheitsaktionäre an einer freien Entfaltung ihrer unternehmerischen Initiative gegenüber.[106] Dabei könne das unternehmerische Verhalten von Konzernleitungen über die Grenzen des Unternehmens hinaus auch Auswirkungen auf die Konjunktur und die Volkswirtschaft haben.[107] Vor diesem Hintergrund sei ein Einschnitt in die Position der Minderheitsaktionäre zumindest nicht von vornherein verfassungswidrig.[108]

Allerdings fordert das BVerfG, dass die berechtigten Interessen der zwangsweise ausscheidenden Minderheitsaktionäre gewahrt werden.[109] Hierzu gehöre neben einem wirksamen Rechtsschutz gegen Machtmissbräuche, dass sie wirtschaftlich voll entschädigt werden.[110] Dementsprechend sei der Anspruch auf eine angemessene Abfindung als volle Entschädigung zu begreifen.[111] Da es sich gerade nicht um eine Enteignung handeln würde, könne keine geringere als die volle Entschädigung verlangt werden.[112] Anders als bei einer Enteignung, bei welcher eine Abwägung der Interessen der Betroffenen mit denen der Allgemeinheit durchgeführt wird, fehle bei der hier stattfindenden Interessenabwägung zwischen Gleichstehenden jeglicher Grund für eine geringere Entschädigung.[113] Vor allem habe der Mehr-

---

[105] BVerfG, Urt. v. 07.08.1962 – 1 BvL 16/60 –, BVerfGE 14, 263–288, Rn. 62; Marsch-Barner/Schäfer/*Gehling*, HdB börsennotierte AG, § 13 Rn. 13.9.

[106] BVerfG, Urt. v. 07.08.1962 – 1 BvL 16/60 –, BVerfGE 14, 263–288, Rn. 60–64, wo vor allem von der freien unternehmerischen Initiative im Konzern die Rede ist. Explizit auf Minderheits- und Mehrheitsaktionäre bezogen: BVerfG, Beschl. v. 23.08.2000 – 1 BvR 68/95 = ZIP 2000, 1670, 1672; *Adolff*, Unternehmensbewertung im Recht der börsennotierten Aktiengesellschaft, S. 295–296; Bürgers/Körber/Lieder/*Ruiz de Vargas*, Anh. § 305 AktG Rn. 3.

[107] BVerfG, Urt. v. 07.08.1962 – 1 BvL 16/60–, BVerfGE 14, 263–288, Rn. 63; *Ruthardt*, Normzweckkonforme Unternehmensbewertung und Abfindungsbemessung beim aktienrechtlichen Squeeze Out, S. 51.

[108] Vgl. BVerfG, Urt. v. 07.08.1962 – 1 BvL 16/60 –, BVerfGE 14, 263–288, Rn. 64.

[109] BVerfG, Urt. v. 07.08.1962 – 1 BvL 16/60 –, BVerfGE 14, 263–288, Rn. 65; *Adolff*, Unternehmensbewertung im Recht der börsennotierten Aktiengesellschaft, S. 296–297.

[110] BVerfG, Urt. v. 07.08.1962 – 1 BvL 16/60 –, BVerfGE 14, 263–288, Rn. 65; *Adolff*, Unternehmensbewertung im Recht der börsennotierten Aktiengesellschaft, S. 297; Fleischer/Hüttemann/*Hüttemann*, RhB Unternehmensbewertung, § 1 Rn. 1.29.

[111] BVerfG, Urt. v. 07.08.1962 – 1 BvL 16/60 –, BVerfGE 14, 263–288, Rn. 68; vgl. Bürgers/Körber/Lieder/*Ruiz de Vargas*, Anh. § 305 AktG Rn. 3; vgl. GK-AktG/*Hirte/Hasselbach*, § 305 AktG Rn. 67; vgl. *Ruthardt*, Normzweckkonforme Unternehmensbewertung und Abfindungsbemessung beim aktienrechtlichen Squeeze Out, S. 51–52.

[112] BVerfG, Urt. v. 07.08.1962 – 1 BvL 16/60 –, BVerfGE 14, 263–288, Rn. 68; *Mandl/Rabel*, FS Loitlsberger (2001), S. 205, 209; *Moxter*, Grundsätze ordnungsmäßiger Unternehmensbewertung, S. 85 § 11.

[113] BVerfG, Urt. v. 07.08.1962 – 1 BvL 16/60 –, BVerfGE 14, 263–288, Rn. 68; *Moxter*, Grundsätze ordnungsmäßiger Unternehmensbewertung, S. 85 § 11.

heitsaktionär den relevanten Sachverhalt im eigenen Interesse selbst herbeigeführt.[114]

Auch in seinen nachfolgenden Urteilen verlangt das BVerfG eine wirtschaftlich volle Entschädigung der betroffenen Aktionäre.[115] Ebenso schloss sich die Literatur der Forderung eines vollen Eingriffsausgleichs an.[116]

Es kann von einem „Abfindungsverfassungsrecht" gesprochen werden[117], welches über den Angemessenheitsbegriff auf die einfachgesetzlichen Abfindungsregelungen ausstrahlt[118]. Durch die angemessene Abfindung soll die Vermögensposition der Minderheitsaktionäre geschützt werden.[119]

Der Auffassung des BVerfG ist zuzustimmen. So würde ein Verbot des Hinausdrängens von Minderheitsaktionären gegen ihren Willen die Tätigkeit und die Flexibilität von Unternehmen entschieden einschränken. Ein einzelner Aktionär könnte mit einem relativ geringen wirtschaftlichen Einsatz jegliche Strukturmaßnahmen blockieren. Im Rahmen dessen wäre er möglicherweise dazu geneigt, die Unternehmensführung und die Mehrheitsaktionäre, die einen hohen Kapitaleinsatz geleistet haben, zu „erpressen". Auf diesem Wege könnten wichtige wirtschaftliche Entscheidungen boykottiert werden. Eine gewisse Flexibilität und Entfaltungsmöglichkeit von Unternehmen ist jedoch bedeutend für die Gesamtwirtschaft und sollte zumindest bis zu einem bestimmten Grad gewährleistet sein. Allerdings muss

---

114 BVerfG, Urt. v. 07.08.1962 – 1 BvL 16/60 –, BVerfGE 14, 263–288, Rn. 68; *Mandl/Rabel*, FS Loitlsberger (2001), S. 205, 209; vgl. *Moxter*, Grundsätze ordnungsmäßiger Unternehmensbewertung, S. 85 § 11.

115 BVerfG, Beschl. v. 05.12.2012 – 1 BvR 1577/11 = AG 2013, 255, 255 Ls. 1, 256 Rn. 8; BVerfG, Nichtannahmebeschl. v. 16.05.2012 – 1 BvR 96/09 –, BVerfGK 19, 388–398, Os. 1a, Rn. 17; BVerfG, Nichtannahmebeschl. v. 20.12.2010 – 1 BvR 2323/07 –, BVerfGK 18, 322–328, Os. 1, Rn. 9; BVerfG, Nichtannahmebeschl. v. 29.11.2006 – 1 BvR 704/03 = NJW 2007, 828, 828 Rn. 10; BVerfG, Nichtannahmebeschl. v. 25.07.2003 – 1 BvR 234/01 –, BVerfGK 1, 265–269, Os. 1b, Rn. 9; BVerfG, Beschl. v. 23.08.2000 – 1 BvR 68/95 = ZIP 2000, 1670, 1670 Ls. d. Red. 3, 1672; BVerfG, Beschl. v. 08.09.1999 – 1 BvR 301/89 = AG 2000, 40, 41; BVerfG, Beschl. v. 27.04.1999 – 1 BvR 1613/94 –, BVerfGE 100, 289–313, Os. 3, 3a, 3c, Rn. 47, 50, 52.

116 GK-AktG/*Hirte/Hasselbach*, § 305 AktG Rn. 68; vgl. *Mandl/Rabel*, FS Loitlsberger (2001), S. 205, 208, nach denen die „volle Abfindung" der einhelligen Auffassung hins. der §§ 305, 320b AktG und § 30 UmwG in Deutschland entspricht; ebenso wird bei *Moxter*, Grundsätze ordnungsmäßiger Unternehmensbewertung, S. 85, 90 § 11 in Anlehnung an die *Feldmühle*-Entscheidung eine volle Entschädigung bei der Abfindung von Minderheiten verlangt.

117 So die Wortwahl bei *Klöhn*, Das System der aktien- und umwandlungsrechtlichen Abfindungsansprüche, S. 77 § 5; diese Terminologie aufgreifend Fleischer/Hüttemann/*Hüttemann*, RhB Unternehmensbewertung, § 1 Rn. 1.29.

118 Vgl. Fleischer/Hüttemann/*Hüttemann*, RhB Unternehmensbewertung, § 1 Rn. 1.29, wo sich auf den § 305 Abs. 3 S. 2 AktG beschränkt wird.

119 Vgl. *Mandl/Rabel*, FS Loitlsberger (2001), S. 205, 209; vgl. *Ruthardt*, Normzweckkonforme Unternehmensbewertung und Abfindungsbemessung beim aktienrechtlichen Squeeze Out, S. 52.

den betroffenen Minderheitsaktionären für den Verlust ihres Aktieneigentums dessen voller Wert ersetzt werden. Andernfalls würde der Mehrheitsaktionär, dem ohnehin schon eine überlegene Machtposition zukommt, ungerechtfertigterweise übervorteilt werden. Schließlich geschieht der abfindungsauslösende Vorgang auf seine Entscheidung und in seinem Interesse hin. Die freie Entfaltung seiner unternehmerischen Initiative wird bereits durch die Möglichkeit eines zwangsweisen Ausscheidens von Minderheitsaktionären gewährleistet. Es ist kein Grund ersichtlich, warum sie hierfür unter Wert entschädigt werden sollten. So erscheint es unsachgerecht, wenn die Minderheitsaktionäre ihr Aktieneigentum verlieren und hierfür nicht dessen vollen Wert erhalten würden. Vielmehr muss eine mit Blick auf die Ursprungssituation wirtschaftlich gleichwertige Lage erzeugt werden.[120] Der Mehrheitsaktionär darf das Eigentum an den Aktien nicht grundlos vergünstigt erhalten. Eine freie unternehmerische Entfaltung sollte nicht um jeden Preis zuungunsten der meist wirtschaftlich unterlegenen Minderheit ermöglicht werden. Erst dann, wenn den Minderheitsaktionären eine wirtschaftlich volle Entschädigung gewährleistet wird, können ihre Interessen hinter das Interesse des Hauptaktionärs hinsichtlich einer freien Entfaltung seiner unternehmerischen Initiative gestellt werden.[121] Bei den normierten abfindungsauslösenden Strukturmaßnahmen handelt es sich um Inhalts- und Schrankenbestimmungen, die auch im Interesse Privater erfolgen, weshalb das verfassungsrechtliche Entschädigungsgebot für das geopferte Eigentum zum Einsatz kommt.[122]

Folglich ist eine normzweckkonforme Unternehmensbewertung bei den Barabfindungsfällen unter Berücksichtigung des Verfassungsrechts auf die Ermittlung einer wirtschaftlich vollen Entschädigung gerichtet.

Angesichts der verfassungsrechtlichen Forderung nach einer vollen Kompensation kann von der Kompensationsebene der Abfindung gesprochen werden. Mit dieser Begrifflichkeit lässt sich auch eine Grenze zur stark umstrittenen Partizipationsebene ziehen. Auf der Kompensationsebene geht es darum, dem abfindungsberechtigten Minderheitsaktionär eine volle Entschädigung zu gewähren, sodass die Maßnahme nicht zu einer Vermögenseinbuße seinerseits führt.[123] Hierbei offenbart sich eine Parallele zum Recht des Schadensersatzes.[124]

---

[120] Vgl. GK-AktG/*Hirte/Hasselbach*, § 305 AktG Rn. 68.

[121] BVerfG, Beschl. v. 23.08.2000 – 1 BvR 68/95 = ZIP 2000, 1670, 1672; Bürgers/Körber/Lieder/*Ruiz de Vargas*, AktG, Anh. § 305 AktG Rn. 3.

[122] Vgl. *Klöhn*, Das System der aktien- und umwandlungsrechtlichen Abfindungsansprüche, S. 95–96 § 5.

[123] *Adolff*, Unternehmensbewertung im Recht der börsennotierten Aktiengesellschaft, S. 291, 386; Bürgers/Körber/Lieder/*Ruiz de Vargas*, AktG, Anh. § 305 AktG Rn. 3.

[124] Bürgers/Körber/Lieder/*Ruiz de Vargas*, AktG, Anh. § 305 AktG Rn. 3; vgl. *Adolff*, Unternehmensbewertung im Recht der börsennotierten Aktiengesellschaft, S. 388.

Jedoch ließ die *Feldmühle*-Entscheidung offen, was genau unter einer vollen Entschädigung zu verstehen ist.[125] Jedenfalls sei ihr zufolge das zu ersetzen, was die Beteiligung am arbeitenden Unternehmen wert ist.[126]

Eine weitere Konkretisierung erfuhr die volle Entschädigung durch die *DAT/Altana*-Entscheidung des BVerfG von 1999. Hierbei entschied es zur Bestimmung der Abfindung bzw. des Ausgleichs nach §§ 304, 305, 320b AktG im Lichte des Art. 14 Abs. 1 GG.[127]

Im Fall *DAT/Altana* verlangte das Gericht für die volle Entschädigung den „wahren Wert" der Beteiligung am arbeitenden Unternehmen unter Einschluss der stillen Reserven und des inneren Geschäftswerts[128], wobei es diese Begrifflichkeiten der *Kali-und-Salz*-Entscheidung des BGH aus dem Jahre 1978 entlehnte[129]. Dabei betonte das BVerfG, dass die Verfassung keine bestimmte Methode zur Ermittlung des wahren Werts vorgebe, wobei gegen die Ertragswertmethode keine verfassungsrechtlichen Bedenken bestünden.[130] Die Grundannahme dieses Verfahrens, dass der Wert eines Unternehmens zuvörderst daran geknüpft ist, künftige Erträge zu erwirtschaften, sei verfassungsrechtlich unbedenklich.[131]

Zusätzlich forderte das BVerfG, dass die Minderheitsaktionäre keine Abfindung erhalten, die unterhalb dessen liegt, was sie bei einer freien Deinvestitionsentscheidung im Zeitpunkt der Maßnahme erlangt hätten.[132] Demnach stelle der verlustige Verkehrswert der Aktie, welcher i.d.R. dem Börsenkurs entspricht, die Untergrenze der wirtschaftlich vollen Entschädigung dar.[133] Andernfalls würde die Dispositionsfreiheit über das Eigentum nicht ausreichend berücksichtigt.[134] Aller-

---

[125] BVerfG, Beschl. v. 27.04.1999 – 1 BvR 1613/94 –, BVerfGE 100, 289–313, Rn. 54; *Moxter*, Grundsätze ordnungsmäßiger Unternehmensbewertung, S. 85 § 11.

[126] BVerfG, Urt. v. 07.08.1962 – 1 BvL 16/60 –, BVerfGE 14, 263–288, Rn. 68; *Adolff*, Unternehmensbewertung im Recht der börsennotierten Aktiengesellschaft, S. 297; *Mandl/Rabel*, FS Loitlsberger (2001), S. 205, 208–209.

[127] BVerfG, Beschl. v. 27.04.1999 – 1 BvR 1613/94 –, BVerfGE 100, 289–313, Ls. 1.

[128] BVerfG, Beschl. v. 27.04.1999 – 1 BvR 1613/94 –, BVerfGE 100, 289–313, Rn. 56; *Hüttemann*, ZGR 2001, 454, 457; *Piltz*, ZGR 2001, 158, 191.

[129] BVerfG, Beschl. v. 27.04.1999 – 1 BvR 1613/94 –, BVerfGE 100, 289–313, Rn. 56; *Hüttemann*, ZGR 2001, 454, 457. Zur Entscheidungspassage des BGH-Urteils siehe BGH, Urt. v. 13.03.1978 – II ZR 142/76 –, BGHZ 71, 40–53, Rn. 27.

[130] BVerfG, Beschl. v. 27.04.1999 – 1 BvR 1613/94 –, BVerfGE 100, 289–313, Rn. 61; *Hüttemann*, ZGR 2001, 454, 457.

[131] BVerfG, Beschl. v. 27.04.1999 – 1 BvR 1613/94 –, BVerfGE 100, 289–313, Rn. 3b, 61; *Hüttemann*, ZGR 2001, 454, 457–458, demzufolge auch das DCF-Verfahren einen unbedenklichen Ansatz darstellt.

[132] BVerfG, Beschl. v. 27.04.1999 – 1 BvR 1613/94 –, BVerfGE 100, 289–313, Rn. 56; *Piltz*, ZGR 2001, 158, 191.

[133] BVerfG, Beschl. v. 27.04.1999 – 1 BvR 1613/94 –, BVerfGE 100, 289–313, Rn. 63.

[134] BVerfG, Beschl. v. 27.04.1999 – 1 BvR 1613/94 –, BVerfGE 100, 289–313, Rn. 56.

dings könne der Börsenkurs in Ausnahmefällen nicht den Verkehrswert einer Aktie abbilden, sodass eine ausnahmsweise Unterschreitung möglich sei.[135]

Dem BVerfG zufolge vermittelt das Aktieneigentum zum einen mitgliedschaftliche Herrschafts- und Vermögensrechte, zum anderen aber auch eine individuelle finanzielle Freiheit aufgrund der hohen Fungibilität von Aktien.[136] Dementsprechend sollte sowohl der Verlust der Aktie als Gesellschaftsbeteiligung als auch ihr Verlust als verkehrsfähiges Handelsobjekt im Rahmen einer vollen Entschädigung berücksichtigt werden.[137] Damit sprach es dem Aktieneigentum eine Doppelnatur zu[138] und nahm eine doppelte Bewertungsperspektive ein[139]. Dieser Ansatz stellt die zweite maßgebliche Konkretisierung der Angemessenheit im Rahmen der normzweckadäquaten Unternehmensbewertung dar. Wenn das BVerfG diese Terminologie auch nicht verwendet, kann von einem Meistbegünstigungsprinzip hinsichtlich der beiden Wertbegriffe des Aktieneigentums gesprochen werden.[140]

Auch differenzierte das BVerfG zwischen drei verschiedenen Werten: Zunächst führte es den sog. „wahren Wert" an, der im Wege eines Ertragswertverfahrens ermittelt werden kann und wohl der Vorstellung des objektivierten Unternehmenswerts der Bewertungspraxis entspricht.[141] Hiervon grenzte das BVerfG den Verkehrswert ab, welchen die Minderheitsaktionäre bei einer freien Deinvestitionsentscheidung erlangt hätten.[142] In diesem Kontext bezog sich das Gericht auf den Verkehrswert aus Sicht eines Minderheitsaktionärs und dessen Dispositionsfreiheit.[143] Als dritten Wert nannte es den Börsenkurs, welcher i. d. R. dem Verkehrswert entspricht, in Ausnahmefällen aber auch hiervon abweichen kann.[144] Die Erwähnung des Börsenkurses bei der Unternehmensbewertung zur Abfindungsbe-

---

[135] BVerfG, Beschl. v. 27.04.1999 – 1 BvR 1613/94 –, BVerfGE 100, 289–313, Os. 3d, Rn. 66.

[136] BVerfG, Beschl. v. 27.04.1999 – 1 BvR 1613/94 –, BVerfGE 100, 289–313, Rn. 55; *Hüttemann*, ZGR 2001, 454, 459.

[137] Vgl. *Adolff*, Unternehmensbewertung im Recht der börsennotierten Aktiengesellschaft, S. 299.

[138] *Adolff*, Unternehmensbewertung im Recht der börsennotierten Aktiengesellschaft, S. 298, 301; *Hüttemann*, ZGR 2001, 454, 459; vgl. *Schön*, FS Ulmer (2003), S. 1359, 1370–1371, der von einer Doppelfunktion des Aktieneigentums spricht.

[139] Fleischer/Hüttemann/*Adolff/Häller*, RhB Unternehmensbewertung, § 18 Rn. 18.31, 18.35; siehe auch Heidel/Hirte/*Schlobsner*, Das neue Personengesellschaftsrecht, § 11 Rn. 48–50 mit einer Abgrenzung zur Beteiligung an einer Personengesellschaft.

[140] So auch *Adolff*, Unternehmensbewertung im Recht der börsennotierten Aktiengesellschaft, S. 301; *Schön*, FS Ulmer (2003), S. 1359, 1392.

[141] Vgl. *Piltz*, ZGR 2001, 158, 192–193.

[142] *Piltz*, ZGR 2001, 158, 193.

[143] *Piltz*, ZGR 2001, 158, 193, der anführt, dass auch ein Verkehrswert für Großaktionäre besteht, welcher aufgrund von Paketzuschlägen oftmals höher ist. Zum Bezug auf die Deinvestitionsentscheidung der Minderheitsaktionäre siehe BVerfG, Beschl. v. 27.04.1999 – 1 BvR 1613/94 –, BVerfGE 100, 289–313, Rn. 56.

[144] *Piltz*, ZGR 2001, 158, 193.

messung ist gerade aus rechtshistorischer Sicht bedeutsam. So wurde er bis dahin vom Großteil der Rechtsprechung und des Schrifttums nicht herangezogen[145] und insbesondere vom BGH explizit abgelehnt[146].

Im Anschluss daran hatte der BGH mit seiner *DAT/Altana*-Entscheidung im Jahre 2001 die *DAT/Altana*-Vorgaben des BVerfG einfachgesetzlich umzusetzen.[147]

Ihm zufolge ist bei einer Barabfindung der als „Schätzwert" bezeichnete Betrag des quotal auf die Aktie bezogenen Unternehmenswerts, mindestens aber der dem Börsenwert entsprechende Verkehrswert der Aktie zu gewähren.[148] Es offenbaren sich deutliche terminologische und gedankliche Unterschiede zwischen den Ansätzen des BGH und des BVerfG.

Im „Schätzwert" ist lediglich eine begriffliche, nicht aber konzeptionelle Änderung des „wahren Werts" zu erblicken.[149] Mit dem „Börsenwert" ist zum einen der Börsenkurs einzelner Aktien, zugleich aber auch die Marktkapitalisierung des Unternehmens gemeint.[150] Wenn es sich auch um eine unsaubere Terminologie handelt[151], so besteht hier ebenso eine konzeptionelle Übereinstimmung mit dem BVerfG. Den Terminus des „Verkehrswerts" hat der BGH wortgleich vom BVerfG übernommen. Auf den zweiten Blick zeigen sich aber folgenschwere konzeptionelle Abweichungen. So begründet er eine Gleichstellung des Börsen- und Verkehrswerts mit der Annahme, dass an der Börse auf Grundlage der ihr zur Verfügung stehenden Informationen und Informationsmöglichkeiten die Ertragskraft eines Unternehmens zutreffend bewertet werde.[152] Anders als das BVerfG fordert der BGH einen hinsichtlich des Fundamentalwerts des Unternehmens aussagefähigen Börsenkurs als Untergrenze.[153] Jenes verlangte gerade keine korrekte Preisbildung, sondern stellte

---

[145] *Hüttemann*, ZGR 2001, 454, 454; *Piltz*, ZGR 2001, 158, 187; vgl. Fleischer/Hüttemann/*Adolff/Häller*, RhB Unternehmensbewertung, § 18 Rn. 18.22.

[146] BGH, Urt. v. 30.03.1967 – II ZR 141/64 (KG) = NJW 1967, 1464, 1464.

[147] *Adolff*, Unternehmensbewertung im Recht der börsennotierten Aktiengesellschaft, S. 313; vgl. Fleischer/Hüttemann/*Adolff/Häller*, RhB Unternehmensbewertung, § 18 Rn. 18.65.

[148] BGH, Beschl. v. 12.03.2001 – II ZB 15/00 –, BGHZ 147, 108–125, Ls. 2, Rn. 21.

[149] *Adolff*, Unternehmensbewertung im Recht der börsennotierten Aktiengesellschaft, S. 314.

[150] *Adolff*, Unternehmensbewertung im Recht der börsennotierten Aktiengesellschaft, S. 314.

[151] Vgl. *Adolff*, Unternehmensbewertung im Recht der börsennotierten Aktiengesellschaft, S. 314 Fn. 1705 mit einem Vergleich zur BVerfG-Entscheidung.

[152] BGH, Beschl. v. 12.03.2001 – II ZB 15/00 –, BGHZ 147, 108–125, Ls. 2, Rn. 19.

[153] *Kallweit*, Die angemessene Abfindung beim übernahmerechtlichen Squeeze-out, S. 202–203 § 4; vgl. *Adolff*, Unternehmensbewertung im Recht der börsennotierten Aktiengesellschaft, S. 315.

auf die bloße Veräußerungsmöglichkeit ab.[154] Diese unterschiedliche Betrachtungsweise ist für die Frage nach den Anforderungen an einen den Verkehrswert abbildenden Börsenkurs von Bedeutung und wird an entsprechender Stelle näher erörtert.[155]

Des Weiteren behandelte der Gerichtshof die vom BVerfG offengelassenen Stellen hinsichtlich des Stichtags und der Ausnahmefälle bei der Bestimmung des Börsenkurses[156], welche ebenso später erläutert werden[157].

Von zentraler Bedeutung für die Bestimmung der Kompensationsebene der Abfindung sind jedoch die Erwägungen des BGH zur Meistbegünstigung der Minderheitsaktionäre. Ohne diesen Begriff zu verwenden, vertritt der Gerichtshof ein Meistbegünstigungsprinzip dahingehend, stets den anteiligen Unternehmenswert und daneben den Börsenkurs zu berücksichtigen.[158] Laut dem BVerfG ist jedoch keine bestimmte Bewertungsmethode vorgeschrieben, wobei es sich nicht dazu äußert, ob der Börsenkurs nur als Untergrenze in Betracht komme.[159] Dabei verlangt das BVerfG lediglich eine Berücksichtigung der verschiedenen Bewertungsperspektiven.[160] In Abweichung hierzu stellt der BGH auf kein wertbegriffsbezogenes, sondern ein methodenbezogenes Meistbegünstigungsprinzip ab.[161] Hiermit geht er über die Anforderungen des BVerfG hinaus.[162]

---

[154] *Adolff*, Unternehmensbewertung im Recht der börsennotierten Aktiengesellschaft, S. 302, 315; *Kallweit*, Die angemessene Abfindung beim übernahmerechtlichen Squeeze-out, S. 202–203 § 4.

[155] Siehe hierzu: § 6 A. wo auf den deinvestitionsorientierten und den kapitalmarktorientierten Ansatz eingegangen wird.

[156] Fleischer/Hüttemann/*Adolff/Häller*, RhB Unternehmensbewertung, § 18 Rn. 18.66.

[157] Siehe hierzu: § 6, A., B.II.

[158] *Bungert/Wettich*, FS Hoffmann-Becking (2013), S. 157, 163; vgl. Fleischer/Hüttemann/*Adolff/Häller*, RhB Unternehmensbewertung, § 18 Rn. 18.67; siehe auch die Passage bei BGH, Beschl. v. 12.03.2001 – II ZB 15/00 –, BGHZ 147, 108–125, Ls. 2.

[159] *Bungert/Wettich*, FS Hoffmann-Becking (2013), S. 157, 164.

[160] Vgl. *Bungert/Wettich*, FS Hoffmann-Becking (2013), S. 157, 164–165; vgl. Fleischer/Hüttemann/*Adolff/Häller*, RhB Unternehmensbewertung, § 18 Rn. 18.73.

[161] Diese Begrifflichkeit wird bei *Mülbert*, FS Hopt (2010), S. 1040, 1067 und *Ruthardt/Hachmeister*, NZG 2014, 41, 43 sowie *Ruthardt*, Normzweckkonforme Unternehmensbewertung und Abfindungsbemessung beim aktienrechtlichen Squeeze Out, S. 55 und *Ruthardt/Hachmeister*, WPg 2016, 411, 413 verwendet. Siehe aber auch OLG München, Beschl. v. 14.12.2021 – 31 Wx 190/20 (nrkr.) = NZG 2022, 606, 613 Rn. 78; *Bungert/Wettich*, FS Hoffmann-Becking (2013), S. 157, 163, 165; Fleischer/Hüttemann/*Adolff/Häller*, RhB Unternehmensbewertung, § 18 Rn. 18.65, 18.67; *Gärtner/Handke*, NZG 2012, 247, 247–248, wo lediglich von einem Meistbegünstigungsprinzip bei der *DAT/Altana*-Entscheidung des BGH gesprochen wird.

[162] *Bungert/Wettich*, FS Hoffmann-Becking (2013), S. 157, 165; Fleischer/Hüttemann/*Adolff/Häller*, RhB Unternehmensbewertung, § 18 Rn. 18.68.

In seiner *Stollwerck*-Entscheidung von 2010 bestätigte der BGH seine Handhabung.[163]

Bei der verfassungsgerichtlichen Rechtsprechung zeichnete sich indes ein anderes Bild ab.

So entschied das BVerfG im Fall *Telekom/T-Online* 2011 bezüglich einer Verschmelzung, dass eine Entschädigung zum wahren Wert zu erfolgen habe, wobei der Börsenkurs mit Blick auf die Möglichkeit einer freien Deinvestitionsentscheidung zu berücksichtigen sei.[164] Dabei betonte es, dass sich weder aus der BVerfG-Rechtsprechung noch aus dem Grundgesetz herleiten ließe, dass stets die günstigste Bewertungsmethode anzuwenden wäre.[165] Somit lehnte es ein dahingehendes Meistbegünstigungsprinzip ab.[166]

Auch im Fall der *Deutsche Hypothekenbank* vom Folgejahr verlangte das BVerfG im Kontext eines übernahmerechtlichen Squeeze-out nach einer wirtschaftlich vollen Entschädigung zum wahren Wert, die aber nicht unter dem Verkehrswert liegen dürfe.[167] Hierbei sei aber nicht jede erdenkbare Bewertungsmethode heranzuziehen und eine Abfindungsberechnung nach einem dahingehenden Meistbegünstigungsprinzip durchzuführen.[168] Diesbezüglich wurde einem verfassungsrechtlich gebotenen Meistbegünstigungsprinzip eine Absage erteilt.[169]

Diese Tendenz zeigte sich auch später beim BGH.

So forderte er in einem Beschluss aus dem Jahre 2015, dass eine Entschädigung zum wahren Wert erfolgen soll.[170] Im Hinblick auf die Bewertungsmethode zeigte sich der BGH offen und erwähnte auch die Möglichkeit einer Marktorientierung.[171] Zudem betonte er, dass es keine gesetzlichen Bestimmungen zur Methode gäbe.[172] Dies kann als Abkehr vom Meistbegünstigungsprinzip des BGH gedeutet wer-

---

[163] Siehe nur BGH, Beschl. v. 19.07.2010 – II ZB 18/09 –, BGHZ 186, 229–242, Rn. 10–11.

[164] BVerfG, Nichtannahmebeschl. v. 26.04.2011 – 1 BvR 2658/10 –, BVerfGK 18, 395–400, Rn. 21–22.

[165] BVerfG, Nichtannahmebeschl. v. 26.04.2011 – 1 BvR 2658/10 –, BVerfGK 18, 395–400, Rn. 24.

[166] *Bungert/Wettich*, FS Hoffmann-Becking (2013), S. 157, 170; Fleischer/Hüttemann/*Adolff/Häller*, RhB Unternehmensbewertung, § 18 Rn. 18.72; *Gärtner/Handke*, NZG 2012, 247, 248.

[167] BVerfG, Nichtannahmebeschl. v. 16.05.2012 – 1 BvR 96/09 –, BVerfGK 19, 388–398, Os. 1a.

[168] BVerfG, Nichtannahmebeschl. v. 16.05.2012 – 1 BvR 96/09 –, BVerfGK 19, 388–398, Os. 1b, Rn. 18.

[169] *Bungert/Wettich*, FS Hoffmann-Becking (2013), S. 157, 172.

[170] BGH, Beschl. v. 29.09.2015 – II ZB 23/14 –, BGHZ 207, 114–135, Rn. 33.

[171] BGH, Beschl. v. 29.09.2015 – II ZB 23/14 –, BGHZ 207, 114–135, Rn. 33.

[172] BGH, Beschl. v. 29.09.2015 – II ZB 23/14 –, BGHZ 207, 114–135, Rn. 12.

den.[173] Allerdings war im Beschluss keine Rede mehr vom Verkehrswert und von der Dispositions- oder Deinvestitionsfreiheit der Aktionäre. Der Gerichtshof sprach lediglich von einem „Anteilswert“, der regelmäßig mit dem Börsenwert übereinstimme.[174]

2016 entschied er ebenso, dass die Entschädigung dem wahren Wert entsprechen müsse.[175] Bei dessen Schätzung zeigte sich der BGH unter Verweis auf seinen Beschluss aus dem Vorjahr wieder offen[176] und zog einen Rückgriff auf den Börsenkurs in Erwägung[177]. Erneut zeichnete sich eine Abkehr von seinem ursprünglich vertretenen Meistbegünstigungsprinzip ab.[178] Darüber hinaus erfolgte wieder eine ausdrückliche Berücksichtigung des Verkehrswerts als Untergrenze[179], wofür auf die Erörterungen des BGH in der *DAT/Altana*-Entscheidung bzgl. des Börsenwerts als Verkehrswert abgestellt wurde[180].

In diese Richtung geht auch die BGH-Rechtsprechung aus dem Jahre 2020. Sie verlangt ebenfalls eine Bewertungsmethode, die geeignet ist, den wahren Wert abzubilden, wobei dies auch mittels Börsenwerten erfolgen könne und keine bestimmte Methode rechtlich vorgegeben sei.[181] Ferner sieht der Gerichtshof den Börsenkurs, der regelmäßig den Verkehrswert abbildet, als Untergrenze, wobei er lediglich einen funktionierenden Markt voraussetzt.[182] Eine verpflichtende Meistbegünstigung wie noch im Fall *DAT/Altana* verlangt er nicht.[183]

Den eingeschlagenen Weg verfolgt der BGH auch in seiner jüngsten Rechtsprechung von 2023 und 2024. So entschied er auch hier, dass der wahre Wert der Beteiligung am Unternehmen zu ersetzen ist[184], wobei die Aktionäre laut ersterer Entscheidung mindestens das erhalten sollen, was sie im Wege einer freien Deinvestitionsentscheidung erlangt hätten[185]. Die methodenbezogene Meistbegünsti-

---

[173] Vgl. Fleischer/Hüttemann/*Adolff/Häller*, RhB Unternehmensbewertung, § 18 Rn. 18.72.

[174] BGH, Beschl. v. 29.09.2015 – II ZB 23/14 –, BGHZ 207, 114–135, Rn. 12, 33.

[175] BGH, Beschl. v. 12.01.2016 – II ZB 25/14 –, BGHZ 208, 265–278, Rn. 21.

[176] BGH, Beschl. v. 12.01.2016 – II ZB 25/14 –, BGHZ 208, 265–278, Rn. 21, 23.

[177] BGH, Beschl. v. 12.01.2016 – II ZB 25/14 –, BGHZ 208, 265–278, Rn. 23.

[178] Vgl. Fleischer/Hüttemann/*Adolff/Häller*, RhB Unternehmensbewertung, § 18 Rn. 18.72.

[179] BGH, Beschl. v. 12.01.2016 – II ZB 25/14 –, BGHZ 208, 265–278, Rn. 22.

[180] BGH, Beschl. v. 12.01.2016 – II ZB 25/14 –, BGHZ 208, 265–278, Rn. 23.

[181] BGH, Beschl. v. 15.09.2020 – II ZB 6/20 –, BGHZ 227, 137–154, Rn. 20.

[182] BGH, Beschl. v. 15.09.2020 – II ZB 6/20 –, BGHZ 227, 137–154, Rn. 36.

[183] OLG München, Beschl. v. 14.12.2021 – 31 Wx 190/20 (nrkr.) = NZG 2022, 606, 613 Rn. 78.

[184] BGH, Beschl. v. 31.01.2024 – II ZB 5/22 = ZIP 2024, 1070, 1071 Rn. 24; BGH, Beschl. v. 21.02.2023 – II ZB 12/21 –, BGHZ 236, 180–205, Rn. 19.

[185] BGH, Beschl. v. 21.02.2023 – II ZB 12/21 –, BGHZ 236, 180–205, Rn. 19.

gung lehnt er explizit ab.[186] Ihm zufolge kann der wahre Unternehmenswert auch anhand von Börsenkursen bestimmt werden[187] und sich die Angemessenheit der Abfindung hieran bemessen[188].

Die Entwicklungslinie der BVerfG- und BGH-Judikatur zeigt eine Berücksichtigung zweier Wertbegriffe des Aktieneigentums und die Ablehnung eines zwischenzeitlich vertretenen methodenbezogenen Meistbegünstigungsprinzips. Fraglich ist, wie diese Werte zu ermitteln sowie handzuhaben sind und in welcher Beziehung sie zueinanderstehen. Im Rahmen dessen lassen sich bereits erste Vorgaben für die Berücksichtigung des Börsenkurses bei der Unternehmensbewertung vorzeichnen.

a) Quotaler Unternehmenswert

Mit der *DAT/Altana*-Entscheidung des BVerfG ist der „wahre Wert" zu ersetzen.[189] Diese Formulierung ist insofern unglücklich gewählt, da sie einen objektiven, für jedermann gleichermaßen geltenden Unternehmenswert impliziert, welcher nicht existiert.[190] Dementsprechend ist der Begriff weiter auszuformen. Hierfür sind die weiteren Ausführungen des Gerichts heranzuziehen. Wie bereits bei der *Feldmühle*-Entscheidung[191] sprach das BVerfG vom Wert der Beteiligung am arbeitenden Unternehmen.[192] Ferner führte es an, dass sich der Schutz des Art. 14 Abs. 1 GG auf die mitgliedschaftliche Stellung in der Gesellschaft erstreckt, welche durch das Aktieneigentum vermittelt wird.[193] Dies erfasst Leitungsbefugnisse aufgrund der Organstellung der Aktionärsversammlung und vermögensrechtliche Ansprüche wie etwa solche hinsichtlich der Gewinnausschüttung und der Teilhabe am Liquidationserlös.[194] Der Verlust der mitgliedschaftlichen Herrschafts- und Vermögensrechte

[186] BGH, Beschl. v. 31.01.2024 – II ZB 5/22 = ZIP 2024, 1070, 1071 Rn. 24; BGH, Beschl. v. 21.02.2023 – II ZB 12/21 –, BGHZ 236, 180–205, Rn. 35.

[187] BGH, Beschl. v. 31.01.2024 – II ZB 5/22 = ZIP 2024, 1070, 1071 Rn. 25, 1074 Rn. 54; BGH, Beschl. v. 21.02.2023 – II ZB 12/21 –, BGHZ 236, 180–205, Rn. 18–19.

[188] BGH, Beschl. v. 31.01.2024 – II ZB 5/22 = ZIP 2024, 1070, 1071 Rn. 20; BGH, Beschl. v. 21.02.2023 – II ZB 12/21 –, BGHZ 236, 180–205, Ls. 1, Rn. 15.

[189] BVerfG, Beschl. v. 27.04.1999 – 1 BvR 1613/94 –, BVerfGE 100, 289–313, Rn. 56.

[190] *Adolff*, Unternehmensbewertung im Recht der börsennotierten Aktiengesellschaft, S. 362–363. Zur Ablehnung einer derartigen Wertvorstellung siehe bereits: § 1 A.

[191] BVerfG, Urt. v. 07.08.1962 – 1 BvL 16/60 –, BVerfGE 14, 263–288, Rn. 68.

[192] BVerfG, Beschl. v. 27.04.1999 – 1 BvR 1613/94 –, BVerfGE 100, 289–313, Rn. 56.

[193] BVerfG, Beschl. v. 27.04.1999 – 1 BvR 1613/94 –, BVerfGE 100, 289–313, Rn. 42.

[194] BVerfG, Beschl. v. 27.04.1999 – 1 BvR 1613/94 –, BVerfGE 100, 289–313, Rn. 42. Siehe auch *Schön*, FS Ulmer (2003), S. 1359, 1371–1380, der im Rahmen der geschützten mittelbaren Beteiligung am Gesellschaftsunternehmen und der Mitgliedschaftsrechte des Aktionärs Organkompetenzen sowie Stimm-, Auskunfts-, Vermögens- und Klagerechte anführt. Allgemein zum vom Art. 14 GG geschützten gesellschaftsrechtlichen Anteilseigentum, welches Mitgliedschaftsrechte und vermögensrechtliche Ansprüche hins. der Gewinnbeteili-

bildet den sog. „wahren Wert" des Anteils ab.[195] Es kann von der mittelbaren Unternehmensträgerschaft als Teil des geschützten Aktieneigentum gesprochen werden.[196] So ist die verlustige Möglichkeit einer Fortführung des Beteiligungsverhältnisses durch den Aktionär zu ersetzen.[197] Dabei kommt es auf den Fundamentalwert der Aktie an.[198] Der ausscheidende Aktionär sollte um besagten Wert entschädigt werden, da andernfalls die verlorengegangene Teilhabe am Gesellschaftsvermögen missachtet wird.[199]

Im Rahmen der Abfindungsbemessung geht es darum, den Wert zu ermitteln, welcher den durch die abfindungsauslösende Maßnahme verlustigen Anteil am Unternehmen abbildet.[200] Auf die einzelne Aktie bezogen bedeutet dies, den quotalen Anteil am Gesamtwert des Unternehmens – den sog. quotalen Unternehmenswert – zu bestimmen.[201]

aa) Bewertungsobjekt: Direkte oder indirekte Anteilsbewertung

Es stellt sich die Frage, wie dieser Anteilswert zu berechnen ist. Hierbei stehen sich zwei divergierende Ansätze gegenüber: die direkte oder unmittelbare Anteilsbewertung und die indirekte oder abgeleitete Anteilsbewertung.[202]

---

gung und der Abwicklungsquote erfasst, Dürig/Herzog/Scholz/*Papier/Shirvani*, GG, Art. 14 GG Rn. 310.

[195] *Hüttemann*, ZGR 2001, 454, 459.

[196] *Schön*, FS Ulmer (2003), S. 1359, 1371.

[197] Bürgers/Körber/Lieder/*Ruiz de Vargas*, AktG, Anh. § 305 AktG Rn. 4; vgl. *Adolff*, Unternehmensbewertung im Recht der börsennotierten Aktiengesellschaft, S. 344.

[198] *Adolff*, Unternehmensbewertung im Recht der börsennotierten Aktiengesellschaft, S. 344.

[199] Vgl. *Adolff*, Unternehmensbewertung im Recht der börsennotierten Aktiengesellschaft, S. 343–344.

[200] Vgl. *Großfeld/Egger/Tönnes*, Recht der Unternehmensbewertung, S. 33 Rn. 142.

[201] Vgl. *Großfeld/Egger/Tönnes*, Recht der Unternehmensbewertung, S. 33 Rn. 142; siehe auch Bürgers/Körber/Lieder/*Ruiz de Vargas*, AktG, Anh. § 305 AktG Rn. 4–4b, der vom „intrinsischen Anteilswert" spricht.

[202] *Adolff*, Unternehmensbewertung im Recht der börsennotierten Aktiengesellschaft, S. 349, der zwischen der unmittelbaren und der abgeleiteten Anteilsbewertung differenziert; Fleischer/Hüttemann/*Fleischer*, RhB Unternehmensbewertung, § 20 Rn. 20.1, wo von der direkten und der indirekten Anteilsbewertung gesprochen wird; auch *Großfeld/Egger/Tönnes*, Recht der Unternehmensbewertung, S. 33–34 Rn. 142–150 stellen der indirekten Anteilsbewertung die direkte Anteilsbewertung gegenüber. Siehe aber auch Fleischer/Hüttemann/*Hüttemann*, RhB Unternehmensbewertung, § 1 Rn. 1.40, wo zwischen einer indirekten Anteilsbewertung mit dem quotalen Unternehmenswert als Ergebnis sowie der direkten Bewertung des Anteilswerts differenziert und damit der quotale Unternehmenswert an die indirekte Anteilsbewertung geknüpft wird.

Im Wege der direkten Anteilsbewertung wird nur der einzelne Anteil als selbstständiges Gut und nicht der Gesamtwert des Unternehmens ermittelt.[203] Hierbei dient die einzelne Aktie als Bewertungsobjekt.

Die indirekte Anteilsbewertung vollzieht hingegen einen Zwischenschritt: Zunächst wird der Wert des Unternehmens als Ganzes ermittelt und sodann quotal auf die einzelnen Anteile aufgeteilt.[204] Bei diesem Vorgehen ist das Unternehmen das Bewertungsobjekt.

Diese verschiedenen Bewertungen können in ihren Ergebnissen abweichen, wobei sie lediglich dann, wenn der Kurswert mit dem Gesamtunternehmenswert identisch ist, übereinstimmen.[205] Letztlich wird der direkt ermittelte Wert eines einzelnen Anteils oftmals vom anteilsmäßigen Bruchteil des Gesamten differieren.[206]

Ein Blick in die Judikatur und das Schrifttum offenbart unterschiedliche Ansätze zur Anteilsbewertung.

Für eine indirekte Anteilsbewertung spricht sich die überwiegende Literatur aus.[207] Ebenso entspricht sie der Auffassung des IDW S 1.[208]

Zum Teil wird aber auch eine direkte Anteilsbewertung befürwortet.[209]

Die Rechtsprechung zeigt sich dahingehend weniger eindeutig.[210]

---

[203] Fleischer/Hüttemann/*Fleischer*, RhB Unternehmensbewertung, § 20 Rn. 20.1.

[204] Fleischer/Hüttemann/*Fleischer*, RhB Unternehmensbewertung, § 20 Rn. 20.1; *Großfeld/Egger/Tönnes*, Recht der Unternehmensbewertung, S. 33 Rn. 143.

[205] Fleischer/Hüttemann/*Fleischer*, RhB Unternehmensbewertung, § 20 Rn. 20.1.

[206] Z. B. kann bei einer WEG der Wert von Einzelwohnungen in ihrer Summe den Wert des Gesamtgebäudes aufgrund ihrer höheren Fungibilität überschreiten. Zu den für diese Arbeit relevanten unterschiedlichen Wertdeterminanten von Unternehmensanteilen und Gesamtunternehmen siehe: § 3.

[207] *Adolff*, Unternehmensbewertung im Recht der börsennotierten Aktiengesellschaft, S. 362; Fleischer/Hüttemann/*Fleischer*, RhB Unternehmensbewertung, § 20 Rn. 20.4, laut denen es sich hierbei um die herrschende Lehrmeinung handelt; *Großfeld/Egger/Tönnes*, Recht der Unternehmensbewertung, S. 34 Rn. 148–150; Heidel/Hirte/*Schlobsner*, Das neue Personengesellschaftsrecht, § 11 Rn. 46, 54, wonach dies sowohl für Aktiengesellschaften als auch für Personengesellschaften gilt; Hüffer/Koch/*Koch*, AktG, § 305 AktG Rn. 40; *Hüttemann/Meyer*, ZIP 2022, 935, 942; *Hüttemann*, ZGR 2001, 454, 466–467 „nahezu allgemeiner Ansicht"; wohl auch bereits *Großfeld*, JZ 1981, 641, 641.

[208] IDW S 1 (2008), Rn. 13; vgl. Fleischer/Hüttemann/*Fleischer*, RhB Unternehmensbewertung, § 20 Rn. 20.4; vgl. *Großfeld/Egger/Tönnes*, Recht der Unternehmensbewertung, S. 33 Rn. 143.

[209] *Busse von Colbe*, FS Lutter (2000), S. 1053, 1064–1065; *Müller*, FS Bezzenberger (2000), S. 705, 714–716; *Müller*, FS Röhricht (2005), S. 1015, 1017–1018, 1024–1025; vgl. *Tonner*, FS Schmidt (2009), S. 1581, 1588, 1602.

[210] Siehe aber auch Fleischer/Hüttemann/*Fleischer*, RhB Unternehmensbewertung, § 20 Rn. 20.4, demzufolge der BGH und die Oberlandesgerichte eine indirekte Anteilsbewertung vertreten, sowie *Hüttemann*, ZGR 2001, 454, 466–467, der von einer „nahezu allgemeine(n) Ansicht in (der) Rechtsprechung" spricht.

So hat das BVerfG in seiner *DAT/Altana*-Entscheidung mit dem Ertragswertverfahren eine indirekte Methode als verfassungsrechtlich unbedenklich eingestuft.[211] Auch ließe sich die von ihm geforderte volle Abfindung anhand des Werts der gesellschaftlichen Beteiligung am arbeitenden Unternehmen[212] als quotaler Anteil am Gesamtunternehmenswert verstehen.[213] Darüber hinaus erwähnte es eine Stellungnahme des IDW, in der explizit zwischen einem Anteilswert und einem Unternehmenswert differenziert wurde, was eine abgeleitete Bewertung nahelegt.[214] All dies deutet auf eine indirekte Anteilsbewertung hin, wobei eine solche nicht ausdrücklich zwingend gefordert wird.

Die spätere Ablehnung eines methodenbezogenen Meistbegünstigungsprinzips durch das BVerfG lässt sich nicht notwendigerweise auf ein direktes oder indirektes Vorgehen beziehen.

Von Interesse dürfte auch die Entwicklung der BGH-Rechtsprechung sein.

Schließlich verlangte er im Fall *DAT/Altana* einen quotal auf die Aktie verteilten Unternehmenswert.[215] Dies kann als Bekenntnis zur indirekten Anteilsbewertung gedeutet werden. Auch entspricht dieser Ansatz seiner früheren Handhabung der Problematik.[216]

In zwei Entscheidungen von 2016 und 2020 befand der BGH jedoch, dass der wahre Wert einer Beteiligung grundsätzlich sowohl mittelbar als auch unmittelbar, vor allem unter Heranziehung von Börsenwerten, bestimmt werden könne.[217] Die jeweilige Methode müsse nur den konkreten Umständen entsprechend dazu geeignet sein, den wahren Wert wiederzugeben.[218] Sonach sieht er nicht nur die indirekte, sondern auch die direkte Anteilsbewertung als zulässig an. Diese Entwicklung führte der BGH in seinem Beschluss aus dem Jahre 2023 weiter, laut welchem die

---

[211] Vgl. *Ruthardt*, Normzweckkonforme Unternehmensbewertung und Abfindungsbemessung beim aktienrechtlichen Squeeze Out, S. 53; zu den entsprechenden Urteilspassagen siehe BVerfG, Beschl. v. 27.04.1999 – 1 BvR 1613/94 –, BVerfGE 100, 289–313, Rn. 3b, 61.

[212] BVerfG, Beschl. v. 27.04.1999 – 1 BvR 1613/94 –, BVerfGE 100, 289–313, Rn. 47.

[213] Vgl. *Adolff*, Unternehmensbewertung im Recht der börsennotierten Aktiengesellschaft, S. 356; vgl. *Großfeld/Egger/Tönnes*, Recht der Unternehmensbewertung, S. 34 Rn. 150.

[214] *Adolff*, Unternehmensbewertung im Recht der börsennotierten Aktiengesellschaft, S. 356–357; zum Entscheidungsabschnitt siehe BVerfG, Beschl. v. 27.04.1999 – 1 BvR 1613/94 –, BVerfGE 100, 289–313, Rn. 33.

[215] BGH, Beschl. v. 12.03.2001 – II ZB 15/00 –, BGHZ 147, 108–125, Ls. 2, Rn. 21.

[216] Siehe BGH, Urt. v. 30.03.1967 – II ZR 141/64 (KG) = NJW 1967, 1464, 1464, wonach es auf den Wert der gesellschaftlichen Beteiligung am arbeitenden Unternehmen ankommt; vgl. Fleischer/Hüttemann/*Fleischer*, RhB Unternehmensbewertung, § 20 Rn. 20.4; vgl. *Großfeld/Egger/Tönnes*, Recht der Unternehmensbewertung, S. 33 Rn. 144, jeweils zur früheren BGH-Rechtsprechung.

[217] BGH, Beschl. v. 15.09.2020 – II ZB 6/20 –, BGHZ 227, 137–154, Rn. 20; BGH, Beschl. v. 12.01.2016 – II ZB 25/14 –, BGHZ 208, 265–278, Rn. 23.

[218] BGH, Beschl. v. 15.09.2020 – II ZB 6/20 –, BGHZ 227, 137–154, Rn. 20; BGH, Beschl. v. 12.01.2016 – II ZB 25/14 –, BGHZ 208, 265–278, Rn. 23.

Beteiligung des Aktionärs und nicht das Unternehmen das Bewertungsobjekt sei und eine Bewertungsmethode nur dann ausscheide, wenn sie nicht zur Abbildung des wahren Werts geeignet wäre, wobei der Börsenkurs zur Unternehmensbewertung herangezogen werden könne.[219] Damit kehrt der BGH nicht nur seinem methodenbezogenen Meistbegünstigungsprinzip, sondern auch der rein indirekten Bewertung den Rücken zu. Auch in seiner aktuellen Entscheidung von 2024 klingt eine direkte Anteilsbewertung an. So spricht der BGH hier davon, dass der „wahre" Wert einer Unternehmensbeteiligung zu ersetzen sei und befürwortet dahingehend, den Börsenkurs heranzuziehen.[220]

In Anbetracht der teils abweichenden Auffassungen bedarf es einer Stellungnahme zum grundlegenden Vorgehen bei der Anteilsbewertung. Wenn beide Vorgehensweisen auch in sich schlüssig sind und ihren Einsatz in der Praxis finden, ist sich vor Augen zu führen, dass im Wege der hier durchzuführenden rechtsgeleiteten Unternehmensbewertung nur diejenigen Ansätze Bestand haben, die den rechtlichen Vorgaben genügen.[221]

Der hierbei beschrittene Weg stellt die ersten Weichen für die Frage nach der Berücksichtigung des Börsenkurses bei der Unternehmensbewertung. So gibt die Form der Anteilsbewertung das Bewertungsobjekt für die Abfindungsbemessung vor.

Sofern man ausschließlich eine direkte Bewertung verlangt, ist auch eine Börsenkursorientierung zu befürworten. Schließlich wird bei der Börsenkursmethode eine direkte Anteilsbewertung vollzogen.[222] Eine fundamentale Bewertung des gesamten Unternehmens wäre in diesem Rahmen nicht zielführend.[223]

Wird hingegen stets eine indirekte Anteilsbewertung verlangt, bietet sich eine fundamentale Unternehmensbewertung zur Ermittlung des quotalen Unternehmenswert an. Allerdings steht eine indirekte Bewertung einer Orientierung am Börsenkurs bei der Ermittlung des quotalen Unternehmenswerts zumindest nicht von vornherein entgegen.[224] Schließlich könnte er als Schätzungsgrundlage des anteiligen Unternehmenswerts herangezogen werden.[225] Der konzeptionelle Man-

[219] BGH, Beschl. v. 21.02.2023 – II ZB 12/21 –, BGHZ 236, 180–205, Rn. 19, Rn. 35.

[220] BGH, Beschl. v. 31.01.2024 – II ZB 5/22 = ZIP 2024, 1070, 1071 Rn. 23–25.

[221] Vgl. Fleischer/Hüttemann/*Fleischer*, RhB Unternehmensbewertung, § 20 Rn. 20.2.

[222] Bürgers/Körber/Lieder/*Ruiz de Vargas*, AktG, Anh. § 305 AktG Rn. 49.

[223] Siehe aber auch BGH, Beschl. v. 31.01.2024 – II ZB 5/22 = ZIP 2024, 1070, 1074 Rn. 54; BGH, Beschl. v. 21.02.2023 – II ZB 12/21 –, BGHZ 236, 180–205, Rn. 19, wonach bei der Bewertung einer Unternehmensbeteiligung nicht nur der Börsenkurs, sondern auch die Ertragswert- (oder DCF-)Methode in Betracht kommt.

[224] Vgl. Fleischer/Hüttemann/*Fleischer*, RhB Unternehmensbewertung, § 20 Rn. 20.5; vgl. *Hüttemann*, FS Hoffmann-Becking (2013), S. 603, 614.

[225] Fleischer/Hüttemann/*Fleischer*, RhB Unternehmensbewertung, § 20 Rn. 20.5; *Hüttemann*, FS Hoffmann-Becking (2013), S. 603, 610–611, 614; vgl. Hüffer/Koch/*Koch*, AktG, § 305 AktG Rn. 40; vgl. *Stilz* FS Goette (2011), S. 529, 538.

gel, dass Börsenkurse nur den Preis für einzelne Aktien, nicht aber ganze Unternehmen wiedergeben, wäre im Ergebnis unbeachtlich, wenn der Börsenkurs multipliziert mit der Aktienanzahl den Wert des Gesamtunternehmens darstellen würde.[226] Sodann sind aber strengere Anforderungen an die Bewertungseignung des Börsenkurses zu stellen. So ist näher zu untersuchen, ob der Börsenkurs gerade mit Blick auf die ihm zugrunde liegenden Wertdeterminanten eine aussagekräftige Schätzung des quotalen Unternehmenswerts wiedergibt.[227] Sofern er hierzu nicht geeignet ist, ist zwangsläufig auf ein anderes Bewertungsverfahren abzustellen.

Im Falle einer Wahlfreiheit zwischen der direkten und der indirekten Methode kommt sowohl eine fundamentale als auch eine börsenkursbasierte Bewertung in Betracht, sofern die jeweilige Methode im konkreten Fall zur Abbildung des wahren Werts geeignet ist.

Für eine direkte Anteilsbewertung wird ins Feld geführt, dass die börsennotierte Aktie ein Handelsobjekt an einem Markt wäre, der gerade kein Markt für Gesamtunternehmen sei.[228] Sie hätte dementsprechend keinen Bezug zum anteiligen Gesamtunternehmenswert.[229] Anders als ein Großaktionär verfüge der abzufindende Minderheitsaktionär lediglich über das fungible Aktieneigentum und nicht über einen Anteil am Unternehmenswert.[230] Der Aktionär ließe sich mit einer börsennotierten Aktie auf den Börsenkurs als Marktwert ein, den er zu maximieren versuche.[231] Jedenfalls auf einem funktionierenden Markt gezahlte Börsenpreise würden einen objektiven Anteilswert wiedergeben.[232] Diese Argumentation vermengt jedoch die beiden unterschiedlichen Wertkomponenten, welche das BVerfG herausgearbeitet hat. Ferner könnte für eine direkte Anteilsbewertung ihre einfache Handhabung sprechen.[233] Allerdings kommt es in erster Linie auf eine normzweckkonforme und keine möglichst einfache Bewertung an. Mithin vermögen die Argumente für eine direkte Anteilsbewertung nicht zu überzeugen.

Eine indirekte Anteilsbewertung befürwortende Stimmen stellen zum Teil auf den einfachen Gesetzeswortlaut ab. Schließlich verlangt der § 305 Abs. 3 S. 2 AktG eine Berücksichtigung der Verhältnisse der Gesellschaft im Zeitpunkt ihrer Beschlussfassung.[234] Diese Formulierung könnte dahingehend ausgelegt werden, dass

---

[226] *Schulte/Köller/Luksch*, WPg 2012, 380, 385.

[227] Siehe hierzu insb.: § 3.

[228] *Müller*, FS Röhricht (2005), S. 1015, 1024; vgl. Fleischer/Hüttemann/*Fleischer*, RhB Unternehmensbewertung, § 20 Rn. 20.5.

[229] Vgl. *Müller*, FS Röhricht (2005), S. 1015, 1024.

[230] *Busse von Colbe*, FS Lutter (2000), S. 1053, 1064–1065.

[231] *Müller*, FS Röhricht (2005), S. 1015, 1024–1025.

[232] *Müller*, FS Bezzenberger (2000), S. 705, 716.

[233] *Müller*, FS Röhricht (2005), S. 1015, 1017–1018.

[234] *Großfeld/Egger/Tönnes*, Recht der Unternehmensbewertung, S. 33 Rn. 143; *Großfeld*, Unternehmens- und Anteilsbewertung im Gesellschaftsrecht, S. 32–33; vgl. Fleischer/Hüttemann/*Fleischer*, RhB Unternehmensbewertung, § 20 Rn. 20.4; vgl. Hüffer/Koch/*Koch*, AktG,

die sämtlichen Verhältnisse der Gesellschaft als Gesamtheit zu beachten sind und diese das Bewertungsobjekt der Abfindung darstellt. Allerdings sollte dies nicht zwangsläufig als quotale Aufteilung des Gesamtunternehmenswerts gedeutet werden.[235] Alternativ ließe sich der Wortlaut dergestalt auslegen, dass der Wert des einzelnen Anteils ermittelt werden soll und lediglich im Einzelfall zwecks einer Berücksichtigung der Gesellschaftsverhältnisse zu korrigieren ist.[236] Mithin zeigt sich der einfachgesetzliche Wortlaut nicht ergiebig.

Weiteren Aufschluss bietet ein Blick ins Personengesellschaftsrecht. So sieht der § 738 Abs. 1 S. 2 BGB a.F. vor, dass einem ausscheidenden Gesellschafter dasjenige zu zahlen ist, was er im Falle einer Auseinandersetzung erhalten hätte, wenn die Gesellschaft im Zeitpunkt seines Ausscheidens aufgelöst worden wäre. Dem obliegt ein Schlechterstellungsverbot.[237] Demnach darf es für einen Gesellschafter keinen Unterschied machen, ob seine Gesellschaft abgewickelt wird oder ob sie ohne ihn fortbesteht.[238] Da ihm keine vermeidbaren Nachteile aus dem Fortbestand der Gesellschaft erwachsen dürfen, wird eine partielle Auseinandersetzung vollzogen.[239] Bei einer solchen hypothetischen Abwicklung ist der Gesellschafter nicht mehr an das vorhandene Unternehmenskonzept gebunden, sondern kann eine möglichst vorteilhafte Verwertung der Gesamtheit des Unternehmens fordern.[240] Demnach kommt es auf den Verkaufserlös an, den ein Gesamtunternehmenserwerber zahlen würde.[241] Besagter Preis ist sodann *pro rata* aufzuteilen.[242] Hierbei wird von der Liquidationshypothese gesprochen.[243]

Diese Überlegungen lassen sich auch auf Abfindungen bei börsennotierten Aktiengesellschaften übertragen. Schließlich kann es auch für einen gegen seinen

---

§ 305 AktG Rn. 40. Zu den Formulierungen bei den verschiedenen Fallkonstellationen siehe: § 1 B.I.3.

[235] *Müller*, FS Bezzenberger (2000), S. 705, 715.

[236] *Müller*, FS Bezzenberger (2000), S. 705, 715.

[237] *Adolff*, Unternehmensbewertung im Recht der börsennotierten Aktiengesellschaft, S. 357–358; Fleischer/Hüttemann/*Fleischer*, RhB Unternehmensbewertung, § 24 Rn. 24.9.

[238] *Adolff*, Unternehmensbewertung im Recht der börsennotierten Aktiengesellschaft, S. 357–358; vgl. Fleischer/Hüttemann/*Fleischer*, RhB Unternehmensbewertung, § 24 Rn. 24.9.

[239] *Adolff*, Unternehmensbewertung im Recht der börsennotierten Aktiengesellschaft, S. 358; vgl. Fleischer/Hüttemann/*Fleischer*, RhB Unternehmensbewertung, § 24 Rn. 24.9.

[240] *Hüttemann*, FS Hoffmann-Becking (2013), S. 603, 605; vgl. *Adolff*, Unternehmensbewertung im Recht der börsennotierten Aktiengesellschaft, S. 358.

[241] Vgl. *Adolff*, Unternehmensbewertung im Recht der börsennotierten Aktiengesellschaft, S. 358–359; vgl. *Hüttemann*, FS Hoffmann-Becking (2013), S. 603, 605.

[242] *Adolff*, Unternehmensbewertung im Recht der börsennotierten Aktiengesellschaft, S. 358.

[243] *Adolff*, Unternehmensbewertung im Recht der börsennotierten Aktiengesellschaft, S. 358; *Hüttemann*, FS Hoffmann-Becking (2013), S. 603, 605, der zudem betont, dass die „Liquidation“ hier nicht als Zerschlagung der Gesellschaft gedeutet werden darf; *Hüttemann/Meyer*, ZIP 2022, 935, 936.

Willen ausscheidenden Aktionär keinen Unterschied machen, ob die Gesellschaft ohne ihn fortbesteht oder vollständig abgewickelt wird.[244] Wäre die gesamte Gesellschaft möglichst vorteilhaft an einen Dritten verkauft worden, hätte er einen dahingehenden quotalen Unternehmenswert erhalten.[245] Sowohl der ausscheidende Aktionär als auch der Hauptaktionär sind ihrer Beteiligungshöhe entsprechend in gleicher Weise am Unternehmen beteiligt, weshalb eine Abfindung anhand des quotalen Gesamtunternehmenswerts geboten ist.[246] Dementsprechend sollte die Liquidationshypothese mitsamt der partiellen Auseinandersetzung unter dem Schlechterstellungsverbot auch hier gelten.[247] Überdies wurde im § 738 BGB a.F. ein allgemeiner Rechtsgedanke erblickt.[248] So liegt es nahe, dass der Gesetzgeber mit der Regelung der angemessenen Abfindung gemäß § 305 Abs. 3 S. 2 AktG auf die bereits vorhandenen Bewertungsmaßstäbe zurückgreifen wollte.[249]

Hieran dürfte auch die mit dem MoPeG (Gesetz zur Umsetzung des Personengesellschaftsrechts) stattgefundene Gesetzesänderung des Personengesellschaftsrechts nichts ändern. Durch jene trat ab dem 01.01.2024 der § 728 BGB an die Stelle des § 738 BGB a.F. Anders als seine Vorgängernorm sieht der heutige § 728 Abs. 1 S. 1 BGB eine „angemessene Abfindung“ vor.[250] Aber auch hier ist zu berücksichtigen, dass der Ausscheidende keinen wirtschaftlichen Nachteil im Vergleich zur Liquidation der Gesellschaft erleiden soll.[251] Demnach sollte von einer angemessenen Abfindung im Sinne der Norm nur dann ausgegangen werden, wenn sie dem quotalen Unternehmenswert auf Basis einer fiktiven Auseinandersetzung entspricht.[252] Ferner stellt die Abfindung einen Ausgleich dafür dar, dass der Gesellschafter seine vermögensmäßige Beteiligung mitsamt der Teilhabe an zukünftigen Geschäftsergebnissen und damit an der Partizipation am Unternehmen als

---

[244] *Adolff*, Unternehmensbewertung im Recht der börsennotierten Aktiengesellschaft, S. 359.

[245] *Adolff*, Unternehmensbewertung im Recht der börsennotierten Aktiengesellschaft, S. 359.

[246] Vgl. *Adolff*, Unternehmensbewertung im Recht der börsennotierten Aktiengesellschaft, S. 359.

[247] *Adolff*, Unternehmensbewertung im Recht der börsennotierten Aktiengesellschaft, S. 359; Heidel/Hirte/*Schlobsner*, Das neue Personengesellschaftsrecht, § 11 Rn. 46; vgl. *Hüttemann*, FS Hoffmann-Becking (2013), S. 603, 605.

[248] *Hüttemann*, FS Hoffmann-Becking (2013), S. 603, 605; vgl. Fleischer/Hüttemann/*Fleischer*, RhB Unternehmensbewertung, § 20 Rn. 20.4; weitergehend Heidel/Hirte/*Schlobsner*, Das neue Personengesellschaftsrecht, § 11 Rn. 46, 51, wonach es sich ungeachtet einer gesetzlichen Normierung um einen grundlegenden Rechtsgedanken handelt.

[249] *Hüttemann*, FS Hoffmann-Becking (2013), S. 603, 605.

[250] *Fleischer*, GmbHR 2023, 1005, 1006 Rn. 7; Heidel/Hirte/*Schlobsner*, Das neue Personengesellschaftsrecht, § 11 Rn. 1; *Hüttemann/Meyer*, ZIP 2022, 935, 935–936.

[251] Heidel/Hirte/*Schlobsner*, Das neue Personengesellschaftsrecht, § 11 Rn. 39; *Hüttemann/Meyer*, ZIP 2022, 935, 940.

[252] *Hüttemann/Meyer*, ZIP 2022, 935, 941.

arbeitende Einheit verliert.[253] Dies legt ebenso eine quotale Beteiligung auch nach der neueren Rechtslage nahe. Mithin dürfte auch unter dem § 728 Abs. 1 S. 2 BGB in seiner Fassung ab 2024 noch die Liquidationshypothese und die indirekte Anteilsbewertung im Personengesellschaftsrecht fortgelten.[254] Selbst wenn man im MoPeG eine Abkehr von diesen Konzepten sieht, fruchtet die Argumentation zur Liquidationshypothese mit der indirekten Anteilsbewertung für Aktiengesellschaften auch weiterhin.[255]

Hierfür sprechen zudem aktienrechtliche Gleichbehandlungserwägungen. So gilt das Prinzip der Erfolgsaufteilung entsprechend des Verhältnisses der geleisteten Einlagen, welches aus den § 60 Abs. 1, Abs. 2, § 186 Abs. 1, § 271 Abs. 2, Abs. 3 AktG zur Finanzverfassung der Aktiengesellschaft folgt.[256] Demzufolge bedarf es einer Gleichbehandlung aller Aktionäre dahingehend, dass ihnen im Verhältnis untereinander ein einheitlicher Unternehmenswert unterstellt werden muss.[257] Die unterschiedlichen Bewertungsparameter für Mehrheits- und Minderheitsbeteiligungen dürfen demnach nicht in die Bewertung eingehen.[258] Bei einer indirekten Anteilsbewertung, bei der auf den Gesamtunternehmenswert rekurriert wird, findet dies im Gegensatz zur direkten Bewertung gerade nicht statt.[259]

Die indirekte Anteilsbewertung ist auch aus verfassungsrechtlicher Sicht zu befürworten. Wie schon erwähnt tendiert das BVerfG in seiner *DAT/Altana*-Entscheidung hierzu. Sofern bei der Abfindung auch die Mitwirkungsbefugnisse und die Teilhabe an der Entwicklung des Unternehmens[260] sowie die Bilanzgewinne,

---

[253] Heidel/Hirte/*Schlobsner*, Das neue Personengesellschaftsrecht, § 11 Rn. 41; *Hüttemann/Meyer*, ZIP 2022, 935, 941.

[254] So auch Heidel/Hirte/*Schlobsner*, Das neue Personengesellschaftsrecht, § 11 Rn. 54; *Hüttemann/Meyer*, ZIP 2022, 935, 942–943; Schäfer/*Schäfer*, Das neue Personengesellschaftsrecht, § 6 Rn. 25. In diese Richtung auch *Fleischer*, GmbHR 2023, 1005, 1018 Rn. 63, welcher an der indirekten Anteilsbewertung als „Richtschnur" festhalten will.

[255] Siehe etwa Heidel/Hirte/*Schlobsner*, Das neue Personengesellschaftsrecht, § 11 Rn. 46, 51, wonach die indirekte Anteilsbewertung nach der Liquidationshypothese auch nach dem Wegfall des § 738 BGB a.F. als Rechtsgedanke fortbesteht. Siehe auch *Hüttemann/Meyer*, ZIP 2022, 935, 942, laut denen andernfalls eine ungerechtfertigte Abweichung zwischen den Konzeptionen des Personengesellschaftsrechts und des Rechts der Aktiengesellschaften auftreten würde.

[256] *Adolff*, Unternehmensbewertung im Recht der börsennotierten Aktiengesellschaft, S. 361; Heidel/Hirte/*Schlobsner*, Das neue Personengesellschaftsrecht, § 11 Rn. 46. Weitergehend zu diesem Prinzip unter Gleichbehandlungsaspekten siehe: § 3.

[257] *Adolff*, Unternehmensbewertung im Recht der börsennotierten Aktiengesellschaft, S. 361; Heidel/Hirte/*Schlobsner*, Das neue Personengesellschaftsrecht, § 11 Rn. 46.

[258] *Adolff*, Unternehmensbewertung im Recht der börsennotierten Aktiengesellschaft, S. 361. Zu den unterschiedlichen aktionärsstrukturbedingten Wertparametern und den Unterschieden zwischen den Werten einzelner Anteile und gesamter Unternehmen siehe: § 3.

[259] Vgl. *Adolff*, Unternehmensbewertung im Recht der börsennotierten Aktiengesellschaft, S. 362; vgl. Heidel/Hirte/*Schlobsner*, Das neue Personengesellschaftsrecht, § 11 Rn. 46.

[260] *Großfeld/Egger/Tönnes*, Recht der Unternehmensbewertung, S. 34 Rn. 150.

Bezugsrechte und der Abwicklungsüberschuss[261] beachtet werden sollen, kann dies nur mittels einer indirekten Anteilsbewertung geschehen. Für die von Verfassungs wegen erforderliche volle Kompensation bedarf es gerade einer Entschädigung für alle mit dem Aktieneigentum verbundenen Rechte und einer Berücksichtigung des gesamten Unternehmens.[262] Dies kann erst durch eine Bewertung des Unternehmens als Ganzes und einer anschließenden quotalen Aufteilung geschehen. Andernfalls würde nicht der volle Wert der Beteiligung ersetzt.

Mithin sprechen gesellschafts- wie auch verfassungsrechtliche Erwägungen für eine abgeleitete Bewertung, wohingegen die Argumente der unmittelbaren Anteilsbewertung nicht überzeugen. Dementsprechend ist sich der herrschenden Auffassung einer indirekten Anteilsbewertung anzuschließen. Als Bewertungsobjekt dient damit das gesamte Unternehmen, dessen Wert quotal auf die Aktien aufzuteilen ist.

bb) Bewertungssubjekt: Relevante Bewertungsperspektive

Des Weiteren ist das Bewertungssubjekt für die Ermittlung des quotalen Unternehmenswerts festzulegen. Wie bereits erörtert erfolgt eine Unternehmensbewertung stets subjektabhängig. Je nach Bewertungsperspektive kann ein unterschiedlicher Wert abgeleitet werden. Damit stellt sich die Frage, wessen Sichtweise im Kontext des quotalen Unternehmenswerts einzunehmen ist. Diesbezüglich werden verschiedene Ansätze vertreten, die es zu beleuchten gilt.

Auch bei dieser Problematik gibt der eingeschlagene Weg die Anforderungen an die Berücksichtigung des Börsenkurses bei der Ermittlung des quotalen Unternehmenswerts vor, da er die Bewertungsperspektive des gewählten Bewertungssubjekts wiedergeben muss.

(1) Verkäufergrenzpreis nach Entschädigungsthese

Gemäß der Entschädigungsthese ist auf den Grenzwert abzustellen, zu welchem der abfindungsberechtige Aktionär noch ohne wirtschaftlichen Nachteil ausscheiden kann.[263] Damit wird die Bewertungsperspektive eines typisierten Minderheitsaktionärs auf Basis eines Verkäufergrenzpreises eingenommen. Mit der abfindungsauslösenden Maßnahme einhergehende Synergieeffekte fließen hierbei nicht in die Abfindungsbemessung ein.[264] Die Entschädigungsthese legt die Forderung nach einer wirtschaftlich vollen Entschädigung i. S. e. Schadenersatzes des aus-

---

[261] *Adolff*, Unternehmensbewertung im Recht der börsennotierten Aktiengesellschaft, S. 357.

[262] Vgl. Heidel/Hirte/*Schlobsner*, Das neue Personengesellschaftsrecht, § 11 Rn. 46.

[263] Bürgers/Körber/Lieder/*Ruiz de Vargas*, AktG, Anh. § 305 AktG Rn. 4b; vgl. Fleischer/Hüttemann/*Meyer*, RhB Unternehmensbewertung, § 7 Rn. 7.41; vgl. *Wollny*, DStR 2017, 949, 950, der hierbei aber nicht von der Entschädigungsthese spricht.

[264] *Wollny*, DStR 2017, 949, 950.

scheidenden Aktionärs aus. Bei einem solchen Vorgehen kommt eine Börsenkursorientierung als möglicher Wertmaßstab in Betracht.[265]

Dieser Ansatz ist vor allem in der Rechtsprechung zu beobachten.[266] So scheint etwa der BGH in einem Beschluss von 1998 diesem Pfad zu folgen, wenn er den Ausgleich und die Abfindung nach §§ 304, 305 AktG als Entschädigungsleistung und Verlustkompensation begreift.[267] Ebenso berufen sich zahlreiche Instanzgerichte auf den Verkäufergrenzpreis bzw. den Grenzpreis des ausscheidenden Aktionärs.[268]

Auch der IDW S 1, der auf die Perspektive eines Anteilseigners als inländische unbeschränkt steuerpflichtige natürliche Person abstellt[269], tendiert zur Bewertungsperspektive des Minderheitsaktionärs.[270]

Die Entschädigungsthese vermag schon aus konzeptioneller Sicht nicht zu überzeugen. Zwar ist eine gewisse Parallele zum Schadenersatz nicht abzustreiten.[271] Dennoch sollte die verfassungsrechtlich geforderte wirtschaftlich volle Entschädigung nicht als Schadenersatz des individuellen Aktionärs gemäß §§ 249 ff. BGB verstanden werden.[272] Schließlich ist bei einer Barabfindung kein individueller Schaden des einzelnen Aktionärs zu ermitteln. Vielmehr soll der quotale Anteil am Gesamtunternehmenswert festgelegt werden, wobei die ausscheidenden Aktionäre auf dieser Grundlage zu kompensieren sind. Der Minderheitsaktionär wird für seine verlustige Beteiligung an der Gesellschaft als Ganzes und nicht für eine vermögenswerte Schädigung entschädigt. Er soll nicht das erhalten, was seine Beteiligung für ihn wert ist, sondern den Wert seiner Beteiligung am arbeitenden Un-

---

[265] OLG Frankfurt a. M., Beschl. v. 26.01.2017 – 21 W 75/15 = AG 2017, 790, 792; OLG Frankfurt a. M., Beschl. v. 17.01.2017 – 21 W 37/12 = AG 2017, 626, 627.

[266] Bürgers/Körber/Lieder/*Ruiz de Vargas*, AktG, Anh. § 305 AktG Rn. 4b. Anders als von *Ruiz de Vargas* angenommen dürfte die *Stinnes*-Entscheidung des BGH von 2015 jedoch nicht der Entschädigungsthese obliegen, da jene auf den Verkauf des Unternehmens an einen Dritten abstellt.

[267] BGH, Beschl. v. 04.03.1998 – II ZB 5/97 –, BGHZ 138, 136–142, Rn. 10, 13; vgl. Fleischer/Hüttemann/*Meyer*, RhB Unternehmensbewertung, § 7 Rn. 7.21, der dieser Auffassung kritisch gegenübersteht und sie mit Blick auf die spätere *DAT/Altana*-Entscheidung des BVerfG als überholt ansieht.

[268] OLG Düsseldorf, Beschl. v. 02.07.2018 – 26 W 4/17 (AktE) = AG 2019, 92, 94; OLG Frankfurt a. M., Beschl. v. 26.01.2017 – 21 W 75/15 = AG 2017, 790, 791; OLG Frankfurt a. M., Beschl. v. 17.01.2017 – 21 W 37/12 = AG 2017, 626, 627; OLG München, Beschl. v. 05.05.2015 – 31 Wx 366/13 = AG 2015, 508, 510 Rn. 19.

[269] IDW S 1 (2008), Rn. 31.

[270] *Ruthardt*, Normzweckkonforme Unternehmensbewertung und Abfindungsbemessung beim aktienrechtlichen Squeeze Out, S. 262.

[271] Vgl. *Adolff*, Unternehmensbewertung im Recht der börsennotierten Aktiengesellschaft, S. 388; vgl. Bürgers/Körber/Lieder/*Ruiz de Vargas*, AktG, Anh. § 305 AktG Rn. 3.

[272] *Meilicke*, ZIP 2014, 605, 612.

ternehmen, wofür der Grenzpreis des ausscheidenden Aktionärs nicht herangezogen werden kann.[273]

Darüber hinaus darf sich in Anbetracht der Tatsache, dass sämtliche Aktionäre in rechtlich gleicher Lage an der Aktiengesellschaft beteiligt sind und eine bestmögliche Verwertung des Unternehmens gefordert wird, nicht auf die Bewertungsperspektive bestimmter Aktionäre beschränkt werden.[274] Andernfalls könnten etwaige unterschiedliche aktionärsstrukturbedingte Wertparameter in die Bewertung einfließen. So besteht etwa die Möglichkeit, dass Minderheitsanteile Abschläge auf den quotalen Unternehmenswert enthalten.[275] Demnach läuft die Entschädigungsthese Gefahr, eine zu niedrige Abfindung zu bewirken. Sie stellt gerade nicht auf den quotal aufgeteilten Gesamtunternehmenswert, sondern auf den Wert der Minderheitsanteile ab. Damit widerspricht dieser Ansatz dem Prinzip der Erfolgsaufteilung nach dem Verhältnis der geleisteten Einlagen, wonach ein im Verhältnis der Gesellschafter zueinander gleicher Unternehmenswert zugrunde gelegt werden muss.[276] Es ist kein Grund ersichtlich, warum man sich auf die Bewertungsperspektive einer Aktionärsfraktion beschränken sollte.

Hinzu kommt, dass ein reines Abstellen auf die Perspektive der Minderheit den Mehrheitsaktionär dazu verleiten könnte, seine vom Gesetz eingeräumten Handlungsmöglichkeiten auszunutzen.[277] Damit streiten auch Aspekte des Minderheitenschutzes gegen dieses Vorgehen.

Somit ist die Entschädigungsthese mitsamt der Bewertungsperspektive der Minderheitsaktionäre abzulehnen.

(2) Schiedswertkonzept nach Verhandlungsthese

Andernorts wird anhand eines Schiedswertkonzepts verfahren. Bei jenem nimmt man die Bewertungsperspektive der Beteiligten ein. Da hierbei eine freie Verhandlung zwischen dem Mehrheitsaktionär und den Minderheitsaktionären fingiert wird, kann man diesen Ansatz auch als Verhandlungsthese bezeichnen.[278]

Das Schiedswertkonzept wird vor allem von der wirtschaftswissenschaftlichen Seite vertreten und ist eng mit ihrer Vorstellung der Ermittlung eines Schieds-,

---

[273] *Hüttemann*, FS Hoffmann-Becking (2013), S. 603, 607.

[274] Fleischer/Hüttemann/*Meyer*, RhB Unternehmensbewertung, § 7 Rn. 7.51; *Hüttemann*, CF 2016, 467, 468–469.

[275] *Adolff*, Unternehmensbewertung im Recht der börsennotierten Aktiengesellschaft, S. 361. Vertiefend zur Problematik der Minderheitsabschläge siehe: § 3.

[276] Vgl. *Adolff*, Unternehmensbewertung im Recht der börsennotierten Aktiengesellschaft, S. 361.

[277] *Matschke/Brösel*, Unternehmensbewertung, S. 592; vgl. *Karami*, Unternehmensbewertung und Spruchverfahren beim „Squeeze out", S. 106. Zur Gefahr eines Machtmissbrauchs des Mehrheitsaktionärs siehe: § 4 sowie § 6.

[278] Bürgers/Körber/Lieder/*Ruiz de Vargas*, AktG, Anh. § 305 AktG Rn. 4c.

Einigungs- oder Arbitriumwerts durch den Bewerter in seiner Vermittlungsfunktion verbunden.[279]

Der Schiedswert stellt einen fairen Einigungspreis zwischen den Grenzpreisen des Verkäufers und des Käufers dar.[280] Die angemessene Abfindung liegt zwischen dem Grenzpreis des Abfindungsberechtigten und dem des Abfindungspflichtigen.[281] Mittels einer simulierten Kaufpreisfindung wird ein Einigungsbereich zwischen den individuellen Grenzpreisen ermittelt.[282] Damit erfolgt die Abfindungsermittlung anhand der Simulation einer Preisfindung.[283] Hierbei soll ein Wert gefunden werden, der nach Maßgabe eines rationalen Handels der Parteien und einer parteienbezogenen Angemessenheit einer fairen Übereinkunft am ehesten entspricht.[284] Die Differenz zwischen den Grenzpreisen gilt es zu verteilen[285], wobei verschiedene Aufteilungsansätze vertreten werden[286]. Synergieeffekte werden dabei überwiegend berücksichtigt.[287] Bei dominierten Konfliktsituationen ist selbst dann ein Arbitri-

---

[279] Siehe hierzu bereits: A. Zur Schiedspreisermittlung bei Abfindungen auf wirtschaftswissenschaftlicher Grundlage auch *Moxter*, Grundsätze ordnungsmäßiger Unternehmensbewertung, S. 22 § 3.

[280] *Moxter*, Grundsätze ordnungsmäßiger Unternehmensbewertung, S. 22 § 3.

[281] *Drukarczyk*, AG 1973, 357, 365; siehe auch *Ruthardt*, Normzweckkonforme Unternehmensbewertung und Abfindungsbemessung beim aktienrechtlichen Squeeze Out, S. 159, der von einem typisierten Verkäufer- und Käufergrenzpreis anhand eines normzweckadäquaten Schiedspreiskonzepts bei der Barabfindung spricht.

[282] *Große-Frericks*, Die Angemessenheit des Entgelts für die Übertragung von Eigentumsrechten als Problem rechtsgeprägter Unternehmensbewertung, S. 71.

[283] *Karami*, Unternehmensbewertung und Spruchverfahren beim „Squeeze out", S. 106; *Matschke/Brösel*, Unternehmensbewertung, S. 593.

[284] *Große-Frericks*, Die Angemessenheit des Entgelts für die Übertragung von Eigentumsrechten als Problem rechtsgeprägter Unternehmensbewertung, S. 71–72; *Matschke/Brösel*, Unternehmensbewertung, S. 479–481.

[285] *Große-Frericks*, Die Angemessenheit des Entgelts für die Übertragung von Eigentumsrechten als Problem rechtsgeprägter Unternehmensbewertung, S. 74–75; vgl. *Matschke/Brösel*, Unternehmensbewertung, S. 494; vgl. *Ruthardt*, Normzweckkonforme Unternehmensbewertung und Abfindungsbemessung beim aktienrechtlichen Squeeze Out, S. 159.

[286] Siehe nur *Große-Frericks*, Die Angemessenheit des Entgelts für die Übertragung von Eigentumsrechten als Problem rechtsgeprägter Unternehmensbewertung, S. 75–85 sowie *Ruthardt*, Normzweckkonforme Unternehmensbewertung und Abfindungsbemessung beim aktienrechtlichen Squeeze Out, S. 160–168.

[287] So etwa *Busse von Colbe*, ZGR 1994, 595, 607–609; *Drukarczyk*, AG 1973, 357, 365; *Karami*, Unternehmensbewertung und Spruchverfahren beim „Squeeze out", S. 107; ferner *Ruthardt*, Normzweckkonforme Unternehmensbewertung und Abfindungsbemessung beim aktienrechtlichen Squeeze Out, S. 284–285, der nur echte Verbundeffekte berücksichtigen und unechte Synergieeffekte, die örtlich exklusiv beim Mehrheitsaktionär anfallen, ausblenden will; siehe zudem *Böcking*, FS Moxter (1994), S. 1407, 1417–1419, wonach das „Grenzpreisprinzip als Quelle des Verbundberücksichtigungsprinzip" zu betrachten ist, vgl. Bürgers/Körber/Lieder/*Ruiz de Vargas*, AktG, Anh. § 305 AktG Rn. 4c, der diese Partizipation kritisch beäugt. Siehe aber auch *Winner*, Wert und Preis im Zivilrecht, S. 445–446, nach welchem die überwiegende wirtschaftswissenschaftliche Literatur Deutschlands im Wege der

umwert festzusetzen, wenn es zu keiner Einigung zwischen gleichberechtigten Parteien gekommen wäre.[288] Sofern kein Einigungsbereich vorliegt, tendiert das Schrifttum dazu, auf den Entscheidungswert der dominierten Partei abzustellen.[289]

Da der Börsenkurs lediglich einen temporäreren Einigungspreis bezüglich einer Aktie auf Basis einer speziellen Marktsituation darstellt und Minderheitsaktionäre, die ihre Aktien nicht verkaufen, damit zeigen, dass ihr Entscheidungswert über diesem liegt, ist er nicht zur Ermittlung des Schiedswerts geeignet.[290]

Für dieses Vorgehen spricht zunächst, dass mit den Grenzpreisen der Beteiligten und der Ausrichtung anhand der Konfliktsituation ein gewisser Bezug zum Bewertungsanlass gewahrt wird. Schließlich beruht die dominierte Konfliktsituation auf dem Verhältnis zwischen Mehrheits- und Minderheitsaktionären.[291] Zugleich wird im Wege der Simulation einer Preisfindung und aufgrund des Bewertungsziels der fairen Einigung auf eine sachgerechte, keinen Beteiligten unnötig benachteiligende Abfindung hingewirkt.

Dem Schiedswertkonzept ist jedoch entgegenzuhalten, dass es eine gleichberechtigte, nicht dominierte Verhandlungssituation fingieren will und hierfür gerade die Minderheit der Mehrheit gegenüberstellt.[292] Dabei wird der Mehrheitsaktionär über einen Informationsvorsprung gegenüber der Minderheit verfügen und es in der Hand haben, die Maßnahme gegen ihren Willen durchzuführen.[293] Vor diesem Hintergrund ist eine gleichberechtigte Verhandlung zu bezweifeln.[294]

Der Versuch, die dominierte Situation durch eine Typisierung des Mehrheitsaktionärs und der Geschäftsleitung hinsichtlich eines stets rechtmäßigen Verhaltens

---

Schiedswertermittlung Synergieeffekte berücksichtigt, das Schrifttum Österreichs im Rahmen dessen aber teils offenbleibt.

[288] *Große-Frericks*, Die Angemessenheit des Entgelts für die Übertragung von Eigentumsrechten als Problem rechtsgeprägter Unternehmensbewertung, S. 74; *Matschke/Brösel*, Unternehmensbewertung, S. 482.

[289] *Große-Frericks*, Die Angemessenheit des Entgelts für die Übertragung von Eigentumsrechten als Problem rechtsgeprägter Unternehmensbewertung, S. 74; *Matschke/Brösel*, Unternehmensbewertung, S. 482. Für ein Rechenmodell bzgl. angemessener Barabfindungen siehe *Matschke/Brösel*, Unternehmensbewertung, S. 597–602.

[290] *Brösel/Karami*, WPg 2011, 418, 420–421; *Karami*, Unternehmensbewertung und Spruchverfahren beim „Squeeze out“, S. 130–131; *Matschke/Brösel*, Unternehmensbewertung, S. 595–596, die aber auf den Börsenkurs als verfassungsrechtlich gebotene Untergrenze der Abfindung hinweisen; siehe zudem *Drukarczyk*, AG 1973, 357, 365, der bereits vom Börsenkurs als bloße Untergrenze spricht.

[291] *Ruthardt/Hachmeister*, NZG 2014, 885, 890; *Ruthardt/Hachmeister*, WPg 2016, 411, 420.

[292] *Schwetzler*, FS Großfeld (2019), S. 401, 411.

[293] *Schwetzler*, FS Großfeld (2019), S. 401, 411–412. Zu dieser Problematik siehe noch: § 4.

[294] *Schwetzler*, FS Großfeld (2019), S. 401, 412.

zu entschärfen, dürfte kaum Erfolg haben.[295] Angesichts seiner überlegenen Verhandlungsposition und des Umstands, dass er keinen Anreiz dazu hat, seine Pläne offenzulegen und damit seinen Informationsvorsprung aufzugeben, wird es zu keiner gleichberechtigten Verhandlung mit dem Mehrheitsaktionär kommen.[296] Durch eine anderweitige Typisierung in Form des Heranziehens vergleichbarer Verhandlungsergebnisse hingegen würde man sich der Konzeption des markttypischen Erwerbers annähern, der von den Vertretern des Schiedswertkonzepts abgelehnt wird.[297]

Grundlegend sind Typisierungen unvermeidbar, womit auch bei diesem Vorgehen von subjektbezogenen Werten abstrahiert wird.[298]

Darüber hinaus streitet eine konsistente Beachtung der für das Bewertungsobjekt erörterten Grundgedanken gegen die Verhandlungsthese. Mit Blick auf die Ausführungen zur Liquidationshypothese kommt es gerade auf die vorteilhafteste Verwertung des Gesellschaftsvermögens an, welche keinen Schiedswert zwischen den Grenzpreisen der Beteiligten darstellt.[299] Eine möglichst vorteilhafte Veräußerung kann nicht daran bemessen werden, was die Mehrheit für das Unternehmen gezahlt hätte.[300] Hierbei ist die bestmögliche Verwertung des Unternehmens als Ganzes von Bedeutung und nicht die individuellen Wertkalküle.[301]

Wie schon der Entschädigungsthese ist dem Schiedswertkonzept entgegenzuhalten, dass möglicherweise unterschiedliche aktionärsstrukturbedingte Wertparameter in die Bewertung einfließen können. So wirken auch dann, wenn ein Schiedspreis zwischen zwei subjektiven Grenzpreisen ermittelt wird, individuelle Erwägungen der Parteien, die sich nicht auf das Unternehmen als Ganzes beziehen, in die Bewertung ein. Ein Großaktionär etwa wird im Wege einer Verhandlung mit der Minderheit deren Anteile nicht zwingend als anteilsmäßige Bruchteile des Gesamtunternehmens, sondern im Kontext seiner anstehenden Pläne mit dem erworbenen Unternehmen beurteilen. Dabei kann der Grenzpreis des Abfindungspflichtigen höher oder auch niedriger als der quotale Unternehmenswert sein.[302] Im Rahmen dessen ist auch die Möglichkeit einer suboptimalen Geschäftspolitik durch

---

[295] *Schwetzler*, FS Großfeld (2019), S. 401, 412.

[296] *Schwetzler*, FS Großfeld (2019), S. 401, 412.

[297] *Schwetzler*, FS Großfeld (2019), S. 401, 412.

[298] *Schwetzler*, FS Großfeld (2019), S. 401, 410; vgl. *Adolff*, Unternehmensbewertung im Recht der börsennotierten Aktiengesellschaft, S. 366.

[299] Fleischer/Hüttemann/*Hüttemann*, RhB Unternehmensbewertung, § 1 Rn. 1.26.

[300] *Adolff*, Unternehmensbewertung im Recht der börsennotierten Aktiengesellschaft, S. 366.

[301] Fleischer/Hüttemann/*Meyer*, RhB Unternehmensbewertung, § 7 Rn. 7.51–7.52 mit einem Fallbeispiel.

[302] *Adolff*, Unternehmensbewertung im Recht der börsennotierten Aktiengesellschaft, S. 391.

den Mehrheitsaktionär zu beachten.[303] Mit Blick auf letztere eröffnet eine reine Grenzpreisbetrachtung eine entsprechende Schutzlücke.[304] Vor diesem Hintergrund kann kein quotaler Unternehmenswert in Form eines anteilsmäßigen Bruchteils am Gesamtunternehmenswert, der für jede Aktie gleich ist, ermittelt werden. Selbst wenn man der Mehrheit und der Minderheit weitreichenden Typisierungen unterzieht, dürften die aktionärsstrukturbedingten Unterschiede bei den Wertdeterminanten fortbestehen.

Schlussendlich ist dem Schiedswertkonzept mit der Verhandlungsthese nicht zu folgen.

(3) Unternehmenswert aus Sicht der Gesellschaftergesamtheit

Eine Sonderstellung nimmt die Auffassung Burgers ein. Jener sieht die Gesellschaftergesamtheit als Bewertungssubjekt.[305] Er stellt auf die Perspektive der Gemeinschaft aller typisierten Gesellschafter ab.[306] Den hieraus ermittelten Wert bezeichnet er als „typusbezogenen Normwert", der rechtsgeprägt und typisiert ist.[307] In diesen Wert lässt er auch Verbundeffekte zwischen der Gesellschaft und einzelnen Gesellschaftern einfließen.[308] Börsenkurse können seines Erachtens den Wert eines Unternehmensanteils aus der Perspektive der Gemeinschaft aller Gesellschafter nicht abbilden und sind als Wertmaßstab einer angemessenen Barabfindung ungeeignet.[309]

Bei Burgers Ansatz der Unternehmensbewertung aus Sicht der Gesellschaftergesamtheit bleibt offen, wie die unterschiedlichen charakteristischen Eigenschaften der Aktionäre gewichtet werden sollen.[310] Dementsprechend eröffnen sich Ermessensspielräume mit entsprechenden Unsicherheiten. Ungeachtet der Gewichtung von Charakteristika gehen aktionärsstrukturbedingte Unterschiede in den ermittelten Wert ein. Dementsprechend gilt die beim Schiedswertkonzept und beim Ent-

---

[303] Vgl. *Adolff*, Unternehmensbewertung im Recht der börsennotierten Aktiengesellschaft, S. 366–367; vgl. *Hüttemann*, CF 2016, 467, 469.

[304] *Adolff*, Unternehmensbewertung im Recht der börsennotierten Aktiengesellschaft, S. 367.

[305] *Burger*, Die Maßgeblichkeit von Börsekursen für die Bemessung der Barabfindung beim Gesellschafterausschluss, S. 232, 314.

[306] *Burger*, Die Maßgeblichkeit von Börsekursen für die Bemessung der Barabfindung beim Gesellschafterausschluss, S. 232; *Burger*, NZG 2012, 281, 288–289.

[307] *Burger*, Die Maßgeblichkeit von Börsekursen für die Bemessung der Barabfindung beim Gesellschafterausschluss, S. 235, 314.

[308] *Burger*, Die Maßgeblichkeit von Börsekursen für die Bemessung der Barabfindung beim Gesellschafterausschluss, S. 236–237.

[309] *Burger*, Die Maßgeblichkeit von Börsekursen für die Bemessung der Barabfindung beim Gesellschafterausschluss, S. 315–319; *Burger*, NZG 2012, 281, 288–289.

[310] *Ruthardt*, Normzweckkonforme Unternehmensbewertung und Abfindungsbemessung beim aktienrechtlichen Squeeze Out, S. 253–254, der diesem Ansatz kritisch gegenübersteht und eine zu niedrige Abfindung befürchtet.

schädigungskonzept angeführte Kritik auch hier. Ein quotaler Unternehmenswert auf Basis des Gesamtunternehmenswerts kann hierdurch nicht abgebildet werden.

Mithin ist der Bewertungsperspektive der Gesellschaftergesamtheit eine Absage zu erteilen.

(4) Verkehrswertkonzept nach Liquidationsthese

Zum Teil wird auf die Bewertungsperspektive eines typisierten Gesamtunternehmenserwerbers abgestellt.[311] Auf Grundlage der bereits erwähnten Liquidationshypothese soll demnach ermittelt werden, was ein fiktiver Käufer für das Unternehmen in seiner Gesamtheit zahlen würde.[312] Hierbei ist die bestmögliche Verwertung das Bewertungsziel.[313] Im Ergebnis stellt diese Auffassung auf den Verkehrswert des Gesamtunternehmens ab.[314] Somit lässt sich auch von einem Verkehrswertkonzept sprechen.[315] Mit Blick auf die seitens der Bewertungslehre geforderte Bestimmung des Schiedspreises kann von einer indirekten Ermittlung eines solchen mittels des typisierten Verkehrswerts des Unternehmens ausgegangen werden.[316]

---

[311] *Adolff*, Unternehmensbewertung im Recht der börsennotierten Aktiengesellschaft, S. 365–367, 504–505; Fleischer/Hüttemann/*Adolff/Häller*, RhB Unternehmensbewertung, § 18 Rn. 18.37; Fleischer/Hüttemann/*Adolff/Häller*, RhB Unternehmensbewertung, § 21 Rn. 21.88; *Hüttemann*, CF 2016, 467, 468; *Hüttemann*, FS Hoffmann-Becking (2013), S. 603, 605; *Hüttemann*, ZGR 2001, 454, 466–467; *Meilicke*, ZIP 2014, 605, 611–612; vgl. BGH, Beschl. v. 29.09.2015 – II ZB 23/14 –, BGHZ 207, 114–135, Rn. 44; vgl. DVFA Best-Pratice-Empfehlungen Unternehmensbewertung 2012, S. 8, 9, 10–11; vgl. *DVFA Expert Group „Corporate Transactions and Valuation"*, CFB 2012, 43, 44; vgl. Fleischer/Hüttemann/*Hüttemann*, RhB Unternehmensbewertung, § 1 Rn. 1.27; vgl. *Meyer*, AG 2015, 16, 21; vgl. *Schwetzler*, FS Großfeld (2019), S. 401, 403.

[312] *Adolff*, Unternehmensbewertung im Recht der börsennotierten Aktiengesellschaft, S. 359–360; Fleischer/Hüttemann/*Adolff/Häller*, RhB Unternehmensbewertung, § 18 Rn. 18.36–18.37; Fleischer/Hüttemann/*Adolff/Häller*, RhB Unternehmensbewertung, § 21 Rn. 21.88; *Hüttemann*, CF 2016, 467–475, (468); *Hüttemann*, FS Hoffmann-Becking (2013), S. 603, 605; *Schwetzler*, FS Großfeld (2019), S. 401, 403; vgl. Fleischer/Hüttemann/*Hüttemann*, RhB Unternehmensbewertung, § 1 Rn. 1.26; vgl. *Meilicke*, ZIP 2014, 605, 611–612.

[313] Fleischer/Hüttemann/*Meyer*, RhB Unternehmensbewertung, § 7 Rn. 7.44; *Hüttemann*, CF 2016, 467, 468, 469.

[314] *Hüttemann*, CF 2016, 467, 468; *Hüttemann*, ZGR 2001, 454, 467; *Schwetzler*, FS Großfeld (2019), S. 401, 403. Siehe zudem *Piltz*, ZGR 2001, 158, 194–195, demzufolge im Ertragswertverfahren ein Verkehrswert ermittelt wird, sowie *Stilz*, FS Goette (2011), S. 529, 538, nach dem auch der geschätzte Wert eines Unternehmens einen Verkehrswert darstellt.

[315] So etwa Fleischer/Hüttemann/*Meyer*, RhB Unternehmensbewertung, § 7 Rn. 7.50.

[316] *Moxter*, Grundsätze ordnungsmäßiger Unternehmensbewertung, S. 22 § 3. Die Verhandlungsthese mit dem Schiedswertkonzept (siehe hierzu: § 1 B.I.1.a)bb)(2)) ließe sich in Abgrenzung dazu als „direkte Schiedswertermittlung" bezeichnen. Zur Unternehmensbewertung bei Abfindungen als Schiedswertermittlung auf Basis der deutschen Bewertungslehre siehe: A.

Diese Auffassung ist vor allem im juristischen Schrifttum anzutreffen.[317] Ferner klingt das Verkehrswertkonzept im *Stinnes*-Beschluss des BGH aus dem Jahre 2015 an, laut welchem das Bewertungsziel darin bestünde, den Grenzpreis zu ermitteln, zu welchem das Unternehmen an einen Dritten verkauft werden könnte.[318] Überdies schlagen die *Best-Practice*-Empfehlungen der DVFA von 2012 diesen Weg ein.[319]

Auf Basis der Liquidationshypothese kann der quotale Unternehmenswert anhand einer fundamentalen Unternehmensbewertung und jedenfalls bei umfassend informierten effizienten Märkten auch durch Börsenkurse ermittelt werden.[320]

Innerhalb dieser Konzeption zeichnen sich zwei Unteransichten ab. Jene beruhen in erster Linie auf einer unterschiedlichen Typisierung des Erwerbers.[321]

So soll nach Adolff auf einen typisierten Dritten[322] oder markttypischen Unternehmenserwerber[323] abgestellt werden. Diesem ist eine optimale Investitions- und

---

[317] Laut *Schwetzler*, FS Großfeld (2019), S. 401, 414–415 handelt es sich hierbei jedenfalls für die Abfindung beim Squeeze-out um die vorherrschende juristische Literaturauffassung.

[318] Siehe nur Beschl. v. 29.09.2015 – II ZB 23/14 –, BGHZ 207, 114–135, Rn. 44; vgl. Fleischer/Hüttemann/*Meyer*, RhB Unternehmensbewertung, § 7 Rn. 7.26; vgl. *Hüttemann*, CF 2016, 467, 468. Der bei Fleischer/Hüttemann/*Meyer*, RhB Unternehmensbewertung, § 7 Rn. 7.15–7.18, 7.23 aufgestellten Behauptung, das BVerfG und der BGH würden in ihren *DAT/Altana*-Entscheidungen auf ein Verkehrswertkonzept bei der Unternehmensbewertung rekurrieren, ist hingegen nicht zu folgen, da diese ausweislich Rn. 7.16 auf der Vorstellung beruht, dass der Verkehrswert und der Deinvestitionswert laut dem BVerfG nicht zwingend deckungsgleich wären. Einer solchen Interpretation ist die Entscheidung jedoch nicht zugänglich, da sie sich gerade auf den Verkehrswert der einzelnen Aktie und nicht des gesamten Unternehmens bezieht.

[319] Vgl. *Ruthardt*, Normzweckkonforme Unternehmensbewertung und Abfindungsbemessung beim verschmelzungsrechtlichen Squeeze Out, S. 269–270. Siehe hierzu: DVFA Best-Pratice-Empfehlungen Unternehmensbewertung 2012, S. 8, 9, 10–11; *DVFA Expert Group „Corporate Transactions and Valuation"*, CFB 2012, 43, 44, wo jeweils vom markttypischen Unternehmenserwerber und einer Veräußerung des Gesamtunternehmens die Rede ist.

[320] Fleischer/Hüttemann/*Adolff/Häller*, RhB Unternehmensbewertung, § 18 Rn. 18.36, 18.40, 18.73, 18.76, laut denen es für ein Abstellen auf den Börsenkurs einer einzelfallbezogenen Prüfung der Informations- und Allokationseffizienz bedarf. Zurückhaltender bzgl. Börsenkursen noch *Adolff*, Unternehmensbewertung im Recht der börsennotierten Aktiengesellschaft, S. 377–378, dem zufolge eine Allokationseffizienz und keine unterschiedlichen Wertdeterminanten oder Informationslücken vorliegen müssen, ehe sie herangezogen werden dürfen und der einer Börsenkursorientierung beim quotalen Unternehmenswert ablehnend gegenübersteht. Siehe zudem *Schwetzler*, FS Großfeld (2019), S. 401, 403, 415, laut dem marktorientierte Bewertungsmethoden dem Verkehrswertkonzept entgegenkommen. Zum geforderten Effizienzgrad siehe: § 2 E.II.

[321] Zur Uneinigkeit bzgl. der Typisierungen und insb. der unterschiedlichen Unternehmenserwerber bei *Adolff* und *Hüttemann* siehe auch *Ruthardt/Hachmeister*, NZG 2014, 885, 886–887; *Ruthardt/Hachmeister*, WPg 2016, 411, 416–417.

[322] *Adolff*, Unternehmensbewertung im Recht der börsennotierten Aktiengesellschaft, S. 385, 391. Bei *Ruthardt/Hachmeister*, NZG 2014, 885, 887 und *Ruthardt/Hachmeister*, WPg 2016, 411, 417 Übers. 2 wird dahingehend von einem „typischen" Unternehmenserwerber gesprochen.

Finanzierungspolitik sowie ein Informationsstand zu unterstellen, der sich bei einer *Due Diligence* mit voller Kooperation der Geschäftsführung des Unternehmens ergeben würde.[324] Der markttypische Unternehmenserwerber richtet sein Verhalten allein an der Maximierung seines finanziellen Nutzens aus und agiert dabei stets rational.[325] Darüber hinaus verfolgt dieses Bewertungssubjekt keine anderweitigen unternehmerischen Aktivitäten und lässt dementsprechend keinerlei Synergieeffekte in seinen Kaufpreis einfließen.[326] Eine Berücksichtigung jener findet nach Adolff auf der von der Kompensationsebene abzugrenzenden Partizipationsebene der Abfindung statt, bei welcher die Bewertungsperspektive des die Maßnahme betreibenden Mehrheitsaktionärs eingenommen wird.[327] In dieser Erweiterung der Abfindung kann ein Schritt in Richtung eines Einigungswerts gesehen werden, wie er andernorts zum Teil vertreten wird.[328]

Auch Hüttemann spricht von einem markttypischen Unternehmenserwerber.[329] Sein typisiertes Bewertungssubjekt hat ebenso den Informationsstand, der sich aus einer gründlichen Prüfung des Unternehmens mit einer kooperativen Unternehmensleitung ergeben würde.[330] Es verfolgt ebenfalls nur finanzielle Ziele.[331] Allerdings lehnt Hüttemann das Partizipationsmodell Adolffs ab.[332] Stattdessen modelliert er einen Unternehmenserwerber, der auch Synergieeffekte mit einpreist, die er durch den Erwerb und die Eingliederung realisieren kann.[333] Ihm zufolge ist das Unternehmen im Rahmen der fiktiven Liquidation zwecks einer bestmöglichen Verwertung vor allem denjenigen Erwerbern anzubieten, die Verbundvorteile realisieren können, wobei auch der Mehrheitsaktionär der zu bewertenden Gesellschaft als potenzieller Erwerber in Betracht kommt.[334]

---

[323] *Adolff*, Unternehmensbewertung im Recht der börsennotierten Aktiengesellschaft, S. 366, 368, der sich mit diesem Begriff auf *Hüttemann* bezieht.

[324] *Adolff*, Unternehmensbewertung im Recht der börsennotierten Aktiengesellschaft, S. 371–372.

[325] *Adolff*, Unternehmensbewertung im Recht der börsennotierten Aktiengesellschaft, S. 369.

[326] *Adolff*, Unternehmensbewertung im Recht der börsennotierten Aktiengesellschaft, S. 373, 385, 391.

[327] *Adolff*, Unternehmensbewertung im Recht der börsennotierten Aktiengesellschaft, S. 391–392. Siehe hierzu: § 1 B.I.2.

[328] *Hüttemann*, FS Hoffmann-Becking (2013), S. 603, 608. Zu dieser Auffassung siehe bereits: § 1 B.I.1.a)bb)(2).

[329] *Hüttemann*, CF 2016, 467, 470; *Hüttemann*, FS Hoffmann-Becking (2013), S. 603, 610, 612. Laut *Ruthardt/Hachmeister*, NZG 2014, 885, 887 und *Ruthardt/Hachmeister*, WPg 2016, 411, 417 Übers. 2 handelt es sich um eine „marktnahe" Typisierung.

[330] *Hüttemann*, CF 2016, 467, 473.

[331] *Hüttemann*, FS Hoffmann-Becking (2013), S. 603, 612.

[332] *Hüttemann*, FS Hoffmann-Becking (2013), S. 603, 608–609; vgl. *Hüttemann*, CF 2016, 467, 469.

[333] *Hüttemann*, FS Hoffmann-Becking (2013), S. 603, 609–610.

[334] *Hüttemann*, FS Hoffmann-Becking (2013), S. 603, 609–610.

Dem Verkehrswertkonzept wird entgegengehalten, dass kein Verkehrswert für Unternehmen existiert, da es sich um individuelle Güter handelt.[335] Auch dürfte ein markttypischer Erwerber regelmäßig nicht in der Realität anzutreffen sein.[336] Zur Wertbestimmung muss auf Typisierungen zurückgegriffen werden, welche mit Ermessensspielräumen und entsprechenden Unsicherheiten einhergehen.[337]

Allerdings ist dieser Kritik enggegenzusetzen, dass ein markttypischer Erwerber nicht real existieren muss. Schließlich handelt es sich um eine bloße Prämisse, die dazu dient, einen quotalen Unternehmenswert zwecks einer vollen Kompensation und damit eine angemessene Abfindung zu ermöglichen. Zudem bedarf es bei der rechtsgeleiteten Unternehmensbewertung stets einer Typisierung[338], wobei auch die anderen Ansätze nicht unerhebliche Typisierungen verlangen[339]. Die Spielräume und Typisierungsprobleme bei der Bestimmung des markttypischen Erwerbers sind hinzunehmen, da die Unternehmensbewertung zu einem bloßen Schätzwert führt.[340] Etwaige praktische Schwierigkeiten gereichen nicht dazu, die gesetzlichen Bewertungsvorgaben pauschal einzuschränken.[341]

Ungeachtet dessen führen die Kritiker des Verkehrswertkonzepts an, dass man sich vom Anlass der Unternehmensbewertung entferne, wenn auf einen typisierten Dritten und nicht den Einigungswert der beteiligten Parteien abgestellt wird.[342]

Jedoch bedarf es bei der normgeprägten Unternehmensbewertung einer Berücksichtigung der gesellschaftsrechtlichen Gegebenheiten und der rechtlichen Vorgaben.[343] Da alle Aktionäre in rechtlich gleicher Lage an der Aktiengesellschaft beteiligt sind, ihnen deren Geschäftschancen gemeinsam zustehen, Gesellschafter an den gemeinsamen Zweck ihrer Gesellschaft gebunden sind und es einer best-

---

[335] *Komp*, Zweifelsfragen des aktienrechtlichen Abfindungsanspruchs nach §§ 305, 320b AktG, S. 325, *Ruthardt/Hachmeister*, WPg 2016, 411, 416, 419; *Ruthardt*, Normzweckkonforme Unternehmensbewertung und Abfindungsbemessung beim aktienrechtlichen Squeeze Out, S. 244.

[336] Vgl. *Ruthardt/Hachmeister*, NZG 2014, 885, 890; vgl. *Ruthardt/Hachmeister*, WPg 2016, 411, 419; vgl. *Ruthardt*, Normzweckkonforme Unternehmensbewertung und Abfindungsbemessung beim aktienrechtlichen Squeeze Out, S. 244–245.

[337] *Ruthardt/Hachmeister*, WPg 2016, 411, 416, 419; *Ruthardt*, Normzweckkonforme Unternehmensbewertung und Abfindungsbemessung beim aktienrechtlichen Squeeze Out, S. 244.

[338] Fleischer/Hüttemann/*Meyer*, RhB Unternehmensbewertung, § 7 Rn. 7.51, 7.53; *Hüttemann*, CF 2016, 467, 470. Siehe bereits: § 1 A.

[339] *Hüttemann*, CF 2016, 467, 468, 470.

[340] Vgl. *Hüttemann*, CF 2016, 467, 470.

[341] Fleischer/Hüttemann/*Meyer*, RhB Unternehmensbewertung, § 7 Rn. 7.47.

[342] *Ruthardt/Hachmeister*, NZG 2014, 885, 890; *Ruthardt/Hachmeister*, WPg 2016, 411, 419–420; *Ruthardt*, Normzweckkonforme Unternehmensbewertung und Abfindungsbemessung beim aktienrechtlichen Squeeze Out, S. 245–246.

[343] *Hüttemann*, CF 2016, 467, 468–469; vgl. Fleischer/Hüttemann/*Meyer*, RhB Unternehmensbewertung, § 7 Rn. 7.51.

möglichen Verwertung des Unternehmens bedarf, kann nicht auf die Bewertungsperspektive bestimmter Aktionäre abgestellt werden.[344] Individuelle Grenzpreise widersprechen Gleichbehandlungserwägungen.[345] Eine dahingehende einseitige Bewertungsperspektive verbietet sich. So können etwa die Aktien der Minderheit Abschläge auf den quotalen Unternehmenswert verzeichnen.[346] Darüber hinaus kann der Grenzpreis des Abfindungspflichtigen den quotalen Unternehmenswert sowohl übertreffen als auch untertreffen.[347] Vor allem besteht die Gefahr einer suboptimalen Geschäftspolitik durch den Mehrheitsaktionär.[348] Sofern nun auf den Grenzpreis der Mehrheit bzw. der Minderheit oder auf einen Schiedswert zwischen diesen Preisen abgestellt wird, finden deren subjektive Erwägungen Eingang in die Abfindungsbemessung. Jene beruhen nicht auf der Bewertung des Unternehmens als Ganzes. Auf diesem Wege wirken sich die unterschiedlichen aktionärsstrukturbedingten Wertdeterminanten auf die Bewertung aus, womit kein quotaler Unternehmenswert i. S. e. anteilsmäßigen Bruchteils am Gesamtunternehmenswert ermittelt werden kann. Eine volle Kompensation zum quotalen Unternehmenswert kann folglich nicht gewährleistet werden. Wie sich gezeigt hat, ist die Eignung der Entschädigungsthese wie auch der Verhandlungsthese und der Bewertung aus Sicht der Gesellschaftergemeinschaft für die Ermittlung des quotalen Unternehmenswerts höchst zweifelhaft. Vielmehr bedarf es eines von den Beteiligten abstrahierten Bewertungssubjekts.[349] Demgemäß ist die Bewertungsperspektive eines Dritten vorzugswürdig. Da die Typisierung beim Verkehrswertkonzept subjektive Interessen abbildet, weist sie auch einen ausreichenden Eignerbezug auf.[350]

Schließlich sind die rechtlichen Bewertungsvorgaben für die Modellierung des Bewertungssubjekts entscheidend. Im Rahmen einer angemessenen Abfindung sollen die ausscheidenden Aktionäre entsprechend ihrer Beteiligung am Unternehmenswert kompensiert werden. Es bedarf hierfür einer Abfindung zum quotalen Wertanteil am Gesamtunternehmen. Die bestmögliche Veräußerung des gesamten Unternehmens auf Basis der Liquidationshypothese entspricht diesen Anforderungen. Dabei wird nur bei der Liquidationshypothese jeder Aktie im Verhältnis der

---

[344] Fleischer/Hüttemann/*Meyer*, RhB Unternehmensbewertung, § 7 Rn. 7.51; *Hüttemann*, CF 2016, 467, 468–469.

[345] Fleischer/Hüttemann/*Meyer*, RhB Unternehmensbewertung, § 7 Rn. 7.51; vgl. *Adolff*, Unternehmensbewertung im Recht der börsennotierten Aktiengesellschaft, S. 361.

[346] *Adolff*, Unternehmensbewertung im Recht der börsennotierten Aktiengesellschaft, S. 361. Vertiefend hierzu siehe: § 3.

[347] *Adolff*, Unternehmensbewertung im Recht der börsennotierten Aktiengesellschaft, S. 391.

[348] *Hüttemann*, CF 2016, 467, 469; vgl. *Adolff*, Unternehmensbewertung im Recht der börsennotierten Aktiengesellschaft, S. 366.

[349] Fleischer/Hüttemann/*Meyer*, RhB Unternehmensbewertung, § 7 Rn. 7.53.

[350] Fleischer/Hüttemann/*Meyer*, RhB Unternehmensbewertung, § 7 Rn. 7.53.

Aktionäre zueinander derselbe Wert zugewiesen.[351] So bildet bei diesem Ansatz jede Aktie aus rechtlicher und ökonomischer Sicht einen ihrem Anteil entsprechenden Bruchteil des Gesamtunternehmenswerts ab.[352] Somit wird die Liquidationshypothese dem verfassungsrechtlich geschützten quotalen Unternehmenswert gerecht.[353]

Schon aus Konsistenzaspekten sollte dem Gedanken der Liquidationshypothese weiter gefolgt werden. Schließlich müssten die rechtlichen Grundlagen beim Bewertungsobjekt auch für das Bewertungssubjekt gelten. Wie bereits erörtert greift im Falle von Barabfindungen bei Aktiengesellschaften die Liquidationshypothese, mit der sich die indirekte Anteilsbewertung zur Bestimmung des quotalen Unternehmenswerts begründen lässt.[354] In der Abfindung kann demnach keine Entschädigung und auch kein Schiedswert gesehen werden.[355] Die Prinzipien des Schlechterstellungsverbots und der Erfolgsaufteilung nach dem Verhältnis der geleisteten Einlagen sprechen für eine möglichst vorteilhafte Veräußerung der Gesamtgesellschaft, wofür auf einen normadäquat typisierten Dritten als Erwerber abzustellen ist.[356]

In Anbetracht der vorangegangenen Erwägungen vermag das Verkehrswertkonzept mit der Liquidationshypothese zu überzeugen. Bewertungssubjekt des quotalen Unternehmenswerts ist damit ein markttypischer Erwerber des Gesamtunternehmens.

Damit stellt sich die Folgefrage, wie besagter Unternehmenserwerber zu typisieren ist.

Für den Ansatz Hüttemanns, wonach Verbundvorteile des Erwerbers zu berücksichtigen sind, streitet auf den ersten Blick, dass dies einer möglichst vorteilhaften Verwertung der Gesellschaft entsprechen sollte.[357]

---

[351] *Adolff*, Unternehmensbewertung im Recht der börsennotierten Aktiengesellschaft, S. 505.

[352] *Adolff*, Unternehmensbewertung im Recht der börsennotierten Aktiengesellschaft, S. 505.

[353] *Adolff*, Unternehmensbewertung im Recht der börsennotierten Aktiengesellschaft, S. 505.

[354] In diese Richtung auch *Adolff*, Unternehmensbewertung im Recht der börsennotierten Aktiengesellschaft, S. 359–360 und Fleischer/Hüttemann/*Hüttemann*, RhB Unternehmensbewertung, § 1 Rn. 1.28. Zur Liquidationshypothese im Kontext des Bewertungsobjekts und der indirekten Anteilsbewertung siehe: § 1 B.I.1.a)aa).

[355] Fleischer/Hüttemann/*Hüttemann*, RhB Unternehmensbewertung, § 1 Rn. 1.26.

[356] *Adolff*, Unternehmensbewertung im Recht der börsennotierten Aktiengesellschaft, S. 365–366.

[357] *Ruthardt/Hachmeister*, NZG 2014, 885, 889; *Ruthardt/Hachmeister*, WPg 2016, 411, 418; *Ruthardt*, Normzweckkonforme Unternehmensbewertung und Abfindungsbemessung beim aktienrechtlichen Squeeze Out, S. 242, wobei alle drei Quellen den markttypischen Erwerber als Bewertungssubjekt ablehnen, *Hüttemanns* Ansatz gegenüber dem von *Adolff* aber als vorzugswürdiger erachten.

Allerdings wird hierbei eine Betrachtung der Gesellschaft im Verbund vollzogen, welche über die zu bewertende Gesellschaft hinausgeht. Verbundvorteile, die ein Erwerber aus der Verbindung mit anderen Unternehmen ziehen kann, reichen über das eigentliche Unternehmen hinaus, dessen Wert als arbeitende Einheit ermittelt und quotal aufgeteilt werden soll. Sie sollten demnach nicht im Rahmen des quotalen Unternehmenswerts auf der Kompensationsebene der Abfindung Beachtung finden. Andernfalls würde nicht nur eine möglichst vorteilhafte Verwertung des Unternehmens, sondern dessen Verwertung unter Hinzunahme weiterer Unternehmen fingiert. Die Berücksichtigung von Synergieeffekten aus anderen unternehmerischen Aktivitäten des Unternehmenserwerbers ist hierbei nicht geboten.[358]

Vielmehr bietet es sich an, mit Adolff eine Differenzierung zwischen der Kompensationsebene und der Partizipationsebene zu vollziehen und letztgenannte separat zu beurteilen. Da die Teilhabe an Verbundeffekten nicht verfassungsrechtlich geschützt ist[359], jene möglicherweise aber dennoch nach Maßgabe des einfachen Rechts und unter ökonomischen Gesichtspunkten für eine angemessene Abfindung gefordert werden könnte, empfiehlt es sich, sie von der Kompensationsebene abzutrennen.

Gegen die Typisierung Hüttemanns spricht zudem, dass die hiernach zu berücksichtigenden Verbundvorteile sich kaum nachprüfbar quantifizieren lassen.[360] So wären die eigenen Unternehmen bzw. der Unternehmensverbund des Erwerbers zu modellieren, wobei unterschiedlichste Konstellationen in Betracht kommen dürften. Die ohnehin schon problematische und umstrittene Synergiebemessung würde hierbei noch weiter verschwimmen.

Auch dies streitet für den Ansatz von Adolff. Jener stellt bei der Partizipationsebene auf die Bewertungsperspektive des die Maßnahme betreibenden Mehrheitsaktionärs ab, für die es eines geringeren Typisierungsgrades bedarf und bei der sich bereits aus der Planung des Bewertungssubjekts Anhaltspunkte für Verbundeffekte ergeben können.[361]

Mithin ist auf den markttypischen Unternehmenserwerber nach Adolff abzustellen, der das Unternehmen auf der Kompensationsebene verbundunabhängig bewertet.

---

[358] *Adolff*, Unternehmensbewertung im Recht der börsennotierten Aktiengesellschaft, S. 373.

[359] Bürgers/Körber/Lieder/*Ruiz de Vargas*, AktG, Anh. § 305 AktG Rn. 3a; vgl. *Adolff*, Unternehmensbewertung im Recht der börsennotierten Aktiengesellschaft, S. 400.

[360] *Ruthardt/Hachmeister*, WPg 2016, 411–422, (418); *Ruthardt*, Normzweckkonforme Unternehmensbewertung und Abfindungsbemessung beim aktienrechtlichen Squeeze Out, S. 242.

[361] *Adolff*, Unternehmensbewertung im Recht der börsennotierten Aktiengesellschaft, S. 391–392.

(5) Fazit: Bewertungssubjekt

Unter Berücksichtigung der vorangegangenen Argumentation empfiehlt es sich, die Bewertungsperspektive eines markttypischen Unternehmenserwerbers, welcher das Unternehmen verbundunabhängig bewertet, einzunehmen.

cc) Fazit: Quotaler Unternehmenswert

Eine volle Kompensation zum wahren Wert setzt eine Abfindung zum quotalen Unternehmenswert voraus. Dessen Ermittlung sollte mittels einer indirekten Anteilsbewertung vollzogen werden. Im Rahmen dessen bildet das Gesamtunternehmen das Bewertungsobjekt. Als Bewertungssubjekt liegt ein typisierter Dritter nahe. Diesbezüglich erscheint der markttypische Unternehmenserwerber Adolffs, der keine Verbundeffekte in seine Bewertung einfließen lässt, empfehlenswert. Damit zeichnen sich erste Vorgaben an die Beantwortung der Frage nach der Berücksichtigung des Börsenkurses bei der Unternehmensbewertung ab. Er kann zur Ermittlung des quotalen Unternehmenswerts jedenfalls dann herangezogen werden, wenn er den Wert des gesamten Unternehmens pro Aktie aus Sicht eines fiktiven markttypischen, auf Basis einer *Due-Diligence*-Prüfung mit einer kooperativen Geschäftsleitung informierten rationalen Erwerbers, der das Unternehmen verbundunabhängig bewertet, abbilden kann.

b) Deinvestitionswert

aa) Begründung, Bewertungsobjekt und Bewertungssubjekt

Die Rechtsprechung bis Ende der 1990er richtete sich wie schon das Reichsgericht am quotalen Unternehmenswert aus und ließ Börsenkurse außen vor.[362] Mit der *DAT/Altana*-Entscheidung des BVerfG kam ein weiterer Wertbegriff hinzu.[363] Demnach ist auch die Verkehrsfähigkeit als Eigenschaft des Aktieneigentums zu berücksichtigen.[364] Gerade die ausgeprägte Verkehrsfähigkeit von Aktien unterscheide sie von den anderen Unternehmensbeteiligungen.[365] Ihre Attraktivität läge

---

[362] Fleischer/Hüttemann/*Adolff/Häller*, RhB Unternehmensbewertung, § 18 Rn. 18.22.

[363] Allerdings wird bei *Adolff*, Unternehmensbewertung im Recht der börsennotierten Aktiengesellschaft, S. 297 und *Follert*, Zur Unternehmensbewertung im Spruchverfahren aus interessentheoretischer Sicht, S. 79 vermutet, dass das BVerfG bereits in seiner *Feldmühle*-Entscheidung von einer Doppelnatur der Aktie ausging. Eine Berücksichtigung des Börsenkurses als Untergrenze wurde bereits zuvor im Schrifttum gefordert, siehe etwa *Drukarczyk*, AG 1973, 357, 362–363 und *Piltz*, Die Unternehmensbewertung in der Rechtsprechung, S. 225.

[364] BVerfG, Beschl. v. 27.04.1999 – 1 BvR 1613/94 –, BVerfGE 100, 289–313, Os. 3a, 3c, Rn. 56.

[365] BVerfG, Beschl. v. 27.04.1999 – 1 BvR 1613/94 –, BVerfGE 100, 289–313, Rn. 55.

insbesondere in ihrer freien Veräußerungsmöglichkeit.[366] Finanziell betrachtet vermittle das Aktieneigentum auch eine gewisse individuelle Freiheit.[367] Dementsprechend sollte ein abzufindender Aktionär nicht weniger erhalten, als er im Falle einer gedachten Deinvestitionsentscheidung im Zeitpunkt der abfindungsauslösenden Maßnahme bekommen hätte.[368] Andernfalls würde die Dispositionsfreiheit über die Aktie als Eigentumsgegenstand unzureichend beachtet.[369] Dem BVerfG zufolge ist der Verkehrswert der Aktie, der regelmäßig dem Börsenkurs entspricht, als Untergrenze einer wirtschaftlich vollen Entschädigung heranzuziehen.[370] Man kann von einem Untergrenzengebot sprechen.[371] Nur ausnahmsweise dann, wenn er nicht mit dem Verkehrswert identisch ist, dürfe der Börsenkurs unterschritten werden.[372] Die Aktie wird demnach auch als geschützter fungibler Vermögensgegenstand betrachtet.[373] Da es um die Deinvestitionsmöglichkeit geht, kann dieser Wert als Deinvestitionswert bezeichnet werden.[374]

Dieser Sichtweise ist zuzustimmen. Wenn der Aktionär lediglich anhand des quotalen Unternehmenswerts seiner Beteiligung abgefunden wird, blendet man seine Deinvestitionsmöglichkeit aus, die ihm durch die Maßnahme genommen wird.[375] So verliert er nicht nur seine mitgliedschaftlichen Herrschafts- und Vermögensrechte, sondern auch die Möglichkeit einer jederzeitigen freien Veräußerung der Aktie als Handelsobjekt. Eine Missachtung letzterer Wertkomponente würde dann einer vollen Entschädigung im Wege stehen, wenn der Verkehrswert den quotalen Unternehmenswert übersteigt. Dabei hat ein Anleger die Aktie gerade zu einem Börsenkurs erworben und zieht ihre Weiterveräußerung an der Börse potenziell in Betracht. Dies ist vor dem Hintergrund, dass vor allem Kleinaktionäre die Aktie als fungibles Handelsgut betrachten, von Bedeutung. Nicht nur die verlustige Möglichkeit einer Fortführung des Beteiligungsverhältnisses ist zu ersetzen, son-

---

[366] BVerfG, Beschl. v. 27.04.1999 – 1 BvR 1613/94 –, BVerfGE 100, 289–313, Rn. 55.

[367] BVerfG, Beschl. v. 27.04.1999 – 1 BvR 1613/94 –, BVerfGE 100, 289–313, Rn. 55.

[368] BVerfG, Beschl. v. 27.04.1999 – 1 BvR 1613/94 –, BVerfGE 100, 289–313, Rn. 56.

[369] BVerfG, Beschl. v. 27.04.1999 – 1 BvR 1613/94 –, BVerfGE 100, 289–313, Rn. 56.

[370] BVerfG, Beschl. v. 27.04.1999 – 1 BvR 1613/94 –, BVerfGE 100, 289–313, Os. 3c, Rn. 63.

[371] Marsch-Barner/Schäfer/*Gehling*, HdB börsennotierte AG, § 13 Rn. 13.14, der zudem noch ein sog. Berücksichtigungsgebot hins. der Beachtung des Börsenkurses bei der Unternehmensbewertung ins Gespräch bringt.

[372] BVerfG, Beschl. v. 27.04.1999 – 1 BvR 1613/94 –, BVerfGE 100, 289–313, Os. 3d, Rn. 66.

[373] *Schön*, FS Ulmer (2003), S. 1359, 1381.

[374] So auch *Adolff*, Unternehmensbewertung im Recht der börsennotierten Aktiengesellschaft, S. 334, 502; Bürgers/Körber/Lieder/*Ruiz de Vargas*, AktG, Anh. § 305 AktG Rn. 4; Fleischer/Hüttemann/*Adolff/Häller*, RhB Unternehmensbewertung, § 18 Rn. 18.45; *Ruthardt*, Normzweckkonforme Unternehmensbewertung und Abfindungsbemessung beim aktienrechtlichen Squeeze Out, S. 59.

[375] Vgl. *Hüttemann*, ZGR 2001, 454, 459.

dern auch der Verlust einer Deinvestitionsentscheidung.[376] Bei einer vollen Kompensation dürfen Aktionäre aufgrund ihres Verlusts der Aktien keine Vermögenseinbuße erleiden, weshalb die Aktie auch in ihrer Gestalt als marktgängiger, isoliert verwertbarer Vermögensgegenstand zu berücksichtigen ist.[377] Gerade ihre leichte Handelbarkeit zeichnet die Aktie im Vergleich zu anderen Unternehmensbeteiligungen aus, weshalb der Deinvestitionswert bei der Abfindung zusätzlich berücksichtigt werden sollte.[378]

Dem kann auch nicht entgegengehalten werden, dass die Teilnahme am börslichen Handel eine bloße Marktchance darstellen würde, die nicht vom Eigentumsschutz erfasst sei.[379] So bezieht sich der Deinvestitionswert nicht auf die Teilnahme am Handel an der Börse, sondern auf die Aktie als marktgängiges Handelsgut. Sobald einem Aktionär dieser Eigentumsaspekt entzogen wird, ist er dahingehend zu kompensieren.

Ebenso wenig streitet der Umstand, dass die Aktionäre ihre Aktien möglicherweise noch nach der Maßnahmeankündigung verkaufen können, gegen das Untergrenzengebot.[380] Schließlich deckt der Deinvestitionswert die *jederzeitige* freie Veräußerung der Aktie ab. Aktionären, die von dieser Möglichkeit ab dem Bekanntwerden der Maßnahme und bis zu ihrer Durchführung keinen Gebrauch machen, darf der Schutz dieses Aspekts ihres Anteilseigentums nicht abgesprochen werden. Dies gilt aus Anlegerschutzgesichtspunkten umso mehr, wenn mit dem Bekanntwerden der abfindungsauslösenden Maßnahme ein Kursverfall eintritt.

Da börsennotierte Aktien an der Börse gehandelt werden und von einer grundsätzlichen Veräußerungsmöglichkeit an dieser auszugehen ist, sollte der Verkehrswert im Regelfall mit dem Börsenkurs identisch sein. Angesichts des Umstands, dass dem Minderheitsaktionär so gut wie keine andere problemlose Veräußerungsmöglichkeit offensteht und er keinen höheren Preis erzielen kann, sollte der Verkehrswert auch nicht über dem Börsenkurs liegen.[381] Darüber hinaus ist eine grundsätzliche Mindestabfindung zum Börsenkurs dem Abfindungspflichtigen zumutbar. Schließlich erkennt er mit seiner Entscheidung zur Maßnahme den Bör-

---

[376] Bürgers/Körber/Lieder/*Ruiz de Vargas*, AktG, Anh. § 305 AktG Rn. 4; vgl. *Adolff*, Unternehmensbewertung im Recht der börsennotierten Aktiengesellschaft, S. 344.

[377] Vgl. *Adolff*, Unternehmensbewertung im Recht der börsennotierten Aktiengesellschaft, S. 324.

[378] Heidel/Hirte/*Schlobsner*, Das neue Personengesellschaftsrecht, § 11 Rn. 48–50 mit einem Vergleich zu Personengesellschaftsanteilen, bei denen grds. nur der quotale Unternehmenswert herangezogen wird.

[379] So aber Marsch-Barner/Schäfer/*Gehling*, HdB börsennotierte AG, § 13 Rn. 13.17. Zur dort anklingenden Problematik beim Delisting siehe: § 1 B.I.3.i).

[380] So jedoch Marsch-Barner/Schäfer/*Gehling*, HdB börsennotierte AG, § 13 Rn. 13.18, wo den Aktionären dahingehend ihre Schutzbedürftigkeit abgesprochen wird.

[381] *Gude*, Strukturveränderungen und Unternehmensbewertung zum Börsenkurs, S. 163 § 14.

senkurs als Mindestpreis an und kann zum Zeitpunkt der Maßnahme die Aktien nicht zu einem unterhalb des Börsenkurses liegenden Preis erwerben.[382]

Für die Ermittlung des Deinvestitionswerts muss der hypothetische Wert gefunden werden, zu welchem ein typisierter Aktionär seine Aktie am Bewertungsstichtag hätte veräußern können, wenn die Maßnahme unterblieben wäre.[383] In Abgrenzung zum quotalen Unternehmenswert könnte dieses Vorgehen nicht als Liquidations- sondern als Veräußerungshypothese betitelt werden.[384] Hierbei wird gerade keine Unternehmensbewertung durchgeführt, sondern ein hypothetischer Veräußerungspreis für eine Einzelaktie geschätzt.[385] Letztere ist das Bewertungsobjekt des Deinvestitionswerts.[386] Dahingehend wird eine direkte Anteilsbewertung durchgeführt.[387] Als Bewertungssubjekt dient der typisierte Minderheitsaktionär.[388]

bb) Deinvestitionswert bei fehlendem oder ungeeignetem Börsenkurs

Wie bereits in der *DAT/Altana*-Entscheidung angeklungen ist, kann der Börsenkurs in Ausnahmefällen nicht den Deinvestitionswert abbilden.[389] Dabei handelt es sich um Konstellationen, in denen der Markt seiner Funktion einer jederzeitigen Veräußerungsmöglichkeit zum aktuellen Kurs nicht sicher nachkommen kann.[390] Auf die diesbezüglich relevanten Ausnahmefälle wird separat eingegangen.[391]

Ungeachtet der konkreten Ausnahmekonstellationen stellt sich die Frage, ob und inwiefern ein Deinvestitionswert bei der Abfindung zu berücksichtigen ist, wenn der Börsenkurs für dessen Wiedergabe ungeeignet ist oder gar nicht erst vorliegt.

---

[382] *Drukarczyk*, AG 1973, 357, 363–364.

[383] *Adolff*, Unternehmensbewertung im Recht der börsennotierten Aktiengesellschaft, S. 334–335.

[384] Fleischer/Hüttemann/*Adolff/Häller*, RhB Unternehmensbewertung, § 18 Rn. 18.48.

[385] Fleischer/Hüttemann/*Adolff/Häller*, RhB Unternehmensbewertung, § 18 Rn. 18.49.

[386] Fleischer/Hüttemann/*Adolff/Häller*, RhB Unternehmensbewertung, § 18 Rn. 18.42; *Ruthardt/Hachmeister*, NZG 2014, 41, 43.

[387] *Adolff*, Unternehmensbewertung im Recht der börsennotierten Aktiengesellschaft, S. 391.

[388] *Adolff*, Unternehmensbewertung im Recht der börsennotierten Aktiengesellschaft, S. 324; *Ruthardt/Hachmeister*, NZG 2014, 41, 43; vgl. Fleischer/Hüttemann/*Adolff/Häller*, RhB Unternehmensbewertung, § 18 Rn. 18.42. Zur Notwendigkeit der Typisierung von Minderheitsaktionären siehe *Adolff*, Unternehmensbewertung im Recht der börsennotierten Aktiengesellschaft, S. 177–178 und *Ruthardt*, Normzweckkonforme Unternehmensbewertung und Abfindungsbemessung beim aktienrechtlichen Squeeze Out, S. 71–72 sowie die Erwägungen unter § 1 A.

[389] BVerfG, Beschl. v. 27.04.1999 – 1 BvR 1613/94 –, BVerfGE 100, 289–313, Os. 3d, Rn. 66.

[390] *Adolff*, Unternehmensbewertung im Recht der börsennotierten Aktiengesellschaft, S. 340–341.

[391] Siehe hierzu: § 6 A.

Zum einen könnte man sodann unterstellen, dass kein berücksichtigungswürdiger Deinvestitionswert vorliegt.

Hierfür ließe sich möglicherweise anführen, dass jedenfalls im Falle einer Illiquidität, bei welcher faktisch keine Deinvestitionsmöglichkeit zum Börsenkurs besteht, keine schutzwürdigen Interessen der Aktionäre mehr existieren.[392]

Allerdings übersieht dieser Ansatz, dass stets eine prinzipielle Verkaufsmöglichkeit besteht, die sich nicht immer mit dem Börsenkurs deckt.[393] Würde man bei fehlenden oder nicht bewertungsgeeigneten Börsenkursen die prinzipielle Deinvestitionsmöglichkeit ausblenden, missachtet man die Eigenschaft der Aktie als Handelsobjekt gänzlich. Wenn ihre Fungibilität bei einer fehlenden Veräußerungsmöglichkeit zum Börsenkurs auch stark eingeschränkt sein mag, so ist sie doch weiterhin handelbar. Gerade dieser Aspekt ist im Rahmen einer vollen Kompensation zu berücksichtigen. Ein reines Abstellen auf den Wert der Aktie bei einer Fortführung des Beteiligungsverhältnisses[394] gibt nicht den Wert der prinzipiell möglichen freien Veräußerung wieder.

Dementsprechend sollte der Deinvestitionswert auch dann noch Berücksichtigung finden, wenn er nicht durch Börsenkurse abgebildet werden kann.

Hierfür käme die Ermittlung eines bereinigten Börsenkurses in Betracht, der sodann als Deinvestitionswert herhalten könnte.

Dem ist aber die Ungenauigkeit und die mangelnde Praktikabilität hypothetischer Kurse entgegenzuhalten.[395] Vor allem bei fehlenden oder kaum vorhandenen tatsächlichen Börsenkursen dürfte es kaum möglich sein, einen hypothetischen bereinigten Börsenkurs zu ermitteln.

Mithin muss auch eine Deinvestitionswertbestimmung mittels einer Kursbereinigung abgelehnt werden.

Letztlich liegt es nahe, den Deinvestitionswert bei fehlenden oder ungeeigneten Börsenkursen anhand einer alternativen Bewertungsmethode zu festzusetzen, wobei vor allem eine Bewertung durch einen Sachverständigen empfehlenswert erscheint.[396] Im Rahmen dessen könnte eine fundamentale Bewertung der einzelnen

---

[392] So etwa *Casper*, FS Köndgen (2016), S. 117, 145; *Karami/Schuster*, CF 2016, 106, 117, 119; *Rubel/Kunz*, AG 2011, 399, 406–407, jeweils zum Delisting, wobei sie in jenen Fällen gegen eine Abfindung plädieren. Kritisch hierzu hingegen *Krug*, Der Rückzug von der Börse, S. 270–272 § 11, die auf die Schutzbedürftigkeit von Minderheitsaktionären bei einem illiquiden Marktumfeld hinweist.

[393] Vgl. *Gude*, Strukturänderungen und Unternehmensbewertung zum Börsenkurs, S. 409–410 § 20.

[394] So der Vorschlag bei Bürgers/Körber/Lieder/*Ruiz de Vargas*, AktG, Anh. § 305 AktG Rn. 4 hins. nicht börsennotierter AGs.

[395] Siehe hierzu: § 6 A.III.5.b)aa)(2).

[396] GK-AktG/*Hirte/Hasselbach*, § 305 AktG Rn. 137, die auf die Überschussmethoden verweisen; *Olbrich/Rapp*, DStR 2011, 2005, 2007, welche Ertragswertverfahren zur Ermitt-

Aktie aus der Bewertungsperspektive eines typisierten Minderheitsaktionärs ermittelt werden. Sofern der quotale Unternehmenswert ebenso anhand einer fundamentalen Bewertung geschätzt wird, wären zwei sachverständige Bewertungen mit jeweils anderen Bewertungsobjekten und -subjekten durchzuführen.[397] Hierzu tendiert auch der BGH in seiner *DAT/Altana*-Entscheidung, wonach der Verkehrswert bei einem Abweichen vom Börsenkurs anhand anerkannter betriebswirtschaftlicher Methoden zu berechnen ist.[398]

Auf diesem Wege dürfte man zumindest näherungsweise den hypothetischen Veräußerungserlös in einer nachprüfbaren Art und Weise abbilden können. Jedoch stellt die Ermittlung des Deinvestitionswerts durch einen Sachverständigen nur eine typisierte Schätzung dar, sodass vorrangig auf den Börsenkurs abzustellen ist. Ferner ist im Kontext der Ablehnung des Börsenkurses als Untergrenze stets der Grundgedanke eines effektiven Anlegerschutzes zu beachten.[399]

Darüber hinaus könnten mit etwaigen Vergleichspreisen[400] oder Paketerwerbspreisen[401] als weitere Marktpreise noch andere potenzielle Maßstäbe für den Deinvestitionswert vorliegen. Selbst wenn sie für eine Deinvestitionswertbestimmung in Betracht kommen, sollte primär auf den Börsenkurs abgestellt werden. Nur dieser bezieht sich direkt auf den Wert der einzelnen Aktie als fungibles Handelsobjekt aus der Sicht eines typisierten Minderheitsaktionärs des konkreten Unternehmens.

Folglich ist der Deinvestitionswert grundsätzlich anhand des Börsenkurses und lediglich bei dessen Fehlen oder Ungeeignetheit auf Basis einer alternativen Bewertungsmethode zu ermitteln.

---

lung der Grenzpreise der Minderheitsaktionäre zwecks der Bestimmung des Deinvestitionswerts bei einem nicht dem Verkehrswert entsprechenden Börsenkurs einsetzen wollen; *Ruthardt*, Normzweckkonforme Unternehmensbewertung und Abfindungsbemessung beim aktienrechtlichen Squeeze Out, S. 57, der in Ausnahmefällen zur Deinvestitionswertermittlung nicht auf den Börsenkurs, sondern auf eine direkte fundamentale Anteilsbewertung zurückgreifen will. Siehe zudem *Ruthardt*, Normzweckkonforme Unternehmensbewertung und Abfindungsbemessung beim aktienrechtlichen Squeeze Out, S. 119–140, 150–158 zum betriebswirtschaftlich und rechtlich typisierten Verkäufergrenzpreises eines typischen Minderheitsaktionärs auf Basis eines Ertragswertverfahrens. Siehe ferner *Piltz*, ZGR 2001, 185, 195 zur Ertragswertmethode als Simulation einer Verkehrswertfindung.

[397] Vgl. *Ruthardt*, Normzweckkonforme Unternehmensbewertung und Abfindungsbemessung beim aktienrechtlichen Squeeze Out, S. 57, wo von einer zusätzlichen direkten fundamentalen Anteilsbewertung neben der indirekten fundamentalen Anteilsbewertung gesprochen wird.

[398] BGH, Beschl. v. 12.03.2001 – II ZB 15/00 –, BGHZ 147, 108–125, Rn. 20.

[399] Siehe hierzu: § 6 A.

[400] Vgl. GK-AktG/*Hirte/Hasselbach*, § 305 AktG Rn. 137, die solche aber grds. ablehnen.

[401] Vgl. GK-AktG/*Hirte/Hasselbach*, § 305 AktG Rn. 144–145.

cc) Fazit: Deinvestitionswert

Für eine volle Kompensation bedarf es auch einer Abfindung zum Deinvestitionswert. Dieser Wert stellt die Abfindungsuntergrenze dar. Hierfür wird eine direkte Anteilsbewertung mit der einzelnen Aktie als Bewertungsobjekt und dem typisierten Minderheitsaktionär als Bewertungssubjekt durchgeführt. Im Regelfall ist der Deinvestitionswert mit dem Börsenkurs identisch, sodass dieser jedenfalls als grundsätzliche Mindestabfindung zu berücksichtigen ist. Ist dem ausnahmsweise nicht so, sollte auf eine alternative geeignete Bewertungsmethode zurückgegriffen werden, wobei sich hierfür insbesondere eine Bewertung durch einen Sachverständigen anbietet.

c) Doppelnatur der Aktie und Meistbegünstigungsprinzip

Wie sich gezeigt hat, ist das verfassungsrechtlich geschützte Aktieneigentum zum einen als quotaler Unternehmenswert und zum anderen als Deinvestitionswert zu betrachten. Fraglich ist, wie mit dieser Doppelnatur umzugehen ist. Diesbezüglich kommt das verschieden beurteilte Meistbegünstigungsprinzip zur Geltung. Im Rahmen dessen lassen sich weitere Grundlagen für die Berücksichtigung des Börsenkurses ableiten.

aa) Alleinige Verkehrswertberücksichtigung

Zum Teil wird erwogen, allein auf den Verkehrswert des Anteils und damit den Deinvestitionswert abzustellen.[402] Vertreter dieser Auffassung tendieren zu einer Alleinmaßgeblichkeit des Börsenkurses bei der Abfindungsbemessung.[403]

Hierfür ließe sich anführen, dass es sich um ein einfach zu handhabendes, verfahrensökonomisches Vorgehen handelt.[404] Allerdings darf dieser Aspekt nicht ausschlaggebend sein.[405] Vielmehr sollte eine angemessene Abfindung als wirtschaftlich volle Entschädigung im Fokus stehen.

---

[402] *Müller*, FS Bezzenberger (2000), S. 705, 714–715, 719; *Piltz*, ZGR 2001, 185, 193; *Stilz*, ZGR 2001, 875, 886. In diese Richtung auch *Busse von Colbe*, FS Lutter (2000), S. 1053, 1064–1065; *Luttermann*, ZIP 1999, 45, 46–47, 52; *Luttermann*, ZIP 2001, 869–872, (871); *Stilz*, FS Goette (2011), S. 529, 540. Laut *Ruthardt*, Normzweckkonforme Unternehmensbewertung und Abfindungsbemessung beim aktienrechtlichen Squeeze Out, S. 54 handelt es sich um die wohl herrschende Auffassung im juristischen Schrifttum.

[403] *Luttermann*, ZIP 1999, 45, 52; *Luttermann*, ZIP 2001, 869, 871, 872; *Piltz*, ZGR 2001, 185, 193, 213; vgl. *Busse von Colbe*, FS Lutter (2000), S. 1053, 1064–1065; vgl. *Stilz*, ZGR 2001, 875, 886, laut dem marktbezogene wie auch fundamentalanalytische Methoden eingesetzt werden können, wobei er ersteren den Vorrang einräumt.

[404] *Kallweit*, Die angemessene Abfindung beim übernahmerechtlichen Squeeze-out, S. 206, 210 § 4; vgl. *Stilz*, ZGR 2001, 875, 898.

[405] Vgl. *Stilz*, ZGR 2001, 875, 898.

Ferner könnte für diese Auffassung aber angeführt werden, dass sich der Aktionär auf den Börsenkurs eingelassen habe[406] und nur diesen Wert realisieren könne[407].

Ein alleiniges Abstellen auf den Deinvestitionswert verkennt aber die Doppelnatur der Aktie.[408] So zeichnet sich jene zum einen durch ihren Charakter als Bestandteil am Unternehmen als arbeitende Einheit und zugleich auch als eigenständiges marktgängiges Handelsobjekt aus. Beides müsste zwecks einer vollen Kompensation berücksichtigt werden. Andernfalls würde den Abzufindenden eine verfassungsrechtlich geschützte Ausprägung ihres Aktieneigentums – der quotale Unternehmenswert – abgeschnitten. Eine reine Verkehrswertbetrachtung missachtet jedoch die Tatsache, dass ein Unternehmen mehr als nur die Summe seiner Aktienanteile als Handelsobjekte, sondern auch eine arbeitende, wirtschaftende Entität darstellt, an welcher die Aktionäre anteilsmäßig teilhaben. Es würde auf eine potenzielle Schlechterstellung von Aktionären börsennotierter Gesellschaften im Vergleich zu denen mit nicht notierten Aktien hinauslaufen, wenn letztere weiterhin den quotalen Unternehmenswert erhalten würden.[409]

Aus der unglücklichen Wortwahl der Gerichte, die von einem nicht existenten „wahren Wert" sprechen und hierbei an die inkorrekte Vorstellung eines objektiven Unternehmenswerts erinnern, kann nicht gefolgert werden, dass lediglich auf den Verkehrswert der Aktie abzustellen sei.[410] Wie sich gezeigt hat, ist der „wahre Wert" als quotaler Unternehmenswert zu begreifen. Gerade bei einer alleinigen Börsenkursorientierung würde man sich der objektiven Werttheorie in Gestalt eines Marktwertobjektivismus annähern.[411] Wenn auch kein einzelner wahrer Wert ermittelt werden kann, darf dies nicht zum Anlass genommen werden, die Aktie auf ihre Eigenschaft als Handelsgut zu reduzieren.

Folglich ist eine Abfindungsbemessung anhand des bloßen Deinvestitionswerts abzulehnen.

---

[406] *Kallweit*, Die angemessene Abfindung beim übernahmerechtlichen Squeeze-out, S. 211 § 4.

[407] *Busse von Colbe*, FS Lutter (2000), S. 1053, 1064–1065; *Piltz*, ZGR 2001, 185, 213.

[408] *Adolff*, Unternehmensbewertung im Recht der börsennotierten Aktiengesellschaft, S. 343–344, 364; *Kallweit*, Die angemessene Abfindung beim übernahmerechtlichen Squeeze-out, S. 211–212 § 4; *Ruthardt/Hachmeister*, WPg 2016, 411, 412–413; vgl. *Ruthardt/Hachmeister*, NZG 2014, 41, 44; vgl. *Ruthardt*, Normzweckkonforme Unternehmensbewertung und Abfindungsbemessung beim aktienrechtlichen Squeeze Out, S. 55–57; wohl auch Hüffer/Koch/*Koch*, AktG, § 305 AktG Rn. 23.

[409] *Kallweit*, Die angemessene Abfindung beim übernahmerechtlichen Squeeze-out, S. 211 § 4.

[410] *Adolff*, Unternehmensbewertung im Recht der börsennotierten Aktiengesellschaft, S. 363–364. In diese Richtung jedoch *Luttermann*, ZIP 2001, 869, 871; *Piltz*, ZGR 2001, 185, 193–195; *Stilz*, FS Goette (2011), S. 529, 534–536; *Stilz*, ZGR 2001, 875, 881–883, 886.

[411] *Adolff*, Unternehmensbewertung im Recht der börsennotierten Aktiengesellschaft, S. 364.

bb) Methodenbezogenes Meistbegünstigungsprinzip

Andernorts wird ein methodenbezogenes Meistbegünstigungsprinzip vertreten.[412] Demnach bedarf es für eine angemessene Abfindung grundsätzlich einer Berücksichtigung des Börsenkurses und einer Unternehmensbewertung durch einen Sachverständigen, wobei der höhere Wert den Abfindungsberechtigten gewährt wird.[413] Im Ergebnis wird auf die höhere Bewertung zweier Methoden abgestellt.[414] Demnach käme eine Alleinmaßgeblichkeit des Börsenkurses von vornherein nicht in Betracht. Er würde lediglich als Untergrenze der Abfindung dienen.

Für ein derartiges Meistbegünstigungsprinzip ließe sich anführen, dass hierdurch der Gefahr einer Fehlbewertung durch die einzelne Bewertungsmethode entgegengewirkt wird.[415]

Dagegen spricht aber der stets bestehende doppelte Aufwand zweier Methoden.[416]

Ausschlaggebend ist jedoch, dass die methodenbezogene Meistbegünstigung die verfassungsrechtlichen Vorgaben zu den Wertbegriffen missachtet, welche auf Bewertungsperspektiven und gerade nicht auf Bewertungsmethoden bezogen sind.[417] Wie bereits erörtert deckt der Art. 14 Abs. 1 GG das Aktieneigentum in Gestalt eines quotalen Unternehmenswerts und eines Deinvestitionswerts ab. Ein Anspruch auf bestimmte Bewertungsmethoden folgt hieraus nicht. Wenn sich eine methodenbezogene Meistbegünstigung auch mit der Doppelnatur der Aktie begründen lässt[418], so geht sie mit ihren zwingenden Methodenvorgaben doch über die verfassungsrechtlichen Anforderungen hinaus. Dabei ist kein Grund ersichtlich, den

---

[412] *Mülbert*, FS Hopt (2010), S. 1040, 1067; *Ruthardt/Hachmeister*, NZG 2014, 41, 43; *Ruthardt*, Normzweckkonforme Unternehmensbewertung und Abfindungsbemessung beim aktienrechtlichen Squeeze Out, S. 55; *Ruthardt/Hachmeister*, WPg 2016, 411, 413. Siehe hierzu auch BGH, Beschl. v. 19.07.2010 – II ZB 18/09 –, BGHZ 186, 229–242, Rn. 10–11; BGH, Beschl. v. 12.03.2001 – II ZB 15/00 –, BGHZ 147, 108–125, Ls. 2; IDW S 1 (2008), Rn. 16 und die Ausführungen unter § 1 B.I.1.a)aa).

[413] Fleischer/Hüttemann/*Adolff/Häller*, RhB Unternehmensbewertung, § 18 Rn. 18.67; IDW S 1 (2008), Rn. 16; vgl. *Ruthardt*, Normzweckkonforme Unternehmensbewertung und Abfindungsbemessung beim aktienrechtlichen Squeeze Out, S. 55–56, wobei dieser im Weiteren von zwei verschiedenen Wertkategorien spricht, womit er sich dem wertbegriffsbezogenen Meistbegünstigungsprinzip annähert.

[414] *Mülbert*, FS Hopt (2010), S. 1040, 1067.

[415] Vgl. *Schwetzler*, FS Großfeld (2019), S. 401, 408–409.

[416] *Schmidt*, NZG 2020, 1361, 1365; vgl. *Stilz*, FS Goette (2011), S. 530, vgl. *Stilz*, ZGR 2001, 875, 893.

[417] Vgl. Fleischer/Hüttemann/*Adolff/Häller*, RhB Unternehmensbewertung, § 18 Rn. 18.73.

[418] *Ruthardt*, Normzweckkonforme Unternehmensbewertung und Abfindungsbemessung beim aktienrechtlichen Squeeze Out, S. 55–56; *Ruthardt/Hachmeister*, NZG 2014, 41, 43.

Minderheitsaktionären von vornherein die für sie günstigste Bewertungsmethode zugutekommen zu lassen.[419]

cc) Wertbegriffsbezogenes Meistbegünstigungsprinzip

Andererseits kommt ein wertbegriffsbezogenes Meistbegünstigungsprinzip in Betracht. Demzufolge besteht eine Meistbegünstigung dahingehend, dass sowohl der Deinvestitionswert als auch der quotale Unternehmenswert bei der Abfindung zu berücksichtigen ist.[420] Hierbei wird auf den höheren Gegenwert von zwei verschiedenen Bewertungsobjekten – dem Unternehmen und der Aktie als selbstständiges Wirtschaftsgut – abgestellt.[421] Im Rahmen dessen kann der quotale Unternehmenswert auf Basis einer fundamentalen Unternehmensbewertung und der Deinvestitionswert anhand des Börsenkurses bestimmt werden, was dem Vorgehen beim methodenbezogenen Meistbegünstigungsprinzip entspricht. In seiner Verkörperung des Deinvestitionswerts ist der Börsenkurs jedenfalls im Regelfall zu beachten.[422] Allerdings käme der Börsenkurs auch als alleinige Bewertungsmethode in Betracht, wenn er dazu geeignet ist, neben dem Deinvestitionswert auch den quotalen Unternehmenswert wiederzugeben, sodass es keiner zusätzlichen fundamentalen Bewertung mehr bedarf.[423]

Für ein solches Vorgehen spricht der bereits angeklungene Doppelcharakter der Aktie. So stellt sie einerseits einen eigenen, am Markt verwertbaren Vermögensgegenstand, zugleich aber auch einen quotalen Anteil am Wert des Unternehmens in seiner Gesamtheit dar.[424] Sie vermittelt zum einen die individuelle finanzielle

---

[419] Vgl. auch *Schnorbus/Rauch/Grimm*, AG 2021, 391, 397 Rn. 28, bei denen von einem „unbilligen Rosinenpicken" die Rede ist.

[420] *Adolff*, Unternehmensbewertung im Recht der börsennotierten Aktiengesellschaft, S. 301, 325; *Schön*, FS Ulmer (2003), S. 1359, 1371, 1392, wobei beide allgemein von einer Meistbegünstigung sprechen. Ebenso *Kallweit*, Die angemessene Abfindung beim übernahmerechtlichen Squeeze-out, S. 213–214 § 4, der eine Meistbegünstigung hins. der Doppelnatur der Aktie vertritt und eine Meistbegünstigung bzgl. der Bewertungsmethoden ablehnt. Siehe aber auch Fleischer/Hüttemann/*Adolff/Häller*, RhB Unternehmensbewertung, § 18 Rn. 18.73, laut denen im Anschluss an das BVerfG der quotale Unternehmenswert und der Deinvestitionswert zu berücksichtigen ist, wobei sie dies jedenfalls nicht ausdrücklich als Meistbegünstigungsprinzip bezeichnen und zugleich das vom BGH in der *DAT/Altana*-Entscheidung vertretene Meistbegünstigungsprinzip mit Blick auf diese Werte ablehnen.

[421] *Mülbert*, FS Hopt (2010), S. 1040, 1067–1068, der aufzeigt, dass es sich um eine Gegenposition zur methodenbezogenen Meistbegünstigung handelt.

[422] Fleischer/Hüttemann/*Adolff/Häller*, RhB Unternehmensbewertung, § 18 Rn. 18.76.

[423] Vgl. Fleischer/Hüttemann/*Adolff/Häller*, RhB Unternehmensbewertung, § 18 Rn. 18.74, 18.76; vgl. *Kallweit*, Die angemessene Abfindung beim übernahmerechtlichen Squeeze-out, S. 215–216 § 4; anders noch *Adolff*, Unternehmensbewertung im Recht der börsennotierten Aktiengesellschaft, S. 364.

[424] *Adolff*, Unternehmensbewertung im Recht der börsennotierten Aktiengesellschaft, S. 324–325; *Ruthardt*, NZG 2015, 1387, 1388; *Schüppen*, ZIP 2016, 1413, 1417; *Winner*, Wert und Preis im Zivilrecht, S. 471.

Freiheit in ihrer Gestalt als hoch verkehrsfähiges Handelsobjekt, andererseits aber auch mitgliedschaftliche Herrschafts- und Vermögensrechte hinsichtlich der Gesellschaft.[425] Die Aktie und das Unternehmen selbst, an welchem eine quotale Beteiligung besteht, stellen zwei verschiedene Bewertungsobjekte dar.[426] Dementsprechend handelt es sich bei der Aktie als isoliert verwertbaren Vermögensgegenstand auf der einen und der quotalen Beteiligung am Unternehmen auf der anderen Seite um zwei unterschiedliche Wertkategorien.[427] Zwecks einer vollen Kompensation nach Maßgabe des Art. 14 Abs. 1 GG ist der Verlust des Aktieneigentums in all seinen geschützten Ausprägungen zu ersetzen. Sonach sind der quotale Unternehmenswert und der Deinvestitionswert nebeneinander zu berücksichtigen. Da die Abfindung ansonsten zu niedrig ausfallen würde, ist auf den höheren beider Werte abzustellen.

Diese verfassungsrechtliche Wertung wird auch durch entscheidungstheoretische Erwägungen gestützt. Demnach basiert die zu entschädigende Position auf zwei Entscheidungsalternativen. Wäre es nicht zur abfindungsauslösenden Maßnahme gekommen, hätte sich ein Abfindungsberechtigter für eine Fortführung seines Beteiligungsverhältnisses entscheiden können.[428] Dieser monetäre Nutzen entspricht dem quotalen Unternehmenswert.[429] Schließlich hätte der Aktionär in dieser hypothetischen Situation von den mit der Aktie einhergehenden mitgliedschaftlichen Vermögens- und Leitungsrechten profitiert. Alternativ hätte er sich auch für eine Deinvestition entscheiden können.[430] Den monetären Nutzen dieser Entscheidung bildet der Deinvestitionswert ab.[431] Gemäß dem entscheidungstheoretischen Dominanzprinzips wählt ein rationaler Aktionär seine Anlageentscheidung anhand des höchstmöglichen finanziellen Nutzens aus.[432] Demnach hätte er bei der hypothetischen Wahl zwischen einer Fortführung und einer Deinvestition die höherwertige Alternative gewählt.[433] Aus Sicht der Entscheidungstheorie ist damit der höhere beider Werte zu ersetzen.[434] Da der intrinsische Wert unter gedachter Fort-

---

[425] BVerfG, Beschl. v. 27.04.1999 – 1 BvR 1613/94 –, BVerfGE 100, 289–313, Rn. 55; *Hüttemann*, ZGR 2001, 454, 459; vgl. Bürgers/Körber/Lieder/*Ruiz de Vargas*, AktG, Anh. § 305 AktG Rn. 4.

[426] *Schüppen*, ZIP 2016, 1413, 1417.

[427] *Schüppen*, ZIP 2016, 1413, 1417.

[428] Bürgers/Körber/Lieder/*Ruiz de Vargas*, AktG, Anh. § 305 AktG Rn. 4.

[429] Vgl. Bürgers/Körber/Lieder/*Ruiz de Vargas*, AktG, Anh. § 305 AktG Rn. 4.

[430] Bürgers/Körber/Lieder/*Ruiz de Vargas*, AktG, Anh. § 305 AktG Rn. 4.

[431] Bürgers/Körber/Lieder/*Ruiz de Vargas*, AktG, Anh. § 305 AktG Rn. 4.

[432] Bürgers/Körber/Lieder/*Ruiz de Vargas*, AktG, Anh. § 305 AktG Rn. 4.

[433] Bürgers/Körber/Lieder/*Ruiz de Vargas*, AktG, Anh. § 305 AktG Rn. 4.

[434] Im Ansatz bereits *Drukarczyk*, AG 1973, 357, 362, 364, dem zufolge die für den Abfindungsberechtigten günstigste Strategie aus den Optionen „Halten“ und „Verkaufen“ zu unterstellen ist, und *Reuter*, DB 2001, 2483, 2484–2485, wonach die Dispositionsfreiheit des Aktieneigentümers auch die Möglichkeit, die Aktie zu halten und nicht zu veräußern, erfasst und ihm aufgrund seiner hypothetischen Entscheidungsfreiheit der höhere Wert hins. Bör-

führung des Beteiligungsverhältnisses und der Verkehrswert bei einer hypothetischen Deinvestition oftmals voneinander abweichen, empfiehlt es sich auch, beide Werte zu ermitteln.[435]

Für ein solches verfassungsrechtliches Meistbegünstigungsprinzip streitet zudem die Berücksichtigung verschiedener typisierter Anlagehorizonte.[436] Eine Aktie zeichnet sich gerade dadurch aus, dass zwischen lang- und kurzfristiger Anlagestrategien frei gewählt werden kann.[437] Diese Freiheit darf bei der Kompensation für den Verlust des Aktieneigentums nicht missachtet werden. Wenn eine volle Kompensation ermittelt werden soll, dürfen weder kurz- noch langfristig orientierte Aktionäre ausgeblendet werden.[438] Vielmehr liegt es nahe, den höherwertigen Entscheidungswert hinsichtlich einer kurzfristigen und einer langfristigen Anlagestrategie abzufinden.[439] Damit greift auch im Rahmen der Typisierungen ein Meistbegünstigungsprinzip hinsichtlich des langem und des kurzem Anlagehorizonts.[440] So entsprechen die beiden Wertbegriffe des Aktieneigentums den verschiedenen Anlagehorizonten. Der quotale Unternehmenswert bildet eine langfristige Unternehmensbeteiligung ab.[441] Im Rahmen dessen dient die Aktie als Daueranlage.[442] Die hier gewählte Bewertungsperspektive des Gesamtunternehmensträgers entspricht am ehesten der Investitionsrechnung eines langfristig orientierten Aktionärs, da er sich primär an der Prognose zukünftiger Einnahmeüberschüsse und Dividenden und weniger an den tagesaktuellen Kursbewegungen orientiert.[443] Beim Deinvestitionswert hingegen kommt die kurzfristige Veräußerungsmöglichkeit zum Tragen.[444]

---

senkurs (Verkauf) und Ertragswert (Halten der Aktien und Erhalten der finanziellen Überschüsse) zu gewähren ist. Siehe zudem *Ruthardt/Popp*, AG 2020, 240, 247 Rn. 49–50, laut denen das von Art. 14 GG geschützte Aktieneigentum die Optionen „Veräußern“ und „Halten“ abdeckt.

[435] Vgl. Bürgers/Körber/Lieder/*Ruiz de Vargas*, AktG, Anh. § 305 AktG Rn. 4.

[436] Vgl. *Adolff*, Unternehmensbewertung im Recht der börsennotierten Aktiengesellschaft, S. 344; vgl. *Ruthardt/Hachmeister*, WPg 2016, 411, 413; vgl. *Schüppen*, ZIP 2016, 1413, 1417.

[437] *Adolff*, Unternehmensbewertung im Recht der börsennotierten Aktiengesellschaft, S. 331–332.

[438] Vgl. *Adolff*, Unternehmensbewertung im Recht der börsennotierten Aktiengesellschaft, S. 344; vgl. *Ruthardt*, Normzweckkonforme Unternehmensbewertung und Abfindungsbemessung beim aktienrechtlichen Squeeze Out, S. 60–61.

[439] *Karami*, Unternehmensbewertung und Spruchverfahren beim „Squeeze out“, S. 135.

[440] Vgl. *Adolff*, Unternehmensbewertung im Recht der börsennotierten Aktiengesellschaft, S. 334.

[441] Vgl. Fleischer/Hüttemann/*Adolff/Häller*, RhB Unternehmensbewertung, § 18 Rn. 18.33. Siehe auch *Karami*, Unternehmensbewertung und Spruchverfahren beim „Squeeze out“, S. 134–135, welcher von einem anlageorientierten Aktionär spricht.

[442] Vgl. *Adolff*, Unternehmensbewertung im Recht der börsennotierten Aktiengesellschaft, S. 344; vgl. *Ruthardt/Hachmeister*, NZG 2014, 41, 44.

[443] Fleischer/Hüttemann/*Adolff/Häller*, RhB Unternehmensbewertung, § 18 Rn. 18.38.

[444] Fleischer/Hüttemann/*Adolff/Häller*, RhB Unternehmensbewertung, § 18 Rn. 18.33.

Er zeigt einen kurzfristigen Anlegerhorizont auf.[445] Sofern der quotale Unternehmenswert und der Deinvestitionswert nicht nebeneinander als jeweilige Untergrenze der Abfindung berücksichtigt werden, würde damit zwangsläufig auch einer der typisierten Anlagehorizonte missachtet.

Gegen einen verfassungsrechtlichen Schutz des Daueranlagewerts wird vorgebracht, dass es sich hierbei um eine bloße Gewinnerwartung und zukünftige Chance außerhalb der Eigentumsgarantie handeln würde.[446] So entschied das BVerfG im Kontext einer besonders guten Rentabilität der Gesellschaft, aus der Minderheitsaktionäre gedrängt wurden, dass Gewinnerwartungen und Chancen, die noch nicht im aktuellen Wert des konkreten Eigentums abgebildet sind, grundsätzlich nicht im Schutzbereich des Art. 14 Abs. 1 GG liegen.[447]

Dies widerspricht aber nicht dem verfassungsrechtlichen Schutz mitgliedschaftlicher Rechte und der geschützten Möglichkeit des Haltens der Aktie. Schließlich vermittelt das Aktieneigentum mitgliedschaftliche Rechte, was auch vermögensrechtliche Ansprüche hinsichtlich einer Gewinnbeteiligung sowie einer Abwicklungsquote erfasst.[448] Das Halten einer Aktie impliziert eine weitere Teilhabe an diesen Rechten.[449] Mithin liegt hier kein Fall der bloßen Chancen, sondern der verfassungsrechtlich geschützten vermögensrechtlichen Ansprüche aus dem Aktieneigentum vor. Zudem ließe sich der Daueranlagewert auch dahingehend interpretieren, dass der Aktionär die Aktie so lange hält, bis ihr Börsenkurs dem fundamentalen Unternehmenswert entspricht.[450] Der Verlust des Daueranlegers sollte weniger als Verlust von zukünftigen Erwartungen und Gewinnchancen, sondern als Wegfall des andernfalls fortbestehenden Rechts hinsichtlich fortlaufender Ausschüttungen und seiner Möglichkeit des Haltens der Aktie betrachtet werden. Anders als reine Gewinnchancen sind die vermögensrechtlichen Ansprüche, die mit der mitgliedschaftlichen Stellung verbunden sind, nicht rein zukunftsbezogen,

---

[445] Vgl. Fleischer/Hüttemann/*Adolff/Häller*, RhB Unternehmensbewertung, § 18 Rn. 18.44; vgl. *Ruthardt/Hachmeister*, NZG 2014, 41, 44; vgl. *Ruthardt/Hachmeister*, WPg 2016, 411, 413. Siehe zudem *Karami*, Unternehmensbewertung und Spruchverfahren beim „Squeeze out", S. 134, wo von einem spekulierenden Anleger die Rede ist.

[446] LG Frankfurt a.M., Beschl. v. 27.06.2019 – 3–05 O 38/18 –, Rn. 103, juris (nrkr.); LG Stuttgart, Beschl. v. 08.05.2019 – 31 O 25/13 KfH SpruchG –, Rn. 356, juris; *Schnorbus/Rauch/Grimm*, AG 2021, 391, 400 Rn. 48.

[447] BVerfG, Nichtannahmebeschl. v. 16.05.2012 – 1 BvR 96/09 –, BVerfGK 19, 388–398, Rn. 23; BVerfG, Beschl. v. 23.08.2000 – 1 BvR 68/95, 1 BvR 147/97 = ZIP 2000, 1670, 1672. Hierauf verweisend LG Frankfurt a.M., Beschl. v. 27.06.2019 – 3–05 O 38/18 –, Rn. 103, juris (nrkr.); LG Stuttgart, Beschl. v. 08.05.2019 – 31 O 25/13 KfH SpruchG –, Rn. 356, juris; *Schnorbus/Rauch/Grimm*, AG 2021, 391, 400 Rn. 48.

[448] BVerfG, Beschl. v. 27.04.1999 – 1 BvR 1613/94 –, BVerfGE 100, 289–313, Rn. 42; Dürig/Herzog/Scholz/*Papier/Shirvani*, GG, Art. 14 GG Rn. 310; *Schön*, FS Ulmer (2003), S. 1359, 1371–1380.

[449] Vgl. *Ruthardt/Popp*, AG 2020, 240, 247 Rn. 49.

[450] *Ruthardt/Popp*, AG 2020, 240, 247 Rn. 50.

sondern bereits im Aktieneigentum angelegt und zumindest auch gegenwartsbezogen, da der Aktionär mit einer fortdauernden Dividendenzahlung rechnen kann.

Es sei aber erwähnt, dass die Berücksichtigung eines hypothetischen Daueranlagewerts jedenfalls dann nicht zur Abkehr vom Börsenkurs zwingt, wenn ein effizienter Kapitalmarkt vorliegt, auf welchem die verschiedenen Wertvorstellungen der Marktteilnehmer zum Ausgleich kommen und keiner von ihnen über einen Informationsvorsprung verfügt.[451]

Mit Blick auf den verfassungsrechtlich gebotenen Schutz des Aktieneigentums und der notwendigen Berücksichtigung verschiedener Entscheidungsalternativen und Anlagehorizonte vermag das wertbegriffsbezogene Meistbegünstigungsprinzip zu überzeugen.

dd) Fazit: Doppelnatur der Aktie und Meistbegünstigungsprinzip

Aus der Doppelnatur der Aktie ist ein wertbegriffsbezogenes Meistbegünstigungsprinzip abzuleiten. Demnach muss der Kompensationsebene der Abfindung der höhere Wert aus einem Vergleich zwischen dem quotalen Unternehmenswert und dem Deinvestitionswert zugrunde gelegt werden.

Eine Alleinmaßgeblichkeit des Börsenkurses wäre zu bejahen, sofern er beide Wertkategorien abbilden kann. Folglich ist die zu beobachtende Tendenz zur alleinigen Orientierung am Börsenkurs jedenfalls aus verfassungsrechtlicher Sicht nicht von vornherein abzulehnen. Jedoch müsste er nicht nur den Deinvestitionswert, sondern auch den quotalen Unternehmenswert darstellen, der sich auf Grundlage einer indirekten Anteilsbewertung aus der Bewertungsperspektive eines typisierten Gesamtunternehmenserwerbers ergeben würde. Sofern er hierzu nicht geeignet ist, bedarf es einer anderweitigen Bewertung, wobei der Börsenkurs sodann noch als Untergrenze in Betracht kommt, wenn er dennoch den Deinvestitionswert darstellt. In einem solchen Fall wäre im Ergebnis wie bei der abgelehnten methodenbezogenen Meistbegünstigung zu verfahren. Dies würde mit ihrem Nachteil des doppelten Aufwands einhergehen. Ein höherer Aufwand ist vor dem Hintergrund der verfassungsrechtlich geforderten vollen Kompensation unter Berücksichtigung beider Wertbegriffe aber hinzunehmen. Darüber hinaus käme auch ihr Vorteil eines möglichen Auffangens etwaiger Fehlbewertungen bei einer einzelnen Bewertungsmethode zum Tragen.

[451] Vgl. LG Frankfurt a. M., Beschl. v. 27.06.2019 – 3–05 O 38/18 –, Rn. 102, juris (nrkr.); vgl. LG Stuttgart, Beschl. v. 08.05.2019 – 31 O 25/13 KfH SpruchG –, Rn. 355, juris; vgl. *Ruiz de Vargas*, NZG 2021, 1001, 1009–1010. Ausführlich zur Kapitalmarkteffizienz siehe: § 2 B.

Wenn die im weiteren Verlauf zu erörternden Kritikpunkte am Börsenkurs[452] den Schluss ziehen lassen, dass der Börsenkurs grundlegend nicht zur Bestimmung des quotalen Unternehmenswerts geeignet ist und nur ausnahmsweise mit ihm übereinstimmt, ist stets eine anderweitige Wertermittlung durchzuführen, wobei insbesondere fundamentale Unternehmensbewertungsverfahren in Betracht kommen. Der Börsenkurs wäre hierbei nur als Untergrenze zu berücksichtigen. Demnach müsste immer eine doppelte Bewertung durchgeführt werden, was dem methodenbezogenen Meistbegünstigungsprinzip entsprechen würde. Rein konzeptionell ist letzteres aber dennoch abzulehnen.

d) *Fazit: Kompensationsebene*

Auf der Kompensationsebene der Barabfindung müssen der quotale Unternehmenswert und der Deinvestitionswert ersetzt werden.

Beim quotalen Unternehmenswert ist das Unternehmen als Ganzes das Bewertungsobjekt und ein markttypischer Gesamtunternehmenserwerber das Bewertungssubjekt. Hierbei wird eine indirekte Anteilsbewertung durchgeführt. Sofern er den entsprechenden Anforderungen genügt, käme der Börsenkurs als Bewertungsmaßstab hierfür in Betracht.

Für den Deinvestitionswert ist auf die einzelne Aktie als Bewertungsobjekt und den typisierten Minderheitsaktionär als Bewertungssubjekt abzustellen, wobei eine direkte Anteilsbewertung stattfindet. Der Deinvestitionswert wird i. d. R. mit dem Börsenkurs identisch sein. Weicht jener ausnahmsweise Deinvestitionswert ab, muss eine alternative Bewertungsmethode zur direkten Anteilsbewertung zum Einsatz kommen.

Gemäß dem wertbegriffsbezogenen Meistbegünstigungsprinzip bestimmt sich die Abfindung anhand des höheren beider Werte. Dementsprechend ist der Börsenkurs grundsätzlich als Untergrenze zu berücksichtigen. Ob er darüber hinaus als alleinmaßgeblicher Bewertungsmaßstab in Betracht kommt, hängt davon ab, inwiefern hierdurch auch der quotale Unternehmenswert abgebildet werden kann. Von vornherein ist eine alleinige Börsenkursorientierung aber nicht abzulehnen.

2. Partizipationsebene

Während auf der Kompensationsebene das verlustige Eigentum und der entgangene finanzielle Nutzen des Abfindungsberechtigten zu ersetzen ist, stellt sich mit Blick auf die sog. Partizipationsebene die Frage, ob ihm zudem auch der finanzielle Nutzenzuwachs beim Abfindungspflichtigen über die volle Kompensation

---

[452] Siehe hierzu: § 2; § 3; § 4; § 5. Die zentralen Argumente einer grundlegend fehlenden Bewertungseignung des Börsenkurses laufen auf eine systematische Fehlbewertung sowie seine konzeptionelle Ungeeignetheit und unzureichende Überprüfbarkeit hinaus.

hinaus zu gewährleisten ist.[453] In Abgrenzung zum quotalen Unternehmenswert und zum Deinvestitionswert wird das Unternehmen hierbei im Verbund als Bewertungsobjekt herangezogen. Hinsichtlich des Bewertungssubjekts sollte auf die Perspektive des Mehrheitsaktionärs, der die Maßnahme betreibt, abgestellt werden.[454] Abfindungen müssten auch die Partizipationsebene abdecken, wenn den abzufindenden Aktionären aus der abfindungsauslösenden Maßnahme ergehende Synergieeffekte abgegolten werden sollen. Dieses von weiten Teilen der Rechtswissenschaft abgelehnte Verbundberücksichtigungsprinzip basiert auf einem fingierten Einigungswert aus einer hypothetischen freien Verhandlung. Dementsprechend wird sich auf der Partizipationsebene wieder dem wirtschaftswissenschaftlichen Schiedswertkonzept angenähert.

Die vorliegende Arbeit beschränkt sich die thematisch auf das verfassungsrechtlich geschützte Aktieneigentum und den Börsenkurs als potenziellen Bewertungsmaßstab. Der Partizipationsebene der Abfindung und dem Verbundberücksichtigungsprinzip ist ein separates Werk gewidmet.

Eng mit der Partizipationsthematik verwoben ist der von Grüter beschriebene Optionswert. Diese weitere Wertkomponente erfasst das mit der Aktie verbundene Recht, an der zukünftigen abnormalen Wertentwicklung des Unternehmens teilzuhaben.[455] Da sich in dieser Schrift mit der Kompensationsebene und der börsenkursbasierten Unternehmensbewertung beschäftigt wird, sei hinsichtlich dieser Thematik auf die Ausführungen Grüters verwiesen.[456]

3. Konkrete Fälle

Vor dem Hintergrund der vorangegangenen Erwägungen sind die konkreten Fälle der Barabfindung zu beleuchten.

a) Barabfindung und fester Ausgleich beim Abschluss eines Beherrschungs- und Gewinnabführungsvertrags, §§ 305, 304 AktG

Die Abfindungs- bzw. Ausgleichsansprüche aus §§ 305, 304 AktG knüpfen an einen Unternehmensvertrag in Form eines Beherrschungs- oder Gewinnabführungsvertrag an.

---

[453] *Adolff*, Unternehmensbewertung im Recht der börsennotierten Aktiengesellschaft, S. 386; Bürgers/Körber/Lieder/*Ruiz de Vargas*, AktG, Anh. § 305 AktG Rn. 3a.

[454] *Adolff*, Unternehmensbewertung im Recht der börsennotierten Aktiengesellschaft, S. 391–392.

[455] *Grüter*, Anlegerschutz, S. 171–172; *Grüter*, DB 2025, 2420, 2425.

[456] Siehe vor allem zur fehlenden Einpreisung des Optionswerts in den Börsenkurs *Grüter*, Anlegerschutz, S. 173, 363; *Grüter*, DB 2025, 2420, 2425–2426.

Bei einem Beherrschungsvertrag unterstellt eine AG oder KGaA die Leitung ihrer Gesellschaft einem anderen Unternehmen, § 291 Abs. 1 S. 1 AktG. Das herrschende Unternehmen erhält hierdurch gemäß § 308 AktG ein Weisungsrecht gegenüber der abhängigen Gesellschaft.[457] Im Rahmen eines Gewinnabführungsvertrags nach § 291 Abs. 1 S. 1 AktG verpflichtet sich eine AG oder KGaA hingegen zur Abführung ihres ganzen Gewinns an ein anderes Unternehmen. Anders als beim Beherrschungsvertrag erlangt das herrschende Unternehmen kein Weisungsrecht.[458]

Über § 305 AktG und § 304 AktG sollen die Interessen der außenstehenden Aktionäre bei Unternehmensverträgen absichert[459] und ihre Rechte geschützt[460] werden. So haben diese keinen Einfluss auf die Vertragsgestaltung und können durch den Unternehmensvertrag erhebliche wirtschaftliche Nachteile erleiden.[461] Dementsprechend werden die Aktionäre vor die Wahl gestellt, aus der Gesellschaft auszuscheiden und hierfür eine Abfindung nach § 305 AktG zu erhalten oder in der Gesellschaft zu verbleiben und einen Ausgleich gemäß § 304 AktG für ihre Nachteile zu bekommen.[462]

Dabei verpflichtet der § 305 Abs. 1 AktG den anderen Vertragsteil, die Aktien eines außenstehenden Aktionärs auf dessen Verlangen hin gegen eine angemessene Abfindung zu erwerben. Bei der Abfindung handelt es sich um eine einmalige Gegenleistung.[463] Durch den § 305 AktG sollen die aus der Mitgliedschaft ergehenden Herrschaftsrechte geschützt werden.[464] Vor allem aber dürfte er der Gefahr eines dauerhaften Wertverlusts der Beteiligung, die mit der Leitungsmacht des herrschenden Unternehmens einhergeht, entgegenwirken.[465] In § 305 Abs. 2 Nr. 2 Alt. 2 und Nr. 3 AktG ist die hier relevante Barabfindung geregelt, die von der Abfindung in Aktien gemäß § 305 Abs. 2 Nr. 1 und Nr. 2 Alt. 1 AktG zu unterscheiden ist. Letztere zählt zu den Umtauschfällen.[466] Dem § 305 Abs. 3 S. 2 AktG zufolge muss die Barabfindung angemessen sein und die Verhältnisse der Gesellschaft im Zeitpunkt der über den Vertrag beschlussfassenden Hauptversammlung

---

[457] *Emmerich/Habersack*, Konzernrecht, S. 199–200 § 11 Rn. 2.

[458] *Emmerich/Habersack*, Konzernrecht, S. 214–215 § 12 Rn. 3.

[459] GK-AktG/*Hasselbach/Hirte*, § 304 AktG Rn. 4; vgl. *Emmerich/Habersack*, Konzernrecht, S. 343 § 21 Rn. 1.

[460] BGH, Beschl. v. 04.03.1998 – II ZB 5/97 –, BGHZ 138, 136–142, Rn. 9; GK-AktG/*Hasselbach/Hirte*, § 304 AktG Rn. 5.

[461] GK-AktG/*Hasselbach/Hirte*, § 304 AktG Rn. 4.

[462] *Emmerich/Habersack*, Konzernrecht, S. 343 § 21 Rn. 1; *Stein*, Fundamentalanalyse und Börsenkurs als Grundlage richterlicher Schätzung bei der Ermittlung aktienrechtlicher Barabfindungen, S. 13.

[463] *Emmerich/Habersack*, Konzernrecht, S. 371 § 22 Rn. 21.

[464] BGH, Beschl. v. 04.03.1998 – II ZB 5/97 –, BGHZ 138, 136–142, Rn. 10; GK-AktG/*Hirte/Hasselbach*, § 305 AktG Rn. 2; MüKo-AktG/*van Rossum*, § 304 AktG Rn. 8; MüKo-AktG/*van Rossum*, § 305 AktG Rn. 7.

[465] GK-AktG/*Hirte/Hasselbach*, § 305 AktG Rn. 2.

[466] Siehe hierzu: § 1 B.II.3.d).

berücksichtigen. Die Angemessenheit der Abfindung ist auf Antrag eines außenstehenden Aktionärs in einem Spruchverfahren gerichtlich zu überprüfen, § 305 Abs. 5 S. 2 AktG, §§ 1 Nr. 1, 3 Nr. 1 SpruchG.[467]

Im Unterschied zum § 305 AktG normiert der § 304 Abs. 1 S. 1 AktG eine wiederholte Geldleistung. Mit dem § 304 AktG wird der Verlust des mitgliedschaftlichen Dividendenrechts kompensiert.[468] Die außenstehenden Aktionäre sollen hierdurch gegen eine wirtschaftliche Beeinträchtigung ihres Gewinnbezugsrechts geschützt werden.[469] Schließlich wird ihnen für die Dauer des Vertrags eine Teilhabe am Unternehmenserfolg der Untergesellschaft verwehrt, weshalb sie eine wiederkehrende Ausgleichszahlung durch den anderen Vertragsteil erhalten.[470] Der Ausgleich kann in fester oder variabler Form ermittelt werden. Beim festen Ausgleich gemäß § 304 Abs. 2 S. 1 AktG wird der jährlich zu zahlende durchschnittliche Gewinnanteil pro Aktie anhand der bisherigen Ertragslage und den zukünftigen Ertragsaussichten der Gesellschaft ermittelt.[471] Hierdurch gelangt man zu einer fiktiven Dividende, bei welcher die Gewinne des anderen Vertragsteils außen vor bleiben.[472] Vom festen Ausgleich ist der variable Ausgleich nach § 304 Abs. 2 S. 2 AktG abzugrenzen, welcher zu den Umtauschfällen zu zählen ist.[473] Auch der Ausgleich muss laut § 304 Abs. 1 AktG angemessen sein. Ebenso hat eine gerichtliche Überprüfung der Angemessenheit im Spruchverfahren auf Antrag eines außenstehenden Aktionärs zu erfolgen, § 304 Abs. 4 S. 3 AktG, §§ 1 Nr. 1, 3 Nr. 1 SpruchG.[474]

In seiner *DAT/Altana*-Entscheidung sah das BVerfG den Schutzbereich des Art. 14 Abs. 1 GG auch im Kontext der §§ 305, 304 AktG als eröffnet an und stellte auf die Grundsätze zur vollen Kompensation ab.[475]

Dem ist beizupflichten. Wenn die außenstehenden Aktionäre beim Gewinnabführungs- und Beherrschungsvertrag zwar nicht aus der Gesellschaft herausgedrängt werden, kommt ihre Beeinträchtigung doch einem Verlust zumindest wirt-

---

[467] Vgl. BeckHdB-AG/*Liebscher*, § 14 Rn. 153.

[468] BGH, Beschl. v. 04.03.1998 – II ZB 5/97 –, BGHZ 138, 136–142, Rn. 10; GK-AktG/*Hasselbach/Hirte*, § 304 AktG Rn. 22; MüKo-AktG/*van Rossum*, § 304 AktG Rn. 8.

[469] GK-AktG/*Hasselbach/Hirte*, § 304 AktG Rn. 22; MüKo-AktG/*van Rossum*, § 305 AktG Rn. 7.

[470] *Adolff*, Unternehmensbewertung im Recht der börsennotierten Aktiengesellschaft, S. 269.

[471] *Emmerich/Habersack*, Konzernrecht, S. 349 § 21 Rn. 19; vgl. *Adolff*, Unternehmensbewertung im Recht der börsennotierten Aktiengesellschaft, S. 271.

[472] Grigoleit/*Servatius*, AktG, § 304 AktG Rn. 15.

[473] Siehe hierzu: § 1 B.II.3.d).

[474] Vgl. BeckHdB-AG/*Liebscher*, § 14 Rn. 147.

[475] BVerfG, Beschl. v. 27.04.1999 – 1 BvR 1613/94 –, BVerfGE 100, 289–313, Rn. 48; *Hüttemann*, ZGR 2001, 454, 456.

schaftlich gleich.[476] Auch bei einem tiefgreifenden Eingriff, durch welchen die mitgliedschaftlichen Rechte durch eine andere Leistung ersetzt werden, kommt der Eigentumsschutz des Art. 14 Abs. 1 GG zum Tragen.[477] So werden die betroffenen Aktionäre in ihren Mitgliedschaftsrechten beeinträchtigt, was auch der intendierte Schutzzweck der §§ 305, 304 AktG widerspiegelt. Durch die Begründung eines Vertragskonzerns treten erhebliche Veränderungen hinsichtlich der Teilhabe am Unternehmen ein.[478] Im Ergebnis ist dies als wertmäßiger Verlust des ursprünglichen quotalen Unternehmenswerts zu betrachten. Dies gilt ebenso für den Deinvestitionswert der Aktien. Zwar mag eine Veräußerungsmöglichkeit auch nach dem Abschluss eines Unternehmensvertrags noch fortbestehen. Jene bezieht sich aber nur auf Aktien einer konzernierten Gesellschaft. Die Aktie als Handelsgut in ihrer ursprünglichen Form geht hingegen verloren. Dabei dürfte ein Beherrschungs- und Gewinnabführungsvertrag einen Einfluss auf ihre Handelbarkeit haben. Sowohl beim § 305 AktG als auch beim § 304 AktG ist damit der Deinvestitionswert und die Doppelnatur der Aktie zu berücksichtigen.[479]

b) Barabfindung bei Mehrheitseingliederung, § 320b AktG

Gemäß § 320 Abs. 1 S. 1 AktG kann durch einen Mehrheitsbeschluss eine Eingliederung einer Aktiengesellschaft in eine andere Aktiengesellschaft erfolgen, wenn letztere bereits 95 % der Aktien der einzugliedernden Gesellschaft hält. Im Anschluss gehen auch die übrigen Aktien nach § 320a AktG auf die Hauptgesellschaft über, was eine Verpflichtung zur angemessenen Abfindung gemäß § 320b AktG auslöst.[480] Somit werden die außenstehenden Aktionäre der einzugliedernden Gesellschaft durch die Mehrheitseingliederung gegen eine Abfindungsleistung ausgeschlossen.[481]

---

[476] BVerfG, Beschl. v. 27.04.1999 – 1 BvR 1613/94 –, BVerfGE 100, 289–313, Rn. 48; *Hüttemann*, ZGR 2001, 454, 456; vgl. *Adolff*, Unternehmensbewertung im Recht der börsennotierten Aktiengesellschaft, S. 326; vgl. *Klöhn*, Das System der aktien- und umwandlungsrechtlichen Abfindungsansprüche, S. 103–105, 112 § 5, der bei den Konstellationen, in denen die Aktien noch einen Restwert haben, von einem „ungeteilten Ausgleich" spricht, welcher zum Schutz des berechtigten Interesses der betroffenen Aktionäre verfassungsrechtlich geboten ist.

[477] Marsch-Barner/Schäfer/*Gehling*, HdB börsennotierte AG, § 13 Rn. 13.22.

[478] Vgl. *Adolff*, Unternehmensbewertung im Recht der börsennotierten Aktiengesellschaft, S. 326.

[479] *Adolff*, Unternehmensbewertung im Recht der börsennotierten Aktiengesellschaft, S. 300, 324; vgl. MüKo-AktG/*van Rossum*, § 304 AktG Rn. 93 und MüKo-AktG/*van Rossum*, § 305 AktG Rn. 94 zum Börsenkurs als Untergrenze bei Abfindung und Ausgleich; a. A. BGH, Urt. v. 13.02.2006 – II ZR 392/03 –, BGHZ 166, 195–203, Rn. 13, wonach der Börsenkurs als Untergrenze nur beim variablen Ausgleich nach § 304 Abs. 2 S. 3, Abs. 4 AktG, der sich nach dem Umtauschverhältnis richtet, und nicht beim festen Ausgleich greift.

[480] BeckOGK-AktG/*Singhof*, § 320 AktG Rn. 2.

[481] BeckHdB-AG/*Liebscher*, § 14 Rn. 196.

Sofern es sich bei der Hauptgesellschaft selbst um eine abhängige Gesellschaft handelt, haben die ausgeschiedenen Aktionäre die Wahl zwischen einer Abfindung in Aktien der Hauptgesellschaft oder einer angemessenen Barabfindung, § 320b Abs. 1 S. 2 AktG. Lediglich diese obligatorische Baralternative stellt einen Barabfindungsfall dar.[482] Gemäß § 320b Abs. 1 S. 1 AktG muss die Abfindung angemessen sein, wobei im Rahmen der Barabfindung nach § 320b Abs. 1 S. 5 AktG die Verhältnisse der Gesellschaft zum Zeitpunkt der über die Eingliederung beschlussfassenden Hauptversammlung zu berücksichtigen sind. Die Angemessenheit der Abfindung wird in einem Spruchverfahren nach § 320b Abs. 2 S. 2 AktG, §§ 1 Nr. 2, 3 Nr. 2 SpruchG auf Antrag eines ausgeschiedenen Aktionärs hin überprüft.[483]

Da die ausscheidenden Aktionäre bei einer Mehrheitseingliederung mit Barabfindung ihr Aktieneigentum verlieren, kommt die verfassungsrechtlich geforderte volle Kompensation unter Berücksichtigung des quotalen Unternehmenswerts und des Deinvestitionswerts zum Einsatz. Wenn sie durch die Eingliederung selbst auch nicht hinausgedrängt werden, so wird doch derart stark in ihre Aktionärsrechte eingegriffen, sodass der verfassungsrechtliche Schutz des Eigentums betroffen ist.[484]

c) Barabfindung bei aktienrechtlichem Squeeze-out, §§ 327a, 327b AktG

Der in den §§ 327a ff. AktG normierte Squeeze-out ermöglicht den Ausschluss von Minderheitsaktionären gegen ihren Willen.[485] So sieht der § 327a Abs. 1 S. 1 AktG vor, dass die Hauptversammlung einer AG oder KGaA auf Verlangen eines Hauptaktionärs, welchem 95 % der Aktien gehören, über eine Übertragung der Aktien der übrigen Minderheitsaktionäre beschließen soll.

Das Gesetz verlangt eine angemessene Barabfindung gemäß § 327a Abs. 1 S. 1 AktG, wobei laut § 327b Abs. 1 S. 1 AktG die Verhältnisse der Gesellschaft im Zeitpunkt der Beschlussfassung ihrer Hauptversammlung zu berücksichtigen sind. Auf Antrag eines ausgeschiedenen Aktionärs ist die Angemessenheit der Barabfindung im Spruchverfahren zu überprüfen, § 327f S. 2 AktG, §§ 1 Nr. 3, 3 Nr. 2 SpruchG.

Da die Minderheitsaktionäre beim Squeeze-out vollständig ausgeschlossen werden und ihnen keine Option der Abfindung in Aktien angeboten wird, handelt es

---

[482] *Adolff*, Unternehmensbewertung im Recht der börsennotierten Aktiengesellschaft, S. 268. Zur Abfindung in Aktien, die einen Umtauschfall darstellt, siehe: § 1 B.II.3.e).

[483] Vgl. BeckHdB-AG/*Liebscher*, § 14 Rn. 197.

[484] Vgl. Marsch-Barner/Schäfer/*Gehling*, HdB börsennotierte AG, § 13 Rn. 13.22. Ferner wird auf die Argumentation bei § 1 B.I.3.a) verwiesen.

[485] BeckHdB-AG/*Goslar*, § 15 Rn. 1; *Drukarczyk*, FS Scherrer (2004), S. 625, 627; *Karami*, Unternehmensbewertung in Spruchverfahren beim „Squeeze out", S. 21.

sich um die tiefgreifendste Beeinträchtigung ihrer Rechte.[486] Sie verlieren ihr Aktieneigentum in Gestalt der Beteiligung am Unternehmen wie auch in seiner Ausformung als Handelsgut. Dementsprechend bedarf es hier erst recht einer vollen Kompensation.[487]

d) Barabfindung bei finanzmarktrechtlichem Squeeze-out, § 14 Abs. 4 WStBG, §§ 327a, 327b AktG

Der finanzmarktrechtliche Squeeze-out[488] stellt eine Modifikation des aktienrechtlichen Squeeze-out dar. So sind im § 14 Abs. 4 WStBG Sonderregelungen hinsichtlich der §§ 327a ff. AktG für Finanzmarkt- und Wirtschaftsstabilisierungsfonds vorgesehen. Zum Beispiel können sie das Squeeze-out-Verlangen bereits bei einer Beteiligung von 90% stellen, § 14 Abs. 4 S. 1 WStBG.[489] Letztlich kommt es auch hier zu einer Barabfindung, die im Spruchverfahren überprüft werden kann.[490] Die vorangegangenen Erwägungen gelten ebenso.

e) Barabfindung bei verschmelzungsrechtlichem Squeeze-out, § 62 Abs. 5 UmwG i. V. m. §§ 327a, 327b AktG

Eine weitere Form des Ausschlusses von Minderheitsaktionären ist im § 62 Abs. 5 UmwG vorgesehen. Es handelt sich um den verschmelzungsrechtlichen Squeeze-out. Dieser ist auf die Fälle des § 62 Abs. 1 UmwG begrenzt, in welchen eine übernehmende Aktiengesellschaft 90% an einer übertragenden Kapitalgesellschaft hält. In Abgrenzung zum aktienrechtlichen Squeeze-out werden damit einschränkende Anforderungen an den Hauptaktionär gestellt. Demgemäß ist der verschmelzungsrechtliche Squeeze-out auf Konstellationen beschränkt, in denen eine Tochtergesellschaft auf ihre Mutter verschmolzen wird (sog. *Upstream*-Verschmelzungen).[491] Anders als sein aktienrechtliches Pendant verlangt der verschmelzungsrechtliche Squeeze-out dafür auch nur eine Beteiligung von 90% für das Ausschlussverlangen, § 62 Abs. 5 S. 1 UmwG. Ein weiterer Unterschied zeigt

---

[486] Vgl. *Karami*, Unternehmensbewertung in Spruchverfahren beim „Squeeze out“, S. 3–4.

[487] Vgl. Marsch-Barner/Schäfer/*Gehling*, HdB börsennotierte AG, § 13 Rn. 13.22.

[488] Diesen Ausdruck wählt *Weimann*, Spruchverfahren nach Squeeze-out, S. 16 § 1 für den damaligen § 12 Abs. 4 FMStBG.

[489] BeckOGK-AktG/*Singhof*, § 327a AktG Rn. 5.

[490] Vgl. *Weimann*, Ertragswert und Börsenwert, S. 93 § 2 bzgl. § 14 Abs. 4 WStBG und § 12 Abs. 4 FMStBG; vgl. *Weimann*, Spruchverfahren nach Squeeze-out, S. 16 § 1 zum vorherigen § 12 Abs. 4 FMStBG.

[491] *Karami*, Unternehmensbewertung in Spruchverfahren beim „Squeeze out“, S. 29.

sich aber darin, dass die für den verschmelzungsrechtlichen Squeeze-out erforderliche Beteiligung auf direkt gehaltene Aktien beschränkt ist.[492]

Da § 62 Abs. 5 S. 8 UmwG auf die §§ 327a bis 327f AktG verweist, finden die dortigen Regelungen zur Barabfindung gleichermaßen Anwendung. Diesbezüglich bestehen keine Abweichungen zwischen dem aktienrechtlichen und dem verschmelzungsrechtlichen Squeeze-out.[493] In Anbetracht seiner gleichartigen Wirkung kann auch hinsichtlich der geforderten vollen Kompensation auf §§ 327a, 327b AktG verwiesen werden.

f) Barabfindung bei übernahmerechtlichem Squeeze-out, § 39a Abs. 1, 3 WpÜG

Von diesen Ausschlussmöglichkeiten ist der übernahmerechtliche Squeeze-out des § 39a WpÜG abzugrenzen.

Ein zentraler Unterschied zu den aktienrechtlichen Regelungen besteht darin, dass es keines Hauptversammlungsbeschlusses bedarf.[494] Stattdessen beschließt das LG Frankfurt am Main auf Antrag eines Bieters, dem mindestens 95 % des stimmberechtigten Grundkapitals der Zielgesellschaft gehören, über den Ausschluss, § 39a Abs. 1 S. 1, Abs. 5 WpÜG.[495] Damit ersetzt ein Gerichtsbeschluss den Hauptversammlungsbeschlusses. Der Antrag muss jedoch innerhalb von drei Monaten nach Ablauf der Annahmefrist eines vorangegangenen Übernahme- oder Pflichtangebots des Bieters gestellt werden, § 39a Abs. 1 S. 1, Abs. 4 S. 1 WpÜG. Die Art der Abfindung richtet sich gemäß § 39a Abs. 3 S. 1 WpÜG nach dem vorhergehenden Angebot. Nach § 39a Abs. 3 S. 2 WpÜG ist aber stets eine wahlweise Geldleistung anzubieten. Folglich kann es bei einem vorherigen Tauschangebot auch zu einer Abfindung in Aktien anstelle einer Barabfindung kommen.[496]

Das Angebot markiert eine weitere entscheidende Besonderheit des übernahmerechtlichen Squeeze-out. So gilt die im Rahmen des Übernahme- oder Pflichtangebots gewährte Gegenleistung gemäß § 39a Abs. 3 S. 3 WpÜG als angemessene Abfindung, wenn der Bieter aufgrund besagten Angebots Aktien in Höhe von mindestens 90 % des vom Angebot betroffenen Grundkapitals erworben hat. Auf diesem Wege rückt ein Markttest an die Stelle der Ermittlung einer vollen Entschädigung.[497] Eine Angemessenheitsprüfung und ein Spruchverfahren entfallen.[498]

---

[492] BeckHdB-AG/*Goslar*, § 15 Rn. 70; *Karami*, Unternehmensbewertung in Spruchverfahren beim „Squeeze out", S. 29–30, 31 Abb. 6 mit einem Vergleich der Squeeze-out-Arten.

[493] BeckHdB-AG/*Goslar*, § 15 Rn. 76.

[494] BeckHdB-AG/*Goslar*, § 15 Rn. 92; Emmerich/Habersack/*Habersack*, AktG, § 327a AktG Rn. 8a.

[495] Emmerich/Habersack/*Habersack*, AktG, § 327a AktG Rn. 8a.

[496] Hierbei handelt es sich um einen Umtauschfall. Siehe hierzu: § 1 B.II.3.f).

[497] *Weimann*, Spruchverfahren nach Squeeze-out, S. 17 § 1.

[498] *Ruiz de Vargas*, NZG 2021, 1056, 1059.

Über die für öffentliche Angebote geltenden Mindestpreisregelungen der § 31 WpÜG i. V. m. §§ 3 ff. WpÜG-AngebVO wird hierbei auf Börsenkurse und Erwerbspreise abgestellt.[499] Dementsprechend vollzieht der Markttest eine marktorientierte Unternehmensbewertung. Lediglich dann, wenn die Annahmequote nicht erreicht wurde, hat der Bieter eine angemessene Gegenleistung festzusetzen.[500] Allerdings bleibt auch in diesen Fällen der Weg zum Spruchverfahren verschlossen.[501]

Auch beim übernahmerechtlichen Squeeze-out ist den ausscheidenden Aktionären eine angemessene Abfindung zu gewähren. Schließlich verlieren sie hierdurch ihr durch Art. 14 Abs. 1 GG geschütztes Aktieneigentum in Form des quotalen Unternehmenswerts und des Deinvestitionswerts.[502] Dem BVerfG zufolge werden die §§ 39a, 39b WpÜG i. V. m. § 31 WpÜG, §§ 3 bis 6 WpÜG-AngebVO den verfassungsrechtlichen Anforderungen aber gerecht.[503] Mit der Angemessenheitsvermutung des § 39a Abs. 3 S. 3 WpÜG wird vorausgesetzt, dass Unternehmenswerte auch im Wege einer reinen Marktorientierung ermittelt werden können.[504] Gerade dies steht in der vorliegenden Arbeit zur Debatte.

An der Angemessenheitsvermutung beim übernahmerechtlichen Squeeze-out hat sich ein Streit hinsichtlich ihrer Widerleglichkeit entzündet. So wird zum Teil von einer unwiderleglichen Vermutung ausgegangen.[505] Andere wiederum betrachten

---

[499] Vgl. Schwark/Zimmer/*Noack*/*Zetzsche*, KMRK, § 39a WpÜG Rn. 23.

[500] Angerer/Brandi/Süßmann/*Süßmann*, WpÜG, § 39a WpÜG Rn. 21.

[501] Angerer/Brandi/Süßmann/*Süßmann*, WpÜG, § 39a WpÜG Rn. 22; MüKo-AktG/*Grunewald*, § 39a WpÜG Rn. 38.

[502] In diese Richtung etwa Angerer/Brandi/Süßmann/*Süßmann*, WpÜG, § 39a WpÜG Rn. 16; *Weimann*, Ertragswert und Börsenwert, S. 258, 267 § 13. Siehe zudem BVerfG, Nichtannahmebeschl. v. 16.05.2012 – 1 BvR 96/09 –, BVerfGK 19, 388–398, Os. 1a, Rn. 17, welches zur wirtschaftlich vollen Entschädigung nach Art. 14 Abs. 1 GG anhand des wahren Werts mit dem Verkehrswert als Untergrenze bei den §§ 39a, 39b WpÜG entschied.

[503] BVerfG, Nichtannahmebeschl. v. 16.05.2012 – 1 BvR 96/09 –, BVerfGK 19, 388–398, Os. 2a, Rn. 19; *Kallweit*, Die angemessene Abfindung beim übernahmerechtlichen Squeeze-out, S. 194–195 § 4; *Ruiz de Vargas*, NZG 2021, 1056, 1059.

[504] So etwa Angerer/Brandi/Süßmann/*Süßmann*, WpÜG, § 39a WpÜG Rn. 16–17.

[505] OLG Stuttgart, Beschl. v. 05.05.2009 – 20 W 13/08 = NZG 2009, 950, 951; Hölters/Weber/*Müller-Michaels*, AktG, § 39a WpÜG Rn. 11a; MAH-AktR/*Riehmer*, § 44 Rn. 58, wonach es sich um die ganz überwiegende Auffassung handelt; MüKo-AktG/*Grunewald*, § 39a WpÜG Rn. 5–8, 14–16, 34–35, laut der aber in Extremfällen der Einwand eines Rechtsmissbrauchs greifen kann, wobei sie auf Schadensersatzansprüche verweist; Steinmeyer/*Santelmann*, WpÜG, § 39a WpÜG Rn. 31, 31c-32, wonach bei Rechtsmissbräuchen Schadensersatzansprüche greifen. Zurückhaltender *Steinmeyer/Santelmann*, BB 2009, 674, 675–676; Santelmann/Hoppe/Suerbaum/Bukowski/*Santelmann/Hoppe*, Squeeze out, 3. Der übernahmerechtliche Squeeze out Rn. 340–342, die von einer Unwiderleglichkeit ausgehen, zwecks der Vermeidung von Rechtsmissbräuchen nach § 242 BGB aber Ausnahmefälle greifen lassen, welche eine Schadensersatzpflicht begründen und einen aktienrechtlichen Squeeze-out nahelegen könnten.

die Angemessenheitsvermutung als widerleglich.[506] Vereinzelt wird der Markttest von vornherein als unzureichend betrachtet und gefordert, den übernahmerechtlichen Squeeze-out wie sein aktien- und verschmelzungsrechtliches Pendant zu handhaben.[507] Das BVerfG ließ die Frage nach der Widerleglichkeit oder Unwiderleglichkeit offen.[508]

Eine Stellungnahme zu diesem Streitstand hängt von den weiteren Ergebnissen dieser Arbeit ab.

Schließlich wäre eine unwiderlegliche Vermutung zu bejahen, wenn Börsenkurse und Erwerbspreise stets den Deinvestitionswert und den quotalen Unternehmenswert abbilden würden.

Sofern Börsenkurse und Erwerbspreise grundsätzlich den Deinvestitionswert und den quotalen Unternehmenswert widerspiegeln könnten, liegt eine widerlegliche Vermutung nahe, von welcher nur im Rahmen bestimmter Ausnahmefälle abgerückt werden sollte.[509]

Falls eine rein marktorientierte Bewertung dem nicht gerecht wird, sollten der Deinvestitionswert und der quotale Unternehmenswert bei allen Formen des Squeeze-out ungeachtet einer solchen Vermutung ermittelt werden. Da die Aktionäre andernfalls keine volle Entschädigung für den Verlust ihres Aktieneigentums erhalten, könnte sodann auch die Annahmequote von 90 % keine andere Beurteilung rechtfertigen.[510]

g) Übertragende Auflösung, §§ 179a, 262 AktG

Bei der in der *Moto-Meter*-Entscheidung des BVerfG wurde über eine übertragende Auflösung entschieden. Im Rahmen einer solchen beschließt die Hauptversammlung einer Aktiengesellschaft über ihre Vermögensübertragung und Auflösung gemäß § 179a AktG und § 262 Abs. 1 Nr. 2 AktG.[511] Sofern es sich beim Erwerber um den Mehrheitsaktionär der Gesellschaft handelt, kommt es im Er-

---

[506] LG Frankfurt a. M., Beschl. v. 05. 08. 2008 – 3–5 O 15/08 (nrkr.) = NZG 2008, 665, 665 Ls. 1, 666–668; Assmann/Pötzsch/Schneider/*Seiler*, WpÜG, 3. Aufl. 2020, § 39a WpÜG Rn. 30; *Kallweit*, Die angemessene Abfindung beim übernahmerechtlichen Squeeze-out, S. 216 § 4, S. 246 § 5, der restriktive Widerlegungsmöglichkeiten in Gestalt von Ausnahmefällen verlangt; lediglich im Falle einer Kursmanipulation eine Widerlegbarkeit annehmend Assmann/Pötzsch/Schneider/*Seiler*/*Schweitzer*, WpÜG, § 39a WpÜG Rn. 61, 86–87.

[507] *Weimann*, Spruchverfahren nach Squeeze-out, S. 17–18 § 1, S. 129, 149, 159–160 § 6, vgl. *Weimann*, Ertragswert und Börsenwert, S. 208, 236–237 § 11, S. 258, 267 § 13.

[508] BVerfG, Nichtannahmebeschl. v. 16. 05. 2012 – 1 BvR 96/09 –, BVerfGK 19, 388–398, Os. 3b, Os. 3c, Rn. 28, Rn. 32–33.

[509] Siehe etwa die Vorgehensweise bei *Kallweit*, Die angemessene Abfindung beim übernahmerechtlichen Squeeze-out, S. 246 § 5. Umfassend zu den Gründen einer Nichtberücksichtigung des Börsenkurses siehe: § 6 A.

[510] Vgl. *Weimann*, Ertragswert und Börsenwert, S. 237 § 11.

[511] Marsch-Barner/Schäfer/*Gehling*, HdB börsennotierte AG, § 13 Rn. 13.23.

gebnis zu einem Ausschluss der Minderheitsaktionäre.[512] Laut dem BVerfG ist in einer derartigen Konstellation der Schutzbereich des Art. 14 Abs. 1 GG eröffnet.[513] So sei die mitgliedschaftliche wie auch die vermögensrechtliche Position der Minderheitsaktionäre durch die übertragende Auflösung betroffen.[514] Dementsprechend verlangte es eine wirtschaftlich volle Entschädigung.[515] Die weitere Handhabung überließ das BVerfG dem einfachen Recht.[516] Da eine übertragende Auflösung zu einem Ausschluss der Minderheitsaktionäre mitsamt einer Übertragung an den Mehrheitsaktionär führt, liegt ein Vergleich mit dem Squeeze-out nahe. Dementsprechend sollte auch hier eine angemessene Barabfindung, welche den Deinvestitionswert sowie den quotalen Unternehmenswert berücksichtigt und im Spruchverfahren überprüft werden kann, verlangt werden.[517]

h) Einziehungsentgelt, § 237 AktG

Einen weiteren Fall der Barabfindung ausscheidender Aktionäre stellt das Einziehungsentgelt dar, welches bei einer zwangsweisen Einziehung von Aktien zum Ausschluss von Aktionären nach § 237 AktG an jene zu zahlen ist. Hierbei gelten die Vorgaben zur angemessenen Abfindung entsprechend.[518]

i) Barabfindung beim Delisting, § 39 Abs. 2 S. 3 Nr. 1, Abs. 3 BörsG

Eine Sonderstellung innerhalb der Barabfindungsfälle nimmt das unter § 39 BörsG normierte Delisting ein. Beim Delisting wird die Zulassung von Aktien zum Handel am regulierten Markt widerrufen.[519] Es tritt in verschiedenen Formen auf, wobei für die hier relevante Fragestellung das reguläre vollständige Delisting nach

---

[512] Marsch-Barner/Schäfer/*Gehling*, HdB börsennotierte AG, § 13 Rn. 13.23; vgl. *Adolff*, Unternehmensbewertung im Recht der börsennotierten Aktiengesellschaft, S. 281.

[513] BVerfG, Beschl. v. 23.08.2000 – 1 BvR 68/95, 1 BvR 147/97 = ZIP 2000, 1670, 1671.

[514] BVerfG, Beschl. v. 23.08.2000 – 1 BvR 68/95, 1 BvR 147/97 = ZIP 2000, 1670, 1671.

[515] BVerfG, Beschl. v. 23.08.2000 – 1 BvR 68/95, 1 BvR 147/97 = ZIP 2000, 1670, 1672.

[516] BVerfG, Beschl. v. 23.08.2000 – 1 BvR 68/95, 1 BvR 147/97 = ZIP 2000, 1670, 1672–1673; *Adolff*, Unternehmensbewertung im Recht der börsennotierten Aktiengesellschaft, S. 281.

[517] In diese Richtung wohl auch Marsch-Barner/Schäfer/*Gehling*, HdB börsennotierte AG, § 13 Rn. 13.26, wo auf die *DAT/Altana*-Grundsätze verwiesen wird; vgl. zudem *Adolff*, Unternehmensbewertung im Recht der börsennotierten Aktiengesellschaft, S. 281 und *Stein*, Fundamentalanalyse und Börsenkurs als Grundlage richterlicher Schätzung bei der Ermittlung aktienrechtlicher Barabfindungen, S. 22–23, die eine Parallele zur *Macroton*-Entscheidung des BGH ziehen.

[518] Vgl. Frodermann/Jannott/*Becker/Frodermann*, HdB AktR, 5. Kap. Rn. 389; vgl. Marsch-Barner/Schäfer/*Gehling*, HdB börsennotierte AG, § 13 Rn. 13.49; vgl. Marsch-Barner/Schäfer/*Busch/Busch*, HdB börsennotierte AG, § 51 Rn. 51.10.

[519] Beschlussempfehlung und Bericht, BT-Drs. 18/6220, S. 83; *Groß*, KapMarktR, § 39 BörsG Rn. 11.

§ 39 Abs. 2 S. 1 BörsG von Bedeutung ist, bei welchem ein vollständiger Rückzug vom regulierten Markt auf Antrag des Emittenten erfolgt[520].

Vor seiner jetzigen Normierung durchlebte das Delisting eine bewegte Rechtsprechungsgeschichte hinsichtlich des Wertes, der den Aktionären zu ersetzen ist.

In seiner *Macroton*-Entscheidung entschied der BGH im Jahre 2002, dass beim Delisting der volle Wert des Aktieneigentums ersetzt werden muss.[521] Dabei wurde die erhebliche Beeinträchtigung des Aktieneigentums im Hinblick auf die Verkehrsfähigkeit bei einem vollständigen Börsenrückzug betont.[522] Mit Blick auf den vom BVerfG geforderten verfassungsrechtlichen Schutz des Verkehrswerts einschließlich der Verkehrsfähigkeit des Aktieneigentums folgerte der BGH, dass der Art. 14 Abs. 1 GG auch im Verhältnis zwischen der AG und ihren Aktionären beim Delisting zu berücksichtigen sei, da letzteren durch den Börsenrückzug die Möglichkeit einer jederzeitigen Veräußerung ihrer Aktien genommen werde.[523] Im Wege dessen stellte er das Delisting einer gesellschaftsrechtlichen Strukturmaßnahme gleich.[524]

Mit der *MVS/Lindner*-Entscheidung von 2012 wich das BVerfG von der bisherigen BGH-Auffassung ab.[525] Demzufolge wird der Schutzbereich des Art. 14 Abs. 1 GG bei einem Delisting grundsätzlich nicht tangiert.[526] Die tatsächliche Handelbarkeit sei als bloße wirtschaftliche Chance nicht vom verfassungsrechtlichen Eigentumsschutz erfasst.[527] Dabei lässt das BVerfG aber offen, ob etwas anderes gelten solle, falls mit dem Widerruf der Börsenzulassung i. d. R. ein Kursabfall einträte.[528]

---

[520] Siehe hierzu: *Krug*, Der Rückzug von der Börse, S. 34–35 § 1; *Sanders*, Anlegerschutz bei Delisting zwischen Kapitalmarkt- und Gesellschaftsrecht, S. 26–27. Auf die weiteren Ausformungen des Delisting wird aus thematischen Gründen nicht weiter eingegangen.

[521] BGH, Urt. v. 25.11.2002 – II ZR 133/01 –, BGHZ 153, 47–61, Ls. 3.

[522] BGH, Urt. v. 25.11.2002 – II ZR 133/01 –, BGHZ 153, 47–61, Ls. 2.

[523] BGH, Urt. v. 25.11.2002 – II ZR 133/01 –, BGHZ 153, 47–61, Rn. 24–25; vgl. *Brellochs*, AG 2014, 633, 634–635; vgl. *Weimann*, Ertragswert und Börsenwert, S. 248–249 § 12.

[524] *Brellochs*, AG 2014, 633, 634–635; *Sanders*, Anlegerschutz bei Delisting zwischen Kapitalmarkt- und Gesellschaftsrecht, S. 60.

[525] Zur Abweichung von der *Macroton*-Entscheidung *Stöber*, BB 2014, 9, 12.

[526] BVerfG, Urt. v. 11.07.2012 – 1 BvR 3142/07 –, BVerfGE 132, 99–133, Ls. 1; *Brellochs*, AG 2014, 633, 635; *Stöber*, BB 2014, 9, 12.

[527] BVerfG, Urt. v. 11.07.2012 – 1 BvR 3142/07 –, BVerfGE 132, 99–133, Os. 2a, Rn. 53–54, 57, 60–61; dem zustimmend *von Berg*, Der Marktrückzug des Emittenten, S. 232, 236; Habersack/Mülbert/Schlitt/*Habersack*, Unternehmensfinanzierung am Kapitalmarkt, § 40 Rn. 40.7.

[528] BVerfG, Urt. v. 11.07.2012 – 1 BvR 3142/07 –, BVerfGE 132, 99–133, Os. 2b, Rn. 68; *Brellochs*, AG 2014, 633, 635; vgl. auch *Weimann*, Ertragswert und Börsenwert, S. 245 § 11, der dies als empirischen Änderungsvorbehalt betrachtet und jenen konkret adressiert.

Dem folgte sodann auch der BGH in seiner *FRoSTA*-Entscheidung aus dem Jahre 2013, wobei er der *Macroton*-Entscheidung den Rücken kehrte.[529] Ferner lehnte er einen gesellschaftsrechtlichen Minderheitenschutz, wie er bei Strukturmaßnahmen nach dem AktG und dem UmwG erfolgt, beim Delisting ab.[530] Der BGH verstand das Delisting nicht mehr als Strukturmaßnahme, sondern als kapitalmarktrechtlichen Vorgang.[531]

Im Anschluss an die stark kritisierte *FRoSTA*-Entscheidung kam es zu einer Vielzahl von Rückzügen von der Börse, bei denen die Aktionäre teils erhebliche Verluste tragen mussten.[532] Als Reaktion strengte der Gesetzgeber eine Neuregelung des Delisting an, durch welche der Anlegerschutz verbessert werden sollte.[533] Dabei wählte er das BörsG als Regelungsstandort.[534] Auch der Gesetzgeber sah das Delisting nicht als gesellschaftsrechtliche Strukturmaßnahme, sondern als kapitalmarktrechtlichen Vorgang.[535] Mit dieser kapitalmarktrechtlichen Lösung stellte er die Weichen für einen allein maßgeblichen Börsenkurs.[536] In der gesetzlichen Regelung wurde dieser Ansatz weiter zementiert. So bedarf es gemäß § 39 Abs. 2 S. 3 Nr. 1 BörsG bei einem Widerruf der Zulassung von Wertpapieren i. S. d. § 2 Abs. 2 WpÜG auf Antrag des Emittenten eines Angebots nach den Vorschriften des WpÜG zum Erwerb aller Wertpapiere, die Gegenstand des Antrags sind. Besagtes Angebot ist dem § 31 WpÜG unterworfen.[537] Gemäß § 39 Abs. 3 S. 2 BörsG i. V. m. § 31 WpÜG, §§ 3 bis 7 WpÜG-AngebVO bestimmen sich die Höhe des Angebots und damit die Abfindung des Delisting am Börsenkurs sowie an den Erwerbspreisen, wobei einige Modifikationen gegenüber dem übernahmerechtlichen Regime

---

[529] BGH, Beschl. v. 08. 10. 2013 – II ZB 26/12 = AG 2013, 877, 877 Rn. 3.

[530] BGH, Beschl. v. 08. 10. 2013 – II ZB 26/12 = AG 2013, 877, 877–879 Rn. 5–12; *Brellochs*, AG 2014, 633, 636; *Redenius-Hövermann*, ZIP 2021, 485, 486–487.

[531] *Brellochs*, AG 2014, 633, 636.

[532] *Bayer*, ZIP 2015, 853, 856; *Redenius-Hövermann*, ZIP 2021, 485, 487; vgl. Beschlussempfehlung und Bericht, BT-Drs. 18/6220, S. 83–84.

[533] Beschlussempfehlung und Bericht, BT-Drs. 18/6220, S. 84; vgl. *Bayer*, ZIP 2015, 853, 856.

[534] Beschlussempfehlung und Bericht, BT-Drs. 18/6220, S. 84; *Ilyevich*, Delisting – Parallele zum Übernahmerecht, S. 122–124, die auf die nicht befolgten Vorschläge einer gesellschaftsrechtlichen Lösung im AktG oder UmwG sowie einer Normierung im SpruchG hinweist; zu den verschiedenen Ansätzen zum Regelungsstandort auch *Koch/Harnos*, NZG 2015, 729, 730.

[535] Beschlussempfehlung und Bericht, BT-Drs. 18/6220, S. 84; *Bayer*, NZG 2015, 1169, 1173.

[536] *Koch/Harnos*, NZG 2015, 729, 730; vgl. *Bayer*, NZG 2015, 1169, 1172–1173, laut dem sich die kapitalmarktrechtliche Lösung jedoch nicht mit einer alleiniger Börsenkursorientierung rechtfertigen lasse; vgl. *Sanders*, Anlegerschutz bei Delisting zwischen Kapitalmarkt- und Gesellschaftsrecht, S. 86, der den Regelungsstandort aber nicht als richtungsweisend erachtet.

[537] Beschlussempfehlung und Bericht, BT-Drs. 18/6220, S. 84.

vorgenommen wurden.[538] Eine fundamentale Unternehmensbewertung hat nur dann zu erfolgen, wenn ein Verstoß gegen die Ad-hoc-Publizitätspflicht oder das Manipulationsverbot vorliegt (§ 39 Abs. 3 S. 3 Nr. 1, Nr. 2 BörsG) oder eine Marktenge besteht (§ 39 Abs. 3 S. 4 BörsG).[539] Beim Delisting wird im Grundsatz auf den Börsenkurs abgestellt, wohingegen eine fundamentale Unternehmensbewertung im Ausnahmefall stattfindet.[540] Von einem Hauptversammlungsbeschluss zum Delisting und einer Überprüfung der Abfindung im Spruchverfahren wurde abgesehen.[541] Mit dem ZuFinG II ist nun aber wieder die Möglichkeit von Streitigkeiten über die Höhe der Gegenleistung im Spruchverfahren vorgesehen.[542]

Der gesetzlichen Normierung liegt der Gedanke zugrunde, dass beim Delisting nur der Deinvestitionswert zu ersetzen sei, da hierdurch nur die leichte Handelbarkeit der Aktie beeinträchtigt würde.[543] Folgt man diesem Ansatz, wäre der Doppelcharakter der Aktie im Unterschied zu den anderen Barabfindungsfällen nicht betroffen. Demnach müsste von vornherein eine bloße Marktorientierung stattfinden und der quotale Unternehmenswert außenvorgelassen werden. Die Frage nach der Berücksichtigung des Börsenkurses bei der Unternehmensbewertung würde sich sodann nicht stellen.

Dementsprechend ist zu untersuchen, ob die Kompensation beim Delisting auf den Deinvestitionswert beschränkt werden oder ein Vorgehen wie bei den anderen Barabfindungsfällen eingeschlagen werden sollte.

---

[538] Vgl. Beschlussempfehlung und Bericht, BT-Drs. 18/6220, S. 84; vgl. *Hirte*, Kapitalgesellschaftsrecht, S. 466 Rn. 6.6a. Zur Ermittlung des Börsenkurses siehe: § 6 B.

[539] Zu diesen Ausnahmefällen einer Berücksichtigung des Börsenkurses siehe: § 6 A.

[540] Beschlussempfehlung und Bericht, BT-Drs. 18/6220, S. 78–79, 84–85; *Fechner* (SPD), Plenarprotokoll 18/127, S. 12384; *Hirte* (CDU/CSU), Plenarprotokoll 18/127, S. 12385; *Middelberg* (CDU/CSU), Plenarprotokoll 18/127, S. 12379; BGH, Beschl. v. 22. 10. 2019 – XI ZR 682/18 = BKR 2020, 305, 306 Rn. 10; *Drygala*, Die Neureglung des Delistings in: Gesellschaftsrecht in der Diskussion, 2015, S. 78, 81; *Hirte*, Kapitalgesellschaftsrecht, S. 466 Rn. 6.6a; vgl. *Ilyevich*, Delisting – Parallele zum Übernahmerecht, S. 154, 160.

[541] Kritisch hierzu: *Weimann*, Ertragswert und Börsenwert, S. 264–265 § 13; *Weimann*, Spruchverfahren nach Squeeze-out, S. 430–431 § 23.

[542] Referentenentwurf des Bundesministeriums der Finanzen, Entwurf eines Zweiten Gesetzes zur Finanzierung von zukunftssichernden Investitionen (Zweites Zukunftsfinanzierungsgesetz – ZuFinG II), S. 50, 147; *Mohamed*, BKR 2025, 1, 7 zum § 39 Abs. 3 S. 7 BörsG-E.

[543] *Middelberg* (CDU/CSU), Plenarprotokoll 18/127, S. 12379; Hopt/*Kumpan*, HGB, § 39 BörsG Rn. 9; *Karami/Schuster*, CF 2016, 106, 117; *Ruiz de Vargas*, NZG 2021, 1056, 1058; vgl. Beschlussempfehlung und Bericht, BT-Drs. 18/6220, S. 84; vgl. *Bayer*, NZG 2015, 1169, 1173; vgl. *Habersack*, Stellungnahme zur Aktienrechtsnovelle 2014, S. 6; vgl. *Noack*, Stellungnahme zur Aktienrechtsnovelle 2014, S. 8; vgl. *Verse*, FS Baums (2017), S. 1317, 1325.

Für erstere Vorgehensweise werden die vermeintlichen Vorzüge einer alleinigen Börsenkursorientierung angeführt.[544] Jene sind für die Streitfrage aber nicht von Bedeutung. Schließlich stellt sich hier nicht die Frage nach der vorzugswürdigeren Bewertungsmethode, sondern nach den zu berücksichtigenden Wertelementen des Aktieneigentums.

Allerdings könnte für eine abweichende Handhabung des Delisting sprechen, dass es zu keinem Verlust der Mitgliedschaftsrechte kommt und ein nach dem Delisting in der Gesellschaft verbleibender Aktionär nur seine Veräußerungsmöglichkeit zum Börsenkurs einbüßen würde, wobei ihm seine Mitgliedschaft noch erhalten bliebe.[545]

Diese Argumentation hält jedoch einer tieferen Betrachtung der Delistingmechanik nicht stand. Wenn lediglich die Handelbarkeit beeinträchtigt sein sollte, müsste den Aktionären ermöglicht werden, in der Gesellschaft zu verbleiben und zugleich für den Wegfall der Handelbarkeit ihrer Aktien eine Ausgleichszahlung zu erhalten.[546] Allerdings ist die Kompensation beim Delisting mit dem Abkauf der Aktie verbunden, weshalb es auch um den Verlust der Mitgliedschaft und nicht nur der Handelbarkeit geht.[547]

Vielmehr dürfte der Schutzbereich des Art. 14 Abs. 1 GG auch beim Delisting eröffnet sein.[548]

Wenn auch kein Anspruch von Rechts wegen auf eine Börsenzulassung besteht, so erwerben die Minderheitsaktionäre doch börsennotiertes Aktieneigentum.[549] Durch die Börsennotierung besteht in der Regel eine jederzeitige Veräußerungsmöglichkeit.[550] Somit erwirbt ein Anleger einen jederzeit handelbaren Zukunftserfolgswert, welcher bei einem Rückzug von der Börse wieder entfällt.[551] Da die wirtschaftliche Verfügbarkeit einer Aktie verfassungsrechtlich geschützt ist, sollte einem Delisting nicht die Eingriffsqualität in das Aktieneigentum aberkannt werden.[552] Ebenso erhält der Aktionär aufgrund der mit der Börsennotiz einhergehen-

---

[544] *Casper*, FS Köndgen (2016), S. 117, 142.

[545] *Adolff*, Unternehmensbewertung im Recht der börsennotierten Aktiengesellschaft, S. 326; *Casper*, FS Köndgen (2016), S. 117, 139; *Habersack*, Stellungnahme zur Aktienrechtsnovelle 2014, S. 6; *Noack*, Stellungnahme zur Aktienrechtsnovelle 2014, S. 8; *Sanders*, Anlegerschutz bei Delisting zwischen Kapitalmarkt- und Gesellschaftsrecht, S. 97–98; *Verse*, FS Baums (2017), S. 1317, 1325.

[546] *Gegler*, BKR 2016, 273, 276; *Koch/Harnos*, NZG 2015, 729, 732–733; *Kraupe*, ZJS 2021, 691, 702.

[547] *Gegler*, BKR 2016, 273, 276; *Koch/Harnos*, NZG 2015, 729, 733.

[548] *Schön*, FS Ulmer (2003), S. 1359, 1382–1383; vgl. *Weimann*, Ertragswert und Börsenwert, S. 15.

[549] *Weimann*, Ertragswert und Börsenwert, S. 244 § 11, S. 249 § 12.

[550] *Weimann*, Ertragswert und Börsenwert, S. 244 § 11, S. 249 § 12.

[551] *Weimann*, Ertragswert und Börsenwert, S. 274 § 13.

[552] *Schön*, FS Ulmer (2003), S. 1359, 1382–1383.

den Zulassungsfolgepflichten wertbildende Informationen zu seiner Aktie.[553] Diese bewertungsrelevanten Informationen sind zur Preisbildung am Markt erforderlich und stehen bei einem Delisting nicht mehr zur Verfügung.[554] Dementsprechend liegt es nahe, die Börsennotierung mitsamt der damit einhergehenden Handelbarkeit und den bewertungsrelevanten Informationen als wertbildende Eigenschaft der Aktie anzusehen, die es bei Verlust zu kompensieren gilt.[555] Dementsprechend ist davon auszugehen, dass der Rückzug von der Börse einem vollständigen Entzug der Veräußerungsmöglichkeit wertmäßig nahe kommt. Bereits die eingeschränkte Fungibilität sollte zu einem Ersatz des Deinvestitionswerts führen. Ein Vergleich der Fungibilität mit zukünftigen Gewinnchancen[556] krankt daran, dass die Fungibilität nicht rein zukunfts- sondern auch gegenwartsorientiert ist.[557] Als gegenwärtige Rechtsposition der Aktionäre sollte sie in den Schutzbereich des Art. 14 GG fallen.[558] Eine Einschränkung der Handelbarkeit erschwert die Deinvestition.[559] Mithin ist der verfassungsrechtlich geschützte Deinvestitionswert des Aktieneigentums durch ein Delisting betroffen.

Darüber hinaus dürfte ein Delisting fast schon einer faktischen Enteignung nahekommen, wenn ein potentieller Käufer nur noch schwer zu finden ist und die schlechtere Informationsgrundlage die Preisfindung behindert.[560] Die fehlende Börsennotierung und der Wegfall von Transparenzpflichten könnten den Anleger quasi dazu zwingen, aus dem Unternehmen auszuscheiden und seine Position aufzugeben.[561] Hierdurch würde er sein Aktieneigentum, welches seiner Doppelnatur nach als Handelsobjekt und quotaler Unternehmensanteil zu betrachten ist, verlieren, was mit einer entsprechenden Kompensation einhergehen müsste. *De facto* büßt ein Anleger beim Delisting in diesem Fall nicht nur die Handelbarkeit seiner Aktie, sondern auch seine Stellung als Gesellschafter ein.[562] Dabei ist zu beachten,

---

[553] *Weimann*, Ertragswert und Börsenwert, S. 244 § 11, S. 249 § 12.

[554] *Weimann*, Ertragswert und Börsenwert, S. 273 § 13.

[555] *Weimann*, Ertragswert und Börsenwert, S. 249 § 12; im Ansatz bereits *Hellwig/Bormann*, ZGR 2002, 465, 473–474.

[556] So etwa BVerfG, Urt. v. 11.07.2012 – 1 BvR 3142/07 –, BVerfGE 132, 99–133, Os. 1b, Os. 2a, Rn. 53, 60, 62; *von Berg*, Der Marktrückzug des Emittenten, S. 232.

[557] *Hellwig/Bormann*, ZGR 2002, 465, 475.

[558] *Hellwig/Bormann*, ZGR 2002, 465, 475.

[559] *Hellwig/Bormann*, ZGR 2002, 465, 475.

[560] *Weimann*, Ertragswert und Börsenwert, S. 244 § 11.

[561] *DSW*, Stellungnahme vom 03.09.2015, S. 9; vgl. *Bayer*, ZIP 2015, 853, 857; vgl. *Koch*, Stellungnahme zur Aktienrechtsnovelle 2014, S. 5, 7.

[562] Vgl. *Bayer*, ZIP 2015, 853, 857; vgl. *Koch/Harnos*, NZG 2015, 729, 732–733; vgl. *Koch*, Stellungnahme zur Aktienrechtsnovelle 2014, S. 5, 7. Abweichend hingegen Beschlussempfehlung und Bericht, BT-Drs. 18/6220, S. 84; *Adolff*, Unternehmensbewertung im Recht der börsennotierten Aktiengesellschaft, S. 326; *Casper*, FS Köndgen, 2016, S. 117, 139; *Habersack*, Stellungnahme zur Aktienrechtsnovelle 2014, S. 6; *Ruiz de Vargas*, NZG 2021, 1056–1062, (1058); *Sanders*, Anlegerschutz bei Delisting zwischen Kapitalmarkt- und Gesellschaftsrecht, S. 97; *Verse*, FS Baums (2017), S. 1317, 1325, die zwar zurecht auf einen

dass die Ankündigung eines Delisting nachweislich zu einem Verkaufsdruck und einem entsprechenden Kursverfall führt, womit der wirtschaftlichen Substanz des Aktieneigentums zugesetzt wird.[563] Demnach sollte beim Delisting auch der quotale Unternehmenswert ersetzt werden.

Unter Berücksichtigung der Doppelnatur der Aktie drängt es sich auf, bei einer Kompensation für ein Delisting sowohl den Deinvestitionswert als auch den quotalen Unternehmenswert zu berücksichtigen.

Dabei liegt ein Vergleich mit den gesellschaftsrechtlichen Strukturmaßnahmen durchaus nahe. Wie bei einem Unternehmensvertrag, einer Eingliederung und einer Verschmelzung verbleibt den Aktionären zwar ihre formale Rechtsposition, zugleich können aber durch die Maßnahme Veränderungen beim inneren Wert eintreten.[564] Scheidet ein Aktionär im Rahmen des Delisting aus der Gesellschaft aus, ergeben sich für ihn mit einem Squeeze-out vergleichbare wirtschaftliche Folgen.[565] Gerade vor dem Hintergrund, dass beim Delisting auch der Deinvestitionswert und der quotale Unternehmenswert tangiert werden, sollte eine Gleichbehandlung der Barabfindungsfälle stattfinden.

Mithin empfiehlt es sich, entgegen dem gesetzgeberischen Grundgedanken auch beim Delisting eine Barabfindung zu verlangen, die den quotalen Unternehmenswert und den Deinvestitionswert abdeckt und eine wirtschaftlich volle Entschädigung nach Maßgabe des Art. 14 Abs. 1 GG darstellt.

Allerdings könnte die derzeitige Regelung des Delisting wie auch die grundsätzliche Alleinmaßgeblichkeit des Börsenkurses nach dem hier gewählten Ansatz Bestand haben. Dies hängt davon ab, ob der Börsenkurs nicht nur den Deinvestitionswert, sondern auch den quotalen Unternehmenswert abbilden kann und die gesetzlichen Vorgaben für eine Unternehmensbewertung ausreichen.

j) Barabfindungen im Umwandlungsrecht

Grundsätzlich sieht das UmwG keinen Ausstieg gegen eine Barabfindung vor, da die Aktionäre nach Auffassung des Gesetzgebers hierbei keine derart schwere Beeinträchtigung trifft, die ein solches Vorgehen erforderlich machen würde.[566] Stattdessen findet regelmäßig ein Aktientausch statt.[567]

---

fehlenden Verlust der mitgliedschaftlichen Rechte *de jure* hinweisen, allerdings nicht auf den naheliegenden faktischen Verlust der Mitgliedschaft eingehen.

[563] *Weimann*, Ertragswert und Börsenwert, S. 244–246 § 12.

[564] *Weimann*, Ertragswert und Börsenwert, S. 15, S. 246 § 12.

[565] *Weimann*, Ertragswert und Börsenwert, S. 15.

[566] *Adolff*, Unternehmensbewertung im Recht der börsennotierten Aktiengesellschaft, S. 273–274; *Stein*, Fundamentalanalyse und Börsenkurs als Grundlage richterlicher Schätzung bei der Ermittlung aktienrechtlicher Barabfindungen, S. 16.

[567] Siehe hierzu: § 1 B.II.

Für bestimmte Ausnahmefälle sind aber auch im UmwG Barabfindungen an ausscheidende Aktionäre vorgesehen.

So steht es den Aktionären der übertragenden Gesellschaft im Falle einer Mischverschmelzung, bei welcher die übernehmende Gesellschaft eine andere Rechtsform oder rechtliche Verfügungsbeschränkungen aufweist, nach § 29 Abs. 1 UmwG frei, aus der Gesellschaft gegen eine angemessene Barabfindung auszuscheiden.[568]

Dies gilt gemäß §§ 123 Abs. 1 und Abs. 2, 125, 29 Abs. 1 UmwG ebenso für eine Mischaufspaltung sowie -abspaltung.[569]

Auch ist beim Formwechsel ein Austritt gegen Barabfindung vorgesehen, §§ 207, 194 Abs. 1 Nr. 6 UmwG.[570]

Die Barabfindung muss nach § 29 Abs. 1 S. 1 UmwG bzw. §§ 123 Abs. 1 und Abs. 2, 125, 29 Abs. 1 S. 1 UmwG oder §§ 207 Abs. 1 S. 1, 194 Abs. 1 Nr. 6 UmwG angemessen sein, wobei gemäß § 30 Abs. 1 S. 1 UmwG bzw. §§ 123 Abs. 1 und Abs. 2, 125, 30 Abs. 1 S. 1 UmwG oder §§ 208, 30 Abs. 1 S. 1 UmwG die Verhältnisse des zu bewertenden Rechtsträgers im Zeitpunkt der Beschlussfassung über die Maßnahme zu berücksichtigen sind.

Diesen Regelungen liegt der Umstand zugrunde, dass ein Gesellschafter nicht dazu gezwungen werden darf, an der Beteiligung an einer Gesellschaft mit anderer Rechtsform oder mit eingeschränkt fungiblen Anteilen festzuhalten.[571] Da zugleich aber auch nicht die Mehrheit daran gehindert werden sollte, entsprechende Maßnahmen anzustrengen, wurde ein Austrittsrecht normiert.[572] Wie bei den anderen Strukturmaßnahmen bedarf es einer angemessenen Barabfindung, die eine volle Entschädigung darstellt.[573]

Mit der Neuregelung grenzüberschreitender Umwandlungen ab 2023 werden grenzüberschreitende Verschmelzungen, Spaltungen und Formwechsel abweichend

---

[568] Vgl. *Adolff*, Unternehmensbewertung im Recht der börsennotierten Aktiengesellschaft, S. 274; vgl. *Stein*, Fundamentalanalyse und Börsenkurs als Grundlage richterlicher Schätzung bei der Ermittlung aktienrechtlicher Barabfindungen, S. 16–17; vgl. *Wilm*, NZG 2000, 234, 237.

[569] Vgl. *Adolff*, Unternehmensbewertung im Recht der börsennotierten Aktiengesellschaft, S. 277; vgl. *Stein*, Fundamentalanalyse und Börsenkurs als Grundlage richterlicher Schätzung bei der Ermittlung aktienrechtlicher Barabfindungen, S. 18–19; vgl. *Wilm*, NZG 2000, 234, 237.

[570] Vgl. *Adolff*, Unternehmensbewertung im Recht der börsennotierten Aktiengesellschaft, S. 276; vgl. *Stein*, Fundamentalanalyse und Börsenkurs als Grundlage richterlicher Schätzung bei der Ermittlung aktienrechtlicher Barabfindungen, S. 18; vgl. *Wilm*, NZG 2000, 234, 237.

[571] *Wilm*, NZG 2000, 234, 237.

[572] *Wilm*, NZG 2000, 234, 237.

[573] *Wilm*, NZG 2000, 234, 237–238; vgl. *Adolff*, Unternehmensbewertung im Recht der börsennotierten Aktiengesellschaft, S. 274–275.

behandelt.[574] Demnach besteht stets ein Austrittsrecht gegen Barabfindung, vgl. §§ 313 Abs. 1 S. 1, 327 S. 1, 340 Abs. 1 S. 1 UmwG.[575] Zudem scheiden diejenigen Anteilsinhaber, die das Barabfindungsangebot angenommen haben, bereits mit dem Wirksamwerden der grenzüberschreitenden Umwandlung automatisch aus und werden nicht erst Anteilsinhaber der neuen Gesellschaft, §§ 313 Abs. 4, 327 S. 1, 340 Abs. 4 UmwG.[576] Die Ausführungen zur angemessenen Barabfindung gelten auch hier.

Ferner wird über den § 174 UmwG bestimmten, in § 175 UmwG aufgelisteten Rechtsträgern eine Vermögensübertragung ermöglicht. Besagte Rechtsträger können ihr Vermögen als Ganzes oder teilweise im Rahmen einer Gesamtrechtsnachfolge auf einen anderen Rechtsträger übertragen, ohne ihren Anteilsinhabern Anteile am übernehmenden Rechtsträger gewähren zu müssen.[577] Im Gegenzug muss ihnen eine angemessene Gegenleistung gezahlt werden.[578] Auch hier greifen die grundsätzlichen Erwägungen zur angemessenen Barabfindung.[579]

k) Kompensation der Altaktionäre bei Insolvenz, § 225a InsO

Auch im Kontext einer Insolvenz kann es zur Barabfindung von Aktionären kommen. So bedarf es bei einem Insolvenzplan, der in die Rechte der Altaktionäre eingreift, deren Kompensation. Mit dem Insolvenzplanverfahren nach §§ 217ff. InsO wurde den Beteiligten eine Alternative zum Regelinsolvenzverfahren an die Hand gegeben. Hierdurch soll eine flexible Regelung der Insolvenz ermöglicht werden.[580] Wenn mittels eines Insolvenzplans auch eine Liquidation durchgeführt werden kann, dient er seiner grundsätzlichen Konzeption nach der Sanierung des Unternehmens.[581] Gestaltungen im Insolvenzplan können auch gesellschaftsrecht-

---

[574] *Noack*, MDR 2023, 465, 466–467 Rn. 10; *Schmidt*, NJW 2023, 1241, 1243 Rn. 23.

[575] *Noack*, MDR 2023, 465, 467 Rn. 11; *Schmidt*, NJW 2023, 1241, 1244 Rn. 24.

[576] *Schmidt*, NJW 2023, 1241, 1244 Rn. 26; vgl. *Noack*, MDR 2023, 465, 467 Rn. 11.

[577] *Adolff*, Unternehmensbewertung im Recht der börsennotierten Aktiengesellschaft, S. 277; vgl. *Stein*, Fundamentalanalyse und Börsenkurs als Grundlage richterlicher Schätzung bei der Ermittlung aktienrechtlicher Barabfindungen, S. 19.

[578] *Adolff*, Unternehmensbewertung im Recht der börsennotierten Aktiengesellschaft, S. 277–278; vgl. *Stein*, Fundamentalanalyse und Börsenkurs als Grundlage richterlicher Schätzung bei der Ermittlung aktienrechtlicher Barabfindungen, S. 19. Wenn auch eine Angemessenheit nicht explizit im Gesetzestext gefordert wird, so ist sie doch als maßgeblicher Grundsatz des Umwandlungsrechts zu berücksichtigen, Semler/Stengel/Leonard/*Stengel*, UmwG, § 174 UmwG Rn. 22.

[579] Semler/Stengel/Leonard/*Stengel*, UmwG, § 174 UmwG Rn. 22.

[580] *Frege/Keller/Riedel*, HdB Insolvenzrecht, Teil 4 Rn. 1; Pape/Reichelt/Schultz/Voigt-Salus/*Reichelt*, InsR, § 37 Rn. 2.

[581] *Frege/Keller/Riedel*, HdB Insolvenzrecht, Teil 4 Rn. 3; vgl. Buth/Hermanns/*Schmidt*, Restrukturierung, Sanierung, Insolvenz, § 26 Rn. 107–108; vgl. Pape/Reichelt/Schultz/Voigt-Salus/*Reichelt*, InsR, § 37 Rn. 7–11, wonach das Insolvenzplanverfahren zwar als Alternative zu einer Liquidation im Regelinsolvenzverfahren konzipiert wurde, nebst einem Sanierungs-

liche Relevanz haben. So wurde mit dem ESUG die Trennung zwischen Insolvenz- und Gesellschaftsrecht aufgehoben, wobei Anteils- und Mitgliedschaftsrechte an der Gesellschaft den Gläubigerrechten gleichgestellt wurden.[582]

Grundsätzlich bleiben die Anteilsrechte der am Schuldner beteiligten Personen vom Insolvenzverfahren unberührt.[583] Etwas anderes gilt aber dann, wenn der Insolvenzplan dies explizit vorsieht, § 225a Abs. 1 InsO.[584] Letzteres geschieht durch die unter § 225a Abs. 2 und Abs. 3 InsO geregelten Maßnahmen.[585]

Im § 225a Abs. 2 InsO ist der sog. *Debt-Equity-Swap* geregelt. Hierbei handelt es sich um eine Umwandlung von Forderungen in Mitglieds- bzw. Anteilsrechte.[586] Im Rahmen dessen wird regelmäßig ein Kapitalschnitt durch nominelle Kapitalherabsetzung und sodann eine effektive Kapitalerhöhung gegen Sacheinlagen in Gestalt der umzuwandelnden Gläubigerforderungen bei einem Ausschluss des Bezugsrechts der Altaktionäre durchgeführt.[587] Der Altaktionär wird bei einer Kapitalherabsetzung auf Null seine Beteiligung an der Schuldner-AG verlieren.[588] Andersfalls liegt eine Verwässerung seiner Anteile vor, welche einem Entzug nahekommt.[589]

Zudem ist es nach § 225a Abs. 3 InsO zulässig, eine Umgestaltung der gesellschaftsrechtlichen Struktur der Schuldnergesellschaft auch außerhalb des *Debt-Equity-Swap* vorzunehmen.[590] Die Norm stellt die Generalklausel zur *lex specialis* des § 225a Abs. 2 InsO dar.[591] Im Wege des § 225a Abs. 3 InsO bedarf es der gesellschaftsrechtlichen Zulässigkeit der entsprechenden Regelung im Insolvenzplan. Jene ist soweit anzunehmen, wie ein Einklang mit dem zwingenden Gesell-

---

plan aber auch ein Übertragungs- oder Liquidationsplan oder eine Mischform der unterschiedlichen Plantypen möglich ist.

[582] *Hirte/Knof/Mock*, DB 2011, 632, 636–637; Uhlenbruck/*Hirte*, InsO, § 225a InsO Rn. 1–2.

[583] Nerlich/Römermann/*Rühle/Ober*, InsO, § 225a InsO Rn. 13; Uhlenbruck/*Hirte*, InsO, § 225a InsO Rn. 5.

[584] Nerlich/Römermann/*Rühle/Ober*, InsO, § 225a InsO Rn. 13; Uhlenbruck/*Hirte*, InsO, § 225a InsO Rn. 5.

[585] Uhlenbruck/*Hirte*, InsO, § 225a InsO Rn. 9.

[586] MüKo InsO/*Eidenmüller*, § 225a InsO Rn. 27; Nerlich/Römermann/*Rühle/Ober*, InsO, § 225a InsO Rn. 22; *Schmidt-Preuß*, NJW 2016, 1269, 1269; Uhlenbruck/*Hirte*, InsO, § 225a InsO Rn. 18–19.

[587] MüKo InsO/*Eidenmüller*, § 225a InsO Rn. 40; Uhlenbruck/*Hirte*, InsO, § 225a InsO Rn. 19.

[588] MüKo InsO/*Eidenmüller*, § 225a InsO Rn. 43; vgl. *Schmidt-Preuß*, NJW 2016, 1269, 1270.

[589] MüKo InsO/*Eidenmüller*, § 225a InsO Rn. 45. Zur Verwässerungsgefahr siehe: § 1 B. II.3.c).

[590] Uhlenbruck/*Hirte*, InsO, § 225a InsO Rn. 38.

[591] Schmidt/*Spliedt*, InsO, § 225a InsO Rn. 34; Uhlenbruck/*Hirte*, InsO, § 225a InsO Rn. 39.

schaftsrecht besteht und gesellschaftsrechtliche Minderheitenrechte, Treuepflichten und Gleichbehandlungsgebote eingehalten werden.[592] So kann etwa eine Anteilsübertragung in Gestalt eines sog. insolvenzrechtlichen Squeeze-out erfolgen.[593] Ferner besteht die Möglichkeit von Umwandlungen im Insolvenzplan.[594]

Fraglich ist, ob es sich bei den Maßnahmen nach §§ 225a Abs. 2 und Abs. 3 InsO wie auch bei den zuvor erörterten Barabfindungsfällen um eine Beeinträchtigung des verfassungsrechtlich geschützten Aktieneigentums handelt, die einer wirtschaftlich vollen Entschädigung bedarf.

Kommt es zu einer Kapitalherabsetzung auf Null beim *Debt-Equity-Swap* bzw. zu einem insolvenzrechtlichen Squeeze-out, verlieren die betroffenen Aktionäre ihr Aktieneigentum, sodass der Schutzbereich des Art. 14 Abs. 1 GG eröffnet ist.[595] Dementsprechend liegt eine Handhabung wie beim Squeeze-out im Gesellschaftsrecht nahe.[596] Dies gilt ebenso für eine der Entziehung nahekommenden Verwässerung.[597] Auch bei einer Umwandlung im Rahmen des Insolvenzplans wird in das verfassungsrechtlich geschützte Anteilseigentum eingegriffen.[598] Insgesamt haben die Maßnahmen der §§ 225a Abs. 2 und Abs. 3 InsO dieselben Auswirkungen auf das Aktieneigentum wie die anderen Barabfindungsfälle. Ohne die Maßnahme hätte der Aktionär seine Aktie trotz der Insolvenz noch unverändert am Markt veräußern können. Seine ursprüngliche freie Deinvestitionsmöglichkeit entfällt. Dementsprechend ist der verlustige Deinvestitionswert zu ersetzen.[599] Alternativ bestand für den Aktionär die hypothetische Möglichkeit, seine Aktie zu halten und am Unternehmens- sowie am Sanierungserfolg teilzuhaben. Durch die Maßnahme wird ihm dieses Recht genommen oder zumindest in einer dem Verlust wirtschaftlich entsprechenden Weise verändert. Somit ist auch der quotale Unternehmenswert betroffen.

Wenn im § 225a InsO auch keine angemessene Entschädigung ausdrücklich verlangt wird, ist eine solche dennoch notwendig.[600]

---

[592] Schmidt/*Spliedt*, InsO, § 225a InsO Rn. 35; Uhlenbruck/*Hirte*, InsO, § 225a InsO Rn. 40–41.

[593] *Mulert/Steiner*, NZG 2021, 673, 679; *Noack/Schneiders*, DB 2016, 1619, 1623; *Simon/Merkelbach*, NZG 2012, 121, 127; vgl. *Schmidt-Preuß*, NJW 2016, 1269, 1272–1273, der sich hierbei auf einen *Debt-Equity-Swap* bezieht.

[594] *Greif-Werner*, Umwandlungen im Insolvenzplanverfahren, S. 46–47 § 4; *Noack/Schneiders*, DB 2016, 1619, 1623; Uhlenbruck/*Hirte*, InsO, § 225a InsO Rn. 44.

[595] MüKo InsO/*Eidenmüller*, § 225a InsO Rn. 43, 44; *Schmidt-Preuß*, NJW 2016, 1269, 1271–1273.

[596] *Schmidt-Preuß*, NJW 2016, 1269, 1273.

[597] Vgl. MüKo InsO/*Eidenmüller*, § 225a InsO Rn. 45.

[598] *Greif-Werner*, Umwandlungen im Insolvenzplanverfahren, S. 59 § 4.

[599] Zur Berücksichtigung des Börsenkurses auch Uhlenbruck/*Hirte*, InsO, § 225a InsO Rn. 4.

[600] Uhlenbruck/*Hirte*, InsO, § 225a InsO Rn. 17.

Zwar heißt es in der Gesetzesbegründung, dass Gesellschaftsanteile bei einer Insolvenz regelmäßig wertlos seien und dem verfassungsrechtlichen Eigentumsschutz der Anteilsinhaber durch die §§ 245, 251 und 253 InsO ausreichend Rechnung getragen wäre.[601] Hierbei wird jedoch der Umstand missachtet, dass es keinen für jedermann gültigen objektiven Unternehmens- und Anteilswert gibt.[602] Gerade bei der Fortführung eines insolventen Unternehmens wird jenes unterschiedlich eingeschätzt.[603]

Dementsprechend bedarf es auch im Rahmen des § 225a InsO einer angemessenen Barabfindung, die den quotalen Unternehmenswert und den Deinvestitionswert abdeckt.

Tatsächlich wird den ausscheidenden Altaktionären eine Abfindung im Insolvenzrecht gewährt. Kommt es zu einer Maßnahme nach § 225a Abs. 2 oder Abs. 3 InsO, sieht § 225a Abs. 5 S. 1 InsO ein Austrittsrecht gegen Barabfindung vor, sofern ein solches durch die konkrete Maßnahme begründet wird.[604] Allerdings wird der Abfindungsanspruch insolvenzrechtlich modifiziert. Nach § 225a Abs. 1 S. 1 InsO bestimmt sich dessen Höhe anhand der Vermögenslage, die sich bei einer Abwicklung des Schuldners eingestellt hätte. Die Abfindung bemisst sich demnach nur am Liquidationswert.[605] Dieser Wert kann sich oftmals auf Null belaufen.[606] Dementsprechend wird den Aktionären zumeist kein Abfindungsanspruch zukommen.[607]

Es stellt sich die Frage, ob diese Einschränkung der Abfindung gerechtfertigt ist.

Zunächst könnte für eine reine Barabfindung auf Basis des Liquidationswerts sprechen, dass ein austretender Gesellschafter eine Maßnahme ablehnt und die Gesellschaft verlässt und dementsprechend nicht an einem etwaigen Sanierungserfolg teilhaben dürfte.[608] Dem ist jedoch zu entgegnen, dass dem Aktionär, wie schon beim Unternehmensvertrag und der Eingliederung erörtert, eine Veränderung seines Aktieneigentums aufgezwungen wird, die einem Verlust wirtschaftlich gleichkommt. Dementsprechend erscheint ein Austritt unter gleichzeitiger Partizipation am Erfolg auch hier angebracht.

---

[601] Gesetzentwurf, BT-Drs. 17/5712, S. 32; Uhlenbruck/*Hirte*, InsO, § 225a InsO Rn. 49.

[602] Uhlenbruck/*Hirte*, InsO, § 225a InsO Rn. 4. Hierzu bereits: § 1 A.

[603] Uhlenbruck/*Hirte*, InsO, § 225a InsO Rn. 4.

[604] Vgl. MüKo InsO/*Eidenmüller*, § 225a InsO Rn. 115–116.

[605] *Hirte/Knof/Mock*, DB 2011, 632, 641; MüKo InsO/*Eidenmüller*, § 225a InsO Rn. 117; Uhlenbruck/*Hirte*, InsO, § 225a InsO Rn. 52. Dieser Wert sollte nicht mit dem Unternehmenswert nach der Liquidationshypothese verwechselt werden. Letzterer stellt auf die bestmögliche Verwertung ab.

[606] MüKo InsO/*Eidenmüller*, § 225a InsO Rn. 117; *Simon/Merkelbach*, NZG 2012, 121, 124–125 zur Situation beim *Debt-Equity-Swap*.

[607] *Hirte/Knof/Mock*, DB 2011, 632, 641.

[608] MüKo InsO/*Eidenmüller*, § 225a InsO Rn. 119–120.

Für ein solches Vorgehen lässt sich aber der mit dem § 225a Abs. 5 InsO verfolgte Liquiditätsschutz des zu sanierenden Unternehmens wie auch die ebenso bezweckte Umgehung von Bewertungsschwierigkeiten und Kosten anführen.[609] Ferner streitet für eine Beschränkung auf den Liquidationswert, dass auch die übrigen Gläubiger, die nicht an der Gesellschaft beteiligt sind, nur jenen erhalten.[610]

Allerdings sollte gerade die bestmögliche Verwertung als Wertmaßstab gereichen.[611] So liegt es nahe, die Anteilseigner bei einer Fortführung am Fortführungswert zu beteiligen.[612] Den Preis, den ein Dritter für das Gesamtunternehmen in Absicht einer Fortführung zahlen würde, gilt es demnach zu berücksichtigen.[613] Dabei ist gerade der Insolvenzplan primär auf eine Sanierung ausgerichtet. Diese Erwägungen fallen umso schwerer ins Gewicht, wenn man bedenkt, dass das verfassungsrechtlich geschützte Aktieneigentum auch bei den Maßnahmen im Insolvenzplan betroffen ist und es einer vollen Entschädigung unter Berücksichtigung des quotalen Unternehmenswerts und des Deinvestitionswerts bedarf. Vor allem besteht die Gefahr eines kompensationslosen Aktienverlusts. Dabei können auch bei sanierungsbedürftigen Unternehmen noch Werte vorhanden sein, an denen die Gesellschafter teilhaben sollten.[614] In Anbetracht dessen wäre es nicht sachgerecht, die Aktionäre vom Fortführungswert auszuschließen. Sie treten nicht nur als Gläubiger im Insolvenzverfahren, sondern auch als Anteilseigner der Gesellschaft in Erscheinung, weshalb ihre damit einhergehende mitgliedschafts- und vermögensrechtliche Position ungeschmälert zu berücksichtigen ist. Vor diesem Hintergrund bietet es sich an, den Anteilseignern eine Sonderstellung gegenüber den übrigen Gläubigern einzuräumen. Dahingehend erscheint es empfehlenswert, den Vorrang des Insolvenzrechts entgegen der jetzigen Rechtslage weiter einzuschränken und beim Insolvenzplan den gesellschaftsrechtlichen Erwägungen Vorzug zu gewähren. Zwar ist der Situation des Schuldners und den Interessen der übrigen Gläubiger im Insolvenzplanverfahren Rechnung zu tragen. Ein Insolvenzplan sollte aber keine vergünstigte Abfindung, die hinter dem verfassungsrechtlich geschützten Aktieneigentum zurückbleibt, ermöglichen.

Folglich sollte beim § 225a InsO auf den Fortführungs- und nicht den Liquidationswert abgestellt werden. Auf dieser Grundlage ist eine volle wirtschaftliche

---

[609] MüKo InsO/*Eidenmüller*, § 225a InsO Rn. 118.

[610] Schmidt/*Spliedt*, InsO, § 225a InsO Rn. 57.

[611] Kübler/Prütting/Bork/Jacoby/*Spahlinger*, InsO, § 225a InsO Rn. 98; Schmidt/*Spliedt*, InsO, § 225a InsO Rn. 57; vgl. Uhlenbruck/*Hirte*, InsO, § 225a InsO Rn. 52.

[612] Uhlenbruck/*Hirte*, InsO, § 225a InsO Rn. 4, 52. Zur Bedeutung von Fortführungswerten bereits *Hirte*, Protokoll Nr. 55, Öffentliche Anhörung vor dem Rechtsausschuss des Deutschen Bundestages am 29.06.2011, S. 12, 15.

[613] Kübler/Prütting/Bork/Jacoby/*Spahlinger*, InsO, § 225a InsO Rn. 98; Schmidt/*Spliedt*, InsO, § 225a InsO Rn. 57 in Bezugnahme auf eine mögliche übertragende Sanierung; Uhlenbruck/*Hirte*, InsO, § 225a InsO Rn. 52.

[614] So schon *Hirte*, Protokoll Nr. 55, Öffentliche Anhörung vor dem Rechtsausschuss des Deutschen Bundestages am 29.06.2011, S. 44–45.

Entschädigung wie bei den zuvor untersuchten Barabfindungsfällen geboten. Die insolvenzrechtliche Beschränkung der Abfindung hingegen ist abzulehnen.

Mithin empfiehlt es sich, auch im Rahmen der Kompensation von Altaktionären bei einer Insolvenz eine angemessene Barabfindung in Form einer vollen wirtschaftlichen Entschädigung unter Berücksichtigung des quotalen Unternehmenswerts und des Deinvestitionswerts zu verlangen.

l) Kompensation der Altaktionäre bei Restrukturierung, § 7 Abs. 4 StaRUG

Schuldnern, die drohend zahlungsunfähig sind, steht das Restrukturierungsverfahren als Alternative zum Insolvenzverfahren offen.[615] Im Rahmen dessen normieren die §§ 2 ff. StaRUG den Restrukturierungsplan, der es Unternehmen ermöglicht, ihre Rechtsverhältnisse umzugestalten.[616]

Hierbei fällt der § 7 Abs. 4 StaRUG ins Auge, der an § 225a InsO angelehnt ist.[617] So beschreibt etwa § 7 Abs. 4 S. 1 StaRUG einen *Debt Equity Swap*.[618] Ferner ist der auf Abfindungen bezogene § 225a Abs. 5 InsO laut § 7 Abs. 4 S. 6 StaRUG beim Restrukturierungsplan entsprechend anzuwenden.

Auch hier kommt es zu einem Eingriff ins verfassungsrechtlich geschützte Aktieneigentum in Form eines Verlusts oder einer Verwässerung der Beteiligung.[619] Dementsprechend kann auf die Erörterungen zum § 225a InsO verwiesen werden.

m) Angemessene Gegenleistung in bar bei öffentlichem Angebot, § 31 WpÜG

Darüber hinaus ist auch im Kontext des § 31 Abs. 1 S. 1 WpÜG von einer angemessenen Gegenleistung des Bieters bei einem öffentlichen Angebot an die Aktionäre der Zielgesellschaft die Rede.

So sind zwingende Regelungen zur Höhe und zur Art der Gegenleistung bei Übernahme- und Pflichtangeboten vorgesehen.[620] Übernahmeangebote nach § 29 Abs. 1 WpÜG sind freiwillige öffentliche Erwerbsangebote, die auf eine Kontrollerlangung bei der Zielgesellschaft gerichtet sind. Als Kontrolle versteht § 29 Abs. 2 WpÜG das Halten von mindestens 30 % der Stimmrechte, wobei auch eine

[615] *De Bruyn/Ehmke*, NZG 2021, 661, 661.

[616] Buth/Hermanns/*Andres*, Restrukturierung, Sanierung, Insolvenz, § 25 Rn. 6.

[617] *De Bruyn/Ehmke*, NZG 2021, 661, 668; Sonnleitner/Witfeld/*Neu*, Insolvenz- und Sanierungssteuerrecht, Kap. 9 StaRUG Rn. 17.

[618] Sonnleitner/Witfeld/*Neu*, Insolvenz- und Sanierungssteuerrecht, Kap. 9 StaRUG Rn. 17.

[619] Vgl. BeckOK-StaRUG/*Fridgen*, § 7 StaRUG Rn. 57.

[620] MüKo-AktG/*Wackerbarth*, § 31 WpÜG Rn. 1; Schwark/Zimmer/*Noack/Zetzsche*, KMRK, § 31 WpÜG Rn. 1.

Stimmrechtszurechnung gemäß § 30 WpÜG erfolgt.[621] Bei einem Pflichtangebot handelt es sich um ein Übernahmeangebot zum Erwerb der übrigen Aktien, das nach § 35 Abs. 1 S. 2 WpÜG zwingend abzugeben ist, wenn die Kontrolle über eine Zielgesellschaft erlangt wurde.[622] Einfache freiwillige Erwerbsangebote sind dem § 31 WpÜG nicht unterworfen.[623]

Bei den öffentlichen Übernahme- und Pflichtangeboten kommt das übernahmerechtliche Mindestpreisregime der § 31 WpÜG i. V. m. §§ 3 bis 7 WpÜG-AgebVO zum Tragen. Jene stellen auf den Börsenkurs sowie etwaige Vor-, Parallel- und Nacherwerbspreise ab. Die Gegenleistung basiert demnach auf einer Marktorientierung.

Allerdings handelt es sich nicht bei allen öffentlichen Angeboten des WpÜG um relevante Barabfindungsfälle. So bedarf es jedenfalls bei Übernahmeangeboten keiner vollen Kompensation[624] oder einer über das Mindestpreisregime hinausgehender Angemessenheitsprüfung[625].

Vor allem bei freiwilligen Erwerbsangeboten besteht ein klarer Unterschied zu den Barabfindungsfällen. Anders als bei jenen liegt gerade keine Zwangslage vor.[626] Selbst bei einem freiwilligen Übernahmeangebot hat der Bieter noch keine Kontrollposition inne, wobei die Angebotsadressaten diese durch eine Nichtannahme verhindern können.[627]

Anders gestaltet sich die Situation bei Pflichtangeboten. Hier liegt eine gewisse Parallele zum Vertragskonzern nahe.[628] Schließlich muss ein in der Zielgesellschaft verbleibender Aktionär Veränderungen hinnehmen, die mit der kontrollierenden Stellung des Bieters einhergehen.

---

[621] *Grunewald/Schlitt*, Einführung in das Kapitalmarktrecht, S. 359 § 17; Marsch-Barner/Schäfer/*Drinkuth*, HdB börsennotierte AG, § 62 Rn. 62.183.

[622] *Grunewald/Schlitt*, Einführung in das Kapitalmarktrecht, S. 363 § 17; Marsch-Barner/Schäfer/*Drinkuth*, HdB börsennotierte AG, § 62 Rn. 62.184.

[623] MüKo-AktG/*Wackerbarth*, § 31 WpÜG Rn. 1; Schwark/Zimmer/*Noack*/*Zetzsche*, KMRK, § 31 WpÜG Rn. 1.

[624] Weitergehend *Adolff*, Unternehmensbewertung im Recht der börsennotierten Aktiengesellschaft, S. 326–327; vgl. Marsch-Barner/Schäfer/*Drinkuth*, HdB börsennotierte AG, § 62 Rn. 62.252.

[625] Weitergehend Marsch-Barner/Schäfer/*Drinkuth*, HdB börsennotierte AG, § 62 Rn. 62.251.

[626] *Adolff*, Unternehmensbewertung im Recht der börsennotierten Aktiengesellschaft, S. 326–327.

[627] *Adolff*, Unternehmensbewertung im Recht der börsennotierten Aktiengesellschaft, S. 282–283.

[628] *Adolff*, Unternehmensbewertung im Recht der börsennotierten Aktiengesellschaft, S. 283; Ehricke/Ekkenga/*Oechsler*, WpÜG, § 31 WpÜG Rn. 4, wo ein Vergleich von öffentlichen Übernahmeangeboten zum Vertragskonzern und zur Eingliederung gezogen wird, wobei keine Beschränkung auf Pflichtangebote erfolgt; *Hirte/Schall*, Der Konzern, 2006, 243, 252.

Einer Behandlung wie die übrigen Barabfindungsfälle wird jedoch entgegengehalten, dass die Regelungen zu den öffentlichen Angeboten des WpÜG lediglich den Konzerneingangsschutz bei einer faktischen Konzernbildung betreffen würden.[629] Beim faktischen Konzern wirke bereits der Nachteilsausgleich aus §§ 311, 317 AktG den negativen Folgen des Verlusts der Unabhängigkeit entgegen.[630] Dementsprechend ginge die Bildung eines faktischen Konzerns mit einer geringeren Beeinträchtigung als die Bildung eines Vertragskonzerns einher.[631] Etwaige Übernahme- oder Pflichtangebote würden nur die Vorstufe einer späteren Konzernbildung darstellen.[632]

Wenn dahingehend auch keine Annäherung von Konzern- und Übernahmerecht stattgefunden hat[633], bietet sich eine solche aber dennoch an. Wie auch bei einem Beherrschungsvertrag findet ein Eingriff in das Aktieneigentum statt.[634] Jedenfalls beim qualifiziert faktischen Konzern wird ein Abfindungsrecht aus § 305 AktG analog verlangt.[635] Die Schutzbedürftigkeit der Aktionäre wiegt umso mehr, wenn man sich die Gefahr eines etwaigen verdeckten Beherrschungsvertrag vor Augen führt. Bei einem solchen wird das Aktieneigentum beeinträchtigt, wobei ein nachträglicher Ausgleich nach §§ 311 ff. AktG in Ermangelung von Abhängigkeitsberichten unzumutbar erschwert ist.[636] Auch bei verdeckten Beherrschungsverträgen sollte den Minderheitsaktionären ein Abfindungsanspruch gewährt werden.[637]

Zwar werden die Aktionäre durch öffentliche Erwerbsangebote nicht tatsächlich dazu gezwungen, aus der Gesellschaft auszuscheiden. Durch die Gegenleistung soll ihnen kein Ausgleich für einen erheblichen Eingriff in ihr Aktieneigentum gewährleistet werden.[638] Vielmehr wird darauf abgezielt, den Aktionären eine markt-

---

[629] *Adolff*, Unternehmensbewertung im Recht der börsennotierten Aktiengesellschaft, S. 284.

[630] *Adolff*, Unternehmensbewertung im Recht der börsennotierten Aktiengesellschaft, S. 284, 327.

[631] *Adolff*, Unternehmensbewertung im Recht der börsennotierten Aktiengesellschaft, S. 284–285, 327.

[632] Marsch-Barner/Schäfer/*Drinkuth*, HdB börsennotierte AG, § 62 Rn. 62.251.

[633] Hierauf im Kontext der analogen Anwendung des § 305 AktG auf qualifiziert faktische Konzernierungen hinweisend *Hirte*, Kapitalgesellschaftsrecht, S. 599 Rn. 8.56. In diese Richtung wohl Ehricke/Ekkenga/*Oechsler*, WpÜG, § 31 WpÜG Rn. 4. Siehe zudem KK-WpÜG/*Hirte*/*Gildehaus*, Einl. Rn. 138.

[634] Ehricke/Ekkenga/*Oechsler*, WpÜG, § 31 WpÜG Rn. 4; zurückhaltender in Bezug auf den Kommissionsvorschlag zur EG-Übernahmerichtlinie *Loritz/Wagner*, WM 1991, 709, 716–717.

[635] *Hirte*, Kapitalgesellschaftsrecht, S. 599–600 Rn. 8.56, S. 649–650 Rn. 8.155.

[636] *Hirte/Schall*, Der Konzern, 2006, 243, 248.

[637] *Hirte/Schall*, Der Konzern, 2006, 243, 255.

[638] Marsch-Barner/Schäfer/*Drinkuth*, HdB börsennotierte AG, § 62 Rn. 62.251.

konforme Ausstiegsmöglichkeit (*Exit*) zu ermöglichen.[639] Es handelt sich hierbei um keine dominierte Konfliktsituation klassischen Sinne.[640]

Allerdings können auch die übrigen Aktionäre bei einem öffentlichen Angebot faktisch dazu gezwungen sein, aus der Gesellschaft auszuscheiden. So stehen sie unter einem Entscheidungsdruck, wenn sich die Nachteile ihrer Minderheitsposition im Nachgang an ein öffentliches Angebot im Marktpreis niederschlagen.[641] Im Zuge sinkender Börsenkurse und einer drohenden Unverkäuflichkeit ihrer Aktien werden die Aktionäre zunehmend erpressbar, weswegen sie ein unterhalb des inneren Wertes liegendes Angebot möglicherweise nicht mehr ablehnen können.[642] Verbleiben die Aktionäre in der Gesellschaft, besteht die Gefahr, dass ihre Zahlungsansprüche und Stimmrechte verwässert werden.[643] Allerdings sollten lediglich diejenigen Pflichtangebote wie die Barabfindungsfälle behandelt werden, bei denen sich die übrigen Aktien im Streubesitz befinden. Erst dann darf von einer klaren Mehrheits-/Minderheitskonstellation und einer naheliegenden Zwangslage ausgegangen werden.

Ungeachtet dessen sind die Vorschriften des WpÜG und der WpÜG-AngebVO für den weiteren Verlauf dieser Arbeit von Bedeutung. Als prototypische Vorgabe einer primären Börsenkursorientierung sollte ihnen ein besonderes Interesse gewidmet werden. So liefern die Regelungen aufschlussreiche Vorgaben für die Ermittlung und Berücksichtigung von Börsenkursen sowie Vor-, Parallel- und Nacherwerbspreisen. Überdies kommen sie beim Delisting sowie beim übernahmerechtlichen Squeeze-out und im Zuge des Zukunftsfinanzierungsgesetzes auch beim neugefassten § 255 AktG zur Anwendung. Zudem können etwaige übernahmerechtliche Informationspflichten hinsichtlich eines umfassend informierten Marktes von Belang sein.

4. Fazit: Barabfindungsfälle

Bei den Barabfindungsfällen bedarf es einer wirtschaftlich vollen Entschädigung. Hierfür ist der verlustige Wert der Aktie sowohl in ihrer Gestalt als Beteiligung an einem arbeitenden Unternehmen (quotaler Unternehmenswert) als auch in ihrer Ausprägung als verkehrsfähiges Handelsobjekt (Deinvestitionswert) zu ersetzen. Nach dem wertbegriffsbezogenen Meistbegünstigungsprinzip muss auf den höheren beider Werte abgestellt werden. Auf diesem Wege gelangt man zu einer angemessenen Abfindung.

---

[639] Marsch-Barner/Schäfer/*Drinkuth*, HdB börsennotierte AG, § 62 Rn. 62.251–62.252; *Ruiz de Vargas*, NZG 2021, 1056, 1057.

[640] Vgl. *Ruiz de Vargas*, NZG 2021, 1001, 1004.

[641] Ehricke/Ekkenga/*Oechsler*, WpÜG, § 31 WpÜG Rn. 4–5; zurückhaltender *Loritz/Wagner*, WM 1991, 709, 716–717.

[642] Ehricke/Ekkenga/*Oechsler*, WpÜG, § 31 WpÜG Rn. 4–5.

[643] *Houben*, WM 2000, 1873, 1874.

In sämtlichen Barabfindungsfällen, die eine dominierte Konfliktsituation darstellen, wird das Aktieneigentum der betroffenen Aktionäre entzogen oder in einer dem Entzug gleichkommenden Weise beeinträchtigt. Dabei verlieren sie den quotalen Unternehmenswert wie auch den Deinvestitionswert ihrer Aktie gegen ihren Willen. Diese Werte gilt es im Rahmen einer wirtschaftlich vollen Entschädigung zu ersetzen. Anders sind dagegen sind freiwillige öffentliche Übernahme- und Erwerbsangebote zu beurteilen. Bei ihnen genügt das übernahmerechtliche Mindestpreisregime.

Der Börsenkurs ist grundsätzlich als Deinvestitionswert und damit als Untergrenze der Barabfindung zu ersetzen. Sofern er auch den quotalen Unternehmenswert wiedergeben könnte, stünde einer Alleinmaßgeblichkeit des Börsenkurses nichts im Wege.

II. Umtauschfälle

Neben den Barabfindungsfällen kommen die Umtauschfälle zum Tragen. Hierbei handelt es sich um eine Konfliktsituation des Typs „Fusion/Spaltung", welche Verschmelzungen, Spaltungen und Abfindungen in Aktien abdeckt.[644] Den Grundfall der Umtauschfälle stellt die Verschmelzung dar.[645] Sie beschreiben Konstellationen, in denen die betroffenen Aktionäre zwar einen Verlust ihrer ursprünglichen Aktien an einer durch die Maßnahme übertragenden oder absorbierten Gesellschaft erleiden, hierfür aber neue Aktien an einer übernehmenden oder absorbierenden Gesellschaft erhalten.[646] Durch diesen aufgezwungenen Aktientausch wird in vergleichbarer Weise wie beim Entzug in ihr Aktieneigentum eingegriffen.[647] Spiegelbildlich hierzu besteht für die Aktionäre der absorbierenden Gesellschaft eine Gefährdungslage dahingehend, dass durch das Hinzutreten der neuen Aktionäre eine Quotenverschiebung und damit eine Verwässerung ihrer ursprünglichen Beteiligung stattfinden kann, womit ebenso der Schutzbereich des Art. 14 GG eröffnet ist.[648] Hinsichtlich der Kompensation soll nicht ein einzelner Unternehmenswert, sondern die Relation zweier oder mehrerer Unternehmenswerte ermittelt werden.[649]

---

[644] Vgl. *Matschke/Brösel*, Unternehmensbewertung, S. 90–91, 101 Abb. 31.

[645] *Adolff*, Unternehmensbewertung im Recht der börsennotierten Aktiengesellschaft, S. 413; *Schulte/Köller/Luksch*, WPg 2012, 380, 382; vgl. *Fleischer*, AG 2014, 97, 98.

[646] *Schulte/Köller/Luksch*, WPg 2012, 380, 382; vgl. *Adolff*, Unternehmensbewertung im Recht der börsennotierten Aktiengesellschaft, S. 414.

[647] *Schulte/Köller/Luksch*, WPg 2012, 380, 382; vgl. *Adolff*, Unternehmensbewertung im Recht der börsennotierten Aktiengesellschaft, S. 449.

[648] *Adolff*, Unternehmensbewertung im Recht der börsennotierten Aktiengesellschaft, S. 423–424, 449.

[649] *Adolff*, Unternehmensbewertung im Recht der börsennotierten Aktiengesellschaft, S. 413; *Fleischer*, AG 2014, 97, 98; *Müller*, FS Röhricht (2005), S. 1015, 1029.

Eine weitere Abweichung zu den Barabfindungsfällen stellt die Interessenlage bei den Umtauschfällen dar. Anders als bei erstgenannten Fällen haben sämtliche Aktionäre am künftigen Erfolg eines Unternehmens teil und werden nicht vom Unternehmenserfolg abgeschnitten.[650]

Bei Verschmelzungen zuvor unabhängiger Unternehmen besteht ein rein horizontaler Interessenkonflikt.[651] Dabei sind sowohl die Mehrheit als auch die Minderheit an einem für ihre Gesellschaft günstigen Umtauschverhältnis interessiert.[652] Dahingehend herrscht ein Interessengeichlauf.[653] Die Aktionärspopulationen der beiden Gesellschaften sind jedoch der Gefahr ausgesetzt, unzureichend am wirtschaftlichen Erfolg des verschmolzenen Unternehmens zu partizipieren, womit ein horizontaler Verteilungskonflikt besteht.[654]

Bei einem Aktientausch innerhalb einer Unternehmensgruppe treten vertikale Interessenkonflikte hinzu.[655] So profitiert etwa die aufnehmende Gesellschaft, die als Mehrheitsaktionärin der aufzunehmenden Gesellschaft eine Doppelrolle einnimmt, von einem für letztere unvorteilhaften Umtauschverhältnis, was dem Interesse der Minderheit der Tochter widerspricht.[656] Sonach herrscht auf Ebene der Tochter eine Interessendivergenz.[657]

---

[650] *Adolff*, Unternehmensbewertung im Recht der börsennotierten Aktiengesellschaft, S. 442; vgl. Fleischer/Hüttemann/*Adolff/Häller*, RhB Unternehmensbewertung, § 18 Rn. 18.5 zur sog. „*merger of equals*".

[651] *Adolff*, Unternehmensbewertung im Recht der börsennotierten Aktiengesellschaft, S. 443–445, wo zudem auch der Fall einer Sachkapitalerhöhung unter Bezugsrechtsausschluss außerhalb einer Unternehmensgruppe als weiterer Fall eines rein horizontalen Interessenkonflikts genannt wird.

[652] Fleischer/Hüttemann/*Adolff/Häller*, RhB Unternehmensbewertung, § 18 Rn. 18.7, 18.9; *Schulte/Köller/Luksch*, WPg 2012, 380, 382.

[653] Fleischer/Hüttemann/*Adolff/Häller*, RhB Unternehmensbewertung, § 18 Rn. 18.7, 18.9; *Schulte/Köller/Luksch*, WPg 2012, 380, 382.

[654] *Adolff*, Unternehmensbewertung im Recht der börsennotierten Aktiengesellschaft, S. 443–444.

[655] *Adolff*, Unternehmensbewertung im Recht der börsennotierten Aktiengesellschaft, S. 445–449, der hierbei bestimmte Verschmelzungen innerhalb einer Unternehmensgruppe wie auch die Sachkapitalerhöhung unter Bezugsrechtsausschluss innerhalb einer solchen und die Abfindung in Aktien aufzählt.

[656] *Adolff*, Unternehmensbewertung im Recht der börsennotierten Aktiengesellschaft, S. 445–446; Fleischer/Hüttemann/*Adolff/Häller*, RhB Unternehmensbewertung, § 18 Rn. 18.11–18.12, die hierbei einen Vergleich mit der Abfindung in Aktien ziehen, welche sie trotz des stattfindenden Aktientauschs unter die Abfindungsfälle zählen; vgl. *Schulte/Köller/Luksch*, WPg 2012, 380, 383.

[657] Vgl. Fleischer/Hüttemann/*Adolff/Häller*, RhB Unternehmensbewertung, § 18 Rn. 18.11.

1. Kompensationsebene

Da bei den Umtauschfällen eine dem Entzug gleichstehende Beeinträchtigung des Aktieneigentums erfolgt, greift auch hier das verfassungsrechtliche Prinzip der vollen Kompensation.[658] Besagte Kompensation bezieht sich aber auf die Wertrelation zweier oder mehrerer Unternehmen und nicht nur auf einen einzelnen Unternehmenswert.[659] So muss bei einer Verschmelzung die Quote ermittelt werden, zu welcher die Aktionäre an der aufnehmenden Gesellschaft beteiligt werden.[660] Jene hat dem Wertanteil zu entsprechen, der in die aufnehmende Gesellschaft eingebracht wird.[661] Dementsprechend gestaltet sich die Kompensationsebene bei Umtauschfällen ungleich komplexer. In Anbetracht der Unterschiede zu den Barabfindungsfällen stellt sich die Frage, ob und inwieweit es zu Abweichungen kommt. Da zwei Unternehmen bewertet werden, ist das Zusammentreffen der scheinbar divergierenden Konzepte der Methodengleichheit und der Meistbegünstigung von zentraler Bedeutung.

a) Umtauschfälle mit vertikalem Interessenkonflikt

Zunächst ist ein Lösungsansatz hinsichtlich des Spannungsfelds zwischen einem Meistbegünstigungsprinzip und einer Methodengleichheit bei den Umtauschfällen mit vertikalem Interessenkonflikt zu finden.

Nach der *DAT/Altana*-Entscheidung des BVerfG ist die Abfindung in Aktien nicht anders als die Barabfindung zu behandeln.[662] Der Börsenwert der abhängigen Gesellschaft wäre demnach als Untergrenze ihrer Bewertung in die Wertrelation einzustellen.[663] Eine Berücksichtigung des Börsenwerts der Hauptgesellschaft oder herrschenden Gesellschaft als Obergrenze ihrer Bewertung sei hingegen verfassungsrechtlich nicht geboten.[664] Es verfolgt damit einen asymmetrischen Ansatz.[665] Laut dem BVerfG soll dies auch für die Bestimmung des variablen Ausgleichs nach § 304 Abs. 2 S. 2 AktG gelten.[666] In die zuvor erörterten Begriffe übersetzt verlangt

---

[658] *Adolff*, Unternehmensbewertung im Recht der börsennotierten Aktiengesellschaft, S. 449.

[659] *Adolff*, Unternehmensbewertung im Recht der börsennotierten Aktiengesellschaft, S. 413; *Fleischer*, AG 2014, 97–114, (98); *Müller*, FS Röhricht (2005), S. 1015, 1029.

[660] *Großfeld/Egger/Tönnes*, Recht der Unternehmensbewertung, S. 288 Rn. 1191.

[661] *Großfeld/Egger/Tönnes*, Recht der Unternehmensbewertung, S. 288 Rn. 1191.

[662] BVerfG, Beschl. v. 27.04.1999 – 1 BvR 1613/94 –, BVerfGE 100, 289–313, Rn. 70.

[663] BVerfG, Beschl. v. 27.04.1999 – 1 BvR 1613/94 –, BVerfGE 100, 289–313, Rn. 70.

[664] BVerfG, Beschl. v. 27.04.1999 – 1 BvR 1613/94 –, BVerfGE 100, 289–313, Rn. 70.

[665] Vgl. *Adolff*, Unternehmensbewertung im Recht der börsennotierten Aktiengesellschaft, S. 452–454; vgl. Fleischer/Hüttemann/*Adolff/Häller*, RhB Unternehmensbewertung, § 18 Rn. 18.53.

[666] BVerfG, Beschl. v. 27.04.1999 – 1 BvR 1613/94 –, BVerfGE 100, 289–313, Rn. 71.

es eine Relation der Fundamentalwerte, wobei der Deinvestitionswert der Untergesellschaft als ihr Mindestwert berücksichtigt wird.

Leicht abweichend hierzu urteilte der BGH im Fall *DAT/Altana*. Ihm zufolge müsse grundsätzlich der Börsenkurs der beherrschten wie auch der herrschenden AG der Wertrelation zugrunde gelegt werden, um möglichst gleiche Ausgangsvoraussetzungen für die Ermittlung der Wertrelation zu erzeugen.[667] Hieraus wird zum Teil ein Grundsatz der Methodengleichheit abgeleitet.[668] Bei der Verschmelzungswertrelation sei der Börsenwert, der regelmäßig mit dem Verkehrswert identisch wäre, grundsätzlich als Untergrenze der Bewertung der abhängigen Gesellschaft anzusetzen.[669] Sofern der Schätzwert höher als der Börsenwert ist, komme dem Aktionär dieser höhere Betrag zu.[670] In den von ihm aufgezählten Ausnahmefällen des praktisch fehlenden Handels über einen längeren Zeitraum, der Marktenge und der Manipulation könne der Börsenkurs aber nicht als Untergrenze dienen.[671] Dahingehend vertritt der BGH ein Meistbegünstigungsprinzip für Umtauschfälle.[672] Dies gilt gemäß der Entscheidung auch für den variablen Ausgleich aus § 304 Abs. 2 S. 2 AktG.[673] Auch der Börsenwert des herrschenden Unternehmens, welcher dessen Verkehrswert darstellen kann, könne ihm zufolge in die Wertrelation eingestellt werden.[674] Allerdings bedürfe es mehr als nur eines Sachverständigengutachtens zum Nachweis eines Abweichens von Verkehrswert und Börsenwert.[675] Vielmehr müssten besondere Umstände wie etwa eine schlechte Marktverfassung dargelegt und bewiesen werden.[676] Demnach ist bezüglich der Obergesellschaft auf den Börsenkurs abzustellen, solange der Markt intakt ist.[677] Hierbei zeigt sich eine Abweichung von der Beurteilung des Börsenkurses der Untergesellschaft.[678] Der

---

[667] BGH, Beschl. v. 12.03.2001 – II ZB 15/00 –, BGHZ 147, 108–125, Ls. 4.

[668] Vgl. OLG Düsseldorf, Beschl. v. 31.01.2003 – 19 W 9/00 AktE = AG 2003, 329, 334; vgl. Fleischer/Hüttemann/*Adolff/Häller*, RhB Unternehmensbewertung, § 18 Rn. 18.88; vgl. *Hüttemann*, ZGR 2001, 454, 464–465.

[669] BGH, Beschl. v. 12.03.2001 – II ZB 15/00 –, BGHZ 147, 108–125, Rn. 18.

[670] BGH, Beschl. v. 12.03.2001 – II ZB 15/00 –, BGHZ 147, 108–125, Rn. 21.

[671] BGH, Beschl. v. 12.03.2001 – II ZB 15/00 –, BGHZ 147, 108–125, Rn. 20.

[672] *Adolff*, Unternehmensbewertung im Recht der börsennotierten Aktiengesellschaft, S. 455; Fleischer/Hüttemann/*Adolff/Häller*, RhB Unternehmensbewertung, § 18 Rn. 18.89.

[673] BGH, Beschl. v. 12.03.2001 – II ZB 15/00 –, BGHZ 147, 108–125, Rn. 22.

[674] BGH, Beschl. v. 12.03.2001 – II ZB 15/00 –, BGHZ 147, 108–125, Rn. 30–31.

[675] BGH, Beschl. v. 12.03.2001 – II ZB 15/00 –, BGHZ 147, 108–125, Rn. 32.

[676] BGH, Beschl. v. 12.03.2001 – II ZB 15/00 –, BGHZ 147, 108–125, Rn. 32.

[677] *Adolff*, Unternehmensbewertung im Recht der börsennotierten Aktiengesellschaft, S. 456; Fleischer/Hüttemann/*Adolff/Häller*, RhB Unternehmensbewertung, § 18 Rn. 18.89.

[678] *Adolff*, Unternehmensbewertung im Recht der börsennotierten Aktiengesellschaft, S. 456.

BGH macht damit asymmetrische Vorgaben, die über jene des BVerfG hinausgehen.[679]

Ferner ist die *Siemens/SNI*-Entscheidung des BVerfG aus dem Jahre 2006 von Interesse. Dem ging ein Beschluss des OLG Düsseldorf voran, wonach bei der Verschmelzungswertrelation die beteiligten Unternehmen stets nach derselben Methode i. S. d. Grundsatzes der Methodengleichheit zu bewerten seien.[680] In Anlehnung an die *DAT/Altana*-Entscheidung des BVerfG wurde der Börsenkurs der abhängigen Gesellschaft als Wertuntergrenze betrachtet, wobei das Gericht unter Berufung auf den BGH eine Methodengleich dergestalt vertrat, dass auch für die herrschende Gesellschaft auf den Börsenkurs abzustellen sei, obwohl dieser niedriger als ihr Ertragswert war.[681] Diesen Ansatz beanstandete das BVerfG jedenfalls nicht.[682]

Darüber hinaus hielt das BVerfG mit der *Kuka*-Entscheidung von 2010 an seiner asymmetrischen Beurteilung fest und wendete sie auch auf eine Konzernverschmelzung an.[683] Demnach müsse der Wert der freien Deinvestitionsentscheidung und damit der Börsenkurs als Untergrenze der übertragenden Gesellschaft berücksichtigt werden, wohingegen der Börsenwert der übernehmenden Gesellschaft nicht als dessen Wertobergrenze zu behandeln sei.[684]

In seiner *Telekom/T-Online*-Entscheidung aus dem Jahre 2011 erklärte das BVerfG die *DAT/Altana*-Grundsätze auch hinsichtlich einer Verschmelzung durch Aufnahme für übertragbar.[685] Demnach sei der Börsenwert des übertragenden Rechtsträgers im Regelfall dessen Wertuntergrenze, wobei das Gericht eine Börsenwertrelation nicht beanstandete.[686]

In diese Richtung geht auch der BGH in einem Beschluss von 2023. Demzufolge gilt die verfassungsrechtlich vorgegebene Untergrenze im Umtauschverhältnis nur

---

[679] Vgl. *Adolff*, Unternehmensbewertung im Recht der börsennotierten Aktiengesellschaft, S. 456–457.

[680] OLG Düsseldorf, Beschl. v. 31. 01. 2003 – 19 W 9/00 AktE = AG 2003, 329, 329 Ls. 4, 334.

[681] OLG Düsseldorf, Beschl. v. 31. 01. 2003 – 19 W 9/00 AktE = AG 2003, 329, 333–334.

[682] Fleischer/Hüttemann/*Adolff/Häller*, RhB Unternehmensbewertung, § 18 Rn. 18.54. Zum Nichtannahmebeschluss des BVerfG siehe nur BVerfG, Nichtannahmebeschl. v. 29. 11. 2006 – 1 BvR 704/03 = NJW 2007, 828–830.

[683] Fleischer/Hüttemann/*Adolff/Häller*, RhB Unternehmensbewertung, § 18 Rn. 18.55.

[684] BVerfG, Nichtannahmebeschl. v. 20. 12. 2010 – 1 BvR 2323/07 –, BVerfGK 18, 322–328, Rn. 9–10.

[685] BVerfG, Nichtannahmebeschl. v. 26. 04. 2011 – 1 BvR 2658/10 –, BVerfGK 18, 395–400, Rn. 22.

[686] BVerfG, Nichtannahmebeschl. v. 26. 04. 2011 – 1 BvR 2658/10 –, BVerfGK 18, 395–400, Rn. 24; Fleischer/Hüttemann/*Adolff/Häller*, RhB Unternehmensbewertung, § 18 Rn. 18.56, die darauf hinweisen, dass der Börsenwert nicht als Wertobergrenze der Obergesellschaft herangezogen wird.

für die Untergesellschaft.[687] Im konkreten Fall hielt er eine Börsenkursrelation für vertretbar.[688]

Während sich in der Rechtsprechung des BVerfG und des BGH eine asymmetrische Berücksichtigung des Deinvestitionsgedankens abzeichnet, sind innerhalb des Schrifttums stärkere Divergenzen zu beobachten.

Zum Teil wird eine Methodengleichheit gefordert.[689] Innerhalb dieser Auffassung ist teilweise eine Ausformung dahingehend zu finden, dass es nur auf die Fundamentalwertrelation ankommt und der Deinvestitionsgedanke bei Umtauschfällen keine Berücksichtigung findet.[690]

Darüber hinaus liest sich die Auffassung, dass lediglich auf die Fundamentalwertrelation abzustellen ist, der Deinvestitionswert aber separat berücksichtigt werden sollte.[691]

Das andere Ende bildet die Literaturmeinung, nach welcher ein Meistbegünstigungsprinzip dergestalt greifen müsse, dass für beide Gesellschaften der jeweils höhere Wert anzusetzen ist.[692] Alternativ könnte aber auch eine Meistbegünstigung der Minderheitsgesellschafter der Untergesellschaft so ablaufen, dass ihnen die günstigere Relation aus dem Vergleich der Fundamentalwert- und Börsenkursrelation gewährt wird.[693] Ansonsten ließe sich auch der höhere Wert der Untergesellschaft wählen und auf dieser Basis eine methodengleiche Wertrelation durchführen.[694]

Andernorts wird der Ansatz der asymmetrischen Berücksichtigung des Deinvestitionsgedankens der Rechtsprechung verfolgt.[695]

---

[687] BGH, Beschl. v. 21.02.2023 – II ZB 12/21 –, BGHZ 236, 180–205, Rn. 28.

[688] BGH, Beschl. v. 21.02.2023 – II ZB 12/21 –, BGHZ 236, 180–205, Ls. 1, Rn. 15.

[689] *Busse von Colbe*, FS Lutter (2000), S. 1053, 1066–1067; Emmerich/Habersack/*Emmerich*, AktG, § 305 AktG Rn. 67; Hüffer/Koch/*Koch*, AktG, § 305 AktG Rn. 47; *Hüttemann*, ZGR 2001, 454, 464; KK-AktG/*Koppensteiner*, § 305 AktG Rn. 110; *Piltz*, ZGR 2001, 158, 203–204; Schmidt/Lutter/*Stephan*, AktG, § 305 AktG Rn. 107.

[690] *Adolff*, Unternehmensbewertung im Recht der börsenndotierten Aktiengesellschaft, S. 474–476; vgl. DVFA Best-Pratice-Empfehlungen Unternehmensbewertung 2012, S. 9; vgl. *Hüttemann*, ZGR 2001, 454, 465; vgl. *Müller*, FS Röhricht, 2005, S. 1015, 1029–1030.

[691] GK-AktG/*Hirte/Hasselbach*, § 305 AktG Rn. 162; vgl. *Maier-Reimer/Kolb*, FS Müller (2001), S. 93, 111–112.

[692] *Martens*, AG 2003, 593, 599; MHdB GesR IV/*Krieger*, § 71 Rn. 141; vgl. *Bungert/Wettich*, FS Hoffmann-Becking (2013), S. 157, 181; vgl. Dreier/Fritzsche/Verfürth/*Dreier*, SpruchG. Annex zu § 11 SpruchG Rn. 201; wohl auch Hölters/Weber/*Deilmann*, AktG, § 305 AktG Rn. 71.

[693] Vgl. Fleischer/Hüttemann/*Adolff/Häller*, RhB Unternehmensbewertung, § 18 Rn. 18.92.

[694] Vgl. Schmidt/Lutter/*Stephan*, AktG, § 305 AktG Rn. 109.

[695] Fleischer/Hüttemann/*Adolff/Häller*, RhB Unternehmensbewertung, § 18 Rn. 18.94–18.96.

Vereinzelt findet sich auch die Forderung, grundsätzlich nur auf den Börsenkurs der jeweiligen Gesellschaft abzustellen, falls ein solcher vorhanden ist und keiner der Ausnahmefälle greift, wobei eine Methodenverschiedenheit hinzunehmen sei.[696]

Letzterem Ansatz kann nicht gefolgt werden. Ihm liegt der Gedanke zugrunde, dass Börsenkurse nicht nur den Deinvestitionswert, sondern auch den wahren Wert eines Unternehmens verlässlich abbilden könnten.[697] Gerade dies ist höchst umstritten und soll in der vorliegenden Arbeit untersucht werden. Als Prämisse für die Wertrelation kann diese Annahme nicht verwendet werden.

Aber auch die erwogene Meistbegünstigung oder Methodengleichheit gestaltet sich als problematisch.

Eine einseitige Meistbegünstigung würde Minderheitsaktionäre der Untergesellschaft gegenüber jenen der Haupt- bzw. Obergesellschaft bevorzugen.[698] Deren Aktieneigentum ist durch das Hinzutreten weiterer Aktionäre aber ebenso betroffen, wobei auch sie die Maßnahme gegen ihren Willen erdulden müssen. Es ist nicht ersichtlich, warum eine Minderheitsaktionärsgruppe weniger schutzwürdig und ihr Aktieneigentum von geringerer Bedeutung sein sollte. Die asymmetrische Meistbegünstigung führt eher zu einer Alleinbegünstigung.[699]

Ebenso könnte eine Meistbegünstigung dahingehend, die für die beherrschte Gesellschaft günstigste Bewertung zu wählen und diese auch der herrschenden Gesellschaft aufzuerlegen, zu untragbaren Ergebnissen für die opponierenden Aktionäre letzterer führen.[700] Hierbei besteht die Gefahr einer Verwässerung der Position der Aktionäre der Obergesellschaft, was mit Blick auf den Art. 14 GG problematisch erscheint.[701] Ohnehin könnten auch die Minderheitsaktionäre der Untergesellschaft durch dieses Vorgehen belastet werden, wenn etwa die Börsenkursrelation für sie ungünstiger als die Ertragswertrelation ist, obwohl der Börsenkurs ihrer Gesellschaft über dem Börsenkurs liegt.[702]

Ferner gehen eine Methodengleichheit wie auch eine Meistbegünstigung bzgl. beider Unternehmen mit teils unbefriedigenden Ergebnissen einher.[703] So kann etwa ein dahingehendes Meistbegünstigungsprinzip zu einer für die Untergesellschaft

---

[696] *Tonner*, FS Schmidt (2009), S. 1581, 1591–1592, 1594.

[697] Vgl. *Tonner*, FS Schmidt (2009), S. 1581, 1594, wo davon die Rede ist, dass die Börsenkurse „das jeweilige Unternehmen wahrheitsgemäß“ bewerten könnten.

[698] *Adolff*, Unternehmensbewertung im Recht der börsennotierten Aktiengesellschaft, S. 474–475 bzgl. Konstellationen mit horizontalen wie auch vertikalen Interessenkonflikten; *Bungert/Wettich*, FS Hoffmann-Becking (2013), S. 157, 181.

[699] *Bungert/Wettich*, FS Hoffmann-Becking (2013), S. 157, 181.

[700] GK-AktG/*Hirte/Hasselbach*, § 305 AktG Rn. 156; *Martens*, AG 2003, 593, 596.

[701] GK-AktG/*Hirte/Hasselbach*, § 305 AktG Rn. 156.

[702] Fleischer/Hüttemann/*Adolff/Häller*, RhB Unternehmensbewertung, § 18 Rn. 18.91.

[703] GK-AktG/*Hirte/Hasselbach*, § 305 AktG Rn. 159, 161 mit Beispielrechnungen.

schlechteren Wertrelation führen.[704] Allgemein sind unterschiedliche Bewertungsansätze mit der Gefahr verbunden, die eine oder andere Aktionärspopulation zu benachteiligen.[705] Andererseits könnte eine strikte Methodengleichheit dazu führen, dass der Deinvestitionswert der Aktien ausgeblendet wird.[706]

Vor diesem Hintergrund vermögen es weder der Ansatz der Meistbegünstigung in sämtlichen seiner Ausformungen noch jener der strengen Methodengleichheit zu überzeugen.

Für eine Lösung der Problematik ist sich vor Augen zu führen, was bei den Umtauschfällen für den Eigentumseingriff gewährleistet werden soll.

Da in das Aktieneigentum sowohl der Aktionäre der übernehmenden als auch der übertragenden Gesellschaft eingegriffen wird, bedarf es eines beidseitigen Schutzes. Dementsprechend liegt ein symmetrischer Vermögensschutz auf Basis einer quotenkongruenten Aufteilung nahe.[707] Dies könnte am ehesten mittels einer Aufteilung anhand der kausalen Beiträge zum Erfolg des verbundenen Unternehmens durch die Aktionäre mit ihren eingebrachten Vermögensgegenständen erfolgen.[708] Da sich eine Ableitung von Kausalbeiträgen zum Unternehmenserfolg bei einer Zusammenführung komplexer Vermögensmassen nicht sicher bewerkstelligen lässt, ist sich einer Alternative zu bedienen.[709] Eine solche stellt die unternehmenswertbezogene Zurechnung dar, wonach die Ertragsaussichten der ursprünglichen Unternehmen als Indikator für ihren Beitrag zum Erfolg des verbundenen Unternehmens herangezogen werden.[710] Durch die Maßnahme sind beide Aktionärspopulationen hinsichtlich ihrer Partizipation am künftigen Unternehmenserfolg betroffen.[711] Diese Erwägungen lassen auf eine Fundamentalwertrelation schließen, bei welcher der Fundamentalwert des einzelnen Unternehmens wie der quotale Unternehmenswert in den Barabfindungsfällen ermittelt und sodann in Relation zum Fundamentalwert des anderen Unternehmens gesetzt wird.[712] Demnach sollte

[704] Schmidt/Lutter/*Stephan*, AktG, § 305 AktG Rn. 109.

[705] *Piltz*, ZGR 2001, 158, 203.

[706] Vgl. GK-AktG/*Hirte/Hasselbach*, § 305 AktG Rn. 161.

[707] *Adolff*, Unternehmensbewertung im Recht der börsennotierten Aktiengesellschaft, S. 470.

[708] *Adolff*, Unternehmensbewertung im Recht der börsennotierten Aktiengesellschaft, S. 470.

[709] *Adolff*, Unternehmensbewertung im Recht der börsennotierten Aktiengesellschaft, S. 470.

[710] *Adolff*, Unternehmensbewertung im Recht der börsennotierten Aktiengesellschaft, S. 470–471.

[711] *Adolff*, Unternehmensbewertung im Recht der börsennotierten Aktiengesellschaft, S. 477.

[712] *Adolff*, Unternehmensbewertung im Recht der börsennotierten Aktiengesellschaft, S. 478–479.

für beide Rechtsträger der hypothetische Wert einer Veräußerung des Gesamtunternehmens auf Basis der Liquidationshypothese ermittelt werden.[713]

Ein solches Vorgehen leuchtet ein, wenn man bedenkt, dass den Aktionären beider Unternehmen eine Teilhabe am verbundenen Unternehmen unter Berücksichtigung ihrer ursprünglichen quotalen Beteiligung zu gewähren ist. Sofern ihre Teilhabe wertmäßig niedriger ist, würde keine volle wirtschaftliche Kompensation stattfinden. Letzteres Prinzip ließe sich bei den Umtauschfällen als „volle wirtschaftliche Teilhabe“ bezeichnen. Dabei geht es gerade um die künftige Beteiligung an einem nun verbundenen oder verschmolzenen Unternehmen als arbeitende Einheit.

Hierfür sprechen auch die grundlegenden Erwägungen zur Relationsbewertung. Im Rahmen der Ermittlung eines Umtauschverhältnisses geht es um den Vergleich zweier Unternehmen in ihrer jeweiligen Gesamtheit.[714] Jene und nicht etwa ihre einzelnen Aktien sind die Bewertungsobjekte.[715] Demzufolge kommt es auf die Relation der Fundamentalwerte der Unternehmen an.

Allerdings würde bei einer reinen Fundamentalwertrelation die verfassungsrechtlich geschützte freie Deinvestitionsentscheidung missachtet werden.[716]

Schließlich erhalten die Minderheitsaktionäre der absorbierten Gesellschaft zwar neue Aktien, verlieren aber auch gegen ihren Willen die Möglichkeit, ihre ursprünglichen Aktien frei zu veräußern. Umgekehrt verlieren die Minderheitsaktionäre der absorbierenden Gesellschaft nicht ihre Aktien an sich, dafür aber gegen ihren Willen die Veräußerungsmöglichkeit ihrer ursprünglich verbundunabhängigen Aktien, wobei durch die neuen Aktionäre eine Verwässerungsgefahr besteht, welche auch die Aktie als Handelsobjekt betrifft. Mithin wird der Deinvestitionswert der ursprünglichen verbundunabhängigen Aktien beider Minderheitsaktionärsgruppen durch den Aktientausch entzogen. Zwecks einer vollen Kompensation muss aber auch dieser Wert des Aktieneigentums Berücksichtigung finden. Eine bloße „wirtschaftlich volle Teilhabe“ i. S. e. reinen Fundamentalwertrelation reicht in Anbetracht des Art. 14 Abs. 1 GG nicht aus. Es ist nicht ersichtlich, warum ein Wertbegriff bei den Umtauschfällen außer Acht gelassen werden sollte. Auf diesem Wege würden die Minderheitsaktionäre schlechter als bei den Barabfindungsfällen gestellt. Ihre unterschiedliche Behandlung sollte sich auf die Ebene des quotalen Unternehmenswerts beschränken. Schließlich ist nur hier ein abweichendes Vorgehen aufgrund der fortgesetzten Teilhabe geboten. So lebt die ursprüngliche Teilhabe am einzelnen Unternehmen in der Teilhabe am verbundenen Unternehmen weiter. Durch die Fundamentalwertrelation dürfte keine wertmäßige Einschränkung

---

[713] Fleischer/Hüttemann/*Adolff/Häller*, RhB Unternehmensbewertung, § 18 Rn. 18.94.

[714] *Müller*, FS Röhricht (2005), S. 1015, 1029.

[715] *Müller*, FS Röhricht (2005), S. 1015, 1029.

[716] Vgl. GK-AktG/*Hirte/Hasselbach*, § 305 AktG Rn. 162; vgl. *Maier-Reimer/Kolb*, FS Müller (2001), S. 93, 111–112.

dieser Position stattfinden. Damit wird der quotale Unternehmenswert sachgerecht berücksichtigt, sodass keine Schlechterstellung im Vergleich zu den Barabfindungsfällen besteht. Andererseits erhalten die Aktionäre durch den Umtausch zwar eine Veräußerungsmöglichkeit hinsichtlich der Aktien des verbundenen Unternehmens, verlieren aber auch ihre ursprüngliche Deinvestitionsmöglichkeit. Die beiden Dispositionsmöglichkeiten sind nicht ident. Letztere muss als Mindestwert berücksichtigt werden, da dieses Wertelement ansonsten abgeschnitten und der Schutzmaßstab der Barabfindungsfälle unterschritten wird. Zwar kann der Deinvestitionswert der Aktien des verbundenen Unternehmens den ursprünglichen Deinvestitionswerten wertmäßig entsprechen oder darüber liegen. Im Zeitpunkt der Ermittlung der Kompensation liegt aber noch kein solcher Wert vor. Es würde mit einer hohen Unsicherheit und einer entsprechenden Missbrauchsgefahr einhergehen, den fiktiven zukünftigen Deinvestitionswert des verbundenen Unternehmens zu ermitteln. Darüber hinaus bliebe unklar, auf welchen Zeitpunkt oder Zeitraum für die hypothetische Wertermittlung abzustellen ist, da sich die Verkehrswerte von Aktien in stetiger Veränderung befinden. Dabei müsste man sich auf zukünftige hypothetische Kurse einer noch nicht existenten Verbindung stützen. Geschützt werden soll aber gerade das, was der Aktionär im Zeitpunkt der Beschlussfassung im Wege einer freien Veräußerung erlangt hätte. Demgemäß empfiehlt es sich, den ursprünglichen Deinvestitionswert als Mindestwert zu berücksichtigen.

Allerdings ist davon abzuraten, den Deinvestitionswert in die Wertrelation bei Umtauschfällen einzustellen. Wie bereits erläutert kommt es bei jener nur auf die Relation der Fundamentalwerte der Unternehmen in ihrer Gesamtheit an. Der Deinvestitionswert als Verkehrswert der einzelnen Aktie sagt rein konzeptionell betrachtet nichts über den Gesamtwert eines Unternehmens als arbeitende Einheit aus. Schließlich liegen den Wertbegriffen unterschiedliche Bewertungsobjekte und -subjekte zugrunde. Ohnehin läuft man bei einer Berücksichtigung des Deinvestitionswerts innerhalb der Wertrelation Gefahr, eine Seite zu benachteiligen, was der Vorstellung eines symmetrischen Vermögensschutzes widerspricht.[717]

In Anbetracht dessen empfiehlt es sich, eine Fundamentalwertrelation durchzuführen und den Deinvestitionswert separat zu berücksichtigen.

Ein solches Vorgehen deckt sich auch mit Schutzrichtung des Deinvestitionswerts. So erfasst jener nur die freie Veräußerung der eigenen Aktie. Die Möglichkeit eines Erwerbs von Aktien der anderen Gesellschaft fällt nicht hierunter. Sie stellt keine Deinvestitions- sondern eine Investitionsmöglichkeit und einen zusätzlichen Schritt nach der ursprünglichen Disposition dar. Es kommt lediglich auf die verlustige Veräußerungsmöglichkeit der ursprünglichen verbundunabhängigen Aktie an. Dementsprechend sind die Deinvestitionswerte auch nicht ins Verhältnis zu setzen, sondern isoliert zu betrachten. Hierfür spricht auch, dass sie in Abgren-

---

[717] Vgl. *Adolff*, Unternehmensbewertung im Recht der börsennotierten Aktiengesellschaft, S. 474–476, der eine Berücksichtigung des Deinvestitionswerts bei Umtauschfällen aber grundlegend ablehnt.

zung zur Teilhabe am Unternehmenserfolg durch den Aktientausch verloren gehen. Somit sollte der Deinvestitionswert bei den Umtauschfällen wie auch bei den Barabfindungsfällen ermittelt werden.

Vor diesem Hintergrund sind die Vorschläge von Hirte und Hasselbach sowie Maier-Reimer und Kolb zu begrüßen.

Diese sehen im Rahmen von Abfindungen in Aktien eine Fundamentalwertrelation für das Umtauschverhältnis vor, wobei sie im Falle eines über dem quotalen Unternehmenswert liegenden Deinvestitionswerts eine zusätzliche Beachtung dieses Mindestwerts verlangen.[718]

Nach Maier-Reimer und Kolb soll sodann ein Wahlrecht der Ober- bzw. Hauptgesellschaft dahingehend bestehen, entweder eine Abfindung in Aktien mit einer ergänzenden Barabfindung zum höheren Deinvestitionswert zu leisten oder eine reine Barabfindung zum Deinvestitionswert zu gewähren.[719]

Hirte und Hasselbach wollen ähnlich verfahren. Ihnen zufolge sollen aber die Aktionäre der abhängigen Gesellschaft wahlweise eine höhere Barabfindung zum Deinvestitionswert erhalten.[720]

In Anbetracht der obigen Erörterungen sind die beiden Ansätze gegenüber den gängigen Vorgehensweisen vorzugswürdig. Auf diesem Wege können der quotale Unternehmenswert und der Deinvestitionswert auch im Rahmen der Umtauschfälle sachgerecht berücksichtigt werden. Zugleich werden ungerechtfertigte Vermögensverschiebungen zwischen den Aktionären vermieden.[721]

Unter Berücksichtigung der Erkenntnisse zum geschützten Aktieneigentum und zu den Umtauschfällen empfiehlt es sich jedoch, diesen Ansatz weiterzuentwickeln.

Zunächst sollte von den eingeräumten Wahlmöglichkeiten Abstand genommen werden. Vielmehr muss den Aktionären ein Verbleiben in der Gesellschaft und eine Teilhabe an der Verschmelzung bei gleichzeitiger Berücksichtigung ihres verlustigen ursprünglichen Aktieneigentums in voller Form, d.h. des quotalen Unternehmenswerts und Deinvestitionswerts gewährleistet werden. Sowohl bei einem Ausscheiden als auch einem Verbleiben in der Gesellschaft ist dem vollen verfassungsrechtlichen Schutz des Aktieneigentums Folge zu leisten. Dementsprechend sollte ein Minderheitsaktionär auch bei den Umtauschfällen nicht vor die Wahl zwischen einem Verbleiben und einem Ausscheiden zum Deinvestitionswert gestellt werden. Vielmehr bedarf es einer Teilhabe in Form der Fundamentalwertrelation und einer möglichen baren Zuzahlung anhand des separaten Deinvestitionswerts. Letztere ist mit einer ergänzenden Barabfindung vergleichbar. Auch darf der

---

[718] GK-AktG/*Hirte/Hasselbach*, § 305 AktG Rn. 162; *Maier-Reimer/Kolb*, FS Müller (2001), S. 93, 111–112.

[719] *Maier-Reimer/Kolb*, FS Müller (2001), S. 93, 111–112.

[720] GK-AktG/*Hirte/Hasselbach*, § 305 AktG Rn. 162.

[721] GK-AktG/*Hirte/Hasselbach*, § 305 AktG Rn. 162.

Ober- oder Hauptgesellschaft kein Wahlrecht zugesprochen werden, wonach sie einige Aktionäre mit Barabfindung ausschließen und im Ergebnis dennoch einen Aktientausch vollziehen könnte. Eher sollte stets eine weitere Beteiligung der Minderheitsaktionäre mitsamt der Möglichkeit einer baren Zuzahlung erfolgen.

Ferner liegt es nahe, keine Untergrenzbestimmung bezüglich des einzelnen Unternehmenswerts durchzuführen. Hierfür spricht ein Blick auf die entscheidungstheoretischen Grundlagen der Barabfindung. Die diesbezüglich erörterten Entscheidungsalternativen „Halten" und „Verkaufen" bestehen auch für den Minderheitsaktionär bei den Umtauschfällen. So könnte er seine Aktien halten, was zu einer anteilsmäßigen Teilhabe nach der Fundamentalwertrelation führt. Alternativ könnte er seine Aktie auch zum Verkehrswert veräußern, was dem Deinvestitionswert entspricht. Nach dem Dominanzprinzip würde ein rationaler Anleger die wertmäßig höhere Entscheidungsalternative wählen. Im Unterschied zu den Barabfindungsfällen kommen dabei nicht die Wahlmöglichkeiten „Halten zum quotalen Unternehmenswert" und „Verkaufen zum Deinvestitionswert" in Betracht. Stattdessen liegt die Wahl zwischen den Alternativen „Halten zur Fundamentalwertrelation" und „Verkaufen zum Deinvestitionswert". Sonach müsste der Deinvestitionswert der einzelnen ursprünglichen verbundunabhängigen Aktie als Untergrenze für die Fundamentalwertrelation pro Aktie herhalten.

Darüber hinaus sollte sich nicht auf Minderheitsaktionäre der absorbierten Gesellschaft beschränkt werden. Wie sich gezeigt hat, verlieren beide Minderheitsaktionärsgruppen gegen ihren Willen ihren ursprünglichen verbundunabhängigen Deinvestitionswert. Folglich müssten sie beide auch die bare Zuzahlung auf Basis ihres jeweiligen Deinvestitionswerts erhalten. Hierdurch wird auch eine einseitige Bevorzugung vermieden.

Auf Basis dieser Modifikationen ergibt sich folgende Lösung für die Problematik der Umtauschfälle: Zunächst ist eine reine Fundamentalwertrelation hinsichtlich der absorbierenden und der absorbierten Gesellschaft zu ermitteln. Hieraus wird die Quote abgeleitet, zu welcher die Aktionäre an der absorbierenden Gesellschaft beteiligt werden. Zusätzlich sind die Deinvestitionswerte der Minderheitsaktionäre beider Gesellschaften separat festzustellen und jeweils als Untergrenze für ihre anteilsmäßige Beteiligung an der Fundamentalwertrelation zu berücksichtigen. Bei einem höheren Deinvestitionswert hat eine entsprechende bare Zuzahlung zu erfolgen, die mit einer ergänzenden Barabfindung vergleichbar ist.

Durch diesen Ansatz werden beide Wertelemente des Aktieneigentums auch bei den Umtauschfällen sachgerecht berücksichtigt, ohne dass es zu ungerechtfertigten Vermögensverschiebungen oder Bevorzugungen kommen dürfte.

Die hier vorgeschlagene Fundamentalwertrelation bedeutet aber keine notwendige Methodengleichheit hinsichtlich der Bewertungsmethoden. Vielmehr ist von einer „Wertbegriffsgleichheit" zu sprechen, da nur ein gleichartiger Wertbegriff des Aktieneigentums der Wertrelation zugrunde gelegt wird. Theoretisch könnte der jeweilige Fundamentalwert anhand unterschiedlicher Methoden ermittelt werden, solange diese hierfür geeignet sind.

Allerdings können verschiedene Bewertungsmethoden für das jeweilige Unternehmen zu einer Bandbreite von Werten führen, wobei schon innerhalb derselben Methode unterschiedliche wertrelevante Annahmen vertreten werden. Dementsprechend wird die Methodenwahl erhebliche Auswirkungen auf das Umtauschverhältnis haben. Angesichts dessen liegt zumindest eine grundsätzliche Methodengleichheit innerhalb der Fundamentalwertrelation nahe.

Dem ließe sich zwar entgegenhalten, dass bei einer Unternehmensbewertung nur ein Schätzwert innerhalb einer Bandbreite ermittelt wird und bereits dieselbe Methode für dasselbe Unternehmen zu unterschiedlichen Ergebnissen führen kann. Die Vorstellung, dass sich etwaige Fehler bei beiden Unternehmen gleichermaßen auswirken und nicht deren Wertverhältnis betreffen würden[722], gilt allenfalls für strukturelle Fehler bei der Bewertungsmethode oder ihren Annahmen.

Jedoch dürften gerade bei unterschiedlichen, an sich geeigneten Bewertungsmethoden Zweifel an einer Vergleichbarkeit ihrer Ergebnisse aufkommen. Bei gleichartigen Methoden hingegen nähert sich die Bandbreite an zulässigen Werten einander an, sodass eine Relationsbetrachtung aussagefähiger sein dürfte. Darüber hinaus geht eine weitgehende Methodenfreiheit mit einer gewissen Missbrauchsgefahr einher. Schließlich könnte gezielt auf ein für eine Seite möglichst vorteilhaftes Umtauschverhältnis hingewirkt werden.

In Anbetracht dessen erscheint es zunächst empfehlenswert, möglichst gleichartige Bewertungsmethoden mit nach Möglichkeit gleichartigen Grundannahmen zu verwenden.

In diesem Kontext ist aber zu beachten, dass nicht jede Methode gleichsam für jedes Unternehmen geeignet ist. Vielmehr passen verschiedene Bewertungsmethoden und Annahmen besser bzw. schlechter zu unterschiedlichen Unternehmen. Beispielsweise eignet sich das Ertragswertverfahren vor allem für kleinere Unternehmen[723], während das NAV – Verfahren auf Immobilienunternehmen ausgerichtet ist[724]. Zwecks einer möglichst aussagekräftigen Unternehmensbewertung sollte auch die passendste Bewertungsmethode gewählt werden.

Diese Erwägungen gilt es in Einklang zu bringen.[725] Dies ließe sich dahingehend bewerkstelligen, grundsätzlich eine Methodengleichheit zu fordern. Zwecks einer möglichst passenden individuellen Bewertung sollten aber Abweichungen hinsichtlich der gewählten Methode und ihrer Ausgestaltung erlaubt sein. Ein solches Abweichen müsste jedoch nachvollziehbar begründet werden. Hierfür können etwa

---

[722] So etwa *Piltz*, ZGR 2001, 158, 204.

[723] Beisel/Klumpp/*Schindler*, Der Unternehmenskauf, § 3 Rn. 33.

[724] Vgl. Bürgers/Körber/Lieder/*Ruiz de Vargas*, AktG, Anh. § 305 AktG Rn. 15a, 63 – 65.

[725] Siehe hierzu auch Fleischer/Hüttemann/*Adolff/Häller*, RhB Unternehmensbewertung, § 18 Rn. 18.94, die eine Abwägung im Einzelfall vorschlagen.

die Unternehmensgröße, das Tätigkeitsfeld oder die individuelle Unternehmenslage angeführt werden. Bei einer nachvollziehbaren Begründung sollten unterschiedliche Bewertungen durchgeführt werden dürfen, solange sie zur Fundamentalwertermittlung geeignet sind. Besagter Ansatz lässt sich mit der aktuellen Rechtslage vereinbaren. So verlangt der § 12 Abs. 2 S. 2 Nr. 3 UmwG seit dem UmRUG (Gesetz zur Umsetzung der Umwandlungsrichtlinie) nunmehr, dass im Prüfungsbericht angegeben wird, dass die Verwendung unterschiedlicher Methoden bei der Verschmelzung der beteiligten Rechtsträger gerechtfertigt war.

Ein derartiges Vorgehen steht auch einer Alleinmaßgeblichkeit der Börsenkurse jedenfalls nicht von vornherein im Wege.[726] Auf einem effizienten Kapitalmarkt könnte eine Fundamentalwertrelation anhand der Marktkapitalisierung der Unternehmen erfolgen.[727] Der zu berücksichtigende Deinvestitionswert wiederum entspricht regelmäßig dem Börsenkurs.

b) Umtauschfälle mit rein horizontalem Interessenkonflikt

Es stellt sich die Frage, ob die Umtauschfälle mit einem rein horizontalen Interessenkonflikt abweichend oder ebenso wie Umtauschfälle mit zusätzlichem vertikalem Interessenkonflikt zu behandeln sind.

Das OLG Stuttgart stützte sich im Fall *Daimler/Chrysler* auf das zuvor von Stilz ins Feld geführte Verhandlungsmodell, wonach beim *merger among equals*, d.h. der Verschmelzung voneinander unabhängiger Gesellschaften, ein vertraglich ausgehandeltes Umtauschverhältnis grundsätzlich als angemessen gelten und sich die gerichtliche Kontrolle auf den Verhandlungsprozess beschränken soll.[728] Im Rahmen dessen lehnte es eine Untergrenze in Form von Börsenkursen ab.[729]

Auch einzelne Literaturstimmen stehen dem Deinvestitionsgedanken beim *merger among equals* ablehnend gegenüber, wobei teils auf eine reine Fundamentalwertrelation für sämtliche Umtauschfälle abgestellt, andernorts wiederum das

[726] Vgl. Fleischer/Hüttemann/*Adolff/Häller*, RhB Unternehmensbewertung, § 18 Rn. 18.94, laut denen ein börsenkursbasiertes Vorgehen eine geeignete Methode darstellen kann.

[727] Vgl. *Adolff*, Unternehmensbewertung im Recht der börsennotierten Aktiengesellschaft, S. 471, welcher dem aber ablehnend gegenübersteht. Weitergehend zur erforderlichen Markteffizienz siehe: § 2 B.

[728] OLG Stuttgart, Beschl. v. 14.10.2010 – 20 W 16/06 = AG 2011, 49, 49 Ls. 2, 50–51 Rn. 77–83; *Stilz*, FS Mailänder (2006) S. 423, 427–431; vgl. *Fleischer/Bong*, NZG 2013, 881, 881–882, 883; vgl. *Großfeld/Egger/Tönnes*, Recht der Unternehmensbewertung, S. 290 Rn. 1197.

[729] OLG Stuttgart, Beschl. v. 14.10.2010 – 20 W 16/06 = AG 2011, 49, 49 Ls. 2 bzgl. einer Börsenkursrelation.

Verhandlungsmodell und eine abweichende Behandlung von Umtauschfällen mit horizontalem Interessenkonflikt favorisiert wird.[730]

Das BVerfG erteilte dem Vorgehen des OLG Stuttgart mit seinem Verhandlungsmodell in der *Daimler/Chrysler*-Entscheidung von 2012 eine Absage.[731] Ihm zufolge seien die *DAT/Altana*-Grundsätze auch auf die konkrete Verschmelzung zu übertragen.[732] Dabei ließ es die Frage nach dem Börsenkurs als Untergrenze explizit offen.[733]

Der ablehnenden Haltung des BVerfG ist beizupflichten.

Zwar wird für das Verhandlungsmodell angeführt, dass bei einem Interessengleichlauf zwischen Mehrheit und Minderheit innerhalb einer Gesellschaft dem Interesse der jeweiligen Minderheit ausreichend Folge geleistet wird, da jenes gleichermaßen wie das „ihrer" Mehrheit auf ein günstiges Umtauschverhältnis gerichtet ist und die verhandlungsführenden Vorstände hierauf pflichtgemäß hinzuwirken haben.[734]

Diese Argumentation krankt aber an entscheidenden Stellen. Zunächst ist es nicht ausgeschlossen, dass die Vorstände eigene Interessen in die Verhandlungen einfließen lassen.[735] Ungeachtet dessen sind die Vorstandspflichten auf das Unternehmensinteresse ausgerichtet und nicht nur auf das Vermögensinteresse der Aktionäre, auf welches es beim Umtauschverhältnis gerade ankommt.[736] Bei den Verschmelzungsverhandlungen steht aber nicht nur das Umtauschverhältnis zur

---

[730] *Adolff*, Unternehmensbewertung im Recht der börsennotierten Aktiengesellschaft, S. 474, 516–517, der jedoch auch beim Hinzutreten eines vertikalen Interessenkonflikts eine Berufung auf den Deinvestitionsgedanken ablehnt und für sämtliche Umtauschfälle eine Fundamentalwertrelation verlangt, wobei er sich nicht für eine Verhandlungslösung ausspricht; Fleischer/Hüttemann/*Adolff/Häller*, RhB Unternehmensbewertung, § 18 Rn. 18.62, 18.64, 18.99, die in Abgrenzung hierzu bei dominierten Umtauschfällen eine asymmetrische Berücksichtigung des Deinvestitionsgedankens vertreten und zudem das Verhandlungsmodell bei der Verschmelzung voneinander unabhängiger Gesellschaften befürworten.

[731] BVerfG, Nichtannahmebeschl. v. 24.05.2012 – 1 BvR 3221/10 –, BVerfGK 19, 415–424, Os. 2b, Rn. 20, 26–27; *Fleischer/Bong*, NZG 2013, 881, 884; Fleischer/Hüttemann/*Adolff/Häller*, RhB Unternehmensbewertung, § 18 Rn. 18.61, 18.98; *Großfeld/Egger/Tönnes*, Recht der Unternehmensbewertung, S. 290 Rn. 1198.

[732] BVerfG, Nichtannahmebeschl. v. 24.05.2012 – 1 BvR 3221/10 –, BVerfGK 19, 415–424, Os. 1a-1b, Rn. 22–23; Fleischer/Hüttemann/*Adolff/Häller*, RhB Unternehmensbewertung, § 18 Rn. 18.59, 18.98.

[733] BVerfG, Nichtannahmebeschl. v. 24.05.2012 – 1 BvR 3221/10 –, BVerfGK 19, 415–424, Rn. 29; Fleischer/Hüttemann/*Adolff/Häller*, RhB Unternehmensbewertung, § 18 Rn. 18.60.

[734] OLG Stuttgart, Beschl. v. 14.10.2010 – 20 W 16/06 = AG 2011, 49, 50 Rn. 78, 51 Rn. 80–82.

[735] *Fleischer/Bong*, NZG 2013, 881, 887.

[736] *Fleischer/Bong*, NZG 2013, 881, 887.

Debatte.[737] Sie können von einer Vielfalt an verschiedenen unternehmerischen Erwägungen bestimmt sein.[738] So sind beispielsweise auch strategische und personelle Fragen von Belang.[739] Vor diesem Hintergrund könnte eine Verhandlungsseite Abstriche beim Umtauschverhältnis zugunsten anderer Aspekte hinnehmen.[740] Dementsprechend gewährleisten Verhandlungen bei Interessengleichläufen kein angemessenes Umtauschverhältnis.[741] Darüber hinaus sollten die Minderheitsaktionäre auch bei gleichlaufenden Interessen vor etwaigen strategischen Fehlentscheidungen geschützt werden.[742]

Mithin bietet das Verhandlungsergebnis keinen ausreichenden Minderheitenschutz.

Aus diesem Grund ist auch nicht ersichtlich, warum der Deinvestitionsgedanke ausgeblendet werden sollte.

Stattdessen liegt es nahe, wie bei den Umtauschfällen mit vertikalem Interessenkonflikt zu verfahren. Ungeachtet von Interessenkonflikten und -gleichläufen muss der verfassungsrechtliche Schutz des Aktieneigentums gewahrt werden. Schließlich wird auch bei einem Aktientausch mit rein horizontalem Interessenkonflikt in das Aktieneigentum der Minderheit gegen ihren Willen eingegriffen, weshalb es einer vollen Kompensation unter Berücksichtigung des quotalen Unternehmenswerts und des Deinvestitionswerts bedarf. Diesbezüglich hat sich eine Fundamentalwertrelation mit einer möglichen baren Zuzahlung zum Deinvestitionswert als überzeugend erwiesen.

2. Partizipationsebene

Auch die Kompensationsebene der Umtauschfälle ließe sich um eine Partizipationsebene erweitern. Auf jener würde eine Zuweisung der Verbundvorteile, die

[737] BVerfG, Nichtannahmebeschl. v. 24.05.2012 – 1 BvR 3221/10 –, BVerfGK 19, 415–424, Rn. 27; *Bungert/Wettich*, FS Hoffmann-Becking (2013), S. 157, 186; *Großfeld/Egger/Tönnes*, Recht der Unternehmensbewertung, S. 290 Rn. 1199; vgl. *Fleischer/Bong*, NZG 2013, 881, 887–888.

[738] BVerfG, Nichtannahmebeschl. v. 24.05.2012 – 1 BvR 3221/10 –, BVerfGK 19, 415–424, Rn. 27; vgl. *Fleischer/Bong*, NZG 2013, 881, 888.

[739] *Bungert/Wettich*, FS Hoffmann-Becking (2013), S. 157, 186; vgl. *Großfeld/Egger/Tönnes*, Recht der Unternehmensbewertung, S. 290 Rn. 1199.

[740] *Bungert/Wettich*, FS Hoffmann-Becking (2013), S. 157, 186; *Fleischer/Bong*, NZG 2013, 881, 888.

[741] *Bungert/Wettich*, FS Hoffmann-Becking (2013), S. 157, 186–187; vgl. BVerfG, Nichtannahmebeschl. v. 24.05.2012 – 1 BvR 3221/10 –, BVerfGK 19, 415–424, Rn. 27.

[742] Vgl. *Tonner*, FS Schmidt (2009), S. 1581, 1595, der hiermit die Berücksichtigung des Börsenkurses bei der Verschmelzung zuvor unverbundener Gesellschaften begründet.

sich aus der Transaktion ergeben, stattfinden.[743] Wie bereits erörtert, gilt dieser Thematik nicht der vorliegenden Arbeit.

3. Konkrete Fälle

Nachfolgend sind die konkreten Umtauschfälle unter Berücksichtigung der grundlegenden Erwägungen zum Wert des Aktieneigentums näher zu untersuchen.

a) Verschmelzung

Eine Verschmelzung stellt die juristische Vereinigung mindestens zweier Rechtsträger in Gestalt einer Gesamtrechtsnachfolge dar.[744]

Hierdurch verlieren die Aktionäre der übertragenden Gesellschaft ihre ursprünglichen Aktien und erhalten dafür Aktien der übernehmenden Gesellschaft.[745] Wie schon erwähnt ist das Aktieneigentum sowohl der Minderheitsaktionäre der übertragenden als auch der übernehmenden Gesellschaft betroffen. Bei dem zu ermittelnden Umtauschverhältnis kommt es auf die Wertrelation der beiden Rechtsträger an. Für die Aktionäre ist der Vermögensschutz des UmwG eröffnet.

Wenn das UmwG auch nicht ausdrücklich nach einem angemessenen Umtauschverhältnis verlangt, so ergibt sich dies doch indirekt.[746] Schließlich setzt der § 8 Abs. 1 S. 1 UmwG eine rechtliche und wirtschaftliche Erläuterung des Umtauschverhältnisses durch die Vertretungsorgane der beteiligten Rechtsträger voraus, während der Verschmelzungsprüfer laut § 12 Abs. 2 S. 1 UmwG eine Erklärung zur Angemessenheit des Umtauschverhältnisses abgibt.[747]

Gegen ein unangemessenes Umtauschverhältnis können die Aktionäre der übertragenden Gesellschaft im Spruchverfahren vorgehen. Stellt das Gericht eine mangelnde Angemessenheit fest, wird ihnen nach § 15 Abs. 1 UmwG eine bare Zuzahlung gewährt.[748] Im Wege der baren Zuzahlung werden die Aktionäre wirtschaftlich so gestellt, wie sie im Falle eines angemessenen Umtauschverhältnisses

---

[743] *Adolff*, Unternehmensbewertung im Recht der börsennotierten Aktiengesellschaft, S. 515.

[744] *Hirte*, Kapitalgesellschaftsrecht, S. 505 Rn. 6.106.

[745] *Adolff*, Unternehmensbewertung im Recht der börsennotierten Aktiengesellschaft, S. 415; *Schulte/Köller/Luksch*, WPg 2012, 380, 382.

[746] *Adolff*, Unternehmensbewertung im Recht der börsennotierten Aktiengesellschaft, S. 416; *Schulte/Köller/Luksch*, WPg 2012, 380, 382.

[747] *Schulte/Köller/Luksch*, WPg 2012, 380, 382; vgl. *Adolff*, Unternehmensbewertung im Recht der börsennotierten Aktiengesellschaft, S. 416.

[748] Fleischer/Hüttemann/*Bungert*, RhB Unternehmensbewertung, § 22 Rn. 22.44; vgl. Lutter/*Decher*, UmwG, § 15 UmwG Rn. 1.

stünden.[749] Infolge des UmRUG besteht zudem die Möglichkeit der Ausgabe zusätzlicher Aktien nach Maßgabe der §§ 72a, 72b UmwG anstelle einer baren Zuzahlung.[750] Eine Anfechtungsklage hingegen ist den Aktionären des übertragenden Rechtsträgers verwehrt.[751] Mit dem UmRUG gilt dies auch für die Anteilsinhaber der übernehmenden Gesellschaft.[752]

Letzten Endes bedarf es für beide Aktionärsfraktionen eines angemessenen Umtauschverhältnisses.

b) Spaltung

Ein weiterer relevanter Vorgang des Umwandlungsrechts stellt die Spaltung dar. Bei einer solchen spaltet ein übertragender Rechtsträger sein Vermögen in mindestens zwei Teile auf, wobei mindestens ein Teil auf einen übernehmenden Rechtsträger in Form einer partiellen Gesamtrechtsnachfolge übertragen wird.[753]

Dies kann in Form einer Aufspaltung gemäß § 123 Abs. 1 UmwG geschehen. Hierbei wird das gesamte Vermögen des übertragenden Rechtsträgers geteilt und auf mehrere andere Rechtsträger übertragen.[754] Es wird zwischen der Aufspaltung zur Aufnahme nach § 123 Abs. 1 Nr. 1 UmwG, bei welcher das Vermögen auf einen bereits bestehenden Rechtsträger übertragen wird, und einer Aufspaltung zur Neugründung gemäß § 123 Abs. 1 Nr. 2 UmwG, für die ein eigens neu gegründeter Rechtsträger zum Einsatz kommt, differenziert.[755] Als Gegenleistung werden den Anteilseignern des übertragenden Rechtsträgers Anteile am übernehmenden bzw. neuen Rechtsträger gewährt.[756]

Eine weitere Ausprägung der Spaltung ist die Abspaltung nach § 123 Abs. 2 UmwG. Bei dieser werden ein Teil oder mehrere Teile des übertragenden Rechts-

[749] *Adolff*, Unternehmensbewertung im Recht der börsennotierten Aktiengesellschaft, S. 416.

[750] Lutter/*Decher*, UmwG, § 15 UmwG Rn. 10; *Schollmeyer*, NJW-Spezial 2023, 207, 207.

[751] Fleischer/Hüttemann/*Adolff/Häller*, RhB Unternehmensbewertung, § 21 Rn. 21.35.

[752] Lutter/*Decher*, UmwG, § 15 UmwG Rn. 1; *Schollmeyer*, NJW-Spezial 2023, 207, 207. Zuvor war den Aktionären der aufnehmenden Gesellschaft der Weg ins Spruchverfahren versperrt und stattdessen die Möglichkeit einer Anfechtungsklage eröffnet (Fleischer/Hüttemann/*Adolff/Häller*, RhB Unternehmensbewertung, § 21 Rn. 21.35). Besagte Anfechtungsklage beruhte auf § 255 Abs. 2 AktG a. F. doppelt analog (*Adolff*, Unternehmensbewertung im Recht der börsennotierten Aktiengesellschaft, S. 426–427).

[753] *Hirte*, Kapitalgesellschaftsrecht, S. 534 Rn. 6.167.

[754] Fleischer/Hüttemann/*Bungert*, RhB Unternehmensbewertung, § 22 Rn. 22.84; *Hirte*, Kapitalgesellschaftsrecht, S. 536 Rn. 6.171.

[755] *Hirte*, Kapitalgesellschaftsrecht, S. 536 Rn. 6.171.

[756] Fleischer/Hüttemann/*Bungert*, RhB Unternehmensbewertung, § 22 Rn. 22.84; *Hirte*, Kapitalgesellschaftsrecht, S. 536 Rn. 6.171.

trägers abgespalten und auf einen oder mehrere Rechtsträger übertragen.[757] Es kann von einer „Teilaufspaltung" gesprochen werden.[758] Auch die Abspaltung kann zur Aufnahme oder zur Neugründung erfolgen, § 123 Abs. 2 Nr. 1 und Nr. 2 UmwG.[759] Ebenso kommt es zu einer Gegenleistung in Gestalt von Anteilen am anderen Rechtsträger an die Anteilseigner des übertragenden Rechtsträgers.[760]

Die dritte Form der Spaltung stellt die Ausgliederung gemäß § 123 Abs. 3 UmwG dar. Auch hier überträgt ein Rechtsträger einen Teil oder mehrere Teile seines Vermögens auf einen anderen Rechtsträger. Anders als bei der Abspaltung erhält der übertragende Rechtsträger Anteile des übernehmenden Rechtsträgers als Gegenleistung und nicht die Anteilsinhaber des übertragenden Rechtsträgers.[761]

Auf- und Abspaltungen sind grundsätzlich als verhältniswahrend konzipiert. Demnach müssen den Anteilsinhabern des übertragenden Rechtsträgers Anteile am übernehmenden Rechtsträger in dem Verhältnis gewährt werden, welches ihrer ursprünglichen Beteiligung am übertragenden Rechtsträger entspricht.[762] Allerdings kann nach § 128 UmwG auch eine nicht verhältniswahrende Auf- oder Abspaltung stattfinden, die zu einer Änderung der Beteiligungsverhältnisse führt.[763] Für diese tiefgreifende Beeinträchtigung bedarf es aber der Zustimmung eines jeden Anteilsinhabers des übertragenden Rechtsträgers, § 128 S. 1 UmwG.[764] Anders hingegen gestaltet sich die Ausgliederung. Da eine solche mit keiner Verteilung von Anteilen einhergeht, kommt es von vornherein nicht auf eine Verhältniswahrung an.[765]

Für die Fragestellung dieser Arbeit sind vor allem die Fälle der Auf- und Abspaltung von Belang. So geht es bei der Aufspaltung, für welche zu ermitteln ist, wie viele Anteile am übertragenden Rechtsträger in Anteile am übernehmenden Rechtsträger umgetauscht werden, um ein Umtauschverhältnis.[766] Da die Anteilseigner des übertragenden Rechtsträgers im Rahmen einer Abspaltung ihre Anteile behalten, handelt es sich zwar um keinen Umtausch im engeren Sinne.[767] In Anbe-

---

[757] Fleischer/Hüttemann/*Bungert*, RhB Unternehmensbewertung, § 22 Rn. 22.85; *Hirte*, Kapitalgesellschaftsrecht, S. 537 Rn. 6.175.

[758] *Hirte*, Kapitalgesellschaftsrecht, S. 537 Rn. 6.175.

[759] Fleischer/Hüttemann/*Bungert*, RhB Unternehmensbewertung, § 22 Rn. 22.85.

[760] Fleischer/Hüttemann/*Bungert*, RhB Unternehmensbewertung, § 22 Rn. 22.85.

[761] Fleischer/Hüttemann/*Bungert*, RhB Unternehmensbewertung, § 22 Rn. 22.87; *Hirte*, Kapitalgesellschaftsrecht, S. 537 Rn. 6.177.

[762] Fleischer/Hüttemann/*Bungert*, RhB Unternehmensbewertung, § 22 Rn. 22.86; *Hirte*, Kapitalgesellschaftsrecht, S. 543 Rn. 6.194.

[763] Fleischer/Hüttemann/*Bungert*, RhB Unternehmensbewertung, § 22 Rn. 22.86; *Hirte*, Kapitalgesellschaftsrecht, S. 544 Rn. 6.195–6.196.

[764] *Hirte*, Kapitalgesellschaftsrecht, S. 545 Rn. 6.198.

[765] *Hirte*, Kapitalgesellschaftsrecht, S. 544 Rn. 6.195.

[766] Fleischer/Hüttemann/*Bungert*, RhB Unternehmensbewertung, § 22 Rn. 22.89.

[767] Vgl. Fleischer/Hüttemann/*Bungert*, RhB Unternehmensbewertung, § 22 Rn. 22.90.

tracht der Tatsache, dass ihre Anteile durch den teilweisen Vermögensabgang an Wert einbüßen und dies durch eine Gewährung von Anteilen am übernehmenden Rechtsträger kompensiert wird, kann diesbezüglich aber von einem Umtauschverhältnis ausgegangen werden.[768] Eine Ausgliederung hingegen stellt keinen Anteilstausch dar.[769] Schließlich werden hierbei nicht den Anteilsinhabern des übertragenden Rechtsträgers neue Anteile gewährt, sondern dem übertragenden Rechtsträger selbst, sodass kein Umtauschverhältnis festzusetzen ist.[770] Seine Anteilseigner sehen sich nicht dem Risiko einer Verwässerung an der Anteilshabe am Unternehmenserfolg, sondern einer Verkürzung ihres Einflusses auf den ausgegliederten Unternehmensteil ausgesetzt.[771]

Im Falle einer verhältniswahrenden Auf- oder Abspaltung zur Neugründung stimmt die Zusammensetzung der Anteilsinhaber des aufnehmenden Rechtsträgers mit dem des übertragenden Rechtsträgers überein.[772] Da keine Quotenverschiebung droht, muss keine Unternehmensbewertung zur Ermittlung eines angemessenen Umtauschverhältnisses durchgeführt werden.[773] Dies gilt ebenso für eine verhältniswahrende Auf- oder Abspaltung zur Aufnahme durch eine „leere" Gesellschaft.[774]

Ist besagte Auf- oder Abspaltung hingegen nicht verhältniswahrender Natur, besteht die Gefahr einer Quotenverschiebung.[775] Da es aber der Zustimmung eines jeden Anteilseigners nach § 128 S. 1 UmwG bedarf, besteht keine Gefahr einer Anteilsverwässerung gegen ihren Willen, sodass keine Angemessenheitskontrolle zu fordern ist.[776]

Von Interesse ist hingegen die Auf- oder Abspaltung zur Aufnahme einer „nichtleeren" Gesellschaft. Bei jener werden im aufnehmenden Rechtsträger dessen Anteilseigener mit denen des übertragenden Rechtsträgers zusammengeführt, womit

---

[768] Vgl. Fleischer/Hüttemann/*Bungert*, RhB Unternehmensbewertung, § 22 Rn. 22.90, wo auch von einem „Zuteilungsverhältnis" die Rede ist.

[769] *Adolff*, Unternehmensbewertung im Recht der börsennotierten Aktiengesellschaft, S. 430.

[770] Fleischer/Hüttemann/*Bungert*, RhB Unternehmensbewertung, § 22 Rn. 22.91, 22.104.

[771] *Adolff*, Unternehmensbewertung im Recht der börsennotierten Aktiengesellschaft, S. 430.

[772] *Adolff*, Unternehmensbewertung im Recht der börsennotierten Aktiengesellschaft, S. 431; Fleischer/Hüttemann/*Bungert*, RhB Unternehmensbewertung, § 22 Rn. 22.96.

[773] *Adolff*, Unternehmensbewertung im Recht der börsennotierten Aktiengesellschaft, S. 431.

[774] Fleischer/Hüttemann/*Bungert*, RhB Unternehmensbewertung, § 22 Rn. 22.96.

[775] *Adolff*, Unternehmensbewertung im Recht der börsennotierten Aktiengesellschaft, S. 431.

[776] *Adolff*, Unternehmensbewertung im Recht der börsennotierten Aktiengesellschaft, S. 431.

eine Parallele zur Verschmelzung besteht.[777] Es ist eine Unternehmenswertrelation zu ermitteln[778], wobei es eines angemessenen Umtauschverhältnisses bedarf[779]. §§ 125 S. 1, 15 UmwG zufolge können die Aktionäre der übertragenden Gesellschaft bei einer Auf- oder Abspaltung zur Aufnahme durch eine „nicht-leeren" Gesellschaft wie bei einer Verschmelzung im Spruchverfahren gegen ein unangemessenes Umtauschverhältnis vorgehen.[780] Mit dem UmRUG gilt dies auch für die Aktionäre der aufnehmenden Gesellschaft.[781]

Da die Ausgliederung keinen Umtauschfall darstellt, bedarf es keiner Ermittlung eines angemessenen Umtauschverhältnisses.[782] Abweichend dürfte allenfalls die Konstellation beurteilt werden, in welcher an der aufnehmenden Gesellschaft Dritte beteiligt sind.[783] Hierbei wäre ein angemessenes Wertverhältnis zwischen dem auszugliedernden Teil und den als Gegenleistung zu gewährenden Anteilen zu ermitteln.[784]

c) Vorgehen gegen eine Kapitalerhöhung unter Bezugsrechtsausschluss, § 255 Abs. 4 AktG

Ein weiterer Umtauschfall ergibt sich aus den Vorgängen zur Kapitalerhöhung.

Zwecks der Erhöhung des Grundkapitals kann die Hauptversammlung einer Aktiengesellschaft eine ordentliche bzw. reguläre Kapitalerhöhung gegen Einlagen (effektive Kapitalerhöhung) beschließen.[785] Diesbezüglich findet ein Hauptversammlungsbeschluss statt, an dessen Anschluss Aktionäre oder Dritte die neuen Aktien gegen eine Leistung der entsprechenden Einlage zeichnen können.[786]

Da mit der Kapitalerhöhung neue Aktionäre hinzutreten können, besteht ein Bezugsrecht der Altaktionäre nach § 186 Abs. 1 AktG.[787] Sofern sie ihr Bezugsrecht ausüben, bleibt ihre mitgliedschaftliche Stellung in der Gesellschaft unverändert.[788]

---

[777] *Adolff*, Unternehmensbewertung im Recht der börsennotierten Aktiengesellschaft, S. 431.

[778] Fleischer/Hüttemann/*Bungert*, RhB Unternehmensbewertung, § 22 Rn. 22.99.

[779] *Adolff*, Unternehmensbewertung im Recht der börsennotierten Aktiengesellschaft, S. 431–432.

[780] Vgl. *Adolff*, Unternehmensbewertung im Recht der börsennotierten Aktiengesellschaft, S. 432; vgl. Fleischer/Hüttemann/*Bungert*, RhB Unternehmensbewertung, § 22 Rn. 22.108.

[781] Zuvor bedurfte es einer Anfechtungsklage jener, vgl. *Adolff*, Unternehmensbewertung im Recht der börsennotierten Aktiengesellschaft, S. 432–433.

[782] Fleischer/Hüttemann/*Bungert*, RhB Unternehmensbewertung, § 22 Rn. 22.105.

[783] Fleischer/Hüttemann/*Bungert*, RhB Unternehmensbewertung, § 22 Rn. 22.105.

[784] Fleischer/Hüttemann/*Bungert*, RhB Unternehmensbewertung, § 22 Rn. 22.105.

[785] Frodermann/Jannott/*Becker/Frodermann*, HdB AktR, 5. Kap. Rn. 1–2, 7; *Hirte*, Kapitalgesellschaftsrecht, S. 469 Rn. 6.13, 6.15.

[786] *Hirte*, Kapitalgesellschaftsrecht, S. 469 Rn. 6.15, S. 470 6.17.

[787] *Hirte*, Kapitalgesellschaftsrecht, S. 473 Rn. 6.23.

Jedoch sieht § 186 Abs. 3 AktG die Möglichkeit eines Bezugsrechtsauschlusses vor, der eines qualifizierten Mehrheitsbeschlusses bedarf.[789] So könnte das Gesellschaftsinteresse an einer anderweitigen Aktienplatzierung dem Interesse der Altaktionäre im Einzelfall überwiegen.[790] Angesichts der erheblichen Folgen eines Bezugsrechtsausschlusses verlangte der BGH in seiner *Kali-und-Salz*-Entscheidung aus dem Jahre 1978, dass ein solcher durch sachliche Gründe im Interesse der Gesellschaft gerechtfertigt sein muss.[791]

Gemäß des § 255 Abs. 2 AktG a.F. konnten die Aktionäre gegen den Bezugsrechtsausschluss mittels einer Anfechtungsklage vorgehen.[792] Im Zuge des Zukunftsfinanzierungsgesetzes (ZuFinG) wurde die Anfechtungsmöglichkeit gestrichen, vgl. § 255 Abs. 2 AktG (n.F.). Stattdessen kann der Aktionär nach § 255 Abs. 4 AktG in den Fällen außerhalb des § 186 Abs. 3 S. 4 AktG von der Gesellschaft eine bare Ausgleichszahlung verlangen, wenn der auf die Aktie entfallende Wert der Einlage unangemessen niedrig ist.[793] Besagte Ausgleichszahlung wird gemäß § 255 Abs. 7 AktG im Spruchverfahren bestimmt. Damit wurde der Vermögensschutz beim Bezugsrechtsausschluss zu einer Parallelregelung zur Verschmelzung.[794] Die Norm dient dem Schutze vor einer Verwässerung, die auftreten würde, wenn Dritte die neuen Aktien zu einem unangemessen niedrigen Preis erhalten.[795]

Eine weitere tiefgreifende Änderung stellt der neue § 255 Abs. 5 AktG dar. Gemäß § 255 Abs. 5 S. 1 AktG entspricht der Wert der gewährten Aktien ihrem Börsenkurs. Unterschreitet der Ausgabebetrag den Börsenkurs nicht wesentlich, entfällt der Anspruch auf Ausgleichszahlung, § 255 Abs. 5 S. 2 AktG. Wie schon beim § 39 Abs. 3 S. 3 und 4 BörsG sieht § 255 Abs. 5 S. 3 und 4 AktG Ausnahmefälle vor, in denen der Börsenkurs allein nicht maßgeblich ist. Damit findet eine Angleichung an die Abfindungsregelungen beim Delisting statt. Die Börsenkurs-

---

[788] Frodermann/Jannott/*Becker/Frodermann*, HdB AktR, 5. Kap. Rn. 74.

[789] Frodermann/Jannott/*Becker/Frodermann*, HdB AktR, 5. Kap. Rn. 75; *Hirte*, Kapitalgesellschaftsrecht, S. 475 Rn. 6.27.

[790] Vgl. MüKo-AktG/*Schürnbrand/Verse*, § 186 AktG Rn. 73.

[791] BGH, Urt. v. 13.03.1978 – II ZR 142/76 –, BGHZ 71, 40–53, Rn. 8, 11; *Hirte*, Kapitalgesellschaftsrecht, S. 477 Rn. 6.30.

[792] *Bungert/Strothotte*, DB 2023, 2422, 2422.

[793] So bereits der Vorschlag bei *Bungert/Strothotte*, DB 2023, 2422, 2424.

[794] Die Idee einer zu überprüfenden Angemessenheit beim Bezugsrechtsauschluss unter Orientierung an der Verschmelzung findet sich bereits bei *Hirte*, Bezugsrechtsausschluß und Konzernbildung, S. 73–74. Ferner kommt schon bei *Hirte*, ZIP 1994, 356, 360 der Gedanke einer Angemessenheitsprüfung im Spruchverfahren beim Bezugsrechtsausschluss auf.

[795] Zum § 255 AktG a.F.: BeckOGK-AktG/*Stilz/Schumann*, § 255 AktG Rn. 2; MüKo-AktG/*Koch*, § 255 AktG Rn. 2. Hins. des neuen § 255 AktG siehe Gesetzentwurf, BT-Drs. 20/8292, S. 117, wonach die Altaktionäre vor einer Verwässerung geschützt werden, und *Harnos*, AG 2023, 348, 348 Rn. 2, wo von einer „Neukonzeption des Verwässerungsschutzes“ die Rede ist.

orientierung schlägt der § 255 AktG aber noch stärker ein. So wird nicht verlangt, dass der Ausgleich mindestens dem Börsenkurs entsprechen muss, sondern die Wertbestimmung unmittelbar an jenen ohne ein etwaiges gesetzlich formuliertes Angemessenheitsgebot gekoppelt.[796]

Im Rahmen des § 255 AktG kommt es immer auf eine Relationsbewertung innerhalb eines Umtauschverhältnisses an. Bei einer Bareinlage steht zur Debatte, ob der Wert der auszugebenden Aktie der baren Zahlung entspricht. Wenn in dieser Konstellation auch nur ein einzelnes Unternehmen zu bewerten ist, sollte dennoch von einem Umtauschfall gesprochen werden. Schließlich treten auch hier neue Aktionäre in die Gesellschaft ein, wobei die Altaktionäre in ihr verbleiben und sich einer Verwässerungsgefahr ausgesetzt sehen. Wird eine Sacheinlage geleistet, ist die Wertrelation des Einlagegegenstands und der Aktie zu ermitteln. So kommt es auf die Relation der Unternehmenswerte an, wenn eine andere Gesellschaft eingebracht wird.[797] Falls der Sacheinlagegegenstand kein gesamtes Unternehmen ist, muss der Fundamentalwert dieses Sacheinlagegegenstands in seiner Gesamtheit, d. h. der Preis, den ein typisierter Dritter hierfür gezahlt hätte, in Relation mit dem Fundamentalwert der Gesellschaft vor der Kapitalerhöhung gesetzt werden.[798]

Es stellt sich die Frage, wann von einem unangemessen niedrigen Wert der Einlage gemäß § 255 Abs. 4 AktG auszugehen ist.

In der *Kali-und-Salz*-Entscheidung stellte der BGH für eine Anfechtung nach § 255 Abs. 2 AktG a. F. darauf ab, ob die einzubringende Beteiligung über oder die hierfür auszugebenden Aktien unter ihrem wahren Wert angesetzt wurden.[799] Dabei legte er dem § 255 Abs. 2 AktG a. F. den Angemessenheitsmaßstab der §§ 305, 320 AktG und § 12 UmwG zugrunde.[800] Dem seinerzeit geltenden Rechtsprechungsstand folgend lehnte er eine Börsenkursorientierung ab.[801]

Mit dem neugeregelten § 255 Abs. 5 AktG vollzieht der Gesetzgeber nun aber eine Hinwendung zum Börsenkurs, wobei ihn der Ausgabebetrag nur nicht wesentlich unterschreiten soll.

Unter der ursprünglichen Rechtslage war umstritten, ob die späteren *DAT/Altana*-Grundsätze auch für den § 255 Abs. 2 AktG a. F. gelten sollten und das von Art. 14 Abs. 1 GG geschützte Aktieneigentum wie in den zuvor erörterten Fällen betroffen sei. Wenn sich durch die Gesetzesnovellierung nun zwar mit dem Bör-

---

[796] *Koch*, AG 2024, 1, 2 Rn. 7.

[797] *Adolff*, Unternehmensbewertung im Recht der börsennotierten Aktiengesellschaft, S. 427, 429–430. Siehe bereits die Erwägungen zur Verschmelzung unter: § 1 B.II.3.a).

[798] *Adolff*, Unternehmensbewertung im Recht der börsennotierten Aktiengesellschaft, S. 479.

[799] BGH, Urt. v. 13. 03. 1978 – II ZR 142/76 –, BGHZ 71, 40–53, Rn. 27.

[800] BGH, Urt. v. 13. 03. 1978 – II ZR 142/76 –, BGHZ 71, 40–53, Rn. 27.

[801] BGH, Urt. v. 13. 03. 1978 – II ZR 142/76 –, BGHZ 71, 40–53, Rn. 27; Marsch-Barner/Schäfer/*Gehling*, HdB börsennotierten AG, § 13 Rn. 13.39.

senkurs auf eine Bewertungsmethode beschränkt wird und dieser auch unwesentlich unterschritten werden darf, so sollte dieser Streitfrage weiterhin Beachtung geschenkt werden. Schließlich geben die *DAT/Altana*-Grundsätze und der hieraus erwachsenden doppelte Bewertungsansatz entscheidende Vorgaben für die Unternehmensbewertung.

Vielerorts wurde eine Übertragung der *DAT/Altana*-Wertungen abgelehnt.[802] Eine Unterschreitung des wahren Werts wäre zulässig, wenn hieran ein gerechtfertigtes Interesse bestünde.[803] So hieß es etwa, dass grundsätzlich zwar ein voller Wert zu gewähren sei, jedoch erst seine unangemessene Unterschreitung zur Anfechtung berechtigen würde[804], wobei ein unternehmerischer Beurteilungsspielraum bestünde[805]. In diesem Rahmen wurde zum Teil eine alleinige Börsenkursorientierung bereits vor der Neuregelung als angemessenen betrachtet.[806]

Anderweitig finden sich Literaturstimmen, laut denen an den § 255 Abs. 2 AktG a.F. wie bei den anderen Fallgruppen der Maßstab des Art. 14 GG gelegt werden sollte.[807] Demnach wäre der Deinvestitionswert und der quotale Unternehmenswert zu berücksichtigen.

Der zweite Ansatz erscheint vorzugswürdig.

Zwar steht dieses Vorgehen einer flexiblen Liquiditätszufuhr[808] und einem praktikablen Erwerb von Vermögensgegenständen gegen Ausgabe neuer Aktien[809]

---

[802] OLG Hamburg, Beschl. v. 12.02.2021 – 11 AktG 1/20 = AG 2021, 568, 571, demzufolge eine Übertragung der Grundsätze nicht zwingend ist; BeckOGK-AktG/*Stilz/Schumann*, § 255 AktG Rn. 29–31; *Kirchner/Sailer*, NZG 2002, 305, 309–310; Marsch-Barner/Schäfer/*Gehling*, HdB börsennotierten AG, § 13 Rn. 13.40–13.42, wonach es sich um die h.M. handelt; wohl auch *Sinewe*, NZG 2002, 314, 316–317.

[803] *Kirchner/Sailer*, NZG 2002, 305, 309; vgl. Marsch-Barner/Schäfer/*Gehling*, HdB börsennotierten AG, § 13 Rn. 13.41; in diese Richtung wohl auch BeckOGK-AktG/*Stilz/Schumann*, § 255 AktG Rn. 25.

[804] BeckOGK-AktG/*Stilz/Schumann*, § 255 AktG Rn. 24–25; Hüffer/Koch/*Koch*, AktG, § 255 AktG Rn. 5.

[805] BeckOGK-AktG/*Stilz/Schumann*, § 255 AktG Rn. 25; Hüffer/Koch/*Koch*, AktG, § 255 AktG Rn. 6–7.

[806] OLG Hamburg, Beschl. v. 12.02.2021 – 11 AktG 1/20 = AG 2021, 568, 571; BeckOGK-AktG/*Stilz/Schumann*, § 255 AktG Rn. 31; Marsch-Barner/Schäfer/*Gehling*, HdB börsennotierten AG, § 13 Rn. 13.41; *Sinewe*, NZG 2002, 314, 316–317.

[807] *Rottnauer*, ZGR 2007, 401, 426–427; *Zöllner*, AG 2002, 585, 592; vgl. *Adolff*, Unternehmensbewertung im Recht der börsennotierten Aktiengesellschaft, S. 477; vgl. *Bayer*, ZHR 1999, 505, 532–533; vgl. *Hirte*, ZIP 1994, 356, 359; siehe auch *Raitzsch*, Die Rechtsfolgen eines unrechtmäßigen Bezugsrechtsausschlusses bei der ordentlichen Kapitalerhöhung und beim genehmigten Kapital, S. 8 zum Schutz des Bezugsrechts durch den Art. 14 GG.

[808] OLG Hamburg, Beschl. v. 12.02.2021 – 11 AktG 1/20 = AG 2021, 568, 571.

[809] Marsch-Barner/Schäfer/*Gehling*, HdB börsennotierten AG, § 13 Rn. 13.41.

im Wege. Dies kann aber nicht dazu gereichen, erhebliche Macht- und Vermögensverschiebungen zulasten der Altaktionäre zu rechtfertigen.[810]

So führt auch eine Kapitalerhöhung unter Bezugsrechtsausschluss zu einer erheblichen Beeinträchtigung des verfassungsrechtlich geschützten Aktieneigentums.

Zum einen wird hierdurch die Aktie als mitgliedschaftliche Beteiligung am Unternehmen beeinträchtigt. Das Bezugsrecht soll die vermögens- wie auch die stimmrechtsmäßige Teilhabe an der Gesellschaft sichern.[811] Bei einer Kapitalerhöhung mit Ausgabe neuer Aktien unterhalb des inneren Werts verzeichnen die Aktien der Altaktionäre aber eine Werteinbuße.[812] Es kommt zu einer wertmäßigen Substanzverwässerung. Sofern keine der Erhöhungstranche entsprechende Gewinnerhöhung stattfindet, geht mit der Verwässerung der Substanz auch eine verringerte Gewinnziehung einher.[813] Folglich sind die mitgliedschaftlichen Vermögensrechte betroffen. Darüber hinaus werden die Herrschaftsrechte der Altaktionäre beschnitten, wenn ihnen durch die Kapitalerhöhung mit Bezugsrechtsausschluss eine mögliche Sperrminorität genommen wird.[814] Demnach besteht auch eine Gefahr bezüglich einer Stimmrechtsverwässerung, womit die mitgliedschaftlichen Herrschaftsrechte ebenfalls tangiert sind. Da eine Kapitalerhöhung unter Ausschluss des Bezugsrechts die Mitgliedschaftsrechte der Altaktionäre im Wege eines Verwässerungseffekts beeinträchtigen kann, sollte der quotale Unternehmenswert des Aktieneigentums bei der Angemessenheitsbestimmung berücksichtigt werden.

Zudem ist die Aktie eines Altaktionärs durch eine mit der Ausgabe neuer Aktien unter Bezugsrechtsausschluss einhergehenden Verwässerung auch in ihrer Gestalt als Handelsobjekt betroffen. Schließlich wird sie nicht mehr in ihrer ursprünglichen Form auf Basis der Anteilsmenge vor der Maßnahme gehandelt, womit eine dahingehende Deinvestitionsmöglichkeit entfällt. Sonach ist auch der Deinvestitionswert zu beachten.

Mithin besteht auch hier die Gefahr einer Beeinträchtigung des Aktieneigentums in seiner Doppelnatur. Dementsprechend sollten die beiden Wertelemente der Kompensationsebene im Rahmen des § 255 AktG wie bei den anderen Fallgruppen Berücksichtigung finden.

---

[810] So wohl auch *Zöllner*, AG 2002, 585, 586, der von einer „Verharmlosung des Bezugsrechtsausschlusses als bloßes Mittel der Optimierung der Eigenkapitalschöpfung" spricht.

[811] *Lutter*, AG 1994, 429, 441; *Raitzsch*, Die Rechtsfolgen eines unrechtmäßigen Bezugsrechtsausschlusses bei der ordentlichen Kapitalerhöhung und beim genehmigten Kapital, S. 8; *Zöllner*, AG 1994, 336, 341; vgl. Bürgers/Körber/Lieder/*Lieder*, AktG, § 186 AktG Rn. 2; vgl. MüKo-AktG/*Schürnbrand/Verse*, § 186 AktG Rn. 2.

[812] *Hirte*, Kapitalgesellschaftsrecht, S. 474 Rn. 6.28; *Raitzsch*, Die Rechtsfolgen eines unrechtmäßigen Bezugsrechtsausschlusses bei der ordentlichen Kapitalerhöhung und beim genehmigten Kapital, S. 6.

[813] *Zöllner*, AG 2002, 585, 590–591.

[814] *Hirte*, ZIP 1994, 356, 359–360; *Raitzsch*, Die Rechtsfolgen eines unrechtmäßigen Bezugsrechtsausschlusses bei der ordentlichen Kapitalerhöhung und beim genehmigten Kapital, S. 6.

Dabei liegt ein Vergleich mit einem Gesellschafterausschluss nahe. Beim Bezugsrechtsausschluss handelt es sich um einen Teilausschluss eines Teils der Aktionäre.[815] Schließlich werden die Aktionäre hierbei von der erweiterten Kapitalbasis der Gesellschaft ausgeschlossen.[816] Indem sie von der Teilhabe an der Kapitalerhöhung ausgeschlossen werden, sind sie auch von einem Teil der gesamten Gesellschaft ausgeschlossen.[817] Insbesondere könnte eine wiederholte Kapitalerhöhung mit Bezugsrechtsausschluss als „Gesellschafterausschluss auf Raten" gewertet werden.[818] Ebenso drängt sich ein Vergleich mit der Verschmelzung auf. Letztlich entspricht der Eingriff ins Aktieneigentum durch eine Quotenverschiebung aufgrund eines ungünstigen Umtauschverhältnisses dem Eingriff durch einen ungünstigen Aktientausch.[819] Dies gilt umso mehr, wenn man bedenkt, dass der § 255 AktG mittlerweile als Parallelvorschrift zur Verschmelzung ausgestaltet ist.

Mithin sollte beim § 255 Abs. 4 AktG trotz seines abweichenden Wortlauts eine Angemessenheit mit einer wirtschaftlich vollen Entschädigung wie bei den übrigen Umtausch- und Barabfindungsfällen verlangt werden. Mit der nunmehr normierten Verweisung in das Spruchverfahren besteht zudem auch nicht mehr der zeitliche Druck, unter dem noch eine Anfechtungsklage gegen den Bezugsrechtsausschluss stattfand.

In Anbetracht dessen vermag der § 255 Abs. 5 S. 2 AktG, welcher auch einen unterhalb des Börsenkurses liegenden Wert noch als angemessen erachtet, nicht zu überzeugen. Ungeachtet dessen ist der laut § 255 Abs. 5 S. 1 AktG stattfindenden allein börsenkursbasierten Wertbemessung nur dann beizupflichten, wenn der Börsenkurs sowohl den Deinvestitionswert als auch den quotalen Unternehmenswert abbildet.

Vor dem Hintergrund der Streitfrage bezüglich der Berücksichtigung des Börsenkurses bei der Unternehmensbewertung ist zudem die Konstellation des vereinfachten Bezugsrechtsausschlusses von Interesse. Bei einem vereinfachten Bezugsrechtsausschluss nach § 186 Abs. 3 S. 4 AktG ist hingegen weder eine Anfechtung möglich, noch kann ein Barausgleich verlangt werden.[820] Ein solcher liegt vor, wenn

---

[815] *Hirte*, Bezugsrechtsausschluß und Konzernbildung, S. 31, 54; vgl. *Zöllner*, AG 2002, 585, 585, der von einer „Teilliquidation der Beteiligung" spricht.

[816] *Hirte*, Bezugsrechtsausschluß und Konzernbildung, S. 31, 54.

[817] *Hirte*, Bezugsrechtsausschluß und Konzernbildung, S. 31.

[818] *Hirte*, Bezugsrechtsausschluß und Konzernbildung, S. 31; MüKo-AktG/*Schürnbrand/Verse*, § 186 AktG Rn. 2; MüKo-AktG/*Bayer*, § 203 AktG Rn. 61; vgl. *Bayer*, ZHR 1999, 505, 509; vgl. *Raitzsch*, Die Rechtsfolgen eines unrechtmäßigen Bezugsrechtsausschlusses bei der ordentlichen Kapitalerhöhung und beim genehmigten Kapital, S. 6; vgl. *Rottnauer*, ZGR 2007, 401, 410.

[819] *Adolff*, Unternehmensbewertung im Recht der börsennotierten Aktiengesellschaft, S. 477.

[820] *Koch*, AG 2024, 1, 2 Rn. 8; dies schlagen bereits *Bungert/Strothotte*, DB 2023, 2422, 2423–2424 vor. Auf den über § 5 Abs. 4 WStBG sowie § 7 Abs. 3 WStBG vereinfachten Bezugsrechtsausschluss wird aus thematischen Gründen nicht näher eingegangen.

eine Kapitalerhöhung gegen Bareinlagen stattfindet, welche 20 % des Grundkapitals nicht übersteigt, wobei der Ausgabebetrag den Börsenpreis nicht wesentlich unterschreitet. Hierbei greifen auch die Ausnahmefälle des § 255 Abs. 5 S. 3 und 4 AktG nicht.[821] Unter diesen Voraussetzungen bedarf es keiner Interessenabwägung und keiner sachlichen Rechtfertigung nach den *Kali-und-Salz*-Grundsätzen.[822] Damit kam es schon vor der Gesetzesnovellierung faktisch zu einer Alleinmaßgeblichkeit des Börsenkurses. Mit dem ZuFinG hat sich diese Haltung noch verhärtet. Schließlich wird aufgrund der versperrten Möglichkeit einer Anfechtung wie auch einer Barausgleichszahlung und der fehlenden Einschlägigkeit der Ausnahmefälle des § 255 Abs. 5 AktG der Börsenkurs quasi zum unumstößlichen Wertmaßstab erhoben.

Kritische Literaturstimmen stehen dem vereinfachten Bezugsrechtsausschluss ablehnend gegenüber.[823] Auch der mit dem ZuFinG einhergehende fehlende Schutz der Aktionäre beim vereinfachten Bezugsrechtsausschluss wird kritisiert.[824]

Der ursprüngliche Gesetzentwurf begründet die Regelung mit einer erleichterten Unternehmensfinanzierung durch Eigenkapitalaufnahme.[825] Diese Argumentation kann aber nur Bestand haben, wenn unter Anwendung des § 186 Abs. 3 S. 4 AktG von einer Angemessenheit und keiner Verletzung des Art. 14 Abs. 1 GG ausgegangen werden kann. Dies hängt davon ab, ob der Börsenkurs über den Deinvestitionswert hinaus auch den quotalen Unternehmenswert wiedergibt. Die Möglichkeit eines Unterschreitens des Börsenkurses ist jedoch mit Blick auf den verfassungsrechtlichen Eigentumsschutz abzulehnen. Eine leichtere Finanzierung darf nicht dazu berechtigen, das durch Art. 14 Abs. 1 GG geschützte Aktieneigentum zu missachten.

Darüber hinaus wird im Gesetzesentwurf angeführt, dass die Altaktionäre, die von einem zu niedrigen Börsenkurs ausgehen, einen Zukauf weiterer Aktien über die Börse tätigen könnten und aufgrund der Zukaufsmöglichkeit auch keinen Einflussverlust erleiden müssten.[826] Dem ist aber zu entgegnen, dass den Aktionären ein Zukauf im Falle eines geringen Börsenhandels mit der fraglichen Aktie versperrt

---

[821] *Koch*, AG 2024, 1, 2 Rn. 8.

[822] Gesetzentwurf, BT-Drs. 12/6721, S. 10; vgl. *Harnos*, AG 2023, 348, 352 Rn. 17; vgl. MüKo-AktG/*Schürnbrand/Verse*, § 186 AktG Rn. 147.

[823] *Hirte*, ZIP 1994, 356, 359–360, 362–363 mit einem Alternativvorschlag, der sich auf den inneren Wert bezieht; *Lutter*, AG 1994, 429, 441–444; *Zöllner*, AG 1994, 336, 340–342; *Zöllner*, AG 2002, 585, 591–592.

[824] *Koch*, AG 2024, 1, 2 Rn. 10–11.

[825] Gesetzentwurf, BT-Drs. 12/6721, S. 10; Hüffer/Koch/*Koch*, AktG, § 186 AktG Rn. 39a.

[826] Gesetzentwurf, BT-Drs. 12/6721, S. 10; vgl. Hüffer/Koch/*Koch*, AktG, § 186 AktG Rn. 39a. Diese Argumentation findet sich auch bei Beschlussempfehlung und Bericht, BT-Drs. 20/9363, S. 128 wieder.

ist.[827] Darüber hinaus können Börsenkurse durch Nachkäufe in die Höhe getrieben werden, was zu einem verteuerten Zukauf für die Altaktionäre führt.[828]

Ferner geht der Gesetzesentwurf davon aus, dass kein wirtschaftlich relevanter Einflussverlust bei Kleinstbeteiligungen an Publikumsgesellschaften anzunehmen sei.[829] Hierbei übersieht er aber, dass der Streubesitz von Kleinaktionären in seiner Gesamtheit zu einer Sperrminorität führen kann.[830]

Wenn in den Gesetzgebungsmaterialien für ein gesperrtes Vorgehen gegen den börsenkursbasierte vereinfachten Bezugsrechtsausschluss die Rechtssicherheit eines solchen Vorgehens ins Feld geführt wird[831] ist auch dem die vorangegangene Argumentation entgegenzuhalten. Schließlich darf aus Gründen der Rechtssicherheit keine Verwässerung stattfinden, welche das verfassungsrechtlich geschützte Aktieneigentum verletzt.

Somit vermögen die Erwägungen zum § 186 Abs. 3 S. 4 AktG als Sonderregelung nicht zu überzeugen. Letztlich hängt die verfassungsrechtliche Zulässigkeit der durch ihn normierten alleinigen Börsenkursorientierung davon ab, ob der Börsenkurs nicht nur den Deinvestitionswert, sondern auch den quotalen Unternehmenswert abbilden kann. Die in der Norm als zulässig erachtete Unterschreitung des Börsenkurses hingegen ist aus verfassungsrechtlichen Gründen bereits von vornherein abzulehnen.

Zusammenfassend ist festzuhalten, dass bei jeder Kapitalerhöhung unter Bezugsrechtsausschluss auf einen angemessenen Wert abgestellt und der quotale Unternehmenswert wie auch der Deinvestitionswert Berücksichtigung finden sollte.

d) Umtauschfälle im Vertragskonzern

Ferner stellt die in § 305 Abs. 2 Nr. 1 und Nr. 2 AktG normierte Abfindung in Aktien bei der Begründung eines Vertragskonzerns einen Umtauschfall dar. Hierbei werden den außenstehenden Aktionären der Untergesellschaft Aktien der Obergesellschaft bzw. der herrschenden Gesellschaft gewährt, wobei die Abfindung in Aktien gemäß des § 305 Abs. 3 S. 1 AktG unter Verweis auf die Verschmelzungswertrelation angemessen sein soll.[832] Wie bei der Verschmelzung ist ein angemes-

---

[827] *Koch*, AG 2024, 1, 2 Rn. 11; *Zöllner*, AG 1994, 336, 341; vgl. *Hirte*, ZIP 1994, 356, 359; vgl. *Lutter*, AG 1994, 429, 442–443.

[828] *Koch*, AG 2024, 1, 2 Rn. 11; *Zöllner*, AG 1994, 336, 341; *Zöllner*, AG 2002, 585, 592.

[829] Gesetzentwurf, BT-Drs. 12/6721, S. 10.

[830] *Hirte*, ZIP 1994, 356, 359–360.

[831] Beschlussempfehlung und Bericht, BT-Drs. 20/9363, S. 128.

[832] *Adolff*, Unternehmensbewertung im Recht der börsennotierten Aktiengesellschaft, S. 439–440; Fleischer/Hüttemann/*Adolff/Häller*, RhB Unternehmensbewertung, § 21 Rn. 21.28, 21.108.

senes Umtauschverhältnis auf Basis der Wertrelation der beteiligten Gesellschaften zu ermitteln.[833]

Im Falle einer Abfindung in Aktien muss die Obergesellschaft bzw. die herrschende Gesellschaft eigene Aktien als Abfindungswährung nutzen. Hierfür kann sie etwa eine Kapitalerhöhung mit Bezugsrechtsausschluss durchführen.[834] Dahingehend kann auf den Verwässerungsschutz des § 255 Abs. 4 AktG mitsamt des hierbei verlangten angemessenen Umtauschverhältnisses verwiesen werden.[835]

Die Verschmelzungswertrelation beim Unternehmensvertrag ist zudem im Kontext des variablen Ausgleichs nach § 304 Abs. 2 S. 2 AktG zu bestimmen.[836] Dabei verweist § 304 Abs. 2 S. 3 AktG auf die Verschmelzung.[837] Letztlich wird ein Aktientausch, wie er sich bei einer Verschmelzung eingestellt hätte, simuliert.[838] Der ausgleichsberechtigte Aktionär ist so zu stellen, als wenn er seine Aktien einem angemessenen Umtauschverhältnis entsprechend eingetauscht hätte und an den Dividendenzahlungen der Obergesellschaft teilhaben würde.[839]

e) Abfindung in Aktien bei Mehrheitseingliederung, § 320b Abs. 1 S. 2 AktG

Für die Eingliederungen stellt die Abfindung in Aktien in Anbetracht des § 320b Abs. 1 S. 2 AktG den Regelfall dar.[840] Auch hier geht es um die Verschmelzungswertrelation.[841] Folglich gelten die Erwägungen zur Verschmelzung auch hier.

---

[833] *Adolff*, Unternehmensbewertung im Recht der börsennotierten Aktiengesellschaft, S. 440–441; Fleischer/Hüttemann/*Adolff/Häller*, RhB Unternehmensbewertung, § 21 Rn. 21.108–21.109.

[834] *Adolff*, Unternehmensbewertung im Recht der börsennotierten Aktiengesellschaft, S. 441; Fleischer/Hüttemann/*Adolff/Häller*, RhB Unternehmensbewertung, § 21 Rn. 21.53–21.54, die daneben auch die Möglichkeit des genehmigten Kapitals und der Verwendung eigener Aktien erwähnen.

[835] Siehe hierzu: § 1 B.II.3.c). So auch *Adolff*, Unternehmensbewertung im Recht der börsennotierten Aktiengesellschaft, S. 441; Fleischer/Hüttemann/*Adolff/Häller*, RhB Unternehmensbewertung, § 21 Rn. 21.53–21.54, jeweils in Bezug auf den § 255 Abs. 2 AktG a. F. und das hieraus folgende Verwässerungsverbot.

[836] *Adolff*, Unternehmensbewertung im Recht der börsennotierten Aktiengesellschaft, S. 441; Fleischer/Hüttemann/*Adolff/Häller*, RhB Unternehmensbewertung, § 21 Rn. 21.22, 21.108.

[837] *Adolff*, Unternehmensbewertung im Recht der börsennotierten Aktiengesellschaft, S. 441–442.

[838] *Adolff*, Unternehmensbewertung im Recht der börsennotierten Aktiengesellschaft, S. 270–271; Fleischer/Hüttemann/*Adolff/Häller*, RhB Unternehmensbewertung, § 21 Rn. 21.22.

[839] *Adolff*, Unternehmensbewertung im Recht der börsennotierten Aktiengesellschaft, S. 270–271; Fleischer/Hüttemann/*Adolff/Häller*, RhB Unternehmensbewertung, § 21 Rn. 21.22.

[840] *Adolff*, Unternehmensbewertung im Recht der börsennotierten Aktiengesellschaft, S. 442; BeckOGK-AktG/*Singhof*, § 320b AktG Rn. 6; Fleischer/Hüttemann/*Adolff/Häller*, RhB Unternehmensbewertung, § 21 Rn. 21.13.

f) Abfindung in Aktien bei übernahmerechtlichem Squeeze-out, § 39a Abs. 1, 3 WpÜG

Wie bereits erwähnt, kann beim übernahmerechtlichen Squeeze-out nach § 39a Abs. 3 S. 1 WpÜG bei einem vorangegangenen Tauschangebot auch eine Abfindung in Aktien erfolgen. Letztlich besteht hierbei eine mit den Aktienabfindungen nach dem AktG vergleichbare Konstellation, weshalb der übernahmerechtliche Squeeze-out nicht anders behandelt werden sollte.[842] Hierfür sprechen auch die obigen Erwägungen zur Barabfindung nach § 39a Abs. 3 S. 1, 2 WpÜG, nach welchen eine volle Kompensation wie auch bei den anderen Barabfindungsfällen erfolgen muss.[843]

g) Öffentliches Tauschangebot, § 31 WpÜG

§ 31 Abs. 2 S. 1 WpÜG eröffnet nicht nur die Möglichkeit eines Barangebots, sondern auch eines Tauschangebots, bei welchem liquide Aktien, die zum Handel an einem organisierten Markt zugelassen sind, als Gegenleistung dienen.[844] Dieses öffentliche Tauschangebot offenbart eine strukturelle Parallele zur Verschmelzung.[845]

Für die Aktionäre der Zielgesellschaft greift das übernahmerechtliche Mindestpreisregime der § 31 WpÜG, §§ 3 bis 7 WpÜG-AngebVO. Im Unterschied zum öffentlichen Barangebot muss jedoch eine Preisrelation der beteiligten Gesellschaften auf Basis der übernahmerechtlichen Regelungen ermittelt werden.[846] Da es den Aktionären anders als bei einer Verschmelzung aber freisteht, in den Aktionärskreis der Bietergesellschaft aufgenommen zu werden oder in ihrer Gesellschaft zu verbleiben[847], genügt grundsätzlich das WpÜG-Mindestpreisregime. Es handelt sich um eine keine dominierten Konfliktsituationen im klassischen Sinne. Sonach ist hier im Grundsatz auch keine wirtschaftlich volle Kompensation wie bei den zuvor beschriebenen Umtauschfällen zu verlangen. Anders hingegen sollte bei

---

[841] Fleischer/Hüttemann/*Adolff/Häller*, RhB Unternehmensbewertung, § 21 Rn. 21.108; vgl. *Adolff*, Unternehmensbewertung im Recht der börsennotierten Aktiengesellschaft, S. 442, S. 442 Fn. 2380.

[842] Zur Abfindung in Aktien beim Vertragskonzern und bei der Eingliederung siehe: § 1 B. II.3.d) und § 1 B.II.3.e).

[843] Siehe hierzu: § 1 B.I.3.f).

[844] Schwark/Zimmer/*Noack/Zetzsche*, KMRK, § 31 WpÜG Rn. 53.

[845] *Adolff*, Unternehmensbewertung im Recht der börsennotierten Aktiengesellschaft, S. 433; Fleischer/Hüttemann/*Adolff/Häller*, RhB Unternehmensbewertung, § 21 Rn. 21.47; siehe aber auch Ehricke/Ekkenga/*Oechsler*, WpÜG, § 31 WpÜG Rn. 20, die eine Parallele zum § 255 AktG ziehen.

[846] *Adolff*, Unternehmensbewertung im Recht der börsennotierten Aktiengesellschaft, S. 434–435.

[847] Vgl. *Adolff*, Unternehmensbewertung im Recht der börsennotierten Aktiengesellschaft, S. 434.

Pflichtangeboten verfahren werden, bei denen die übrigen Aktien im Streubesitz gehalten werden. Mit Blick auf die hier naheliegende faktische Zwangswirkung empfiehlt sich, jene als Umtauschfall einzuordnen.[848]

Seitens der Bietergesellschaft wiederum bedarf es wie bei Verschmelzungen einer Schaffung neuer Aktien, die als Akquisitionswährung dienen, falls sie noch nicht im Gesellschaftsvermögen vorhanden sind.[849] Auch hier hat eine Kapitalerhöhung mit Bezugsrechtsausschluss stattzufinden.[850] Dementsprechend kann auf die Ausführungen zum § 255 AktG verwiesen werden.[851]

4. Fazit: Umtauschfälle

Auch bei den Umtauschfällen kommt das verfassungsrechtliche Gebot der wirtschaftlich vollen Kompensation zum Tragen. Im Rahmen dessen empfiehlt es sich, eine Fundamentalwertrelation zu ermitteln und den Deinvestitionswert als separate Untergrenze zu berücksichtigen, die zu einer baren Zuzahlung in Form einer ergänzenden Barabfindung führt. Auf diesem Wege wird man dem geschützten Aktieneigentum in Gestalt einer Beteiligung am arbeitenden Unternehmen (quotaler Unternehmenswert) als auch in ihrer Ausprägung als fungibles Handelsobjekt (Deinvestitionswert) gerecht.

Ein solches Vorgehen sollte bei allen Fällen des Aktientauschs, die auf einer dominierten Konfliktsituation beruhen, befolgt werden. Bei freiwilligen öffentlichen Erwerbs- oder Übernahmeangeboten in Form von Tauschangeboten hingegen reicht das übernahmerechtliche Mindestpreisregime für die Angebotsadressaten aus.

Sonach ist auch bei den Umtauschfällen der Börsenkurs grundsätzlich als Untergrenze in Form des Deinvestitionswerts zu berücksichtigen. Ob er zudem als alleiniger Bewertungsmaßstab für das Umtauschverhältnis in Betracht kommt, hängt davon ab, ob er darüber hinaus auch den Fundamentalwert eines Unternehmens abbilden kann.

---

[848] Hierbei kann auf die Ausführungen zum öffentlichen Barangebot und zur Einordnung von Pflichtangeboten in bar als Barabfindungsfall (siehe hierzu: § 1 B.I.3.m)) verwiesen werden.

[849] *Adolff*, Unternehmensbewertung im Recht der börsennotierten Aktiengesellschaft, S. 433; Fleischer/Hüttemann/*Adolff/Häller*, RhB Unternehmensbewertung, § 21 Rn. 21.47.

[850] *Adolff*, Unternehmensbewertung im Recht der börsennotierten Aktiengesellschaft, S. 433; Fleischer/Hüttemann/*Adolff/Häller*, RhB Unternehmensbewertung, § 21 Rn. 21.47.

[851] Siehe hierzu: § 1 B.II.3.c). Ausführlich zum § 255 Abs. 2 AktG a.F. im Kontext öffentlicher Umtauschangebote *Adolff*, Unternehmensbewertung im Recht der börsennotierten Aktiengesellschaft, S. 436–439 und Fleischer/Hüttemann/*Adolff/Häller*, RhB Unternehmensbewertung, § 21 Rn. 21.48–21.51, bei denen auch auf die drei Möglichkeiten der regulären Kapitalerhöhung, der Ausnutzung eines genehmigten Kapitals und der Verwendung vorhandener eigener Aktien eingegangen wird.

III. Fazit: Fallgruppen

Sowohl bei den Barabfindungsfällen als auch den Umtauschfällen sollte vor dem Hintergrund des Art. 14 Abs. 1 GG eine wirtschaftlich volle Kompensation, die den quotalen Unternehmenswert und den Deinvestitionswert des Aktieneigentums berücksichtigt, gefordert werden. Dies gilt für sämtliche dominierte Konfliktsituationen. Im Rahmen von öffentlichen Erwerbs- und Tauschangeboten ist dagegen beim übernahmerechtlichen Mindestpreisregime zu verbleiben, sofern es sich nicht um Pflichtangebote handelt, bei denen sich die übrigen Aktien im Streubesitz befinden.

Für die Frage nach der alleinigen Börsenkursberücksichtigung bei den hier untersuchten rechtlich veranlassten Unternehmensbewertungen kommt es darauf an, ob er nicht nur als Wertmaßstab des Deinvestitionswerts, sondern auch des quotalen Unternehmenswerts bzw. der Fundamentalwertrelation geeignet ist.

C. Bewertungsmethoden

Nachdem die relevanten zu ermittelnden Werte und Fallgruppen bestimmt wurden, sind die in Frage kommenden Bewertungsmethoden zu erörtern. Hierbei kann zwischen den überschussorientierten, den marktorientierten und den substanzorientierten Bewertungsverfahren sowie den Mischverfahren unterschieden werden.[852]

I. Überschussorientierte Bewertungsmethoden (Income Approach)

Von zentraler Bedeutung sind die überschussorientierten Verfahren. Bei diesen wird eine fundamentale Unternehmensbewertung durch einen Sachverständigen durchgeführt, dem unternehmensinterne Informationen zugänglich gemacht wer-

[852] Vgl. *Adolff*, Unternehmensbewertung im Recht der börsennotierten Aktiengesellschaft, S. 373, der zwischen überschussorientierten, preisvergleichsorientierten und substanzorientierten Verfahren differenziert; vgl. Bürgers/Körber/Lieder/*Ruiz de Vargas*, AktG, Anh. § 305 AktG Rn. 12 Abb. 1, wo von überschussorientierten Verfahren (*Income Approach*), marktwertorientierten Verfahren (*Market Approach*) sowie einzelwertorientierten Verfahren die Rede ist; vgl. *Drukarczyk/Schüler*, Unternehmensbewertung, S. 10 Tab. 1–3, die eine Unterscheidung zwischen Gesamtbewertungsverfahren, Verfahren mit Marktwerten, Einzelbewertungsverfahren und Mischverfahren treffen; vgl. *Kircher*, Kompensationsleistungen für erzwungene Rechtsverluste der Minderheitsaktionäre im deutschen und französischen Recht, S. 105 welcher zwischen ergebnisbezogenen Ansätzen bzw. Gesamtbewertungsverfahren sowie vermögensbezogenen Ansätzen bzw. Einzelbewertungsverfahren und marktorientierten Bewertungsverfahren unterscheidet; *Mattes/Graf von Maldeghem*, BKR 2003, 531, 533–536, wo die Bewertungsmethoden in Gesamtbewertungsverfahren, marktorientierte Bewertungsmethoden und Einzelbewertungsverfahren unterteilt werden.

den. Hierbei wird das Unternehmen als Ganzes bewertet.[853] Es kommen überwiegend individualistische Typisierungsmodelle zum Einsatz.[854]

Bei den überschussorientierten Bewertungsmethoden werden die prognostizierten künftigen Zahlungsströme ermittelt, die an den Anleger fließen.[855] Demnach sind die erwarteten entziehbaren Überschüsse, die sich als Nutzen aus dem Halten der Unternehmensanteile ergeben, zu schätzen.[856] Der Unternehmenswert ist demnach als Barwert des künftigen Unternehmenserfolgs zu begreifen.[857]

Die künftigen Überschüsse werden auf den Bewertungsstichtag abgezinst.[858] Dies wird als Diskontierung oder Kapitalisierung bezeichnet.[859] Dabei ist ein Vergleich mit einer Alternativanlage anzustellen.[860] Der hierfür verwendete Kapitalisierungszinssatz soll die Rendite aus einer adäquaten Alternativanlage darstellen, welche mit Blick auf ihre Fristigkeit, ihr Risiko und ihre Besteuerung dem zu kapitalisierenden Zahlungsstrom äquivalent ist.[861] Der Kapitalisierungszinssatz setzt sich grundsätzlich aus einem Basiszinssatz und einer Risikoprämie zusammen.[862] Unter Hinzunahme des Kapitalisierungszinssatzes nehmen die prognostizierten Zahlungen immer weiter ab.[863] Dies ist dem Umstand geschuldet, dass eine spätere Zahlung einen geringeren Wert hat als eine sofortige, da sie erst später zwecks einer neuen Investition genutzt werden kann, wodurch die zwischenzeitlichen Renditen entfallen.[864] Dementsprechend wird der Unternehmenswert bei einer hypothetischen ewigen Fortführung auch nicht ins Unendliche gehen.

Neben diesem Zukunftswert bedarf es zudem einer gesonderten Berücksichtigung des nicht betriebsnotwendigen Vermögens, welches auf Basis eines Liquida-

---

[853] *Mattes/Graf von Maldeghem*, BKR 2003, 531, 533, wo von „Gesamtbewertungsverfahren" die Rede ist.

[854] Zu den Typisierungsmodellen siehe bereits: A.

[855] *Adolff*, Unternehmensbewertung im Recht der börsennotierten Aktiengesellschaft, S. 190; *Großfeld/Egger/Tönnes*, Recht der Unternehmensbewertung, S. 45 Rn. 207.

[856] Bürgers/Körber/Lieder/*Ruiz de Vargas*, AktG, Anh. § 305 AktG Rn. 13.

[857] *Mattes/Graf von Maldeghem*, BKR 2003, 531, 533.

[858] BeckOGK-AktG/*Veil/Preisser*, § 305 AktG Rn. 91; Beisel/Klumpp/*Schindler*, Der Unternehmenskauf, § 3 Rn. 60; *Großfeld/Egger/Tönnes*, Recht der Unternehmensbewertung, S. 45 Rn. 207, S. 123 Rn. 533; vgl. IDW S 1 (2008), Rn. 85.

[859] *Großfeld/Egger/Tönnes*, Recht der Unternehmensbewertung, S. 123 Rn. 533.

[860] *Großfeld/Egger/Tönnes*, Recht der Unternehmensbewertung, S. 123 Rn. 533–534; vgl. Beisel/Klumpp/*Schindler*, Der Unternehmenskauf, § 3 Rn. 60.

[861] BeckOGK-AktG/*Veil/Preisser*, § 305 AktG Rn. 91; Beisel/Klumpp/*Schindler*, Der Unternehmenskauf, § 3 Rn. 60; IDW S 1 (2008), Rn. 114.

[862] Beisel/Klumpp/*Schindler*, Der Unternehmenskauf, § 3 Rn. 60; IDW S 1 (2008), Rn. 115.

[863] *Großfeld/Egger/Tönnes*, Recht der Unternehmensbewertung, S. 123 Rn. 534; vgl. Beisel/Klumpp/*Schindler*, Der Unternehmenskauf, § 3 Rn. 60.

[864] *Großfeld/Egger/Tönnes*, Recht der Unternehmensbewertung, S. 123 Rn. 534.; vgl. *Risse*, ZIP 2021, 2309, 2313.

tionswerts zu bestimmen und sodann zum Bewertungsergebnis hinzuzurechnen ist.[865]

Die gängigen überschussorientierten Bewertungsmethoden sind das Ertragswert- und das *Discounted-Cash-Flow*-Verfahren.

Im Rahmen des Ertragswertverfahrens wird der Unternehmenswert mittels einer Diskontierung der finanziellen Überschüsse, die den Unternehmenseignern in Zukunft zufließen, berechnet.[866] Üblicherweise werden die Überschüsse aus den für die Zukunft geplanten Jahresergebnissen abgeleitet.[867] Das Ertragswertverfahren richtet sich nach der zukünftigen Ertragskraft des Unternehmens.[868] Es handelt sich um die hierzulande gebräuchlichste Bewertungsmethode[869] und eignet sich vor allem für die Bewertung kleiner und mittlerer Unternehmen[870].

Das *Discounted-Cash-Flow-* oder DCF-Verfahren gleicht seiner grundsätzlichen Konzeption nach dem Ertragswertverfahren.[871] Im Unterschied zu diesem führt es aber eine Diskontierung von *Cashflows*, d. h. der künftigen Zahlungen an sämtliche Kapitalgeber, durch.[872] Innerhalb dieser Bewertungsmethode wird noch zwischen dem WACC-, dem APV- und dem Equity-Ansatz differenziert.[873] Das DCF-Verfahren ist in der internationalen Bewertungspraxis üblich und wird auch in Deutschland anerkannt.[874] Es eignet sich vor allem für Bewertungen in Übernahmesituationen und bei Krisenunternehmen.[875]

---

[865] *Großfeld/Egger/Tönnes*, Recht der Unternehmensbewertung, S. 265 Rn. 1100, S. 267 Rn. 1109–1112; IDW S 1 (2008), Rn. 59–63.

[866] BeckOGK-AktG/*Veil/Preisser*, § 305 AktG Rn. 77; Beisel/Klumpp/*Schindler*, Der Unternehmenskauf, § 3 Rn. 34, 79; Dreier/Fritzsche/Verfürth/*Dreier*, SpruchG, Annex zu § 11 SpruchG Rn. 21; IDW S 1 (2008), Rn. 102.

[867] BeckOGK-AktG/*Veil/Preisser*, § 305 AktG Rn. 77; IDW S 1 (2008), Rn. 102.

[868] Beisel/Klumpp/*Schindler*, Der Unternehmenskauf, § 3 Rn. 34; vgl. BeckOGK-AktG/*Veil/Preisser*, § 305 AktG Rn. 77; vgl. *Großfeld/Egger/Tönnes*, Recht der Unternehmensbewertung, S. 50 Rn. 228; vgl. *Mattes/Graf von Maldeghem*, BKR 2003, 531, 533.

[869] Beisel/Klumpp/*Schindler*, Der Unternehmenskauf, § 3 Rn. 33; *Großfeld/Egger/Tönnes*, Recht der Unternehmensbewertung, S. 50 Rn. 229; *Hasselbach*, DB 2023, 814, 814.

[870] Beisel/Klumpp/*Schindler*, Der Unternehmenskauf, § 3 Rn. 33.

[871] Beisel/Klumpp/*Schindler*, Der Unternehmenskauf, § 3 Rn. 79; IDW S 1 (2008), Rn. 102; *Mattes/Graf von Maldeghem*, BKR 2003, 531, 534.

[872] BeckOGK-AktG/*Veil/Preisser*, § 305 AktG Rn. 78; Beisel/Klumpp/*Schindler*, Der Unternehmenskauf, § 3 Rn. 79; Dreier/Fritzsche/Verfürth/*Dreier*, SpruchG, Annex zu § 11 SpruchG Rn. 30; IDW S 1 (2008), Rn. 124.

[873] Beisel/Klumpp/*Schindler*, Der Unternehmenskauf, § 3 Rn. 79; Dreier/Fritzsche/Verfürth/*Dreier*, SpruchG, Annex zu § 11 SpruchG Rn. 32–36; *Großfeld/Egger/Tönnes*, Recht der Unternehmensbewertung, S. 50–51 Rn. 231–232; IDW S 1 (2008), Rn. 124; *Mattes/Graf von Maldeghem*, BKR 2003, 531, 535.

[874] Fleischer/Hüttemann/*Jonas/Wieland-Blöse*, RhB Unternehmensbewertung, § 10 Rn. 10.6–10.7, 10.58; vgl. *Großfeld/Egger/Tönnes*, Recht der Unternehmensbewertung, S. 52 Rn. 236.

Sowohl beim Ertragswert- als beim DCF-Verfahren handelt es sich um seitens der Rechtsprechung akzeptierte[876] und in der Praxis gängige[877] Bewertungsmethoden.

Hinsichtlich der Wertbegriffe des Aktieneigentums eignen sich die überschussorientierten Verfahren in erster Linie zur Ermittlung des quotalen Unternehmenswerts. So versuchen sie gerade, den Nutzen aus dem Halten einer Aktie und damit den wahren Wert der Beteiligung wiederzugeben.[878] Wie sich gezeigt hat, können sie ausnahmsweise auch zur Ermittlung des Deinvestitionswerts eingesetzt werden, sofern kein geeigneter Börsenkurs vorliegt.

Sofern es um die Ermittlung des quotalen Unternehmenswert geht, stehen die überschussorientierten Methoden in Konkurrenz mit den marktorientierten Ansätzen.

Mittlerweile wird aber auch bei den überschussorientierten Verfahren eine teilweise Marktorientierung vorgenommen. Hinsichtlich des Risikozuschlags kommt es oftmals zu einem indirekten Marktbezug der fundamentalen Unternehmensbewertung in Gestalt eines Rückgriffs auf Börsenkurse.[879] Schließlich greift der Sachverständige hierfür beim DCF-Verfahren stets[880] und beim Ertragswertverfahren regelmäßig[881] auf das CAPM bzw. Tax-CAPM zurück.[882] Ein weiterer indirekter

---

[875] Fleischer/Hüttemann/*Jonas/Wieland-Blöse*, RhB Unternehmensbewertung, § 10 Rn. 10.59.

[876] BeckOGK-AktG/*Veil/Preisser*, § 305 AktG Rn. 79; *Kuhner/Maltry*, Unternehmensbewertung, S. 63; vgl. *Hasselbach*, DB 2023, 814, 814; vgl. *Risse*, ZIP 2021, 2309, 2313–2314.

[877] Dreier/Fritzsche/Verfürth/*Dreier*, SpruchG, Annex zu § 11 SpruchG Rn. 12; IDW S 1 (2008), Rn. 7; vgl. *Hasselbach*, DB 2023, 814, 814; vgl. *Risse*, ZIP 2021, 2309, 2313–2314.

[878] Bürgers/Körber/Lieder/*Ruiz de Vargas*, AktG, Anh. § 305 AktG Rn. 13.

[879] *Große-Frericks*, Die Angemessenheit des Entgelts für die Übertragung von Eigentumsrechten als Problem rechtsgeprägter Unternehmensbewertung, S. 521.

[880] *Adolff*, Unternehmensbewertung im Recht der börsennotierten Aktiengesellschaft, S. 230; *Peemöller*, DStR 2001, 1401, 1406; Petersen/Zwirner/*Zwirner/Lindmayr*, HdB Unternehmensbewertung, DCF-Verfahren, S. 404 Rn. 41; siehe zudem *Mandl/Rabel*, FS Loitlsberger (2001), S. 205, 218–219, die aufgrund der ihrerzeit im Ertragswertverfahren vorgenommenen subjektiven Risikozuschläge das DCF-Verfahren mitsamt der Anwendung des CAPM als vorzugswürdig erachten.

[881] So sind gem. *Katzenstein*, AG 2018, 739, 742–743 und Hüffer/Koch/*Koch*, AktG, § 305 AktG Rn. 26 sowohl die traditionelle empirische bzw. pauschale Schätzung als auch das heutzutage vorherrschende CAPM bzw. Tax-CAPM anerkannte Methoden zur Ermittlung des Risikozuschlags für den Kapitalisierungszinssatzes bei der Ertragswertmethode. Dies scheint dem Ansatz bei IDW S 1 (2008), S. 20 Rn. 92, S. 24 Rn. 118, der lediglich auf die Möglichkeit einer Ableitung von Risikoprämien aus dem CAPM und dem Tax-CAPM bei der Ermittlung des Kapitalisierungszinssatzes innerhalb eines Ertragswertverfahrens hinweist, zu entsprechen. So wohl auch *Adolff*, Unternehmensbewertung im Recht der börsennotierten Aktiengesellschaft, S. 225–226, zum IDW S 1 von 2000. Siehe zudem Grigoleit/*Servatius*, AktG, § 305 AktG Rn. 24, laut dem die Anwendung des IDW S 1 nicht zwingend ist, das CAPM und das Tax-CAPM aber überwiegend anerkannt sind. Zur historischen Entwicklung der Bestimmung des Risikozuschlags siehe *Großfeld/Egger/Tönnes*, Recht der Unternehmensbewertung,

Marktbezug bei einer fundamentalen Unternehmensbewertung tritt in Form der oftmals angestrengten Plausibilisierung ihres Ergebnisses durch Börsenkurse in Erscheinung.[883]

II. Marktorientierte Bewertungsmethoden (Market Approach)

Im Rahmen der aus dem amerikanischen Raum stammenden marktorientierten Bewertungsmethoden wird sich nicht an den zukünftigen Überschüssen des Unternehmens, sondern an vergangenen Preisen orientiert.[884] Dieser Vorgehensweise liegen marktorientierte Typisierungsmodelle zugrunde.[885]

1. Börsenkurs

Die wohl wichtigste marktorientierte Bewertungsmethode stellt die Berücksichtigung des Börsenkurses dar, mit der sich die vorliegende Arbeit primär beschäftigt.

a) Börsenkurse in der Unternehmensbewertung

Der Börsenkurs als Wertmaßstab blickt auf eine bewegte Geschichte zurück.

Bis zur *DAT/Altana*-Entscheidung des BVerfG 1999 wurde eine Berücksichtigung von Börsenkursen seitens der Rechtsprechung und des Schrifttums überwie-

---

S. 151–152 Rn. 656–660, S. 155–156 Rn. 670–675 und die Entscheidung BGH, Beschl. v. 29.09.2015 – II ZB 23/14 –, BGHZ 207, 114–135 Rn. 49, laut welcher das CAPM im Rahmen eines Ertragswertverfahrens zur Anwendung kommen darf.

[882] Zu den Alternativmodellen der *Arbitrage Pricing Theory*, des Modells der impliziten Kapitalkosten und des *Dividend Discount Models* siehe *Großfeld/Egger/Tönnes*, Recht der Unternehmensbewertung, S. 218–219 Rn. 938–946. Auf die Nutzung prospektiv-orientierter impliziter Kapitalkosten weist auch *Große-Frericks*, Die Angemessenheit des Entgelts für die Übertragung von Eigentumsrechten als Problem rechtsgeprägter Unternehmensbewertung, S. 521, 537 als Alternative zum CAPM hin. Zur traditionellen Ermittlung des Risikozuschlags siehe *Großfeld/Egger/Tönnes*, Recht der Unternehmensbewertung, S. 151–153 Rn. 658–665. Umfassend zu den verschiedenen Ansätzen bei der Bestimmung des Kapitalisierungszinssatzes siehe Hölters/*Lenckner/Müller*, HdB Unternehmenskauf, Kap. 3 Rn. 3.394–3.423.

[883] Siehe hierzu: *Großfeld/Egger/Tönnes*, Recht der Unternehmensbewertung, S. 26 Rn. 109, S. 296 Rn. 1225; IDW S 1 (2008), Rn. 15; MAH-AktR/*Zitzelsberger*, § 20 Rn. 67; *Ruthardt/Hachmeister*, NZG 2014, 41, 46; *Schulte/Köller/Luksch*, WPg 2012, 380, 395.

[884] *Mattes/Graf von Maldeghem*, BKR 2003, 531, 535; *Kircher*, Kompensationsleistungen für erzwungene Rechtsverluste der Minderheitsaktionäre im deutschen und französischen Recht, S. 146; vgl. *Adolff*, Unternehmensbewertung im Recht der börsennotierten Aktiengesellschaft, S. 190, der von preisvergleichsorientierten Verfahren spricht.

[885] Hins. der Typisierungsmodelle siehe bereits: A.

gend abgelehnt.[886] Mit *DAT/Altana* läutete das BVerfG einen Meinungsumschwung ein.[887] Wie bereits erörtert ist der Börsenkurs demnach grundsätzlich als Deinvestitionswert und damit als Untergrenze zu beachten. Infolgedessen wurde der Börsenkurs zwar berücksichtigt, nicht jedoch als vorrangiger Bewertungsmaßstab verwendet.[888]

In der Folgezeit vollzogen die Rechtsprechung und die Literatur einen weiteren Meinungswandel hin zur Alleinmaßgeblichkeit des Börsenkurses.

So beanstandete das BVerfG im Fall *Telekom/T-Online* von 2011 eine Unternehmensbewertung auf Börsenkursbasis nicht.[889] Auch beurteilte es den Markttest beim übernahmerechtlichen Squeeze-out als verfassungsmäßig.[890] Ferner kann laut den aktuellen Entscheidungen des BGH von 2016, 2020, 2023 und 2024 der Börsenkurs zur Ermittlung des wahren Unternehmenswerts herangezogen werden.[891] Unter Bezugnahme hierauf geht auch die jüngere instanzgerichtliche Rechtsprechung davon aus, dass der Börsenkurs jedenfalls dann, wenn er aussagekräftig ist, allein zur Unternehmensbewertung herangezogen werden kann.[892]

---

[886] Siehe insb. BGH, Urt. v. 30.03.1967 – II ZR 141/64 (KG) = NJW 1967, 1464, 1464. Zur Rechtsprechung bis Ende der 90er Jahre siehe: Fleischer/Hüttemann/*Adolff/Häller*, RhB Unternehmensbewertung, § 18 Rn. 18.22, 18.24, 18.26–18.28; Marsch-Barner/Schäfer/*Gehling*, HdB börsennotierte AG, § 13 Rn. 13.4–13.8; *Meyer*, Abfindung und Unternehmensbewertung, S. 166–170. Bzgl. der vor *DAT/Altana* herrschenden Rechtsprechungs- und Literaturauffassung: *Hüttemann*, ZGR 2001, 454, 454; *Piltz*, ZGR 2001, 158, 187; *Piltz*, Die Unternehmensbewertung in der Rechtsprechung, S. 224–225.

[887] So spricht etwa *Burger*, Die Maßgeblichkeit von Börsekursen für die Bemessung der Barabfindung beim Gesellschafterausschluss, S. 91, 111, 305 von einer „radikalen Wende", *Schmidt*, NZG 2020, 1361, 1362 von einem „Paradigmenwechsel" und *Schwetzler*, FS Großfeld (2019), S. 401, 402 von einer „Zeitenwende", während *Bungert/Wettich*, FS Hoffmann-Becking (2013), S. 157, 157 die Entscheidung als „Wendepunkt" betrachten.

[888] Vgl. *Decher*, AG 2023, 106, 107–108 Rn. 13; vgl. Hüffer/Koch/*Koch*, AktG, § 305 AktG Rn. 37.

[889] BVerfG, Nichtannahmebeschl. v. 26.04.2011 – 1 BvR 2658/10 –, BVerfGK 18, 395–400, Os. 3e, Rn. 25; *Wasmann*, AG 2021, 179, 189 Rn. 49.

[890] BVerfG, Nichtannahmebeschl. v. 16.05.2012 – 1 BvR 96/09 –, BVerfGK 19, 388–398, Os. 2a, Rn. 19.

[891] BGH, Beschl. v. 31.01.2024 – II ZB 5/22 = ZIP 2024, 1070, 1070 Ls. 1, 2, 1071 Rn. 21, 23; BGH, Beschl. v. 21.02.2023 – II ZB 12/21 –, BGHZ 236, 180–205, Rn. 19, Rn. 35; BGH, Beschl. v. 15.09.2020 – II ZB 6/20 –, BGHZ 227, 137–154, Rn. 20; BGH, Beschl. v. 12.01.2016 – II ZB 25/14 –, BGHZ 208, 265–278, Rn. 23.

[892] OLG Frankfurt a.M., Beschl. v. 09.02.2024 – 21 W 129/22 = WM 2024, 500, 500 Ls. 1, 501; OLG Düsseldorf, Beschl. v. 28.11.2022 – I-26 W 4/21 (AktE) = ZIP 2023, 257, 257 Ls. 1; OLG Brandenburg, Beschl. v. 26.08.2022 – 7 W 82/18 = AG 2023, 123, 125; OLG Düsseldorf, Beschl. v. 09.05.2022 – 26 W 3/21 (AktE) = AG 2022, 705, 707; OLG München, Beschl. v. 14.12.2021 – 31 Wx 190/20 = NZG 2022, 606, 613 Rn. 78, 615 Rn. 92; OLG Frankfurt a.M., Beschl. v. 26.04.2021 – 21 W 139/19 = AG 2021, 559, 561–565; OLG München, Beschl. v. 12.07.2019 – 31 Wx 213/17 = AG 2020, 56, 57.

Ebenso sprechen sich aktuelle Publikationen[893] und zahlreiche Kommentarstimmen[894] für einen grundsätzlich alleinmaßgeblichen Börsenkurs aus. Damit zeichnet sich möglicherweise eine herrschende Meinung in der Literatur ab.[895]

Auch stellt die Gesetzgebung mit den § 31 WpÜG, § 39a WpÜG und § 39 BörsG grundsätzlich auf Börsenkurse ab.[896] Hierbei zeigt sich ebenso eine Tendenz zu dessen Alleinmaßgeblichkeit. Ruft man sich aber vor Augen, dass es dem Gesetzgeber beim Delisting lediglich um die Beeinträchtigung der leichteren Handelbarkeit der Aktie ging, liegt es eher nahe, dass er den Börsenkurs hierbei gerade nicht als Methode zur Unternehmensbewertung heranziehen will.[897] Allerdings wurde mit dem § 255 Abs. 5 AktG eine weitere Regelung geschaffen, die den Börsenkurs grundsätzlich als alleinigen Wertmaßstab behandelt. Ausweislich der Begründung zum Regierungsentwurf soll der Börsenkurs außerhalb der typisierten Fälle der fehlerhaften Marktpreisbildung den „wahren Wert" eines Unternehmens abbilden.[898] Angesichts dessen scheint sich der Gesetzgeber an eine alleinige Börsenkursorientierung bei der Unternehmensbewertung allmählich heranzutasten.[899]

In Anbetracht dieser Entwicklungen ist davon auszugehen, dass die heute vorherrschende Auffassung in der Rechtswissenschaft eine grundsätzliche Alleinmaßgeblichkeit des Börsenkurses favorisiert.

Die derzeitige wirtschaftswissenschaftliche Theorie und Praxis hingegen lehnt wie auch der IDW S 1 einen alleinmaßgeblichen Börsenkurs ab.[900] Dabei wird das Vordringen der angelsächsischen marktorientierten Bewertungsschule zum Teil als

---

[893] *Diekmann*, FS Großfeld (2019), S. 97, 105–108; *Habersack*, NZG 2019, 881, 883; *Schmidt*, NZG 2020, 1361, 1365–1366, 1368; *Schnorbus/Rauch/Grimm*, AG 2021, 391, 396 Rn. 24–25, 401 Rn. 55; *Seibt*, EWiR 2023, 325, 325–326; *Wasmann*, AG 2021, 179, 187 Rn. 33, 191 Rn. 69, 193 Rn. 82. Tendenz auch bei *Harnos*, AG 2023, 348, 355–356 Rn. 28; *Koch*, AG 2024, 1, 3 Rn. 13; *Wasmann*, AG 2023, 810, 812–813.

[894] BeckOGK-AktG/*Veil/Preisser*, § 305 AktG Rn. 58; Emmerich/Habersack/*Emmerich*, AktG, § 305 AktG Rn. 60; Fleischer/Hüttemann/*Adolff/Häller*, RhB Unternehmensbewertung, § 18 Rn. 18.76; Hüffer/Koch/*Koch*, AktG, § 305 AktG Rn. 37, 39; MHdB GesR IV/*Krieger*, § 71 Rn. 139, MüKo-AktG/*van Rossum*, § 305 AktG Rn. 95, 97.

[895] So gehen etwa Hüffer/Koch/*Koch*, AktG, § 305 AktG Rn. 37 und *Wasmann*, AG 2021, 179, 189 Rn. 55 davon aus, dass es sich um die „mittlerweile deutlich(e) hM" handelt.

[896] Vgl. *Großfeld/Egger/Tönnes*, Recht der Unternehmensbewertung, S. 281 Rn. 1159, S. 282 Rn. 1161 bzgl. § 39a WpÜG und § 39 BörsG; vgl. Hüffer/Koch/*Koch*, AktG, § 305 AktG Rn. 39, zu den § 31 WpÜG, § 39 BörsG laut dem die Marktbewertung hierdurch eine „Aufwertung" erfahren hat.

[897] So auch Dreier/Fritzsche/Verfürth/*Dreier*, SpruchG, Annex zu § 11 SpruchG Rn. 189.

[898] Gesetzentwurf, BT-Drs. 20/8292, S. 118.

[899] Siehe auch *Wasmann*, AG 2023, 810, 810 Rn. 2, der von § 255 Abs. 5 AktG als „Versuchsballon" spricht, sowie *Seibt*, EWiR 2023, 325, 326, bei dem von einem rechtspolitischen Trend die Rede ist.

[900] *FAUB*, AG 2021, 588, 590 Rn. 11; *Ruthardt/Popp*, AG 2022, 347, 350 Rn. 33; siehe auch IDW S 1 (2008), Rn. 14–16, 142, wonach Börsenkurse nur zur Plausibilisierung und als Untergrenze in Betracht kommen.

Ergebnis erfolgreichen Lobbyismus gedeutet.[901] Gerade in der Hinwendung zum Börsenkurs wird eine Interessenarbeit erblickt.[902] Andererseits könnte der Widerstand von Bewertungspraktikern gegen die Maßgeblichkeit des Börsenkurses ebenso als interessengeleitet gesehen werden.[903]

Dementsprechend stellt sich die Frage, ob und inwiefern der Börsenkurs bei der Unternehmensbewertung und der Ermittlung einer angemessen Barabfindung bzw. eines angemessenen Umtauschverhältnisses berücksichtigt werden sollte.

Da der Börsenkurs im Regelfall dem Deinvestitionswert entspricht, muss er dahingehend zwecks einer wirtschaftlich vollen Entschädigung grundsätzlich berücksichtigt werden.

Darüber hinaus könnte er auch als Schätzungsmaßstab des quotalen Unternehmenswerts in Betracht kommen. Ist dies der Fall, wäre eine Alleinmaßgeblichkeit des Börsenkurses zu bejahen. Dieses Vorgehen, welches eine Kapitalmarkteffizienz voraussetzt[904], wird im weiteren Verlauf dieser Arbeit einer kritischen Prüfung unterzogen.

b) Preisfindung an der Börse

Zunächst sollte aber die grundsätzliche Börsenkursbildung näher beleuchtet werden.

aa) Börsengang und Emissionspreis

Im Zuge eines Börsengangs kommt es zur erstmaligen Preisfestsetzung für die Aktien des Emittenten. Bei der Platzierung wird ein Emissionspreis festgelegt.[905] Für die Preisfindung stehen drei verschiedene Verfahren zur Auswahl: das Festpreisverfahren, das Bookbuildingverfahren sowie das Auktionsverfahren.[906]

---

[901] *Quill*, Interessengeleitete Unternehmensbewertung, S. 280–281, 294–296, 365–367; dem zustimmend *Follert*, SpruchZ Nr. 1/2020, 2, 7. Zum Lobbyeinfluss in den Rechtswissenschaften siehe *Hirte*, FS Heidel (2021) S. 57, 67–68, 74–76; *Krüger/Tiffe*, myops 2021, 45, 48–50.

[902] *Follert*, Zur Unternehmensbewertung im Spruchverfahren aus interessentheoretischer Sicht, S. 212–214.

[903] Vgl. *Große-Frericks*, Die Angemessenheit des Entgelts für die Übertragung von Eigentumsrechten als Problem rechtsgeprägter Unternehmensbewertung, S. 532–533, die dieser Kritik aber ablehnend gegenübersteht; auf den Widerstand der Bewertungspraxis gegen die immer mehr in den Vordergrund tretenden Maßgeblichkeit des Börsenkurses hinweisend *Decher*, AG 2023, 106, 108 Rn. 19, 116 Rn. 86.

[904] Vgl. *Adolff*, Unternehmensbewertung im Recht der börsennotierten Aktiengesellschaft, S. 347; vgl. *Großfeld/Egger/Tönnes*, Recht der Unternehmensbewertung, S. 25 Rn. 106. Weitergehend zur Kapitalmarkteffizienz siehe: § 2 B.

[905] *Schanz*, Börseneinführung, S. 344 § 10 Rn. 72.

[906] MAH-AktR/*Sudmeyer*, § 47 Rn. 157; *Schanz*, Börseneinführung, S. 344 § 10 Rn. 72.

Ursprünglich war das Festpreisverfahren in Deutschland üblich.[907] Hierbei wird das Unternehmen analysiert und bewertet, wobei den potenziellen Anlegern ein fester Preis präsentiert wird.[908] Zwar mag die frühzeitige Kenntnis des Emissionserlöses für besagtes Verfahren sprechen.[909] Ein entscheidender Nachteil des Festpreismodells liegt aber angesichts der Missachtung der tatsächlichen Nachfrage am Markt im Risiko einer Fehleinschätzung.[910] Dementsprechend hat das Bookbuildingverfahren das Festpreisverfahren weitgehend ersetzt.[911]

Das Bookbuildingverfahren ist im Wege der Internationalisierung mittlerweile vorherrschend in der Bundesrepublik.[912] Bei diesem ist in einem ersten Schritt eine Unternehmensbewertung durchzuführen.[913] Im Rahmen eines sog. *Pre Marketings* wird sich zudem mit potenziellen Anlegern abgesprochen.[914] Im anschließenden zweiten Schritt werden die Wertpapiere Investoren präsentiert, welche Angebote in einer bestimmten Höhe oder innerhalb einer bestimmten Preisspanne bis zu einer vorgegebenen Frist abgeben sollen.[915] Besagte Angebote sind in einem Orderbuch zu vermerken.[916] Mit der Zuteilung der Aktien an die Anleger erfolgt der dritte und letzte Schritt.[917] Der Ausgabepreis kann dabei anhand des höchsten Preises in der Preisspanne festgesetzt werden.[918] Zwecks einer Überzeichnung und besseren Streuung wird aber oftmals ein geringerer Preis festgelegt.[919]

Das Auktionsverfahren hingegen hat sich in Deutschland nicht durchgesetzt.[920] Bei diesem Modell geben die Investoren ihren persönlichen Höchstpreis an.[921] Mit absteigender Höhe der Gebote werden die Wertpapiere sodann zugeteilt.[922] Der Emissionspreis beziffert sich anhand des niedrigsten Gebots, das noch zu einer Zuteilung führte.[923]

---

[907] MAH-AktR/*Sudmeyer*, § 47 Rn. 158; *Schanz*, Börseneinführung, S. 344 § 10 Rn. 74.
[908] MAH-AktR/*Sudmeyer*, § 47 Rn. 158; *Schanz*, Börseneinführung, S. 344 § 10 Rn. 74.
[909] MAH-AktR/*Sudmeyer*, § 47 Rn. 158; *Schanz*, Börseneinführung, S. 344 § 10 Rn. 76.
[910] *Schanz*, Börseneinführung, S. 344 § 10 Rn. 75, 77.
[911] *Schanz*, Börseneinführung, S. 344 § 10 Rn. 78.
[912] MAH-AktR/*Sudmeyer*, § 47 Rn. 159; *Schanz*, Börseneinführung, S. 344 § 10 Rn. 73.
[913] *Schanz*, Börseneinführung, S. 344 § 10 Rn. 84.
[914] MAH-AktR/*Sudmeyer*, § 47 Rn. 159; *Schanz*, Börseneinführung, S. 344 § 10 Rn. 85.
[915] MAH-AktR/*Sudmeyer*, § 47 Rn. 160; *Schanz*, Börseneinführung, S. 344 § 10 Rn. 86.
[916] MAH-AktR/*Sudmeyer*, § 47 Rn. 160; *Schanz*, Börseneinführung, S. 344 § 10 Rn. 87.
[917] MAH-AktR/*Sudmeyer*, § 47 Rn. 161.
[918] *Schanz*, Börseneinführung, S. 344 § 10 Rn. 89.
[919] *Schanz*, Börseneinführung, S. 344 § 10 Rn. 89.
[920] MAH-AktR/*Sudmeyer*, § 47 Rn. 162; *Schanz*, Börseneinführung, S. 344 § 10 Rn. 73.
[921] MAH-AktR/*Sudmeyer*, § 47 Rn. 162; *Schanz*, Börseneinführung, S. 344 § 10 Rn. 92.
[922] *Schanz*, Börseneinführung, S. 344 § 10 Rn. 92.
[923] MAH-AktR/*Sudmeyer*, § 47 Rn. 162; *Schanz*, Börseneinführung, S. 344 § 10 Rn. 92.

Die bei der Börsenplatzierung durchgeführte Bewertung des Unternehmens kann anhand des Ertragswertverfahrens[924], des DCF-Verfahrens[925], mittels Vergleichs- oder Multiplikatorverfahren[926] sowie auf Basis einer Kombination besagter Ansätze[927] erfolgen. Bei der Preisfestsetzung geht es aber vielmehr darum, einen attraktiven Preis zu finden, als den wahren Unternehmenswert möglichst genau abzubilden.[928]

bb) Handel und Preisbildung

Sodann erfolgt eine weitere Preisbildung durch den Börsenhandel.

Die erste Aufnahme des Handels an der Börse wird als Börseneinführung bezeichnet.[929] Im Rahmen dessen ist vom Emissionspreis der Einführungskurs zu unterscheiden.[930] Letzterer wird anhand der allgemeinen Preisfeststellungsregeln errechnet.[931] In der Anfangszeit können in einem gewissen Umfang Kurspflegemaßnahmen zur Stabilisierung des Kurses durchgeführt werden.[932] Ferner lässt sich eine Marktpflege zur Gewährleistung der Liquidität der Aktie betreiben.[933]

Der weitere Kursverlauf wird sodann durch Angebot und Nachfrage bezüglich der Aktie an der Börse bestimmt.[934] Mithin ist das Anlegerverhalten für die Kursentwicklung und den Börsenpreis maßgeblich.

Festgestellt werden die Preise durch die jeweilige Börse. Dabei ist die Preisfeststellung von privatrechtlicher Natur, unterliegt aber staatlicher Überwachung.[935] Hinsichtlich der Preisermittlung steht eine Vielzahl an Möglichkeiten zur Auswahl. So kann diese je nach Wahl der Börse durch elektronischen Handel oder durch einen Skontroführer erfolgen.[936] Ebenso obliegt es der Börse, welche Systemtypen

---

[924] *Schanz*, Börseneinführung, S. 219 § 7 Rn. 5.

[925] *Schanz*, Börseneinführung, S. 234 § 7 Rn. 40.

[926] *Schanz*, Börseneinführung, S. 220 § 7 Rn. 6.

[927] Vgl. *Schanz*, Börseneinführung, S. 344 § 10 Rn. 72.

[928] Vgl. *Schanz*, Börseneinführung, S. 243 § 7 Rn. 53–54.

[929] *Schanz*, Börseneinführung, S. 471 § 12 Rn. 80; vgl. MAH-AktR/*Sudmeyer*, § 47 Rn. 170.

[930] MAH-AktR/*Sudmeyer*, § 47 Rn. 171; Schwark/Zimmer/*Heidelbach*, KMRK, § 38 BörsG Rn. 6.

[931] Schwark/Zimmer/*Heidelbach*, KMRK, § 38 BörsG Rn. 6.

[932] *Schanz*, Börseneinführung, S. 364–365 § 10 Rn. 128; Schwark/Zimmer/*Heidelbach*, KMRK, § 38 BörsG Rn. 8.

[933] *Schanz*, Börseneinführung, S. 365 § 10 Rn. 129, S. 393 § 10 Rn. 206.

[934] *Mankiw*/*Taylor*, Grundzüge der Volkswirtschaftslehre, S. 678–679; vgl. Dreier/Fritzsche/Verfürth/*Dreier*, SpruchG, Annex zu § 11 SpruchG Rn. 180.

[935] *Groß*, KaptMarktR, § 24 BörsG Rn. 2.

[936] *Groß*, KaptMarktR, § 24 BörsG Rn. 11; Hopt/*Kumpan*, HGB, § 24 BörsG Rn. 2.

oder Handelssystemtypen zum Einsatz kommen.[937] Gemäß § 24 Abs. 2 S. 1 BörsG müssen die Börsenpreise aber ordnungsgemäß zustande kommen und der wirklichen Marktlage des Börsenhandels entsprechen. Demnach sind im Grundsatz sämtliche Börsengeschäfte zu berücksichtigen.[938] Hierbei verlangt § 24 Abs. 2 S. 2 BörsG eine Chancengleichheit und Transparenz für die Marktteilnehmer.[939] Mittlerweile dürfen auch die Preise anderer Börsen herangezogen werden, § 24 Abs. 2 S. 3 BörsG.[940] Allerdings ist es im Rahmen des § 24 Abs. 2 BörsG, der auf dem Gedanken der formalen Kurs- oder Preiswahrheit beruht, nicht von Belang, ob besagter Börsenpreis dem inneren Wert entspricht.[941]

c) Ermittlung des bewertungsrelevanten Börsenkurses

Die zur Ermittlung des quotalen Unternehmenswerts oder des Deinvestitionswerts heranzuziehenden Börsenkurse können auf unterschiedliche Art und Weise bestimmt werden. So kommen etwa Stichtags- oder Durchschnittskurse sowie mögliche Modifikationen und Gründe für eine Nichtberücksichtigung bei der Börsenkursermittlung in Betracht. Verschiedene Parameter können dabei zu gänzlich abweichenden Ergebnissen führen. Den „einen“ Börsenkurs gibt es nicht. Auf die unterschiedlichen Ermittlungsmethoden wird unter Berücksichtigung der verschiedenen Wertbegriffe des Aktieneigentums separat eingegangen.[942]

2. Erwerbspreise sowie Vergleichs- oder Multiplikatorverfahren

Allerdings stellen Börsenkurse nicht die einzigen Marktpreise dar.[943] Daneben können noch Erwerbspreise vorliegen, die derjenige, der die kompensationsauslösende Maßnahme betreibt, für einzelne Anteile und vor allem Aktienpakete gezahlt hat.[944] Eine weitere Form der marktorientierten Unternehmensbewertung stellen die Vergleichs- oder Multiplikatorverfahren dar.[945] Sie bauen auf Vergleichspreisen am

---

[937] *Groß*, KaptMarktR, § 24 BörsG Rn. 11.

[938] *Groß*, KaptMarktR, § 24 BörsG Rn. 7; Hopt/*Kumpan*, HGB, § 24 BörsG Rn. 11.

[939] *Groß*, KaptMarktR, § 24 BörsG Rn. 8; Hopt/*Kumpan*, HGB, § 24 BörsG Rn. 11.

[940] *Groß*, KaptMarktR, § 24 BörsG Rn. 9; Hopt/*Kumpan*, HGB, § 24 BörsG Rn. 12.

[941] Hopt/*Kumpan*, HGB, § 24 BörsG Rn. 11; Schwark/Zimmer/*Kumpan*, KMRK, § 24 BörsG Rn. 7, 24.

[942] Siehe hierzu: § 6.

[943] Emmerich/Habersack/*Emmerich*, AktG, 9. Aufl. 2019, § 305 AktG Rn. 49.

[944] Vgl. Emmerich/Habersack/*Emmerich*, AktG, 9. Aufl. 2019, § 305 AktG Rn. 49. Hins. des rechtlichen Rahmens siehe die Regelungen zu den Vor-, Parallel- und Nacherwerbspreisen nach dem übernahmerechtlichen Mindestpreisregime aus § 31 WpÜG, 33 3 ff. WpÜG-AngebVO,

[945] Vgl. *Kircher*, Kompensationsleistungen für erzwungene Rechtsverluste der Minderheitsaktionäre im deutschen und französischen Recht, S. 169, der die Vergleichsverfahren unter den kapitalmarktorientierten Bewertungsmethoden anführt. Siehe auch *Komp*, Zwei-

Markt auf. Dieses Werk beschränkt sich jedoch auf den Börsenkurs als marktorientierte Unternehmensbewertung. Den anderen marktorientierten Methoden wird in eigenständigen Schriften Aufmerksamkeit geschenkt. Es sei nur bereits angemerkt, dass etwaige Kritikpunkte an Börsenkursen auch auf die übrigen Marktpreise ausstrahlen könnten.

III. Substanzorientierte Bewertungsmethoden

Die substanzorientierten Verfahren bewerten das Unternehmen nicht als Einheit, sondern als Summe isoliert betrachteter Vermögensgegenstände.[946] Sie nehmen nur noch eine Randrolle bei der rechtsgeleiteten Unternehmensbewertung ein.[947] Da eine reine Substanzwertbetrachtung den finanziellen Nutzen aus einem Unternehmen nicht abbildet, kommt ihr allenfalls eine geringe praktische Bedeutung zu.[948]

Allerdings kommt der Liquidationswert, der sich aus einer hypothetischen Auflösung des Unternehmens ergibt, als Untergrenze des Unternehmenswerts, welcher anhand der bestmöglichen Verwertung zu bestimmen ist, in Betracht.[949]

Ferner kann bei vermögensverwaltenden Gesellschaften und vor allem Immobiliengesellschaften das *Net-Asset-Value*-Verfahren (NAV-Verfahren) zum Einsatz kommen, bei welchem die einzelnen Vermögenswerte ermittelt und sodann addiert werden.[950]

---

felsfragen des aktienrechtlichen Abfindungsanspruchs nach §§ 305, 320b AktG, S. 67–72 und *Mattes/Graf von Maldeghem*, BKR 2003, 531, 535–536, welche die Heranziehung von Multiplikatoren und Vergleichsunternehmen unter die marktorientierten Bewertungsmethoden zählen. Bei Hölters/*Lenckner/Müller*, HdB Unternehmenskauf, Kap. 3 Rn. 3.178 wird der *Market Approach* als Vergleichsverfahren bezeichnet.

[946] *Adolff*, Unternehmensbewertung im Recht der börsennotierten Aktiengesellschaft, S. 190; vgl. *Kircher*, Kompensationsleistungen für erzwungene Rechtsverluste der Minderheitsaktionäre im deutschen und französischen Recht, S. 107, wo von „vermögensbezogenen Bewertungsansätzen“ die Rede ist; vgl. *Mattes/Graf von Maldeghem*, BKR 2003, 531, 533, die von „Einzelbewertungsverfahren“ sprechen; vgl. Bürgers/Körber/Lieder/*Ruiz de Vargas*, AktG, Anh. § 305 AktG Rn. 56, welcher den Terminus „einzelwertorientierte Verfahren“ nutzt.

[947] *Adolff*, Unternehmensbewertung im Recht der börsennotierten Aktiengesellschaft, S. 190.

[948] *Adolff*, Unternehmensbewertung im Recht der börsennotierten Aktiengesellschaft, S. 246; ablehnend ggü. einer Bewertung des Unternehmens anhand seiner Bilanz *Risse*, ZIP 2021, 2309, 2310.

[949] Vgl. *Adolff*, Unternehmensbewertung im Recht der börsennotierten Aktiengesellschaft, S. 247–249, 373; vgl. Bürgers/Körber/Lieder/*Ruiz de Vargas*, AktG, Anh. § 305 AktG Rn. 56–56a, 57–61.

[950] Bürgers/Körber/Lieder/*Ruiz de Vargas*, AktG, Anh. § 305 AktG Rn. 15a, 63–65.

Diese jedenfalls im konkreten Einzelfall durchaus nachvollziehbaren substanzorientierten Bewertungsansätze sind für die Thematik dieser Arbeit nicht von Relevanz und werden entsprechend nicht weiter verfolgt.

IV. Mischverfahren

Ein Vorgehen anhand eines Mischverfahrens, d. h. einer gleichzeitigen Anwendung mehrerer Bewertungsmethoden[951], ist von vornherein abzulehnen.[952] So fehlt ihnen jegliches theoretisches Fundament, wobei ein Wert aus sich widersprechenden Methoden hergeleitet wird.[953] Stattdessen sollte die geeignetste und aussagekräftigste Bewertungsmethode Anwendung finden.[954] Durch die Zusammenrechnung verschiedener Bewertungsergebnisse mit unterschiedlichen Prämissen dürfte es zu einer Verfälschung des ermittelten Unternehmenswerts kommen.

Dabei handelt es sich bei der Berücksichtigung des Börsenkurses als Untergrenze des Bewertungsergebnisses einer fundamentalen Unternehmensbewertung um kein Mischverfahren, da im Rahmen dessen jeweils nur ein einzelner Wert relevant ist.[955] Ebenso wenig kann beim indirekten Marktbezug innerhalb einer fundamentalen Unternehmensbewertung von einem Mischverfahren gesprochen werden. Schließlich werden hierbei lediglich Marktwerte als Schätzwerte eines einzelnen Bausteins innerhalb der Bewertung und nicht zwei verschiedene Verfahren zur Ermittlung desselben Wertes nebeneinander eingesetzt.

V. Fazit: Bewertungsmethoden

Letztlich stehen sich die marktorientierten und überschussorientierten Bewertungsmethoden hinsichtlich der Ermittlung des quotalen Unternehmenswerts als konkurrierende Ansätze gegenüber. In Anbetracht des Meinungsumschwungs in der Rechtswissenschaft droht der Börsenkurs die zuvor vorherrschende fundamentale Unternehmensbewertung zu verdrängen. Dies wirft die Frage auf, ob eine alleinige Berücksichtigung des Börsenkurses zur Bewertung eines Unternehmens genügt.

---

[951] In diese Richtung geht etwa der Vorschlag bei *DVFA Expert Group „Corporate Transactions and Valuation"*, CFB 2012, 43, 50, wonach mindestens zwei verschiedene Bewertungsverfahren anzuwenden sind, die grds. gleichberechtigt nebeneinander stehen, allerdings vom Gutachter unterschiedlich gewichtet werden können. Auf diesen Weg scheint bereits *Großfeld*, BB 2000, 261, 265 zu verweisen, demzufolge das Ertragswertverfahren und der Börsenkurs „im Gespräch miteinander" stehen sollen.

[952] So auch Bürgers/Körber/Lieder/*Ruiz de Vargas*, AktG, Anh. § 305 AktG Rn. 16 f.

[953] Bürgers/Körber/Lieder/*Ruiz de Vargas*, AktG, Anh. § 305 AktG Rn. 16 f.

[954] Bürgers/Körber/Lieder/*Ruiz de Vargas*, AktG, Anh. § 305 AktG Rn. 16 f.

[955] Bürgers/Körber/Lieder/*Ruiz de Vargas*, AktG, Anh. § 305 AktG Rn. 16 g.

D. Fazit: Wertbegriffe und Fallgruppen

Im Rahmen einer rechtsgeleiteten Unternehmensbewertung in den Fällen der Barabfindung und des Aktientauschs ist der durch Art. 14 Abs. 1 GG geschützte quotale Unternehmenswert und Deinvestitionswert des Aktieneigentums zu berücksichtigen.

Für die Ermittlung des Deinvestitionswerts ist grundsätzlich auf den Börsenkurs abzustellen. Er stellt damit regelmäßig die Untergrenze der Kompensation dar.

Fraglich ist, ob der Börsenkurs auch den quotalen Unternehmenswert abbilden kann. Ist dies der Fall, wäre eine Alleinmaßgeblichkeit des Börsenkurses, wie sie von der in den Vordergrund rückenden juristischen Auffassung vertreten wird, zu bejahen.

Im weiteren Verlauf wird die Bewertungseignung des Börsenkurses kritisch untersucht, wobei auch ein Vergleich mit der Alternative einer fundamentalen Unternehmensbewertung durch einen Sachverständigen vorgenommen wird. Im Rahmen dessen wird der Einsatz des Börsenkurses als Wertmaßstab des Deinvestitionswerts und des quotalen Unternehmenswerts beleuchtet. Ebenso ist der Berücksichtigung des Börsenkurses in Form eines indirekten Marktbezugs Beachtung zu schenken.

§ 2 Behavioral Finance und Effizienzmarkthypothese

Eine Beurteilung der Frage, ob und inwieweit der Börsenkurs bei einer Unternehmensbewertung herangezogen werden kann, kommt nicht umhin, sich mit den unterschiedlichen vertretenen grundlegenden Ansätzen der Finanzmarkttheorie auseinanderzusetzen. Zunächst erfolgt eine Erörterung der historischen Entwicklung der wirtschaftswissenschaftlichen Sichtweisen. Sodann wird die *Effizienzmarkthypothese* näher beleuchtet. Darauf folgt eine Erläuterung der *Behavioral Finance*. Das Ende bildet eine Abwägung beider Ansätze und eine Auswertung zu ihrer Bedeutung für die hier diskutierte Problematik der Berücksichtigung des Börsenkurses bei einer Unternehmensbewertung. Eine vertiefte Beschäftigung mit diesen diametralen Sichtweisen auf den Markt und seine Teilnehmer ist insofern von Bedeutung, als dass der Berücksichtigung des Börsenkurses bei der Unternehmensbewertung vielerorts eine unzureichende Kapitalmarkteffizienz[1] und psychologisch bedingte Verzerrungen[2] entgegengehalten werden. Dementsprechend sind vor allem die Erkenntnisse der *Behavioral-Finance*-Forschung und der Einfluss psychologischer Faktoren auf den Börsenkurs nebst seiner rein ökonomischen Betrachtung ausschlaggebend.

A. Historische Entwicklung wirtschaftswissenschaftlicher Sichtweisen

Für eine Beurteilung des Börsenkurses als Methode der Unternehmensbewertung anhand ökonomischer und psychologischer Gesichtspunkte bedarf es einer Analyse der unterschiedlichen wirtschaftswissenschaftlichen Ansätze. Dabei bietet die Kapitalmarktforschung ein breites Spektrum verschiedenster Ansichten. Gerade der Einfluss der menschlichen Psyche wird hierbei unterschiedlich beurteilt. Dementsprechend erfolgt ein kurzer Abriss der Entwicklung wirtschaftswissenschaftlicher Sichtweisen unter besonderer Berücksichtigung psychologischer Aspekte.

---

[1] *Adolff*, Unternehmensbewertung im Recht der börsennotierten Aktiengesellschaft, S. 377, 499; *Burger*, NZG 2012, 281, 285–286; *Großfeld/Egger/Tönnes*, Recht der Unternehmensbewertung, S. 26 Rn. 109; *Ruthardt/Hachmeister*, NZG 2014, 41, 44–46.

[2] BGH, Urt. v. 30. 03. 1967 – II ZR 141/64 (KG) = NJW 1967, 1464, 1464; *Schulte/Köller/Luksch*, WPg 2012, 380, 386–387.

I. Klassische Nationalökonomie

Ihren Anfang findet die verhaltenswissenschaftliche Finanzmarktforschung mit der *klassischen Nationalökonomie* Mitte des 18. Jahrhunderts.[3] Dieser Ansatz stellte die Produktion von Gütern dem eigentlichen Handel voran.[4] Produktion und Angebot waren demnach die treibenden Kräfte.[5] Gemäß der klassischen Theorie dient der Marktpreis als Regelmechanismus der Marktwirtschaft.[6] Hierbei streben die Märkte bei Unregelmäßigkeiten stets zu einem Gleichgewicht zurück, sodass es zu keinen dauerhaften Störungen kommen sollte.[7]

In Bezug auf die klassische Nationalökonomie ist vor allem Adam Smith zu nennen. In seinem Werk „*An Inquiry into the Nature and Causes of the Wealth of Nations*" beschreibt er den Menschen als ein aus reinem Eigennutz handelndes Individuum, wessen egoistisches Verhalten zugleich dem Wohl der anderen dient.[8] Besagter Eigennutz sei gleich einer unsichtbaren Hand als Antrieb des wirtschaftlichen Handelns zu betrachten.[9] Bei Smith finden sich also erste Ansätze zur Berücksichtigung psychologischer Aspekte.[10]

II. Neoklassische Ökonomie

Die klassische Nationalökonomie wurde im 19ten bis 20ten Jahrhundert durch die *neoklassische Ökonomie* verdrängt.[11] Ihr zufolge werden Preise durch Angebot und Nachfrage bestimmt.[12] Von Bedeutung für die Neoklassik ist das Werk Louis Bacheliers, welcher den Grundstein für die *Random-Walk-Hypothese* legte.[13] Aber auch Marshall und Cassel seien als maßgebliche Mitbegründer der neoklassischen Ökonomie genannt.[14]

---

[3] *Daxhammer/Facsar*, Behavioral Finance, S. 20; vgl. *Pompian*, Behavioral Finance and Wealth Management, S. 24.

[4] Baranzini/Scazzieri/*Schmitt*, Foundations of Economics, S. 103 I.3.

[5] Vgl. Baranzini/Scazzieri/*Schmitt*, Foundations of Economics, S. 103–104 I.3.

[6] *Altmann*, Volkswirtschaftslehre, S. 181.

[7] *Altmann*, Volkswirtschaftslehre, S. 181.

[8] *Smith*, Der Wohlstand der Nationen, S. 16–19, S. 369; unter Bezugnahme auf *Smith* auch *Holtfort*, Emotionsökonomie, S. 18 und *Kolb*, Ökonomische Ideengeschichte, S. 29.

[9] *Baddeley*, Behavioural Economics and Finance, S. 5; *Holtfort*, Emotionsökonomie, S. 18; vgl. *Kolb*, Ökonomische Ideengeschichte, S. 30–31.

[10] *Baddeley*, Behavioural Economics and Finance, S. 5; *Daxhammer/Facsar*, Behavioral Finance, S. 20–21; *Forbes*, Behavioural Finance, S. 1; *Pompian*, Behavioral Finance and Wealth Management, S. 24–26.

[11] *Daxhammer/Facsar*, Behavioral Finance, S. 21; *Holtfort*, Emotionsökonomie, S. 19.

[12] Baranzini/Scazzieri/*Schmitt*, Foundations of Economics, S. 107 I.3.

[13] *Daxhammer/Facsar*, Behavioral Finance, S. 21.

[14] *Kolb*, Ökonomische Ideengeschichte, S. 63–65.

Ein Grundpfeiler der neoklassischen Theorie ist das Modell des *Homo Oeconomicus.*[15] Demzufolge ist der Mensch vollständig rational, stets am Eigennutzen orientiert und dabei perfekt informiert.[16] Folglich fand eine Abkehr von psychologischen Gesichtspunkten statt.[17] Dabei kann die anfängliche Abwendung von psychologischen Aspekten auf den starken mathematischen Einfluss zur Strukturierung und Vereinfachung ökonomischer Modelle zurückgeführt werden.[18]

Die Annahme eines Marktes mit rationalen Teilnehmern lässt sich auch unter dem Begriff der traditionellen Finanztheorie zusammenfassen.[19]

III. Keynesianismus

Als besondere Entwicklung ist noch der *Keynesianismus* zu erwähnen, welcher vor allem das Ziel der staatlich unterstützten Vollbeschäftigung anstrebt.[20] Schließlich zeigte John Maynard Keynes in seinem Werk „*The General Theory of Employement Interest and Money*“ auf, dass psychologische Aspekte ihren Einfluss auf den Markt haben.[21] So betont er, dass ein Anleger sich mit der Massenpsychologie zu beschäftigen habe.[22] Seine Situation vergleicht er mit der eines Schönheitswettbewerbs, bei welchem der Investor das beliebteste Gesicht auswählen und damit den Durchschnittsgeschmack treffen muss.[23] Weiterhin erkennt Keynes nebst ökonomischen auch psychologische Liquiditätsanreize.[24] Die Instabilität von Märkten erklärt er zum Teil als Folge der *Animal Spirits*, d. h. eines instinktiven und oftmals irrationalen menschlichen Verhaltens.[25]

---

[15] *Daxhammer/Facsar*, Behavioral Finance, S. 21, 26; *Holtfort*, Emotionsökonomie, S. 19; *Pompian*, Behavioral Finance and Wealth Management, S. 26.

[16] *Pompian*, Behavioral Finance and Wealth Management, S. 26–27; *Daxhammer/Facsar*, Behavioral Finance, S. 21, 26–27; *Kapoor/Prosad*, Behavioural Finance, S. 7.

[17] *Daxhammer/Facsar*, Behavioral Finance, S. 21; *Forbes*, Behavioural Finance, S. 1–2; *Pompian*, Behavioral Finance and Wealth Management, S. 26.

[18] *Baddeley*, Behavioural Economics and Finance, S. 4.

[19] Baker/Nofsinger/*Baker/Nofsinger*, Behavioral Finance, S. 4 I.1; *Kapoor/Prosad*, Behavioural Finance, S. 7–8; *Pompian*, Behavioral Finance and Wealth Management, S. 3.

[20] *Hayes*, The Economics of Keynes, S. 203–204; vgl. *Kolb*, Ökonomische Ideengeschichte, S. 69.

[21] *Keynes*, Allgemeine Theorie der Beschäftigung, des Zinses und des Geldes, S. 135–138, S. 167–169; vgl. *Baddeley*, Behavioural Economics and Finance, S. 6–7; vgl. *Daxhammer/Facsar*, Behavioral Finance, S. 22.

[22] *Keynes*, Allgemeine Theorie der Beschäftigung, des Zinses und des Geldes, S. 136.

[23] *Keynes*, Allgemeine Theorie der Beschäftigung, des Zinses und des Geldes, S. 136–137.

[24] *Keynes*, Allgemeine Theorie der Beschäftigung, des Zinses und des Geldes, S. 167–169.

[25] Vgl. *Akerlof/Shiller*, Animal Spirits, S. 20–21; vgl. *Daxhammer/Facsar*, Behavioral Finance, S. 22; vgl. *Keynes*, Allgemeine Theorie der Beschäftigung, des Zinses und des Geldes, S. 141–142.

IV. Renaissance der Neoklassik

Ab den 1960ern erfuhr die Neoklassik eine Renaissance, sodass sich die Wissenschaft vom ursprünglichen Keynesianismus und den *Animal Spirits* abwendete.[26]

Bezüglich der Rückkehr der neoklassischen Ökonomie ist vor allem Eugene Fama von Bedeutung. Dieser gilt als Schöpfer der Effizienzmarkthypothese (*Efficient Capital Marktet Hypothesis*, kurz: ECMH oder EMH).[27] Dabei ging er von einem effizienten Markt dahingehend aus, dass die Marktpreise sämtliche vorliegenden Informationen vollständig widerspiegeln.[28] Auf einem der Effizienzmarkthypothese entsprechenden Markt stellen die Marktpreise den Fundamentalwert dar[29] oder sind zumindest ein geeigneter Schätzwert für jenen[30].

Anhängern dieses Ansatzes dürfte dementsprechend die Heranziehung des Börsenkurses für eine Unternehmensbewertung zur angemessenen Abfindung als angebracht erscheinen.

Angesichts ihres weitreichenden Einflusses[31] und des Umstands, dass sich die jüngere Rechtsprechung zum Teil auf sie bezieht[32] ist der Effizienzmarkthypothese ein eigenes Unterkapitel gewidmet.[33]

V. Behavioral Finance

Eine Gegenentwicklung zum neoklassischen Ansatz stellt die *Behavioral Finance* dar. Diese stützt sich auf verhaltensökonomische und psychologische Erkenntnisse.[34] Mittels einer Kombination der kognitiven und verhaltenswissen-

---

[26] *Daxhammer/Facsar*, Behavioral Finance, S. 22.

[27] *Daxhammer/Facsar*, Behavioral Finance, S. 22; *Read*, The Efficient Market Hypothesis, S. 91.

[28] *Fama*, Journal of Business, 1965, Vol. 38, No. 1, 34, 90, 94; *Fama*, Journal of Finance, 1970, Vol. 25, No. 2, 383, 383, 416; *Fama*, Journal of Finance, 1976, Vol. 31, No. 1, 143, 143; vgl. *Fama*, Journal of Financial Economics, 1998, 49, 283, 283, 304; vgl. *Read*, The Efficient Market Hypothesis, S. 104–105; vgl. *Sapusek*, Informationseffizienz auf Kapitalmärkten, S. 26.

[29] Thaler/*Barberis/Thaler*, Advances in Behavioral Finance Vol. II, S. 3.

[30] *Fama*, Financial Analysts Journal, 1965, Vol. 21, No. 5, 55, 56; *Read*, The Efficient Market Hypothesis, S. 104; vgl. *Ruiz de Vargas*, NZG 2021, 1001, 1007.

[31] *Read*, The Efficient Market Hypothesis, S. 116–117; *Shiller*, Irrationaler Überschwang, S. 270; *Shiller*, Journal of Economic Perspectives, 2003, Vol. 17, No. 1, 83, 83.

[32] LG Frankfurt a. M., Beschl. v. 27. 06. 2019 – 3–05 O 38/18 –, Rn. 94, juris (nrkr.); LG Stuttgart, Beschl. v. 08. 05. 2019 – 31 O 25/13 KfH SpruchG –, Rn. 345, juris.

[33] Siehe hierzu: B.

[34] *Baker/Filbeck/Nofsinger*, Behavioral Finance, S. 2; Baker/Nofsinger/*Baker/Nofsinger*, Behavioral Finance, S. 3 I.1; *Daxhammer/Facsar*, Behavioral Finance, S. 79, 98–99; *Kapoor/Prosad*, Behavioural Finance, S. 13–14; *Pompian*, Behavioral Finance and Wealth Management, S. 4.

schaftlichen Psychologie mit der klassischen Ökonomie versucht die *Behavioral-Finance*-Forschung, das Verhalten der Akteure am Markt zu erklären.[35]

Wenn sich zwar schon bei Smith und Keynes psychologische Aspekte gezeigt haben, so wurde die Verhaltensökonomie erst ab 1980 Teilbereich der Wirtschaftswissenschaften.[36] Ein entscheidender Grundstein hierfür wurde aber schon um 1960 mit der kognitiven Psychologie gelegt.[37] Als Vordenker der *Behavioral Finance* ist zunächst Herbert Simon zu nennen, der gemäß seines Modells der *Bounded Rationality* von einer eingeschränkten Rationalität des Menschen ausging.[38] Ferner sind Festinger, Riecken und Schachter angesichts ihrer Beschreibung des Phänomens der *kognitiven Dissonanz* maßgebend.[39] Vor allem aber kommen Daniel Kahneman und Amos Tversky angesichts ihrer Entwicklung der *Prospect Theory*[40] und der Entdeckung zahlreicher *Heuristiken*[41] eine bedeutende Rolle in der Geschichte der *Behavioral Finance* zu. Von historischem Gewicht ist ferner der Börsencrash von 1987, der die Vorstellung von einem effizienten Markt in ihren Grundfesten erschütterte.[42]

Die *Behavioral Finance* unterstellt dem Menschen eine beschränkte Rationalität.[43] Mithin lehnt sie das Modell des rationalen *Homo Oeconomicus* ab und stellt ihm den kognitiv und emotional beeinflussbaren *Homo Oeconomicus Humanus* entgegen.[44] So geht die *Behavioral Finance* von ineffizienten Märkten mit Fehlbe-

---

[35] *Baker/Filbeck/Nofsinger*, Behavioral Finance, S. 3; Baker/Nofsinger/*Baker/Nofsinger*, Behavioral Finance, S. 3 I.1.

[36] *Daxhammer/Facsar*, Behavioral Finance, S. 24.

[37] *Daxhammer/Facsar*, Behavioral Finance, S. 24; *Pompian*, Behavioral Finance and Wealth Management, S. 31–32; vgl. *Heim*, Erklärungsansätze der Behavioral Finance zur Entstehung und Entwicklung der Finanzkrise, S. 9.

[38] Vgl. *Simon*, Models of Man: Social and Rational, S. 198; vgl. *Simon* (2018), Rationality, Bounded, in: The New Palgrave Dictionary of Economics; hierauf Bezug nehmend *Daxhammer/Facsar*, Behavioral Finance, S. 80 und *Kapoor/Prosad*, Behavioural Finance, S. 12 Tab. 1.1.

[39] *Kapoor/Prosad*, Behavioural Finance, S. 9–10, S. 12 Tab. 1.1; siehe hierzu *Festinger*, Theorie der kognitiven Dissonanz, S. 15–17; vgl. zudem bereits *Festinger/Riecken/Schachter*, When Prophecy Fails, S. 208–215.

[40] *Daxhammer/Facsar*, Behavioral Finance, S. 80–81; *Kapoor/Prosad*, Behavioural Finance, S. 10, S. 12 1.5 Tab. 1.1.

[41] *Daxhammer/Facsar*, Behavioral Finance, S. 81–82; vgl. *Kapoor/Prosad*, Behavioural Finance, S. 12 Tab. 1.1.

[42] *Burton/Shah*, Behavioral Finance, S. 25–26.

[43] *Goldberg/von Nitzsch*, Behavioral Finance, S. 25; Thaler/*Barberis/Thaler*, Advances in Behavioral Finance Vol. II, S. 1.

[44] *Daxhammer/Facsar*, Behavioral Finance, S. 79, 81; siehe auch *Kahneman*, der den stets rationalen fiktiven *Econs* die nicht immer rationalen realistischen *Humans* gegenüberstellt, *Kahneman*, Schnelles Denken, langsames Denken, S. 505, 508–509 oder *Kapoor/Prosad*, die vom *Homo economicus* und *Homo sapiens* sprechen, *Kapoor/Prosad*, Behavioural Finance, S. 4.

wertungen aus.[45] Dabei wird ein systematisches Auftreten von Verhaltensanomalien einzelner Individuen auf Mikroebene angenommen, welches kumuliert zu Marktanomalien auf Makroebene führt.[46]

Dieser Sichtweise zufolge ist zu bezweifeln, dass der Börsenkurs den wahren Wert eines Unternehmens grundsätzlich zutreffend abzubilden vermag. Allenfalls könnte eine ausnahmsweise Berücksichtigung unter besonderen Voraussetzungen vorgenommen werden.

Wenn der BGH zwar schon 1967 einer Berücksichtigung des Börsenkurses bei Abfindungen etwaige psychologische Momente entgegenhielt[47], wird derartigen Aspekten seitens der heutigen Rechtswissenschaft hinsichtlich Unternehmensbewertungen und Kompensationsleistungen oftmals kein besonderes Gewicht beigemessen. So geht die jüngere instanzgerichtliche Rechtsprechung teilweise auf mögliche verhaltensökonomisch bedingte Marktverzerrungen ein, wobei sie ihre Bedeutung für den abfindungsrelevanten Börsenkurs als äußerst gering einschätzt.[48]

Aufgrund der von der Effizienzmarkthypothese divergierenden Ausgangslage und der nur wenig verbreiteten Beachtung der *Behavioral Finance* in der Rechtswissenschaft wird diese Ansicht in einem umfangreichen Unterkapitel behandelt.

VI. Neurofinance und Emotional Finance

Die *Behavioral-Finance*-Forschung erfährt ihre zukünftige Weiterentwicklung in der *Neurofinance* und der *Emotional Finance.*[49]

Bei der *Neurofinance* wird versucht, mittels neurologischer Untersuchungen des menschlichen Gehirns die Entscheidungsfindung bei Marktteilnehmern zu analysieren.[50] Dabei konterkariert die Neuroökonomie das neoklassische Bild des *Homo Oeconomicus.*[51]

---

[45] Baker/Nofsinger/*Baker/Nofsinger*, Behavioral Finance, S. 7 I.1.

[46] *Averbeck*, Added Value von Behavioral-Finance-Fonds, S. 56; vgl. *Pompian*, Behavioral Finance and Wealth Management, S. 11.

[47] BGH, Urt. v. 30.03.1967 – II ZR 141/64 (KG) = NJW 1967, 1464, 1464; vgl. *Meyer*, Abfindung und Unternehmensbewertung, S. 166.

[48] OLG München, Beschl. v. 14.12.2021 – 31 Wx 190/20 = NZG 2022, 606, 614 Rn. 88; OLG Frankfurt a.M., Beschl. v. 26.04.2021 – 21 W 139/19 = AG 2021, 559, 562; LG Frankfurt a.M., Beschl. v. 27.06.2019 – 3–05 O 38/18 –, Rn. 97–98, juris (nrkr.); LG Stuttgart, Beschl. v. 08.05.2019 – 31 O 25/13 KfH SpruchG –, Os. 4, Rn. 350–351, 377, juris.

[49] *Daxhammer/Facsar*, Behavioral Finance, S. 369.

[50] *Daxhammer/Facsar*, Behavioral Finance, S. 345–347; *Kapoor/Prosad*, Behavioural Finance, S. 51; Reimann/Weber/*Bürger/Weber*, Neuroökonomie, S. 224–225.

[51] Vgl. Reimann/Weber/*Reimann/Weber*, Neuroökonomie, S. 5, 7–8.

In der *Emotional Finance* hingegen werden bewusste und unbewusste Gefühle als Einfluss auf den Entscheidungsprozess der Anleger untersucht.[52] Dagegen finden weder in der klassischen noch in der neoklassischen Phase der Nationalökonomie oder des Keynesianismus emotionale Bezüge maßgebende Beachtung.[53]

Etwaige Erkenntnisse aus diesen Teilbereichen werden innerhalb der entsprechenden Punkte bezüglich der *Behavioral Finance* angeführt.

VII. Fazit: Historische Entwicklung

Wenn der menschlichen Psyche auch zwischenzeitlich Beachtung geschenkt wurde, so gewinnt sie mit Blick auf die lange Historie der Kapitalmarktforschung erst in jüngerer Zeit an Bedeutung.

Letztlich stehen sich die neoklassische Theorie mit der ihr obliegenden Effizienzmarkthypothese und die *Behavioral Finance* unter Erweiterung der *Neurofinance* und der *Emotional Finance* als konträre Ansätze gegenüber. Diese Sichtweisen werfen ein unterschiedliches Licht auf die Frage nach der Berücksichtigung des Börsenkurses bei der Unternehmensbewertung. Ein der Effizienzmarkthypothese entsprechender Börsenkurs dürfte den wahren Wert eines Unternehmens abbilden können. Die *Behavioral Finance* hingegen deutet auf einen verzerrten, vom intrinsischen Unternehmenswert abweichenden Kurs hin.

Angesichts der divergierenden Ergebnisse beider Ansätze bedarf es ihrer näheren Untersuchung. Nachfolgend werden sowohl die Effizienzmarkthypothese als auch die *Behavioral Finance* genauer erläutert und überprüft.

B. Effizienzmarkthypothese

I. Grundgedanke der Effizienzmarkthypothese

Fama zufolge ist von einem effizienten Markt dergestalt auszugehen, als dass die Marktpreise sämtliche bestehenden Informationen vollständig widerspiegeln.[54] Der Markt reagiere hierbei äußerst schnell auf neue Informationen.[55] Die Preise stellen

---

[52] Baker/Nofsinger/*Taffler/Tuckett*, Behavioral Finance, S. 95–96 I.6; *Daxhammer/Facsar*, Behavioral Finance, S. 358–359; *Kapoor/Prosad*, Behavioural Finance, S. 197–198.

[53] *Holtfort*, Emotionsökonomie, S. 18.

[54] *Fama*, Journal of Business, 1965, Vol. 38, No. 1, 34, 90, 94; *Fama*, Journal of Finance, 1970, Vol. 25, No. 2, 383, 383, 416; *Fama*, Journal of Finance, 1976, Vol. 31, No. 1, 143, 143; vgl. *Fama*, Journal of Financial Economics, 1998, 49, 283, 283, 304; vgl. *Read*, The Efficient Market Hypothesis, S. 102–105; vgl. *Sapusek*, Informationseffizienz auf Kapitalmärkten, S. 26.

[55] *Fama/Fisher/Jensen/Roll*, International Economic Review, 1969, Vol. 10 No. 1, 1, 1, 20.

demnach ein sog. *Fair Game* dar, was bedeutet, dass niemand durch Nutzung einer ihm vorliegenden Information eine Überrendite erzielen könne.[56] Da Kursveränderungen nur durch neue, zufällige und unerwartete Informationen entstehen können, dürften Kursbewegungen nicht systematisch verlaufen.[57] Spekulationsgewinne könnten demensprechend nicht erzielt werden.[58]

II. Zentrale Annahmen

Die Effizienzmarkthypothese greift eine Vielzahl bereits existenter Annahmen auf und fasst sie in einem Konzept zusammen. Diese Bausteine sind der *Homo Oeconomicus*, der *Random Walk*, die Erwartungsnutzentheorie und das *Bayes-Theorem.*[59]

1. Homo Oeconomicus

Der *Homo Oeconomicus* stellt das Menschenbild und folglich den Grundpfeiler der neoklassischen Finanzmarkttheorie dar.[60] Hiermit wird der Akteur in der Effizienzmarkthypothese beschrieben. Wenn er diesen Terminus auch selbst nicht nutzte, so geht die Idee des *Homo Oeconomicus* auf die Arbeit John Stuart Mills zurück.[61] Dieses Konzept beschreibt den Menschen als vollständig rationales, am Eigennutzen orientiertes und perfekt informiertes Individuum.[62] Besagte Rationalität ist zum einen von einer sofortigen Korrektur des eigenen Standpunkts beim Erhalt neuer Informationen, zum anderen vom Treffen nachvollziehbarer Entscheidungen auf Basis aller Informationen gekennzeichnet.[63]

---

[56] *Elton/Gruber/Brown/Goetzmann*, Modern Portfolio Theory, S. 398–399; vgl. *Fama*, Journal of Finance, 1970, Vol. 25, No. 2, 383, 389–391.

[57] *Beck*, Behavioral Economics S. 349–350.

[58] *Sapusek*, Informationseffizienz auf Kapitalmärkten, S. 4; Thaler/*Barberis/Thaler*, Advances in Behavioral Finance Vol. II, S. 3.

[59] Vgl. *Daxhammer/Facsar*, Behavioral Finance, S. 39; vgl. *Kapoor/Prosad*, Behavioural Finance, S. 7–8.

[60] *Daxhammer/Facsar*, Behavioral Finance, S. 26; *Holtfort*, Emotionsökonomie, S. 19; *Pompian*, Behavioral Finance and Wealth Management, S. 26.

[61] *Persky*, Journal of Economic Perspectives, 1995, Vol. 9, No. 2, 221, 221–222.

[62] *Daxhammer/Facsar*, Behavioral Finance, S. 21, 26–27; *Pompian*, Behavioral Finance and Wealth Management, S. 26–27; *Kapoor/Prosad*, Behavioural Finance, S. 7.

[63] Thaler/*Barberis/Thaler*, Advances in Behavioral Finance Vol. II, S. 1.

2. Bayes-Theorem

Thomas Bayes zufolge findet stets eine Anpassung der Wahrscheinlichkeitseinschätzung eines Menschen statt, sobald dieser eine neue Information empfängt. Das *Bayes-Theorem* beschreibt dabei ein rationales Verhalten hinsichtlich der Informationsverarbeitung.[64] Auf einem Markt mit Anlegern, die gemäß dem *Bayes-Theorem* handeln, müssten Aktienpreise stets mit der Verarbeitung neuer Information durch die *Baysschen Akteure* übereinstimmen.[65] Die Effizienzmarkthypothese baut in Hinblick auf die Informationsverarbeitung der Marktteilnehmer auf dem *Bayes-Theorem* auf.[66]

3. Erwartungsnutzentheorie

Hinsichtlich des Treffens von Entscheidungen greift die Effizienzmarkthypothese auf die *Erwartungsnutzentheorie* zurück.[67] Die *Erwartungsnutzentheorie* von Morgenstern und von Neumann versucht einen rationalen Entscheidungsprozess bei Unsicherheit zu beschreiben. Hierbei bildet eine Nutzenfunktion Präferenzen ab, welche sich aus dem Erwartungswert, der Eintrittswahrscheinlichkeit und dem Nutzen errechnen lässt.[68]

4. Random Walk

Die Idee des *Random Walk* stammt von Louis Bachelier um 1900. Dieser untersuchte Kursverläufe und beschrieb zufällige Ausschläge.[69] Dabei ging er davon aus, dass auf eine Kursbewegung nicht notwendigerweise eine Korrektur in die andere Richtung folgen müsse.[70] Vielmehr bestünde eine 50/50-Chance, in welche Richtung sich der Kurs weiterbewegen könnte, wobei sich die Wahrscheinlichkeit

---

[64] *Daxhammer/Facsar*, Behavioral Finance, S. 36; vgl. *Holzmeister/Huber/Schredelseker*, Grundlagen der Finanzwirtschaft, S. 246.

[65] *Sandroni*, Economic Theory, 2005, Vol. 26, 741, 759.

[66] *Daxhammer/Facsar*, Behavioral Finance, S. 39.

[67] *Daxhammer/Facsar*, Behavioral Finance, S. 39.

[68] Vgl. *Daxhammer/Facsar*, Behavioral Finance, S. 32–33; vgl. *Goldberg/von Nitzsch*, Behavioral Finance, S. 38–43; vgl. *Holzmeister/Huber/Schredelseker*, Grundlagen der Finanzwirtschaft, S. 175–177; vgl. *Kapoor/Prosad*, Behavioural Finance, S. 14, 20–21, 31; vgl. *Nash*, Econometrica, 1950, Vol. 18, No. 2, 155, 156–157. Für eine detaillierte Beschreibung siehe *von Neumann/Morgenstern*, Theory of Games and Economic Behavior, S. 1–84.

[69] *Holzmeister/Huber/Schredelseker*, Grundlagen der Finanzwirtschaft, S. 385–386; *Read*, The Efficient Market Hypothesis, S. 24–25; vgl. *Daxhammer/Facsar*, Behavioral Finance, S. 21, 27.

[70] Vgl. *Read*, The Efficient Market Hypothesis, S. 24.

anhand einer *Gaußschen Normalverteilung* darstellen ließe.[71] Der *Random-Walk-Hypothese* zufolge sind zukünftige Kursverläufe unvorhersehbar.[72] Die Vorstellung von unabhängigen aufeinanderfolgenden Preisveränderungen liegt auch der Effizienzmarkthypothese zugrunde.[73]

III. Voraussetzungen einer Markteffizienz

Ein idealer effizienter Markt würde dann vorliegen, wenn es keine Transaktionskosten gäbe, sämtliche Informationen kostenlos für alle Marktteilnehmer verfügbar wären und sie alle dieselben Schlussfolgerungen hinsichtlich der Bedeutung der Informationen für den Börsenpreis und dessen Entwicklung ziehen würden.[74] Zwar gestand Fama ein, dass ein solcher Zustand *in natura* nicht vorzufinden ist.[75] Allerdings ging er davon aus, dass es sich hierbei um hinreichende, nicht aber notwendige Bedingungen handeln würde.[76] Folglich müssten nicht alle Bedingungen erfüllt sein, um eine Markteffizienz zu gewährleisten.[77] Ein Mangel an Bedingungen würde nur eine potenzielle und keine zwangsläufige Quelle für Ineffizienzen bedeuten.[78]

Letztendlich lassen sich folgende drei Konstellationen benennen, in denen ein effizienter Markt vorliegen würde:

1. Sämtliche Marktteilnehmer verhalten sich rational.
2. Ein Teil der Anleger ist irrational, wobei sich ihre Fehleinschätzungen gegenseitig ausgleichen.
3. Einige Marktteilnehmer handeln irrational, der Preis wird aber durch rationale uneingeschränkte Arbitrageure wieder angepasst.[79]

---

[71] *Read*, The Efficient Market Hypothesis, S. 24–25, 29; vgl. *Daxhammer/Facsar*, Behavioral Finance, S. 28–30.

[72] *Fama*, Financial Analysts Journal, 1965, Vol. 21, No. 5, 55, 56; *Holzmeister/Huber/Schredelseker*, Grundlagen der Finanzwirtschaft, S. 391; *Severini*, Introduction to Statistical Methods for Financial Models, S. 41.

[73] *Fama*, Financial Analysts Journal, 1965, Vol. 21, No. 5, 55, 56.

[74] *Fama*, Journal of Finance, 1970, Vol. 25, No. 2, 383, 387; *Waschkowski*, Insiderhandel nach der Marktmissbrauchsverordnung, S. 53–54.

[75] *Fama*, Journal of Finance, 1970, Vol. 25, No. 2, 383, 387; *Waschkowski*, Insiderhandel nach der Marktmissbrauchsverordnung, S. 54.

[76] *Fama*, Journal of Finance, 1970, Vol. 25, No. 2, 383, 387; *Vollmer*, Rechnungslegung auf informationseffizienten Kapitalmärkten, S. 52; *Waschkowski*, Insiderhandel nach der Marktmissbrauchsverordnung, S. 54.

[77] *Fama*, Journal of Finance, 1970, Vol. 25, No. 2, 383, 387–388.

[78] *Fama*, Journal of Finance, 1970, Vol. 25, No. 2, 383, 388.

[79] Baker/Nofsinger/*Rau*, Behavioral Finance, S. 334–335 III.18; *Daxhammer/Facsar*, Behavioral Finance, S. 39–40; *Shleifer*, Inefficient Markets, S. 2.

Die erstgenannte Situation stellt den Idealfall einer kollektiven Rationalität dar. Den beiden anderen Fällen ist zu entnehmen, dass der Einfluss irrationaler Marktteilnehmer auf den Preis mittels zweier Mechanismen entgegengewirkt werden kann.[80] Die Vorstellung, dass etwaige Irrationalitäten nicht korrelieren, sich gleichmäßig um einen Mittelwert verteilen und ausgleichen, lässt sich als Aggregationsargument bezeichnen.[81] Gegen die kollektive Rationalität und das Aggregationsargument führt die *Behavioral Finance* systematische Verzerrungen ins Feld, auf die an entsprechender Stelle eingegangen wird.[82] Der dritte Fall einer Markteffizienz kann als Arbitrageargument betitelt werden.[83] Im Rahmen dessen ist das Konzept der Arbitrage, nach welchem rationale Arbitrageure durch ihr Handeln den Einfluss irrationaler Akteure wieder ausgleichen, von Relevanz.[84] Auf einem effizienten Aktienmarkt würden demnach Arbitrageure stets gegen irrational überbewertete Wertpapiere spekulieren und entgegen der Rationalität unterbewertete Aktien kaufen, wodurch der Preis nach oben bzw. unten getrieben würde. Durch wiederholte Arbitragegeschäfte müsste sich der Börsenpreis bei Abweichungen dem fundamentalen Wert anpassen.[85] Beispielsweise würde ein Arbitrageur an der Börse eine Aktie mit dem Fundamentalwert von 20 €, welche durch pessimistisches Anlegerverhalten auf 15 € gefallen ist, kaufen und hierdurch den Kurs wieder anheben. Zudem könnte er sich über den Terminverkauf einer vergleichbaren Aktie im Hinblick auf den gesamten Markt betreffende Risiken absichern.[86] Weiterhin kommt es zu einer Markteffizienz, wenn die irrationalen Akteure angesichts ihrer Vermögensverluste vom Markt weichen und selektiv verdrängt werden.[87] Demnach kommt es zu einer natürlichen Selektion durch die Marktkräfte.[88] Seitens der *Behavioral*

---

[80] Ähnlich *Daxhammer/Facsar*, Behavioral Finance, S. 40, die jedoch die jedoch in der Arbitrage zwei Mechanismen zum Ausgleich irrationaler Einflüsse erkennen.

[81] So *Adolff*, Unternehmensbewertung im Recht der börsennotierten Aktiengesellschaft, S. 132, S. 136–137; in Anlehnung an *Adolff* auch *Waschkowski*, Insiderhandel nach der Marktmissbrauchsverordnung, S. 55.

[82] Siehe hierzu: § 2 C.I und § 2 C.III. Siehe auch *Adolff*, Unternehmensbewertung im Recht der börsennotierten Aktiengesellschaft, S. 141–148, der sich gegen das Aggregationsargument wendet; vgl. zudem *Beck*, Behavioral Economics, S. 351.

[83] So *Adolff*, Unternehmensbewertung im Recht der börsennotierten Aktiengesellschaft, S. 132–133, 137–140; unter Bezugnahme auf *Adolff* auch *Waschkowski*, Insiderhandel nach der Marktmissbrauchsverordnung, S. 56.

[84] *Shleifer*, Inefficient Markets, S. 28.

[85] *Beck*, Behavioral Economics, S. 5–6, 352–353; *Shleifer*, Inefficient Markets, S. 28; vgl. *Ruthardt/Hachmeister*, NZG 2014, 41, 45, vgl. *Weber*, ZGR 2004, 280, 282.

[86] Vgl. *Beck*, Behavioral Economics, S. 352; vgl. Thaler/*Barberis/Thaler*, Advances in Behavioral Finance Vol. II, S. 3.

[87] *Daxhammer/Facsar*, Behavioral Finance, S. 40; *Shleifer*, Inefficient Markets, S. 5.

[88] *Daxhammer/Facsar*, Behavioral Finance, S. 40.

Finance werden die Grenzen der Arbitrage als Gegenargument angeführt, was im späteren Verlauf noch erörtert wird.[89]

IV. Differenzierung des Effizienzbegriffs

Wenn Fama diese begriffliche Differenzierung auch nicht verwendet hat, so lässt sich dessen Effizienzdefinition weiter aufgliedern, wobei vor allem die Informations- und Allokationseffizienz von Bedeutung sind.[90] Die nachfolgend erörterten Effizienzbegriffe stehen in einem hierarchischen Verhältnis.[91] Dabei stellt eine jede Effizienzart stets eine notwendige, nicht aber eine hinreichende Bedingung für die nächsthöhere Stufe dar.[92] Vor diesem Hintergrund sollten die Termini der Kapitalmarkteffizienz, Markteffizienz und Effizienz eher als Oberbegriffe betrachtet werden, mit denen sich jede Abstufung der Effizienz beschreiben lässt.

1. Institutionelle und operationale Effizienz

Von einer institutionellen Effizienz spricht man, wenn die Grundvoraussetzungen eines funktionsfähigen Kapitalmarkts vorliegen.[93] Für einen solchen bedarf es etwa der Liquidität und des freien Marktzugangs sowie eines entsprechenden Anlegervertrauens.[94] Erst auf einem funktionsfähigen Markt können die anderen Effizienzbegriffe einschlägig sein.[95]

---

[89] Siehe hierzu: § 2 C.II. Siehe zudem *Adolff*, Unternehmensbewertung im Recht der börsennotierten Aktiengesellschaft, S. 148–153 bzgl. der Einwände gegen das Arbitrageargument.

[90] So auch das Vorgehen bei *Adolff*, Unternehmensbewertung im Recht der börsennotierten Aktiengesellschaft, S. 15; *Bienert*, Der Marktprozeß an Aktienbörsen, S. 13–14; *Vollmer*, Rechnungslegung auf informationseffizienten Kapitalmärkten, S. 42–43; *Waschkowski*, Insiderhandel nach der Marktmissbrauchsverordnung, S. 51. Siehe zudem die bei *Daxhammer/Facsar*, Behavioral Finance, S. 43–44 aufgeführten Bedingungen für effiziente Märkte, die sie als Erweiterung der Markteffizienz nach *Fama* betrachten.

[91] Siehe auch *Bienert*, Der Marktprozeß an Aktienbörsen, S. 31–32 und dessen graphische Darstellung des Stufenverhältnisses, wobei dort die institutionelle Effizienz nicht erwähnt wird und zwischen der Informations- und Allokationseffizienz noch die Bewertungseffizienz angeführt wird; bezugnehmend auf *Bienert* auch *Vollmer*, Rechnungslegung auf informationseffizienten Kapitalmärkten, S. 102–103.

[92] *Bienert*, Der Marktprozeß an Aktienbörsen, S. 32.

[93] *Poelzig*, Kapitalmarktrecht, S. 14 § 1 Rn. 29; *Vollmer*, Rechnungslegung auf informationseffizienten Kapitalmärkten, S. 42; vgl. auch EBJS-HGB/*Poelzig*, Vor. WpHG Rn. 8 sowie Schwark/Zimmer/*Kumpan*, KMRK, Einl. BörsG Rn. 18, wo von einer „institutionellen Funktionsfähigkeit“ die Rede ist.

[94] Vgl. EBJS-HGB/*Poelzig*, Vor. WpHG Rn. 8; vgl. *Poelzig*, Kapitalmarktrecht, S. 14 § 1 Rn. 29; Schwark/Zimmer/*Kumpan*, KMRK, Einl. BörsG Rn. 18; vgl. *Vollmer*, Rechnungslegung auf informationseffizienten Kapitalmärkten, S. 42.

Eine operationale Effizienz liegt dann vor, wenn die Marktpreise nicht durch die tatsächlich auftretenden Friktionen in Gestalt von Transaktionskosten oder Steuern systematisch verzerrt sind.[96] Demnach müssen möglichst geringe Transaktionskosten bestehen.[97] Es bedarf einer operationalen Effizienz, ehe von einer Informations- und Allokationseffizienz ausgegangen werden kann.[98]

2. Informationseffizienz

Der Termini „Effizienz" und „Informationseffizienz" werden oftmals synonym ohne eine weitere Differenzierung verwendet.[99] In Anlehnung an Famas Effizienzdefinition von 1970[100] ist dann von einer Informationseffizienz auszugehen, wenn der Markt zu jeder Zeit alle verfügbaren Informationen vollständig einpreist.[101] Auf informationseffizienten Märkten fließen neue Informationen sehr schnell[102] bzw. im Idealfall unverzüglich[103] in die Kurse ein. Die Zeitspanne zwischen dem Bekanntwerden und der eigentlichen Einpreisung einer Information zeigt die relative Effizienz eines Marktes auf, die umso höher ist, je schneller neue Informationen eingepreist werden.[104] Auf einem informationseffizienten Markt wird die besagte Zeitspanne aber marginal sein.[105]

---

[95] Siehe auch Schwark/Zimmer/*Kumpan*, KMRK, Einl. BörsG Rn. 18, wonach die allokative und die operationale Funktionsfähigkeit des Marktes nur bei einer institutionellen Funktionsfähigkeit gewährleistet werden kann.

[96] *Daxhammer/Facsar*, Behavioral Finance, S. 43, die von einer „operationellen Effizienz" sprechen; vgl. *Bienert*, Der Marktprozeß an Aktienbörsen, S. 28–29, der dies als „operative Effizienz" bezeichnet.

[97] *Bienert*, Der Marktprozeß an Aktienbörsen, S. 29; *Poelzig*, Kapitalmarktrecht, S. 13 § 1 Rn. 28; vgl. EBJS-HGB/*Poelzig*, Vor. WpHG Rn. 9 und Schwark/Zimmer/*Kumpan*, KMRK, Einl. BörsG Rn. 18 zur sog. „operationalen Funktionsfähigkeit"; vgl. *Vollmer*, Rechnungslegung auf informationseffizienten Kapitalmärkten, S. 43.

[98] Vgl. *Bienert*, Der Marktprozeß an Aktienbörsen, S. 31–33.

[99] *Bienert*, Der Marktprozeß an Aktienbörsen, S. 24.

[100] Siehe *Fama*, Journal of Finance, 1970, Vol. 25, No. 2, 383, 383.

[101] *Bienert*, Der Marktprozeß an Aktienbörsen, S. 24; *Daxhammer/Facsar*, Behavioral Finance, S. 44.

[102] *Adolff*, Unternehmensbewertung im Recht der börsennotierten Aktiengesellschaft, S. 16; *Waschkowski*, Insiderhandel nach der Marktmissbrauchsverordnung, S. 51.

[103] *Bienert*, Der Marktprozeß an Aktienbörsen, S. 24; *Daxhammer/Facsar*, Behavioral Finance, S. 44.

[104] *Gilson/Kraakman*, Virginia Law Review, 1984, Vol. 70, No. 4, 549, 560; *Waschkowski*, Insiderhandel nach der Marktmissbrauchsverordnung, S. 51.

[105] *Waschkowski*, Insiderhandel nach der Marktmissbrauchsverordnung, S. 52.

a) Drei-Stufen-Konzept der Effizienzmarkthypothese

Bei der Bestimmung der Informationseffizienz stellt sich die Frage, was unter den verfügbaren Informationen zu verstehen ist. Hinsichtlich der verfügbaren Informationsmenge hat Fama ein dreistufiges Konzept entwickelt.[106] Im Einklang mit den anderen Veröffentlichungen, bei denen keine begriffliche Differenzierung hinsichtlich der Markteffizienz vorgenommen und nicht explizit von einer Informationseffizienz gesprochen wird, unterteilt er die Effizienzmarkthypothese in eine schwache (*weak*), mittelstrenge (*semi-strong*) und eine strenge (*strong*) Form auf.[107] Dabei deckt die jeweils stärkere Ausprägung der Markteffizienz die schwächeren Formen mit ab.[108]

aa) Schwache Form der Markteffizienz

Gemäß der *schwachen Form der Markteffizienz* stellen die historischen Preise die wertbildenden Informationen dar.[109] All diese Informationen sind bei dieser Ausprägung der Effizienz bereits in den Kurs eingepreist.[110] Sie baut im Wesentlichen auf der *Random-Walk-Hypothese* auf.[111] Kursbewegungen lassen sich demnach nicht anhand von Preishistorien vorhersagen.[112]

---

[106] *Adolff*, Unternehmensbewertung im Recht der börsennotierten Aktiengesellschaft, S. 92; *Bienert*, Der Marktprozeß an Aktienbörsen, S. 24–25; *Fama*, Journal of Finance, 1970, Vol. 25, No. 2, 383, 383, 388; *Holzmeister/Huber/Schredelseker*, Grundlagen der Finanzwirtschaft, S. 394; *Sapusek*, Informationseffizienz auf Kapitalmärkten, S. 16–17; *Vollmer*, Rechnungslegung auf informationseffizienten Kapitalmärkten, S. 49–51.

[107] Baker/Nofsinger/*Rau*, Behavioral Finance, S. 335 III.18; *Daxhammer/Facsar*, Behavioral Finance, S. 41; *Fama*, Journal of Finance, 1970, Vol. 25, No. 2, 383, 383, 388; *Holzmeister/Huber/Schredelseker*, Grundlagen der Finanzwirtschaft, S. 394; *Shleifer*, Inefficient Markets, S. 6.

[108] *Holzmeister/Huber/Schredelseker*, Grundlagen der Finanzwirtschaft, S. 394.

[109] Baker/Nofsinger/*Rau*, Behavioral Finance, S. 335–336 III.18; *Daxhammer/Facsar*, Behavioral Finance, S. 41; *Fama*, Journal of Finance, 1970, Vol. 25, No. 2, 383, 383, 388; *Holzmeister/Huber/Schredelseker*, Grundlagen der Finanzwirtschaft, S. 394; *Sapusek*, Informationseffizienz auf Kapitalmärkten, S. 16; *Shleifer*, Inefficient Markets, S. 6.

[110] Baker/Nofsinger/*Rau*, Behavioral Finance, S. 335–336 III.18; *Holzmeister/Huber/Schredelseker*, Grundlagen der Finanzwirtschaft, S. 394; *Murschall*, Behavioral Finance als Ansatz zur Erklärung von Aktienrenditen, S. 13.

[111] *Daxhammer/Facsar*, Behavioral Finance, S. 41; *Fama*, Journal of Finance, 1970, Vol. 25, No. 2, 383, 388; *Holzmeister/Huber/Schredelseker*, Grundlagen der Finanzwirtschaft, S. 394; *Shleifer*, Inefficient Markets, S. 6.

[112] *Daxhammer/Facsar*, Behavioral Finance, S. 41; *Murschall*, Behavioral Finance als Ansatz zur Erklärung von Aktienrenditen, S. 13–14; *Shleifer*, Inefficient Markets, S. 6.

bb) Mittelstrenge Form der Markteffizienz

In ihrer *mittelstrengen Form* bedeutet Markteffizienz, dass nicht nur die früheren Informationen, sondern auch jegliche aktuell öffentlich verfügbaren Informationen eingepreist sind.[113] Hierunter fallen z.B. Unternehmensmitteilungen und Jahresabschlüsse.[114] Demzufolge werden öffentliche Informationen sofort verarbeitet und eingepreist.[115] Hierbei können keine Gewinne mittels der öffentlich verfügbaren Informationen erzielt werden.[116]

cc) Strenge Form der Markteffizienz

Die *strenge Form der Markteffizienz* geht noch weiter. Ihr zufolge werden jeglichen Informationen in den Kurs eingepreist.[117] Hiervon sind auch nichtöffentliche Insiderinformationen erfasst.[118] Jene würden schnell an die Öffentlichkeit gelangen und sich im Kurs niederschlagen.[119] Bei einer strengen Markteffizienz würden noch nicht einmal Insider durch ihren Informationsvorsprung Gewinne erzielen.[120]

---

[113] Baker/Nofsinger/*Rau*, Behavioral Finance, S. 336 III.18; *Daxhammer/Facsar*, Behavioral Finance, S. 42; *Fama*, Journal of Finance, 1970, Vol. 25, No. 2, 383, 383, 388; *Holzmeister/Huber/Schredelseker*, Grundlagen der Finanzwirtschaft, S. 394; *Murschall*, Behavioral Finance als Ansatz zur Erklärung von Aktienrenditen, S. 14; *Sapusek*, Informationseffizienz auf Kapitalmärkten, S. 16; *Shleifer*, Inefficient Markets, S. 6.

[114] *Daxhammer/Facsar*, Behavioral Finance, S. 42; *Fama*, Journal of Finance, 1970, Vol. 25, No. 2, 383, 383, 388; *Holzmeister/Huber/Schredelseker*, Grundlagen der Finanzwirtschaft, S. 394; *Murschall*, Behavioral Finance als Ansatz zur Erklärung von Aktienrenditen, S. 14.

[115] *Murschall*, Behavioral Finance als Ansatz zur Erklärung von Aktienrenditen, S. 14; *Shleifer*, Inefficient Markets, S. 6.

[116] *Daxhammer/Facsar*, Behavioral Finance, S. 42; *Holzmeister/Huber/Schredelseker*, Grundlagen der Finanzwirtschaft, S. 394; *Shleifer*, Inefficient Markets, S. 6.

[117] Baker/Nofsinger/*Rau*, Behavioral Finance, S. 336 III.18; *Daxhammer/Facsar*, Behavioral Finance, S. 42; *Fama*, Journal of Finance, 1970, Vol. 25, No. 2, 383, 383, 388; *Holzmeister/Huber/Schredelseker*, Grundlagen der Finanzwirtschaft, S. 394; *Murschall*, Behavioral Finance als Ansatz zur Erklärung von Aktienrenditen, S. 14; *Shleifer*, Inefficient Markets, S. 6.

[118] *Daxhammer/Facsar*, Behavioral Finance, S. 42; *Holzmeister/Huber/Schredelseker*, Grundlagen der Finanzwirtschaft, S. 394; *Murschall*, Behavioral Finance als Ansatz zur Erklärung von Aktienrenditen, S. 14; *Shleifer*, Inefficient Markets, S. 6.

[119] *Shleifer*, Inefficient Markets, S. 6.

[120] Baker/Nofsinger/*Rau*, Behavioral Finance, S. 336 III.18; *Daxhammer/Facsar*, Behavioral Finance, S. 42; *Holzmeister/Huber/Schredelseker*, Grundlagen der Finanzwirtschaft, S. 394; *Murschall*, Behavioral Finance als Ansatz zur Erklärung von Aktienrenditen, S. 14; *Shleifer*, Inefficient Markets, S. 6.

b) Zwischenfazit: Drei-Stufen-Konzept der Effizienzmarkthypothese

Das dreistufige Modell der Effizienzmarkthypothese zeigt, dass nicht von „der" Informationseffizienz gesprochen werden kann. Vielmehr kann sie in unterschiedlich starken Ausprägungen vorliegen. Nebst dem Grad der relativen Effizienz kommt es vor allem auf die zur Verfügung stehende Informationsmenge an.

3. Allokationseffizienz

Ferner ist der Begriff der Allokationseffizienz von dem der Informationseffizienz abzugrenzen.[121] Auf einem allokationseffizienten Markt werden die Informationen korrekt verarbeitet, sodass dessen Preise den fundamentalen Wert eines Unternehmens unverzerrt wiedergeben.[122] Im Unterschied zur bloßen Informationseffizienz kommt es nicht nur darauf an, dass die verfügbaren Informationen möglichst schnell und umfassend, sondern auch richtig eingepreist werden. Eine Informationseffizienz ist für die Allokationseffizienz eine notwendige, nicht aber hinreichende Voraussetzung.[123] Trotz der fehlenden begrifflichen Differenzierung sei zudem erwähnt, dass bereits bei Famas Effizienzmarktdefinition von 1976 eine korrekte Informationsverarbeitung verlangt wurde.[124] Von einer solchen zutreffenden Bewertung kann aber nur ausgegangen werden, wenn unterstellt wird, dass sich

---

[121] So erstmals *Tobin*, Lloyds Bank Review, 1984, Vol. 153, 1, 2, der zwischen der *information-arbitrage efficiency* und der *fundamental-valuation efficiency* differenziert.

[122] *Adolff*, Unternehmensbewertung im Recht der börsennotierten Aktiengesellschaft, S. 16–17; *Daxhammer/Facsar*, Behavioral Finance, S. 44, wo von einer Bewertungseffizienz die Rede ist; *Waschkowski*, Insiderhandel nach der Marktmissbrauchsverordnung, S. 52, der den Begriff der Fundamentalwerteffizienz verwendet; vgl. *Ruiz de Vargas*, NZG 2021, 1001, 1008–1009, welcher von einer Werteffizienz spricht; vgl. *Tobin*, Lloyds Bank Review, 1984, Vol. 153, 1, 2 zur *fundamental-valuation efficiency*. Siehe aber auch *Bienert*, Der Marktprozeß an Aktienbörsen, S. 14–15, 19–20, 31–32, der zwischen der Bewertungseffizienz und der Allokationseffizienz differenziert. Ihm zufolge bedeutet die Bewertungseffizienz, dass Kurse und Fundamentalwerte übereinstimmen. Jene sei eine notwendige Bedingung für die Allokationseffizienz, die wiederum nach seinem Verständnis eine optimale Allokation von Ressourcen beschreibt. Angesichts ihrer gängigeren Verwendung wird hier auf die zuvor angeführte Definition der Allokationseffizienz abgestellt, welche *Bienerts* Bewertungseffizienz beinhaltet, siehe auch *Adolff*, Unternehmensbewertung im Recht der börsennotierten Aktiengesellschaft, S. 17–18 Fn. 82.

[123] *Adolff*, Unternehmensbewertung im Recht der börsennotierten Aktiengesellschaft, S. 18; *Vollmer*, Rechnungslegung auf informationseffizienten Kapitalmärkten, S. 101–102; vgl. *Bienert*, Der Marktprozeß an Aktienbörsen, S. 31–32 auf Basis der Aufgliederung in Informations-, Bewertungs- und Allokationseffizienz.

[124] Siehe nur *Fama*, Journal of Finance, 1976, Vol. 31, No. 1, 143, 143 „the market correctly uses all available information".

die Marktteilnehmer entsprechend einem Modell wie etwa dem *Capital Asset Pricing Model* (kurz: CAPM) verhalten.[125]

Wie schon bei der Informationseffizienz lässt sich im Rahmen der Allokationseffizienz eine Abstufung vornehmen, wobei zwischen zwei Ausformungen unterschieden werden kann. Bei einer strengen Allokationseffizienz sind sämtliche Anleger rational.[126] Dies spiegelt den Idealzustand der kollektiven Rationalität wider.[127] Für die abgemilderte Form der Allokationseffizienz genügt bereits ein repräsentativer rationaler Investor, welcher die Preisbildung weitgehend bestimmt.[128] Demnach wird keine kollektive Rationalität aller Marktteilnehmer, sondern ein im Ergebnis rationaler Markt gefordert.[129] Hierbei klingt das Arbitrageargument an.[130]

V. Plausibilität der Effizienzmarkthypothese

Es stellt sich die Frage nach der Plausibilität der Effizienzmarkthypothese. Hierfür ist zu untersuchen, ob eine Effizienz nach Maßgabe der verschiedenen Effizienzbegriffe in der Realität anzutreffen ist und ob dies den Regelfall darstellt.

1. Institutionelle und operationale Effizienz

Angesichts der regulatorischen Rahmenbedingungen ist grundsätzlich von funktionierenden Märkten und dementsprechend von einer institutionellen Effizienz auszugehen. An einer solchen wäre allenfalls bei einer Illiquidität oder bei Manipulationen zu zweifeln. Hierbei dürfte es sich aber um Ausnahmefälle handeln, welchen mittels einer entsprechenden Ausnahmefallregelung begegnet werden kann.[131]

Eine perfekte operationale Effizienz wird realiter kaum bestehen.[132] Da das Kapitalmarktrecht gezielt auf eine operationale Effizienz hinwirkt[133] und in Deutsch-

---

[125] *Adolff*, Unternehmensbewertung im Recht der börsennotierten Aktiengesellschaft, S. 17; *Waschkowski*, Insiderhandel nach der Marktmissbrauchsverordnung, S. 53. Zu den neoklassischen Erklärungsmodellen siehe: § 2 C.III.1.a)bb)(1).

[126] Vgl. *Ruiz de Vargas*, NZG 2021, 1001, 1008–1009, wo der Begriff der Werteffizienz verwendet wird.

[127] Vgl. *Ruiz de Vargas*, NZG 2021, 1001, 1008–1009. Zu dieser Effizienzvoraussetzung siehe: § 2 B.III.

[128] Vgl. *Ruiz de Vargas*, NZG 2021, 1001, 1008–1009.

[129] Vgl. *Ruiz de Vargas*, NZG 2021, 1001, 1008–1009.

[130] Zu besagter Effizienzvoraussetzung siehe: § 2 B.III.

[131] Siehe hierzu: § 6 A. So wird auch bei § 39 Abs. 3 S. 3 und 4 BörsG sowie beim § 255 Abs. 5 S. 3 AktG verfahren.

[132] Vgl. *Burger*, NZG 2012, 281, 286, der auf Transaktionskosten und Steuern verweist.

land ein reger Aktienhandel stattfindet, ist aber grundsätzlich von einer ausreichenden operationalen Effizienz auszugehen. Wenn auch kein Markt angenommen werden kann, der den kapitalmarkttheoretischen Idealvorstellungen entspricht, so dürften doch die operationalen Grundlagen für eine Informations- und Allokationseffizienz vorliegen.

Mithin kann jedenfalls im Grundsatz von einer institutionellen Effizienz und einer ausreichenden operationalen Effizienz ausgegangen werden.

2. Studien zur Informations- und Allokationseffizienz

Zur Informations- und Allokationseffizienz kann auf die empirische Studienlage zurückgegriffen werden. Vor allem zu ersterer wurden zahlreiche Untersuchungen durchgeführt.

a) Schwache Form der Informationseffizienz

Hinsichtlich der schwachen Form der Markteffizienz werden z. B. *Korrelationstests* vorgenommen.[134] Je weniger die Kurswerte korrelieren, desto eher wäre demnach ein *Random Walk* i. S. d. Effizienzmarkthypothese zu vermuten.[135] Diesbezüglich wies Fama in einer Studie eine kaum bis gar nicht bestehende serielle Korrelation am US-Aktienmarkt nach.[136] Insgesamt deutet die empirische Studienlage auf eine schwache Informationseffizienz an deutschen Kapitalmärkten hin.[137] Auf den ersten Blick könnte man hieraus schlussfolgern, dass eine solche grundsätzlich gegeben ist. Allerdings existieren auch Untersuchungen, die einer schwa-

---

[133] *Poelzig*, Kapitalmarktrecht, S. 13 § 1 Rn. 28; vgl. EBJS-HGB/*Poelzig*, Vor. WpHG Rn. 9.

[134] *Kallweit*, Die angemessene Abfindung beim übernahmerechtlichen Squeeze-out, S. 61 § 2; *Schremper*, WiSt 2002, 687, 690, welcher nebst Autokorrelationstests auch *Runs-Tests* sowie Spektralanalysen und Untersuchungen der Profitabilität von auf historischen Kursverläufen basierenden Anlagestrategien nennt; *Vollmer*, Rechnungslegung auf informationseffizienten Kapitalmärkten, S. 63–71, der daneben auch *Runs-Tests* anführt; vgl. *Adolff*, Unternehmensbewertung im Recht der börsennotierten Aktiengesellschaft, S. 102–108; vgl. *Bak/Bigus*, ZBB 2006, 430, 433; vgl. *Elton/Gruber/Brown/Goetzmann*, Modern Portfolio Theory, S. 403; vgl. *Wagner*, Nichtlineare Zeitreihenanalyse als neue Methode für Eventstudien, S. 16–18.

[135] *Kallweit*, Die angemessene Abfindung beim übernahmerechtlichen Squeeze-out, S. 61 § 2.

[136] *Fama*, Journal of Business, 1965, Vol. 38, No. 1, 34, 74; siehe aber auch *Solnik*, Journal of Finance, 1973, Vol. 28, No. 5, 1151, 1158, welcher eine geringe serielle Korrelation an europäischen Märkten nachweisen konnte.

[137] So jedenfalls *Bak/Bigus*, ZBB 2006, 430, 433; *Schremper*, WiSt 2002, 687, 690 Tab. 1. Auch laut *Wagner*, Nichtlineare Zeitreihenanalyse als neue Methode für Eventstudien, S. 18 bestätigt die Forschung überwiegend eine schwache Markteffizienz.

chen Effizienz widersprechen.[138] Auch konterkarieren die Befunde zu den Marktanomalien die Vorstellung einer stets bestehenden schwachen Informationseffizienz.[139] Auf etwaige empirische Gegenargumente wird im weiteren Verlauf der Arbeit eingegangen.

b) *Mittelstrenge Form der Informationseffizienz*

Hinsichtlich der mittelstrengen Form der Markteffizienz setzt man sog. *Event Studies*, also Ereignisstudien, ein, bei welchen die Reaktion von Börsenkursen auf neue Informationen untersucht werden.[140] Zahlreiche Ereignisstudien zeigten auf, dass der Markt schnell auf kursrelevante Informationen reagiert.[141] Bezüglich des deutschen Kapitalmarkts lässt etwa Bimbergs Studie zur Kursreaktion auf öffentliche Kaufangebote eine schnelle Preisanpassung erkennen, was für eine mittelstrenge Effizienz spricht.[142] Allerdings ist die Studienlage zur mittelstrengen Informationseffizienz ambivalent[143], wobei sie gerade mit Blick auf den deutschen

---

[138] Siehe etwa *Dias/Heliodoro/Teixeira/Godinho*, International Journal of Accounting, Finance and Risk Management, 2020, Vol. 5, Iss. 1, 40, 41, 47–49, deren Untersuchung internationaler Märkte in einer Zeitspanne von 2002 bis 2019 zu einer Ablehnung der schwachen Form der ECMH und der *Random-Walk*-Hypothese führt; *Vollmer*, Rechnungslegung auf informationseffizienten Kapitalmärkten, S. 69, 71, 93; vgl. auch *Kapoor/Prosad*, Behavioural Finance, S. 135, 136; kritisch auch *Jehmilch*, Effizienz und Preiskontinuität von Aktienmärkten, S. 103; umfassend zum fehlenden Konsens der empirischen Forschung zur schwachen Form der ECMH *Leković*, Economic Themes, 2018, Vol. 56, Iss. 3, 369, 371–376.

[139] Umfassend hierzu siehe: § 2 C.III.1. Zu den Marktanomalien im Kontext der schwachen Informationseffizienz auch *Adolff*, Unternehmensbewertung im Recht der börsennotierten Aktiengesellschaft, S. 108–121 und *Vollmer*, Rechnungslegung auf informationseffizienten Kapitalmärkten, S. 71–76.

[140] *Adolff*, Unternehmensbewertung im Recht der börsennotierten Aktiengesellschaft, S. 121–124; *Bak/Bigus*, ZBB 2006, 430, 433; *Kallweit*, Die angemessene Abfindung beim übernahmerechtlichen Squeeze-out, S. 61–62 § 2; *Shleifer*, Inefficient Markets, S. 7; *Vollmer*, Rechnungslegung auf informationseffizienten Kapitalmärkten, S. 77–87; *Wagner*, Nichtlineare Zeitreihenanalyse als neue Methode für Eventstudien, S. 25–27; vgl. *Elton/Gruber/Brown/Goetzmann*, Modern Portfolio Theory, S. 416–419; vgl. *Fama/Fisher/Jensen/Roll*, International Economic Review, 1969, Vol. 10 No. 1, 1, 1–7; vgl. *Schremper*, WiSt 2002, 687, 690.

[141] Vgl. *Elton/Gruber/Brown/Goetzmann*, Modern Portfolio Theory, S. 419–422; vgl. *Fama*, Journal of Finance, 1970, Vol. 25, No. 2, 383, 415; vgl. *Shleifer*, Inefficient Markets, S. 7–8.

[142] *Bimberg*, Unternehmensübernahmen und Erwerbsangebote in Deutschland, S. 193.

[143] *Bak/Bigus*, ZBB 2006, 430, 433–435; *Vollmer*, Rechnungslegung auf informationseffizienten Kapitalmärkten, S. 89, 93; *Wagner*, Nichtlineare Zeitreihenanalyse als neue Methode für Eventstudien, S. 21, 25; vgl. *Jehmilch*, Effizienz und Preiskontinuität von Aktienmärkten, S. 96–98 Tab. 1, S. 102; vgl. *Kapoor/Prosad*, Behavioural Finance, S. 136; umfassend zur Uneinigkeit der Studienlage zur mittelstrengen Effizienz *Leković*, Economic Themes, 2018, Vol. 56, Iss. 3, 369, 377–381.

Markt nicht gesichert ist[144]. Letztlich lässt eine Gesamtschau der Studien Zweifel an einer stets bestehenden mittelstrengen Informationseffizienz aufkommen.[145] Ferner streiten auch hier nachgewiesene Marktanomalien gegen eine Effizienz.[146] Auf jene wird ebenso an späterer Stelle Bezug genommen.

Darüber hinaus wird für die mittelstrenge Effizienzmarkthypothese angeführt, dass es nicht möglich sei, den Markt zu schlagen.[147] Dem lassen sich aber entsprechende Gegenbeispiele entgegengehalten.[148] Laut Studien können die meisten aktiv gemanagten Fonds jedoch keine Indexfonds übertrumpfen.[149]

c) Strenge Form der Informationseffizienz

Das reale Vorliegen einer strengen Informationseffizienz wird weitestgehend verneint.[150] Gegen die strenge Markteffizienz sind die Erkenntnisse Seyhuns anzuführen.[151] So entdeckte er, dass Insider bei Nutzung ihres Informationsvorsprungs deutliche Gewinne erzielen konnten.[152] Auch die Vielzahl weiterer Nachweise eines profitablen Insiderhandels widerlegen die strenge Form der Markteffizienz.[153] Folglich ist die strenge Form der Markteffizienz von vornherein abzulehnen, sodass

---

[144] So jedenfalls *Schremper*, WiSt 2002, 687, 690 Tab. 1; vgl. auch *Bak/Bigus*, ZBB 2006, 430, 434–435; vgl. *Jehmilch*, Effizienz und Preiskontinuität von Aktienmärkten, S. 98–102.

[145] Vgl. *Jehmilch*, Effizienz und Preiskontinuität von Aktienmärkten, S. 102, unter Bezugnahme von internationalen und den deutschen Kapitalmarkt betreffenden Studien.

[146] Siehe hierzu: § 2 C.III.1. Vgl. auch *Vollmer*, Rechnungslegung auf informationseffizienten Kapitalmärkten, S. 87–89 zum Gewinnankündigungsdrift.

[147] *Bak/Bigus*, ZBB 2006, 430, 434; *Kallweit*, Die angemessene Abfindung beim übernahmerechtlichen Squeeze-out, S. 62 § 2; *Schremper*, WiSt 2002, 687, 691; vgl. *Elton/Gruber/Brown/Goetzmann*, Modern Portfolio Theory, S. 428; vgl. *Malkiel*, The Financial Review, 2005, Vol. 40, 1, 1–2, 8–9; vgl. *Steinhauer*, AG 1999, 299, 305–306.

[148] Siehe etwa *Shefrin*, Beyond Greed and Fear, S. 69–70; vgl. *Edwards/Ganti/Lazzara/Nelesen/Di Gioia*, SPIVA U.S. Scorecard Year-End 2022, S. 1–2; vgl. *Großfeld*, Unternehmens- und Anteilsbewertung im Gesellschaftsrecht, S. 184; vgl. *Steinhauer*, AG 1999, 299, 306.

[149] *Edwards/Ganti/Lazzara/Nelesen/Di Gioia*, SPIVA U.S. Scorecard Year-End 2022, S. 1–2; *Malkiel*, The Financial Review, 2005, Vol. 40, 1, 2–8; vgl. *Steinhauer*, AG 1999, 299, 306.

[150] *Leković*, Economic Themes, 2018, Vol. 56, Iss. 3, 369, 381–383; *Schremper*, WiSt 2002, 687, 690 Tab. 1, 691; *Vollmer*, Rechnungslegung auf informationseffizienten Kapitalmärkten, S. 91; vgl. *Bak/Bigus*, ZBB 2006, 430, 433; vgl. *Poelzig*, Kapitalmarktrecht, S. 18 § 1 Rn. 37; vgl. *Wagner*, Nichtlineare Zeitreihenanalyse als neue Methode für Eventstudien, S. 19.

[151] Baker/Nofsinger/*Rau*, Behavioral Finance, S. 336 III.18; *Daxhammer/Facsar*, Behavioral Finance, S. 42; *Shleifer*, Inefficient Markets, S. 7.

[152] *Seyhun*, Journal of Financial Economics, 1986, 16, 189, 189, 210–211; vgl. *Daxhammer/Facsar*, Behavioral Finance, S. 42; vgl. *Shleifer*, Inefficient Markets, S. 7.

[153] *Schremper*, WiSt 2002, 687, 691; *Wagner*, Nichtlineare Zeitreihenanalyse als neue Methode für Eventstudien, S. 19–21; vgl. *Kapoor/Prosad*, Behavioural Finance, S. 136.

sie auch nicht weiter unter verhaltensökonomischen Aspekten diskutiert werden muss.

d) Allokationseffizienz

Zum Nachweis einer Allokationseffizienz können Ereignisstudien bezüglich Informationen durchgeführt werden, die nicht auf Fundamentaldaten des Unternehmens basieren und dementsprechend keine Kursauswirkung verzeichnen dürften.[154] Derartige Informationen stellen etwa der Verkauf eines großen Aktienpakets oder die Aufnahme der Aktie in einen Index dar, da solche Umstände keine Aussage zur Leistungsfähigkeit eines Unternehmens bieten.[155] Die Aussagekraft etwaiger Befunde ist aber dahingehend abgeschwächt, dass die Informationen auch weitere dahinterstehende fundamentalwertrelevante Informationen mittransportieren könnten.[156] So konnten etwa erhebliche Preiseinbrüche beim Verkauf größerer Anteilspakete nachgewiesen werden, was gegen eine Allokationseffizienz spricht.[157] Andererseits ließe sich diese Beobachtung auch in die Richtung deuten, dass durch das Handeln des Paketverkäufers eine neue ertragswertbezogene Information allgemein bekannt wird, weshalb sie nicht zwangsläufig eine entsprechende Effizienz konterkariert.[158] Allerdings konnte ein sog. *Index-Effekt* festgestellt werden.[159] Demnach geht die Aufnahme einer Aktie in einen prominenten Index mit deutlich positiven Überrenditen einher, während ihre Entfernung aus einem solchen die gegenteilige Wirkung hat.[160] Da sich die Auswahlkriterien für eine Indexzusammensetzung nicht anhand von Fundamentaldaten bestimmen und da sowohl die Entscheidung über Veränderungen von Indexzusammensetzungen als auch die ihnen zugrundeliegenden Kennzahlen veröffentlicht werden, kann es sich kaum um

---

[154] *Adolff*, Unternehmensbewertung im Recht der börsennotierten Aktiengesellschaft, S. 124.

[155] *Adolff*, Unternehmensbewertung im Recht der börsennotierten Aktiengesellschaft, S. 124.

[156] *Adolff*, Unternehmensbewertung im Recht der börsennotierten Aktiengesellschaft, S. 124.

[157] *Adolff*, Unternehmensbewertung im Recht der börsennotierten Aktiengesellschaft, S. 124–125.

[158] *Adolff*, Unternehmensbewertung im Recht der börsennotierten Aktiengesellschaft, S. 125–126; vgl. *Gilson/Kraakman*, Virginia Law Review, 1984, Vol. 70, 549, 572–575; vgl. *Kraus/Stoll*, Journal of Finance, 1972, Vol. 72, No. 3, 569, 577.

[159] *Deininger*, Der Indexeffekt am deutschen Kapitalmarkt und dessen Ursachen, S. 151–175 mit einer Zusammenfassung des Forschungsstands, welcher auf einen Indexeffekt an allen großen Kapitalmärkten hinweist; *Richar*, Der Indexeffekt, S. 40–45, 84, der einen Indexeffekt am deutschen Kapitalmarkt nachweist und aufzeigt, dass die bisherige Studienlage einen solchen an sämtlichen großen Kapitalmärkten bestätigt.

[160] *Adolff*, Unternehmensbewertung im Recht der börsennotierten Aktiengesellschaft, S. 127–128; zu Kursreaktionen auf Indexveränderungen auch *Deininger*, Der Indexeffekt am deutschen Kapitalmarkt und dessen Ursachen, S. 1–2.

Informationen zur künftigen Ertragskraft eines Unternehmens handeln.[161] Damit spricht dieser Effekt klar gegen einen allokationseffizienten Kapitalmarkt.[162] Ein weiterer möglicher Nachweis der Allokationseffizienz stellt die Analyse von Über- und Unterreaktionen der Börsenkurse dar.[163] Derartige Extremreaktionen dürften einer unverzerrten Wiedergabe von wertrelevanten Informationen widersprechen. Allerdings können Kursreaktionen auch auf der Einpreisung entsprechender Informationen beruhen.[164] Zumindest beim Auftreten von Spekulationsblasen dürfte aber keine Allokationseffizienz vorliegen.[165] Ebenso zeigt eine Untersuchung von Kursreaktionen auf Informationen[166] oder der Versuch einer *Ex-post*-Erklärbarkeit von Aktienkursen[167] nicht sicher auf, ob Informationen korrekt in den Börsenkurs eingepreist werden.[168]

Überdies konterkarieren die Forschungsergebnisse zur eingeschränkten Rationalität des Menschen[169] und die Belege zahlreicher Marktanomalien[170] eine reale Allokationseffizienz. Aufgrund ihrer zentralen Bedeutung ist diesen Phänomenen ein eigener Abschnitt gewidmet.

Letztlich streitet die Empirie gegen eine grundsätzliche Allokationseffizienz des Marktes.

e) Aussagekraft der Studien

Der Aussagekraft der empirischen Studien zur Kapitalmarkteffizienz ist mit Vorsicht zu begegnen.

---

[161] *Adolff*, Unternehmensbewertung im Recht der börsennotierten Aktiengesellschaft, S. 127.

[162] *Adolff*, Unternehmensbewertung im Recht der börsennotierten Aktiengesellschaft, S. 128; vgl. *Deininger*, Der Indexeffekt am deutschen Kapitalmarkt und dessen Ursachen, S. 349, der vor dem Hintergrund des Indexeffektes die Informationseffizienzhypothese ablehnt; vgl. *Richar*, Der Indexeffekt, S. 85–86, laut welche der Indexeffekt ebenso der Informationseffizienzhypothese widerspricht und als mögliche Erklärung für diesen auf die *Behavioral Finance* verweist.

[163] *Bienert*, Der Marktprozeß an Aktienbörsen, S. 43–45; *Ferrillo/Dunbar/Tabak*, St. John's Law Review, 2004, Vol. 78, No. 1, 81, 118–119.

[164] Vgl. *Bienert*, Der Marktprozeß an Aktienbörsen, S. 45; vgl. *Ferrillo/Dunbar/Tabak*, St. John's Law Review, 2004, Vol. 78, No. 1, 81, 118–119.

[165] Siehe hierzu: § 2 C.III.2.

[166] *Ferrillo/Dunbar/Tabak*, St. John's Law Review, 2004, Vol. 78, No. 1, 81, 119–122.

[167] *Bienert*, Der Marktprozeß an Aktienbörsen, S. 45–46.

[168] Vgl. *Bienert*, Der Marktprozeß an Aktienbörsen, S. 46; vgl. *Ferrillo/Dunbar/Tabak*, St. John's Law Review, 2004, Vol. 78, No. 1, 81, 122.

[169] Siehe hierzu: § 2 C.I.

[170] Siehe hierzu: § 2 C.III.1.

Zunächst ist die Forschungslage höchst ambivalent, wobei zum Teil bereits die schwache Form der Effizienzmarkthypothese bezweifelt wird.[171] Folglich kann aus ihr kaum eine unwiderlegte Aussage abgeleitet werden. In ihrer Gesamtheit könnten die Studien jedenfalls dahingehend gedeutet werden, dass es temporär an einer Effizienz mangelt.[172]

Darüber hinaus besteht kein Konsens hinsichtlich einer wissenschaftlich belegten Methode zum Nachweis der Markteffizienz[173] und bezüglich der Faktoren, bei deren Vorliegen eine Markteffizienz anzunehmen ist[174]. Auch ist sich vor Augen zu führen, dass ein Börsenkurs lediglich das Ergebnis eines Preisbildungsprozesses wiedergibt und hieraus nicht sicher abgelesen werden kann, ob die wertrelevanten Informationen korrekt eingepreist worden sind.[175]

Weiterhin haftet den empirischen Nachweisen einer Markteffizienz das sog. *Joint-Hypothesis-Problem* an.[176] So kann ein real existierender Markt nicht unmittelbar auf eine Informations- und Allokationseffizienz hin untersucht werden.[177] Schließlich mangelt es an einem Vergleichsmaßstab, der vorschreibt, inwiefern eine Kursreaktion auf eine bestimmte Information folgen soll und ab wann der Kurs eine korrekte Bewertung wiedergibt.[178] Dementsprechend wird ein Kapitalmarktmodell als Vergleichsmaßstab herangezogen.[179] Hierbei findet eine Erweiterung der zu

---

[171] *Leković*, Economic Themes, 2018, Vol. 56, Iss. 3, 369, 369, 376, 381, 383; *Vollmer*, Rechnungslegung auf informationseffizienten Kapitalmärkten, S. 93; vgl. *Adolff*, Unternehmensbewertung im Recht der börsennotierten Aktiengesellschaft, S. 130; vgl. *Kallweit*, Die angemessene Abfindung beim übernahmerechtlichen Squeeze-out, S. 63 § 2.

[172] Vgl. *Jehmilch*, Effizienz und Preiskontinuität von Aktienmärkten, S. 103.

[173] *Brav/Heaton*, Journal of Corporation Law 2003, Vol. 28, Iss. 4, 517, 520, 535–537, die von der Problematik der „*Market Indeterminacy*" sprechen und die Unmöglichkeit einer sicheren Abgrenzung effizienter von ineffizienten Märkten der *Fraud-on-the-market-theory* und der Aussagekraft von *Event Studies* entgegenhalten; *Langevoort*, Arizona Law Review 2015, Vol. 57, Iss. 1, 37, 53 in Bezug auf die *Cammer-Factors*; *Reifschneider*, Informationeller Anlegerschutz, S. 163. Zur *Fraud-on-the-market-theory* und zu den *Cammer-Factors* siehe: § 6 C.

[174] *Fisher*, Emory Law Journal 2005, Vol. 54, 843, 863.

[175] *Schulte/Köller/Luksch*, WPg 2012, 380, 386, die von einer „*Black Box*" sprechen.

[176] *Adolff*, Unternehmensbewertung im Recht der börsennotierten Aktiengesellschaft, S. 101, 123; *Fama*, Journal of Finance, 1991, Vol. 46, No. 5, 1575, 1575; *Schremper*, WiSt 2002, 687, 690; vgl. *Kallweit*, Die angemessene Abfindung beim übernahmerechtlichen Squeeze-out, S. 63 § 2; vgl. *Leković*, Economic Themes, 2018, Vol. 56, Iss. 3, 369, 383; vgl. *Vollmer*, Rechnungslegung auf informationseffizienten Kapitalmärkten, S. 91–92.

[177] *Adolff*, Unternehmensbewertung im Recht der börsennotierten Aktiengesellschaft, S. 101; vgl. *Fama*, Journal of Finance, 1991, Vol. 46, No. 5, 1575, 1575; vgl. *Vollmer*, Rechnungslegung auf informationseffizienten Kapitalmärkten, S. 91.

[178] *Adolff*, Unternehmensbewertung im Recht der börsennotierten Aktiengesellschaft, S. 101.

[179] *Adolff*, Unternehmensbewertung im Recht der börsennotierten Aktiengesellschaft, S. 101; *Fama*, Journal of Finance, 1991, Vol. 46, No. 5, 1575, 1575–1576; vgl. *Leković*, Economic Themes, 2018, Vol. 56, Iss. 3, 369, 383.

prüfenden Hypothese statt.[180] Letztlich wird nicht nur die Effizienzmarkthypothese, sondern mit ihr auch das Kapitalmarktmodell in Form einer verbundenen Hypothese untersucht, was die Interpretation der Ergebnisse erschwert.[181] Auf Basis einer verbundenen Hypothese ist die Effizienzmarkthypothese aber nicht falsifizierbar.[182] Auch kann ein fehlerhaftes Kapitalmarktmodell die Befunde verfälschen.[183] Dabei wird oftmals auf das CAPM zurückgegriffen, welches selbst nicht empirisch überprüfbar ist.[184]

Anstelle einer Erweiterung der zu prüfenden Aussage zur Markteffizienz um ein Kapitalmarktmodell kann auch eine Beschränkung stattfinden.[185] Bei einer solchen fokussiert die empirische Untersuchung einzelne Implikationen der Effizienzmarkthypothese.[186] Allerdings gewährleisten bloße Implikationen für einzelne Effizienzaspekte keine gesicherte Aussage über eine tatsächliche Markteffizienz. So deutet etwa die in den Studien zur schwachen Informationseffizienz aufgezeigte fehlende lineare Korrelation von Renditen nicht notwendigerweise auf eine Effizienz hin, da jene auch eine auf klassischem Wege nicht nachweisbare nichtlineare Korrelation aufweisen können.[187]

Sowohl bei einer Erweiterung als auch bei einer Beschränkung der zu untersuchenden Aussage zur Effizienzmarkthypothese wird dieser nur indirekt begegnet.[188] Dementsprechend sollte der Aussagegehalt der empirischen Studien stets mit gewissen Zweifeln betrachtet werden.

---

[180] *Adolff*, Unternehmensbewertung im Recht der börsennotierten Aktiengesellschaft, S. 101.

[181] *Adolff*, Unternehmensbewertung im Recht der börsennotierten Aktiengesellschaft, S. 101; vgl. *Leković*, Economic Themes, 2018, Vol. 56, Iss. 3, 369, 383; vgl. *Vollmer*, Rechnungslegung auf informationseffizienten Kapitalmärkten, S. 91.

[182] *Schremper*, WiSt 2002, 687, 690; vgl. *Leković*, Economic Themes, 2018, Vol. 56, Iss. 3, 369, 383.

[183] Vgl. *Schremper*, WiSt 2002, 687, 690; vgl. *Vollmer*, Rechnungslegung auf informationseffizienten Kapitalmärkten, S. 91–92.

[184] *Vollmer*, Rechnungslegung auf informationseffizienten Kapitalmärkten, S. 92; vgl. *Kallweit*, Die angemessene Abfindung beim übernahmerechtlichen Squeeze-out, S. 63 § 2. Zum CAPM und der Kritik hieran siehe: § 2 C.III.1.a)bb)(1)(a).

[185] *Adolff*, Unternehmensbewertung im Recht der börsennotierten Aktiengesellschaft, S. 101.

[186] *Adolff*, Unternehmensbewertung im Recht der börsennotierten Aktiengesellschaft, S. 101.

[187] *Wagner*, Nichtlineare Zeitreihenanalyse als neue Methode für Eventstudien, S. 43.

[188] *Adolff*, Unternehmensbewertung im Recht der börsennotierten Aktiengesellschaft, S. 101; vgl. *Wagner*, Nichtlineare Zeitreihenanalyse als neue Methode für Eventstudien, S. 43.

f) Fazit: Studien zur Markteffizienz

Die empirische Forschung zur Markteffizienz kann diese nicht ohne Vorbehalt bestätigen.[189] So ist die Aussagekraft der Studien aufgrund ihrer teils widersprüchlichen Ergebnisse und des nur indirekten Effizienznachweises eingeschränkt. Ferner lässt sie berechtigte Zweifel an einer strengen Informationseffizienz und einer Allokationseffizienz aufkommen. Lediglich in ihrer schwachen und mittelstrengen Form findet die Effizienzmarkthypothese teilweise Bestätigung, wobei nicht mit Sicherheit gesagt werden kann, dass eine solche Informationseffizienz stets vorliegt. Sonach kann keine grundsätzliche umfassende Informations- und Allokationseffizienz am realen Markt unterstellt werden. Auch darf nicht mit Sicherheit davon ausgegangen werden, dass in den überwiegenden Fällen eine schwache oder gar mittelstrenge Informationseffizienz anzutreffen ist.

3. Fazit: Plausibilität der Effizienzmarkthypothese

Wie die vorangegangenen Erwägungen zeigen, ist eine perfekte Effizienz als Idealmodell zu begreifen, welches in der Realität kaum anzutreffen ist. Zwar ist grundsätzlich von einer institutionellen und einer ausreichenden operationalen Effizienz auszugehen. Ferner deuten einige Studien auf eine Informationseffizienz in ihrer schwachen sowie mittelstrengen Ausprägung hin, wobei hieraus keine gesicherte Aussage für deren Vorliegen im Regelfall hergeleitet werden kann. Die reale Existenz einer strengen Informationseffizienz und einer Allokationseffizienz kann hingegen bezweifelt werden. Dies gilt insbesondere für die Vorstellung, dass diese Formen der Effizienz stets oder überwiegend vorliegen würden. Realiter wird allenfalls eine abgeschwächte Kapitalmarkteffizienz bestehen. Ihr Ausprägungsgrad dürfte vom jeweiligen Einzelfall abhängen.

VI. Kritik an der Effizienzmarkthypothese und dem Modell des Homo Oeconomicus

Die Effizienzmarkthypothese sieht sich vielerlei Kritik ausgesetzt. Vor allem steht ihr mit dem Ansatz der *Behavioral Finance* ein ihren grundsätzlichen Annahmen widersprechender Wissenschaftszweig gegenüber. Diesem Aspekt, der zudem einen zentralen Bestandteil dieser Arbeit bildet, ist ein eigenes Kapitel gewidmet.[190] Dementsprechend seien hier weitere, neben der *Behavioral Finance* stehende Kritikpunkte genannt.

---

[189] *Adolff*, Unternehmensbewertung im Recht der börsennotierten Aktiengesellschaft, S. 129; *Leković*, Economic Themes, 2018, Vol. 56, Iss. 3, 369, 369, 383; vgl. *Jehmilch*, Effizienz und Preiskontinuität von Aktienmärkten, S. 102–103.

[190] Siehe hierzu: § 2 C.

1. Rechtswissenschaften

Seitens der Rechtswissenschaft wird dem Menschenbild des *Homo Oeconomicus* zum Teil Realitätsferne vorgeworfen.[191] Diesbezüglich könnte man sich auf die durch die Kognitionspsychologie gestützte mangelnde Rationalität und auf ein oftmals uneigennütziges Verhalten des Menschen berufen.[192] Dabei wird teils explizit auf eine Irrationalität an Kapitalmärkten hingewiesen.[193] Weiterhin findet sich der Vorwurf, dass das Konzept des rationalen und eigennutzorientierten Menschen dem rechtlich gebotenen offenen Menschenbild widerspreche.[194] Die Berücksichtigung psychologischer Aspekte im Sinne eines *Behavioral-Law-and-Economics-Ansatzes* könnte hierbei ein realitätsgetreueres rechtswissenschaftliches Vorgehen ermöglichen.[195]

2. Ökonomie

Ein weiterer Kritikpunkt der Effizienzmarkthypothese stellt das von Grossman und Stiglitz beschriebene *Informationsparadoxon* dar. Hierzu führen sie an, dass auf einem idealen informationseffizienten Markt den Anlegern kein Anreiz geboten würde, Aufwendungen zur Informationsbeschaffung zu tätigen. Schließlich müssten die Marktpreise bereits alle Informationen enthalten. Wenn aber nun kein Marktteilnehmer sich mehr Informationen beschaffen und diese auswerten würde, könnte man einen Markt auch nicht mehr als informationseffizient bezeichnen.[196]

Hierbei wird jedoch die Möglichkeit missachtet, dass jeder Anleger davon ausgehen könnte, dass der Markt Fehlbewertungen unterläge und folglich zu schlagen sei. Gerade durch ihr informationsgestütztes Investitionsverhalten würden sie dann eine Markteffizienz herbeiführen.[197] Demnach wäre eine Informationseffizienz aber

[191] *Eidenmüller*, JZ 2005, 216, 218–221; *Fezer*, JZ 1986, 817, 822; *Fezer*, JZ 1988, 223, 224, 227–228; *Lüdemann*, Die Grenzen des homo oeconomicus und die Rechtswissenschaft, S. 6–7, 15; *Rittner*, JZ 2005, 668, 669; vgl. EBJS-HGB/*Poelzig*, Vor. WpHG Rn. 29; vgl. *Poelzig*, Kapitalmarktrecht, S. 21–22 § 1 Rn. 43 mit Bezug zur *Behavioral Finance.*

[192] *Eidenmüller*, JZ 2005, 216, 218–221.

[193] *Eidenmüller*, JZ 2005, 216, 220; *Lüdemann*, Die Grenzen des homo oeconomicus und die Rechtswissenschaft, S. 16–17; vgl. EBJS-HGB/*Poelzig*, Vor. WpHG Rn. 29; vgl. *Poelzig*, Kapitalmarktrecht, S. 21–22 § 1 Rn. 43.

[194] *Fezer*, JZ 1986, 817, 822; *Fezer*, JZ 1988, 223, 224, 227–228; vgl. *Lüdemann*, Die Grenzen des homo oeconomicus und die Rechtswissenschaft, S. 6–7; zu dieser Kritik auch *Hirte*, Berufshaftung, S. 318 § 7.

[195] *Eidenmüller*, JZ 2005, 216, 223–224.

[196] *Grossman/Stiglitz*, American Economic Review, 1980, Vol. 70, No. 3, 393, 404–405, wobei diese die Effizienzmarkthypothese nicht abschaffen, sondern vielmehr neu definieren möchten; vgl. *Adolff*, Unternehmensbewertung im Recht der börsennotierten Aktiengesellschaft, S. 140; vgl. *Bak/Bigus*, ZBB 2006, 430, 433; vgl. *Holzmeister/Huber/Schredelseker*, Grundlagen der Finanzwirtschaft, S. 414; vgl. *Schremper*, WiSt 2002, 687, 690.

[197] *Holzmeister/Huber/Schredelseker*, Grundlagen der Finanzwirtschaft, S. 414.

nur möglich, wenn man unterstellt, dass sich die Marktteilnehmer im Irrtum befinden.[198] Dies würde einer strengen Allokationseffizienz widersprechen. Sollten der Wert und der Börsenkurs übereinstimmen, käme es zu keinem Handel an der Börse.[199] Dabei ist zwischen dem Wert und dem Preis zu differenzieren.[200] Es werden aber gerade deshalb Transaktionen getätigt, weil divergierende Einschätzungen hinsichtlich einer Aktie bestehen.[201] Der in der Realität zu beobachtende Handel an der Börse zeigt, dass Wert und Preis nicht übereinstimmen.[202]

Um dem Paradoxon zu entgehen, kann die Effizienz auch dahingehend definiert werden, dass ein *Outside-Investor* keine systematische Überrendite erzielen kann, welche größer als die zur Erzielung aufzubringenden Informationskosten ist.[203] Mit diesem weicheren Begriffsverständnis wird aber von der strengen Form der Informationseffizienz abgewichen und die operationale Effizienz weiter abgeschwächt.

Ferner könnte dem Informationsparadoxon eine zeitlich verzögerte Kursanpassung entgegengehalten werden.[204] Sodann wäre man aber zu Abstrichen bei der relativen Effizienz gezwungen.

Letzten Endes kann diesem Phänomen nur mit einer weiteren Abschwächung des Effizienzbegriffs begegnet werden. Eine strenge Informations- und Allokationseffizienz sollte demnach *de facto* nicht vorliegen.

Ferner lässt sich gegen die Effizienzmarkthypothese auch eine Untersuchung von *Google-Trends* anführen.[205] Hierbei wurden Suchaktivitäten hinsichtlich Unternehmensnachrichten mit der Entwicklung des Aktienkurses von DAX-Unternehmen verglichen.[206] Würden alle Informationen sofort eingepreist werden, dürfte die Suchmaschinenaktivität der Anleger im Netz keinen Kurseinfluss haben.[207] Tatsächlich konnte aber ein gewisser Zusammenhang nachgewiesen werden.[208]

---

[198] *Holzmeister/Huber/Schredelseker*, Grundlagen der Finanzwirtschaft, S. 414–415.

[199] *Follert*, Zur Unternehmensbewertung im Spruchverfahren aus interessentheoretischer Sicht, S. 86; vgl. *Quill*, Interessengeleitete Unternehmensbewertung, S. 87, 365.

[200] *Follert*, Zur Unternehmensbewertung im Spruchverfahren aus interessentheoretischer Sicht, S. 85–86.

[201] *Aders/Muxfeld*, CF 2021, 233, 236.

[202] *Großfeld/Egger/Tönnes*, Recht der Unternehmensbewertung, S. 17 Rn. 71; vgl. *Matschke/Brösel*, Unternehmensbewertung, S. 32. Zur Nichtexistenz des rein objektiven, für jedermann geltenden Unternehmenswerts mit dem Börsenhandel als praktisches Beispiel siehe bereits: § 1 A.

[203] *Holzmeister/Huber/Schredelseker*, Grundlagen der Finanzwirtschaft, S. 415; vgl. *Adolff*, Unternehmensbewertung im Recht der börsennotierten Aktiengesellschaft, S. 140–141.

[204] *Schremper*, WiSt 2002, 687, 690.

[205] *Godefroy*, Informationseffizienz von Kapitalmärkten, S. 68.

[206] *Godefroy*, Informationseffizienz von Kapitalmärkten, S. 13, 67–68.

[207] *Godefroy*, Informationseffizienz von Kapitalmärkten, S. 68.

[208] *Godefroy*, Informationseffizienz von Kapitalmärkten, S. 68.

Auch in der feministischen Ökonomie findet sich Kritik am Modell des *Homo Oeconomicus*. So sei das Bild des rationalen, emotionslosen und nur am Eigennutz orientierten Menschen eine nicht der Wirklichkeit entsprechende männliche Projektion.[209] Emotionen sowie psychologische und soziale Aspekte würden von großen Teilen der Ökonomie als zu weich empfunden und damit negativ-feminin konnotiert abgelehnt.[210]

In Verbindung mit der kritischen Haltung von Ökonomen gegenüber der Effizienzmarkthypothese und dem *Homo Oeconomicus* steht auch die Kritik an der angelsächsischen marktorientierten Bewertungsschule. Wie bereits erwähnt wird die Hinwendung zu der als realitätsfern kritisierten marktorientierten Unternehmensbewertung[211] und zum Börsenkurs als Bewertungsmethode von Teilen der Wirtschaftswissenschaften als Ergebnis erfolgreicher Lobbyarbeit gedeutet.[212]

3. Fazit: Kritik an der Effizienzmarkthypothese und dem Modell des Homo Oeconomicus

Mithin findet sich seitens der Rechtswissenschaften wie auch seitens der Ökonomie vermehrt Kritik an der Effizienzmarkthypothese und der Vorstellung eines *Homo Oeconomicus*. Besagte Einwände laufen letztlich auf den Vorwurf eines mangelnden Realitätsbezugs hinaus.

VII. Fazit: Effizienzmarkthypothese

Wenn sie als grundlegendes Modell auch von historischer Bedeutung für die Kapitalmarktforschung ist, weist die lange Zeit anerkannte Effizienzmarkthypothese Risse auf. Dabei ist zu bezweifeln, dass sie den tatsächlichen Begebenheiten entspricht. So deutet die empirische Studienlage auf eine allenfalls abgeschwächte Kapitalmarkteffizienz hin. Ferner sieht sich die Effizienzmarkthypothese der Kritik ausgesetzt, nicht der Realität gerecht zu werden.

Vor diesem Hintergrund stellt sich die Frage, ob sie einen zielführenden Ansatz bezüglich der Problematik der Berücksichtigung des Börsenkurses bei der Unter-

---

[209] *Nelson*, Journal of Economic Perspectives, 1995, Vol. 9, No. 2, 131, 135–136; vgl. *Agenjo-Calderón/Gálvez-Munoz*, American Journal of Economics and Sociology, 2019, Vol. 78, Iss. 1, 137, 143–145.

[210] *Nelson*, Journal of Economic Perspectives, 1995, Vol. 9, No. 2, 131, 134–135, 136–137.

[211] *Quill*, Interessengeleitete Unternehmensbewertung, S. 85–88.

[212] Siehe bereits: § 1 unter Bezugnahme auf *Follert*, SpruchZ Nr. 1/2020, 2, 7; *Follert*, Zur Unternehmensbewertung im Spruchverfahren aus interessentheoretischer Sicht, S. 212–214; *Quill*, Interessengeleitete Unternehmensbewertung, S. 280–281, 294–296, 365–367. Auch hier sei auf den Lobbyeinfluss in den Rechtswissenschaften nach *Hirte*, FS Heidel (2021) S. 57, 67–68, 74–76; *Krüger/Tiffe*, myops 2021, 45, 48–50 hingewiesen.

nehmensbewertung darstellt. Dies erscheint vor allem mit Blick auf die Alternative in Gestalt der bereits erwähnten *Behavioral Finance* fraglich, welcher der nachfolgende Abschnitt gewidmet ist.

C. Behavioral Finance

Der Effizienzmarkthypothese wird der Ansatz der *Behavioral Finance* entgegengestellt. Sie fußt auf der Idee der begrenzten Rationalität (*Bounded Rationality*), wonach die rationale Entscheidungsfindung eines Menschen durch die ihm vorliegende Informationsmenge, seine persönliche Wahrnehmung und etwaige zeitliche Einschränkungen begrenzt wird.[213] Im Rahmen dessen wählt der Marktteilnehmer als sog. *Satisficer* anstatt einer optimalen Option vielmehr die befriedigendste Option.[214] Dies widerspricht dem neoklassischen Anlegerbild.

Den rationalen informierten Anlegern werden die *Noise Trader* gegenübergestellt. Jene handeln auf Basis nicht bewertungsrelevanter Informationen (*Noise*)[215] und können eine Abweichung des Börsenkurses vom wahren Unternehmenswert verursachen[216]. Neben den *Noise Tradern* können auch sog. *Liquidity Trader* in Erscheinung treten, die aufgrund ihres Liquiditätsbedarfs zum Handeln gezwungen sind, womit sie Kursverzerrungen auslösen können.[217]

---

[213] *Baker/Filbeck/Nofsinger*, Behavioral Finance, S. 6; vgl. Baker/Nofsinger/*Ricciardi*, Behavioral Finance S. 141–142 I.8; vgl. *Simon* (2018), Rationality, Bounded, in: The New Palgrave Dictionary of Economics.

[214] *Baker/Filbeck/Nofsinger*, Behavioral Finance, S. 6; vgl. *Simon* (2008), Satisficing, in: The New Palgrave Dictionary of Economics; vgl. *Simon*, Psychological Review, 1956, Vol. 63, No. 2, 129, 129.

[215] *Black*, Journal of Finance, 1986, Vol. 41, No. 3, 529, 529–530; *Shefrin*, Beyond Greed and Fear, S. 295.

[216] Bürgers/Körber/Lieder/*Ruiz de Vargas*, AktG, Anh. § 305 AktG Rn. 49b; *Hinterleitner/Hornung*, Marktqualität und Insiderhandel auf Kapitalmärkten, S. 35; *Weber*, ZGR 2004, 280, 290; vgl. *Adolff*, Unternehmensbewertung im Recht der börsennotierten Aktiengesellschaft, S. 138.

[217] Bürgers/Körber/Lieder/*Ruiz de Vargas*, AktG, Anh. § 305 AktG Rn. 49b; vgl. *Admati/Pfleiderer*, Review of Financial Studies, 1988, Vol. 1, Iss. 1, 3, 4, die „*liquidity*" und „*noise*" jedoch synonym verwenden; zur unterschiedlichen Terminologie siehe *Bloomfield/O'Hara/Saar*, Review of Financial Studies 2009, Vol. 22, Iss. 6, 2275, 2276, 2300, welche auf die regelmäßig synonyme Verwendung der Begriffe „*Noise Trader*" und „*Liquidity Trader*" in der Forschung hinweisen und die *Noise Trader* in *Uninformed Trader* und *Liquidity Trader* aufteilen und diese von den *Informed Trader* abgrenzen; vgl. *Hinterleitner/Hornung*, Marktqualität und Insiderhandel auf Kapitalmärkten, S. 36 Fn. 120; siehe auch *Weber*, ZGR 2004, 280, 290, der neben den *Noise Tradern* auch Händler, die aus Liquiditätsüberlegungen oder mit Blick auf das Risiko ihres Portfolios agieren, als Beispiel für nicht auf Informationen basierenden Handelstätigkeiten, die zu kurzfristigen Abweichungen des Börsenkurses vom fundamentalen Wert führen, nennt.

Dem *Behavioral-Finance*-Ansatz zufolge fallen Marktteilnehmer systematisch psychologischen Verzerrungen anheim und neigen dementsprechend zu einem irrationalen Handeln.[218] Besagte Verzerrungen würden sich auf die Marktpreise dergestalt auswirken, dass es zu einer Abweichung vom Fundamentalwert kommt. Demensprechend sei von ineffizienten Märkten auszugehen.[219] So würden die psychologischen Verzerrungen der einzelnen Anleger in Kumulation zu einer Verzerrung auf Marktebene führen.[220]

Die *Behavioral Finance* fußt dabei auf zwei Grundpfeilern: Dem der Psychologie und dem der limitierten Arbitrage.[221] Diese Aspekte widersprechen auch der Vorstellung einer kollektiven Rationalität sowie dem Aggregations- und Arbitrageargument.[222] Im weiteren Verlauf der Arbeit werden diese beiden Themenkomplexe näher erörtert.

I. Psychologische Aspekte

Für die Idee der *Behavioral Finance* und gegen das Modell des *Homo Oeconomicus* lassen sich psychologische Gesichtspunkte anführen.[223] So werden Akteure auf dem Kapitalmarkt bei ihrer Entscheidungsfindung mit einer umfangreichen Informationsmenge und einer grundlegenden Ungewissheit konfrontiert.[224] Um den Umgang mit dieser Situation und das hierbei zu beobachtende irrationale Verhalten zu verstehen, sind die psychologischen Vorgänge im Informations- und Entscheidungsprozess näher zu beleuchten. Neben der kognitiven Psychologie werden auch die Erkenntnisse der Neurologie und der Emotionsforschung miteinbezogen.

---

[218] *Beck*, Behavioral Economics, S. 351; *Goldberg/von Nitzsch*, Behavioral Finance, S. 25; vgl. *Fleischer*, FS Immenga (2004), S. 575, 577–578; vgl. *Hirshleifer*, Journal of Finance, 2001, Vol. 56, No. 4, 1533, 1540; vgl. *Pompian*, Behavioral Finance and Wealth Management, S. 43–45.

[219] *Shefrin*, Beyond Greed and Fear, S. 5, 42; vgl. Baker/Nofsinger/*Baker/Nofsinger*, Behavioral Finance, S. 7 I.1; vgl. *Beck*, Behavioral Economics, S. 351.

[220] *Averbeck*, Added Value von Behavioral-Finance-Fonds, S. 56; vgl. *Pompian*, Behavioral Finance and Wealth Management, S. 11.

[221] *Ritter*, Pacific-Basin Finance Journal, 2003, 11, 429, 429; Thaler/*Barberis/Thaler*, Advances in Behavioral Finance Vol. II, S. 2; vgl. im Ansatz bereits *Shleifer/Summers*, Journal of Economic Perspectives, 1990, Vol. 4, No. 2, 19, 19–20.

[222] Siehe auch *Adolff*, Unternehmensbewertung im Recht der börsennotierten Aktiengesellschaft, S. 141–153 zu den Einwänden gegen das Aggregations- und das Arbitrageargument, der hierbei psychologische Gesichtspunkte und die Grenzen der Arbitrage anführt.

[223] *Teigelack*, Finanzanalyse und Behavioral Finance, S. 90; vgl. *Daxhammer/Facsar*, Behavioral Finance, S. 79–81.

[224] *Daxhammer/Facsar*, Behavioral Finance, S. 169; *Goldberg/von Nitzsch*, Behavioral Finance, S. 49.

1. Das menschliche Gehirn

Versucht man die psychischen Prozesse der Marktteilnehmer zu verstehen, kommt man nicht umhin, den Aufbau und die Entwicklung unseres Denkapparates zu untersuchen.

Evolutiv bedingt sind das menschliche Gehirn und seine Entscheidungen auf biologische Fitness ausgelegt.[225] Folglich zielt es darauf ab, mit möglichst geringem Energieaufwand schnell eine Entscheidung zu finden.[226] Die evolutive Anpassung unseres Gehirns geschah aber zum Großteil in einer Zeit, die vom Überlebenskampf des Urmenschen und nicht von Finanzmärkten und Aktien geprägt war.[227]

Dass sein evolutiver Werdegang den Menschen immer noch verfolgt, verdeutlicht das *Modell des dreieinigen Gehirns* (*Triune Brain*) des Hirnforschers Paul D. MacLean. Dieser geht davon aus, dass das menschliche Gehirn evolutiv gewachsen ist und dementsprechend aus drei sich überlappenden Gehirnen besteht.[228] Im Laufe der Evolution haben sich ihm zufolge die ursprünglichen Hirnareale vergleichsweise wenig weiterentwickelt.[229] Vielmehr wurden neue Teile mit zusätzlichen Funktionen hinzugefügt.[230] Das älteste Gehirn ist demnach das sog. *Reptiliengehirn.*[231] Beim Menschen steuert dieses in erster Linie Alltagshandlungen und Routinen.[232] Mit den Säugetieren entwickelte sich das *paleomammalische Gehirn*, welches das *limbische System* darstellt.[233] Jenes lässt sich als emotionaler Abschnitt des Gehirns klassifizieren.[234] Vor allem der Mensch zeichnet sich durch das dritte und jüngste Gehirn, das sog. *neomammalische Gehirn*, aus.[235] Es bildet den *Cortex*

---

[225] Reimann/Weber/*Bürger/Weber*, Neuroökonomie, S. 245.

[226] Reimann/Weber/*Bürger/Weber*, Neuroökonomie, S. 245.

[227] Vgl. Reimann/Weber/*Bürger/Weber*, Neuroökonomie, S. 222–223.

[228] *Goldberg/von Nitzsch*, Behavioral Finance, S. 165–166; *MacLean*, Psychotherapy and Psychosomatics, 1977, Vol. 28, 207, 208.

[229] *Bachmann/De Giorgi/Hens*, Behavioral Finance for Private Banking, S. 48.

[230] *Bachmann/De Giorgi/Hens*, Behavioral Finance for Private Banking, S. 48; vgl. *Goldberg/von Nitzsch*, Behavioral Finance, S. 166.

[231] *Goldberg/von Nitzsch*, Behavioral Finance, S. 165–166; *MacLean*, Psychotherapy and Psychosomatics, 1977, Vol. 28, 207, 209–210.

[232] *Goldberg/von Nitzsch*, Behavioral Finance, S. 167–168; MacLean, Psychotherapy and Psychosomatics, 1977, Vol. 28, 207, 213.

[233] *Goldberg/von Nitzsch*, Behavioral Finance, S. 166–167; *MacLean*, Psychotherapy and Psychosomatics, 1977, Vol. 28, 207, 213–214.

[234] *Kapoor/Prosad*, Behavioural Finance, S. 51; *MacLean*, Psychotherapy and Psychosomatics, 1977, Vol. 28, 207, 214; Reimann/Weber/*Bürger/Weber*, Neuroökonomie, S. 255–256.

[235] *Goldberg/von Nitzsch*, Behavioral Finance, S. 166–167; *MacLean*, Psychotherapy and Psychosomatics, 1977, Vol. 28, 207, 216–219.

ab.[236] Der *Cortex* stellt den rationalen Teil des Gehirns dar.[237] Anatomisch gesehen muss dem *frontalen Cortex* besondere Aufmerksamkeit geschenkt werden. Dieser besteht unter anderem aus dem *präfrontalen* und dem *orbifrontalen Cortex.*[238] Neurologische Untersuchengen legen nahe, dass vor allem diese Hirnareale zur Entscheidungsfindung genutzt werden.[239] MacLean geht davon aus, dass die drei verschiedenen Gehirne über neuronale Wege miteinander verbunden sind.[240] Demzufolge spielen Emotionen und Instinkte eine entscheidende Rolle bei der Entscheidungsfindung.[241]

Zwar wird das *Triune-Brain*-Modell mittlerweile als überholt und stark vereinfacht kritisiert.[242] Dennoch zeigt es auf nachvollziehbare Weise die evolutiv bedingte Prägung des menschlichen Gehirns auf.[243] Demnach dürfte es evolutive „Rückstände" aufweisen, die vom Ideal des vollständig rational agierenden *Homo Oeconomicus* abweichen.

So zeigt sich etwa die der Evolution geschuldete Schwäche des von MacLean als *neomammalisches Gehirn* bezeichneten Areals. Da der *präfrontale Cortex* ein evolutiv betrachtet jüngerer Abschnitt des Gehirns ist, müsste dieser sich entsprechend der immer weiter anwachsenden Informationsflut, mit der er konfrontiert wird, weiterentwickeln.[244] In Anbetracht der langen Entwicklungsgeschichte des menschlichen Gehirns ist es gerade nicht zu einer Anpassung dahingehend gekommen. Überdies hat der *präfrontale Cortex* einen hohen Energieverbrauch, wodurch es schnell zur Ermüdung kommt.[245]

---

236 Baker/Nofsinger/*Peterson*, Behavioral Finance, S. 75 I.5; *Goldberg/von Nitzsch*, Behavioral Finance, S. 166–167; *MacLean*, Psychotherapy and Psychosomatics, 1977, Vol. 28, 207, 216–219.

237 *Kapoor/Prosad*, Behavioural Finance, S. 51; vgl. *MacLean*, Psychotherapy and Psychosomatics, 1977, Vol. 28, 207, 216.

238 Reimann/Weber/*Derouiche*, Neuroökonomie, S. 33.

239 Reimann/Weber/*Bürger/Weber*, Neuroökonomie, S. 246–251.

240 Baker/Nofsinger/*Peterson*, Behavioral Finance, S. 75 I.5; *MacLean*, Psychotherapy and Psychosomatics, 1977, Vol. 28, 207, 217, Fig. 7.

241 *MacLean*, Psychotherapy and Psychosomatics, 1977, Vol. 28, 207, 218–219.

242 Vgl. *Wiest*, Frontiers in Psychology, 2012, Vol. 3, Art. 516, S. 4. Kritisch hins. der Gegenstimmen aber: *Cory*, Journal of Behavioral Economics for Policy 2021, Vol. 5, John Tomer Memorial Issue, 7, 9; *Cory*, Reappraising MacLean's Triune Brain Concept, S. 9, 11–21, in: The Evolutionary Neuroethology of Paul MacLean: Convergences and Frontiers, 2002.

243 Vgl. *Cory*, Journal of Behavioral Economics for Policy 2021, Vol. 5, John Tomer Memorial Issue, 7, 9; vgl. *Cory*, Reappraising MacLean's Triune Brain Concept, S. 9, 11, 21, in: The Evolutionary Neuroethology of Paul MacLean: Convergences and Frontiers, 2002; vgl. *Tomer*, World Economic Review 2012, Vol. 1, 76, 78; vgl. *Wiest*, Frontiers in Psychology, 2012, Vol. 3, Art. 516, S. 3–4, 6–7.

244 *Daxhammer/Facsar*, Behavioral Finance, S. 172.

245 *Daxhammer/Facsar*, Behavioral Finance, S. 172.

Da sowohl anatomische Verbindungen zum *frontalen Cortex* als auch der Einsatz des emotionalen Gehirnareals in Entscheidungssituationen nachgewiesen wurden, ist davon auszugehen, dass Emotionen einen Einfluss auf die ökonomische Entscheidungsfindung haben.[246] Somit beweist die Neurowissenschaft, dass sich das Denken nicht vom Fühlen trennen lässt.[247]

Ungeachtet dessen kann das Gehirn keine umfassende Informationsverarbeitung gewährleisten. Grundsätzlich ist die kognitive Leistungsfähigkeit eines Menschen begrenzt, was schon frühe Studien nahelegen. George Miller nahm 1956 an, dass das menschliche Gehirn ca. sieben Informationseinheiten parallel verarbeiten könne.[248] Spätere Forschungen kamen sogar zu dem Ergebnis, dass die Anzahl an gleichzeitig verarbeiteten Informationen etwa vier Einheiten beträgt.[249] Weiterhin ist diese Anzahl noch von der Komplexität der Informationen abhängig.[250] Eine rationale Anlageentscheidung unter Zuhilfenahme sämtlicher Informationen erscheint dementsprechend unrealistisch.

Mithin sind die menschliche Wahrnehmung und Entscheidungsfindung durch die Leistung des Gehirns und dessen evolutiven Aufbau beschränkt. Schlussfolgernd ist von einem Hang zum irrationalen Handeln auszugehen. Besagte Irrationalität manifestiert sich in den später erläuterten *Heuristiken*, *Frames* und *Biases*.[251]

2. Emotionen

Neben dem bereits erwähnten neurologisch bedingten Einfluss von Emotionen auf den Entscheidungsprozess sind Gefühlsregungen noch unter einem weiteren Gesichtspunkt zu beachten.

Schließlich wird davon ausgegangen, dass die Entscheidungsfindung angesichts von Unsicherheit und vieldeutigen Informationen durch Emotionen verzerrt werden kann.[252] So ist nach der *Emotional Finance* eine Investition mit einer gewissen Unsicherheit verbunden.[253] Besagte Unsicherheit führt zu Besorgnis und Angst,

---

[246] *Kapoor/Prosad*, Behavioural Finance, S. 53; Reimann/Weber/*Bürger/Weber*, Neuroökonomie, S. 256–257.

[247] So auch *Holtfort*, Emotionsökonomie, S. 9–10.

[248] *Daxhammer/Facsar*, Behavioral Finance, S. 175; *Goldberg/von Nitzsch*, Behavioral Finance, S. 47, 49–50; *Miller*, The Psychological Review, 1956, Vol. 63, No. 2, 81, 90, 96.

[249] *Cowan*, Behavioral and Brain Sciences, 2000, Vol. 24, Iss.1, 85, 87, 114; *Daxhammer/Facsar*, Behavioral Finance, S. 175.

[250] *Daxhammer/Facsar*, Behavioral Finance, S. 175.

[251] Siehe: § 2 C.I.4.

[252] Vgl. *Tuckett/Taffler*, International Journal of Psychoanalysis, 2008, Vol. 89, 389, 392–393.

[253] Baker/Nofsinger/*Taffler/Tuckett*, Behavioral Finance, S. 99 I.6; *Daxhammer/Facsar*, Behavioral Finance, S. 359.

welche wiederum Stress hervorruft.[254] Aus der Stresssituation heraus kann es zu irrationalem Verhalten kommen.[255] Hinsichtlich des Stresses lässt sich wieder auf die Neurologie zurückgreifen. Schließlich führt das Gefühl von Stress und fehlender Kontrolle bei Säugetieren erwiesenermaßen zu einer zeitweisen geringeren Nutzung des *präfrontalen Cortex.*[256] Letztlich bietet sich für dieses Phänomen eine evolutive Erklärung an.[257] So mag in der Wildnis ein instinktives und schnelles Agieren bei Stress- und Gefahrensituationen von Vorteil sein.[258] Dem modernen Menschen hilft ein derartiges Handeln meist wenig, da er eher auf seinen *präfrontalen Cortex* für ein überlegtes Vorgehen angewiesen ist.[259] Dabei resultiert aus der sog. *Information Overload* eine Wahrnehmungsstörung dergestalt, dass ein zu großes Informationsangebot zu einer stressbedingten Behinderung beim Setzen von Prioritäten und der Erinnerung an ältere Informationen führen kann.[260]

Folglich ist der Wahrnehmungs- und Entscheidungsfindungsprozess des Menschen durch dessen Emotionen beeinflusst. Dies lässt auf ein irrationales, dem *Homo Oeconomicus* widersprechendes Marktverhalten schließen. Auf die emotionsbedingten Verzerrungen wird im Unterkapitel zu den *Heuristiken, Frames* und *Biases* näher eingegangen.

3. Zwei Systeme

Der Erforschung von kognitiven Verzerrungen kann die systematische Einteilung des Denkens zugrunde gelegt werden. Psychologen teilen dabei die Funktionsweise des menschlichen Intellekts in *zwei Systeme* auf.[261] Allerdings handelt es sich bei diesen Systemen um keine festen Gebilde oder Hirnareale, sondern eher um zwei Modi innerhalb des menschlichen Denkens.[262]

Das *System 1* (auch: automatisches System[263]) arbeitet schnell, automatisch, fast mühelos und unterliegt meist keiner willentlichen Steuerung.[264] Angeborene Fer-

---

[254] Baker/Nofsinger/*Taffler/Tuckett*, Behavioral Finance, S. 99 I.6; *Daxhammer/Facsar*, Behavioral Finance, S. 359.

[255] *Daxhammer/Facsar*, Behavioral Finance, S. 359.

[256] *Arnsten*, Science, 1998, Vol. 280, No. 5370, 1711, 1711.

[257] *Arnsten*, Science, 1998, Vol. 280, No. 5370, 1711, 1711.

[258] Vgl. *Arnsten*, Science, 1998, Vol. 280, No. 5370, 1711, 1711.

[259] *Arnsten*, Science, 1998, Vol. 280, No. 5370, 1711, 1711–1712.

[260] *Daxhammer/Facsar*, Behavioral Finance, S. 173–174.

[261] *Kahneman*, Schnelles Denken, langsames Denken, S. 32–33, 513; *Kahneman*, The American Economic Review, 2003, Vol. 93 No. 5, 1449, 1451; *Shefrin*, Behavioral Corporate Finance, S. 3–4.

[262] Vgl. *Kahneman*, Schnelles Denken, langsames Denken, S. 43–44.

[263] *Kahneman*, Schnelles Denken, langsames Denken, S. 44.

tigkeiten und angelernte Assoziationen samt Routinen sind von diesem System erfasst.[265] Auch intuitive Handlungen werden von System 1 dominiert.[266] Letztlich kann man System 1 als Akteur des *schnellen Denkens* betiteln.[267] Kahneman führt bezüglich der Tätigkeit von System 1 das Akronym *WYSIATI* an, was für „*What you see is all there is*" – sinngemäß etwa „Nur was man gerade weiß, zählt" – steht.[268] Demnach kann System 1 nur momentan vorhandene Informationen aus aktivierten Vorstellungen verwenden und baut um diese herum eine kohärente Geschichte auf.[269] Bei knapper Informationslage vollführt es entsprechende Urteilssprünge.[270] Zwar ermöglicht uns diese Vorgehensweise ein schnelles Denken unter partieller Informationsinterpretation, was essentiell in einer komplexen Welt ist.[271] Allerdings führt *WYSIATI* auch zu einer Reihe von Fehlern im Entscheidungsprozess, wie etwa den *Framingeffekten, Heuristiken* und *Biases.*[272]

System 2 (auch: willentliches System[273]) hingegen agiert langsamer und durchdacht.[274] Es lenkt die Aufmerksamkeit des Individuums in Richtung bewusster mentaler Aktivitäten.[275] Folglich kann System 2 die Funktionsweise von System 1 im bestimmten Maße kontrollieren.[276] Generell ist die Tätigkeit des System 2 mit einem gewissen Grad an Konzentration sowie Handlungs- und Entscheidungsfreiheit verbunden.[277] Überdies ist System 2 mit der Überwachung von System 1 betraut.[278] Insgesamt lässt sich System 2 als Apparat des *langsamen Denkens* bezeichnen.[279] Es wird als das bewusste Selbst eines Individuums begriffen.[280]

---

264 *Kahneman*, Schnelles Denken, langsames Denken, S. 33; *Kahneman*, The American Economic Review, 2003, Vol. 93 No. 5, 1449, 1451; *Shefrin*, Behavioral Corporate Finance, S. 3.

265 *Kahneman*, Schnelles Denken, langsames Denken, S. 33.

266 *Kahneman*, The American Economic Review, 2003, Vol. 93 No. 5, 1449, 1452.

267 Vgl. *Kahneman*, Schnelles Denken, langsames Denken, S. 505.

268 *Kahneman*, Schnelles Denken, langsames Denken, S. 113.

269 *Kahneman*, Schnelles Denken, langsames Denken, S. 112–113.

270 *Kahneman*, Schnelles Denken, langsames Denken, S. 112–113.

271 *Kahneman*, Schnelles Denken, langsames Denken, S. 115.

272 Vgl. *Kahneman*, Schnelles Denken, langsames Denken, S. 115, 516.

273 *Kahneman*, Schnelles Denken, langsames Denken, S. 44.

274 *Kahneman*, The American Economic Review, 2003, Vol. 93 No. 5, 1449, 1451; *Shefrin*, Behavioral Corporate Finance, S. 4.

275 *Kahneman*, Schnelles Denken, langsames Denken, S. 33.

276 *Kahneman*, Schnelles Denken, langsames Denken, S. 35.

277 *Kahneman*, Schnelles Denken, langsames Denken, S. 33.

278 *Kahneman*, Schnelles Denken, langsames Denken, S. 33; vgl. *Kahneman*, The American Economic Review, 2003, Vol. 93 No. 5, 1449, 1451.

279 Vgl. *Kahneman*, Schnelles Denken, langsames Denken, S. 505.

280 *Kahneman*, Schnelles Denken, langsames Denken, S. 514.

Im Wachzustand sind beide Systeme aktiviert, wobei System 1 automatisch agiert und System 2 sich grundsätzlich in einem entspannten Zustand befindet.[281] Aus den wahrgenommenen Informationen formt System 1 Eindrücke und Intuitionen, welches es stets an System 2 sendet.[282] Letzteres ist maßgeblich in die Entscheidungsfindung involviert.[283] Im Idealfall braucht das System 2 die Vorschläge des vorgeschalteten System 1 nicht weiter zu modifizieren, sodass das Individuum seinen Vorstellungen nachkommt.[284] System 2 erfährt aber dann eine höhere Anstrengung, wenn eine komplexere Aufgabe bewältigt werden muss.[285] Allerdings kann das System 1 nicht nach Belieben abgeschaltet werden, sondern ist dem System 2 stets vorgeschaltet.[286] Die Entscheidungsfindung hängt folglich zum einen von den Eindrücken und Intuitionen des Systems 1, zum anderen von der Überwachung und Korrektur durch System 2 ab.[287]

Die Zusammenarbeit beider Systeme ist insoweit effizient, als dass sie für minimalen Aufwand bei optimaler Leistungsfähigkeit sorgt.[288] Schließlich ist das Gehirn des Menschen evolutiv bedingt darauf ausgelegt, sein Überleben zu sichern.[289] Dementsprechend ist es auf schnelle Reaktionen, eine klare Aufmerksamkeitszuweisung und die Priorisierung des Selbstschutzes ausgerichtet.[290] Letztlich gehen unsere kognitiven Prozesse den Weg der geringsten Anstrengung.[291] Zwecks Vermeidung erhöhter kognitiver Anstrengungen neigt das System 2 dazu, die Vorschläge von System 1 unverändert zu übernehmen.[292] Art und Ausmaß eines solchen Vorgehens ist aber von der Motivation, der Intelligenz, vom Zeitdruck, der Beschäftigung mit einer anderen Aufgabe und dem Gemütszustand des Individuums abhängig.[293] Ebenso senkt eine kognitive Auslastung die Einsatzbereitschaft von System 2.[294] Jene wird durch Ermüdung, Hunger und Emotionen bedingt.[295] Das Bild des durch die Evolution geprägten und von begrenzten Ressourcen ge-

---

[281] *Kahneman*, Schnelles Denken, langsames Denken, S. 37.

[282] *Kahneman*, Schnelles Denken, langsames Denken, S. 37; vgl. *Kahneman*, The American Economic Review, 2003, Vol. 93 No. 5, 1449, 1451–1452.

[283] *Kahneman*, The American Economic Review, 2003, Vol. 93 No. 5, 1449, 1452.

[284] *Kahneman*, Schnelles Denken, langsames Denken, S. 37.

[285] *Kahneman*, Schnelles Denken, langsames Denken, S. 37–38.

[286] *Kahneman*, Schnelles Denken, langsames Denken, S. 38.

[287] *Kahneman*, The American Economic Review, 2003, Vol. 93 No. 5, 1449, 1467.

[288] *Kahneman*, Schnelles Denken, langsames Denken, S. 38.

[289] *Kahneman*, Schnelles Denken, langsames Denken, S. 45.

[290] *Kahneman*, Schnelles Denken, langsames Denken, S. 50.

[291] *Kahneman*, Schnelles Denken, langsames Denken, S. 50–51.

[292] Vgl. *Kahneman*, Schnelles Denken, langsames Denken, S. 61–64; vgl. *Kahneman*, The American Economic Review, 2003, Vol. 93 No. 5, 1449, 1467.

[293] Vgl. *Kahneman*, Schnelles Denken, langsames Denken, S. 63–64; vgl. *Kahneman*, The American Economic Review, 2003, Vol. 93 No. 5, 1449, 1467.

[294] Vgl. *Kahneman*, Schnelles Denken, langsames Denken, S. 57–58.

[295] Vgl. *Kahneman*, Schnelles Denken, langsames Denken, S. 58–61.

beutelten Gehirns deckt sich mit den vorangegangenen neurowissenschaftlichen Erörterungen. Auch ist der bereits erwähnte Einfluss von Emotionen zu erkennen.

Letztendlich fällt System 1 oftmals kognitiven Verzerrungen anheim, was zu systematischen Fehleinschätzungen führt.[296] Hier kommen die negativen Effekte von *WYSIATI* zum Tragen. Besagte Schwächen des System 1 bilden sich in den *Heuristiken*, *Frames* und *Biases* ab.[297]

Dieses Modell der zwei zusammenarbeitenden Systeme widerspricht den neoklassischen Vorstellungen. So unterstellt der traditionelle Ansatz der Finanztheorie den Anlegern eine stete Anwendung vom System 2.[298] Demgegenüber bringt die Verhaltensökonomie die Fehleranfälligkeit des intuitiven System 1 mit ins Spiel.[299]

4. Heuristiken, Frames und Biases

Biases lassen sich am besten als systematisch auftretende kognitive oder emotionale Verzerrungen beschreiben.[300] Es geht dabei um die Veranlagung, eine bestimmte Art von Fehlern zu begehen.[301] Sie verleiten in der modernen Welt zu irrationalen und ineffizienten Entscheidungen.[302] Allerdings ist davon auszugehen, dass die *Biases* weniger eine Fehlentwicklung, sondern vielmehr einen Vorteil hinsichtlich der evolutiven Fitness des Menschen darstellen.[303] Mit Blick auf die Börse werden *Biases* als systematische Abweichungen einer rationalen Verhaltensweise individueller Marktteilnehmer auf Mikroebene betrachtet.[304] Dabei geht die *Behavioral Finance* davon aus, dass der Markt durch besagtes irrationales Verhalten seiner Teilnehmer beeinflusst wird, sodass der Börsenpreis vom Fundamentalwert abweicht.[305]

---

[296] *Kahneman*, Schnelles Denken, langsames Denken, S. 38.

[297] Vgl. *Shefrin*, Behavioral Corporate Finance, S. 3–4.

[298] *Beck*, Behavioral Economics S. 25; vgl. *Kahneman*, The American Economic Review, 2003, Vol. 93 No. 5, 1449, 1469; vgl. *Shefrin*, Behavioral Corporate Finance, S. 4.

[299] Vgl. *Kahneman*, The American Economic Review, 2003, Vol. 93 No. 5, 1449, 1469; vgl. *Shefrin*, Behavioral Corporate Finance, S. 4.

[300] *Pompian*, Behavioral Finance and Wealth Management, S. 44; vgl. Buss/*Haselton/Nettle/Murray*, Handbook of Evolutionary Psychology, S. 968 VII.41.

[301] *Shefrin*, Behavioral Corporate Finance, S. 4.

[302] *Baker/Filbeck/Nofsinger*, Behavioral Finance, S. 41; *Kapoor/Prosad*, Behavioural Finance, S. 87–88.

[303] Buss/*Haselton/Nettle/Murray*, Handbook of Evolutionary Psychology, S. 968–970 VII.41.

[304] Vgl. *Averbeck*, Added Value von Behavioral-Finance-Fonds, S. 27; vgl. *Pompian*, Behavioral Finance and Wealth Management, S. 11.

[305] *Shefrin*, Beyond Greed and Fear, S. 42; vgl. Baker/Nofsinger/*Baker/Nofsinger*, Behavioral Finance, S. 7 I.1.

Ein Blick in die Literatur zeigt, dass sich diese Verzerrungen auf unterschiedlichste Art und Weise klassifizieren lassen.[306] Angesichts der Bedeutung psychologischer Gesichtspunkte als Wurzel der *Biases* erscheint eine Unterteilung anhand ihrer Ursprünge am sinnvollsten. So lassen sie sich in *heuristisch* bedingte[307], durch *Framing* verursachte[308] und dem Einfluss *psychologischer Bedürfnisse* geschuldete *Biases*[309] aufteilen. Im Rahmen dessen wird auf die beiden Systeme wie auch auf neurologische und emotionale Aspekte eingegangen.

a) Heuristiken

aa) Erklärung: Heuristiken

Um einer Informationsflut wie jener, die auf dem Kapitalmarkt herrscht, Herr zu werden, bedient sich ein Anleger der *Behavioral Finance* zufolge oft der *Heuristiken.* Heuristiken sind mentale Abkürzungen und Faustregeln, mit welchen der Mensch eine Problematik vereinfacht und zur schnelleren Urteilsfindung gelangt.[310] Sie werden bei Entscheidungen unter Unsicherheit herangezogen.[311] So neigt das intuitive System 1 zu einer Vereinfachung, die das langsame System 2 oftmals angesichts der niedrigeren Anstrengung unterstützt.[312] Damit schafft es das menschliche Gehirn trotz seiner physischen Einschränkungen, komplexe Sachverhalte effektiv zu verarbeiten.[313] Folglich kann auf die Problematik der *Information*

---

[306] Z.B.: *Daxhammer/Facsar*, Behavioral Finance, S. 169–170, 193–194, die sich am Informations- und Entscheidungsprozess orientieren, jede *Bias* als heuristisch bedingt bezeichnen und zwischen kognitiven und emotionalen Heuristiken unterscheiden oder *Pompian*, Behavioral Finance and Wealth Management, S. 46–49, der zwischen emotionalen und kognitiven *Biases* differenziert und letztere weiter in *Biases* aufgrund eines Beharrens auf Überzeugungen bzw. *Biases* aus der Informationsverarbeitung unterteilt.

[307] *Kapoor/Prosad*, Behavioural Finance, S. 77–79; *Shefrin*, Behavioral Corporate Finance, S. 3–4, 11–16; *Shefrin*, Beyond Greed and Fear, S. 13–22.

[308] *Kapoor/Prosad*, Behavioural Finance, S. 77, 79–81; *Shefrin*, Behavioral Corporate Finance, S. 3–4, 16–23; *Shefrin*, Beyond Greed and Fear, S. 23–32.

[309] Vgl. *Goldberg/von Nitzsch*, Behavioral Finance, S. 117; vgl. *Peters*, Die BGH-Rechtsprechung zur Anlageberatung im Lichte der Behavioral-Finance-Forschung, S. 75–77 § 2. Jene *Biases* werden zum Teil auch als „sonstige *Biases*“ zusammengefasst, vgl. *Kapoor/Prosad*, Behavioural Finance, S. 81–87; vgl. *Shefrin*, Behavioral Corporate Finance, S. 3–10.

[310] *Baddeley*, Behavioural Economics and Finance, S. 105; *Goldberg/von Nitzsch*, Behavioral Finance, S. 47, 49–50; *Kahneman*, Schnelles Denken, langsames Denken, S. 127–128; Kahneman/Slovic/Tversky/*Kahneman/Tversky*, Judgment under uncertainty, S. 3 I.1; *Kapoor/Prosad*, Behavioural Finance, S. 77; *Shefrin*, Behavioral Corporate Finance, S. 3.

[311] Vgl. Kahneman/Slovic/Tversky/*Kahneman/Tversky*, Judgment under uncertainty, S. 3, 20 I.1; vgl. *Teigelack*, Finanzanalyse und Behavioral Finance, S. 90.

[312] *Kahneman*, Schnelles Denken, langsames Denken, S. 127–130.

[313] *Goldberg/von Nitzsch*, Behavioral Finance, S. 47.

Overload und der kognitiven Auslastung mit Heuristiken reagiert werden.[314] Eine Entscheidungsfindung unter Anwendung von Heuristiken vermag sowohl bewusst als auch unbewusst erfolgen.[315] Schließlich können die Heuristiken auch dann zur Anwendung kommen, wenn das Individuum mangelnde Kenntnis hinsichtlich einer Problematik hat oder ihr keine hohe Wichtigkeit beimisst.[316] Zwar vermögen es die Heuristiken, einen effizienten Entscheidungsprozess bewirken. Allerdings besteht die Gefahr, dass es zu Verzerrungen – den sog. *Biases* – kommen kann.[317]

Auf die wichtigsten Vertreter der Heuristiken wird im weiteren Verlauf eingegangen. Hierbei wird ihre Existenz anhand von Studien und Fallbeispielen bewiesen. Sodann werden die möglichen Auswirkungen der jeweiligen Heuristik auf das Verhalten der Marktteilnehmer aufgezeigt.

bb) Verfügbarkeitsheuristik (Availability Bias)

(1) Erläuterung

Als *Verfügbarkeitsheuristik* (*Availability Bias*) beschreibt man das Phänomen, wonach Menschen einer Information umso höheres Gewicht beimessen, je leichter sie sich an Beispielfälle erinnern.[318] Es handelt sich um eine kognitive *Bias*, die innerhalb des Informationsverarbeitungsprozesses auftritt.[319] Letztlich versucht das Gehirn dabei nur, komplexe Situationen zu vereinfachen. Hierbei erfolgt eine Komplexitätsreduzierung durch Vernachlässigung von Informationen.[320] Der Rückgriff auf leicht abrufbare Informationen stellt eine Mechanik von System 1 dar.[321]

Nebst der subjektiv wahrgenommenen Häufigkeit eines Ereignisses verzerren unabhängig der wahren Häufigkeit die Faktoren Aktualität, Auffälligkeit, Anschaulichkeit und affektive Kongruenz eine korrekte Urteilsbildung.[322] So greift das Gedächtnis leichter auf aktuelle Ereignisse zurück, wobei Informationen von herausragender Auffälligkeit eine höhere Bedeutung zugeschrieben wird.[323] Weiterhin wird anschaulichen Informationen ein höherer Wert beigemessen als abstrakten

---

[314] Vgl. *Aljukhadar/Senecal/Daoust*, International Journal of Electronic Commerce, 2012, Vol. 17, No. 2, 41, 45, 62 zum Verbraucherverhalten.

[315] *Goldberg/von Nitzsch*, Behavioral Finance, S. 50; *Teigelack*, Finanzanalyse und Behavioral Finance, S. 91.

[316] *Goldberg/von Nitzsch*, Behavioral Finance, S. 50.

[317] *Daxhammer/Facsar*, Behavioral Finance, S. 169.

[318] *Kahneman*, Schnelles Denken, langsames Denken, S. 164; *Tversky/Kahneman*, Cognitive Psychology, 1973, Vol. 5, Iss. 2, 207, 207.

[319] *Pompian*, Behavioral Finance and Wealth Management, S. 155.

[320] *Goldberg/von Nitzsch*, Behavioral Finance, S. 57.

[321] *Kahneman*, Schnelles Denken, langsames Denken, S. 171.

[322] *Goldberg/von Nitzsch*, Behavioral Finance, S. 57–59.

[323] *Goldberg/von Nitzsch*, Behavioral Finance, S. 57–58.

Daten.[324] Ebenso sind angesichts der affektiven Kongruenz Erinnerungen, die mit einer bestimmten Emotion verbunden sind, bei einer aktuell auftretenden ähnlichen Stimmung leichter abrufbar.[325] Angesichts des Umstands, dass Emotionen einen Einfluss auf das Erinnerungsvermögen haben, weist die Verfügbarkeitsheuristik nebst kognitiver auch emotionale Elemente auf, die zu einer Verzerrung führen können.[326]

Insgesamt lässt sich die Verfügbarkeitsheuristik in vier für Anleger relevante Kategorien aufteilen: Rückholbarkeit, Kategorisierung, eingeschränkter Erfahrungsbereich und Resonanz.[327] Die Rückholbarkeit beschreibt das Phänomen, dass denjenigen Erinnerungen, die am leichtesten zugänglich sind, die höchste Wichtigkeit zugemessen wird.[328] Eine Kategorisierung nimmt das Gehirn insoweit vor, als dass Informationen verglichen und kategorisiert werden.[329] Finden sich hierbei zu einem Themengebiet weniger Informationen, wird ihm weniger Bedeutung zugemessen.[330] Die Problematik des eingeschränkten Erfahrungsbereichs erfasst den Fall, dass ein Individuum seinen eigenen Erfahrungsbereich als Maßstab ansetzt und die Wahrscheinlichkeit von Ereignissen, die innerhalb dieses Bereichs liegen, als wahrscheinlicher einschätzt.[331] Von einer Resonanz als Form der Verfügbarkeitsheuristik spricht man dann, wenn eine Eintrittswahrscheinlichkeit als höher empfunden wird, wenn sie den eigenen Vorlieben entspricht.[332]

(2) Fallbeispiele und Studien

Einfache Beispiele für diese Heuristik bieten die Antworten, die man auf Fragen bezüglich Todesursachen erhält. So werden die meisten Menschen auf die Frage, ob Kernreaktoren oder das Sonnenlicht gefährlicher wären, regelmäßig die erste Option wählen.[333] Zwar kommt es zu mehr Todesfällen durch sonnenstrahlenbedingten Hautkrebs als durch Reaktorunfälle.[334] Dennoch stellt die nukleare Katastrophe von

---

[324] *Goldberg/von Nitzsch*, Behavioral Finance, S. 58.

[325] *Goldberg/von Nitzsch*, Behavioral Finance, S. 58–59.

[326] *Shefrin*, Beyond Greed and Fear, S. 21.

[327] *Daxhammer/Facsar*, Behavioral Finance, S. 197–198; *Pompian*, Behavioral Finance and Wealth Management, S. 156.

[328] *Daxhammer/Facsar*, Behavioral Finance, S. 197; *Pompian*, Behavioral Finance and Wealth Management, S. 156.

[329] *Daxhammer/Facsar*, Behavioral Finance, S. 198; *Pompian*, Behavioral Finance and Wealth Management, S. 156.

[330] *Daxhammer/Facsar*, Behavioral Finance, S. 198; *Pompian*, Behavioral Finance and Wealth Management, S. 156.

[331] *Daxhammer/Facsar*, Behavioral Finance, S. 198; *Pompian*, Behavioral Finance and Wealth Management, S. 157.

[332] *Daxhammer/Facsar*, Behavioral Finance, S. 198; *Pompian*, Behavioral Finance and Wealth Management, S. 157.

[333] *Daxhammer/Facsar*, Behavioral Finance, S. 197.

[334] *Daxhammer/Facsar*, Behavioral Finance, S. 197.

Fukushima im Jahre 2011 eine leicht verfügbare Information dar, welche die Urteilsbildung entscheidend beeinflusst.[335] Ebenso neigen die Meisten dazu, den Tod durch einen Haiangriff als wahrscheinlicher einzuschätzen als den durch herabfallende Flugzeugteile, obwohl letzterer tatsächlich 30 mal häufiger eintritt.[336] Diese Einschätzung lässt sich entweder auf eine allgemein größere Angst vor Haien oder auf die höhere mediale Berichterstattung hinsichtlich Haiattacken zurückführen.[337] Anhand dieser Beispiele zeigt sich, wie das Urteilsvermögen durch jüngere und prägnante Ereignisse samt ihrer Darstellung in den Medien verzerrt werden kann.[338]

Aber auch experimentelle Versuche liefern aussagekräftige Belege für die Existenz der Verfügbarkeitsheuristik.

Die für die Entdeckung zahlreicher Heuristiken verantwortlichen Tversky und Kahneman ließen in einer Studie zwei Testgruppen vier Tonaufnahmen mit Listen von Namen bekannter Persönlichkeiten anhören. Zwei Listen enthielten jeweils 19 Namen berühmter Frauen und 20 Namen weniger bekannter Männer. Umgekehrt wiesen die zwei übrigen Listen 19 Männer von hohem Bekanntheitsgrad und 20 Frauen von geringerer Berühmtheit auf.[339] Nachdem ihnen jeweils eine Aufnahme vorgespielt wurde, sollte die eine Gruppe möglichst viele Namen aus dem Gedächtnis aufschreiben. Im Durchschnitt merkten sich die Probanden 12,3 der 19 berühmten Namen, wohingegen durchschnittlich nur 8,4 der 20 unbekannteren Namensträger wiedergegeben werden konnte. Von 86 Testpersonen der ersten Gruppe merkten sich 57 Teilnehmer mehr bekannte Namen als unbekanntere. Lediglich 13 Testpersonen nannten mehr unbekannte Namen.[340] Eine zweite Gruppe wurde aufgefordert, im Anschluss an das Hören einer der Namenslisten zu entscheiden, ob mehr Frauen oder mehr Männer aufgezählt wurden. Von den 99 Testpersonen der Gruppe beurteilten 80 fälschlicherweise das Geschlecht mit den berühmteren Vertretern als das öfter genannte.[341] Dieser Studie zufolge beurteilt der Mensch die Häufigkeit einer Information danach, wie leicht er auf seine Erinnerungen zurückgreifen kann.[342] Hierbei zeigt sich die Verfügbarkeitsheuristik in Form der Rückholbarkeit.[343]

---

335 *Daxhammer/Facsar*, Behavioral Finance, S. 197.

336 *Pompian*, Behavioral Finance and Wealth Management, S. 155.

337 *Pompian*, Behavioral Finance and Wealth Management, S. 155.

338 Vgl. hierzu auch *Kahneman*, Schnelles Denken, langsames Denken, S. 174–175 und *Shefrin*, Behavioral Corporate Finance, S. 12–13 mit weiteren Beispielen.

339 *Tversky/Kahneman*, Cognitive Psychology, 1973, Vol. 5, Iss. 2, 207, 220.

340 *Tversky/Kahneman*, Cognitive Psychology, 1973, Vol. 5, Iss. 2, 207, 220–221.

341 *Tversky/Kahneman*, Cognitive Psychology, 1973, Vol. 5, Iss. 2, 207, 220–221.

342 *Tversky/Kahneman*, Cognitive Psychology, 1973, Vol. 5, Iss. 2, 207, 221.

343 *Pompian*, Behavioral Finance and Wealth Management, S. 156.

Eine weitere bedeutende Studie zur Verfügbarkeitsheuristik führte Schwarz durch.[344] Im Versuchsaufbau wurden 40 Studentinnen in vier Gruppen aufgeteilt. Eine Gruppe sollte sechs Situationen auflisten, in welchen sie durchsetzungsfähig waren. Im Anschluss wurden die Testpersonen hinsichtlich einer Beurteilung ihrer Durchsetzungsfähigkeit und Selbstsicherheit befragt. Ähnlich wurde mit der zweiten Gruppe verfahren, wobei diese zwölf Beispiele ihrer Durchsetzungsfähigkeit nennen mussten.[345] Zwei weitere Testgruppen wurden gebeten, sechs bzw. zwölf Situationen zu nennen, in denen sie mangelnde Durchsetzungsfähigkeit und Unsicherheit an den Tag legten. Auch hier fand eine Befragung hinsichtlich der eigenen Durchsetzungsfähigkeit und Selbstsicherheit statt.[346] Im Ergebnis beschrieben sich diejenigen Personen, die zwölf Beispiele ihrer Durchsetzungsfähigkeit auflisten sollten, als weniger durchsetzungsfähig als die Kandidatinnen, die sechs Beispiele hierzu nennen mussten. Umgekehrt schätzten sich die Studentinnen, die zwölf Beispiele fehlender Durchsetzungsfähigkeit nennen sollten, sich selbst als durchsetzungsfähiger ein als diejenigen, die nur sechs Fälle auflisten mussten, in denen sie nicht durchsetzungsfähig waren.[347] Das Experiment zeigt, dass die Leichtigkeit des Abrufens von Erinnerungen einen entscheidenden Einfluss auf die Urteilsbildung hat und dabei wichtiger als die Menge der abgerufenen Erinnerungen ist.[348] Auch hier liegt ein Fall der Rückholbarkeit vor.

(3) Auswirkungen auf Marktteilnehmer

Die Verfügbarkeitsheuristik kann in ihren verschiedenen Ausprägungen das Verhalten von Anlegern beeinflussen.[349] In ihrer Variante der Rückholbarkeit hat insbesondere die Werbung eine Auswirkung auf die Anlageentscheidung.[350] So wählen die meisten Anleger diejenigen Fondsgesellschaften, welche am umfangreichsten Werbung betreiben, wobei sie Fonds mit besserer Performance angesichts ihrer begrenzten Reklame übersehen können.[351] Das Vorliegen leicht rückholbarer Informationen aus der Werbung kann den Marktteilnehmer von einer umfassenden Fundamentalanalyse abhalten.[352] Im Rahmen der Kategorisierung spielt vor allem

---

[344] *Kahneman*, Schnelles Denken, langsames Denken, S. 167–168; *Schwarz*, Journal of Personality and Social Psychology, 1991, Vol. 61, No. 2, 195, 195.

[345] *Kahneman*, Schnelles Denken, langsames Denken, S. 167; *Schwarz*, Journal of Personality and Social Psychology, 1991, Vol. 61, No. 2, 195, 196.

[346] *Schwarz*, Journal of Personality and Social Psychology, 1991, Vol. 61, No. 2, 195, 196.

[347] *Schwarz*, Journal of Personality and Social Psychology, 1991, Vol. 61, No. 2, 195, 196–197.

[348] *Kahneman*, Schnelles Denken, langsames Denken, S. 167–168; *Schwarz*, Journal of Personality and Social Psychology, 1991, Vol. 61, No. 2, 195, 197.

[349] *Daxhammer/Facsar*, Behavioral Finance, S. 198.

[350] *Pompian*, Behavioral Finance and Wealth Management, S. 157.

[351] *Pompian*, Behavioral Finance and Wealth Management, S. 157.

[352] *Daxhammer/Facsar*, Behavioral Finance, S. 198.

die Heimat des Marktteilnehmers eine Rolle.[353] Dementsprechend wird er Aktien aus ihm vertrauten Industriezweigen und Regionen bevorzugen.[354] Tatsächlich investieren Anleger nachweislich überproportional in einheimische Wertpapiere.[355] In ihrer Spielart des eingeschränkten Erfahrungsbereichs wirkt sich die Verfügbarkeitsheuristik in der Weise aus, dass ein Anleger den Erfolg von Investitionen in Unternehmen überbewertet, welche in seinem persönlichen Berufsfeld agieren.[356] Die Problematik der Resonanz tritt dann zu Tage, wenn ein Marktteilnehmer sich für Anlagemöglichkeiten entscheidet, die am ehesten seinen persönlichen Vorlieben entsprechen.[357] So wird ein Anleger, der beim Einkaufen günstige Läden aufsucht und hohen Wert auf Einsparungen und Rabatte legt, in erster Linie im Wege des *Value Investing* nach unterbewerteten Unternehmen Ausschau halten und hierbei hochpreisige Anlagemöglichkeiten missachten.[358]

Untersuchungsergebnisse zur Auswirkung der Verfügbarkeitsheuristik auf Anleger liefern die Ökonomen Odean und Barber. Sie erforschten unter anderem das Marktverhalten von Anlegern in den 1990er Jahren anhand eines für Privatanleger der USA repräsentativen Datensatzes.[359] Hierbei wurden etwaige Reaktionen auf ein besonders hohes tägliches Handelsvolumen eines Wertpapiers, der Erträge vom Vortag und der täglichen Medienberichtserstattung über Unternehmen untersucht.[360] Es zeigte sich, dass Privatanleger vor allem diejenigen Aktien erwerben, die gerade außergewöhnlich oft gehandelt werden, sehr auf tägliche Erträge achten und zudem dazu tendieren, Aktien derjenigen Unternehmen zu kaufen, die gerade in den Nachrichten waren.[361] Daraus folgerten Odean und Barber, dass in einer Entscheidungssituation mit einer Vielzahl von Optionen die Menge an Möglichkeiten durch eine Lenkung der Aufmerksamkeit auf auffällige Optionen verringert wird.[362] Dies kann auf einen eingeschränkten Erfahrungsbereich zurückgeführt werden.[363] Gerade Kleinanleger neigen folglich dazu, vermehrt Aktien zu kaufen, die kurzfristig ihre Aufmerksamkeit erregt haben.[364]

---

[353] *Daxhammer/Facsar*, Behavioral Finance, S. 198–199; *Pompian*, Behavioral Finance and Wealth Management, S. 157.

[354] *Daxhammer/Facsar*, Behavioral Finance, S. 198–199.

[355] *Daxhammer/Facsar*, Behavioral Finance, S. 199 Abb. 47.

[356] *Pompian*, Behavioral Finance and Wealth Management, S. 158–159.

[357] *Pompian*, Behavioral Finance and Wealth Management, S. 158–159.

[358] *Pompian*, Behavioral Finance and Wealth Management, S. 158–159.

[359] *Barber/Odean*, The Review of Financial Studics, 2008, Vol. 2, 785, 793.

[360] *Barber/Odean*, The Review of Financial Studies, 2008, Vol. 2, 785, 788.

[361] *Barber/Odean*, The Review of Financial Studies, 2008, Vol. 2, 785, 785, 812–813; *Pompian*, Behavioral Finance and Wealth Management, S. 160–161.

[362] *Barber/Odean*, The Review of Financial Studies, 2008, Vol. 2, 785, 812–813; *Pompian*, Behavioral Finance and Wealth Management, S. 160–161.

[363] *Daxhammer/Facsar*, Behavioral Finance, S. 198.

[364] Vgl. *Teigelack*, Finanzanalyse und Behavioral Finance, S. 130.

Aber auch das Gegenteil des obigen Effekts in Form eines verzögerten Reagierens aufgrund mangelnder Aufmerksamkeit kann am Markt auftreten.[365] So konnte eine Unterreaktion und ein späterer Drift bei der Empfehlung von Aktien verzeichnet werden, die keine große Aufmerksamkeit genossen.[366]

cc) Verankerungs- und Anpassungsheuristik (Anchoring and Adjustment Bias)

(1) Erläuterung

Auch die folgende heuristische *Bias* ist kognitiver Natur und tritt beim Informationsverarbeitungsprozess auf.[367] Im Wege der *Verankerungs- und Anpassungsheuristik* (*Anchoring and Adjustment Bias*) wird bei der Problembewältigung und bei Schätzungen ein Richtwert als Anker gesetzt.[368] Anschließend erfolgt eine Anpassung zur Nachbesserung des Wertes.[369] Der Ankerwert dient damit einer leichteren Orientierung zwecks zügiger Entscheidungen. Damit unterstützt diese Heuristik eine schnelle Urteilsfindung.[370] Schließlich fällt es Menschen in der Regel leichter, Vergleiche durchzuführen, als mit absoluten Werten zu arbeiten.[371]

Aus psychologischer Sicht sind beide Systeme betroffen. Wenn durch eine Information suggestiv ein Anker gesetzt wird, tritt ein *Primingeffekt* ein, was zu einer automatischen Manifestation bei System 1 führt.[372] Als *Primingeffekt* versteht man die Beobachtung, dass eine vorangehende Vorstellung die Anbahnung einer hierzu passenden nachfolgenden Vorstellung erleichtert.[373] Die Anpassung hingegen geschieht willensgesteuert und obliegt folglich System 2.[374]

Würde nun ein umfassender Anpassungsprozess stattfinden, dürfte es zu keinerlei Verzerrungen kommen.[375] Ein komplett rationaler Anleger müsste neue Informationen stets objektiv und ungeachtet des Marktes verarbeiten.[376] Hier liegt

---

[365] *Teigelack*, Finanzanalyse und Behavioral Finance, S. 130.

[366] *Loh*, Financial Management, 2010, Vol. 39, Iss. 3, 1223, 1223, 1246–1249.

[367] *Pompian*, Behavioral Finance and Wealth Management, S. 135.

[368] *Daxhammer/Facsar*, Behavioral Finance, S. 217; *Goldberg/von Nitzsch*, Behavioral Finance, S. 66; *Kahneman*, Schnelles Denken, langsames Denken, S. 153; vgl. *Tversky/Kahneman*, Science, 1974, Vol. 185, 1124, 1128.

[369] *Goldberg/von Nitzsch*, Behavioral Finance, S. 66; *Kahneman*, Schnelles Denken, langsames Denken, S. 153; *Tversky/Kahneman*, Science, 1974, Vol. 185, 1124, 1128.

[370] *Goldberg/von Nitzsch*, Behavioral Finance, S. 51 Abb. 3–1, S. 66.

[371] *Pompian*, Behavioral Finance and Wealth Management, S. 135.

[372] *Kahneman*, Schnelles Denken, langsames Denken, S. 153, 155–156.

[373] Vgl. *Kahneman*, Schnelles Denken, langsames Denken, S. 72.

[374] *Kahneman*, Schnelles Denken, langsames Denken, S. 153–155.

[375] *Goldberg/von Nitzsch*, Behavioral Finance, S. 66–67.

[376] *Daxhammer/Facsar*, Behavioral Finance, S. 217; *Pompian*, Behavioral Finance and Wealth Management, S. 136.

aber gerade das Problem der Heuristik. So ist belegt, dass der Anpassungsprozess meistens zu kurz kommt und dem Ankerwert eine zu hohe Bedeutung beigemessen wird.[377] Demnach läuft die Verankerungs- und Anpassungsheuristik Gefahr, dass Anleger neue Informationen verzerrt wahrnehmen.[378]

(2) Fallbeispiele und Studien

Ein anschauliches Experiment zur Verankerungsheuristik und der einhergehenden Verzerrung lieferten Kahneman und Tversky 1974.[379] Hierbei drehten sie vor Testgruppen an einem Glücksrad, wobei entweder die Zahlen 10 oder 65 angezeigt wurden.[380] Daraufhin wurden die Probanden aufgefordert, den prozentualen Anteil afrikanischer Staaten in den Vereinten Nationen einzuschätzen.[381] Am Ende schätzten diejenigen, denen die Zahl 10 gezeigt wurde, den Prozentsatz im Durchschnitt auf 25 %, wohingegen die Personen, denen das Glücksrad 65 angezeigt hatte, durchschnittlich 45 % angaben.[382] Folglich blieben die Schätzungen nahe der vorher dargebotenen Zahl.[383] Selbst ein aus Sicht der Testpersonen zufälliger Wert konnte ihnen als Anker bei der Schätzung dienen.[384]

In einem weiteren Experiment wurde zwei Testgruppen jeweils eine Rechenaufgabe gestellt, wobei sie das Ergebnis innerhalb von fünf Sekunden einschätzen sollten.[385] Die Aufgabe der ersten Gruppe lautete 1*2*3*4*5*6*7*8=X, wohingegen die zweite Testgruppe das Produkt von 8*7*6*5*4*3*2*1 abschätzen sollte.[386] Durchschnittlich schätzte die erste Gruppe das Ergebnis auf 512, die zweite Testgruppe hingegen auf 2.250, wobei das tatsächliche Produkt in beiden Fällen 40.320 beträgt.[387] Demzufolge orientierten sich die Probanden an den ersten Zahlen der Rechenaufgabe, führten eine Multiplikation durch und schätzten den Rest mittels

---

377 *Goldberg/von Nitzsch*, Behavioral Finance, S. 67; vgl. *Tversky/Kahneman*, Science, 1974, Vol. 185, 1124, 1128.

378 *Pompian*, Behavioral Finance and Wealth Management, S. 136.

379 *Goldberg/von Nitzsch*, Behavioral Finance, S. 67; *Kahneman*, Schnelles Denken, langsames Denken, S. 152–153; *Tversky/Kahneman*, Science, 1974, Vol. 185, 1124, 1128.

380 *Goldberg/von Nitzsch*, Behavioral Finance, S. 67; *Kahneman*, Schnelles Denken, langsames Denken, S. 152–153; *Tversky/Kahneman*, Science, 1974, Vol. 185, 1124, 1128.

381 *Goldberg/von Nitzsch*, Behavioral Finance, S. 67; *Kahneman*, Schnelles Denken, langsames Denken, S. 152–153.

382 *Goldberg/von Nitzsch*, Behavioral Finance, S. 67; *Kahneman*, Schnelles Denken, langsames Denken, S. 152–153; *Tversky/Kahneman*, Science, 1974, Vol. 185, 1124, 1128.

383 *Kahneman*, Schnelles Denken, langsames Denken, S. 152.

384 *Goldberg/von Nitzsch*, Behavioral Finance, S. 67.

385 *Goldberg/von Nitzsch*, Behavioral Finance, S. 67; *Tversky/Kahneman*, Science, 1974, Vol. 185, 1124, 1128.

386 *Goldberg/von Nitzsch*, Behavioral Finance, S. 67; *Tversky/Kahneman*, Science, 1974, Vol. 185, 1124, 1128.

387 *Goldberg/von Nitzsch*, Behavioral Finance, S. 67; *Tversky/Kahneman*, Science, 1974, Vol. 185, 1124, 1128.

einer Hochrechnung.[388] Dementsprechend lagen die durchschnittlichen Ergebnisse der beiden Gruppen weit auseinander.[389] Angesichts der weiten Unterschätzung konzentrierten sich aber beide Gruppen auf die Anfangszahlen der Aufgabe.[390] Folglich diente die Nummernfolge den Probanden als Anker.[391] Die extremen Fehleinschätzungen zeigen den zu schwachen Anpassungsprozess beim Anchoring auf.[392] Gerade bei der ungenügenden Anpassung aufgrund neuer Informationen nach Setzung des Ankerwertes wirkt sich die Verankerungsheuristik merklich aus.[393]

Dass die Verankerungs- und Anpassungsheuristik auch im wahren Leben außerhalb von Laborbedingungen ihre Auswirkung hat, bewiesen Northcraft und Neale in einer Studie von 1987.[394] Hierbei sollten zwei Gruppen professioneller Immobilienmakler den Wert einer Immobilie bestimmen, wobei sie das Gebäude besichtigten und einen zehnseitigen Katalog hierzu erhielten.[395] Der einzige Unterschied zwischen den Gruppen bestand darin, dass der ersten Gruppe ein höherer Listenpreis als der zweiten vorgelegt wurde.[396] Wie vermutet bewerteten diejenigen, denen ein höherer Listenpreis gezeigt wurde, die Immobilie im Durchschnitt höher als die Makler mit dem niedrigeren Listenpreis.[397] Schlussfolgernd bildete der Listenpreis einen Ankerwert, der die Testpersonen trotz des Vorliegens einer Vielzahl weiterer Informationen beeinflusste.[398] Weiterhin verdeutlicht das Experiment, dass auch professionell agierende Individuen der Verankerungs- und Anpassungsheuristik zum Opfer fallen können.[399]

(3) Auswirkungen auf Marktteilnehmer

Potenzielle Anker sind in vielerlei Gestalt im Umfeld der Börse zu finden.[400]

[388] *Goldberg/von Nitzsch*, Behavioral Finance, S. 68; *Tversky/Kahneman*, Science, 1974, Vol. 185, 1124, 1128.

[389] *Goldberg/von Nitzsch*, Behavioral Finance, S. 68.

[390] *Goldberg/von Nitzsch*, Behavioral Finance, S. 68.

[391] *Tversky/Kahneman*, Science, 1974, Vol. 185, 1124, 1131.

[392] *Goldberg/von Nitzsch*, Behavioral Finance, S. 68.

[393] *Daxhammer/Facsar*, Behavioral Finance, S. 219.

[394] *Northcraft/Neale*, Organizational Behavior and Human Decision Processes, Vol. 39, 1987, 84, 96.

[395] *Northcraft/Neale*, Organizational Behavior and Human Decision Processes, 1987, Vol. 39, 84, 87–89, 94; *Pompian*, Behavioral Finance and Wealth Management, S. 137.

[396] *Northcraft/Neale*, Organizational Behavior and Human Decision Processes, 1987, Vol. 39, 84, 89; *Pompian*, Behavioral Finance and Wealth Management, S. 137, 139.

[397] *Northcraft/Neale*, Organizational Behavior and Human Decision Processes, 1987, Vol. 39, 84, 90; *Pompian*, Behavioral Finance and Wealth Management, S. 137, 139.

[398] *Northcraft/Neale*, Organizational Behavior and Human Decision Processes, 1987, Vol. 39, 84, 94–95.

[399] *Daxhammer/Facsar*, Behavioral Finance, S. 218.

[400] Vgl. *Goldberg/von Nitzsch*, Behavioral Finance, S. 70.

Schon vor dem Börsengang besteht die Gefahr, dass seitens des Konsortiums eine erste Beurteilung bei der *Due Diligence* einen Ankerpunkt bildet.[401]

Hinsichtlich der Verkaufsentscheidung stellt der Preis, zu welchem das Wertpapier erworben wurde, einen Anker dar.[402] So neigen Anleger nachweislich dazu, Verliereraktien zu lange zu halten und Gewinneraktien hingegen zu früh zu verkaufen.[403]

Beim Halten eines Wertpapiers besteht angesichts des *Anchoring* das Risiko einer Unterschätzung möglicher Abweichungen[404] und der Vernachlässigung historischer Schwankungen[405]. Insgesamt birgt die Verankerungsheuristik die Gefahr einer Unterreaktion.[406]

Des Weiteren ist es möglich, dass Marktteilnehmer ihren Ankerwert bezüglich der wirtschaftlichen Lage eines Unternehmens oder eines Staates setzen.[407] Schließlich ging man in den 80er Jahren davon aus, dass Japan seinen damaligen starken ökonomischen Stand beibehalten würde, wobei Investoren diesbezüglich enttäuscht wurden.[408] Ähnlich verhielt es sich mit *Nokia*[409] und *IBM*[410], welche den Vorstellungen der Anleger später nicht gerecht werden konnten.

Auch können die Äußerungen von Finanzanalysten als Anker für Anleger wirken.[411] Fehlt es an externen Informationen, bietet sich der *Status quo*, d.h. der aktuelle Kurs, als Anker an.[412] Aber auch die Analysten selbst laufen Gefahr, sich Ankerwerten zu bedienen. Vorherige Aussagen anderer Analysten[413], die genaue

---

[401] *Teigelack*, Finanzanalyse und Behavioral Finance, S. 116; Thaler/*Michalsky/Womack*, Advances in Behavioral Finance Vol. II, S. 408.

[402] *Teigelack*, Finanzanalyse und Behavioral Finance, S. 137.

[403] *Teigelack*, Finanzanalyse und Behavioral Finance, S. 137. Siehe zudem *Shefrin/Statman*, The Journal of Finance, 1985, Vol. 40, No. 3, 777, 778, 788 und *Odean*, The Journal of Finance, 1998, Vol. 53, No. 5, 1775, 1775, 1795, die sich auf den Dispositionseffekt beziehen.

[404] *Goldberg/von Nitzsch*, Behavioral Finance, S. 71.

[405] *Daxhammer/Facsar*, Behavioral Finance, S. 218; *Pompian*, Behavioral Finance and Wealth Management, S. 138.

[406] *Amir/Ganzach*, Journal of Economic Behavior & Organization, 1998, Vol. 37, 333, 334; *Teigelack*, Finanzanalyse und Behavioral Finance, S. 137–138.

[407] *Daxhammer/Facsar*, Behavioral Finance, S. 218; *Pompian*, Behavioral Finance and Wealth Management, S. 138.

[408] *Daxhammer/Facsar*, Behavioral Finance, S. 218; *Pompian*, Behavioral Finance and Wealth Management, S. 138.

[409] *Daxhammer/Facsar*, Behavioral Finance, S. 218.

[410] *Pompian*, Behavioral Finance and Wealth Management, S. 138.

[411] *Goldberg/von Nitzsch*, Behavioral Finance, S. 70; *Teigelack*, Finanzanalyse und Behavioral Finance, S. 137; vgl. *Daxhammer/Facsar*, Behavioral Finance, S. 217.

[412] *Goldberg/von Nitzsch*, Behavioral Finance, S. 71.

[413] *Teigelack*, Finanzanalyse und Behavioral Finance, S. 116.

Art der Fragestellung[414] und vergangene Werte[415] können für sie eine Ankerwirkung entfalten.

Schließlich ist die Relevanz dieser Heuristik für Experten am Kapitalmarkt nachgewiesen. So wurden in einem Experiment 138 professionelle Anleger um eine Prognose des DAX-Verlaufs gebeten.[416] Die eine Hälfte der Probanden wurde dabei gefragt, ob der DAX in 12 Monaten unter 4.500 Punkten liegen würde, wohingegen die andere Hälfte nach einer Dotierung über 6.500 Punkten nach 12 Monaten befragt wurde. Damit wurde jeweils ein hoher bzw. niedriger Anker gesetzt.[417] Im Durchschnitt war die Prognose bei der Testgruppe mit dem hohen Ankerwert tatsächlich höher als bei derjenigen, der ein niedriger Anker geboten wurde.[418] Schlussfolgernd sind auch professionelle Anleger nicht vor dem Ankereffekt gefeit und können einer systematischen Urteilsverzerrung unterliegen.[419]

dd) Repräsentativitätsheuristik (Representativeness Bias)

(1) Erläuterung

Mittels der *Repräsentativitätsheuristik* (*Representativeness Bias*) werden Informationen anhand ihrer Ähnlichkeit klassifiziert und organisiert.[420] Ein Ereignis wird hierbei als wahrscheinlicher gewertet, wenn es repräsentativer ist.[421] Repräsentativität liegt dann vor, wenn ein Objekt eine hohe Ähnlichkeit zu Vertretern einer Objektklasse aufweist.[422] Vereinfacht gesagt ist etwas soweit repräsentativ, wie es in das Denkmuster des Individuums passt.[423] Informationen werden demnach anhand der Ähnlichkeit mit Stereotypen beurteilt.[424] Dabei wird die komplexe Frage nach der Wahrscheinlichkeit mit der leichteren Frage nach der Ähnlichkeit ersetzt.[425] Es handelt sich um eine kognitive *Bias*, die auf dem Beharren auf Überzeugungen beruht.[426] Sie dient der schnellen Urteilsfindung.[427]

---

414 *Goldberg/von Nitzsch*, Behavioral Finance, S. 70.

415 *Amir/Ganzach*, Journal of Economic Behavior & Organization, 1998, Vol. 37, 333, 336.

416 *Stephan/Kiell*, ZfA 2017, 142, 145–146.

417 *Stephan/Kiell*, ZfA 2017, 142, 146.

418 *Stephan/Kiell*, ZfA 2017, 142, 148–149.

419 *Stephan/Kiell*, ZfA 2017, 142, 152–153.

420 *Daxhammer/Facsar*, Behavioral Finance, S. 219, 222; *Pompian*, Behavioral Finance and Wealth Management, S. 85.

421 *Kahneman/Tversky*, Cognitive Psychology, 1972, Vol. 3, No. 3, 430, 431; Kahneman/Slovic/Tversky/*Kahneman/Tversky*, Judgment under uncertainty, S. 33 II.3.

422 *Goldberg/von Nitzsch*, Behavioral Finance, S. 71; *Tversky/Kahneman*, Psychological Review 1983, Vol. 90 No. 4, 293, 295–296.

423 *Goldberg/von Nitzsch*, Behavioral Finance, S. 72.

424 *Daxhammer/Facsar*, Behavioral Finance, S. 219, 222; *Shefrin*, Beyond Greed and Fear, S. 14.

425 *Kahneman*, Schnelles Denken, langsames Denken, S. 188.

Allerdings sind mit der Repräsentativitätsheuristik oftmals kognitive Fehlschlüsse verbunden. Diese treten in Form der Vernachlässigung von Grundeigenschaften[428], der Vernachlässigung der Grundgesamtheit[429], des Überschätzens von Wahrscheinlichkeiten[430], sowie der Überschätzung empirischer[431] und kausaler[432] Zusammenhänge auf. Bei einer Vernachlässigung von Grundeigenschaften wird die Entscheidungsfindung durch die vorgefertigten Stereotypen beschränkt.[433] Eine Vernachlässigung der Grundgesamtheit liegt dann vor, wenn Individuen aus einer kleinen Stichprobe zukünftige Entwicklungen abzuleiten versuchen.[434] Im Rahmen eines Überschätzens von Wahrscheinlichkeiten wird eine objektive Wahrscheinlichkeit subjektiv verzerrt.[435] So wird entgegen der objektiven Wahrscheinlichkeit oftmals von Menschen angenommen, dass die gemeinsame Wahrscheinlichkeit des Eintritts zweier Ereignisse höher sein könne als die Eintrittswahrscheinlichkeit jedes einzelnen Ereignisses.[436] Dieser Fehlschluss wird als *Conjunction Fallacy* bezeichnet.[437] Eine weitere zu beobachtende Form des Überschätzens von Wahrscheinlichkeiten beschreibt das Phänomen des *Gambler's Fallacy.*[438] Dabei neigt ein Spieler beim Roulette dazu, zu vermuten, dass nach einer längeren Phase an roten Zahlen nun eine schwarze Zahl ausgespielt wird, obwohl dies der tatsächlichen Wahrscheinlichkeit widerspricht.[439] Beim Überschätzen kausaler Zusammenhänge wird unter Betrachtung der Vergangenheit ein kausaler Zusammenhang aus einem

---

426 *Pompian*, Behavioral Finance and Wealth Management, S. 85.

427 *Goldberg/von Nitzsch*, Behavioral Finance, S. 51 Abb. 3–1.

428 *Daxhammer/Facsar*, Behavioral Finance, S. 220; *Pompian*, Behavioral Finance and Wealth Management, S. 86.

429 *Daxhammer/Facsar*, Behavioral Finance, S. 220–221; *Pompian*, Behavioral Finance and Wealth Management, S. 86; *Tversky/Kahneman*, Science, 1974, Vol. 185, 1124, 1125.

430 *Daxhammer/Facsar*, Behavioral Finance, S. 221; *Goldberg/von Nitzsch*, Behavioral Finance, S. 72; *Tversky/Kahneman*, Science, 1974, Vol. 185, 1124, 1125–1126.

431 *Goldberg/von Nitzsch*, Behavioral Finance, S. 78–79 III.2.1; *Daxhammer/Facsar*, Behavioral Finance, S. 221–222 III.8.1.1.

432 *Goldberg/von Nitzsch*, Behavioral Finance, S. 79–81.

433 *Daxhammer/Facsar*, Behavioral Finance, S. 220; *Pompian*, Behavioral Finance and Wealth Management, S. 86.

434 *Daxhammer/Facsar*, Behavioral Finance, S. 220; *Pompian*, Behavioral Finance and Wealth Management, S. 86; *Tversky/Kahneman*, Science, 1974, Vol. 185, 1124, 1125–1126.

435 *Daxhammer/Facsar*, Behavioral Finance, S. 221; *Goldberg/von Nitzsch*, Behavioral Finance, S. 73.

436 Vgl. *Daxhammer/Facsar*, Behavioral Finance, S. 221; vgl. *Goldberg/von Nitzsch*, Behavioral Finance, S. 73; vgl. *Kahneman*, Schnelles Denken, langsames Denken, S. 198.

437 *Tversky/Kahneman*, Psychological Review, 1983, Vol. 90, No. 4, 293, 293, 298; vgl. *Daxhammer/Facsar*, Behavioral Finance, S. 221; vgl. *Goldberg/von Nitzsch*, Behavioral Finance, S. 73; vgl. *Kahneman*, Schnelles Denken, langsames Denken, S. 198.

438 *Goldberg/von Nitzsch*, Behavioral Finance, S. 74–75.

439 *Goldberg/von Nitzsch*, Behavioral Finance, S. 74–75; *Tversky/Kahneman*, Science, 1974, Vol. 185, 1124, 1125.

empirischen Zusammenhang abgeleitet.[440] Zwar schließen empirische Zusammenhänge eine Kausalität nicht aus, jedoch begründen sie auch keine.[441] Die Überschätzung von empirischen Zusammenhängen tritt dann auf, wenn ein Zusammenhang dort gesehen wird, wo er tatsächlich nicht besteht.[442] Hierbei besteht eine sog. Scheinkorrelation.[443]

Die Entdeckung der Repräsentativitätsheuristik konterkariert dabei die Annahme, der Mensch verarbeite Informationen anhand des *Baysschen Theorems*.[444]

(2) Fallbeispiele und Studien

Im Zusammenhang mit der Nachweisbarkeit der Repräsentativitätsheuristik fallen meist die Namen *Tom W.* und *Linda.*

In einem Experiment fragten Kahneman und Tversky 114 Psychologiestudierende, in welchem Fachgebiet der fiktive Student *Tom W.* studiere. Hierbei erhielten sie einen kurzen Text zur Persönlichkeit des Studenten, welcher als auf psychologischen Tests aus *Toms* letzten Jahr auf der High-School basierend angegeben wurde. Die Probanden sollten eine Auswahl von neun Studienfächern anhand der Wahrscheinlichkeit, dass *Tom W.* sie belege, ordnen.[445] Die Persönlichkeitsskizze war von Hinweisen auf hohe Intelligenz und strukturiertes Arbeiten, aber auch von kauzigem Verhalten, mangelhafter Menschenkenntnis und Kontaktscheue durchzogen.[446] Angesichts dessen entsprach *Tom W.* dem Stereotyp des Informatikers.[447] Trotz ihrer Kenntnis davon, dass es zur Zeit der Studie nicht viele Informatikstudierende gab, schätzten die Testpersonen im Durchschnitt die Informatik als wahrscheinlichstes Fach des *Tom W.* ein.[448] Im Ergebnis ließen die Probanden folglich die Basisraten hinsichtlich der Verteilung von Studierenden auf die einzelnen Fächer ebenso wie die Qualität der vorgelegten Informationen unbeachtet und stellten lediglich auf die Repräsentativität ab.[449] Für das Auflisten der Studiengänge musste

---

[440] *Goldberg/von Nitzsch*, Behavioral Finance, S. 79–80.

[441] *Goldberg/von Nitzsch*, Behavioral Finance, S. 80.

[442] *Daxhammer/Facsar*, Behavioral Finance, S. 221; *Goldberg/von Nitzsch*, Behavioral Finance, S. 78.

[443] *Goldberg/von Nitzsch*, Behavioral Finance, S. 78.

[444] *Kahneman/Tversky*, Cognitive Psychology, 1972, Vol. 3, No. 3, 430, 430, 450.

[445] *Kahneman/Tversky*, Psychological Review, 1973, Vol. 80, No. 4, 237, 238–239.

[446] Vgl. *Kahneman*, Schnelles Denken, langsames Denken, S. 185–186.

[447] *Kahneman*, Schnelles Denken, langsames Denken, S. 186.

[448] *Kahneman*, Schnelles Denken, langsames Denken, S. 187; *Kahneman/Tversky*, Psychological Review, 1973, Vol. 80, No. 4, 237, 239. Die tatsächliche Wahrscheinlichkeit, dass *Tom W.* Informatik studiert, dürfte in der heutigen Zeit deutlich höher sein.

[449] *Kahneman*, Schnelles Denken, langsames Denken, S. 188; *Kahneman/Tversky*, Psychological Review, 1973, Vol. 80, No. 4, 237, 239.

System 2 aktiviert werden, wobei eine automatische Assoziation eines Stereotyps von System 1 getätigt wurde.[450]

Weiterhin gilt die Repräsentativitätsheuristik in Gestalt der *Conjunction Fallacy* als nachgewiesen. Jenen logischen Fehlschluss zeigten Tversky und Kahneman 1983 in Form des sog. *Linda-Problems.*[451] In einem Versuchsaufbau wurde Probanden ein Text über die fiktive Frau *Linda* vorgelegt.[452] Ihre Beschreibung deutete darauf hin, dass *Linda* aktive Feministin sein könnte.[453] In einer Version des Experiments sollten Studierende entscheiden, ob die Behauptung, *Linda* sei Bankangestellte oder die Aussage, Linda sei Bankangestellte und aktive Feministin wahrscheinlicher wäre.[454] 85 % der Befragten hielten die zweite Behauptung für wahrscheinlicher.[455] Allerdings sind die feministischen Bankangestellten von der Menge der Bankangestellten vollständig erfasst, womit jede feministische Bankangestellte immer auch eine Bankangestellte ist.[456] Folglich muss die Wahrscheinlichkeit, dass *Linda* aktive Feministin und gleichzeitig Bankangestellte ist, stets kleiner sein als die Wahrscheinlichkeit, dass sie eine Bankangestellte ist.[457] Beim *Linda-Problem* stand der logischen Wahrscheinlichkeit die intuitive Repräsentativität entgegen.[458]

Sowohl die Experimente zu *Tom W.* als auch bzgl. *Linda* zeigen, dass aus der stereotypenbasierten Repräsentativität eine Plausibilität hergeleitet wird, wobei letztere mit der tatsächlichen Wahrscheinlichkeit gleichgesetzt wird.[459]

Der Fall des *Gambler's Fallacy* zeigt sich bei der Befragung von Testpersonen nach Geburtenfolgen.[460] So wiesen Befragte einer bestimmten Geburtenfolge eine höhere Wahrscheinlichkeit als einer anderen zu, obwohl tatsächlich jede Geburtenfolge in etwa gleich wahrscheinlich ist.[461]

---

[450] *Kahneman*, Schnelles Denken, langsames Denken, S. 186.

[451] *Goldberg/von Nitzsch*, Behavioral Finance, S. 73; *Kahneman*, Schnelles Denken, langsames Denken, S. 195–199; *Tversky/Kahneman*, Psychological Review, 1983, Vol. 90, No. 4, 293, 297–300.

[452] *Tversky/Kahneman*, Psychological Review, 1983, Vol. 90, No. 4, 293, 297.

[453] *Kahneman*, Schnelles Denken, langsames Denken, S. 196.

[454] *Goldberg/von Nitzsch*, Behavioral Finance, S. 73; *Tversky/Kahneman*, Psychological Review, 1983, Vol. 90, No. 4, 293, 299.

[455] *Tversky/Kahneman*, Psychological Review, 1983, Vol. 90, No. 4, 293, 299.

[456] *Kahneman*, Schnelles Denken, langsames Denken, S. 196.

[457] *Kahneman*, Schnelles Denken, langsames Denken, S. 196.

[458] *Kahneman*, Schnelles Denken, langsames Denken, S. 196.

[459] *Kahneman*, Schnelles Denken, langsames Denken, S. 199.

[460] *Goldberg/von Nitzsch*, Behavioral Finance, S. 71, 74–75.

[461] *Kahneman*, Schnelles Denken, langsames Denken, S. 146–147; *Kahneman/Tversky*, Cognitive Psychology, 1972, Vol. 3, No. 3, 430, 432–433.

Aus diesen Erkenntnissen ließe sich schlussfolgern, dass der Mensch evolutiv bedingt seine Umwelt nach Mustern durchsucht und entsprechend davon ausgeht, dass Regelmäßigkeiten nicht zufällig auftreten können.[462]

(3) Auswirkungen auf Marktteilnehmer

Die Repräsentativitätsheuristik kann sich in vielerlei Hinsicht auf das Anlegerverhalten auswirken.

Kommt es zu einer Vernachlässigung von Grundeigenschaften, treffen Anleger ihre Investitionsentscheidungen nur nach ihren Stereotypen, unterlassen eine weitergehende Analyse und missachten weitere Einflussfaktoren.[463] Dabei kann es geschehen, dass Parameter wie die Lage auf den Absatzmärkten, der Konkurrenz und der Produktentwicklung unbeachtet bleiben.[464]

Auch besteht die Gefahr, dass die Entwicklung eines Industriesektors ohne eine weitere Analyse auf ein dem jeweiligen Sektor angehöriges Unternehmen übertragen wird.[465] Ferner wird die mediale Berichterstattung über die Insolvenz von Unternehmen eines Industriezweigs dazu verleiten, ein dem entsprechenden Sektor unterfallendes Unternehmen ebenso als insolvenzgefährdet einzuordnen.[466]

Eine Vernachlässigung der Grundgesamtheit könnte sich insoweit auswirken, dass Marktteilnehmer den Erfolg eines Fondsmanagers oder Analysten hinsichtlich einer kurzen Zeitspanne beurteilen, anstatt auf alle verfügbaren Daten zuzugreifen.[467]

Im Wege der Überschätzung von kausalen Zusammenhängen wird ein Anleger beim Vergleich zweier Analysten denjenigen als besser bewerten, der in den letzten Tagen korrektere Vorhersagen treffen konnte.[468] Hierbei wird aus einem empirischen Zusammenhang ein kausaler Zusammenhang abgeleitet.[469] Gerade medial stark repräsentierten Finanzanalysten wird dabei hohes Vertrauen geschenkt.[470]

---

[462] *Kahneman*, Schnelles Denken, langsames Denken, S. 147.

[463] *Daxhammer/Facsar*, Behavioral Finance, S. 220; *Pompian*, Behavioral Finance and Wealth Management, S. 86.

[464] *Daxhammer/Facsar*, Behavioral Finance, S. 220.

[465] *Daxhammer/Facsar*, Behavioral Finance, S. 222.

[466] *Pompian*, Behavioral Finance and Wealth Management, S. 90.

[467] *Daxhammer/Facsar*, Behavioral Finance, S. 220–222; *Pompian*, Behavioral Finance and Wealth Management, S. 90.

[468] *Daxhammer/Facsar*, Behavioral Finance, S. 220–221; *Goldberg/von Nitzsch*, Behavioral Finance, S. 79; vgl. *Teigelack*, Finanzanalyse und Behavioral Finance, S. 139.

[469] *Daxhammer/Facsar*, Behavioral Finance, S. 220–221; *Goldberg/von Nitzsch*, Behavioral Finance, S. 79; *Teigelack*, Finanzanalyse und Behavioral Finance, S. 139–140.

[470] *Teigelack*, Finanzanalyse und Behavioral Finance, S. 139.

Ebenso neigen Privatanleger dazu, von ihren persönlichen Gewinnen oder Verlusten aus einer Anlage von der Vergangenheit auf die Zukunft zu schließen, selbst wenn logische Gesichtspunkte dem widersprechen sollten.[471]

Die Überschätzung empirischer Zusammenhänge war insbesondere am *Neuen Markt* erkennbar.[472] Dieses Börsensegment beinhaltete innovative Technologieunternehmen, die teilweise gute Zukunftsaussichten hatten, sodass sich deren Aktien einer hohen Nachfrage erfreuten.[473] Allerdings wiesen auch weniger wertvolle Unternehmen in der anfänglichen Phase nach der Börsennotierung hohe Kursgewinne auf.[474] Folglich sahen die Anleger im Wege einer Scheinkorrelation fälschlich einen Zusammenhang zwischen dem Börsengang beim *Neuen Markt* und hohen Gewinnen.[475] Spätere Kurseinbrüche zeigten jedoch, dass kein tatsächlicher Zusammenhang bestand.[476]

Die *Conditional Probability Fallacy* als Überschätzung von Wahrscheinlichkeiten offenbart sich bei der Einschätzung des Risikos eines Börsencrashs.[477] Schließlich ist der Oktober als Crash-Monat bekannt.[478] Von 1929 bis 1998 fanden 29 Crashs statt, wobei sich zehn von ihnen im Oktober ereigneten.[479] Hieraus folgt, dass der prozentuale Wert des Monats Oktober pro Crash bei 34 % liegt (formal: p(Oktober/Crash) = 10:29 = 34 %).[480] Die bedingte Wahrscheinlichkeit, dass im Oktober ein Crash stattfindet, beziffert sich in Anbetracht der zehn von 69 Oktobermonate mit Crash auf ca. 16 % (formal: p(Crash/Oktober = 10:69 = ca. 16 %).[481] Bezeichnet man den Oktober als besonders crashanfällig, überschätzt man die be-

---

471 *Choi/Laibson/Madrian/Metrick*, Journal of Finance, 2009, Vol. 64, No. 6, 2515, 2515, 2527, 2532; *Daniel/Hirshleifer/Teoh*, Journal of Monetary Economics, 2002, Vol. 49, Iss. 1, 139, 145.

472 *Daxhammer/Facsar*, Behavioral Finance, S. 221–222; *Goldberg/von Nitzsch*, Behavioral Finance, S. 78–79.

473 *Goldberg/von Nitzsch*, Behavioral Finance, S. 78.

474 *Daxhammer/Facsar*, Behavioral Finance, S. 221–222; *Goldberg/von Nitzsch*, Behavioral Finance, S. 78–79.

475 *Daxhammer/Facsar*, Behavioral Finance, S. 221–222; *Goldberg/von Nitzsch*, Behavioral Finance, S. 79.

476 Daxhammer/Facsar, Behavioral Finance, S. 222; *Goldberg/von Nitzsch*, Behavioral Finance, S. 79.

477 *Daxhammer/Facsar*, Behavioral Finance, S. 221; *Goldberg/von Nitzsch*, Behavioral Finance, S. 77–78.

478 *Daxhammer/Facsar*, Behavioral Finance, S. 221; *Goldberg/von Nitzsch*, Behavioral Finance, S. 77.

479 *Daxhammer/Facsar*, Behavioral Finance, S. 221; *Goldberg/von Nitzsch*, Behavioral Finance, S. 77.

480 *Daxhammer/Facsar*, Behavioral Finance, S. 221; *Goldberg/von Nitzsch*, Behavioral Finance, S. 77.

481 *Daxhammer/Facsar*, Behavioral Finance, S. 221.

dingte Wahrscheinlichkeit.[482] Letzten Endes werden hierbei die Bedingung und das Ereignis vertauscht.[483]

Weiterhin zeigt die Forschung, dass die *Conjunction-Fallacy*-Problematik auch auf dem Kapitalmarkt auftreten kann.[484] Zum Beispiel schätzten Befragte die Wahrscheinlichkeit, dass ein Aktienkorb mit drei Wertpapieren eine Kursschwelle überschreitet, nicht sonderlich höher als bei einer Einzelaktie ein.[485] Wechselbeziehungen schienen sie zu übersehen.[486]

Das Phänomen des *Gambler's Fallacy* tritt am Kapitalmarkt in der Form auf, dass Inhaber von Aktien mit langfristig fallenden Kursen mit steigenden Kursverläufen rechnen und die Wertpapiere dementsprechend überdurchschnittlich lange Zeit halten.[487]

Selbst bei Analysten ist zu beobachten, dass sie aus aktuellen Kursdaten auf die zukünftige Entwicklung schließen.[488] Eine eindeutige Linie, ob und wann Unter- oder Überreaktionen auftreten, hat sich in der Wissenschaft aber noch nicht abgezeichnet.[489] Zum einen legen Untersuchungen nahe, dass Finanzanalysten Unterreaktionen auf schlechte Nachrichten zeigen, bei guten Nachrichten aber eine Überreaktion an den Tag legen.[490] Andererseits gibt es Anhaltspunkte dafür, dass Analysten kurzfristig zu Unterreaktionen und langfristig zu Überreaktionen neigen.[491] Letztlich ist aber anzumerken, dass ihr Verhalten heuristisch bedingt irrational sein kann.

---

[482] *Daxhammer/Facsar*, Behavioral Finance, S. 221; *Goldberg/von Nitzsch*, Behavioral Finance, S. 77.

[483] *Daxhammer/Facsar*, Behavioral Finance, S. 221; *Goldberg/von Nitzsch*, Behavioral Finance, S. 78.

[484] *Goldberg/von Nitzsch*, Behavioral Finance, S. 74; *Rieger*, Journal of Behavioral Finance, 2012, Vol. 13, Iss. 2, 108, 108, 117.

[485] *Rieger*, Journal of Behavioral Finance, 2012, Vol. 13, Iss. 2, 108, 113–115.

[486] *Rieger*, Journal of Behavioral Finance, 2012, Vol. 13, Iss. 2, 108, 114–115.

[487] Vgl. *Goldberg/von Nitzsch*, Behavioral Finance, S. 75; vgl. *Weber/Camerer*, Journal of Economic Behavior & Organization, 1998, Vol. 33, 167, 181.

[488] *Easterwood/Nutt*, Journal of Finance, 1999, Vol. 54, No. 5, 1777, 1779.

[489] *Daniel/Hirshleifer/Teoh*, Journal of Monetary Economics, 2002, Vol. 49, Iss. 1, 139, 148–149.

[490] *Amir/Ganzach*, Journal of Economic Behavior & Organization, 1998, Vol. 37, 333, 341; *Easterwood/Nutt*, Journal of Finance, 1999, Vol. 54, No. 5, 1777, 1777, 1790.

[491] *Daniel/Hirshleifer/Teoh*, Journal of Monetary Economics, 2002, Vol. 49, Iss. 1, 139, 149, 166.

b) *Frames*

aa) Erklärung: Frames

Neben den Heuristiken stellen die sog. *Frames* einen zentralen Aspekt der Entscheidungsfindung nach Maßgabe der *Behavioral-Finance*-Forschung dar. *Frames* lassen sich als Entscheidungsrahmen[492], Problembeschreibungen[493] oder mentale Modelle zur Problemlösung[494] definieren. Gemäß der Verhaltensökonomie betrachtet der Mensch seine Entscheidungsmöglichkeiten durch einen vorher abgesteckten Rahmen hindurch, anhand dessen er sein Urteil fällt.[495] Demzufolge hängen die Entscheidungen der Marktteilnehmer davon ab, wie ihre Möglichkeiten eingerahmt werden.[496] Vom Oberbegriff des *Framings* sind der *Darstellungseffekt*, die *mentale Buchführung* und die *Verlustaversion* erfasst.[497] Ebenso lässt sich die *Reueaversion* hier unterordnen.[498] *Frames* können dabei kognitiv als auch emotional bedingt sein.[499]

Nachfolgend werden die verschiedenen *Frames* erläutert und anhand einer Aufführung von Fallbeispielen und Studien belegt, wobei die möglichen Auswirkungen auf Marktteilnehmer aufgezeigt werden. Ein umfängliches Erklärungsmodell für das Phänomen des *Framings* bietet die sog. *Prospect Theory*[500], auf welche im Anschluss an die Erörterung der zentralen *Frames* näher eingegangen wird.

bb) Darstellungseffekt (Framing im engeren Sinne)

(1) Erläuterung

Beim *Darstellungs- oder Framingeffekt im engeren Sinne* wirkt sich die Art der Präsentation eines Sachverhalts unterschiedlich auf die Entscheidungsfindung aus.[501] Demnach wird der Entscheidungsrahmen, innerhalb dessen ein Individuum

---

[492] Vgl. *Tversky/Kahneman*, Science, 1981, Vol. 211, 453, 453.

[493] Vgl. *Shefrin*, Behavioral Corporate Finance, S. 3; vgl. *Shefrin*, Beyond Greed and Fear, S. 23.

[494] Vgl. Koehler/Harvey/*Soman*, Blackwell Handbook of Judgment and Decision Making, S. 380 III.19.

[495] Vgl. Koehler/Harvey/*Soman*, Blackwell Handbook of Judgment and Decision Making, S. 380–381 III.19.

[496] *Kapoor/Prosad*, Behavioural Finance, S. 77.

[497] *Shefrin*, Beyond Greed and Fear, S. 23; vgl. *Kapoor/Prosad*, Behavioural Finance, S. 77; vgl. *Shefrin*, Behavioral Corporate Finance, S. 16–18.

[498] Vgl. *Shefrin*, Beyond Greed and Fear, S. 29.

[499] *Shefrin*, Beyond Greed and Fear, S. 30–31.

[500] Vgl. *Tversky/Kahneman*, Journal of Business, 1986, Vol. 59, No. 4, Pt. 2, 251, 251; vgl. *Wang/Fischbeck*, Journal of Risk and Uncertainty, 2004, Vol. 29, Iss. 2, 181, 181, 193–194.

[501] *Daxhammer/Facsar*, Behavioral Finance, S. 206; vgl. *Kahneman*, Schnelles Denken, langsames Denken, S. 448; vgl. *Tversky/Kahneman*, Science, 1981, Vol. 211, 453, 453.

sein Vorgehen und den Ausgang seiner Entscheidung einbettet, zum Teil auch durch die Formulierung des Problems gesetzt.[502] Ein Darstellungseffekt kann durch den Kontext von Informationen, ihre grafische Aufbereitung oder durch die Reihenfolge ihrer Wahrnehmung eintreten.[503] Ferner vermag die positive oder negative Darstellung des Ergebnisses einer Entscheidung die Urteilsfindung zu beeinflussen.[504] Eine Sonderform dieses Phänomens ist das sog. *Narrow Framing*, bei welchem sich Individuen zu sehr auf einzelne Aspekte eines Sachverhalts fokussieren und dabei weitere wichtige Gesichtspunkte missachten.[505] Der Darstellungseffekt ist eine kognitiv bedingte *Bias*, die im Informationsverarbeitungsprozess auftritt[506], wobei auch Emotionen eine Rolle spielen[507].

(2) Fallbeispiele und Studien

Als klassisches Beispiel für ein visuelles Framing kann die *Müller-Lyer-Illusion* herhalten. Diese beschreibt die optische Täuschung der gleichlangen Linien, welche durch nach außen bzw. innen zeigende Pfeile an ihren Enden kürzer bzw. länger wirken.[508] Kahneman sieht hierbei den ersten fälschlichen Eindruck verschieden langer Linien als automatische Reaktion des System 1, wohingegen das Nachmessen mit der Erkenntnis um die gleiche Länge der Geraden als Einsatz des System 2 zu deuten sei.[509]

Aber auch die experimentelle Forschung scheint die Existenz eines Darstellungseffekts zu belegen. So stellten Kahneman und Tversky Testpersonen zwei Fragen bezüglich der Teilnahme an einem Gewinnspiel. Zuerst wurden sie gefragt, ob sie an einer Lotterie teilnehmen würden, bei der es eine zehnprozentige Chance, 95 $ zu gewinnen und eine 90-prozentige Chance, 5 $ zu verlieren gäbe. Des Weiteren sollten sie die Frage beantworten, ob sie 5 $ dafür zahlen würden, an einer Lotterie mit einer zehnprozentigen Chance, 100 $ zu gewinnen und einer 90-pro-

---

[502] *Pompian*, Behavioral Finance and Wealth Management, S. 144–145; *Tversky/Kahneman*, Science, 1981, Vol. 211, 453, 453.

[503] *Daxhammer/Facsar*, Behavioral Finance, S. 206.

[504] *Daxhammer/Facsar*, Behavioral Finance, S. 206; *Laux/Gillenkirch/Schenk-Mathes*, Entscheidungstheorie, S. 191; *Tversky/Kahneman*, Science, 1981, Vol. 211, 453, 456.

[505] *Daxhammer/Facsar*, Behavioral Finance, S. 208; *Pompian*, Behavioral Finance and Wealth Management, S. 145.

[506] Vgl. *Pompian*, Behavioral Finance and Wealth Management, S. 143.

[507] Vgl. *Kahneman*, Schnelles Denken, langsames Denken, S. 448–451.

[508] Vgl. *Pompian*, Behavioral Finance and Wealth Management, S. 143–144; siehe auch *Gentaz/Hatwell*, Psychonomic Bulletin & Review 2004, Vol. 11, Iss. 1, 31, 37, welche aber eine Begründung der *Müller-Lyens-Illusion* wie auch weiterer optischer Täuschungen eher in der grundsätzlichen Funktionsweise der Wahrnehmung als in der Sinnesmodalität vermuten und auf weitere Studien, die Referenzrahmen als ausschlaggebend für haptische Illusionen deuten, verweisen.

[509] *Kahneman*, Schnelles Denken, langsames Denken, S. 40–41.

zentigen Chance, nichts zu gewinnen, teilnehmen würden.[510] Wenn auch beide Problemstellungen auf ein identisches Ergebnis hinausliefen, fand bei der zweiten Frage die Option der Teilnahme an der Lotterie einen größeren Zuspruch. Hieran zeigt sich, dass schon die Bezeichnung eines Postens als Verlust anstatt als Kosten zu einer unterschiedlichen Entscheidung führen kann.[511] So verursacht der Gedanke an Verluste mehr negative Gefühle als jener an Kosten.[512]

Darüber hinaus vermögen die Neurowissenschaften den Einfluss der Darstellung eines Problems im Sinne des *Framings* zu belegen. Schließlich kam eine Studie zu dem Ergebnis, dass die mit Emotionen verbundenen *Amygdala* oftmals dann aktiv ist, wenn eine Person eine dem gesetzten *Frame* entsprechende Entscheidung trifft.[513] Entscheidet sich das Individuum aber entgegen dem *Frame* und der damit entsprechenden spontanen Tendenz, so ist eine Aktivität der mit Rationalität und Selbstkontrolle assoziierten *Cortexareale* zu verzeichnen.[514] Dies legt die Vermutung eines Konflikts zweier Systeme – eines emotionalen und eines analytischen – bei der menschlichen Entscheidungsfindung nahe.[515] Eine derartige Schlussfolgerung stimmt dabei mit Kahnemans Klassifizierung von System 1 und System 2 überein.[516] Ein Rückgriff auf Emotionen und möglicherweise unterbewusster Kenntnisse vermochte zu einer optimalen Entscheidungsfindung in der Vergangenheit und damit zu einem evolutiven Vorteil verholfen haben. In der heutigen Zeit bedarf es jedoch eines höheren Abstraktionsvermögens, womit eine vom Darstellungseffekt bedingte Entscheidung oftmals irrational und nicht optimal ist.[517]

(3) Auswirkungen auf Marktteilnehmer

Akteure am Kapitalmarkt können in vielgestaltiger Weise Opfer eines Darstellungseffekts werden.

Es besteht die Gefahr, dass Anleger durch eine entsprechende Wortwahl zu einem risikoaversen oder risikofreudigen Verhalten verleitet werden.[518] Zum Bei-

---

[510] *Kahneman/Tversky*, American Psychologist, 1984, Vol 39, No. 4, 341, 349.

[511] *Kahneman*, Schnelles Denken, langsames Denken, S. 448; *Kahneman/Tversky*, American Psychologist, 1984, Vol 39, No. 4, 341, 349.

[512] *Kahneman*, Schnelles Denken, langsames Denken, S. 448.

[513] *De Martino/Kumaran/Seymour/Dolan*, Science, 2006, Vol. 313, 684, 684–686; *Kahneman*, Schnelles Denken, langsames Denken, S. 449–451; *Krawczyk*, Reasoning, S. 265–267.

[514] *De Martino/Kumaran/Seymour/Dolan*, Science, 2006, Vol. 313, 684, 684–687; Kahneman, Schnelles Denken, langsames Denken, S. 449–451; *Krawczyk*, Reasoning, S. 265–267.

[515] *De Martino/Kumaran/Seymour/Dolan*, Science, 2006, Vol. 313, 684, 687.

[516] *Kahneman*, Schnelles Denken, langsames Denken, S. 451.

[517] *De Martino/Kumaran/Seymour/Dolan*, Science, 2006, Vol. 313, 684, 687.

[518] *Daxhammer/Facsar*, Behavioral Finance, S. 208; *Pompian*, Behavioral Finance and Wealth Management, S. 148.

spiel kann die Art und Weise eines Berichts über die Geschäftstätigkeit eines Unternehmens die Erwartungshaltung der Marktteilnehmer beeinflussen.[519]

Schon die Formulierung einer Frage vermag einen *Frame* darstellen. Schließlich zeigte eine Studie, dass Personen, die nach zukünftigen Kursständen gefragt wurden, eher zu einer zum Mittelwert zurückkehrenden Prognose neigten, wohingegen nach künftigen Renditen Befragte in ihrer Vorhersage zu einer Fortentwicklung von Trends tendierten.[520] Ebenso erwiesen Umfrageergebnisse, dass Prognosen hinsichtlich Aktienrenditen in Zeiten steigender Kurse höhere Werte bei einer direkten Frage nach Renditen zum Inhalt haben als bei einer Frage nach künftigen Preisen.[521] Bei fallenden Kursen hingegen lag die Vorhersage bei einer Frage nach Renditen niedriger als bei denjenigen, die nach Börsenpreisen befragt wurden.[522] Hierin zeigt sich eine deutliche Ausprägung des *Framings* wie auch der Repräsentativitätsheuristik.[523]

Dass die Form der Darstellung für die Risikoeinschätzung durch Anleger von großer Bedeutung ist, bezeugt folgendes Experiment: Testpersonen wurden aufgefordert, das Risiko einer Investition in den DAX zu bewerten.[524] Zur Darstellung der Anlageentwicklung wurden drei verschiedene Varianten genutzt. Eine verbale Beschreibung, ein Balkendiagramm sowie eine Nominalverteilungskurve.[525] Im Ergebnis wurde das Risiko bei den ersten beiden Darstellungsarten unterschätzt, bei der Darstellung als Verteilungskurve jedoch überschätzt. Dies liegt nach Ansicht der *Behavioral-Finance*-Forschung daran, dass verbale Beschreibungen und Balkendiagramme den meisten Anlegern vertraut sind, wohingegen die Nominalverteilungskurve eine unbekanntere Darstellungsform ist. Eine bekannte Darstellungsform verleitet demnach zur Unterschätzung des Risikos, während eine fremdartige Präsentationsform zu einer Risikoüberschätzung führt.[526]

Auch eine Befragung professioneller Anleger offenbarte einen erkennbaren Einfluss des Darstellungseffekts. Diese wurden in zwei Gruppen aufgeteilt. Teilnehmer der ersten Gruppe wurden vor die Wahl gestellt, von fiktiven 60.000 DM entweder 20.000 DM sicher zu behalten und den Rest zu verlieren oder sich auf eine Risikovariante einzulassen mit einer Chance von 1/3, die 60.000 DM vollständig zu behalten und einer 2/3-Chance, nichts zu behalten. Für die zweite Gruppe hingegen

---

[519] *Laux/Gillenkirch/Schenk-Mathes*, Entscheidungstheorie, S. 192.

[520] *Glaser/Langer/Reynders/Weber*, Review of Finance, 2007, Vol. 11, 325, 326, 348.

[521] *Glaser/Langer/Reynders/Weber*, Review of Finance, 2007, Vol. 11, 325, 326–327, 348.

[522] *Glaser/Langer/Reynders/Weber*, Review of Finance, 2007, Vol. 11, 325, 326–327, 348.

[523] *Glaser/Langer/Reynders/Weber*, Review of Finance, 2007, Vol. 11, 325, 325, 348.

[524] *Daxhammer/Facsar*, Behavioral Finance, S. 207; Weber/*Nosic/Weber*, Genial einfach investieren, S. 156.

[525] *Daxhammer/Facsar*, Behavioral Finance, S. 207; Weber/*Nosic/Weber*, Genial einfach investieren, S. 156–158.

[526] *Daxhammer/Facsar*, Behavioral Finance, S. 207; Weber/*Nosic/Weber*, Genial einfach investieren, S. 158.

wurden die Auswahlmöglichkeiten dahingehend formuliert, dass man entweder 40.000 DM sicher verliert und den Rest behält oder aber die Risikovariante mit einer 1/3-Chance, nichts zu verlieren und einer Chance von 2/3, die kompletten 60.000 DM zu verlieren, wählt.[527] Hinsichtlich der tatsächlichen Wahrscheinlichkeiten unterschieden sich die Fragestellungen an beide Gruppen nicht. Lediglich wurde mittels der Formulierung der ersten Gruppe ein Behalten-*Frame*, der zweiten Gruppe hingegen ein Verlust-*Frame* gesetzt. Tatsächlich entschied man sich in der Gruppe mit dem Behalten-*Frame* eher für die sichere Entscheidungsmöglichkeit als dies bei der Gruppe mit dem Verlust-*Frame* der Fall war. Dagegen war die Risikoneigung beim Verlust-*Frame* stärker ausgeprägt als beim Behalten-*Frame.*[528] Dies lässt darauf schließen, dass selbst erfahrene Investoren mit hoher Verantwortung dem Darstellungseffekt anheimfallen können.[529]

Ungeachtet dessen birgt der Darstellungseffekt auch in Form des *Narrow Framing* die Gefahr einer Beeinflussung der Entscheidungen von Anlegern. Schließlich kann die Fixierung auf kurzfristige Kursschwankungen beim *Narrow Framing* zu einem übermäßig häufigen Handeln führen.[530]

cc) Mentale Buchführung (Mental Accounting Bias)

(1) Erläuterung

Die *mentale Buchführung* (*Mental Accounting Bias*) beschreibt das Phänomen, dass Menschen für jedes einzelne ihrer Vorhaben jeweils mentale Konten führen, welche weitgehend unabhängig voneinander existieren.[531] Demnach ordnen sie ihr Vermögen anhand bestimmter Kategorien und teilen diese in entsprechende einzelne mentale Bücher ein, wobei die verbuchten Summen ungeachtet der anderen mentalen Konten bewertet werden.[532] Letztlich dient dieses Vorgehen der Komplexitätsreduzierung.[533] Mittels der mentalen Buchführung setzt sich der Mensch *Frames*, um sein wahrgenommenes Umfeld für seinen begrenzten Horizont begreifbar zu machen.[534] Dabei steht die mentale Buchführung im Widerspruch zur *Erwartungsnutzentheorie.*[535]

---

[527] *Stephan/Kiell*, ZfA 2017, 142, 146.

[528] *Stephan/Kiell*, ZfA 2017, 142, 149.

[529] Vgl. *Stephan/Kiell*, ZfA 2017, 142, 152.

[530] *Daxhammer/Facsar*, Behavioral Finance, S. 208; *Pompian*, Behavioral Finance and Wealth Management, S. 149.

[531] *Goldberg/von Nitzsch*, Behavioral Finance, S. 54; *Pompian*, Behavioral Finance and Wealth Management, S. 119.

[532] *Daxhammer/Facsar*, Behavioral Finance, S. 230; *Pompian*, Behavioral Finance and Wealth Management, S. 122; *Thaler*, Journal of Behavioral Decision Making, 1999, Vol. 12, 183, 183.

[533] *Goldberg/von Nitzsch*, Behavioral Finance, S. 54.

[534] *Kahneman*, Schnelles Denken, Langsames Denken, S. 422.

(2) Fallbeispiele und Studien

Die Beschreibung der mentalen Buchführung geht auf Richard Thaler zurück.[536] In einem seiner Experimente wurden Testpersonen unter anderem vor folgende Problematik gestellt: Sie erhalten 30 $. Wollen Sie diesen Betrag behalten oder an einem anschließenden Glücksspiel mit einer 50-%-Gewinnchance von 9 $ und einer 50-%-Verlustchance von 9 $ teilnehmen? Hierbei wurde den Probanden der Sachverhalt in zwei Akten vorgestellt, wobei der Erhalt von 30 $ unabhängig vom Glückspiel präsentiert wurde. Einer anderen Testgruppe wurde die Fragestellung in einem Akt dargestellt. Dabei lautete sie wie folgt: Würden Sie lieber 30 $ als sicheren Gewinn erhalten oder eher an einem Glückspiel mit einer 50-%-Wahrscheinlichkeit eines Gewinns von 39 $ bzw. 21 $ teilnehmen?[537] Trotz der gleich hohen Gewinnchancen beider Gruppen entschied sich die zweite Gruppe im Unterschied zur ersten Gruppe in den meisten Fällen gegen das Glücksspiel.[538] So entschieden sich Testgruppen bei der zweiaktigen Problemstellung in 70 – 82 % der Fälle für das Glückspiel, wohingegen nur 43 – 44 % bei der zweiaktigen Ausgangslage diese Risikovariante wählten.[539] Daraus folgt, dass die Testgruppen der ersten Frage sich benahmen, als würden sie mit dem „Geld des Casinos" spielen, was als *House-Money-Effekt* bezeichnet wird.[540] Weiterhin zeigt sich, dass die Testpersonen die Geldbeträge entsprechend der Aufteilung des Sachverhalts in verschiedenen mentalen Konten verbuchten.[541]

(3) Auswirkungen auf Marktteilnehmer

Vor dem Hintergrund einer mentalen Buchführung liegt es nahe, dass Renditen separat wahrgenommen werden, was dazu führt, dass sich der Anleger auf eine Dividendenzahlung konzentriert und dementsprechend bestimmte Aktien nicht verkauft.[542] Dabei wird ein Investor unter Einfluss des *House-Money-Effekts* die

---

[535] Baker/Nofsinger/*Levy*, Behavioral Finance, S. 213 II.12.

[536] Vgl. *Thaler*, Journal of Economic Behavior and Organization, 1980, Vol. 1, 39, 48 – 49, der hier noch von einem „*psychic accounting system*" spricht.

[537] *Pompian*, Behavioral Finance and Wealth Management, S. 119 – 120; *Thaler/Johnson*, Management Science, 1990, Vol. 36, No. 6, 643, 645 – 646.

[538] *Pompian*, Behavioral Finance and Wealth Management, S. 119 – 120; *Daxhammer/Facsar*, Behavioral Finance, S. 227.

[539] *Thaler/Johnson*, Management Science, 1990, Vol. 36, No. 6, 643, 655.

[540] *Daxhammer/Facsar*, Behavioral Finance, S. 227 – 228; *Thaler/Johnson*, Management Science, 1990, Vol. 36, No. 6, 643, 657; *Thaler*, Journal of Behavioral Decision Making, 1999, Vol. 12, 183, 198.

[541] *Daxhammer/Facsar*, Behavioral Finance, S. 228; *Thaler*, Journal of Behavioral Decision Making, 1999, Vol. 12, 183, 198.

[542] *Daxhammer/Facsar*, Behavioral Finance, S. 229.

Rendite aus einer Anlage anders als die Investition selbst bewerten und die Erträge zu Investitionen mit höherem Risiko nutzen.[543]

Ferner besteht die Gefahr, dass ein Marktteilnehmer Transaktionskosten und Steuern in einem abgetrennten mentalen Konto verbucht, was ihn dazu verleiten kann, Aktien angesichts der als separat empfundenen Kosten nicht mehr zu verkaufen.[544]

Weiterhin könnte ein Marktteilnehmer im Wege der mentalen Buchführung Arbeitgeberaktien getrennt von anderen Wertpapieren betrachten.[545]

Mittels einer mentalen Buchführung könnten Anleger nicht realisierten Kursgewinnen und -verlusten eine geringere Bedeutung als realisierten Gewinnen oder Verlusten zumessen.[546] So kann das *Mental Accounting* dazu führen, dass Marktteilnehmer Aktien mit ursprünglich starker Wertsteigerung trotz eines mittlerweile sinkenden Wertes nicht verkaufen wollen.[547]

Shefrin und Statman ziehen die mentale Buchführung im Zusammenspiel mit weiteren kognitiven Verzerrungen als Erklärung für das Phänomen heran, dass Anleger Gewinneraktien zu früh verkaufen und Verliereraktien zu lange halten.[548] Dabei führen sie an, dass der Erwerb einer Aktie in einem eigenständigen mentalen Konto verbucht wird, welches den Erwerbspreis als Referenzpunkt hat.[549] Ein Verkauf unter besagtem Preis wird selbst dann als Verlustgeschäft quittiert, wenn dieser unter Berücksichtigung von Kursentwicklungen und zwecks des Erwerbes anderer Wertpapiere wirtschaftlich sinnvoll ist.[550]

dd) Verlustaversion (Loss Aversion Bias)

(1) Erläuterung

Verlustaversion (*Loss Aversion Bias*) bedeutet, dass Verlusten ein höheres Gewicht als Gewinnen beigemessen wird.[551] So empfindet ein Mensch nach Kahneman

---

[543] *Daxhammer/Facsar*, Behavioral Finance, S. 230; *Pompian*, Behavioral Finance and Wealth Management, S. 123.

[544] *Daxhammer/Facsar*, Behavioral Finance, S. 230.

[545] *Daxhammer/Facsar*, Behavioral Finance, S. 229–230. *Pompian*, Behavioral Finance and Wealth Management, S. 123.

[546] Baker/Nofsinger/*Hirshleifer/Teoh*, Behavioral Finance S. 154 I.9; Baker/Nofsinger/*Lim/Teoh*, Behavioral Finance S. 306 II.16.

[547] *Pompian*, Behavioral Finance and Wealth Management, S. 123.

[548] *Shefrin/Statman*, The Journal of Finance, 1985, Vol. 40, No. 3, 777, 777–781, 788.

[549] *Shefrin/Statman*, The Journal of Finance, 1985, Vol. 40, No. 3, 777, 780.

[550] Vgl. *Shefrin/Statman*, The Journal of Finance, 1985, Vol. 40, No. 3, 777, 780–781.

[551] *Kahneman*, Schnelles Denken, langsames Denken, S. 347, 348–351; *Moosa/Ramiah*, The Financial Consequences of Behavioural Biases, S. 73; *Pompian*, Behavioral Finance and Wealth Management, S. 191; *Shefrin*, Beyond Greed and Fear, S. 24.

und Tversky das negative Gefühl beim Verlust einer Geldsumme intensiver als die positive Emotion beim Gewinn einer gleich hohen Summe.[552] Es handelt sich um eine emotional bedingte Verzerrung.[553] Aus evolutiver Sicht ließe sich diese asymmetrische Gewichtung dahingehend erklären, dass diejenigen Individuen, die eher Bedrohungen meiden als Chancen nachgehen, die besseren Aussichten zum Überleben und zur Fortpflanzung aufweisen sollten.[554]

(2) Fallbeispiele und Studien

Beweise für die Verlustaversion des Menschen finden sich in einer Vielzahl praktischer Experimente.[555] Da im Rahmen dieser Arbeit das Anlageverhalten und damit ein Verhalten in einer Risikosituation untersucht wird, ist den Experimenten mit Glücksspielen besondere Beachtung zu schenken. Besagte Versuche verlaufen derart, dass Testpersonen gefragt werden, ob sie an einer Lotterie mit einer 50-%-Chance, einen Geldbetrag zu gewinnen und einer ebenso hohen Wahrscheinlichkeit, einen Geldbetrag zu verlieren, teilnehmen möchten.[556] Oftmals wird eine solche 50:50-Lotterie selbst bei einem den möglichen Verlust übersteigenden Gewinnbetrag abgelehnt.[557] Einer Vielzahl von Experimenten zufolge muss der erzielbare Gewinn das 1,5- bis 2,5-fache des möglichen Verlusts betragen, damit ein Individuum das Risiko eingeht.[558]

Auch die Erkenntnisse der Neurowissenschaft decken sich hinsichtlich der Verlustaversion mit der kognitiven Psychologie, welche von ersterer mit einer höheren Sensibilität des Gehirns für Verluste als für Gewinne erklärt wird.[559] So wird nach einer neurologischen Studie ein Verlust als 1,93-mal so stark wie ein Gewinn empfunden, was den Entdeckungen der *Behavioral Finance* entspricht.[560]

---

[552] *Kahneman/Tversky*, Econometrica, 1979, Vol. 47 No. 2, 263, 279. Laut *Pompian*, Behavioral Finance and Wealth Management, S. 191 wird ein Verlust etwa doppelt so hoch gewertet wie ein Gewinn.

[553] *Pompian*, Behavioral Finance and Wealth Management, S. 191.

[554] *Kahneman*, Schnelles Denken, langsames Denken, S. 347.

[555] Siehe hierzu *Novemsky/Kahneman*, Journal of Marketing Research, 2005, Vol. 42, 119, 119–120 mit weiteren Beispielen.

[556] *Kahneman*, Schnelles Denken, langsames Denken, S. 348–349; *Tversky/Kahneman*, Quarterly Journal of Economics, 1991, 1039, 1053–1054; vgl. *Thaler/Tversky/Kahneman/Schwartz*, Quarterly Journal of Economics, 1997, 647, 649.

[557] Vgl. Kahneman, Schnelles Denken, langsames Denken, S. 348–349; vgl. *Thaler/Tversky/Kahneman/Schwartz*, Quarterly Journal of Economics, 1997, 647, 649, vgl. *Tversky/Kahneman*, Quarterly Journal of Economics, 1991, 1039, 1053–1054.

[558] *Kahneman*, Schnelles Denken, langsames Denken, S. 349.

[559] *Fox/Tom/Trepel/Poldrack*, Advances in Consumer Research, 2008, Vol. 35, 129, 130; *Ogaki/Tanaka*, Behavioral Economics, S. 68–69.

[560] *Fox/Tom/Trepel/Poldrack*, Advances in Consumer Research, 2008, Vol. 35, 129, 130; *Ogaki/Tanaka*, Behavioral Economics, S. 68–69.

Einen interessanten Nachweis der Verlustaversion im wahren Leben liefern die Untersuchungen der New Yorker Taxifahrer durch Camerer. Er entdeckte, dass die Taxifahrer der Stadt entgegen dem Prinzip von Angebot und Nachfrage keine vermehrten Fahrten an Tagen mit hohem Taxibedarf unternahmen. Vielmehr neigten sie dazu, sich ein tägliches Ziel an Einnahmen zu setzen und so lange zu fahren, bis sie dieses erreicht hatten.[561] Hieran zeigt sich, dass neben dem Setzen zu kurzer Referenzrahmen auch eine Verlustaversion dahingehend, nicht unter das Tagesziel zu fallen, ein irrationales Verhalten der Taxifahrer bestimmt.[562] Die Aversion des Nichterreichens eines Ziels überwiegt demnach das Verlangen, jenes zu übertreffen.[563]

(3) Auswirkungen auf Marktteilnehmer

In der Praxis tritt die Verlustaversion oftmals in Form des sog. *Dispositionseffekts* auf.[564] Als Dispositionseffekt wird die Neigung von Anlegern bezeichnet, Gewinneraktien zu früh zu verkaufen, Verliereraktien hingegen zu lange zu halten.[565] Angesichts dessen werden Marktteilnehmer eher dazu tendieren, Verluste zu vermeiden als Gewinne zu generieren.[566]

So legen Shefrin und Statman neben der mentalen Buchführung und der Reueaversion die Verlustaversion als Ursache für das von ihnen beobachtete Phänomen zugrunde, dass Anleger Gewinneraktien oft zu früh verkaufen und Verliereraktien zu lange halten.[567] Demnach würde ein Anleger eine im Wert fallende Aktie lieber halten und auf Gewinne hoffen, als diese zu verkaufen und Verluste zu realisieren.[568] Die Neigung, Gewinner zu früh zu verkaufen, ließe sich mittels einer von der Verlustaversion verursachten Angst, dass die Gewinne wieder schwinden könnten, erklären.[569] Allerdings merkten Shefrin und Statman selbst ihre lediglich

---

[561] *Camerer/Babcock/Loewenstein/Thaler*, Quarterly Journal of Economics, 1997, 407, 407, 432–439; *Camerer*, Engineering & Science, 1997, Vol. 60, No. I, 10, 11–14.

[562] *Camerer/Babcock/Loewenstein/Thaler*, Quarterly Journal of Economics, 1997, 407, 421.

[563] Vgl. *Kahneman*, Schnelles Denken, Langsames Denken, S. 372.

[564] *Pompian*, Behavioral Finance and Wealth Management, S. 193.

[565] *Odean*, The Journal of Finance, 1998, Vol. 53, No. 5, 1775, 1775; *Shefrin/Statman*, The Journal of Finance, 1985, Vol. 40, No. 3, 777, 778; vgl. *Kahneman*, Schnelles Denken, langsames Denken, S. 423.

[566] *Pompian*, Behavioral Finance and Wealth Management, S. 191; *Moosa/Ramiah*, The Financial Consequences of Behavioural Biases, S. 73; vgl. *Kahneman*, Schnelles Denken, langsames Denken, S. 348–350.

[567] *Shefrin/Statman*, The Journal of Finance, 1985, Vol. 40, No. 3, 777, 777–779, 788.

[568] Vgl. *Pompian*, Behavioral Finance and Wealth Management, S. 194; vgl. *Shefrin/Statman*, The Journal of Finance, 1985, Vol. 40, No. 3, 777, 779; siehe hierzu auch *Daxhammer/Facsar*, Behavioral Finance, S. 256–257.

[569] *Pompian*, Behavioral Finance and Wealth Management, S. 194.

begrenzte Datengrundlage an und empfahlen eine weitere Beschäftigung mit dem Thema.[570]

Eine derart umfangreiche Forschung erfolgte später durch Odean. Er untersuchte in einer Studie die Daten von 10.000 Kundenkonten eines Discount-Brokers über den Zeitraum von 1987 bis 1993.[571] Hierbei überprüfte er, ob die Anleger ihre im Wert steigenden Aktien zu früh verkaufen und die Wertpapiere mit Wertverlust zu lange halten würden.[572] Im Ergebnis zeigte sich, dass der oben erörterte Dispositionseffekt bei den Privatanlegern mit Ausnahme des Monats Dezember, in welchem das Handeln vor allem steuerlich motiviert war, eintrat.[573] Letztlich führte dieses Verhalten zu Verlusten bei den Anlegern.[574] Dies bestätigt auch eine Studie der *UBS* von 2008. Nach jener verkauften Anleger Gewinneraktien im Durchschnitt nach 104 Tagen. Verliereraktien hielten sie hingegen durchschnittlich 124 Tage lang.[575]

Ein weiteres irrationales Verhaltensmuster stellt der *Sunk-Cost-Effekt* dar.[576] Hierunter wird das Phänomen verstanden, in Verlustgeschäfte noch weiter zu investieren, anstatt lukrativere Investitionsmöglichkeiten wahrzunehmen.[577] Da der Kursabfall seit dem Erwerb die versunkenen Kosten beim Dispositionseffekt darstellt, ist dieser mit dem *Sunk-Cost-Effekt* deckungsgleich.[578] Mithin ist der Dispositionseffekt ein spezieller Fall des *Sunk-Cost-Effekts.*[579]

In Verbindung mit einem entsprechenden *Framing* birgt die Verlustaversion darüber hinaus die Gefahr, dass ein Anleger, der Verluste erlitten hat, zwecks Verlustausgleichs zu riskanteren Investitionen neigt, wohingegen ein erfolgreicher Anleger weniger riskante Anlagen bevorzugt, da er seine Gewinne nicht riskieren will.[580]

Auch auf Unternehmensebene kommt die Verlustaversion zum Tragen. Schließlich lässt sich auf diesem Wege erklären, warum die Stellung von Insolvenzanträgen oftmals hinausgezögert wird, obwohl dies einer erfolgreichen Sanierung hinderlich ist und mit einer Haftungs- sowie Sanktionsgefahr einhergeht.[581]

---

[570] *Shefrin/Statman*, The Journal of Finance, 1985, Vol. 40, No. 3, 777, 788–789.

[571] *Odean*, The Journal of Finance, 1998, Vol. 53, No. 5, 1775, 1780.

[572] *Odean*, The Journal of Finance, 1998, Vol. 53, No. 5, 1775, 1781.

[573] *Odean*, The Journal of Finance, 1998, Vol. 53, No. 5, 1775, 1795, 1797.

[574] *Odean*, The Journal of Finance, 1998, Vol. 53, No. 5, 1775, 1796–1797.

[575] *Daxhammer/Facsar*, Behavioral Finance, S. 257; UBS Wealth Management Research, Behavioral Finance, Juni 2008, S. 27–28.

[576] *Goldberg/von Nitzsch*, Behavioral Finance, S. 92.

[577] *Kahneman*, Schnelles Denken, langsames Denken, S. 425; vgl. *Daxhammer/Facsar*, Behavioral Finance, S. 380–381.

[578] *Goldberg/von Nitzsch*, Behavioral Finance, S. 95–96.

[579] *Goldberg/von Nitzsch*, Behavioral Finance, S. 92.

[580] Vgl. *Pompian*, Behavioral Finance and Wealth Management, S. 149.

[581] *Falk*, ZRG GA 2014, 266, 283–284, der diesbezüglich auch das Phänomen der Selbstüberschätzung anführt.

ee) Reueaversion (Regret Aversion Bias)

(1) Erläuterung

Als *Reueaversion* (*Regret Aversion Bias*) bezeichnet man das Bedürfnis, nach Möglichkeit keine Fehlentscheidung zu treffen, die später bereut werden könnte.[582] Reue beschreibt hierbei das Gefühl der Frustration, das auftritt, wenn einem Individuum bewusst wird, dass eine andere Option als die gewählte die bessere Entscheidung gewesen wäre.[583] Im Rahmen dessen wird ein Marktteilnehmer bereuen, eine falsche Entscheidung getroffen zu haben oder eine richtige Entscheidung nicht getroffen zu haben.[584] Dabei kann die Reueaversion von einer rationalen Entscheidungsfindung abhalten.[585] Es handelt sich um eine emotional bedingte Verzerrung.[586]

(2) Fallbeispiele und Studien

Für die Existenz einer Reueaversion des Menschen sprechen die Ergebnisse der experimentellen Forschung.

So lassen sich die Ausgänge der Experimente zur Verlustaversion auch dahingehend deuten, dass die sichere Option zwecks der Vermeidung des Reuegefühls bei einem möglichen negativen Ausgang der Risikovariante gewählt wird.[587]

Weiterhin kam eine Studie zu dem Ergebnis, dass Testpersonen sich bei der Wahl zwischen zwei gleich erfolgsversprechenden Optionen eher für diejenige, welche keine spätere Darstellung der tatsächlichen Ausgänge enthielt, entschieden.[588] Hieraus kann geschlossen werden, dass Probanden einer möglichen Reuesituation entgehen wollten und danach ihre Entscheidung ausrichteten, was durch die Aussagen der Teilnehmer des Experiments auch bestätigt wurde.[589]

---

[582] *Daxhammer/Facsar*, Behavioral Finance, S. 264, 266; *Pompian*, Behavioral Finance and Wealth Management, S. 243.

[583] *Kahneman/Tversky*, Scientific American, 1982, Vol. 246, No 1, 160, 170; *Shefrin/Statman*, Journal of Financial Economics, 1984, Vol. 13, Iss. 2, 253, 268.

[584] *Daxhammer/Facsar*, Behavioral Finance, S. 264; *Pompian*, Behavioral Finance and Wealth Management, S. 244.

[585] *Virigineni/Rao*, International Journal of Economics and Financial Issues, 2017, Vol. 7, Iss. 1, 448, 450.

[586] *Pompian*, Behavioral Finance and Wealth Management, S. 243.

[587] Vgl. *Zeelenberg/Beattie/van der Pligt/de Vries*, Organizational Behavior and Human Decision Processes, 1996, Vol. 65, No. 2, 148, 149–150. Auf den in genannter Veröffentlichung vertretenen Ansatz der *Regret Theory* und der demnach einer Risikominimierung vorgehenden Reueminimierung wird in Anbetracht einer Themeneingrenzung und der Vorherrschaft der *Prospect Theory* nicht weiter eingegangen.

[588] *Zeelenberg/Beattie/van der Pligt/de Vries*, Organizational Behavior and Human Decision Processes, 1996, Vol. 65, No. 2, 148, 153.

[589] *Zeelenberg/Beattie/van der Pligt/de Vries*, Organizational Behavior and Human Decision Processes, 1996, Vol. 65, No. 2, 148, 153.

(3) Auswirkungen auf Marktteilnehmer

Auch das Verhalten am Kapitalmarkt lässt auf eine Reueaversion vieler Anleger schließen.

Schließlich kann man das Phänomen, dass Gewinneraktien oftmals zu früh verkauft und Verliereraktien zu lange gehalten werden, unter anderem mittels einer Reueaversion erklären.[590] Denn wenn ein Marktteilnehmer eine Aktie mit Verlust verkauft, wird er dies bereuen, wohingegen ihn ein gewinnbringender Verkauf mit Stolz erfüllt.[591] Die Vermeidung von Reue und das Streben nach Stolz beeinflusst demnach das Anlageverhalten.[592] Das übermäßig lange Halten von Gewinneraktien und eine durch die Reueaversion verstärkte Risikoaversion birgt aber eine erhöhte Portfolioschädlichkeit.[593]

Ebenso liefert die Reueaversion eine Erklärung dafür, dass Anleger Aktien mit Dividendenausschüttungen bevorzugen.[594] Schließlich kann eine Ausschüttung das Reuegefühl bei einer im Nachhinein schlechteren Investition verringern.[595] Ebenso kann es nach dem Verkauf einer Aktie zu einem Kursanstieg kommen, was der betroffene Anleger wiederum bereuen würde. Dementsprechend werden Anleger eher Dividendenausschüttungen als Erlöse aus dem Verkauf von Aktien nutzen, um einen etwaigen Finanzbedarf zu decken.[596]

Darüber hinaus birgt die Reueaversion die Gefahr, weitere psychologische Verzerrungen der Marktteilnehmer hervorzurufen.[597] Zum Beispiel kann sie zu einem gesteigerten Konservativismus führen.[598] Unter Einfluss der Reueaversion besteht zudem die Gefahr, dass Anleger Schutz bei der Masse suchen und folglich zum Herdenverhalten neigen.[599] Soweit sich ein Marktteilnehmer angesichts seiner Reueaversion auf den ersparten Verlust und nicht auf den relativen Gewinn einer

---

[590] *Daxhammer/Facsar*, Behavioral Finance, S. 265–266; *Pompian*, Behavioral Finance and Wealth Management, S. 247; *Shefrin/Statman*, The Journal of Finance, 1985, Vol. 40, No. 3, 777, 777, 781–782, 788; *Virigineni/Rao*, International Journal of Economics and Financial Issues, 2017, Vol. 7, Issue 1, 448, 450.

[591] *Shefrin/Statman*, The Journal of Finance, 1985, Vol. 40, No. 3, 777, 781–782.

[592] *Shefrin/Statman*, The Journal of Finance, 1985, Vol. 40, No. 3, 777, 782.

[593] *Daxhammer/Facsar*, Behavioral Finance, S. 265–266.

[594] *Pompian*, Behavioral Finance and Wealth Management, S. 246; *Shefrin/Statman*, Journal of Financial Economics, 1984, Vol. 13, Iss. 2, 253, 268–271, 280; vgl. *Shefrin*, Beyond Greed and Fear, S. 31.

[595] *Pompian*, Behavioral Finance and Wealth Management, S. 246; *Shefrin/Statman*, Journal of Financial Economics, 1984, Vol. 13, Iss. 2, 253, 268–271.

[596] *Shefrin*, Beyond Greed and Fear, S. 31.

[597] Vgl. *Daxhammer/Facsar*, Behavioral Finance, S. 265–266, S. 270 Abb. 65.

[598] *Pompian*, Behavioral Finance and Wealth Management, S. 246.

[599] *Daxhammer/Facsar*, Behavioral Finance, S. 266; *Pompian*, Behavioral Finance and Wealth Management, S. 247.

Investition konzentriert, kann es zur kognitiven Dissonanz kommen.[600] Schließlich wird ein Anleger nach einem Verlust sein Augenmerk im Wege der selektiven Wahrnehmung vor allem auf negative Nachrichten hinsichtlich einer Investition richten.[601] Ferner kann sich die Reueaversion auch auf die mentale Buchführung auswirken.[602] So lassen sich mentale Konten anlegen, in welche die fiktiven Zahlungen alternativer Entscheidungen verbucht werden.[603] Dementsprechend wird die Reuaversion als besonders portfolioschädlich betrachtet.[604]

ff) Neue Erwartungstheorie (Prospect Theory)

Mit ihrer 1979 erstmalig veröffentlichten *Prospect Theory* oder *Neuen Erwartungstheorie* setzten Kahneman und Tversky einen entscheidenden Grundpfeiler für die *Behavioral Finance.*[605] Sie beschreibt das durchschnittliche Entscheidungsverhalten von Personen bei Unsicherheit.[606]

Die zentrale Aussage dieses Ansatzes ist, dass die Bewertung von Entscheidungsalternativen relativ anhand eines Referenzpunktes geschieht, von welchem aus die jeweiligen Entscheidungsausgänge als Gewinne oder Verluste verbucht werden.[607] Dem liegt der Gedanke zugrunde, dass die menschliche Wahrnehmung keine festen Größen, sondern Differenzen verschiedener Reize zur Grundlage hat.[608]

Gemäß der *Prospect Theory* wird der Entscheidungsprozess in die zwei Phasen Editierung und Evaluation eingeteilt.[609]

---

[600] *Daxhammer/Facsar*, Behavioral Finance, S. 266.

[601] *Daxhammer/Facsar*, Behavioral Finance, S. 265.

[602] *Daxhammer/Facsar*, Behavioral Finance, S. 265.

[603] *Daxhammer/Facsar*, Behavioral Finance, S. 265.

[604] Vgl. *Daxhammer/Facsar*, Behavioral Finance, S. 269 Abb. 64.

[605] *Kahneman/Tversky*, Econometrica, 1979, Vol. 47, No. 2, 263, 263–291. Zur Bedeutung der *Prospect Theory* siehe *Szyszka*, Behavioral Finance and Capital Markets, S. 46.

[606] Baker/Nofsinger/*Altman*, Behavioral Finance, S. 191 II.11; *Daxhammer/Facsar*, Behavioral Finance, S. 179.

[607] *Goldberg/von Nitzsch*, Behavioral Finance, S. 84–85; *Kahneman*, Schnelles Denken, langsames Denken, S. 346–347; *Kahneman/Tversky*, Econometrica, 1979, Vol. 47, No. 2, 263, 277.

[608] *Goldberg/von Nitzsch*, Behavioral Finance, S. 83–85; *Kahneman*, Schnelles Denken, langsames Denken, S. 346–347; *Kahneman/Tversky*, Econometrica, 1979, Vol. 47, No. 2, 263, 277–278.

[609] *Beck*, Behavioral Economics S. 125–127; *Kahneman/Tversky*, Econometrica, 1979, Vol. 47, No. 2, 263, 274.

(1) Editierung

In der Editierphase werden die Entscheidungsmöglichkeiten umformuliert, organisiert und vereinfacht, um einen Vergleich der Alternativen zu erleichtern.[610] Hierbei wird eine Reihe von Operationen durchgeführt.[611] Im Wege der Kodierung setzt das Individuum seinen Referenzwert.[612] Bei der anschließenden Kombination wird die Entscheidungsfindung durch die Addition von Möglichkeiten mit demselben Ergebnis vereinfacht.[613] Eine weitere Vereinfachung erfolgt durch ein Runden von Zahlen.[614] Mittels der Segregation werden sichere Komponenten einer Alternative von den riskanten Bestandteilen getrennt.[615] Weiterhin werden gemeinsame Bestandteile verschiedener Alternativen gestrichen.[616] Darüber hinaus kommt es zu einer Eliminierung derjenigen Optionen, die von allen anderen Entscheidungsmöglichkeiten dominiert werden.[617]

Bei der Editierphase setzt sich das Individuum seinen Rahmen zur Entscheidungsfindung. Dabei kann eine unterschiedliche Problemdarstellung zu verschiedenen *Frames* führen.[618] Mithin tritt der Darstellungseffekt zutage. Ebenso besteht die Gefahr, dass aus den vorgenommenen Vereinfachungen Verhaltensanomalien resultieren.[619]

---

[610] *Beck*, Behavioral Economics S. 125–126; *Kahneman/Tversky*, Econometrica, 1979, Vol. 47, No. 2, 263, 274.

[611] *Beck*, Behavioral Economics S. 126–127; *Daxhammer/Facsar*, Behavioral Finance, S. 181–182; *Kahneman/Tversky*, Econometrica, 1979, Vol. 47, No. 2, 263, 274–275.

[612] *Beck*, Behavioral Economics S. 126; *Daxhammer/Facsar*, Behavioral Finance, S. 182; *Kahneman/Tversky*, Econometrica, 1979, Vol. 47, No. 2, 263, 274.

[613] *Beck*, Behavioral Economics S. 126; *Daxhammer/Facsar*, Behavioral Finance, S. 181; *Kahneman/Tversky*, Econometrica, 1979, Vol. 47, No. 2, 263, 274.

[614] *Beck*, Behavioral Economics S. 126; *Daxhammer/Facsar*, Behavioral Finance, S. 181; *Kahneman/Tversky*, Econometrica, 1979, Vol. 47, No. 2, 263, 275.

[615] *Beck*, Behavioral Economics S. 126; *Daxhammer/Facsar*, Behavioral Finance, S. 181; *Kahneman/Tversky*, Econometrica, 1979, Vol. 47, No. 2, 263, 274.

[616] *Beck*, Behavioral Economics S. 127; *Daxhammer/Facsar*, Behavioral Finance, S. 181–182; *Kahneman/Tversky*, Econometrica, 1979, Vol. 47, No. 2, 263, 275.

[617] *Beck*, Behavioral Economics S. 126; *Daxhammer/Facsar*, Behavioral Finance, S. 181; *Kahneman/Tversky*, Econometrica, 1979, Vol. 47, No. 2, 263, 274.

[618] *Tversky/Kahneman*, Journal of Business, 1986, Vol. 59, No. 4, Pt. 2, 251, 257; vgl. *Beck*, Behavioral Economics S. 153; vgl. *Thaler*, Marketing Science, 1985, Vol. 4, No. 3, 199, 201.

[619] Vgl. *Kahneman/Tversky*, Econometrica, 1979, Vol. 47, No. 2, 263, 275.

(2) Evaluierung

Bei der anschließenden Evaluierung werden die aufbereiteten Entscheidungsmöglichkeiten bewertet.[620] Dies Bewertung erfolgt über eine subjektive Wertfunktion und eine wahrscheinlichkeitsgewichtete Gewichtungsfunktion.[621]

(a) Wertfunktion

Zum einen werden die Entscheidungsalternativen in Gewinne und Verluste kategorisiert und bewertet, was mittels einer Wertfunktion dargestellt werden kann.[622] Der Entscheidungsträger setzt hierbei einen Referenzpunkt, von dem aus Entscheidungskonsequenzen als Verluste oder Gewinne wahrgenommen werden.[623] Dabei gilt das Prinzip der abnehmenden Empfindlichkeit, wonach Wertdifferenzen umso geringer empfunden werden, je höher die Grundwerte sind.[624] Entfernt sich ein Gewinn oder Verlust vom Referenzpunkt, wird dies nicht als gerader Anstieg oder Abfall, sondern als konkave bzw. konvexe Kurve wahrgenommen.[625] Die Differenz zwischen einem Gewinn oder Verlust von 100 € und 200 € wird demzufolge als höher empfunden als jene zwischen 1.100 € und 1.200 €.[626] Weiterhin werden angesichts der Verlustaversion Verluste stärker gewichtet als Gewinne.[627] Dementsprechend ist die Wertfunktion im Verlustbereich steiler als bei den Gewinnen.[628] Unter Berücksichtigung der drei Prinzipien (neutraler Referenzpunkt, abnehmende Empfindlichkeit und Verlustaversion) lässt sich die Wertfunktion als S-förmiger Graph abbilden.[629] Dieses Vorgehen des menschlichen Geistes kann laut Kahneman auf die Arbeit des System 1 zurückgeführt werden.[630] Nach Tversky und Kahneman wirkt sich die Reueaversion zwar auch auf Entscheidungsprozesse aus,

---

[620] *Daxhammer/Facsar*, Behavioral Finance, S. 182; *Kahneman/Tversky*, Econometrica, 1979, Vol. 47, No. 2, 263, 274.

[621] *Daxhammer/Facsar*, Behavioral Finance, S. 182–183.

[622] *Beck*, Behavioral Economics S. 129; *Daxhammer/Facsar*, Behavioral Finance, S. 183; *Kahneman/Tversky*, Econometrica, 1979, Vol. 47, No. 2, 263, 277–280.

[623] *Kahneman*, Schnelles Denken, langsames Denken, S. 346–347; *Kahneman/Tversky*, Econometrica, 1979, Vol. 47, No. 2, 263, 277–278.

[624] *Kahneman*, Schnelles Denken, langsames Denken, S. 347; *Kahneman/Tversky*, Econometrica, 1979, Vol. 47, No. 2, 263, 278.

[625] *Beck*, Behavioral Economics S. 131; *Daxhammer/Facsar*, Behavioral Finance, S. 184; vgl. *Kahneman/Tversky*, Econometrica, 1979, Vol. 47, No. 2, 263, 279–280.

[626] Vgl. *Kahneman*, Schnelles Denken, langsames Denken, S. 347; vgl. *Kahneman/Tversky*, Econometrica, 1979, Vol. 47, No. 2, 263, 278.

[627] *Kahneman*, Schnelles Denken, langsames Denken, S. 347; *Kahneman/Tversky*, Econometrica, 1979, Vol. 47, No. 2, 263, 263–265, 279.

[628] Vgl. *Beck*, Behavioral Economics S. 132–133; vgl. *Kahneman/Tversky*, Econometrica, 1979, Vol. 47, No. 2, 263, 263, 280.

[629] *Kahneman*, Schnelles Denken, langsames Denken, S. 347–348; vgl. *Daxhammer/Facsar*, Behavioral Finance, S. 185 Abb. 40; vgl. *Goldberg/von Nitzsch*, Behavioral Finance, S. 87 Abb. 4–1.

[630] *Kahneman*, Schnelles Denken, langsames Denken, S. 346, 349.

wobei sie aber vor allem vom Darstellungseffekt und der nichtlinearen Entscheidungsgewichtung dominiert würden.[631]

In ihrer ursprünglichen Form lässt die *Neue Erwartungstheorie* vergangene Ereignisse unberücksichtigt. Allerdings kann die Wertfunktion weitergehend unter Berücksichtigung der mentalen Buchführung modifiziert werden.[632] So legten Thalers Studien zum Verbraucherverhalten dar, dass Gewinne in getrennten mentalen Konten verbucht werden, wohingegen Verluste in bereits bestehende Gewinn- oder Verlustkonten integriert werden.[633] Besagtes Vorgehen wurde auch bei Anlegern nachgewiesen.[634]

(b) Gewichtungsfunktion

Aber nicht nur der Ausgang einer Entscheidung wird gewertet, sondern auch ihre Eintrittswahrscheinlichkeit subjektiv gewichtet, was über eine Gewichtungsfunktion abgebildet werden kann.[635] Schließlich zeigte eine Studie von Kahneman und Tversky, dass Testpersonen bei Glücksspielen eine tatsächliche 0-%- oder 100-%-Wahrscheinlichkeit auch subjektiv als solche einordnen, Wahrscheinlichkeiten dazwischen aber oftmals falsch einschätzen.[636] Hierbei werden geringe Wahrscheinlichkeiten überbewertet, während mittlere und hohe Wahrscheinlichkeiten unterbewertet werden.[637] Beispielsweise empfindet man die Angst, bei einem Millionengewinn von 99% leer auszugehen, intensiver als die Hoffnung, bei einem einprozentigen Millionengewinn zu gewinnen.[638] Dementsprechend wird auch die Gewichtungsfunktion als nichtlinearer Graph dargestellt.[639]

Hohe Bedeutung für die Bestimmung der Gewichtungsfunktion hat dabei die *kumulative Prospect Theory*, die Tversky und Kahneman 1992 als Verbesserung ihres ursprünglichen Modells vorlegten. Bei jener wird mit kumulierten Wahrscheinlichkeiten gearbeitet. Gewinn- bzw. Verlustsituationen kommen dabei un-

---

[631] *Tversky/Kahneman*, Journal of Business, 1986, Vol. 59, No. 4, Pt. 2, 251, 268.

[632] *Lim*, Journal of Business, 2006, Vol. 79, No. 5, 2539, 2540; vgl. *Thaler*, Marketing Science, 1985, Vol. 4, No. 3, 199, 203.

[633] *Thaler*, Marketing Science, 1985, Vol. 4, No. 3, 199, 208–209; vgl. *Lim*, Journal of Business, 2006, Vol. 79, No. 5, 2539, 2540.

[634] *Lim*, Journal of Business, 2006, Vol. 79, No. 5, 2539, 2539.

[635] *Beck*, Behavioral Economics S. 133; *Daxhammer/Facsar*, Behavioral Finance, S. 183; *Kahneman/Tversky*, Econometrica, 1979, Vol. 47, No. 2, 263, 280–286.

[636] *Kahneman*, Schnelles Denken, langsames Denken, S. 386–387.

[637] *Kahneman*, Schnelles Denken, langsames Denken, S. 386–387; vgl. *Daxhammer/Facsar*, Behavioral Finance, S. 186–187; vgl. *Kahneman/Tversky*, Econometrica, 1979, Vol. 47, No. 2, 263, 280–286.

[638] *Kahneman*, Schnelles Denken, langsames Denken, S. 387.

[639] *Kahneman/Tversky*, Econometrica, 1979, Vol. 47, No. 2, 263, 283; *Murschall*, Behavioral Finance als Ansatz zur Erklärung von Aktienrenditen, S. 89–90.

terschiedliche Wahrscheinlichkeitsgewichte zu.[640] Hieraus ergibt sich jeweils ein Graph für die Gewinn- oder Verlustsituation, wobei ersterer eine stärkere Krümmung aufweist. Die Gewichtungsfunktionen überschneiden sich an den Punkten von 0 % und ca. 40 % sowie 100 % mit der tatsächlichen Wahrscheinlichkeit, die als Gerade mit 45°-Neigung abgebildet werden kann.[641]

Beachtlich ist, dass neurowissenschaftliche Untersuchungen hinsichtlich der Reaktion bestimmter Hirnareale auf Wahrscheinlichkeitsänderungen mit der Gewichtungsfunktion der *Prospect Theory* übereinstimmen.[642]

(c) Vierfeldmuster

Letztlich führt die Wertung und Gewichtung von Entscheidungsmöglichkeiten im Wege der kumulativen *Prospect Theory* zu einem viergeteilten Muster. Nach diesem verhalten sich Menschen in der Regel risikoscheu bei hohen Gewinnwahrscheinlichkeiten wie auch bei einer geringen Verlustwahrscheinlichkeit. Risikofreudig agieren sie hingegen bei einer geringen Gewinnwahrscheinlichkeit und einer hohen Verlustwahrscheinlichkeit.[643]

So besteht bei einer hohen Gewinnwahrscheinlichkeit vor allem die Angst vor einer Enttäuschung, sodass sich ein Individuum schon mit einem Betrag unter dem Erwartungswert eines Glücksspiels zufriedengibt.[644] Ebenso herrscht bei einer niedrigen Verlustwahrscheinlichkeit eine Angst vor hohen Verlusten, was sich insoweit auswirkt, als dass Menschen mehr für eine Versicherung zahlen, als es dem Erwartungswert des Risikos entspräche.[645] Bei geringen Gewinnwahrscheinlichkeiten hingegen siegt die Hoffnung auf einen hohen Gewinn, was die Popularität von Lotterien erklärt.[646] In Fällen einer hohen Verlustwahrscheinlichkeit führt die abnehmende Empfindlichkeit und die Entscheidungsgewichtung, die unterhalb der tatsächlichen Wahrscheinlichkeit liegt, dazu, dass die Hoffnung, Verluste zu vermeiden, den Entscheidungsprozess dominiert. Beispiele hierfür sind unterlegene Parteien in Kriegen oder Unternehmen, die ihrer Konkurrenz unterliegen. In beiden Fällen wird oftmals trotz einer hohen Wahrscheinlichkeit zu verlieren weiterge-

---

[640] *Beck*, Behavioral Economics S. 141–144; *Tversky/Kahneman*, Journal of Risk and Uncertainty, 1992, Vol. 5, 297, 297–301.

[641] *Beck*, Behavioral Economics S. 144 Abb. 3.10; *Tversky/Kahneman*, Journal of Risk and Uncertainty, 1992, Vol. 5, 297, 313 Abb. 3.

[642] *Hsu/Krajbich/Zhao/Camerer*, Journal of Neuroscience, 2009, Vol. 29, Iss. 7, 2231, 2231 und hierbei insb. *Hsu/Krajbich/Zhao/Camerer*, Journal of Neuroscience, 2009, Vol. 29, Iss. 7, 2231, 2232 Abb. 1, 2234 Abb. 3; *Kahneman*, Schnelles Denken, langsames Denken, S. 387; *Ogaki/Tanaka*, Behavioral Economics, S. 69.

[643] *Kahneman*, Schnelles Denken, langsames Denken, S. 389–392; *Tversky/Kahneman*, Journal of Risk and Uncertainty, 1992, Vol. 5, 297, 297, 306–309.

[644] *Kahneman*, Schnelles Denken, langsames Denken, S. 389–390.

[645] *Kahneman*, Schnelles Denken, langsames Denken, S. 389–391.

[646] *Kahneman*, Schnelles Denken, langsames Denken, S. 389–390.

kämpft. Eine vernünftige Entscheidung hinsichtlich einer Begrenzung weiterer Verluste wird dabei missachtet.[647]

(3) Erweiterung des Modells

Dem algebraischen Modell der *Prospect Theory* werden Modelle der direkten Anwendung der Heuristiken im Informationsprozess entgegengehalten.[648] Allerdings erscheinen beide Ansätze miteinander vereinbar, sodass sie sich ergänzen.[649] Denklogisch liegt es nahe, die kumulative *Prospect Theory* um die Auswirkungen der heuristisch und durch psychologische Grundbedürfnisse bedingten *Biases* zu erweitern. Aus thematischen Gründen wird auf eine Fortentwicklung des Modells verzichtet. Es sei aber festzuhalten, dass mit der (erweiterten) kumulativen *Prospect Theory* ein in sich schlüssiges und teils belegbares Modell geschaffen wurde, welches der Effizienzmarkthypothese widerspricht.

c) Psychologische Bedürfnisse

aa) Erklärung: Psychologische Bedürfnisse

Es existieren noch weitere *Biases*, die hier gesondert ausgewiesen werden. Zum Teil werden sie als nicht einseitig heuristisch oder durch *Framing* bedingte kognitive und emotionale Verzerrungen eingeordnet.[650] Andererseits liegt es nahe, sie eher auf *psychologische Grundbedürfnisse* zurückzuführen.[651] Demnach seien all jene *Biases* entweder auf ein Streben nach *Dissonanzfreiheit*[652] oder aber auf das *Kontrollbedürfnis* des Menschen hinsichtlich der eigenen Situation[653] zurückzuführen. Im weiteren Verlauf wird auf diese Aspekte kurz verwiesen. Angesichts einer mangelnden inhaltlichen Bedeutung für die vorliegende Arbeit erübrigt sich aber eine Stellungnahme dahingehend, welcher dieser Ansätze vorzugswürdig ist. Es folgt eine Aufführung besagter *Biases*, in der sie jeweils erläutert und anhand

---

[647] *Kahneman*, Schnelles Denken, langsames Denken, S. 389, 391–392.

[648] *Pachur/Suter/Hertwig*, Cognitive Psychology, 2017, Vol. 93, 44, 44–45; *Suter/Pachur/Hertwig*, Proceedings of the Annual Meeting of the Cognitive Science Society, 2013, Vol. 35, 1408,1408.

[649] Vgl. *Pachur/Suter/Hertwig*, Cognitive Psychology, 2017, Vol. 93, 44, 44, 65; vgl. *Suter/Pachur/Hertwig*, Proceedings of the Annual Meeting of the Cognitive Science Society, 2013, Vol. 35, 1408, 1408, 1411–1412; vgl. *Viriginenì/Rao*, International Journal of Economics and Financial Issues, 2017, Vol. 7, Iss. 1, 448, 456.

[650] *Kapoor/Prosad*, Behavioural Finance, S. 81.

[651] Vgl. *Goldberg/von Nitzsch*, Behavioral Finance, S. 117; vgl. *Peters*, Die BGH-Rechtsprechung zur Anlageberatung im Lichte der Behavioral-Finance-Forschung, S. 75 § 2.

[652] Vgl. *Goldberg/von Nitzsch*, Behavioral Finance, S. 118–119; vgl. *Peters*, Die BGH-Rechtsprechung zur Anlageberatung im Lichte der Behavioral-Finance-Forschung, S. 76–77 § 2.

[653] Vgl. *Goldberg/von Nitzsch*, Behavioral Finance, S. 140; vgl. *Peters*, Die BGH-Rechtsprechung zur Anlageberatung im Lichte der Behavioral-Finance-Forschung, S. 76 § 2.

von Studien und Fallbeispielen belegt werden. Weiterhin wird das Auswirkungspotential auf die Marktteilnehmer einer jeden *Bias* dargelegt.

bb) Kognitive Dissonanz (Cognitive Dissonance Bias)

(1) Erläuterung

Gemäß der von Leon Festinger 1957 entwickelten Theorie der kognitiven Dissonanz sorgen zwei sich widersprechende Kognitionen, d.h. Kenntnisse, Meinungen oder Vorstellungen, für ein Gefühl des Unbehagens beim Menschen, welches dieser abzubauen versucht.[654] Nach Festinger steht der Mensch bei seiner Entscheidungsfindung zunächst im Konflikt hinsichtlich der Auswahl verschiedener Optionen. Im Nachhinein unterliegt er einer kognitiven Dissonanz dahingehend, die eigene Auswahl zu rechtfertigen.[655] Von daher strebt das Individuum eine Dissonanzfreiheit an.[656] Zwecks einer Verringerung besagten Unbehagens läuft der Mensch Gefahr, seine Vorstellungen und Erinnerungen ebenso wie seine Informationsaufnahme zu verändern.[657] Dabei kann die kognitive Dissonanz mit unterschiedlicher Intensität auftreten. Die Höhe der Dissonanzstärke ist dabei vom Umfang der Selbstverpflichtung, dem sog. *Commitment* abhängig.[658] Je höher das *Commitment* ist, desto intensiver ist die mögliche kognitive Dissonanz. Das Ausmaß des *Commitment* hängt davon ab, ob eine Entscheidungsfreiheit vorliegt, eine Verantwortung übernommen wird, irreversible Kosten anfallen können und wie weit die Investitionsentscheidung von der Norm abweicht.[659]

(2) Fallbeispiele und Studien

Als praktisches Auftreten für eine kognitive Dissonanz werden oftmals die Befragungsergebnisse von Rauchern hinsichtlich ihres Krebsrisikos herangezogen.[660] Beispielhaft ist hierfür eine Studie anzuführen, nach welcher Raucher trotz ihres Wissens um die Auswirkung des Rauchens ihr eigenes Risiko geringer als das

---

[654] *Festinger*, Theorie der kognitiven Dissonanz, S. 15–17; *Raab/Unger/Unger*, Marktpsychologie, S. 42; vgl. *Klöhn*, Kapitalmarkt, Spekulation und Behavioral Finance, S. 106.

[655] *Festinger*, Theorie der kognitiven Dissonanz, S. 15–16; *Raab/Unger/Unger*, Marktpsychologie, S. 42.

[656] *Goldberg/von Nitzsch*, Behavioral Finance, S. 129–120; *Peters*, Die BGH-Rechtsprechung zur Anlageberatung im Lichte der Behavioral-Finance-Forschung, S. 76 § 2; vgl. *Festinger*, Theorie der kognitiven Dissonanz, S. 16.

[657] Baker/Nofsinger/*Schwartz*, Behavioral Finance, S. 64 I.4.

[658] *Daxhammer/Facsar*, Behavioral Finance, S. 177; *Goldberg/von Nitzsch*, Behavioral Finance, S. 120.

[659] *Daxhammer/Facsar*, Behavioral Finance, S. 177–178; *Goldberg/von Nitzsch*, Behavioral Finance, S. 121–125.

[660] Das Raucherbeispiel wird bereits bei *Festinger*, Theorie der kognitiven Dissonanz, S. 16 genannt.

durchschnittlicher Raucher einschätzten.[661] Ein derartiges Verhalten wird auf eine Verringerung der kognitiven Dissonanz zwischen der Kenntnis um die Gefahren des eigenen Konsums auf der einen Seite und dem tatsächlichen Verhalten in Form des regelmäßigen Rauchens auf der anderen Seite zurückgeführt.[662]

Zum Teil wird auch in dem Verhalten des Fleischkonsums und der gleichzeitigen Einstellung, Tieren kein Leid zuführen zu wollen, eine kognitive Dissonanz gesehen.[663] Dieser werde entweder mit einer Umstellung auf eine vegetarische bzw. vegane Ernährung oder durch die Rechtfertigung des bisherigen Verhaltens im Wege einer Kategorisierung von Tieren nach ihrer Essbarkeit oder der Leugnung eines etwaigen Tierleids oder moralischer Rechte von Tieren begegnet.[664]

(3) Auswirkungen auf Marktteilnehmer

Die Vermeidung kognitiver Dissonanz und die hierdurch bezweckte Verringerung eines Bedauerns schlechter Investitionsentscheidungen tritt bei Anlegern in Gestalt der *selektiven Wahrnehmung* und der *selektiven Entscheidung* auf.[665] Erstere kommt bei der Informationsaufnahme, Letztere beim Investitionsverhalten zum Tragen.[666] Das Bedürfnis der Dissonanzfreiheit kann sich zudem im Vorfeld einer Entscheidung in Gestalt der Reue- und Verlustaversion auswirken.[667]

(a) Selektive Wahrnehmung

Von einer *selektiven Wahrnehmung* spricht man dann, wenn Personen bewusst oder unbewusst eine Information vernachlässigen.[668] Die Tendenz der Wahrnehmung bestätigender Informationen wird auch als *Bestätigungsneigung* oder *Confirmation Bias* bezeichnet.[669] Jene Begrifflichkeit lässt sich aber mit der selektiven

---

[661] Vgl. *McMaster/Lee*, Addictive Behaviors, 1991, Vol. 16, 349, 349, 352.

[662] Vgl. Baker/Nofsinger/*Schwartz*, Behavioral Finance, S. 64 I.4.; vgl. *McMaster/Lee*, Addictive Behaviors, 1991, Vol. 16, 349, 349–350.

[663] *Loughnan/Bratanova/Puvia*, In-Mind Italia, 2012, Vol. I, 15, 16; vgl. *Ong/Frewer/Chan*, Critical Reviews in Food Science and Nutrition, 2017, Vol. 57, No. 11, 2330, 2338–2339.

[664] Vgl. *Loughnan/Bratanova/Puvia*, In-Mind Italia, 2012, Vol. I, 15, 16–18; vgl. *Ong/Frewer/Chan*, Critical Reviews in Food Science and Nutrition, 2017, Vol. 57, No. 11, 2330, 2338–2339.

[665] *Daxhammer/Facsar*, Behavioral Finance, S. 178; *Goldberg/von Nitzsch*, Behavioral Finance, S. 126; *Pompian*, Behavioral Finance and Wealth Management, S. 55; *Teigelack*, Finanzanalyse und Behavioral Finance, S. 99.

[666] *Daxhammer/Facsar*, Behavioral Finance, S. 178.

[667] *Goldberg/von Nitzsch*, Behavioral Finance, S. 148. Diese Verzerrungen sind aber primär bei den *Frames* zu verordnen (siehe jeweils: § 2 C.I.4.b)dd) und § 2 C.I.4.b)ee)).

[668] *Daxhammer/Facsar*, Behavioral Finance, S. 204.

[669] *Daxhammer/Facsar*, Behavioral Finance, S. 204; *Pompian*, Behavioral Finance and Wealth Management, S. 73.

Wahrnehmung gleichsetzen.[670] Weiterhin kann sich dieses Phänomen auch in der Form darstellen, dass sich der Akteur an seinen persönlichen Gewohnheiten und Erfahrungen orientiert und hierbei neue Informationen vernachlässigt.[671] Ferner stellt die Überbewertung von sog. Schlüsselinformationen einen Fall der selektiven Wahrnehmung dar.[672]

Nebst der bereits erörterten physiologischen Beschränkung des Gehirns lässt sich die selektive Wahrnehmung auch auf den Willen des Individuums zurückführen.[673] Gewissermaßen stellt sie eine Form des Selbstschutzes dar.[674] So wird mittels einer selektiven Wahrnehmung versucht, sich von der kognitiven Dissonanz zwischen der positiven Einschätzung einer getroffenen Entscheidung und der negativen tatsächlichen Lage zu befreien, wobei dies zu einer verzerrten Informationswahrnehmung führen kann.[675] Wenn sie auch zu einer emotional angenehmeren Lage führt, stellt die selektive Wahrnehmung einen Rückgriff auf einen verzerrten Informationsstand dar, was die Gefahr fehlerhafter Folgeentscheidungen birgt.[676]

Dies kann dergestalt geschehen, dass Marktteilnehmer nur die Informationen registrieren, die ihre vorangegangene Entscheidung als günstig und ihre verworfene Option als ungünstig erscheinen lassen.[677] Bei der Missachtung von Informationen, die der ursprünglichen Investitionsentscheidung widersprechen, besteht darüber hinaus die Gefahr, dass es zu einem Herdenverhalten am Markt kommt.[678]

(b) Selektive Entscheidung

Als *selektive Entscheidung* wird das Verhalten bezeichnet, eine getroffene Entscheidung um jeden Preis beizubehalten.[679]

Dabei trifft der Anleger seine Folgeentscheidungen dahingehend, dass die ursprüngliche Anlageentscheidung gewinnbringend abgeschlossen werden kann und

---

[670] *Daxhammer/Facsar*, Behavioral Finance, S. 204.

[671] *Daxhammer/Facsar*, Behavioral Finance, S. 172.

[672] *Daxhammer/Facsar*, Behavioral Finance, S. 172.

[673] *Goldberg/von Nitzsch*, Behavioral Finance, S. 59.

[674] *Goldberg/von Nitzsch*, Behavioral Finance, S. 127.

[675] *Goldberg/von Nitzsch*, Behavioral Finance, S. 119, 127; vgl. *Teigelack*, Finanzanalyse und Behavioral Finance, S. 99–100.

[676] *Goldberg/von Nitzsch*, Behavioral Finance, S. 127; vgl. *Teigelack*, Finanzanalyse und Behavioral Finance, S. 99.

[677] *Goldberg/von Nitzsch*, Behavioral Finance, S. 126; *Pompian*, Behavioral Finance and Wealth Management, S. 57; vgl. *Daxhammer/Facsar*, Behavioral Finance, S. 172.

[678] *Daxhammer/Facsar*, Behavioral Finance, S. 205; *Pompian*, Behavioral Finance and Wealth Management, S. 57.

[679] *Daxhammer/Facsar*, Behavioral Finance, S. 178, 246; *Goldberg/von Nitzsch*, Behavioral Finance, S. 128–129.

nicht umsonst war. Im Rahmen dessen wird er weitere Investitionen tätigen.[680] Ebenso besteht die Gefahr, dass eine im Wert sinkende Aktie weiter gehalten wird, um die dem Eingestehen einer schlechten Entscheidung innewohnende kognitive Dissonanz zu vermeiden.[681] Der bereits erörterte *Dispositionseffekt* bzw. der *Sunk-Cost*-Effekt bei Marktteilnehmern wird durch ein von der selektiven Entscheidung getriebenen Verhalten noch verstärkt.[682]

cc) Selbstüberschätzung (Overconfidence Bias)

(1) Erläuterung

Als *Overconfidence* bzw. *Selbstüberschätzung* lässt sich der nicht gerechtfertigte Glaube an die eigene Urteilskraft, das intuitive Denken und die kognitiven Fähigkeiten bezeichnen.[683] Nach Barberis und Thaler prägt sich das Phänomen der *Overconfidence* zum einen dadurch aus, dass Menschen ihre Erwartungsbereiche zu eng setzen, zum anderen Wahrscheinlichkeiten schlecht einschätzen können.[684]

Eine Selbstüberschätzung kann hinsichtlich der eigenen Prognose- und Entscheidungsqualität vorliegen.[685] Bei einer Selbstüberschätzung der Prognosequalität führen Anleger eine zu eng gefasste Vorhersage der Entwicklung ihrer Anlage durch.[686] Die Selbstüberschätzung der Entscheidungsqualität tritt dann auf, wenn Marktteilnehmer die Richtigkeit ihrer Beurteilungen überschätzen.[687]

Einen einheitlichen Erklärungsansatz zu diesem Phänomen sucht man vergebens. Zum Teil wird die Selbstüberschätzung auf die kognitive Dissonanz, anderweitig auf die Heuristiken der Repräsentativität, der Verfügbarkeit oder der Verankerung zurückgeführt.[688] Unter Berücksichtigung des hier gewählten Aufbaus sei

---

[680] *Daxhammer/Facsar*, Behavioral Finance, S. 246; *Goldberg/von Nitzsch*, Behavioral Finance, S. 128–129; *Pompian*, Behavioral Finance and Wealth Management, S. 55, 57; *Teigelack*, Finanzanalyse und Behavioral Finance, S. 99.

[681] *Pompian*, Behavioral Finance and Wealth Management, S. 57.

[682] *Daxhammer/Facsar*, Behavioral Finance, S. 248; vgl. *Goldberg/von Nitzsch*, Behavioral Finance, S. 129.

[683] *Pompian*, Behavioral Finance and Wealth Management, S. 199; vgl. *Daxhammer/Facsar*, Behavioral Finance, S. 232; siehe auch *Beck*, Behavioral Economics, S. 58, 60, der hier den Begriff „Überoptimismus" verwendet und die Selbstüberschätzung als eine Ausprägung hiervon sieht.

[684] Thaler/*Barberis/Thaler*, Advances in Behavioral Finance Vol. II, S. 12.

[685] *Daxhammer/Facsar*, Behavioral Finance, S. 232–233; *Pompian*, Behavioral Finance and Wealth Management, S. 200–201.

[686] *Daxhammer/Facsar*, Behavioral Finance, S. 232; *Pompian*, Behavioral Finance and Wealth Management, S. 200.

[687] *Pompian*, Behavioral Finance and Wealth Management, S. 201.

[688] Einer weiteren Erörterung der verschiedenen Ansätze bedarf es im Rahmen dieser Arbeit nicht. Einen Überblick liefern *Bank/Kottke*, Overconfidence, S. 6–12. Hinsichtlich der kognitiven Dissonanz siehe *Blanton/Pelham/DeHart/Carvallo*, Journal of Experimental Social

erwähnt, dass die *Bias* der Selbstüberschätzung auch auf der aus dem Kontrollbedürfnis des Menschen folgenden Illusion der Kontrolle beruhen könnte.[689] Ebenso ließe sich ein Einfluss der *WYSIATI-Regel* annehmen, da beim Konstruieren einer kohärenten Geschichte gerade auf Informationen, die dem Individuum spontan einfallen, zurückgegriffen und hieraus ein Schätzwert abgeleitet wird.[690]

Als Auswuchs der Selbstüberschätzung kann der *Better-than-average-* oder *Above-average*-Effekt betrachtet werden.[691] Demgemäß tendiert der Mensch großenteils dazu, sich und seine Fähigkeiten als überdurchschnittlich einzuschätzen.[692] Ferner ist der sog. *Bias Blind Spot* (Verzerrungsblindheit) von Bedeutung. Hiermit wird das Phänomen beschrieben, die *Biases* bei anderen zu erkennen, sich selbst aber als weitgehend unbeeinflusst einzuschätzen.[693] Demnach besteht ein blinder Fleck hinsichtlich der eigenen kognitiven Verzerrung. Dies könnte als Ausfluss des *Better-than-average*-Effekts betrachtet werden.[694] Zudem ließe sich der *Bias Blind Spot* darauf zurückführen, dass Menschen zu einem naiven Realismus tendieren, wonach ihre Umwelt ihrer direkten unverzerrten Wahrnehmung entspricht.[695]

(2) Fallbeispiele und Studien

Experimente in Form von Tests zum Allgemeinwissen mit einer anschließenden Befragung der Teilnehmer, wie sicher sie sich ihrer Antworten seien, zeigen anhand der Fehleinschätzung vieler Probanden, dass eine Selbstüberschätzung tatsächlich regelmäßig auftritt.[696]

Psychology, 2001, Vol. 37, 373, 374, 382–384 und *Daniel/Titman*, Financial Analysts Journal, 1999, Vol. 55, Iss. 6, 28, 29–30.

[689] *Goldberg/von Nitzsch*, Behavioral Finance, S. 151–153.

[690] *Kahneman*, Schnelles Denken, langsames Denken, S. 323.

[691] *Shefrin*, Behavioral Corporate Finance, S. 8, der vom „*Better-than-average-effect*" spricht.

[692] *Kahneman*, Schnelles Denken, langsames Denken, S. 321, welcher die Einschätzung eigener Fahrqualitäten anführt und das Phänomen „*Above-Average-Effekt*" nennt; *Shefrin*, Behavioral Corporate Finance, S. 8, der die Selbsteinschätzung durch Studierende als Beispiel anführt.

[693] *Ehrlinger/Gilovich/Ross*, Personality and Social Psychology Bulletin, 2005, Vol. 31, No. 5, 680, 681; *Moosa/Ramiah*, The Financial Consequences of Behavioural Biases, S. 164; *Pronin/Lin/Ross*, Personality and Social Psychology Bulletin, 2002, Vol. 28, Iss. 3, 369, 369–370.

[694] *Pronin/Lin/Ross*, Personality and Social Psychology Bulletin, 2002, Vol. 28, No. 3, 369, 370, 379; vgl. *Ehrlinger/Gilovich/Ross*, Personality and Social Psychology Bulletin, 2005, Vol. 31, No. 5, 680, 681.

[695] *Ehrlinger/Gilovich/Ross*, Personality and Social Psychology Bulletin, 2005, Vol. 31, No. 5, 680, 681; *Pronin/Lin/Ross*, Personality and Social Psychology Bulletin, 2002, Vol. 28, No. 3, 369, 369–370, 378–379.

[696] Vgl. Kahneman/Tversky/*Lichtenstein/Fischhoff/Phillips*, Judgment under uncertainty, S. 314–318; vgl. *Pompian*, Behavioral Finance and Wealth Management, S. 201.

Dass auch Experten eines Fachs der Selbstüberschätzung unterliegen können, ergibt eine Reihe von Studien.[697] Unter anderem wurden Absolventen der Ökonomie wie auch bloße Studierende des Fachs hinsichtlich der Vorrausage von Börsenkursen befragt.[698] Im Ergebnis zeigten die Graduierten extremere Vorhersagen mit mehr Über- bzw. Unterschätzungen als die Studierenden.[699] Folglich scheinen gerade Experten dazu zu neigen, von ihrer persönlichen Fachkenntnis sowie den angewendeten Systemen überzeugt zu sein und sich dabei nur ungern Fehler einzugestehen.[700]

Auch die Tendenz zur Verzerrungsblindheit konnte in Studien belegt werden.[701]

(3) Auswirkungen auf Marktteilnehmer

Infolge der Selbstüberschätzung verführt die fälschliche Annahme, über besonderes Wissen zu verfügen, zu einem übermäßigen Handel von Wertpapieren.[702]

Weiterhin können Investoren ihr Urteilsvermögen hinsichtlich einer Investition überschätzen. Hierbei besteht die Gefahr einer Missachtung möglicher negativer Informationen bezüglich der Anlage.[703] Anleger, die der Selbstüberschätzung ihrer Entscheidungsqualität zum Opfer fallen, neigen dazu, das Verlustrisiko einer ihrer Ansicht nach guten Investition zu vernachlässigen.[704]

An der Börse war vor allem Ende der 1990er Jahre eine Selbstüberschätzung der Entscheidungsqualität der Anleger hinsichtlich neu aufkommender Technologieunternehmen zu erkennen.[705] So kauften viele Marktteilnehmer Aktien dieser Unternehmen in großen Mengen, wobei sie später unter den Wertverlusten leiden mussten.[706]

---

[697] *Daxhammer/Facsar*, Behavioral Finance, S. 235; *Kahneman*, Schnelles Denken, langsames Denken, S. 270–272; *Koehler/Brenner/Griffin*, The Calibration of Expert Judgment, in: Heuristics and Biases, 2002, S. 686, 714–715.

[698] *Koehler/Brenner/Griffin*, The Calibration of Expert Judgment, in: Heuristics and Biases, 2002, S. 686, 707.

[699] *Koehler/Brenner/Griffin*, The Calibration of Expert Judgment, in: Heuristics and Biases, 2002, S. 686, 708.

[700] *Kahneman*, Schnelles Denken, langsames Denken, S. 272.

[701] *Ehrlinger/Gilovich/Ross*, Personality and Social Psychology Bulletin, 2005, Vol. 31, No. 5, 680, 680, 682–690; *Pronin/Lin/Ross*, Personality and Social Psychology Bulletin, 2002, Vol. 28, No. 3, 369, 369–378.

[702] *Barber/Odean*, Journal of Finance, 2000, Vol. 55, No. 2, 773, 799–800; *Daxhammer/Facsar*, Behavioral Finance, S. 235; *Pompian*, Behavioral Finance and Wealth Management, S. 202.

[703] *Daxhammer/Facsar*, Behavioral Finance, S. 235; *Pompian*, Behavioral Finance and Wealth Management, S. 202.

[704] *Daxhammer/Facsar*, Behavioral Finance, S. 233; *Pompian*, Behavioral Finance and Wealth Management, S. 200.

[705] *Pompian*, Behavioral Finance and Wealth Management, S. 201.

[706] *Pompian*, Behavioral Finance and Wealth Management, S. 201.

Aber auch die Selbstüberschätzung seitens der Manager eines Unternehmens kann sich negativ auf den Börsenwert auswirken.[707] Schließlich können Unternehmenslenker bei Übernahmen zu einer *Hybris* durch die eigene Selbstüberschätzung neigen und einen zu hohen Preis für das Zielunternehmen zahlen.[708] Tatsächlich trat seitens übernehmender Unternehmen über den Zeitraum von 1998 bis 2001 ein Börsenwertverlust von 240 Mrd. US $ ein.[709] Dies kann darauf zurückgeführt werden, dass in den Fällen, in denen die übernehmende Gesellschaft anschließend Verlustgeschäfte nach der Ankündigung vorwies, die reale Entwicklung einen auffälligen Kontrast zur ursprünglich hohen Bewertung darstellte.[710] Angesichts dieser Enttäuschung werden Anleger von einer weiteren Investition absehen.[711] Der Markt erkennt folglich die Selbstüberschätzung der Unternehmensleitung und straft sie mit einer Senkung um ca. acht Basispunkte innerhalb einer Zeitspanne von drei Tagen nach der Übernahmeankündigung ab.[712]

Ferner ist eine Selbstüberschätzung der Prognosequalität vor allem bei Führungspositionen und Erben von börsengehandelten Gesellschaften zu beobachten, die aus vorgeblichem Insiderwissen oder emotionaler Nähe die Aktien ihres Unternehmens bevorzugen und dabei Risiken missachten.[713]

Ebenso lässt sich das bereits im Kontext der Verlustaversion geschilderte Phänomen, dass Insolvenzanträge bei Krisenunternehmen hinausgezögert werden, auch mit der Selbstüberschätzung erklären.[714]

Sofern Marktteilnehmer einer Verzerrungsblindheit unterliegen, sind sie daran gehindert, ihre eigenen Fehlschlüsse zu erkennen und zu einem rationalen Verhalten überzugehen. Im Rahmen dessen dürften sie an einer Fehlbewertung festhalten und diese möglicherweise noch vertiefen. In Unkenntnis ihrer Fehler werden sie hieraus auch keine Lehre für die Zukunft ziehen.

---

[707] *Daxhammer/Facsar*, Behavioral Finance, S. 300.

[708] *Shefrin*, Beyond Greed and Fear, S. 227, 237; vgl. *Shefrin*, Behavioral Corporate Finance, S. 228–229.

[709] *Moeller/Schlingmann/Stulz*, The Journal Finance, 2005, Vol. 60, No. 2, 757, 757.

[710] *Moeller/Schlingmann/Stulz*, The Journal Finance, 2005, Vol. 60, No. 2, 757, 781.

[711] *Moeller/Schlingmann/Stulz*, The Journal Finance, 2005, Vol. 60, No. 2, 757, 781.

[712] *Shefrin*, Behavioral Corporate Finance, S. 229; vgl. *Daxhammer/Facsar*, Behavioral Finance, S. 300.

[713] *Pompian*, Behavioral Finance and Wealth Management, S. 200–201.

[714] *Falk*, ZRG GA 2014, 266, 283–284, der neben der Selbstüberschätzung auch die Verlustaversion anführt.

dd) Konservativismus (Conservatism Bias)

(1) Erläuterung

Konservativismus (*Conservatism Bias*) im Sinne der *Behavioral Finance* beschreibt die Haltung, bei bestehenden Ansichten und Vorhersagen zu verbleiben und diese nicht an eine neue Informationslage anzupassen.[715] Demnach finden neue Informationen weniger Beachtung, sodass es zu einer verzögerten Reaktion auf diese kommt.[716]

Der Konservativismus könnte dahingehend erklärt werden, dass die Verarbeitung neuer Informationen und die Anpassung des eigenen Standpunkts an diese kognitiv betrachtet kostspielig ist.[717] Gerade komplexer aufbereitete Informationen und solche, die einer bereits gefassten Einstellung widersprechen, würden demnach angesichts des erhöhten kognitiven Aufwands vernachlässigt.[718] Ferner lässt sich das Festhalten an der eigenen Vorstellung entgegen neuen Informationen auch als Form der Vermeidung kognitiver Dissonanz deuten.[719]

Im Gegensatz zur Repräsentativitätsheuristik werden hierbei Basisraten überbewertet und neue Informationen unterbewertet.[720] Im Zusammenspiel beider *Biases* kann eine Person unter Einfluss der Repräsentativitätsheuristik eine Überreaktion auf neue, in ihr Vorstellungsbild passende Informationen zeigen und im Wege des Konservativismus eine Unterreaktion auf neue Informationen, die vom bisherigen Standpunkt abweichen, aufweisen.[721]

Anders als beim *Anchoring* orientieren sich die Marktteilnehmer bei dieser Heuristik nicht an einem vorher festgelegten Kurs, sondern an einer vorherigen Meinung über das entsprechende Unternehmen.[722]

---

[715] *Daxhammer/Facsar*, Behavioral Finance, S. 224; *Montier*, Behavioural Finance, S. 4; *Pompian*, Behavioral Finance and Wealth Management, S. 63. Dieser Konservativismusbegriff ist jedoch nicht zu verwechseln mit dem des politischen Konservativismus. Zu letzterem siehe z. B. *Schmitz*, Konservativismus, S. 7–21.

[716] Baker/Nofsinger/*Dowling/Lucey*, Behavioral Finance, S. 313 II.17; *Daxhammer/Facsar*, Behavioral Finance, S. 224; vgl. Kahneman/Slovic/Tversky/*Edwards*, Judgment under uncertainty, S. 359.

[717] *Hirshleifer*, Investor Psychology and Asset Pricing, 2001, S. 14; *Pompian*, Behavioral Finance and Wealth Management, S. 64.

[718] Vgl. *Hirshleifer*, Investor Psychology and Asset Pricing, 2001, S. 14; vgl. *Pompian*, Behavioral Finance and Wealth Management, S. 64.

[719] *Pompian*, Behavioral Finance and Wealth Management, S. 63.

[720] Baker/Nofsinger/*Dowling/Lucey*, Behavioral Finance, S. 313 II.17; vgl. *Tversky/Kahneman*, Science, 1974, Vol. 185, 1124, 1125.

[721] *Barberis/Shleifer/Vishny*, Journal of Financial Economics, 1998, Vol. 49, Iss. 3, 307, 315–316; *Daxhammer/Facsar*, Behavioral Finance, S. 224; *Pompian*, Behavioral Finance and Wealth Management, S. 63, 68–69; vgl. *Montier*, Behavioural Finance, S. 4; vgl. *Szyszka*, Behavioral Finance and Capital Markets, S. 45.

[722] *Daxhammer/Facsar*, Behavioral Finance, S. 226.

(2) Fallbeispiele und Studien

Als klassisches Beispiel des Konservativismus im menschlichen Informationsverarbeitungsprozess lässt sich das *Ward Edwards*-Experiment von 1968 anführen. Hierbei wurde einem Testsubjekt gesagt, dass Edwards zwei Taschen mit jeweils 1.000 Pokerchips vorlagen, wobei die erste Tasche 700 rote und 300 blaue, die zweite aber 300 rote und 700 blaue Chips enthielt. Anhand eines Münzwurfs habe er entschieden, aus einer dieser Taschen immer einen zufälligen Chip zu ziehen und wieder zurückzulegen. Weiterhin hieß es, dass zwölf Züge zu acht roten und vier blauen Pokerchips führten. Sodann wurde gefragt, wie hoch die Wahrscheinlichkeit war, dass anfangs die Tasche mit überwiegend roten Chips ausgewählt wurde. Wenn auch die tatsächliche Wahrscheinlichkeit hierfür 97% beträgt, so schätzten Testpersonen im Durchschnitt einen Wert von 70–80%.[723] Hieraus ist zu folgern, dass die Probanden der Basisrate von 50%, die sich aus dem Münzwurf ergab, ein zu hohes Gewicht beimaßen und den neuen Informationen in Form der Ergebnisse der Ziehungen weniger Beachtung schenkten.[724]

(3) Auswirkungen auf Marktteilnehmer

Vom Konservativismus geleitete Anleger wie auch Finanzanalysten neigen dazu, an einer bereits gebildeten Meinung festzuhalten. Neue, hiervon abweichende Informationen werden sie demnach vernachlässigen und erst verspätet reagieren.[725] Im Endeffekt birgt diese *Bias* die Gefahr einer Unterreaktion des Marktes. Schließlich dürften sich Anleger unter Einfluss des Konservativismus zu wenig an die neue Informationslage anpassen.[726] Da es infolge dessen zu einer verspäteten Reaktion der Marktteilnehmer kommt, findet ein der Nachricht entsprechender Kursgewinn oder -verlust zeitversetzt statt, sodass eine Unterreaktion des Marktes zu beobachten ist.[727] Auf dieses Phänomen wird im Abschnitt über Marktanomalien noch vertieft eingegangen.

ee) Herdenverhalten (Herding Bias)

(1) Erläuterung

Als *Herdenverhalten* (*Herding Bias*) lässt sich das Vorgehen vieler Menschen beschreiben, das Verhalten größerer Gruppen ungeachtet ihrer individuellen Infor-

[723] Kahneman/Slovic/Tversky/*Edwards*, Judgment under uncertainty, S. 361; *Szyszka*, Behavioral Finance and Capital Markets, S. 44–45.

[724] Vgl. *Pompian*, Behavioral Finance and Wealth Management, S. 64.

[725] *Daxhammer/Facsar*, Behavioral Finance, S. 226; *Pompian*, Behavioral Finance and Wealth Management, S. 66.

[726] *Barberis/Shleifer/Vishny*, Journal of Financial Economics, 1998, Vol. 49, Iss. 3, 307, 315.

[727] *Pompian*, Behavioral Finance and Wealth Management, S. 68.

mationen zu imitieren.[728] Dabei tritt das Denken und Verhalten des Individuums hinter das der Masse zurück.[729] Jene ist aber höchst beeinflussbar und emotional geprägt.[730] Meinungen können sich in der Masse hochschaukeln.[731]

Das Phänomen des Herdenverhaltens kann anhand des jeweiligen Entstehungsgrundes in vier Kategorien unterteilt werden: Informationskaskaden, Reputationsinteressen, Informationsquellen und historische Marktbewegungen.[732] Bei einem Herdentrieb aufgrund von Informationskaskaden wird sich dem Verhalten der Masse ungeachtet der eigenen Meinung angeschlossen.[733] Wenn ein Marktteilnehmer eine Rufschädigung vermeiden will und deshalb der Herde folgt, spricht man von einem Herdenverhalten aus Reputationsinteresse.[734] Ferner kann Herding auf Basis von Informationsquellen stattfinden, wenn der Anleger Informationen nutzt, von denen er ausgeht, dass andere Akteure diese ebenfalls verwenden werden.[735] Ebenso besteht die Möglichkeit, dass ein Marktteilnehmer historische Informationen analysiert und glaubt, dass die anderen Anleger es ihm gleichtun, sodass es zu einem Herdenverhalten kommt.[736]

Neben dem Umstand, dass oftmals dieselben Informationen für Marktteilnehmer verfügbar sind, spielt auch der soziale Druck und das Vertrauen in Autoritätspersonen beim Herdenverhalten eine Rolle.[737] Ebenso haben die zwischenmenschliche Kommunikation und die Medien einen Einfluss auf die Entscheidungsbildung in der

---

[728] *Banerjee*, Quarterly Journal of Economics, 1992, Vol. 107, Iss. 3, 797, 798; *Daxhammer/Hagenbuch*, Reutlinger Diskusionsbeiträge zu Finanz & Rechnungswesen, 2016 – 2, S. 16; *Viragineni/Rao*, International Journal of Economics and Financial Issues, 2017, Vol. 7, Iss. 1, 448, 454.

[729] *Kitzmann*, Massenpsychologie an der Börse, S. 20–21, 25–26.

[730] *Kitzmann*, Massenpsychologie an der Börse, S. 25–26; vgl. *Daxhammer/Facsar*, Behavioral Finance, S. 105.

[731] *Daxhammer/Facsar*, Behavioral Finance, S. 105; *Kitzmann*, Massenpsychologie an der Börse, S. 21–22, 25.

[732] *Daxhammer/Facsar*, Behavioral Finance, S. 105; *Daxhammer/Hagenbuch*, Reutlinger Diskusionsbeiträge zu Finanz & Rechnungswesen, 2016 – 2, S. 16–17; *Graham*, Journal of Finance, 1999, Vol. 54, No. 1, 237, 238.

[733] *Daxhammer/Facsar*, Behavioral Finance, S. 105; *Daxhammer/Hagenbuch*, Reutlinger Diskusionsbeiträge zu Finanz & Rechnungswesen, 2016 – 2, S. 16–17; vgl. *Chamley*, Rational Herds, S. 64–65. vgl. *Shiller*, Irrationaler Überschwang, S. 248–249.

[734] *Daxhammer/Facsar*, Behavioral Finance, S. 105; *Daxhammer/Hagenbuch*, Reutlinger Diskusionsbeiträge zu Finanz & Rechnungswesen, 2016 – 2, S. 17; vgl. *Scharfstein/Stein*, American Economic Review, 1990, Vol. 80, No. 3, 465, 465, 466, 478.

[735] *Daxhammer/Facsar*, Behavioral Finance, S. 105; *Daxhammer/Hagenbuch*, Reutlinger Diskusionsbeiträge zu Finanz & Rechnungswesen, 2016 – 2, S. 17.

[736] *Daxhammer/Facsar*, Behavioral Finance, S. 105; *Daxhammer/Hagenbuch*, Reutlinger Diskusionsbeiträge zu Finanz & Rechnungswesen, 2016 – 2, S. 17.

[737] *Shiller*, Irrationaler Überschwang, S. 245–248.

Masse.[738] Zusätzlich zu all diesen Aspekten liegt die Annahme nahe, dass das Herdenverhalten auch auf dem Versuch zur Vermeidung kognitiver Dissonanz durch die in einer Gruppe empfundene Sicherheit beruht.[739]

(2) Fallbeispiele und Studien

Das erste Experiment zum Herdenverhalten stammt von Asch aus den 50er Jahren.[740] Hierbei musste eine Testperson Fragen zur Länge unterschiedlicher Linien beantworten, wobei sie zuvor die meistgenannten Antworten der anderen Teilnehmer anhören sollte.[741] Allerdings war der Rest der Gruppe ohne das Wissen des Probanden von Asch eingeschleust worden und beantwortete auf dessen Anweisung hin bewusst sieben von zwölf Fragen falsch.[742] Trotz der offenkundigen Fehlerhaftigkeit gab in etwa einem Drittel aller Fälle die Versuchsperson der Mehrheit nach und machte dieselben Fehler.[743] Zudem war bei den Testpersonen oftmals Unbehagen und Angst zu erkennen.[744] Daraus folgerte Asch, dass für die Probanden ein sozialer Druck bestand, der Masse zu folgen.[745]

Dieser Deutung entgegneten Deutsch und Gerard unter Zuhilfenahme eines Experiments im Jahre 1955.[746] Im Unterschied zu Asch's Versuchsaufbau führten sie das Experiment anonymisiert und ohne direkten Blickkontakt der Testperson zum Rest der Gruppe durch.[747] Auch bei diesem Vorgehen kam es zu entsprechenden Fehleinschätzungen der Testpersonen.[748] Hieraus schlussfolgerten sie, dass weniger der soziale Druck zu dem Verhalten der Testpersonen führte.[749] Vielmehr würden

---

[738] Vgl. *Kitzmann*, Massenpsychologie an der Börse, S. 20; vgl. *Shiller*, Irrationaler Überschwang, S. 250–254.

[739] *Prast*, Herding and financial panics: a role for cognitive psychology?, S. 12–13, 15.

[740] *Shiller*, Irrationaler Überschwang, S. 245–246; vgl. *Asch*, Scientific American, 1955, Vol. 193, No. 5, 31, 32–35.

[741] *Shiller*, Irrationaler Überschwang, S. 245–246; vgl. *Asch*, Scientific American, 1955, Vol. 193, No. 5, 31, 32.

[742] *Shiller*, Irrationaler Überschwang, S. 245–246; vgl. *Asch*, Scientific American, 1955, Vol. 193, No. 5, 31, 32.

[743] *Shiller*, Irrationaler Überschwang, S. 245–246; vgl. *Asch*, Scientific American, 1955, Vol. 193, No. 5, 31, 33.

[744] *Shiller*, Irrationaler Überschwang, S. 245–246; vgl. *Asch*, Scientific American, 1955, Vol. 193, No. 5, 31, 33.

[745] *Shiller*, Irrationaler Überschwang, S. 245–246; vgl. *Asch*, Scientific American, 1955, Vol. 193, No. 5, 31, 31, 34.

[746] *Deutsch/Gerard*, Journal of Abnormal and Social Psychology, 1955, Vol. 51, 629, 635–636; *Shiller*, Irrationaler Überschwang, S. 246–247.

[747] *Deutsch/Gerard*, Journal of Abnormal and Social Psychology, 1955, Vol. 51, 629, 630–631; *Shiller*, Irrationaler Überschwang, S. 246–247.

[748] *Deutsch/Gerard*, Journal of Abnormal and Social Psychology, 1955, Vol. 51, 629, 632–633.

[749] *Deutsch/Gerard*, Journal of Abnormal and Social Psychology, 1955, Vol. 51, 629, 634–635.

die Äußerungen einer großen Personengruppe als Informationsquelle genutzt und das Urteil des Individuums danach gefällt.[750] So habe ein Individuum im Laufe seines Lebens die Erfahrung gewonnen, dass die Antwort einer größeren Gruppe auf eine einfache Frage in der Regel korrekt sei.[751] Das aufgetretene Unbehagen bei Asch's Experiment ließe sich auch darauf zurückführen, dass der Proband an seinem eigenen Urteilsvermögen zweifle.[752]

Ein praktisches Beispiel des Herdenverhaltens ließe sich auch in der sog. herrschenden Meinung und ihrer Autorität in rechtswissenschaftlichen Diskussionen erblicken. Rechtsprechung und Schrifttum schließen sich dieser oftmals eher an, als von der vermeintlichen Masse abzuweichen.[753]

(3) Auswirkungen auf Marktteilnehmer

Marktteilnehmer neigen demnach dazu, die Anlageentscheidungen anderer zu übernehmen.[754] Hierbei kann eine positive oder negative Berichterstattung der Medien einen übermäßigen Kauf bzw. Verkauf der betroffenen Wertpapiere durch einen Großteil der Anleger hervorrufen.[755] Dies kommt gerade beim Auftreten aktivistischer Anleger zum Tragen. Beispielsweise ließ die Information über den geplanten Einstieg eines bekannten Investors bei *Apple* und dessen Aussage, dass dort eine Unterbewertung vorläge, den Börsenkurs des Unternehmens in die Höhe schnellen.[756]

Weiterhin liegt nahe, dass das Herdenverhalten in Verbindung mit zusätzlichen *Biases* Auswirkungen auf Börsenkurse hat und zur Blasenbildung beiträgt.[757] Börsenkurse können demnach insoweit durch Herdenverhalten beeinflusst werden, als dass sie stark steigen, wenn die Ansicht, es handele sich um eine lohnende Investition, weit verbreitet ist.[758] Sobald aber wieder eine objektive Betrachtung durch die Anleger vorgenommen wird, sinken die Kurse entsprechend.[759]

---

[750] *Deutsch/Gerard*, Journal of Abnormal and Social Psychology, 1955, Vol. 51, 629, 634–635; *Shiller*, Irrationaler Überschwang, S. 247.

[751] *Shiller*, Irrationaler Überschwang, S. 247; vgl. *Deutsch/Gerard*, Journal of Abnormal and Social Psychology, 1955, Vol. 51, 629, 635.

[752] *Shiller*, Irrationaler Überschwang, S. 247.

[753] Zur Autorität der herrschenden Meinung in der Rechtswissenschaft auch *Drosdeck*, Die herrschende Meinung – Autorität als Rechtsquelle, S. 5, 7, 16.

[754] *Baker/Filbeck/Nofsinger*, Behavioral Finance, S. 121; *Scharfstein/Stein*, American Economic Review, 1990, Vol. 80, No. 3, 465, 465; *Szyszka*, Behavioral Finance and Capital Markets, S. 167.

[755] Vgl. *Daxhammer/Facsar*, Behavioral Finance, S. 210–211.

[756] *Schüller*, HV Magazin 2023, 8, 8–9.

[757] Vgl. *Daxhammer/Facsar*, Behavioral Finance, S. 164. Zum Phänomen der Spekulationsblase siehe: § 2 C.III.2.

[758] *Daxhammer/Hagenbuch*, Reutlinger Diskusionsbeiträge zu Finanz & Rechnungswesen, 2016 – 2, S. 17.

Als Beispiel hierfür wird oft die sog. *Dotcom-Blase* angeführt.[760] So wurde in den 1990ern viel in die hoch bewerteten Aktien von Technologieunternehmen investiert.[761] Hierbei bildete sich eine Blase, die anfangs der 2000er Jahre platzte, als der Markt die Überbewertung erkannte und die Anleger ihre Wertpapiere wieder abstießen.[762] Zur Zeit der *Dotcom-Blase* wurde es bei Unternehmen auch immer beliebter, ihrem Firmennamen eine Internetendung anzuhängen.[763] Dies lag daran, dass Aktien von Unternehmen mit Internetvertrieb populärer wurden.[764] Tatsächlich führte die Namensänderung selbst bei solchen Gesellschaften, die keinerlei Internetaktivität vorweisen konnten, zu einer anfänglichen Börsenwertsteigerung.[765] Nach dem Zusammenbruch der Blase strichen viele Unternehmen die Internetendung aus ihrem Namen, was durch eine Kurssteigerung honoriert wurde.[766]

Wenn auch die Annahme, Herdenverhalten führe zu Crashs, Blasen und Booms, weit verbreitet ist, könnte ihr doch entgegengehalten werden, dass die tatsächlichen Beweise dafür nur spärlich sind.[767] Schließlich kann das, was als Herdenverhalten gedeutet wird, bloß auf dem Umstand, dass eine Vielzahl von Personen schlichtweg auf denselben Informationsstand und dieselben Entscheidungskriterien zurückgreift, beruhen.[768] In Anbetracht der Tatsache, dass der Börsenhandel auf Erwartungen basiert, dürften emotionale Aspekte aber oftmals dominant sein.[769] Da sich gleichlaufende Erwartungshaltungen lawinenhaft potenzieren, sollte der Einfluss der Massenpsychologie auf die Börse nicht missachtet werden.[770]

ff) Rückschaufehler (Hindsight Bias)

(1) Erläuterung

Individuen, die einem *Rückschaufehler* (*Hindsight Bias*) unterliegen, schätzen die Eintrittswahrscheinlichkeit eines Ereignisses nach dessen Eintreten höher ein,

---

[759] *Daxhammer/Hagenbuch*, Reutlinger Diskusionsbeiträge zu Finanz & Rechnungswesen, 2016 – 2, S. 17.

[760] *Daxhammer/Facsar*, Behavioral Finance, S. 105–106, 209–210; vgl. *Baker/Filbeck/Nofsinger*, Behavioral Finance, S. 121; vgl. *Kitzmann*, Massenpsychologie an der Börse, S. 91; vgl. *Mallard*, Behavioural Economics, S. 72.

[761] *Baker/Filbeck/Nofsinger*, Behavioral Finance, S. 121; *Daxhammer/Facsar*, Behavioral Finance, S. 105.

[762] *Baker/Filbeck/Nofsinger*, Behavioral Finance, S. 121; *Daxhammer/Facsar*, Behavioral Finance, S. 105 II.4.1.1.

[763] *Daxhammer/Facsar*, Behavioral Finance, S. 209 III.7.2.

[764] *Daxhammer/Facsar*, Behavioral Finance, S. 209 III.7.2.

[765] *Daxhammer/Facsar*, Behavioral Finance, S. 210 III.7.2.

[766] *Daxhammer/Facsar*, Behavioral Finance, S. 210 III.7.2.

[767] So etwa *Mallard*, Behavioural Economics, S. 71–72.

[768] *Mallard*, Behavioural Economics, S. 72.

[769] *Kitzmann*, Massenpsychologie an der Börse, S. 22.

[770] Vgl. *Kitzmann*, Massenpsychologie an der Börse, S. 22.

als sie es davor taten.[771] Dieses Phänomen wird auch als „*I-knew-it-all-along-effect*“ betitelt.[772] Hierbei wird die *Ex-ante*-Sicht auf ein Ereignis später verändert.[773] Im Nachhinein wird es als vorhersehbar eingeschätzt.[774] Akteure glauben demnach fälschlicherweise, ein Ereignis von Anfang an vorhergesehen zu haben.[775]

Dieses Phänomen kann anhand der *WYSIATI-Regel* des Systems 1 erklärt werden. So versucht das menschliche Gehirn, aus den beschränkt vorhandenen Erinnerungen eine kohärente Geschichte zu konstruieren. Letzten Endes erschafft es dadurch eine rückblickende Illusion des Verstehens.[776] Ein Rückschaufehler kann auch dahingehend erklärt werden, dass Menschen sich angesichts ihres Kontrollbedürfnis der eigenen Situation einen Kontrollverlust nicht eingestehen wollen und dementsprechend einer nachträglichen Kontrollillusion anheimfallen.[777]

(2) Fallbeispiele und Studien

Fischhoff und Beyth waren die ersten, die den Rückschaueffekt nachwiesen.[778] In einem Experiment wurden Studierende aufgefordert, den Ausgang von diplomatischen Fragestellungen hinsichtlich der anstehenden Besuche Nixons in China und der Sowjetunion einzuschätzen.[779] Nach diesem diplomatischen Besuch wurde von den Testpersonen verlangt, ihre Antworten zu wiederholen und dabei dieselben Wahrscheinlichkeiten anzugeben.[780] Im Ergebnis neigten die Befragten dazu, sich fälschlich daran zu erinnern, eine Möglichkeit als wahrscheinlich bzw. unwahrscheinlich eingeschätzt zu haben, wenn das Ereignis eingetreten bzw. nicht eingetreten war.[781]

---

[771] *Daxhammer/Facsar*, Behavioral Finance, S. 249; *Pompian*, Behavioral Finance and Wealth Management, S. 107; vgl. *Kahneman*, Schnelles Denken, langsames Denken, S. 251; vgl. Kahneman/Slovic/Tversky/*Fischhoff*, Judgment under uncertainty, S. 341.

[772] *Daxhammer/Facsar*, Behavioral Finance, S. 249; vgl. *Fischhoff/Beyth*, Organizational Behavior and Human Performance, 1975, Vol. 13, 1, 2; vgl. *Kahneman*, Schnelles Denken, langsames Denken, S. 251.

[773] *Virigineni/Rao*, International Journal of Economics and Financial Issues, 2017, Vol. 7, Iss. 1, 448, 454–455.

[774] *Daxhammer/Facsar*, Behavioral Finance, S. 249; *Pompian*, Behavioral Finance and Wealth Management, S. 107.

[775] *Pompian*, Behavioral Finance and Wealth Management, S. 108.

[776] Vgl. *Kahneman*, Schnelles Denken, Langsames Denken, S. 247–254.

[777] *Goldberg/von Nitzsch*, Behavioral Finance, S. 155–156.

[778] *Fischhoff/Beyth*, Organizational Behavior and Human Performance, 1975, Vol. 13, 1, 1; *Kahneman*, Schnelles Denken, langsames Denken, S. 251.

[779] *Fischhoff/Beyth*, Organizational Behavior and Human Performance, 1975, Vol. 13, 1, 4–5; *Kahneman*, Schnelles Denken, langsames Denken, S. 251.

[780] *Fischhoff/Beyth*, Organizational Behavior and Human Performance, 1975, Vol. 13, 1, 5; *Kahneman*, Schnelles Denken, langsames Denken, S. 251–252.

[781] *Fischhoff/Beyth*, Organizational Behavior and Human Performance, 1975, Vol. 13, 1, 1, 6–7; *Kahneman*, Schnelles Denken, langsames Denken, S. 251–252.

Ein praktisches Beispiel des Rückschaufehlers stellt der Umstand dar, dass viele Anleger vor dem Zusammenbruch der *Sub-Prime-Hypothekenblase* intensiv in verbriefte Hypothekenprodukte investierten, später aber behaupteten, dass die Krise unausweichlich war.[782]

(3) Auswirkungen auf Marktteilnehmer

Bei einem Rückschaufehler überschätzen Anleger ihre Prognosefähigkeiten und lernen nicht aus ihren Fehlern.[783] Die durch die *Hindsight Bias* hervorgerufene fehlerhafte Überschätzung eigener Prognosefähigkeiten birgt dabei die Gefahr einer erhöhten Risikoneigung des Marktteilnehmers.[784]

Ferner können Anleger die Leistungen ihrer Fondsmanager fehlinterpretieren, wenn sie der Meinung sind, eine Kursbewegung bereits erahnt zu haben.[785] Infolgedessen stoßen sie ihre Wertpapiere zu früh ab oder kaufen diese vermehrt, womit die bereits bestehende Marktbewegung noch verstärkt wird.[786]

d) Der Informations- und Entscheidungsprozess

Einer Investition ist stets eine entsprechende Entscheidungsfindung des jeweiligen Individuums vorgeschaltet. Dabei lässt sich der Informations- und Entscheidungsprozess in die drei Schritte der Informationswahrnehmung, der Informationsverarbeitung und -bewertung sowie der Investitionsentscheidung aufspalten.[787] Im Folgenden werden die einzelnen Prozessschritte kurz aufgeführt und ein etwaiger Einfluss der erörterten *Biases* aufgezeigt.

aa) Informationswahrnehmung

Im Rahmen der Informationswahrnehmung erfasst der Mensch äußere und innere Reize.[788] Von außen wirkt zum Beispiel die Berichterstattung der Medien auf ihn ein, während er innerlich von Emotionen wie Angst oder Gier beeinflusst werden kann.[789] Hierbei kann die Informationswahrnehmung sowohl aktiv als auch

---

[782] *Daxhammer/Facsar*, Behavioral Finance, S. 250; siehe auch *Pompian*, Behavioral Finance and Wealth Management, S. 108–109 zu weiteren Blasen.

[783] *Daxhammer/Facsar*, Behavioral Finance, S. 250; *Goodwin*, Foresight, 2010, Iss. 17, 5, 5; *Pompian*, Behavioral Finance and Wealth Management, S. 108.

[784] *Daxhammer/Facsar*, Behavioral Finance, S. 250; *Pompian*, Behavioral Finance and Wealth Management, S. 109.

[785] *Daxhammer/Facsar*, Behavioral Finance, S. 250; *Pompian*, Behavioral Finance and Wealth Management, S. 110.

[786] *Daxhammer/Facsar*, Behavioral Finance, S. 250–251.

[787] *Daxhammer/Facsar*, Behavioral Finance, S. 169.

[788] *Daxhammer/Facsar*, Behavioral Finance, S. 171.

[789] *Daxhammer/Facsar*, Behavioral Finance, S. 171.

passiv erfolgen.[790] Mögliche kognitive Verzerrungen können dabei in Form der Verfügbarkeitsheuristik, der selektiven Wahrnehmung, des Darstellungseffekts und des Herdenverhaltens auftreten.[791]

bb) Informationsverarbeitung und -bewertung

Im Anschluss an die Informationswahrnehmung erfolgt die Informationsverarbeitung und -bewertung. Diese Phase dient der Entscheidungsvorbereitung, wobei die zuvor gewonnenen Informationen verwendet werden.[792] Im Rahmen dessen besteht die Gefahr, der Verankerungs- und Anpassungsheuristik, der Repräsentativitätsheuristik, dem Konservativismus, der mentalen Buchführung oder einer Selbstüberschätzung zu unterliegen.[793]

cc) Investitionsentscheidung

Den letzten Schritt stellt die Investitionsentscheidung dar.[794] Hierbei setzt der Anleger die in den vorangegangenen Schritten aufbereiteten Informationen in Form einer Entscheidung um.[795] Infolgedessen kann eine selektive Entscheidung, ein Rückschaufehler, der Dispositionseffekt und die Reueaversion zu Buche schlagen.[796]

5. Moral, Fairness und Empathie

Neben den kognitiven und emotionalen Verzerrungen wird das vermeintlich rationale Verhalten des Menschen auch durch Moral- und Fairnessaspekte sowie dessen Empathie beeinflusst.

So zeigen etwa die Untersuchungen von Falk, dass Menschen kooperativ agieren und ein faires bzw. unfaires Verhalten auch dann noch belohnen oder abstrafen, wenn es mit Kosten verbunden ist, was dem Bild des eigennützigen *Homo Oeconomicus* widerspricht.[797] Auch von neurologischer Seite wird die Außerachtlassung

[790] *Daxhammer/Facsar*, Behavioral Finance, S. 171.

[791] *Daxhammer/Facsar*, Behavioral Finance, S. 194 Abb. 44.

[792] *Daxhammer/Facsar*, Behavioral Finance, S. 175.

[793] *Daxhammer/Facsar*, Behavioral Finance, S. 215 Abb. 51.

[794] *Daxhammer/Facsar*, Behavioral Finance, S. 177, 192.

[795] *Daxhammer/Facsar*, Behavioral Finance, S. 170 Abb. 38.

[796] *Daxhammer/Facsar*, Behavioral Finance, S. 245 Abb. 58.

[797] *Falk*, Wissenschaft für die Praxis, 2001, Vol. 81, Iss. 5, 300, 300, 303. Allerdings zeigen *Falk/Szech*, Science, 2013, Vol. 340, 707, 707, 708–709, dass sich Märkte negativ auf moralische Werte auswirken können. Allgemein bzgl. Beobachtungen zu den Aspekten der Fairness, des Altruismus und der Reziprozität, welche der Hypothese eines eigennützigen Menschen widersprechen, siehe *Beck*, Behavioral Economics, S. 255–264.

nachweislicher empathischer Gesichtspunkte bei der Entscheidungsfindung seitens der traditionellen Ökonomie kritisiert.[798]

Die Auswirkungen dieser Gesichtspunkte auf die Marktteilnehmer äußern sich bei denjenigen Anlegern, die ökologische und soziale Wertvorstellungen in ihre Investitionsentscheidung einfließen lassen.[799] Dabei dürfte eine derartige altruistische Motivation beim Anlegerverhalten aufgrund des steigenden Interesses an Sozial- und Umweltbelangen in Zukunft weiter zunehmen.[800]

6. Fazit: Psychologische Aspekte

Die vorangegangenen Erörterungen zeigen eine Vielzahl belegbarer psychologischer Verzerrungen auf. Sie liefern einen Rückschluss auf ein zweigeteiltes System des menschlichen Denkens und können in jedem Stadium des Informations- und Entscheidungsprozesses wirken. Darüber hinaus streiten emotionale, evolutive und neurologische Gesichtspunkte für diese Entdeckungen. Dabei bergen gerade Kapitalmärkte eine Gefahr sog. *Biases.* Sowohl private als auch professionelle Anleger, Finanzanalysten und Unternehmenslenker können ihnen unterliegen. Zudem kann die Moral des Menschen in seine Investitionsentscheidungen eingehen. Demzufolge liegt die Vermutung nahe, dass Marktteilnehmer regelmäßig nur beschränkt rational oder gar irrational agieren, was die Annahme eines *Homo Oeconomicus* und einer grundlegend rationalen Preisbildung konterkariert. Dies widerspricht der Möglichkeit einer kollektiven Rationalität.

Entgegen der Vorstellung einiger Ökonomen bezeugt die Fülle von psychologischen Experimenten, dass Menschen systematischen Verzerrungen unterliegen, sodass nicht davon ausgegangen werden kann, dass sich eine Vielzahl individueller Fehler in der Masse ausgleicht.[801] Vielmehr dürften Individuen auf die Heuristiken zurückgreifen, welche sich aus evolutiver Sicht als sinnvoll erwiesen haben, wes-

---

[798] *Tomer*, World Economic Review 2012, Vol. 1, 76, 78, 87, 88.

[799] Zu dieser Gruppe an Anlegern siehe: *Gutsche/Gratwohl/Fauser*, IRZ 2015, 455, 455; *Hell*, EuZW 2018, 1015, 1016, der hierbei die Begrifflichkeiten des „*Sustainability Investing*“ und des „*Social Responsible Investing*“ anführt; *Schön*, ZfPW 2022, 207, 225–227 zur Auswirkung sozialer und ökologischer Belange auf die Investitionsentscheidung eines altruistischen Anlegers.

[800] Vgl. *Mülbert/Sajnovits*, WM 2020, 1557, 1560–1561 zum Anstieg von ESG-orientierten Investments aufgrund des gesellschaftlichen Wandels, der ihrer Voraussicht nach aufgrund der Vermögensverschiebung auf die jüngeren Generationen und der zunehmenden klimawandelbedingten Naturkatastrophen zukünftig noch verstärkt wird; vgl. *Sustmann/Retsch/Gerding*, AG 2022, 602, 604 Rn. 17 hins. des steigenden Anlegerinteresses an diesen Gesichtspunkten aufgrund des gesellschaftlichen Wandels und ihrer Bedeutung für die jüngeren Generationen.

[801] *Hirshleifer*, Journal of Finance, 2001, Vol. 56, No. 4, 1533, 1540; vgl. *Adolff*, Unternehmensbewertung im Recht der börsennotierten Aktiengesellschaft, S. 144–145.

halb sie denselben Verzerrungen anheimfallen müssten.[802] Diese Annahme wird durch die übereinstimmenden Studienergebnisse seitens der Psychologie und Neurologie sowie die Klassifizierbarkeit der *Biases* bestätigt. Letztlich kann von einer systematischen Verzerrung bei den einzelnen Marktteilnehmern auf Mikroebene und damit von systematischen Verhaltensanomalien ausgegangen werden.[803] Aufgrund der systematischen Verzerrung ist das Aggregationsargument der Effizienzmarkthypothese als entkräftet zu betrachten.[804]

Des Weiteren streitet die heuristisch bedingt eingeschränkte Informationsaufnahme und -verarbeitung gegen eine stets vorliegende uneingeschränkte Informationseffizienz. Ebenso widersprechen die psychologischen Verzerrungen bei der Informationsaufnahme und -verarbeitung sowie der Investitionsentscheidung einer tatsächlich vorliegenden vollkommenen Allokationseffizienz.

Vor dem Hintergrund psychologischer Aspekte können zwei der drei möglichen Voraussetzungen eines effizienten Marktes – die kollektive Rationalität und das Aggregationsargument – nicht greifen. Auch stehen sie einer umfassenden Informations- und Allokationseffizienz im Wege. Allenfalls könnte noch das Arbitrageargument für die Effizienzmarkthypothese angeführt werden.

II. Limitierte Arbitrage

1. Die Grenzen der Arbitrage

Wie bereits erwähnt stützt sich der traditionelle Ansatz der Finanzmarkttheorie auf das Konzept der Arbitrage. Seitens der *Behavioral Finance* werden aber die Grenzen der Arbitrage aufgezeigt. So wurde eine Vielzahl von Risiken, die den Arbitrageuren entgegenstehen, aufgedeckt.

a) Fundamentalrisiko

Zum einen besteht für den Arbitrageur das fundamentale Risiko, dass eine Unter- oder Überbewertung durch negative bzw. positive Nachrichten und die entsprechende Reaktion der Marktteilnehmer noch verstärkt wird.[805]

---

[802] Vgl. *Hirshleifer*, Journal of Finance, 2001, Vol. 56, No. 4, 1533, 1540.

[803] Vgl. *Averbeck*, Added Value von Behavioral-Finance-Fonds, S. 27, 56.

[804] In diese Richtung, wenn auch etwas vorsichtiger, bereits *Adolff*, Unternehmensbewertung im Recht der börsennotierten Aktiengesellschaft, S. 144–145. Siehe zudem *Fleischer*, FS Immenga (2004), S. 575, 577–578.

[805] *Daxhammer/Facsar*, Behavioral Finance, S. 107; *Shleifer/Summers*, Journal of Economic Perspectives, 1990, Vol. 4, No. 2, 19, 21; Thaler/*Barberis/Thaler*, Advances in Behavioral Finance Vol. II, S. 4; vgl. *Adolff*, Unternehmensbewertung im Recht der börsennotierten Aktiengesellschaft, S. 149.

Einer Absicherung durch den gleichzeitigen Erwerb einer anderen Aktie steht zum einen entgegen, dass ein perfektes Substitut kaum auf dem Markt zu finden ist, und zum anderen, dass auch die zweite Aktie dem Fundamentalrisiko unterliegt.[806] Hinzu kommt, dass die falsche Bewertung zu lange dauern kann, als dass sie der Arbitrageur angesichts seiner begrenzten Liquidität aussitzen könnte.[807] Es bleibt also immer bei einem Restrisiko.[808]

b) Noise-Trader-Risiko

Die irrational handelnden Akteure werden meist als *Noise Trader* bezeichnet, die den rationalen Arbitrageuren gegenüberstehen.[809] Gerade vom Verhalten der *Noise Trader* geht ein weiteres Risiko der Arbitrage aus.[810] Schließlich besteht die Gefahr, dass Anleger aus irrationalem Pessimismus den Kurs noch weiter in die Tiefe treiben.[811] Ferner könnten die *Noise Trader* zumindest kurz- bis mittelfristig höhere Renditen als die Arbitrageure einfahren, was dem Arbitrageargument im Wege steht.[812]

Hierbei ist zu beachten, dass Arbitrageure in der Realität meist Portfoliomanager sind, deren Kunden bei Verlusten kündigen werden.[813] Es offenbart sich ein sog. *Agency-Problem:* Der vermeintlich rational agierende Arbitrageur ist nicht mit dem Eigentümer des angelegten Kapitals identisch. Letzterer dürfte zumeist nicht über die Kenntnisse des Arbitrageurs verfügen und nur die kurzfristigen Verluste bei dessen Handeln wahrnehmen. Dementsprechend wird der Kapitalgeber wohl geneigt sein, die Investition zurückzuziehen. Schlussfolgernd sind Arbitrageure in ihrer Entscheidungsfreiheit und folglich in der Möglichkeit effizienten Handelns eingeschränkt.[814] In Anbetracht ihrer Risikoaversion und ihres beschränkten Ent-

---

806 *Beck*, Behavioral Economics, S. 353; Thaler/*Barberis/Thaler*, Advances in Behavioral Finance Vol. II, S. 4–5.

807 *Beck*, Behavioral Economics, S. 353–354.

808 *Murschall*, Behavioral Finance als Ansatz zur Erklärung von Aktienrenditen, S. 94.

809 *Shleifer/Summers*, Journal of Economic Perspectives, 1990, Vol. 4, No. 2, 19, 20; Thaler/*Barberis/Thaler*, Advances in Behavioral Finance Vol. II, S. 3–4.

810 *Daxhammer/Facsar*, Behavioral Finance, S. 108; *De Long/Shleifer/Summers/Waldmann*, Journal of Political Economy, 1990, Vol. 98, No. 4, 703, 705; Thaler/*Barberis/Thaler*, Advances in Behavioral Finance Vol. II, S. 5.

811 *De Long/Shleifer/Summers/Waldmann*, Journal of Political Economy, 1990, Vol. 98, No. 4, 703, 705; Thaler/*Barberis/Thaler*, Advances in Behavioral Finance Vol. II, S. 5; vgl. *Daxhammer/Facsar*, Behavioral Finance, S. 108.

812 *Adolff*, Unternehmensbewertung im Recht der börsennotierten Aktiengesellschaft, S. 151–152.

813 Thaler/*Barberis/Thaler*, Advances in Behavioral Finance Vol. II, S. 5; Thaler/*Shleifer/Vishny*, Advances in Behavioral Finance Vol. II, S. 80–81.

814 Thaler/*Barberis/Thaler*, Advances in Behavioral Finance Vol. II, S. 5; Thaler/*Shleifer/Vishny*, Advances in Behavioral Finance Vol. II, S. 80–81.

scheidungshorizonts können Arbitrageure den *Noise Tradern* oftmals nicht standhalten.[815]

c) Hohe Kosten

Des Weiteren ist eine strategische Arbitrage sehr kostenintensiv, was sie für viele Marktteilnehmer uninteressant macht.[816] Dieser Umstand verringert die Anzahl potenzieller erfolgreicher Arbitrageure.

d) Risiko der eigenen Fehlbewertung

Ohnehin verbleibt beim Arbitrageur weiterhin das fundamentale Risiko, selbst eine Fehlbewertung durchgeführt zu haben, da niemand den wahren Wert des Unternehmens kennt.[817] Auch kann bezweifelt werden, dass die Arbitrageure stets der Vorstellung des *Homo Oeconomicus* entsprechen und sämtliche Informationen stets unverzerrt wahrnehmen sowie verarbeiten. Schließlich wurde empirisch bewiesen, dass auch professionelle Anleger irrationalen Verzerrungen unterliegen können.[818]

e) Fehlendes Interesse an einer Rückführung

Ungeachtet der zuvor erörterten Grenzen der Arbitrage kann es potenziellen Arbitrageuren an einem Anreiz zur Rückführung einer Fehlbewertung mangeln. So wird es ihnen oftmals gelegen sein, Fehlbepreisungen aufrecht zu erhalten und von Trends zu profitieren.[819]

f) Fazit: Die Grenzen der Arbitrage

Sowohl das Fundamentalrisiko und das *Noise-Trader*-Risiko unter Beachtung der *Agency*-Problematik als auch etwaige Kostengesichtspunkte und eine mögliche Fehlbewertung durch die Arbitrageure selbst wie auch die Möglichkeit ihres mangelnden Interesses an einer Rückführung des Preises stellen nicht zu vernachlässi-

---

[815] *De Long/Shleifer/Summers/Waldmann*, Journal of Political Economy, 1990, Vol. 98, No. 4, 703, 705; Thaler/*Barberis/Thaler*, Advances in Behavioral Finance Vol. II, S. 7.

[816] *Beck*, Behavioral Economics S. 354; *Montier*, Behavioural Finance, S. 42–43; Thaler/ *Barberis/Thaler*, Advances in Behavioral Finance Vol. II, S. 6; vgl. *Daxhammer/Facsar*, Behavioral Finance, S. 108.

[817] *Beck*, Behavioral Economics S. 354; *Murschall*, Behavioral Finance als Ansatz zur Erklärung von Aktienrenditen, S. 97; vgl. *Hirshleifer*, Journal of Finance, 2001, Vol. 56, No. 4, 1533, 1536.

[818] *Stephan/Kiell*, ZfA 2017, 142, 142, 152–153.

[819] *Daxhammer/Facsar*, Behavioral Finance, S. 109; siehe zudem *Adolff*, Unternehmensbewertung im Recht der börsennotierten Aktiengesellschaft, S. 152–153, der die Möglichkeit einer behavioralistischen Arbitrage benennt.

gende Grenzen der Arbitrage dar. Dies streitet gegen die Annahme des traditionellen Ansatzes, dass rationale Arbitrageure etwaige von irrationalen Anlegern verursachte Kursabweichungen stets berichtigen würden.

2. Fallbeispiele

Als klassisches Beispiel für die Grenzen der Arbitrage wird der Fall *Royal Dutch/Shell Transport* angeführt.[820] Besagte Unternehmen schlossen sich 1907 im Verhältnis 60:40 zusammen, blieben aber eigenständig.[821] Die Aktien der *Royal Dutch* wurden vor allem in den USA und den Niederlanden gehandelt, wohingegen *Shell*-Aktien in erster Linie im Vereinigten Königreich gehandelt wurden.[822] Angesichts des Verteilungsverhältnisses müssten Aktien der *Royal Dutch* stets das 1,5-fache des Börsenpreises der Aktien von *Shell* aufweisen.[823] Tatsächlich war die *Royal Dutch* im Zeitraum von 1980 bis 1995 teilweise bis zu 15 % überbewertet und bis zu 35 % unterbewertet.[824] Erst 2001 kam es zu einer Anpassung.[825] Interessanterweise verschwanden die Preisanomalien allmählich, als verstärkt über das Phänomen berichtet wurde.[826] Dies könnte zwar dafür sprechen, dass potenziellen Arbitrageuren schlichtweg nicht alle Informationen vorlagen.[827] Allerdings fand eine Anpassung nur schleppend statt.[828]

Als weiteres Beispiel lässt sich der Umstand anführen, dass Aktien, die in den *S&P-500*-Index aufgenommen werden, einen Preisanstieg vollziehen, welcher oftmals permanenter Natur ist, was als Anzeichen für eine limitierte Arbitrage gedeutet werden kann.[829]

[820] *Beck*, Behavioral Economics S. 354–355; Thaler/*Barberis/Thaler*, Advances in Behavioral Finance Vol. II, S. 8–10; vgl. *Adolff*, Unternehmensbewertung im Recht der börsennotierten Aktiengesellschaft, S. 151; vgl. *Daxhammer/Facsar*, Behavioral Finance, S. 109–110.

[821] *Beck*, Behavioral Economics S. 355; Thaler/*Barberis/Thaler*, Advances in Behavioral Finance Vol. II, S. 8; vgl. *Adolff*, Unternehmensbewertung im Recht der börsennotierten Aktiengesellschaft, S. 151; vgl. *Daxhammer/Facsar*, Behavioral Finance, S. 109–110.

[822] *Beck*, Behavioral Economics S. 355; Thaler/*Barberis/Thaler*, Advances in Behavioral Finance Vol. II, S. 8.

[823] *Beck*, Behavioral Economics S. 355; *Daxhammer/Facsar*, Behavioral Finance, S. 110; Thaler/*Barberis/Thaler*, Advances in Behavioral Finance Vol. II, S. 8.

[824] *Beck*, Behavioral Economics S. 355; Thaler/*Barberis/Thaler*, Advances in Behavioral Finance Vol. II, S. 8; vgl. *Daxhammer/Facsar*, Behavioral Finance, S. 110.

[825] Thaler/*Barberis/Thaler*, Advances in Behavioral Finance Vol. II, S. 10.

[826] *Beck*, Behavioral Economics S. 355.

[827] *Beck*, Behavioral Economics S. 355.

[828] *Beck*, Behavioral Economics S. 355.

[829] Thaler/*Barberis/Thaler*, Advances in Behavioral Finance Vol. II, S. 10.

Auch konnte nachgewiesen werden, dass Hedgefonds Trends und Blasen gezielt ausnutzen, was die Befürchtung eines fehlenden Interesses an einer Rückführung bestätigt.[830]

3. Fazit: Limitierte Arbitrage

Angesichts der oben dargelegten Grenzen der Arbitrage kann eine solche nicht ungehindert am Markt stattfinden. Mithin muss die Unterstellung, dass Arbitrageure den Börsenkurs bei Ausschlägen stets wieder auf den Fundamentalwert bringen und Fehlbepreisungen zeitnah ausgleichen, abgelehnt werden. Hierfür sprechen auch die an realen Märkten verzeichneten Beobachtungen. Mithin kann das Arbitrageargument als entkräftet betrachtet werden.[831]

III. Auswirkungen auf den Börsenkurs

Die vorangegangenen Erörterungen zeigen eine systematische Verzerrung beim Verhalten von Menschen und Marktteilnehmern im Speziellen auf. Dies widerspricht der Vorstellung einer kollektiven Rationalität und dem Aggregationsargument. Zudem wurde die Möglichkeit einer unbegrenzten Arbitrage am Markt negiert, was das Arbitrageargument konterkariert. In Zusammenschau mit der empirischen Studienlage zur Effizienzmarkthypothese[832] zeichnet sich ab, dass jene nicht der Realität entspricht.[833]

Fraglich erscheint weiterhin, ob diese Aspekte in relevantem Maße auf den Börsenkurs durchschlagen. Wäre dem so, müsste grundsätzlich von einer verzerrten, der Effizienzmarkthypothese widersprechenden Preisbildung an der Börse ausgegangen werden. Dabei geht der Ansatz der *Behavioral Finance* davon aus, dass sich die Verhaltensanomalien der einzelnen Marktteilnehmer auf Mikroebene in ihrer Gesamtheit zu Marktanomalien auf Makroebene kumulieren.[834] Dem wird der Gedanke zugrunde gelegt, dass die Verhaltensanomalien systematisch auftreten und der Einfluss der Rationalität aufgrund einer limitierten Arbitrage eingeschränkt

---

[830] *Daxhammer/Facsar*, Behavioral Finance, S. 109.

[831] So auch *Adolff*, Unternehmensbewertung im Recht der börsennotierten Aktiengesellschaft, S. 148–153.

[832] Siehe hierzu bereits die Ausführungen unter § 2 B.V.2., wonach allenfalls eine schwache bis mittelstrenge Informationseffizienz in der Realität anzutreffen ist und vor allem an einer realen Allokationseffizienz Zweifel bestehen.

[833] So auch *Adolff*, Unternehmensbewertung im Recht der börsennotierten Aktiengesellschaft, S. 153; vgl. zudem Baker/Nofsinger/*Rau*, Behavioral Finance, S. 333 III.18, wo die Argumente der Aggregation und Arbitrage ebenso abgelehnt werden.

[834] *Averbeck*, Added Value von Behavioral-Finance-Fonds, S. 27–28, 56; vgl. *Pompian*, Behavioral Finance and Wealth Management, S. 11.

ist.[835] Besagte Aspekte wurden soeben auf empirischer Basis belegt. Darüber hinaus ist aber auch das Marktgeschehen mit Blick auf die Auswirkungen der beschränkten Rationalität hin zu untersuchen. Dementsprechend sollte den Marktanomalien wie auch dem Auftreten von Spekulationsblasen besonderes Interesse geschenkt werden.

Zunächst wird auf die Marktanomalien unter Berücksichtigung der Effizienzmarkthypothese und der *Behavioral Finance* eingegangen. Sodann werden die Spekulationsblasen näher erläutert.

1. Marktanomalien

a) Grundlagen

aa) Erläuterung

Als *Anomalien* werden zu beobachtende Abweichungen von einem Paradigma bezeichnet.[836] Im Hinblick auf die Finanzmarktforschung stellen Marktanomalien Beobachtungen dar, welche sich nicht mit der ECMH vereinbaren lassen.[837] Selbst Fama erkannte schon früh derartige Abweichungen, beurteilte sie aber als nicht ausreichend, um seine Effizienzmarkthypothese zu entkräften.[838] Mit der Zeit kam jedoch eine Vielzahl von Untersuchungen bezüglich Anomalien zu Tage, welche systematische Marktverzerrungen zu belegen scheinen.[839]

bb) Erklärungsmodelle

Zunächst stellt sich die Frage, ob die hier diskutierten Ansätze es vermögen, Erklärungsmodelle für das Auftreten von Marktanomalien zu bieten.

(1) Neoklassischer Ansatz

Aus der neoklassischen Finanzwissenschaft entstammen verschiedene Preisbildungsmodelle. Fraglich ist, ob diese eine mit der Effizienzmarkthypothese vereinbare Erklärung der Marktanomalien bereithalten.

---

835 *Averbeck*, Added Value von Behavioral-Finance-Fonds, S. 27–28.

836 *Kuhn*, Die Struktur wissenschaftlicher Revolution, S. 65–66; vgl. *Averbeck*, Added Value von Behavioral-Finance-Fonds, S. 56.

837 *Daxhammer/Facsar*, Behavioral Finance, S. 120; *Kapoor/Prosad*, Behavioural Finance, S. 14; vgl. *Beck*, Behavioral Economics, S. 350; vgl. *Shefrin*, Behavioral Corporate Finance, S. 114.

838 *Fama*, Journal of Finance, 1970, Vol. 25, No. 2, 383, 414.

839 Baker/Nofsinger/*Rau*, Behavioral Finance, S. 333 III.18; *Daxhammer/Facsar*, Behavioral Finance, S. 120–121.

(a) Capital Asset Pricing Model (CAPM)

Von hoher Bedeutung ist dabei das von Sharpe, Lintner und Mossin in den 1960ern entwickelte *Capital Asset Pricing Model* (kurz: CAPM).[840] Nach diesem Modell wird das systematische Risiko eines Wertpapiers in Gestalt des sog. *Beta-Faktors* mit eingepreist.[841]

Am CAPM wird jedoch seine einseitige Fokussierung und die Außerachtlassung weiterer Faktoren kritisiert.[842] Auch zeigten Fama und French in einer Studie, dass dieses Modell keine hinreichende Erklärung für die realen Marktentwicklungen liefern kann.[843] Ohnehin ist zu bezweifeln, dass die dem CAPM zugrundeliegenden Voraussetzungen, dass sämtliche Anleger homogene Erwartungen hegen, keinerlei Informationsvorsprünge bestehen und weder Steuern noch Transaktionskosten existieren, tatsächlich vorliegen.[844] Ausschlaggebend aber ist die Tatsache, dass empirisch belegte Anomalien existieren, die sich nicht mit dem CAPM erklären lassen.[845]

(b) Multifaktormodelle

Infolgedessen erfuhr das CAPM eine Erweiterung in Form des *Dreifaktorenmodells* von Fama und French. Hierbei treten neben das allgemeine Marktrisiko noch die Unternehmensgröße und das Buchwert-Marktwert-Verhältnis als weitere Faktoren.[846] Dieses Modell wurde später um zwei Faktoren hinsichtlich der Profitabilität und des Investitionsverhaltens des Unternehmens zum *Fama-French-Fünffaktorenmodell* ergänzt.[847]

---

[840] *Daxhammer/Facsar*, Behavioral Finance, S. 54; *Lintner*, Journal of Finance, 1965, Vol. 20, No. 4, 587, 587–590; *Mossin*, Econometrica, 1966, Vol. 34, No. 4, 768, 768; *Schmid/Trede*, Finanzmarktstatistik, S. 195; *Sharpe*, Journal of Finance, 1964, Vol. 19, No. 3, 425, 425, 436–442.

[841] *Daxhammer/Facsar*, Behavioral Finance, S. 54–57; *Lintner*, Journal of Finance, 1965, Vol. 20, No. 4, 587, 587–590; *Mossin*, Econometrica, 1966, Vol. 34, No. 4, 768, 768, 781–783; *Sharpe*, Journal of Finance, 1964, Vol. 19, No. 3, 425, 425, 436–442.

[842] *Daxhammer/Facsar*, Behavioral Finance, S. 58; *Kapoor/Prosad*, Behavioural Finance, S. 28; vgl. *Fama/French*, Journal of Finance, 1992, Vol. 47, Iss. 2, 427, 427–429.

[843] *Fama/French*, Journal of Finance, 1992, Vol. 47, Iss. 2, 427, 427, 449–450.

[844] Vgl. *Daxhammer/Facsar*, Behavioral Finance, S. 55, 57; vgl. *Kapoor/Prosad*, Behavioural Finance, S. 28.

[845] *Gleißner*, CF 2014, 151, 152–158; vgl. *Averbeck*, Added Value von Behavioral-Finance-Fonds, S. 56–62.

[846] *Fama/French*, Journal of Financial Economics, 1993, Vol. 33, Iss. 1, 3, 3–6; *Shefrin*, Behavioral Corporate Finance, A13–3- A13–4.

[847] *Fama/French*, Journal of Financial Economics, 2015, Vol. 116, Iss. 1, 1, 1, 5–6; *Shefrin*, Behavioral Corporate Finance, A13–3.

Allerdings mangelt es an einer logischen ökonomischen Erklärung für den Einfluss der Faktoren auf die Preise.[848] So entbehrt das Multifaktormodell von French und Fama einer kohärenten theoretischen Basis. Vielmehr stellen die Faktoren eine Reaktion auf empirische Befunde dar. Dabei gesteht Fama selbst, dass psychologische Einflüsse bestehen können und es unmöglich ist, zwischen behavioristischen und rationalen Erklärungsansätzen für die Preisfindung an der Börse zu unterscheiden.[849] Weiterhin verbleiben sowohl beim Dreifaktor- als auch beim Fünffaktormodell ungeklärte Anomalien. Beispielsweise können die Modellansätze nicht den Umstand abbilden, dass kleine Unternehmen oftmals eine niedrige Durchschnittsrendite ähnlich wie bei denjenigen Unternehmen, die hohe Investitionen bei geringer Profitabilität tätigen, aufweisen.[850] Auch die im Nachgang zum CAPM entwickelten kapitalmarktorientierten Modelle, denen laut Studien eine höhere Prognosefähigkeit zugeschrieben wird, lassen sich nicht mit der Fülle an Marktanomalien vereinbaren.[851]

(c) Fazit: Neoklassischer Ansatz

Folglich findet sich seitens der neoklassischen Kapitalmarkttheorie kein schlüssiges Preisbildungsmodell, welches die Existenz aller Marktanomalien erklären und mit der Effizienzmarkthypothese in Einklang bringen kann. Auch ungeachtet der Wahl eines bestimmten Modells vermag es der traditionelle Ansatz nicht, die Existenz von Marktanomalien mit der Idee eines effizienten Marktes zu vereinbaren. Dies wirft auch kein gutes Licht auf die marktorientierte Unternehmensbewertung an sich.[852] Vor dem Hintergrund der Marktanomalien offenbart sich zudem erneut das Problem der *Joint Hypothesis* bei der Heranziehung eines Kapitalmarktmodells im Rahmen der Effizienzmarkthypothese.[853]

(2) Erklärungsmodelle der Behavioral Finance

Gemäß der *Behavioral-Finance*-Forschung stellen die Marktanomalien eine Kumulierung der Verhaltensanomalien einzelner Individuen auf Makroebene dar.[854]

---

[848] Vgl. *Roßbach*, Behavioral Finance: eine Alternative zur vorherrschenden Kapitalmarkttheorie?, 2001, S. 9.

[849] *Shefrin*, Behavioral Corporate Finance, S. 114.

[850] *Fama/French*, Journal of Financial Economics, 2015, Vol. 116, Iss. 1, 1, 1, 21; *Fama/French*, Journal of Financial Economics, 2017, Vol. 123, Iss. 3, 441, 441, 458; vgl. *Shefrin*, Behavioral Corporate Finance, A13–4.

[851] *Gleißner*, CF 2014, 151, 167.

[852] Vgl. *Gleißner*, CF 2014, 151, 167.

[853] Vgl. *Adolff*, Unternehmensbewertung im Recht der börsennotierten Aktiengesellschaft, S. 109–110, der sich hierbei primär auf das CAPM und den Januar- sowie den Firmengrößeneffekt bezieht. Zu dieser Problematik siehe bereits: § 2 B.V.2.e).

[854] *Averbeck*, Added Value von Behavioral-Finance-Fonds, S. 56; vgl. *Pompian*, Behavioral Finance and Wealth Management, S. 11; in diese Richtung wohl auch *Beck*, Behavioral Economics, S. 351.

Beim Versuch, Marktanomalien mittels der Verhaltensanomalien zu erklären und dabei in ein schlüssiges Konzept zu bringen, entstanden verschiedene Modelle.

(a) Überreaktionshypothese

So besagt die *Überreaktionshypothese* von De Bondt und Thaler, dass Marktteilnehmer übertrieben auf unerwartete und einschneidende neue Informationen reagieren, wodurch Kurse zu stark positiv bzw. negativ ausschlagen.[855] Als Erklärung wird die Repräsentativitätsheuristik herangezogen, nach welcher neue Informationen überbewertet und Basisraten unterbewertet werden.[856]

(b) Unterreaktionshypothese

Ein weiteres Modell stellt die *Unterreaktionshypothese* dar. Demzufolge reagiert der Markt verzögert auf neue Informationen, sodass es anfangs nur zu einer schwachen Preisanpassung kommt.[857] Dies könnte durch den Konservativismus und die Verankerungsheuristik erklärt werden, wonach sich vor allem an alten Informationen orientiert und neuen Informationen zu wenig Aufmerksamkeit geschenkt wird.[858]

(c) Investor-Sentiment-Modell

Die konträren Hypothesen der Unter- und Überreaktion werden in weiterentwickelten Modellen zu vereinen versucht, wobei sich einer mathematischen Analyse beholfen wird.[859]

Hierunter fällt das *Investor-Sentiment-Modell* von Barberis, Shleifer und Vishny.[860] Demnach orientieren sich die Anleger an Vergangenheitsdaten und versuchen daraus ein Muster zu erkennen. Das Modell fußt auf dem Konservativismus und der Repräsentativitätsheuristik. Anleger würden demzufolge fälschlicherweise vom Vorliegen eines von zwei Regimes ausgehen. Herrscht nach Ansicht des Anlegers das erste Regime, erfolgt seiner Einschätzung nach ein Regress des Kurses zum Mittelwert. Im Rahmen des Konservativismus käme es zu einer Unterreaktion auf neue Informationen. Geht der Anleger aber davon aus, dass das andere Regime vorliegt, glaubt er an die künftige Fortentwicklung von Kurstrends. Aufgrund der

---

[855] *Averbeck*, Added Value von Behavioral-Finance-Fonds, S. 63; *De Bondt/Thaler*, Journal of Finance, 1985, Vol. 40, No. 3, 793, 793, 804; *Moosa/Ramiah*, The Financial Consequences of Behavioural Biases, S. 83–84.

[856] *Averbeck*, Added Value von Behavioral-Finance-Fonds, S. 63; *De Bondt/Thaler*, Journal of Finance, 1985, Vol. 40, No. 3, 793, 793.

[857] *Averbeck*, Added Value von Behavioral-Finance-Fonds, S. 63–64; vgl. *Ikenberry/Lakonishok/Vermaelen*, Journal of Financial Economics, 1995, Vol. 39, 181, 183.

[858] *Averbeck*, Added Value von Behavioral-Finance-Fonds, S. 63–64.

[859] *Averbeck*, Added Value von Behavioral-Finance-Fonds, S. 64.

[860] Siehe hierzu *Barberis/Shleifer/Vishny*, Journal of Financial Economics, 1998, Vol. 49, Iss. 3, 307, 307–343.

Repräsentativitätsheuristik müssten Anleger sodann eine Überreaktion auf neue Informationen aufweisen. Weiterhin gehen diesem Modell zufolge Anleger von der Möglichkeit eines Regimewechsels aus, messen diesem aber eine geringe Wahrscheinlichkeit bei und orientieren sich diesbezüglich am vorangegangenen Regime. Auch würden Anleger eher glauben, dass das erstgenannte Regime des Regresses zum Mittelwert herrsche.[861]

(d) Overconfidence-Modell

Des Weiteren sei das *Overconfidence-Modell* von Daniel, Hirshleifer und Subrahmanyam genannt. Demzufolge reagieren Anleger unter Einfluss der Selbstüberschätzung und Selbstattribution auf private Informationen mit einer Überreaktion, auf öffentliche Informationen im Wege einer Unterreaktion.[862] Uninformierte Marktteilnehmer hingegen könnten angesichts ihrer im Vergleich zu den informierten irrational agierenden Anlegern geringeren Risikoneigung[863] und der limitierten Arbitrage[864] den Preis nur begrenzt korrigieren, sodass eine Anpassung lediglich verzögert erfolgt.

(e) Fazit: Erklärungsmodelle der Behavioral Finance

Zwar existiert noch kein allgemein anerkanntes Erklärungsmodell der *Behavioral-Finance*-Forschung. Es ist für den weiteren Verlauf dieser Arbeit aber unbeachtlich, ob und inwieweit eines der aufgeführten Modelle vorzugswürdig ist. Ebenso bedarf es keiner weiteren Untersuchung, ob eines der Modelle allein zur Klärung aller Anomalien imstande ist. Vielmehr ist es von Bedeutung, aufzuzeigen, ob die *Behavioral Finance* im Gegensatz zur neoklassischen Kapitalmarkttheorie schlüssige Erklärungen für sämtliche Marktanomalien anbieten kann. Dementsprechend werden unter den entsprechenden Anomalien lediglich die verschiedenen in Betracht kommenden psychologischen Verzerrungen losgelöst von einem etwaigen Erklärungsmodell dargestellt. Den Modellen ist jedoch zugutezuhalten, dass sie einen Hinweis auf das mögliche Zusammenspiel verschiedener systematischer Verhaltensanomalien und deren Auswirkung auf den Markt bieten.

cc) Klassifizierung von Marktanomalien

Es lässt sich zwischen kurzfristig sowie mittel- bis langfristig andauernden Kapitalmarktanomalien differenzieren. Während die kurzfristigen Kapitalmarktano-

---

[861] *Averbeck*, Added Value von Behavioral-Finance-Fonds, S. 64–65; *Barberis/Shleifer/Vishny*, Journal of Financial Economics, 1998, Vol. 49, Iss. 3, 307, 318–321.

[862] *Averbeck*, Added Value von Behavioral-Finance-Fonds, S. 65–66; *Daniel/Hirshleifer/Subrahmanyam*, Journal of Finance, 1998, Vol. 53, 1839, 1839, 1865.

[863] Vgl. *Daniel/Hirshleifer/Subrahmanyam*, Journal of Finance, 1998, Vol. 53, 1839, 1846.

[864] *Averbeck*, Added Value von Behavioral-Finance-Fonds, S. 65–66; *Daniel/Hirshleifer/Subrahmanyam*, Journal of Finance, 2001, Vol. 56, No. 3, 921, 952–953, 956.

malien an Bedeutung eingebüßt haben, sind die mittel- bis langfristigen Anomalien weiterhin nachweisbar.[865] Dementsprechend ist das Hauptaugenmerk auf letztere Marktanomalien zu richten. Da es bei Strukturmaßnahmen ihrer Bekanntgabe bedarf, ist aber auch der kurzfristig andauernden Kursreaktionsanomalie nach Bekanntgabe von Informationen Beachtung zu schenken.

b) Autokorrelationsanomalien

Eine bedeutende mittel- bis langfristige Anomalie stellt die der Autokorrelation dar.[866] Autokorrelation beschreibt die Korrelation einer einzelnen Variablen über einen Zeitablauf. Hierbei korreliert ein Wert mit einem zeitverschobenen Wert in einer Zeitreihe.[867] Vereinfacht gesagt bedeutet Autokorrelation, dass ein Zusammenhang von verschiedenen Ausprägungen eines Merkmals innerhalb eines Zeitablaufs besteht. Ein derartiger Zusammenhang widerspricht der Annahme eines *Random Walks*, womit auch die Effizienzmarkthypothese konterkariert wird.[868] Tatsächlich sind über längere Zeiträume hinweg durchaus Korrelationen zu entdecken.[869] Jene sind den Studien zur seriellen Korrelation, welche für eine schwache Markteffizienz angeführt werden, entgegenzuhalten.

aa) Mean-Reversion- und Winner-Loser-Effekt

Unter diese Art der Anomalie fällt der *Mean-Reversion-Effekt.*[870] Der *Mean-Reversion-, Reversal-* oder *Contrarian-Effekt* beschreibt die Beobachtung, dass Aktien nach einer Fehlbewertung auf längere Sicht wieder zu ihrem Mittelwert zurückkehren.[871] Es handelt sich um eine langfristige negative Autokorrelation.[872]

---

[865] *Daxhammer/Facsar*, Behavioral Finance, S. 121, 124, 128.

[866] *Daxhammer/Facsar*, Behavioral Finance, S. 124.

[867] Vgl. *Eckstein*, Angewandte Statistik mit SPSS, S. 274; vgl. *Kreiß/Neuhaus*, Einführung in die Zeitreihenanalyse, S. 17–18; vgl. *Preis*, Ökonophysik, S. 62.

[868] *Daxhammer/Facsar*, Behavioral Finance, S. 124; vgl. *De Bondt/Thaler*, Journal of Economic Perspectives, 1989, Vol. 3, No. 1, 189, 190.

[869] *Elton/Gruber/Brown/Goetzmann*, Modern Portfolio Theory, S. 413.

[870] *Daxhammer/Facsar*, Behavioral Finance, S. 124; vgl. *De Bondt/Thaler*, Journal of Economic Perspectives, 1989, Vol. 3, No. 1, 189, 190; vgl. *Kapoor/Prosad*, Behavioural Finance, S. 146, 156; vgl. *Poterba/Summers*, Journal of Financial Economics, 1988, Vol. 22, 27, 27, 43, 45, 53.

[871] *Daxhammer/Facsar*, Behavioral Finance, S. 124; *De Bondt/Thaler*, Journal of Economic Perspectives, 1989, Vol. 3, No. 1, 189, 190; *Kapoor/Prosad*, Behavioural Finance, S. 146–147; *Murschall*, Behavioral Finance als Ansatz zur Erklärung von Aktienrenditen, S. 55.

[872] *De Bondt/Thaler*, Journal of Economic Perspectives, 1989, Vol. 3, No. 1, 189, 190; vgl. *Kapoor/Prosad*, Behavioural Finance, S. 146, 156; vgl. *Poterba/Summers*, Journal of Financial Economics, 1988, Vol. 22, 27, 27, 43, 45, 53; vgl. *Szyszka*, Behavioral Finance and Capital Markets, S. 64.

Eine Form dieses Effekts stellt der sog. *Winner-Loser-Effekt* dar.[873] Er bezeichnet das Phänomen, dass ursprüngliche Verliereraktien sich auf langfristige Sicht überdurchschnittlich entwickeln, wohingegen anfängliche Gewinneraktien eine unterdurchschnittliche Entwicklung aufweisen. Über einen längeren Zeitraum werden Gewinneraktien also von Verliereraktien regelmäßig geschlagen.[874]

Da gemäß des *Winner-Loser-Effekts* eine Überrendite durch das Setzen auf Verliereraktien, also durch die Kenntnis vergangener Kurse erzielt werden kann, stellt er einen Gegenbeweis zur schwachen Effizienzmarkthypothese dar.[875]

Als erste beschrieben De Bondt und Thaler diese Anomalie in einer 1985 veröffentlichten Studie.[876] Sie teilten die Aktien der New Yorker Börse in ein Gewinner- und ein Verliererportfolio auf und überprüften die Renditeentwicklung von 1926 bis 1982.[877] Die Einteilung in Gewinner bzw. Verlierer geschah anhand der Maßgabe, ob die Aktien über einen vergangenen Zeitraum von bis zu fünf Jahren extrem hohe Gewinne oder Verluste erzielten.[878] Im Ergebnis zeigte sich, dass das Verliererportfolio eine bessere Renditeentwicklung vollzog.[879] Nach 36 Monaten war die Rendite des Verliererportfolios ca. 25 % höher als beim Gewinnerportfolio.[880] Kumulativ betrachtet übertrafen die Verliereraktien die Gewinner nach fünf Jahren um ca. 40 %.[881] Hieraus wurde gefolgert, dass sich die Überreaktion der meisten Marktteilnehmer auf Nachrichten im Marktwert widerspiegelt.[882] Bei beiden Portfolios zeichnete sich eine Überreaktion der Kurse ab, wobei sie beim Verliererportfolio deutlich ausgeprägter war.[883] Besagte Überreaktionen wiesen De

---

[873] *Daxhammer/Facsar*, Behavioral Finance, S. 124.

[874] Vgl. *Daske*, SFB 373 Discussion Paper, No. 2002, 87, S. 1; vgl. *Daxhammer/Facsar*, Behavioral Finance, S. 124–125, 259; vgl. *Shefrin*, Behavioral Corporate Finance, A13–5.

[875] *Daxhammer/Facsar*, Behavioral Finance, S. 41, 125; vgl. Baker/Nofsinger/*Rau*, Behavioral Finance, S. 337 III.18; vgl. *De Bondt/Thaler*, Journal of Finance, 1985, Vol. 40, No. 3, 793, 795; vgl. *Kapoor/Prosad*, Behavioural Finance, S. 146; vgl. *Shefrin*, Behavioral Corporate Finance, A13–5; vgl. *Shleifer*, Inefficient Markets, S. 17–18.

[876] *Daxhammer/Facsar*, Behavioral Finance, S. 259; *De Bondt/Thaler*, Journal of Finance, 1985, Vol. 40, No. 3, 793, 793, 804; *Shefrin*, Behavioral Corporate Finance, A13–5; Thaler/*De Bondt/Thaler*, Advances in Behavioral Finance Vol. I, S. 257, 262.

[877] *De Bondt/Thaler*, Journal of Finance, 1985, Vol. 40, No. 3, 793, 797–798; Thaler/*De Bondt/Thaler*, Advances in Behavioral Finance Vol. I, S. 254–257.

[878] *De Bondt/Thaler*, Journal of Finance, 1985, Vol. 40, No. 3, 793, 796.

[879] *De Bondt/Thaler*, Journal of Finance, 1985, Vol. 40, No. 3, 793, 799–804; Thaler/*De Bondt/Thaler*, Advances in Behavioral Finance Vol. I, S. 254–257, 262.

[880] *De Bondt/Thaler*, Journal of Finance, 1985, Vol. 40, No. 3, 793, 804; Thaler/*De Bondt/Thaler*, Advances in Behavioral Finance Vol. I, S. 262.

[881] Vgl. *De Bondt/Thaler*, Journal of Finance, 1985, Vol. 40, No. 3, 793, 803 Fig. 3; vgl. *Shefrin*, Behavioral Corporate Finance, A13–5.

[882] Vgl. *De Bondt/Thaler*, Journal of Finance, 1985, Vol. 40, No. 3, 793, 804; vgl. Thaler/*De Bondt/Thaler*, Advances in Behavioral Finance Vol. I, S. 262.

[883] *De Bondt/Thaler*, Journal of Finance, 1985, Vol. 40, No. 3, 793, 799; Thaler/*De Bondt/Thaler*, Advances in Behavioral Finance Vol. I, S. 257.

Bondt und Thaler sogar bei Finanzanalysten nach.[884] Weiterhin wurde das Auftreten des *Winner-Loser-Effekts* an der Frankfurter Wertpapierbörse[885] sowie der London Stock Exchange[886] nachgewiesen.

Eine Erklärung dafür könnte die Repräsentativitätsheuristik bieten.[887] Demnach sind die ursprünglichen Gewinner- bzw. Verliereraktien anfangs über- bzw. unterbewertet, wobei sich die Fehleinpreisung langfristig korrigiert.[888] Unerwarteten negativen Informationen bei Gewinnern und unerwarteten positiven Informationen bei Verlierern wird vom Großteil der Anleger ein übermäßiges Gewicht beigemessen. Hierdurch kommt es zu extremen positiven Kursbewegungen für ehemalige Verliereraktien und starken Kursabfällen der einstigen Gewinneraktien.[889] Dabei werden Basisraten von den Anlegern vernachlässigt, wohingegen neue Informationen übergewichtet werden.[890] Somit erlebt der Markt eine Überreaktion, während er eine anfängliche Fehleinpreisung zu korrigieren versucht.[891]

Die anfangs bestehende Über- bzw. Unterbewertung ließe sich anhand der Verfügbarkeitsheuristik erklären. Demnach sollte der übermäßige Optimismus gegenüber Gewinneraktien und der starke Pessimismus hinsichtlich Verliereraktien zu einer entsprechenden Fehlbewertung führen.[892]

Ebenso kann das bereits erörterte Phänomen, dass Anleger Gewinneraktien zu früh verkaufen und Verliereraktien zu lange halten, zwecks einer Erklärung des *Winner-Loser-Effekts* herangezogen werden.[893] Schließlich neigt ein Anleger dazu, bei positiven Nachrichten über ein Unternehmen, dessen Aktien er hält, die betroffenen Wertpapiere zu verkaufen, um Gewinne zu realisieren.[894] Als Folge sinkt die Notierung der Aktie trotz des guten Fundamentalwerts, welcher eigentlich eine steigende Notierung aufweisen müsste.[895] Umgekehrt werden Aktien von sinkender

---

[884] *De Bondt/Thaler*, American Economic Review, 1990, Vol. 80, No. 2, 52, 57.

[885] *Daske*, SFB 373 Discussion Paper, No. 2002, 87, S. 10–12, 32–33.

[886] *Antoniou/Galariotis/Spyrou*, International Journal of Business & Economics Research, 2011, Vol. 1, No. 11, 59, 59, 61–62.

[887] *Daske*, SFB 373 Discussion Paper, No. 2002, 87, S. 4; *De Bondt/Thaler*, Journal of Finance, 1985, Vol. 40, No. 3, 793, 793; *Shefrin*, Behavioral Corporate Finance, A13–5; *Shefrin*, Beyond Greed and Fear, S. 34.

[888] *Shefrin*, Beyond Greed and Fear, S. 34.

[889] *Daske*, SFB 373 Discussion Paper, No. 2002, 87, S. 4; *Shefrin*, Behavioral Corporate Finance, A13–5.

[890] *De Bondt/Thaler*, Journal of Finance, 1987, Vol. 4, No. 3, 557, 557; vgl. *Daske*, SFB 373 Discussion Paper, No. 2002, 87, S. 3–4.

[891] Vgl. *De Bondt/Thaler*, Journal of Finance, 1985, Vol. 40, No. 3, 793, 795, 800; vgl. *Kapoor/Prosad*, Behavioural Finance, S. 147.

[892] *Daxhammer/Facsar*, Behavioral Finance, S. 125.

[893] Vgl. *Daxhammer/Facsar*, Behavioral Finance, S. 259; vgl. *Grinblatt/Han*, Journal of Financial Economics, 2005, Vol. 78, 311, 311–315.

[894] *Daxhammer/Facsar*, Behavioral Finance, S. 259.

[895] *Daxhammer/Facsar*, Behavioral Finance, S. 259.

Notierung unter Einfluss des Dispositionseffekts nicht mehr verkauft, wodurch es zu einer Notierung über dem Fundamentalwert kommen kann.[896] Folglich bietet auch das Modell der *Prospect Theory*[897] mitsamt der mentalen Buchführung[898], des Dispositionseffekts[899] und der Reuaversion[900] eine mögliche Erklärung für die Anomalie.

Mithin finden sich seitens der *Behavioral Finance* schlüssige Erklärungen für den *Winner-Loser-Effekt.*

bb) Momentum-Effekt

Eine weitere Form der Autokorrelationsanomalie wird als *Momentum-Effekt* bezeichnet.[901] Im Unterschied zum *Mean-Reversion-Effekt* beschreibt dieses Phänomen eine vergleichsweise kurzfristige positive Autokorrelation.[902] Demnach zeigen aktuell erfolgreiche Aktien kurzfristig eine positive Wertentwicklung, wohingegen aktuelle Verliereraktien auf kurze Zeit eine negative Entwicklung vollziehen.[903]

In Anbetracht der Tatsache, dass sich vorhersagbare Muster ableiten lassen, welche nicht von Arbitrageuren beseitigt werden, konterkariert auch der *Momentum-Effekt* die schwache Form der Effizienzmarkthypothese.[904]

Besagter Effekt wurde erstmals 1993 von Jegadeesh und Titman auf US-Märkten untersucht und belegt.[905] Sie wiesen nach, dass Gewinneraktien über einen Zeitraum von 3 – 12 Monaten deutliche Wertanstiege, Verliereraktien hingegen Verluste

---

[896] *Daxhammer/Facsar*, Behavioral Finance, S. 259.

[897] Vgl. *Grinblatt/Han*, Journal of Financial Economics, 2005, Vol. 78, 311, 311 – 315.

[898] Vgl. *Grinblatt/Han*, Journal of Financial Economics, 2005, Vol. 78, 311, 311 – 315.

[899] Vgl. *Daxhammer/Facsar*, Behavioral Finance, S. 259; vgl. *Grinblatt/Han*, Journal of Financial Economics, 2005, Vol. 78, 311, 311 – 315.

[900] Vgl. *Daxhammer/Facsar*, Behavioral Finance, S. 265 – 266.

[901] *Daxhammer/Facsar*, Behavioral Finance, S. 124; vgl. *Kapoor/Prosad*, Behavioural Finance, S. 146, 156.

[902] Vgl. *Kapoor/Prosad*, Behavioural Finance, S. 146, 156; vgl. *Szyszka*, Behavioral Finance and Capital Markets, S. 64.

[903] *Daxhammer/Facsar*, Behavioral Finance, S. 126; *Murschall*, Behavioral Finance als Ansatz zur Erklärung von Aktienrenditen, S. 61; *Shefrin*, Behavioral Corporate Finance, S. 114, A13 – 5; Thaler/*Jegadeesh/Titman,* Advances in Behavioral Finance Vol. II, S. 353.

[904] Vgl. Baker/Nofsinger/*Rau*, Behavioral Finance, S. 337 III.18; vgl. *Daxhammer/Facsar*, Behavioral Finance, S. 126 – 127; vgl. *Jegadeesh/Titman*, Annual Review of Financial Economics, 2011, Vol. 3, 493, 507; vgl. *Kapoor/Prosad*, Behavioural Finance, S. 146; vgl. Shefrin, Behavioral Corporate Finance, A13 – 5.

[905] *Daxhammer/Facsar*, Behavioral Finance, S. 126; Thaler/*Jegadeesh/Titman,* Advances in Behavioral Finance, Vol. II, S. 385.

verzeichneten.[906] Die Forschung in den darauffolgenden Jahren scheint dies zu bestätigen. So entdeckte Rouwenhorst einen *Momentum-Effekt* an den Aktienmärkten zwölf verschiedener europäischer Länder, darunter Deutschland, Österreich, Frankreich, der Schweiz und dem Vereinigten Königreich.[907] Ferner dokumentierten Geczy und Samonov, dass innerhalb des Zeitraums von 1801 bis 2012, also über mehr als zwei Jahrhunderte, Profite über ein *Momentum* am US-Aktienmarkt erzielt werden konnten.[908] Den Erfolg einer Momentumstrategie belegen auch Studien zum deutschen Aktienmarkt.[909]

Auch hier könnte der Umstand, dass Anleger dazu neigen, Gewinner zu früh zu verkaufen und Verlierer zu lange zu halten, als Erklärung der Anomalie herangezogen werden.[910] Angesichts des Dispositionseffekts werden sie Aktien bei positiven Nachrichten schnell verkaufen, bei negativen Nachrichten dies jedoch unterlassen. In beiden Fällen würde eine Kursanpassung nach oben bzw. unten an den Fundamentalwert heran abgeschwächt, sodass eine kurzfristige Verzögerung auftreten müsste.[911] In Zusammenschau bietet die *Prospect Theory*[912] mit dem Dispositionseffekt[913], der Reueaversion[914] und der mentalen Buchführung[915] eine Erklärungsmöglichkeit für den *Momentum-Effekt.*

Ein weiteres Modell stellt auf die Selbstüberschätzung und Selbstzuschreibung der Marktteilnehmer ab.[916] Demnach werden persönliche Informationen übergewichtet, sodass es zu einer Überreaktion kommt, wohingegen öffentlichen Informationen ein zu geringes Gewicht beigemessen wird, was zu einer Unterreaktion führt.[917] Auf die kurzfristige Überreaktion angesichts privater Informationen folgt auf langfristige Sicht eine Preisanpassung in Form einer Unterreaktion hinsichtlich

---

[906] *Daxhammer/Facsar*, Behavioral Finance, S. 126; vgl. *Jegadeesh/Titman*, Journal of Finance, 1993, Vol. 48, Iss. 1, 65, 65.

[907] *Rouwenhorst*, Journal of Finance, 1998, Vol. 53, No. 1, 267, 267, 268, 283.

[908] *Geczy/Samonov*, Financial Analysts Journal, 2016, Vol. 72, No. 5, 32, 32–34, 52–53.

[909] *Grunert/Schael*, CF 2016, 63, 67 für einen Beobachtungzeitraum von 2003 bis 2013; *Nelles/Uzik/Holtfort*, FB 2007, 444, 449 zum Zeitraum von 1999 bis 2006.

[910] *Grinblatt/Han*, Journal of Financial Economics, 2005, Vol. 78, 311, 311–315, 336; vgl. *Shefrin*, Behavioral Corporate Finance, A13–29.

[911] *Shefrin*, Behavioral Corporate Finance, A13–29.

[912] *Grinblatt/Han*, Journal of Financial Economics, 2005, Vol. 78, 311, 311–315, 336.

[913] *Grinblatt/Han*, Journal of Financial Economics, 2005, Vol. 78, 311, 311–315, 336; *Shefrin*, Behavioral Corporate Finance, A13–29.

[914] Vgl. *Shefrin*, Behavioral Corporate Finance, A13–6.

[915] *Grinblatt/Han*, Journal of Financial Economics, 2005, Vol. 78, 311, 311–315, 336.

[916] *Daniel/Hirshleifer/Subrahmanyam*, Journal of Finance, 1998, Vol. 53, 1839, 1839, 1841, 1865.

[917] *Daniel/Hirshleifer/Subrahmanyam*, Journal of Finance, 1998, Vol. 53, 1839, 1841, 1865.

öffentlicher Informationen. Hierbei zeichnet sich zunächst der kurzfristige *Momentum-Effekt* und sodann der langfristige *Reversal-Effekt* ab.[918]

Darüber hinaus wird der Ansatz vertreten, die Anomalie mittels der Repräsentativitätsheuristik und des Konservativismus zu erklären.[919] Demzufolge verleitet die Repräsentativitätsheuristik dazu, mehrere aufeinander folgende Informationen zu übergewichten, sodass es zu einer Überreaktion kommt, wohingegen der Konservatismus dazu führt, auf einzelne Informationen eine Unterreaktion zu zeigen. Dementsprechend werden Anlageentscheidungen anhand vermeintlicher Muster getroffen und an der eigenen Einschätzung festgehalten, sodass es zu einem *Momentum* auf dem Markt kommt.[920]

Seitens der *Emotional Finance* wird ein *Momentum* am Markt dahingehend erklärt, dass die Angst vor Verlusten und die Gier nach Gewinnen Anleger dazu treibt, Aktien, deren Kurs bereits gestiegen ist, zu kaufen und von Aktien mit bisher sinkenden Kursen abzusehen.[921]

Folglich lassen sich aus dem Umfeld der *Behavioral Finance* plausible Erklärungen für den *Momentum-Effekt* herleiten.

c) Kursentwicklungsanomalien

Eine weitere mittel- bis langfristig andauernde Marktanomalie ist die Kursentwicklungsanomalie.[922]

aa) Übervolatilität (Excess Volatility)

Hierunter fällt die sog. *Übervolatilität* oder *Excess Volatility*. So sind auf Kapitalmärkten oftmals ausufernde Volatilitäten zu entdecken.[923] Als Volatilität bezeichnet man die Preisschwankungen eines Wertpapiers.[924] Eine Übervolatiliät ist dann anzunehmen, wenn die Schwankungen des Börsenpreises deutlich stärker

---

[918] *Daniel/Hirshleifer/Subrahmanyam*, Journal of Finance, 1998, Vol. 53, 1839, 1842.

[919] *Barberis/Shleifer/Vishny*, Journal of Financial Economics, 1998, Vol. 49, Iss. 3, 307, 307, 320–321, 331–333; Thaler/*Barberis/Thaler*, Advances in Behavioral Finance, Vol. II, S. 41.

[920] *Barberis/Shleifer/Vishny*, Journal of Financial Economics, 1998, Vol. 49, Iss. 3, 307, 320–321, 331–333; Thaler/*Barberis/Thaler*, Advances in Behavioral Finance, Vol. II, S. 41. Siehe hierzu auch das bereits erörterte Zusammenspiel von Repräsentativität und Konservativismus.

[921] Baker/Nofsinger/*Taffler/Tuckett*, Behavioral Finance, S. 101–102 I.6; vgl. *Kapoor/Prosad*, Behavioural Finance, S. 191–192.

[922] *Daxhammer/Facsar*, Behavioral Finance, S. 120 Abb. 21, S. 127.

[923] *Daxhammer/Facsar*, Behavioral Finance, S. 127; *Shiller*, American Economic Review, 1981, Vol. 71, No. 3, 421, 421.

[924] *Thomas*, Die Volatilität der Finanzmärkte, S. 1; vgl. *Eckstein*, Angewandte Statistik mit SPSS, S. 274.

ausgeprägt sind als bei den fundamentalen Werten des entsprechenden Unternehmens wie etwa Gewinnen oder Dividenden.[925] Dabei liegt es durchaus nahe, dass Börsenkurse stärkeren Schwankungen unterliegen, als dies bei Unternehmenswerten der Fall ist.[926]

Da eine übermäßige Volatilität gegen die Anpassung von Börsenkursen an die objektive Informationslage spricht und eine deutliche Abweichung vom Fundamentalwert geschieht, konterkariert sie die Idee eines effizienten Marktes.[927] Eine hohe Volatilität von Börsenkursen wird gegen die mittelstrenge Form der Markteffizienz ins Feld geführt.[928]

1981 wiesen sowohl Shiller[929] als auch LeRoy und Porter[930] eine derartige Übervolatilität am US-Markt nach. Aber auch eine Beobachtung der Bewegung des DAX von 2001 bis 2016 zeigt extreme Kursschwankungen, die mit dem Modell des *Random Walk* nicht übereinstimmen.[931] Der DAX zeichnet sich durch eine hohe Volatilität aus, die vor allem in Krisenzeiten stark ausgeprägt ist.[932]

Das jüngste Beispiel für eine übermäßige Volatilität stellt der Börsencrash in Zeiten der *COVID-19-Pandemie* dar.[933] Im März 2020 kam es zu enormen Kurseinbrüchen an den internationalen Kapitalmärkten.[934] Sowohl in den USA als auch in Europa und Asien war das Phänomen zu beobachten. Dabei wurden die seit langem höchsten Tagesverluste verzeichnet.[935] Wie sich anhand der Auswirkungen des neuen Coronavirus zeigt, unterliegen Börsenkurse eher krisenbedingten Schwankungen als fundamentalanalytisch berechnete Unternehmenswerte.[936]

---

[925] Vgl. *Daxhammer/Facsar*, Behavioral Finance, S. 127; vgl. *LeRoy/Porter*, Econometrica, 1981, Vol. 49, No. 3, 555, 558; vgl. *Shiller*, American Economic Review, 1981, Vol. 71, No. 3, 421, 421–422; vgl. *Szyszka*, Behavioral Finance and Capital Markets, S. 123.

[926] *Komp*, Zweifelsfragen des aktienrechtlichen Abfindungsanspruchs nach §§ 305, 320b AktG, S. 371–372; vgl. *Shiller*, American Economic Review, 1981, Vol. 71, No. 3, 421, 421, 433–434.

[927] *LeRoy/Porter*, Econometrica, 1981, Vol. 49, No. 3, 555, 571; *Shiller*, American Economic Review, 1981, Vol. 71, No. 3, 421, 421; vgl. *Thomas*, Die Volatilität der Finanzmärkte, S. 232, 284–285.

[928] *Burton/Shah*, Behavioral Finance, S. 7.

[929] *Shiller*, American Economic Review, 1981, Vol. 71, No. 3, 421, 433–434; *Szyszka*, Behavioral Finance and Capital Markets, S. 123.

[930] *LeRoy/Porter*, Econometrica, 1981, Vol. 49, No. 3, 555, 558–559; *Szyszka*, Behavioral Finance and Capital Markets, S. 123.

[931] *Daxhammer/Facsar*, Behavioral Finance, S. 31.

[932] *Schulte/Köller/Luksch*, WPg 2012, 380, 387.

[933] Vgl. *Ramelli/Wagner*, Feverish Stock Price Reactions to COVID-19, Swiss Finance Institute Research Paper No. 20–12, 2020, S. 20–21.

[934] Vgl. *Koch*, ZIP 2021, 249, 249, 258–259 Rn. 57.

[935] *Daube*, Ein weiterer schwarzer Montag, ZBW, 2020, S. 2, 8–9; *Zhang/Hu/Ji*, Finance Research Letters, 2020, 36, 101528, S. 1.

[936] *Thees/Grimmer*, BB 2020, 1259, 1259, 1261.

Ebenso konnte eine stark erhöhte Börsenkursvolatilität im Kontext des Ukrainekrieges festgestellt werden, was der Effizienzmarkthypothese widerspricht.[937]

Einen Erklärungsansatz für die Übervolatilität kann die Selbstüberschätzung der Anleger bieten.[938] Demzufolge würden sich selbst überschätzende Marktteilnehmer zu häufig ihre Meinung ändern und von einem übermäßigen Optimismus zu einem entsprechend ausgeprägten Pessimismus wechseln.[939] Weiterhin müssten besagte Anleger bei etwaigen Gewinnen sich in ihrer Selbstüberschätzung und -zuschreibung noch bestätigt fühlen, sodass sie häufiger handeln und die Volatilität noch weiter in die Höhe treiben sollten.[940] Darüber hinaus kann sich ein Herdenverhalten insoweit abzeichnen, als dass Anleger ihr Verhalten der Masse anpassen und die Volatilität zusätzlich verstärken.[941] Das vom Verhalten der *Noise Trader* ausgehende Risiko begrenzt dabei eine mögliche Arbitrage.[942]

Ferner könnte auch die Repräsentativitätsheuristik eine Erklärung liefern. Demnach müssten Anleger dazu neigen, aus einer Kursbewegung fälschlicherweise auf einen Trend zu schließen und diese durch erhöhte Handelsaktivität weiter antreiben.[943]

Speziell die Übervolatilität im Rahmen der Corona-Pandemie wird teilweise dahingehend erklärt, dass die der Gesamtsituation innewohnende Unsicherheit und die daraus folgende Angst zu einer Überreaktion und Risikoaversion der Marktteilnehmer führt.[944] Diesbezüglich wurde ein Zusammenhang von Google-Suchanfragen zum Thema Corona und der Volatilität an Märkten festgestellt, was nahelegt, dass besagte Angst durch die Internetsuche noch gesteigert wird.[945] Sowohl die

---

[937] *Gaio/Stefanelli/Pimenta Júnior/Bonacim/Gatsios*, Finance Research Letters 2022, Vol. 50 Art. 103302, S. 3, 6–7, die sich auch auf die Coronapandemie beziehen.

[938] *Dumas/Kurshev/Uppal*, Journal of Finance, 2009, Vol. 64, No. 2, 579, 579, 615; *Feker/Ali/Kais/Sana*, Asian Economic and Financial Review, 2012, Vol. 2, No. 1, 100, 100, 115–116; *Szyszka*, Behavioral Finance and Capital Markets, S. 125.

[939] *Dumas/Kurshev/Uppal*, Journal of Finance, 2009, Vol. 64, No. 2, 579, 613.

[940] *Feker/Ali/Kais/Sana*, Asian Economic and Financial Review, 2012, Vol. 2, No. 1, 100, 115.

[941] *Daxhammer/Facsar*, Behavioral Finance, S. 73; vgl. *Feker/Ali/Kais/Sana*, Asian Economic and Financial Review, 2012, Vol. 2, No. 1, 100, 102.

[942] *Dumas/Kurshev/Uppal*, Journal of Finance, 2009, Vol. 64, No. 2, 579, 581; vgl. *Feker/Ali/Kais/Sana*, Asian Economic and Financial Review, 2012, Vol. 2, No. 1, 100, 102.

[943] *Szyszka*, Behavioral Finance and Capital Markets, S. 125; vgl. *Feker/Ali/Kais/Sana*, Asian Economic and Financial Review, 2012, Vol. 2, No. 1, 100, 101.

[944] *Daube*, Ein weiterer schwarzer Montag, ZBW, 2020, S. 10; *Papadamou/Fassas/Kenourgios/Dimitrou*, Direct and Indirect Effects of COVID-19 Pandemic on Implied Stock Market Volatility: Evidence from Panel Data Analysis, MPRA Paper No. 100020, 2020, S. 1, 16.

[945] *Papadamou/Fassas/Kenourgios/Dimitrou*, Direct and Indirect Effects of COVID-19 Pandemic on Implied Stock Market Volatility: Evidence from Panel Data Analysis, MPRA Paper No. 100020, 2020, S. 1, 16.

Corona- als auch die Ukrainekrise deuten auf ein irrationales Herdenverhalten hin.[946]

In Anbetracht der obigen Ausführungen bietet die *Behavioral Finance* schlüssige Erklärungsansätze für die Übervolatilität.

bb) Schwarze Schwäne (Black Swans)

Nassim Taleb beschreibt *ex ante* unvorhersehbare, *ex post* aber vorhersagbare enorme Ausreißer als *Schwarze Schwäne* (*Black Swans*).[947] Besagtes Phänomen zeichnet sich durch eine extreme Volatilität aus.[948] Schwarze Schwäne treten in Gestalt der sich wiederholenden Finanzmarktkrisen auf.[949]

In Form von Börsencrashs deuten sie auf eine fehlerhafte Preisbildung aufgrund eines Ungleichgewichts von Angebot und Nachfrage hin, was gegen die Effizienzmarkthypothese spricht.[950] Wie bereits erörtert, konterkariert zudem die übermäßige Volatilität, wie sie bei Schwarzen Schwänen anzutreffen ist, das Bild eines effizienten Marktes. Weiterhin kommen Schwarze Schwäne zu häufig vor, als dass sich die Ausschläge noch unter eine Gaußsche Normalverteilung ordnen lassen, womit auch kein *Random Walk* vorliegen kann.[951] Schlussfolgernd ist davon auszugehen, dass das Phänomen des *Black Swan* nicht mit der Idee eines effizienten Kapitalmarktes vereinbar ist.

Vor allem ist der New Yorker Börsencrash von 1987 zu erwähnen.[952] Dieser fand gerade ohne vorhergehende Nachrichten über fundamentale Faktoren, die eine informationsgestützte Reaktion hervorgerufen haben könnten, statt.[953] Dementsprechend liegt es nahe, dass weniger die traditionellen wirtschaftlichen Faktoren,

---

[946] *Gaio/Stefanelli/Pimenta Júnior/Bonacim/Gatsios*, Finance Research Letters 2022, Vol. 50 Art. 103302, S. 7.

[947] Vgl. *Daxhammer/Facsar*, Behavioral Finance, S. 72, 75; vgl. *Taleb*, Der Schwarze Schwan, S. 19–20.

[948] *Daxhammer/Facsar*, Behavioral Finance, S. 73.

[949] *Daxhammer/Facsar*, Behavioral Finance, S. 73; vgl. *Taleb*, Der Schwarze Schwan, S. 59, 457–460, der den Crash von 1987 als Schwarzen Schwan bezeichnet, die Krise von 2008 allerdings nicht als solchen, sondern als Ergebnis eines fragilen Systems sieht.

[950] *Siegel*, Financial Analysts Journal, 2010, Vol. 66, Iss. 4, 6, 6–7.

[951] *Daxhammer/Facsar*, Behavioral Finance, S. 73.

[952] *Burton/Shah*, Behavioral Finance, S. 25; *Stracca*, Journal of Economic Psychology, 2004, Vol. 25, 373, 396, *Taleb*, Der Schwarze Schwan, S. 457–460.

[953] Vgl. *Guo*, Behavioral Finance: Die empirische Überprüfbarkeit behavioraler Modelle, S. 21; vgl. *Shefrin*, Beyond Greed and Fear, S. 40; vgl. *Shiller*, Journal of Economic Perspectives, 1990, Vol. 4, No. 2, 55, 57; vgl. *Stracca*, Journal of Economic Psychology, 2004, Vol. 25, 373, 396.

sondern vielmehr psychologische Gesichtspunkte wie Nervosität und Panik Ursache des Crashs waren.[954]

Im Gegensatz dazu sollten die ökonomischen Folgen der Corona-Pandemie nicht als Schwarzer Schwan bezeichnet werden. Schließlich hielt die Fachwelt den Ausbruch von Pandemien mitsamt hohen wirtschaftlichen Schäden für möglich. Von daher dürfte COVID-19 mitsamt seiner Folgen nicht als völlig unvorhersehbar klassifiziert werden.[955]

Die Verfügbarkeitsheuristik könnte eine Erklärung für Schwarze Schwäne liefern. Schließlich wird nach dieser Heuristik die Wahrscheinlichkeit eines Ereignisses unterschätzt, wenn sich der Mensch nicht oder nur schwer an vergleichbare vergangene Ereignisse erinnern kann. Vielen Anlegern wird es in den Vorjahren der Finanzkrise von 2008 wahrscheinlich schwergefallen sein, sich an eine vergleichbar schnell eintretende Krise zu erinnern.[956]

Kahneman wiederum scheint die Selbstüberschätzung und den Rückschaufehler als Erklärung für Schwarze Schwäne nahezulegen.[957] So erschafft das System 1 die angenehme Illusion des Verstehens der Vergangenheit und der Vorhersagbarkeit der Zukunft.[958] Ein Rückschaufehler ergibt sich dergestalt, dass die Psyche des Marktteilnehmers eine kohärente Geschichte aus der Vergangenheit konstruiert, wodurch die besagte Illusion eigener Vorhersagefähigkeit hervorgerufen wird.[959] Aus der ausschließlichen Berücksichtigung der kohärenten Erzählung beim Schätzen zukünftiger Entwicklungen gepaart mit emotionalem, gesellschaftlichem und wirtschaftlichem Druck folgt eine Selbstüberschätzung des Anlegers.[960] Im Zuge dessen wird ein Akteur am Markt etwaige Unsicherheiten unberücksichtigt lassen und risikogeneigt handeln.[961]

Darüber hinaus lässt die hohe Volatilität bei Schwarzen Schwänen auf eine aus dem Gefühl der Unsicherheit folgende Nervosität der Anleger und ein Herdenverhalten schließen. Erst bei einer Gewöhnung an die neue Informationslage und einer entsprechenden Einpreisung der Informationen in den Kurs wird die Volatilität wieder abnehmen.[962]

---

954 *Guo*, Behavioral Finance: Die empirische Überprüfbarkeit behavioraler Modelle, S. 21–22.

955 So auch *Goodell*, Finance Research Letters, 2020, 35, 101512, S. 2.

956 *Barberis*, American Economic Review: Papers & Proceedings, 2013, Vol. 103, No. 3, 611, 613.

957 Vgl. *Kahneman*, Schnelles Denken, langsames Denken, S. 254, 268–270, 323–325.

958 *Kahneman*, Schnelles Denken, langsames Denken, S. 254.

959 Vgl. *Kahneman*, Schnelles Denken, langsames Denken, S. 269–270.

960 *Kahneman*, Schnelles Denken, langsames Denken, S. 323–325.

961 *Kahneman*, Schnelles Denken, langsames Denken, S. 324.

962 *Daxhammer/Facsar*, Behavioral Finance, S. 73.

Mithin zeigt die *Behavioral Finance* mögliche Erklärungsansätze für das Phänomen des Schwarzen Schwanes auf.

d) Kursreaktionsanomalien

Kursreaktionsanomalien beschreiben verzerrte Anpassungen von Börsenkursen an die aktuelle Informationslage.[963] Selbst wenn es zu einer zeitigen Reaktion des Marktes auf eine Information im Sinne der Effizienzmarkthypothese kommt, vollzieht sich angesichts dieser Anomalie noch keine vollständige unmittelbare Preisanpassung. Vielmehr ist die sofortige Preisreaktion insoweit verzerrt, als dass sie unvollständig oder übertrieben erfolgt.[964] Es handelt sich um eine kurzfristig andauernde Kapitalmarktanomalie.[965]

aa) Gewinnankündigungsdrift (Post-Earnings-Announcement Drift)

Prominentes Beispiel für eine Kursreaktionsanomalie ist der *Gewinnankündigungsdrift*. Der Gewinnankündigungsdrift oder *Post-Earnings-Announcement Drift* beschreibt das Phänomen, dass sich die Börsenpreise eines Unternehmens erst mit Verzögerung entsprechend seiner Gewinnbekanntgabe bewegen. Hierbei folgen auch in der Zeit nach der Ankündigung auf positive Meldungen weitere Kursgewinne, auf negative Meldungen hingegen weitere Kursverluste.[966] Aufgrund der verzögerten Preisanpassung weisen Unternehmen in Hochphasen überraschend gute Zahlen vor, während sie in Tiefphasen schlechter als prognostiziert dastehen. Dies führt zu zusätzlichen Gewinnen bei positiven Meldungen und zusätzlichen Verlusten, wenn es sich um negative Meldungen handelt.[967]

Da es bei einem Gewinnankündigungsdrift nicht zu einer sofortigen Einpreisung aller öffentlicher Informationen kommt, kann er als Widerspruch zur mittelstrengen Effizienzmarkthypothese angeführt werden.[968] Ebenso streitet die zumindest teilweise Vorhersagbarkeit von Kursentwicklungen gegen die Effizienzmarkthypothese.[969]

---

[963] *Averbeck*, Added Value von Behavioral-Finance-Fonds, S. 61; vgl. *Daxhammer/Facsar*, Behavioral Finance, S. 122–123.

[964] *Jaunich*, Anlagestrategie Behavioral Finance, S. 49–50.

[965] *Daxhammer/Facsar*, Behavioral Finance, S. 122 Abb. 21.

[966] *Bernhard/Thomas*, Journal of Accounting Research, 1989, Vol. 27, 1, 1; *Daxhammer/Facsar*, Behavioral Finance, S. 122–123; *Shefrin*, Behavioral Corporate Finance, A13–6.; vgl. *Foster/Olsen/Shevlin*, Accounting Review, 1984, Vol. 59, No. 4, 574, 574.

[967] *Daxhammer/Facsar*, Behavioral Finance, S. 219.

[968] *Daxhammer/Facsar*, Behavioral Finance, S. 42, 122–123; *Kapoor/Prosad*, Behavioural Finance, S. 142; *Shefrin*, Behavioral Corporate Finance, A 13–6; vgl. *Elton/Gruber/Brown/Goetzmann*, Modern Portfolio Theory, S. 422, 427.

[969] *Averbeck*, Added Value von Behavioral-Finance-Fonds, S. 62.

Eine Analyse von US-Börsenkursen der 1970er unter Rendleman wies einen derartigen Effekt für eine Zeitspanne von 90 Tagen nach der Bekanntgabe unerwarteter Quartalsgewinnberichte nach.[970] Dabei wurde ein Zeitraum von 20 Tagen vor bis 90 Tagen nach der Bekanntgabe untersucht, wobei sich knapp 50 % der negativen bzw. positiven Kursentwicklung erst innerhalb der 90 Tage nach Bekanntgabe abzeichnete.[971] Demnach findet gerade keine sofortige vollständige Anpassung des Marktes an eine neue Informationslage statt.[972] Andernorts wird von einem Gewinnankündigungsdrift über 60 Tage nach der Bekanntgabe ausgegangen.[973] Insgesamt vollzieht sich beim Gewinnankündigungsdrift ein bis zu einjähriges *Momentum*, auf welches ein entsprechendes *Reversal* folgt.[974]

Diese Anomalie könnte als Auswirkung des Konservativismus gedeutet werden.[975] So wies Montier anhand einer Untersuchung der Vorhersagen von Analysten eine zeitliche Verzögerung der Prognosen im Vergleich zum tatsächlichen Gewinn nach.[976] Demzufolge können Analysten derart von ihren vorherigen Prognosen beeinflusst sein, dass sie mit einer gewissen Verzögerung eine Anpassung an neue Informationen durchführen.[977] Diese Erkenntnis lässt sich auch auf Privatanleger übertragen.[978] Angesichts dieses Verhaltens sollte es zu einer verlangsamten Preisanpassung nach der Ankündigung kursrelevanter Informationen kommen.[979] Insgesamt zeigt sich eine tendenzielle Unterreaktion sowohl des US-Aktienmarktes als auch des Marktes Großbritanniens auf Informationen.[980]

---

[970] *Rendleman/Jones/Latané*, Journal of Financial Economics, 1982, Vol. 10, Iss. 3, 269, 269; 285–287.

[971] *Rendleman/Jones/Latané*, Journal of Financial Economics, 1982, Vol. 10, Iss. 3, 269, 269, 283–285.

[972] *Rendleman/Jones/Latané*, Journal of Financial Economics, 1982, Vol. 10, Iss. 3, 269, 283–284.

[973] *Bernhard/Thomas*, Journal of Accounting Research, 1989, Vol. 27, 1, 1; *Foster/Olsen/Shevlin*, Accounting Review, 1984, Vol. 59, No. 4, 574, 592, 595, 598–599; *Shefrin*, Behavioral Corporate Finance, A13–6.

[974] *Shefrin*, Behavioral Corporate Finance, A13–6.

[975] *Barberis/Shleifer/Vishny*, Journal of Financial Economics, 1998, Vol. 49, Iss. 3, 307, 321; *Daxhammer/Facsar*, Behavioral Finance, S. 122–123, 219; *Moosa/Ramiah*, The Financial Consequences of Behavioural Biases, S. 117; *Pompian*, Behavioral Finance and Wealth Management, S. 64–66; *Shefrin*, Beyond Greed and Fear, S. 35–37; vgl. *Montier*, Global Equity Strategy 2002, S. 3.

[976] *Montier*, Global Equity Strategy 2002, S. 3–4; *Pompian*, Behavioral Finance and Wealth Management, S. 64–65.

[977] *Daxhammer/Facsar*, Behavioral Finance, S. 219; *Pompian*, Behavioral Finance and Wealth Management, S. 65; vgl. *Montier*, Global Equity Strategy 2002, S. 3.

[978] *Pompian*, Behavioral Finance and Wealth Management, S. 65.

[979] *Daxhammer/Facsar*, Behavioral Finance, S. 219; *Pompian*, Behavioral Finance and Wealth Management, S. 65.

[980] *Montier*, Behavioural Finance, S. 5.

Weiterhin ließen sich auch die Verankerungsheuristik und die Selbstüberschätzung als Erklärung heranziehen.[981] Schließlich könnte im Wege der Selbstüberschätzung und -zuschreibung eine Unterreaktion auf neue öffentliche Informationen oder eine Überreaktion hinsichtlich persönlicher, vor der Bekanntgabe vorliegender Informationen geschehen.[982] Ferner bestünde die Möglichkeit, dass Anleger einen Ankerpunkt anhand vergangener Kurse und Gewinnerwartungen setzen und diesem aufgrund einer Selbstüberschätzung ein zu hohes Gewicht beimessen und neue Informationen, die ihrer Einstellung widersprechen, ignorieren könnten.[983] Darüber hinaus wird vermutet, dass Marktteilnehmer angesichts der besagten kognitiven Verzerrungen neuen Informationen eine zu geringe Bedeutung beimessen und zunächst permanente Veränderungen fälschlich als temporäre einstufen. Mit der Zeit würden die neuen Informationen immer auffälliger und letztlich die alte Informationslage überwiegen. Dementsprechend müsste dann eine verspätete Übergewichtung der neuen Informationen stattfinden.[984]

Schlussfolgernd können Gewinnankündigungsdrifts mittels *Behavioral-Finance*-Ansätzen erklärt werden.

bb) Weitere Beispiele verzerrter Informationsanpassung

Nebst des Gewinnankündigungsdrifts sollten noch andere Beispiele für Kursreaktionsanomalien Erwähnung finden.

So konnte eine verzögerte Anpassung des Preises an neue Informationen bei Veränderungen in der Dividendenpolitik eines Unternehmens nachgewiesen werden. Dabei wurde ein negativer Kursdrift bei der Ankündigung des Aussetzens einer Dividendenzahlung und ein positiver Drift des Kurses bei der Ankündigung neu einsetzender Dividenden verzeichnet.[985] Dies widerspricht aber der Effizienzmarkthypothese.[986]

---

[981] *Averbeck*, Added Value von Behavioral-Finance-Fonds, S. 61–62; *Daniel/Hirshleifer/Subrahmanyam*, Journal of Finance, 1998, Vol. 53, 1839, 1865; *Kapoor/Prosad*, Behavioural Finance, S. 142.

[982] *Daniel/Hirshleifer/Subrahmanyam*, Journal of Finance, 1998, Vol. 53, 1839, 1865.

[983] *Averbeck*, Added Value von Behavioral-Finance-Fonds, S. 61–62; *Kapoor/Prosad*, Behavioural Finance, S. 142.

[984] *Kapoor/Prosad*, Behavioural Finance, S. 142.

[985] *Averbeck*, Added Value von Behavioral-Finance-Fonds, S. 62; *Jaunich*, Anlagestrategie Behavioral Finance, S. 51; *Michaely/Thaler/Womack*, Journal of Finance, 1995, Vol. 50, No. 2, 573, 573, 605–606.

[986] *Michaely/Thaler/Womack*, Journal of Finance, 1995, Vol. 50, No. 2, 573, 595.

Weiterhin ist eine vergleichbare Kursreaktionsanomalie auch bei der Ankündigung von Aktienrückkaufprogrammen dokumentiert worden.[987] Auch diese Entdeckung konterkariert die Effizienzmarkthypothese.[988]

Bezüglich des US-Aktienmarktes wurde ein negativer Drift beim Wechsel des Börsenplatzes nachgewiesen.[989] Auch legt eine Untersuchung internationaler Börsen eine Überreaktion von Anlegern auf Informationen bezüglich eines Delisting nahe.[990]

Die Existenz dieser weiteren Kursreaktionsanomalien untermauert die bereits beim Gewinnankündigungsdrift aufgeführte Kritik an der Effizienzmarkthypothese. Ebenso liegt eine Erklärung nach Maßgabe der *Behavioral Finance* nahe.

e) Kalenderanomalien

Eine weitere kurzfristig andauernde Anomalie ist die *Kalenderanomalie.*[991] Als Kalenderanomalien werden dahingehende Beobachtungen bezeichnet, nach welchen innerhalb bestimmter Zeitabschnitte systematisch eine höhere Rendite als zu anderen Zeiten erzielt werden kann.[992] Ein prominentes Beispiel hierfür ist der *Januareffekt*, wonach eine besonders hohe Rendite im Januar auftritt.[993] Eine weitere Kalenderanomalie ist der *Day-of-week-Effekt*, bei dem manche Wochentage eine höhere Rendite als andere aufweisen.[994] Als weiteres Beispiel sei der *Turn-of-the-month-Effekt* genannt, wonach die positive Rendite lediglich in der ersten Hälfte eines Monats zu beobachten ist.[995] Jener Effekt wurde sowohl auf internationaler Ebene als auch für den deutschen Aktienmarkt nachgewiesen.[996]

---

[987] *Averbeck*, Added Value von Behavioral-Finance-Fonds, S. 62; *Ikenberry/Lakonishok/Vermaelen*, Journal of Financial Economics, 1995, Vol. 39, Iss. 2–3, 181, 206–207; *Jaunich*, Anlagestrategie Behavioral Finance, S. 52.

[988] Vgl. *Ikenberry/Lakonishok/Vermaelen*, Journal of Financial Economics, 1995, Vol. 39, Iss. 2–3, 181, 207.

[989] *Dharan/Ikenberry*, Journal of Finance, 1995, Vol. 50, Iss. 5, 1547, 1551–1553, 1571–1572; vgl. *Jaunich*, Anlagestrategie Behavioral Finance, S. 54.

[990] Vgl. *Pfister/von Wyss*, Financial Markets and Portfolio Management, 2010, Vol. 24, No. 4, 395, 416.

[991] *Daxhammer/Facsar*, Behavioral Finance, S. 122 Abb. 21.

[992] *Beck*, Behavioral Economics S. 351; *Daxhammer/Facsar*, Behavioral Finance, S. 123; *Kapoor/Prosad*, Behavioural Finance, S. 142.

[993] *Kapoor/Prosad*, Behavioural Finance, S. 143; *Pompian*, Behavioral Finance and Wealth Management, S. 16; *Thaler*, Economic Perspectives, 1987, Vol. 1, No. 1, 197, 198–200; vgl. *Rozeff/Kinney*, Journal of Financial Economics, 1976, Vol. 3, Iss. 4, 379, 379, 401.

[994] *Kapoor/Prosad*, Behavioural Finance, S. 143; *Kumar*, Studies in Business and Economics, 2017, Vol. 12, No. 1, 95, 95, 97.

[995] *Kumar*, Studies in Business and Economics, 2017, Vol. 12, No. 1, 95, 95, 101; *Thaler*, Economic Perspectives, 1987, Vol. 1, No. 1, 169, 173.

[996] *Holtfort*, FB 2009, 343, 343–346, 348.

Gemäß der Effizienzmarkthypothese sollten mittels der rationalen Arbitrageure etwaig auftretende kalendarische Anomalien eliminiert werden. Da aber weiterhin Kalenderanomalien zu beobachten sind, stehen diese im Widerspruch zur Idee eines effizienten Kapitalmarktes.[997] Zudem ist ein gewisser Grad an Vorhersagbarkeit von Kursbewegungen gegen die mittelstrenge Form der Markteffizienz anzuführen.[998]

Derartige Anomalien könnten mit der mentalen Buchführung erklärt werden. So liegt es nahe, dass jedes Jahr, jeder Monat oder jede Woche stets einem neuen mentalen Konto zugewiesen wird.[999] Demzufolge würden Anleger das neue Jahr als einen Neuanfang wahrnehmen, was zu erhöhter Handelsaktivität führe.[1000] Der Ansatz, den Januareffekt allein auf steuerliche Gesichtspunkte zurückzuführen, ist insoweit abzulehnen, als dass der Januareffekt auch in Großbritannien und Australien, wo das Steuerjahr nicht im Januar beginnt, verzeichnet wird.[1001]

Ferner ließe sich der *Turn-of-the-month-Effekt* bei Fondsmanagern dahingehend erklären, dass sie sich mit einem Performanceziel zum Monatsende einen Ankerwert setzen und zum Monatsbeginn von der Reueaversion und einem möglichen Herdentrieb beeinflusst sind.[1002]

Somit können *Behavioral-Finance*-Aspekte zur Erklärung kalendarischer Marktanomalien herangezogen werden.

f) Kennzahlenanomalien

Sobald unterschiedliche Renditen von Wertpapieren nicht auf unterschiedliche Risiken, sondern auf die Kennzahlen der jeweiligen Unternehmen zurückzuführen sind, liegt eine Kennzahlenanomalie vor.[1003] Auch hierbei handelt es sich um eine kurzfristig andauernde Kapitalmarktanomalie.[1004]

Hierunter fällt der *Value-Effekt*. Demzufolge weisen sog. *Value Stocks*, d.h. Aktien mit einem niedrigen Kurs-/Buchwertverhältnis (KBV) oder einem niedrigen Kurs-/Gewinnverhältnis (KGV), oftmals eine bessere Renditeentwicklung als sog.

---

[997] *Kapoor/Prosad*, Behavioural Finance, S. 144; vgl. *Beck*, Behavioral Economics S. 351.

[998] *Burton/Shah*, Behavioral Finance, S. 7.

[999] *Beck*, Behavioral Economics S. 351–352; *Roßbach*, Behavioral Finance: eine Alternative zur vorherrschenden Kapitalmarkttheorie?, 2001, S. 18; vgl. *Shiller*, Human Behavior and the Efficiency of the Financial System, 1998, S. 11, der sich hierbei nur auf den Januareffekt bezieht.

[1000] *Shiller*, Human Behavior and the Efficiency of the Financial System, 1998, S. 11.

[1001] *Shiller*, Human Behavior and the Efficiency of the Financial System, 1998, S. 11; *Thaler*, Economic Perspectives, 1987, Vol. 1, No. 1, 197, 199–200, wobei *Thaler* steuerlichen Aspekten zumindest eine gewisse Relevanz beim Januareffekt zuspricht.

[1002] *Holtfort*, FB 2009, 343, 345.

[1003] *Averbeck*, Added Value von Behavioral-Finance-Fonds, S. 57; vgl. *Daxhammer/Facsar*, Behavioral Finance, S. 121.

[1004] *Daxhammer/Facsar*, Behavioral Finance, S. 122 Abb. 21.

Growth Stocks, also Aktien mit hohem KBV oder KGV, auf.[1005] Im Umstand, dass der *Value-Effekt* ausgenutzt werden kann, um zukünftige Börsenpreise vorauszusagen, offenbart sich ein Gegenargument zur Effizienzmarkthypothese.[1006]

Eine weitere Kennzahlenanomalie stellt der *Small-Firm-* oder *Size-Effekt* dar. Jener beschreibt das Phänomen, nach welchem kleinere Unternehmen mit niedriger Marktkapitalisierung dazu tendieren, eine höhere durchschnittliche Rendite als größere Unternehmen abzuwerfen.[1007] Die Möglichkeit, gezielt durch bestimmte Aktien eine enorm hohe Rendite zu erlangen, widerspricht jedoch der Effizienzmarkthypothese.[1008]

Angesichts dessen zeigt der Ansatz des *Value Investing*, der auf das Aufspüren unterbewerteter Unternehmen setzt, dass es durchaus möglich sein kann, den Markt zu schlagen. Dieser Umstand ist der die mittelstrenge Effizienzmarkthypothese stützenden Aussage, der Markt sei nicht zu schlagen, entgegenzuhalten.[1009]

Einen psychologischen Erklärungsansatz könnte die Selbstüberschätzung einiger Anleger bieten. Dieser *Bias* unterliegende Marktteilnehmer würden ihnen vorliegende Kennzahlen oder Marktpreise übergewichten und entsprechende Aktien in eine Fehlbepreisung treiben. Demzufolge müssten *Value Stocks* bzw. kleine Unternehmen unterbewertet und *Growth Stocks* bzw. größere Unternehmen überbewertet sein, wobei es letztendlich zu einer Marktkorrektur kommen sollte.[1010]

In diese Richtung argumentiert auch die *Emotional Finance*. Demnach würden Aktien mit hohem KBV als emotional befriedigend empfunden und folglich überbewertet. Bei einem niedrigen KBV hingegen dürfte die Aktie mit einem unangenehmen Angstgefühl verbunden und dementsprechend zunächst unterbewertet werden. Im weiteren Verlauf käme es zu einer Korrektur dahingehend, dass die über- bzw. unterbewertete Aktie eine schlechte bzw. gute Renditeentwicklung vollzieht.[1011]

Damit kann die *Behavioral-Finance*-Forschung eine schlüssige Erklärung für die Kennzahlenanomalien anbieten.

[1005] *Daxhammer/Facsar*, Behavioral Finance, S. 121; *Kapoor/Prosad*, Behavioural Finance, S. 145; vgl. *Pompian*, Behavioral Finance and Wealth Management, S. 15.

[1006] *Degutis/Novickyte*, Ekonomika, 2014, Vol. 93, No. 2, 7, 14.

[1007] *Averbeck*, Added Value von Behavioral-Finance-Fonds, S. 57; *Kapoor/Prosad*, Behavioural Finance, S. 144; *Roll*, Journal of Finance, 1981, Vol. 36, No. 4, 879, 879.

[1008] *Kapoor/Prosad*, Behavioural Finance, S. 144.

[1009] *Burton/Shah*, Behavioral Finance, S. 28–29.

[1010] Vgl. *Daniel/Hirshleifer/Subrahmanyam*, Journal of Finance, 2001, Vol. 56, No. 3, 921, 927–928, 956–959; vgl. *Hirshleifer*, Annual Review of Financial Economics, 2015, Vol. 7, 133, 138.

[1011] Vgl. *Kapoor/Prosad*, Behavioural Finance, S. 191–192.

g) *Fazit: Marktanomalien*

In Anbetracht der oftmals zu beobachtenden Marktanomalien scheint der Börsenpreis zu oft vom fundamentalen Wert abzuweichen, als dass er mit der Idee eines effizienten Marktes vereinbar wäre.[1012] Vor allem sprechen Autokorrelationsanomalien gegen die schwache Form der Markteffizienz, wohingegen Kursentwicklungs- und Kursreaktionsanomalien der mittelstrengen Effizienzmarkthypothese entgegenzusetzen sind. Auch lässt die Existenz lang- und mittelfristiger Marktanomalien Zweifel an der Vorstellung aufkommen, dass ein verzerrter Börsenkurs sich auf kurze Sicht wieder dem Fundamentalwert annähern würde. Dabei vermögen die neoklassischen Erklärungsmodelle keiner umfassenden Lösung der Anomalienproblematik.

Ungeachtet ihrer verschiedenen Erklärungsversuche und der entsprechenden Uneinigkeit der Forschung lassen sich die Marktanomalien mittels der von der *Behavioral Finance* angeführten psychologischen Gesichtspunkte und der limitierten Arbitrage erklären. Dementsprechend liegt es nahe, dass die Verhaltensanomalien der Marktteilnehmer auf Mikroebene in ihrer Gesamtheit auf den Markt und damit auf die Makroebene durchschlagen, wobei eine erfolgreiche Arbitrage hin zum Fundamentalwert nur eingeschränkt möglich ist.[1013] Dies widerspricht der Vorstellung einer kollektiven Rationalität und dem Aggregations- wie auch dem Arbitrageargument.

Mithin bezeugen die Marktanomalien die Relevanz von *Behavioral-Finance*-Gesichtspunkten bei der Preisbildung und widersprechen einer realen umfassenden Informations- und Allokationseffizienz. Letzteren Aspekt spiegelt auch die empirische Studienlage hinsichtlich der Effizienznachweise wider, aus der allenfalls eine ungesicherte eingeschränkte Informationseffizienz abgeleitet werden kann.[1014]

2. Spekulationsblasen

Weiterhin ist dem Phänomen der Spekulationsblasen Beachtung zu schenken. Sie können als Anzeichen für anhaltende und wiederkehrende Marktanomalien betrachtet werden.[1015]

[1012] In diese Richtung auch *Kartasôva/Vicoskaite*, KSI 2013, Vol. 6, No. 4, 5, 10 und *Shefrin*, Beyond Greed and Fear, S. 88–89.

[1013] Vgl. *Averbeck*, Added Value von Behavioral-Finance-Fonds, S. 56; vgl. *Pompian*, Behavioral Finance and Wealth Management, S. 11.

[1014] Siehe bereits: § 2 B.V.2.f).

[1015] So etwa *Daxhammer/Facsar*, Behavioral Finance, 101.

a) Erläuterung und Entstehung

Wenn sich der Kurs über längere Zeit signifikant vom Fundamentalwert entfernt, wird dies als Spekulationsblase bezeichnet.[1016] Da es zu keiner effizienten Preisfindung kommt, steht das Auftreten von Blasen am Markt im Widerspruch zur Idee der Markteffizienz.[1017] Weiterhin ist die bei Spekulationsblasen mögliche Erzielung einer Überrendite dem neoklassischen Ansatz entgegenzuhalten.[1018]

Spekulationsblasen fußen auf einem Zusammenwirken verschiedenster Umstände, wie z. B. der wirtschaftlichen Lage des Landes und vorheriger Kurse.[1019] Das Augenmerk dieser Arbeit liegt dabei auf verhaltensökonomischen Gesichtspunkten.

Der *Behavioral-Finance*-Forschung zufolge entstehen Spekulationsblasen auf organisierten Kapitalmärkten durch die Marktanomalien, das *Boom-Denken* und die limitierte Arbitrage oder werden durch diese Faktoren verstärkt.[1020] Die Marktanomalien samt ihrer Erklärbarkeit mittels der *Behavioral Finance*[1021] und die begrenzte Arbitrage[1022] wurden bereits erörtert. Ein *Boom-Denken* lässt sich als soziale Ansteckung hinsichtlich des Glaubens, dass es zu nachhaltigen Wertsteigerungen kommen werde, definieren.[1023] Demnach würden angesichts der Marktanomalien Fehlbepreisungen entstehen und verstärkt werden. Aufgrund der begrenzten Arbitrage sollte keine Preiskorrektur stattfinden. Ein *Boom-Denken* müsste zu einem Herdenverhalten und einer erschwerten rationalen Entscheidungsfindung der Anleger führen, was die Blasenbildung weiter vorantreiben dürfte.[1024] Gerade der Herdentrieb soll dabei zu Booms und Crashs führen.[1025] Schließlich versorgt das Investitionsverhalten eines Anlegers den Markt mit neuen Informationen, auf welche die übrigen Akteure reagieren können.[1026] Wenn eine ausreichende Menge an Marktteilnehmern sich in einer gewissen Weise verhält, liegt eine entsprechend deutliche Information vor, auf welche mit einem enormen Marktumschwung reagiert wird.[1027] So kommt es zu einem nichtlinearen Anstieg oder Abfall des Kurses durch das Verhalten einer Vielzahl von Anlegern, welches für immer mehr Markt-

---

[1016] *Averbeck*, Added Value von Behavioral-Finance-Fonds, S. 11 Fn. 45; *Klimonczyk*, Spekulationsblasen, S. 24; vgl. *Daxhammer/Facsar*, Behavioral Finance, 101; vgl. *Ricke*, What is the Link between Margin Loans and Stock Market Bubbles?, 2004, S. 5.

[1017] Vgl. *Palan*, Bubbles and Crashes in Experimental Asset Markets, S. 14, 138.

[1018] *Klimonczyk*, Spekulationsblasen, S. 197.

[1019] Vgl. *Daxhammer/Facsar*, Behavioral Finance, S. 127, 167; vgl. *Klimonczyk*, Spekulationsblasen, S. 14–18, 197–198.

[1020] *Daxhammer/Facsar*, Behavioral Finance, S. 163–164.

[1021] Siehe hierzu: § 2 C.III.1.

[1022] Siehe hierzu: § 2 C.II.

[1023] Vgl. *Daxhammer/Facsar*, Behavioral Finance, S. 164.

[1024] *Daxhammer/Facsar*, Behavioral Finance, S. 164.

[1025] *Chamley*, Rational Herds, S. 84; *Shiller*, Irrationaler Überschwang, S. 245.

[1026] *Caplin/Leahy*, The American Economic Review, 1994, Vol. 84, No. 3, 548, 548.

[1027] *Caplin/Leahy*, The American Economic Review, 1994, Vol 84, No. 3, 548, 548.

teilnehmer als Information dient.[1028] Sobald Anleger aber eine Fehlbewertung erkennen, ändert sich die öffentliche Meinung rapide und es kommt zu einer plötzlichen Änderung des Marktverhaltens.[1029] Hiermit geht ein extremer Kursanstieg bzw. -abfall einher.[1030]

Auch die Neurowissenschaften vermögen es, die Blasenbildung und -verstärkung ansatzweise zu erklären. So zeigte sich bei Testpersonen in einem virtuellen Marktexperiment, dass bestimmte Hirnregionen erst aktiviert wurden, wenn der Marktpreis einer Aktie stark vom vorher festgelegten fairen Preis abwich. Demzufolge wechselt das menschliche Gehirn bei ungewissen und instabilen Marktverhältnissen in einen anderen Modus.[1031] Die unter besagten Verhältnissen genutzten Gehirnareale zeichnen sich zwar durch die Ermöglichung von Kreativität und Vorstellungskraft, aber gerade auch durch das Risiko unlogischer Gedankengänge und des Wunschdenkens aus.[1032] Dies müsste zu einem irrationalen, die Blasenbildung begleitenden Verhalten am Markt führen.[1033]

Vonseiten der *Emotional Finance* wird angeführt, dass die Entstehung von Spekulationsblasen auf die Euphorie und ein Wunschdenken zurückzuführen sei, wobei Ängste und Zweifel unterbewusst verdrängt würden. Mit der Zeit – so dieser Ansatz – treten die unterdrückten negativen Gefühle wieder ins Bewusstsein, was in einer Panik mündet und die Blase zum Platzen bringt.[1034]

Folglich lassen sich aus dem Umfeld der *Behavioral Finance* schlüssige Erklärungsmöglichkeiten für Spekulationsblasen herleiten. Letztendlich liegt es nahe, davon auszugehen, dass sich in Spekulationsblasen das irrationale Verhalten der Marktteilnehmer in der Masse abzeichnet.[1035]

b) Historische Spekulationsblasen

Im Verlauf der Geschichte zeigten sich zahlreiche Spekulationsblasen und auch die jüngere Zeit bleibt von ihnen nicht verschont.

[1028] *Chamley*, Rational Herds, S. 84–86.

[1029] *Chamley*, Rational Herds, S. 85–86.

[1030] *Chamley*, Rational Herds, S. 86.

[1031] *Ogawa/Onozaki/Mizuno/Asamizuya/Ueno/Cheng/Iriki*, Neuroscience, 2014, Vol. 265, 37, 37, 45–46.

[1032] *Ogawa/Onozaki/Mizuno/Asamizuya/Ueno/Cheng/Iriki*, Neuroscience, 2014, Vol. 265, 37, 46.

[1033] *Ogawa/Onozaki/Mizuno/Asamizuya/Ueno/Cheng/Iriki*, Neuroscience, 2014, Vol. 265, 37, 37, 45–46.

[1034] *Kapoor/Prosad*, Behavioural Finance, S. 194.

[1035] Vgl. *Daxhammer/Facsar*, Behavioral Finance, S. 168.

Als eine der ältesten bekannten Spekulationsblasen ist die *Tulpenmanie* von 1634 bis 1637 zu nennen.[1036] Weitere historische Beispiele sind die *Mississippiblase* von 1719 bis 1720[1037] und die *Südseeblase* von 1720[1038], womit prägnante Marktverzerrungen in längst vergangenen Zeiten nachgewiesen sind. Von hoher Bedeutung für die Weltwirtschaft war der *Börsencrash* 1929, der sich an die *Aktienblase* von 1927 bis 1929 anschloss.[1039] Weiterhin seien die *Dot-Com-Spekulationsblase* Ende der 1990er[1040] und die *Subprime-Kreditkrise* ab 2007[1041] genannt. Auch ein Blick auf das aktuelle Wirtschaftsgeschehen offenbart Spekulationsblasen. So verzeichneten *Kryptowährungen* eine Blasenbildung.[1042]

Angesichts des Umstands, dass Spekulationsblasen über die Wirtschaftsgeschichte hinweg wiederholt auftreten, liegt der Gedanke nahe, dass Anleger aus den Fehlern der Vergangenheit nicht lernen.[1043]

c) Fazit: Spekulationsblasen

In den Spekulationsblasen lassen sich extreme Ausprägungen der systematischen psychologischen Verzerrungen, welchen nicht ausreichend durch eine Arbitrage entgegengewirkt wird, erblicken. Ihre Existenz steht im Widerspruch zur Effizienzmarkthypothese. Die *Behavioral Finance* hingegen bietet schlüssige Erklärungsansätze für die Bildung und Verstärkung von Blasen am Kapitalmarkt an. Dabei sind Spekulationsblasen vom 17. Jahrhundert bis in die heutige Zeit nachweisbar. Wie auch die Marktanomalien können sie für den *Behavioral-Finance*-Ansatz und gegen die neoklassische Theorie ins Feld geführt werden.

[1036] *Daxhammer/Facsar*, Behavioral Finance, S. 133; *Garber*, Journal of Economic Perspectives, 1990, Vol. 4, No. 2, 35, 37–39; *Klimonczyk*, Spekulationsblasen, S. 39–44.

[1037] *Garber*, Journal of Economic Perspectives, 1990, Vol. 4, No. 2, 35, 40–47; *Klimonczyk*, Spekulationsblasen, S. 44–47 3.2.2.

[1038] *Daxhammer/Facsar*, Behavioral Finance, S. 138–139; *Garber*, Journal of Economic Perspectives, 1990, Vol. 4, No. 2, 35, 47–52; *Klimonczyk*, Spekulationsblasen, S. 48–50.

[1039] *Daxhammer/Facsar*, Behavioral Finance, S. 142; *Klimonczyk*, Spekulationsblasen, S. 53–58.

[1040] *Daxhammer/Facsar*, Behavioral Finance, S. 144; *Klimonczyk*, Spekulationsblasen, S. 62–67.

[1041] *Daxhammer/Facsar*, Behavioral Finance, S. 147; *Klimonczyk*, Spekulationsblasen, S. 68.

[1042] *De Souza/de Souza/Pereira*, The Empirical Economics Letters, 2017, Vol. 16, No. 7, 739, 739,742; *Lánsky*, Acta Informatica Pragensia, 2016, Iss. 2, 118, 128, 132–133; *Moosa*, Journal of Industrial and Business Economics, 2020, Vol. 47, Iss. 1, 93, 93, 109–111; vgl. *Daxhammer/Facsar*, Reutlinger Diskussionsbeiträge zu Finanz & Rechnungswesen, 2018–1, S. 2–3.

[1043] So auch *Daxhammer/Facsar*, Behavioral Finance, S. 167.

3. Fazit: Auswirkungen auf den Börsenkurs

Die empirisch nachgewiesenen, mithilfe des *Behavioral-Finance*-Ansatzes erklärbaren Marktanomalien und Spekulationsblasen bezeugen, dass die systematischen Verhaltensanomalien der Marktteilnehmer in Kumulation auf den Börsenkurs durchschlagen und nicht durch eine Arbitrage beseitigt werden. Auch zeigen sie, dass die psychologischen Aspekte mitsamt der limitierten Arbitrage eine signifikante Auswirkung auf die Kurse haben. Somit konterkarieren Marktanomalien und Spekulationsblasen die Effizienzmarkthypothese. Weder kann von einer kollektiven Rationalität ausgegangen werden noch vermögen das Aggregations- oder das Arbitrageargument Fuß zu fassen. Da die Marktanomalien und Spekulationsblasen auf eine allenfalls eingeschränkte Rationalität der Marktteilnehmer und der durch sie bestimmten Preisbildung hindeuten, ist an einer tatsächlichen Allokationseffizienz zu zweifeln. Angesichts der Tatsache, dass einige Marktanomalien einer schwachen bzw. mittelstrengen Informationseffizienz widersprechen, dürfte auch eine solche in allenfalls abgeschwächter Form realiter anzutreffen sein. Dem scheint auch die Gesamtschau der empirischen Studienlage zu den Effizienznachweisen nicht zu widersprechen, die auf ein ungesichertes Vorliegen der schwachen bzw. mittelstrengen Informationseffizienz hindeutet und einer strengen Informationseffizienz wie auch einer Allokationseffizienz ablehnend gegenübersteht.[1044] Ebenso stehen die Erkenntnisse zu den verzerrten Börsenkursen im Einklang mit der ökonomischen und rechtwissenschaftlichen Kritik zum unzureichenden Realitätsbezug der Effizienzmarkthypothese und des *Homo Oeconomicus.*[1045]

Mithin kann keine stets vorherrschende umfassende Kapitalmarkteffizienz unterstellt werden. Aufgrund der wiederholten systematischen Verzerrungen und des oftmals langfristigen Abweichens vom Fundamentalwert ist ebenso wenig davon auszugehen, dass eine effiziente Preisbildung den Grundsatz und eine irrationale Verzerrung wiederum die Ausnahme darstellt. Vielmehr sind eine grundsätzliche irrationale oder beschränkt rationale Verzerrung und eine allenfalls ausnahmsweise bestehende Markteffizienz anzunehmen. Selbst wenn eine Effizienz bestehen sollte, wird es sich angesichts der nachgewiesenen kursrelevanten psychologischen Einflüsse, die einem jeden Menschen anhaften, nicht um eine strenge Informations- und Allokationseffizienz handeln. Vor dem Hintergrund der obigen Erwägungen dürfte lediglich eine schwache bis mittelstrenge Informationseffizienz temporär anzutreffen sein und eine tatsächliche Allokationseffizienz bezweifelt werden.

Der Umstand, dass sich die Marktanomalien und Spekulationsblasen im Wege der *Behavioral Finance* erklären lassen, kann neben den Nachweisen der verschiedenen *Biases*[1046] als weiterer Beleg für ihre Plausibilität betrachtet werden.

[1044] Siehe bereits: § 2 B.V.2.f).

[1045] Siehe bereits: § 2 B.VI.

[1046] Siehe hierzu die unter § 2 C.I.4. aufgelisteten Fallbeispiele und Studien.

IV. Kritik an der Behavioral Finance

Die bisherigen Erörterungen sprechen eindeutig für die Plausibilität der *Behavioral Finance* und die Auswirkungen der Psychologie auf Börsenkurse. Aber nicht nur die neoklassische Kapitalmarkttheorie, sondern auch der Ansatz der *Behavioral Finance* sieht sich vielseitiger Kritik ausgesetzt. Kritische Stimmen sind dabei modelltheoretischer, psychologischer und ökonomischer Natur. Fraglich ist, ob dem *Behavioral-Finance*-Ansatz auf diesem Wege die Plausibilität wieder abgesprochen und seine Bedeutung für die Frage nach der Berücksichtigung des Börsenkurses bei der Unternehmensbewertung ausgeblendet werden kann.

1. Grundlegendes Modell

Grundlegend wird der *Behavioral Finance* vorgeworfen, keine einheitliche Theorie vorzuweisen.[1047] Es handele sich um einen unvollständigen Ansatz.[1048] Weiterhin würde es zu viele einzelne Modelle geben, ohne dass eine konkrete Anwendung dieser festgeschrieben sei.[1049]

Darüber hinaus wird ihr ein antitheoretischer, lediglich die traditionelle Kapitalmarkttheorie anzweifelnder Ansatz unterstellt.[1050]

Gegen die Kritik eines fehlenden einheitlichen Erklärungsmodells lassen sich die (erweiterte kumulative) *Prospect Theory* wie auch die neueren, Über- und Unterreaktionen abdeckenden Preisbildungsmodelle anführen. Hierin scheint sich die Entwicklung eines einheitlichen Modells abzuzeichnen.[1051]

Für die bisherige Vielzahl an Erklärungsmodellen spricht wiederum, dass es für unterschiedliche Entscheidungssituationen auch verschiedener Modelle bedarf. Ohnehin kommen sich widersprechende Lösungsansätze hinsichtlich desselben Problems in vielen Feldern der Wissenschaft vor.[1052] Hinzu kommt, dass es sich um

---

[1047] *Klöhn*, Kapitalmarkt, Spekulation und Behavioral Finance, S. 141 § 3; *Puce*, Journal of WEI Business and Economics, 2019, Vol. 8, 32, 34; vgl. *Fleischer*, FS Immenga (2004), S. 575, 578 bzgl. des *Behavioral-Law-and-Economics*-Ansatzes.

[1048] *Kelman*, Stanford Law Review, 1998, Vol. 50, No. 5, 1577, 1586.

[1049] *Fudenberg*, Journal of Economic Literature, 2006, Vol. 44, No. 3, 694, 697–698; *Puce*, Journal of WEI Business and Economics, 2019, Vol. 8, 32, 34.

[1050] *Klöhn*, Kapitalmarkt, Spekulation und Behavioral Finance, S. 143 § 3; *Posner*, Stanford Law Review, 1998, Vol. 50, No. 5, 1551, 1552, 1558; vgl. *Fleischer*, FS Immenga (2004), S. 575, 579; vgl. *Frankfurter/McGoun*, Journal of Economic Behavior & Organization, 2002, Vol. 48, 375, 381.

[1051] Vgl. *Klöhn*, Kapitalmarkt, Spekulation und Behavioral Finance, S. 144 § 3; vgl. *Stracca*, Journal of Economic Psychology, 2004, Vol. 25, 373, 375. Zur erweiterten kumulativen *Prospect Theory* siehe: § 2 C.I.4.b)ff). Zum *Investor-Sentiment-* und *Overconfidence-*Modell siehe: § 2 C.III.1.a)bb)(2)(c) und § 2 C.III.1.a)bb)(2)(d).

[1052] *Puce*, Journal of WEI Business and Economics, 2019, Vol. 8, 32, 35.

ein vergleichsweise junges Forschungsfeld handelt, welches bereits eine realitätsgetreuere Annäherung an Entscheidungsprozesse ermöglicht.[1053]

Darüber hinaus vermag es auch der neoklassische Ansatz nicht, ein vollumfängliches Erklärungsmodell für jegliches Marktgeschehen anzubieten. Einen derartigen absoluten Erkenntnisanspruch kann keine Wissenschaft für sich erheben. Für die *Behavioral Finance* darf kein anderer Maßstab gelten.[1054]

Ferner gereicht der Umstand, dass hierdurch die traditionelle Kapitalmarkttheorie angezweifelt wird, nicht dazu, der *Behavioral Finance* ihre Plausibilität abzusprechen.

Unabhängig davon streitet die grundlegende modellbezogene Kritik an der *Behavioral Finance* nicht gegen die Annahme, dass der Börsenkurs irrationalen Verzerrungen unterliegt. Wenn auch noch kein allgemein anerkanntes behaviorales Preisbildungsmodell gefunden werden konnte, so spricht dies doch nicht gegen die Erkenntnis, dass Marktteilnehmer systematischen psychologischen Verzerrungen unterliegen.[1055] Zwar kann aus dem Börsenkurs, der lediglich das Ergebnis eines Preisbildungsprozesses abbildet, nicht der Charakter und das Ausmaß einer konkreten psychologischen Verzerrung abgelesen werden.[1056] Dennoch ist seine Aussagekraft zum Unternehmenswert in dieser Hinsicht weiterhin eingeschränkt.[1057] Gerade diese unzureichende Nachprüfbarkeit kann dem Börsenkurs als Maßstab der Unternehmensbewertung entgegengehalten werden.[1058]

2. Psychologie

Von Seiten der Psychologie ist Gigerenzer der bedeutendste Kritiker der *Behavioral Finance.* Er unterstellt Verhaltensökonomen eine sog. *Bias bias*, d.h. die Neigung, systematische *Biases* dort zu erkennen, wo keine vorhanden sind.[1059] Als Grund hierfür führt er zu kleine Vergleichsgruppen und die Möglichkeit des fälschlichen Rückschlusses von unsystematischen Fehlern auf systematische kognitive Fehler an.[1060]

[1053] Vgl. *Fleischer*, FS Immenga (2004), S. 575, 579 zum *Behavioral-Law-and-Economics*-Ansatz.

[1054] *Guo*, Behavioral Finance: Die empirische Überprüfbarkeit behavioraler Modelle, S. 124.

[1055] Vgl. *Adolff*, Unternehmensbewertung im Recht der börsennotierten Aktiengesellschaft, S. 144–145.

[1056] *Schulte/Köller/Luksch*, WPg 2012, 380, 387.

[1057] *Schulte/Köller/Luksch*, WPg 2012, 380, 387, 389.

[1058] *Schulte/Köller/Luksch*, WPg 2012, 380, 388.

[1059] *Gigerenzer*, Review of Behavioral Economics, 2018, Vol. 5, 303, 305–307.

[1060] *Gigerenzer*, Review of Behavioral Economics, 2018, Vol. 5, 303, 311.

Diese Kritik lässt sich zwar nicht gänzlich entkräften, allerdings sind ihr die vorangegangenen Erörterungen entgegenzuhalten. So deuten zahlreiche psychologische Forschungsergebnisse auf ein systematisches Auftreten kognitiver Verzerrungen hin. Hierbei ist nicht nur die hohe Anzahl der Studien, sondern auch der Umstand, dass diese über Jahre hinweg in unterschiedlicher Form durch verschiedene Wissenschaftler durchgeführt wurden, zu beachten. Zudem liegt es angesichts der Erklärbarkeit der Marktanomalien durch die Verhaltensanomalien der Anleger nahe, dass letztere systematisch auf das Marktgeschehen durchgreifen. Diesbezüglich kommen die verhaltensökonomischen Experimente und Marktbeobachtungen oftmals zu vergleichbaren Ergebnissen.[1061] Einen Einfluss irrationalen Handelns auf den Börsenkurs vermag diese Kritik auch nicht zu widerlegen.

Ebenso wird kritisiert, dass verhaltensökonomische Experimente in einer Laborsituation und nicht im realen Leben durchgeführt werden, was zu einem anderen Ausgang geführt hätte. Es mangele demnach an einer Übertragbarkeit.[1062]

Dem lässt sich die Übereinstimmung verschiedener Experimente und deren Variationen entgegenhalten.[1063] Studienergebnisse zeigen dabei ein systematisches Auftreten der Heuristiken und *Biases* auch bei professionellen Akteuren am Kapitalmarkt.[1064] Darüber hinaus werden seitens der *Behavioral Finance* nicht nur Laborexperimente, sondern auch Simulationen, Befragungen und Hirnstrommessungen durchgeführt.[1065] In Bezug auf die Marktanomalien verwendet man reale Marktdaten. Der Kritikpunkt eines fehlenden Realitätsbezuges und einer mangelnden Übertragbarkeit kann folglich entkräftet werden.

Weiterhin führt Gigerenzer gegen den Ansatz Kahnemans und Tverskys an, dass ihre Heuristiken und *Biases* zu vage seien und dementsprechend beliebig als Erklärung für ein Phänomen eingesetzt werden könnten.[1066]

Dagegen wird aber eingewendet, dass die Vagheit gerade als Teil des menschlichen Denkens, welches von den Heuristiken und *Biases* geprägt ist, verstanden werden sollte. Demnach werden Heuristiken bei unvorhersehbaren Vorgängen eingesetzt. Dies betrifft auch den der Wahrnehmung vorgeschalteten Kommunikationsvorgang. Soziale und semantische Aspekte führen dabei zu einer gewissen Vagheit.[1067]

[1061] Vgl. *Beck*, Behavioral Economics, S. 78.

[1062] Vgl. *Beck*, Behavioral Economics, S. 78; vgl. *Gigerenzer*, Psychological Review, 1996, Vol. 103, No. 3, 592, 593; vgl. *Gigerenzer/Goldstein*, Psychological Review, 1996, Vol. 103, No. 4, 650, 650; vgl. *Mitchell*, William & Mary Law Review, 2002, Vol. 43, Iss. 5, 1907, 1979; vgl. *Puce*, Journal of WEI Business and Economics, 2019, Vol. 8, 32, 36–37.

[1063] Vgl. *Beck*, Behavioral Economics, S. 78.

[1064] *Stephan/Kiell*, ZfA 2017, 142, 153.

[1065] *Daxhammer/Facsar*, Behavioral Finance, S. 93–95.

[1066] *Gigerenzer*, Psychological Review, 1996, Vol. 103, No. 3, 592, 593–595.

[1067] *Navarro*, FS Trillas Ruiz (2015), S. 281, 292–293.

Des Weiteren sei erwähnt, dass auch Gigerenzer ökonomischen Entscheidungen eine psychologische Komponente zuweist und der Idee des *Homo Oeconomicus* kritisch gegenübersteht.[1068]

Ungeachtet dessen vermag die Kritik aus der Psychologie auch kein erkennbares Argument gegen eine irrationale Verzerrung des Börsenkurses zu bieten.

3. Ökonomie

Auf wirtschaftswissenschaftlicher Ebene greift vor allem Fama die *Behavioral Finance* an.[1069] Er führt gegen diesen Ansatz ins Feld, dass etwaige Überreaktionen mit derselben Häufigkeit wie Unterreaktionen auftreten würden, was der Idee eines effizienten Marktes nicht entgegenstehen würde.[1070]

Allerdings übersieht Fama dabei, dass es kein psychologisches Prinzip dahingehend gibt, dass Menschen stets über- oder unterreagieren. Dementsprechend kann man von den Marktanomalien auch nicht erwarten, ein derartiges Prinzip wiederzugeben.[1071] Ohnehin wurden über kürzere Zeiträume eher Unterreaktionen und auf längerfristige Zeit öfters Überreaktionen verzeichnet. Wird also eine bestimmte Zeitspanne betrachtet, findet sich gerade keine gleichmäßige Aufteilung von Über- oder Unterreaktionen des Marktes.[1072]

Des Weiteren spricht laut Fama gegen den Ansatz der *Behavioral Finance*, dass Marktanomalien bei der Anwendung neuer Methoden gänzlich verschwinden würden.[1073]

Dem ist jedoch zu entgegnen, dass die Falsifizierung von Entdeckungen ein normaler Vorgang in allen Bereichen der Wissenschaft ist und vor allem die Übervolatilität nicht zu verschwinden scheint.[1074] Auch die weiteren bereits erörterten langfristig auftretenden Marktanomalien und die wiederkehrenden Spekulationsblasen sprechen gegen diesen Standpunkt.

Ferner wird für die Effizienzmarkthypothese und damit gegen die *Behavioral Finance* angeführt, dass der Markt auf Dauer nicht zu schlagen sei.[1075]

[1068] Vgl. *Neth/Meder/Kothiyal/Gigerenzer*, Journal of Risk Management in Financial Institutions, 2014, Vol. 7, 2, 134, 134, 136.

[1069] Vgl. *Fama*, Journal of Financial Economics, 1998, Vol. 49, 283, 283, 304.

[1070] *Fama*, Journal of Financial Economics, 1998, Vol. 49, 283, 283–284.

[1071] *Shiller*, Journal of Economic Perspectives, 2003, Vol. 17, No. 1, 83, 101–102.

[1072] *Shefrin*, Beyond Greed and Fear, S. 87.

[1073] *Fama*, Journal of Financial Economics, 1998, Vol. 49, 283, 283–284, 304.

[1074] *Shiller*, Journal of Economic Perspectives, 2003, Vol. 17, No. 1, 83, 102.

[1075] *Rubinstein*, Financial Analysts Journal, 2001, Vol. 57, Iss. 3, 15, 20–21; *Shiller*, Irrationaler Überschwang, S. 272. Zu diesem Argument für die mittelstrenge Form der Informationseffizienz siehe bereits: § 2 B.V.2.b).

Allerdings ist die Vorstellung einer Unschlagbarkeit des Marktes schon empirisch betrachtet falsch.[1076] Zudem wird missachtet, dass selbst die Schwierigkeit, den Markt auf Dauer zu schlagen, nicht gegen die irrationalen Fehlbewertungen durch die Marktteilnehmer und für eine Abbildung des Fundamentalwerts durch den Börsenpreis spricht.[1077] Ebenso wenig lässt sich von einer etwaigen Unvorhersehbarkeit von Preisen auf eine Rationalität der Marktteilnehmer schließen.[1078]

Mithin können die Gegenstimmen seitens der Ökonomie einer näheren Untersuchung nicht standhalten.

4. Fazit: Kritik an der Behavioral Finance

Die oben aufgeführte Kritik ließ sich in weiten Teilen entkräften. Zwar verbleiben noch modelltheoretische und psychologische Einwände. Aber selbst diese Aspekte stellen keine Argumente gegen die Annahme dar, dass der Börsenkurs durch eine beschränkte Rationalität der Marktteilnehmer verzerrt wird. Dementsprechend kommt die Kritik an der *Behavioral Finance* an sich nicht hinsichtlich des Themas dieser Arbeit – der Berücksichtigung des Börsenkurses bei einer Unternehmensbewertung – zum Tragen.

D. Abwägung zwischen Effizienzmarkthypothese und Behavioral Finance

In Anbetracht der obigen Erörterungen ist festzustellen, dass in der Realität keine vollkommene Kapitalmarkteffizienz anzutreffenden ist. Allenfalls kommt eine schwache bis mittelstrenge Informationseffizienz in Betracht, wobei auch eine solche nicht grundsätzlich vorliegen dürfte. Dies spiegelt die durchwachsene empirische Studienlage zu den Effizienznachweisen wie auch der Beleg von Marktanomalien und Spekulationsblasen wider. Die Vorstellung der Effizienzmarkthypothese und des *Homo Oeconomicus* werden von den Erkenntnissen der *Behavioral Finance* und der nicht auf neoklassischem Wege erklärbaren Marktanomalien konterkariert. Dementsprechend ist der Kritik eines unzureichenden Realitätsbezugs zuzustimmen. Sonach sollte die Hypothese der Kapitalmarkteffizienz eher als anzustrebende Idealvorstellung und weniger als Abbild der Wirklichkeit begriffen werden.

[1076] *Burton/Shah*, Behavioral Finance, S. 28–29; *Shefrin*, Beyond Greed and Fear, S. 69, 71–73.

[1077] *Stracca*, Journal of Economic Psychology, 2004, Vol. 25, 373, 394–395; Thaler/*Barberis/Thaler*, Advances in Behavioral Finance Vol. II, S. 4.

[1078] *Stracca*, Journal of Economic Psychology, 2004, Vol. 25, 373, 395–396.

Der *Behavioral-Finance*-Ansatz hingegen erscheint grundlegend plausibel. Schließlich deutet die langjährige Arbeit der kognitiven Psychologie darauf hin, dass sich Menschen systematisch irrational bzw. beschränkt rational verhalten. Dies wird auch durch die jüngere neurologisch orientierte Forschung bestätigt und lässt sich aus evolutiver Sicht schlüssig erklären. Die systematischen Verhaltensanomalien auf Mikroebene dürften sich auf Makroebene in Form der Marktanomalien kumulieren. Zwar mag man sich noch auf keinen einheitlichen Erklärungsansatz geeinigt zu haben. Allerdings bietet die *Behavioral Finance* plausible Erklärungen für die Entstehung besagter Marktanomalien wie auch der Spekulationsblasen. Dabei streitet der Nachweis des wiederholten Auftretens von Marktanomalien und Spekulationsblasen dafür, dass die Marktpreise systematischen Verzerrungen unterliegen. Ungeachtet des wissenschaftlichen Konsenses zur *Behavioral Finance* oder ihrer Prognosefähigkeit für den Kapitalmarkt ist ihre zentrale Aussage, die Märkte seien aufgrund ihrer eingeschränkt rationalen Teilnehmer grundsätzlich ineffizient, beizupflichten. Sie kommt der Realität näher als die Effizienzmarkthypothese.

Mithin erweist sich der *Behavioral-Finance*-Ansatz als überzeugender. Demzufolge dürften Börsenkurse eher durch irrationale Verzerrungen beeinflusst sein, als dass sie eine umfassend informierte rationale Unternehmensbewertung wiedergeben. Selbst wenn noch weitere Aspekte zur Verzerrung der Marktpreise beitragen, ist die Annahme abzulehnen, es bestünde eine grundsätzliche Markteffizienz und die Preise würden stets den fundamentalen Wert abbilden.

Auch mit dem Vordringen der künstlichen Intelligenz (kurz: KI) wird das Ideal des effizienten Marktes wohl nicht erreicht und der traditionellen Ökonomie zukünftig zum Sieg verholfen werden. Vielmehr bringt sie weitere mögliche Fehlbewertungen mit sich. Zwar mag der vermehrte Handel durch KI der Informationseffizienz zuträglich sein.[1079] Da selbst eine künstliche Intelligenz keinen Einblick in sämtliche Unternehmensinterna hat, kann dennoch keine strenge Informationseffizienz erzielt werden. Andererseits könnte sich der KI-Handel negativ auf die Markteffizienz auswirken.[1080] So birgt er etwa die Gefahr eines Herdenverhaltens aufgrund ähnlicher Verhaltensweisen und Strategien.[1081] Ebenso kann er mit einer erhöhten Volatilität sowie einer verringerten Marktstabilität einhergehen.[1082] Weiterhin kommen die Problematik des kollusiven Zusammenwirkens zwischen KI als

---

[1079] In diese Richtung wohl *Peters*, HSGAC Majority Staff Report, June 2024, S. 15; zum Potenzial der KI dahingehend auch *Seibt*, BKR 2025, 241, 241, 242.

[1080] *Azzutti*, Artificial Intelligence and Market Manipulation, S. 359; *Dou/Goldstein/Ji*, NBER Working Paper 34054, 2025, S. 1, 42.

[1081] *Azzutti*, Artificial Intelligence and Market Manipulation, S. 18–19; *Peters*, HSGAC Majority Staff Report, June 2024, S. 27–28, 45.

[1082] *Azzutti*, Artificial Intelligence and Market Manipulation, S. 18–19; *Peters*, HSGAC Majority Staff Report, June 2024, S. 27–30, 45.

stille Absprache[1083] wie auch das Risiko von Marktmanipulationen durch KI[1084] negativ zum Tragen.

E. Bedeutung für die Berücksichtigung des Börsenkurses bei der Unternehmensbewertung

Fraglich ist, welche Bedeutung die zuvor erörterte Überlegenheit der *Behavioral Finance* und die Annahme einer allenfalls eingeschränkten Kapitalmarkteffizienz für die Frage nach der Berücksichtigung des Börsenkurses bei der Unternehmensbewertung haben.

I. Grenzen der Ansätze und Theorienpluralismus

Es hat sich gezeigt, dass der *Behavioral-Finance*-Ansatz der neoklassischen Kapitalmarkttheorie mitsamt der Effizienzmarkthypothese vorzuziehen ist. Allerdings offenbart die vorangegangene Untersuchung, dass beide Ansätze Grenzen aufweisen und vor Kritik nicht gefeit sind. Dementsprechend stellt sich zunächst die Frage, ob überhaupt einer dieser Wege hinsichtlich der Berücksichtigung des Börsenkurses bei der Unternehmensbewertung beschritten werden sollte.

Rittner rät dazu, den *Homo Oeconomicus* ebenso wie einen *Behavioral-Law-and-Economics*-Ansatz zu verwerfen. So würden derartige Modelle nie die Realität in ihrer Gänze abbilden. Weiterhin drohe ihm zufolge ein Verlust der Eigenständigkeit des Rechts zugunsten der Ökonomie.[1085] Dem ist zu entgegnen, dass gerade ökonomische Verhaltensmodelle weiterentwickelt und angepasst werden können. Ebenso droht keine Verdrängung der Rechtswissenschaft, da verhaltensökonomische Gesichtspunkte lediglich bei den Realfolgen des Rechts zu beachten sind.[1086] Gerade bei der Bestimmung einer angemessenen Abfindungshöhe ist auf die wirtschaftswissenschaftliche Erkenntnis abzustellen.[1087] Überdies ist die Rechtswissenschaft auf die Einsichten über das menschliche Verhalten angewiesen und wäre andererseits gezwungen, auf bloße Alltagstheorien zurückzugreifen oder eine ei-

---

[1083] *Azzutti*, Artificial Intelligence and Market Manipulation, S. 148–149, 359–360; *Dou/Goldstein/Ji*, NBER Working Paper 34054, 2025, S. 1, 43.

[1084] *Azzutti*, Artificial Intelligence and Market Manipulation, S. 153, 358–359; *Dou/Goldstein/Ji*, NBER Working Paper 34054, 2025, S. 42; *Peters*, HSGAC Majority Staff Report, June 2024, S. 28–29, 45; *Seibt*, BKR 2025, 241,242–246.

[1085] *Rittner*, JZ 2005, 668, 669.

[1086] *Eidenmüller*, JZ 2005, 670, 670.

[1087] BGH, Beschl. v. 12.01.2016 – II ZB 25/14 –, BGHZ 208, 265–278, Rn. 21; BGH, Beschl. v. 29.09.2015 – II ZB 23/14 –, BGHZ 207, 114–135, Rn. 33.

gene Verhaltenstheorie zu entwickeln.[1088] Folglich ist der Vorschlag abzulehnen, beiden Ansätzen grundlegend zu versagen.

Weiterhin bleibt es fraglich, inwiefern eine der beiden Ideen trotz ihrer Restriktionen zur Problemlösung herangezogen werden könnte. Da dem *Homo Oeconomicus* wie auch dem Ansatz der *Behavioral Finance* Grenzen gesetzt sind und die Rechtswissenschaft als anwendende Disziplin nicht in die wirtschafts- und sozialwissenschaftliche Modellbildung involviert sein bräuchte, verlangt Lüdemann einen Theorienpluralismus. Dabei sei situativ bedingt das passende Modell zu wählen.[1089] Einem derartigen Vorgehen ist vor dem Hintergrund der Grenzen beider Ansätze beizupflichten.

Die Wahl des Ausgangsmodells müsse ihm zufolge anhand seiner Leistungs- und Erklärungskraft getroffen werden.[1090] In Anbetracht der obigen Ausführungen ist festzuhalten, dass das häufige Auftreten der Marktanomalien und Spekulationsblasen nicht mittels der Effizienzmarkthypothese zu erklären ist. Die *Behavioral Finance* hingegen vermag es durchaus, schlüssige Erklärungen zu bieten. Dabei erweist sich die *Behavioral Finance* im direkten Vergleich mit der Effizienzmarkthypothese als überlegen, da plausibler. Schlussfolgernd sollte hinsichtlich der Frage, ob Börsenpreise als Bewertungsgrundlage heranzuziehen sind, der *Behavioral-Finance*-Ansatz den Ausgangspunkt bilden.

In einem weiteren Schritt habe eine anwendungsbezogene Entgrenzung stattzufinden. Hierbei sind etwaige Grenzen des gewählten Ansatzes zu beleuchten und zu relativieren.[1091] Wie bereits erörtert, liegt der Hauptkritikpunkt an der *Behavioral Finance* darin, kein einheitliches, allgemein anerkanntes Modell vorzuweisen. Zwar lassen sich die Marktanomalien durch die verschiedenen kognitiven Verzerrungen der Marktteilnehmer erklären. Ein einheitliches Theoriengebilde dahingehend, in welcher Situation welche *Bias* zu welcher Marktanomalie führt, fehlt aber bis jetzt. Erklärungsversuche, die etwa eine Unter- oder Überreaktion annehmen, stehen dabei in Widerspruch zueinander. Hierin liegt eine erkennbare Grenze dieses Ansatzes. Für die Frage, ob der Börsenpreis zur Unternehmensbewertung herangezogen werden könne, kommt es aber nicht darauf an, spezifische kognitive Verzerrungen etwaigen Marktpreisverzerrungen zuzuordnen. Vielmehr bedarf es nur der Feststellung, dass eine grundsätzliche Ineffizienz des Kapitalmarktes und der Einfluss psychologischer Faktoren auf den Börsenkurs zu unterstellen ist. Dies kann angesichts der dargestellten systematischen Verzerrungen auf Mikro- und Makro-

[1088] *Lüdemann*, Die Grenzen des homo oeconomicus und die Rechtswissenschaft, S. 18–19.

[1089] *Lüdemann*, Die Grenzen des homo oeconomicus und die Rechtswissenschaft, S. 21–23; siehe zudem *Fleischer*, FS Immenga (2004), S. 575, 586–587, der zu einer behutsamen Erweiterung der Rechtsökonomie durch die *Behavioral Law and Economics* rät.

[1090] *Lüdemann*, Die Grenzen des homo oeconomicus und die Rechtswissenschaft, S. 24–25.

[1091] *Lüdemann*, Die Grenzen des homo oeconomicus und die Rechtswissenschaft, S. 21, 26.

ebene, welche eine Markteffizienz konterkarieren, angenommen werden. Wenn der Einfluss psychologischer Aspekte im konkreten Einzelfall auch nicht immer nachweisbar ist, sollte er doch eher als eine gänzlich rationale Preisbildung unterstellt werden. Schließlich bezeugen die vorangegangenen Erkenntnisse, dass die Rationalität des Menschen schon evolutiv und neurologisch bedingt eingeschränkt ist und sich dies auf die Börsenkurse auswirkt. Demnach liegt es nahe, von einer grundlegend eingeschränkten kursrelevanten Rationalität und einer grundsätzlich vorherrschenden psychologisch bedingten Kursverzerrung in einem gewissen Grad auszugehen. Weiterhin kann hinsichtlich der Unternehmensbewertung im konkreten Fall auf die bereits bewährten fundamentalen Methoden zurückgegriffen werden, weshalb man nicht zwangsweise auf den Börsenkurs als einzigen in Betracht kommenden Bewertungsmaßstab angewiesen ist.

Mithin führt ein ideenpluralistischer Ansatz dazu, die *Behavioral Finance* im Rahmen der für diese Arbeit relevanten Streitfrage zu berücksichtigen und ihr gegenüber der traditionellen Kapitalmarkttheorie Vorzug zu gewähren. Dementsprechend ist dem Börsenkurs bei der Unternehmensbewertung die allenfalls abgeschwächte reale Kapitalmarkteffizienz entgegenzuhalten. Eine psychologisch bedingte Kursverzerrung ist demnach auch im Kontext der hier zu erörternden Problematik eher anzunehmen als die Wiedergabe einer umfassend informierten rationalen Unternehmensbewertung durch den Börsenkurs.

II. Effizienzanforderungen

Wie bereits erörtert wird keine umfassende Markteffizienz in der Realität anzutreffen sein. Sie stellt ein Idealbild dar. Allerdings lässt sie sich in weitere Effizienzbegriffe unterteilen, wobei ein gewisses Ausmaß an Effizienz tatsächlich vorliegen kann. Dementsprechend ist die Frage entscheidend, welcher Grad an Kapitalmarkteffizienz bestehen muss, ehe der Börsenkurs zur Unternehmensbewertung herangezogen werden kann. Dies hängt auch davon ab, welchen Wertbegriff der Abfindung man betrachtet.

Hinsichtlich eines als alleinige Bewertungsmethode – d. h. auch zur Ermittlung des quotalen Unternehmenswerts – dienenden Börsenkurses wird von Teilen der Rechtsprechung und Literatur eine mittelstrenge Informationseffizienz als ausreichend erachtet.[1092] Einen solchen Effizienzgrad könnte auch die vom BGH ver-

[1092] OLG München, Beschl. v. 14. 12. 2021 – 31 Wx 190/20 = NZG 2022, 606, 614 Rn. 85; OLG Frankfurt a. M., Beschl. v. 03. 09. 2010 – 5 W 57/09 = AG 2010, 751, 754 Rn. 64, 68; LG Stuttgart, Beschl. v. 08. 05. 2019 – 31 O 25/13 KfH SpruchG –, juris Rn. 374, 376; *Decher*, AG 2023, 106, 111 Rn. 43–45; *Schnorbus/Rauch/Grimm*, AG 2021, 391, 398 Rn. 36; vgl. Fleischer/Hüttemann/*Adolff/Häller*, RhB Unternehmensbewertung, § 18 Rn. 18.76, die von einer partiellen Markt- und Informationseffizienz sprechen; wohl auch *Seibt*, EWiR 2023, 325, 326.

langte „effektive Informationsbewertung“[1093] nahelegen.[1094] Gerade in seinen jüngsten Beschlüssen aus den Jahren 2023 und 2024 lehnt er explizit eine strenge Informations- und Allokationseffizienz ab.[1095]

Andernorts wird eine strenge Informationseffizienz verlangt.[1096] Zudem finden sich auch Stimmen, die daneben auch ausdrücklich eine Allokationseffizienz fordern.[1097] Damit werden weitaus höhere Anforderungen an einen bewertungsrelevanten Börsenkurs gestellt.

[1093] Siehe BGH, Beschl. v. 31.01.2024 – II ZB 5/22 = ZIP 2024, 1070, 1071 Rn. 26; BGH, Beschl. v. 21.02.2023 – II ZB 12/21 –, BGHZ 236, 180–205, Rn. 20; BGH, Beschl. v. 12.01.2016 – II ZB 25/14 –, BGHZ 208, 265–278, Rn. 23.

[1094] LG Stuttgart, Beschl. v. 08.05.2019 – 31 O 25/13 KfH SpruchG –, juris Rn. 376; *Schnorbus/Rauch/Grimm*, AG 2021, 391, 398 Rn. 36, 399 Rn. 38; vgl. OLG München, Beschl. v. 14.12.2021 – 31 Wx 190/20 = NZG 2022, 606, 614 Rn. 85; kritisch hierzu hingegen *Ruthardt/Popp*, AG 2020, 240, 243 Rn. 22–25.

[1095] BGH, Beschl. v. 31.01.2024 – II ZB 5/22 = ZIP 2024, 1070, 1071 Rn. 26; BGH, Beschl. v. 21.02.2023 – II ZB 12/21 –, BGHZ 236, 180–205, Rn. 20.

[1096] *FAUB*, AG 2021, 588, 590 Rn. 10; *FAUB*, WPg 2021, 958, 959; *Großfeld/Egger/Tönnes*, Recht der Unternehmensbewertung, S. 163 Rn. 703; *Ruthardt/Popp*, AG 2020, 240, 244 Rn. 26; *Ruthardt/Popp*, AG 2022, 347, 351 Rn. 39; vgl. *Adolff*, Unternehmensbewertung im Recht der börsennotierten Aktiengesellschaft, S. 347–348; vgl. Dreier/Fritzsche/Verfürth/*Dreier*, SpruchG, Annex zu § 11 SpruchG Rn. 203, welcher von einem vollkommen effizienten Markt spricht; vgl. *Drukarczyk*, FS Scherrer (2004), S. 625, 641, der die verschiedenen Formen der Effizienz aber nicht explizit nennt; wohl auch Bürgers/Körber/Lieder/*Ruiz de Vargas*, Anh. § 305 AktG Rn. 50e, laut welchem der Ansatz der Alleinmaßgeblichkeit des Börsenkurses der mittelstrengen Form der Informationseffizienz widerspricht, da hierbei unterstellt würde, dass etwaige Insiderinformationen nicht wert- und preisrelevant wären; wohl auch *Große-Frericks*, Die Angemessenheit des Entgelts für die Übertragung von Eigentumsrechten als Problem rechtsgeprägter Unternehmensbewertungen, S. 382, 389; wohl auch *Ruthardt*, Normzweckkonforme Unternehmensbewertung und Abfindungsbemessung beim aktienrechtlichen Squeeze out, S. 205–206. Zurückhaltender hingegen *Kallweit*, Die angemessene Abfindung beim übernahmerechtlichen Squeeze-out, S. 60 § 2, laut dem mindestens eine mittelstrenge Informationseffizienz bestehen muss und jedenfalls dann, wenn davon ausgegangen wird, dass der Sachverständige Zugriff auf zusätzliche unveröffentlichte Informationen hat, auch diese Informationen eingepreist werden müssen, sodass eine abgeschwächte Form der strengen Informationseffizienz vorliegen soll.

[1097] *Adolff*, Unternehmensbewertung im Recht der börsennotierten Aktiengesellschaft, S. 16, 347; *FAUB*, AG 2021, 588, 589 Rn. 6; *FAUB*, WPg 2021, 958, 959; *Follert*, Zur Unternehmensbewertung im Spruchverfahren aus interessentheoretischer Sicht, S. 88; *Ruiz de Vargas*, NZG 2021, 1001, 1009, der hierbei von einer Informations- und Werteffizienz spricht; *Ruthardt/Hachmeister*, CF 2014, 174, 175; *Ruthardt/Hachmeister*, WPg 2016, 411, 414; *Ruthardt*, Normzweckkonforme Unternehmensbewertung und Abfindungsbemessung beim aktienrechtlichen Squeeze out, S. 61, 205; *Ruthardt/Popp*, AG 2022, 347, 351 Rn. 39; *Ruthardt/Popp*, AG 2020, 240, 244 Rn. 26; wohl auch *Große-Frericks*, Die Angemessenheit des Entgelts für die Übertragung von Eigentumsrechten als Problem rechtsgeprägter Unternehmensbewertungen, S. 382; siehe auch Fleischer/Hüttemann/*Adolff/Häller*, RhB Unternehmensbewertung, § 18 Rn. 18.76, die mit Verweis auf die *DAT/Altana*-Entscheidung des BGH aber lediglich eine partielle Informations- und Markteffizienz verlangen.

Für eine ausreichende mittelstrenge Informationseffizienz spricht laut der instanzgerichtlichen Rechtsprechung, dass diese bereits zu aussagekräftigen Kursen führe.[1098] Gegen eine notwendige strenge Informationseffizienz wird zudem angeführt, dass hierbei unnötig höhere Anforderungen als an ein Ertragswertverfahren gestellt würden.[1099]

Dem ist aber entgegenzusetzen, dass dem Gutachter bei einer fundamentalen Unternehmensbewertung auch wertrelevante unternehmensinterne Informationen zur Verfügung gestellt werden.[1100] Sonach entspricht sein Informationsstand eher dem eines streng informationseffizienten Marktes als eines mittelstreng informationseffizienten Marktes. Ehe der Börsenkurs als gleichwertige Bewertungsmethode in Betracht gezogen werden kann, sollte er aber auf einem Informationsstand beruhen, der dem des Sachverständigen nahekommt. Erst dann kann von einer vergleichbaren Aussagekraft der Schätzungen ausgegangen werden. Demnach sollte zumindest eine Verarbeitung von den Informationen, die einem Gutachter bei der Bewertung zugänglich sind, verlangt werden.[1101]

Zwar hält die Gegenauffassung der gutachterlichen Bewertung entgegen, dass die höhere Informationsdichte nicht notwendigerweise zu einem realitätsgetreueren Bewertungsergebnis führen muss.[1102]

Dies kann aber nicht dazu führen, die geringere Informationsbasis einer allein börsenkursorientierten Unternehmensbewertung zu rechtfertigen. Solange den Marktteilnehmern wertrelevante Informationen, über welche ein Gutachter verfügen würde, nicht zugänglich sind, darf auch von keinen gleichwertigen Bewertungsmethoden ausgegangen werden. Ungeachtet ihrer Informationsgrundlage ist an einer realitätsgetreuen Bewertung durch die Marktteilnehmer angesichts der naheliegenden psychologisch bedingten Kursverzerrungen ohnehin zu zweifeln.

[1098] OLG Frankfurt a. M., Beschl. v. 03. 09. 2010 – 5 W 57/09 = AG 2010, 751, 754 Rn. 68; vgl. OLG München, Beschl. v. 14. 12. 2021 – 31 Wx 190/20 = NZG 2022, 606, 614 Rn. 86.

[1099] *Decher*, AG 2023, 106, 111 Rn. 44.

[1100] *Karami*, Unternehmensbewertung in Spruchverfahren beim „Squeeze out", S. 141; *Schulte/Köller/Luksch*, WPg 2012, 380, 391–392, 393–394, 394 Übers. 5 zum Ertragswert; vgl. *Adolff*, Unternehmensbewertung im Recht der börsennotierten Aktiengesellschaft, S. 347–348; vgl. Bürgers/Körber/Lieder/*Ruiz de Vargas*, AktG, Anh. § 305 AktG Rn. 27, 50e zum Ertragswert; vgl. *Großfeld/Egger/Tönnes*, Recht der Unternehmensbewertung, S. 294 Rn. 1215; vgl. *Großfeld*, Unternehmens- und Anteilsbewertung im Gesellschaftsrecht, S. 187; vgl. *Hommel/Braun*, BB-Beilage 6 zu Heft 38/2002, 10, 12 zum Ertragswert; vgl. IDW S 1 (2008), Rn. 14; vgl. MüKo-AktG/*Kalss*, § 2 GesAusG Rn. 14; vgl. *Popp/Ruthardt*, WPg 2017, 1222, 1228 zum Ertragswertverfahren; vgl. *Ruthardt/Hachmeister*, NZG 2014, 41, 45, 48; vgl. *Ruthardt/Hachmeister*, WPg 2016, 411, 414 zur Ertragswertermittlung; vgl. *Weimann*, AG 2020, R156, R157. Eingehend zu diesem Vorzug der fundamentalen Bewertung siehe: § 4 C.

[1101] So die Erwägung bei *Kallweit*, Die angemessene Abfindung beim übernahmerechtlichen Squeeze-out, S. 60 § 2 Fn. 157, wo von einer eingeschränkten Form der strengen Informationseffizienz gesprochen wird.

[1102] OLG München, Beschl. v. 14. 12. 2021 – 31 Wx 190/20 = NZG 2022, 606, 614 Rn. 86; *Schnorbus/Rauch/Grimm*, AG 2021, 391, 399 Rn. 40.

Weiterhin vermag die Aussagekraft von Börsenkursen zum quotalen Unternehmenswert bei mittelstrenger Informationseffizienz nicht zu überzeugen. Besteht eine Informationseffizienz lediglich in halbstrenger Form und werden unternehmensinterne Informationen nicht eingepreist, weicht der Börsenkurs vom Ergebnis einer fundamentalen Unternehmensbewertung ab und kann den inneren Wert des Unternehmens unter Einschluss sämtlicher wertrelevanten verfügbaren Informationen nicht abbilden.[1103] Schon bei mangelnder strenger Informationseffizienz kommt es zu temporären Fehlbewertungen, wobei die Richtung der Abweichung des Börsenkurses vom fundamentalen Wert der Aktie lediglich durch eine fundamentale Unternehmensbewertung mit möglichst vollumfänglicher Informationsbasis überprüft werden kann.[1104] Dabei gestalten sich Börsenkurse als unsicher und unberechenbar, wenn keine strenge Informationseffizienz besteht.[1105] Auch besteht selbst unter einer mittelstrengen Informationseffizienz noch die Gefahr, dass der Mehrheitsaktionär im Kontext von abfindungsrelevanten Maßnahmen seine Informationsvorsprünge ausnutzt.[1106] Erst bei einer strengen Informationseffizienz kann von einem verzerrungsfreien Markt und einem Übereinstimmen des Börsenkurses mit dem Fundamentalwert der Aktie ausgegangen werden.[1107]

Mithin sollte für einen Börsenkurs, der als alleiniger Bewertungsmaßstab des quotalen Unternehmenswerts herangezogen wird, ein streng informationseffizienter Markt verlangt werden.

Da es für die Aussagefähigkeit des Börsenkurses zum wahren Wert des Unternehmens auch auf eine korrekte Bewertung durch den Markt ankommt, bedarf es neben der Informationseffizienz auch einer Allokationseffizienz.[1108] Andernfalls bewerten die Marktteilnehmer die ihnen zur Verfügung stehenden wertrelevanten Informationen inkorrekt, sodass der Börsenkurs kein unverfälschtes Abbild des quotalen Unternehmenswerts darstellen kann. Ein derartiger Börsenkurs darf nicht allein maßgeblich für die Unternehmensbewertung sein. Im Hinblick auf das Ausmaß der Allokationseffizienz liegt es nahe, auch hier ihre strenge Form zu verlangen.[1109] Schließlich entspricht die hierbei bestehende kollektive Rationalität der Marktteilnehmer am ehesten einer Bewertung durch einen rationalen professionellen Gutachter. Bei einer abgemilderten Allokationseffizienz könnten etwaige be-

---

[1103] Bürgers/Körber/Lieder/*Ruiz de Vargas*, AktG, Anh. § 305 AktG Rn. 49d.

[1104] *FAUB*, AG 2021, 588, 589–590 Rn. 9; *Ruthardt/Popp*, AG 2020, 240, 245–246 Rn. 36; vgl. *FAUB*, WPg 2021, 958, 960.

[1105] *Große-Frericks*, Die Angemessenheit des Entgelts für die Übertragung von Eigentumsrechten als Problem rechtsgeprägter Unternehmensbewertung, S. 389.

[1106] Vgl. *Adolff*, Unternehmensbewertung im Recht der börsennotierten Aktiengesellschaft, S. 348. Ausführlich zu dieser Problematik siehe: § 4.

[1107] *Ruthardt/Popp*, AG 2020, 240, 244 Rn. 26.

[1108] *Adolff*, Unternehmensbewertung im Recht der börsennotierten Aktiengesellschaft, S. 16.

[1109] So wohl auch *FAUB*, AG 2021, 588, 589 Rn. 6 und *Ruthardt/Popp*, AG 2020, 240, 244 Rn. 26.

schränkt rationale Anleger noch einen gewissen Einfluss auf die Preisbildung haben, wobei eine Gefahr für temporäre Fehlbepreisungen besteht. Dies schränkt die Aussagefähigkeit des Börsenkurses entschieden ein.

In Anbetracht dessen empfiehlt es sich, für einen Börsenkurs, der als alleiniger Wertmaßstab zur Ermittlung des quotalen Unternehmenswerts dienen soll, eine strenge Informations- und Allokationseffizienz vorauszusetzen. Im Falle eines schwächeren Effizienzgrades sollte der Börsenkurs demnach nicht allein maßgeblich für die Unternehmensbewertung sein. Da eine derart ausgeprägte Kapitalmarkteffizienz in der Realität nicht anzutreffen ist, genügt der Börsenkurs den hier verlangten Anforderungen zur Alleinmaßgeblichkeit nicht. Die Voraussetzungen für eine marktorientierte Bewertung mit marktorientierten Typisierungsmodellen liegen nicht vor.

Abweichend hiervon sind jedoch die Effizienzanforderungen an einen Börsenkurs zu gewichten, der im Wege eines indirekten Marktbezugs innerhalb einer fundamentalen Unternehmensbewertung zur Bestimmung des quotalen Unternehmenswerts zum Einsatz kommt. Wie bereits dargelegt, wird zur Bestimmung des Risikozuschlags beim Kapitalisierungszinssatzes zumeist auf das CAPM bzw. das Tax-CAPM und damit auf Marktpreise zurückgegriffen. Ferner werden Börsenkurse vielerorts zur Plausibilisierung des Bewertungsergebnisses herangezogen.

Es ist zu beachten, dass es sich beim Risikozuschlag nur um einen Schätzwert hinsichtlich des Risikos handelt. Bei einer Anwendung des CAPM bzw. des Tax-CAPM tritt lediglich eine Schätzung durch die Marktteilnehmer anstelle einer solchen durch den Sachgutachter. In beiden Fällen handelt es sich um nicht gesicherte Schätzwerte.[1110] Hierbei wird auch nicht versucht, den wahren Wert des Unternehmens zu ermitteln. Vielmehr handelt es sich um einen einzelnen Baustein innerhalb der fundamentalen Unternehmensbewertung. Demgemäß erscheint eine vollumfängliche Kapitalmarkteffizienz nicht von Nöten. Es sollte bereits ein Schätzwert ausreichen, der einer sachgutachterlichen Schätzung des Risikozuschlags qualitativ gleichkommt. Sofern allenfalls Indizien für eine partielle Effizienz vorliegen und keine Anhaltspunkte für Verzerrungen vorliegen, sollte den Börsenkursen zumindest eine gewisse Aussagekraft als Schätzwert zukommen. Zwar könnte der regelmäßig besser informierte und berufserfahrene Sachverständige möglicherweise ein

---

[1110] Vgl. BGH, Beschl. v. 29.09.2015 – II ZB 23/14 –, BGHZ 207, 114–135 Rn. 49, welches hierbei auch auf das Ertragswertverfahren insgesamt Bezug nimmt; ebenso führt Emmerich/Habersack/*Emmerich*, AktG, § 305 AktG Rn. 68–69 sowohl bei der traditionellen als auch der kapitalmarktorientierten Methode an, dass auf bloße Schätzungen zurückgegriffen wird; auch Fleischer/Hüttemann/*Hüttemann*, RhB Unternehmensbewertung, § 1 Rn. 1.61 sieht beide Methoden vor dem Hintergrund des durch § 287 Abs. 2 ZPO eröffneten Schätzungsspielraums als vertretbar an; siehe auch *Großfeld/Egger/Tönnes*, Recht der Unternehmensbewertung, S. 135 Rn. 666, S. 214 Rn. 922, wonach es sich bei der traditionellen Ermittlung des Risikozuschlags um eine Schätzung nach § 287 Abs. 2 ZPO handelt und auch das CAPM im Rahmen einer Schätzung gem. § 287 Abs. 2 ZPO seinen Platz hat; auf den Schätzcharakter des CAPM verweist ebenso Bürgers/Körber/Lieder/*Ruiz de Vargas*, Anh. § 305 AktG Rn. 39b.

realitätsgetreueres Ergebnis liefern. Andererseits ist ein Vorgehen anhand kapitalmarktbasierter Kriterien im Gegensatz zur subjektiven Bemessung von Risikozuschlägen intersubjektiv nachprüfbar.[1111] Ohnehin handelt es sich auch bei der subjektiven Ermittlung des Risikozuschlags um einen bloßen Schätzwert, der kein sicheres Ergebnis darstellt. Dabei beruht sie auf einer unsicheren Annahme.[1112] Bei der Anwendung des CAPM und des Tax-CAPM wird sich zumindest auf tatsächlich vorliegende Marktwerte berufen.[1113] Diese Typisierungen tragen zur Objektivierung der fundamentalen Unternehmensbewertung bei.[1114] Darüber hinaus kann der Sachverständige den marktgestützten Risikozuschlag der individuellen Unternehmenslage entsprechend überprüfen und modifizieren, um ein möglichst realitätsnahes Ergebnis zu erhalten.[1115] Angesichts seiner Nachvollziehbarkeit und der ein-

[1111] Bürgers/Körber/Lieder/*Ruiz de Vargas*, Anh. § 305 AktG Rn. 39a-39b; vgl. Fleischer/Hüttemann/*Jonas*, RhB Unternehmensbewertung, § 3 Rn. 3.43–3.44; vgl. Hölters/*Lenckner/Müller*, HdB Unternehmenskauf, Kap. 3 Rn. 3.413, 3.415; vgl. *Mandl/Rabel*, FS Loitlsberger 2001, S. 205, 218–219.

[1112] Emmerich/Habersack/*Emmerich*, AktG, § 305 AktG Rn. 69. Siehe zudem Emmerich/Habersack/*Emmerich*, AktG, § 305 AktG Rn. 41a-41b, wo der freien Schätzung des Risikozuschlags gar der Realitätsbezug abgesprochen wird und auf eine Verwendung von Marktpreisen verwiesen wird.

[1113] Den Tatsachenbezug des CAPM ggü. einer freien Schätzung stellt auch MüKo-AktG/*van Rossum*, § 305 AktG Rn. 145 heraus, wobei er die weitgehende Anerkennung dieses Modells betont. Ebenso handelt es sich gem. Bürgers/Körber/Lieder/*Ruiz de Vargas*, Anh. § 305 AktG Rn. 39–39a beim CAPM um eine theoretisch fundierte und anerkannte überprüfbare Methode. Bei *Großfeld/Egger/Tönnes*, Recht der Unternehmensbewertung, S. 214 Rn. 921 wird das CAPM zwar kritisiert, insgesamt aber als intuitiv einleuchtendes plausibilisierbares Modell betrachtet. Auch nach *Adolff*, Unternehmensbewertung im Recht der börsennotierten Aktiengesellschaft, S. 208 kann der Rückgriff auf empirisch feststellbare Marktdaten im Vergleich zu einer intuitiven Ermittlung des Kapitalisierungszinssatzes vorzugswürdig sein.

[1114] *Schulte/Köller/Luksch*, WPg 2012, 380, 392.

[1115] So sind nach IDW S 1 (2008) S. 19 Rn. 91, S. 25 Rn. 121 am Markt beobachtete Risikoprämien dem konkreten Bewertungsfall entsprechend anzupassen und die Prognoseeignung des Betafaktors mit Blick auf den Einzelfall zu würdigen. Auch *Großfeld/Egger/Tönnes*, Recht der Unternehmensbewertung, S. 213–214 Rn. 918–919 verlangen nach einer Begründung der einzelnen Parameter, wobei alle Unternehmensdaten anhand des Erfahrungswissens des Überprüfenden im Zusammenhang zu betrachten sind. Bürgers/Körber/Lieder/*Ruiz de Vargas*, Anh. § 305 AktG Rn. 40a-40d zählt verschiedene Anpassungsmöglichkeiten auf, wobei er methodenkonsistente Erweiterungen des CAPM einer freihändigen Anpassung des Risikozuschlags vorzieht. Aufgrund des laut dieser Arbeit vorzunehmenden Ansatzes ist nach Maßgabe von *Adolff*, Unternehmensbewertung im Recht der börsennotierten Aktiengesellschaft, S. 368, 376–377 ein neoklassisches Kapitalmarktmodell wie das CAPM nur dann zur Bestimmung des Risikoaufschlags anzuwenden, wenn ein Sachverständiger aufzeigen kann, dass man hierdurch der Perspektive des Modellsubjekts eines typisierten Dritten als Erwerber des Gesamtunternehmens gerecht wird. Dies könnte im Wege einer Plausibilisierung und Angleichung mittels Erwerbspreisen für besonders große Aktienpakete und der individuellen Schätzung des Sachverständigen geschehen. Ferner wird bei *Adolff*, Unternehmensbewertung im Recht der börsennotierten Aktiengesellschaft, S. 230 der zum Teil vorgenommene Versuch einer Anpassung des Kapitalisierungszinssatzes bei einer erkennbar mangelnden Allokationseffizienz und einer zwischenzeitlichen Veränderung der Kapitalstruktur der zelfallspezifischen Anpassungsmöglichkeit kann eine Anwendung des CAPM oder des Tax-CAPM als eine der freien Schätzung des Gutachters gleichwertige Methode zur Ermittlung des Risikozuschlags angesehen werden, sofern zumindest Anhaltspunkte für eine partielle Markteffizienz und keine eindeutigen Kursverzerrungen vorliegen. Bei unzureichenden Indizien und Zweifeln an der Abbildung des quotalen Unternehmenswerts sollten die Marktwerte durch eine Schätzung des Sachverständigen ersetzt werden.

Ebenso steht die Tatsache, dass eine vollkommene Markteffizienz nicht vorliegt und oftmals Fehlbepreisungen auftreten, dem Börsenkurs als Plausibilisierung des Ergebnisses einer fundamentalen Unternehmensbewertung nicht entgegen.[1116] Auch hier wird der Börsenkurs nicht als alleiniger Maßstab des quotalen Unternehmenswerts, sondern lediglich als Anhaltspunkt für den Sachverständigen herangezogen, der sein Bewertungsergebnis kritisch überprüfen soll. Zwecks einer möglichst vollständigen und sicheren Abbildung der Lage der Gesellschaft erscheint eine Ergänzung der Innensicht des Sachverständigen mit der Außensicht der Marktteilnehmer zielführend.[1117] Im Rahmen dessen wird primär auf die fundamentale Unternehmensbewertung abgestellt. Lediglich bei wesentlichen Abweichungen vom Börsenkurs, die der Prüfer nicht sachlich begründen kann, hat er seine Prämissen und Ausgangsdaten kritisch zu hinterfragen.[1118] Auf diesem Wege kann der Sachverständige eine etwaige Fehlbewertung seinerseits aufdecken und korrigieren. Da es sich um einen bloßen Kontrollwert handelt, dessen Aussagekraft bereits durch den einfachen Nachweis eines höheren Informationsstands des Gutachters widerlegt werden kann, bedarf es auch hier keiner gesicherten vollständigen Kapitalmarkteffizienz. Indizien hinsichtlich einer partiellen Effizienz und des Ausbleibens erkennbarer Verzerrungen sollten demnach ausreichen. Fehlt es an derartigen Anhaltspunkten, ist keine Plausibilisierung der fundamentalen Unternehmensbewertung mittels des Börsenkurses durchzuführen.

Mithin bedarf es keiner umfassenden Kapitalmarkteffizienz bei einem indirekten Marktbezug. Da es andernfalls aber zu Verfälschungen der fundamentalen Bewertung kommen könnte, sollten Anhaltspunkte für eine partielle Informations- und Allokationseffizienz sowie ein Nichtvorliegen ersichtlicher Verzerrungen gefordert werden, ehe indirekt auf Börsenkurse zurückgegriffen werden kann.[1119] Sofern ein solches Vorgehen gelingt, stehen einem indirekten Marktbezug keine Effizienzmarktaspekte im Wege.

Gesellschaft erwähnt. Die Ermittlung eines bereinigten hypothetischen Kurses bei verstoßbedingten Verzerrungen ist nach der hier vertretenen Auffassung jedoch abzulehnen (siehe hierzu: § 6 A.).

[1116] Vgl. *Schulte/Köller/Luksch*, WPg 2012, 380, 395.

[1117] Vgl. *Großfeld/Egger/Tönnes*, Recht der Unternehmensbewertung, S. 296 Rn. 1226.

[1118] So das bei IDW S 1 (2008) S. 6 Rn. 15 und *Schulte/Köller/Luksch*, WPg 2012, 380, 395 aufgeführte Vorgehen.

[1119] Zu den ersichtlichen Verzerrungen siehe: § 6 A. Hins. der Indizien für eine partielle Effizienz siehe: § 6 C.

An den als Untergrenze heranzuziehenden Börsenkurs sind hingegen geringere Anforderungen zu stellen. Für einen zur Deinvestitionswertbestimmung dienenden Börsenkurs bedarf es keiner Informations- und Allokationseffizienz.[1120] Stattdessen reicht schon ein funktionsfähiger Markt aus, auf dem eine Veräußerungsmöglichkeit besteht.[1121] Schließlich kommt es hierbei nur auf die hypothetische Möglichkeit zur Deinvestition und nicht auf die Aussagekraft des Börsenkurses an. Im Kontext der aufgeführten Effizienzbegriffe braucht es demnach nur eine institutionelle Effizienz. Da eine solche grundsätzlich bestehen dürfte, genügt der Börsenkurs den Anforderungen. Nur in Ausnahmefällen ist von seiner Berücksichtigung als Deinvestitionswert abzusehen.[1122]

III. Regel-Ausnahme-System

Eine Abwägung der kapitalmarkttheoretischen Ansätze und eine dahingehende theorienpluralistische Betrachtung des Themas dieser Arbeit legt die Annahme nahe, dass ein psychologisch bedingt verzerrter Börsenkurs den Regelfall darstellt und eine Markteffizienz allenfalls im Ausnahmefall vorliegt. Dabei wird die für einen allein maßgeblichen Börsenkurs geforderte strenge Informations- und Allokationseffizienz in der Realität nicht anzutreffen sein. Allenfalls besteht eine abgeschwächte Effizienz, deren Ausprägung vom Einzelfall abhängig ist und nicht sicher nachgewiesen werden kann. Gerade im Kontext von Übernahmen und Strukturmaßnahmen sollte es regelmäßig an einer Markteffizienz mangeln.[1123] Dies impliziert ein Regel-Ausnahme-System mit einem unter *Behavioral-Finance*-Aspekten nicht allein maßgeblichen Börsenkurs als Regel und einer ausreichenden Aussagekraft eines solchen als Ausnahme.

[1120] Vgl. OLG München, Beschl. v. 14.12.2021 – 31 Wx 190/20 = NZG 2022, 606, 608 Rn. 41; vgl. *Adolff*, Unternehmensbewertung im Recht der börsennotierten Aktiengesellschaft, S. 340–341; vgl. *FAUB*, AG 2021, 588, 589 Rn. 4; vgl. Fleischer/Hüttemann/*Adolff/Häller*, RhB Unternehmensbewertung, § 18 Rn. 18.49, 18.71; vgl. *Ruthardt/Popp*, AG 2020, 240, 244 Rn. 29.

[1121] Vgl. *Adolff*, Unternehmensbewertung im Recht der börsennotierten Aktiengesellschaft, S. 340–341.

[1122] Siehe hierzu: § 6 A.

[1123] BRAK, Stellungnahme Nr. 37/2015, S. 5; *FAUB*, WPg 2021, 958, 961; vgl. *Ruthardt/Popp*, AG 2022, 347, 350 Rn. 31, laut denen eine mittelstrenge Informationseffizienz bei faktisch konzernierten Unternehmen und damit Kandidaten für einen Unternehmensvertrag oder Squeeze-out i. d. R. nicht besteht. Siehe zudem *Ruthardt/Hachmeister*, NZG 2014, 41, 45; *Ruthardt/Hachmeister*, WPg 2016, 411, 414; *Ruthardt*, Normzweckkonforme Unternehmensbewertung und Abfindungsbemessung beim aktienrechtlichen Squeeze Out, S. 64, wonach die Studienlage grds. auf eine zufriedenstellende Informationseffizienz am deutschen Kapitalmarkt hindeuten würde, wobei jedoch gerade bei Squeeze-out-Kandidaten die Effizienz deutlich eingeschränkt sein könne und kritisch zu hinterfragen sei.

Diesen Weg beschritt auch der BGH in seinem Urteil von 1967. Hier führte er an, dass der Börsenkurs dem wahren Wert entsprechen aber auch von ihm abweichen kann, wobei für die Berechnung einer angemessenen Abfindung aufgrund von wertirrelevanten Einflüssen wie etwa psychologischen Aspekten der Börsenkurs nicht herangezogen werden dürfe.[1124]

In den folgenden Jahren schlug die Rechtsprechung aber eine gänzlich andere Richtung ein.

Die Instanzgerichte weisen psychologisch bedingten Verzerrungen vor allem in jüngerer Zeit keine ausschlaggebende Bedeutung zu. Zum Teil wird eine Irrationalität als Einwand gegen einen abfindungsrelevanten Börsenkurs vollends abgelehnt.[1125] An anderer Stelle wird dessen Aussagekraft mit Blick auf die Kapitalmarkteffizienz jedenfalls grundsätzlich nicht in Frage gestellt.[1126] Vereinzelt kommen die Aggregations- und Arbitrageargumente zur Sprache.[1127] Teils wird eine Nichtheranziehung des Börsenkurses im Spruchverfahren explizit als Ausnahmefall und die von der *Behavioral Finance* beschriebenen Verzerrungen als Einzelfälle betitelt.[1128]

Größenteils schweigt die Rechtsprechung zu dieser Thematik. Sofern die Mehrzahl an Entscheidungen eine beschränkte Rationalität und unzureichende Markteffizienz trotz der bereits früh schon vom BGH geäußerten Bedenken nicht als gegen eine Börsenkursberücksichtigung sprechende Aspekte nennt, deutet dies darauf hin, dass sie von einem effizienten Markt ohne psychologisch bedingte Verzerrungen als Regelfall ausgehen. Ein solches Regel-Ausnahme-System scheint auch der BGH 2016 zu verfolgen, wenn er eine mögliche Alleinmaßgeblichkeit des Börsenkurses bejaht, ohne dabei auf die Kritik zur Effizienzmarkthypothese einzugehen.[1129] Dies zementiert er auch mit seinem späteren Beschluss von 2023, bei welchem er eine Unternehmensbewertung auf Börsenkursbasis grundsätzlich für zulässig erklärt und sie lediglich bei einer fehlenden effektiven Informationsbewertung der Marktteilnehmer im konkreten Fall ablehnt.[1130] So verfährt der BGH

[1124] BGH, Urt. v. 30.03.1967 – II ZR 141/64 (KG) = NJW 1967, 1464, 1464.

[1125] OLG München, Beschl. v. 14.12.2021 – 31 Wx 190/20 = NZG 2022, 606, 614 Rn. 88; OLG Frankfurt a.M., Beschl. v. 26.04.2021 – 21 W 139/19 = AG 2021, 559, 562; LG Frankfurt a.M., Beschl. v. 27.10.2022 – 3-05 O 19/22 –, Rn. 59, juris.

[1126] OLG Frankfurt a.M., Beschl. v. 03.09.2010 – 5 W 57/09 = AG 2010, 751, 754 Rn. 64; LG Frankfurt a.M., Beschl. v. 27.06.2019 – 3-05 O 38/18 –, Rn. 98, juris (nrkr.); LG Stuttgart, Beschl. v. 08.05.2019 – 31 O 25/13 KfH SpruchG –, Os. 4, Rn. 351, 377, juris.

[1127] OLG Frankfurt a.M., Beschl. v. 03.09.2010 – 5 W 57/09 = AG 2010, 751, 754 Rn. 64.

[1128] LG Stuttgart, Beschl. v. 08.05.2019 – 31 O 25/13 KfH SpruchG –, Rn. 372, 377, juris.

[1129] Siehe die Ausführungen bei BGH, Beschl. v. 12.01.2016 – II ZB 25/14 –, BGHZ 208, 265–278, Rn. 23.

[1130] BGH, Beschl. v. 21.02.2023 – II ZB 12/21 –, BGHZ 236, 180–205, Rn. 20, wobei er entgegen der hier vertretenen Auffassung das Erfordernis einer strengen Informations- und Allokationseffizienz ausdrücklich ablehnt.

auch beim neuesten Beschluss im Jahre 2024, wobei er hier einer allein börsenkursbasierten Unternehmensbewertung stattgibt.[1131]

Ferner hat der Gesetzgeber bei der Normierung des Delisting vorgesehen, dass grundsätzlich der Börsenkurs zur Abfindung herangezogen werden soll, während ausnahmsweise eine fundamentale Unternehmensbewertung stattzufinden hat.[1132] Auch beim neugeregelten § 255 Abs. 4 AktG wird primär auf den Börsenkurs als Bewertungsgrundlage abgestellt, wobei jener grundsätzlich den „wahren Wert" des Unternehmens abbilden würde.[1133] Da der Gesetzgeber bei beiden Normen nicht ausdrücklich auf die *Behavioral Finance* Bezug nimmt und etwaige irrationale Kursverzerrungen noch nicht einmal als Ausnahmefälle normiert sind, ist davon auszugehen, dass ebenso von einem effizienten Markt als Regelfall ausgegangen wird.

Bei einer Untersuchung der jüngeren Rechtsprechung und Gesetzgebung zeichnet sich folgendes Bild ab: Ein effizienter Markt mit einem unverzerrten Börsenkurs, welcher zur Bewertung heranzuziehen ist, stelle die Regel dar. Ein nicht effizienter Markt mitsamt einem verzerrten Börsenkurs und einem entsprechend erforderlicher Rückgriff auf fundamentale Bewertungsmethoden sei die Ausnahme. Dies stellt ein zum hier vertretenen Modell diametrales Regel-Ausnahme-System dar.

Letzterem Regel-Ausnahme-Verhältnis widersprechen die nachgewiesene eingeschränkte Rationalität der Marktteilnehmer sowie die belegbaren systematischen Verzerrungen auf Mikro- und Makroebene. Mithin kann der Börsenkurs nicht unbesehen als alleiniger Bewertungsmaßstab herangezogen werden.

Vor diesem Hintergrund bietet sich eine Bereinigung des Börsenkurses an. Hierbei könnten etwaige Fehlbepreisungen etwa durch die Normierung von Gründen für eine Nichtberücksichtigung[1134], einer Durchschnittskursbildung und weitergehenden Effizienzanforderungen herausgefiltert oder geglättet werden. Dieser Modifizierung des Börsenkurses ist ein gesondertes Kapitel gewidmet. Im Rahmen dessen wird auch auf die Frage eingegangen, ob durch ein derartiges Vorgehen der

---

[1131] BGH, Beschl. v. 31.01.2024 – II ZB 5/22 = ZIP 2024, 1070, 1071 Rn. 25–26, wo wie bereits im Beschluss von 2023 explizit keine strenge Informations- und Allokationseffizienz verlangt wird.

[1132] Beschlussempfehlung und Bericht, BT-Drs. 18/6220, S. 78–79, 84–85; *Middelberg* (CDU/CSU), Plenarprotokoll 18/127, S. 12379; *Fechner* (SPD), Plenarprotokoll 18/127, S. 12384; *Hirte* (CDU/CSU), Plenarprotokoll 18/127, S. 12385; BGH, Beschl. v. 22.10. 2019 – XI ZR 682/18 = BKR 2020, 305–308, (306 Rn. 10); *Drygala*, Die Neureglung des Delistings in: Gesellschaftsrecht in der Diskussion, 2015, S. 78, 81; vgl. *Ilyevich*, Delisting – Parallele zum Übernahmerecht, S. 154, 160.

[1133] So jedenfalls Gesetzentwurf, BT-Drs. 20/8292, S. 118.

[1134] Im Falle einer grundsätzlichen Alleinmaßgeblichkeit des Börsenkurses würde es sich hierbei um Ausnahmefälle handeln.

Börsenkurs um die von der *Behavioral Finance* aufgezeigten Verzerrungen bereinigt werden könne.[1135]

Ungeachtet dessen ist die sich abzeichnende Entwicklung mit Argwohn zu beobachten. Schließlich wird dabei dem Ansatz der Effizienzmarkthypothese Vorrang eingeräumt. Dem ist die obige, eindeutig für eine Vorzugswürdigkeit der *Behavioral Finance* sprechende Argumentation wie auch der mangelnde Realitätsbezug der ECMH entgegenzuhalten. Weder das Aggregations- noch das Arbitrageargument können überzeugen. Es erscheint unbillig, dennoch von einer grundsätzlichen Markteffizienz auszugehen. Hinzu kommt, dass es mit Schwierigkeiten verbunden sein kann, wenn der konkrete Nachweis einer Marktpreisverzerrung aufgrund von Verhaltensanomalien gefordert wird. Schließlich sind einige Marktanomalien nur über einen langfristigen Zeitraum nachzuvollziehen. Auch widersprechen sich verschiedene Erklärungsansätze für die Anomalien am Kapitalmarkt. Vor allem aber ist die *Behavioral Finance* eine vergleichsweise junge Wissenschaft, die noch nicht auf Anhieb eine bestehende oder gerade nicht bestehende psychologisch bedingte Preisbildung nachweisen kann. Als gesichert dürfte lediglich angesehen werden, dass die Marktteilnehmer systematischen Verhaltensanomalien unterliegen, welche in Kumulation auf die Märkte durchschlagen können.

Mithin ist das hier vertretene umgekehrte Regel-Ausnahme-Verhältnis dem in letzter Zeit in den Vordergrund tretenden Ansatz vorzuziehen. Sonach sollte von einem verzerrten Börsenkurs als Regelfall und einer effizienten Preisbildung als Ausnahme ausgegangen werden.

IV. Vergleich der Bewertungsverfahren

Dem Börsenkurs als alleinige Bewertungsmethode für den quotalen Unternehmenswert ist die allenfalls abgeschwächte Kapitalmarkteffizienz entgegenzuhalten. Demgemäß kann er keine sichere Aussage zum fundamentalen Unternehmenswert liefern.

Die für eine Alleinmaßgeblichkeit des Börsenkurses erforderliche strenge Informations- und Allokationseffizienz wird in der Realität nicht anzutreffen sein. Auch dann, wenn die verlangte strenge Informationseffizienz dahingehend eingeschränkt wird, dass nur diejenigen Informationen, auf die bei einer gutachterlichen Bewertung zurückgegriffen werden, eingepreist werden müssen[1136], wird der erforderliche Effizienzgrad nicht erreicht. Selbst wenn man wie zum Teil vertreten lediglich eine mittelstrenge Informationseffizienz verlangt, kann nicht davon ausgegangen werden, dass eine solche stets oder auch nur grundsätzlich vorliegt. Zudem erweist sich ein Nachweis dahingehend als höchst unsicher. Ungeachtet

[1135] Siehe hierzu: § 6.

[1136] Vgl. *Kallweit*, Die angemessene Abfindung beim übernahmerechtlichen Squeeze-out, S. 60 § 2 Rn. 157.

dessen wird es regelmäßig an der notwendigen Allokationseffizienz mangeln. Dem steht die allenfalls beschränkte Rationalität der Marktteilnehmer entgegen. Auch lässt sich eine tatsächliche Allokationseffizienz nicht sicher nachweisen.

Des Weiteren liegt entgegen den anderslautenden jüngeren Erwägungen der Judikative und Legislative ein Regel-Ausnahme-Verhältnis dahingehend nahe, dass ein unzureichend effizienter Markt mit psychologisch bedingt verzerrten Börsenkursen den Regelfall und eine ausreichende Kapitalmarkteffizienz mitsamt einer rationalen informierten Börsenpreisbildung die Ausnahme darstellt.

Letztlich dürften die Börsenkurse eher von exogenen Effekten als von fundamentalen Unternehmensdaten geprägt sein[1137], was vor allem die Kursverläufe in der Finanzkrise gezeigt haben[1138]. Da immer noch Marktanomalien und Spekulationsblasen auftreten, können die sachfremden Einflüsse auf den Börsenkurs auch nicht durch die bestehenden gesetzlichen Schutzvorschriften verhindert werden.[1139]

In Anbetracht der unzureichenden Markteffizienz sind die Voraussetzungen für eine marktpreisbasierte Bewertung mit marktorientierten Typisierungsmodellen in der Realität nicht gegeben.

Mithin streiten die *Behavioral-Finance*-Aspekte entschieden gegen einen alleinmaßgeblichen Börsenkurs bei der Unternehmensbewertung. Demnach kann er lediglich als Deinvestitionswert und allenfalls noch im Rahmen eines indirekten Marktbezugs Berücksichtigung finden. Ansonsten würde der Abfindung eine rein zufällige, von wertirrelevanten Faktoren geprägte Bewertung zugrunde gelegt.

Hinzu kommt, dass aus dem Börsenkurs lediglich das Ergebnis eines Preisbildungsprozesses abgelesen werden kann, sodass er sich nicht sicher hinsichtlich einer korrekten Informationsverarbeitung und auf den Einfluss wertirrelevanter Faktoren hin überprüfen lässt.[1140] Somit ist es nicht möglich, eine gesicherte Aussage darüber zutreffen, ob der Börsenkurs tatsächlich frei von etwaigen Verzerrungen ist. Dahingehend stellt er eine kaum nachvollziehbare Bewertungsmethode dar. Die konkrete Aussagekraft eines Börsenkurses kann nur vermutet, nicht aber begründet oder gar nachgebessert werden, was gegen dessen Bewertungseignung spricht.[1141]

Darüber hinaus bietet der Börsenkurs keine Wertindikation des langfristig orientierten Daueranlegers, wenn keine Markteffizienz vorherrscht.[1142] So würde auf einem effizienten Markt mit rationalen Anlegern kein Unterschied zwischen lang- und

---

[1137] So auch *Große-Frericks*, Die Angemessenheit des Entgelts für die Übertragung von Eigentumsrechten als Problem rechtsgeprägter Unternehmensbewertung, S. 388.

[1138] Vgl. *DSW*, Stellungnahme vom 03.09.2015, S. 9.

[1139] So im Ergebnis auch *Meyer*, Abfindung und Unternehmensbewertung, S. 189.

[1140] *Schulte/Köller/Luksch*, WPg 2012, 380, 387, 389.

[1141] *Schulte/Köller/Luksch*, WPg 2012, 380, 388.

[1142] *Ruthardt/Hachmeister*, NZG 2014, 41, 44, 48; *Ruthardt/Hachmeister*, WPg 2016, 411, 413–415; vgl. *Adolff*, Unternehmensbewertung im Recht der börsennotierten Aktiengesellschaft, S. 345; wohl auch *Ruiz de Vargas*, NZG 2021, 1001, 1009–1010.

kurzfristig orientierten Anlegern bestehen.[1143] Der Börsenkurs dürfte sodann dem Grenzpreis eines jeden Aktionärs entsprechen.[1144] Tatsächlich bietet der Börsenkurs aber nur eine Wertindikation für diejenigen Aktionäre, die tatsächlich zu diesem Preis Transaktionen getätigt haben, und nicht für den typischen Daueranleger.[1145] Er gibt damit lediglich den Deinvestitionswert und nicht den fundamentalen Wert wieder.[1146] Es sollte aber gerade zwischen Wert und Preis differenziert werden.[1147]

Somit sprechen auch die mit der Kritik einer unzureichenden Kapitalmarkteffizienz und möglicher psychologisch bedingter Kursverzerrungen verbundenen Folgeprobleme der mangelnden Überprüfbarkeit und der auf kurzfristig orientierte Anleger beschränkten Wertindikation gegen die Alleinmaßgeblichkeit des Börsenkurses.

Selbst bei einer vollkommenen Markteffizienz gewährleistet der Börsenkurs noch keinen sicheren Schätzwert für den quotalen Unternehmenswert.[1148] Schließlich unterliegen Einzelaktien und Gesamtunternehmen weiterhin unterschiedlichen Wertdeterminanten.[1149] Auf einem idealen effizienten Markt würden die Börsenpreise lediglich den korrekten Wert des einzelnen Unternehmensanteils, nicht aber auch des Unternehmens in seiner Gesamtheit wiedergeben. Dementsprechend scheitert eine alleinige Börsenkursberücksichtigung schon aus konzeptionellen Gesichtspunkten.

Als alternative Bewertungsmethode für den quotalen Unternehmenswert kommt eine fundamentale Unternehmensbewertung in Betracht. Dabei stellt sich die Frage, ob es sich hierbei vor dem Hintergrund der *Behavioral Finance* um den überlegenen Ansatz handelt. Fraglich ist auch, ob er der zuvor auf den Börsenkurs bezogenen Kritik standhält und ob sich der Börsenkurs im Vergleich zur Bewertung durch einen Sachverständigen nicht doch als geeignete Methode erweist

Wie schon im Kontext der Effizienzanforderungen angeklungen ist, verfügt der Sachverständige bei seiner Bewertung über eine umfangreichere Informationsgrundlage als der Markt.[1150] Dies bestätigt die Untersuchung Schrenkers, wonach sachverständige Gutachter eine höhere prognostische Treffsicherheit bei Unternehmensbewertungen aufzeigten als unabhängige Finanzanalysten.[1151] Mit Blick

---

[1143] *Ruiz de Vargas*, NZG 2021, 1001, 1009–1010.

[1144] *Ruthardt/Hachmeister*, NZG 2014, 41, 44.

[1145] *Ruthardt/Hachmeister*, WPg 2016, 411, 415.

[1146] *Ruthardt/Hachmeister*, NZG 2014, 41, 48; *Ruthardt/Hachmeister*, WPg 2016, 411, 415; vgl. *Adolff*, Unternehmensbewertung im Recht der börsennotierten Aktiengesellschaft, S. 345.

[1147] Vgl. *Follert*, Zur Unternehmensbewertung im Spruchverfahren aus interessentheoretischer Sicht, S. 85–86.

[1148] *Adolff*, Unternehmensbewertung im Recht der börsennotierten Aktiengesellschaft, S. 377–378, 385.

[1149] *Adolff*, Unternehmensbewertung im Recht der börsennotierten Aktiengesellschaft, S. 378, 385. Siehe hierzu: § 3.

[1150] Siehe hierzu: § 2 E.II. Vertiefend zu dieser Thematik siehe noch: § 4.

[1151] *Schrenker*, Corporate Finance biz, 2011, 484, 494, 495.

auf Informationseffizienzgesichtspunkte ist eine fundamentale Unternehmensbewertung dem Börsenkurs überlegen. Zwar besteht die Gefahr, dass gegenüber dem Sachverständigen Informationen verschwiegen werden.[1152] Auch wird er nicht unbedingt über alle vorhandenen Informationen verfügen. Allerdings wird der Gutachter aufgrund seines Blicks in die Unternehmensinterna mehr als die öffentlich verfügbaren Informationen vorliegen haben, womit ein Börsenkurs selbst bei halbstrenger Markteffizienz dem Informationsstand bei einer fundamentalen Unternehmensbewertung nicht gerecht werden dürfte.

Weiterhin ist die sachverständige Bewertung in Hinsicht auf den Kritikpunkt der mangelnden Allokationseffizienz des Marktes hin zu beleuchten. So können auch Gutachter psychologischen Einflüssen und Tendenzen unterliegen.[1153] Schließlich handelt es sich bei ihnen auch nur um Menschen, die von den *Biases* geprägt sind.

Allerdings dürften sie weniger von psychologischen Faktoren beeinflusst sein als die Marktteilnehmer.[1154] In Anbetracht seiner Fachkenntnis und seines professionellen Abstands zum Bewertungsobjekt sollte ein Sachverständiger eine geringere Anfälligkeit für psychologische Verzerrungen aufweisen. Anders als bei den Marktteilnehmern wird sein Urteil nicht von Gier und Angst getrübt sein. Aufgrund seiner umfangreicheren Informationslage dürfte der Sachverständige auch einer geringeren unsicherheitsbedingten Irrationalität anheimfallen, wobei auch seine Prognosen von einer gewissen Unsicherheit geprägt sind. Zudem zieht der Gutachter nur wertrelevante Daten und nicht wie die Marktteilnehmer auch die Signale der anderen Akteure in seine Bewertung ein. Anders als jene wird er auch nicht vom Verhalten der Masse beeinflusst. Somit fließen keine Verzerrungen durch *Noise Trader* oder Herdentriebe in sein Bewertungsergebnis. Wenn auch keine vollkommen sichere Rationalität gewährleistet werden kann, sollte das Ausmaß psychologischer Verzerrungen im Vergleich zum Börsenkurs doch weitaus geringer ausfallen. Dieser Vorzug wird gerade in jüngerer Zeit ersichtlich. So offenbaren die Auswirkungen des neuen Coronavirus, dass Börsenkurse eher krisenbedingten Schwankungen unterliegen als fundamentalanalytisch berechnete Unternehmenswerte.[1155]

[1152] Vgl. die Kritik bei *Kallweit*, Die angemessene Abfindung beim übernahmerechtlichen Squeeze-out S. 55–56 § 2.

[1153] LG Frankfurt a. M., Beschl. v. 27.10.2022 – 3–05 O 19/22 –, Rn. 59, juris; *Hüttemann*, ZGR 2001, 454–478, (468); *Steinhauer*, AG 1999, 299, 302; siehe insb. auch *Shefrin*, Behavioral Corporate Finance, S. 77.

[1154] Vgl. *Große-Frericks*, Die Angemessenheit des Entgelts für die Übertragung von Eigentumsrechten als Problem rechtsgeprägter Unternehmensbewertung, S. 385, wonach Marktteilnehmer teilweise auf ihr bloßes „Bauchgefühl" setzen, wohingegen der Gutachter auf eine fundierte Informationsgrundlage zurückgreift; vgl. *Großfeld*, Unternehmens- und Anteilsbewertung im Gesellschaftsrecht, S. 187, laut dem der Gutachter psychologische und politische Einflüsse einschätzen kann; vgl. *Schulte/Köller/Luksch*, WPg 2012, 380, 391, denen zufolge durch eine entsprechende Auswahl des Gutachters eine korrekte Informationsverarbeitung aufgrund allgemeinen Kenntnissen zur Planungstechnik sowie branchenspezifischen Erfahrungen und Kenntnissen möglich ist.

[1155] *Thees/Grimmer*, BB 2020, 1259, 1259, 1261.

Hinsichtlich des dennoch möglichen Einflusses psychologischer Faktoren und der Unsicherheit von Prognosen ist sich vor Augen zu führen, dass keine punktgenaue Wertermittlung erforderlich ist, sondern lediglich Unternehmenswerte ermittelt werden sollen, die in einer angemessenen Bandbreite liegen.[1156] Sofern zumindest keine eindeutige Fehlbewertung ersichtlich ist und der Gutachter einen umfassenden Einblick in die Unternehmensinterna sowie die nötige Fachkenntnis hat, dürfte sein Bewertungsergebnis innerhalb besagter Bandbreite liegen. Wenn in der fundamentalen Unternehmensbewertung auch eine unvollkommene Methode erblickt wird, so existiert ein vollkommener Markt als Konkurrenzmethode zum unvollkommenen Sachverständigen noch nicht einmal in der Theorie, wobei dem Sachverständigen gerade seine tiefergehende Informationsgrundlage zugutezuhalten ist.[1157]

Zudem sind die der gutachterlichen Bewertung obliegenden Annahmen und Ermessensentscheidungen aufgrund ihrer Dokumentation nachvollziehbar und nachprüfbar[1158], was über den Börsenkurs nicht gesagt werden kann.[1159] Anders als bei der Börsenkursmethode können etwaige wertirrelevante Einflüsse zumindest theoretisch aufgedeckt und berichtigt werden. Ohnehin spricht ihre Nachprüfbarkeit für den Vorzug der fundamentalen Unternehmensbewertung. Aus dem Börsenkurs hingegen ist nur das Ergebnis des Preisbildungsprozesses, nicht aber die korrekte Informationsverarbeitung durch die Marktteilnehmer ersichtlich.[1160]

Darüber hinaus kann ein Gutachter auch eine langfristig orientierte Bewertungsperspektive einnehmen.[1161]

Zur Vermeidung von Fehlbewertungen des Sachverständigen kann zudem eine Überprüfung seiner Bewertung durch einen neutralen Prüfer oder einen weiteren Gutachter beitragen.[1162] Überdies dürfte ein indirekter Marktbezug einer subjektiven Fehleinschätzung im Wege der Objektivierung und Plausibilisierung entgegenwirken. Ferner werden die Abfindungsberechtigten durch eine Untergrenze in Form des Börsenkurses vor Unterbewertungen durch den Sachverständigen geschützt.

Mithin fällt der *Behavioral-Finance*-Kritikpunkt mitsamt seinen Folgeproblemen bei einer fundamentalen Unternehmensbewertung nicht so schwer ins Gewicht wie bei einer alleinigen Börsenkursorientierung. Wenn hierbei auch noch ein gewisses Fehlbewertungsrisiko besteht, sollte sie doch einen innerhalb der angemessenen Bandbreite liegenden Unternehmenswert ermitteln können. Vor dem Hintergrund der Effizienzmarkthypothese und der *Behavioral Finance* stellt die Bewer-

---

[1156] Vgl. *Schulte/Köller/Luksch*, WPg 2012, 380, 384.

[1157] *Großfeld*, BB 2000, 261, 265.

[1158] *Schulte/Köller/Luksch*, WPg 2012, 380, 393–394.

[1159] Vgl. *Schulte/Köller/Luksch*, WPg 2012, 380, 388, 389.

[1160] *Schulte/Köller/Luksch*, WPg 2012, 380, 389.

[1161] Vgl. *Großfeld*, Unternehmens- und Anteilsbewertung im Gesellschaftsrecht, S. 187.

[1162] Zu diesem Vorgehen und dem laut dieser Arbeit vorzugswürdigen Verfahren mittels zweier Parteigutachter siehe: § 4.

tung durch einen Sachverständigen die vorzugswürdige Methode dar. Ungeachtet dessen wird auf diesem Wege gerade das Gesamtunternehmen und nicht nur der einzelne Anteil hieran bewertet, wobei eine Bewertung durch einen Sachverständigen auch nachvollziehbar und überprüfbar ist.

Demgemäß ist ein alleinmaßgeblicher Börsenkurs der fundamentalen Unternehmensbewertung nicht ebenbürtig.

Allenfalls dann, wenn eine Bereinigung des Börsenkurses um etwaige Verzerrungen und konzeptionelle Probleme vollzogen werden kann, käme er als gleichrangiger Bewertungsmaßstab in Betracht.[1163] Sofern die Börsenkursmethode sodann noch ihren verfahrensökonomischen Vorteil der schnelleren und günstigeren Bewertung beibehält, würde sie sogar ein der fundamentalen Unternehmensbewertung überlegenes Vorgehen darstellen. In Anbetracht der zuvor erörterten grundlegenden Kritik dürfte eine derartige Bereinigung aber zweifelhaft sein.

V. Fazit: Bedeutung für die Berücksichtigung des Börsenkurses bei der Unternehmensbewertung

Der *Behavioral-Finance*-Ansatz ist insgesamt schlüssig und belegbar. Auch ist er plausibler als die realitätsferne neoklassische Kapitalmarkttheorie mit der Effizienzmarkthypothese und dem *Homo Oeconomicus*. Dementsprechend sollte diese Sichtweise bei der hier zu untersuchenden Streitfrage ausschlaggebend sein.

Eine für die Ermittlung des quotalen Unternehmenswerts erforderliche strenge Informations- und Allokationseffizienz wird in der Realität nicht anzutreffen sein. Demnach kann eine rein marktbasierte Bewertung mit marktorientierten Typisierungsmodellen nicht durchgeführt werden. Höchstens könnte der Börsenkurs im Wege eines indirekten Marktbezugs beim quotalen Unternehmenswert Beachtung finden, sofern Anhaltspunkte für eine partielle Informations- und Allokationseffizienz vorliegen und keine eindeutigen Fehlbepreisungen ersichtlich sind. Darüber hinaus sollte er grundsätzlich als Deinvestitionswert der Abfindung berücksichtigt werden, da es hierfür lediglich eines funktionierenden Marktes bedarf.

Entgegen der jüngeren Gesetzgebung und Rechtsprechung ist von einem Regel-Ausnahme-Verhältnis mit einem psychologisch beeinflussten Börsenkurs als Regelfall und einem effizienten Markt mit einer rationalen informierten Preisbildung als Ausnahmefall auszugehen.

Mithin erweist sich der Börsenkurs mit Blick auf die *Behavioral Finance* als ungeeigneter alleiniger Maßstab für die Unternehmensbewertung. Eine fundamentale Bewertung ist ihm dahingehend deutlich überlegen, da die Kritikpunkte bei ihr

---

[1163] Siehe hierzu: § 6.

nicht derart schwer ins Gewicht fallen und sie ein Bewertungsergebnis innerhalb der angemessenen Bandbreite liefern dürfte.

Allenfalls sollte ein alleiniges Abstellen auf den Börsenkurs dann zulässig sein, wenn etwaigen Marktverzerrungen entgegengewirkt werden kann oder nachweisbar keine irrationale Preisbildung vorliegt. Dieser Versuch einer Bereinigung wird im weiteren Verlauf der Arbeit erörtert. Vor dem Hintergrund der tiefgreifenden Kritik, die sich auf die *Behavioral Finance* und die Ablehnung der Effizienzmarkthypothese stützt, erscheint eine erfolgreiche Modifikation des Börsenkurses aber bereits von vornherein zweifelhaft.

F. Fazit: Behavioral Finance und Effizienzmarkthypothese

Es hat sich gezeigt, dass die Kritik am Börsenkurs hinsichtlich einer unzureichenden Markteffizienz und psychologisch bedingten Verzerrungen berechtigt und von entscheidender Bedeutung für die hier zu untersuchende Thematik ist. Einer verhaltensökonomischen und finanzmarkttheoretischen Betrachtung unter Berücksichtigung des aktuellen Forschungsstands und der Marktrealität zufolge ist eine Alleinmaßgeblichkeit des Börsenkurses und eine dahingehende rein marktorientierte Bewertung abzulehnen. Er kann nicht im Alleingang den quotalen Unternehmenswert darstellen. Hierfür erweist sich eine fundamentale Unternehmensbewertung durch einen Sachverständigen als vorzugswürdig. Der Börsenkurs ist mit Blick auf die vorangegangenen Erwägungen nur als Deinvestitionswert und möglicherweise noch in Form eines indirekten Marktbezugs zu berücksichtigen, sofern er den entsprechenden Anforderungen genügt. Eine Alleinmaßgeblichkeit käme höchstens bei einer Bereinigung in Betracht, wobei an einer solchen schon grundlegende Zweifel bestehen. Letztlich kann der Börsenkurs nicht ohne Weiteres zu einer Unternehmensbewertung herangezogen werden.

§ 3 Minderheitsabschläge

Ein grundlegender Kritikpunkt am Börsenkurs als allein maßgebliche Bewertungsgrundlage entzündet sich daran, dass ihm inhärente Minderheitsabschläge unterstellt werden.[1] Dem Börsenkurs wird entgegengehalten, dass er lediglich den Wert einzelner Aktien wiedergibt, wobei sich die Wertdeterminanten für jene von denen für ganze Unternehmen unterscheiden würden.[2] Auch biete er nur eine Wertindikation für die Aktionäre, die zum Börsenkurs Aktien gekauft bzw. verkauft haben, und nicht für den typischen Daueranleger.[3]

Nachfolgend wird die Existenz und die Unzulässigkeit derartiger Abschläge näher untersucht. Dabei ist auch auf die Problematik der unterschiedlichen Wertdeterminanten und der beschränkten Wertindikation einzugehen. In diesem Zusammenhang wird auch ein Vergleich mit der Alternative einer fundamentalen Unternehmensbewertung durch einen Sachverständigen gezogen.

A. Minderheitsabschläge und Prämien

I. Wertstufen (Levels of Value)

Es ist zu beobachten, dass für den Erwerb von Aktien, die zur Kontrollerlangung über eine Gesellschaft verhelfen, mehr als für einen Minderheitsanteil an selbiger gezahlt wird.[4] Hierbei wird regelmäßig von einer sog. Kontrollprämie (*Control*

---

[1] *Ruthardt/Hachmeister*, WPg 2016, 411, 414, 415 Übers. 1; *Ruthardt*, Normzweckkonforme Unternehmensbewertung und Abfindungsbemessung beim aktienrechtlichen Squeeze Out, S. 208–209, 287; *Ruthardt*, NZG 2014, 972, 977; *Ruthardt*, NZG 2015, 1387, 1390; *Winner*, Wert und Preis im Zivilrecht, S. 467–469. Von *Ruthardt* und *Hachmeister* wird dabei der Begriff des „*Governanceabschlags*" favorisiert.

[2] *Adolff*, Unternehmensbewertung im Recht der börsennotierten Aktiengesellschaft, S. 377–378.

[3] *Ruthardt/Hachmeister*, WPg 2016, 411, 414–415; vgl. *Großfeld/Egger/Tönnes*, Recht der Unternehmensbewertung, S. 295–296 Rn. 1221; vgl. *Ruthardt*, Normzweckkonforme Unternehmensbewertung und Abfindungsbemessung beim aktienrechtlichen Squeeze Out, S. 67–68; vgl. *Karami*, Unternehmensbewertung in Spruchverfahren beim „Squeeze out", S. 130–131, 138; vgl. *Weimann*, Spruchverfahren nach Squeeze-out, S. 155–156 § 6.

[4] *Coates*, University of Pennsylvania Law Review 1999, Vol. 147, No. 6, 1251, 1273; *Mercer/Harms*, Business Valuation, S. 24. Unter Bezugnahme auf die empirische Studienlage: *Ruthardt*, Normzweckkonforme Unternehmensbewertung und Abfindungsbemessung beim aktienrechtlichen Squeeze Out, S. 73–75; *Ruthardt*, NZG 2014, 972, 973; *Ruthardt*, NZG 2015, 1387, 1389.

Premium)[5] und ihrem Gegenstück, dem Minderheitsabschlag (*Minority Discount*)[6], gesprochen.

Vor diesem Hintergrund wurde das Konzept der Wertstufen (*Levels of Value*) entwickelt.[7] Jenes lässt sich in vier Stufen unterteilen. Auf der untersten Ebene wird der Minderheitswert eines nicht-liquiden Anteils (*Nonmarketable Minority Value*) verortet, welcher im Vergleich zur nächsthöheren Stufe einem Abschlag für seine fehlende Handelbarkeit unterliegt.[8] Darüber liegt der Minderheitswert eines liquiden Anteils (*Marketable Minority Value* oder *Stock Market Value*)[9] welcher bei börsennotierten Unternehmen dem Börsenkurs entspricht[10]. Jener unterliegt dem bereits erwähnten Minderheitsabschlag. Rechnet man die Kontrollprämie hinzu, erhält man den ökonomischen Kontrollwert (*Value of Control Shares* oder *Financial Control Value*).[11] Auf höchster Stufe steht der strategische Kontrollwert (*Strategic*

---

[5] *Mercer/Harms*, Business Valuation, S. 24; *Ruthardt*, Normzweckkonforme Unternehmensbewertung und Abfindungsbemessung beim aktienrechtlichen Squeeze Out, S. 73; *Ruthardt*, NZG 2014, 972, 973; *Ruthardt*, NZG 2015, 1387, 1389; vgl. *Coates*, University of Pennsylvania Law Review 1999, Vol. 147, No. 6, 1251, 1273.

[6] *Mercer/Harms*, Business Valuation, S. 24, wo vom „*Minority Interest Discount*" die Rede ist; *Ruthardt*, Normzweckkonforme Unternehmensbewertung und Abfindungsbemessung beim aktienrechtlichen Squeeze Out, S. 73; *Ruthardt*, NZG 2014, 972, 973; *Ruthardt*, NZG 2015, 1387, 1389; vgl. *Coates*, University of Pennsylvania Law Review 1999, Vol. 147, No. 6, 1251, 1273, 1278; vgl. *Laro/Pratt*, Business Valuation and Taxes, S. 311–313.

[7] *Mercer/Harms*, Business Valuation, S. 23–24 mit Blick auf die Anfänge dieses Konzepts; *Ruthardt*, Normzweckkonforme Unternehmensbewertung und Abfindungsbemessung beim aktienrechtlichen Squeeze Out, S. 75–76; *Ruthardt*, NZG 2014, 972, 974.

[8] *Laro/Pratt*, Business Valuation and Taxes, S. 313 Exh. 19.1; *Mercer/Harms*, Business Valuation, S. 37 Exh. 2.9; *Ruthardt/Hachmeister*, Unternehmens- und Anteilsbewertung für die Erbschaft- und Schenkungssteuer in den USA – Die Wertkategorie: „Fair Market Value", Hohenheimer Schriften, Diskussionspapier 2015 – 01, S. 26 Abb. 1.

[9] *Laro/Pratt*, Business Valuation and Taxes, S. 313 Exh. 19.1, die noch die Zwischenstufe „*Value of restricted stock of public company*" anführen; *Mercer/Harms*, Business Valuation, S. 37 Exh. 2.9; *Ruthardt/Hachmeister*, Unternehmens- und Anteilsbewertung für die Erbschaft- und Schenkungssteuer in den USA – Die Wertkategorie: „Fair Market Value", Hohenheimer Schriften, Diskussionspapier 2015 – 01, S. 26 Abb. 1; *Ruthardt*, Normzweckkonforme Unternehmensbewertung und Abfindungsbemessung beim aktienrechtlichen Squeeze Out, S. 76; *Ruthardt*, NZG 2014, 972, 974; *Ruthardt*, NZG 2015, 1387, 1389.

[10] *Ruthardt/Hachmeister*, Unternehmens- und Anteilsbewertung für die Erbschaft- und Schenkungssteuer in den USA – Die Wertkategorie: „Fair Market Value", Hohenheimer Schriften, Diskussionspapier 2015 – 01, S. 26; vgl. *Ruthardt*, Normzweckkonforme Unternehmensbewertung und Abfindungsbemessung beim aktienrechtlichen Squeeze Out, S. 76 Abb. 2; vgl. *Ruthardt*, NZG 2014, 972, 974 Abb. 2.

[11] *Laro/Pratt*, Business Valuation and Taxes, S. 313 Exh. 19.1; *Mercer/Harms*, Business Valuation, S. 35–37, 37 Exh. 2.9, welche den Begriff „*Financial Control Premium*" verwenden; *Ruthardt/Hachmeister*, Unternehmens- und Anteilsbewertung für die Erbschaft- und Schenkungssteuer in den USA – Die Wertkategorie: „Fair Market Value", Hohenheimer Schriften, Diskussionspapier 2015 – 01, S. 26 Abb. 1; *Ruthardt*, Normzweckkonforme Unternehmensbewertung und Abfindungsbemessung beim aktienrechtlichen Squeeze Out, S. 76; *Ruthardt*, NZG 2014, 972, 974; *Ruthardt*, NZG 2015, 1387, 1389.

Control Value oder *Synergistic Value*).[12] Er erfasst den ökonomischen Kontrollwert unter Addition der Prämie für Synergien (*Strategic Control Premium* oder *Strategic Acquisition Premium*).[13] Im Rahmen dessen kann von einer Übernahmeprämie auf den Minderheitswert eines liquiden Anteils, die zum strategischen Kontrollwert führt, gesprochen werden.[14] Sie enthält neben der Kontrollprämie auch die erwarteten Synergieeffekte.[15] Demnach weist der Börsenkurs einen in zwei Ebenen unterteilbaren Minderheitsabschlag gegenüber dem strategischen Kontrollwert auf. Die sich aus der abfindungsauslösenden Maßnahme ergehenden Synergieeffekte betreffen die Partizipationsebene, weshalb auf einen diesbezüglichen Minderheitsabschlag im Börsenkurs in dieser Arbeit nicht weiter eingegangen wird.

II. Übernahmemotive und Wertdeterminanten

Es stellt sich die Frage, worauf diese Prämien bzw. Abschläge basieren. Hierfür lohnt sich ein Blick auf die möglichen Übernahmemotive. Schließlich könnte die Aussicht auf Kontroll- und Herrschaftsrechte einen Mehrwert bedeuten, den der Erwerber zu zahlen bereit wäre.[16] Im Rahmen dessen ist auch zu berücksichtigen,

---

[12] *Laro/Pratt*, Business Valuation and Taxes, S. 313 Exh. 19.1; *Mercer/Harms*, Business Valuation, S. 37 Exh. 2.9; *Ruthardt/Hachmeister*, Unternehmens- und Anteilsbewertung für die Erbschaft- und Schenkungssteuer in den USA – Die Wertkategorie: „Fair Market Value", Hohenheimer Schriften, Diskussionspapier 2015 – 01, S. 26 Abb. 1; *Ruthardt*, Normzweckkonforme Unternehmensbewertung und Abfindungsbemessung beim aktienrechtlichen Squeeze Out, S. 76; *Ruthardt*, NZG 2014, 972, 974.

[13] *Laro/Pratt*, Business Valuation and Taxes, S. 313 Exh. 19.1; *Mercer/Harms*, Business Valuation, S. 35, 37 Exh. 2.9; *Ruthardt/Hachmeister*, Unternehmens- und Anteilsbewertung für die Erbschaft- und Schenkungssteuer in den USA – Die Wertkategorie: „Fair Market Value", Hohenheimer Schriften, Diskussionspapier 2015 – 01, S. 26 Abb. 1; *Ruthardt*, Normzweckkonforme Unternehmensbewertung und Abfindungsbemessung beim aktienrechtlichen Squeeze Out, S. 76; *Ruthardt*, NZG 2014, 972, 974.

[14] *Ruthardt/Hachmeister*, Unternehmens- und Anteilsbewertung für die Erbschaft- und Schenkungssteuer in den USA – Die Wertkategorie: „Fair Market Value", Hohenheimer Schriften, Diskussionspapier 2015 – 01, S. 26 Abb. 1; *Ruthardt*, Normzweckkonforme Unternehmensbewertung und Abfindungsbemessung beim aktienrechtlichen Squeeze Out, S. 76; *Ruthardt*, NZG 2014, 972, 974.

[15] *Ruthardt*, Normzweckkonforme Unternehmensbewertung und Abfindungsbemessung beim aktienrechtlichen Squeeze Out, S. 76–77. Eine leicht abweichende Terminologie wird bei *Burger*, Die Maßgeblichkeit von Börsekursen für die Bemessung der Barabfindung beim Gesellschafterausschluss, S. 294–295 und *Burger*, NZG 2012, 281, 288–289, gewählt, der die unzureichende Berücksichtigung von Synergien im Börsenkurs als Minderheitsabschlag bzw. fehlende Kontrollprämie bezeichnet. Auch sprechen *Mercer/Harms*, Business Valuation, S. 36–37 von der „*Control Premium*" und teilen die in Bestandteile „*Financial Control Premium*" und „*Strategic Control Premium*" auf.

[16] Vgl. *Ruthardt*, Normzweckkonforme Unternehmensbewertung und Abfindungsbemessung beim aktienrechtlichen Squeeze Out, S. 77; vgl. *Ruthardt*, NZG 2014, 972, 974.

dass einzelne Anteile anderen Wertdeterminanten unterliegen als ganze Unternehmen.[17]

Wie schon erwähnt sind antizipierte Synergieeffekte in den strategischen Kontrollwert eingepreist. Sie stellen ein Übernahmemotiv dar, das die Zahlung einer Prämie auf den liquiden Minderheitsanteil begründet (*Synergy Value*).[18]

Die Kontrollprämie hingegen umfasst den reinen Kontrollwert und Sondervorteile.[19]

So kann sich der Aspekt des reinen Kontrollwerts (*Pure Control Value*) in den Prämien niederschlagen. Er bildet die Möglichkeit eines künftigen Mehrheitsaktionärs ab, das Unternehmen zu kontrollieren und dessen Geschäftspolitik besser zu bestimmen.[20] Hierbei spiegeln sich die unterschiedlichen strategiebedingten Wertdeterminanten eines einzelnen Streubesitzaktionärs im Vergleich zu einem Mehrheitsaktionär oder einem Gesamtunternehmensträger wider.[21]

Eine weitere Rolle können für den Mehrheitsaktionär erzielbare Sondervorteile (*Expropriation Value*) spielen. Diese vermag er sich mittels umgeleiteter Zahlungsströme zu seinen Gunsten zu verschaffen, wobei er rechtliche Grauzonen ausnutzen könnte.[22] In diesem Kontext offenbaren sich die unterschiedlichen aktionärsstrukturbedingten Wertdeterminanten, die darauf hindeuten, dass Minderheitsaktionäre die aus dem Einfluss des Mehrheitsaktionärs auf die Verwaltung

[17] Siehe *Adolff*, Unternehmensbewertung im Recht der börsennotierten Aktiengesellschaft, S. 350–354, 377–378, 390, welcher die unterschiedlichen Wertdeterminanten hins. eines einzelnen Streubesitzaktionärs im Vergleich zum Mehrheitsaktionär bzw. Gesamtunternehmensträger beschreibt und auf den Börsenkurs sowie die Grenzpreisdifferenz zwischen Mehrheits- und Minderheitsaktionär Bezug nimmt.

[18] *Ruthardt*, Normzweckkonforme Unternehmensbewertung und Abfindungsbemessung beim aktienrechtlichen Squeeze Out, S. 79–80; *Ruthardt*, NZG 2014, 972, 975; *Ruthardt*, NZG 2015, 1387, 1390; vgl. *Burger*, NZG 2012, 281, 288–289; vgl. *Coates*, University of Pennsylvania Law Review 1999, Vol. 147, No. 6, 1251, 1275.

[19] *Ruthardt*, Normzweckkonforme Unternehmensbewertung und Abfindungsbemessung beim aktienrechtlichen Squeeze Out, S. 90, 209; *Ruthardt*, NZG 2014, 972, 976–977.

[20] *Ruthardt*, Normzweckkonforme Unternehmensbewertung und Abfindungsbemessung beim aktienrechtlichen Squeeze Out, S. 87–88; *Ruthardt*, NZG 2014, 972, 976; *Ruthardt*, NZG 2015, 1387, 1390; vgl. *Coates*, University of Pennsylvania Law Review 1999, Vol. 147, No. 6, 1251, 1277.

[21] Vgl. *Adolff*, Unternehmensbewertung im Recht der börsennotierten Aktiengesellschaft, S. 351–352; auch laut *Ruthardt*, Normzweckkonforme Unternehmensbewertung und Abfindungsbemessung beim aktienrechtlichen Squeeze Out, S. 88 stimmen die strategiebedingten Wertdeterminanten von *Adolff* mit dem reinen Kontrollwert überein.

[22] *Ruthardt*, Normzweckkonforme Unternehmensbewertung und Abfindungsbemessung beim aktienrechtlichen Squeeze Out, S. 83–86; *Ruthardt*, NZG 2014, 972, 975–976; vgl. *Coates*, University of Pennsylvania Law Review 1999, Vol. 147, No. 6, 1251, 1275–1277, der in diesem Kontext Extremfälle wie etwa einen Betrug oder eine Treuepflichtverletzung nennt; in diese Richtung auch *Winner*, Wert und Preis im Zivilrecht, S. 467–468.

ergehenden Gefahren und Besonderheiten in ihr Bewertungskalkül einfließen lassen.[23]

Zudem können etwaige Prämien aber auch auf einer Überbewertung der Gesellschaft durch den Erwerber oder ihrer Unterbewertung durch den Markt basieren.[24] Ebenso werden sich die unterschiedlichen diversifikationsbedingten Wertdeterminanten niederschlagen. So sehen sich Minderheitsaktionäre anders als Mehrheitsaktionäre und Gesamtunternehmensträger keinen unsystematischen unternehmensspezifischen Risiken ausgesetzt, da sie ihr Risiko mittels einer Portfoliobildung streuen können.[25]

In ihrer Gesamtheit vermögen es diese Faktoren die beobachtbaren Abschläge bzw. Prämien zu erklären. Allerdings wird nicht immer jedes der genannten Motive einschlägig sein.[26] Ferner impliziert der mögliche Minderheitsabschlag nicht, dass der Börsenkurs stets unterhalb des ökonomischen Kontrollwerts liegen muss, da er auch unter einer Überbewertung leiden kann.[27] Zudem besteht die Möglichkeit, dass der Börsenkurs infolge des Auftretens eines aktivistischen Investors im Vorfeld einer Strukturmaßnahme in Richtung eines fairen Preises getrieben wird.[28] In Anbetracht der empirisch belegten Prämienzahlungen zur Kontrollerlangung liegt ein niedrigerer Börsenkurs aber eher nahe.[29]

---

[23] Vgl. *Adolff*, Unternehmensbewertung im Recht der börsennotierten Aktiengesellschaft, S. 353–354; ebenso wird von *Ruthardt*, Normzweckkonforme Unternehmensbewertung und Abfindungsbemessung beim aktienrechtlichen Squeeze Out, S. 86–87 vertreten, dass sich die aktionärsstrukturbedingten Wertdeterminanten, die *Adolff* anführt, mit den Sondervorteilen decken.

[24] *Ruthardt*, Normzweckkonforme Unternehmensbewertung und Abfindungsbemessung beim aktienrechtlichen Squeeze Out, S. 88–89; *Ruthardt*, NZG 2014, 972, 976; vgl. *Coates*, University of Pennsylvania Law Review 1999, Vol. 147, No. 6, 1251, 1277.

[25] *Adolff*, Unternehmensbewertung im Recht der börsennotierten Aktiengesellschaft, S. 352–353; vgl. *Ruthardt*, Normzweckkonforme Unternehmensbewertung und Abfindungsbemessung beim aktienrechtlichen Squeeze Out, S. 210–211; siehe zudem *Komp*, Zweifelsfragen des aktienrechtlichen Abfindungsanspruchs nach §§ 305 320b AktG, S. 349 zum Einfluss unterschiedlicher Wertvorstellungen bei Kaufpreisen, die jenseits etwaiger Verbundeffekte liegen können.

[26] *Coates*, University of Pennsylvania Law Review 1999, Vol. 147, No. 6, 1251, 1277.

[27] *Ruthardt*, Normzweckkonforme Unternehmensbewertung und Abfindungsbemessung beim aktienrechtlichen Squeeze Out, S. 90–91; *Ruthardt*, NZG 2014, 972, 977; *Ruthardt*, NZG 2015, 1387, 1390, wobei *Ruthardt* zudem den Terminus „*Governanceabschlag*" vorzieht, welcher auf die Eigentümerstruktur des Unternehmens als Grund etwaiger Abschläge hindeutet.

[28] So etwa *Karami*, SpruchZ Nr. 2/2018, 13, 32, der vor diesem Hintergrund einen pauschalen Minderheitsabschlag ablehnt, zugleich aber auch der Alleinmaßgeblichkeit des Börsenkurses eine Absage erteilt.

[29] Auch *Winner*, Wert und Preis im Zivilrecht, S. 467 geht davon aus, dass der Börsenkurs regelmäßig Minderheitsabschläge enthält und im Rahmen eines Gesellschafterausschlusses oftmals niedriger ausfällt.

B. Unzulässiger Minderheitsabschlag auf Kompensationsebene

Unter Berücksichtigung dieser Aspekte weicht der Börsenkurs schon konzeptionell vom quotalen Unternehmenswert ab. So ist hierbei ein abgeleiteter Fundamentalwert und kein isoliert ermittelter Wert eines einzelnen Anteils zu ersetzten.[30] Nach der hier vertretenen Auffassung soll hinsichtlich dieser Wertkomponente auf die Perspektive eines typisierten Erwerbers des Gesamtunternehmens rekurriert werden.[31] Diesen Wert stellt der Börsenkurs, der den Preis für die vereinzelte Aktie wiedergibt, gerade nicht dar. Vielmehr handelt es sich um den Minderheitswert eines liquiden Anteils, welcher den besagten Minderheitsabschlägen unterliegen kann. Dabei soll gerade das Unternehmen bzw. der hieraus abgeleitete quotale Unternehmenswert und nicht etwa die Aktie als fungibles Handelsgut bewertet werden.[32] Erneut zeigt sich, dass der Wert eines Unternehmens nicht mit dessen Preis übereinstimmt[33], was beim marktorientierten Bewertungsansatz übersehen wird[34]. So bestimmt sich der Wert einer Unternehmung anhand ihres Nutzens, während Marktpreise aus dem Austausch von Gütern ergehen.[35] Ein aus dem Börsenkurs ablesbarer Marktpreis verkörpert dabei nur den für einen kleinen Unternehmensanteil erzielbaren Preis und nicht den Wert eines gesamten Unternehmens mitsamt seiner Beziehungen zur Umwelt sowie seiner umfassenden wirtschaftlichen Situation.[36] Dementsprechend kann auch die vollständige Börsenkapitalisierung nicht den fundamentalen Wert des Gesamtunternehmens abbilden.[37] Aufgrund der divergierenden Wertdeterminanten für einzelne Anteile und ganze Unternehmen eignet sich der Börsenkurs grundsätzlich nicht zur Bestimmung des quotalen

---

[30] *Adolff*, Unternehmensbewertung im Recht der börsennotierten Aktiengesellschaft, S. 390 Fn. 2112.

[31] Siehe hierzu bereits: § 1 B.I.1.a). So auch *Adolff*, Unternehmensbewertung im Recht der börsennotierten Aktiengesellschaft, S. 390 Fn. 2112.

[32] *Happ/Bednarz*, FS Stilz (2014), S. 219, 232, die sich hiermit gegen den Börsenkurs als Bewertungsmethode richten; in diese Richtung auch *Schulte/Köller/Luksch*, WPg 2012, 380, 385.

[33] *Große-Frericks*, Die Angemessenheit des Entgelts für die Übertragung von Eigentumsrechten als Problem rechtsgeprägter Unternehmensbewertung, S. 379; vgl. *Follert*, Zur Unternehmensbewertung im Spruchverfahren aus interessentheoretischer Sicht, S. 86; vgl. *Matschke/Brösel*, Unternehmensbewertung, S. 27. Siehe hierzu bereits: § 1 A.

[34] Vgl. *Matschke/Brösel*, Unternehmensbewertung, S. 27; vgl. *Quill*, Interessengeleitete Unternehmensbewertung, S. 365.

[35] *Große-Frericks*, Die Angemessenheit des Entgelts für die Übertragung von Eigentumsrechten als Problem rechtsgeprägter Unternehmensbewertung, S. 379.

[36] *Große-Frericks*, Die Angemessenheit des Entgelts für die Übertragung von Eigentumsrechten als Problem rechtsgeprägter Unternehmensbewertung, S. 380–381.

[37] *Große-Frericks*, Die Angemessenheit des Entgelts für die Übertragung von Eigentumsrechten als Problem rechtsgeprägter Unternehmensbewertung, S. 380.

Unternehmenswerts.[38] Besagte Problematik kommt insbesondere mit Blick auf Herrschafts- und Kontrollrechte zum Tragen. Wenn der quotale Unternehmenswert im Wege einer indirekten Anteilsbewertung auf Basis des Wertes des Unternehmens als Ganzes ermittelt wird, hat auch eine Aufteilung des Gesamtwerts der Herrschaftsrechte auf die einzelnen Aktien zu erfolgen.[39] Da an der Börse aber regelmäßig Minderheitsanteile gehandelt werden, fließen i. d. R. keine Herrschaftsrechte in den Börsenkurs ein, weshalb er zumeist einen dahingehenden Minderheitsabschlag verzeichnet.[40] Aufgrund der Tatsache, dass sich aus dem Börsenkurs nur das Ergebnis des Preisbildungsprozesses ablesen lässt, kann auch keine sichere Aussage darüber getroffen werden, inwiefern Herrschaftsrechte in ihm Berücksichtigung gefunden haben.[41] Eine angemessene Abfindung ist folglich nicht gesichert. Auch in Hinsicht auf die divergierenden diversifikationsbedingten Wertdeterminanten ist ein Börsenkurs als alleinige Bewertungsgrundlage abzulehnen. Sofern der quotale Unternehmenswert als abgeleiteter Fundamentalwert auf Basis des Wertes des Gesamtunternehmens ermittelt wird, darf nicht auf den Börsenkurs abgestellt werden. Schließlich preist er nicht das unternehmensspezifische unsystematische Risiko aus der Sicht eines Gesamtunternehmensträgers mit ein.[42] Darüber hinaus bildet der Börsenkurs auch nur die Grenzpreise derjenigen ab, die im konkreten Zeitraum Aktien erworben oder veräußert haben.[43] Der Grenzpreis eines Aktionärs, der vor dem Bekanntwerden der Maßnahme nicht zum Börsenkurs verkauft hat, wird hingegen über jenem liegen.[44] Damit liefert der Börsenkurs keine Wertindikation für einen typischen Daueranleger, womit er sich nicht zur Ermittlung des quotalen Unternehmenswerts eignet.[45] Die Kritik an dieser Sichtweise

---

[38] *Adolff*, Unternehmensbewertung im Recht der börsennotierten Aktiengesellschaft, S. 377–378.

[39] *Schulte/Köller/Luksch*, WPg 2012, 380–395, (384–385).

[40] *Schulte/Köller/Luksch*, WPg 2012, 380–395, (386); vgl. *Ruthardt*, Normzweckkonforme Unternehmensbewertung und Abfindungsbemessung beim aktienrechtlichen Squeeze Out, S. 208–209; vgl. *Winner*, Wert und Preis im Zivilrecht, S. 467.

[41] *Schulte/Köller/Luksch*, WPg 2012, 380–395, (386, 389).

[42] *Adolff*, Unternehmensbewertung im Recht der börsennotierten Aktiengesellschaft, S. 75–76.

[43] *Ruthardt/Hachmeister*, WPg 2016, 411, 414; *Ruthardt*, Normzweckkonforme Unternehmensbewertung und Abfindungsbemessung beim aktienrechtlichen Squeeze Out, S. 67–68; *Weimann*, Spruchverfahren nach Squeeze-out, S. 156 § 6; vgl. *Karami*, Unternehmensbewertung in Spruchverfahren beim „Squeeze out“, S. 130–131.

[44] *Follert*, Zur Unternehmensbewertung im Spruchverfahren aus interessentheoretischer Sicht, S. 87; *Ruthardt/Hachmeister*, WPg 2016, 411, 414–415; *Ruthardt*, Normzweckkonforme Unternehmensbewertung und Abfindungsbemessung beim aktienrechtlichen Squeeze Out, S. 68; *Weimann*, Spruchverfahren nach Squeeze-out, S. 156 § 6; vgl. *Großfeld/Egger/Tönnes*, Recht der Unternehmensbewertung, S. 295–296 Rn. 1221; vgl. *Karami*, Unternehmensbewertung in Spruchverfahren beim „Squeeze out“, S. 131.

[45] *Ruthardt/Hachmeister*, WPg 2016, 411, 415; vgl. *Karami*, Unternehmensbewertung in Spruchverfahren beim „Squeeze out“, S. 138, der vom „anlageorientierten“ Minderheitsaktionär spricht; vgl. *Weimann*, Spruchverfahren nach Squeeze-out, S. 155–156 § 6. Siehe

fruchtet nicht, wonach ein verbleibender Aktionär mit einem über dem Börsenkurs liegenden Grenzpreis weitere Aktien der Gesellschaft erwerben müsste und das Fehlen derartiger Käufe vielmehr auf einen niedrigeren Grenzpreis jener hindeuten würde.[46] So sind die Aktionäre mit Blick auf die Ertrags- und Risikoaspekte in ihrem Portfolio nicht immer bereit, weitere Aktien des Unternehmens zu erwerben.[47] Möglicherweise können sie auch anderweitige lukrativere Investitionen tätigen oder zum Erwerb zusätzlicher Aktien aus finanziellen Gründen nicht in der Lage sein.

Ungeachtet dessen erweist sich ein derartiger Minderheitsabschlag als unzulässig. Ihm werden Gleichbehandlungsgesichtspunkte entgegengehalten.[48] Allerdings erfasst der aktienrechtliche Gleichbehandlungsgrundsatz des § 53a AktG nach überwiegender Auffassung lediglich das Verhältnis zwischen Aktionär und Gesellschaft oder Gesellschaftsorgan, nicht aber das Verhältnis der Aktionäre untereinander.[49] Dabei spielt sich der Abfindungskonflikt gerade zwischen den Aktionären ab.[50] Dennoch lässt sich eine notwendige Gleichbehandlung aus dem Prinzip der nach dem Verhältnis der geleisteten Einlagen zu vollziehenden Erfolgsaufteilung ableiten.[51] Demnach haben sämtliche Aktionäre entsprechend ihrer geleisteten Einlagen am finanziellen Erfolg des Unternehmens teil.[52] Hieraus folgt, dass den Aktionären eine gleichhohe subjektive Wertbeziehung zur AG zu unterstellen ist und ein einheitlicher Unternehmenswert im Verhältnis der Aktionäre untereinander zugrunde gelegt werden muss.[53] Vor diesem Hintergrund sind die Aktionäre als

---

zudem die Erörterungen zur Wertindikation eines typischen Daueranlegers als Maßstab des quotalen Unternehmenswerts (§ 1) und der unzureichenden Darstellung hiervon durch den Börsenkurs aufgrund einer mangelnden Markteffizienz (§ 2).

[46] So aber *Schwetzler*, FS Großfeld (2020), S. 401, 414.

[47] *Großfeld/Egger/Tönnes*, Recht der Unternehmensbewertung, S. 296 Rn. 1223.

[48] *Ruthardt*, Normzweckkonforme Unternehmensbewertung und Abfindungsbemessung beim aktienrechtlichen Squeeze Out, S. 93, 208; *Ruthardt*, NZG 2014, 972, 977–978; *Ruthardt*, NZG 2015, 1387, 1390; *Winner*, Wert und Preis im Zivilrecht, S. 468–469.

[49] *Adolff*, Unternehmensbewertung im Recht der börsennotierten Aktiengesellschaft, S. 360; *Ruthardt*, Normzweckkonforme Unternehmensbewertung und Abfindungsbemessung beim aktienrechtlichen Squeeze Out, S. 93; *Ruthardt*, NZG 2014, 972, 978.

[50] *Adolff*, Unternehmensbewertung im Recht der börsennotierten Aktiengesellschaft, S. 360; *Ruthardt*, Normzweckkonforme Unternehmensbewertung und Abfindungsbemessung beim aktienrechtlichen Squeeze Out, S. 93–94; *Ruthardt*, NZG 2014, 972, 978.

[51] *Adolff*, Unternehmensbewertung im Recht der börsennotierten Aktiengesellschaft, S. 360–361; *Ruthardt*, Normzweckkonforme Unternehmensbewertung und Abfindungsbemessung beim aktienrechtlichen Squeeze Out, S. 94; *Ruthardt*, NZG 2014, 972, 978; *Ruthardt*, NZG 2015, 1387, 1390.

[52] *Adolff*, Unternehmensbewertung im Recht der börsennotierten Aktiengesellschaft, S. 361; *Ruthardt*, Normzweckkonforme Unternehmensbewertung und Abfindungsbemessung beim aktienrechtlichen Squeeze Out, S. 94; *Ruthardt*, NZG 2014, 972, 978; *Ruthardt*, NZG 2015, 1387, 1390–1391.

[53] *Adolff*, Unternehmensbewertung im Recht der börsennotierten Aktiengesellschaft, S. 361.

quotale Träger des Unternehmens zu betrachten.[54] Besagten Gleichbehandlungserwägungen folgend verbietet sich ein Minderheitsabschlag im Rahmen einer angemessenen Abfindung. Überdies dürfen einem Mehrheitsaktionär auch keine Sondervorteile zu Lasten der Aktionärsminderheit gewährt werden.[55] Somit widerspricht ein Minderheitsabschlag den aktienrechtlichen Grundprinzipien.[56] Die fehlende Abbildung des reinen Kontrollwerts und der Sondervorteile streitet gegen eine alleinige Berücksichtigung des Börsenkurses.[57]

Stellt man auf den Börsenkurs zur Unternehmensbewertung ab, schlagen sich etwaige Minderheitsabschläge im Bewertungsergebnis nieder.[58] Eine angemessene Abfindung mitsamt einer sachgerechten Ermittlung des quotalen Unternehmenswerts kann sodann nicht mehr gewährleistet werden. Im Falle einer Alleinmaßgeblichkeit des Börsenkurses besteht die Gefahr einer zu niedrigen Abfindungszahlung. Da aus dem Börsenkurs nur das Ergebnis des Preisbildungsprozesses abgelesen werden kann, lässt sich überdies auch nicht überprüfen, ob und inwiefern Herrschaftsrechte in ihn eingepreist wurden.[59] Angesichts der naheliegenden Unterbewertung und ihrer mangelnden Nachprüfbarkeit erfolgt ein unzureichender Anlegerschutz, sofern der Börsenkurs als einziger Maßstab des quotalen Unternehmenswert angesetzt wird.

Zur Darstellung des Deinvestitionswerts ist der Börsenkurs aber weiterhin geeignet. Schließlich kommt es hierbei gerade auf den liquiden Minderheitswert an. Schließlich wird die Aktie in diesem Kontext als bloßes Handelsobjekt und nicht als Anteil des arbeitenden Unternehmens betrachtet. Hierbei gilt es, die hypothetische Veräußerungsmöglichkeit zu ersetzen. Auch stellt der Börsenkurs in Gestalt des Deinvestitionswerts lediglich die Untergrenze der Abfindung dar. In Anbetracht der Tatsache, dass der Börsenkurs nicht immer zwingend unter dem inneren Wert des Unternehmens liegen muss, sollte er grundsätzlich als Mindestabfindung Berücksichtigung finden.

Ebenso dürften Börsenkurse grundsätzlich noch im Rahmen eines indirekten Marktbezugs bei einer fundamentalen Unternehmensbewertung zur Ermittlung des quotalen Unternehmenswerts zum Einsatz kommen. Der Sachverständige kann den Börsenkurs im Kontext zu den ihm vorliegenden unternehmensinternen Daten und

---

[54] *Ruthardt*, Normzweckkonforme Unternehmensbewertung und Abfindungsbemessung beim aktienrechtlichen Squeeze Out, S. 95.

[55] *Ruthardt*, Normzweckkonforme Unternehmensbewertung und Abfindungsbemessung beim aktienrechtlichen Squeeze Out, S. 96; *Ruthardt*, NZG 2014, 972, 978–979.

[56] *Ruthardt*, Normzweckkonforme Unternehmensbewertung und Abfindungsbemessung beim aktienrechtlichen Squeeze Out, S. 96.

[57] Vgl. *Ruthardt*, Normzweckkonforme Unternehmensbewertung und Abfindungsbemessung beim aktienrechtlichen Squeeze Out, S. 208–209.

[58] *Coates*, University of Pennsylvania Law Review 1999, Vol. 147, No. 6, 1251, 1285; *Winner*, Wert und Preis im Zivilrecht, S. 468.

[59] *Schulte/Köller/Luksch*, WPg 2012, 380, 389.

seinen eigenen Prognosen betrachten und bei naheliegenden Minderheitsabschlägen modifizieren oder durch anderweitige Schätzwerte ersetzen. Ohnehin kämen Börsenkurse allenfalls als Baustein innerhalb einer gutachterlichen Bewertung und nicht als allein maßgebliche Bewertungsgrundlage zur Verwendung.

Zusammengefasst ist der Börsenkurs als alleiniger Bewertungsmaßstab des quotalen Unternehmenswerts aufgrund des naheliegenden Minderheitsabschlags grundsätzlich ungeeignet. Dahingehend ist von einem unzulässigen Minderheitsabschlag auf Kompensationsebene auszugehen. Lediglich bei der Berechnung des Deinvestitionswerts und im Wege des indirekten Marktbezugs kann noch grundsätzlich auf Börsenkurse abgestellt werden.

C. Vergleich mit fundamentaler Unternehmensbewertung

Angesichts dessen offenbart sich die Überlegenheit einer fundamentalen Unternehmensbewertung. Bei einer solchen führt ein Sachverständiger gerade eine Bewertung des Gesamtunternehmens und nicht nur der einzelnen Aktie durch. Hierbei kann er sowohl Herrschafts- und Kotrollrechte auf der Kompensationsebene[60] berücksichtigen und Minderheitsabschläge aus dem Bewertungsergebnis ausnehmen[61]. Anders als bei einer Börsenkursorientierung ist es in einem Gutachten möglich, die Bewertungsperspektive des typisierten Gesamtunternehmenserwerbers einzunehmen.[62] Dementsprechend ermöglicht dieses Vorgehen im Unterschied zum Börsenkurs eine Unternehmensbewertung unter Zugrundelegung des nach der hier vertretenen Auffassung erforderlichen Bewertungssubjekts für den quotalen Unternehmenswert der Abfindung.[63] Anders als der Börsenkurs ist eine fundamentale Unternehmensbewertung aufgrund ihrer Dokumentation auch nachprüfbar und intersubjektiv nachvollziehbar[64], was auch die Abstraktion etwaiger Minderheitsabschläge betreffen dürfte.

---

[60] Vgl. *Schulte/Köller/Luksch*, WPg 2012, 380, 392, 394 bzgl. der Ertragswertmethode.

[61] Vgl. *Popp/Ruthardt*, WPg 2017, 1222, 1228.

[62] Zu diesem Vorgehen siehe *Adolff*, Unternehmensbewertung im Recht der börsennotierten Aktiengesellschaft, S. 391–392.

[63] Vgl. *Schulte/Köller/Luksch*, WPg 2012, 380, 392, 394, die keine abschließende Stellung zum Bewertungssubjekt bei der Unternehmensbewertung beziehen, aber aufzeigen, dass im Ertragswertverfahren der Wert des Gesamtunternehmens sowohl aus Sicht des bisherigen als auch Sicht des potenziellen Eigentümers ermittelt werden kann. Siehe zu dem hier vertretenen Bewertungssubjekt: § 1 B.I.1.a)bb).

[64] Vgl. *Schulte/Köller/Luksch*, WPg 2012, 380, 393.

D. Fazit: Minderheitsabschläge

Wie sich gezeigt hat, verzeichnet der Börsenkurs unzulässige Minderheitsabschläge auf der Kompensationsebene, deren konkretes Vorliegen und Ausmaß auch nicht auf Basis einer Börsenkursuntersuchung überprüft werden kann. Demgemäß ist der Börsenkurs nicht als alleiniger Bewertungsmaßstab des quotalen Unternehmenswerts bei der Abfindung geeignet. Er wird i. d. R. nur den Wert eines einzelnen Anteils und nicht des gesamten Unternehmens darstellen, welchen es gerade einzuschätzen gilt. Vor diesem Hintergrund kann der Börsenkurs lediglich im Rahmen des Deinvestitionswerts und eines indirekten Marktbezugs bei einer fundamentalen Unternehmensbewertung herangezogen werden. Ein allein maßgeblicher Börsenkurs hingegen geht mit der Gefahr einer zu niedrigen Abfindungszahlung einher. Sonach würde dieses Vorgehen zu einer einseitigen Belastung der Abfindungsberechtigten führen.

Der aufgrund von Minderheitsabschlägen fehlenden Bewertungseignung des Börsenkurses könnte allenfalls im Wege einer Bereinigung begegnet werden.[65] Vor dem Hintergrund der konzeptionellen Kritik an Börsenkursen ist einem solchen Vorgehen aber mit Zweifeln zu begegnen.

[65] Siehe hierzu: § 6.

§ 4 Macht- und Informationsasymmetrie

Neben den vorangegangenen Kritikpunkten der unzureichenden Kapitalmarkteffizienz und der unzulässigen Minderheitsabschläge wird das Phänomen der Macht- und Informationsasymmetrie gegen eine Unternehmensbewertung durch den Börsenkurs angeführt.[1] Dementsprechend ist sich dieser Problematik und des damit verbundenen *Lemon-Market-Effect* anzunehmen. Im Anschluss bietet sich ein Vergleich mit der alternativen fundamentalen Unternehmensbewertung und der Informationsgrundlage des Sachverständigen an. Abschließend wird unter Bezugnahme auf die aktuelle Forschungslage auf die Frage eingegangen, ob bei der Börsenkursorientierung eine systematische Unterbewertung stattfindet.

A. Informations- und Machtasymmetrien

Von entscheidender Bedeutung für die Frage nach der Bewertungsrelevanz des Börsenkurses ist das Informations- und Machtungleichgewicht zulasten der Abfindungsberechtigten und der Marktteilnehmer.

I. Informationsasymmetrie

Eine Informationsasymmetrie liegt immer dann vor, wenn eine Partei hinsichtlich eines Umstandes einen Informationsvorsprung vor einer anderen Partei hat.[2]

Insbesondere am Kapitalmarkt kommt eine Informationsasymmetrie zum Tragen.[3] So stellen Finanzinstrumente Vertrauensgüter dar, deren Qualität für die Anleger weder von vornherein erkennbar noch im Nachhinein erlernbar ist, sondern dem Vertrauen obliegt.[4] Dabei verfügen vor allem Kleinanleger nicht über sämtliche wertrelevante Informationen, die dem Emittenten bekannt sind.[5] Es ist zu be-

---

[1] So etwa *Burger*, NZG 2012, 281, 289.

[2] Augier/Teece/*Brown*, The Palgrave Encyclopedia of Strategic Management, Asymmetric Information, S. 1; vgl. *Burger*, Die Maßgeblichkeit von Börsekursen für die Bemessung der Barabfindung beim Gesellschafterausschluss, S. 253; vgl. *Große-Frericks*, Die Angemessenheit des Entgelts für die Übertragung von Eigentumsrechten als Problem rechtsgeprägter Unternehmensbewertung, S 402.

[3] EBJS-HGB/*Poelzig*, Vor. WpHG Rn. 26; *Poelzig*, Kapitalmarktrecht, S. 19 § 1 Rn. 38.

[4] EBJS-HGB/*Poelzig*, Vor. WpHG Rn. 26; *Poelzig*, Kapitalmarktrecht, S. 19 § 1 Rn. 38.

[5] EBJS-HGB/*Poelzig*, Vor. WpHG Rn. 26; *Poelzig*, Kapitalmarktrecht, S. 19 § 1 Rn. 38.

achten, dass die Existenz von Informationsasymmetrien der strengen Form der Informationseffizienz widerspricht.[6]

Die Problematik der asymmetrischen Informationsverteilung zeigt sich bei Aktiengesellschaften in vielerlei Weise. Im Vergleich zu den Anteilseignern eines Unternehmens verfügt die Unternehmensleitung über einen Informationsvorsprung zur Unternehmenslage.[7] Es bestehen vertikale Informationsungleichgewichte zwischen dem Vorstand und den Aktionären.[8] Die oftmals zu beobachtende selektive Informationsweitergabe an Mehrheitsaktionäre oder beherrschende Aktionäre führt hingegen zu Informationsasymmetrien im Horizontalverhältnis zwischen den Aktionären.[9] So wird etwa ein herrschendes Unternehmen bzw. ein Mehrheitsaktionär genügend Einfluss über eine Gesellschaft haben, um über wertrelevante Informationen zu jener zu verfügen, von denen ihre Minderheitsaktionäre keine Kenntnis haben.[10] Insbesondere verfügen Mehrheitsaktionäre, die im Vorstand und Aufsichtsrat der Gesellschaft vertreten sind, über einen strukturellen Informationsvorsprung.[11] Insbesondere bei Squeeze-outs werden die spezifischen Informationsregelungen zum Informationsvorsprung des Mehrheitsaktionärs gegenüber den Minderheitsaktionären beitragen. Angesichts des § 327b Abs. 1 S. 2 AktG hat der Vorstand der betroffenen AG den Hauptaktionär über alle bewertungsrelevanten Gesichtspunkte zu informieren.[12] Im Rahmen dessen können ihm keine Informationen auf Basis des § 131 Abs. 3 AktG oder aus anderen Gründen verweigert werden.[13] Da dem Mehrheitsaktionär die Informationen nicht aufgrund seiner Aktionärseigenschaft, sondern wegen seines Übertragungsverlangens und seiner besonderen Stellung erteilt wurden, besteht auch kein Auskunftsanspruch der Min-

[6] So auch *FAUB*, AG 2021, 588, 589 Rn. 7, wo sich gegen eine Alleinmaßgeblichkeit des Börsenkurses ausgesprochen wird.

[7] *Gude*, Strukturänderungen und Unternehmensbewertung zum Börsenkurs, S. 358.

[8] *Koch*, ZGR 2020, 183, 189–191, 214–215; vgl. *Gude*, Strukturänderungen und Unternehmensbewertung zum Börsenkurs, S. 358.

[9] *Koch*, ZGR 2020, 183, 198–200, 205, 206, 215. Die Informationsweitergabe an den abfindungspflichtigen Mehrheitsaktionär im Vorfeld der Barabfindungsfälle führt auch *Adolff*, Unternehmensbewertung im Recht der börsennotierten Aktiengesellschaft, S. 348 ins Feld.

[10] *Gude*, Strukturänderungen und Unternehmensbewertung zum Börsenkurs, S. 358; *Ruthardt*, Normzweckkonforme Unternehmensbewertung und Abfindungsbemessung beim aktienrechtlichen Squeeze Out, S. 64.

[11] *Weimann*, Ertragswert und Börsenwert, S. 259 § 13, S. 272–273 § 13.

[12] BeckOGK-AktG/*Singhof*, § 327b AktG Rn. 11; Emmerich/Habersack/*Habersack* AktG, § 327b AktG Rn. 5; Hüffer/Koch/*Koch* AktG, § 327b Rn. 20; MüKo-AktG/*Grunewald*, § 327b AktG Rn. 4–5; vgl. *Weimann*, Spruchverfahren nach Squeeze-out, S. 129 § 6. Der Streitstand dahingehend, ob der Informationsanspruch gegen den Vorstand oder die AG selbst gerichtet ist, hat für diese Arbeit keine weitergehende Bedeutung.

[13] BeckHdB-AG/*Goslar*, § 15 Rn. 25; MüKo-AktG/*Grunewald*, § 327b AktG Rn. 5; vgl. BeckOGK-AktG/*Singhof*, § 327b AktG Rn. 11; vgl. Emmerich/Habersack/*Habersack* AktG, § 327b AktG Rn. 5.

derheitsaktionäre aus § 131 Abs. 4 AktG.[14] Demgemäß verfügt er über einen Informationsvorsprung vor der Minderheit, der es ihm ermöglicht, den Wert des Unternehmens und etwaige Abweichungen des Börsenkurses vom Fundamentalwert besser als jene einzuschätzen.[15] Dies gilt in Anbetracht der gemäß § 62 Abs. 5 S. 8 UmwG i. V. m. § 327b Abs. 1 S. 2 AktG erforderlichen Information des Hauptaktionärs[16] ebenso beim verschmelzungsrechtlichen Squeeze-out. Darüber hinaus können auch zwischen den Minderheitsaktionären Informationsasymmetrien auftreten, wenn sich unter ihnen professionell agierende Anleger befinden, die unternehmensinterne Informationen erwerben.[17]

Gerade die asymmetrische Informationsverteilung zwischen Mehrheit und Minderheit ist für die hier untersuchten Fallgruppen von Interesse. Schließlich steht hierbei i. d. R. ein Mehrheitsaktionär den abfindungsberechtigten Minderheitsaktionären gegenüber. Diesbezüglich sind die Interessenlagen bei den verschiedenen Fallgruppen von Bedeutung.[18]

In den Barabfindungsfällen besteht ein vertikaler Interessenkonflikt zwischen der in der Gesellschaft verbleibenden Mehrheit und der herausgedrängten Minderheit.[19] Im Rahmen dessen kommt dem Mehrheitsaktionär eine möglichst geringe, dem Minderheitsaktionär hingegen eine möglichst hohe Abfindungszahlung zugute. Dabei sollte der abfindungspflichtige Mehrheitsaktionär oftmals über einen Informationsvorsprung vor der Aktionärsminderheit verfügen.[20] Vor allem im Vorfeld eines Squeeze-out wird eine Informationsasymmetrie zugunsten des Hauptaktionärs vorliegen.[21]

Ähnlich gestaltet sich die Lage bei den Umtauschfällen, bei der sich vertikale und horizontale Interessenkonflikte verschränken. Im Rahmen dieser Fälle hat nur die Aktionärsminderheit der übertragenden bzw. beherrschten Gesellschaft ein Interesse an einem für deren Aktionäre günstiges Umtauschverhältnis. Für die Mehrheit besagter Gesellschaft besteht aufgrund ihrer Doppelrolle bezüglich des

---

[14] OLG Düsseldorf, Beschl. v. 16.01.2004 – I-16 W 63/03 = NZG 2004, 328, 333–334; BeckHdB-AG/*Goslar*, § 15 Rn. 25; BeckOGK-AktG/*Singhof*, § 327b AktG Rn. 11; Emmerich/Habersack/*Habersack* AktG, § 327b AktG Rn. 5; Hüffer/Koch/*Koch* AktG, § 327b Rn. 20; MüKo-AktG/*Grunewald*, § 327b AktG Rn. 5.

[15] *Weimann*, Spruchverfahren nach Squeeze-out, S. 4–5, 129 § 6.

[16] *Schockenhoff/Lumpp*, ZIP 2013, 749, 753–754.

[17] *Karami*, Unternehmensbewertung in Spruchverfahren beim „Squeeze out", S. 141.

[18] Siehe bereits: § 1.

[19] *Adolff*, Unternehmensbewertung im Recht der börsennotierten Aktiengesellschaft, S. 442–443.

[20] *Adolff*, Unternehmensbewertung im Recht der börsennotierten Aktiengesellschaft, S. 348, der hierbei auf die Informationsweitergabe an diesen verweist.

[21] *Ruthardt/Hachmeister*, NZG 2014, 41, 45; *Ruthardt*, Normzweckkonforme Unternehmensbewertung beim aktienrechtlichen Squeeze Out, S. 64–66; *Ruthardt*, NZG 2014, 972, 976, 979; *Ruthardt*, NZG 2015, 1387, 1390; vgl. *Weimann*, Spruchverfahren nach Squeeze-out, S. 4, S. 129 § 6, S. 153 § 6; vgl. *Winner*, Wert und Preis im Zivilrecht, S. 465.

absorbierenden bzw. herrschenden Unternehmens und ihrer Beteiligung auf beiden Seiten der Transaktion vielmehr der Anreiz, auf ein ungünstiges Umtauschverhältnis hinzuwirken.[22]

Anders sieht es bei den Umtauschfällen mit rein horizontalen Interessenkonflikten aus. In besagten Konstellationen, in denen die an der Tauschaktion beteiligten Gesellschaften zuvor voneinander unabhängig waren, besteht ein Interessengleichlauf zwischen den Mehrheits- und den Minderheitsaktionären innerhalb der jeweiligen Gesellschaft. Da sich die Relationsbewertung zulasten aller Aktionäre einer Gesellschaft verschiebt, kann die Mehrheit der Minderheit „ihrer" Gesellschaft kein Vermögensopfer aufbürden, ohne dieses gleichermaßen selbst zu erbringen.[23] Vielmehr werden die Aktionäre und die Unternehmensleitung dazu geneigt sein, ein möglichst vorteilhaftes Umtauschverhältnis für ihre Gesellschaft zu erzielen. Dabei dürften die Mehrheitsaktionäre und das Management über eine tiefergehende Informationsgrundlage zu ihrer Gesellschaft als die restlichen Marktteilnehmer verfügen.

Etwas vielschichtiger stellt sich die Interessenlage im Rahmen eines Insolvenz- oder Restrukturierungsverfahrens dar. So stehen sich bei den hier relevanten Fällen der § 225a Abs. 2, 3, 5 InsO und § 7 Abs. 4 StaRUG die betroffenen Aktionäre als Gläubiger und ihre Gesellschaft als Schuldnerin gegenüber. In einer Krise werden die Anteilseigner eine möglichst hohe Bewertung des Unternehmens anstreben, wobei ihre Interessen von denen der übrigen Gläubiger abweichen können.[24] Die Geschäftsführung dürfte anhand ihrer Stellung und ihrer oftmals bestehenden Beteiligung am Unternehmenserfolg grundsätzlich im Interesse ihrer Anteilseigner agieren.[25] Allerdings werden die ihr Aktieneigentum aufgrund eines *Deb-Equity-Swaps* oder einer anderweitigen gesellschaftsrechtlich zulässigen Regelung verlierenden Aktionäre eine möglichst hohe Abfindung anstreben, wohingegen das Management versucht sein wird, die Zahlung nach Möglichkeit gering zu halten. Dabei

---

[22] Vgl. *Adolff*, Unternehmensbewertung im Recht der börsennotierten Aktiengesellschaft, S. 445–448, 511, der Verschmelzungen von Tochter auf Mutter (*upstream merger*), von Mutter auf Tochter (*downstream merger*) sowie zwischen Schwestergesellschaften mit stark unterschiedlichem Beteiligungsgrad der Minderheit und Sachkapitalerhöhungen mit Bezugsrechtsausschluss innerhalb der Unternehmensgruppe als auch Abfindungen in Aktien bei einer Eingliederung oder der Begründung eines Vertragskonzerns als solche Fälle einordnet; vgl. Fleischer/Hüttemann/*Adolff/Häller*, RhB Unternehmensbewertung, § 18 Rn. 18.11–18.12 zum *upstream merger.*

[23] Vgl. *Adolff*, Unternehmensbewertung im Recht der börsennotierten Aktiengesellschaft, S. 443–445, 447, 510, welcher die Verschmelzung zwischen unverbundenen Gesellschaften und zwischen Schwestergesellschaften, an denen die Minderheit jeweils gleich hohe Beteiligungen hält, sowie Sachkapitalerhöhungen mit Bezugsrechtsausschluss außerhalb der Unternehmensgruppe als derartige Konstellationen benennt; vgl. Fleischer/Hüttemann/*Adolff/Häller*, RhB Unternehmensbewertung, § 18 Rn. 18.5–18.9, die sich hierbei auf die Verschmelzung zuvor unabhängiger Gesellschaften (echte Fusion/*merger of equals*) beziehen.

[24] Buth/Hermanns/*Fröhlich*, Restrukturierung, Sanierung, Insolvenz, § 40 Rn. 74.

[25] Buth/Hermanns/*Fröhlich*, Restrukturierung, Sanierung, Insolvenz, § 40 Rn. 74.

besteht die Gefahr, dass der Vorstand seinen Informationsvorsprung gegenüber den Aktionären ausnutzen könnte. Vor allem bei Krisenunternehmen liegen Informationsasymmetrien nahe.[26] Schließlich können gerade diese eine unvollständige Datenlage und Dokumentation vorweisen.[27]

Mithin verfügt der Abfindungspflichtige sowohl gegenüber den Abfindungsberechtigten als auch den übrigen Marktteilnehmern über einen Informationsvorsprung. Es liegt in seinem Interesse, diesen zwecks einer möglichst niedrigen Kompensation auszunutzen.

Allenfalls könnte dieser Problematik mittels Publizitätspflichten entgegengewirkt werden, was in Anbetracht der Tatsache, dass nicht sämtliche unternehmensspezifischen Informationen an die Öffentlichkeit kommuniziert werden, zu bezweifeln ist.[28] So besteht etwa aufgrund der mangelnden Offenlegung von stillen Reserven[29] sowie der Unternehmensplanung und detaillierten Informationen zu Werttreibern[30] eine entsprechende Informationsasymmetrie. Ferner werden dem Markt die Prognosen hinsichtlich Zukunftserträgen und damit zentrale wertbildende Informationen nicht vollumfänglich mitgeteilt.[31] Auch dürfte die Geschäftsleitung und der Mehrheitsaktionär nicht daran interessiert sein, den Informationsstand der übrigen Aktionäre anzugleichen, wobei sie oftmals schon aus insiderrechtlichen Gründen hieran gehindert werden.[32] Angesichts der auftretenden Interessenkonflikte zwischen Mehrheit und Minderheit sollte es erstgenannter Partei an ihrem Wissensvorsprung gelegen sein.

---

[26] Buth/Hermanns/*Fröhlich*, Restrukturierung, Sanierung, Insolvenz, § 40 Rn. 73.

[27] Buth/Hermanns/*Fröhlich*, Restrukturierung, Sanierung, Insolvenz, § 40 Rn. 73.

[28] So auch die Kritik bei *Schulte/Köller/Luksch*, WPg 2012, 380, 386, 388. Zur Information der Marktteilnehmer durch Publizitätspflichten siehe: § 6 A.III.3. Auf die für einen bewertungsgeeigneten Börsenkurs erforderlichen Informationspflichten wird in dieser Arbeit nicht weiter eingegangen. Dieser Thematik ist ein separates Werk gewidmet.

[29] Vgl. *Bimberg*, Unternehmensübernahmen und Erwerbsangebote in Deutschland, S. 77–78; vgl. Bürgers/Körber/Lieder/*Ruiz de Vargas*, AktG, Anh. § 305 AktG Rn. 49d; vgl. *Großfeld/Egger/Tönnes*, Recht der Unternehmensbewertung, S. 25 Rn. 104; vgl. *Kallweit*, Die angemessene Abfindung beim übernahmerechtlichen Squeeze-out, S. 75 § 2.

[30] Vgl. *Schulte/Köller/Luksch*, WPg 2012, 380, 386.

[31] Dreier/Fritzsche/Verfürth/*Dreier*, SpruchG, Annex zu § 11 SpruchG Rn. 192, der diesen Umstand gegen ein alleiniges Abstellen auf den Börsenkurs anführt.

[32] *BRAK*, Stellungnahme Nr. 37/2015, S. 5; *IDW*, Stellungnahme v. 14.09.2015 für den Finanzausschuss, S. 2.

II. Rationale Ignoranz

Nebst der eingeschränkten Informationsgrundlage der Minderheitsaktionäre tritt zudem das Phänomen der sog. rationalen Ignoranz auf.[33] Als rationale Ignoranz beschreibt man den Vorgang, wonach Informationen, bei denen die Verarbeitungskosten ihren Nutzen übersteigen, nicht für eine Entscheidung herangezogen werden.[34] Gerade bei Kleinaktionären wird der Aufwand einer detaillierten Unternehmensanalyse in keinem Verhältnis zur vergleichsweise geringen finanziellen Beteiligung am Unternehmen stehen, womit diese sich eher auf den Börsenkurs verlassen werden.[35] Dementsprechend besteht die Gefahr, dass ein Marktteilnehmer und insbesondere ein Minderheitsaktionär selbst dann, wenn ihm zentrale Unternehmensdaten zugänglich sind, diese nicht bei seiner Entscheidungsfindung heranziehen wird. Dieser Umstand erzeugt und verstärkt eine Informationsasymmetrie.

III. Machtasymmetrie und opportunistische Verhaltensweisen

Eng verknüpft mit den aufgezeigten Informationsungleichgewichten ist das Problem der Machtasymmetrie bei einem abfindungsrelevanten Börsenkurs.

So wird ein Mehrheitsaktionär bzw. ein herrschendes Unternehmen aufgrund seiner überlegenen Informationsgrundlage besser als die restlichen Marktteilnehmer einschätzen können, ob der Börsenkurs den wahren Unternehmenswert über- oder untertrifft, und zudem den Zeitpunkt einer abfindungsauslösenden Strukturmaßnahme allein in der Hand haben, sodass ein günstiger Kurs ausgenutzt werden kann.[36] Im Rahmen dessen lässt sich eine krisenbedingte Unterbewertung an der

---

[33] *Kallweit*, Die angemessene Abfindung beim übernahmerechtlichen Squeeze-out, S. 104 § 2; siehe zudem *Adolff*, Unternehmensbewertung im Recht der börsennotierten Aktiengesellschaft, S. 352 Fn. 1895 zur rationalen Apathie von Streubesitzaktionären.

[34] *Bayern*, California Law Review, 2009, Vol. 97, No. 3, 943, 943–945; vgl. *Downs*, Journal of Political Economy, 1957, Vol. 65, No. 2, 135, 148–149; vgl. *Kallweit*, Die angemessene Abfindung beim übernahmerechtlichen Squeeze-out, S. 104 § 2.

[35] *Kallweit*, Die angemessene Abfindung beim übernahmerechtlichen Squeeze-out, S. 104 § 2; auf die für Privatanleger i. d. R. zu hohen Beschaffungskosten für unternehmensinterne Informationen hinweisend *Karami*, Unternehmensbewertung in Spruchverfahren beim „Squeeze out", S. 141.

[36] *Bimberg*, Unternehmensübernahmen und Erwerbsangebote in Deutschland, S. 238; *BRAK*, Stellungnahme Nr. 37/2015, S. 5; *Gude*, Strukturänderungen und Unternehmensbewertung zum Börsenkurs, S. 358–359; *Fleischer*, ZGR 2002, 757, 779; *Ruthardt/Hachmeister*, CF 2014, 174, 176; *Ruthardt*, Normzweckkonforme Unternehmensbewertung und Abfindungsbemessung beim aktienrechtlichen Squeeze Out, S. 64–65; vgl. *Gegler*, BKR 2016, 273, 277; vgl. *Karami*, Unternehmensbewertung in Spruchverfahren beim „Squeeze out", S. 16; vgl. *Schulte/Köller/Luksch*, WPg 2012, 380, 388; vgl. *Schwetzler*, FS Großfeld (2019), S. 401, 408–409; vgl. *Weimann*, Spruchverfahren nach Squeeze-out, S. 153 § 6; wohl auch *Adolff*, Unternehmensbewertung im Recht der börsennotierten Aktiengesellschaft, S. 348; in diese Richtung bereits *Drukarczyk*, AG 1973, 357, 362.

Börse abwarten.[37] Als anschauliches Beispiel kann auf die *Causa Rocket Internet* verwiesen werden, bei welcher es zu einer Abfindung auf Basis eines infolge der Coronakrise deutlich abgesunkenen Börsenkurses kam.[38] Wird die Unternehmensbewertung allein anhand des Börsenkurses durchgeführt, müsste ein gegen seinen Willen ausscheidender Minderheitsaktionär einen möglicherweise für ihn ungünstigen Kurs als Abfindungsmaßstab hinnehmen.[39] Demgemäß birgt die Machtposition des Abfindungspflichtigen ein Ausnutzungspotenzial hinsichtlich seines Informationsvorsprungs.

Darüber hinaus besteht die Gefahr, dass der Mehrheitsaktionär durch seine Handelsaktivitäten oder durch eine aufgrund seiner hohen Beteiligung möglichen Einwirkung auf die Informationspolitik der Gesellschaft den abfindungsrelevanten Börsenkurs beeinflussen könnte.[40] Im Rahmen seiner Einflussmacht vermag er es auch, die Informations- und Entscheidungsgrundlage der Minderheitsaktionäre mitzubestimmen.[41] Dabei wird eine negative Informationspolitik zu einem weiteren Minderheitsabschlag auf den Börsenkurs führen.[42] Einen empirischen Nachweis für diesen Effekt bietet eine Studie von Daske, Bassemir und Fischer zu Squeeze-out-Verfahren.[43] Hierbei zeigte sich, dass negativ konnotierte Pressemitteilungen im Vorfeld eines Squeeze-out zu erkennbaren Kursrückgängen führten.[44] Allerdings

---

[37] *BRAK*, Stellungnahme Nr. 37/2015, S. 5.

[38] Unter Bezugnahme auf die kritischen Reaktionen hierauf *Koch*, AG 2021, 249, 249–250 Rn. 1–3 und *Redenius-Hövermann*, ZIP 2021, 485, 488–489.

[39] *Happ/Bednarz*, FS Stilz (2014), S. 219, 233–234, die dies auch vor der Möglichkeit einer gezielten Beeinflussung oder Fixierung des Stichtags durch den Hauptaktionär kritisch sehen.

[40] *Burger*, NZG 2012, 281, 286, 287–288; *Hecker*, Regulierung von Unternehmensübernahmen und Konzernrecht, Teil I, S. 227; *Ruthardt/Hachmeister*, NZG 2014, 41, 45; *Ruthardt*, Normzweckkonforme Unternehmensbewertung und Abfindungsbemessung beim aktienrechtlichen Squeeze Out, S. 65–66; *Schulte/Köller/Luksch*, WPg 2012, 380, 388; vgl. *Burger*, Die Maßgeblichkeit von Börsekursen für die Bemessung der Barabfindung beim Gesellschafterausschluss, S. 253–254; vgl. *Drukarczyk*, FS Scherrer (2004), S. 625, 635; vgl. *IDW*, Stellungnahme v. 14.09.2015 für den Finanzausschuss, S. 2; vgl. *Kallweit*, Die angemessene Abfindung beim übernahmerechtlichen Squeeze-out, S. 76–77 § 2; vgl. *Karami*, Unternehmensbewertung in Spruchverfahren beim „Squeeze out“, S. 16, 140; so auch die bereits bei *Drukarczyk*, AG 1973, 357, 364 geäußerten Bedenken. Siehe zudem (§ 6 A.III.2.b)) für die dem Abfindungspflichtigen theoretisch möglichen handels- und informationsgestützten Manipulationen.

[41] *FAUB*, AG 2021, 588, 590 Rn. 10; *FAUB*, WPg 2021, 958, 961; vgl. *Drukarczyk*, FS Scherrer (2004), S. 625, 635; vgl. *Weimann*, Spruchverfahren nach Squeeze-out, S. 153 § 6.

[42] *Karami*, Unternehmensbewertung in Spruchverfahren beim „Squeeze out“, S. 140. Zum Kritikpunkt der dem Börsenkurs inhärenten Minderheitsabschläge siehe: § 3.

[43] *Daske/Bassemir/Fischer*, zfbf 2010, 254, 254–288.

[44] *Daske/Bassemir/Fischer*, zfbf 2010, 254, 254, 271–277, 283; vgl. *Burger*, NZG 2012, 281, 288; vgl. *Kallweit*, Die angemessene Abfindung beim übernahmerechtlichen Squeeze-out S. 76–77 § 2; vgl. *Ruthardt/Hachmeister*, CF 2014, 174, 182; vgl. *Ruthardt/Hachmeister*, NZG 2014, 41, 45; vgl. *Schwetzler*, FS Großfeld (2019), S. 401, 408.

wurden besagte Kursabstiege durch den positiven Effekt der Ankündigung des Squeeze-out stark abgeschwächt.[45] Dennoch bietet die Studie einen Rückschluss auf eine mögliche gezielte Börsenkursbeeinflussung durch Mehrheitsaktionäre.[46] Dementsprechend begünstigt die Machtasymmetrie zulasten der Minderheit opportunistische Verhaltensweisen der Mehrheit.

Diese Ausnutzungsmöglichkeiten fallen besonders schwer ins Gewicht, wenn man sich die Interessenkonflikte in den verschiedenen Fallgruppen vor Augen führt.

Bei den Barabfindungsfällen stehen sich der Mehrheitsaktionär und die Minderheitsaktionäre einer Gesellschaft als Konfliktparteien mit unterschiedlichen Interessenlagen gegenüber. Dabei strebt der Mehrheitsaktionär eine möglichst niedrige, die Aktionärsminderheit hingegen eine möglichst hohe Abfindung an. Dies gilt auch für das Umtauschverhältnis bei den Umtauschfällen mit vertikalem Interessenkonflikt. Im Falle eines abfindungsrelevanten Börsenkurses wird dem Mehrheitsaktionär an einem geringen Börsenkurs gelegen sein. Aufgrund seiner überlegenen Machtposition könnte er auf einen solchen hinwirken.

Im Rahmen der Umtauschfälle mit Interessengleichlauf zwischen der Mehrheit und der Minderheit innerhalb der Gesellschaft hingegen sitzen beide Parteien im selben Boot. Der Mehrheitsaktionär dürfte nicht versucht sein, seine Machtstellung und seinen Informationsvorsprung gegenüber „seinen" Minderheitsaktionären zwecks eines bestimmten Umtauschverhältnisses auszunutzen. Schließlich profitieren beide Aktionärsgruppen gleichermaßen von einer für ihre Gesellschaft günstigen Wertrelation. Allerdings wird sich der Mehrheitsaktionär einer Gesellschaft darum bemühen, ein für sich und damit auch für seine Mitaktionäre möglichst positiv ausfallendes Umtauschverhältnis herbeizuführen. Vor diesem Hintergrund sollte er den eigenen Informationsvorsprung gegenüber dem Verschmelzungspartner und dem restlichen Markt ausnutzen.

Unter diesen Gesichtspunkten liegt es nahe, dass der Hauptaktionär seine überlegene Position zu seinen Gunsten ausnutzen kann, soweit hinsichtlich der Unternehmensbewertung und der Bemessung der Abfindung bzw. des Umtauschverhältnisses auf den Börsenkurs abgestellt wird. Ein allein maßgeblicher Börsenkurs birgt demzufolge ein gewisses Missbrauchspotenzial. Ferner widersprechen die Beeinflussbarkeit des Preises und die Marktmacht bestimmter Marktteilnehmer den Idealvorstellungen, die einer marktorientierten Unternehmensbewertung zugrunde gelegt werden.[47] Überdies lässt die Möglichkeit eines gezielt beeinflussten Bör-

---

[45] *Daske/Bassemir/Fischer*, zfbf 2010, 254, 254, 283; vgl. *Kallweit*, Die angemessene Abfindung beim übernahmerechtlichen Squeeze-out S. 76–77 § 2.

[46] Vgl. *Daske/Bassemir/Fischer*, zfbf 2010, 254, 283; vgl. *Kallweit*, Die angemessene Abfindung beim übernahmerechtlichen Squeeze-out S. 77 § 2.

[47] Vgl. *Matschke/Brösel*, Unternehmensbewertung, S. 27–28.

senkurses Zweifel an der Allokationseffizienz aufkommen, welche für seine Alleinmaßgeblichkeit gefordert wird.[48]

B. Lemon-Market-Effect

Beschäftigt man sich mit der Macht- und Informationsasymmetrie, kommt man nicht umher, dem sog. *Lemon-Market-Effect* besondere Beachtung zu schenken. Mit dieser Bezeichnung betitelte erstmals Akerlof die Auswirkung einer asymmetrischen Informationsverteilung auf Marktpreise.[49] Dabei berief er sich zentral auf den Umstand, dass Waren unterschiedlicher Güte am Markt gehandelt werden und dementsprechend eine gewisse Unsicherheit mit der Entscheidungsfindung einhergeht.[50] Beispielhaft zieht Akerlof den Gebrauchtwagenmarkt heran. Auf diesem stehen den Käufern nicht ausreichende Informationen zur Verfügung, um zu beurteilen, ob es sich bei einem Fahrzeug um eine sog. *Lemon*, d.h. ein minderwertiges Auto handelt. Der Verkäufer hingegen wird diesbezüglich einen Informationsvorsprung haben. Aus ihrer unsicheren Informationslage heraus sollten Käufer das Risiko, eine *Lemon* zu erwerben, mit einkalkulieren. Dementsprechend werden sie davon abgeneigt sein, höhere Preise zu zahlen. Hierdurch müssten aber höherwertige Gebrauchtwagen vom Markt verdrängt werden.[51]

Dieser Effekt kann auch am Kapitalmarkt auftreten. So dürften potenzielle Anleger angesichts ihrer unterlegenen Informationslage dazu geneigt sein, geringere Preise für eine Aktie zu zahlen.[52] Herrschen an einem Markt Informationsdefizite vor, wird es demnach zu einer systematischen Unterbewertung kommen.[53] Dabei vermag bereits die Kenntnis, über eine unvollständige Informationsgrundlage zu verfügen, mit einer erhöhten Unsicherheit und einem höheren Risiko der Marktteilnehmer einherzugehen, was zu entsprechenden Wertabschlägen führen kann.[54] In Anbetracht der Informationsasymmetrie zwischen Emittenten und Kapitalgebern ist

---

[48] Zu den Effizienzanforderungen siehe bereits: § 2 E.II.

[49] Vgl. *Akerlof*, The Quarterly Journal of Economics, 1970, Vol. 84, No. 3, 488–500; vgl. *Pindyck/Rubinfeld*, Mikroökonomie, S. 729.

[50] *Akerlof*, The Quarterly Journal of Economics, 1970, Vol. 84, No. 3, 488, 488.

[51] *Akerlof*, The Quarterly Journal of Economics, 1970, Vol. 84, No. 3, 488, 489–491; *Pindyck/Rubinfeld*, Mikroökonomie, S. 728–730; *Poelzig*, Kapitalmarktrecht, S. 19 § 1 Rn. 39.

[52] *Kallweit*, Die angemessene Abfindung beim übernahmerechtlichen Squeeze-out S. 74 § 2; vgl. EBJS-HGB/*Poelzig*, Vor. WpHG Rn. 26–27; vgl. *Poelzig*, Kapitalmarktrecht, S. 19–20 § 1 Rn. 39–40.

[53] *Kallweit*, Die angemessene Abfindung beim übernahmerechtlichen Squeeze-out S. 74 § 2.

[54] *Großfeld/Egger/Tönnes*, Recht der Unternehmensbewertung, S. 25 Rn. 105, S. 293–294 Rn. 1212.

zu vermuten, dass die Börsenkurse aufgrund eines *Lemon-Market-Effect* tendenziell niedriger als der fundamentale Unternehmenswert sind.

Speziell im Kontext einer abfindungsauslösenden Maßnahme mit Börsenkursorientierung kommt die Gefahr des *Lemon*-Problems zu Tragen. Wie bereits erwähnt wird der über einen Informationsvorsprung verfügende Mehrheitsaktionär die Maßnahme dann durchführen, wenn der bewertungsrelevante Börsenkurs für ihn günstig ausfällt. Dabei sollte er eine Marktbewertung abwarten, die unterhalb des aus seiner Sicht und nach seinem überlegenden Kenntnisstand wahren Unternehmenswert liegt. Strengt er aber keine derartige Maßnahme an, liegt es nahe, dass die übrigen Marktteilnehmer davon ausgehen, dass am Markt eine Überbewertung vorherrscht. Infolgedessen dürfte der Börsenkurs weiter fallen, sodass es zu einer Unterbewertung der Aktie kommt.[55] Dementsprechend liegt eine negative Verzerrung des Börsenkurses im Vorfeld der hier untersuchten Maßnahmen nahe. Vor dem Hintergrund der Macht- und Informationsasymmetrie zulasten der Abfindungsberechtigten dürfte der Börsenkurs im Wege eines *Lemon-Market-Effect* den inneren Wert des Unternehmens unterschreiten.

C. Vergleich mit fundamentaler Unternehmensbewertung

In Anbetracht des Informationsungleichgewichts zwischen dem Emittenten und seinen Kapitalgebern sowie dem Abfindungspflichtigen und den Abfindungsberechtigten ist von einem Informationsdefizit am Markt auszugehen. Sonach liegt

[55] So erstmals zum Squeeze-out: *Bebchuk/Kahan*, Adverse Selection and Gains to Controllers in Corporate Freezeouts, in: Concentrated Corporate Ownership (2000), S. 247, 250–252; *Bebchuk/Kahan*, NBER Working Paper 6938, 1999, S. 5–8. Ebenso *Kallweit*, Die angemessene Abfindung beim übernahmerechtlichen Squeeze-out S. 75–76 § 2, der dies auf den aktien- sowie übernahmerechtlichen Squeeze-out nach deutschem Recht überträgt. Siehe auch *Gude*, Strukturänderungen und Unternehmensbewertung zum Börsenkurs, S. 359–361, welcher dem Vorgehen von *Bebchuk/Kahan* zwar dessen Modellhaftigkeit entgegenhält, es aber dennoch als Anhaltspunkt für einen systematischen Abschlag im Börsenkurs aufgrund von Informationsungleichgewichten betrachtet und sich hierbei nicht nur auf den Squeeze-out beschränkt. Ferner stimmen *Ruthardt*, Normzweckkonforme Unternehmensbewertung und Abfindungsbemessung beim aktienrechtlichen Squeeze Out, S. 65 sowie *Winner*, Wert und Preis im Zivilrecht, S. 468 *Bebchuk/Kahan* zu. Einen *Lemon-Market-Effect* beim Squeeze-out nimmt auch *Fleischer*, ZGR 2002, 757, 779–780 an. Ein Kursabfall aufgrund der Antizipation der Handlungsmöglichkeiten des Hauptaktionärs durch die Minderheitsaktionäre wird auch bei *Schulte/Köller/Luksch*, WPg 2012, 380, 388 angeführt, wobei sie sich allgemein auf Strukturmaßnahmen und explizit auf Verschmelzungen beziehen. In diese Richtung wohl auch *Hecker*, Regulierung von Unternehmensübernahmen und Konzernrecht, Teil I, S. 236–237, die sich hierbei auf Beherrschungs- und Gewinnabführungsverträge bezieht. Vgl. zudem *Bimberg*, Unternehmensübernahmen und Erwerbsangebote in Deutschland, S. 238 hins. eines *Lemon*-Problems bei öffentlichen Erwerbsangeboten. Ferner sei auf die Ausführungen zum *Lemon-Effect* bei einem Delisting unter Selbstregulierung bei *Morell*, ZBB 2016, 67, 74–75 hingewiesen.

dem Börsenkurs eine unzureichende Informationsgrundlage zum Unternehmen zugrunde, als dass er dessen Wert vollumfänglich wiedergeben könnte.[56] Jedenfalls dann, wenn kursrelevante unternehmensinterne Informationen nicht in den Börsenkurs eingeflossen sind, kann er nur den Deinvestitionswert, nicht aber den quotalen Unternehmenswert darstellen, für welchen es sodann einer fundamentalen Unternehmensbewertung bedarf.[57] Schließlich muss der quotale Unternehmenswert auf Basis sämtlicher verfügbaren relevanten Informationen basieren, wohingegen der Deinvestitionswert nur die Veräußerungsmöglichkeit abbildet. Allerdings wird der Börsenkurs lediglich die öffentlich verfügbaren Informationen (unternehmensbezogene Informationen oder auch „Marktwissen") und nicht auch sämtliche unternehmensinternen Informationen (unternehmensspezifische Informationen oder auch „Insiderwissen") einpreisen.[58] Hinsichtlich des Unternehmenswerts liegt ein strukturelles Informationsdefizit des Marktes nahe.[59] Sofern für die Abfindungsbemessung allein auf einen Börsenkurs abgestellt wird, der nicht sämtliche wertrelevanten Daten enthält, kann die verfassungsrechtlich geforderte volle Kompensation nicht gewährleistet werden.[60] Da der Börsenkurs nicht mit allen unternehmensinternen Informationen gespeist wird, würde die Auffassung eines allein maßgeblichen Börsenkurses unterstellen, dass Insiderwissen nicht wert- und kursrelevant wäre, was die Vorstellung einer halbstrengen Informationseffizienz und das bestehende Insiderrecht konterkariert.[61] Auch kann nicht nachgewiesen werden, ob alle wertrelevanten Informationen, die dem Unternehmen zur Verfügung stehen, in den Börsenkurs eingeflossen[62] und korrekt verarbeitet[63] sind. Zum Nachweis eines Informationsgefälles müsste erst ein Abgleich mit dem Informationsstand eines Unternehmensinsiders – wie etwa einem Sachverständigen mit Einblick in die Unternehmensinterna – stattfinden.[64]

---

[56] Siehe bereits: § 4 A.I.

[57] Bürgers/Körber/Lieder/*Ruiz de Vargas*, AktG, Anh. § 305 AktG Rn. 27, 49d.

[58] Bürgers/Körber/Lieder/*Ruiz de Vargas*, AktG, Anh. § 305 AktG Rn. 27, 50e, der hierbei zwischen dem „Marktwissen" und dem „Insiderwissen" differenziert; *Schulte/Köller/Luksch*, WPg 2012, 380, 385–386, 389, 389 Übers. 4, 394 Übers. 5, die zwischen unternehmensbezogenen und unternehmensspezifischen Informationen unterscheiden. In Anlehnung an *Schulte/Köller/Luksch* auch Dreier/Fritzsche/Verfürth/*Dreier*, SpruchG, Annex zu § 11 SpruchG Rn. 192–197.

[59] Vgl. *Großfeld/Egger/Tönnes*, Recht der Unternehmensbewertung, S. 25 Rn. 104, S. 295 Rn. 1218.

[60] *Adolff*, Unternehmensbewertung im Recht der börsennotierten Aktiengesellschaft, S. 347–348; Bürgers/Körber/Lieder/*Ruiz de Vargas*, AktG, Anh. § 305 AktG Rn. 50e, vgl. Dreier/Fritzsche/Verfürth/*Dreier*, SpruchG, Annex zu § 11 SpruchG Rn. 192, 197.

[61] Bürgers/Körber/Lieder/*Ruiz de Vargas*, AktG, Anh. § 305 AktG Rn. 50e.

[62] Bürgers/Körber/Lieder/*Ruiz de Vargas*, AktG, Anh. § 305 AktG Rn. 50e.

[63] *Schulte/Köller/Luksch*, WPg 2012, 380, 386, 389.

[64] So etwa der Vorschlag bei *Hüttemann*, ZGR 2001, 454, 472.

Die aufgezeigten Macht- und Informationsasymmetrien sowie die *Lemon-Market*-Problematik deuten auf eine Unterbewertung am Markt hin.[65] Eine Alleinmaßgeblichkeit des Börsenkurses würde demnach mit einer einseitigen Belastung der Abfindungsberechtigten einhergehen. Dies spricht gegen eine alleinige Unternehmensbewertung anhand des Börsenkurses.[66]

Weiterhin widersprechen die ersichtlichen Informations- und Machtungleichgewichte den Anforderungen an eine marktorientierte Unternehmensbewertung in Gestalt der laut dieser Arbeit erforderlichen strengen Informations- und Allokationseffizienz.

Im Unterschied zu den Marktteilnehmern verfügt der Sachverständige bei einer fundamentalen Unternehmensbewertung auch über unternehmensspezifische Informationen.[67] Anders als jene betrachtet er das Unternehmen nicht von außen, sondern nimmt eine „Innensicht" ein[68] und wird besser als der Markt informiert sein[69]. Während dem Gutachter bei einer fundamentalen Unternehmensbewertung interne Informationen und insbesondere Daten zur Unternehmensplanung zur Verfügung gestellt werden, speist sich der Börsenkurs nur aus den gesetzlichen Informations- und Zulassungsfolgepflichten.[70] Diese Überlegenheit lässt sich auch empirisch belegen. So zeigt eine Studie, dass sachverständige Gutachter bei einer Unternehmensbewertung eine höhere Treffsicherheit bei ihren Prognosen aufwei-

---

[65] Siehe hierzu: § 4 A.III. und § 4 B.

[66] Vgl. im Ergebnis auch *Burger*, NZG 2012, 281, 289.

[67] *Karami*, Unternehmensbewertung in Spruchverfahren beim „Squeeze out", S. 141; *Schulte/Köller/Luksch*, WPg 2012, 380, 391–392, 393–394, 394 Übers. 5 zum Ertragswert; vgl. *Adolff*, Unternehmensbewertung im Recht der börsennotierten Aktiengesellschaft, S. 347–348; vgl. Bürgers/Körber/Lieder/*Ruiz de Vargas*, AktG, Anh. § 305 AktG Rn. 27, 50e zum Ertragswert; vgl. *Großfeld/Egger/Tönnes*, Recht der Unternehmensbewertung, S. 294 Rn. 1215; vgl. *Großfeld*, Unternehmens- und Anteilsbewertung im Gesellschaftsrecht, S. 187; vgl. *Hommel/Braun*, BB-Beilage 6 zu Heft 38/2002, 10, 12 zum Ertragswert; vgl. IDW S 1 (2008), Rn. 14; vgl. MüKo-AktG/*Kalss*, § 2 GesAusG Rn. 14; vgl. *Popp/Ruthardt*, WPg 2017, 1222, 1228 zum Ertragswertverfahren; vgl. *Ruthardt/Hachmeister*, NZG 2014, 41, 45, 48; vgl. *Ruthardt/Hachmeister*, WPg 2016, 411, 414 zur Ertragswertermittlung; vgl. *Weimann*, AG 2020, R156, R157.

[68] *Großfeld/Egger/Tönnes*, Recht der Unternehmensbewertung, S. 36–37 Rn. 161–162, S. 294 Rn. 1216.

[69] *Hommel/Braun*, BB-Beilage 6 zu Heft 38/2002, 10, 12 zum Ertragswert; vgl. *Baums*, ILF Working Paper No. 104, 06/2009, S. 13; vgl. *Große-Frericks*, Die Angemessenheit des Entgelts für die Übertragung von Eigentumsrechten als Problem rechtsgeprägter Unternehmensbewertung, S. 385. Für einen Vergleich zwischen dem gutachterlich ermittelten Unternehmenswert und dem Börsenkurs siehe auch die Abbildungen bei *Große-Frericks*, Die Angemessenheit des Entgelts für die Übertragung von Eigentumsrechten als Problem rechtsgeprägter Unternehmensbewertung, S. 394 Abb. 6–3 und *Schulte/Köller/Luksch*, WPg 2012, 380, 394 Übers. 5.

[70] *Weimann*, AG 2020, R156, R157; vgl. *Baums*, ILF Working Paper No. 104, 06/2009, S. 13; vgl. *Weimann*, WPg 2021, 530, 535.

sen konnten, als dies bei unabhängigen Finanzanalysten der Fall war.[71] Dies kann mit deren Informationsvorsprung erklärt werden.[72] Darüber hinaus dürfte ein Sachverständiger aufgrund seiner Fachkenntnis und seiner Erfahrung sowie seines direkten Kontakts mit der Unternehmensleitung und dem Mehrheitsaktionär den inneren Wert eines Unternehmens besser als die Marktteilnehmer einschätzen können.

Der Sachverständige wird nicht unter den zulasten der Marktteilnehmer bestehenden Informationsasymmetrien leiden.[73] Vielmehr kann ein neutraler Gutachter zur Überwindung der Informationsasymmetrien zwischen den Konfliktparteien beitragen.[74] Bei einer dem Gleichheitssatz unterliegenden indirekten Anteilsbewertung liegt es nahe, auch eine gleiche Informationsgrundlage zu verlangen, was durch den über eine Innensicht des Unternehmens verfügenden Gutachter erreicht werden kann.[75] Erst durch eine fundamentale Unternehmensbewertung sollte der innere Wert eines Unternehmens bekannt werden.[76] Die notwendige Berücksichtigung unternehmensinterner Informationen bei der Abfindung kann nur mittels einer fundamentalen Bewertung erfolgen.[77] Auch dürfte erst ein Vergleich mit dem Ergebnis einer nachvollziehbaren sachverständigen Bewertung die Frage klären, ob der Börsenkurs den Unternehmenswert zutreffend abbildet.[78]

Jedoch hat der Hauptaktionär einen Informationsvorsprung gegenüber dem Gutachter dergestalt, als dass er aufgrund seiner Nähe zur Unternehmensführung über die bereitgestellten Informationen mitbestimmen kann.[79] Dabei könnte er eine möglichst niedrige Bewertung anstrengen.[80] Folglich liegt eine Informationsasymmetrie zwar nicht unmittelbar zwischen den involvierten Parteien, wohl aber mit-

---

[71] *Schrenker*, Corporate Finance biz, 2011, 484, 494, 495.

[72] *Schrenker*, Corporate Finance biz, 2011, 484, 494, 495.

[73] MüKo-AktG/*Kalss*, § 2 GesAusG Rn. 14.

[74] *Große-Frericks*, Die Angemessenheit des Entgelts für die Übertragung von Eigentumsrechten als Problem rechtsgeprägter Unternehmensbewertung, S. 401–407.

[75] *Großfeld/Egger/Tönnes*, Recht der Unternehmensbewertung, S. 36–37 Rn. 161.

[76] *Weimann*, Ertragswert und Börsenkurs, S. 273 § 13; *Weimann*, Spruchverfahren nach Squeeze-out, S. 427 § 22; vgl. *Weimann*, AG 2020, R156, R157. *Weimann* führt diesen Umstand für einen Börsenkurs an, in den der sachverständige Bericht und der Prüfungsbericht eingepreist sein muss (siehe hierzu: § 6 B.II.1.a)).

[77] *Ruthardt/Hachmeister*, NZG 2014, 41, 45, 48.

[78] Vgl. *FAUB*, AG 2021, 588, 589–590 Rn. 9; vgl. *Ruthardt/Popp*, AG 2020, 240, 245–246 Rn. 36–37.

[79] *Kallweit*, Die angemessene Abfindung beim übernahmerechtlichen Squeeze-out S. 55–56 § 2; *Morell*, AcP 2017, 61, 74–75; *Morell*, ZBB 2016, 67, 81–82; vgl. *Müller* FS Bezzenberger (2000), S. 705, 710; vgl. *Müller* FS Röhricht (2005), S. 1015, 1028; ebenso klingt diese Problematik bei *Schwetzler*, FS Großfeld (2019), S. 401, 409 an.

[80] *Kallweit*, Die angemessene Abfindung beim übernahmerechtlichen Squeeze-out S. 55–56 § 2.

telbar über das Verhältnis zwischen Sachverständigem und Abfindungspflichtigem vor.

Allerdings dürfte dieses Informationsgefälle nicht so ausgeprägt wie das am Markt sein. So kann der Gutachter die Herausgabe der als notwendig erachteten Informationen verlangen.[81] Darüber hinaus fordert er eine Vollständigkeitserklärung seitens des Unternehmens.[82] Wenn es einem Sachverständigen auch schwerfallen dürfte, bestimmte Fehlinformationen aufzudecken[83], so wird die Problematik der Informationsasymmetrie und des damit einhergehenden Ausnutzungspotenzials nicht so schwer wie bei einer reinen Marktbewertung zu Buche schlagen. Seine Informationsgrundlage wird angesichts des Zugriffs auf Unternehmensinterna trotz etwaiger Einflussnahmen des Mehrheitsaktionärs jener des Marktes überlegen sein. Auch ist zu beachten, dass eine fundamentale Unternehmensbewertung aufgrund ihrer Dokumentation intersubjektiv nachvollziehbar und überprüfbar ist[84], was über den Börsenkurs, aus dem lediglich das Ergebnis des Preisbildungsprozesses ablesbar ist, nicht gesagt werden kann[85]. Dementsprechend dürfte das Gutachten auch eher auf mögliche Informationsdefizite hin geprüft werden können. Zudem kann der Gefahr einer Fehlbewertung durch den Sachverständigen mit dem Meistbegünstigungsprinzip, bei welchem der Börsenkurs als Untergrenze dient, begegnet werden.[86]

Darüber hinaus wird aber auch eine fundamentale Unternehmensbewertung nicht immer frei von Interessenkonflikten sein. So beauftragt der Abfindungspflichtige den die Bewertung durchführenden Gutachter und schlägt den gerichtlich bestellten Abfindungs- oder Angemessenheitsprüfer vor. In Hoffnung auf weitere Aufträge könnten die Sachverständigen zu einer für den Abfindungspflichtigen günstigen Bewertung geneigt sein.[87]

---

[81] Siehe IDW S 1 (2008), Rn. 69–71 zur Informationsbeschaffung unter Hinweis auf den Erhebungsbogen des IDW; vgl. auch *Schulte/Köller/Luksch*, WPg 2012, 380, 391.

[82] IDW S 1 (2008), Rn. 84; *Schulte/Köller/Luksch*, WPg 2012, 380, 391.

[83] So etwa *Müller* FS Röhricht (2005), S. 1015, 1028 und *Kallweit*, Die angemessene Abfindung beim übernahmerechtlichen Squeeze-out S. 56 § 2.

[84] *Schulte/Köller/Luksch*, WPg 2012, 380, 393.

[85] *Schulte/Köller/Luksch*, WPg 2012, 380, 388.

[86] Vgl. *Schwetzler*, FS Großfeld (2019), S. 401, 409, der die Möglichkeit einer Fehlbewertung an der Börse wie auch durch den Sachverständigen als ökomische Begründung des Meistbegünstigungsprinzips heranzieht. Zum hier befürworteten Meistbegünstigungsprinzip hins. des quotalen Unternehmenswerts und des Deinvestitionswerts siehe: § 1 B.I.1.c)cc).

[87] *Hecker/Wenger*, ZBB 1995, 321, 327, die nebst wirtschaftlichen Aspekten bei den gerichtlich bestellten Prüfern auch von einer Solidarität des Berufsstands ausgehen; *Kallweit*, Die angemessene Abfindung beim übernahmerechtlichen Squeeze-out S. 56 § 2; dies gestehen auch *Schulte/Köller/Luksch*, WPg 2012, 380, 392 ein; ein solcher Interessenkonflikt klingt auch bei *Schwetzler*, FS Großfeld (2019), S. 401, 409 an; siehe zudem *Shefrin*, Behavioral Corporate Finance, S. 77.

Etwaige anreizgetriebene Verzerrungen werden zumindest ansatzweise durch die allgemein anerkannten Typisierungen und rechtlichen Vorschriften begrenzt.[88] So hat sich der Gutachter etwa an die methodischen Vorgaben des gewählten Bewertungsverfahrens zu halten. Allerdings sind auch jene entschieden von Schätzungen, Prognosen und Informationen geprägt.[89] Ferner sieht das Gesetz zur Abschwächung des Interessenkonflikts bei Unternehmensbewertungen einen gerichtlich bestimmten Abfindungs- oder Angemessenheitsprüfer vor, welcher der Bewertung des Gutachters eine Plausibilitätsprüfung unterzieht.[90] Aber auch sie können dem beschriebenen Interessenkonflikt anheimfallen.[91] Vor diesem Hintergrund ist es nicht verwunderlich, dass die gerichtlich bestellten Prüfer sich selten kritisch zur Bewertung des Gutachters äußern.[92] Mithin können sich auf Basis der heutigen Rechtslage zur Bewertungspraxis noch Interessenkonflikte auf das Bewertungsergebnis auswirken.

Jedenfalls sollten mögliche anreizgetriebene Verzerrungen aufgrund der Dokumentationspflicht des Gutachters nachgeprüft und u. U. korrigiert werden können.[93] Hierin zeigt sich erneut die Überlegenheit der fundamentalen Unternehmensbewertung gegenüber dem Börsenkurs, der nicht auf den Einfluss verzerrender Faktoren hin überprüft werden kann[94].

Ferner ist zu beachten, dass eine interessenbedingte Unterbewertung der fundamentalen Unternehmensbewertung nicht zwingend inhärent ist, was aber beim Börsenkurs der Fall sein dürfte. So ist ein Gutachter zumindest im Idealfall neutral.[95] Bei einer börsenkursorientierten Unternehmensbewertung hingegen besteht grundsätzlich eine Macht- und Informationsasymmetrie, wobei der Abfindungspflichtige den Kurs auswählen als auch möglicherweise gezielt beeinflussen kann und stets an einem für ihn günstigen Börsenkurs Interesse hat, da ihm ein solcher

---

[88] *Schulte/Köller/Luksch*, WPg 2012, 380, 392.

[89] Vgl. *Müller*, FS Röhricht (2005), S. 1015, 1028.

[90] *Karami*, Stand und (Weiter-)Entwicklung der rechtsgeprägten Unternehmensbewertung, 2017, S. 5.

[91] *Hecker/Wenger*, ZBB 1995, 321, 327; *Weimann*, Spruchverfahren nach Squeeze-out, S. 304–305 § 14.

[92] Jeweils mit umfangreicher Untersuchungsbasis: *Karami*, Stand und (Weiter-)Entwicklung der rechtsgeprägten Unternehmensbewertung, 2017, S. 5–7; *Weimann*, Spruchverfahren nach Squeeze-out, S. 417–418 § 22. Ferner äußern bereits *Hecker/Wenger*, ZBB 1995, 321, 327 diese Vermutung.

[93] *Schulte/Köller/Luksch*, WPg 2012, 380, 392.

[94] *Schulte/Köller/Luksch*, WPg 2012, 380, 389.

[95] Zur erforderlichen Neutralität des Gutachters siehe *Große-Frericks*, Die Angemessenheit des Entgelts für die Übertragung von Eigentumsrechten als Problem rechtsgeprägter Unternehmensbewertung, S. 403; *Großfeld/Egger/Tönnes*, Recht der Unternehmensbewertung, S. 15 Rn. 61–62; IDW S 1 (2008), Rn. 12; MAH-AktR/*Zitzelsberger*, § 20 Rn. 12–13.

direkt zugutekommt. Ob schädliche Anreizstrukturen bei einer fundamentalen Unternehmensbewertung bestehen, hängt vielmehr vom konkreten Einzelfall ab.[96]

Mithin fällt die Ausnutzungsproblematik bei einer Bewertung durch einen Sachverständigen geringer ins Gewicht als beim Börsenkurs.

Darüber hinaus vermag die zusätzliche Heranziehung von Marktpreisen einer etwaigen gutachterlichen Fehlbewertung entgegenzuwirken. Wie bereits erwähnt kann bei einer solchen das Meistbegünstigungsprinzip eingreifen, sodass den Abzufindenden zumindest eine Kompensation zum Börsenkurs gewährleistet wird.[97] Sofern man den Börsenkurs als Untergrenze der Abfindung berücksichtigt, sind die Abfindungsberechtigten wenigstens gegen eine im Vergleich zu diesem Wert bestehende gutachterliche Unterbewertung abgesichert. Ferner könnte der Gefahr einer Fehlbepreisung aufgrund eines Interessenkonflikts mittels einer weiteren Objektivierung im Wege eines indirekten Marktbezugs innerhalb der fundamentalen Bewertung entgegnet werden.

Ungeachtet dessen empfiehlt es sich, der Gefahr von Interessenkonflikten bei fundamentalen Unternehmensbewertungen mittels strengerer Vorgaben zu begegnen.[98] Um eine Abhängigkeit des Gutachters vom Abfindungspflichtigen zu vermeiden, könnte man sich etwa auf solche Sachverständige beschränken, die in einem bestimmten Zeitraum vor der Bewertung nicht für den Abfindungspflichtigen oder dessen Unternehmen tätig geworden sind. Ebenso sollte ihnen eine solche Tätigkeit für einen bestimmten Zeitraum nach der Bewertung untersagt sein. Dies müsste sowohl für die einzelnen Gutachter als auch für die Wirtschaftsprüfungsgesellschaften, denen sie angehören, gelten. Darüber hinaus liegt es nahe, bei einer erheblichen Fehlbewertung den Gutachter für einen bestimmten Zeitraum zu sperren, um ein Mindestmaß an Qualität zu gewährleisten. Weiterhin sollte sichergestellt werden, dass der Gutachter und seine Wirtschaftsprüfungsgesellschaft in keiner Weise vom Ausgang der Transaktion und der von ihm ermittelten Abfindungshöhe profitieren dürfen.[99] Zur Vermeidung von Interessenkonflikten und zwecks einer erhöhten Transparenz empfiehlt sich zudem eine verpflichtende ausführliche Dokumentation und Begründung von Ermessensentscheidungen und wertbeeinflussenden Annahmen seitens des Gutachters.[100] Besagte Vorgaben müssten ebenso für den sachverständigen Prüfer gelten. Ferner erscheint es emp-

---

[96] *Schulte/Köller/Luksch*, WPg 2012, 380, 392.

[97] Vgl. *Schwetzler*, FS Großfeld (2019), S. 401, 409.

[98] Vgl. auch die Vorschläge zur Handhabung der sachverständigen Prüfer bei *Weimann*, Spruchverfahren nach Squeeze-out, S. 305–309 § 14, S. 418–419 § 22 und die Ausschlussgründe hins. Abschlussprüfern unter § 319 Abs. 2 bis 4 HGB. Da sich diese Arbeit in erster Linie mit dem Börsenkurs bei der Unternehmensbewertung beschäftigt, wird auf eine tiefergehende Diskussion der Modifikation fundamentaler Bewertungen verzichtet.

[99] Vgl. *Große-Frericks*, Die Angemessenheit des Entgelts für die Übertragung von Eigentumsrechten als Problem rechtsgeprägter Unternehmensbewertung, S. 403.

[100] Vgl. *Toll/Leonhardt*, ZBB 2019, 195, 211–212, die sich hierbei auf die Bestimmung des Kalkulationszinssatzes bei der Unternehmensbewertung beziehen.

fehlenswert, anstelle eines gerichtlichen Angemessenheitsprüfers einen von den Minderheitsaktionären gewählten Parteigutachter einzusetzen, welcher offene Bewertungsfragen klären und eine eigene Unternehmensbewertung durchführen könnte.[101] Aus dem Zwiegespräch beider Gutachter ließe sich ein Unternehmenswert aus der Sicht eines markttypischen Unternehmenserwerbers ermitteln.[102]

Aber auch schon ohne diese Modifikationen wird eine gutachterliche Bewertung nicht so stark wie der Börsenkurs durch Macht- und Informationsasymmetrien verzerrt sein. Wie bereits erörtert liegt ihr eine umfassendere Informationsgrundlage zugrunde, wobei das Missbrauchspotenzial geringer ausfällt.

Die Aussage des OLG Frankfurt am Main, dass der Markt eine höhere Anzahl an unternehmensbezogenen Daten verarbeiten würde, die ein Gutachter nicht erfassen könnte[103], ist zu bezweifeln. So bedeutet der Umstand, dass sich der Börsenkurs aus einer Mehrzahl an Investitionsentscheidungen bildet, nicht, dass ihm auch entsprechend viele Informationen zugrunde liegen. Vielmehr zeigt er auf, dass mehrere Anleger eine Information unterschiedlich einschätzen. Ein Gutachter greift ebenso auf die unternehmensbezogenen Daten zu, die den Marktteilnehmern zur Verfügung stehen. Es ist nicht ersichtlich, warum er mit den seitens des Unternehmens veröffentlichten Informationen überfordert sein sollte. Dabei liegt ein *Information Overload* und eine rationale Ignoranz insbesondere bei Kleinanlegern eher nahe. Zudem reagieren die Marktteilnehmer nicht nur auf unternehmensbezogene Informationen, sondern auch auf die Signale anderer Anleger. Dies kann zu irrationalen Verzerrungen wie etwa einem Herdenverhalten führen. Ungeachtet dessen sei sich in Erinnerung zu rufen, dass der Sachverständige über eine umfangreichere Informationsgrundlage hinsichtlich der unternehmensspezifischen Informationen als der Markt verfügt, was für dessen bessere Bewertung spricht. Von einer überlegenen Informationsmenge des Börsenkurses kann somit nicht gesprochen werden.

Dies gilt auch für die Vorstellung, dass Börsenkurse aufgrund der in ihnen gebündelten Vielzahl an Einschätzungen einen repräsentativen und möglicherweise objektiveren Unternehmenswert darstellen würden.[104] Schließlich sind im Börsenkurs mehrere subjektive Werte gebündelt, zwischen denen i.d.R. nicht genau dif-

---

[101] So der Vorschlag bei *Karami*, Stand und (Weiter-)Entwicklung der rechtsgeprägten Unternehmensbewertung, 2017, S. 15–16.

[102] *Karami*, Stand und (Weiter-)Entwicklung der rechtsgeprägten Unternehmensbewertung, 2017, S. 16. Zu diesem Bewertungssubjekt bei der Ermittlung des quotalen Unternehmenswert siehe: § 1 B.I.1.a)bb).

[103] OLG Frankfurt a.M., Beschl. v. 26.04.2021 – 21 W 139/19 = AG 2021, 559, 562; OLG Frankfurt a.M., Beschl. v. 03.09.2010 – 5 W 57/09 = AG 2010, 751, 754, Rn. 84. Es sei jedoch erwähnt, dass das Gericht jeweils im selben Absatz eingesteht, dass der Gutachter besser über unternehmensspezifische Daten informiert ist.

[104] Den vermeintlichen Vorteil des Zusammentreffens der Vielzahl an Meinungen von Marktteilnehmern führen auch *Hommel/Braun*, BB-Beilage 6 zu Heft 38/2002, 10, 12 und *Morell*, AcP 2017, 61, 75 für Börsenkurse an.

ferenziert werden kann.[105] Demgemäß sollte auch nicht von einer Wiedergabe objektiver Werte durch den Börsenkurs ausgegangen werden.[106] Gerade bei systematischen psychologisch bedingten Verzerrungen wird durch die Fülle an subjektiven Meinungen keine Objektivierung erreicht. Darüber hinaus kann es auch bei der Bestimmung bewertungsrelevanter Börsenkurse zu Objektivitätsproblemen kommen.[107] Im Rahmen einer fundamentalen Unternehmensbewertung wird durch Typisierungen zumindest eine höchstmögliche Objektivierung erstrebt.[108] Zu einer solchen könnte auch ein indirekter Marktbezug beitragen.

Letztlich steigert die schiere Masse an Meinungen nicht den Aussagegehalt des hierdurch entstehenden Preises. Dahingehend bietet der Börsenkurs keinen Vorteil gegenüber einer fundamentalen Unternehmensbewertung. Gerade bei einer Vielzahl an Anlegern fließen auch die Handelsaktivitäten irrational agierender und unzureichend informierter Personen mit ein. Wie sich gezeigt hat, können Börsenkurse von *Noise Tradern* beeinflusst sein, wobei das Vorliegen und das Ausmaß von Verzerrungen nicht sicher nachgeprüft werden kann.[109] Dabei wird die Qualität der Informationsverarbeitung durch die Anleger immer weiter abnehmen, je mehr sich von der unternehmensinternen Ebene entfernt wird.[110] Ein Gutachter dürfte dahingehend differenzierter vorgehen.[111] So wird bei der Bewertung durch einen Sachverständigen lediglich auf eine „professionelle" Meinung ohne den verzerrenden Einfluss „unprofessioneller" Marktteilnehmer abgestellt. Angesichts dessen ist die Vielzahl an Meinungen dem Börsenkurs eher als Nachteil gegenüber der fundamentalen Unternehmensbewertung zu gereichen. Sofern der Sachverständige die Börsenkurse einer kritischen Betrachtung unter Berücksichtigung seiner umfassenderen Informationslage und seiner professionellen Erfahrung unterzieht, könnte er sie aber im Rahmen seiner fundamentalen Bewertung im Wege eines indirekten Marktbezugs zwecks einer Objektivierung und Plausibilisierung berücksichtigen. Auf diesem Wege würden auch die Einschätzungen der Marktteilnehmer und damit eine zu-

---

[105] *Brösel/Karami*, WPg 2011, 418, 420.

[106] *Brösel/Karami*, WPg 2011, 418, 420.

[107] *Schulte/Köller/Luksch*, WPg 2012, 380, 387. Siehe etwa die Streitfragen zur Ermittlung des zu berücksichtigenden Börsenkurses unter: § 6.

[108] *Schulte/Köller/Luksch*, WPg 2012, 380, 392.

[109] Siehe hierzu: § 2.

[110] *Schulte/Köller/Luksch*, WPg 2012, 380, 386.

[111] Vgl. *Große-Frericks*, Die Angemessenheit des Entgelts für die Übertragung von Eigentumsrechten als Problem rechtsgeprägter Unternehmensbewertung, S. 385, laut der Marktteilnehmer zum Teil lediglich auf ihr „Bauchgefühl" setzen, wohingegen der Gutachter auf eine fundierte Informationsgrundlage zurückgreift; vgl. *Großfeld*, Unternehmens- und Anteilsbewertung im Gesellschaftsrecht, S. 187 hins. dessen Einschätzung psychologischer und politischer Einflüsse; vgl. *Schulte/Köller/Luksch*, WPg 2012, 380, 391, denen zufolge eine korrekte Informationsverarbeitung aufgrund allgemeinen Kenntnissen zur Planungstechnik sowie branchenspezifischen Erfahrungen und Kenntnissen durch eine entsprechende Auswahl des Gutachters möglich ist.

sätzliche Außensicht des Unternehmens in das Bewertungsergebnis einfließen, falls hierbei keine erkennbare Verzerrung ersichtlich ist.

Unter diesen Aspekten ist der Börsenkurs einer gutachterlichen Bewertung durch einen Sachverständigen unterlegen und nicht dazu geeignet, im Alleingang den quotalen Unternehmenswert abzubilden. Dabei sind der Börsenkurs und die fundamentale Unternehmensbewertung eher als Bewertungsmethoden für verschiedene Wertkomponenten auf Basis unterschiedlicher Grenzwerte und Informationsstände und weniger als nebeneinanderstehende Bewertungsmethoden zu begreifen.[112] So eignet sich der Börsenkurs eher zur Darstellung des Deinvestitionswerts aus der Bewertungsperspektive eines Minderheitsaktionärs, der nur über die öffentlichen unternehmensbezogenen Informationen verfügt. Die fundamentale Unternehmensbewertung hingegen sollte hingegen primär zur Ermittlung des quotalen Unternehmenswerts aus der Sicht eines markttypischen Gesamtunternehmenserwerbers mit dem Erkenntnisstand, der sich bei einer professionellen *Due Diligence* unter voller Kooperation der Unternehmensführung zum Bewertungsstichtag ergeben hätte[113], herangezogen werden.

D. Fazit: Informations- und Machtasymmetrien

Wie sich gezeigt hat, besteht eine Informations- und Machtasymmetrie im Kontext der abfindungsrelevanten Maßnahmen zulasten der Abfindungsberechtigten, was eine gezielte Ausnutzung eines günstigen Börsenkurses seitens des Abfindungspflichtigen ermöglicht und einen kurssenkenden *Lemon-Market-Effect* verursachen kann. Überdies eröffnet ihm die Machasymmetrie weitere kursbeeinflussende opportunistische Verhaltensweisen. Ebenso haben das Management sowie etwaige Unternehmensinsider wie etwa der Hauptaktionär einen Informationsvorsprung gegenüber dem Rest des Marktes mitsamt den anderen aktuellen und potenziellen Aktionären. Somit ist von einer Informationsasymmetrie als Grundzustand an der Börse auszugehen. Dementsprechend verfügt der Markt über eine unzureichende Informationsgrundlage zum Unternehmenswert, wobei anzunehmen ist, dass es zu Unterbewertungen im Vorfeld von abfindungsauslösenden Maßnahmen kommt. Ferner bezeugt das Informationsungleichgewicht, dass in der Realität keine strenge Informationseffizienz vorherrscht. Letztlich liegen die für eine

[112] Vgl. Bürgers/Körber/Lieder/*Ruiz de Vargas*, AktG, Anh. § 305 AktG Rn. 50e. Zu den unterschiedlichen Bewertungssubjekten im Kontext der Wertkomponenten siehe: § 2 B.I.1. A. A. *Hommel/Braun*, BB-Beilage 6 zu Heft 38/2002, 10, 12, laut denen der Börsenkurs und das Ertragswertverfahren grds. auf keinen unterschiedlichen Bewertungsverfahren beruhen würden und sich nur hins. der ihnen zugrundeliegenden Informationen und deren Verarbeitung unterscheiden würden.

[113] So auch *Adolff*, Unternehmensbewertung im Recht der börsennotierten Aktiengesellschaft, S. 371–372, der auf dieses Bewertungssubjekt mit besagter Informationsgrundlage beim quotalen Unternehmenswert abstellt.

marktorientierte Bewertung erforderlichen Idealvorstellungen nicht vor. Diese Kritikpunkte schlagen bei einer fundamentalen Unternehmensbewertung nicht in einem derart schweren Ausmaß zu Buche. Schließlich wird einem Sachverständigen ein umfassender Zugriff auf unternehmensspezifische Informationen gewährt, womit er über eine deutlich umfangreichere Informationsgrundlage als der Markt verfügt.

In Anbetracht dessen erscheint der Börsenkurs als alleiniger Bewertungsmaßstab des quotalen Unternehmenswerts ungeeignet. So ermöglicht die unzureichende Informationsgrundlage der Marktteilnehmer ihnen keine sichere zutreffende Bewertung des Unternehmens. Vor allem aber würde die durch die Macht- und Informationsasymmetrie sowie den *Lemon-Market-Effect* implizierte Unterbewertung an der Börse zu einer niedrigen, unterhalb des quotalen Unternehmenswerts liegenden, Abfindungsleistung führen. Wie auch die dem Börsenkurs inhärenten Minderheitsabschläge gehen diese Aspekte mit einer einseitigen Belastung der Abfindungsberechtigten einher.[114]

Allenfalls könnte der vorangegangenen Kritik mittels einer Modifikation des Börsenkurses abgeholfen werden.[115] Ob durch diesen Ansatz eine Bereinigung des Börsenkurses um die Auswirkungen der Macht- und Informationsasymmetrie wie auch der anderen Kritikpunkte erfolgen kann, wird in einem späteren Kapitel untersucht.

Ungeachtet dessen spricht die Problematik der Macht- und Informationsungleichgewichte dem Börsenkurs aber nicht seine Bedeutung als Untergrenze der Abfindung ab. Schließlich kommt es beim Deinvestitionswert nicht auf die ihm obliegende Informationsgrundlage und den wahren Unternehmenswert, sondern auf die hypothetische Veräußerungsmöglichkeit der Abzufindenden an. Zwar dürfte der Abfindungspflichtige auch hier dazu geneigt sein, auf eine möglichst niedrige Mindestabfindung hinzuwirken. Dies darf aber keine völlige Ablehnung des Börsenkurses als Untergrenze begründen. Vielmehr besteht auch bei etwaigen Beeinflussungen noch eine grundsätzliche Veräußerungsmöglichkeit zum Börsenkurs. Auch sichert die börsenkursbasierte Mindestabfindung die Abfindungsberechtigten gegen eine Unterbewertung des Sachverständigen ab. Der Manipulationsgefahr könnte mittels einer Durchschnittskursbildung entgegengewirkt werden.[116]

Ferner kommt eine Berücksichtigung von Börsenkursen im Rahmen eines indirekten Marktbezugs innerhalb einer fundamentalen Unternehmensbewertung zumindest dann in Betracht, wenn sich keine Fehlbepreisungen aufdrängen und eine ansatzweise Markteffizienz indiziert ist. So setzt sich bei einem solchen Vorgehen der Sachverständige kritisch mit den Börsenkursen auseinander und kann von ihrer Berücksichtigung absehen, wenn etwa eine Fehlbewertung aufgrund von Informa-

---

[114] Siehe hierzu: § 3.

[115] Siehe hierzu: § 6.

[116] Siehe hierzu: § 6 B.

tionsdefiziten oder Kursbeeinflussungen naheliegt. Aufgrund seiner umfassenden Informationsgrundlage zum Unternehmen dürfte ihm eine solche Untersuchung möglich sein. Ohnehin stellen Börsenkurse beim indirekten Marktbezug nur einen Zwischenschritt bei der Bewertung und keine allein maßgebliche Bewertungsmethode dar, weshalb sie weniger hohen Anforderungen als bei einer alleinigen Berücksichtigung unterliegen. Sofern die Börsenkurse einer kritischen Betrachtung und strengen Anforderungen unterzogen werden, könnten sie die Innensicht des Sachverständigen um die Außensicht der Marktteilnehmer ergänzen und möglicherweise zur Objektivierung und Plausibilisierung seines Bewertungsergebnisses beitragen.

E. Systematische Unterbewertung

Die vorangegangenen Erörterungen lassen darauf schließen, dass es oftmals zu Unterbewertungen am Markt kommen kann. Fraglich ist, ob dies systematisch geschieht und ob es hierfür empirische Nachweise gibt.

Zu diesem Zweck ist sich mit der jüngeren Studienlage auseinanderzusetzen. Gerade für die Konstellationen des Squeeze-out und des Delisting stehen umfangreiche und aktuelle empirische Untersuchungen zur Verfügung.

In der Fortschreibung seiner 2015 veröffentlichten Studie zum Squeeze-out untersuchte Weimann insgesamt 311 Squeeze-out-Verfahren mit Angabe der Börsenwerte, die in der Zeit vom 1.1.2002 bis zum 31.03.2020 durchgeführt wurden.[117] Sie offenbart, dass die Barabfindungen schon bei der Festlegung durch den Hauptaktionär insgesamt um ca. 808 Mio. € niedriger ausgefallen wären, wenn sie sich allein nach Maßgabe des Börsenkurses bemessen hätten.[118] In 172 Fällen (55,3 %) war der intrinsische Unternehmenswert höher als der Börsenwert.[119] Noch deutlichere Ergebnisse zeigen sich bei einer Betrachtung der in gerichtlichen Verfahren bestimmten angemessenen Barabfindung. Vergleicht man den Börsenwert mit der gerichtlich festgesetzten Abfindungshöhe, beträgt die summierte Differenz ungefähr 1,6 Mrd. €.[120] Hierbei lag er in 240 Fällen unter dem intrinsischen Unternehmenswert.[121] Insgesamt weist der Börsenkurs laut der Studie eine deutliche ne-

---

[117] *Weimann*, Innerer Wert: Ertragswert und Börsenwert, 2020, S. 1–2; *Weimann*, AG 2020, R156, R156-R157; *Weimann*, WPg 2021, 530, 531. Zur ursprünglichen Studie siehe *Weimann*, Spruchverfahren nach Squeeze-out.

[118] *Weimann*, Innerer Wert: Ertragswert und Börsenwert, 2020, S. 1–2, S. 4–13; *Weimann*, AG 2020, R156, R156; *Weimann*, WPg 2021, 530, 531.

[119] *Weimann*, AG 2020, R156, R156; *Weimann*, WPg 2021, 530, 532.

[120] *Weimann*, Innerer Wert: Ertragswert und Börsenwert, 2020, S. 1–2, S. 14–23; *Weimann*, AG 2020, R156, R156-R157; *Weimann*, WPg 2021, 530, 532.

[121] *Weimann*, AG 2020, R156, R157; *Weimann*, WPg 2021, 530, 532.

gative Abweichung vom inneren Wert des Unternehmens auf.[122] Noch drastischer zeigt sich dies in der Fortschreibung von Weimanns Untersuchung bis ins Jahr 2023. Demnach wären die Barabfindungen bereits bei der Festlegung durch den Hauptaktionär insgesamt um ca. 1,5 Mrd. € niedriger ausgefallen, wenn lediglich auf Börsenkurse abgestellt worden wäre.[123] Unter Berücksichtigung der Gerichtsentscheidungen beläuft sich die Differenz auf 2,4 Mrd. €.[124]

Ferner folgte der Squeeze-out in 188 Fällen einem vorangegangenen Übernahmeangebot.[125] Dabei war die Barabfindung des Squeeze-out in der Hauptversammlung in 116 Fällen höher, in 29 Fällen identisch und in 43 Fällen niedriger als der Angebotspreis.[126] Die Differenz betrug etwa 228 Mio. €.[127] Sofern es zu einer gerichtlichen Entscheidung kam, lag die Barabfindung in 145 Fällen über dem Angebotspreis und war in nur 16 Fällen identisch mit diesem und in 27 Fällen niedriger.[128] Auf dieser Basis ergibt sich eine Differenz von ca. 566 Mio. €.[129] Dies bekräftigt die vorangegangenen Erkenntnisse zu den unterhalb des Unternehmenswerts liegenden Börsenkursen.[130]

In diese Richtung deutet auch Weimanns 2020 veröffentlichte Studie zum Delisting. Im Untersuchungszeitraum vom 8. 10. 2013 bis zum 31. 12. 2019 kam es nach 26 Delistingverfahren zu einer kompensationspflichtigen Strukturmaßnahme.[131] In 20 Fällen lag die börsenkursbasierte Gegenleistung beim Delisting unter der Abfindung der Strukturmaßnahme.[132] Die Gesamtdifferenz bezüglich der Aktien im Streubesitz beträgt etwa 24 Mio. €.[133] Demzufolge ist der Börsenwert i. d. R. entschieden niedriger als der innere Wert eines Unternehmens.[134] Dieses Studien-

---

[122] *Weimann*, WPg 2021, 530, 531.

[123] *Weimann*, Strukturmaßnahmen und Kapitalmarktkommunikation, S. 263, 268 § 6.

[124] *Weimann*, Strukturmaßnahmen und Kapitalmarktkommunikation, S. 263, 268 § 6.

[125] *Weimann*, Innerer Wert: Ertragswert und Börsenwert, 2020, S. 3; *Weimann*, AG 2020, R156, R157; *Weimann*, WPg 2021, 530, 532.

[126] *Weimann*, Innerer Wert: Ertragswert und Börsenwert, 2020, S. 3, 24–29; *Weimann*, AG 2020, R156, R157; *Weimann*, WPg 2021, 530, 533.

[127] *Weimann*, Innerer Wert: Ertragswert und Börsenwert, 2020, S. 3, 24–29; *Weimann*, AG 2020, R156, R157; *Weimann*, WPg 2021, 530, 533.

[128] *Weimann*, Innerer Wert: Ertragswert und Börsenwert, 2020, S. 3, 24–29; *Weimann*, AG 2020, R156, R157; *Weimann*, WPg 2021, 530, 533.

[129] *Weimann*, Innerer Wert: Ertragswert und Börsenwert, 2020, S. 3, 24–29; *Weimann*, AG 2020, R156, R157; *Weimann*, WPg 2021, 530, 533.

[130] Vgl. *Weimann*, WPg 2021, 530, 533.

[131] *Weimann*, Ertragswert und Börsenwert, S. 188–189 § 8; *Weimann*, WPg 2021, 530, 534.

[132] *Weimann*, Ertragswert und Börsenwert, S. 6–7, S. 188 § 8, S. 190–193 § 8; *Weimann*, WPg 2021, 530, 534.

[133] *Weimann*, Ertragswert und Börsenwert, S. 7, S. 191–192 § 8; *Weimann*, WPg 2021, 530, 534–535.

[134] *Weimann*, Ertragswert und Börsenwert, S. 192 § 8.

ergebnis bestätigt die bei der Squeeze-out-Studie getätigten Beobachtungen.[135] Die Fortschreibung der Studie ins Jahr 2023 verdeutlicht dies umso mehr. Demnach lag in 38 von 48 Fällen das Abfindungsangebot der Strukturmaßnahme über dem durchschnittlichen Börsenkurs vor der Ankündigung des Delisting.[136] Bezüglich der Aktien der Minderheit beträgt die Differenz 347,3 Mio. €.[137]

Ebenso zeigt die *I-Advise*-Studie zur Bewertungspraxis bei gesellschaftsrechtlichen Anlässen von 2024 eine solche Tendenz auf. In 70% der untersuchten Abfindungsfälle aus den Jahren 2010 bis 2023 war der Unternehmenswert und nicht der Börsenkurs Bemessungsgrundlage der Abfindung.[138] Laut den Studienerstellern kann dies nebst einer mangelnden Börsennotierung oder einer fehlenden Eignung zur Verkehrswertermittlung auch an einem niedrigeren Börsenkurs liegen.[139] So war in nur zwei der dreizehn Fälle aus dem Jahre 2022 bzw. vier der siebzehn Fälle von 2023 der Börsenkurs höher als der Ertragswert.[140]

Zwar ließe sich den Untersuchungen von Weimann und *I-Advise* entgegenhalten, dass auch die sachverständigen Unternehmensbewertungen, mit denen die Börsenkurse verglichen werden, nur Schätzungen darstellen und ebenso keine exakte Ermittlung des wahren Unternehmenswerts bieten. In Anbetracht der umfangreicheren Informationsgrundlage der Sachverständigen bei fundamentalen Bewertungen dürfte es sich aber um die genauere Schätzmethode handeln.[141] Dabei sollte ein im Idealfall neutraler Gutachter auch keine gezielte Überbewertung zugunsten der Abfindungsberechtigten anstrengen, was die empirisch belegte Differenz erklären könnte. Angesichts der Gefahr von Interessenkonflikten der Gutachter und Prüfer zugunsten des Abfindungspflichtigen könnte es vielmehr zu Unterbewertungen kommen.[142] Ein unter dem Bewertungsergebnis liegender Börsenkurs erscheint vor diesem Hintergrund umso problematischer.

Da Spruchverfahren nachgewiesenermaßen oftmals zu höheren Barabfindungen führen, fruchtet die Behauptung, dass die vergleichsweisen Klageerledigungen le-

---

[135] *Weimann*, Ertragswert und Börsenwert, S. 193 § 8; vgl. *Weimann*, WPg 2021, 530, 535.

[136] *Weimann*, Strukturmaßnahmen und Kapitalmarktkommunikation, S. 102 § 3.

[137] *Weimann*, Strukturmaßnahmen und Kapitalmarktkommunikation, S. 102 § 3.

[138] *I-Advise*, Studie zur Bewertungspraxis bei gesellschaftsrechtlichen Anlässen, 2024, S. 8.

[139] *I-Advise*, Studie zur Bewertungspraxis bei gesellschaftsrechtlichen Anlässen, 2024, S. 8.

[140] *I-Advise*, Studie zur Bewertungspraxis bei gesellschaftsrechtlichen Anlässen, 2024, S. 8; siehe auch die Studie aus dem Vorjahr: *I-Advise*, Studie zur Bewertungspraxis bei gesellschaftsrechtlichen Anlässen, 2023, S. 7.

[141] Zu diesem Vorzug der fundamentalen Unternehmensbewertung vor dem Börsenkurs siehe: § 4 C.

[142] Siehe die dahingehende Kritik an Gutachtern und Prüfern unter: § 4 C.

diglich einen „Lästigkeitswert" wiedergeben und eine systematische Unterbewertung zweifelhaft sei,[143] ebenso wenig.[144]

Mithin belegt die aktuelle empirische Forschungslage einen tendenziell unterhalb des intrinsischen Unternehmenswerts liegenden Börsenkurs.[145] Diesbezüglich wurde eine erhebliche Differenz nachgewiesen. Sonach liegt eine systematische Unterbewertung an der Börse nahe. Dementsprechend ist die Annahme, dass es nur zu geringen uneinheitlichen Abweichungen kommen würde[146], als entkräftet zu betrachten.

Hierauf deutet auch ein Blick über die Landesgrenze. So sind etwa klar erkennbare Abweichungen der Aktienpreise vom *fair value* nach Maßgabe der Einschätzungen von Morningstar über den Zeitraum von Mitte 2019 bis Mitte 2024 zu verzeichnen, wobei vor allem Unterbewertungen stattfinden, was insbesondere die Jahre 2022 und 2023 betrifft.[147] Wenn diese Schätzungen auch mit Vorsicht zu genießen sind, offenbaren sie eine die obigen Untersuchungen bekräftigende Tendenz.

Die naheliegende systematische Unterbewertung durch die Börse bestätigt die vorherigen Ausführungen zur Informationsasymmetrie zulasten der Anleger und der Abfindungsberechtigten und ihrer im Vergleich zum Sachverständigen unterlegenen Informationsbasis.[148] So stehen ihnen nicht sämtliche unternehmensspezifischen Informationen zur Verfügung, die für eine umfassend informierte Unternehmensbewertung erforderlich sind. Auch Weimann zieht als Erklärung für die Differenz von Börsen- und fundamentalem Unternehmenswert die unterschiedlich umfangreichen Informationsgrundlagen beider Ansätze heran.[149] Ferner lassen sich die tendenziell unterbewerteten Börsenkurse mit der zuungunsten der Abfindungsberechtigten bestehenden Machtasymmetrie und dem hiermit einhergehenden

---

[143] So etwa *Kallweit*, Die angemessene Abfindung beim übernahmerechtlichen Squeeze-out, S. 266 § 7.

[144] Vgl. *Weimann*, Spruchverfahren nach Squeeze-out, S. 206 § 10.

[145] Siehe auch *Schüppen*, ZIP 2016, 1413, 1418, laut dem der Börsenkurs zumeist niedriger als der Ertrags- oder DCF-Wert ist; vgl. zudem *Kallweit*, Die angemessene Abfindung beim übernahmerechtlichen Squeeze-out, S. 71–79 § 2, S. 266 § 7, demzufolge eine systematische Unterbewertung von Minderheitsanteilen an der Börse zwar naheliegt, wobei er von einer solchen nicht überzeugt ist.

[146] So etwa *Krog*, Marktorientierung und gesellschaftsrechtliche Unternehmensbewertung, S. 294.

[147] *Morningstar*, Market Fair Value, https://www.morningstar.com/markets/fair-value, zuletzt abgerufen am 17.8.2024.

[148] Siehe bereits § 4 A.I. und § 4 C.

[149] *Weimann*, Ertragswert und Börsenwert, S. 192–193 § 8; *Weimann*, Innerer Wert: Ertragswert und Börsenwert, 2020, S. 1; *Weimann*, AG 2020, R156, R157; *Weimann*, WPg 2021, 530, 535.

Lemon-Market-Effect erklären.[150] Hierbei zeigt sich auch, dass die für einen alleinmaßgeblichen Börsenkurs erforderliche strenge Informationseffizienz realiter nicht anzutreffen ist.

Darüber hinaus spiegeln die zu niedrigen Börsenkurse die Problematik der ihnen inhärenten unzulässigen Minderheitsabschläge wider.[151] Schließlich sollten sich diese Abschläge hinsichtlich des quotalen Unternehmenswerts auf Kompensationsebene bei einem Vergleich mit einer fundamentalen Unternehmensbewertung zeigen.

Somit verdeutlicht die jüngere Studienlage, dass die Kritikpunkte der Minderheitsabschläge sowie der Macht- und Informationsasymmetrie von erheblicher Bedeutung für die Streitfrage zur Alleinmaßgeblichkeit des Börsenkurses sind. So weist sie auf eine Unterbewertung an der Börse hin, die sich mit den genannten Aspekten erklären lässt. Folglich handelt es sich nicht nur um rein theoretische Problemfelder, sondern um für die Abfindungshöhe höchst relevante Faktoren.

Ungeachtet dessen bekräftigen die Untersuchungsergebnisse die im Rahmen der *Behavioral Finance* geäußerte These, dass der Börsenkurs regelmäßig vom wahren Unternehmenswert abweicht und eine Übereinstimmung beider Werte die Ausnahme und nicht den Regelfall darstellt.[152]

Die besagte Unterbewertung impliziert auch eine unrechtmäßige einseitige Belastung der Abfindungsberechtigen, wenn lediglich auf Börsenkurse zur Abfindungsbemessung abgestellt wird. Ihnen würde regelmäßig eine unterhalb des quotalen Unternehmenswerts liegende Kompensation gezahlt. Die erforderliche angemessene Abfindung kann damit nicht sicher gewährleistet werden. Grundsätzlich dürfte der Abfindungspflichtige von einer reinen Börsenkursorientierung profitieren.[153] Demgemäß stellt der Börsenkurs gerade keine unparteiische Bewertungsmethode dar.[154] Wird er anstelle einer fundamentalen Bewertung durch einen Sachverständigen herangezogen, werden die Abfindungsberechtigten in den meisten Fällen weniger erhalten. Zudem dürften die konkrete Existenz und das Ausmaß von Unterbewertungen als auch Minderheitsabschlägen sowie Macht- und Informationsasymmetrien allein aus einer Betrachtung des Börsenkurses zumeist kaum ersichtlich sein, da er nur das Ergebnis des Preisbildungsprozesses wiedergibt.[155]

---

150 Siehe hierzu: § 4 A.III. sowie § 4 B. In diese Richtung auch *Kallweit*, Die angemessene Abfindung beim übernahmerechtlichen Squeeze-out, S. 79 § 2.

151 Siehe hierzu: § 3. So wohl auch *Kallweit*, Die angemessene Abfindung beim übernahmerechtlichen Squeeze-out, S. 79 § 2 und *Schüppen*, ZIP 2016, 1413, 1418.

152 Siehe hierzu: § 2 C.

153 Vgl. *Follert*, Zur Unternehmensbewertung im Spruchverfahren aus interessentheoretischer Sicht, S. 213, der diesen Aspekt im Kontext der von ihm angenommenen Interessenarbeit zur börsenkursbasierten Unternehmensbewertung anführt.

154 So aber *Krog*, Marktorientierung und gesellschaftsrechtliche Unternehmensbewertung, S. 294.

155 Vgl. *Schulte/Köller/Luksch*, WPg 2012, 380, 386, 388.

Insofern mangelt es dem Börsenkurs auch an einer sicheren Nachprüfbarkeit, was seiner Alleinmaßgeblichkeit im Wege steht.

Aufgrund der regelmäßig auftretenden Unterbewertung an der Börse und der diesbezüglich unzureichenden Überprüfbarkeit eignen sich Börsenkurse nicht als alleiniger Bewertungsmaßstab zur Ermittlung des quotalen Unternehmenswerts. Allenfalls käme in Betracht, den Börsenkurs durch weitere Modifikationen hinsichtlich dieser negativen Fehlbewertung zu bereinigen.[156] Da der Börsenkurs in seltenen Fällen aber auch über dem gutachterlich bemessenen Unternehmenswert liegt und die verlustige freie Veräußerungsmöglichkeit der Aktionäre zu beachten ist, sollte er jedoch grundsätzlich als Untergrenze der Abfindung berücksichtigt werden. Schließlich kommt es für den Deinvestitionswert nicht auf eine korrekte Bewertung des Unternehmens, sondern lediglich auf die Deinvestitionsmöglichkeit an. Darüber hinaus dürften Börsenkurse jedenfalls dann bei einer fundamentalen Unternehmensbewertung im Wege des indirekten Marktbezugs Beachtung finden, wenn sie keinen ersichtlichen Verzerrungen unterliegen und zumindest Indizien auf eine ansatzweise Kapitalmarkteffizienz hindeuten. Schließlich stellen sie hierbei nur einen Baustein der Bewertung und nicht die alleinige Bewertungsgrundlage dar, wobei der Sachverständige sie einer kritischen Prüfung unterziehen kann.

[156] Siehe hierzu: § 6.

§ 5 Verfahrensökonomie und Wohlfahrt

Die vorangegangenen Erörterungen zeigen auf, dass der Börsenkurs regelmäßig durch wertirrelevante Faktoren verzerrt ist, auf einer unzureichenden Informationsgrundlage basiert und unzulässige Minderheitsabschläge sowie die Tendenz zur Unterbewertung verzeichnet. Demnach kann er den quotalen Unternehmenswert der Abfindung nicht wiedergeben. Eine alternative fundamentale Unternehmensbewertung ist ihm dahingehend überlegen.

Darüber hinaus sind die beiden konkurrierenden Bewertungsmethoden aber auch unter ökonomischen Gesichtspunkten miteinander zu vergleichen. Hierfür wird der individuelle Abfindungsfall mit Blick auf die Verfahrensökonomie untersucht. Sodann wird eine gesamtwirtschaftliche Betrachtung der Bewertungsmethoden bei rechtlich veranlassten Unternehmensbewertungen anhand von Wohlfahrtsaspekten vorgenommen.

A. Verfahrensökonomie

Für eine Unternehmensbewertung anhand von Börsenkursen und gegen die fundamentale Bewertung streitet eine verfahrensökonomische Betrachtung. So sind jene schneller, einfacher und kostengünstiger zu ermitteln.[1] Aus diesem Grund entschied sich auch der Gesetzgeber beim Delisting[2] und bei der Neuregelung des § 255 AktG[3] für eine Orientierung am Börsenkurs. Die verfahrensökonomische Kritik wird ebenso dem Meistbegünstigungsprinzip entgegengehalten.[4] Das OLG Frankfurt am Main geht sogar so weit, den Börsenkurs als einer fundamentalen

---

[1] OLG Frankfurt, Beschl. v. 03.09.2010 – 5 W 57/09 = ZIP 2010, 1947, 1953; Fleischer/Hüttemann/*Adolff/Häller*, RhB Unternehmensbewertung, § 18 Rn. 18.73; *Gärtner/Handke*, NZG 2012, 247, 248–249; *Großfeld/Egger/Tönnes*, Recht der Unternehmensbewertung, S. 295 Rn. 1220; *Risse*, ZIP 2021, 2309, 2310; *Schulte/Köller/Luksch*, WPg 2012, 380, 388–389, 393; vgl. *Seibt*, EWiR 2023, 325, 326.

[2] Beschlussempfehlung und Bericht, BT-Drs. 18/6220, S. 84; *Hirte* (CDU/CSU), Plenarprotokoll 18/127, S. 12385; *Kastl*, Der Rückzug kapitalmarktfähiger Unternehmen von der Börse, S. 317 § 6.

[3] Gesetzentwurf, BT-Drs. 20/8292, S. 118; *Mohamed*, ZIP 2023, 1975, 1981.

[4] *Gärtner/Handke*, NZG 2012, 247, 249; *Schmidt*, NZG 2020, 1361, 1365.

Unternehmensbewertung überlegen zu erklären, da dessen Aufwand im Vergleich zum Erkenntnisgewinn unverhältnismäßig sei.[5]

Dem Börsenkurs ist sein verfahrensökonomischer Vorteil zuzugestehen. Unternehmensbewertungen durch Sachverständige sind hingegen mit einem erhöhten Aufwand verbunden und können sich in die Länge ziehen. Die langen und aufwendigen Prozesse belasten die Gerichte, wobei oftmals mit einer späten gerichtlichen Entscheidung zu rechnen ist.

Allerdings darf diesem Argument kein allzu hohes Gewicht beigemessen werden.[6] So steht ihm das vom Grundgesetz geschützte Aktieneigentum der Abzufindenden gegenüber.[7] Aufgrund der Eigentumsbeeinträchtigung sind strenge Anforderungen an die Kompensation zu stellen. Schließlich liegt eine Inhalts- und Schrankenbestimmung vor. Es kommt in erster Linie auf eine angemessene Abfindung und eine vertretbare Unternehmensbewertung an. Hierbei ist eine schnelle und günstige Abwicklung nur zweitrangig.[8] Eine möglicherweise sachgerechtere Lösung sollte nicht zwecks eines leichteren Verfahrens abgelehnt werden.[9]

Angesichts der schwerwiegenden Gegenargumente gegen eine Alleinmaßgeblichkeit des Börsenkurses kommt den verfahrensökonomischen Gesichtspunkten umso weniger Bedeutung zu. Wie sich gezeigt hat, kann der Börsenkurs den quotalen Unternehmenswert der Abfindung nicht abbilden, wobei er hinsichtlich seiner Aussagekraft nicht hinreichend überprüfbar ist und zudem eine Tendenz zur Unterbewertung zulasten der Abfindungsberechtigten aufzeigt. Diese Aspekte nehmen dem Argument einer schnellen und einfachen Bewertung den Wind aus den Segeln. Ein gänzlich ungeeigneter Wertmaßstab wird auch nicht dadurch brauchbar, dass er zügig ermittelt werden kann. Es darf aufgrund ihres höheren Aufwands und ihrer höheren Kosten nicht von einer sachverständigen Unternehmensbewertung abgesehen und hierfür eine Beeinträchtigung der Vermögensrechte der Aktionäre hingenommen werden.[10] Allenfalls im Wege einer Bereinigung des Börsenkurses[11] könnte noch eine aussagefähige marktorientierte Unternehmensbewertung stattfinden. Mit Blick auf die tiefgreifende, schon konzeptionell ansetzende Kritik am Börsenkurs kommen hieran aber schon von vornherein Zweifel auf. Darüber hinaus wird das verfahrensökonomische Argument mit jeder Modifikation des Börsenkurses weiter abgeschwächt.

---

[5] OLG Frankfurt, Beschl. v. 03.09.2010 – 5 W 57/09 = ZIP 2010, 1947, 1953, 1956; so auch *Schnorbus/Rauch/Grimm*, AG 2021, 391, 396 Rn. 25.

[6] Vgl. *Großfeld/Egger/Tönnes*, Recht der Unternehmensbewertung, S. 295 Rn. 1220; vgl. *Happ/Bednarz*, FS Stilz (2014), S. 219, 235; vgl. *Kastl*, Der Rückzug kapitalmarktfähiger Unternehmen von der Börse, S. 317 § 6; vgl. *Schulte/Köller/Luksch*, WPg 2012, 380, 389.

[7] *Schulte/Köller/Luksch*, WPg 2012, 380, 389.

[8] In diese Richtung auch *Happ/Bednarz*, FS Stilz (2014), S. 219, 235.

[9] Vgl. *Kastl*, Der Rückzug kapitalmarktfähiger Unternehmen von der Börse, S. 317 § 6.

[10] *Großfeld/Egger/Tönnes*, Recht der Unternehmensbewertung, S. 295 Rn. 1220.

[11] Siehe hierzu: § 6.

Wenn eine fundamentale Unternehmensbewertung auch keinen exakten Unternehmenswert ermitteln kann[12], so gilt dies auch für den Börsenkurs.[13] Beide Ansätze liefern bloße Näherungswerte.[14] Die Angemessenheit ist dabei als Bandbreite von Unternehmenswerten zu verstehen.[15] Wie die vorangegangenen Erörterungen offenbaren, ist der Börsenkurs aber grundlegend nicht zur Unternehmensbewertung geeignet, wohingegen die gegen ihn angeführten Kritikpunkte bei einer fundamentalen Bewertung nicht so schwer ins Gewicht fallen. So wird der Börsenkurs eher wertirrelevanten Verzerrungen und Manipulationen unterliegen. Auch basiert er auf einer im Vergleich zum Sachverständigen eingeschränkten Informationsgrundlage und beinhaltet anders als die fundamentale Bewertung unzulässige Minderheitsabschläge. Demnach ist der Börsenkurs der fundamentalen Unternehmensbewertung klar unterlegen und kommt nicht als alleiniger Bewertungsmaßstab des quotalen Unternehmenswerts in Betracht. Eine sachverständige Bewertung kann zumindest einen Wert innerhalb der angemessenen Bandbreite bestimmen, wohingegen beim Börsenkurs nicht sicher ist, ob er in dieser liegt. Dementsprechend steht der Erkenntnisgewinn einer fundamentalen Unternehmensbewertung nicht außer Verhältnis zu ihrem höheren Aufwand. Der erhöhte Aufwand des fundamentalen Bewertungsverfahrens ist als Preis für dessen höhere Individualität und Genauigkeit hinzunehmen.[16]

Ebenso darf ein schnelles und kostengünstiges Verfahren nicht als Begründung dafür dienen, entgegen dem hier vertretenen Meistbegünstigungsprinzip eine Wertkomponente außer Acht zu lassen. Ansonsten würde eine eingeschränkte Betrachtung des Bewertungsobjekts zwecks einer zügigen Abwicklung vollzogen. Für die verfassungsrechtlich geforderte angemessene Abfindung ist aber stets der quotale Unternehmenswert wie auch der Deinvestitionswert separat zu berücksichtigen, um dem Doppelcharakter der Aktie gerecht zu werden.

Letzten Endes vermag das verfahrensökonomische Argument für eine Alleinmaßgeblichkeit des Börsenkurses mit Blick auf die gewichtigen Kritikpunkte an einem solchen nicht zu überzeugen.

---

[12] So die Kritik bei *Schmidt*, NZG 2020, 1361, 1364; *Schnorbus/Rauch/Grimm*, AG 2021, 391, 396 Rn. 25.

[13] *Happ/Bednarz*, FS Stilz (2014), S. 219, 231–232.

[14] *Happ/Bednarz*, FS Stilz (2014), S. 219, 232.

[15] *Schulte/Köller/Luksch*, WPg 2012, 380, 384.

[16] In diese Richtung, wenn auch deutlich vorsichtiger *Risse*, ZIP 2021, 2309, 2313.

B. Wohlfahrt

Nebst der verfahrensökonomischen Betrachtung der individuellen Abfindungssituation ist die Berücksichtigung des Börsenkurses bei der Unternehmensbewertung auch unter gesamtwirtschaftlichen Gesichtspunkten zu beleuchten.

Aus dieser Perspektive ließe sich die zuvor erwähnte Kritik des hohen Aufwands auch als positives ökonomisches Argument anführen. Der erhöhte Zeit- und Kostenaufwand könnte dazu führen, dass nur effiziente abfindungsauslösende Strukturmaßnahmen vollzogen werden. So wird ein potenzieller Abfindungspflichtiger bedachter bezüglich Strukturmaßnahmen vorgehen, wenn sie mit einem aufwendigen Bewertungsverfahren einhergehen. Hierdurch könnten etwaige unüberlegte Entscheidungen mit negativen Folgen vermieden werden. In Anbetracht der teils zu beobachtenden Hybris bei Übernahmen[17] sollte die Gefahr derartiger Fehlentscheidungen nicht abgetan werden. Vor diesem Hintergrund könnte den umfassenden Bewertungsanforderungen eine wohlfahrtsfördernde Wirkung zukommen. Dies gilt auch hinsichtlich des Umstands, dass gutachterlich ermittelte Unternehmenswerte zumeist höher als Börsenkurse sind, da tendenziell teurere Abfindungen von vorschnellen Strukturmaßnahmen abhalten.

Andererseits könnte das aufwendigere fundamentale Bewertungsverfahren etwaige sinnvolle Strukturmaßnahmen verhindern, deren Vorteil den Aufwand nicht übersteigt. Ferner besteht die Gefahr, dass der höhere Aufwand flexiblen Entscheidungen und zügigen Veränderungen im Wege stehen könnte. Dies wird sich gerade in der heutigen dynamischen Geschäftswelt als nachteilig erweisen.

Folglich lässt sich die verfahrensökonomische Auswirkung der jeweiligen Bewertungsmethode nicht eindeutig positiv oder negativ aus gesamtwirtschaftlicher Sicht beurteilen. Zumindest dürfte der Mehraufwand einer fundamentalen Unternehmensbewertung unüberlegten Maßnahmen vorbeugen.

Des Weiteren könnte befürchtet werden, dass eine Abfindung auf Grundlage einer fundamentalen Bewertung und deren Überprüfbarkeit im Spruchverfahren Börsengängen in Deutschland abträglich wäre.[18] Eine einfach zu handhabende günstige Abfindung auf Börsenkursbasis könnte den Gang an die Börse für Unternehmen attraktiver machen.

Dem ist aber zu entgegnen, dass trotz der gesetzlichen Anforderungen an Strukturmaßnahmen und der *Macrotron*-Entscheidung ausreichend Börsengänge verzeichnet wurden und mit der *Frosta*-Entscheidung kein Anstieg an Börsengängen einherging.[19] Vor allem dürfte ein späteres Delisting für die Entscheidung zum Börsengang kaum von Relevanz sein.[20]

---

[17] Vgl. *Shefrin*, Behavioral Corporate Finance, S. 228; vgl. *Shefrin*, Beyond Greed and Fear, S. 227–237.

[18] Vgl. BRAK, Stellungnahme Nr. 37/2015, S. 7 zum Ertragswertverfahren beim Delisting.

[19] BRAK, Stellungnahme Nr. 37/2015, S. 7–8.

Mithin liegt es nahe, dass die verpflichtende Abfindung anhand einer fundamentalen Unternehmensbewertung Börsengängen nicht abträglich ist.

Selbst wenn dem so wäre, würde dies zulasten der Abfindungsberechtigten gehen, die möglicherweise keine angemessene Kompensation erhalten und oftmals zu günstig abgefunden werden, wenn sich auf eine Börsenkursorientierung beschränkt wird.

Gegen eine fundamentale Unternehmensbewertung ließe sich anführen, dass sie aktivistischen Anlegern wie Hedgefonds, die eine Abfindungsarbitrage betreiben, in die Karten spielt. Bei dieser Anlagestrategie erwirbt der Aktivist zeitnah nach der Ankündigung einer Strukturmaßnahme oder einer öffentlichen Übernahme Anteile, um eine Blockadeposition aufzubauen. Sodann behauptet er, dass die angebotene Gegenleistung zu niedrig sei, wobei auf eine den ursprünglichen Angebotspreis übersteigende Abfindung spekuliert wird.[21] Im Kontext von M&A-Aktivitäten kann der Aktivist auch unterhalb der Schwelle einer Sperrminorität verbleiben und sodann im Nachgang einer Strukturmaßnahme auf eine höhere Abfindung im Spruchverfahren hinwirken.[22]

Eine marktorientierte Bewertung hingegen dürfte eine Abfindungsarbitrage für aktivistische Anleger unattraktiver machen.[23] Möglicherweise könnte der vielfach beschworene Anlegerschutz den Falschen zugutekommen.

Allerdings wird die Abfindungsarbitrage unterschiedlich bewertet.[24] Es besteht diesbezüglich noch kein Konsens. Dabei werden sowohl etwaige negative als auch positive Auswirkungen von Verfechtern des jeweiligen Lagers aufgezeigt. Gegner der Abfindungsarbitrage halten ihr neben moralischen Bedenken[25] sowie der geringen Schutzwürdigkeit von Hedgefonds[26] eine Störwirkung auf effiziente Transaktionen und den M&A-Markt[27] entgegen. Die Abfindungsarbitrage wird zum Teil als schädlich für die Volkswirtschaft kritisiert.[28] Ihre Befürworter wiederum führen an, dass eine Abfindungsarbitrage das kollektive Handlungsproblem abschwächt,

---

[20] BRAK, Stellungnahme Nr. 37/2015, S. 8.

[21] *Fleischer/Kolb*, AG 2019, 57, 57; *Schmidbauer*, NZG 2023, 972, 972, 978.

[22] *Graßl/Nikoleyczik*, AG 2017, 49, 51.

[23] *Fleischer/Kolb*, AG 2019, 57, 64; *Meyer*, University of Pennsylvania Law Review, 2016, Vol. 165, 153, 172, 191; zurückhaltender *Hamermesh/Wachter*, The Business Lawyer, 2018, Vol. 73, No. 4, 961, 1006.

[24] *Fleischer/Kolb*, AG 2019, 57, 57–58, 67, 68; *Hamermesh/Wachter*, The Business Lawyer, 2018, Vol. 73, No. 4, 961, 961, 964.

[25] *Hamermesh/Wachter*, The Business Lawyer, 2018, Vol. 73, No. 4, 961, 964.

[26] *Fleischer/Kolb*, AG 2019, 57, 67.

[27] *Meyer*, University of Pennsylvania Law Review, 2016, Vol. 165, 153, 166–167, 169; vgl. *Fleischer/Kolb*, AG 2019, 57, 67, 68.

[28] *Fleischer/Kolb*, AG 2019, 57, 57–58.

dem sich die einzelnen Streubesitzaktionäre ausgesetzt sehen,[29] und ein Gegengewicht zur überlegenen Stellung des Mehrheitsaktionärs bietet[30]. Professionelle Anleger würden zu niedrige Abfindungen aufdecken.[31] Das Zusammenspiel der aufgezeigten Faktoren wurde noch nicht ausreichend ergründet.[32] Jedenfalls sind der Abfindungsarbitrage nicht zwingend ausschließlich negative gesamtwirtschaftliche Folgen zu unterstellen.

Darüber hinaus könnte missbräuchlichen Abfindungsklagen auch auf anderem Wege begegnet werden als durch eine alleinige Börsenkursorientierung. Beispielsweise bietet es sich an, mehr mit einer Bagatellschwelle bei der klagweisen Erhöhung der Abfindung zu arbeiten.[33]

Ungeachtet dessen sollte das Verhalten aktivistischer Investoren nicht sämtlichen Anlegern angelastet werden. Sofern man Hedgefonds ihre Schutzwürdigkeit absprechen will, so gilt dies doch nicht für den Rest der Aktionäre und vor allem nicht für private Kleinanleger. Ihnen darf kein grundsätzliches missbräuchliches Verhalten unterstellt werden.

Allgemein höhlt eine zu günstige, rein börsenkursbasierte Abfindung die ohnehin schon unterlegene Machtposition der Minderheitsaktionäre weiter aus. Ein allein maßgeblicher Börsenkurs würde nur denjenigen, die deutsche Unternehmen zu niedrigen Preisen übernehmen wollen, zugutekommen und dies auch nur auf kurze Sicht.[34]

Schließlich sollten die Anleger bei ihrem Investitionsverhalten stets die Möglichkeit eines Verlusts ihrer Aktie gegen eine Abfindung zum Börsenkurs im Hinterkopf behalten. Gerade in schlechten Börsenzeiten dürften sie dies befürchten.[35] Dementsprechend werden Aktionäre insbesondere im Kontext von Krisen zu einem raschen Verkauf zwecks der Vermeidung von Vermögensnachteilen gedrängt sein, was zur Volatilität beiträgt.[36] Investitionen in Aktien würden eher auf kurzfristige

---

[29] *Fleischer/Kolb*, AG 2019, 57, 67; *Hamermesh/Wachter*, The Business Lawyer, 2018, Vol. 73, No. 4, 961, 966.

[30] *Fleischer/Kolb*, AG 2019, 57, 58; *Karami*, SpruchZ Nr. 2/2018, 13, 15.

[31] *Fleischer/Kolb*, AG 2019, 57, 67; in diese Richtung wohl auch *Hamermesh/Wachter*, The Business Lawyer, 2018, Vol. 73, No. 4, 961, 966–967.

[32] *Fleischer/Kolb*, AG 2019, 57, 67, 68.

[33] Siehe etwa den Vorschlag bei *Noack*, Das Spruchverfahren nach dem Spruchverfahrensgesetz, S. 161–162 hins. einer gesetzlichen Bagatellgrenze, wonach Abweichungen von nicht mehr als 10% vom ursprünglichen Kompensationsangebot nicht zu einer Heraufsetzung der Zahlung führen sollen, wobei er dies im Kontext der Verfahrensbeschleunigung anführt. Zur bisher uneinigen Bagatellrechtsprechung, die auf Abweichungen von teils über 5% und teils über 10% abstellt, *Höfling*, NZG 2020, 136, 139. Umfassende Erwägungen zur Missbrauchsbekämpfung im Spruchverfahren finden sich bei *Noack*, Das Spruchverfahren nach dem Spruchverfahrensgesetz, S. 239–250.

[34] BRAK, Stellungnahme Nr. 37/2015, S. 4.

[35] BRAK, Stellungnahme Nr. 37/2015, S. 4.

[36] BRAK, Stellungnahme Nr. 37/2015, S. 4.

Sicht getätigt, was der Finanzierung von kleinen zukunftsweisenden Unternehmen, die oftmals von Strukturmaßnahmen und Übernahmen betroffen sind, im Wege steht.[37] Insgesamt wird die Aktie als Anlageobjekt durch potenziell zu niedrige, seitens des Abfindungspflichtigen beeinflussbare und unzureichend überprüfbare börsenkursbasierte Abfindungen für Anleger unattraktiv. Letztlich besteht die Gefahr, dass eine alleinige Berücksichtigung des Börsenkurses dem Finanzplatz Deutschland schädlich sein könnte.[38]

Dass es dringend einer Steigerung der Attraktivität von Aktien bedarf, zeigt die derzeitige Aktionärsquote in Deutschland. Diese ist im Vergleich zu anderen führenden Volkswirtschaften äußerst niedrig.[39] Die niedrige Aktionärsquote in Deutschland kann u. a. durch den im internationalen Vergleich geringen effektiven Rechtsschutz der Anleger erklärt werden[40], wobei auch kulturelle Gesichtspunkte eine Rolle spielen dürften. Die sich abzeichnende Tendenz zur Alleinmaßgeblichkeit des Börsenkurses bei Abfindungen sollte die ablehnende Haltung gegenüber Aktien künftig noch verstärken. Eine angemessene Abfindung anhand einer verpflichtenden fundamentalen Unternehmensbewertung mit dem Börsenkurs als Untergrenze dürfte der Attraktivität von Aktien hingegen zuträglich sein.

Die Vorteile einer höheren Aktionärsquote liegen auf der Hand. Zum einen trägt die Investition in Aktien zur Eigenkapitalquote von Unternehmen bei.[41] Für die Anleger hingegen stellt die Aktie einen handelbaren Sachwert dar [42], der zu Vermögenszuwächsen führen[43] und als Altersvorsorge dienen[44] kann.

Letztlich liegt die Vermutung nahe, dass eine Alleinmaßgeblichkeit des Börsenkurses bei Abfindungen gesamtwirtschaftlich negative Folgen haben wird. Dementsprechend ist sie aus Wohlfahrtsgesichtspunkten abzulehnen und als dem Finanzstandort Deutschland abträglich einzuschätzen. Aus diesem Blickwinkel vermag das Meistbegünstigungsprinzip mit einer fundamentalen Unternehmensbewertung zur Ermittlung des quotalen Unternehmenswerts und einer Berücksichtigung des Börsenkurses als Untergrenze in Gestalt des Deinvestitionswerts zu überzeugen.

---

[37] BRAK, Stellungnahme Nr. 37/2015, S. 4.

[38] BRAK, Stellungnahme Nr. 37/2015, S. 4.

[39] *Weimann*, Spruchverfahren nach Squeeze-out, S. 41–44 § 2; vgl. *Weimann*, Ertragswert und Börsenwert, S. 30–41 § 1.

[40] *Weimann*, Spruchverfahren nach Squeeze-out, S. 45 § 2; vgl. *Weimann*, Ertragswert und Börsenwert, S. 30 § 1.

[41] *Weimann*, Ertragswert und Börsenwert, S. 19–20 § 1; *Weimann*, Spruchverfahren nach Squeeze-out, S. 44 § 2.

[42] *Weimann*, Ertragswert und Börsenwert, S. 20 § 1; vgl. *Weimann*, Spruchverfahren nach Squeeze-out, S. 44 § 2.

[43] *Weimann*, Ertragswert und Börsenwert, S. 21–24 § 1.

[44] *Weimann*, Ertragswert und Börsenwert, S. 36, 40 § 1.

C. Fazit: Verfahrensökonomie und Wohlfahrt

Eine rein verfahrensökonomische Betrachtung der Thematik streitet für einen Börsenkurs als alleinige Bewertungsgrundlage und gegen eine fundamentale Unternehmensbewertung. Allerdings tritt dieses Argument hinter den deutlich gewichtigeren Kritikpunkten am Börsenkurs, die in den vorherigen Kapiteln erörtert wurden, zurück. Demnach ist es nicht ausschlaggebend.

Weiterhin sprechen Wohlfahrtsaspekte gegen einen allein maßgeblichen Börsenkurs und für eine fundamentale Unternehmensbewertung.

Mithin ist auch unter diesen ökonomischen Gesichtspunkten eine Alleinmaßgeblichkeit des Börsenkurses abzulehnen und stets eine fundamentale Unternehmensbewertung zu fordern.

An dieser Beurteilung könnte sich allenfalls dann etwas ändern, wenn der Börsenkurs mittels weiterer Modifikationen zu einem aussagekräftigen Bewertungsmaßstab mit Bezug zum wahren Wert des Unternehmens umfunktioniert werden kann.[45] Sofern er durch die Modifikation zu einer der fundamentalen Unternehmensbewertung ebenbürtigen Bewertungsmethode ausgeformt werden könnte und er seinen verfahrensökonomischen Vorteil behalten würde, sollte er den vorzugswürdigeren Ansatz darstellen. Eine derartige Modifikation des Börsenkurses erscheint aber angesichts der grundlegenden Kritik an ihm bereits von vornherein zweifelhaft. Zudem schwächt jede Modifikation des Börsenkurses dessen verfahrensökonomischen Vorteil ab, da eine solche mit zusätzlichem Aufwand einhergeht.

[45] Siehe hierzu: § 6.

§ 6 Bereinigung des Börsenkurses

Der Börsenkurs kann nur dann den wahren Wert eines Unternehmens abbilden, wenn ein funktionierender und effizienter Markt mit aussagekräftigen Kursen vorliegt.[1] In Anbetracht der vorangegangenen ökonomischen Erwägungen, vornehmlich der *Behavioral Finance* sowie der Macht- und Informationsasymmetrie, ist davon auszugehen, dass ein derart idealisierter Kapitalmarkt oftmals nicht der Realität entspricht. In diesen Fällen besteht nicht die für eine alleinige Börsenkursorientierung geforderte strenge Informations- und Allokationseffizienz. Hierbei ist der Börsenkurs grundsätzlich nur als Wertindikation für einen kurzfristig orientierten Anleger geeignet, womit nur der Deinvestitionswert, nicht aber der quotale Unternehmenswert, abgebildet wird. Mit der ungleichen Macht- und Informationsverteilung geht zudem die Gefahr eines opportunistischen Verhaltens zuungunsten der Abfindungsberechtigten einher. Wie sich gezeigt hat, verzeichnen Börsenkurse überdies Minderheitsabschläge, was einer Darstellung des Gesamtunternehmenswerts und einer angemessenen Abfindung zuwiderläuft. Ebenso mangelt es an einer Überprüfbarkeit der Börsenkurse in Bezug auf ihre Preisbildung, was einer alleinigen Orientierung an ihnen im Wege steht.

Dementsprechend stellt sich die Frage, ob eine Berücksichtigung des Börsenkurses zur Unternehmensbewertung nicht modifiziert werden kann, um den aufgezeigten Schwächen entgegenzuwirken. Eine mögliche Bereinigung des Kurses beim *Market Approach* könnte durch die Festlegung von Gründen für eine Nichtberücksichtigung, die Bildung eines Durchschnittskurses, weitergehende Effizienzanforderungen, die Zahlung einer zusätzlichen Abfindungspauschale oder die Plausibilisierung durch weitere Werte geschehen. Nachfolgend werden besagte Modifikationen näher erläutert und darauf untersucht, ob sie die Kritikpunkte der *Behavioral Finance* sowie der Macht- und Informationsasymmetrie ausräumen können. Im Rahmen dessen finden auch die Probleme der unzureichenden Wertindikation für Daueranleger sowie des Ausnutzungs- und Manipulationspotenzials Beachtung. Weiterhin werden die im Börsenkurs vorhandenen Minderheitsabschläge berücksichtigt. Ebenso ist auf die Überprüfbarkeit des Börsenkurses als Bewertungsgrundlage einzugehen. Sofern durch die Modifikationen Börsenkurse ermittelt werden können, die nicht von all diesen Kritikpunkten betroffen und hinreichend überprüfbar sind, müssten sie einen sachgerechten Schätzwert hinsichtlich des quotalen Unternehmenswerts darstellen. Derartige Börsenkurse wären sodann dem

---

[1] BVerfG, Beschl. v. 27.04.1999 – 1 BvR 1613/94 –, BVerfGE 100, 289–313, Rn. 34; vgl. GK-AktG/*Hirte/Hasselbach*, § 305 AktG Rn. 139; vgl. *Hüttemann*, ZGR 2001, 454, 468–469.

Ergebnis einer fundamentalen Unternehmensbewertung in ihrer Aussagequalität gleichwertig. Zugleich wird ihre Feststellung mit einem geringeren Aufwand einhergehen. Denklogisch wäre eine alleinige Börsenkursorientierung in solchen Fällen vorzugswürdig. Allerdings ist zu beachten, dass das verfahrensökonomische Argument umso weniger ins Gewicht fällt, je mehr der Börsenkurs modifiziert wird. Schließlich geht eine jede Modifikation mit einem zusätzlichen Aufwand einher.

Sofern der Börsenkurs nur im Wege eines indirekten Marktbezugs bei der Ermittlung des quotalen Unternehmenswerts berücksichtigt werden soll, fallen die Kritikpunkte weniger ins Gewicht. Dennoch bedarf es eines möglichst aussagekräftigen Börsenkurses, um das Bewertungsergebnis nicht zu verfälschen. Demgemäß drängt sich auch hier eine Bereinigung mittels der aufgeführten Modifikationsmöglichkeiten auf.

Auch wenn der Börsenkurs lediglich als Untergrenze herangezogen wird, bleibt fraglich, ab wann er einen relevanten Deinvestitions- bzw. Verkehrswert darstellt. Zwar muss er hierbei nicht den wahren Wert des Unternehmens abbilden. Allerdings bedarf es eines funktionsfähigen Marktes, ehe eine Deinvestition realisiert werden kann. Dieser Anforderung wird nicht jeder Börsenkurs gerecht. Folglich liegt ebenso eine Modifikation anhand der obigen Maßgaben nahe, welche unter Berücksichtigung des Deinvestitionsgedankens im Folgenden näher beleuchtet werden.

A. Gründe für eine Nichtberücksichtigung des Börsenkurses

So könnte einer Abweichung des Börsenkurses vom quotalen Unternehmenswert und Deinvestitionswert dahingehend begegnet werden, diesen in bestimmten Fällen nicht heranzuziehen. Hierbei haben sich in der Rechtsprechung und Gesetzgebung Fallgruppen herauskristallisiert, die zum Teil auch in den IDW S 1 i.d.F. 2008 Eingang gefunden haben und im Schrifttum diskutiert werden. Diese Gründe für eine Nichtberücksichtigung des Börsenkurses gilt es zu untersuchen und kritisch zu hinterfragen.

I. Gründe für eine Nichtberücksichtigung laut Rechtsprechung, Gesetzgebung und IDW S 1

1. Rechtsprechung zur Berücksichtigung des Börsenkurses

Seitens der Judikative zur Berücksichtigung des Börsenkurses wurde eine Vielzahl von Fällen zu dessen fehlender Aussagekraft genannt. Dies betrifft sowohl die ursprüngliche Rechtsprechung zum Börsenkurs als Untergrenze als auch die jüngere

Entwicklung hinsichtlich der Alleinmaßgeblichkeit des Börsenkurses. Entgegen der ursprünglich ablehnenden Haltung gegenüber Börsenkursen[2] werden die Fälle einer NIchtberücksichtigung mittlerweile eher restriktiv gehandhabt.[3]

Laut dem *DAT/Altana*-Beschluss des BVerfG von 1999, in dem es um die Heranziehung des Börsenkurses als Untergrenze ging, sollte dieser nur dann berücksichtigt werden, wenn er den Verkehrswert der Aktie widerspiegelt.[4] Als hiervon abweichende Fälle führt es eine Marktenge[5] und den Umstand an, dass über einen längeren Zeitraum praktisch kein Handel stattgefunden hat[6]. Bei einer Marktenge sei dem Börsenkurs aber nicht notwendigerweise seine Bewertungseignung abzusprechen.[7] Ebenso könne bei einer Abfindung in Aktien der Wert des herrschenden Unternehmens höher als der Börsenkurs angesetzt werden, wenn eine schlechte Marktverfassung besteht.[8]

Mit dem nachfolgenden *DAT/Altana*-Beschluss im Jahre 2001 erweiterte der BGH die Gründe einer Nichtberücksichtigung hinsichtlich des Börsenkurses als Untergrenze. So erwähnte er wie schon zuvor das BVerfG die Marktenge und ein praktisches Nichtstattfinden des Handels.[9] Auch wurde die mögliche Abweichung des Börsenkurses vom Verkehrswert des herrschenden Unternehmens bei einer schlechten Marktverfassung genannt.[10] Allerdings traten die Kursmanipulation[11]

---

[2] Siehe insb. BGH, Urt. v. 30.03.1967 – II ZR 141/64 (KG) = NJW 1967, 1464, 1464. Zur Rechtsprechung bis Ende der 90er Jahre siehe: Fleischer/Hüttemann/*Adolff/Häller*, RhB Unternehmensbewertung, § 18 Rn. 18.22, 18.24, 18.26–18.28; Marsch-Barner/Schäfer/*Gehling*, HdB börsennotierte AG, § 13 Rn. 13.4–13.8; *Meyer*, Abfindung und Unternehmensbewertung, S. 166–170.

[3] Fleischer/Hüttemann/*Adolff/Häller*, RhB Unternehmensbewertung, § 18 Rn. 18.82; vgl. Emmerisch/Habersack/*Emmerich*, AktG, § 305 AktG Rn. 48.

[4] BVerfG, Beschl. v. 27.04.1999 – 1 BvR 1613/94 –, BVerfGE 100, 289–313, Os. 3d, Rn. 66; Fleischer/Hüttemann/*Adolff/Häller*, RhB Unternehmensbewertung, § 18 Rn. 18.52; *Meyer*, Abfindung und Unternehmensbewertung, S. 169–170.

[5] BVerfG, Beschl. v. 27.04.1999 – 1 BvR 1613/94 –, BVerfGE 100, 289–313, Rn. 66–67; Fleischer/Hüttemann/*Adolff/Häller*, RhB Unternehmensbewertung, § 18 Rn. 18.52; *Meyer*, Abfindung und Unternehmensbewertung, S. 170 Fn. 20; *Schilling*, Der Ausschluss von Minderheitsaktionären, S. 374 Fn. 1523.

[6] BVerfG, Beschl. v. 27.04.1999 – 1 BvR 1613/94 –, BVerfGE 100, 289–313, Os. 3d, Rn. 67; Fleischer/Hüttemann/*Adolff/Häller*, RhB Unternehmensbewertung, § 18 Rn. 18.52; *Meyer*, Abfindung und Unternehmensbewertung, S. 170 Fn. 20; *Schilling*, Der Ausschluss von Minderheitsaktionären, S. 374 Fn. 1523.

[7] BVerfG, Beschl. v. 27.04.1999 – 1 BvR 1613/94 –, BVerfGE 100, 289–313, Rn. 67; siehe auch *Gude*, Strukturänderungen und Unternehmensbewertung zum Börsenkurs, S. 169, der anführt, dass das BVerfG davon ausging, dass auch bei einer Marktenge der Börsenkurs dem Verkehrswert noch entsprechen kann.

[8] BVerfG, Beschl. v. 27.04.1999 – 1 BvR 1613/94 –, BVerfGE 100, 289–313, Rn. 70.

[9] BGH, Beschl. v. 12.03.2001 – II ZB 15/00 –, BGHZ 147, 108–125, Rn. 20; Fleischer/Hüttemann/*Adolff/Häller*, RhB Unternehmensbewertung, § 18 Rn. 18.82.

[10] BGH, Beschl. v. 12.03.2001 – II ZB 15/00 00 –, BGHZ 147, 108–125, Rn. 32.

sowie außergewöhnliche Tagesausschläge und kurzfristige sprunghafte Entwicklungen, die sich nicht verfestigen[12], hinzu. Die beiden letztgenannten Gesichtspunkte werden jedoch nicht als Grund genannt, dem Börsenkurs seine Aussagekraft abzusprechen, sondern vielmehr als Modifikation bei der Bildung eines Referenzkurses zur Bewertung angeführt.[13] Die Behandlung außergewöhnlicher Tagesausschläge und kurzfristiger sprunghafter Entwicklungen, die sich nicht verfestigen, wird dementsprechend im Rahmen der Durchschnittskursbildung näher erläutert.[14]

In seiner *Telekom/T-Online*-Entscheidung aus 2011 sieht das BVerfG nebst der Marktenge und der gezielten Kurspflege eine weitere Ausnahme von der Heranziehung des Börsenkurses in Gestalt des Informationsdefizits aufgrund eines Verstoßes gegen etwaige Mitteilungspflichten vor.[15] Hierbei erwähnt es zwar, dass der Börsenkurs regelmäßig als Untergrenze dient.[16] Allerdings führt es auch an, dass es keiner Heranziehung jeglicher Bewertungsansätze durch die Gerichte bedarf, um den günstigsten anzuwenden.[17]

Der BGH erkennt mittlerweile ein alleiniges Abstellen auf den Börsenkurs unter der Voraussetzung an, dass eine effektive Informationsbewertung am Markt besteht, sodass dieser den wahren Wert des Unternehmens abzubilden vermag.[18] Da er auf

---

[11] BGH, Beschl. v. 12.03.2001 – II ZB 15/00 –, BGHZ 147, 108–125, Rn. 20; *Burger*, NZG 2012, 281, 282; Fleischer/Hüttemann/*Adolff/Häller*, RhB Unternehmensbewertung, § 18 Rn. 18.82.

[12] BGH, Beschl. v. 12.03.2001 – II ZB 15/00 –, BGHZ 147, 108–125, Ls. 3 Rn. 24; *Burger*, NZG 2012, 281, 282.

[13] So soll gem. BGH, Beschl. v. 12.03.2001 – II ZB 15/00 –, BGHZ 147, 108–125, Ls. 3 Rn. 24 ein Referenzkurs unter Ausschluss außergewöhnlicher Tagesausschläge und sprunghafter, sich nicht verfestigender Entwicklungen zugrunde gelegt werden; so auch *Hirte*, NJW 2003, 1285, 1290; ebenso schreibt *Bungert*, BB 2001, 1163, 1165 davon, dass der BGH außergewöhnliche Tagesausschläge und sprunghafte Entwicklungen aus dem Durchschnittswert herausrechnen will. Anders jedoch *Burger*, NZG 2012, 281, 283, der außergewöhnliche Tagesausschläge und sprunghafte Entwicklungen als Ausnahmetatbestände zur Maßgeblichkeit des Börsenkurses neben der Marktenge und der Kursmanipulation aufführt.

[14] Siehe hierzu: § 6 B.III.4.a).

[15] BVerfG, Nichtannahmebeschl. v. 26.04.2011 – 1 BvR 2658/10 –, BVerfGK 18, 395–400 Rn. 25; Fleischer/Hüttemann/*Adolff/Häller*, RhB Unternehmensbewertung, § 18 Rn. 18.40, 18.52.

[16] BVerfG, Nichtannahmebeschl. v. 26.04.2011 – 1 BvR 2658/10 –, BVerfGK 18, 395–400 Os. 3d, Rn. 24.

[17] BVerfG, Nichtannahmebeschl. v. 26.04.2011 – 1 BvR 2658/10 –, BVerfGK 18, 395–400 Rn. 24; *Stein*, Fundamentalanalyse und Börsenkurs, S. 198.

[18] BGH, Beschl. v. 31.01.2024 – II ZB 5/22 = ZIP 2024, 1070, 1071 Rn. 26; BGH, Beschl. v. 21.02.2023 – II ZB 12/21 –, BGHZ 236, 180–205, Rn. 20; BGH, Beschl. v. 12.01.2016 – II ZB 25/14 –, BGHZ 208, 265–278, Rn. 23; vgl. Schmidt/Lutter/*Stephan*, AktG, § 305 AktG Rn. 99.

die vorgenannten Entscheidungen von 2001 und 2011 verweist[19], ist zu vermuten, dass der BGH auf die dort aufgeführten Ausnahmefälle zurückgreifen will.

Ebenso sei die Rechtsprechung des BVerfG zum übernahmerechtlichen Squeeze-out erwähnt, laut dessen Vermutungsregel aus § 39a Abs. 3 S. 3 WpÜG von Gesetzes wegen der Börsenkurs grundsätzlich allein maßgeblich für die Abfindungshöhe ist[20]. So führt es in seiner Entscheidung zur *Deutschen Hypothekenbank* 2012 an, dass im Falle einer unzureichenden Aussagefähigkeit des Börsenkurses gemäß § 5 Abs. 4 WpÜG-AngebVO die Gegenleistung anhand einer Unternehmensbewertung bemessen werden muss[21], wobei ein solches Vorgehen schon aus dem Gesetz hergeleitet werden kann[22]. Dies stellt einen Fall der Marktenge dar.[23]

Auch die instanzgerichtliche Rechtsprechung zeigt sich ergiebig hinsichtlich möglicher Fälle einer Ablehnung der Berücksichtigung des Börsenkurses.

Angesichts der vorangegangenen ökonomischen Erwägungen sind die Urteile vom OLG München aus dem Jahre 2012 und vom OLG Frankfurt am Main von 2010 zu nennen. Diese beschreiben auffällige Kursanomalien als Ausnahme von sonst aussagekräftigen Börsenkursen.[24] Etwas detaillierter dahingehend äußerte sich das OLG Frankfurt am Main in seiner *Hoechst*-Entscheidung im Jahre 2013, nach welcher keine Verzerrungen des Börsenkurses im Einzelfall vorliegen dürfen.[25]

---

[19] Siehe die Klammerverweise bei BGH, Beschl. v. 31.01.2024 – II ZB 5/22 = ZIP 2024, 1070, 1071 Rn. 26 sowie BGH, Beschl. v. 21.02.2023 – II ZB 12/21 –, BGHZ 236, 180–205, Rn. 20 und BGH, Beschl. v. 12.01.2016 – II ZB 25/14 –, BGHZ 208, 265–278, Rn. 23. Beachte auch die beispielhafte Anführung der Marktenge in den jüngsten BGH-Entscheidungen unter BGH, Beschl. v. 31.01.2024 – II ZB 5/22 = ZIP 2024, 1070, 1072 Rn. 27 und BGH, Beschl. v. 21.02.2023 – II ZB 12/21 –, BGHZ 236, 180–205, Rn. 51.

[20] Zur kritischen Beurteilung dieses sog. Markttests und einer möglichen Gleichbehandlung aller Fallgruppen siehe: § 1 B.I.3.f).

[21] BVerfG, Beschl. v. 16.05.2012 – 1 BvR 96/09, 1 BvR 117/09, 1 BvR 118/09, 1 BvR 128/09 = NZG 2012, 907, 909 Rn. 20.

[22] So wird bei BVerfG, Beschl. v. 16.05.2012 – 1 BvR 96/09, 1 BvR 117/09, 1 BvR 118/09, 1 BvR 128/09 = NZG 2012, 907, 909 Rn. 19 auf die gesetzlichen Vorgaben der §§ 39a, 39b WpÜG i.V.m. § 31 WpÜG, §§ 3–6 WpÜG-AngebVO zur Ermittlung der Abfindung verwiesen; siehe zudem *Land/Hallermayer*, AG 2015, 659, 664, die eine Geltung des § 5 Abs. 4 WpÜG-AngebVO beim übernahmerechtlichen Squeeze-out schon aus dem Gesetz aufgrund der Anwendung von § 31 WpÜG i.V.m. § 5 WpÜG-AngebVO über § 39a Abs. 3 WpÜG herleiten.

[23] Diesen Begriff nutzen auch *Kallweit*, Die angemessene Abfindung beim übernahmerechtlichen Squeeze-out, S. 236 § 5; *Land/Hallermayer*, AG 2015, 659, 663–664; *Süßmann*, NZG 2009, 980, 982 in Bezug auf den Ausnahmefall des § 5 Abs. 4 WpÜG-AngebVO im Rahmen des § 39a Abs. 3 S. 3 WpÜG.

[24] OLG Frankfurt a.M., Beschl. v. 03.09.2010 – 5 W 57/09 = ZIP 2010, 1947, 1952; OLG München, Beschl. 26.07.2012 – 31 Wx 250/11 = AG 2012, 749, 752; Fleischer/Hüttemann/*Adolff/Häller*, RhB Unternehmensbewertung, § 18 Rn. 18.87.

[25] OLG Frankfurt a.M., Beschl. v. 05.12.2013 – 21 W 36/12 –, Rn. 31, juris; Fleischer/Hüttemann/*Adolff/Häller*, RhB Unternehmensbewertung, § 18 Rn. 18.87.

Hierbei führte es historische Preisverläufe, Kurssprünge, einen Vergleich mit Aktienindices oder Wettbewerbern und vor der betreffenden Maßnahme erfolgte Ad-hoc-Mitteilungen als ausreichende Anhaltspunkte für Börsenkursverzerrungen an.[26] Aufgrund zweier außerordentlicher Kurssprünge, eines zuvor erfolgten Übernahmeangebots und einer geringen Marktliquidität ging es von einem nicht bewertungsgeeigneten Börsenkurs aus.[27]

Unter Einschluss dieses Beschlusses existieren insgesamt drei Entscheidungen aus den Jahren 2006, 2010 und 2013 dahingehend, den Börsenkurs bei vorherigen öffentlichen Angeboten oder bzw. Abfindungsangeboten als verzerrt anzusehen.[28]

Von der jüngeren fachgerichtlichen Rechtsprechung wird zudem die Problematik irrationaler Fehlbepreisungen aufgegriffen. So erwähnen das LG Stuttgart und das LG Frankfurt am Main in Beschlüssen von 2019 unter Bezugnahme zur *Behavioral Finance* die Möglichkeit verhaltensökonomisch bedingter Verzerrungen.[29] Dabei lassen sie aber offen, ab wann die Angemessenheit einer Abfindung auf Basis des Börsenkurses aufgrund der begrenzten oder fehlenden Rationalität der Marktteilnehmer näher zu überprüfen ist, wobei sie grundsätzlich von aussagekräftigen Kursen ausgehen.[30] Die OLG München und Frankfurt am Main wiederum sehen laut ihren Entscheidungen aus dem Jahre 2021 in einer möglichen Irrationalität keinen relevanten Kritikpunkt am Börsenkurs.[31]

Zum Teil wurde auch eine Unterbewertung an der Börse und eine entsprechende Abweichung vom wahren Wert des Unternehmens aufgrund eines sog. Konglomeratsabschlags[32] oder der Zugehörigkeit zur „*Old Economy*"[33] von der Rechtsprechung unterstellt.

---

[26] OLG Frankfurt a.M., Beschl. v. 05.12.2013 – 21 W 36/12 –, Rn. 31, juris.

[27] OLG Frankfurt a.M., Beschl. v. 05.12.2013 – 21 W 36/12 –, Rn. 43–47, juris; Fleischer/Hüttemann/*Adolff/Häller*, RhB Unternehmensbewertung, § 18 Rn. 18.87.

[28] OLG Düsseldorf, Beschl. v. 04.10.2006 – I-26 W 7/06 AktE = AG 2007, 325, 329; OLG Frankfurt a.M., Beschl. v. 03.09.2010 – 5 W 57/09 = ZIP 2010, 1947, 1952; OLG Frankfurt a.M., Beschl. v. 05.12.2013 – 21 W 36/12 –, Rn. 24, 43, juris.

[29] LG Frankfurt a.M., Beschl. v. 27.06.2019 – 3–05 O 38/18 –, Rn. 97–98, juris (nrkr.); LG Stuttgart, Beschl. v. 08.05.2019 – 31 O 25/13 KfH SpruchG –, Os. 4, Rn. 350–351, juris.

[30] LG Frankfurt a.M., Beschl. v. 27.06.2019 – 3–05 O 38/18 –, Rn. 98, juris (nrkr.); LG Stuttgart, Beschl. v. 08.05.2019 – 31 O 25/13 KfH SpruchG –, Os. 4, Rn. 351, juris.

[31] OLG München, Beschl. v. 14.12.2021 – 31 Wx 190/20 = NZG 2022, 606, 606 Rn. 88; OLG Frankfurt a.M., Beschl. v. 26.04.2021 – 21 W 139/19 = AG 2021, 559, 562.

[32] OLG Stuttgart, Beschl. v. 06.07.2007 – 20 W 5/06 = AG 2007, 705, 708; Fleischer/Hüttemann/*Adolff/Häller*, RhB Unternehmensbewertung, § 18 Rn. 18.86.

[33] OLG Düsseldorf, Beschl. v. 31.01.2003 – 19 W 9/00 AktE = NZG 2003, 588, 591; OLG Stuttgart, Beschl. v. 06.07.2007 – 20 W 5/06 = AG 2007, 705, 708.

Darüber hinaus entschied das LG Düsseldorf 2005, dass der Börsenkurs auch dann nicht als Untergrenze dienen kann, wenn sich das Unternehmen in Abwicklung befindet und über kein operatives Geschäft verfügt.[34]

In zwei Beschlüssen von 2018 bzw. 2019 hinsichtlich der Fallgruppen der § 327a AktG und §§ 304, 305 AktG nennt das LG Stuttgart zudem einen nachgewiesenen Insiderhandel als Ausnahmefall von der Börsenkursorientierung.[35]

Ferner will das OLG Frankfurt am Main in einer Entscheidung zum Markttest nach § 39a Abs. 3 S. 3 WpÜG beim übernahmerechtlichen Squeeze-out im Ausnahmefall einen solchen als verfälscht ansehen, sofern der dem Angebot zugrundeliegende Börsenkurs manipuliert ist.[36]

Der Rechtsprechung zufolge sind damit folgende mögliche Gründe für eine Nichtberücksichtigung des Börsenkurses festzuhalten: Marktenge, praktisches Fehlen des Handels für einen längeren Zeitraum, Kursmanipulationen, nachgewiesener Insiderhandel, Verstoß gegen Informationspflichten, auffällige Kursanomalien, verhaltensökonomisch bedingte Marktverzerrungen, schlechte Marktverfassung, vorherige öffentliche Angebote sowie Abfindungsangebote, Unternehmen in Abwicklung ohne operatives Geschäft und Unterbewertung aufgrund des sog. Konglomeratsabschlags oder der Zugehörigkeit zur „*Old Economy*".

2. Gesetzgebung zum Delisting und zum Wertverwässerungsschutz

Auch die Legislative normiert Gründe für eine Nichtberücksichtigung des Börsenkurses bei der Unternehmensbewertung.

Hierbei geht der Gesetzgeber in seiner Normierung des Delisting in § 39 BörsG nach einem Regel-Ausnahme-System vor. Grundsätzlich soll der Börsenwert herangezogen werden, wobei ausnahmsweise eine fundamentale Unternehmensbewertung stattzufinden hat.[37]

---

[34] LG Düsseldorf, Beschl. v. 09.09.2005 – 40 O 295/03 AktE = AG 2005, 929, 929 Ls. 1, 930; dem unter Nennung der Folgeinstanz zustimmend: Schmidt/Lutter/*Schnorbus*, AktG, § 327b AktG Rn. 3a; *Winter*, EWiR 2006, 737, 737–738. Die Folgeinstanz hat dies offengelassen, scheint die Auffassung des LG Düsseldorf aber zu befürworten: OLG Düsseldorf, Beschl. v. 04.10.2006 – I-26 W 7/06 AktE = AG 2007, 325, 329.

[35] LG Stuttgart, Beschl. v. 03.04.2018 – 31 O 138/15 KfH SpruchG – Os. 3, Rn. 116, juris (nrkr.) zum § 327a AktG; LG Stuttgart, Beschl. v. 08.05.2019 – 31 O 25/13 KfH SpruchG – Rn. 373, juris zu den §§ 304, 304 AktG.

[36] OLG Frankfurt a. M., Beschl. v. 28.01.2014 – WpÜG 3/13 = NZG 2014, 543, 543 Ls. 4, 545.

[37] Beschlussempfehlung und Bericht, BT-Drs. 18/6220, S. 78–79, 84–85; *Middelberg* (CDU/CSU), Plenarprotokoll 18/127, S. 12379; *Fechner* (SPD), Plenarprotokoll 18/127, S. 12384; *Hirte* (CDU/CSU), Plenarprotokoll 18/127, S. 12385; BGH, Beschl. v. 22.10. 2019 – XI ZR 682/18 = BKR 2020, 305, 306 Rn. 10; *Drygala*, Die Neureglung des Delistings in: Gesellschaftsrecht in der Diskussion, 2015, S. 78, 81; vgl. *Ilyevich*, Delisting – Parallele zum Übernahmerecht, S. 154, 160.

So darf nach § 39 Abs. 3 S. 3 Nr. 1 BörsG nicht auf den Börsenkurs abgestellt werden, wenn eine Verletzung der Ad-hoc-Publizitätspflicht nach Art. 17 Abs. 1 MAR oder einer entsprechenden Vorschrift des ausländischen anwendbaren Rechts in Gestalt einer nicht rechtzeitigen oder unwahren Veröffentlichung von Insiderinformationen vorliegt.[38]

Weiterhin normiert § 39 Abs. 3 S. 3 Nr. 2 BörsG eine Ausnahme dahingehend, den Börsenkurs nicht in Fällen der Kursmanipulation gem. Art. 15 MAR zu berücksichtigen.[39]

Dieses Vorgehen lässt sich auf einen Vorschlage Hirtes zurückführen. Dieser sieht in einer unvollständigen oder fehlerhaften Information den maßgeblichen Grund für das Auseinanderfallen von Börsen- und Ertragswert. Dementsprechend dürfe nicht auf den Börsenkurs zurückgegriffen werden, wenn dieser nicht korrekt zustande gekommen ist. Dies wäre bei fehlenden oder fehlerhaften Ad-hoc-Meldungen sowie bei Marktmanipulationen der Fall.[40]

Dem § 39 Abs. 3 S. 4 BörsG zufolge kann eine alleinige Bemessung am Börsenkurs auch dann nicht stattfinden, wenn in einem Zeitraum von sechs Monaten vor der Angebotsveröffentlichung an weniger als einem Drittel der Börsentage Börsenkurse festgestellt wurden und mehrere nacheinander festgestellte Börsenkurse um mehr als fünf Prozent voneinander abweichen. Dies stellt einen Fall der Marktenge dar.[41] Dabei ist die Regelung an den § 5 Abs. 4 WpÜG-Angebots-VO angelehnt.[42] Schließlich mangele es dem Börsenkurs in diesen Fällen an Aussagekraft.[43]

Mithin ergeben sich aus der gesetzlichen Normierung zum Delisting folgende Ausnahmefälle, in denen der Börsenkurs nicht zu berücksichtigen ist: Verstoß

---

[38] Beschlussempfehlung und Bericht, BT-Drs. 18/6220, S. 79, 84, wobei der Finanzausschuss der seinerseits geltenden Rechtslage entsprechend auf den § 15 WpHG aF. verweist; *Ilyevich*, Delisting – Parallele zum Übernahmerecht, S. 161; vgl. Hopt/*Kumpan*, HGB, § 39 BörsG Rn. 9.

[39] Beschlussempfehlung und Bericht, BT-Drs. 18/6220, S. 79, 85, wo noch der § 20a WpHG aF. genannt wird; Hopt/*Kumpan*, HGB, § 39 BörsG Rn. 9; vgl. *Ilyevich*, Delisting – Parallele zum Übernahmerecht, S. 161.

[40] *Hirte* (CDU/CSU), Plenarprotokoll 18/127, S. 12385; ausdrücklich auf den Vorschlag *Hirtes* hinweisend *Fechner* (SPD), Plenarprotokoll 18/127, S. 12384 sowie *Hirte*, Kapitalgesellschaftsrecht, S. 466 § 6 Rn. 6.6a.

[41] *Drygala*, Die Neureglung des Delistings in: Gesellschaftsrecht in der Diskussion, 2015, S. 82; *Ilyevich*, Delisting – Parallele zum Übernahmerecht, S. 166; *Sanders*, Anlegerschutz bei Delisting zwischen Kapitalmarkt- und Gesellschaftsrecht, S. 113.

[42] Beschlussempfehlung und Bericht, BT-Drs. 18/6220, S. 85; *Drygala*, Die Neureglung des Delistings in: Gesellschaftsrecht in der Diskussion, 2015, S. 82; *Ilyevich*, Delisting – Parallele zum Übernahmerecht, S. 166; *Sanders*, Anlegerschutz bei Delisting zwischen Kapitalmarkt- und Gesellschaftsrecht, S. 113.

[43] Beschlussempfehlung und Bericht, BT-Drs. 18/6220, S. 85; *Ilyevich*, Delisting – Parallele zum Übernahmerecht, S. 166.

gegen Ad-hoc-Publizitätspflicht, Kursmanipulation und Marktenge. Hierbei besteht eine Überschneidung mit den Ausnahmen, die das BVerfG und der BGH in der Sache *DAT/Altana* nannten.[44]

Strittig ist, ob die Ausnahmefälle des § 39 Abs. 3 BörsG abschließend geregelt sind oder ob aufgrund einer offenen Formulierung oder einer Analogiebildung noch weitere Ausnahmen der Berücksichtigung des Börsenkurses erfasst werden.[45] Da in dieser Arbeit die Börsenkursorientierung an sich beurteilt und zur Not verbessert werden soll, geht eine weitergehende Beschäftigung mit dieser Frage am Thema vorbei. Der Umstand, dass es sich um eine vielfach umstrittene Problematik handelt, die nicht eindeutig aus dem Gesetz heraus entschieden werden kann, lässt eine abschließende gesetzliche Regelung aller Ausnahmefälle im zu erarbeitenden Lösungsmodell aber vorzugswürdig erscheinen.[46] Ungeachtet der Frage, ob § 39 Abs. 3 S. 3, 4 BörsG *de lege lata* abschließender Natur ist, ist also *de lege ferenda* ein abschließender Katalog sämtlicher Ausnahmefälle anzustreben.

Im Zuge des ZuFinG II werden nunmehr die Ausnahmefälle der Börsenkursorientierung beim Delisting ausgeweitet und zu einer offenen Formulierung gewechselt. So sollen die bisherigen Ausnahmefälle als Regelbeispiele fungieren für die von der neuen Generalklausel umfassten besondere Umstände, die ein Absehen von der Bewertung auf Basis des Börsenkurses begründen.[47] Dies wird als Reaktion auf die oftmals als zu eng empfundenen Ausnahmefälle beschrieben.[48] Weitere potenzielle Ausnahmefälle werden jedoch nicht genannt.

---

[44] Vgl. *Drygala*, Die Neureglung des Delistings in: Gesellschaftsrecht in der Diskussion, 2015, S. 81, laut dem sich der Gesetzgeber an den Ausnahmefällen der Rechtsprechung orientiert hat.

[45] Für die Berücksichtigung weiterer Ausnahmefälle: *Koch*, AG 2021, 249, 257 Rn. 49, 258–259 Rn. 57; Marsch-Barner/Schäfer/*Eckhold*, HdB börsennotierte AG, § 63 Rn. 63.41; wohl auch *Redenius-Hövermann*, ZIP 2021, 485, 488, 494 Fn. 57. Für einen abschließenden Katalog: *Gegler*, BKR 2016, 273, 275–276; Habersack/Mülbert/Schlitt/*Habersack*, Unternehmensfinanzierung am Kapitalmarkt, § 40 Rn. 40.24; *Harnos*, AG 2020, 601, 609 Rn. 38–39, der dies zudem als herrschende Ansicht betitelt, ebenso aber rechtspolitische Kritik am Zustand *de lege lata* äußert; *Ilyevich*, Delisting – Parallele zum Übernahmerecht, S. 160; *Krug*, Der Rückzug von der Börse, S. 277–280 § 11, die einer Öffnung der Ausnahmeregelung der Marktenge *de lege ferenda* mit Vorsicht begegnet; *Morell*, AcP 2017, 61, 84, 104–105, der eine Auffanggeneralklausel *de lege ferenda* vorschlägt.

[46] Siehe auch *Redenius-Hövermann*, ZIP 2021, 485, 489, die aufgrund der unklaren Rechtslage hinsichtlich der Ausnahmefälle beim Delisting gesetzgeberischen Handlungsbedarf sieht.

[47] Referentenentwurf des Bundesministeriums der Finanzen, Entwurf eines Zweiten Gesetzes zur Finanzierung von zukunftssichernden Investitionen (Zweites Zukunftsfinanzierungsgesetz – ZuFinG II), S. 49–50, 147; *Mohamed*, BKR 2025, 1, 6 zur Neuformulierung der § 39 Abs. 3 S. 4 und 5 BörsG-E.

[48] Referentenentwurf des Bundesministeriums der Finanzen, Entwurf eines Zweiten Gesetzes zur Finanzierung von zukunftssichernden Investitionen (Zweites Zukunftsfinanzierungsgesetz – ZuFinG II), S. 147; *Mohamed*, BKR 2025, 1, 6.

Das Regel-Ausnahme-Verhältnis des Delisting wurde mit dem ZuFinG auf den Wertverwässerungsschutz des § 255 AktG übertragen. Demnach ist der Börsenkurs grundsätzlich allein maßgebend. § 255 Abs. 5 S. 2 Nr. 1 bis 3 AktG übernimmt die Ausnahmefälle des § 39 Abs. 3 S. 3, 4 BörsG mit dem Unterschied, dass hinsichtlich der Marktenge ein Sechsmonatszeitraum bis zum Ablauf des der Entscheidung über die Ausgabe neuer Aktien vorausgehenden Tages betrachtet wird. Letztlich kommen auch hier die Ausnahmefälle des Verstoßes gegen die Ad-hoc-Publizitätspflicht, der Kursmanipulation und der Marktenge zum Einsatz.[49]

3. Gesetzgebung zu grenzüberschreitenden Verschmelzungen, Spaltungen und Formwechseln

Im Rahmen der Mobil-RL sieht der europäische Gesetzgeber angesichts der Art. 86 f Abs. 2 S. 2, 125 Abs. 3 S. 2, 160 f Abs. 2 S. 2 GesR-RL vor, dass bei grenzüberschreitenden Verschmelzungen, Spaltungen und Formwechseln die Barabfindung alternativ anhand allgemein anerkannter Bewertungsmethoden oder des Marktpreises der Anteile bemessen werden soll.[50] Anders als im Kommissionsentwurf[51] wird keine Doppelbewertung verlangt, sondern der Börsenkurs und die allgemein anerkannten Bewertungsmethoden als im Grundsatz gleichwertige Alternativen betrachtet.[52] Wie auch bei der aktuellen Rechtsprechungstendenz und der Gesetzgebung zum Delisting und zum § 255 AktG kann es zu einer alleinigen Börsenkursorientierung kommen. Dem Gesetzesentwurf der Bundesregierung zum UmRUG nach bedurften die Bewertungsvorgaben der GesR-RL keiner Änderung des UmwG, da sie der bisherigen deutschen Rechtslage entsprachen.[53]

Allerdings treffen die Regelungen keine Aussage dahingehend, wann von aussagekräftigen Börsenkursen ausgegangen werden kann.[54] Da aber nur aussagekräftige Börsenkurse den wahren Unternehmenswert widerspiegeln können und der Art. 50 Abs. 1 UAbs. 2 GesR-RL bei der Einbringung von Aktien als Sacheinlage eine Neubewertung bei einer erheblichen Preisbeeinflussung durch außergewöhnliche Umstände und einer Illiquidität vorsieht, liegt es nahe, diese Ausnahmefälle

---

[49] Vgl. *Koch*, AG 2024, 1, 2 Rn. 7.

[50] *Schmidt*, NZG 2020, 1361, 1367, die darüber hinaus auch in Fällen der Verbesserung des Umtauschverhältnisses nach Art. 86i, 126a, 160i GesR-RL eine alternative Heranziehung von Börsenkurs oder anerkannter Unternehmensbewertungsmethode annimmt; vgl. *Stelmaszczyk*, ZIP 2019, 2437, 2440.

[51] Siehe hierzu *Bormann/Stelmaszczyk*, ZIP 2019, 300, 308; *Noack*, AG 2018, 780, 783.

[52] *Schmidt*, NZG 2020, 1361, 1367; vgl. *Stelmaszczyk*, ZIP 2019, 2437, 2440; anders hingegen *Noack*, ZGR 2020, 90, 103–104, der weiterhin von einer geforderten Doppelbewertung nach dem Meistbegünstigungsprinzip ausgeht und dem kritisch gegenübersteht.

[53] Gesetzentwurf, BT-Drs. 20/3822, S. 70; zustimmend *Schmidt*, NJW 2023, 1241, 1242 Rn. 14; siehe zudem *Noack*, ZGR 2020, 90, 104–105, der gesetzlich normierten Bewertungsmethoden kritisch gegenübersteht.

[54] *Schmidt*, NZG 2020, 1361, 1367.

auf grenzüberschreitende Verschmelzungen, Spaltungen und Formwechsel zu übertragen.[55] Der Ausnahmefall des illiquiden Marktes dürfte mit dem bereits erwähnten Kriterium der Marktenge übereinstimmen.[56] Die außergewöhnlichen Umstände sind jedoch nicht näher erläutert. In Anbetracht des ebenso wie bei den übrigen relevanten Fallgruppen bestehenden Grundgedankens der angemessenen Kompensation der Minderheitsaktionäre könnte aber eine Parallele zu diesen gezogen werden. Unter grammatikalischen Aspekten liegt es nahe, auf die Erwägungen der Rechtsprechung zu den auffälligen Kursanomalien zurückzugreifen. Zusätzlich könnte eine Beeinflussung durch außergewöhnliche Umstände auch in einer Verletzung der Pflicht zur Ad-hoc-Publizität und in Marktmanipulationen[57] nebst der Marktenge gesehen werden.

4. IDW S 1 i. d. F. 2008 zur Berücksichtigung des Börsenkurses

Laut dem IDW S 1 i. d. F. 2008 ist der Börsenkurs dann nicht als Untergrenze der Abfindung heranzuziehen, wenn er vom Verkehrswert der Aktien abweicht.[58] Beispielhaft zählt er hierbei eine fehlende Marktgängigkeit und eine Manipulation des Kurses auf.[59] Da er auf die *DAT/Altana*-Rechtsprechung vom BVerfG und BGH Bezug nimmt[60] ist davon auszugehen, dass der IDW S 1 mit der fehlenden Marktgängigkeit den Ausnahmefall der Marktenge und des fehlenden Handels meint.

Weiterhin verlangt der Bewertungsstandard des IDW, bei einem zur Plausibilisierung einer fundamentalen Unternehmensbewertung dienenden Börsenkurs besondere Einflüsse auf die Preisbildung genau zu untersuchen und darzustellen.[61] Wenn hierdurch auch kein expliziter Fall der Nichtberücksichtigung bestimmt wird, so lässt sich durchaus eine Parallele zur Rechtsprechung hinsichtlich der auffälligen Kursanomalien erkennen.

---

[55] So auch *Schmidt*, NZG 2020, 1361, 1367, die hierbei Verletzungen der Ad-hoc-Publizitätspflicht, Marktmanipulationen und eine etwaige Marktenge als Ausnahmefälle der Orientierung am Börsenkurs bei der Ermittlung der Barabfindung oder des angemessenen Umtauschverhältnisses nach Maßgabe der GesR-RL nennt.

[56] So wohl auch *Schmidt*, NZG 2020, 1361, 1367.

[57] So wohl *Schmidt*, NZG 2020, 1361, 1367.

[58] IDW S 1 (2008) Rn. 16.

[59] IDW S 1 (2008) Rn. 16.

[60] Siehe die Verweise bei IDW S 1 (2008) Rn. 16 Fn. 5 und 6. Unter dem Gesichtspunkt der Liquidität bzw. Marktenge führen auch *Betzer/Budzinski/Thiele*, KSzW 2011, 426, 428 diese Ausführungen des IDW S 1 an.

[61] IDW S 1 (2008) Rn. 15.

5. Fazit: Gründe für eine Nichtberücksichtigung laut Rechtsprechung, Gesetzgebung und IDW S 1

Aus der Untersuchung von Rechtsprechung, Gesetzgebung und IDW S 1 zur Frage nach einer Berücksichtigung des Börsenkurses lassen sich folgende Ausnahmefälle, in denen ein solches Vorgehen nicht geboten sein könnte, herausarbeiten: Marktenge, praktisches Fehlen eines Handels für einen längeren Zeitraum, Kursmanipulationen, nachgewiesener Insiderhandel, Verstoß gegen Informationspflichten, auffällige Kursanomalien bzw. erhebliche Beeinflussung durch außergewöhnliche Umstände, verhaltensökonomisch bedingte Marktverzerrungen, schlechte Marktverfassung, vorherige öffentliche Angebote sowie Abfindungsangebote, Unternehmen in Abwicklung ohne operatives Geschäft und Unterbewertung aufgrund des sog. Konglomeratsabschlags oder der Zugehörigkeit zur „*Old Economy*".

Fraglich ist, ob mit dem Ansatz der grundsätzlichen Berücksichtigung des Börsenkurses und der ausnahmsweisen Heranziehung fundamentaler Bewertungsmethoden in den genannten Fällen der aufgezeigten Fehleranfälligkeit des *Market Approach* entgegengewirkt werden kann. Ebenso stellt sich die Frage, inwiefern die Ausnahmefälle hinsichtlich des Deinvestitionswerts greifen sollten.

II. Unterschiedliche Anforderungen an quotalen Unternehmenswert und Deinvestitionswert

Vor dem Hintergrund der beiden verschiedenen Wertansätze[62] liegt eine weitergehende Differenzierung zwischen den Ausnahmefällen nahe.

Soll der Börsenkurs mit dem Fundamentalwert übereinstimmen und somit zur Ermittlung des quotalen Unternehmenswerts dienen, bedarf es eines effizienten Kapitalmarkts[63], dessen Kurse Ausdruck sämtlicher Informationen sind und keiner wesentlichen Beeinflussung durch Manipulationen unterliegen[64]. Aussagekräftige

---

[62] Siehe hierzu: Wertbegriffe und Fallgruppen.

[63] *Adolff*, Unternehmensbewertung im Recht der börsennotierten Aktiengesellschaft, S. 345–347; Fleischer/Hüttemann/*Adolff/Häller*, RhB Unternehmensbewertung, § 18 Rn. 18.76; *Große-Frericks*, Die Angemessenheit des Entgelts für die Übertragung von Eigentumsrechten als Problem rechtsgeprägter Unternehmensbewertung, S. 382; *Ruiz de Vargas*, NZG 2021, 1001, 1007–1009; *Ruiz de Vargas*, NZG 2021, 1056, 1062; vgl. BeckOGK-AktG/*Veil/Preisser*, § 305 AktG Rn. 59; vgl. Emmerich/Habersack/*Emmerich*, AktG, § 305 AktG Rn. 48; im Ansatz bereits *Hüttemann*, ZGR 2001, 455, 468–469; *Steinhauer*, AG 1999, 299, 304–306; ebenso *Ruthardt/Hachmeister*, CF 2014, 174, 175; *Ruthardt/Hachmeister*, NZG 2014, 41, 44, 48; *Ruthardt/Hachmeister*, WPg 2016, 411, 414 in Bezug auf die vielerorts geforderte Alleinmaßgeblichkeit des Börsenkurses.

[64] Vgl. BeckOGK-AktG/*Veil/Preisser*, § 305 AktG Rn. 59; vgl. Fleischer/Hüttemann/*Adolff/Häller*, RhB Unternehmensbewertung, § 18 Rn. 18.76; vgl. GK-AktG/*Hirte/Hassel-*

Börsenkurse müssen ausreichend liquide und mit allen unternehmensrelevanten Informationen gespeist sein.[65] Nach dem hier vertretenen Ansatz bedarf es einer strengen Informationseffizienz und einer umfassenden Allokationseffizienz, ehe der Börsenkurs den quotalen Unternehmenswert abbilden kann.[66] Die Heranziehung aller aufgeführten Gründe einer Nichtberücksichtigung und ihre etwaige Ausweitung erscheinen naheliegend, da hierdurch Fälle erfasst werden, in denen der Börsenkurs vom quotalen Unternehmenswert abweicht.[67]

Ebenso sollte verfahren werden, wenn auf den Börsenkurs im Wege eines indirekten Marktbezugs innerhalb einer fundamentalen Unternehmensbewertung bezüglich des quotalen Unternehmenswerts wie etwa bei einer Plausibilisierung des Bewertungsergebnisses[68] oder der Ermittlung des Risikozuschlags zurückgegriffen wird. Wenn bei einem indirekten Marktbezug möglicherweise auch eine partielle Kapitalmarkteffizienz ausreicht[69], so empfiehlt es sich doch, einen möglichst effizienten und unverzerrten Börsenkurs heranzuziehen. Schließlich wird auch hier im Ergebnis versucht, den wahren Wert des Unternehmens zu ermitteln. Das sachgutachterliche Bewertungsergebnis sollte nicht durch das Hinzuziehen verzerrter Börsenkurse verfälscht werden. Demgemäß bedarf es weitestgehend unverzerrter, dem quotalen Unternehmenswert nahekommender Kurse. Es liegt nahe, etwaige Gründe einer Nichtberücksichtigung wie auch bei einer alleinigen Börsenkursorientierung zu berücksichtigen.

Fraglich ist, ob dies auch für den Börsenkurs als Untergrenze gilt. Zieht man ihn als Deinvestitionswert in Gestalt einer Untergrenze heran, so bedarf es keiner Markteffizienz.[70] Vielmehr ist die Frage nach einer tatsächlichen Veräußerungsmöglichkeit relevant.[71] Es kommt nicht auf die Effizienz, sondern die Liquidität und

bach, § 305 AktG Rn. 139; vgl. *Hüttemann*, ZGR 2001, 455, 470–471; im Ansatz schon *Steinhauer*, AG 1999, 299, 307.

[65] *Hüttemann*, ZGR 2001, 455, 471; *Steinhauer*, AG 1999, 299, 306–307.

[66] Zum geforderten Effizienzgrad siehe: § 2 E.II.

[67] Siehe auch *Ruiz de Vargas*, NZG 2021, 1056, 1062, der über die Mindeststandards und insb. § 5 Abs. 4 WpÜG-AngebVO hinausreichende Kriterien hins. der effektiven Informationsbewertung für einen als alleinige Bewertungsgrundlage geeigneten Börsenkurs fordert.

[68] Vgl. im Ansatz IDW S 1 (2008) Rn. 15, wonach besondere Einflüsse auf die Preisbildung sorgfältig zu untersuchen und darzulegen sind, wenn Börsenkurse zur Plausibilitätsbeurteilung herangezogen werden.

[69] Vertiefend hierzu: § 6 C. Dies ist bereits im Rahmen der Effizienzanforderungen (§ 2 E. II.) angeklungen.

[70] *Adolff*, Unternehmensbewertung im Recht der börsennotierten Aktiengesellschaft, S. 341; Fleischer/Hüttemann/*Adolff/Häller*, RhB Unternehmensbewertung, § 18 Rn. 18.49, 18.74; *Ruthardt/Popp*, AG 2020, 240, 244 Rn. 29.

[71] Fleischer/Hüttemann/*Adolff/Häller*, RhB Unternehmensbewertung, § 18 Rn. 18.46, 18.49; *Ruthardt/Popp*, AG 2020, 240, 244 Rn. 29.

Nachfrageelastizität des Marktes an.[72] Hier geht es gerade nicht darum, den wahren Wert des Unternehmens, sondern den durch die Maßnahme verlustigen Verkehrswert abzubilden, welcher regelmäßig mit dem Börsenkurs übereinstimmt.[73] Dem BVerfG zufolge darf der Börsenkurs ausnahmsweise dann unterschritten werden, wenn er nicht mehr den Verkehrswert widerspiegelt.[74] Folglich stellt sich die Frage, ab wann Börsenkurs und Verkehrswert auseinanderfallen.

Eine Antwort könnte zum einen ein rein deinvestitionsorientierter Ansatz bieten, wonach der Börsenkurs nur dann nicht als Untergrenze dienen kann, wenn eine Deinvestition zum Stichtag nicht möglich gewesen wäre.[75]

Diese Auffassung scheint auch der *DAT/Altana*-Entscheidung des BVerfG zugrunde liegen, wenn es die Untergrenze der Abfindung an dem Wert festsetzt, der im Rahmen einer freien Deinvestitionsentscheidung zum Zeitpunkt der Maßnahme erzielt worden wäre[76] und eine Abweichung des Börsenkurses vom Verkehrswert dann erwägt, wenn eine Veräußerung zum Börsenkurs „ungewiß"[77] oder – so eine späterer Passage – „völlig unmöglich"[78] ist.[79] Ebenso verfolgt der BGH im Fall *DAT/Altana* von 2001 jedenfalls dahingehend einen deinvestitionsorientierten Ansatz, sofern er anführt, dass nur dann der Börsenkurs nicht dem Verkehrswert entspricht, wenn über einen längeren Zeitraum praktisch kein Handel stattgefunden hat, eine Veräußerung durch einen außenstehenden Aktionär aufgrund einer Marktenge unmöglich ist oder der Börsenpreis manipuliert worden ist.[80]

---

[72] *Adolff*, Unternehmensbewertung im Recht der börsennotierten Aktiengesellschaft, S. 341, der im Rahmen dessen die bei *DAT/Altana* genannten Ausnahmefälle der Marktenge, des fehlenden Handels und der Manipulation anführt.

[73] *Hüttemann*, ZGR 2001, 455, 459; vgl. *Ruthardt/Hachmeister*, CF 2014, 174, 186.

[74] BVerfG, Beschl. v. 27.04.1999 – 1 BvR 1613/94 –, BVerfGE 100, 289–313, Os. 3d, Rn. 66. Dabei bietet es sich an, den „Verkehrswert" auch als „Deinvestitionswert" zu bezeichnen, siehe Fleischer/Hüttemann/*Adolff/Häller*, RhB Unternehmensbewertung, § 18 Rn. 18.45.

[75] Siehe Marsch-Barner/Schäfer/*Gehling*, Hdb börsennotierte AG, § 13 Rn. 13.88, der von einem „desinvestitionsorientierten Ansatz" spricht und dieser Auffassung kritisch gegenübersteht.

[76] BVerfG, Beschl. v. 27.04.1999 – 1 BvR 1613/94 –, BVerfGE 100, 289–313, Os. 3a, Rn. 56.

[77] BVerfG, Beschl. v. 27.04.1999 – 1 BvR 1613/94 –, BVerfGE 100, 289–313, Rn. 67.

[78] BVerfG, Beschl. v. 27.04.1999 – 1 BvR 1613/94 –, BVerfGE 100, 289–313, Rn. 76.

[79] Siehe auch die Einschätzung bei *Adolff*, Unternehmensbewertung im Recht der börsennotierten Aktiengesellschaft, S. 300, 314–315, welcher jedoch nicht zwischen einem deinvestitions- oder kapitalmarktorientierten Ansatz differenziert; anders hingegen Marsch-Barner/Schäfer/*Gehling*, Hdb börsennotierte AG, § 13 Rn. 13.89–13.90, der dem BVerfG eine Tendenz zum kapitalmarktorientierten Ansatz unterstellt, hierbei aber die soeben genannten Urteilspassagen übersieht.

[80] Marsch-Barner/Schäfer/*Gehling*, Hdb börsennotierte AG, § 13 Rn. 13.88; siehe zur Urteilspassage: BGH, Beschl. v. 12.03.2001 – II ZB 15/00 –, BGHZ 147, 108–105, Rn. 20.

Eine weitere Modifikation des deinvestitionsorientierten Ansatzes kann dahingehend erfolgen, dass ein von Abfindungsspekulationen hinsichtlich der abfindungsauslösenden Maßnahme selbst beeinflusster Börsenkurs nicht dem Verkehrswert gerecht werden soll.[81] Dieser Gedanke klingt bereits im *DAT/Altana*-Beschluss des BVerfG an. So dürfen die Minderheitsaktionäre demnach nicht weniger erhalten, als sie im Wege einer Deinvestition bei einem Ausbleiben der Maßnahme realisiert hätten.[82] Folglich legt es der Abfindungsuntergrenze einen hypothetischen Kausalverlauf ohne die Maßnahme zugrunde.[83] Abfindungsspekulationen dürften demnach keinen Eingang in den Verkehrswert finden. Ebenso rückte der BGH vom engen deinvestitionsorientierten Ansatz mit seiner *Stollwerck*-Entscheidung im Jahre 2010 jedenfalls dahingehend ab, als dass er auch einen von Abfindungsspekulationen beeinflussten Börsenkurs nicht mehr mit dem Verkehrswert gleichsetzen wollte.[84] Dieser durchaus zu befürwortende Gedanke ist im Hinblick auf die Ausnahmefälle zur Börsenkursorientierung aber nicht weiter von Belang. Er wird im weiteren Verlauf dieser Arbeit innerhalb der Stichtagsbestimmung des Referenzkurses diskutiert.[85]

Folgt man dem deinvestitionsorientierten Ansatz, sind an den Börsenkurs als Untergrenze deutlich weniger strenge Anforderungen zu stellen als an einen Börsenkurs, der den quotalen Unternehmenswert darstellen soll. So geht es nicht um etwaige Verzerrungen, sondern lediglich um die fehlende oder zweifelhafte hypothetische Veräußerungsmöglichkeit.

Als Alternative zum deinvestitionsorientierten Ansatz kann der kapitalmarktorientierte Ansatz betrachtet werden.[86] Demnach kommt es für eine Abbildung des Verkehrswerts nicht nur auf die bloße Möglichkeit einer Deinvestition, sondern auch darauf an, ob der Börsenkurs eine Richtigkeitsgewähr bietet.[87] Wenn es für den

---

[81] In diese Richtung wohl OLG München, Beschl. v. 14.12.2021 – 31 Wx 190/20 = NZG 2022, 606, 608 Rn. 39–42 (nrkr.), wo eine klare Trennung zwischen dem wahren Wert und dem Deinvestitionswert vollzogen wird, wobei letzterer nur in absoluten Ausnahmefällen nicht durch den Börsenkurs abgebildet werden könne und zudem frei von Abfindungsspekulationen sein müsse. Dies hingegen explizit ablehnend OLG Düsseldorf, Beschl. v. 31.01. 2003 – 19 W 9/00 AktE = NZG 2003, 588, 590–591, welches einen streng deinvestitionsorientierten Ansatz vertritt.

[82] BVerfG, Beschl. v. 27.04.1999 – 1 BvR 1613/94 –, BVerfGE 100, 289–313, Rn. 63; *Adolff*, Unternehmensbewertung im Recht der börsennotierten Aktiengesellschaft, S. 320.

[83] *Adolff*, Unternehmensbewertung im Recht der börsennotierten Aktiengesellschaft, S. 320.

[84] Marsch-Barner/Schäfer/*Gehling*, Hdb börsennotierte AG, § 13 Rn. 13.91; siehe zur Urteilspassage: BGH, Beschl. v. 19.07.2010 – II ZB 18/09 –, BGHZ 186, 229–242, Rn. 21.

[85] Siehe hierzu: § 6 B.II.1.a).

[86] Marsch-Barner/Schäfer/*Gehling*, Hdb börsennotierte AG, § 13 Rn. 13.89.

[87] Marsch-Barner/Schäfer/*Gehling*, Hdb börsennotierte AG, § 13 Rn. 13.89, 13.91–13.92, der einen solchen Ansatz bereits denjenigen Gerichten unterstellt, die sich an § 5 Abs. 4 WpÜG-AngebVO orientieren; in diese Richtung tendierend auch OLG Stuttgart, Beschl. v.

Börsenkurs als Deinvestitionswert auch keines effizienten Kapitalmarkts bedarf, so seien dennoch hinreichend aussagekräftige Börsenkurse zu verlangen, die den Beteiligungswert verlässlich widerspiegeln.[88] Dabei obliege es den Fachgerichten, festzustellen, ob sich der Börsenkurs im Einzelfall mit dem Verkehrswert deckt und als Untergrenze der Abfindung herangezogen werden kann.[89] Sofern der Börsenkurs etwa aufgrund von Abfindungserwartungen aus einem vorherigen Spruchverfahren geprägt ist, spiegele er den Verkehrswert nicht mehr wider.[90]

Eine derartige Wertung schimmert in der *DAT/Altana*-Entscheidung des BGH zumindest bei seiner Begründung für die Gleichsetzung von Börsenkurs und Verkehrswert durch. Diese führt er auf den Grundgedanken einer zutreffenden Bewertung eines Unternehmens durch einen informierten Markt zurück.[91] Hierbei weicht er von der deinvestitionsorientierten Auffassung des BVerfG, auf welches er sich bezieht, ab.[92] Auch an weiterer Stelle scheint er einen kapitalmarktorientierten Weg einzuschlagen. Hinsichtlich des Verkehrswerts des herrschenden Unternehmens stellt der BGH auf andere Anforderungen ab als beim beherrschten Unternehmen.[93] Als Beispiel für eine Abweichung des Börsenkurses vom Verkehrswert führt er hier eine schlechte Verfassung der Kapitalmärkte an.[94]

06.07.2007 – 20 W 5/06 = AG 2007, 705, 715; OLG Düsseldorf, Beschl. v. 04.10.2006 – I-26 W 7/06 AktE = AG 2007, 325, 329.

[88] Vgl. OLG Stuttgart, Beschl. v. 06.07.2007 – 20 W 5/06 = AG 2007, 705, 715 bzgl. einer etwaigen Marktenge.

[89] Marsch-Barner/Schäfer/*Gehling*, Hdb börsennotierte AG, § 13 Rn. 13.19, 13.90.

[90] OLG Düsseldorf, Beschl. v. 04.10.2006 – I-26 W 7/06 AktE = AG 2007, 325, 329; Marsch-Barner/Schäfer/*Gehling*, Hdb börsennotierte AG, § 13 Rn. 13.89.

[91] BGH, Beschl. v. 12.03.2001 – II ZB 15/00 –, BGHZ 147, 108–125, Rn. 19. So auch weiterhin: BGH, Beschl. v. 31.01.2024 – II ZB 5/22 = ZIP 2024, 1070, 1071 Rn. 26; BGH, Beschl. v. 21.02.2023 – II ZB 12/21 –, BGHZ 236, 180–205, Rn. 20; BGH, Beschl. v. 12.01.2016 – II ZB 25/14 –, BGHZ 208, 265–278, Rn. 23. Siehe zudem *Wasmann*, AG 2023, 810, 811–812 Rn. 6–9, laut dem vor dem Hintergrund der BGH-Rechtsprechung dieselben Ausnahmefälle für einen alleinmaßgeblichen wie auch einen als Untergrenze dienenden Börsenkurs gelten.

[92] Zur teilweisen Abweichung des Verkehrswertbegriffs von BVerfG und BGH siehe *Adolff*, Unternehmensbewertung im Recht der börsennotierten Aktiengesellschaft, S. 314–315; *Stilz*, ZGR 2001, 875, 880–881. Auch BeckOGK-AktG/*Veil/Preisser*, § 305 AktG Rn. 58, die eine Alleinmaßgeblichkeit des Börsenkurses befürworten, kritisieren, dass der BGH den Börsenkurs lediglich als Untergrenze anerkannt hat, obwohl er dessen Relevanz gerade mit dem Preisbildungsmechanismus begründet.

[93] *Adolff*, Unternehmensbewertung im Recht der börsennotierten Aktiengesellschaft, S. 455–456.

[94] BGH, Beschl. v. 12.03.2001 – II ZB 15/00 –, BGHZ 147, 108–125, Rn. 32; *Adolff*, Unternehmensbewertung im Recht der börsennotierten Aktiengesellschaft, S. 456. Der Verweis des BGH auf das BVerfG geht jedenfalls hinsichtlich des Abweichens von Verkehrs- und Börsenwert fehl, da jenes zwar die schlechte Verfassung der Kapitalmärkte als Beispiel einer möglichen Überschreitung des Börsenkurses des herrschenden Unternehmens anführt, nicht jedoch von einer Abweichung vom Verkehrswert spricht, siehe BVerfG, Beschl. v. 27.04.1999 – 1 BvR 1613/94 –, BVerfGE 100, 289–313, Rn. 70.

Scheinbar hat der kapitalmarktorientierte Ansatz Eingang in die Gesetzgebung zum Delisting gefunden, wobei hier weniger auf fachgerichtliche Einzelfallentscheidungen abgestellt wird. So erfolgt laut den Gesetzgebungsmaterialien ausdrücklich nur eine Beeinträchtigung der Handelbarkeit der Aktie, wohingegen die mitgliedschaftliche Stellung der Aktionäre nicht durch ein Delisting berührt werde.[95] Mithin geht es nur um eine Abfindung zum Verkehrswert, nicht aber zum quotalen Unternehmenswert.[96] Sodann werden jedoch Verstöße gegen die Ad-hoc-Publizitätspflicht und das Manipulationsverbot als Ausnahmen von der Börsenkursorientierung aufgrund der hierbei zu bezweifelnden Aussagekraft eines Börsenkurses hinsichtlich einer sachgerechten Unternehmensbewertung angeführt.[97] Demgemäß könnten nur aussagekräftige Börsenkurse den Verkehrswert abbilden. Da der Börsenkurs bei diesen Verstößen aber weiterhin als Untergrenze fungieren soll und sie zur Zahlung eines Unterschiedsbetrags führen[98], kann nicht von einem streng kapitalmarktorientierten Ansatz hinsichtlich des Deinvestitionswerts gesprochen werden.

Einem konsequent kapitalmarktorientierten Vorgehen zufolge müssten die Erwägungen zu den Ausnahmefällen von der Börsenkursorientierung auch für den Börsenkurs als Deinvestitionswert gelten.[99] Wenn im Gegensatz zur Bestimmung des quotalen Unternehmenswerts auch keine Markteffizienz gefordert ist, so besteht in diesen Konstellationen keine Richtigkeitsgewähr mehr für eine zutreffende Einschätzung des Unternehmens durch die Marktteilnehmer.

In Anbetracht der Tatsache, dass die verschiedenen Ansätze unterschiedliche Anforderungen an die Ausnahmefälle hinsichtlich des Börsenkurses als Deinvestitionswert anlegen, bedarf es einer Stellungnahme.

Für den kapitalmarktorientierten Ansatz wird angeführt, dass die seit der *Stollwerck*-Entscheidung des BGH explizit erwogene Ausblendung des Börsenkurses

---

[95] Beschlussempfehlung und Bericht, BT-Drs. 18/6220, S. 84; *Middelberg* (CDU/CSU), Plenarprotokoll 18/127, S. 12379. Zur hier vertretenen ablehnenden Auffassung und einer möglichen Gleichbehandlung aller Fallgruppen siehe: § 1 B.I.3.i).

[96] So auch *Ruiz de Vargas*, NZG 2021, 1056–1062, (1058).

[97] Beschlussempfehlung und Bericht, BT-Drs. 18/6220, S. 84–85; siehe auch *Middelberg* (CDU/CSU), Plenarprotokoll 18/127, S. 12379, der von einer fehlenden Aussagekraft des Börsenkurses zum Ertragswert im Falle eines unzureichend informierten Kapitalmarkts oder einer Kursmanipulation spricht, obwohl ihm zufolge der Aktionär durch ein Delisting nur die Handelbarkeit seiner Aktie verliert.

[98] Beschlussempfehlung und Bericht, BT-Drs. 18/6220, S. 85.

[99] Siehe auch Marsch-Barner/Schäfer/*Gehling*, Hdb börsennotierte AG, § 13 Rn. 13.19, 13.93, der den kapitalmarktorientierten Ansatz vertritt und die Anwendung des § 5 Abs. 4 WpÜG-AngebVO sowie darüber hinaus sämtliche Fälle der Abfindungsarbitrage und weiterer Sondereinflüsse auf die Kursbildung hinsichtlich der Ablehnung des Börsenkurses als Untergrenze anführt.

aufgrund von Abfindungsspekulationen ab der Bekanntmachung der Maßnahme[100] konsequent weiterzuführen sei.[101] Demzufolge sei der Börsenkurs auch dann nicht als Untergrenze heranzuziehen, wenn er bereits vor der Bekanntmachung der Maßnahme die Erwartung des Marktes an die Entwicklung des Unternehmens nicht ausreichend sicher wiedergibt.[102]

Diese Argumentation geht verständlicherweise ins Leere, wenn man auch nach dem Bekanntwerden einer Maßnahme noch von einer freien Deinvestitionsentscheidung ausgeht und erst ab dem Verlust der Aktionärsstellung durch die tatsächliche Maßnahme einen entschädigungspflichtigen Eingriff in das Aktieneigentum anerkennt.[103]

Aber auch die Gegenauffassung widerspricht nicht notwendigerweise einem deinvestitionsorientierten Ansatz. Schließlich muss der Ausschluss von durch Abfindungsspekulationen beeinflusster Kurse nicht zwingend dahingehend begründet werden, dass der Börsenkurs ab dem Bekanntwerden der abfindungsauslösenden Maßnahme nicht mehr die Einschätzung der Unternehmensentwicklung, sondern vielmehr die Erwartung einer Abfindung abbildet.[104] So ließe sich das Erfordernis eines abfindungsspekulationsfreien Börsenkurses auch aus dem Gedanken ableiten, dass die volle Kompensation und damit auch die Bestimmung des Deinvestitionswerts vor dem Hintergrund eines hypothetischen Ausbleibens der kompensationsauslösenden Maßnahme stattzufinden hat. Schließlich könnte eine zu kompensierende Vermögenseinbuße der Minderheitsaktionäre dergestalt ermittelt werden, dass ihre tatsächliche Vermögensposition unter Einfluss der Maßnahme mit der hypothetischen Lage beim Ausbleiben der Maßnahme im Wege einer Differenzhypothese verglichen wird.[105] Dabei stellt der Deinvestitionswert den hypothetischen Betrag dar, der zum Stichtag realisierbar gewesen wäre, wenn es nicht zur Maßnahme gekommen und damit auch die Information hierzu nicht eingepreist worden wäre.[106] Denklogisch sollte die Spekulation auf eine Abfindung nicht die

[100] Siehe hierzu die Ausführungen unter BGH, Beschl. v. 19.07.2010 – II ZB 18/09 –, BGHZ 186, 229–242, Rn. 21–23.

[101] Vgl. Marsch-Barner/Schäfer/*Gehling*, Hdb börsennotierte AG, § 13 Rn. 13.91–13.92.

[102] Marsch-Barner/Schäfer/*Gehling*, Hdb börsennotierte AG, § 13 Rn. 13.91–13.92.

[103] So etwa BVerfG, Beschl. v. 29.11.2006 – 1 BvR 704/03 = ZIP 2007, 175, 177 Rn. 16.

[104] So aber BGH, Beschl. v. 19.07.2010 – II ZB 18/09 –, BGHZ 186, 229–242, Rn. 21; *Adolff*, Unternehmensbewertung im Recht der börsennotierten Aktiengesellschaft, S. 335–336.

[105] *Adolff*, Unternehmensbewertung im Recht der börsennotierten Aktiengesellschaft, S. 327; gegen diese Parallele zum Schadenersatzrecht jedoch BVerfG, Beschl. v. 29.11.2006 – 1 BvR 704/03 = ZIP 2007, 175, 177 Rn. 16; grundlegend zur Ermittlung des Deinvestitionswerts siehe: § 1 B.I.1.b).

[106] *Adolff*, Unternehmensbewertung im Recht der börsennotierten Aktiengesellschaft, S. 334–335; vgl. *Ruthardt/Hachmeister*, CF 2014, 174, 176.

Höhe der Abfindung selbst bestimmen.[107] Stellt man der *DAT/Altana*-Entscheidung des BVerfG entsprechend auf die durch die Maßnahme verhinderte Deinvestitionsmöglichkeit ab, darf gerade keine Deinvestition zu einem von der Maßnahme beeinflussten Kurs als Wertuntergrenze dienen.[108] Eine Kursbeeinflussung durch anderweitige vorangegangene Abfindungsangebote hingegen ist nach dieser Betrachtungsweise für den Deinvestitionswert nicht von Bedeutung.[109] Angesichts dessen geht es nicht um die Abbildung der Erwartung des Marktes zur Entwicklung des Unternehmens, sondern um das Ausblenden von Abfindungsspekulationen in Bezug auf die Maßnahme selbst. Unter diesen Aspekten kann eine Ablehnung von durch Abfindungsspekulationen beeinflussten Börsenkursen als Untergrenze ohne einen notwendigen Bezug des Verkehrswerts zum Unternehmen an sich und dessen Entwicklung entsprechend des zuvor erwähnten modifizierten deinvestitionsorientierten Ansatzes begründet werden.

Ausschlagegebend aber ist der Grundgedanke, dem die Berücksichtigung des Deinvestitionswerts bei der Abfindung obliegt. Hierdurch wird man der Aktie in ihrer Gestalt als Handelsobjekt gerecht. Für den Verlust der ihr inhärenten leichten Veräußerungsmöglichkeit soll der Minderheitsaktionär entschädigt werden. Dabei kommt es allein auf eine hypothetisch mögliche Deinvestition an. Dieser Deinvestitionswert steht in keiner Verbindung zum wahren Wert des Unternehmens.[110] So ist es irrelevant, ob der Markt das Unternehmen „falsch“ bewertet.[111] Auch wenn ein Börsenkurs verzerrt ist und keinerlei Bezug zur Entwicklung und Ertragslage des Unternehmens aufweist, kann auf einem funktionierenden Markt zum konkreten Preis veräußert werden. Vor diesem Hintergrund geht es dem BVerfG in der Entscheidung *DAT/Altana* bei der Wertuntergrenze nicht um einen Börsenkurs, der den wahren Unternehmenswert abbildet, sondern lediglich um die mögliche Deinvestition.[112] Der realisierbare Preis einer Aktie, die sich gerade durch ihre besondere Verkehrsfähigkeit auszeichnet, stellt eine durch Art. 14 GG geschützte vermö-

---

[107] So bereits die Erwägung von *Maier-Reimer/Kolb*, FS Müller (2001), S. 93, 102 zur Durchschnittskursbildung bei einem als Untergrenze dienenden Börsenkurs.

[108] Vgl. *Adolff*, Unternehmensbewertung im Recht der börsennotierten Aktiengesellschaft, S. 319–320, der hierbei das Vorgehen des BGH im Fall *DAT/Altana* kritisiert.

[109] Vgl. OLG Frankfurt a. M., Beschl. v. 01.03.2016 – 21 W 22/13 = AG 2016, 667, 671 bzgl. eines vorherigen öffentlichen Übernahmeangebots. A. A.: OLG Düsseldorf, Beschl. v. 04.10.2006 – I-26 W 7/06 AktE = AG 2007, 325, 329; Marsch-Barner/Schäfer/*Gehling*, Hdb börsennotierte AG, § 13 Rn. 13.89.

[110] Vgl. Fleischer/Hüttemann/*Adolff/Häller*, RhB Unternehmensbewertung, § 18 Rn. 18.74; zur unterschiedlichen Beurteilung des Börsenkurses zur Darstellung des Verkehrswerts oder des wahren Unternehmenswerts bereits *Hüttemann*, ZGR 2001, 455, 459–460, 471–472.

[111] Vgl. Fleischer/Hüttemann/*Adolff/Häller*, RhB Unternehmensbewertung, § 18 Rn. 18.49; vgl. GK-AktG/*Hirte/Hasselbach*, § 305 AktG Rn. 153.

[112] *Adolff*, Unternehmensbewertung im Recht der börsennotierten Aktiengesellschaft, S. 302, 314–315; *Hüttemann*, ZGR 2001, 455, 459–460, 471–472.

gensrechtliche Position dar.[113] Verlangt man vom Verkehrswert noch eine gewisse Richtigkeitsgewähr, so wird die verfassungsrechtlich geforderte volle Kompensation zu kurz kommen. Hierdurch wäre der Anwendungsbereich der Untergrenze verkürzt. Es würden Elemente des quotalen Unternehmenswerts in den Deinvestitionswert einfließen. Diese Vermengung offenbaren schon die Formulierungen des BGH in seinen Entscheidungen zu *DAT/Altana* und *Nestlé*, laut denen es für den Börsenkurs als Verkehrswert einer zutreffenden Bewertung der Ertragskraft des Unternehmens durch die Marktteilnehmer bedarf.[114] Die beiden Wertkomponenten sind jedoch zu trennen. So sollen Aktionäre zum einen für den Verlust ihrer mitgliedschaftlichen Stellung, zum anderen aber auch für die verlustige Deinvestitionsmöglichkeit kompensiert werden. Angesichts des Grundsatzes der vollen Kompensation sind an den Börsenkurs als Untergrenze geringere Anforderungen zu stellen als bei dessen Alleinmaßgeblichkeit.[115]

Diese verfassungsrechtliche Betrachtung kann auch durch ökonomische Gesichtspunkte gestützt werden. Leitet man ein Meistbegünstigungsprinzip aus einer Berücksichtigung der verschiedenen Anlagehorizonte der Minderheitsaktionäre her, so deckt der Deinvestitionswert den Wertansatz aus der Perspektive eines kurzfristig orientierten Anlegers ab.[116] Dabei geht es lediglich um den Verlust einer Deinvestitionsmöglichkeit und nicht um die Wiedergabe des wahren Wertes des Unternehmens.[117]

Folglich kann der kapitalmarktorientierte Ansatz den verfassungsrechtlichen Vorgaben nicht gerecht werden.

Allerdings wird sich nicht aus jedem Börsenkurs ein Deinvestitionswert ableiten lassen. Schließlich kann der Börsenkurs dann nicht als Deinvestitionswert herangezogen werden, wenn eine Deinvestition unmöglich erscheint.[118] Demgemäß ist von einem Börsenkurs als Untergrenze nicht zu fordern, dass er „richtige“ Werte abbildet, sondern lediglich die jederzeitige Veräußerung zum aktuellen Kurs er-

---

[113] GK-AktG/*Hirte/Hasselbach*, § 305 AktG Rn. 153.

[114] Siehe BGH, Beschl. v. 12.01.2016 – II ZB 25/14 –, BGHZ 208, 265–278, Rn. 23; BGH, Beschl. v. 12.03.2001 – II ZB 15/00 –, BGHZ 147, 108–125, Rn. 19. Siehe zudem *Follert*, Zur Unternehmensbewertung im Spruchverfahren aus interessentheoretischer Sicht, S. 85–86, der an der *DAT/Altana*-Rechtsprechung kritisiert, dass dort die Begriffe „Wert“ und „Preis“ vermengt werden.

[115] *Große-Frericks*, Die Angemessenheit des Entgelts für die Übertragung von Eigentumsrechten als Problem rechtsgeprägter Unternehmensbewertung, S. 393; zur engen Begrenzung der Heranziehung des Börsenkurses als Deinvestitionswerts auch Fleischer/Hüttemann/*Adolff/Häller*, RhB Unternehmensbewertung, § 18 Rn. 18.74; hins. der hier vertretenen verfassungsrechtlich gebotenen Berücksichtigung des Deinvestitionswerts siehe: § 1 B.I.1.b).

[116] *Ruthardt/Hachmeister*, CF 2014, 174, 186; vgl. Fleischer/Hüttemann/*Adolff/Häller*, RhB Unternehmensbewertung, § 18 Rn. 18.42, 18.49.

[117] *Ruthardt/Hachmeister*, CF 2014, 174, 186.

[118] *Adolff*, Unternehmensbewertung im Recht der börsennotierten Aktiengesellschaft, S. 341; *Hüttemann*, ZGR 2001, 455, 460.

möglicht.[119] Gerade diese Anforderungen stellt der deinvestitionsorientierte Ansatz an das Übereinstimmen von Börsenkurs und Verkehrswert.

Mithin ist dem deinvestitionsorientierten Ansatz zuzustimmen. Die Bewertungsrelevanz des Börsenkurses bei der Ermittlung des quotalen Unternehmenswerts oder des Deinvestitionswerts muss folglich unterschiedlich beurteilt werden. Dementsprechend wird im Rahmen der einzelnen Gründe einer Nichtberücksichtigung explizit auf deren Relevanz für die Ermittlung der beiden verschiedenen Wertmaßstäbe eingegangen.

III. Einzelne Gründe für eine Nichtberücksichtigung

1. Marktenge, Illiquidität und praktisch fehlender Handel

Bereits in der *DAT/Altana*-Entscheidung des BVerfG von 1999 wurden die Fälle der Marktenge und des über längere Zeit praktisch fehlenden Handels genannt.[120] Da es bei der Marktenge bzw. der in diesem Zusammenhang zu erwähnenden Illiquidität und beim praktisch fehlenden Handel grundlegend um einen unzureichenden Aktienhandel geht, lassen sich diese Aspekte als ein Komplex zusammenfassen. Im Rahmen dessen sollte aber zwischen der Marktenge und dem fehlenden Handel als Unterfallgruppen differenziert werden.

a) Marktenge und Illiquidität

aa) Definition

Der Begriff der Marktenge wird oftmals als phasenweise geringe Liquidität verstanden.[121] Das BVerfG bezeichnet hiermit die Situation, in der ungewiss ist, ob Minderheitsaktionäre ihre Aktien zum Börsenkurs hätten verkaufen können.[122] Hierbei findet kein ausreichender Handel statt, sodass der Aktionär an einem Verkauf zum Börsenkurs gehindert sein kann.[123] „Illiquidität" dürfte als Synonym zur Marktenge gelten.[124]

---

[119] *Adolff*, Unternehmensbewertung im Recht der börsennotierten Aktiengesellschaft, S. 341.

[120] BVerfG, Beschl. v. 27.04.1999 – 1 BvR 1613/94 –, BVerfGE 100, 289–313, Rn. 67.

[121] *Betzer/Budzinski/Thiele*, KSzW 2011, 426, 428; vgl. *Burger*, Die Maßgeblichkeit von Börsekursen für die Bemessung der Barabfindung beim Gesellschafterausschluss, S. 101.

[122] BVerfG, Beschl. v. 27.04.1999 – 1 BvR 1613/94 –, BVerfGE 100, 289–313, Rn. 67.

[123] *Karami*, Unternehmensbewertung in Spruchverfahren beim „Squeeze out", S. 62 Fn. 4; vgl. *Land/Hallermayer*, AG 2015, 659, 659.

[124] So auch *Rubel/Kunz*, AG 2011, 399, 406, welche die Termini „Marktenge" und „Marktilliquidität" im Rahmen des § 5 Abs. 4 WpÜG-AngebVO synonym nutzen; siehe zudem MüKo-AktG/*Wackerbarth*, § 31 WpÜG Rn. 50, 53, der § 5 Abs. 4 WpÜG-AngebVO

bb) Nähere Bestimmung von Marktenge und Illiquidität

(1) Bisherige Gesetzgebung und Rechtsprechung

Beim Großteil der kompensationspflichtigen Maßnahmen ist keine gesetzliche Regelung hinsichtlich der Illiquiditätsvoraussetzungen des bewertungsrelevanten Börsenkurses erfolgt. Auch fehlt es an einer höchstrichterlichen Klärung der Frage, ab wann von einer Marktenge auszugehen sei.[125]

In seiner *DAT/Altana*-Entscheidung von 1999 hielt das BVerfG eine solche bei einer Eingliederung durch Mehrheitsbeschluss gem. § 320 AktG aufgrund der Unverkäuflichkeit von mindestens 95 % der Aktien für möglich.[126] Zugleich betonte es jedoch, dass in einer derartigen Konstellation dem Börsenkurs nicht die Bewertungseignung abgesprochen werden sollte, sofern noch Aktien an der Börse gehandelt werden.[127] In einem solchen Fall könne aber der Börsenkurs vom Verkehrswert abweichen, wenn längere Zeit praktisch überhaupt kein Handel stattgefunden hat.[128] Die Ausführungen des BVerfG sind aber nicht so zu deuten, dass lediglich bei einer gänzlich unmöglichen Veräußerung eine Marktenge anzunehmen ist.[129] Andernfalls käme diesem Korrektiv des Börsenkurses kein Anwendungsbereich zu.[130] So führte das BVerfG die Konstellation des praktisch fehlenden Handels über einen längeren Zeitraum als Beispielfall einer Marktenge auf.[131] Der gänzlich

als gesetzliche Definition der Marktilliquidität bezeichnet, während bei *Drygala*, Die Neuregelung des Delistings in: Gesellschaftsrecht in der Diskussion, 2015, S. 82 diese Vorschrift als Definition zur Marktenge herangezogen wird; ebenso werden bei OLG Hamburg, Beschl. v. 07.09.2020 – 13 W 122/20 = NZG 2021, 29, 31 Rn. 34–36 die Begrifflichkeiten der Marktenge und Illiquidität anscheinend synonym verwendet; anders jedoch *Burger*, Die Maßgeblichkeit von Börsekursen für die Bemessung der Barabfindung beim Gesellschafterausschluss, S. 82 Fn. 355, der die Illiquidität als Extremfall der Marktenge begreift, bei welcher keine Handelbarkeit am Markt mehr möglich sei.

[125] BeckOGK-AktG/*Veil/Preisser*, § 305 AktG Rn. 69; *Betzer/Budzinski/Thiele*, KSzW 2011, 426, 428; *Land/Hallermayer*, AG 2015, 659, 659.

[126] BVerfG, Beschl. v. 27.04.1999 – 1 BvR 1613/94 –, BVerfGE 100, 289–313, Rn. 67.

[127] BVerfG, Beschl. v. 27.04.1999 – 1 BvR 1613/94 –, BVerfGE 100, 289–313, Rn. 67.

[128] BVerfG, Beschl. v. 27.04.1999 – 1 BvR 1613/94 –, BVerfGE 100, 289–313, Rn. 67.

[129] *Maier-Reimer/Kolb*, FS Müller (2001), S. 93, 101; so wohl auch BGH, Beschl. v. 12.03.2001 – II ZB 15/00 –, BGHZ 147, 108–125, Rn. 35, welcher im Anschluss an das BVerfG bei der Marktenge von einem „marginalen Handel" spricht.

[130] *Maier-Reimer/Kolb*, FS Müller (2001), S. 93, 101.

[131] Siehe nur die Erwägungen bei BVerfG, Beschl. v. 27.04.1999 – 1 BvR 1613/94 – BVerfGE 100, 289–313, Rn. 67, wo die Konstellation eines praktisch fehlenden Handels über eine längere Zeit beispielhaft im Rahmen eines Auseinanderfallens von Börsenkurs und Verkehrswert aufgrund einer Marktenge genannt wird; so explizit auch *Maier-Reimer/Kolb*, FS Müller (2001), S. 93, 101; vgl. zudem *Gude*, Strukturänderungen und Unternehmensbewertung zum Börsenkurs, S. 405–406 § 20 und *Kallweit*, Die angemessene Abfindung beim übernahmerechtlichen Squeeze-out, S. 234–235 § 5, die hinsichtlich der Marktenge zwischen einem praktisch nicht stattfindenden und einem lediglich geringen Handel differenzieren; siehe auch *Burger*, Die Maßgeblichkeit von Börsekursen für die Bemessung der Barabfindung

fehlende Handel ließe sich als Extremfall der Marktenge deuten. Konkrete Vorgaben für eine Marktenge, aufgrund welcher der Börsenkurs nicht mehr bei der Abfindung berücksichtigt werden könne, gibt das BVerfG nebst dieses Beispielfalls allerdings nicht an.

Ebenso nennt der BGH in seiner *DAT/Altana*-Entscheidung aus dem Jahre 2001 keine festen Anforderungen an die Marktenge. Jedenfalls liegt sie ihm zufolge bei einem nicht unter 5% liegenden zum Handel verfügbaren Volumen nicht vor.[132] Eine schematisierende Beurteilung der Marktenge lehnt der BGH jedoch ausdrücklich ab.[133]

Die Instanzgerichte beurteilen die Marktenge unterschiedlich.[134] So werden Kriterien wie dem Streubesitzanteil und dem in Relation dazu bestehenden Handelsvolumen oftmals unterschiedliche Gewichte beigemessen.[135] Ebenso wird eine Orientierung am § 5 Abs. 4 WpÜG-AngebVO nicht durchgehend vorgenommen.[136] Gemäß dieser Norm liegt keine ausreichende Liquidität vor, wenn im Referenzzeitraum an weniger als einem Drittel der Börsentage Börsenkurse festgestellt

---

beim Gesellschafterausschluss, S. 82 Fn. 355, der eine fehlende Handelbarkeit als Extremfall der Marktenge ansieht, dies aber als „Illiquidität" bezeichnet.

[132] BGH, Beschl. v. 12.03.2001 – II ZB 15/00 –, BGHZ 147, 108–125, Rn. 35; Fleischer/Hüttemann/*Adolff/Häller*, RhB Unternehmensbewertung, § 18 Rn. 18.84.

[133] BGH, Beschl. v. 12.03.2001 – II ZB 15/00 –, BGHZ 147, 108–125, Rn. 35.

[134] *Land/Hallermayer*, AG 2015, 659, 660, 663; vgl. Fleischer/Hüttemann/*Adolff/Häller*, RhB Unternehmensbewertung, § 18 Rn. 18.84.

[135] *Land/Hallermayer*, AG 2015, 659, 660–661, mit graphischen Darstellungen zu den unterschiedlichen instanzgerichtlichen Beurteilungen aus den Jahren 2005 bis 2015; so jüngst OLG Frankfurt a.M., Beschl. v. 26.04.2021 – 21 W 139/19 = AG 2021, 559, 563, welches den Streubesitz, das durchschnittliche tägliche Handelsvolumen und vor allem den *Bid-Ask-Spread* zur Liquiditätsbeurteilung heranzieht; im Ansatz auch OLG München, Beschl. v. 14.12.2021 – 31 Wx 190/20 = NZG 2022, 606, 608 Rn. 40 (nrkr.), das sich hins. der Marktenge grds. am § 5 Abs. 4 WpÜG-AngebVO orientiert, zudem aber auch die Liquiditätskennzahlen *Bid-Ask-Spread* und *Freefloat* sowie das tägliche Handelsvolumen berücksichtigt und OLG Hamburg, Beschl. v. 07.09.2020 – 13 W 122/20 = NZG 2021, 29, 31 Rn. 32–34, welches nebst den Kriterien des § 5 Abs. 4 WpÜG-AngebVO auch das gehandelte Volumen der Aktien im Streubesitz und die Geld-Brief-Spanne zur Bestimmung einer Marktenge heranzieht.

[136] *Land/Hallermayer*, AG 2015, 659, 662, 663; so etwa jüngst OLG München, Beschl. v. 14.12.2021 – 31 Wx 190/20 = NZG 2022, 606, 608 Rn. 40 (nrkr.), welches sich hins. der Marktenge grds. am § 5 Abs. 4 WpÜG-AngebVO orientiert; OLG München, Beschl. v. 09.04.2021 – 31 Wx 2/19, 31 Wx 142/19 –, juris, Rn. 37, 39, das die Vorgaben des § 5 WpÜG-AngebVO zur Bestimmung einer Marktenge bei der Verwendung des Börsenkurses als Untergrenze grds. bejaht, im Rahmen der Bestimmung eines effizienten Marktes für eine alleinige Börsenkursorientierung aber nicht für ausreichend erachtet; OLG Hamburg, Beschl. v. 07.09.2020 – 13 W 122/20 = NZG 2021, 29, 30 Rn. 29–31, welches die Kriterien des § 5 Abs. 4 WpÜG-AngebVO auf regulierte Börsenkurse direkt und auf Freiverkehrskurse zumindest mit Indizwirkung anwenden will.

wurden und mehrere nacheinander festgestellte Börsenkurse um mehr als 5% voneinander abweichen.[137]

Beim Delisting hingegen wird die Marktenge über § 39 Abs. 3 S. 4 BörsG durch die großteilig vom § 5 Abs. 4 WpÜG-AngebVO übernommene Definition genauer konkretisiert und ist damit vergleichsweise einfach festzustellen.[138] Allerdings ist nicht eindeutig geregelt, ob es sich um eine abschließende Definition handelt oder ob ungeachtet der gesetzlichen Voraussetzungen einzelfallabhängig eine Marktenge angenommen werden darf.[139] Ebenso sind die Tatbestandsvoraussetzungen des § 5 Abs. 4 WpÜG-AngebVO umstritten, was auch auf das Delisting durchschlägt.[140]

Dies gilt ebenso für den Verwässerungsschutz des § 255 AktG, da mit dem § 255 Abs. 5 S. 2 Nr. 3 AktG der § 5 Abs. 4 WpÜG-AngebVO weitestgehend übernommen wird.

Auch im Rahmen des übernahmerechtlichen Squeeze-out findet der § 5 Abs. 4 WpÜG-AngebVO zwecks der Bestimmung einer etwaigen Marktenge über § 39a Abs. 3 WpÜG Anwendung.[141]

Der europäische Gesetzgeber erwägt in Art. 50 Abs. 1 UAbs. 2 GesR-RL eine erforderliche Neubewertung im Falle eines für das betroffene Wertpapier illiquide gewordenen Markts. Es liegt nahe, dass die Marktenge als Ausnahmefall der Börsenkursorientierung vorgesehen ist.[142] Dabei werden keine besonderen Liquiditätskriterien genannt.

Noch offener als die Rechtsprechung und Gesetzgebung formuliert der IDW S 1 i.d.F. 2008 diesen Ausnahmefall, indem er lediglich von einer fehlenden Marktgängigkeit spricht.[143]

Fraglich ist, ob die Festlegung einer Marktenge nach den Maßgaben des BörsG beim Delisting und des AktG beim § 255 Abs. 5 S. 2 Nr. 3 AktG bzw. der WpÜG-AngebVO beim übernahmerechtlichen Squeeze-out dem Normzweck gerecht wird und eine Berücksichtigung eines lediglich unverzerrten Börsenkurses bei möglichst geringem Aufwand ermöglicht. Spiegelbildlich hierzu stellt sich die Frage, ob bei den übrigen Fallgruppen ebenso eine am § 5 Abs. 4 WpÜG-AngebVO orientierte Regelung in den jeweiligen Gesetzestext aufgenommen werden sollte. Ebenso ist fraglich, ob nicht die Anhaltspunkte einer Marktenge zielführend sind, die von

---

[137] Angerer/Brandi/Süßmann/*Süßmann*, WpÜG, § 31 WpÜG Rn. 105, 108–109.

[138] Vgl. *Drygala*, Die Neureglung des Delistings in: Gesellschaftsrecht in der Diskussion, 2015, S. 82.

[139] *Drygala*, Die Neureglung des Delistings in: Gesellschaftsrecht in der Diskussion, 2015, S. 82.

[140] *Bayer*, NZG 2015, 1169, 1175; *Krug*, Der Rückzug von der Börse, S. 275 § 11.

[141] *Land/Hallermayer*, AG 2015, 659, 664; vgl. BVerfG, Beschl. v. 16.05.2012 – 1 BvR 96/09, 1 BvR 117/09, 1 BvR 118/09, 1 BvR 128/09 = NZG 2012, 907, 909 Rn. 19–20.

[142] So *Schmidt*, NZG 2020, 1361, 1367.

[143] Siehe IDW S 1 (2008) Rn. 16; zur Einordnung dieser Formulierung siehe: § 6 A.I.4.

Teilen der Rechtsprechung in unterschiedlicher Ausführung angeführt werden. In beiden Fällen bietet es sich an, auch anderweitige Liquiditätskriterien in Augenschein zu nehmen.

(2) Liquiditätskriterien der Ökonomie

Hinsichtlich der Liquiditätsbestimmung offenbart die ökonomische Forschung vielfältige Ansätze. Hieraus könnten Negativvoraussetzungen für eine Illiquidität abgeleitet werden.[144]

Zunächst sollte die Definition eines liquiden Kapitalmarkts berücksichtigt werden. Ein solcher liegt vor, wenn auf ihm in kleinen wie auch in großen Mengen ohne Auf- oder Abschläge Wertpapiere zum marktgerechten Kurs unverzüglich ge- und verkauft werden können.[145] Vereinfacht gesagt beschreibt die Liquidität die Leichtigkeit, mit der ein Wertpapier gehandelt werden kann.[146]

Zur Messbarmachung der Liquidität reichen die drei Definitionselemente der Menge, Preiskontinuität und Unverzüglichkeit jedoch nicht aus.[147] Hierfür bietet sich eine weitere Aufteilung der Liquidität in fünf Dimensionen an, welche wiederum mittels Kennziffern erfasst werden können.[148] Kyle zufolge liegen der Marktliquidität die Dimensionen Tiefe (*depth*), Elastizität (*resiliency*) und Dichte (*tightness*) zugrunde.[149] Seitens der Forschung wurden weitere Dimensionen hin-

---

[144] So geht es bei der Ermittlung der Marktenge hinsichtlich einer angemessenen Abfindung um eine unzureichende Liquidität. Zum umgekehrten Fall des § 31 Abs. 2 S. 1 Alt. 2 WpÜG, der eine Gegenleistung in Form von liquiden Aktien bei einer Übernahme regelt, siehe die aktuelle Entscheidung OLG Frankfurt a. M., Beschl. v. 11.01.2021 – WpÜG 1/20 = NZG 2021, 1127–1136 und die teils kritische Besprechung hierzu von *Cascante/Weigel*, NZG 2021, 1110–1117.

[145] *Betzer/Budzinski/Thiele*, KSzW 2011, 426, 427; *Morawski*, Investment Decisions on Illiquid Assets, S. 18; *Oesterhelweg/Schiereck*, Manuskripte aus den Instituten für Betriebswirtschaftslehre der Universität Kiel, No. 308, S. 1–2; *Schmidt/Iversen*, ZBB 1991, 209, 210; vgl. Bürgers/Körber/Lieder/*Ruiz de Vargas*, Anh. § 305 AktG Rn. 54a, der die Mengen-, Zeit- und Preisdimension einer perfekten Liquidität beschreibt; vgl. *Spremann/Gantenbein*, Finanzmärkte, S. 37, 38.

[146] So jedenfalls *Spremann/Gantenbein*, Finanzmärkte, S. 38, die sodann auf eine kurze Wartezeit bis zur Ausführung einer Transaktion und eine geringe Preisveränderung bei der Transaktion selbst als Grundpfeiler für besagte Leichtigkeit abstellen. Zur Zeit- und Preisdimension der Aktienliquidität siehe auch *Karami/Schuster*, Eine empirische Analyse des Kurs- und Liquiditätseffekts im „Frosta“-Zeitalter, S. 44.

[147] *Oesterhelweg/Schiereck*, Manuskripte aus den Instituten für Betriebswirtschaftslehre der Universität Kiel, No. 308, S. 2.

[148] Vgl. *Oesterhelweg/Schiereck*, Manuskripte aus den Instituten für Betriebswirtschaftslehre der Universität Kiel, No. 308, S. 2–3, 9, die noch von vier Liquiditätsdimensionen ausgehen und die Identifikationsfähigkeit als mögliche fünfte übergeordnete Dimension ansehen, dieser jedoch ihre Praktikabilität absprechen.

[149] *Kyle*, Econometrica, 1985, Vol. 53, No. 6, 1315, 1316; siehe auch *Gärtner*, Liquidität am deutschen Kapitalmarkt, S. 7–10, der *Kyles* Liquiditätsdeterminanten als „Markttiefe“, „Erholungsfähigkeit“ und „Marktbreite“ übersetzt.

zugefügt, wie etwa die Breite (*breadth*) und die Sofortigkeit (*immediacy*).[150] Allerdings sei erwähnt, dass zum Teil ein unterschiedliches Verständnis hinsichtlich einzelner Liquiditätsdimensionen herrscht.[151] Die Dimension der Tiefe bildet vor allem die Preiskontinuität ab.[152] In ähnlicher Weise verhält es sich mit der Breite, welche aber auf Volumina abstellt.[153] Elastizität lässt sich als die schnelle Korrektur von Ungleichgewichten am Markt beschreiben.[154] Eine Dichte ist umso mehr gegeben, je niedriger die Transaktionskosten sind.[155] Die Sofortigkeitsdimension bezieht sich auf die Geschwindigkeit, einen Handel auszuführen.[156] Darüber hinaus

[150] *Bünzli/Eichenberger/Gantenbein/Kley*, Messung der Marktliquidität am Beispiel des schweizerischen Aktienmarkts, S. 4–5, welche die Sofortigkeit als „*Trading Time*" bzw. „Handelszeit" betiteln; *Sarr/Lybek*, IMF Working Paper, WP/02/232, S. 5; vgl. *Kumar/Misra*, Asian Journal of Finance & Accounting, 2015, Vol. 7, No. 2, 35, 36–37; siehe auch *Hinterleitner/Hornung*, Marktqualität und Insiderhandel auf Kapitalmärkten, S. 27 und *Oesterhelweg/Schiereck*, Manuskripte aus den Instituten für Betriebswirtschaftslehre der Universität Kiel, No. 308, S. 2–3, die die Dimensionen der Tiefe, Breite und Erneuerungskraft sowie einen Zeitaspekt nennen; siehe zudem *Schmidt/Iversen*, ZBB 1991, 209, 210, welche die vier Dimensionen Weite, Tiefe, Zeit und Erneuerungskraft aufzählen.

[151] *Morawski*, Investment Decisions on Illiquid Assets, S. 20–21, der auf die teilweise divergierenden Definitionen der Marktbreite und -tiefe verweist; siehe zudem *Gärtner*, Liquidität am deutschen Kapitalmarkt, S. 8, 9–10 bzgl. der unterschiedlichen Definitionen zur Markttiefe und Erholungsfähigkeit. Aus Gründen der Konsistenz wird sich in dieser Arbeit weitestgehend an *Kyle* gehalten und die soeben angeführte Terminologie verwendet.

[152] *Betzer/Budzinski/Thiele*, KSzW 2011, 426, 427; *Gärtner*, Liquidität am deutschen Kapitalmarkt, S. 8, mit einer Zusammenfassung der verschiedenen Definitionen der Markttiefe; *Kyle*, Econometrica, 1985, Vol. 53, No. 6, 1315, 1330; *Oesterhelweg/Schiereck*, Manuskripte aus den Instituten für Betriebswirtschaftslehre der Universität Kiel, No. 308, S. 3.

[153] *Bünzli/Eichenberger/Gantenbein/Kley*, Messung der Marktliquidität am Beispiel des schweizerischen Aktienmarkts, S. 4; *Gärtner*, Liquidität am deutschen Kapitalmarkt, S. 8–9. Zum Unterschied von Markttiefe- und -breite siehe *Sarr/Lybek*, IMF Working Paper, WP/02/232, S. 6 Box 1.

[154] *Bünzli/Eichenberger/Gantenbein/Kley*, Messung der Marktliquidität am Beispiel des schweizerischen Aktienmarkts, S. 5; *Kyle*, Econometrica, 1985, Vol. 53, No. 6, 1315, 1330–1331; *Sarr/Lybek*, IMF Working Paper, WP/02/232, S. 5; für einen Überblick über die verschiedenen Definitionsansätze der hier als Erholungsfähigkeit betitelten Liquiditätsdimension siehe *Gärtner*, Liquidität am deutschen Kapitalmarkt, S. 9–10; vgl. auch *Betzer/Budzinski/Thiele*, KSzW 2011, 426, 427 sowie *Schmidt/Iversen*, ZBB 1991, 209, 211 und *Oesterhelweg/Schiereck*, Manuskripte aus den Instituten für Betriebswirtschaftslehre der Universität Kiel, No. 308, S. 2–3, die diese Dimension als Erneuerungskraft bezeichnen.

[155] *Bünzli/Eichenberger/Gantenbein/Kley*, Messung der Marktliquidität am Beispiel des schweizerischen Aktienmarkts, S. 4; *Kyle*, Econometrica, 1985, Vol. 53, No. 6, 1315, 1330; *Sarr/Lybek*, IMF Working Paper, WP/02/232, S. 5; vgl. *Schmidt/Iversen*, ZBB 1991, 209, 210, die hierbei den Begriff der Weite nutzen.

[156] *Karami/Schuster*, Eine empirische Analyse des Kurs- und Liquiditätseffekts im „Frosta"-Zeitalter, S. 45; *Sarr/Lybek*, IMF Working Paper, WP/02/232, S. 5; vgl. *Betzer/Budzinski/Thiele*, KSzW 2011, 426, 427–428, wo diese Dimension als „Zeitaspekt" betitelt wird; vgl. *Bünzli/Eichenberger/Gantenbein/Kley*, Messung der Marktliquidität am Beispiel des schweizerischen Aktienmarkts, S. 4, die diese Dimension als Handelszeit bzw. *Trading Time* bezeichnen; vgl. *Oesterhelweg/Schiereck*, Manuskripte aus den Instituten für Betriebswirtschaftslehre der Universität Kiel, No. 308, S. 3, welche von einem „Zeitaspekt" sprechen.

wurde noch die übergeordnete Dimension der Identifikationsfähigkeit erwogen, wonach der Markt zwischen zufällig auftretenden transitorischen und informationsinduzierten permanenten Kursschwankungen differenzieren kann.[157] Jener ist aber ihre mangelnde Praktikabilität und der Umstand, dass allenfalls *ex post* näherungsweise zwischen den verschiedenen Preisänderungen unterschieden werden kann, entgegenzuhalten.[158]

Dabei bieten sich verschiedene Messmethoden zum Nachweis der Liquidität an.[159] Die Fülle an unterschiedlichen Ansätzen lässt sich in die vier Gruppen der Transaktionskostenkennzahlen, volumenbasierten Kennzahlen, preisbasierten Kennzahlen und Marktauswirkungskennzahlen unterteilen.[160]

Bei Transaktionskostenkennzahlen geht es um die Kosten des Handels, wobei vor allem die Dichte gemessen wird.[161] Zu diesen Messmethoden zählt der *Bid-Ask-Spread*.[162] Bei dieser auch Geld-Brief-Spanne genannten Messmethode wird die Spanne zwischen dem höheren Ankaufspreis und dem niedrigeren Verkaufspreis betrachtet, wobei eine umso höhere Liquidität besteht, je kleiner der *Spread* ist.[163]

---

[157] *Oesterhelweg/Schiereck*, Manuskripte aus den Instituten für Betriebswirtschaftslehre der Universität Kiel, No. 308, S. 8–9; siehe auch *Betzer/Budzinski/Thiele*, KSzW 2011, 426, 427, die diese Differenzierung bei der Liquiditätsdimension der Erneuerungsfähigkeit vornehmen; siehe zu dieser Problematik auch *Hinterleitner/Hornung*, Marktqualität und Insiderhandel auf Kapitalmärkten, S. 34–35.

[158] *Oesterhelweg/Schiereck*, Manuskripte aus den Instituten für Betriebswirtschaftslehre der Universität Kiel, No. 308, S. 9; siehe auch *Hinterleitner/Hornung*, Marktqualität und Insiderhandel auf Kapitalmärkten, S. 35 Fn. 116, laut denen eine genaue Trennung von informationsinduzierten und transitorischen Preisschwankungen nicht möglich ist.

[159] *Betzer/Budzinski/Thiele*, KSzW 2011, 426, 428 in Bezug auf Liquidität bzw. Marktenge bei der Abfindungsbemessung.

[160] *Sarr/Lybek*, IMF Working Paper, WP/02/232, S. 8; vgl. *Kumar/Misra*, Asian Journal of Finance & Accounting, 2015, Vol. 7, No. 2, 35, 37; vgl. *Bünzli/Eichenberger/Gantenbein/Kley*, Messung der Marktliquidität am Beispiel des schweizerischen Aktienmarkts, S. 8, welche die Marktauswirkungskennzahlen jedoch nicht nennen; vgl. *Le/Gregoriou*, Journal of Economic Surveys, 2020, Vol. 34, No. 5, 1170, 1172, die nicht die Marktauswirkungskennzahlen, dafür aber zusätzlich multidimensionale Messmethoden anführen.

[161] *Bünzli/Eichenberger/Gantenbein/Kley*, Messung der Marktliquidität am Beispiel des schweizerischen Aktienmarkts, S. 8; vgl. *Sarr/Lybek*, IMF Working Paper, WP/02/232, S. 9–10, 20 Box 2, die Transaktionskostenkennzahlen und den *Bid-Ask-Spreads* in erster Linie hins. der Dichte und nachrangig bzgl. der Breite und Tiefe anführen.

[162] *Bünzli/Eichenberger/Gantenbein/Kley*, Messung der Marktliquidität am Beispiel des schweizerischen Aktienmarkts, S. 8; *Sarr/Lybek*, IMF Working Paper, WP/02/232, S. 9–11.

[163] *Bünzli/Eichenberger/Gantenbein/Kley*, Messung der Marktliquidität am Beispiel des schweizerischen Aktienmarkts, S. 9; *Karami/Schuster*, Eine empirische Analyse des Kurs- und Liquiditätseffekts im „Frosta“-Zeitalter, S. 44–45; *Sarr/Lybek*, IMF Working Paper, WP/02/232, S. 10; vgl. *Aders/Muxfeld/Lill*, Corporate Finance 2015, 389, 397. In der ökonomischen Literatur werden verschiedene Komponenten für den *Bid-Ask-Spread* verwendet, siehe hierzu: *Huang/Stoll*, Review of Financial Studies, 1997, Vol. 10, No. 4, 995, 996; *Le/Gregoriou*, Journal of Economic Surveys, 2020, Vol. 34, No. 5, 1170, 1173–1177; *Sarr/Lybek*, IMF Working Paper, WP/02/232, S. 10; *Schmidt/Iversen*, ZBB 1991, 209, 211, 212–214 Tab. 1.

Der *Bid-Ask-Spread* gilt als eine weitgehend anerkannte Methode.[164] Jedoch stellt er keinen Liquiditätsmaßstab im engeren Sinne dar, sondern misst vielmehr die Transaktionskosten.[165] Allerdings wird von hohen Transaktionskosten auf eine geringe Liquidität geschlossen.[166] Mit höheren Handelsvolumina außerhalb des *Spreads* schwindet jedoch die Aussagekraft des *Bid-Ask-Spreads.*[167]

Volumenbasierte Kennzahlen vergleichen das gehandelte Volumen mit den Preisveränderungen, womit die Breite und Tiefe gemessen werden.[168] Im Rahmen dessen wird von einem hohen Handelsvolumen auf eine hohe Liquidität geschlossen.[169] Zu diesen Messmethoden zählt der *Turnover Ratio*, der neben dem Handelsvolumen auch die Anzahl der ausstehenden Aktien miteinbezieht und in diese Zahlen in Relation setzt.[170] Für ein derartiges Vorgehen streitet seine einfache Handhabung.[171] An volumenbasierten Kennzahlen wird jedoch ihr Vergangenheitsbezug kritisiert, welcher sich als problematisch hinsichtlich der Bestimmung der aktuellen Liquiditätslage erweist.[172] Gegen eine Heranziehung des Handelsvo-

---

Zudem kann das Xetra-Liquiditätsmaß der Deutschen Börse als Erweiterung des *Bid-Ask-Spreads* angesehen werden, hierzu: *Bünzli/Eichenberger/Gantenbein/Kley*, Messung der Marktliquidität am Beispiel des schweizerischen Aktienmarkts, S. 14–15.

[164] *Betzer/Budzinski/Thiele*, KSzW 2011, 426, 428; *Schmidt/Iversen*, ZBB 1991, 209, 211; auf die herausragende Bedeutung des Bid-Ask-Spreads hinweisend Bürgers/Körber/Lieder/*Ruiz de Vargas*, Anh. § 305 AktG Rn. 54a.

[165] *Aders/Muxfeld/Lill*, Corporate Finance 2015, 389, 397; *Bünzli/Eichenberger/Gantenbein/Kley*, Messung der Marktliquidität am Beispiel des schweizerischen Aktienmarkts, S. 9.

[166] *Aders/Muxfeld/Lill*, Corporate Finance 2015, 389, 397; *Bünzli/Eichenberger/Gantenbein/Kley*, Messung der Marktliquidität am Beispiel des schweizerischen Aktienmarkts, S. 9.

[167] *Bünzli/Eichenberger/Gantenbein/Kley*, Messung der Marktliquidität am Beispiel des schweizerischen Aktienmarkts, S. 9; *Oesterhelweg/Schiereck*, Manuskripte aus den Instituten für Betriebswirtschaftslehre der Universität Kiel, No. 308, S. 23; vgl. *Krog*, Marktorientierung und gesellschaftsrechtliche Unternehmensbewertung, S. 284–285; siehe aber auch das erweiterte Modell bei *Huang/Stoll*, Review of Financial Studies, 1997, Vol. 10, No. 4, 995, 1029–1032, welches auf verschiedene Handelsvolumina hin angepasst wird.

[168] *Bünzli/Eichenberger/Gantenbein/Kley*, Messung der Marktliquidität am Beispiel des schweizerischen Aktienmarkts, S. 8, 9; *Sarr/Lybek*, IMF Working Paper, WP/02/232, S. 8, 11; vgl. *Sarr/Lybek*, IMF Working Paper, WP/02/232, S. 20 Box 2, wonach beim *Turnover Ratio* vorrangig die Breite und nachrangig die Tiefe und Dichte gemessen wird.

[169] *Bünzli/Eichenberger/Gantenbein/Kley*, Messung der Marktliquidität am Beispiel des schweizerischen Aktienmarkts, S. 9.

[170] *Bünzli/Eichenberger/Gantenbein/Kley*, Messung der Marktliquidität am Beispiel des schweizerischen Aktienmarkts, S. 10; *Le/Gregoriou*, Journal of Economic Surveys, 2020, Vol. 34, No. 5, 1170, 1178. Weitere volumenbasierte Kennzahlen sind der *Liquiditätsindex nach Martin*, die *Hui-Heubel Liquiditätskennziffer* und der *Conventional Liquidity Ratio.* Näheres hierzu findet sich bei *Bünzli/Eichenberger/Gantenbein/Kley*, Messung der Marktliquidität am Beispiel des schweizerischen Aktienmarkts, S. 10–13 und *Sarr/Lybek*, IMF Working Paper, WP/02/232, S. 11–14.

[171] *Betzer/Budzinski/Thiele*, KSzW 2011, 426, 428.

[172] *Bünzli/Eichenberger/Gantenbein/Kley*, Messung der Marktliquidität am Beispiel des schweizerischen Aktienmarkts, S. 9–10; *Le/Gregoriou*, Journal of Economic Surveys, 2020,

lumens spricht ferner, dass hierbei keine Liquiditätsdimension wiedergegeben wird.[173] Schließlich geht ein häufiger Handel nicht zwingend mit einer hohen Liquidität einher.[174] Vor allem aber wird die fehlende Berücksichtigung großer Aktienpaketverkäufe und unerwarteter Kauf- oder Verkaufsaufträge bemängelt.[175] Dem *Turnover Ratio* wird zum einen eine bessere Vergleichbarkeit, andernorts aber eine geringere Bedeutung als das effektive Handelsvolumen für Anleger nachgesagt.[176]

Bei preisbasierten Kennzahlen wird den Preisbewegungen besondere Beachtung geschenkt und somit die Elastizität gemessen.[177] Dabei sollen der Gleichgewichtspreis berücksichtigt und Veränderungen aufgrund mangelnder Liquidität ausfindig gemacht werden.[178] Hierunter fällt die Liquiditätsrate von Marsh und Rock, bei welcher die prozentuale durchschnittliche Preisveränderung pro Transaktion innerhalb einer Zeitperiode untersucht wird.[179] Dabei soll die Liquidität umso höher sein, je geringer die Preisveränderung pro Transaktion ist.[180] Der Liquiditätsrate ist ihr reiner Vergangenheitsbezug entgegenzuhalten, der die aktuelle Liquiditätssituation aus dem Blick verliert.[181] Auch lässt der Umstand, dass sich lediglich an Durchschnittswerten orientiert wird, Zweifel an der Aussagekraft dieser Messmethode aufkommen.[182] Weiterhin wird an diesem Ansatz kritisiert, dass verschieden

---

Vol. 34, No. 5, 1170, 1179; vgl. *Oesterhelweg/Schiereck*, Manuskripte aus den Instituten für Betriebswirtschaftslehre der Universität Kiel, No. 308, S. 11; siehe aber auch *Krog*, Marktorientierung und gesellschaftsrechtliche Unternehmensbewertung, S. 283, laut dem der Kritikpunkt des Vergangenheitsbezugs nicht von Relevanz für die untersuchten Bewertungsanlässe, d. h. Abfindungen, bei einer *ex-post*-Bewertung ist.

[173] *Betzer/Budzinski/Thiele*, KSzW 2011, 426, 428; *Oesterhelweg/Schiereck*, Manuskripte aus den Instituten für Betriebswirtschaftslehre der Universität Kiel, No. 308, S. 11.

[174] *Betzer/Budzinski/Thiele*, KSzW 2011, 426, 428.

[175] *Bünzli/Eichenberger/Gantenbein/Kley*, Messung der Marktliquidität am Beispiel des schweizerischen Aktienmarkts, S. 10.

[176] *Bünzli/Eichenberger/Gantenbein/Kley*, Messung der Marktliquidität am Beispiel des schweizerischen Aktienmarkts, S. 10.

[177] *Bünzli/Eichenberger/Gantenbein/Kley*, Messung der Marktliquidität am Beispiel des schweizerischen Aktienmarkts, S. 8; *Sarr/Lybek*, IMF Working Paper, WP/02/232, S. 8; vgl. *Sarr/Lybek*, IMF Working Paper, WP/02/232, S. 20 Box 2, nach welchen der *Market-Efficiency Coefficient* vor allem die Elastizität und nachrangig die schnelle Preisfindung und Tiefe misst.

[178] *Bünzli/Eichenberger/Gantenbein/Kley*, Messung der Marktliquidität am Beispiel des schweizerischen Aktienmarkts, S. 13.

[179] *Bünzli/Eichenberger/Gantenbein/Kley*, Messung der Marktliquidität am Beispiel des schweizerischen Aktienmarkts, S. 13.

[180] *Bünzli/Eichenberger/Gantenbein/Kley*, Messung der Marktliquidität am Beispiel des schweizerischen Aktienmarkts, S. 13.

[181] *Betzer/Budzinski/Thiele*, KSzW 2011, 426, 428; *Oesterhelweg/Schiereck*, Manuskripte aus den Instituten für Betriebswirtschaftslehre der Universität Kiel, No. 308, S. 15.

[182] *Betzer/Budzinski/Thiele*, KSzW 2011, 426, 428; *Oesterhelweg/Schiereck*, Manuskripte aus den Instituten für Betriebswirtschaftslehre der Universität Kiel, No. 308, S. 15; *Krog*, Marktorientierung und gesellschaftsrechtliche Unternehmensbewertung, S. 284.

lange Zeitperioden zu unterschiedlichen Ergebnissen führen können, wobei eine bestimmte Länge gerade nicht festgelegt ist.[183] Eine weitere preisbasierte Kennzahl ist der *Market Efficiency Coefficient* (kurz: *MEC*).[184] Diesem Ansatz liegt die Annahme zugrunde, dass der Handel auf einem vollkommen liquiden Markt mit keinerlei implizierten Kosten einhergehen würde.[185] Besagte Kosten führen mit jeder Order zu einer kurzfristigen Veränderung der Preisvolatilität.[186] Auf einem Markt von perfekter Liquidität sollten demnach die langfristige Volatilität exakt der kurzfristigen Volatilität entsprechen.[187] Je unterschiedlicher sie sind, desto eher sei von einer Illiquidität auszugehen.[188] Allerdings erscheint es fraglich, ob eine Preiskontinuität gleichbedeutend mit einer Elastizität i. S. d. Liquidität ist.[189] Weiterhin können die gewählten Zeitintervalle zu verschiedenen Ergebnissen führen.[190]

Marktauswirkungskennzahlen betrachten Preisbewegungen unter Berücksichtigung weiterer Faktoren wie der allgemeinen Marktverfassung oder dem Eintreffen neuer Informationen, wobei die Elastizität und die Geschwindigkeit der Preisfindung gemessen werden sollen.[191] Im Rahmen dessen wird oftmals eine Unterscheidung zwischen dem systematischen und dem unsystematischen Risiko anhand des *CAPM* vorgenommen.[192] Für die Heranziehung von Marktauswirkungskennzahlen wird die Möglichkeit angeführt, transitorische von informationsinduzierten permanenten Preisänderungen zu unterscheiden.[193] Wie bereits erörtert, kann dies aber allenfalls approximativ erfolgen. Überdies kann auf die Einwände gegen das

---

[183] *Bünzli/Eichenberger/Gantenbein/Kley*, Messung der Marktliquidität am Beispiel des schweizerischen Aktienmarkts, S. 13–14.

[184] *Bünzli/Eichenberger/Gantenbein/Kley*, Messung der Marktliquidität am Beispiel des schweizerischen Aktienmarkts, S. 14; *Sarr/Lybek*, IMF Working Paper, WP/02/232, S. 14.

[185] *Bünzli/Eichenberger/Gantenbein/Kley*, Messung der Marktliquidität am Beispiel des schweizerischen Aktienmarkts, S. 14.

[186] *Bünzli/Eichenberger/Gantenbein/Kley*, Messung der Marktliquidität am Beispiel des schweizerischen Aktienmarkts, S. 14.

[187] *Bünzli/Eichenberger/Gantenbein/Kley*, Messung der Marktliquidität am Beispiel des schweizerischen Aktienmarkts, S. 14; vgl. *Sarr/Lybek*, IMF Working Paper, WP/02/232, S. 14, laut denen eine Preisbewegungen auf einem liquiden Markt kontinuierlicher verlaufen.

[188] *Bünzli/Eichenberger/Gantenbein/Kley*, Messung der Marktliquidität am Beispiel des schweizerischen Aktienmarkts, S. 14.

[189] *Sarr/Lybek*, IMF Working Paper, WP/02/232, S. 15.

[190] *Bünzli/Eichenberger/Gantenbein/Kley*, Messung der Marktliquidität am Beispiel des schweizerischen Aktienmarkts, S. 14.

[191] *Sarr/Lybek*, IMF Working Paper, WP/02/232, S. 8. Da wie auch bei den preisbasierten Kennzahlen in erster Linie die Elastizität gemessen wird und ebenso den Preisbewegungen Beachtung geschenkt wird, liegt es nahe, Marktauswirkungskennzahlen als von der Gruppe der preisbasierten Kennzahlen erfasst anzusehen. Auch wird bei *Bünzli/Eichenberger/Gantenbein/Kley*, Messung der Marktliquidität am Beispiel des schweizerischen Aktienmarkts, S. 8 und *Le/Gregoriou*, Journal of Economic Surveys, 2020, Vol. 34, No. 5, 1170, 1172 nicht von Marktauswirkungskennzahlen gesprochen.

[192] *Sarr/Lybek*, IMF Working Paper, WP/02/232, S. 17–18.

[193] *Sarr/Lybek*, IMF Working Paper, WP/02/232, S. 17.

CAPM und die ihm zugrunde liegende Effizienzmarkthypothese verwiesen werden.[194] Ungeachtet dessen dürften die Kritikpunkte hinsichtlich der preisbasierten Kennzahlen auch hier gelten.[195]

Ferner gibt es mehrdimensionale Messmethoden, die teils im engen Zusammenhang mit den genannten Kennzahlen stehen.[196] Die entsprechenden Vor- und Nachteile der einzelnen Messmethoden sollten auch hier greifen.

Darüber hinaus existieren noch weitergehende ökonomische Ansätze zur Liquiditätsmessung, wie die Vektor-Autoregression sowie die ARMA-, ARCH- und GARCH-Modelle.[197] Ihr hoher rechnerischer Aufwand wird jedoch in keinem Verhältnis mit den einhergehenden Vorteilen stehen.[198] Dies gilt umso mehr im Rahmen der Unternehmensbewertung, da gerade durch eine Börsenkursorientierung ein möglichst geringer Aufwand angestrebt wird. Mithin sind derart anspruchsvolle Techniken abzulehnen.

Letztendlich offenbart eine nähere Auseinandersetzung mit den verschiedenen Liquiditätsmessmethoden, dass sie nicht frei von Kritik sind und unterschiedliche Zwecke verfolgen.

Angesichts der Mehrdimensionalität der Liquidität kann ihr eine einzelne Messmethode in ihrer Gänze nicht gerecht werden.[199] Ein Ansatz, der alle Liquiditätsdimensionen erfasst, wurde noch nicht gefunden.[200] Auch auf eine bestimmte, vermeintlich bestgeeignete Liquiditätsmessmethode konnte sich bisher nicht festgelegt

---

[194] Siehe hierzu die ausführliche Kritik unter: § 2.

[195] Siehe hierzu die Anmerkung zur Vergleichbarkeit der beiden Liquiditätskennzahlen unter § 6 Fn. 191.

[196] Vgl. *Bünzli/Eichenberger/Gantenbein/Kley*, Messung der Marktliquidität am Beispiel des schweizerischen Aktienmarkts, S. 12, laut denen der *ILLIQ*, bei welchem die Preisreaktion auf das tägliche Handelsvolumen untersucht wird, sowohl ein volumenbasiertes als auch ein preisbasiertes Maß darstellt; vgl. *Le/Gregoriou*, Journal of Economic Surveys, 2020, Vol. 34, No. 5, 1170, 1181–1182, die das *Turnover-Adjusted Number of Zero Daily Trading Volume* als multidimensionales Maß bezeichnen und darauf hinweisen, dass es eng mit dem *Turnover Ratio* und dem *Return to Value Ratio*, d. h. dem *ILLIQ*, verbunden ist; bei *Sarr/Lybek*, IMF Working Paper, WP/02/232, S. 8, wird hingegen nicht explizit auf mehrdimensionale Messmethoden eingegangen, sondern lediglich die Marktauswirkungskennzahlen als vierte Messmethode genannt.

[197] *Sarr/Lybek*, IMF Working Paper, WP/02/232, S. 17, 18–19; umfassend zum GARCH-Modell siehe *Bünzli/Eichenberger/Gantenbein/Kley*, Messung der Marktliquidität am Beispiel des schweizerischen Aktienmarkts, S. 43–45.

[198] *Sarr/Lybek*, IMF Working Paper, WP/02/232, S. 17, 19; siehe aber auch *Bünzli/Eichenberger/Gantenbein/Kley*, Messung der Marktliquidität am Beispiel des schweizerischen Aktienmarkts, S. 45–48, die das GARCH-Modell als vielversprechendes Liquiditätsmaß erachten.

[199] *Benic/Franic*, Financial Theory and Practice, 2008, Vol. 32, Iss. 4, 477, 478, 494; vgl. *Sarr/Lybek*, IMF Working Paper, WP/02/232, S. 41.

[200] *Bünzli/Eichenberger/Gantenbein/Kley*, Messung der Marktliquidität am Beispiel des schweizerischen Aktienmarkts, S. 8; *Sarr/Lybek*, IMF Working Paper, WP/02/232, S. 8.

werden.[201] So steht eine Vielzahl verschiedener praxiserprobter Liquiditätsmaße zur Auswahl, wobei schon innerhalb einer Methode verschiedene Parameter genutzt werden können. Für die verschiedenen Liquiditätsmaße sind zudem keine absoluten Schwellenwerte allgemein anerkannt, welche eine klare Grenze zwischen Liquidität und Illiquidität markieren könnten.[202] Dabei werden verschiedene Messmethoden unterschiedliche Rückschlüsse hinsichtlich der Liquidität liefern.[203] Dies gilt insbesondere in Zeiten angespannter Märkte.[204]

Überdies vermögen es wirtschaftliche, rechtliche und politische Faktoren einen Einfluss auf die Liquidität haben, der zu beachten ist.[205] Die Liquiditätsmessung sollte stets unter Berücksichtigung dieser spezifischen Faktoren erfolgen.[206]

Dementsprechend bietet es sich an, mehrere Liquiditätskennzahlen heranzuziehen.[207] In Anbetracht der aufgezeigten Probleme erweist sich aber auch die Kombination der verschiedenen Messmethoden als problematisch.[208] Letzten Endes wird lediglich ein Schätzwert ermittelt. Darüber hinaus bedarf eine Berücksichtigung aller Dimensionen eine ausgesprochen große Datenmenge, die nur schwer zu beschaffen ist.[209] Schon für einzelne Kennzahlen kann es an den erforderlichen Daten mangeln.[210] Mithin liegt es nahe, eine einzelfallorientierte Messung der Liquidität hinsichtlich mehrerer, wenn auch nicht aller, Dimensionen mittels anerkannter Messmethoden zu verlangen. Im Ergebnis wird hierdurch aber kein vollkommenes und vollkommen sicheres Liquiditätsmaß erzielt.

Letztlich stellt sich die Frage, ob und inwieweit bei einer marktorientierten Unternehmensbewertung auf die Kennzahlen zurückgegriffen werden oder lediglich auf den Illiquiditätsmaßstab des § 5 Abs. 4 WpÜG-AngebVO abgestellt werden sollte.

---

[201] *Betzer/Budzinski/Thiele*, KSzW 2011, 426, 428; *Krog*, Marktorientierung und gesellschaftsrechtliche Unternehmensbewertung, S. 285; *Le/Gregoriou*, Journal of Economic Surveys, 2020, Vol. 34, No. 5, 1170, 1183; *Oesterhelweg/Schiereck*, Manuskripte aus den Instituten für Betriebswirtschaftslehre der Universität Kiel, No. 308, S. 26; *Ruthardt/Popp*, AG 2020, 240, 245 Rn. 32; vgl. *Morell*, AcP 2017, 61, 76.

[202] *Ruthardt/Popp*, AG 2020, 240, 245 Rn. 33.

[203] *Benic/Franic*, Financial Theory and Practice, 2008, Vol. 32, Iss. 4, 477, 494; *Sarr/Lybek*, IMF Working Paper, WP/02/232, S. 41.

[204] *Sarr/Lybek*, IMF Working Paper, WP/02/232, S. 40–41.

[205] *Sarr/Lybek*, IMF Working Paper, WP/02/232, S. 36–39, S. 38 Box 3, S. 41.

[206] *Sarr/Lybek*, IMF Working Paper, WP/02/232, S. 41.

[207] So auch das Vorgehen bei *Bünzli/Eichenberger/Gantenbein/Kley*, Messung der Marktliquidität am Beispiel des schweizerischen Aktienmarkts, S. 48 sowie *Karami/Schuster*, Eine empirische Analyse des Kurs- und Liquiditätseffekts im „Frosta"-Zeitalter, S. 49.

[208] Vgl. *Sarr/Lybek*, IMF Working Paper, WP/02/232, S. 41.

[209] *Bünzli/Eichenberger/Gantenbein/Kley*, Messung der Marktliquidität am Beispiel des schweizerischen Aktienmarkts, S. 8.

[210] *Sarr/Lybek*, IMF Working Paper, WP/02/232, S. 41; zur Verfügbarkeit von Daten für bestimmte Messmethoden siehe *Sarr/Lybek*, IMF Working Paper, WP/02/232, S. 20 Box 2.

(3) Auffassungen im Schrifttum

Seitens der Literatur wird zum Teil die Anlehnung an § 5 Abs. 4 WpÜG-AngebVO beim Delisting befürwortet.[211] Darüber hinaus stellt man teilweise auch bei den anderen Konstellationen auf den § 5 Abs. 4 WpÜG-AngebVO ab.[212]

Andernorts wird ein einzelfallorientiertes Vorgehen hinsichtlich der Bestimmung der Liquidität und einer etwaigen Marktenge vorgeschlagen.[213] Hierbei wer-

---

[211] *Krug*, Der Rückzug von der Börse, S. 277, 280 § 11, die jedoch eine erneute Diskussion fordert, sobald rechtssichere alternative Liquiditätsmessungsansätze vorliegen; siehe auch *Schmidt*, NZG 2020, 136, 1366, die § 5 Abs. 4 WpÜG-AngebVO und § 39 Abs. 3 S. 4 BörsG als sachgerechte Konkretisierung der Marktenge bezeichnet.

[212] BeckOGK-AktG/*Singhof*, § 327b AktG Rn. 8; BeckOGK-AktG/*Veil/Preisser*, § 305 AktG Rn. 68; Bürgers/Körber/Lieder/*Ruiz de Vargas*, Anh. § 305 AktG Rn. 54a; Emmerich/Habersack/*Habersack*, AktG, § 327b AktG Rn. 9; *Fleischer*, ZGR 2002, 757, 781 zum Squeeze-out; *Happ/Bednarz*, FS Stilz (2014), S. 219, 227 in Bezug auf die DAT/Altana-Entscheidungen des BVerfG und BGH; *Krieger*, BB 2002, 53, 56 zum Squeeze-out; MHdB GesR IV/*Austmann*, § 75 Rn. 100 zum Squeeze-out; MüKo-AktG/*Grunewald*, § 327b AktG Rn. 10; *Land/Hallermayer*, AG 2015, 659, 666 bzgl. sämtlicher Strukturmaßnahmen; Schmidt/Lutter/*Stephan*, AktG, § 305 AktG Rn. 102, zum § 305 AktG, wobei er Ausnahmen von der strikten Orientierung an § 5 Abs. 4 WpÜG-AngebVO erwägt; *Schmidt*, NZG 2020, 1361, 1366, welche die gesetzliche Konkretisierung der Marktenge in § 5 Abs. 4 WpÜG-AngebVO und § 39 Abs. 3 S. 4 BörsG verallgemeinern will; vorsichtig *Vetter*, DB 2001, 1347, 1351 zu den §§ 304, 305 und 320b AktG unter Berücksichtigung des Referentenentwurfs zum § 5 Abs. 4 WpÜG-AngebVO; vgl. auch *Müller*, FS Röhricht (2005), S. 1015, 1027, der den § 5 Abs. 4 WpÜG-AngebVO zur Beurteilung der Funktionsfähigkeit des Marktes heranziehen will.

[213] *Aders/Muxfeld/Lill*, Corporate Finance 2015, 389, 399, die verschiedene Liquiditätskennzahlen beim Delisting heranziehen; *Adolff*, Unternehmensbewertung im Recht der börsennotierten Aktiengesellschaft, S. 342, der eine schematische tatbestandliche Ausgestaltung und explizit den § 5 Abs. 4 WpÜG-AngebVO bei Barabfindungsfällen ablehnt; *Angerer*, BKR 2002, 260, 264, der eine schematisierende Betrachtung und ausdrücklich eine Festlegung anhand des § 5 Abs. 4 WpÜG-AngebVO beim Squeeze-out ablehnt; *Betzer/Budzinski/Thiele*, KSzW 2011, 426, 428–429, die eine uneingeschränkte Analogie des § 5 Abs. 4 WpÜG-AngebVO beim Squeeze-out ablehnen und verschiedene Messkonzepte anführen; *Burger*, Die Maßgeblichkeit von Börsekursen für die Bemessung der Barabfindung beim Gesellschafterausschluss, S. 276, der eine Einzelfallanalyse für den Nachweis der Liquidität bzw. Marktenge für erforderlich hält; *Burger*, NZG 2012, 281, 287 bzgl. des Squeeze-outs; *Großfeld/Egger/Tönnes*, Recht der Unternehmensbewertung, S. 287 Rn. 1184–1185, S. 288 Rn. 1188, die eine Einzelfallorientierung unter einer möglichen Zuhilfenahme der Kriterien des § 5 Abs. 4 WpÜG-AngebVO erwägen; *Gude*, Strukturänderungen und Unternehmensbewertung zum Börsenkurs, S. 409–410 § 20, der das Verhältnis des Aktienumsatzes zur von den Minderheitsaktionären gehaltenen Aktien untersuchen will; *Hüttemann*, ZGR 2001, 454, 470–471, der die Liquidität durch einen Sachverständigen unter Berücksichtigen des konkreten Marktsegments beurteilen lassen will; *Karami/Schuster*, CF 2016, 106, 118–119, laut denen die Maßgaben des § 39 Abs. 3 S. 4 BörsG zur Beurteilung einer Marktenge beim Delisting nicht ausreichen und eine einzelfallspezifische Analyse erfolgen soll; *Karami/Schuster*, Eine empirische Analyse des Kurs- und Liquiditätseffekts im „Frosta"-Zeitalter, S. 46–49, wo innerhalb der Untersuchung der Liquiditätsauswirkungen von Börsenrückzügen auf mehrere Kennzahlen und explizit nicht allein auf den § 5 Abs. 4 WpÜG-AngebVO abgestellt wird; *Karami/Schuster*, Kritische Anmerkungen zur Delisting-Neuregelung aus ökonomischer Sicht, S. 7 in Bezug auf den damaligen Gesetzesentwurf zum Delisting; *Krog*, Marktorien-

den teilweise die Kennzahlen zur Liquiditätsmessung ins Feld geführt.[214] Zum Teil finden sich auch Vorschläge zu einer Mindestumsatzschwelle.[215]

In diesem Kontext schlagen Karami und Schuster vor, den aus § 5 Abs. 4 WpÜG-AngebVO entlehnten Maßstab beim Delisting als Rahmen beizubehalten und im Falle einer Marktenge nach dieser Norm eine Untersuchung des Einzelfalls anhand von Liquiditätskennzahlen durchzuführen.[216] Hinsichtlich der Veräußerungsmöglichkeit der Aktionäre weisen sie vor allem auf die Markttiefe als relevante Kennziffer hin.[217]

Umgekehrt vertritt Morell den Ansatz, beim Delisting die bisherige, dem § 5 Abs. 4 WpÜG-AgebVO entlehnte, Regelung beizubehalten, diese jedoch um eine Auffanggeneralklausel zu ergänzen.[218] Nach dieser soll auch dann eine fundamen-

tierung und gesellschaftsrechtliche Unternehmensbewertung, S. 285–287 bzgl. Abfindungs- und Umtauschfälle im Allgemeinen; *Ruthardt/Hachmeister*, CF 2014, 174, 178, die aber dazu anraten, sich weniger auf das Kriterium der Marktenge zu fokussieren; *Wilm*, NZG 2000, 234, 238, laut dem es auf das Verhältnis des Aktienumsatzes zur Anzahl der von der Minderheit gehaltenen Aktien ankommt, wobei er zusätzlich eine Mindestschwelle hinsichtlich des Gesamtumsatzes und einen regelmäßigen Handel fordert; *Wasmann*, BB 2007, 680, 682, der eine ausschließliche Orientierung am § 5 Abs. 4 WpÜG-AngebVO ablehnt; wohl auch *Schnorbus/Rauch/Grimm*, AG 2021, 391, 398 Rn. 32–35, welche die Vorgaben des § 5 Abs. 4 WpÜG-AngebVO neben einem geringen *Free Float* und einem niedrigen *Bid-Ask-Spread* als Indizien für eine Marktenge anführen, die es in einer Gesamtschau zu beurteilen gelte.

[214] *Aders/Muxfeld/Lill*, Corporate Finance 2015, 389, 399; *Betzer/Budzinski/Thiele*, KSzW 2011, 426, 428–429; *Karami/Schuster*, Eine empirische Analyse des Kurs- und Liquiditätseffekts im „Frosta"-Zeitalter, S. 46–49; *Karami/Schuster*, Kritische Anmerkungen zur Delisting-Neuregelung aus ökonomischer Sicht, S. 7; *Krog*, Marktorientierung und gesellschaftsrechtliche Unternehmensbewertung, S. 285–287, der eine genaue Analyse der Kurse anhand Liquiditätskennzahlen und weiterer Indikatoren hins. einer Kursbeeinflussung verlangt.

[215] *Gude*, Strukturänderungen und Unternehmensbewertung zum Börsenkurs, S. 411; *Karami/Schuster*, Kritische Anmerkungen zur Delisting-Neuregelung aus ökonomischer Sicht, S. 7; *Wilm*, NZG 2000, 234, 238; siehe auch *Weber*, ZGR 2004, 280, 298–299, der zu einer Mindestumsatzgrenze für die Bestimmung eines effizienten Marktes rät, zugleich aber anmerkt, dass die Kapitalmarktforschung noch keine Definition des Mindestumsatzes bieten konnte und vor allem bei einem Squeeze-out praktisch nie eine Mindestumsatzgröße erreicht werden kann.

[216] *Karami/Schuster*, CF 2016, 106, 118–119; *Karami/Schuster*, Eine empirische Analyse des Kurs- und Liquiditätseffekts im „Frosta"-Zeitalter, S. 46–49; *Karami/Schuster*, Kritische Anmerkungen zur Delisting-Neuregelung aus ökonomischer Sicht, S. 7.

[217] *Karami/Schuster*, Eine empirische Analyse des Kurs- und Liquiditätseffekts im „Frosta"-Zeitalter, S. 46; *Karami/Schuster*, Kritische Anmerkungen zur Delisting-Neuregelung aus ökonomischer Sicht, S. 7; siehe aber auch *Karami/Schuster*, CF 2016, 106, 118, wonach nebst der Markttiefe auch die Marktbreite zu untersuchen ist.

[218] *Morell*, AcP 2017, 61, 104–105, wobei er bzgl. der Marktenge nach gesetzlichen Vorgaben für eine Verkürzung des sechsmonatigen Zeitraums auf drei Monate plädiert.

tale Unternehmensbewertung stattfinden, wenn konkrete Anhaltspunkte für eine Illiquidität vorliegen, die auf einen unzuverlässigen Kurs schließen lassen.[219]

Denkbar wäre eine Übertragung dieser Wertungen auf die weiteren relevanten Fallgruppen.[220]

(4) Stellungnahme und Entwicklung eines Lösungsmodells

In Anbetracht der unterschiedlichen Ansätze zur Bestimmung der Liquidität bzw. Illiquidität und Marktenge bedarf es einer Stellungnahme.

(a) Liquiditätsanforderungen an quotalen Unternehmenswert und Deinvestitionswert

Zunächst stellt sich die Frage, ob die zwei verschiedenen Wertkomponenten unterschiedlichen Liquiditätsanforderungen unterliegen.[221] So ist auf der Kompensationsebene der Abfindung zwischen dem quotalen Unternehmenswert und Deinvestitionswert zu differenzieren.

Wird der Börsenkurs zur Abbildung des quotalen Unternehmenswerts herangezogen, so ist zu beachten, dass bei einer unzureichenden Liquidität keine ausreichende Einschätzung und Bewertung des Unternehmens durch einen funktionierenden Markt geschieht.[222] Bei umfassend informierten und rational agierenden Marktteilnehmern sollten sich die Börsenkurse auf einem liquiden Markt durch Angebot und Nachfrage in der Regel derart bewegen, dass sie die Marktbewertung zur Ertragskraft eines Unternehmens abbilden können.[223] Schließlich bedarf es eines gewissen Mindestmaßes an Handelsaktivitäten, damit neue wertrelevante Informa-

---

[219] *Morell*, AcP 2017, 61, 105. Ihm zufolge soll die Auffanggeneralklausel bei diesem Lösungsvorschlag auch hinsichtlich Manipulationen, fehlerhafter Publizität und weiteren Umständen gelten.

[220] Vgl. *Morell*, AcP 2017, 61, 102, der dies zwar nicht explizit fordert, eine Normierung der Ausnahmefälle mittels einer Generalklausel beim Squeeze-out sowie bei Beherrschungs- und Gewinnabführungsverträgen aber als vorzugswürdig erachtet.

[221] Siehe schon *Hüttemann*, ZGR 2001, 455, 460, der im Rahmen der Liquidität zwischen der Veräußerbarkeit nach Maßgabe des BVerfG und der Eignung als Schätzungswert hins. des wahren Unternehmenswerts gem. Teilen der Literatur differenziert; ebenso wird bereits bei *Maier-Reimer/Kolb*, FS Müller (2001), S. 93, 98–99, 100–101 zwischen der Marktenge bei der Heranziehung des Börsenkurses zur Unternehmensbewertung und dessen Berücksichtigung als Untergrenze unterschieden; vgl. *Gude*, Strukturänderungen und Unternehmensbewertung zum Börsenkurs, S. 405–406, 406 Fn. 187 § 20, der bei der Marktenge zwischen einem fehlenden oder dünnen Handel differenziert und hierbei auf die fehlende Veräußerungsmöglichkeit und die mangelnde Aussagekraft der Kurse als relevante Aspekte hinweist; bezugnehmend auf *Gude* hinsichtlich der Wertkomponenten im Rahmen der Marktenge auch *Kallweit*, Die angemessene Abfindung beim übernahmerechtlichen Squeeze-out, S. 234 § 5.

[222] Vgl. *Maier-Reimer/Kolb*, FS Müller (2001), S. 93, 98; vgl. *Ilyevich*, Delisting – Parallele zum Übernahmerecht, S. 166–167.

[223] Vgl. *Bungert/Leyendecker-Langner*, DB 2015, 2251, 2255; vgl. *Sanders*, Anlegerschutz bei Delisting zwischen Kapitalmarkt- und Gesellschaftsrecht, S. 99.

tionen eingepreist werden können. Im Falle einer gestörten Liquidität besteht hingegen die Gefahr einer Abkopplung des Börsenkurses vom inneren Wert des Unternehmens.[224] Je geringer die Liquidität ist, desto langsamer verläuft die Informationsverarbeitung, wobei sich die Informationsasymmetrie erhöht.[225] Da sodann keine Wiedergabe des wahren Werts des Unternehmens durch den Markt erfolgt, kann der Börsenkurs nicht den quotalen Unternehmenswert abbilden. Auch begünstigt eine geringe Liquidität die Zufallsprägung[226] und Manipulierbarkeit[227] des Börsenkurses. Dementsprechend sollte eine relevante Marktenge nicht erst bei einem völligen Erliegen des Handels oder einer gänzlich fehlenden Handelbarkeit, sondern bereits im Falle einer unzureichenden Liquidität angenommen werden.[228]

Soll der Börsenkurs dem Deinvestitionswert entsprechen und als Untergrenze herangezogen werden, so könnte zunächst dann eine relevante Marktenge angenommen werden, wenn der Handel derart dünn ist, dass zu erwarten ist, dass einem einzelnen typisierten Aktionär eine Deinvestition zum Stichtag bei einem hypothetischen Ausbleiben der Maßnahme unmöglich gewesen wäre.[229] Hierbei handelt es sich um einen Extremfall der Marktenge.[230] Dies geht mit erhöhten Anforderungen an eine etwaige Illiquidität einher. Auf den ersten Blick müsste ein strengeres Maß an die Marktenge hinsichtlich des Deinvestitionswerts als bei einer Verwendung des Börsenkurses zur Bestimmung des quotalen Unternehmenswerts gestellt werden. Darüber hinaus kann aber auch dann von einer zu beachtenden Marktenge ausgegangen werden, wenn die Kurse im Referenzzeitraum aufgrund eines zu dünnen Handels eine unzureichende Datengrundlage als empirische Basis für ein Fortschreiben auf den hypothetischen Kurs am Stichtag bieten.[231] So kommt es dem hier gewählten deinvestitionsorientierten Ansatz entsprechend zwar nicht

---

[224] Vgl. *Betzer/Budzinski/Thiele*, KSzW 2011, 426, 430 Tab.

[225] Vgl. *Betzer/Budzinski/Thiele*, KSzW 2011, 426, 430–431.

[226] *Bayer*, NZG 2015, 1169, 1175.

[227] *Betzer/Budzinski/Thiele*, KSzW 2011, 426, 428, 430 Tab., 431; zum Ausnahmefall der Manipulation siehe: § 6 A.III.2.

[228] Siehe bereits *Maier-Reimer/Kolb*, FS Müller (2001), S. 93, 98, laut denen der Börsenkurs bei unzureichender Marktliquidität nicht den anteiligen Unternehmenswert indizieren kann.

[229] *Adolff*, Unternehmensbewertung im Recht der börsennotierten Aktiengesellschaft, S. 341; siehe auch Emmerich/Habersack/*Emmerich*, AktG, § 305 AktG Rn. 48, laut dem der Börsenkurs nicht als Untergrenze geeignet ist, wenn die außenstehenden Aktionäre während der Referenzperiode nicht die Möglichkeit hatten, ihre Aktien zum Börsenkurs zu verkaufen.

[230] *Adolff*, Unternehmensbewertung im Recht der börsennotierten Aktiengesellschaft, S. 341; anders hingegen Emmerich/Habersack/*Emmerich*, AktG, § 305 AktG Rn. 48, der eine Marktenge nur im Falle einer vollständig fehlenden Veräußerungsmöglichkeit zum Börsenkurs innerhalb der Referenzperiode annehmen will.

[231] *Adolff*, Unternehmensbewertung im Recht der börsennotierten Aktiengesellschaft, S. 341; im Ansatz wohl bereits *Maier-Reimer/Kolb*, FS Müller (2001), S. 93, 101 und *Wilm*, NZG 2000, 234, 238, laut denen es hins. der Marktenge bzw. Illiquidität darauf ankommt, ob der Börsenkurs noch als Anhaltspunkt für den realisierbaren Verkehrswert in Frage kommt.

auf die Aussagekraft der Kurse zum wahren Unternehmenswert, sondern zur hypothetischen Veräußerungsmöglichkeit an.[232] Diese Hypothese bedarf aber einer ausreichenden Datengrundlage. Schließlich erfolgt bei der Ermittlung des Deinvestitionswerts eine Extrapolation von Referenzkursen, was bei einer unzureichenden empirischen Basis nicht möglich ist.[233] Bereits bei einer unzureichenden Liquidität erscheint es zweifelhaft, ob die Referenzkurse eine ausreichende Datengrundlage liefern. Sofern der Börsenkurs im Referenzzeitraum entscheidend von einzelnen Käufen und Verkäufen geprägt ist, kann nicht davon ausgegangen werden, dass er sich gleichbleibend bis zum Stichtag bei Ausbleiben der Maßnahme weiterentwickelt hätte, sodass er nicht als Grundlage für einen hypothetischen Deinvestitionswert am Stichtag herhalten kann.[234] Gerade bei einer hohen Volatilität, die mit einer Marktenge einhergeht, darf bezweifelt werden, dass die Minderheitsaktionäre tatsächlich eine freie Deinvestition zum Börsenkurs hätten vornehmen können.[235] Wie bereits erörtert kann die Formulierung des BVerfG auch nicht dahingehend gedeutet werden, dass nur bei einer völlig unmöglichen Veräußerung eine relevante Marktenge anzunehmen sei.[236] Dementsprechend muss es für die Relevanz einer Marktenge bereits darauf ankommen, ob der Markt derart illiquide ist, dass er keinen stichhaltigen Indikator für einen hypothetisch realisierbaren Verkehrswert bietet.[237] Mithin sollte bei einer unzureichenden Liquidität der Börsenkurs auch nicht als Deinvestitionswert herangezogen werden.

Folglich dürften für beide Wertkomponenten dieselben Anforderungen an die Marktenge gelten. Es bedarf einer unzureichenden Liquidität. Hierbei ist zu betonen, dass eine perfekte Liquidität weder aus aktien- noch aus kapitalmarktrechtlicher Sicht gefordert werden kann, da die Rechtsprechung zur Berücksichtigung des Börsenkurses ansonsten größtenteils ausgehöhlt wird.[238] Ohnehin ist kein vollkommenes Liquiditätsmaß allgemein anerkannt. Vielmehr kommt es hinsichtlich

---

[232] Siehe hierzu: § 6 A.II.

[233] *Adolff*, Unternehmensbewertung im Recht der börsennotierten Aktiengesellschaft, S. 341. Siehe zu den theoretischen Grundlagen des Deinvestitionswerts: § 1 B.I.1.b)aa). Zur Bestimmung des Referenzkurses siehe: § 6 B.

[234] Vgl. *Adolff*, Unternehmensbewertung im Recht der börsennotierten Aktiengesellschaft, S. 341–342.

[235] *Burger*, Die Maßgeblichkeit von Börsekursen für die Bemessung der Barabfindung beim Gesellschafterausschluss, S. 103; vgl. *Burger*, NZG 2012, 281, 282.

[236] Siehe: § 6 A.III.1.a)bb)(1); so bereits *Maier-Reimer/Kolb*, FS Müller (2001), S. 93, 101.

[237] *Adolff*, Unternehmensbewertung im Recht der börsennotierten Aktiengesellschaft, S. 341; vgl. im Ansatz *Hüttemann*, ZGR 2001, 455, 460, der ein gewisses Minimum an Liquidität verlangt, um den Börsenkurs als Untergrenze gelten zu lassen; vgl. im Ansatz *Maier-Reimer/Kolb*, FS Müller (2001), S. 93, 101, die eine derart weitreichende Illiquidität verlangen, aufgrund derer der Börsenkurs keinen Anhaltspunkt für den realisierbaren Verkehrswert bieten kann; vgl. im Ansatz *Wilm*, NZG 2000, 234, 238, der bei unzureichend fundierten Börsenkursen keinen realisierbaren Verkehrswert ableiten will und deshalb eine Mindestumsatzgrenze und einen regelmäßigen Handel verlangt.

[238] Bürgers/Körber/Lieder/*Ruiz de Vargas*, Anh. § 305 AktG Rn. 54a.

der Marktenge auf eine nicht mehr ausreichende Liquidität an.[239] Sofern keine unzureichende Liquidität besteht, liegt es nahe, dass wertrelevante Informationen durch Angebot und Nachfrage jedenfalls bei umfassend informierten rationalen Marktteilnehmern korrekt und zeitnah in den Börsenkurs eingepreist werden, sodass er als Maßstab des quotalen Unternehmenswerts gelten kann. Auch dürfte bereits dann, wenn keine unzureichende Liquidität herrscht, von einer hypothetischen Veräußerungsmöglichkeit zum Börsenkurs und einer ausreichenden Datengrundlage zur Fortschreibung des Kurses ausgegangen werden, womit dieser den Deinvestitionswert widerspiegeln sollte.

(b) Voraussetzungen einer Marktenge

Fraglich aber bleibt, wann von derartigen Liquiditätsmängeln auszugehen ist. Es steht zur Debatte, ob und inwiefern auf die festen Vorgaben des § 5 Abs. 4 WpÜG-AngebVO oder eine einzelfallorientierte Liquiditätsmessung zurückzugreifen ist.

Aus Rechtssicherheitsgesichtspunkten liegt es nahe, sich bei jeglichen kompensationspflichtigen Maßnahmen am § 5 Abs. 4 WpÜG-AngebVO zu orientieren.[240] So bietet dieser Ansatz eine verlässliche Alternative zur uneinheitlichen Rechtsprechungslage.[241] Auch ist ihm zugutezuhalten, dass die BaFin bei der Feststellung der Marktenge als unabhängige Instanz fungiert.[242]

Des Weiteren erscheinen die übernahmerechtlichen Vorgaben aus verfahrensökonomischer Perspektive vorteilhaft. Anders als eine detaillierte Liquiditätsanalyse des Einzelfalls erlauben sie ein kurzes und kostengünstiges Verfahren.[243] Für eine Übernahme der Anforderungen des § 5 Abs. 4 WpÜG-AngebVO durch andere Rechtsnormen kann zudem der Umstand angeführt werden, dass sich der Gesetzgeber hierbei bereits mit der Illiquidität auseinandergesetzt hat und damit ein ökonomisch betrachtet günstigeres Gesetzgebungsverfahren ermöglicht wird.[244]

---

[239] Vgl. Bürgers/Körber/Lieder/*Ruiz de Vargas*, Anh. § 305 AktG Rn. 54a.

[240] *Land/Hallermayer*, AG 2015, 659, 663–664, 666, zu sämtlichen kompensationspflichtigen Maßnahmen; Schmidt/Lutter/*Stephan*, AktG, § 305 AktG Rn. 101–102; siehe aber auch *Happ/Bednarz*, FS Stilz (2014), S. 219, 227–228, die eine schematische Betrachtungsweise und eine primäre Orientierung am § 5 Abs. 4 WpÜG-AngebVO aus praktischen Gesichtspunkten befürworten, zugleich aber die hierbei verbleibenden Rechtsunsicherheiten erwähnen.

[241] Vgl. *Land/Hallermayer*, AG 2015, 659, 663.

[242] Vgl. *Krug*, Der Rückzug von der Börse, S. 277 § 11.

[243] Zum Mehraufwand zusätzlicher Gutachten bzgl. einer Bestimmung der Marktenge siehe: *Burger*, Die Maßgeblichkeit von Börsekursen für die Bemessung der Barabfindung beim Gesellschafterausschluss, S. 103–104; *Burger*, NZG 2012, 281, 282.

[244] Jeweils zum Delisting: *Krug*, Der Rückzug von der Börse, S. 276 § 11; *Morell*, AcP 2017, 61, 82–83, wobei letzterer für die Heranziehung weiterer Ausnahmeregelungen plädiert. Das Argument der kostengünstigen Übertragung des Liquiditätsmaßstabs dürfte auch für alle weiteren relevanten Fallgruppen gelten. Im Ansatz wohl auch *Land/Hallermayer*, AG 2015, 659, 664, welche die gesetzgeberischen Erwägungen zum § 5 Abs. 4 WpÜG-AngebVO

Weiterhin könnten die strengen Anforderungen des § 5 Abs. 4 WpÜG-AngebVO positiv ins Feld geführt werden.

Dies liegt vor allem bei einer alleinigen Börsenkursorientierung nahe. Gerade wenn ein Regel-Ausnahme-Verhältnis für die Berücksichtigung des Börsenkurses aufgestellt wird, sollten an die Illiquidität hohe Anforderungen gestellt werden, da andernfalls eine Ablehnung des Börsenkurses den Regelfall bedeuten könnte.[245] Schließlich liegt dem der Gedankengang zugrunde, dass eine fundamentale Unternehmensbewertung angesichts der damit einhergehenden Probleme stets die Ausnahme bilden sollte.[246]

Aber auch dann, wenn der Börsenkurs die Untergrenze der Abfindung bildet, spricht einiges für festgelegte hohe Anforderungen an die Marktenge. Zwar kann in dieser Konstellation der über § 5 Abs. 4 WpÜG-AngebVO verfolgte Zweck, durch eine lediglich im Ausnahmefall durchzuführende fundamentale Unternehmensbewertung ein rasches Übernahmeverfahren zu ermöglichen, nicht greifen.[247] Strenge Maßgaben liegen aber durchaus nahe, wenn eine Marktenge implizieren soll, dass den Referenzkursen ihre Eignung als empirische Basis für eine Extrapolation auf den Stichtag abzusprechen ist. In diesen Fällen bedarf es einer derart unzureichenden Liquidität, sodass der Börsenkurs nicht mehr als Deinvestitionswert in Frage kommt. Dies gilt umso mehr, wenn die fehlende Übereinstimmung des Börsenkurses mit dem Deinvestitionswert aus einer gänzlich fehlenden Veräußerungsmöglichkeit abgeleitet wird. Auch aus Anlegerschutzaspekten empfiehlt es sich, den Börsenkurs erst dann als Untergrenze abzulehnen, wenn strenge schematische, von der BaFin überprüfbare Vorgaben erfüllt sind. Ohnehin würde eine detaillierte Untersuchung der Liquidität im Einzelfall neben einer fundamentalen Unternehmensbewertung mit einem verfahrensökonomisch zu beanstandenden Mehraufwand einhergehen.[248]

Andererseits werden die gesetzlich normierten Anforderungen an eine Marktenge aber als zu eng kritisiert.[249] In der Tat sind nachweislich Fälle dokumentiert, in denen nach den Anforderungen des § 5 Abs. 4 WpÜG-AngebVO bzw. § 39 Abs. 3

---

und dessen Anwendung beim § 31 WpÜG und § 39a Abs. 3 WpÜG auf sämtliche abfindungs- oder ausgleichszahlungspflichtige Strukturmaßnahmen übertragen wollen.

[245] *Krug*, Der Rückzug von der Börse, S. 276, 279–280 § 11.

[246] Vgl. *Krug*, Der Rückzug von der Börse, S. 280 § 11. Diese Argumentation widerspricht jedoch dem hier vertretenen „umgekehrten" Regel-Ausnahme-Verhältnis.

[247] *Wasmann*, BB 2007, 680, 682, der dementsprechend jedenfalls bei einer fundamentalen Unternehmensbewertung mit dem Börsenkurs als Untergrenze im Falle eines Squeeze-outs fordert, dass sich hins. der Ausnahme eines abfindungsrelevanten Börsenkurses nicht ausschließlich am § 5 Abs. 4 WpÜG-AngebVO orientiert wird.

[248] Vgl. *Burger*, NZG 2012, 281, 282.

[249] Jeweils zum Delisting: *Aders/Muxfeld/Lill*, Corporate Finance 2015, 389, 397, 399; *Morell*, AcP 2017, 61, 90–91; im Ansatz auch *Casper*, FS Köndgen (2016), S. 117, 144 zum Delisting; wohl auch *Wasmann*, BB 2007, 680, 682 zur Anwendung des § 5 Abs. 4 WpÜG-AngebVO bei der Kompensation von Umstrukturierungsmaßnahmen.

S. 4 BörsG ausreichend liquide Aktien nach ökonomischen Kriterien dennoch illiquide waren.[250] So zeigte eine Studie von Aders, Muxfeld und Lill, dass nur vier von 33 untersuchten Delisting-Kandidaten nicht den Liquiditätsanforderungen des BörsG entsprachen, wohingegen ihr *Bid-Ask-Spread* im Median signifikant über dem des Referenzindex lag, woraus zu schließen ist, dass eine im Vergleich zum Referenzindex deutlich erhöhte Illiquidität bestand.[251] Ebenso wiesen Karami und Schuster bei einer Untersuchung von 116 Delistings, Downlistings und Downgradings im regulierten Markt und im Freiverkehr eine Marktenge nach Maßgabe des § 5 Abs. 4 WpÜG-AngebVO in lediglich zehn Fällen nach.[252] Gerade beim kumulativ geforderten Handel an weniger als einem Drittel der Börsentage mitsamt einer Abweichung mehrerer Börsenkurse um mehr als 5 % besteht die Möglichkeit, dass der § 5 Abs. 4 WpÜG-AngebVO nicht einschlägig ist, obwohl die Verkehrsfähigkeit der Aktien beeinträchtigt ist.[253] Die Vorgaben beschränken sich auf Extremfälle der Illiquidität.[254] Insgesamt erscheint der Anwendungsbereich des § 5 Abs. 4 WpÜG-AngebVO bzw. des § 39 Abs. 3 S. 4 BörsG eng bemessen.[255] Dementsprechend besteht bei einer alleinigen Orientierung am § 5 Abs. 4 WpÜG-AngebVO die Gefahr, dass eine Marktenge aufgrund der gesetzlichen Vorgaben verneint wird, obwohl dennoch eine unzureichende Liquidität nach wirtschaftswissenschaftlich fundierten Maßgaben besteht. In derartigen Fällen ist eine Übereinstimmung des Börsenkurses mit dem quotalen Unternehmenswert wie auch dem Deinvestitionswert aber zweifelhaft. Darüber hinaus eröffnen die hohen Anforderungen an die Marktenge Umgehungsmöglichkeiten. So dürfte durch regelmäßige Verkäufe von geringem Umfang ein den gesetzlichen Forderungen ausreichender Handel erzeugt

---

[250] *Aders/Muxfeld/Lill*, Corporate Finance 2015, 389, 396–397; ebenso ein geringes Auftreten einer Marktenge i. S. d. § 5 Abs. 4 WpÜG-AngebVO nachweisend: *Karami/Schuster*, Eine empirische Analyse des Kurs- und Liquiditätseffekts im „Frosta"-Zeitalter, S. 29 Tab. 1; Verweise auf besagte Studien auch bei *Casper*, FS Köndgen (2016), S. 117, 144, der eine eventuelle Nachjustierung der gesetzlichen Schwelle beim § 39 Abs. 3 S. 4 BörsG erwägt; einen ähnlichen Einzelfall beschreibend: *Wasmann*, BB 2007, 680, 682.

[251] *Aders/Muxfeld/Lill*, Corporate Finance 2015, 389, 396–397. Hierbei fand auch nur in 16 von 33 der untersuchten Fälle kein Handel an mehr als zwei Dritteln der möglichen Handelstage innerhalb der Referenzperiode von sechs Monaten statt und in lediglich neun von 33 Fällen konnten mehrere nacheinander festgestellte Börsenkurse mit einer Abweichung von über 5 % ermittelt werden.

[252] *Karami/Schuster*, Eine empirische Analyse des Kurs- und Liquiditätseffekts im „Frosta"-Zeitalter, S. 29 Tab. 1.

[253] *Karami/Schuster*, Eine empirische Analyse des Kurs- und Liquiditätseffekts im „Frosta"-Zeitalter, S. 46–48 mit Beispielfällen; vgl. *Wasmann*, BB 2007, 680, 682.

[254] *Morell*, AcP 2017, 61, 90.

[255] *Aders/Muxfeld/Lill*, Corporate Finance 2015, 389, 397, 399; *Kocher/Seiz*, DB 2016, 153, 155; *Krug*, Der Rückzug von der Börse, S. 276 § 11; *Morell*, AcP 2017, 61, 83, 90; vgl. *Casper*, FS Köndgen (2016), S. 117, 144; a. A. *Bungert/Leyendecker-Langner*, ZIP 2016, 49, 51, die dem Ausnahmefall der Marktenge beim Delisting eine hohe praktische Relevanz prognostizieren.

werden können.[256] Auch kann das gesetzlich vorgegebene Volatilitätskriterium mittels geschickter Orderplatzierung umgangen werden.[257] Sofern davon ausgegangen wird, dass ein verzerrter Börsenkurs den Regelfall und nicht die Ausnahme darstellt, geht das zuvor angeführte Argument eines möglichst engen Ausnahmefalls von der alleinigen Börsenkursorientierung ins Leere.

Umgekehrt beantwortet ein bloßes Abweichen von den Vorgaben des § 5 Abs. 4 WpÜG-AngebVO nicht die Frage, ob die Aktionäre ihre Anteile zum Börsenkurs hätten veräußern können oder nicht.[258] Schließlich wird nach den übernahmerechtlichen Maßstäben nur die Anzahl der Handelstage, nicht aber die Anzahl der tatsächlich gehandelten Aktien betrachtet, wobei letzterer Aspekt für die Beurteilung der Verkehrsfähigkeit von Bedeutung ist.[259] Auch kann ein geringer Handel gerade für ein Marktgleichgewicht sprechen.[260] Demgemäß könnte anhand des § 5 Abs. 4 WpÜG-AngebVO trotz einer hypothetischen Veräußerungsmöglichkeit eine Marktenge unterstellt werden. Auch sind diese schematischen Vorgaben zu statisch, als dass sie im Einzelfall bestimmen können, ob die Referenzkurse eine unzureichende empirische Datenbasis für eine Extrapolation auf den hypothetischen Kurs am Stichtag und folglich einen Anhaltspunkt für den Deinvestitionswert bieten können.[261] Ferner indiziert eine erhöhte Volatilität, wie sie nach den gesetzlichen Vorgaben gefordert wird, nicht notwendigerweise auch eine mangelnde Liquidität.[262] Schließlich wird hierbei nicht zwischen permanenten, d. h. informationsinduzierten und transitorischen, auf einem temporär unausgeglichen Verhältnis von Angebot und Nachfrage beruhenden Preisschwankungen differenziert.[263] Nur bei letzteren handelt es sich um Auswirkungen einer Illiquidität.[264] Da permanente informationsinduzierte Schwankungen gerade für einen Börsenkurs sprechen, in den

---

[256] *Morell*, AcP 2017, 61, 90–91.

[257] *Morell*, AcP 2017, 61, 90–91.

[258] *Karami/Schuster*, Eine empirische Analyse des Kurs- und Liquiditätseffekts im „Frosta"-Zeitalter, S. 46; vgl. *Karami/Schuster*, Kritische Anmerkungen zur Delisting-Neuregelung aus ökonomischer Sicht, S. 7; im Ansatz bereits *Adolff*, Unternehmensbewertung im Recht der börsennotierten Aktiengesellschaft, S. 342.

[259] *Karami/Schuster*, Eine empirische Analyse des Kurs- und Liquiditätseffekts im „Frosta"-Zeitalter, S. 46; vgl. *Karami/Schuster*, CF 2016, 106, 118–119.

[260] *Karami/Schuster*, Kritische Anmerkungen zur Delisting-Neuregelung aus ökonomischer Sicht, S. 7.

[261] *Adolff*, Unternehmensbewertung im Recht der börsennotierten Aktiengesellschaft, S. 341–342.

[262] *Karami/Schuster*, CF 2016, 106, 118.

[263] *Karami/Schuster*, CF 2016, 106, 118; siehe zur Differenzierung zwischen permanenten und transitorischen Kursschwankungen, die sich auch bei der Liquiditätsmessung in der Kapitalmarktforschung als problematisch erweist: § 6 A.III.1.a)bb)(2); § 6 A.III.1.c); *Hinterleitner/Hornung*, Marktqualität und Insiderhandel auf Kapitalmärkten, S. 34–35; *Oesterhelweg/Schiereck*, Manuskripte aus den Instituten für Betriebswirtschaftslehre der Universität Kiel, No. 308, S. 8–9.

[264] *Karami/Schuster*, CF 2016, 106, 118.

wertrelevante Informationen eingespeist werden, kann bei einer erhöhten Volatilität anhand der gesetzlichen Vorgaben der Börsenkurs auch noch dem quotalen Unternehmenswert entsprechen. Angesichts eines Marktgleichgewichts als möglichen Auslösers eines geringen Handels muss auch in solchen Fällen der Börsenkurs nicht notwendigerweise vom quotalen Unternehmenswert abweichen. In Anbetracht dessen besteht die Gefahr, dass gem. § 5 Abs. 4 WpÜG-AngebVO eine Marktenge unterstellt wird, obwohl der Börsenkurs den Deinvestitionswert und u. U. auch den quotalen Unternehmenswert abbilden könnte.

Bei einer alleinigen Anwendung der Maßgaben des § 5 Abs. 4 WpÜG-AngebVO kann sowohl eine Marktenge trotz unzureichender Liquidität verneint als auch eine solche trotz ausreichender Liquidität bejaht werden. In der Praxis dürfte aufgrund der engen Anforderungen aber vor allem erstgenannter Fall auftreten.[265]

Zudem vermögen die gesetzlichen Vorgaben nicht, die Liquiditätsdimensionen wie die anerkannten ökonomischen Messmethoden abzubilden. Zwar kommen die Liquiditätskriterien der Handelstage und der Volatilität auch bei der Kapitalmarktforschung zum Einsatz.[266] Allerdings werden Gesichtspunkte wie etwa die Markttiefe und -breite[267], die Relation von Handelsvolumen und Streubesitzanteil[268] und der *Bid-Ask-Spread*[269] nicht vom Gesetzgeber miteinbezogen. Der Forschungsstand zur Liquidität in ihren Dimensionen und den Messmethoden hierzu wird demnach vernachlässigt.

Im Wege einer Einzelfallorientierung kann diesen Kritikpunkten abgeholfen werden. Hierbei findet gerade eine individuelle Beurteilung der konkreten Situation statt, sodass es seltener zu einer fälschlichen Unterstellung oder Ablehnung einer Marktenge entgegen den tatsächlichen Umständen kommen sollte. Im Rahmen dessen kann auf eine Fülle praxiserprobter Kennzahlen zurückgegriffen werden. Demgemäß bietet ein am Einzelfall orientiertes Vorgehen einen besser fundierten Anhaltspunkt, ob der Börsenkurs hinsichtlich Liquiditätsaspekten dem Deinvestitionswert und dem quotalen Unternehmenswert entspricht.

Gegen eine Einzelfallorientierung streiten aber Gesichtspunkte der Verfahrensökonomie. So läuft die Bestimmung einer Marktenge durch umfangreiche und aufwendige Gutachten dem Grundgedanken eines verkürzten und kostengünstigen Verfahrens zur Abfindungsbemessung zuwider.[270]

---

[265] So weisen auch *Aders/Muxfeld/Lill*, Corporate Finance 2015, 389, 397, 399; *Kocher/Seiz*, DB 2016, 153, 155; *Krug*, Der Rückzug von der Börse, S. 276 § 11; *Morell*, AcP 2017, 61, 83, 90 auf die strengen gesetzlichen Anforderungen an das Bestehen einer Marktenge hin.

[266] *Karami/Schuster*, CF 2016, 106, 118; vgl. *Morell*, AcP 2017, 61, 90.

[267] *Karami/Schuster*, CF 2016, 106, 118; vgl. *Karami/Schuster*, Eine empirische Analyse des Kurs- und Liquiditätseffekts im „Frosta"-Zeitalter, S. 46.

[268] *Karami/Schuster*, CF 2016, 106, 119.

[269] *Morell*, AcP 2017, 61, 90; vgl. *Karami/Schuster*, CF 2016, 106, 118.

[270] *Burger*, Die Maßgeblichkeit von Börsekursen für die Bemessung der Barabfindung beim Gesellschafterausschluss, S. 103 – 104; *Burger*, NZG 2012, 281, 282.

Ferner birgt eine Analyse der Illiquidität mittels umfangreicher Gutachten ein Element der Rechtsunsicherheit.[271] Angesichts der fehlenden Einigkeit hinsichtlich der Liquiditätsmessung mangelt es an rechtssicheren Kriterien zur Bestimmung einer Marktenge.[272] Dabei könnten offen formulierte Ausnahmefälle von der Börsenkursorientierung zu kosten- und zeitaufwendigen gerichtlichen Verfahren führen.[273]

In Ansehung der obigen Erwägungen offenbart sich das Dilemma, dass eine abschließende Regelung nach Maßgabe des § 5 Abs. 4 WpÜG-AngebVO zwar mit einer hohen Rechtssicherheit und einer einfachen Handhabung des hierdurch begrenzten Ausnahmefalls einhergeht, andererseits eine Vielzahl von Fällen der Illiquidität nicht abgedeckt oder Börsenkurse trotz ihrer Bewertungsrelevanz ignoriert werden können, sodass man dem Einzelfall nicht immer gerecht wird. Umgekehrt werden bei einer Einzelfallorientierung die individuellen Umstände des konkreten Falls berücksichtigt und die Liquiditätslage genauer erfasst, wobei dies mit einem erhöhten Aufwand und entsprechenden Unsicherheiten einhergeht.

Als Lösung käme eine Kombination beider Ansätze in Betracht. Hierbei würde eine Marktenge nach den Kriterien des § 5 Abs. 4 WpÜG-AngebVO normiert und um weitere Liquiditätsnachweise erweitert.

Wie bereits erwähnt schlägt Morell vor, die Regelung des § 39 Abs. 3 S. 4 BörsG beim Delisting größtenteils als feste Vorgabe beizubehalten und diese um eine Auffanggeneralklausel zu ergänzen.[274] Nach letzterer bedarf es konkreter Anhaltspunkte für eine Illiquidität, bezüglich derer die Minderheitsaktionäre die Beweislast tragen.[275] Indem grundsätzlich auf feste Vorgaben abgestellt wird, kann der Rechtssicherheitsaspekt in gewissem Maße gewahrt werden. Die Auffanggeneralklausel wird zugleich der Vielgestaltigkeit etwaiger Ausnahmen gerecht.[276] Hierdurch kann der Problematik der engen Anforderungen des § 39 Abs. 3 S. 4 BörsG bzw. § 5 Abs. 4 WpÜG-AngebVO entgegengewirkt werden. Der Ansatz Morells vermag dahingehend zu überzeugen. Allerdings ist ihm eine mit der bloßen Forderung nach „konkreten Anhaltspunkten“ einhergehende Unsicherheit entgegenzuhalten.

Angesichts der Existenz von Liquiditätskennzahlen und deren Bewährung in Praxis und Wissenschaft sollte eine Illiquidität nach deren Maßgabe in der Auffanggeneralklausel gefordert werden. Hierbei ist jedoch zu beachten, dass es eine

---

[271] *Burger*, Die Maßgeblichkeit von Börsekursen für die Bemessung der Barabfindung beim Gesellschafterausschluss, S. 104; *Krug*, Der Rückzug von der Börse, S. 278 § 11.

[272] *Krug*, Der Rückzug von der Börse, S. 278–279 § 11. Zu den verschiedenen Liquiditätskennzahlen und der Kritik an jenen siehe: § 6 A.III.1.a)bb)(2).

[273] *Krug*, Der Rückzug von der Börse, S. 279 § 11.

[274] *Morell*, AcP 2017, 61, 104–105.

[275] *Morell*, AcP 2017, 61, 105.

[276] *Morell*, AcP 2017, 61, 106.

Vielzahl unterschiedlicher Messmethoden und Ausformungen gibt. Auf ein sicheres und generell einsetzbares Liquiditätsmaß konnte sich noch nicht geeinigt werden. Überdies kann es auch an der für einige Messmethoden erforderliche Datengrundlage mangeln. Eine Berücksichtigung sämtlicher Liquiditätsdimensionen wird regelmäßig nicht möglich sein. Wie bereits erörtert ist anzuraten, eine Liquiditätsmessung hinsichtlich mehrerer Dimensionen unter Berücksichtigung des konkreten Einzelfalls vorzunehmen.[277]

Um ein nicht nur eindimensionales Abbild der Liquidität zu gewährleisten und eine einseitige Betrachtung zu vermeiden, bietet es sich an, eine Illiquidität nach mindestens zwei verschiedenen Liquiditätsdimensionen zu verlangen. Hierbei sollte eine nicht nur nachrangige Messung[278] der jeweiligen Dimensionen stattfinden. Dementsprechend ist anhand von in der Ökonomie anerkannten Kennzahlen aus verschiedenen Gruppen[279] oder eines kombinierten Ansatzes[280] zu verfahren. Mehr als zwei Liquiditätsdimensionen dürften aufgrund des damit einhergehenden Aufwands und der möglicherweise unzureichenden Datengrundlage nicht erforderlich sein. Auch sollte sich nicht auf bestimmte Dimensionen beschränkt werden. Zwar mag explizit die Dimension der Markttiefe auf eine Veräußerungsmöglichkeit der Aktionäre hindeuten.[281] Da es beim Deinvestitionswert aber auch auf eine ausreichende empirische Basis zur Extrapolation der Kurse ankommt, kann bereits eine unzureichende Liquidität für eine relevante Marktenge ausreichen. Dies gilt auch für einen Börsenkurs, der zur Ermittlung des quotalen Unternehmenswerts dienen soll.[282] Dementsprechend dürfte jede der Liquiditätsdimensionen als Nachweis einer Marktenge herangezogen werden können.

Weiterhin sollte stets eine Begründung hinsichtlich der Nutzung der jeweiligen Messmethode und ihrer Komponenten anhand ihres passenden Einsatzes für den konkreten Einzelfall gefordert werden. Hierdurch wird man den individuellen Einzelfallumständen und etwaigen liquiditätsbeeinflussenden Faktoren gerecht.

---

[277] Zu diesen Erwägungen hins. der Liquiditätsmessung siehe: § 6 A.III.1.a)bb)(2).

[278] Zur vorrangigen bzw. nachrangigen Messung bestimmter Liquiditätsdimensionen durch verschiedene Kennzahlen siehe *Sarr/Lybek*, IMF Working Paper, WP/02/232, S. 20 Box 2.

[279] Gemeint ist die Unterteilung in Transaktionskennzahlen, volumenbasierten Kennzahlen, preisbasierten Kennzahlen und Marktauswirkungskennzahlen, wobei preisbasierte Kennzahlen und Marktauswirkungskennzahlen nicht in Kombination genutzt werden sollten, da sie primär dieselbe Liquiditätsdimension messen.

[280] Gemeint sind die mehrdimensionale Messung und die Erweiterungen von Kennzahlen um zusätzliche Aspekte, sofern hierdurch ein ausreichender Anhaltspunkt für mind. zwei verschiedene Liquiditätsdimensionen ermittelt wird.

[281] So *Karami/Schuster*, Eine empirische Analyse des Kurs- und Liquiditätseffekts im „Frosta"-Zeitalter, S. 46; *Karami/Schuster*, Kritische Anmerkungen zur Delisting-Neuregelung aus ökonomischer Sicht, S. 7; *Ruthardt/Hachmeister*, CF 2014, 174, 178.

[282] Siehe zur unzureichenden Liquidität als Maßgabe des Ausnahmefalls der Marktenge bei beiden Wertkomponenten: § 6 A.III.1.a)bb)(4)(a).

Aufgrund der Problematik einer mangelnden Datengrundlage dürfte alternativ auch nur ein Illiquiditätsnachweis bezüglich einer einzelnen Liquiditätsdimension anhand einer anerkannten Kennzahl ausreichen, wobei in diesen Fällen eine besonders hohe Illiquidität nach der herangezogenen Messmethode und eine entsprechende Begründung zu fordern ist.

Das Erfordernis anerkannter Liquiditätskennzahlen und die Berücksichtigung grundsätzlich mindestens zweier Liquiditätsdimensionen dürfte zumindest ansatzweise Sicherheit gewähren und einer etwaigen Willkür jedenfalls zum Teil vorbeugen. Zwar wird hierdurch kein vollkommenes Liquiditätsmaß erzielt. Wie sich gezeigt hat, sollte es aber praktisch kaum möglich sein, alle Dimensionen der Liquidität zu berücksichtigen, wobei ein solches Vorgehen mit einem weitaus höheren Aufwand einhergehen würde. Ohnehin hat bereits eine Orientierung an einer Liquiditätsdimension eine weitergehende wirtschaftswissenschaftliche Fundierung als die bisherigen gesetzlichen Vorgaben zur Marktenge. Die dennoch im Vergleich zur alleinigen Orientierung am § 5 Abs. 4 WpÜG-AngebVO höhere Unsicherheit[283] ist vor dem Hintergrund, dass die Auffanggeneralklausel aufgrund der umfangreichen Voraussetzungen nicht den Regelfall darstellt und zwecks einer sachgerechten Berücksichtigung des Einzelfalls geboten erscheint, hinzunehmen.

Höhere Anforderungen an die Marktenge sprechen in Anbetracht der ohnehin schon engen Voraussetzungen des § 5 Abs. 4 WpÜG-AngebVO bzw. § 39 Abs. 3 S. 4 BörsG gegen einen effektiven Anlegerschutz und eine sachgerechte Unternehmensbewertung. Auch sind weitere quantitative Anforderungen, wie etwa ein Mindestumsatzvolumen, abzulehnen.[284] Schließlich kann auch im Falle eines geringen Handels die Möglichkeit einer Veräußerung ohne besondere Kursabschläge fortbestehen.[285] Eine gewisse Liquidität kann auch beim Unterschreiten einer Mindestumsatzschwelle noch vorliegen.[286] Mittels Liquiditätskennzahlen wird man hingegen dem konkreten Einzelfall und seinen Eigenheiten gerecht. Angesichts des primären Abstellens auf die festen Maßstäbe des § 5 Abs. 4 WpÜG-AngebVO wird die erforderliche Rechtssicherheit gewahrt und ein effizientes Verfahren ermöglicht. Um eine weitere Verengung des Ausnahmefalls der Marktenge und eine Vermengung mit dem der Manipulation[287] zu vermeiden, sollten nebst den Liquiditätsmaßen auch keine zusätzlichen Indikatoren hinsichtlich einer möglichen Kursmanipulation gefordert werden.[288]

---

[283] So die Kritik am Ansatz *Morells* bei *Krug*, Der Rückzug von der Börse, S. 278 § 11.

[284] So auch BGH, Beschl. v. 12.03.2001 – II ZB 15/00 –, BGHZ 147, 108–125, Rn. 35; *Piltz*, ZGR 2001, 185, 202–203, wobei bei beiden Quellen auch nicht der § 5 Abs. 4 WpÜG-AngebVO herangezogen wird; wohl auch *Karami/Schuster*, CF 2016, 106, 119, die eine Untersuchung des Einzelfalls vorziehen.

[285] *Piltz*, ZGR 2001, 185, 202–203.

[286] *Karami/Schuster*, CF 2016, 106, 119.

[287] Zu diesem Ausnahmefall siehe: § 6 A.III.2.

[288] So aber *Krog*, Marktorientierung und gesellschaftsrechtliche Unternehmensbewertung, S. 285–287.

Darüber hinaus bietet es sich an, dem Ansatz von Karami und Schuster Beachtung zu schenken. Wie bereits erörtert schlagen diese bei einem Vorliegen der Kriterien einer Marktenge nach § 5 Abs. 4 WpÜG-AngebVO eine weitere Analyse anhand von Liquiditätskennzahlen vor.[289] Ein derartiges Vorgehen kann dem Umstand entkommen werden, dass ein Fall des § 5 Abs. 4 WpÜG-AngebVO nicht notwendigerweise mit einem nicht bewertungsrelevanten Börsenkurs einhergeht.[290] Da § 5 Abs. 4 WpÜG-AngebVO ohnehin schon strenge Anforderungen stellt und aus Rechtssicherheitsgesichtspunkten als grundsätzlicher Ansatzpunkt bestehen sollte, bedarf es aber einer näheren Ausgestaltung dieser Regelung. Dementsprechend dürfte entgegen Karami und Schuster grundsätzlich dann, wenn die Voraussetzungen des § 5 Abs. 4 WpÜG-AngebVO erfüllt sind, von einer Marktenge ausgegangen werden. Schließlich wird eher die Konstellation einer unzureichenden Liquidität trotz einer Nichteinschlägigkeit der gesetzlichen Kriterien der Marktenge auftreten, als dass eine ausreichende Liquidität trotz des Bestehens einer Marktenge i.S.d. § 5 Abs. 4 WpÜG-AngebVO vorliegen könnte. In Anbetracht der Tatsache, dass letztgenannter Fall dennoch eintreten kann, sollte aber ausnahmsweise eine entsprechende Einzelfallorientierung ermöglicht werden. So bietet es sich an, das vorangegangene Modell der Normierung fester Werte mitsamt einer Auffanggeneralklausel um eine zusätzliche Rückausnahme zu ergänzen. Demnach darf bei einer Marktenge gem. § 5 Abs. 4 WpÜG-AngebVO ausnahmsweise dennoch eine Berücksichtigung des Börsenkurses stattfinden, wenn nachgewiesen werden kann, dass tatsächlich eine ausreichende Liquidität nach Maßgabe der Kapitalmarktforschung besteht. An diesen Nachweis sollten dieselben Anforderungen gestellt werden, die schon bei der Auffanggeneralklausel festgelegt wurden. Folglich müsste eine Liquidität in Gestalt mindestens zweier Liquiditätsdimensionen nach Maßgabe anerkannter Liquiditätskennzahlen, die sich vorrangig auf die zwei Dimensionen beziehen, gefordert werden. Alternativ dürfte auch eine besonders hohe Liquidität anhand einer einzelnen Liquiditätsdimension gemäß einer anerkannten Messmethode ausreichen. Ebenso sollte eine Begründung der Heranziehung der jeweiligen Kennzahl bezüglich des individuellen Einzelfalls gefordert werden. Auf diesem Wege kann eine trotz der einschlägigen gesetzlich normierten Marktengekriterien ausreichende Liquidität herausgefiltert werden.

Mithin ist eine Marktenge grundsätzlich anhand der Maßgaben des § 5 Abs. 4 WpÜG-AngebVO zu bestimmen, wobei ausnahmsweise auf eine Einzelfallorien-

---

[289] *Karami/Schuster*, Eine empirische Analyse des Kurs- und Liquiditätseffekts im „Frosta"-Zeitalter, S. 46; *Karami/Schuster*, Kritische Anmerkungen zur Delisting-Neuregelung aus ökonomischer Sicht, S. 7.

[290] *Karami/Schuster*, Eine empirische Analyse des Kurs- und Liquiditätseffekts im „Frosta"-Zeitalter, S. 46; *Karami/Schuster*, Kritische Anmerkungen zur Delisting-Neuregelung aus ökonomischer Sicht, S. 7.

tierung unter Berücksichtigung wirtschaftswissenschaftlich anerkannter Kennzahlen zur Liquidität zurückgegriffen werden kann.[291]

Durch die grundsätzliche Heranziehung fester Werte und das ausnahmsweise einzelfallbedingte Abweichen bei einer Illiquidität wie auch einer Liquidität anhand von Liquiditätskennzahlen kann Rechtssicherheitsgesichtspunkten ausreichend Genüge getan und zugleich der Liquidität im Einzelfall gerecht werden. Ferner wird der Mehrdimensionalität der Liquidität Rechnung getragen. Letzten Endes kommt die Kombination der Ansätze der Orientierung am § 5 Abs. 4 WpÜG-AngebVO und der Einzelfallanalyse zu einer sachgerechten, die jeweiligen Vor- und Nachteile berücksichtigenden Lösung. Angesichts der Tatsache, dass auch in der jüngeren Rechtsprechung eine Berücksichtigung von Liquiditätskennzahlen nebst den Vorgaben des § 5 Abs. 4 WpÜG-AngebVO zu beobachten ist[292], kann ein kombiniertes Modell der Marktenge als praxiserprobt erachtet werden.

(5) Anforderungen an die festgelegten Werte

Ein grundsätzliches Abstellen auf feste Werte nach Maßgabe des § 5 Abs. 4 WpÜG-AngebVO eröffnet weitere Fragen hinsichtlich der dort geregelten Anforderungen. So sind die Tatbestandsvoraussetzungen dieser Norm umstritten.[293]

(a) Relevante Kurse

Zunächst gilt es, die für die Bestimmung einer Marktenge relevanten Kurse zu bestimmen. Die Frage nach der Berücksichtigungsfähigkeit verschiedener Kurse stellt sich ebenso bei der Ermittlung von Liquiditätskennzahlen.

(aa) Berücksichtigung von Freiverkehrs- und MTF-Kursen

Fraglich ist, ob hinsichtlich der Liquidität auch die Kurse des Freiverkehrs und anderer MTF (*Multilateral Trading Facilities*, zu deutsch: multilateraler Handels-

---

[291] Dies gilt nach der hier vertretenen Auffassung in Bezug auf Börsenkurse des regulierten Marktes. Zur vorgeschlagenen stets erforderlichen Liquidität anhand anerkannter Kennzahlen nebst einer fehlenden Marktenge gem. § 5 Abs. 4 WpÜG-AngebVO als strengere Liquiditätsvoraussetzung für Freiverkehrs- und MTF-Kurse siehe: § 6 B.III.3.b).

[292] Siehe OLG München, Beschl. v. 14.12.2021 – 31 Wx 190/20 = NZG 2022, 606, 608 Rn. 40 (nrkr.), welches grds. auf den § 5 Abs. 4 WpÜG-AngebVO abstellt und zusätzlich den *Bid-Ask-Spread*, den *Freefloat* sowie das tägliche Handelsvolumen berücksichtigt und OLG Hamburg, Beschl. v. 07.09.2020 – 13 W 122/20 = NZG 2021, 29, 31 Rn. 32–34, das neben dem § 5 Abs. 4 WpÜG-AngebVO auch das gehandelte Volumen der Aktien im Streubesitz und die Geld-Brief-Spanne heranzieht.

[293] Jeweils mit Bezug auf den § 39 Abs. 3 S. 4 BörsG beim Delisting: *Bayer*, NZG 2015, 1169, 1175; *Krug*, Der Rückzug von der Börse, S. 275 § 11. Siehe zudem *Happ/Bednarz*, FS Stilz (2014), S. 219, 227–228, laut denen eine Orientierung am § 5 Abs. 4 WpÜG-AngebVO bei der Marktenge zwar zu befürworten ist, allerdings auch mit Rechtsunsicherheiten einhergeht.

systeme), d.h. privatrechtlich betriebener, börsenähnlicher Handelssysteme[294], zu berücksichtigen sind. Diese Problematik überschneidet sich mit der später zu erörternden Frage hinsichtlich ihrer Berücksichtigung bei der Durchschnittskursbildung.[295] Falls man Kurse des Freiverkehrs und der übrigen MTF bei der Ermittlung des Durchschnittskurses berücksichtigt, sollte das erörterte Modell der Liquiditätsanforderungen auch dort herangezogen werden. Es erscheint nur sachgerecht, dass sämtliche Kurse, derer man sich zur Bildung des Referenzkurses bedient, auch im Rahmen der Ausnahmefälle und der Liquiditätsbestimmung Beachtung finden.

Ungeachtet dessen ist die Berücksichtigung von Freiverkehrskursen und weiterer MTF-Kurse im Rahmen des § 5 Abs. 4 WpÜG-AngebVO an sich näher zu beleuchten.

Zwar sollen der BaFin zufolge im Rahmen des § 5 Abs. 4 WpÜG-AngebVO nur die Preise regulierter Märkte, nicht aber jene des Freiverkehrs beachtet werden.[296] Ebenso scheint der Gesetzgeber beim Delisting diesem Vorbild zu folgen, da er eine Anlehnung an § 5 Abs. 4 WpÜG-AngebVO vornimmt und auf übernahmerechtliche Maßstäbe setzt.[297] Allerdings findet sich mancherorts der Vorschlag eines Rückgriffs auf § 5 Abs. 4 WpÜG-AngebVO bezüglich der Liquiditätsprüfung von Freiverkehrskursen.[298]

Für eine Berücksichtigung von Freiverkehrskursen und gegen die ausschließliche Heranziehung von Kursen des regulierten Marktes über § 5 Abs. 4 WpÜG-AngebVO aber spricht, dass im Falle eines überwiegenden Handels in einem umsatzstarken Freiverkehr dennoch von einer mangelnden Liquidität ausgegangen werden müsste.[299] Dies erscheint fragwürdig, wenn man bedenkt, dass nicht nach-

---

[294] *Buck-Heeb*, Kapitalmarktrecht, S. 36 § 3 Rn. 129. Eingehend zu MTF siehe: § 6 B.III.3. b).

[295] Siehe hierzu: § 6 B.III.3.b). Nach der hier vertretenen Auffassung sind Freiverkehrskurse wie auch die Kurse der übrigen MTF unter bestimmten Voraussetzungen bei der Berechnung des Durchschnittskurses zu berücksichtigen.

[296] *BaFin*, Mindestpreise, https://www.bafin.de/ref/19593414, wonach zur Berechnung des Mindestpreises gem. § 5 WpÜG-AngebVO die Geschäfte an regulierten Märkten des Inlands eingehen; Assmann/Pötzsch/Schneider/*Krause*, WpÜG, § 5 WpÜG-AngVO Rn. 25; *Bayer*, NZG 2015, 1169, 1175; kritisch zu dieser Verwaltungspraxis *Gei/Kiesewetter*, AG 2012, 741, 744.

[297] Siehe Beschlussempfehlung und Bericht, BT-Drs. 18/6220, S. 85, wo sich explizit am § 5 Abs. 4 WpÜG-AngebVO orientiert wird; *Bayer*, NZG 2015, 1169, 1175.

[298] OLG Hamburg, Beschl. v. 07.09.2020 – 13 W 122/20 = NZG 2021, 29, 30 Rn. 29–30; OLG München, Beschl. v. 17.07.2014 – 31 Wx 407/13 = AG 2014, 714, 715, wobei die Urteile ausdrücklich auf die fehlende Anwendbarkeit des § 5 Abs. 4 WpÜG-AngebVO hinweisen, ein Vorliegen der Voraussetzungen dieser Norm aber als Indiz für eine Marktenge ansehen; *Bungert/Leyendecker-Langner*, BB 2014, 521, 524–525; *Rubel/Kunz*, AG 2011, 399, 406 zum Delisting.

[299] *Karami/Schuster*, Eine empirische Analyse des Kurs- und Liquiditätseffekts im „Frosta"-Zeitalter, S. 45; vgl. *Gei/Kiesewetter*, AG 2012, 741, 744, die jedoch die Praxis der BaFin als hinzunehmendes Faktum betrachten.

gewiesen ist, dass Wertpapiere im Freiverkehr stets weniger liquide als im regulierten Markt sind[300] und dass sich die Transparenz des Freiverkehrs seit Inkrafttreten der MAR im Jahre 2016 erhöht hat[301].

Zwar kann durchaus kritisiert werden, dass die Anforderungen der WpÜG-AngebVO bei Freiverkehrskursen angesichts ihrer oftmals stagnierenden Kursentwicklung und der geringeren Handelsvolumina unzureichend sein können.[302] Dem lässt sich aber mit dem hier entwickelten Modell zur Liquidität und Marktenge[303] und weitergehenden Vorgaben an Kurse des Freiverkehrs bei der Durchschnittskursbildung wie etwa strengeren Liquiditätsanforderungen[304] entgegnen.

In Anbetracht dessen vermag eine Berücksichtigung von Freiverkehrskursen innerhalb der festgelegten Werte nach Maßgabe des § 5 Abs. 4 WpÜG-AngebVO zu überzeugen.[305]

Diese Erwägungen gelten auch für die Bestimmung der Liquidität bzw. Illiquidität im Einzelfall. So sollte eine Übereinstimmung von Freiverkehrskursen mit dem Verkehrswert oder dem quotalen Unternehmenswert nicht pauschal abgelehnt werden.[306]

Angesichts eines auch hier möglichen liquiden Handels greift die vorangegangene Argumentation ebenso bei den übrigen, neben dem Freiverkehr existierenden MTF.[307] Schließlich mangelt es auch jenen privaten Marktplätzen nicht zwangsweise an Liquidität. Wie auch beim Freiverkehr findet die MAR hier Anwen-

---

300 *Karami/Schuster*, Eine empirische Analyse des Kurs- und Liquiditätseffekts im „Frosta"-Zeitalter, S. 45–46; siehe auch *Bungert/Leyendecker-Langner*, BB 2014, 521, 525 und *Seibt/Wollenschläger*, AG 2009, 807, 811, die sich aber nur auf Aktien in qualifizierten Segmenten des Freiverkehrs beziehen.

301 Allgemein zu den verschärften Anforderungen an den Freiverkehr durch die MAR: *Rubner/Pospiech*, GWR 2016, 228, 228–230. Jeweils unter Bezug auf die Relevanz von Freiverkehrskursen für die Abfindung: Schmidt/Lutter/*Stephan*, AktG, § 305 AktG Rn. 100; *Schmidt*, NZG 2020, 1361, 1366.

302 *Zwirner/Zimny*, BB 2018, 1387, 1390.

303 Siehe hierzu: § 6 A.III.1.a)bb)(4)(b).

304 Siehe hierzu die Ausführungen unter § 6 B.III.3.b), die strengere Liquiditätsanforderungen für bewertungsrelevante Freiverkehrs- und MTF-Kurse nahelegen. Vgl. auch *Zwirner/Zimny*, BB 2018, 1387, 1390–1391, welche eine zusätzliche Beobachtung der Kursbewegungen nach Bekanntgabe der Maßnahme verlangen, worauf unter § 6 B.III.3.b) eingegangen wird.

305 Zur weiteren Argumentation hinsichtlich der Berücksichtigung von Freiverkehrs- und MTF-Kursen bei der Durchschnittskursbildung siehe: § 6 B.III.3.b).

306 Vgl. *Gude*, Strukturänderungen und Unternehmensbewertung zum Börsenkurs, S. 406 § 20 zum Verkehrswert.

307 Siehe auch *Ruthardt/Hachmeister*, CF 2014, 174, 179, die hins. der Marktenge nebst Freiverkehrskursen auch die Kurse privater Börsen, d. h. MTF-Kurse, als im Prinzip verlässlichen Hinweis auf eine Deinvestitionsmöglichkeit nennen. Zur Berücksichtigung von MTF-Kursen bei der Durchschnittskursbildung siehe: § 6 B.III.3.b).

dung.[308] Ebenso kann bei den übrigen MTF das vorgeschlagene Modell zur Liquidität und Marktenge mitsamt etwaigen strengeren Anforderungen zum Einsatz kommen.

Dementsprechend sollten Kurse des Freiverkehrs und der weiteren MTF auch bei der Liquiditätsbestimmung herangezogen werden, falls man sie bei der Ermittlung des Durchschnittskurses berücksichtigt.

(bb) Berücksichtigung ausländischer Kurse

Ebenso stellt sich die Frage, ob Auslandskurse bei der Liquiditätsbestimmung Beachtung finden sollen. Auch hier besteht eine Überschneidung mit der Frage nach der Berücksichtigung besagter Kurse bei der Durchschnittkursbildung.[309] Wie bereits bei den MTF- und Freiverkehrskursen drängt sich der Gedanke auf, dass im Falle eines Rückgriffs auf ausländische Kurse bei der Durchschnittskursbildung diese ebenfalls hinsichtlich der Liquidität Beachtung finden müssen. Ein derartiges Vorgehen wäre nur konsequent.

Darüber hinaus ist die Frage nach der Berücksichtigung ausländischer Kurse auch hinsichtlich des Ausnahmefalls der Marktenge zu beleuchten.

Zwar stellt § 5 Abs. 4 WpÜG-AngebVO lediglich auf inländische Börsenkurse ab.[310] Dies geht jedoch mit dem Umstand einher, dass eine aufwendige Unternehmensbewertung aufgrund des mangelnden Liquiditätskriteriums trotz einer ausreichenden Liquidität auf einem ausländischen Markt durchgeführt werden muss.[311] Hierbei würde der Zweck dieser Vorschrift und des zugrundeliegenden Regel-Ausnahme-Verhältnisses konterkariert. Ohnehin wäre es unbillig, einen Teil des tatsächlich stattfindenden Handels auszublenden. Auch bei einer Heranziehung des Börsenkurses als Untergrenze erscheint es nicht sachgerecht, dem Kurs auf einem ausländischen liquiden Markt, zu welchem eine hypothetische Veräußerungsmöglichkeit bestand, die Liquidität abzusprechen. Dementsprechend bietet es sich an, bei dem hier erarbeiteten Modell die nach grundsätzlichen, anhand festgelegter Werte bestimmten Liquiditätsanforderungen auch auf Börsenkurse organisierter Märkte im EWR-Ausland auszuweiten.[312]

---

[308] EBJS-HGB/*Poelzig*, Art. 1 VO (EU) 596/2014 Rn. 1, 4; *Poelzig*, Kapitalmarktrecht, S. 119 § 10 Rn. 232; Schimansky/Bunte/Lwowski/*Hopt/Kumpan*, BankR-HdB, § 107 Rn. 25; Schimansky/Bunte/Lwowski/*Seiler/Geier*, BankR-HdB, Vor § 104 Rn. 91.

[309] Siehe hierzu: § 6 B.III.3.c). Nach der hier vertretenen Ansicht sind Börsenkurse von regulierten Märkten aus dem EWR bei der Durchschnittskursbildung zu berücksichtigen.

[310] Angerer/Brandi/Süßmann/*Süßmann*, WpÜG, § 31 WpÜG Rn. 107.

[311] Angerer/Brandi/Süßmann/*Süßmann*, WpÜG, § 31 WpÜG Rn. 107; Assmann/Pötzsch/Schneider/*Krause*, WpÜG, § 5 WpÜG-AngVO Rn. 24; KK-WpÜG/*Kremer/Kulenkamp*, § 5 AngebVO Rn. 23, welche die Vorschrift deshalb als missglückt bezeichnen.

[312] So auch Angerer/Brandi/Süßmann/*Süßmann*, WpÜG, § 31 WpÜG Rn. 107; Assmann/Pötzsch/Schneider/*Krause*, WpÜG, § 5 WpÜG-AngVO Rn. 24; KK-WpÜG/*Kremer/Kulenkamp*, § 5 AngebVO Rn. 23 zum § 5 WpÜG-AngebVO. Zur Beschränkung auf Börsenkurse organisierter Märkte im EWR siehe: § 6 B.III.3.c).

Auch im Rahmen der Verwendung von Liquiditätskennzahlen sollten diese Auslandskurse Berücksichtigung finden, um eine umfassende Berücksichtigung des Handels zu gewährleisten.

(cc) Keine Relevanz von Geld-, Brief- und Taxkursen

Noch ungeklärt ist die Frage, ob Geldkurse, d.h. allein aufgrund vorhandener Nachfrage ohne übereinstimmende Angebote oder tatsächlichen Umsatz gebildete Kurse, von Relevanz sein sollten.[313] Diese Problematik eröffnet sich sowohl im Rahmen des § 5 Abs. 4 WpÜG-AngebVO und der Liquiditätsbestimmung im Einzelfall als auch bei der Durchschnittskursbildung.[314] Die verschiedenen Argumentationsgänge zur Berücksichtigung von Geldkursen hinsichtlich einer Marktenge beziehen sich insbesondere auf die Problematik der Veräußerungsmöglichkeit zu diesen Kursen[315] und die Frage nach der Abbildung des wahren Unternehmenswerts durch sie[316]. Hierbei eröffnet sich eine grundlegende Überschneidung mit der Streitfrage, ob Geldkurse den Deinvestitionswert und den quotalen Unternehmenswert darstellen können. Dementsprechend ist eine Stellungnahme dahingehend bereits im Kontext der Marktenge vorwegzunehmen.

---

[313] *Land/Hallermayer*, AG 2015, 659, 659, 662 hins. des Ausnahmefalls der Marktenge; Schmidt/Lutter/*Stephan*, AktG, § 305 AktG Rn. 100 bzgl. der Durchschnittskursbildung.

[314] Siehe zur Frage nach der Relevanz von Geldkursen bei der Durchschnittskursbildung: § 6 B.III.3.d).

[315] OLG Düsseldorf, Beschl. v. 25.11.2009 – I-26 W 6/07 AktE = Der Konzern 2010, 519, 522–523, welches von einer tatsächliche Veräußerungsmöglichkeit und einer realistischen Abbildung des Verkehrswerts bei bestehenden Geldkursen ausgeht; OLG München, Beschl. v. 17.07.2014 – 31 Wx 407/13 = AG 2014, 714, 715, das nebst einer gem. der Maßgaben des § 5 Abs. 4 WpÜG-AngebVO indizierten Marktenge hins. des Börsenhandels und eines zeitweise fehlenden Handels auch das Fehlen etwaiger Geldkurse als Anhaltspunkte für einen nicht liquiden Handel und eine ausbleibende Deinvestitionsmöglichkeit anführt; OLG Hamburg, Beschl. v. 08.10.2018 – 13 W 20/16, BeckRS 2018, 32733, Rn. 36–39, wo auch bei Vorliegen von Geldkursen eine Marktenge angenommen und eine Deinvestitionsmöglichkeit abgelehnt wurde; *Gude*, Strukturänderungen und Unternehmensbewertung zum Börsenkurs, S. 410 § 20, laut dem es für die Bestimmung einer Marktenge auf die Veräußerungsmöglichkeit ankommt und Geldkurse bei einer größenmäßigen Bestimmbarkeit zu berücksichtigen sind; *Land/Hallermayer*, AG 2015, 659, 664–665, die Geldkurse auch deshalb nicht im Rahmen des § 5 Abs. 4 WpÜG-AngebVO berücksichtigen wollen, weil zu jenen keine hinreichende Deinvestitionsmöglichkeit besteht.

[316] OLG Hamburg, Beschl. v. 08.10.2018 – 13 W 20/16, BeckRS 2018, 32733, Rn. 36–37, wonach bei bloßen Geldkursen eine Marktenge vorliegt und keine belastbare Aussage zum tatsächlichen Unternehmenswert abgeleitet werden kann; *Land/Hallermayer*, AG 2015, 659, 664–666, die einer Berücksichtigung von Geldkursen beim § 5 Abs. 4 WpÜG-AngebVO unter anderem ihr oftmals künstliches Zustandekommen und den Umstand, dass ihnen keine ausreichend fundierte Einschätzung durch Marktteilnehmer zugrunde liegt, entgegenhalten, wobei sie bei letzterem Argument vom Verkehrswert sprechen und sich dementsprechend auf den Deinvestitionswert anhand eines kapitalmarktorientierten Ansatzes beziehen.

Einige Gerichte erachten die Existenz von Geldkursen als Indiz gegen eine Marktenge und für bewertungsrelevante Börsenkurse.[317]

Das OLG Düsseldorf und das OLG München führten in Entscheidungen von 2008 bzw. 2014 an, dass auch dann kein aussagekräftiger Börsenkurs vorliegen dürfte, wenn neben dem fehlenden Handel auch ein Geldkurs fehlt.[318] Diese Erwägungen implizieren, dass die genannten Gerichte davon ausgehen, dass die Existenz von Geldkursen eine Marktenge negiert. Im umgekehrten Fall betonte das OLG Düsseldorf 2009, dass zusätzlich zum tatsächlichen Handel ein durch Geldkurse indizierter Nachfrageüberhang die tatsächliche Deinvestitionsmöglichkeit der außenstehenden Aktionäre belege und einer etwaigen Marktenge widersprechen sollte.[319] 2008 entschied auch das OLG Stuttgart, dass unter Berücksichtigung des Einzelfalls bei geringer Volatilität Geldkurse für eine Bewertungsrelevanz des Börsenkurses ausreichen können.[320] Ferner sprechen einer Entscheidung des OLG München aus dem Jahre 2006 zufolge über einen beträchtlichen Zeitraum feststellbare Geldkurse selbst bei einem relativ geringen freien Aktienanteil gegen eine Ausnahme der Börsenkursberücksichtigung aufgrund einer Marktenge.[321] Ebenso ging das LG München I in einer nicht rechtskräftigen Entscheidung von 2013 davon aus, dass der Börsenkurs bei Vorliegen von mit Geldkursen vergleichbaren Kursen auch dann bewertungsrelevant sei, wenn die Kriterien des § 5 Abs. 4 WpÜG-AngebVO erfüllt wären.[322]

Das OLG Hamburg hingegen steht einer Berücksichtigung von Geldkursen ablehnend gegenüber.[323] Ebenso finden sich Literaturstimmen, welche Geldkursen ihre Relevanz absprechen.[324]

---

[317] Kritisch hierzu *Land/Hallermayer*, AG 2015, 659, 662, 664–666.

[318] OLG Düsseldorf, Beschl. v. 13.03.2008 I-26 W 8/07 (AtkE) = AG 2008, 498, 502; OLG München, Beschl. v. 17.07.2014 – 31 Wx 407/13 = AG 2014, 714, 715; *Land/Hallermayer*, AG 2015, 659, 662.

[319] OLG Düsseldorf, Beschl. v. 25.11.2009 – I-26 W 6/07 AktG = Der Konzern 2010, 519, 522–523; *Land/Hallermayer*, AG 2015, 659, 662.

[320] OLG Stuttgart, Beschl. v. 14.02.2008 – 20 W 9/06 = AG 2008, 783, 787; *Land/Hallermayer*, AG 2015, 659, 662; im Ansatz bereits OLG Stuttgart, Beschl. v. 06.07.2007 – 20 W 5/06 = AG 2007, 705, 715.

[321] OLG München, Beschl. v. 11.07.2006 – 31 Wx 041/05 und 066/05 = AG 2007, 246, 247; *Land/Hallermayer*, AG 2015, 659, 662.

[322] LG München I, Beschl. v. 06.11.2013 – 5 HK O 2665/12, BeckRS 2013, 21493, Os. 2 (nrkr.); *Land/Hallermayer*, AG 2015, 659, 662.

[323] OLG Hamburg, Beschl. v. 08.10.2018 – 13 W 20/16, BeckRS 2018, 32733, Rn. 37–38; kritisch bereits OLG Hamburg, Beschl. v. 09.06.2016 – 13 W 58/15, BeckRS 2016, 133632, Rn. 15.

[324] *Happ/Bednarz*, FS Stilz (2014), S. 219, 228; *Land/Hallermayer*, AG 2015, 659, 666; vorsichtig Marsch-Barner/Schäfer/*Gehling*, HdB börsennotierte AG, § 13 Rn. 13.94; differenzierend hingegen *Gude*, Strukturänderungen und Unternehmensbewertung zum Börsenkurs, S. 407, 410 § 20, der Geldkurse im Rahmen der Ermittlung des bewertungsrelevanten Börsenkurses außer Acht lassen, zugleich aber Geldkurse bei der Frage nach einer Marktenge

In Anbetracht der divergierenden Auffassungen stellt sich die Frage, ob für die Bestimmung der Marktenge auch mögliche Geldkurse beachtet werden sollten.

Für die Relevanz von Geldkursen wird angeführt, dass für Minderheitsaktionäre die Möglichkeit zur Deinvestition im Referenzzeitraum bestünde.[325] In Anlehnung an die *DAT/Altana*-Entscheidung des BVerfG wird dabei zum Teil angeführt, dass selbst bei einer Marktenge der Börsenkurs noch als Untergrenze der Abfindung herangezogen werden kann, sofern die Aktien an der Börse gehandelt werden, was bei der Existenz von Geldkursen der Fall sei.[326]

Hierbei wird aber übersehen, dass das BVerfG gerade auf einen Handel mit den Aktien der Gesellschaft abstellt[327], was bei reinen Geldkursen, die lediglich auf einer Nachfrage und keinem Handelsgeschehen beruhen, nicht der Fall ist. Wie bereits dargelegt ist die Formulierung des BVerfG auch nicht dahingehend zu verstehen, dass lediglich bei einer gänzlich unmöglichen Veräußerung eine relevante Marktenge anzunehmen ist.[328] Ohnehin stellen bloße Geldkurse ohne Umsätze keinen Marktpreis dar.[329]

Überdies besagt ein festgestellter Geldkurs nicht zwangsläufig, dass dem Aktionär eine Deinvestition zu diesem Kurs möglich ist.[330] In Anbetracht der fehlenden Umsätze vermögen Geldkurse auch keine ausreichende empirische Basis für eine Extrapolation auf den hypothetischen Kurs zum Bewertungsstichtag bieten.

Mithin gereichen reine Geldkurse nicht zur Bestimmung eines Deinvestitionswerts.

---

berücksichtigen will, sofern sie größenmäßig bestimmbar sind; a. A. *Großfeld/Egger/Tönnes*, Recht der Unternehmensbewertung, S. 287 Rn. 1186.

[325] OLG Düsseldorf, Beschl. v. 25.11.2009 – I-26 W 6/07 AktG = Der Konzern 2010, 519, 522–523; OLG Düsseldorf, Beschl. v. 13.03.2008 I-26 W 8/07 (AtkE) = AG 2008, 498, 502; OLG München, Beschl. v. 11.07.2006 – 31 Wx 041/05 und 066/05 = AG 2007, 246, 247; LG München I, Beschl. v. 06.11.2013 – 5 HK O 2665/12, BeckRS 2013, 21493, Os. 2 (nrkr.); mit Verweis auf die Entscheidung des OLG München von 2006 auch *Großfeld/Egger/Tönnes*, Recht der Unternehmensbewertung, S. 287 Rn. 1186; vgl. *Gude*, Strukturänderungen und Unternehmensbewertung zum Börsenkurs, S. 410 § 20; kritisch hierzu *Land/Hallermayer*, AG 2015, 659, 664.

[326] OLG Düsseldorf, Beschl. v. 25.11.2009 – I-26 W 6/07 AktG = Der Konzern 2010, 519, 522–523; OLG München, Beschl. v. 11.07.2006 – 31 Wx 041/05 und 066/05 = AG 2007, 246, 247; kritisch hierzu *Happ/Bednarz*, FS Stilz (2014), S. 219, 228.

[327] Siehe die Formulierung bei BVerfG, Beschl. v. 27.04.1999 – 1 BvR 1613/94 –, BVerfGE 100, 289–313, Rn. 67.

[328] Siehe hierzu *Maier-Reimer/Kolb*, FS Müller (2001), S. 93, 101 und § 6 A.III.1.a)bb)(1).

[329] *Happ/Bednarz*, FS Stilz (2014), S. 219, 228; vgl. OLG Hamburg, Beschl. v. 09.06. 2016 – 13 W 58/15, BeckRS 2016, 133632, Rn. 15.

[330] OLG Hamburg, Beschl. v. 08.10.2018 – 13 W 20/16, BeckRS 2018, 32733, Rn. 38 zu einem Fall in dem nur zu 0,74% der außenstehenden Aktien Kauforders vorlagen; *Land/Hallermayer*, AG 2015, 659, 664; vgl. *Happ/Bednarz*, FS Stilz (2014), S. 219, 228.

Sofern man die Börsenkurse als Wertschätzung durch den Markt heranziehen will, dürften bloße Geldkurse dieser Funktion nicht gerecht werden.[331] Die Einschätzung nur weniger Marktteilnehmer wird keine fundierte Bewertung des Unternehmens widerspiegeln und einer alternativen Unternehmensbewertung durch einen Sachverständigen deutlich unterlegen sein.[332] Schließlich kann eine Wertschätzung durch den Markt nur dann geschehen, wenn auch tatsächlich Geschäfte stattfinden.[333] Darüber hinaus werden Geldkurse nicht immer auf der Nachfrage des Marktes, sondern oftmals auf dem Verhalten von Liquiditätsbereitstellern beruhen und folglich künstlich erzeugt sein.[334]

Angesichts dessen können Geldkurse auch nicht zur Ermittlung des quotalen Unternehmenswerts herangezogen werden.

Überdies kommt die bei Illiquidität bestehende Manipulationsanfälligkeit gerade bei Geldkursen zum Tragen.[335]

Ferner würde eine Berücksichtigung von Geldkursen auch den Maßgaben der *Stollwerck*-Entscheidung des BGH widersprechen, der in Anlehnung an § 5 Abs. 1 WpÜG-AngebVO einen durchschnittsgewichteten Börsenkurs heranzieht, was einen tatsächlichen Handel mit der Aktie verlangt.[336] Geldkurse zeichnen sich aber gerade dadurch aus, dass kein tatsächlicher Handel vorliegt.[337] In Ermangelung tatsächlicher Umsätze handelt es sich bei Geldkursen ohnehin nicht um Börsenkurse gem. § 24 BörsG.[338] Dementsprechend sollten Geldkurse auch beim Ausnahmefall der Marktenge nach Maßgabe des § 5 Abs. 4 WpÜG-AngebVO keine Beachtung finden.

Mit Blick auf diese Erwägungen ist ein Geldkurs nicht geeignet, um den Deinvestitionswert oder den quotalen Unternehmenswert darzustellen. Bei bloßen Geldkursen liegt kein Handel vor, womit sie auch keine verlässliche Aussage zur Liquidität treffen. Demgemäß sollte bei der Ermittlung einer Marktenge, die zu

---

[331] *Land/Hallermayer*, AG 2015, 659, 665–666, die hierbei aber von einer fehlenden Wiedergabe des Verkehrswerts durch Geldkurse sprechen und einen kapitalmarktorientierten Ansatz hinsichtlich des Börsenkurses als Untergrenze verfolgen; vgl. *Gude*, Strukturänderungen und Unternehmensbewertung zum Börsenkurs, S. 407 § 20, der sich im Rahmen dessen jedoch nur gegen die Berücksichtigung von Geldkursen bei der Bestimmung des abfindungsrelevanten Börsenkurses und nicht zur Marktenge ausspricht.

[332] *Land/Hallermayer*, AG 2015, 659, 665–666.

[333] *Gude*, Strukturänderungen und Unternehmensbewertung zum Börsenkurs, S. 407 § 20.

[334] *Land/Hallermayer*, AG 2015, 659, 665; Marsch-Barner/Schäfer/*Gehling*, HdB börsennotierte AG, § 13 Rn. 13.94.

[335] *Land/Hallermayer*, AG 2015, 659, 664–665.

[336] *Land/Hallermayer*, AG 2015, 659, 665; zur Durchschnittskursbildung siehe: § 6 B.

[337] *Land/Hallermayer*, AG 2015, 659, 665.

[338] BGH, Urt. v. 27.11.2013 – 3 StR 5/13 –, BGHSt 59, 80–94 Rn. 19; *Land/Hallermayer*, AG 2015, 659, 665; Schwark/Zimmer/*Kumpan*, KMRK, § 24 BörsG Rn. 6; vgl. bereits BGH Urt. v. 03.07.1990 – XI ZR 68/89 = NJW-RR 1990, 1459, 1460 zum § 29 Abs. 3 BörsG a. F., welcher sich auf die Feststellung von Börsenpreisen bezieht.

einer Ablehnung der Börsenkursberücksichtigung führt, etwaigen Geldkursen keine Relevanz beigemessen werden.

Dies gilt erst recht für Briefkurse, die nur ein Angebot ohne Nachfrage darstellen.[339] Bei solchen Kursen können die Aktien nicht veräußert werden.[340] Auch kommt in Briefkursen aufgrund der fehlenden Geschäfte nicht die Wertschätzung des Unternehmens durch den Markt zum Ausdruck.[341] Darüber hinaus sind reine Briefkurse nicht als Börsenkurse i. S. d. § 24 BörsG zu klassifizieren.[342] Da kein Handel stattfindet, deuten bloße Briefkurse auch nicht auf eine Liquidität der Aktie hin. Somit können bloße Briefkurse weder den Deinvestitionswert noch den quotalen Unternehmenswert darstellen, wobei auch nicht bei der Bestimmung einer Marktenge auf sie zurückgegriffen werden kann.

Ebenso sollten etwaige Taxkurse, d. h. bloße Schätzkurse, außer Acht bleiben.[343] So mangelt es hierbei an tatsächlichen Umsätzen, womit sie den Anforderungen der WpÜG-AngebVO nicht genügen.[344] Auch sind sie keine Börsenkurse gem. § 24 BörsG.[345] In Ermangelung eines tatsächlichen Handels kann von reinen Taxkursen auch nicht auf eine Liquidität geschlossen werden. Ein Taxkurs spiegelt zudem nur die Einschätzung durch einen Kursmakler wider, nicht aber durch den ganzen Markt.[346] Ferner besteht keine Veräußerungsmöglichkeit zu reinen Taxkursen.[347]

---

[339] *Happ/Bednarz*, FS Stilz (2014), S. 219, 228 Fn. 53 in Bezug auf die Marktenge nach § 5 Abs. 4 WpÜG-AngebVO hins. der Deinvestitionswerts; *Gude*, Strukturänderungen und Unternehmensbewertung zum Börsenkurs, S. 407, 410 § 20, der sich hierbei sowohl auf den bewertungsrelevanten Börsenkurs als auch auf die Bestimmung der Marktenge bezieht; wohl auch OLG München, Beschl. v. 11.07.2006 – 31 Wx 041/05 und 066/05 = AG 2007, 246, 247, welches auf die fehlende Veräußerungsmöglichkeit bei Angebotskursen ohne Nachfrage hinweist, Geldkurse aber als Indiz einer Veräußerungsmöglichkeit ansieht.

[340] *Gude*, Strukturänderungen und Unternehmensbewertung zum Börsenkurs, S. 410 § 20.

[341] *Gude*, Strukturänderungen und Unternehmensbewertung zum Börsenkurs, S. 407 § 20.

[342] Schwark/Zimmer/*Kumpan*, KMRK, § 24 BörsG Rn. 6; vgl. bereits BGH Urt. v. 03.07. 1990 – XI ZR 68/89 = NJW-RR 1990, 1459, 1460 zum § 29 Abs. 3 BörsG a. F., welcher sich auf die Feststellung von Börsenpreisen bezieht.

[343] Angerer/Brandi/Süßmann/*Süßmann*, WpÜG, § 31 WpÜG Rn. 104 Fn. 141 hins. der Berechnung der Mindestgegenleistung gem. § 31 WpÜG i. V. m. § 5 WpÜG-AngebVO; Ehricke/Ekkenga/*Oechsler*, WpÜG, § 31 WpÜG Rn. 16 in Bezug auf § 5 Abs. 4 WpÜG-AngebVO; *Gude*, Strukturänderungen und Unternehmensbewertung zum Börsenkurs, S. 407 § 20 bzgl. berücksichtigungsfähiger Kurse bei der Abfindung; im Ansatz auch OLG München, Beschl. v. 11.07.2006 – 31 Wx 041/05 und 066/05 = AG 2007, 246, 247, welches die fehlende Veräußerungsmöglichkeit bei Taxkursen erwähnt.

[344] Ehricke/Ekkenga/*Oechsler*, WpÜG, § 31 WpÜG Rn. 16; vgl. Angerer/Brandi/Süßmann/*Süßmann*, WpÜG, § 31 WpÜG Rn. 104 Fn. 141.

[345] BGH, Urt. v. 27.11.2013 – 3 StR 5/13 –, BGHSt 59, 80–94 Rn. 19; Schwark/Zimmer/*Kumpan*, KMRK, § 24 BörsG Rn. 6; vgl. bereits BGH Urt. v. 03.07.1990 – XI ZR 68/89 = NJW-RR 1990, 1459, 1460 zum § 29 Abs. 3 BörsG a. F., welcher sich auf die Feststellung von Börsenpreisen bezieht.

[346] Vgl. *Gude*, Strukturänderungen und Unternehmensbewertung zum Börsenkurs, S. 407 § 20.

Folglich sind Taxkurse nicht zur Ermittlung des quotalen Unternehmenswerts, des Deinvestitionswerts oder einer Marktenge geeignet.

Mithin sollten Geld-, Brief- und Taxkurse nicht bei der Bestimmung einer Marktenge nach Maßgabe des § 5 Abs. 4 WpÜG-AngebVO berücksichtigt werden.

(b) Relevanter Zeitraum

Überdies stellt sich die Frage, welcher Zeitraum bei der Beurteilung einer Marktenge zu untersuchen ist.

Sowohl im Übernahmerecht als auch beim Delisting und beim § 255 AktG entspricht der Zeitraum, in welchem eine Marktenge gem. den gesetzlichen Anforderungen vorliegt, der Referenzperiode für die Bildung des abfindungsrelevanten Durchschnittskurses. So bestimmt sich der Mindestwert beim § 5 Abs. 1 WpÜG-AngebVO anhand des durchschnittsgewichteten Börsenkurses der letzten drei Monate vor der Veröffentlichung nach § 10 Abs. 1 S. 1 WpÜG oder § 35 Abs. 1 S. 1 WpÜG, wobei sich der § 5 Abs. 4 WpÜG-AngebVO auf selbigen Zeitraum bezieht. Ebenso wird beim Delisting verfahren, wobei laut § 39 Abs. 3 S. 2 BörsG bzw. § 39 Abs. 3 S. 4 BörsG auf eine sechsmonatige Periode abgestellt wird.[348] Dies gilt auch für den Verwässerungsschutz des § 255 AktG, bei welchem nach § 255 Abs. 5 S. 3 AktG i. V. m. § 5 Abs. 1 WpÜG-AngebVO bzw. nach § 255 Abs. 5 S. 2 Nr. 3 AktG auf einen Dreimonatszeitraum, der mit dem Ablauf des Tages vor der Entscheidung über die Ausgabe neuer Aktien beginnt, rekurriert wird. Auch der BGH zog in der *DAT/Altana*-Entscheidung zur Bestimmung der Marktenge einen Zeitraum heran, welcher dem Referenzzeitraum der Durchschnittskursbildung entsprach, wobei er auf einen Dreimonatszeitraum setzte.[349]

Da die Marktenge einen Ausnahmefall darstellt, in welchem der ansonsten zur Unternehmensbewertung heranziehbare Börsenkurs nicht zur Bewertung geeignet ist, müssen die für die Durchschnittskursbildung und die Marktenge untersuchten Zeiträume denklogisch übereinstimmen. Schließlich geht es gerade darum, dass ein bestimmter Börsenkurs aufgrund einer unzureichenden Liquidität nicht zur Abbildung des Deinvestitionswerts oder des quotalen Unternehmenswerts gereicht. Eine außerhalb des Referenzzeitraums bestehende Illiquidität ist hierbei unbeachtlich. Ebenso muss der hinsichtlich einer Marktenge untersuchte Zeitraum dem Referenzzeitraum des Durchschnittskurses entsprechen, da es gerade auf dessen Bewertungseignung ankommt.

---

[347] OLG München, Beschl. v. 11.07.2006 – 31 Wx 041/05 und 066/05 = AG 2007, 246, 247.

[348] Abweichend hiervon will *Morell*, AcP 2017, 61, 104 unter Berücksichtigung seines Modells der ergänzenden Auffanggeneralklausel den Zeitraum des Durchschnittskurses und der Marktenge beim Delisting auf drei Monate verkürzen.

[349] BGH, Beschl. v. 12.03.2001 – II ZB 15/00 –, BGHZ 147, 108–125, Rn. 24, 35.

Mithin ist der Zeitraum für die Marktenge davon abhängig, wie man die Referenzperiode für die Durchschnittskursbildung ansetzt.[350] Nach der hier vertretenen Auffassung sollte dieser Zeitraum grundsätzlich zwölf[351], mindestens aber drei[352] Monate betragen.

(c) Kursabweichungen

Außerdem bedürfen die erforderlichen Kursabweichungen einer weiteren Klärung.

(aa) Mehrere Kurssprünge

Der § 5 Abs. 4 WpÜG-AngebVO spricht lediglich von einem Abweichen mehrerer nacheinander festgestellter Börsenkurse. Fraglich ist, was unter dieser unbestimmten Regelung zu verstehen ist.

Zunächst ist festzuhalten, dass zur Ermittlung der Kurssprünge auf die Durchschnittskurse der einzelnen Börsentage abgestellt werden sollte, womit es nicht auf untertägige Schwankungen ankommt.[353]

Ferner stellt sich die Frage, ab wann von mehreren Kurssprüngen auszugehen ist. Nach einer strengen Wortlautauslegung sollte es sich bei „mehreren" Kurssprüngen um mindestens zwei handeln.[354] Eine höhere Mindestanzahl[355] ist in Anbetracht des bereits engen Anwendungsbereichs der Norm abzulehnen.

---

[350] Umfassend zur Referenzperiode der Durchschnittskursbildung siehe: § 6 B.II. Falls entgegen der h. M. und der hier vertretenen Auffassung anstatt eines Durchschnitts- ein Stichtagskurs herangezogen wird (siehe hierzu: § 6 B.I), könnte auch nur auf eine Marktenge zum Stichtag abgestellt werden (kritisch zu einem solchen Vorgehen: *Gude*, Strukturänderungen und Unternehmensbewertung zum Börsenkurs, S. 410–411 § 20).

[351] Zur hier vertretenen Länge des Referenzzeitraums siehe: § 6 B.II.2.d). Vgl. auch *Gude*, Strukturänderungen und Unternehmensbewertung zum Börsenkurs, S. 411 § 20 und *Wilm*, NZG 2000, 234, 238, 240 Fn. 37, die sich zwar nicht auf den § 5 Abs. 4 WpÜG-AngebVO beziehen, hinsichtlich des maßgeblichen Zeitraums zur Bestimmung einer Marktenge aber einen Zeitraum von sechs bis zwölf Monaten bzw. max. einem Jahr heranziehen wollen.

[352] Siehe zum hier befürworteten dreimonatigen Mindestzeitraum: § 6 B.II.2.e).

[353] Assmann/Pötzsch/Schneider/*Krause*, WpÜG, § 5 WpÜG-AngVO Rn. 25; vgl. Schwark/Zimmer/*Noack/Zetzsche*, KMRK, § 31 WpÜG Rn. 41.

[354] *Karami/Schuster*, Eine empirische Analyse des Kurs- und Liquiditätseffekts im „Frosta"-Zeitalter, S. 46. Im Ergebnis auch: BGH, Beschl. v. 22. 10. 2019 – XI ZR 682/18 = BKR 2020, 305, 307 Rn. 13 in Bezug auf § 5 Abs. 4 WpÜG-AngebVO und § 39 Abs. 3 S. 4 BörsG; Angerer/Brandi/Süßmann/*Süßmann*, WpÜG, § 31 WpÜG Rn. 109; Assmann/Pötzsch/Schneider/*Krause*, WpÜG, § 5 WpÜG-AngVO Rn. 25; *Bayer*, NZG 2015, 1169, 1175; Fleischer/Hüttemann/*Winner*, RhB Unternehmensbewertung, § 23 Rn. 23.85; KK-WpÜG/*Kremer/Kulenkamp*, § 5 AngebVO Rn. 24; Schwark/Zimmer/*Noack/Zetzsche*, KMRK, § 31 WpÜG Rn. 41; Steinmeyer/*Santelmann/Nestler*, WpÜG, § 31 WpÜG Rn. 36. Dies wird bei BGH, Beschl. v. 22. 10. 2019 – XI ZR 682/18 = BKR 2020, 305, 307 Rn. 13; *Bayer*, NZG 2015, 1169, 1175; Fleischer/Hüttemann/*Winner*, RhB Unternehmensbewertung, § 23 Rn. 23.85; MüKo-AktG/*Wackerbarth*, § 31 WpÜG Rn. 53 Fn. 101 als herrschende Auffassung bezeichnet, wobei letzterer Zweifel am Ausreichen zweier Kurssprünge äußert. Die

Überdies besagt der § 5 Abs. 4 WpÜG-AngebVO nicht eindeutig, dass die Kurssprünge direkt hintereinander liegen sollten.[356] In Phasen erhöhter Volatilität können Abweichungen von 5% jedoch gehäuft auftreten.[357] Bei einer kurzzeitig hohen Volatilität besteht aber nicht zwingend ein Liquiditätsmangel.[358] Zudem ist der § 5 Abs. 4 WpÜG-AngebVO gerade auf ungewöhnliche Kurssprünge ausgerichtet.[359] Dementsprechend erscheint es vorzugswürdig, zwei unmittelbar aufeinander folgende Kurssprünge zu verlangen.[360]

Vereinzelt wird eine einzelfallorientierte Betrachtung der Kursausschläge hinsichtlich ihrer Intensität und Häufigkeit erwogen.[361] Aufgrund der im hier erarbeiteten Modell bereits erfolgenden Einzelfallberücksichtigung anhand anerkannter Liquiditätskennzahlen und der erörterten Rechtssicherheit der festgelegten Werte ist dieser Ansatz aber als ineffektiv abzulehnen.

Auslegung von „mehrere" als „mindestens zwei" dürfte auch dem allgemeinen Sprachverständnis entsprechen, da diesem Wort laut Duden u. a. die Bedeutung „nicht nur ein/eine" zugewiesen und „ein paar" als Synonym genannt wird (siehe: „mehrere" auf Duden online, URL: https://www.duden.de/node/152230/revision/152266 (Abrufdatum: 16. 8. 2024)) und laut dem DWDS „mehrere" u. a. „mindestens zwei" bedeutet (siehe: „mehrere", in: DWDS – Digitales Wörterbuch der deutschen Sprache, hrsg. v. d. Berlin-Brandenburgischen Akademie der Wissenschaften, URL: https://www.dwds.de/wb/mehrere (Abrufdatum: 16. 8. 2024)).

[355] So etwa Ehricke/Ekkenga/Oechsler/*Oechsler*, WpÜG, § 31 WpÜG Rn. 16, der drei Kurssprünge verlangt und dabei den Wortsinn von „mehrere" als „mehr als zwei" auslegt, was angesichts der in § 6 Fn. 354 erläuterten Duden- und DWDS-Definition von vornherein abzulehnen ist.

[356] Angerer/Brandi/Süßmann/*Süßmann*, WpÜG, § 31 WpÜG Rn. 109; Assmann/Pötzsch/Schneider/*Krause*, WpÜG, § 5 WpÜG-AngVO Rn. 26; KK-WpÜG/*Kremer/Kulenkamp*, § 5 AngebVO Rn. 24.

[357] BGH, Beschl. v. 22. 10. 2019 – XI ZR 682/18 = BKR 2020, 305, 307 Rn. 14; Angerer/Brandi/Süßmann/*Süßmann*, WpÜG, § 31 WpÜG Rn. 109; Assmann/Pötzsch/Schneider/*Krause*, WpÜG, § 5 WpÜG-AngVO Rn. 27; KK-WpÜG/*Kremer/Kulenkamp*, § 5 AngebVO Rn. 24.

[358] *Karami/Schuster*, Eine empirische Analyse des Kurs- und Liquiditätseffekts im „Frosta"-Zeitalter, S. 46.

[359] KK-WpÜG/*Kremer/Kulenkamp*, § 5 AngebVO Rn. 24.

[360] BGH, Beschl. v. 22. 10. 2019 – XI ZR 682/18 = BKR 2020, 305, 307 Rn. 14; Angerer/Brandi/Süßmann/*Süßmann*, WpÜG, § 31 WpÜG Rn. 109; *Karami/Schuster*, Eine empirische Analyse des Kurs- und Liquiditätseffekts im „Frosta"-Zeitalter, S. 46; KK-WpÜG/*Kremer/Kulenkamp*, § 5 AngebVO Rn. 24. Im Ergebnis auch: Assmann/Pötzsch/Schneider/*Krause*, WpÜG, § 5 WpÜG-AngVO Rn. 26; *Bayer*, NZG 2015, 1169, 1175; Fleischer/Hüttemann/*Winner*, RhB Unternehmensbewertung, § 23 Rn. 23.85; Schwark/Zimmer/*Noack/Zetzsche*, KMRK, § 31 WpÜG Rn. 41; Steinmeyer/*Santelmann/Nestler*, WpÜG, § 31 WpÜG Rn. 36. Laut BGH, Beschl. v. 22. 10. 2019 – XI ZR 682/18 = BKR 2020, 305, 307 Rn. 13; *Bayer*, NZG 2015, 1169, 1175 handelt es sich hierbei um die herrschende Meinung im Übernahmerecht. Auch bei Ehricke/Ekkenga/Oechsler/*Oechsler*, WpÜG, § 31 WpÜG Rn. 16 müssen die dort geforderten drei Kurssprünge unmittelbar aufeinander folgen.

[361] MüKo-AktG/*Wackerbarth*, § 31 WpÜG Rn. 53.

(bb) Problematik der sog. „Schaukelbörse"

Seinem Wortlaut nach greift der § 5 Abs. 4 WpÜG-AngebVO auch im Falle einer sog. „Schaukelbörse", bei welcher sich gegenläufige Kursabweichungen gegenseitig neutralisieren.[362]

Teilweise wird erwogen, diese Konstellation dergestalt vom Wirkbereich der Norm auszunehmen, als dass eine Abweichung nicht nur vom vorausgegangenen Kurs, sondern auch vom insgesamt zu ermittelnden Durchschnittskurs oder eines Zeitabschnitts hiervon gefordert wird.[363]

Diese Einschränkung der Marktenge stößt aber auch auf kritische Literaturstimmen.[364]

In Anbetracht dieser Unstimmigkeit bedarf es einer Stellungnahme.

Für eine einschränkende Auslegung wird der Grundgedanke angeführt, eine fundamentale Unternehmensbewertung nur ausnahmsweise bei außerordentlichen Kursschwankungen durchzuführen.[365] Denklogisch greift diese Argumentation aber nur bei einer alleinigen Börsenkursorientierung. Überdies sprechen die ohnehin schon eng abgesteckten gesetzlichen Anforderungen an eine Marktenge gegen eine weitere Einschränkung des Anwendungsbereichs.

Vor allem aber ist diesem Ansatz entgegenzuhalten, dass nicht die Tendenz des Kurses, sondern die mangelnde Stabilität und Kontinuität bei der Wertbildung durch die Marktteilnehmer und die daraus resultierenden Zweifel an der Wiedergabe des Wertes des Unternehmens durch den Börsenkurs relevant ist.[366] Ist zu bezweifeln, dass im Börsenkurs nicht die Wertvorstellungen über das Unternehmen

---

[362] Assmann/Pötzsch/Schneider/*Krause*, WpÜG, § 5 WpÜG-AngVO Rn. 27; KK-WpÜG/*Kremer/Kulenkamp*, § 5 AngebVO Rn. 25.

[363] Assmann/Pötzsch/Schneider/*Krause*, WpÜG, § 5 WpÜG-AngVO Rn. 27, der eine zusätzliche Abweichung vom vorangegangenen durchschnittsgewichteten Kurs der Referenzperiode in Erwägung zieht; Fleischer/Hüttemann/*Winner*, RhB Unternehmensbewertung, § 23 Rn. 23.85, welcher eine zusätzliche Abweichung um 5% vom zu ermittelnden Durchschnittskurs als vorzugswürdig erachtet, dem aber den Wortlaut des § 5 Abs. 4 WpÜG-AngebVO entgegenhält; *Karami/Schuster*, Eine empirische Analyse des Kurs- und Liquiditätseffekts im „Frosta"-Zeitalter, S. 46, laut denen eine zusätzliche Abweichung vom bestenfalls umsatzgewichteten Durchschnittskurs einer Periode innerhalb des Referenzzeitraums stattfinden soll, wobei sie eine einwöchige Zeitspanne als Beispiel nennen und in diesem Kontext nicht den Begriff der „Schaukelbörse" erwähnen; KK-WpÜG/*Kremer/Kulenkamp*, § 5 AngebVO Rn. 25, die bei gegenläufigen Kursbewegungen eine zusätzliche Abweichung von über 5% von einem Ausgangswert verlangen.

[364] Jeweils kritisch: Ehricke/Ekkenga/Oechsler/*Oechsler*, WpÜG, § 31 WpÜG Rn. 16; MüKo-AktG/*Wackerbarth*, § 31 WpÜG Rn. 53; Steinmeyer/*Santelmann/Nestler*, WpÜG, § 31 WpÜG Rn. 36. Offen: Schwark/Zimmer/*Noack/Zetzsche*, KMRK, § 31 WpÜG Rn. 41.

[365] Assmann/Pötzsch/Schneider/*Krause*, WpÜG, § 5 WpÜG-AngVO Rn. 27.

[366] Ehricke/Ekkenga/Oechsler/*Oechsler*, WpÜG, § 31 WpÜG Rn. 16; vgl. Steinmeyer/*Santelmann/Nestler*, WpÜG, § 31 WpÜG Rn. 36; in diese Richtung wohl auch MüKo-AktG/*Wackerbarth*, § 31 WpÜG Rn. 53.

zum Ausdruck kommen, kann er nicht zur Ermittlung des quotalen Unternehmenswerts herangezogen werden. Diese Erwägung ist angesichts der Tatsache, dass mittels der Ausnahmefälle gerade ein Börsenkurs ohne Aussagekraft herausgefiltert werden soll und erkennbare Schwankungen gegen einen bewertungsrelevanten Kurs sprechen, von besonderem Gewicht. Auch die Ermittlung eines Deinvestitionswerts anhand einer Fortschreibung von Referenzkursen erscheint zweifelhaft, wenn besagte Kurse instabil sind.

Mithin sollten auch „Schaukelbörsen" von der Regelung zur Marktenge erfasst sein. Demgemäß ist für die Kurssprünge lediglich eine Abweichung vom unmittelbar vorausgegangenen festgestellten Tageskurs beachtlich, wobei es nicht auf die Schwankungsrichtung ankommt.

(d) Zwischenergebnis: Anforderungen an die festgelegten Werte

Letzten Endes sollte bei den festgelegten Vorgaben der Marktenge auf inländische Börsenkurse, Freiverkehrs- und MTF-Kurse sowie Auslandskurse des regulierten Markts im EWR abgestellt werden. Dies gilt auch für die Liquiditätsmessung im Einzelfall anhand anerkannter Kennzahlen. Geld-, Brief- und Taxkurse sind hingegen nicht zu berücksichtigen. Weiterhin bedarf es zwei unmittelbar aufeinander folgende Kurssprünge in Form einer Abweichung vom unmittelbar vorausgegangenen festgestellten Tageskurs i.H.v. 5%, wobei weder die Tendenz noch die Existenz einer etwaigen „Schaukelbörse" von Bedeutung sein sollte.

b) Praktisch fehlender Handel über einen längeren Zeitraum

Die Rechtsprechung nennt nebst der Marktenge auch einen praktisch fehlenden Handel über einen längeren Zeitraum als Umstand, in welchem der Börsenkurs den Verkehrswert der Aktie nicht korrekt abbildet.[367] Wie bereits erörtert kann der Ausnahmefall des praktisch fehlenden Handels über einen längeren Zeitraum als Extremfall der Marktenge betrachtet werden.[368]

Allerdings ist dieser Ausnahmefall nicht eindeutig definiert. Auch existiert keine klare Stellungnahme seitens der Rechtsprechung, wobei es oftmals zu einer Überschneidung mit der Thematik der Marktenge kommt.[369] Folglich stellt sich die

[367] BVerfG, Beschl. v. 27.04.1999 – 1 BvR 1613/94 – BVerfGE 100, 289–313, Os. 3d, Rn. 67; BGH, Beschl. v. 12.03.2001 – II ZB 15/00 –, BGHZ 147, 108–125, Rn. 20.

[368] Siehe hierzu: § 6 A.III.1.a)bb)(1).

[369] Siehe OLG München, Beschl. v. 26.07.2012 – 31 Wx 250/11 = AG 2012, 749, 751–752, das einen praktisch fehlenden Handel mit der Begründung ablehnte, dass die Aktien der Gesellschaft laufend gehandelt wurden; siehe auch LG Hamburg, Beschl. v. 15.10.2015 – 403 HKO 42/14 –, juris Rn. 32 (nrkr.), welches auf einen fehlenden Handel über einen Zeitraum von ca. 4,5 Monaten bei einem dreimonatigen Referenzzeitraum hinwies und diesen Umstand als Marktenge bezeichnete; vgl. im Ansatz OLG Karlsruhe, Beschl. v. 22.06.2015 – 12a W 5/15 = AG 2015, 789, 792, das im Rahmen einer von ihm verneinten Marktenge nach Maßgabe des § 5 Abs. 4 WpÜG-AngebVO auf einen an nur 15 Tagen während der dreimonatigen

Frage, inwiefern der Ausnahmefall des praktisch fehlenden Handels über einen längeren Zeitraum zu konkretisieren ist.

aa) Praktisches Fehlen des Handels

Zunächst ist festzuhalten, was genau unter einem praktischen Fehlen des Handels zu verstehen ist. Dabei bietet es sich an, den Nachweis eines vollends ausbleibenden Handels über einen bestimmten Zeitraum zu verlangen.

Da hierbei nicht nur eine unzureichende, sondern eine gänzlich fehlende Liquidität besteht, sollte der Börsenkurs sodann weder den Deinvestitionswert noch den quotalen Unternehmenswert abbilden können.[370]

Sofern der Handel vollständig ausbleibt, fehlt es an Referenzkursen, die als empirische Grundlage auf den hypothetischen Kurs zum Stichtag fortgeschrieben werden können. Ohnehin ist eine Veräußerungsmöglichkeit an der Börse in solchen Fällen zu bezweifeln. Demgemäß entspricht der Börsenkurs bei einem gänzlich fehlenden Handel nicht dem Deinvestitionswert.

Darüber hinaus fließen keinerlei unternehmensrelevante Informationen in den Börsenkurs ein, wenn keinerlei Handel stattfindet. Aber nur wenn es tatsächlich zu Geschäften kommt, findet eine Wertschätzung durch den Markt statt.[371] Darüber hinaus ist fraglich, ob bei fehlendem Handel eine effiziente Preisbildung stattfindet.[372] Ohnehin erweist es sich als schwierig, einen Kurs festzustellen, wenn kein Handel stattgefunden hat.[373] Folglich kann bei einem vollständigen Ausbleiben des Handels der quotale Unternehmenswert nicht über einen Börsenkurs ermittelt werden.

Mithin spiegelt der Börsenkurs keine der beiden Wertkomponenten wider, wenn keinerlei Handel stattgefunden hat.

Würde stattdessen eine absolute oder prozentuale Mindestschwelle hinsichtlich des Handels gesetzt, bestünde die Gefahr, dass Börsenkurse mit tatsächlicher Aussagekraft keine Berücksichtigung finden würden. Ohnehin sollten die Fälle einer

---

Referenzperiode stattfindenden Handel hinwies; vgl. auch Fleischer/Hüttemann/*Adolff/Häller*, RhB Unternehmensbewertung, § 18 Rn. 18.85, die auf instanzgerichtliche Urteile verweisen, welche nicht eindeutig zwischen einem fehlenden Handel und einer Marktenge differenzieren.

[370] Siehe zu den Liquiditätsanforderungen der beiden Wertkomponenten: § 6 A.III.1.a)bb)(4)(a).

[371] *Gude*, Strukturveränderungen und Unternehmensbewertung zum Börsenkurs, S. 407 § 20.

[372] *Kallweit*, Die angemessene Abfindung beim übernahmerechtlichen Squeeze-out, S. 234–235 § 5; vgl. *Gude*, Strukturveränderungen und Unternehmensbewertung zum Börsenkurs, S. 406 § 20.

[373] *Kallweit*, Die angemessene Abfindung beim übernahmerechtlichen Squeeze-out, S. 234–235 § 5; vgl. *Gude*, Strukturveränderungen und Unternehmensbewertung zum Börsenkurs, S. 406 § 20.

mangelnden Aussagekraft trotz eines bestehenden Handels aufgrund einer etwaigen Illiquidität bereits durch das obige Modell der Marktenge erfasst sein. Dem Extremfall eines fehlenden Handels kommt im Zusammenspiel mit der Marktenge eine Bedeutung zu, da hierbei gerade keine Kursabweichungen vorliegen müssen und auch keine Rückausnahmefälle greifen.

Überdies liegt es nahe, reinen Geldkursen keine Relevanz zuzumessen.[374] Ebenso sollte mit bloßen Brief- und Taxkursen verfahren werden. Diesbezüglich kann auf die vorangegangenen Erwägungen zum fehlenden Aussagegehalt von Geld-, Brief- und Taxkursen im Rahmen der Marktenge verwiesen werden.[375] In jenen Fällen findet praktisch kein Handel statt, sodass nach Maßgabe des BVerfG dem Börsenkurs keine Aussagekraft zukommt.[376]

Freiverkehrs-, MTF- und Auslandkurse sollten jedoch wie bei der Marktenge gehandhabt und nach klaren Vorgaben berücksichtigt werden, sofern sie in die Durchschnittskursbildung einfließen.[377] So handelt es sich auch hier um einen berücksichtigungswürdigen Handel, der Rückschlüsse auf den Deinvestitionswert und den quotalen Unternehmenswert liefern kann.

bb) Längerer Zeitraum

Fraglich bleibt weiterhin, wie der besagte Zeitraum zu bemessen ist.

Wie auch bei der Marktenge liegt es nahe, auf eine Zeitspanne abzustellen, die der Referenzperiode entspricht.[378] Angesichts des Umstands, dass die Ausnahmefälle eine fehlende Bewertungsrelevanz der Börsenkurse aufdecken sollen, muss sich der Referenzzeitraum des fehlenden Handels bei der Bildung eines Durchschnittskurses auf dessen Referenzperiode beziehen. Demnach haben beide Zeiträume übereinzustimmen. Nach Maßgabe dieser Arbeit sind sie auf zwölf Monate, mindestens aber auf drei Monate anzulegen.[379]

Nichtsdestotrotz könnte diese Zeitspanne angesichts der hohen Anforderung eines gänzlich fehlenden Handels und des Anlegerschutzes aber auch kürzer bemessen werden.

Bei einem nur zeitweise fehlenden Handel könnte jedoch u. U. dennoch eine ausreichende Datenbasis für eine Fortschreibung von Kursen auf den hypotheti-

---

[374] So auch *Land/Hallermayer*, AG 2015, 659, 666.

[375] Siehe hierzu: § 6 A.III.1.a)bb)(5)(a)(cc).

[376] Vgl. *Land/Hallermayer*, AG 2015, 659, 666 bzgl. Geldkursen.

[377] Siehe hierzu: § 6 A.III.1.a)bb)(5)(a)(aa) und § 6 A.III.1.a)bb)(5)(a)(bb).

[378] Siehe hierzu: § 6 A.III.1.a)bb)(5)(b); siehe auch LG Hamburg, Beschl. v. 15.10.2015 – 403 HKO 42/14 –, juris Rn. 32 (nrkr.), welches auf einen fehlenden Handel während des dreimonatigen Referenzzeitraums verweist und dies als eindeutigen Fall der Marktenge betitelt.

[379] Zur Länge des Referenzzeitraums siehe: § 6 B.II.2.

schen Stichtagskurs vorliegen. Zudem fehlt es in diesen Fällen nicht zwingend an einer Veräußerungsmöglichkeit, da Deinvestitionsentscheidungen auch über eine längere Zeitspanne hinweg verwirklicht werden können. Mithin dürfte der Börsenkurs auch dann noch den Deinvestitionswert abbilden können, wenn nur zwischenzeitlich kein Handel stattfindet. Ebenso kann auch bei einem zwischenzeitlichen Aussetzen des Handels noch eine informationsbasierte Preisbildung durch Angebot und Nachfrage zumindest im restlichen Zeitraum erfolgen, sodass es auch nicht zwangsläufig zu einer Abweichung vom quotalen Unternehmenswert kommen muss. Überdies sei sich in Erinnerung zu rufen, dass ein zeitweise fehlender Handel bereits von der Ausnahmeregelung der Marktenge erfasst ist.

Dementsprechend sollte der längere Zeitraum des fehlenden Handels der Referenzperiode des Durchschnittskurses entsprechen, welche regelmäßig auf zwölf Monate zu bemessen ist.

cc) Zwischenergebnis: Praktisch fehlender Handel über einen längeren Zeitraum

Mithin bietet es sich an, von einem praktisch fehlenden Handel über einen längeren Zeitraum auszugehen, sofern über die gesamte Referenzperiode hinweg kein Handel mit den Aktien der Gesellschaft stattgefunden hat. Hierbei sind neben inländischen Börsenkursen auch inländische Freiverkehrs- und MTF-Kurse sowie Auslandskurse des regulierten Markts im EWR zu berücksichtigen, wohingegen Geld-, Brief- und Taxkurse ausgeblendet werden sollten.

c) Erzeugte Kursbereinigung

Es stellt sich die Frage, ob die Marktenge und der fehlende Handel als Gründe für eine Nichtberücksichtigung dazu geeignet sind, nicht bewertungsgeeignete Kurse herauszufiltern.

Wie bereits aufgezeigt wurde, wird der Börsenkurs bei einer Marktenge regelmäßig vom quotalen Unternehmenswert und vom Deinvestitionswert abweichen.[380] So kann bereits im Falle einer unzureichenden Liquidität bezweifelt werden, dass über den Mechanismus von Angebot und Nachfrage die Wertschätzung des Unternehmens durch die Marktteilnehmer in den Börsenkurs eingeflossen ist. Auch mangelt es bei unzureichender Liquidität an einer Datengrundlage als empirische Basis für ein Fortschreiben auf den hypothetischen Kurs am Stichtag, wobei eine Veräußerungsmöglichkeit zum Börsenkurs zweifelhaft erscheint.

Ferner streitet auch ein effektiver Manipulationsschutz für diesen Grund einer Nichtberücksichtigung. Aufgrund starker Kursauswirkungen bereits kleiner Orders und der niedrigeren Preisstabilität resultiert aus einer Illiquidität eine höhere Ma-

---

[380] Siehe hierzu: § 6 A.III.1.a)bb)(4)(a).

nipulationsgefahr.[381] Manipulierten Börsenkursen ist grundsätzlich ihre Bewertungseignung abzusprechen.[382] Gerade vor dem Hintergrund unentdeckter Manipulationen durch echte Umsätze dürfte eine etwaige Illiquidität von Interesse sein.[383] Dabei kann eine Marktenge selbst schon auf manipulativem Wege mittels eines sog. *Cornering* gezielt erzeugt werden.[384]

Auch können bei fehlender Liquidität bereits durch kleine Orders Zufallskurse entstehen, die vom wahren Wert der Gesellschaft abweichen.[385] Die zum Teil in der jüngeren Rechtsprechung zu vernehmende Kritik, dass eine Deinvestitionsentscheidung auch zu Zufallskursen möglich wäre[386], vermengt die Wertkomponenten des quotalen Unternehmenswerts und des Deinvestitionswerts.[387] Sofern es aber auf den quotalen Unternehmenswert ankommt, ist eine dennoch bestehende Veräußerungsmöglichkeit zu verzerrten Kursen unbeachtlich.[388] Aber auch eine freie Deinvestition zum Börsenkurs ist bereits bei einer unzureichenden Liquidität angesichts der begrenzten Datengrundlage zur Extrapolation der Referenzkurse auf den Stichtag und der erhöhten Volatilität zu bezweifeln.

Zwar kann gegen die Marktenge als Grund für eine Nichtberücksichtigung des Börsenkurses das Risiko von Missverständnissen angesichts der Uneinigkeit über die Begrifflichkeit der Marktenge angeführt werden.[389] Diesem Kritikpunkt ist aber mit dem hier entwickelten Lösungsmodell zu entgegnen, nach welchem die Marktenge grundsätzlich nach dem Maßstab des § 5 Abs. 4 WpÜG-AngebVO be-

[381] *Betzer/Budzinski/Thiele*, KSzW 2011, 426, 428, 431; *Morell*, AcP 2017, 61, 77, 90, welcher die Illiquiditätsausnahme auch als generalisierten Manipulationsschutz versteht; vgl. *Krog*, Marktorientierung und gesellschaftsrechtliche Unternehmensbewertung, S. 281–282, 287, der zwischen liquiditätsinduzierten und transitorischen Kursschwankungen differenzieren will; vgl. *Weber*, ZGR 2004, 280, 291, 298, welcher auf die Bedeutung der Liquidität hinweist und aufgrund der Manipulierbarkeit des Börsenkurses eine Mindestumsatzgrenze fordert; siehe auch *Burger*, NZG 2012, 281, 282, nach dem der Ausnamefall der Manipulation mit dem der Marktenge verbunden ist.

[382] Siehe zur Marktmanipulation als Grund für eine Nichtberücksichtigung des Börsenkurses: § 6 A.III.2.

[383] Vgl. *Morell*, AcP 2017, 61, 90.

[384] Assmann/Schütze/Buck-Heeb/*Worms*, HdB KapitalanlageR, § 10 Rn. 42; *Burger*, NZG 2012, 281, 287.

[385] *Richard/Weinheimer*, BB 1999, 1613, 1619–1620; vgl. *Reifschneider*, Informationeller Anlegerschutz, S. 24; siehe auch BGH, Beschl. v. 22.10.2019 – XI ZR 682/18 = BKR 2020, 305, 307 Rn. 14, wo auf die Zufallsprägung und mangelnde Bewertungseignung des Börsenkurses bei zwei unmittelbar aufeinander folgenden Kurssprüngen nach Maßgabe von § 5 Abs. 4 WpÜG-AngebVO bzw. § 39 Abs. 3 S. 4 BörsG hingewiesen wird.

[386] LG Stuttgart, Beschl. v. 08.05.2019 – 31 O 25/13 KfH SpruchG – Rn. 378, juris; LG Stuttgart, Beschl. v. 03.04.2018 – 31 O 138/15 KfH SpruchG – Rn. 117, juris (nrkr.).

[387] Siehe auch *Richard/Weinheimer*, BB 1999, 1613, 1619–1620, die hinsichtlich der Zufallskurse gerade ein Abweichen vom inneren Wert des Unternehmens anführen.

[388] Siehe zu den verschiedenen Wertkomponenten: § 1 B.I.

[389] So LG Stuttgart, Beschl. v. 08.05.2019 – 31 O 25/13 KfH = NZG 2019, 1300, 1300 Os. 7.

stimmt und ausnahmsweise anhand anerkannter Liquiditätskennzahlen in einem klar abgesteckten Rahmen verfahren wird.[390]

All diese Aspekte sprechen dafür, den Börsenkurs im Falle einer Marktenge nach dem hier vorgesehenen Modell nicht als quotalen Unternehmenswert oder Deinvestitionswert heranzuziehen.

Einer gesonderten Beachtung ist dem Zusammenhang von Liquidität und Markteffizienz zu widmen. Schließlich bedarf es eines effizienten Marktes, wenn der Börsenkurs dem quotalen Unternehmenswert entsprechen soll.

Zunächst spricht vieles dafür, dass eine hohe Liquidität mit einer hohen Markteffizienz einhergeht und eine Illiquidität auf eine Ineffizienz hindeutet.

So kann ein niedriges Handelsvolumen und eine niedrige Liquidität zu einer mangelnden Markteffizienz führen.[391] Schließlich ist es bei höherem Handelsvolumen wahrscheinlicher, dass Finanzanalysten herantreten, wobei diese wiederum zu einem besseren Einblick hinsichtlich wertrelevanter Informationen verhelfen.[392] Auch dürften neue Informationen umso schneller eingepreist werden, je mehr die Aktie gehandelt wird.[393] Durch die mit der niedrigen Liquidität einhergehende langsamere Informationsverarbeitung können etwaige Informationsasymmetrien vergrößert werden.[394] Gerade die asymmetrische Informationsverteilung ist eine Quelle für Fehlbewertungen.[395] Auch werden bei niedriger Liquidität weniger Arbitrageure in Erscheinung treten, welche aber für eine Markteffizienz von hoher Bedeutung sind.[396] Bei mangelnder Liquidität können zudem auch nicht kontinuierlich neue Informationen in den Börsenkurs einfließen, wobei die Anleger mit

---

[390] Siehe hierzu: § 6 A.III.1.a)bb)(4)(b).

[391] *Barber/Griffin/Lev*, Journal of Corporation Law, 1994, Vol. 19, Iss. 2, 285, 291–292; *Betzer/Budzinski/Thiele*, KSzW 2011, 426, 427; vgl. *Hirshleifer*, Journal of Finance, 2001, Vol. 56, No. 4, 1533, 1537; vgl. *Kallweit*, Die angemessene Abfindung beim übernahmerechtlichen Squeeze-out, S. 234 § 5; vgl. *Reifschneider*, Informationeller Anlegerschutz, S. 24; vgl. *Ruthardt/Hachmeister*, WPg 2016, 411, 414; im Ansatz auch Emmerich/Habersack/*Emmerich*, AktG, § 305 AktG Rn. 48, laut dem ein besonders geringes Handelsvolumen, ein nur noch an wenigen Tagen stattfindender tatsächlicher Handel und ein hoher *Bid-Ask-Spread* eine fehlende Kapitalmarkteffizienz indizieren, dieser Umstand aber von einer Marktenge zu unterscheiden sei.

[392] *Barber/Griffin/Lev*, Journal of Corporation Law, 1994, Vol. 19, Iss. 2, 285, 291.

[393] *Barber/Griffin/Lev*, Journal of Corporation Law, 1994, Vol. 19, Iss. 2, 285, 291; *Betzer/Budzinski/Thiele*, KSzW 2011, 426, 430–431; vgl. *Reifschneider*, Informationeller Anlegerschutz, S. 24.

[394] *Betzer/Budzinski/Thiele*, KSzW 2011, 426, 430–431; vgl. *Barber/Griffin/Lev*, Journal of Corporation Law, 1994, Vol. 19, Iss. 2, 285, 291–292.

[395] Zu diesem Kritikpunkt siehe: § 4.

[396] *Gude*, Strukturänderungen und Unternehmensbewertung zum Börsenkurs, S. 412 § 20; vgl. *Rostek/Weretka* (2008), Thin Markets, S. 3, in: The New Palgrave Dictionary of Economics. Zum Arbitrageargument der Effizienzmarkthypothese siehe: § 2 B.III.

höheren Informations- und Entscheidungskosten belastet werden.[397] Auch wird eine Illiquidität regelmäßig mit Unsicherheiten bei der Bestimmung des Börsenpreises und einem Preisabschlag einhergehen.[398] Dünne Märkte sind zudem anfälliger für eine exzessive Volatilität.[399] Hierbei handelt es sich um eine Kapitalmarktanomalie, welche die Markteffizienz konterkariert.[400]

Allerdings besteht kein zwingender positiver Zusammenhang zwischen der Liquidität und der Effizienz eines Marktes.[401]

Vielmehr sind die Marktqualitäten der Liquidität und Effizienz nicht immer miteinander vereinbar.[402] Schließlich widerspricht die Liquiditätsdimension der Elastizität, wonach Preisänderungen nur kurzfristig Bestand haben und sogleich durch entgegengesetzte Aufträge ausgeglichen werden, der Idee der Informationseffizienz, laut der neue Informationen neue Gleichgewichtskurse verursachen.[403]

Die Ambivalenz von Liquidität und Effizienz könnte aber mit strengen Liquiditätsanforderungen beseitigt werden, bei welchen zwischen transitorischen und informationsinduzierten Preisänderungen differenziert wird.[404] Demnach sollten nur die transitorischen, nicht informationsinduzierten Schwankungen als Zeichen

---

[397] *Gude*, Strukturänderungen und Unternehmensbewertung zum Börsenkurs, S. 412 § 20, der vor diesem Hintergrund aber nicht pauschal von einem engen Markt auf eine mangelnde Effizienz schließen will; zu den niedrigeren Transaktionskosten und informativeren Preisen auf liquiden Märkten siehe auch *Klöhn*, Kapitalmarkt, Spekulation und Behavioral Finance, S. 70–71 § 2.

[398] *Morell*, AcP 2017, 61, 76; siehe auch die Ausführungen von *Rostek/Weretka* (2008), Thin Markets, S. 3–4, in: The New Palgrave Dictionary of Economics, zu den *thin market phenoma.*

[399] *Rostek/Weretka* (2008), Thin Markets, S. 3, in: The New Palgrave Dictionary of Economics.

[400] Siehe hierzu bereits: § 2 C.III.1.c)aa).

[401] *Reifschneider*, Informationeller Anlegerschutz, S. 24; vgl. *Gude*, Strukturveränderungen und Unternehmensbewertung zum Börsenkurs, S. 412; vgl. *Hinterleitner/Hornung*, Marktqualität und Insiderhandel auf Kapitalmärkten, S. 36.

[402] *Hinterleitner/Hornung*, Marktqualität und Insiderhandel auf Kapitalmärkten, S. 34–36; *Oesterhelweg/Schiereck*, Manuskripte aus den Instituten für Betriebswirtschaftslehre der Universität Kiel, No. 308, S. 8.

[403] *Hinterleitner/Hornung*, Marktqualität und Insiderhandel auf Kapitalmärkten, S. 34, welche hierbei den Begriff der Erneuerungsfähigkeit verwenden; *Oesterhelweg/Schiereck*, Manuskripte aus den Instituten für Betriebswirtschaftslehre der Universität Kiel, No. 308, S. 8, die sich dabei auf keine Liquiditätsdimension explizit beschränken.

[404] Siehe *Hinterleitner/Hornung*, Marktqualität und Insiderhandel auf Kapitalmärkten, S. 34–35, 35 Fn. 116, die auf den *Market Efficiency Coefficient* (MEC) (siehe zu dieser Messmethode: § 6 A.III.1.a)bb)(2)) hinweisen; siehe *Oesterhelweg/Schiereck*, Manuskripte aus den Instituten für Betriebswirtschaftslehre der Universität Kiel, No. 308, S. 8–9, welche zur Differenzierung zwischen zufällig auftretenden und permanenten informationsinduzierten Schwankungen eine zusätzliche Liquiditätsdimension der Identifikationsfähigkeit in Erwägung ziehen; vgl. auch *Betzer/Budzinski/Thiele*, KSzW 2011, 426, 427, die diese Differenzierung im Rahmen der Dimension der Erneuerungsfähigkeit treffen.

mangelnder Liquidität gelten.[405] Allerdings ist eine präzise Trennung der verschiedenen Ursachen für Kursschwankungen nicht möglich.[406] Ungeachtet dessen dürfte die Problematik rein zufälliger Preisänderungen bei niedriger Liquidität aber noch stärker zu Buche schlagen. Mangelt es einem Markt an Tiefe, so wird es eher zu transitorischen Preisschwankungen kommen.[407] Eine hohe Liquidität hingegen sollte mit geringeren transitorischen Schwankungen einhergehen.[408] Besteht jedoch eine übermäßige Liquidität, so könnten informationsinduzierte Schwankungen absorbiert werden.[409] Mithin liegt jedenfalls bei einer hohen, aber nicht überhöhten Liquidität nahe, dass Kursbewegungen eher auf Informationen als auf Liquiditätsaspekten beruhen.

In erster Linie streitet aber das Phänomen des *noise tradings* für einen Widerspruch von Liquidität und Effizienz.[410] Schließlich können gerade die *noise trader* für eine erhöhte Liquidität sorgen, wobei sie nicht bewertungsrelevante Informationen mit einpreisen.[411] Dabei liegt ein Zusammenhang zwischen einer hohen Liquidität und einem Herdenverhalten nahe.[412] Auch ließe sich ein übermäßiger Handel als Ausdruck irrationaler Panikkäufe deuten. Umgekehrt könnte ein fehlender oder geringer Handel dahingehend verstanden werden, dass der Markt von einem angebrachten Wert ausgeht und ein Gleichgewicht besteht.[413] Ebenso kann eine geringe Liquidität ihren Grund auch in einer hohen Anzahl an längerfristig investierenden Anlegern haben, was für einen aussagekräftigen Börsenkurs

---

[405] *Hinterleitner/Hornung*, Marktqualität und Insiderhandel auf Kapitalmärkten, S. 34; siehe zu dieser Differenzierung auch *Karami/Schuster*, CF 2016, 106, 118.

[406] *Hinterleitner/Hornung*, Marktqualität und Insiderhandel auf Kapitalmärkten, S. 35 Fn. 116, die zudem die wesentlichen Schwächen des MEC betonen; *Oesterhelweg/Schiereck*, Manuskripte aus den Instituten für Betriebswirtschaftslehre der Universität Kiel, No. 308, S. 9, welche auf eine allenfalls näherungsweise Unterscheidung *ex post* und eine unmögliche Lösung *ex ante* hinweisen und die mangelnde Praktikabilität der Identifikationsfähigkeit als zusätzliche Dimension erwähnen.

[407] *Karami/Schuster*, CF 2016, 106, 118.

[408] *Hinterleitner/Hornung*, Marktqualität und Insiderhandel auf Kapitalmärkten, S. 36; *Karami/Schuster*, CF 2016, 106, 118; *Krog*, Marktorientierung und gesellschaftsrechtliche Unternehmensbewertung, S. 281.

[409] *Krog*, Marktorientierung und gesellschaftsrechtliche Unternehmensbewertung, S. 281.

[410] *Hinterleitner/Hornung*, Marktqualität und Insiderhandel auf Kapitalmärkten, S. 35–36; vgl. *Black*, Journal of Finance, 1986, Vol. 41, No. 3, 529, 532; vgl. *Reifschneider*, Informationeller Anlegerschutz, S. 24.

[411] *Black*, Journal of Finance, 1986, Vol. 41, No. 3, 529, 532; *Reifschneider*, Informationeller Anlegerschutz, S. 24; vgl. *Hinterleitner/Hornung*, Marktqualität und Insiderhandel auf Kapitalmärkten, S. 35.

[412] Vgl. *Galariotis/Krokida/Spyrou*, The Effect of Liquidity on Herding: A Comparative Study, 2016, S. 1, 21–22, die einen Zusammenhang zwischen der täglichen Liquiditätssituation und einem Herdenverhalten auf verschiedenen internationalen Märkten feststellen, wobei sie gerade für Deutschland einen lediglich schwachen Nachweis eines Herdenverhaltens erbringen konnten.

[413] *Reifschneider*, Informationeller Anlegerschutz, S. 24; vgl. *Weber*, ZGR 2004, 280, 298.

spricht.[414] Folglich liegt es nahe, dass auch bei einem liquiden Markt und einem hohen Handelsvolumen eine ineffiziente Preisbildung geschehen kann, während bei einem geringen oder praktisch nicht stattfindenden Handel und einer Illiquidität ein effizienter Markt vorliegen könnte.

Jedoch treten den *noise tradern* bei hoher Marktliquidität auch andere, informierte Marktteilnehmer gegenüber, was eher zur Informationseffizienz beitragen wird.[415] Zudem wird es auf Märkten mit geringer Liquidität gerade aufgrund der höheren Preisauswirkung einzelner Orders zu entsprechend höheren Abweichungen vom Gleichgewichtspreis kommen.[416] Wenn durch Liquidität auch nicht notwendigerweise Fehlbepreisungen sofort korrigiert werden, so findet auf liquiden Märkten doch ein schnellerer Handel zwischen korrekt bewertenden und fehleinschätzenden Anlegern statt, sodass eine Korrektur jedenfalls auf längere Sicht naheliegt.[417]

Darüber hinaus ist anzumerken, dass seitens der Kapitalmarktforschung durchaus Nachweise eines Zusammenhangs von erhöhter Liquidität und Markteffizienz erbracht wurden.[418]

Zusammengefasst kann eine niedrige Liquidität sowohl eine effiziente als auch eine ineffiziente Marktlage indizieren. Es besteht keine zwingende Korrelation zwischen Kapitalmarkteffizienz und Liquidität. Allerdings wird mit sinkender Liquidität eher eine abnehmende Markteffizienz einhergehen.[419] In Hinblick auf die mit einer niedrigen Liquidität einhergehenden Manipulationsgefahr und der zweifelhaften Aussagekraft von Kursen mit nur geringem Handel liegt es nahe, bei einer Marktenge eine Fehlbepreisung anzunehmen.[420] Somit wird lediglich gefordert,

---

[414] *Luttermann*, ZIP 2001, 869, 872, der sich insgesamt kritisch zum Ausnahmefall der Marktenge äußert.

[415] *O'Hara*, Liquidity and Financial Market Stability, NBB Working Paper, No. 55, 2004, S. 5; vgl. *Hinterleitner/Hornung*, Marktqualität und Insiderhandel auf Kapitalmärkten, S. 36.

[416] *Hinterleitner/Hornung*, Marktqualität und Insiderhandel auf Kapitalmärkten, S. 36.

[417] *Hirshleifer*, Journal of Finance, 2001, Vol. 56, No. 4, 1533, 1537.

[418] Siehe *Chordia/Roll/Subrahmanyam*, Journal of Financial Economics, 2008, Vol. 87, Iss. 2, 249, 249, 267 und *Chung/Hrazdil*, Journal of Banking & Finance, 2010, Vol. 34, Iss. 10, 2346, 2346–2347 zum NYSE; siehe auch *Bianchi/Frezza*, Annals of Economics and Finance, 2018, 19–2, 375, 375, 400, die eine enge Beziehung zwischen Liquidität und Effizienz beim S&P 500, beim NASDAQ und beim DAX aufzeigen; siehe aber auch *Young/Auret*, Investment Analysts Journal, 2018, Vol. 47, No. 3, 209, 209, 224–226, die anhand ihrer Untersuchung des südafrikanischen JSE bei höherer Liquidität eine erhöhte Effizienz nach *Famas* ECMH, zugleich aber auch eine niedrigere Effizienz gem. *Shillers* Maßgabe zur Informationseffizienz nachweisen konnten.

[419] So auch *Hinterleitner/Hornung*, Marktqualität und Insiderhandel auf Kapitalmärkten, S. 36; wohl auch *O'Hara*, Liquidity and Financial Market Stability, NBB Working Paper, No. 55, 2004, S. 5.

[420] Ähnlich auch *Weber*, ZGR 2004, 280, 298, der hierbei eine Mindestumsatzgrenze erwägt, ab welcher ein effizienter Markt anzunehmen sei, wobei bei einem Unterschreiten der Grenze eine Markteffizienz anhand einer Kursbetrachtung im Einzelfall bejaht werden könne.

dass keine unzureichende Liquidität besteht, nicht aber werden positive Anforderungen hinsichtlich einer Markteffizienz aufgestellt.[421] Um der Problematik einer durch *noise trading* verursachten erhöhten Liquidität Herr zu werden, bietet es sich an, den verhaltensökonomisch bedingten Kursverzerrungen einer gesonderten Untersuchung zu unterziehen.[422] Ebenso liegt es nahe, eine übermäßige Liquidität unter Hinzutreten weiterer Umstände als Indikator einer Kursverzerrung heranzuziehen.[423]

Mithin sollte auch vor dem Hintergrund der Kapitalmarkteffizienz die Marktenge als Ausnahmefall einer Börsenkursorientierung bei der Ermittlung des quotalen Unternehmenswerts gelten.

Die obigen Erwägungen zur Marktenge gelten erst recht, wenn keinerlei Handel stattgefunden hat. Gerade der Ausnahmefall des praktisch fehlenden Handels als Extremfall der Marktenge dürfte für die Frage nach der Bewertungsrelevanz eines Kurses entscheidend sein. Wie bereits erörtert, kann in solchen Fällen nicht mehr der Deinvestitionswert oder der quotale Unternehmenswert durch den Börsenkurs abgebildet werden.[424] Liegt der letzte festgestellte Kurs zu weit zurück, wird er auch nicht mehr die aktuelle Lage des Unternehmens wiedergeben.[425] Ohnehin gestaltet sich bei einem fehlenden Handel bereits die Feststellung von Kursen als problematisch.[426]

Angesichts dessen bietet es sich an, keine Orientierung am Börsenkurs vorzunehmen, wenn eine Marktenge oder ein praktisch fehlender Handel festgestellt wird.

Allerdings bestehen selbst unter den hier erwogenen Liquiditätsanforderungen noch Zweifel an der Aussagekraft des Börsenkurses zum quotalen Unternehmenswert. So können auch liquide Kurse psychologisch bedingten Verzerrungen unterliegen. Weiterhin basiert die Kursbildung auf Investitionsentscheidungen durch Menschen, die wiederum regelmäßig den *Biases* anheimfallen dürften.[427] Dementsprechend ist eine für die Alleinmaßgeblichkeit des Börsenkurses erforderliche Kapitalmarkteffizienz immer noch zu bezweifeln. Angesichts dessen wird der

---

[421] Zum Vorschlag positiver Effizienzanforderungen siehe: C.

[422] Siehe zu diesem Ausnahmefall: § 6 A.III.6.i).

[423] Zu den Indikatoren einer Fehbewertung siehe: § 6 A.III.6.d).

[424] Siehe hierzu: § 6 A.III.1.b)aa).

[425] *Kallweit*, Die angemessene Abfindung beim übernahmerechtlichen Squeeze-out, S. 234–235 § 5; vgl. *Gude*, Strukturveränderungen und Unternehmensbewertung zum Börsenkurs, S. 407 § 20.

[426] *Kallweit*, Die angemessene Abfindung beim übernahmerechtlichen Squeeze-out, S. 235 § 5; vgl. *Gude*, Strukturveränderungen und Unternehmensbewertung zum Börsenkurs, S. 406 § 20; so bereits *Busse von Colbe*, FS Lutter (2000), S. 1053, 1065, der die Ausführung des BVerfG deshalb als wenig hilfreich erachtet; siehe auch MHdB GesR IV/*Austmann*, § 75 Rn. 100, laut dem sich nicht mehr ein repräsentativer Kurs bilden kann.

[427] Siehe: § 2 C.

Börsenkurs auch nur als Wertindikation für einen kurzfristig orientierten Anleger herhalten können. Auch besteht trotz ausreichender Liquidität immer noch die Problematik der Informations- und Machtasymmetrie. Schließlich hat der Minderheitsaktionär keinen Einblick in sämtliche unternehmensinterne Daten, wohingegen der Kompensationspflichtige seine Macht- und Informationsüberlegenheit zu seinen Gunsten ausnutzen kann.[428] Des Weiteren können auch auf liquiden Märkten Kursverzerrungen durch Manipulationen auftreten. Ebenso verbleiben Minderheitsabschläge im Börsenkurs. Die Auswirkungen all dieser Kritikpunkte sind angesichts der Tatsache, dass der Börsenkurs nur als Ergebnis seines Preisbildungsprozesses beobachtbar ist, auch bei liquiden Marktverhältnissen nicht konkret überprüfbar.[429]

Größenteils greift diese Kritik nicht bei einem Börsenkurs, der als Deinvestitionswert herangezogen wird. So kommt es hierbei gerade nicht auf eine Markteffizienz an. Allerdings besteht auch bei liquiden Kursen noch die Gefahr einer Manipulation von beiden Seiten und damit einer künstlichen Beeinflussung der Mindestabfindung. Sie wird durch eine Beschränkung auf liquide Kurse zwar abgeschwächt, aber nicht gänzlich eingedämmt.

Der Ausnahmefall des praktisch fehlenden Handels über einen längeren Zeitraum ermöglicht zwar, die Eignung des Börsenkurses zur Unternehmensbewertung sicher abzulehnen. Jedoch wird dieser Ausnahmefall nur selten einschlägig sein.

Eine vollständige Bereinigung des Börsenkurses kann somit nicht allein durch eine Nichtberücksichtigung in Fällen der Marktenge und des praktisch fehlenden Handels erreicht werden.

d) Fazit: Marktenge, Illiquidität und fehlender Handel

Wie sich gezeigt hat, gehen die derzeitige Gesetzgebung und Rechtsprechung zu den liquiditätsbedingten Gründen einer Nichtberücksichtigung des Börsenkurses teils mit unbestimmten Begrifflichkeiten und einer entsprechenden Rechtsunsicherheit einher. Auch wird in der Kapitalmarktforschung anerkannten Liquiditätskennzahlen wenig Beachtung geschenkt. Vor allem aber besteht die Gefahr, dass Kursverzerrungen übersehen oder umgekehrt unverzerrten Kursen Verzerrungen unterstellt werden können. Mithin gewährleistet das derzeitige Vorgehen hinsichtlich dieser Fallgruppe keine angemessene Bereinigung des Börsenkurses.

Das hier erörterte Modell der Kombination aus festgelegten Werten und einer ökonomisch fundierten Einzelfallbetrachtung vermag es, der Problematik entgegenzuwirken und dabei einen gewissen Grad an Rechtssicherheit zu gewährleisten. Illiquiditätsbedingt nicht bewertungsgeeignete Börsenkurse dürften auf diesem

---

[428] Siehe: § 4.

[429] Vgl. *Schulte/Köller/Luksch*, WPg 2012, 380, 386, 387, 388, 389, die hierbei aber nicht explizit auf die Liquidität eingehen.

Wege in sachgerechter Weise herausgefiltert werden. Die dennoch bestehenden Ungenauigkeiten bei der Liquiditätsbestimmung sind vor dem Hintergrund hinzunehmen, dass auch eine fundamentale Unternehmensbewertung keinen genauen Wert liefert.[430] Aber selbst wenn wie vorgeschlagen vorgegangen wird, kann durch diese Fälle einer Nichtberücksichtigung allein keine umfassende Bereinigung des Börsenkurses stattfinden. Dies gilt insbesondere für den Fall, in dem Börsenkurse zur Ermittlung des quotalen Unternehmenswerts herangezogen werden. Schließlich dürften eine asymmetrische Informations- und Machtverteilung, etwaige psychologisch bedingte Verzerrungen und Marktmanipulationen auch bei einer Nichtberücksichtigung in Fällen mangelnder Liquidität und fehlenden Handels noch fortbestehen. Gerade der Problematik der durch *noise trading* erhöhten Liquidität kann nicht allein durch dieses Modell entgegengewirkt werden. Mithin bestehen auch bei Börsenkursen, die den Liquiditätsanforderungen entsprechen, noch berechtigte Zweifel an einer Markteffizienz. Auch bleiben die Kritikpunkte des dem Börsenkurs inhärenten Minderheitsabschlags und der bloßen Wertindikation für kurzfristig orientierte Anleger bestehen. Überdies bleibt die Preisbildung an der Börse selbst bei einem den Liquiditätsanforderungen entsprechenden Markt intransparent, sodass der Börsenkurs nicht ausreichend nachprüfbar ist. Etwaige Fehlbepreisungen können weiterhin unerkannt fortbestehen. Sofern der Börsenkurs als Deinvestitionswert dient, besteht jedenfalls noch eine gewisse Manipulationsgefahr.

Schlussendlich ist festzuhalten, dass eine Börsenkursorientierung sowohl bei der Ermittlung des Deinvestitionswerts als auch des quotalen Unternehmenswerts in Fällen der Marktenge und des praktisch fehlenden Handels nach Maßgabe des hier entwickelten Modells ausgenommen werden sollte. Eine vollständige Bereinigung des Börsenkurses könnte aber allenfalls unter Zuhilfenahme weiterer Ausnahmefälle und Modifikationen des Kurses erreicht werden.

2. Kursmanipulation

Nebst einer Illiquidität wird eine Kursmanipulation als weiterer Grund für eine Nichtberücksichtigung des Börsenkurses angeführt.

a) Definition und Ausprägungen der Manipulation

Hinsichtlich der Manipulation als Nichtberücksichtigungsgrund ist zunächst ihre Definition herauszuarbeiten.

---

[430] Siehe auch *Krog*, Marktorientierung und gesellschaftsrechtliche Unternehmensbewertung, S. 287–288, der mögliche liquiditätsinduzierte Fehlbewertungen, vor allem wenn sie aufgedeckt werden können, vor dem Hintergrund der Ungenauigkeiten bei der Ermittlung des Zukunftserfolgswerts nicht als Gegenargument gegen die Berücksichtigung des Börsenkurses bei der Unternehmensbewertung gelten lassen will.

Beim Delisting wird über § 39 Abs. 3 S. 3 Nr. 2 BörsG bezüglich des Marktmanipulationsverbotes auf Art. 15 MAR verwiesen.[431] Ebenso ist der Gesetzgeber beim § 255 Abs. 5 S. 2 Nr. 2 AktG vorgegangen.

Mit Blick auf die übrigen Fallgruppen besteht hingegen keine klare Definition des Manipulationsbegriffs durch Gesetzgebung oder Rechtsprechung.[432]

Ungeachtet von Bewertungsaspekten enthält die MAR eine umfassende Regelung der Marktmanipulation. Es empfiehlt sich, besagten gesetzlichen Vorgaben Beachtung zu schenken.

Die Art. 12, 15 MAR regeln ausdrücklich das zuvor in § 20a WpHG normierte Marktmanipulationsverbot.[433] Dabei wird gerade das Ideal eines allokationseffizienten Marktes und der unverfälschten Preisbildung angestrebt.[434] Im Rahmen dessen enthält der Art. 12 MAR eine nähere Definition mitsamt der als Manipulation geltenden Handlungen.[435]

Art. 12 Abs. 1 MAR birgt die Basisdefinition der Marktmanipulation in ihren vier Tatvarianten.[436] Zudem normiert Art. 12 Abs. 2 MAR fünf verbindliche Tatbestandskonkretisierungen der Marktmanipulation.[437] Weiterhin werden im Anhang I der MAR Indikatoren für bestimmte manipulative Handlungen nicht erschöpfend aufgelistet und im Anhang II Abschnitt 1 der delegierten Verordnung (EU) 2016/522 näher konkretisiert.[438] Für die in dieser Arbeit untersuchte Problematik sind die ersten drei Varianten des Art. 12 Abs. 1 lit. a) bis c) MAR von Relevanz.

---

[431] Hopt/*Kumpan*, HGB, § 39 BörsG Rn. 9. In der vorherigen Fassung erfolgte ein Verweis auf § 20a WpHG a. F.: Beschlussempfehlung und Bericht, BT-Drs. 18/6220, S. 85; *Drygala*, Die Neureglung des Delistings in: Gesellschaftsrecht in der Diskussion, 2015, S. 80.

[432] Vgl. *Burger*, Die Maßgeblichkeit von Börsekursen für die Bemessung der Barabfindung beim Gesellschafterausschluss, S. 105; vgl. *Gude*, Strukturänderungen und Unternehmensbewertung zum Börsenkurs, S. 400–401 § 20.

[433] *Buck-Heeb*, Kapitalmarktrecht S. 187 § 7 Rn. 654; *Mock/Stüber*, Das neue Wertpapierhandelsrecht, S. 36 Rn. 109; *Poelzig*, Kapitalmarktrecht, S. 248 § 15 Rn. 449.

[434] Vgl. Assmann/Schneider/Mülbert/*Mülbert*, Wertpapierhandelsrecht, Vor. Art. 12, 13, 15 und 16 VO (EU) 596/2014 Rn. 67; vgl. EBJS-HGB/*Poelzig*, Vor. WpHG Rn. 7; vgl. *Poelzig*, Kapitalmarktrecht, 1. Aufl., S. 208 § 14 Rn. 417.

[435] *Mock/Stüber*, Das neue Wertpapierhandelsrecht, S. 36 Rn. 109; Schwark/Zimmer/*Zimmer/Bator*, KMRK, Art. 12 VO (EU) 596/2014 Rn. 1.

[436] Assmann/Schneider/Mülbert/*Mülbert*, Wertpapierhandelsrecht, Art. 12 VO (EU) Nr. 596/2014 Rn. 48; Schwark/Zimmer/*Zimmer/Bator*, KMRK, Art. 12 VO (EU) 596/2014 Rn. 1.

[437] Schwark/Zimmer/*Zimmer/Bator*, KMRK, Art. 12 VO (EU) 596/2014 Rn. 3; vgl. Assmann/Schneider/Mülbert/*Mülbert*, Wertpapierhandelsrecht, Art. 12 VO (EU) Nr. 596/2014 Rn. 216.

[438] Assmann/Schneider/Mülbert/*Mülbert*, Wertpapierhandelsrecht, Art. 12 VO (EU) Nr. 596/2014 Rn. 6, 257–258; EBJS-HGB/*Poelzig*, 4. Aufl. 2020, Art. 12 Marktmissbrauchs-VO Anhang I Rn. 4, 7; Schwark/Zimmer/*Zimmer/Bator*, KMRK, Art. 12 VO (EU) 596/2014 Rn. 4; umfassend zur Berücksichtigung dieser Anhänge: *Bayram*, Manipulative Handels-

Wenn auch die in Art. 12 Abs. 1 MAR aufgeführten Tatvarianten weiter gefasst sind als dies beim § 20a WpHG der Fall war, so kann dennoch die bisherige Einteilung der Manipulationshandlungen in handels-, handlungs- und informationsgestützte Manipulationen beibehalten werden.[439]

Eine handelsgestützte Manipulation liegt dann vor, wenn durch die Vornahme von Geschäften der Kurs manipuliert wird.[440] Eine solche könnte seitens des Hauptaktionärs dergestalt geschehen, dass dieser durch gezielte Aktienverkäufe den Börsenkurs absenkt.[441] Jedoch ist davon auszugehen, dass eine handelsgestützte Manipulation durch den Mehrheitsaktionär bei einem Squeeze-out allenfalls eine geringe Kursbeeinflussung ermöglicht, da es eines Haltens von 95 % der Anteile bedarf.[442] Minderheitsaktionäre hingegen könnten durch vermehrte Kaufangebote einen Kursanstieg bewirken.[443] Hiermit gehen jedoch hohe Kosten und ein entsprechendes Risiko einher.[444] Auch bedarf es hierfür der Kenntnis der anstehenden Maßnahme.[445]

---

praktiken gem. Art. 12 MAR, S. 76–92 § 3, S. 179–181 § 5; Klöhn/*Schmolke*, MAR, Art. 12 MAR Rn. 2, 63–188.

[439] Schwark/Zimmer/*Zimmer/Bator*, KMRK, Art. 12 VO (EU) 596/2014 Rn. 2; vgl. Assmann/Schütze/Buck-Heeb/*Worms*, KapAnlR-HdB, § 10 Rn. 33; vgl. im Ergebnis auch *Buck-Heeb*, Kapitalmarktrecht, S. 190 § 7 Rn. 663a; S. 191–197 § 7 Rn. 667–691; *Poelzig*, Kapitalmarktrecht, S. 250–260 § 15 Rn. 453–472; *Poelzig*, NZG 2016, 528, 535–536, welche die handels- und handlungsgestützte Manipulation zusammenfassen und von der informationsgestützten Manipulation abgrenzen; siehe zudem Assmann/Schneider/Mülbert/*Mülbert*, Wertpapierhandelsrecht, Vor. Art. 12, 13, 15 und 16 VO (EU) 596/2014 Rn. 56 mit Verweis auf diese Systematisierung in der Ökonomie; a. A. *Schmolke*, AG 2016, 434, 441–442, der eine neue Systematisierung vornimmt, wobei dieser Ansatz für die weitere Bearbeitung nicht von Belang ist; zu den weiteren Systematisierungsvorschlägen neben dem hier vertretenen Ansatz siehe Assmann/Schneider/Mülbert/*Mülbert*, Wertpapierhandelsrecht, Vor. Art. 12, 13, 15 und 16 VO (EU) 596/2014 Rn. 66.

[440] Assmann/Schneider/Mülbert/*Mülbert*, Wertpapierhandelsrecht, Vor. Art. 12, 13, 15 und 16 VO (EU) 596/2014 Rn. 56, 61; Assmann/Schütze/Buck-Heeb/*Worms*, KapAnlR-HdB, § 10 Rn. 34.

[441] *Burger*, NZG 2012, 281, 287; *Gude*, Strukturänderungen und Unternehmensbewertung zum Börsenkurs, S. 387 § 19; *Ruthardt/Hachmeister*, CF 2014, 174, 182; *Ruthardt/Hachmeister*, NZG 2014, 41, 45; vgl. *Burger*, Die Maßgeblichkeit von Börsekursen für die Bemessung der Barabfindung beim Gesellschafterausschluss, S. 104–105; vgl. *Daske/Bassemir/Fischer*, zfbf 2010, 254, 258.

[442] *Burger*, NZG 2012, 281, 287; *Daske/Bassemir/Fischer*, zfbf 2010, 254, 258; *Ruthardt/Hachmeister*, CF 2014, 174, 182; *Ruthardt/Hachmeister*, NZG 2014, 41, 45; bereits bei *Drukarczyk*, AG 1973, 357, 364 wird darauf hingewiesen, dass der Mehrheitsaktionär regelmäßig über die für eine Kursbeeinflussung geeignete Aktienanzahl und finanziellen Mittel verfügt, ein solches Vorgehen aber durch den Umstand, dass er eine qualifizierte Mehrheit anstrebt, eingeschränkt ist.

[443] *Burger*, Die Maßgeblichkeit von Börsekursen für die Bemessung der Barabfindung beim Gesellschafterausschluss, S. 104; *Burger*, NZG 2012, 281, 288; *Gude*, Strukturänderungen und Unternehmensbewertung zum Börsenkurs, S. 383 § 19; vgl. *Drukarczyk*, AG 1973, 357, 363, der dieser Problematik aber keine besondere Bedeutung zuweist.

[444] *Gude*, Strukturänderungen und Unternehmensbewertung zum Börsenkurs, S. 383 § 19.

Von einer handlungsgestützten Marktmanipulation spricht man, wenn Einfluss auf den inneren Wert des Manipulationsobjekts ausgeübt wird.[446] Unter jene Fallgruppe ließe sich das Attentat auf den Mannschaftsbus des BvB im Jahre 2017 einordnen, bei welchem der Täter einen Kurzsturz beabsichtigte.[447] Allerdings ist davon auszugehen, dass eine derartige Manipulation im Zusammenhang mit einer kompensationspflichtigen Maßnahme seltener auftritt.[448]

Bei einer informationsgestützten Manipulation hingegen werden unwahre, unvollständige oder irreführende Informationen verbreitet[449] und der Kurs mittelbar beeinflusst[450]. Aufgrund seiner hohen Beteiligungsquote wird gerade der Mehrheitsaktionär die Kapitalmarktkommunikation des Unternehmens zu seinen Gunsten mitbestimmen.[451] Folglich wird es ihm oftmals möglich sein, eine kurssenkende Informationspolitik anzustrengen. Dies kann im Wege des Zurückhaltens positiver und der Übertreibung oder Schaffung negativer Informationen bewerkstelligt werden.[452] Hierbei wird in erster Linie mittels negativ eingefärbter Pressemitteilungen verfahren.[453] Für den Mehrheitsaktionär käme zudem eine ergebnisreduzierende Bilanzpolitik in Betracht.[454]

---

[445] *Drukarczyk*, AG 1973, 357, 363; siehe auch *Burger*, NZG 2012, 281, 288, der auf den hoch spekulativen Charakter einer gezielten Kursbeeinflussung durch Minderheitsaktionäre hinweist.

[446] Assmann/Schneider/Mülbert/*Mülbert*, Wertpapierhandelsrecht, Vor. Art. 12, 13, 15 und 16 VO (EU) 596/2014 Rn. 56, 65; *Gude*, Strukturänderungen und Unternehmensbewertung zum Börsenkurs, S. 382 § 19; Meyer/Veil/Rönnau/*Anschütz/Kunzelmann*, HdB Marktmissbrauchsrecht, § 14 Rn. 1.

[447] Assmann/Schneider/Mülbert/*Mülbert*, Wertpapierhandelsrecht, Vor. Art. 12, 13, 15 und 16 VO (EU) 596/2014 Rn. 65; Assmann/Schütze/Buck-Heeb/*Worms*, KapAnlR-HdB, § 10 Rn. 34; a. A. MüKo-StGB/*Pananis*, § 119 WpHG Rn. 107.

[448] *Gude*, Strukturänderungen und Unternehmensbewertung zum Börsenkurs, S. 382 § 19.

[449] Assmann/Schneider/Mülbert/*Mülbert*, Wertpapierhandelsrecht, Vor. Art. 12, 13, 15 und 16 VO (EU) 596/2014 Rn. 57; vgl. Assmann/Schütze/Buck-Heeb/*Worms*, KapAnlR-HdB, § 10 Rn. 34.

[450] *Buck-Heeb*, Kapitalmarktrecht S. 206 § 7 Rn. 665; vgl. Assmann/Schütze/Buck-Heeb/*Worms*, KapAnlR-HdB, § 10 Rn. 34.

[451] *Burger*, NZG 2012, 281, 287; *Ruthardt/Hachmeister*, CF 2014, 174, 182; *Ruthardt/Hachmeister*, NZG 2014, 41, 45; vgl. *Burger*, Die Maßgeblichkeit von Börsekursen für die Bemessung der Barabfindung beim Gesellschafterausschluss, S. 104–105; vgl. *Drukarczyk*, AG 1973, 357, 364; vgl. *Kallweit*, Die angemessene Abfindung beim übernahmerechtlichen Squeeze-out S. 76 § 2.

[452] *Burger*, NZG 2012, 281, 287; *Daske/Bassemir/Fischer*, zfbf 2010, 254, 258–259.

[453] *Burger*, NZG 2012, 281, 287–288; *Daske/Bassemir/Fischer*, zfbf 2010, 254, 254, 271–277, 283, die eine gezielte negative Pressemitteilungspolitik im Vorfeld von Squeeze-outs nachweisen konnten, zugleich aber aufzeigen, dass jene im Ergebnis von der Kursbeeinflussung durch Abfindungsspekulationen überlagert wird; *Ruthardt/Hachmeister*, CF 2014, 174, 182; *Ruthardt/Hachmeister*, NZG 2014, 41, 45.

[454] *Daske/Bassemir/Fischer*, zfbf 2010, 254, 258, 265–269, laut deren Studie diesem Vorgehen aber keine statistische Signifikanz zukommt; *Kallweit*, Die angemessene Abfindung

Mithin liegt vor allem eine informations- und handelsgestützte Marktmanipulation des Abfindungspflichtigen nahe. Hierin offenbart sich die bereits erörterte Problematik eines Ausnutzens der Informations- und Machtasymmetrie. Eine Ausnahme von der Berücksichtigung des Börsenkurses oder eine Korrektur um die Auswirkungen der Manipulation dürften diesen hinsichtlich der angesprochenen Verzerrungen bereinigen. Auf der anderen Seite kommt auch eine handelsgestützte Manipulation durch die Minderheitsaktionäre in Betracht. Es erscheint fragwürdig, ihnen einen durch ein solches Verhalten beeinflussten Börsenkurs bei der Abfindung zugutekommen zu lassen. Dementsprechend bietet sich auf den ersten Blick auch hier eine Ablehnung der Börsenkursberücksichtigung an.

Die Art. 12 Abs. 1 lit. a) und b) MAR erfassen die handels- und handlungsgestützten Manipulationen.[455]

Gemäß Art. 12 Abs. 1 lit. a) MAR liegt eine Markmanipulation beim Abschluss eines Geschäfts, der Erteilung eines Handelsauftrags sowie jeder anderen Handlung vor, wenn hierdurch zumindest wahrscheinlich falsche oder irreführende Signale gegeben werden (Var. i)) oder zumindest wahrscheinlich ein anormales oder künstliches Kursniveau erzeugt wird (Var. ii)). Es bedarf demnach einer Markttäuschungs- oder Kursmanipulationseignung.[456]

Art. 12 Abs. 1 lit. b) MAR verlangt einen Geschäftsabschluss, die Erteilung eines Handelsauftrags oder jegliche sonstige Tätigkeit oder Handlung, die unter Vorspiegelung falscher Tatsachen oder Verwendung sonstiger Kunstgriffe oder Formen der Täuschung geschieht und zumindest dazu geeignet ist, den Kurs zu beeinflussen. Hierbei wird eine Kursmanipulationseignung vorausgesetzt.[457]

Art. 12 Abs. 1 lit. c) MAR stellt eine informationsgestützte Manipulation dar.[458] Demnach bedarf es der Verbreitung von Informationen, durch die zumindest wahrscheinlich falsche oder irreführende Signale gegeben werden oder zumindest wahrscheinlich ein anormales oder künstliches Kursniveau erzeugt wird. Wie auch

---

beim übernahmerechtlichen Squeeze-out S. 76 § 2; vgl. *Drukarczyk*, AG 1973, 357, 364, der von einer „vorsichtige(n) (…) Rechnungslegung" spricht.

455 *Buck-Heeb*, Kapitalmarktrecht S. 190 § 7 Rn. 663a, 665; Meyer/Veil/Rönnau/*Anschütz/Kunzelmann*, HdB Marktmissbrauchsrecht, § 14 Rn. 1; vgl. *Poelzig*, Kapitalmarktrecht, S. 250 § 15 Rn. 453, S. 251 § 15 Rn. 456.

456 Schwark/Zimmer/*Zimmer/Bator*, KMRK, Art. 12 VO (EU) 596/2014 Rn. 24; vgl. Assmann/Schneider/Mülbert/*Mülbert*, Wertpapierhandelsrecht, Art. 12 VO (EU) Nr. 596/2014 Rn. 48, wo von einer Eignung für falsche oder irreführende Signale oder ein anormales oder künstliches Kursniveau die Rede ist.

457 Schwark/Zimmer/*Zimmer/Bator*, KMRK, Art. 12 VO (EU) 596/2014 Rn. 74, die diesbezüglich auf den Art. 12 Abs. 1 lit a) Var. ii) MAR verweisen; vgl. Assmann/Schneider/Mülbert/*Mülbert*, Wertpapierhandelsrecht, Art. 12 VO (EU) Nr. 596/2014 Rn. 48, der von einer Kursbeeinflussungseignung spricht.

458 *Buck-Heeb*, Kapitalmarktrecht S. 190 § 7 Rn. 663a, 665; *Poelzig*, Kapitalmarktrecht, S. 250 § 15 Rn. 453; vgl. Schwark/Zimmer/*Zimmer/Bator*, KMRK, Art. 12 VO (EU) 596/2014 Rn. 84.

beim Art. 12 Abs. 1 lit. a) MAR bedarf es der Markttäuschungs- oder Kursmanipulationseignung.[459]

Alle Formen der Marktmanipulation verfolgen einen effektbasierten Ansatz, der bereits eine objektive Gefährdung ausreichen lässt.[460] Hierbei bedarf es entweder einer Kursmanipulationseignung hinsichtlich eines künstlichen oder anormalen Kursniveaus oder einer Markttäuschungseignung in Gestalt zumindest wahrscheinlich falscher oder irreführender Signale. Aber gerade diese Aspekte gestalten sich als problematisch.

Die MAR enthält sich einer Definition des künstlichen bzw. anormalen Kursniveaus.[461] Laut der Rechtsprechung und Literatur soll ein künstliches Kursniveau dann vorliegen, wenn es nicht den wahren wirtschaftlichen Verhältnissen am Markt entspricht[462], nicht mehr als Ergebnis eines unbeeinflussten Marktprozesses gewertet werden kann[463] oder nicht mehr das legitime Zusammenspiel von Angebot und Nachfrage wiedergibt[464]. „Künstlich" und „anormal" sind hierbei als Synonyme zu deuten.[465]

---

[459] Schwark/Zimmer/*Zimmer/Bator*, KMRK, Art. 12 VO (EU) 596/2014 Rn. 84; vgl. Assmann/Schneider/Mülbert/*Mülbert*, Wertpapierhandelsrecht, Art. 12 VO (EU) Nr. 596/2014 Rn. 48.

[460] Assmann/Schneider/Mülbert/*Mülbert*, Wertpapierhandelsrecht, Art. 12 VO (EU) Nr. 596/2014 Rn. 48; differenzierter *Schmolke*, AG 2016, 434, 441–442, laut dem Art. 12 Abs. 1 lit. a) MAR ein effektbasierter Ansatz, Art. 12 Abs. 1 lit. b) MAR eine spezifische Mittel-Effekt-Relation und Art. 12 Abs. 1 lit. c) MAR eine spezifische Tathandlung zugrunde liegt, bei jeder Tatbestandsvariante aber zumindest ein potenzieller Effekt verlangt wird; von einem „*effects based approach*" der MAR spricht auch *Avgouleas*, The Mechanics and Regulation of Market Abuse, S. 107.

[461] *Bayram*, Manipulative Handelspraktiken gem. Art. 12 MAR, S. 61 § 3; Meyer/Veil/Rönnau/*Teigelack*, HdB Marktmissbrauchsrecht, § 13 Rn. 50; siehe auch *Scheible/Kauffmann*, NZWiSt 2014, 166, 169 bzgl. der damaligen Regelung unter § 20a Abs. 1 S. 1 Nr. 2 Var. 2 WpHG a.F. und § 3 Abs. 1 MaKonV.

[462] So der BGH zum § 20a WpHG a.F.: BGH, Urt. v. 27.11.2013 – 3 StR 5/13 –, BGHSt 59, 80–94 Ls. 1, Rn. 18; BGH, Beschl. v. 25.02.2016 – 3 StR 142/15 = NZG 2016, 751, 753 Rn. 23. Zum Art. 12 MAR: Schwark/Zimmer/*Zimmer/Bator*, KMRK, Art. 12 VO (EU) 596/2014 Rn. 30; Meyer/Veil/Rönnau/*Teigelack*, HdB Marktmissbrauchsrecht, § 13 Rn. 51 mit Verweis auf die Literatur zum alten deutschen Recht.

[463] Assmann/Schneider/Mülbert/*Mülbert*, Wertpapierhandelsrecht, Art. 12 VO (EU) Nr. 596/2014 Rn. 68; Assmann/Schütze/Buck-Heeb/*Worms*, KapAnlR-HdB, § 10 Rn. 40; Meyer/Veil/Rönnau/*Anschütz/Kunzelmann*, HdB Marktmissbrauchsrecht, § 14 Rn. 22; Meyer/Veil/Rönnau/*Teigelack*, HdB Marktmissbrauchsrecht, § 13 Rn. 51 in Bezug auf die Literatur zum alten deutschen Recht; Schwark/Zimmer/*Zimmer/Bator*, KMRK, Art. 12 VO (EU) 596/2014 Rn. 30.

[464] Assmann/Schneider/Mülbert/*Mülbert*, Wertpapierhandelsrecht, Art. 12 VO (EU) Nr. 596/2014 Rn. 68; *Avgouleas*, The Mechanics and Regulation of Market Abuse, S. 109 mit Hinweis auf die Definition der „*price artificiality*" seitens der IOSCO; *Bayram*, Manipulative Handelspraktiken gem. Art. 12 MAR, S. 62 § 3 unter Verweis auf die Definition des „*artificial price*" in der Literatur und Rechtsprechung der USA; *IOSCO*, Investigating and Prosecuting Market Manipulation, May 2000/April 2013, S. 13 zur „*price artificiality*"; Klöhn/*Schmolke*,

Allerdings bleibt auch bei dieser Definition offen, inwiefern zwischen einem auf Angebot und Nachfrage basierenden legitimen Marktgeschehen und einem künstlichen Kursniveau zu unterscheiden ist.[466] Es wird ein Zirkelschluss vollzogen, wenn die Künstlichkeit des Kursniveaus als Resultat einer Kursbeeinflussung beschrieben und damit ein manipulierter Kurs als nicht unmanipulierter Kurs definiert wird.[467]

Zur Abgrenzung eines künstlichen Kursniveaus von einem legitimen Marktgeschehen wird vorgeschlagen, auf die in der Kapitalmarktforschung entwickelten Tests[468] oder die Indikatoren aus dem Anhang zur MAR[469] zurückzugreifen. Allerdings vermögen es die hierzu entwickelten Testverfahren nicht, stets eine befriedigende Abgrenzung zu treffen.[470] Auch stellen die Indikatoren eine lediglich be-

---

MAR, Art. 12 MAR Rn. 54 mit Hinweis auf die „*price artificiality*" nach Maßgabe der IOSCO und ähnlichen Definitionen beim § 20a WpHG a.F. und der US-Rechtsprechung; Schwark/Zimmer/*Zimmer/Bator*, KMRK, Art. 12 VO (EU) 596/2014 Rn. 30; vgl. *Scheible/Kauffmann*, NZWiSt 2014, 166, 169 mit Bezug auf den Begriff des „*artificial price*".

[465] *Bayram*, Manipulative Handelspraktiken gem. Art. 12 MAR, S. 69 § 3; Klöhn/*Schmolke*, MAR, Art. 12 MAR Rn. 54; vgl. Meyer/Veil/Rönnau/*Anschütz/Kunzelmann*, HdB Marktmissbrauchsrecht, § 14 Rn. 22; vgl. Schwark/Zimmer/*Zimmer/Bator*, KMRK, Art. 12 VO (EU) 596/2014 Rn. 30 Fn. 99.

[466] Klöhn/*Schmolke*, MAR, Art. 12 MAR Rn. 54; *Schmolke*, AG 2016, 434, 440; zur Problematik der IOSCO-Definition siehe auch *Avgouleas*, The Mechanics and Regulation of Market Abuse, S. 109.

[467] Vgl. *Bayram*, Manipulative Handelspraktiken gem. Art. 12 MAR, S. 62 § 3; vgl. Meyer/Veil/Rönnau/*Teigelack*, HdB Marktmissbrauchsrecht, § 13 Rn. 51; vgl. Park/*Saliger*, Kapitalmarktstrafrecht, §§ 119 Abs. 1, Abs. 4, 120 Abs. 2 Nr. 3, Abs. 15 Nr. 2 WpHG i.V.m. Art. 15, 12 MAR Rn. 91.

[468] Assmann/Schneider/Mülbert/*Mülbert*, Wertpapierhandelsrecht, Art. 12 VO (EU) Nr. 596/2014 Rn. 68–69; Klöhn/*Schmolke*, MAR, Art. 12 MAR Rn. 55; *Schmolke*, AG 2016, 434, 440.

[469] *Bayram*, Manipulative Handelspraktiken gem. Art. 12 MAR, S. 75–111 § 3 S. 178–184 § 5, der auf die Indikatoren aus Anhang I der MAR und die Beispielpraktiken der delegierten Verordnung (EU) 2016/522 zurückgreifen, den Anwendungsbereich des Marktmanipulationsverbots aber für effizienzsteigernde Handelspraktiken teleologisch reduzieren will; vgl. Park/*Saliger*, Kapitalmarktstrafrecht, §§ 119 Abs. 1, Abs. 4, 120 Abs. 2 Nr. 3, Abs. 15 Nr. 2 WpHG i.V.m. Art. 15, 12 MAR Rn. 91; vgl. Meyer/Veil/Rönnau/*Anschütz/Kunzelmann*, HdB Marktmissbrauchsrecht, § 14 Rn. 22; vgl. *Schmolke*, AG 2016, 434, 440; im Ansatz auch *Stein*, Fundamentalanalyse und Börsenkurs, S. 263, der sich mit Blick auf die Frage nach einer Manipulation, die einer Börsenkursorientierung bei Abfindungen entgegensteht, auf die Konkretisierung des Manipulationsverbots nach § 20a WpHG a.F. durch die MaKonV bezieht.

[470] Assmann/Schneider/Mülbert/*Mülbert*, Wertpapierhandelsrecht, Art. 12 VO (EU) Nr. 596/2014 Rn. 69; *Bayram*, Manipulative Handelspraktiken gem. Art. 12 MAR, S. 70–73 § 3; Klöhn/*Schmolke*, MAR, Art. 12 MAR Rn. 56; *Schmolke*, AG 2016, 434, 440; Schwark/Zimmer/*Zimmer/Bator*, KMRK, Art. 12 VO (EU) 596/2014 Rn. 30; zu den Problemen des *Effect-based Approach* und der hierbei vorgeschlagenen Testverfahren des *Historical Approach* und *des Unusual Price Test* auch *Avgouleas*, The Mechanics and Regulation of Market Abuse, S. 109–111.

grenzte Auslegungshilfe dar.[471] Der BGH sieht bei der Vorgängernorm des § 20a WpHG a.F. Vergleiche des bisherigen Kursverlaufs und Umsatzes sowie die Kurs- und Umsatzentwicklung am Tag der vermeintlichen Manipulationshandlung und die Ordergröße als ausreichende Indizien an.[472] Im Wege dessen können oftmals aber nur besonders deutliche Kursbeeinflussungen aufgedeckt werden.[473] Zum Teil wird auch ein subjektives Element zur Bestimmung der Manipulation verlangt.[474] Der Nachweis eines solchen Elements geht aber mit weiteren Unsicherheiten einher.[475] Ohnehin widerspricht dieses Vorgehen der gesetzgeberischen Intention.[476]

Eine weitergehende Stellungnahme dahingehend, wie ein künstliches oder anormales Kursniveau zu bestimmen und wann von einer Marktmanipulation nach Art. 12 MAR auszugehen ist, geht am Thema dieser Arbeit vorbei. Letztlich ist festzuhalten, dass eine sichere Abgrenzung legitimen Marktverhaltens von Manipulationen nach dem aktuellen Forschungsstand nicht möglich ist. Zudem bestehen Unstimmigkeiten, ab wann von einem künstlichen bzw. anormalen Kursniveau gesprochen werden kann.

Auch das Merkmal der Markttäuschungseignung ist von einer Unschärfe geprägt. Hierfür wird auf die *Ex-ante*-Sicht eines verständigen Anlegers abgestellt.[477] Dieser Begriff wird aber nicht weiter in der Verordnung konkretisiert[478] und ist

[471] *Bayram*, Manipulative Handelspraktiken gem. Art. 12 MAR, S. 180 § 5.

[472] BGH, Urt. v. 06.11.2003 – 1 StR 24/03 –, BGHSt 48, 373–386 Rn. 30; BGH, Beschl. v. 04.12.2013 – 1 StR 106/13 –, BGHSt 59, 105–119 Rn. 42; BGH, Beschl. v. 25.02.2016 – 3 StR 142/15 = NZG 2016, 751–754, (753 Rn. 24); Schwark/Zimmer/*Zimmer/Bator*, KMRK, Art. 12 VO (EU) 596/2014 Rn. 31.

[473] Schwark/Zimmer/*Zimmer/Bator*, KMRK, Art. 12 VO (EU) 596/2014 Rn. 31.

[474] Park/*Saliger*, Kapitalmarktstrafrecht, §§ 119 Abs. 1, Abs. 4, 120 Abs. 2 Nr. 3, Abs. 15 Nr. 2 WpHG i.V.m. Art. 15, 12 MAR Rn. 92; dies ablehnend: Assmann/Schneider/Mülbert/*Mülbert*, Wertpapierhandelsrecht, Art. 12 VO (EU) Nr. 596/2014 Rn. 70; *Bayram*, Manipulative Handelspraktiken gem. Art. 12 MAR, S. 73–75 § 3; Klöhn/*Schmolke*, MAR, Art. 12 MAR Rn. 57; kritisch zum „*Intend-based Approach*“ *Avgouleas*, The Mechanics and Regulation of Market Abuse, S. 111–113.

[475] Assmann/Schneider/Mülbert/*Mülbert*, Wertpapierhandelsrecht, Art. 12 VO (EU) Nr. 596/2014 Rn. 70; vgl. Klöhn/*Schmolke*, MAR, Art. 12 MAR Rn. 57.

[476] Assmann/Schneider/Mülbert/*Mülbert*, Wertpapierhandelsrecht, Art. 12 VO (EU) Nr. 596/2014 Rn. 70; *Bayram*, Manipulative Handelspraktiken gem. Art. 12 MAR, S. 74–75 § 3; Klöhn/*Schmolke*, MAR, Art. 12 MAR Rn. 57; dies gesteht auch Park/*Saliger*, Kapitalmarktstrafrecht, §§ 119 Abs. 1, Abs. 4, 120 Abs. 2 Nr. 3, Abs. 15 Nr. 2 WpHG i.V.m. Art. 15, 12 MAR Rn. 92 ein.

[477] Assmann/Schneider/Mülbert/*Mülbert*, Wertpapierhandelsrecht, Art. 12 VO (EU) Nr. 596/2014 Rn. 64; Schwark/Zimmer/*Zimmer/Bator*, KMRK, Art. 12 VO (EU) 596/2014 Rn. 25.

[478] *Kumpan/Misterek*, ZHR 2020, 180, 186, 220 hins. der Figur des verständigen Anlegers als Maßstab für eine Insiderinformation; *Langenbucher*, AG 2016, 417, 422 bzgl. des Insiderhandelsverbots und der Publizitätspflicht.

teilweise Kritik ausgesetzt[479]. Zu dessen Interpretation werden verschiedene Ansätze vertreten.[480] Auch wird der Wahrscheinlichkeitsgrad eines falschen oder irreführenden Signals nicht im Gesetz genannt.[481] Teile der Literatur fordern eine weitere Konkretisierung in Gestalt einer überwiegenden Wahrscheinlichkeit.[482] Die Markttäuschungseignung weist insbesondere unter Berücksichtigung der Tatsache, dass nebst Geschäften und Handelsaufträgen auch jede andere Handlung als Tatinstrument ausreichen kann, eine hohe Unschärfe auf.[483] Dem kann auch nicht mittels der Indikatoren und ihrer Konkretisierungen vollständig abgeholfen werden.[484]

Auch bei dieser Problematik würde eine weitergehende Stellungnahme über die relevante Thematik hinausgehen. Von Bedeutung ist hier lediglich der Umstand, dass es oftmals unklar sein dürfte, ab wann von einer Markttäuschungseignung auszugehen ist.

Mithin ist das Manipulationsverbot mit einer hohen Unsicherheit verbunden. Der weitgefasste Manipulationsbegriff der MAR geht mit Abgrenzungsschwierigkeiten zwischen legitimen und manipulativen Verhaltensweisen einher.[485] Dies kommt auch bei einer kriminalpolitischen Betrachtung der Marktmanipulation sowie des Insiderhandelsverbots zur Geltung. Demnach wird die Strafverfolgung insbesondere aufgrund der unbestimmten Rechtsbegriffe dieser Normen gehemmt.[486] Folglich ist davon auszugehen, dass nicht alle Fälle von Art. 12, 15 MAR in der Praxis

---

[479] Park/*Saliger*, Kapitalmarktstrafrecht, §§ 119 Abs. 1, Abs. 4, 120 Abs. 2 Nr. 3, Abs. 15 Nr. 2 WpHG i. V. m. Art. 15, 12 MAR Rn. 88–89, der dieser Rechtsfigur aufgrund eines möglichen irrationalen Anlegerverhaltens eine Scheinobjektivierung anlastet sowie auf die Problematik der näheren Bestimmung des Anlegerniveaus hinweist und eine restriktivere Konkretisierung verlangt; a. A. Assmann/Schneider/Mülbert/*Mülbert*, Wertpapierhandelsrecht, Art. 12 VO (EU) Nr. 596/2014 Rn. 64–65.

[480] Zwecks einer Übersicht zu den verschiedenen Ansätzen und der Rechtspraxis in Deutschland siehe *Kumpan/Misterek*, ZHR 2020, 180, 181, 186, 189–200, 220.

[481] Assmann/Schneider/Mülbert/*Mülbert*, Wertpapierhandelsrecht, Art. 12 VO (EU) Nr. 596/2014 Rn. 66; *Bayram*, Manipulative Handelspraktiken gem. Art. 12 MAR, S. 57 § 3.

[482] Assmann/Schneider/Mülbert/*Mülbert*, Wertpapierhandelsrecht, Art. 12 VO (EU) Nr. 596/2014 Rn. 66; Schwark/Zimmer/*Zimmer/Bator*, KMRK, Art. 12 VO (EU) 596/2014 Rn. 26; dies unter grammatikalischer Argumentation ablehnend Meyer/Veil/Rönnau/*Anschütz/Kunzelmann*, HdB Marktmissbrauchsrecht, § 14 Rn. 23; offen hingegen Assmann/Schütze/Buck-Heeb/*Worms*, KapAnlR-HdB, § 10 Rn. 39.

[483] Schwark/Zimmer/*Zimmer/Bator*, KMRK, Art. 12 VO (EU) 596/2014 Rn. 27.

[484] Schwark/Zimmer/*Zimmer/Bator*, KMRK, Art. 12 VO (EU) 596/2014 Rn. 27.

[485] *Bayram*, Manipulative Handelspraktiken gem. Art. 12 MAR, S. 178 § 5; auch bei *Mock/Stüber*, Das neue Wertpapierhandelsrecht, S. 36 Rn. 111 wird auf die geringe Konturschärfe der Neuregelung des Manipulationsverbots hingewiesen; die Unschärfe des Art. 12 Abs. 1 lit. a) MAR anmerkend Schwark/Zimmer/*Zimmer/Bator*, KMRK, Art. 12 VO (EU) 596/2014 Rn. 9, 27; kritisch hins. der Bestimmtheit des Manipulationsverbots Schwark/Zimmer/*Zimmer/Bator*, KMRK, Art. 15 VO (EU) 596/2014 Rn. 10–11.

[486] MüKo-StGB/*Pananis*, § 119 WpHG Rn. 14–15 mit Verweis auf Statistiken zur Anzeige und Verurteilung.

aufgedeckt werden und oftmals Abgrenzungsprobleme zum legalen Marktverhalten bestehen. Mithin dürfte der Nichtberücksichtigungsgrund der Kursmanipulation oftmals nicht zum Einsatz kommen, sofern man lediglich auf einen Verstoß gegen Art. 12, 15 MAR abstellt.

b) Kursmanipulationen im Kontext der Unternehmensbewertung

Fraglich ist, inwiefern Kursmanipulationen im Kontext der Unternehmensbewertung zu beurteilen sind, sofern sie als Grund für eine Nichtberücksichtigung des Börsenkurses herangezogen werden.

Zunächst sei erwähnt, dass bei einem Verstoß gegen Art. 12, 15 MAR der Ausnahmefall der Kursmanipulation grundsätzlich greifen sollte.[487] Schließlich entspricht der Börsenkurs in solchen Fällen nicht mehr den Vorgaben des Verordnungsgebers.[488] Dabei dürfte bereits die Kursmanipulations- oder Markttäuschungseignung für eine Ablehnung des Börsenkurses ausreichen.[489] So ist der Einfluss einer etwaigen Manipulationshandlung oftmals nicht sicher nachweisbar, da der Börsenkurs nur als Ergebnis des Preisbildungsprozesses einsehbar ist. Bereits bei einer wahrscheinlichen Kursmanipulation oder Markttäuschung bestehen derart hohe Zweifel an der Bewertungseignung des Börsenkurses, sodass er nicht bei einer Unternehmensbewertung herangezogen werden sollte. Diesen Gedanken scheint auch der Gesetzgeber bei der Normierung des § 255 Abs. 5 S. 2 Nr. 2 AktG zu verfolgen. Demnach greift der Ausnahmefall bereits bei einem Verstoß gegen Art. 15 MAR, welcher dazu geeignet war, den Börsenkurs zu beeinflussen.

Vor dem Hintergrund der Unschärfe des Manipulationsverbots der MAR und des fehlenden Sanktionscharakters der Fälle einer Nichtberücksichtigung des Börsenkurses bietet es sich aber an, den Fall der Kursmanipulation im Kontext der Unternehmensbewertung über Verstöße gegen Art. 12, 15 MAR hinaus auszuweiten. Wie bereits bei der Marktenge liegt eine Auffangregelung nahe.[490]

Da mögliche Kursverzerrungen herausgefiltert werden sollen, erscheint eine nähere Kursanalyse angebracht, welche auf Manipulationen hinweisen kann.

---

[487] Zu weiteren Folgefragen bzgl. den Gründen für eine Nichtberücksichtigung des Börsenkurses in Form von Gesetzes- und Verordnungsverstößen siehe: § 6 A.III.5.

[488] Vgl. *Gude*, Strukturänderungen und Unternehmensbewertung zum Börsenkurs, S. 405 § 20 zum § 20a WpHG a.F.

[489] Siehe auch *Stein*, Fundamentalanalyse und Börsenkurs, S. 263, der eine Manipulation lediglich als Anhaltspunkt für die Frage nach der Bewertungseignung des Börsenkurses im Rahmen des richterlichen Ermessens nach § 287 Abs. 2 ZPO ansieht und hierbei die bloße Einwirkungseignung als ein im Vergleich zur tatsächlichen Einwirkung abgestuftes Indiz wertet.

[490] Hins. einer Auffanggeneralklausel bzgl. Anhaltspunkten für eine Manipulation wie auch der Illiquidität bereits *Morell*, AcP 2017, 61, 105.

Seitens der Wirtschaftswissenschaften werden zur Aufdeckung manipulierter Kurse Tests zur *price artificiality* durchgeführt. Auch wird mittels der *Forensic Finance* vorgegangen.

So existieren verschiedene Tests zur sog. *price artificiality.*[491] Wie bereits erwähnt werden derartige Testverfahren zum Teil schon im Rahmen der Feststellung eines künstlichen Kursniveaus beim Art. 12 Abs. 1 MAR ins Feld geführt. Die Auffangregelung ist aber losgelöst von einem Verstoß gegen Art. 12, 15 MAR zu betrachten. Anders als beim Verstoß gegen das Manipulationsverbot kommt es auf keine bestimmte Tathandlung an. Vielmehr geht es um die Vermutung manipulierter Kurse. Dementsprechend ist die Auffangregelung auch auf eine Kursbeeinflussung zu beschränken, sodass hierbei nicht bereits die Markttäuschungs- oder Kursmanipulationseignung ausreicht und auch kein Versuch der Marktmanipulation erfasst ist.[492]

Zum einen wurde der *historical approach* (historischer Ansatz) entwickelt, bei welchem ein hypothetischer, anhand historischer Daten gebildeter Kurs mit der tatsächlichen Kursentwicklung verglichen wird.[493] Andernorts wird der *unusual price test* vorgenommen, nach dem ungewöhnliche Preisentwicklungen auf ein künstliches Kursniveau hindeuten sollen und ein Vergleich des Kurses ähnlicher oder verbundener Finanzinstrumente gezogen wird.[494] Die IOSCO schlägt eine Berücksichtigung historischer Kurse und einen *Peer-Group*-Vergleich vor[495], womit sie Elemente des *historical approach* und des *unusual price test* kombiniert[496].

[491] Assmann/Schneider/Mülbert/*Mülbert*, Wertpapierhandelsrecht, Art. 12 VO (EU) 596/2014 Rn. 69; *Avgouleas*, The Mechanics and Regulation of Market Abuse, S. 109–111; Klöhn/*Schmolke*, MAR, Art. 12 MAR Rn. 55. Zur Begriffsnähe des „*artificial price*" bzw. der „*price artificiality*" und des „künstlichen Kursniveaus" bzw. „künstlichen Preisniveaus" siehe *Bayram*, Manipulative Handelspraktiken gem. Art. 12 MAR, S. 62 § 3; Klöhn/*Schmolke*, MAR, Art. 12 MAR Rn. 54; *Scheible/Kauffmann*, NZWiSt 2014, 166, 169; *Schmolke*, AG 2016, 434, 440.

[492] Dementsprechend greift auch die bei *Bayram*, Manipulative Handelspraktiken gem. Art. 12 MAR, S. 71 § 3 und *Schmolke*, AG 2016, 434, 440 angeführte Kritik, dass die Tests zur *price artificiality* nicht den Versuch der Manipulation bzw. die Eignung zur Herbeiführung oder Aufrechterhaltung eines künstlichen Kursniveaus abdecken, bei dieser Auffangregelung nicht.

[493] Assmann/Schneider/Mülbert/*Mülbert*, Wertpapierhandelsrecht, Art. 12 VO (EU) 596/2014 Rn. 69; *Avgouleas*, The Mechanics and Regulation of Market Abuse, S. 109–110; Klöhn/*Schmolke*, MAR, Art. 12 MAR Rn. 55.

[494] Assmann/Schneider/Mülbert/*Mülbert*, Wertpapierhandelsrecht, Art. 12 VO (EU) 596/2014 Rn. 69; *Avgouleas*, The Mechanics and Regulation of Market Abuse, S. 110–111; vgl. Klöhn/*Schmolke*, MAR, Art. 12 MAR Rn. 55; siehe auch *Piltz*, ZGR 2001, 185, 201, der im Rahmen einer Abfindung bei der Untersuchung eines Börsenkurses auf Manipulationen einen Vergleich mit den Börsenkursen anderer, vorzugsweise branchengleicher, Unternehmen vornehmen will.

[495] *Bayram*, Manipulative Handelspraktiken gem. Art. 12 MAR, S. 70–71 § 3; *IOSCO*, Investigating and Prosecuting Market Manipulation, May 2000/April 2013, S. 12–13.

Dem historischen Ansatz ist entgegenzuhalten, dass er bei jüngeren Wertpapieren mangels historischer Daten nicht angewendet werden kann.[497] Überdies vermögen es rein historische Werte nicht, mit vollständiger Sicherheit auf die Zukunft zu schließen und spätere Entwicklungen abzubilden.[498] Unerwartete, noch nicht angelegte Entwicklungen bleiben hierbei unberücksichtigt.[499] Auch müssen Kurse sich nicht zwingend kontinuierlich linear bewegen.[500] Ferner wird man bei der bloßen Betrachtung der Kursverläufe regelmäßig keine Abgrenzung zwischen Manipulationen und der reinen Erwartungshaltung des Marktes mitsamt etwaiger Spekulationen treffen können.[501]

Gegen den *unusual price test* spricht, dass die herangezogenen Vergleichswerte ebenfalls manipuliert sein könnten und sich dementsprechend nicht für einen Vergleich eignen.[502] Zudem können Abweichungen zu den Kursen vergleichbarer Unternehmen auch auf strategischen Entscheidungen beruhen.[503] Weiterhin ist die Auswahl von Vergleichswerten mit einer gewissen Subjektivität verbunden, was mit einer erhöhten Unsicherheit und einer gewissen Willkür einhergeht. Ohnehin entsprechen die Lage und Entwicklung eines Vergleichsunternehmens nicht exakt derer der zu bewertenden Gesellschaft, sodass Unterschiede im Börsenkurs nicht notwendigerweise auf eine Manipulation hindeuten müssen.

Eine Abschwächung dieser Problematik könnte über eine gleichzeitige Verwendung beider Tests – ähnlich wie von der IOSCO verlangt – geschehen. Indem Abweichungen sowohl von historischen Kursen als auch von Vergleichswerten gefordert werden, kann der unsicheren Aussagekraft der separaten Tests zumindest ansatzweise entgegengewirkt werden. Zudem dürften jedenfalls besonders hohe und auffällige Abweichungen von historischen Kursen und Vergleichswerten eher auf einen manipulierten oder verzerrten Börsenkurs als auf ungeeignete Testverfahren hindeuten. Das erforderliche Ausmaß der Abweichung hängt vom individuellen Einzelfall ab, wie etwa der bisherigen Kursbewegungen und der zur Verfügung stehenden Datengrundlage, wobei im Zweifel eine Orientierung an einer Wesentlichkeitsschwelle von 5 % in Anlehnung an den § 39 Abs. 3 S. 4 BörsG in Betracht

[496] *Bayram*, Manipulative Handelspraktiken gem. Art. 12 MAR, S. 70 § 3; Klöhn/*Schmolke*, MAR, Art. 12 MAR Rn. 55 Fn. 182.

[497] Klöhn/*Schmolke*, MAR, Art. 12 MAR Rn. 56; vgl. *Avgouleas*, The Mechanics and Regulation of Market Abuse, S. 110.

[498] *Avgouleas*, The Mechanics and Regulation of Market Abuse, S. 110.

[499] Klöhn/*Schmolke*, MAR, Art. 12 MAR Rn. 56.

[500] *Avgouleas*, The Mechanics and Regulation of Market Abuse, S. 110.

[501] *Weber*, ZGR 2004, 280, 291–292.

[502] *Avgouleas*, The Mechanics and Regulation of Market Abuse, S. 111.

[503] *Burger*, Die Maßgeblichkeit von Börsekursen für die Bemessung der Barabfindung beim Gesellschafterausschluss, S. 106.

kommt.[504] Um einer etwaigen Willkür entgegenzuwirken, ist zudem eine nachvollziehbare Begründung der gewählten Werte im konkreten Einzelfall zu fordern.

Beiden Tests zur *price artificiality* ist jedoch gemein, dass sie lediglich eine ungewöhnliche Kursentwicklung, nicht aber einen künstlichen, da manipulierten Preis indizieren können.[505] So können die Abweichungen nicht nur Manipulationen, sondern auch dem Verhalten der *Noise Trader* geschuldet sein.[506]

Hinsichtlich einer Sanktion der Marktmanipulation mag dieser Kritikpunkt bedeutsam sein. Bezüglich der hier erörterten Problemstellung sollten aber bereits auffällige Abweichungen ausreichen. So kommt der Ablehnung der Börsenkursorientierung bei einer Unternehmensbewertung keine Sanktionswirkung zu. Vielmehr steht im Vordergrund, Börsenkurse mit mangelnder oder zweifelhafter Aussagekraft ausfindig zu machen und nicht in die Bewertung einfließen zu lassen. Weicht der Börsenkurs stark von Vergleichswerten und historischen Kursen ab, so bestehen berechtigte Zweifel an dessen Aussagekraft. Bei der Ermittlung des quotalen Unternehmenswerts ist es unbeachtlich, ob die Kursentwicklungen auf gezielten Manipulationen oder lediglich dem Verhalten der *Noise Trader* beruhen. Schließlich führen irrationale Verzerrungen ebenso zu einer Ablehnung des Börsenkurses bei der Bestimmung des quotalen Unternehmenswerts. Sofern der Börsenkurs den Deinvestitionswert darstellen soll, sind irrationale Verzerrungen hingegen unbeachtlich. Allerdings bestehen im Rahmen abfindungsauslösender Maßnahmen hohe Anreize zur Kursbeeinflussung für beide Seiten und auch Mittel dazu, sodass eine Manipulation durchaus naheliegt, wenn anerkannte Testverfahren darauf hinweisen. In Anbetracht der Gefahr unerkannter Manipulationen ist die Möglichkeit einer bloß irrationalen Verzerrung hinzunehmen.

Allerdings ist es möglich, dass einem Börsenkurs auch bei einem ungewöhnlichen Verlauf eine Aussagefähigkeit zukommt. So könnte sich eine bestimmte Unternehmensstrategie und eine berechtigte Erwartungshaltung der Marktteilnehmer in ihm widerspiegeln. In derartigen Fällen gehen weder Manipulationen noch irrationale Verhaltensweisen in die Preisbildung ein. Sofern jedoch eine deutliche Abweichung von historischen Kursen und Vergleichswerten nachgewiesen wird, liegt eine Kursverzerrung eher nahe als ein zwar aussagefähiger, aber ungewöhnlicher Kurs. Unter Berücksichtigung des Umstands, dass ein verzerrter Börsenkurs wohl den Regelfall darstellt,[507] und der im Rahmen etwaiger Kursbeeinflussung durch

---

[504] Zur Ablehnung einer solchen Wesentlichkeitsschwelle bei Gesetzes- und Verordnungsverstößen siehe aber: § 6 A.III.5.b).

[505] *Bayram*, Manipulative Handelspraktiken gem. Art. 12 MAR, S. 73 § 3.

[506] Vgl. *Bayram*, Manipulative Handelspraktiken gem. Art. 12 MAR, S. 70 § 3, der sich hierbei aber nicht auf die Tests zur *price artificiality*, sondern zur Abweichung des Börsenkurses vom Fundamentalwert bezieht.

[507] Siehe: § 2 E.III., F.

den Abfindungspflichtigen unterlegenen Machtstellung der Abfindungsberechtigten[508] ist dieses Risiko dennoch aussagefähiger Kurse hinnehmbar.

Mithin liegt es nahe, bei deutlichen Hinweisen auf eine Marktmanipulation durch anerkannte Testverfahren, die sowohl historische Kurse des Unternehmens als auch Vergleichswerte berücksichtigen, eine Kursmanipulation zu vermuten und von einer Börsenkursorientierung ungeachtet eines Verstoßes gegen Art. 12, 15 MAR grundsätzlich[509] abzusehen. Der Gutachter hat hierbei die von ihm herangezogenen Werte anhand des individuellen Einzelfalls nachvollziehbar zu begründen. Angesichts der dennoch bestehenden Unsicherheiten der Tests zur *price artificiality* und der Möglichkeit eines legitimen Marktverhaltens sind strenge Anforderungen an diese Vermutung zu stellen. Aufgrund dessen ist der Umstand, dass unerkannte Manipulationen bei einem eingeschränkten Anwendungsbereich der Auffangregelung fortbestehen können, hinzunehmen. Der erhöhte Aufwand eines derartigen Verfahrens ist vor dem Hintergrund zu begrüßen, dass es sich um eine Auffangregelung handelt und gerade kein Verstoß gegen das Manipulationsverbot vorliegt.[510]

Teilweise wird vertreten, Kapitalmarktdaten im Wege der sog. *Forensic Finance* zu untersuchen.[511] Hierbei wird eine erwartete Rendite mittels des CAPM oder eines Mehrfaktormodells ermittelt, sodass eine etwaige abnormale Rendite anhand der Differenz zwischen der erwarteten und der realisierten Rendite aufgezeigt werden kann.[512] Dies könnte zum Nachweis einer Marktmanipulation und einer Ermittlung des „wahren", nicht manipulierten Wertes einer Aktie genutzt werden.[513] Allerdings baut die *Forensic Finance* auf der Effizienzmarkthypothese auf.[514] Die Schlussfolgerungen in den vorherigen Kapiteln legen aber gerade eine Ablehnung der Idee des grundlegend effizienten Marktes nahe. Andererseits dürfte dieses Vorgehen Abweichungen vom Idealzustand offenbaren können, die es gerade aufzudecken gilt. Schließlich legt eine abnormale Rendite Zweifel an der Aussagekraft des Börsenkurses nahe. In Anbetracht dessen kann dieses Vorgehen ein Indiz für eine Manipulation oder eine Kursverzerrung liefern. Dementsprechend kann auf die Kritik an den Tests zum *artificial price* hinsichtlich der lediglich ungewöhnlichen Kursentwicklung verwiesen werden. Diese wird aber ebenso abgeschwächt, sofern eine besonders hohe abnormale Rendite und damit ein deutliches Analyseergebnis ge-

---

[508] Siehe: § 4.

[509] Zur Problematik positiv wirkender Manipulationen sowohl bei MAR-Verstößen als auch bei der Auffangregelung bzgl. einer alleinigen Abbildung des quotalen Unternehmenswerts, des indirekten Marktbezugs und des Deinvestitionswerts siehe: § 6 A.III.5.e).

[510] Siehe hierzu die Erläuterungen im Rahmen der Darlegungs- und Beweislast (§ 6 A. III.7.).

[511] *Berninger/Kiesel/Schiereck*, BKR 2018, 408, 408–409, 412; *Ritter*, Journal of Economic Perspectives, 2008, Vol. 22, No. 3, 127, 127–128, 144–146.

[512] *Berninger/Kiesel/Schiereck*, BKR 2018, 408, 409–412.

[513] *Berninger/Kiesel/Schiereck*, BKR 2018, 408, 408–409.

[514] *Berninger/Kiesel/Schiereck*, BKR 2018, 408, 408–409.

fordert wird. Dabei hängt die erforderliche Höhe der abnormalen Rendite von den Umständen des Einzelfalls ab.[515]

Da bei einem Verfahren nach Maßgabe der *Forensic Finance* vergangene Kursverläufe und hinsichtlich der Bestimmung der Marktrendite Vergleichswerte herangezogen werden[516], gilt die Kritik zum *historical approach* und zum *unusual price test* ebenso wie ihre zumindest ansatzweise Entkräftung. In Anbetracht der weiterhin bestehenden Unsicherheit dieses Vorgehens und eines möglicherweise legitimen Marktverhaltens sind auch hier strenge Anforderungen an die Manipulationsvermutung zu stellen. Um einer möglichen Willkür entgegenzuwirken, sollte die Auswahl des konkreten Faktormodells[517], der Vergleichswerte[518] und des untersuchten Zeitraums[519] vom Sachgutachter nachvollziehbar begründet werden. Vor diesem Hintergrund erscheint ein Vorgehen mittels der *Forensic Finance* im Rahmen der Auffangregelung ebenso angebracht wie das bereits erörterte Testverfahren hinsichtlich der *price artificiality.* Allerdings orientiert man sich bei einer solchen Analyse an einem konkreten Ereignis, welches auf eine mögliche Manipulation hin untersucht wird. Demgemäß kann dieses Verfahren erst bei einem Verdacht hinsichtlich einer Manipulation in einem ungefähren Ereigniszeitraum zum Einsatz kommen, da nur dann gezielt ein Ereignisfenster gesetzt werden kann.[520]

Mithin empfiehlt es sich, eine Manipulation zu vermuten und eine Börsenkursorientierung auch ohne einen Verstoß gegen Art. 12, 15 MAR abzulehnen, sofern anerkannte Verfahren, d. h. ein Test zur *price artificiality* oder eine Analyse gemäß der *Forensic Finance*, deutlich auf eine solche hinweisen. An diese Vermutung sollten hohe Anforderungen gestellt werden. Im Rahmen dessen sind sowohl historische Kurse des Unternehmens als auch Vergleichswerte zu berücksichtigen, wobei es einer nachvollziehbaren Begründung hinsichtlich der Auswahl einzelner Parameter bedarf.

Weitergehende Anforderungen an diese Auffangregelung sind grundsätzlich nicht zielführend.

---

[515] Anders als bei den Tests zur *price artificiality* erscheint eine grundsätzliche Orientierung an einer Wesentlichkeitsschwelle von 5 % vor dem Hintergrund, dass bereits eine abnormale Rendite von 3 % als selten und idealtypisch betrachtet wird (so *Berninger/Kiesel/Schiereck*, BKR 2018, 408, 411), nicht zielführend.

[516] Vgl. *Berninger/Kiesel/Schiereck*, BKR 2018, 408, 410–411.

[517] Zu den verschiedenen Faktormodellen zur Bestimmung der abnormalen Rendite im Rahmen der *Forensic Finance* siehe *Berninger/Kiesel/Schiereck*, BKR 2018, 408, 411–412.

[518] Zu den Portfolios bei der Festlegung der Marktrendite siehe *Berninger/Kiesel/Schiereck*, BKR 2018, 408, 410.

[519] Zur Schätzperiode und zum Ereignisfenster siehe *Berninger/Kiesel/Schiereck*, BKR 2018, 408, 411.

[520] Siehe hins. des zu untersuchenden Ereignisfensters *Berninger/Kiesel/Schiereck*, BKR 2018, 408, 411.

So ist eine weitere Untersuchung hinsichtlich etwaiger effizienzsteigernder Handelspraktiken[521] aufgrund ihrer nur schweren Feststellbarkeit[522] und der Gefahr unerkannter Fehlbepreisungen nicht erforderlich.

Auch eine zusätzliche Befragung des Mehrheitsaktionärs bezüglich seiner Umsätze mit der Aktie[523] ist abzulehnen, da es bei der Auffangregelung nicht auf die konkrete Tathandlung, sondern nur auf die Vermutung manipulierter Kurse ankommen soll. Ohnehin wird hierdurch nur eine handelsgestützte Marktmanipulation durch den Mehrheitsaktionär erfasst.

Da es nicht auf die konkrete Tathandlung ankommt und die Auffangregelung gerade auf verdeckte Manipulationen sowie unklare Sachverhalte abzielt, bedarf es grundsätzlich auch keiner Heranziehung der Indikatoren eines manipulativen Handelns aus Anhang I der MAR und deren Konkretisierungen in Anhang II der delegierten Verordnung (EU) 2016/522.[524]

Zusammengefasst wird beim vorgeschlagenen Modell grundsätzlich ein Verstoß gegen das Manipulationsverbot aus Art. 12, 15 MAR gefordert. Im Wege einer Auffangregelung soll zudem eine Vermutung zur Marktmanipulation aufgrund eines deutlichen Ergebnisses einer Analyse durch etablierte ökonomische Testmethoden unter Berücksichtigung historischer Daten und Vergleichswerte ebenso zur Ablehnung der Börsenkursorientierung gereichen. Durch den Rückgriff auf diese Verfahren wird dem Umstand, dass einige Manipulationen aufgrund der Unschärfe der Art. 12, 15 MAR außer Acht gelassen werden, zumindest ansatzweise Abhilfe geleistet. Auch wird hierdurch zumindest einem Teil der verschleierten Manipulationen entgegengewirkt. Aufgrund der hohen Anforderungen an die Tests kann deren Ungenauigkeit und Unsicherheit entgegengewirkt werden.

c) Erzeugte Kursbereinigung

Weiterhin stellt sich die Frage, ob durch eine Nichtberücksichtigung des Börsenkurses im Falle der Kursmanipulation eine ausreichende Aussonderung nicht bewertungsgeeigneter Börsenkurse stattfinden kann.

---

[521] So der Vorschlag bei *Bayram*, Manipulative Handelspraktiken gem. Art. 12 MAR, S. 110 § 3, S. 181 § 5 zum Art. 12 Abs. 1 lit. a) MAR.

[522] Dies gesteht auch *Bayram*, Manipulative Handelspraktiken gem. Art. 12 MAR, S. 181 § 5 ein.

[523] So der Vorschlag bei *Piltz*, ZGR 2001, 185, 200–201 hins. Abfindungen, laut dem aber auch stets ein Vergleich mit den Kursen anderer Unternehmen stattzufinden hat.

[524] Siehe aber zur Relevanz der Person des Manipulators bei einem als Deinvestitionswert dienenden Börsenkurs und des hierbei naheliegenden Abstellens auf diese Indikatoren und ihre Konkretisierungen im Rahmen der Auffangregelung: § 6 A.III.2.c). Siehe zudem *Schmolke*, AG 2016, 434, 440, der offenlässt, ob die Indikatoren aus Anhang I A der MAR die Abgrenzungsprobleme der Tests zur *price artificiality* zu lösen vermögen.

Eine Ablehnung der Börsenkursorientierung bei Manipulationen erscheint angebracht. Dem verfassungsrechtlichen Prinzip der vollen Kompensation unter Berücksichtigung der Doppelnatur der Aktie werden manipulierte Kurse nicht gerecht.

Schließlich kann der Börsenkurs nicht den Deinvestitionswert abbilden und kommt damit grundsätzlich nicht als Untergrenze in Betracht, wenn er manipuliert wurde.[525] So muss eine hypothetisch freie Deinvestitionsentscheidung frei von Manipulationen sein.[526] Eine Marktmanipulation deutet auf eine unzureichende Funktion des Marktes hin, welche für einen bewertungsrelevanten Deinvestitionswert aber von Nöten ist.[527] Eine realistische Veräußerungsmöglichkeit zu einem manipulierten Kurs ist zu bezweifeln.[528] Insbesondere sollte den Minderheitsaktionären grundsätzlich keine Mindestabfindung zu einem künstlich in die Höhe getriebenen Börsenkurs gestattet werden.[529] Es kann dem Abfindungspflichtigen auch nicht zugemutet werden, eine derart erhöhte Abfindung zu zahlen.

Dient der Börsenkurs als Untergrenze, darf sich der Abfindungspflichtige aber nicht auf eine eigene Marktmanipulation berufen, da dies einen Fall des *venire*

---

[525] BGH, Beschl. v. 12.03.2001 – II ZB 15/00 –, BGHZ 147, 108–125, Rn. 20, wo von einer fehlenden Übereinstimmung des Börsenkurses mit dem Verkehrswert die Rede ist; BeckOGK-SpruchG/*Drescher*, § 8 SpruchG Rn. 6; Fleischer/Hüttemann/*Adolff/Häller*, RhB Unternehmensbewertung, § 18 Rn. 18.52; Fleischer/Hüttemann/*Adolff/Häller*, RhB Unternehmensbewertung, § 21 Rn. 21.86, 21.93; *Gude*, Strukturänderungen und Unternehmensbewertung zum Börsenkurs, S. 168 § 14; Henssler/Strohn/*Paschos*, GesR, § 305 AktG Rn. 23; IDW S 1 (2008) Rn. 16; MünchHdb-GesR-IV/*Krieger*, § 71 Rn. 138; Ziemons/Binnewies/*Ziemons*, HdB-AG, 12. Rn. 12.1009; vgl. *Adolff*, Unternehmensbewertung im Recht der börsennotierten Aktiengesellschaft, S. 342; vgl. *Ruthardt/Hachmeister*, NZG 2014, 41, 43–44; wohl auch BVerfG, Nichtannahmebeschl. v. 26.04.2011 – 1 BvR 2658/10 –, BVerfGK 18, 395–400 Rn. 25, welches aber von einer Methodenoffenheit mit dem Börsenkurs als grds. zu berücksichtigende Untergrenze ausgeht; wohl auch *Riegger/Wasmann*, FS Stilz (2014), S. 509, 511, die sich sowohl auf eine mögliche Alleinmaßgeblichkeit des Börsenkurses als auch seiner Verwendung als Untergrenze der Abfindung beziehen; so wohl auch *Schmidt*, NZG 2020, 1361, 1366, 1368, die zwar von einem Auseinanderfallen von Verkehrswert und Börsenkurs im Falle einer Ad-hoc-Pflichtverletzung, einer Marktmanipulation oder einer Marktenge ausgeht, grds. aber eine alleinige Börsenkursorientierung erwägt; a.A. OLG München, Beschl. v. 14.12.2021 – 31 Wx 190/20 = NZG 2022, 606, 608 Rn. 41 (nrkr.), laut welchem es für einen als Deinvestitionswert heranzuziehenden Börsenkurs nicht auf Kursmanipulationen ankommt.

[526] *Adolff*, Unternehmensbewertung im Recht der börsennotierten Aktiengesellschaft, S. 342.

[527] *Adolff*, Unternehmensbewertung im Recht der börsennotierten Aktiengesellschaft, S. 340–341; vgl. auch *Schmidt*, NZG 2020, 1361, 1366, die bei Verstößen gegen die Ad-hoc-Publizitätspflicht oder das Verbot der Markmanipulation und bei einer Marktenge einen funktionierenden Kapitalmarkt ablehnt und dem Börsenkurs seine Aussagekraft abspricht, allerdings für ein grundsätzliches Abstellen auf den Börsenkurs plädiert; siehe hinsichtlich der an den Deinvestitionswert zu legenden Maßstäbe: § 1 B.I.1.b).

[528] Fleischer/Hüttemann/*Adolff/Häller*, RhB Unternehmensbewertung, § 21 Rn. 21.86, 21.93.

[529] *Meyer*, Abfindung und Unternehmensbewertung, S. 189.

contra factum proprium darstellen würde.[530] Es wäre widersprüchlich und zudem auch missbräuchlich, wenn er den Börsenkurs manipulieren könnte und diesen sodann nicht mehr als Untergrenze der Abfindung mindestens zu gewähren hätte. Somit greift dieser Ausnahmefall nur bei Manipulationen durch einen abzufindenden Aktionär oder Dritte.[531] Angesichts dieser Wertungsgesichtspunkte kommt es zumindest bei der Bestimmung des Deinvestitionswerts auf ein personelles Element im Rahmen des Ausnahmefalls der Kursmanipulation an.[532] Die Erfassung Dritter erscheint vor der andernfalls drohenden Umgehungsgefahr seitens der Abfindungsberechtigten geboten. Der Umstand, dass in diesen Fällen die übrigen abfindungsberechtigten Aktionäre unter dem Verhalten einzelner Aktionäre leiden müssen, ist hinzunehmen. Schließlich deutet bereits eine objektive Manipulation auf einen Börsenkurs hin, der kein Abbild der hypothetischen Veräußerungsmöglichkeit bietet und damit nicht als Deinvestitionswert in Frage kommt. Dabei werden die Interessen der Abfindungsberechtigten auch nicht missachtet. So käme eine Bestimmung des Deinvestitionswerts anhand alternativer Methoden[533] sowie eine weitere Berücksichtigung des Börsenkurses als Untergrenze bei Manipulationen, die erst nach der Veröffentlichung des Abfindungsangebots aufgedeckt werden[534], in Betracht. Darüber hinaus wird ihnen noch eine Abfindung zum quotalen Unternehmenswert anhand einer fundamentalen Bewertung gewährt. Allerdings besteht die Gefahr, dass der Abfindungspflichtige Dritte einschalten könnte, die mittels Manipulationen dafür sorgen würden, dass der Börsenkurs nicht als Untergrenze herangezogen wird. Es wäre unsachgerecht, wenn er von derartigen Verstößen profitieren würde. Somit liegt es nahe, sich auf Manipulationen durch Dritte außerhalb der Sphäre des Abfindungspflichtigen zu beschränken. Demnach sollte bei Manipulationen, welche dem Abfindungspflichtigen zugerechnet werden können und Manipulationen durch Dritte, die in Verbindung zum Abfindungspflichtigen stehen und in dessen Interesse handeln könnten, der Börsenkurs weiterhin als Untergrenze dienen.[535] Da bereits eine objektive Manipulation ausreicht und nur die

---

[530] *Adolff*, Unternehmensbewertung im Recht der börsennotierten Aktiengesellschaft, S. 342.

[531] *Adolff*, Unternehmensbewertung im Recht der börsennotierten Aktiengesellschaft, S. 342.

[532] Siehe zur Problematik des personellen Elements, welches in dieser Arbeit bei einem zur Ermittlung des quotalen Unternehmenswerts herangezogenen Börsenkurs abgelehnt wird: § 6 A.III.5.a)aa).

[533] Zu diesem Vorgehen siehe bereits: § 1 B.I.1.b)bb).

[534] Siehe hierzu: § 6 A.III.5.e).

[535] Zur problematischen Zurechnung von Manipulationen im Kontext der Börsenkursorientierung beim Delisting siehe: *Harnos*, ZHR 2015, 750, 763–767, der auf die zivilrechtliche Zurechnungsnorm des § 31 BGB hins. Repräsentanten des Bieters oder des Emittenten und die Maßgaben aus § 2 Abs. 5, 6 WpÜG sowie § 31 Abs. 4 bis 6 WpÜG i.V.m. § 4 WpÜG-AngebVO hins. mit jenen gemeinsam handelnden Personen und ihrer Tochterunternehmen zurückgreifen will; *Krug*, Der Rückzug von der Börse, S. 233–236, 240 § 11, die ebenso den § 31 BGB und den § 2 Abs. 5 WpÜG bzgl. Repräsentanten, gemeinsam handelnden Personen und Tochterunternehmen anführt und eine Erweiterung um Fälle der Anstiftung in Erwägung

Kursmanipulationen aus der Sphäre des Abfindungspflichtigen herausgefiltert werden sollen, bedarf es jedoch keiner Zurechnung des Verhaltens der Dritten an die Abfindungsberechtigten. Dieses jedenfalls im Kontext des Deinvestitionswerts geforderte personelle Element sollte auch bei der Auffangregelung berücksichtigt werden. Denklogisch darf sich der Abfindungspflichtige nicht auf eigene oder ihm im weitesten Sinne zurechenbare vermutete Manipulationen zu seinen Gunsten berufen. Demgemäß ist die Vermutung kursbeeinflussender Manipulationen anhand der obigen Testverfahren auf solche zu beschränken, die vermutlich durch Abfindungsberechtigte oder Dritte außerhalb der Sphäre des Abfindungspflichtigen begangen wurden. Hierbei bietet es sich an, zusätzlich die Indikatoren eines manipulativen Handelns aus Anhang I der MAR und deren Konkretisierungen in Anhang II der delegierten Verordnung (EU) 2016/522 heranzuziehen.[536] Sie könnten als Anhaltspunkte für eine Manipulation durch einen konkreten Abfindungsberechtigten oder Dritten außerhalb der Sphäre des Abfindungspflichtigen dienen.

Den quotalen Unternehmenswert wird der Börsenkurs im Falle einer Manipulation erst recht nicht abbilden können.[537] Die Aussagekraft eines manipulierten Kurses hinsichtlich des Unternehmenswerts ist zu bezweifeln.[538] Manipulierte Börsenkurse werden regelmäßig vom Fundamentalwert abweichen.[539] Schließlich schlägt sich hier eine gezielte Kursbeeinflussung fernab der tatsächlichen Unternehmensentwicklung nieder. Vor allem bei konzernierten Unternehmen kann der Börsenkurs des abhängigen Unternehmens durch das herrschende Unternehmen oder den Mehrheitsaktionär des abhängigen Unternehmens beeinflusst sein, sodass

---

zieht, dies aber als nicht zielführend erachtet; *Morell*, AcP 2017, 61, 85–87, der § 31 BGB und § 2 Abs. 5, 6 WpÜG benennt, eine Zurechnung über letztere Norm im Rahmen des § 39 Abs. 3 S. 3 BörsG aber ablehnt; *Verse*, FS Baums (2017), S. 1317, 1331–1332, der dem Bieter ein gezieltes Ausnutzen ihm bekannter Manipulationen durch Dritte anlasten will und befürwortet, dass sowohl Manipulationen des Bieters als auch des Emittenten vom § 39 Abs. 3 S. 3 BörsG erfasst sind.

[536] Umfassend zu diesen Indikatoren siehe Schwark/Zimmer/*Zimmer/Bator*, KMRK, Art. 12 VO (EU) 596/2014 Rn. 41–59, 76–83. Im Kontext der Ermittlung des quotalen Unternehmenswerts wird im Rahmen dieser Arbeit ein zusätzliches Heranziehen der Indikatoren bei der Auffangregelung hingegen abgelehnt, sodass bereits eine Manipulationsvermutung auf Basis eines anerkannten Testverfahrens ausreichen sollte (§ 6 A.III.2.b)).

[537] Vgl. BVerfG, Nichtannahmebeschl. v. 26.04.2011 – 1 BvR 2658/10 –, BVerfGK 18, 395–400 Rn. 25; vgl. MüKo-AktG/*van Rossum*, § 305 AktG Rn. 97; vgl. *Riegger/Wasmann*, FS Stilz (2014), S. 509, 511; wohl auch *Schmidt*, NZG 2020, 1361, 1366, 1368, die zwar von der fehlenden Aussagekraft zum Verkehrswert spricht, im Grundsatz jedoch eine alleinige Börsenkursorientierung befürwortet.

[538] So Beschlussempfehlung und Bericht, BT-Drs. 18/6220, S. 85; Assmann/Pötzsch/Schneider/*Krause*, WpÜG § 5 WpÜG-AngVO Rn. 38c, jeweils zum Delisting, bei welchem *de lege lata* grds. eine alleinige Börsenkursorientierung vorgenommen und anscheinend nur der Verkehrswert anhand eines kapitalmarktorientierten Ansatzes (siehe: § 6 A.II.) ersetzt wird.

[539] *Bayram*, Manipulative Handelspraktiken gem. Art. 12 MAR, S. 37 § 3; *Betzer/Budzinski/Thiele*, KSzW 2011, 426, 431.

dessen Aussagekraft zu bezweifeln ist.[540] Auch trägt das Manipulationsverbot zu einem allokationseffizienten Markt bei.[541] Dabei kommt es für die Abbildung des quotalen Unternehmenswerts durch den Börsenkurs gerade auf eine Markteffizienz an.

Wie zuvor erörtert bestehen von beiden Seiten Anreize und Möglichkeiten zur Kursmanipulation im Vorfeld einer Abfindung. Mithin liegt eine gezielte Kursbeeinflussung des Börsenkurses gerade im Kontext der gesetzlich angeordneten Unternehmensbewertung nahe. Insbesondere sind Manipulationen seitens des Abfindungspflichtigen vor dem Hintergrund eines effektiven Anlegerschutzes zu berücksichtigen. Gerade in den manipulativen Verhaltensweisen offenbart sich dessen überlegene Machtposition. Er wird ein Interesse daran haben, eine möglichst niedrige Bewertung durch den Markt zu verursachen und somit die Abfindungszahlung nach unten zu drücken. Derartige Unterbewertungen gilt es zu vermeiden. Im Rahmen des kapitalmarktrechtlichen Informationsmodells ergänzt das Manipulationsverbot die Informationspflichten dahingehend, dass opportunistische Verhaltensweisen einzelner Marktteilnehmer unterbunden werden sollen.[542]

Da einer Unternehmensbewertung kein Sanktionsgedanke zugrunde liegt, ist es für die Berücksichtigung des Börsenkurses auch nicht von Bedeutung, ob etwaige Verstöße gegen das Manipulationsverbot anderweitig sanktioniert werden.[543] Schließlich eignet sich ein Börsenkurs auch dann nicht zur Unternehmensbewertung, wenn Normen hinsichtlich eines Schadensersatzanspruchs, einer Ordnungswidrigkeit oder einer Straftat greifen.[544]

Allerdings wird es den Anlegern schwerfallen, Marktmanipulationen festzustellen.[545] Dabei liegt es nahe, dass der Nachweis einer Manipulation schwerer als der einer Marktenge ausfallen wird, bei welcher man in erster Linie auf öffentliche

---

[540] *Schulte/Köller/Luksch*, WPg 2012, 380, 388. Zum hier abgelehnten personellen Element bei der Ermittlung des quotalen Unternehmenswerts siehe: § 6 A.III.5.a)aa).

[541] Assmann/Schneider/Mülbert/*Mülbert*, WpHG, Art. 12 VO (EU) Nr. 596/2014 Rn. 22; EBJS-HGB/*Poelzig*, Vor. WpHG Rn. 7; vgl. *Bayram*, Manipulative Handelspraktiken gem. Art. 12 MAR, S. 37–38 § 3.

[542] *Poelzig*, Kapitalmarktrecht, S. 20–21 § 1 Rn. 41; siehe zum kapitalmarktrechtlichen Informationsmodell: § 6 A.III.3.a).

[543] So wohl aber *Müller*, FS Röhricht (2005), S. 1015, 1028, der anscheinend von der Möglichkeit der Sanktion von Verstößen darauf schließt, dass diese nicht als methodisches Gegenargument gegen eine alleinige Börsenkursorientierung gereichen würden.

[544] Vgl. *Gude*, Strukturänderungen und Unternehmensbewertung zum Börsenkurs, S. 405 § 20 zur Manipulation nach der früheren Rechtslage.

[545] *Drygala*, Die Neureglung des Delistings in: Gesellschaftsrecht in der Diskussion, 2015, S. 83; *Ruthardt/Hachmeister*, CF 2014, 174, 182; siehe zudem *Riegger/Wasmann*, FS Stilz (2014), S. 509, 511, die den Ausnahmefall der Manipulation aufgrund der Nachweisschwierigkeiten als praktisch irrelevant einstufen. Zur hohen Dunkelziffer hinsichtlich Marktmanipulationen aus kriminalpolitischer Sicht siehe Assmann/Schneider/Mülbert/*Mülbert*, Wertpapierhandelsrecht, Vor. Art. 12, 13, 15 und 16 MAR Rn. 70 und Park/*Eggers*, Kapitalmarktstrafrecht, Vor. Kapitalmarktstrafrecht Rn. 18.

Marktdaten zurückgreift.[546] Wie sich gezeigt hat, erweisen sich die Formulierungen der MAR als überaus unscharf, sodass eine exakte Abgrenzung zwischen einem legitimen Marktverhalten und einer Manipulation nicht gesichert ist. Dieser Problematik kann zwar im Wege der vorgeschlagenen Auffangregelung in Gestalt einer vermuteten Manipulation im Einzelfall entgegnet werden. Oftmals wird es aber kaum möglich sein, anhand der Entwicklung des Börsenkurses eindeutig festzustellen, ob eine Manipulation vorliegt oder lediglich die Erwartungshaltung und Spekulation der Marktteilnehmer auf den Kurs durchschlägt.[547] Die hierzu entwickelten Tests erweisen sich als ungenau und unsicher. Durch die erwogenen hohen Anforderungen an die Auffangregelung können zwar Konstellationen herausgefiltert werden, bei denen eine Manipulation weitaus wahrscheinlicher als ein legitimes Marktverhalten ist. Zugleich werden sie aber auch dazu führen, dass einige verschleierte Manipulationen unentdeckt bleiben. Mithin können selbst beim vorgeschlagenen Lösungsmodell noch verdeckte Manipulationen fortbestehen. Erneut offenbart sich das Problem der unzureichenden Überprüfbarkeit des Börsenkurses.

Ungeachtet dessen kommt dieser Ausnahmefall bei legitimen Kursbeeinflussungen an seine Grenzen. So stellt die Wahl des Zeitpunkts der abfindungsauslösenden Maßnahme keine Kursmanipulation i.S.d. MAR dar. Dabei wartet der Kompensationspflichtige einen aus seiner Sicht niedrigen Börsenkurs ab, wobei ihm regelmäßig sein Informationsvorsprung zugutekommen sollte.[548] Auf diesem Wege kann er zudem einen kurssenkenden *Lemon-Market-Effect* lostreten.[549] Ferner wird der Abfindungspflichtige innerhalb der gesetzlichen Grenzen, wie etwa durch eine kurssenkende Unternehmens- und Informationspolitik, den Kurs in seinem Sinne beeinflussen können.[550] Diesen aus der Macht- und Informationsasymmetrie

---

[546] *Burger*, Die Maßgeblichkeit von Börsekursen für die Bemessung der Barabfindung beim Gesellschafterausschluss, S. 106; *Burger*, NZG 2012, 281, 283.

[547] *Weber*, ZGR 2004, 280, 291–292.

[548] Zu diesem Vorgehen beim Delisting: *BRAK*, Stellungnahme Nr. 37/2015, S. 5; *Goetz*, BB 2015, 2691, 2692; *Redenius-Hövermann*, ZIP 2021, 485, 489 unter Bezugnahme auf das Delisting von *Rocket Internet* von 2020. Zur Verschmelzung: *Schulte/Köller/Luksch*, WPg 2012, 380, 388. Zu Konzernsituationen: *Gude*, Strukturveränderungen und Unternehmensbewertung zum Börsenkurs, S. 358–359 § 19.

[549] Zum möglichen *Lemon Market* im Vorfeld von Strukturmaßnahmen siehe: § 4 B. Umfassend zum *Lemon-Market-Effect* beim Squeeze-out aufgrund der weitergehenden Informationsgrundlage des Mehrheitsaktionärs, welcher einen aus seiner Sicht günstigen Börsenpreis ausnutzt: *Bebchuk/Kahan*, NBER Working Paper 6938, 1999, S. 5–8; *Gude*, Strukturveränderungen und Unternehmensbewertung zum Börsenkurs, S. 359–362 § 19.

[550] Vgl. *Drukarczyk*, AG 1973, 357, 364 mit Verweis auf die Möglichkeit einer „vorsichtigen" Rechnungslegung und Informationspolitik sowie für die Minderheit nachteiligen Ausschüttungen; vgl. *Karami*, Unternehmensbewertung in Spruchverfahren beim „Squeeze out", S. 140, der die Möglichkeit einer zeitweisen Vorenthaltung positiver Informationen und einer unverzüglichen Veröffentlichung negativer Informationen aufzeigt; siehe zudem *Schulte/Köller/Luksch*, WPg 2012, 380, 388 hins. der indirekten Kursbeeinflussung bei konzernierten Unternehmen im Wege einer gezielten Ausschüttungs-, Gewinnverlagerungs- und/oder Informationspolitik.

folgenden Mechanismen kann der Nichtberücksichtigungsgrund der Kursmanipulation ebenso wenig entgegenwirken wie einer Unterbewertung aufgrund des *Lemon-Market-Effects*. Denklogisch ist das Manipulationsverbot der MAR nicht einschlägig. Wenn es sich auch um eine legitime Form der Kursbeeinflussung handelt, so finden aber dennoch wertirrelevante Faktoren Eingang in die Preisbildung. Allerdings kommt es bei der Bewertungsrelevanz des Börsenkurses nicht auf eine etwaige Verwerflichkeit oder ein rechtswidriges Verhalten, sondern eine Abweichung vom quotalen Unternehmenswert bzw. vom Deinvestitionswert an. Auch ein auf legitimem Wege beeinflusster Börsenkurs ist um die Beeinflussung verzerrt. Selbst die hier vorgeschlagene Auffangregelung wird derartige Kursbeeinflussungen nur teilweise erfassen. Der Problematik eines bewusst gewählten niedrigen Börsenkurses kann von vornherein nicht im Wege der Tests begegnet werden. Überdies werden die ohnehin schon ungenauen Testverfahren nicht jede Kursbeeinflussung durch gezielte Unternehmens- und Informationspolitik aufdecken können.

Mithin erweist sich der Nachweis manipulierter Kurse als problematisch, wobei verdeckte Manipulationen und legitime Kursbeeinflussungen fortbestehen können. Ein vollständiger Schutz vor einer Manipulation des Börsenkurses kann dementsprechend nicht gewährleistet werden.[551] Auch das hier erarbeitete Lösungsmodell mit der Auffangregelung kann keine umfassende Bereinigung des Börsenkurses um sämtliche Manipulationen und gezielte Beeinflussungen gewährleisten.

Umgekehrt muss nicht gleich jede Preismanipulation beachtlich hinsichtlich des bewertungsrelevanten Börsenkurses sein.[552] In Anbetracht des angemessenen Anlegerschutzes, der unterlegenen Stellung der Abfindungsberechtigten[553], der wohl grundsätzlich eher verzerrten Börsenkurse[554], der Schwächen einer etwaige Manipulationen ausgleichenden Durchschnittskursbildung[555] und einer möglichen Rückausnahmeregelung bei unerheblichen Auswirkungen[556] dürfte dieser Kritikpunkt aber als entkräftet gelten.

Weiterhin vermag es die Ausnahme hinsichtlich Marktmanipulationen nicht, den Börsenkurs um die von der *Behavioral Finance* aufgezeigten Auswirkungen zu bereinigen. Schließlich kann auch auf Einflüsse von außen und auf korrekt wiedergegebene Informationen mit einem irrationalen Überschwang reagiert werden. Die Problematik der irrationalen Kursbildung und des Einflusses von *Noise Tradern*

---

[551] So auch *Gude*, Strukturänderungen und Unternehmensbewertung zum Börsenkurs, S. 380–381 § 19.

[552] So BeckOGK-AktG/*Veil/Preisser*, § 305 AktG Rn. 70, die davon ausgehen, dass ein längerer Referenzzeitraum beim Durchschnittskurs die meisten Manipulationen ausgleichen dürfte.

[553] Siehe hierzu: § 4.

[554] Siehe hierzu: § 2.

[555] Hierzu noch: § 6 B.V.

[556] Siehe zu diesem in der vorliegenden Arbeit abgelehnten Vorgehen: § 6 A.III.5.b).

bleibt bestehen.[557] Demgemäß kann selbst bei gänzlicher Manipulationsfreiheit noch eine unzureichende Kapitalmarkteffizienz bestehen. Zudem wird der Börsenkurs lediglich als Wertindikator eines kurzfristig orientierten Anlegers gereichen. Auch dürfte ein nicht manipulierter Börsenkurs noch Minderheitsabschläge verzeichnen. Dies gilt jedoch nur für die Ermittlung des quotalen Unternehmenswerts. Für den Deinvestitionswert kommt es gerade auf den kurzfristigen Anlagehorizont an, wobei etwaige Ineffizienzen, verhaltenspsychologisch bedingte Fehlbewertungen oder Minderheitsabschläge nicht von Belang sind.

Mithin stellt die Konstellation einer Kursmanipulation zwar einen Fall dar, bei welchem der Börsenkurs nicht berücksichtigt werden sollte. Allerdings deckt diese Regelung allein nicht sämtliche Kursverzerrungen ab. Vielmehr dürften in der Praxis noch nicht einmal alle Fälle der gezielten Kursbeeinflussung erfasst werden. Dementsprechend kann dieser Fall einer Nichtberücksichtigung allenfalls unter Zuhilfenahme weiterer Modifikationen des Börsenkurses zu einem aussagekräftigen Kurs hinsichtlich des quotalen Unternehmenswerts führen.

In Hinblick auf den Deinvestitionswert erscheint eine Nichtberücksichtigung des Börsenkurses bei einer Manipulation durch einen Minderheitsaktionär oder einen Dritten außerhalb der Sphäre des Abfindungspflichtigen als sinnvoll. Die in Bezug auf den quotalen Unternehmenswert angeführte Kritik zur unzureichenden Kursbereinigung kommt dabei nicht zum Tragen. Schließlich bedarf es keines effizienten Marktes bei der Ermittlung des Deinvestitionswerts. Auch fällt die Gefahr einer Manipulation seitens des Abfindungspflichtigen bei einem Börsenkurs als Untergrenze nicht so schwer wie bei einer alleinigen Börsenkursorientierung ins Gewicht.[558] Der Umstand, dass der Abfindungspflichtige einen aus seiner Sicht günstigen Börsenkurs für die Maßnahme wählen kann und diesen als mindestens zu zahlenden Preis anerkennt, kann der Problematik einer gezielten Kursbeeinflussung durch die Minderheit entgegengehalten werden.[559] Dies gilt umso mehr, wenn sich ab dem Bekanntwerden der Maßnahme bildende und von dieser Kenntnis beeinflusste Börsenkurse nicht in die Abfindung einfließen.[560] Dennoch können unerkannte Manipulationen von beiden Seiten fortbestehen. Somit besteht auch dann noch eine gewisse Manipulationsgefahr, wenn der Börsenkurs als Untergrenze der Abfindung dient.[561] Dabei wird selbst die hier vorgeschlagene Auffangregelung nicht sämtliche verschleierte Manipulationen aufdecken können. Zudem ist eine fehlende Bewertungseignung des Börsenkurses im Falle einer Marktenge oder eines

---

[557] *Bayram*, Manipulative Handelspraktiken gem. Art. 12 MAR, S. 38 § 3; zum Fortbestehen sachfremder Einflüsse wie etwa einer Irrationalität trotz gesetzlicher Schutzvorschriften bereits *Meyer*, Abfindung und Unternehmensbewertung, S. 189.

[558] Vgl. *Ruthardt/Hachmeister*, CF 2014, 174, 182.

[559] Vgl. *Drukarczyk*, AG 1973, 357, 363.

[560] Vgl. *Drukarczyk*, AG 1973, 357, 363. Siehe zu diesen Erwägungen bei der Durchschnittskursbildung: § 6 B.I und § 6 B.II.1.

[561] Vgl. *Meyer*, Abfindung und Unternehmensbewertung, S. 189.

fehlenden Handels zu beachten.[562] Zur möglichen Glättung weiterer Kursbeeinflussungen kommt eine zusätzliche Modifikation des Börsenkurses in Gestalt einer Durchschnittskursbildung in Betracht.[563]

d) Fazit: Kursmanipulation

Es hat sich gezeigt, dass die Berücksichtigung der Kursmanipulation nebst der Marktenge und dem fehlenden Handel notwendig ist, um Börsenkurse herauszufiltern, die nicht in die Abfindungszahlung eingehen dürfen.

Allerdings erweist sich die bisherige Handhabung der Manipulationsherausnahme als unklar. Selbst der Manipulationsbegriff der MAR ist von einer erheblichen Unschärfe gezeichnet. Das vorgeschlagene Modell eines grundsätzlich geforderten Verstoßes gegen Art. 12, 15 MAR und einer Manipulationsvermutung im Rahmen einer Auffangregelung auf Basis deutlicher Ergebnisse anerkannter Testverfahren unter strengen Anforderungen kann der Gefahr verdeckter Manipulationen und Kursbeeinflussungen entgegenwirken, ohne den Ausnahmefall ausufern zu lassen. Aber auch bei diesem Ansatz besteht die Gefahr unerkannter Manipulationen, Kursbeeinflussungen und anderweitiger Fehlbepreisungen fort.

Vor dem Hintergrund eines möglichst bewertungsgeeigneten Börsenkurses empfiehlt es sich jedoch, die Problematik der Kursmanipulation sowohl bei der Ermittlung des Deinvestitionswerts als auch des quotalen Unternehmenswerts anhand des erarbeiteten Modells zu berücksichtigen.

3. Verstoß gegen Informationspflichten

Neben der Marktenge, dem fehlenden Handel und der Kursmanipulation kommt ein Verstoß gegen Informationspflichten als Grund für eine Nichtberücksichtigung des Börsenkurses in Betracht.

a) Kapitalmarktrechtliches Informationsmodell und Wirkungsweise der Kapitalmarktkommunikation

Das Abstellen auf eingehaltene Informationspflichten für einen aussagefähigen Börsenkurs zur Unternehmensbewertung fußt auf dem kapitalmarktrechtlichen Informationsmodell.[564]

Von einem Informationsmodell spricht man dann, wenn Informationspflichten anstatt von Geboten und Verboten normiert werden und hierdurch eine mittelbare

---

[562] Hierzu bereits: § 6 A.III.1.

[563] Siehe hierzu: § 6 B.

[564] Vgl. *Stein*, Fundamentalanalyse und Börsenkurs, S. 200–202.

Verhaltenssteuerung geschieht.[565] Beim Informationsmodell soll der Anlegerschutz durch die Zurverfügungstellung von Informationen gewahrt sein.[566] Es dient dazu, dass der Rechtsverkehr und insbesondere Anleger informierte Entscheidungen treffen können.[567] Das Informationsmodell setzt bereits beim Handels- und Gesellschaftsrecht im Wege der handelsrechtlichen Publizität und der Rechnungslegungspublizität an und erstreckt sich ins Kapitalmarktrecht in Gestalt regelmäßiger und anlassbezogener Publizitätspflichten.[568]

Das kapitalmarktrechtliche Informationsmodell baut auf der Figur des *Homo Oeconomicus*[569] und der Effizienzmarkthypothese[570] auf. Vor dem Hintergrund der ECHM sollen die Informationspflichten zur Allokationseffizienz und zum Vertrauen in den Kapitalmarkt beitragen.[571] So tragen die durch die kapitalmarktrechtlichen Informationspflichten den Marktteilnehmern offengelegten Daten zur Informationseffizienz bei, welche wiederum für eine Allokationseffizienz vorausgesetzt wird.[572] Die Informationspflichten des Kapitalmarktrechts wirken darauf hin, dass möglichst alle preisrelevanten Informationen der Öffentlichkeit zur Verfügung stehen, sodass sie in die Preisbildung einfließen können.[573] Durch marktbezogene Publizitätspflichten können sich die Marktpreise der neuen Informationslage entsprechend anpassen.[574] Weiterhin begünstigen die kapitalmarktrechtlichen Informationspflichten die operationale Funktionsfähigkeit des Marktes, d.h. eine Allokation zu möglichst niedrigen Transaktionskosten.[575] Schließlich verpflichten sie den Emittenten zur Offenlegung von Informationen, welche er mit dem geringstmöglichen Aufwand beschaffen kann.[576]

---

[565] *Merkt*, zfbf Sonderheft 55/06, 24, 24.

[566] *Zimmer*, JZ 2014, 714, 715.

[567] Vgl. Dauses/Ludwigs/*Kalss/Klampfl*, EU-WirtschaftsR-HdB, E. III. Rn. 205, die sich hierbei auf das Informationsmodell im europäischen Gesellschaftsrecht beziehen und die Information von Anlegern und Gesellschaftern beispielhaft aufzählen; vgl. *Poelzig*, Kapitalmarktrecht, S. 17 § 1 Rn. 35 in Bezug auf die Information von Anlegern durch das kapitalmarktrechtliche Informationsmodell.

[568] Dauses/Ludwigs/*Kalss/Klampfl*, EU-WirtschaftsR-HdB, E. III. Rn. 207–209.

[569] EBJS-HGB/*Poelzig*, Vor. WpHG Rn. 28; *Poelzig*, Kapitalmarktrecht, S. 21 § 1 Rn. 42.

[570] *Poelzig*, Kapitalmarktrecht, S. 17 § 1 Rn. 36.

[571] *Möllers*, AcP 2008, 1, 7–8; vgl. EBJS-HGB/*Poelzig*, Vor. WpHG Rn. 7.

[572] EBJS-HGB/*Poelzig*, Vor. WpHG Rn. 7.

[573] *Mülbert/Sajnovits*, ZfPW 2016, 1, 35, in Bezug auf die frühere Normierung der Publizitäts- und Meldepflichten von Emittenten und Anlegern im WpHG.

[574] *Mülbert/Sajnovits*, ZfPW 2016, 1, 33, welche hierbei die Regelpublizität des HGB und des WpHG sowie die Ad-hoc-Publizitätspflicht anführen.

[575] EBJS-HGB/*Poelzig*, Vor. WpHG Rn. 9.

[576] EBJS-HGB/*Poelzig*, Vor. WpHG Rn. 9.

Auch zielt das Informationsmodell darauf ab, etwaige Informationsasymmetrien zu beseitigen.[577] Ein Informationsungleichgewicht mit einer unzureichenden Informationsgrundlage der Anleger kann zu einer Fehlbewertung aufgrund des Problems des sog. *Lemon Markets* führen.[578] Dabei sollen die den Sekundärmarkt betreffenden Informationspflichten, wie z.B. die Ad-hoc-Publizität, dazu beisteuern, dass Anleger Über- und Unterbewertungen am Markt erkennen und dementsprechend Wertpapiere erwerben bzw. veräußern, was wiederum zu einer Annäherung des Börsenpreises an den tatsächlichen Wert führen dürfte.[579] Bereits die den Primärmarkt betreffenden Prospektpflichten dienen dazu, den Anlegern eine informierte Entscheidung zu ermöglichen und vor einem überteuerten Erwerb zu schützen.[580]

In Bezug auf die Unternehmensbewertung wird dabei erwogen, dass vor allem auf dem regulierten Markt eine hohe Transparenz und eine entsprechende Informationsversorgung der Anleger besteht, was einen bewertungsrelevanten Börsenkurs implizieren könnte.[581] So begründet das BVerfG in seiner Entscheidung zum übernahmerechtlichen Squeeze-out bei der *Deutschen Hypothekenbank* die Behauptung, ein gem. § 39 Abs. 3 S. 3 WpÜG erfolgender Markttest sei nicht weniger richtig als ein Vorgehen mittels des Ertragswertverfahrens, damit, dass auf dem regulierten Markt erhöhte Transparenz- und Publizitätspflichten bestünden.[582]

Die Bedeutung des Informationsmodells für eine aussagekräftige Bewertung eines Unternehmens durch den Markt deckt sich auch mit der Wirkungsweise der Kapitalmarktkommunikation. Schließlich können durch diese etwaige Informationsasymmetrien zwischen dem informierten Management und den externen Kapitalgebern eines Unternehmens und die daraus resultierenden Wertlücken zwischen dem fundamentalen Wert und dem Börsenkurs verringert werden.[583] Mittels einer entsprechenden Kommunikation werden Marktteilnehmern Informationen vermit-

---

[577] *Poelzig*, Kapitalmarktrecht, S. 18–20 § 1 Rn. 38–41; vgl. EBJS-HGB/*Poelzig*, Vor. WpHG Rn. 26–27; vgl. *Stein*, Fundamentalanalyse und Börsenkurs, S. 200–201.

[578] Siehe EBJS-HGB/*Poelzig*, Vor. WpHG Rn. 26–27; *Poelzig*, Kapitalmarktrecht, S. 18–20 § 1 Rn. 38–40, die dies vor dem Hintergrund des kapitalmarktrechtlichen Informationsmodells erwähnt. Ausführlich zum *Lemon Market* siehe: § 4 B.

[579] *Poelzig*, Kapitalmarktrecht, S. 20 § 1 Rn. 41.

[580] *Poelzig*, Kapitalmarktrecht, S. 20 § 1 Rn. 40.

[581] *Stein*, Fundamentalanalyse und Börsenkurs, S. 200; siehe zudem GK-AktG/*Hirte/Hasselbach*, § 305 AktG Rn. 139 bzgl. eines funktionierenden Marktes als Voraussetzung zu berücksichtigender Börsenkurse.

[582] BVerfG, Beschl. v. 16.05.2012 – 1 BvR 96/09, 1 BvR 117/09, 1 BvR 118/09, 1 BvR 128/09 = NZG 2012, 907, 909 Rn. 25; Fleischer/Hüttemann/*Adolff/Häller*, RhB Unternehmensbewertung, § 18 Rn. 18.40; *Stein*, Fundamentalanalyse und Börsenkurs, S. 200.

[583] *Theis*, Kommunikation zwischen Unternehmen und Kapitalmarkt, S. 29–30, 88–89, 257–258.

telt, anhand derer sie den aktuellen Wert eines Unternehmens und dessen künftige Wertentwicklung einschätzen können.[584]

b) Bedeutung von Informationspflichtverstößen für den quotalen Unternehmenswert und den Deinvestitionswert

Aufbauend auf dem Informationsmodell und der Wirkungsweise der Kapitalmarktkommunikation liegt es nahe, eine Verletzung von Informationspflichten als einen Fall der Nichtberücksichtigung des Börsenkurses bei der Ermittlung des quotalen Unternehmenswerts einzuordnen. Wie sich gezeigt hat, ist eine Informations- und Allokationseffizienz des Marktes für einen zum wahren Unternehmenswert aussagefähigen Börsenkurs notwendig. Hierzu tragen Informationspflichten bei. Dies gilt ebenso für den Abbau von Informationsasymmetrien. Mittels einer entsprechenden Kommunikation der Informationen an die Marktöffentlichkeit sollte sich der Börsenkurs im Idealfall dem fundamentalen Wert des konkreten Unternehmens angleichen. Schließlich ist für die Aussagekraft des Börsenkurses zum wahren Wert des Unternehmens ein mit allen für den Unternehmenswert relevanten Informationen gespeister Markt von entscheidender Bedeutung.[585] Erst wenn alle wesentlichen Informationen öffentlich verfügbar sind, kann der Markt diese einpreisen und den wahren Unternehmenswert abbilden.[586] Die Marktteilnehmer sollten jedenfalls bei unterstellter Rationalität umso besser den Wert des Unternehmens einschätzen können, je umfassender ihre Informationsgrundlage ist.[587] Bei einer unvollständigen oder inkorrekten Informationsgrundlage hingegen ist eine zutreffende Einschätzung der Ertragslage und Entwicklung des Unternehmens durch die Marktteilnehmer kaum möglich. Auch wird der ohnehin schon im Vergleich mit dem unternehmensintern verfügbaren und einem Sachverständigen zugänglichen geringere Informationsstand des Marktes[588] infolge einer Informationspflichtverletzung noch weiter verringert. Darüber hinaus kann der Abfindungs-

---

[584] *Theis*, Kommunikation zwischen Unternehmen und Kapitalmarkt, S. 29–30, 88, 257; vgl. *Küting*, BB 2000, 451, 451 hins. der Abbildung einer internen Wertsteigerung im Börsenkurs durch eine entsprechende Kapitalmarktkommunikation.

[585] *Hüttemann*, ZGR 2001, 455, 471–472; *Steinhauer*, AG 1999, 299, 307.

[586] *Steinhauer*, AG 1999, 299, 307; im Ansatz auch *Hüttemann*, ZGR 2001, 455, 472; weitergehend *Schulte/Köller/Luksch*, WPg 2012, 380, 385, die anführen, dass den Marktteilnehmern alle unternehmensbezogenen und unternehmensspezifischen Informationen vollständig und ohne Verzögerung zur Verfügung stehen und von jenen korrekt verarbeitet werden müssen, ehe der Börsenkurs zur Bewertung des Unternehmens herangezogen werden sollte.

[587] Vgl. *Steinhauer*, AG 1999, 299, 304–305.

[588] Siehe hierzu: *Adolff*, Unternehmensbewertung im Recht der börsennotierten Aktiengesellschaft, S. 347–348; Bürgers/Körber/Lieder/*Ruiz de Vargas*, Anh. § 305 AktG Rn. 50e; *Großfeld*, BB 2000, 261, 265; *Schulte/Köller/Luksch*, WPg 2012, 380, 394 Übers. 5; *Weimann*, AG 2020, R156, R157. Siehe auch *Ruthardt/Hachmeister*, Wpg 2016, 411, 414, die darauf hinweisen, dass wenn bereits nur die strenge Form der Informationseffizienz abgelehnt wird, eine Informationsasymmetrie zuungunsten der Minderheit besteht.

pflichtige den Börsenkurs durch eine gezielte Informationspolitik in seinem Interesse beeinflussen.[589] Insbesondere bei unterlassenen oder unzutreffenden Veröffentlichungen von kursrelevanten Informationen ist die Aussagekraft des Börsenkurses zu bezweifeln.[590] Aber auch im Falle einer unvollständigen Information verfügt der Markt über eine Informationsgrundlage, die keine umfassende Beurteilung des Unternehmens zulässt. Ebenso ist bei einer verspäteten Veröffentlichung von Informationen an einem aussagefähigen Börsenkurs zu zweifeln. Schließlich findet in solchen Fällen zeitweise keine Preisbildung anhand der aktuellen Umstände statt. Beim späteren Bekanntwerden kann wiederum eine Vermischung mit weiteren neuen Informationen erfolgen. Eine Kursbildung, die aufgrund stetiger Information dem fundamentalen Wert entspricht, wird hierbei nicht gewährleistet. Mithin führen sowohl inkorrekte und unterlassene als auch unvollständige oder verspätete Informationen zu einem Börsenkurs, bei dem Fehlbewertungen und Abweichungen vom quotalen Unternehmenswerts naheliegen. Berücksichtigt man Informationspflichtverstöße bei der Abfindung, so dürfte zumindest ein Teil der hieraus folgenden Fehlbewertungen herausgefiltert werden. Angesichts des Ideals eines möglichst umfassend informierten Marktes sowie der Vermeidung von Informationsasymmetrien und Manipulationen liegt es nahe, Verstöße gegen Informationspflichten als Grund für eine Ablehnung einer Börsenkursorientierung bei der Ermittlung des quotalen Unternehmenswerts zu werten. Dies gilt ebenso für einen möglichen Rückgriff auf den Börsenkurs im Wege eines indirekten Marktbezugs. Um das Ergebnis der fundamentalen Unternehmensbewertung nicht unnötig zu verzerren, sollten Börsenkurse lediglich dann Berücksichtigung finden, wenn keine Verstöße gegen relevante Informationspflichten vorliegen.

Fraglich ist, ob dies nach dem hier eingeschlagenen Ansatz auch für den Deinvestitionswert gilt.[591] Im Einklang mit den ursprünglichen Erwägungen des BVerfG ist eine vollständige Information des Marktes nicht zur Abbildung des Verkehrswerts durch den Börsenkurs erforderlich.[592] Demnach kommt es lediglich auf die Veräußerungsmöglichkeit, nicht aber auf den dem Börsenkurs zugrundeliegenden Informationsstand an.[593] Diese Argumentation greift auch dann, wenn man eine ausreichende empirische Basis für eine Extrapolation von Referenzkursen auf den

---

[589] Vgl. *Burger*, NZG 2012, 281, 282–283, 287–288, der diesen Aspekt erwähnt, die Informationspflichtverletzung aber nicht als gesonderten Ausnahmefall von der Börsenkursorientierung aufzählt. Zur informationsgestützten Manipulation als Ausnahmefall siehe: § 6 A. III.2.a).

[590] So die Erwägung des Finanzausschusses beim Delisting unter Beschlussempfehlung und Bericht, BT-Drs. 18/6220, S. 84.

[591] Siehe zur unterschiedlichen Beurteilung vom quotalen Unternehmenswert und Deinvestitionswert: § 6 A.II.

[592] So auch *Hüttemann*, ZGR 2001, 455, 471–472.

[593] *Hüttemann*, ZGR 2001, 455, 471–472, der anführt, dass der Informationsstand der Marktteilnehmer aber dann zu beachten ist, wenn der Börsenkurs den wahren Unternehmenswert widerspiegeln soll.

hypothetischen Kurs am Stichtag für den Deinvestitionswert verlangt. Schließlich können auch unzureichend informierte Kurse fortgeschrieben werden. Auf ihre Aussagekraft hinsichtlich des wahren Unternehmenswerts kommt es bei der Bestimmung der Untergrenze gerade nicht an. Dies entspricht dem hier vertretenen deinvestitionsorientierten Ansatz.[594] Abweichende Stimmen[595] vermengen die Anforderungen an den Deinvestitionswert mit denen des quotalen Unternehmenswerts und verkürzen dessen Anwendungsbereich entgegen der verfassungsrechtlich geforderten vollen Kompensation.[596] Ohnehin finden dem Markt unbekannte unternehmensinterne Informationen bereits Eingang in die fundamentale Unternehmensbewertung, die bei einer Verwendung des Börsenkurses als Untergrenze stets durchgeführt wird.[597] Zwar kann im Wege einer gezielten Informationspolitik der Börsenkurs preissenkend manipuliert werden, wobei eine hypothetische freie Deinvestitionsentscheidung nur in einem manipulationsfreien Umfeld geschehen kann[598]. Allerdings darf sich der Abfindungspflichtige nicht auf die eigene Manipulation berufen, wenn der Börsenkurs als Untergrenze dient.[599] Wie auch im Falle der Marktmanipulation ginge es mit einer Widersprüchlichkeit und vor allem einer Missbrauchsanfälligkeit einher, wenn er sich auf seinen eigenen Rechtsverstoß berufen könnte, um hierdurch einer Abfindungszahlung zu einem Mindestwert zu entgehen. Es wäre nicht sachgerecht, einen künstlich nach unten getriebenen Kurs noch nicht einmal als Untergrenze der Abfindung heranzuziehen. Dies gilt auch für Verstöße gegen Informationspflichten, die zu einem Kursanstieg führen. Gerade in seiner Gestalt als Untergrenze sorgt der Börsenkurs dafür, dass der Hauptaktionär die für ihn nachteiligen Folgen seiner mangelhaften Informationspolitik selbst zu tragen hat, sofern der Markt das Unternehmen aufgrund einer unzureichenden Informationsversorgung zu hoch bewertet.[600] Darüber hinaus hat der Abfindungspflichtige jede legitime Form der Kursbeeinflussung zugunsten der Abfindungsbe-

[594] Zu dieser Auffassung siehe: § 6 A.II.

[595] So etwa Fleischer/Hüttemann/*Adolff/Häller*, RhB Unternehmensbewertung, § 18 Rn. 18.52, die bei einem Verstoß gegen Mitteilungspflichten den Börsenkurs nicht mehr als Untergrenze der Abfindung heranziehen wollen; wohl auch *Schmidt*, NZG 2020, 1361, 1366, die zwar von einem Auseinanderfallen von Verkehrswert und Börsenkurs im Falle einer Ad-hoc-Pflichtverletzung ausgeht, grds. aber eine alleinige Börsenkursorientierung erwägt.

[596] Siehe hierzu die Argumentation unter: § 6 A.II.

[597] Vgl. *Ruthardt/Hachmeister*, CF 2014, 174, 182–183, die vor diesem Hintergrund die Manipulationsgefahr als abgeschwächt erachten.

[598] Vgl. *Adolff*, Unternehmensbewertung im Recht der börsennotierten Aktiengesellschaft, S. 342, der sich hierbei aber explizit nur auf den Ausnahmefall der Manipulation bezieht und die Informationspflichtverletzung nicht bei den Fällen einer unzureichenden Funktionstüchtigkeit des Marktes aufführt.

[599] Siehe bereits: § 6 A.III.2.c). So auch *Adolff*, Unternehmensbewertung im Recht der börsennotierten Aktiengesellschaft, S. 342.

[600] Vgl. *Hommel/Braun*, BB-Beilage 6 zu Heft 38/2002, 10, 12.

rechtigten in Anbetracht der Tatsache, dass er selbst den Zeitpunkt der Maßnahme und den hierbei vorherrschenden Börsenkurs auswählt, hinzunehmen.[601]

Folglich sind sämtliche Informationspflichtverstöße und damit auch die gezielte Kursbeeinflussung durch Informationen für den Börsenkurs als Deinvestitionswert irrelevant.

Mithin sollte der Börsenkurs aufgrund einer Informationspflichtverletzung nur dann nicht berücksichtigt werden, wenn er zur Ermittlung des quotalen Unternehmenswerts herangezogen wird, was im Rahmen einer alleinigen Börsenkursorientierung und des indirekten Marktbezugs innerhalb einer fundamentalen Unternehmensbewertung geschieht. Soll der Börsenkurs lediglich den Deinvestitionswert und damit die Untergrenze der Abfindung darstellen, darf dieser Fall der Nichtberücksichtigung nicht zum Tragen kommen.

c) Erfasste Informationspflichten

Ungeklärt ist, welche Informationspflichten vom Ausnahmefall erfasst sind. Das BVerfG wählte in der Sache *Telekom/T-Online* eine offene Formulierung, wonach eine fehlende Aussagekraft des Börsenkurses bei einer unzureichenden Information des Marktes aufgrund eines Verstoßes gegen Mitteilungspflichten bestünde.[602] Die vorangegangene Entscheidung des OLG Frankfurt am Main hingegen nannte explizit nur eine Verletzung der Ad-hoc-Publizitätspflicht.[603] Auch der Gesetzgeber hat sich bei der Normierung der § 39 Abs. 3 S. 3 Nr. 1 BörsG und § 255 Abs. 5 S. 2 Nr. 1 AktG auf einen Verstoß gegen die Ad-hoc-Publizitätspflicht des Art. 17 Abs. 1 MAR bzw. eine entsprechende Vorschrift des anwendbaren ausländischen Rechts beschränkt. Auf eine Stellungnahme dahingehend, ob lediglich Verletzungen der Ad-hoc-Publizitätspflicht oder noch weiterer Informationspflichten von Relevanz sind, wird hier verzichtet. Dieser Problematik wird sich in einer separaten Schrift gewidmet.

d) Ad-hoc-Publizitätspflicht

In jedem Fall wird eine Einhaltung der Pflicht zur Ad-hoc-Publizität aus Art. 17 Abs. 1 MAR für einen aussagefähigen Börsenkurs gefordert.[604] Gemäß dieser hat ein Emittent von Finanzinstrumenten ihn unmittelbar betreffende Insiderinforma-

[601] Ähnliche Erwägungen finden sich bereits bei *Drukarczyk*, AG 1973, 357, 363.

[602] BVerfG, Nichtannahmebeschl. v. 26.04.2011 – 1 BvR 2658/10 –, BVerfGK 18, 395–400 Rn. 25.

[603] OLG Frankfurt a.M., Beschl. v. 03.09.2010 – 5 W 57/09 = ZIP 2010, 1947, 1952.

[604] So auch die jüngere Literatur: *Schmidt*, NZG 2020, 1361, 1366, 1368; *Schnorbus/Rauch/Grimm*, AG 2021, 391, 398 Rn. 37. Die Ad-hoc-Publizitätspflicht stellt den kleinsten gemeinsamen Nenner der unter § 6 A.III.3.c) genannten Ansätze in der Gesetzgebung und Rechtsprechung dar.

tionen zu veröffentlichen.[605] Unter Rückgriff auf den Art. 7 Abs. 1 lit. a) MAR ist bei einer nicht öffentlich bekannten präzisen Information mit erheblichem Kursbeeinflussungspotenzial von einer Insiderinformation auszugehen.[606] Mit dem Merkmal der unmittelbaren Betroffenheit wird der Anwendungsbereich der Ad-hoc-Publizitätspflicht weiter eingeschränkt.[607] Eine solche liegt beispielsweise bei Umständen vor, die im Tätigkeitsbereich des Emittenten eingetreten sind, wobei nicht nur unternehmensinterne, sondern auch unternehmensexterne Umstände eine Veröffentlichungspflicht auslösen können.[608]

Hinsichtlich der Eignung einer Ad-hoc-Publizitätspflichtverletzung als Grund für eine Ablehnung der Börsenkursorientierung ist der mit dieser Regelung verfolgte Zweck zu berücksichtigen.

Die Ad-hoc-Publizität soll zu einer korrekten Preisbildung am Markt beisteuern und dessen Funktionsfähigkeit sicherstellen.[609] Sie zielt auf eine bessere Markttransparenz ab.[610] So wird eine rasche und möglichst umfassende Information des Marktes angestrebt.[611] Es handelt sich um ein Instrument der Kapitalmarktkommunikation[612] und eine zentrale Anlasspublizität[613]. Dabei begünstigt diese Publi-

---

[605] *Buck-Heeb*, Kapitalmarktrecht, S. 135 § 6 Rn. 477; Grunewald/Schlitt/*Knoth*, Einführung in das Kapitalmarktrecht, S. 309–311 § 14; *Langenbucher*, Aktien- und Kapitalmarktrecht, S. 378–379 § 15 Rn. 83–84; Schwark/Zimmer/*Kumpan/Grütze*, KMRK, Art. 17 VO (EU) 596/2014 Rn. 26.

[606] *Buck-Heeb*, Kapitalmarktrecht, S. 138 § 6 Rn. 487; *Langenbucher/Rataj/Vossen*, Rechtliche Grundlagen der Investor Relations und Finanzkommunikation, in: Handbuch Investor Relations und Finanzkommunikation, S. 8–10; Schwark/Zimmer/*Kumpan/Grütze*, KMRK, Art. 17 VO (EU) 596/2014 Rn. 46. Umfassend zur Definition der Insiderinformation, ihrer einzelnen Elemente und den hiermit verbundenen Definitionsschwierigkeiten und Unklarheiten siehe *Buck-Heeb*, Kapitalmarktrecht, S. 102–110 § 6 Rn. 368–392; Grunewald/Schlitt/*Mildner*, Einführung in das Kapitalmarktrecht, S. 288–294 § 13; *Langenbucher*, Aktien- und Kapitalmarktrecht, S. 356–369 § 15 Rn. 15–49. Von einer näheren Auseinandersetzung mit diesem Themengebiet wird aus Gründen der Schwerpunktsetzung abgesehen.

[607] *Buck-Heeb*, Kapitalmarktrecht, S. 138 § 6 Rn. 488; Grunewald/Schlitt/*Knoth*, Einführung in das Kapitalmarktrecht, S. 311 § 14.

[608] Grunewald/Schlitt/*Knoth*, Einführung in das Kapitalmarktrecht, S. 311 § 14; vgl. *Buck-Heeb*, Kapitalmarktrecht, S. 138 § 6 Rn. 489; vgl. Schwark/Zimmer/*Kumpan/Grütze*, KMRK, Art. 17 VO (EU) 596/2014 Rn. 46. Auch diesbezüglich finden in dieser Arbeit keine weitergehenden Erörterungen statt.

[609] Schimansky/Bunte/Lwowski/*Hopt/Kumpan*, BankR-HdB, § 107 Rn. 133; vgl. *Langenbucher*, Aktien- und Kapitalmarktrecht, S. 378 § 15 Rn. 83.

[610] Grunewald/Schlitt/*Knoth*, Einführung in das Kapitalmarktrecht, S. 310 § 14; so bereits Gesetzesentwurf, BT-Drs. 12/6679, S. 48 zur Vorgängernorm § 15 WpHG a.F.

[611] *Langenbucher/Rataj/Vossen*, Rechtliche Grundlagen der Investor Relations und Finanzkommunikation, in: Handbuch Investor Relations und Finanzkommunikation, S. 8.

[612] *Theis*, Kommunikation zwischen Unternehmen und Kapitalmarkt, S. 71–72.

[613] Ihrig/Schäfer/*Ihrig/Schäfer*, Rechte und Pflichten des Vorstands, § 24 Rn. 699; *Langenbucher/Rataj/Vossen*, Rechtliche Grundlagen der Investor Relations und Finanzkommunikation, in: Handbuch Investor Relations und Finanzkommunikation, S. 8.

zitätspflicht eine Informationseffizienz, welche für eine Allokationseffizienz notwendig ist, und trägt zur operationalen Funktionsfähigkeit des Kapitalmarkts bei.[614] Ein effizienter Kapitalmarkt ist die zentrale Voraussetzung eines allein maßgeblichen Börsenkurses bei der Unternehmensbewertung.

Auch soll die Informationslage aller Marktteilnehmer zügig angeglichen und es sollen Insidergeschäfte vermieden werden.[615] So wird eine Einhaltung des Art. 17 Abs. 1 MAR mit geringeren Informationsasymmetrien einhergehen.[616] Gerade diese können zu einer Fehlbewertung führen.[617] Im Wege der Ad-hoc-Publizität erlangt der Markt Kenntnis von unternehmensspezifischen Informationen.[618] Durch die Veröffentlichung von Insiderinformationen sollen die Anleger informierte Investitionsentscheidungen treffen können, sodass ein Aktienhandel zu einem angemessenen Preis stattfinden kann.[619] Der Marktpreis wird sich der neuen, mittels der Ad-hoc-Publizität geschaffenen Informationslage entsprechend anpassen.[620] Dementsprechend wird der Börsenkurs mit Informationen zum Unternehmen und dessen Wert gespeist. Dabei bedarf es einer Veröffentlichung aller wertrelevanten Informationen, ehe von einem aussagefähigen Kurs ausgegangen werden kann.

Da durch die Ad-hoc-Publizitätspflicht zur Kapitalmarkteffizienz beigetragen wird und Informationsasymmetrien abgebaut werden sowie wertrelevante Informationen zum Unternehmen ihren Weg in die Preisbildung finden sollen, ist sie ihrem Zweck nach für einen aussagefähigen Kurs von Bedeutung. Ihre Einhaltung dürfte zu einem Börsenkurs beitragen, der dem fundamentalen Wert des Unternehmens unter Berücksichtigung der aktuellen Sachlage entspricht. Dem Börsenkurs ist durchaus zuzugestehen, dass ihn die Einführung einer Ad-hoc-Publizitätspflicht zu einem zuverlässigeren Bewertungsmaßstab gemacht hat.[621] Verstöße gegen die Ad-hoc-Publizitätspflicht hingegen bedeuten einen unzureichend oder falsch informierten Markt, dessen Preise oftmals nicht den wahren Unternehmens-

---

[614] Vgl. EBJS-HGB/*Poelzig*, Vor. WpHG Rn. 7, 9; siehe hierzu bereits die Ausführungen zum kapitalmarktrechtlichen Informationsmodell unter § 6 A.III.3.a).

[615] *Langenbucher*, Aktien- und Kapitalmarktrecht, S. 378–379 § 15 Rn. 83; Schimansky/Bunte/Lwowski/*Hopt/Kumpan*, BankR-HdB, § 107 Rn. 133; Schwark/Zimmer/*Kumpan/Grütze*, KMRK, Art. 17 VO (EU) 596/2014 Rn. 15–16; vgl. Grunewald/Schlitt/*Knoth*, Einführung in das Kapitalmarktrecht, S. 310 § 14; zum präventiven Schutz vor dem Missbrauch von Insiderinformationen schon Gesetzentwurf, BT-Drs. 12/6679, S. 48 zum damaligen § 15 WpHG a. F.

[616] *Schulte/Köller/Luksch*, WPg 2012, 380, 386 bzgl. des § 15 WpHG a. F., welche aber darauf hinweisen, dass die Informationsasymmetrie nur verringert, nicht aber vollkommen beseitigt wird.

[617] Siehe: Informationsasymmetrien.

[618] *Schulte/Köller/Luksch*, WPg 2012, 380, 386, die diesbezüglich nebst des § 15 WpHG a. F. auch die Berichtspflichten zur Rechnungslegung als Beispiel nennen.

[619] *Markworth*, BKR 2020, 438, 439.

[620] *Mülbert/Sajnovits*, ZfPW 2016, 1, 33.

[621] So auch *Großfeld*, BB 2000, 261, 264, der einer Börsenkursorientierung aber kritisch gegenübersteht.

wert widerspiegeln. Im Falle einer unterlassenen oder unzutreffenden Veröffentlichung kursrelevanter Informationen ist die Aussagekraft des Börsenkurses zu bezweifeln.[622] Hierbei liegt eine mangelnde Kapitalmarkteffizienz und eine ungleiche Informationsverteilung nahe, was wiederum mit entsprechenden Fehlbepreisungen einhergehen wird.

Angesichts dessen erweist sich die Einhaltung der Ad-hoc-Publizitätspflicht als notwendiges Kriterium für einen aussagefähigen Börsenkurs. Folglich bedarf es ihrer Befolgung, um den quotalen Unternehmenswert zu ermitteln. Dabei kommt den hierdurch veröffentlichten Insiderinformationen schon ihrer Definition nach eine kursbeeinflussende Wirkung zu, sodass sich die Ad-hoc-Publizität auf die Höhe des Börsenkurses und damit auf die Abfindung auswirkt.

Dies gilt für alle Fälle der unterlassenen, verspäteten, unzureichenden oder unzutreffenden Veröffentlichung. So wird in den genannten Konstellationen das Ziel der Ad-hoc-Publizitätspflicht nicht erreicht, womit eine umfassend und korrekt informierte Kursbildung zweifelhaft ist, eine ungenügende Markteffizienz naheliegt und von keinem aussagekräftigen Börsenkurs ausgegangen werden kann.

Da Berichtigungen und Aktualisierungen von Ad-hoc-Meldungen ebenfalls dem Art. 17 Abs. 1 MAR unterliegen[623], sind diese auch vom Nichtberücksichtigungsfall erfasst. Ebenso ist die Nachholung einer aufgeschobenen Veröffentlichung[624] nach Art. 17 Abs. 7 UAbs. 1 MAR zu werten, da hierbei eine Insiderinformation veröffentlicht[625] und ein Informationsungleichgewicht beseitigt[626] wird. Diese Erwägungen gelten auch für den Art. 17 Abs. 8 MAR, laut dem bei einer Offenlegung von Insiderinformationen gegenüber einem Dritten, der nicht zur Vertraulichkeit verpflichtet ist, diese Information *Ad hoc* zu veröffentlichen ist. Als Spezialfall der Ad-hoc-Publizität[627] zielt diese Veröffentlichungspflicht darauf ab, dass Dritte nicht früher als die Öffentlichkeit über Insiderinformationen verfügen, womit sie zu einer angeglichenen Informationslage beiträgt[628]. Zwecks einer möglichst umfassenden Information aller Marktteilnehmer und der Vermeidung von Informationsasymmetrien liegt es nahe, Verstöße gegen sämtliche Formen der Ad-hoc-Publizitätspflicht, die einer Information der Öffentlichkeit dienen, als Ausnahmefall von der Börsenkursorientierung zu werten. Die Beschränkung des § 39 Abs. 3 S. 3 Nr. 1 BörsG

---

[622] Beschlussempfehlung und Bericht, BT-Drs. 18/6220, S. 84.

[623] Vgl. *Buck-Heeb*, Kapitalmarktrecht, S. 140 § 6 Rn. 494–495; vgl. Schwark/Zimmer/*Kumpan/Grütze*, KMRK, Art. 17 VO (EU) 596/2014 Rn. 164, 168.

[624] Zum Aufschub gem. Art. 17 Abs. 4 MAR im Kontext der Ausnahmefälle siehe: § 6 A. III.3.e).

[625] Vgl. Schwark/Zimmer/*Kumpan/Schmidt*, KMRK, Art. 17 VO (EU) 596/2014 Rn. 316.

[626] Vgl. *Langenbucher*, Aktien- und Kapitalmarktrecht, S. 387 § 15 Rn. 112.

[627] Vgl. *Langenbucher*, Aktien- und Kapitalmarktrecht, S. 387 § 15 Rn. 114; vgl. Schwark/Zimmer/*Kumpan/Grütze*, KMRK, Art. 17 VO (EU) 596/2014 Rn. 325.

[628] Vgl. Grunewald/Schlitt/*Knoth*, Einführung in das Kapitalmarktrecht, S. 316 § 14; vgl. Schwark/Zimmer/*Kumpan/Grütze*, KMRK, Art. 17 VO (EU) 596/2014 Rn. 326.

und des § 255 Abs. 5 S. 2 Nr. 1 AktG auf Art. 17 Abs. 1 MAR ist dahingehend abzulehnen.

Auf die Einhaltung der Pflicht zur Vorabmitteilung gem. § 26 Abs. 1 WpHG hingegen kommt es für einen ausreichend informierten Börsenkurs grundsätzlich nicht an. Laut dieser Vorschrift hat der Emittent vor der Veröffentlichung nach Art. 17 Abs. 1, 7 oder 8 MAR die Insiderinformation der BaFin und den Geschäftsführungen der Handelsplätze, an denen seine Finanzinstrumente zum Handel eingezogen sind, mitzuteilen sowie unverzüglich nach der Veröffentlichung dem Unternehmensregister zu übermitteln. Dies soll zu einer wirksamen Durchsetzung und Kontrolle der Informationspflichten beitragen, wobei der BaFin die Überwachung von Ad-hoc-Meldungen und den Geschäftsführungen der Handelsplätze eine Prüfung hinsichtlich einer etwaigen Handelsaussetzung ermöglicht wird.[629] Die Öffentlichkeit wird hierdurch aber nicht informiert. Dies geschieht erst durch die Ad-hoc-Mitteilung selbst. Lediglich die Übermittlung an das Unternehmensregister zur Speicherung ermöglicht der Öffentlichkeit einen Zugriff auf die Information[630], weshalb sie zu einem informierten Börsenkurs beitragen dürfte. Auch die Mitteilungspflicht des Art. 17 Abs. 4 UAbs. 3 MAR hinsichtlich eines Aufschubs der Veröffentlichung von Insiderinformationen ist für einen aussagefähigen Börsenkurs nicht von Bedeutung. Hierbei wird die BaFin im Nachgang der später stattfindenden Veröffentlichung informiert.[631]

Mithin sollte bei Verstößen gegen die Ad-hoc-Publizitätspflicht in all ihren Ausprägungen eine Ausnahme von der Börsenkursorientierung vorgenommen werden. Im Zusammenhang hiermit stehende Mitteilungspflichten, die nicht zu einer Offenlegung gegenüber der Öffentlichkeit führen und keiner direkten Information der Marktteilnehmer dienen, sind hingegen nicht von Belang.

Auf diesem Wege wird eine informierte Preisbildung mit Bezug zum wahren Wert des Unternehmens begünstigt.

Allerdings sei erwähnt, dass die Ad-hoc-Publizitätspflicht wie auch das Manipulationsverbot der MAR von strittigen Elementen geprägt ist, deren detaillierte Erörterung über den Rahmen dieser Arbeit hinausgeht.[632] Jedenfalls kann diese

---

[629] BeckOK-WpHR/*Buck-Heeb*, § 26 WpHG Rn. 5–6.

[630] Vgl. Schwark/Zimmer/*Kumpan*, KMRK, § 26 WpHG Rn. 10.

[631] Siehe hierzu *Buck-Heeb*, Kapitalmarktrecht, S. 171 § 6 Rn. 595, die von einer „*ex-post-notification*" spricht.

[632] Zu den Unklarheiten beim Manipulationsverbot siehe: § 6 A.III.2.a). Hins. der Definitionsschwierigkeiten und Unklarheiten im Kontext der Insiderinformation wird auf die unter § 6 Fn. 606 angeführten Quellen verwiesen. Umfassend zur Rechtsfigur des verständigen Anlegers und den damit verbundenen Unklarheiten in Bezug zum Begriff der Insiderinformation, welcher für die Ad-hoc-Publizitätspflicht entscheidend ist: *Kumpan/Misterek*, ZHR 2020, 180–221; *Langenbucher*, AG 2016, 417–422; *Langenbucher/Rataj/Vossen*, Rechtliche Grundlagen der Investor Relations und Finanzkommunikation, in: Handbuch Investor Relations und Finanzkommunikation, S. 10. Zur umstrittenen Beurteilung der unmittelbaren Be-

Problematik zu einer Unklarheit dahingehend führen, ob ein Verstoß vorliegt und der Ausnahmefall einschlägig ist. Dem könnte womöglich mittels einer Auffangregelung für vermutete Verstöße[633] entgegengewirkt werden. Ungeachtet dessen kann die bloße Unsicherheit der Bestimmung von Ad-hoc-Publizitätspflichtverstößen nicht gegen ihre Berücksichtigung bei der Unternehmensbewertung angeführt werden.

e) Keine Rückausnahme bei Aufschüben und Befreiungen

Beim Delisting wird eine Rückausnahme hinsichtlich des Verstoßes gegen die Ad-hoc-Publizität dahingehend gemacht, dass im Falle eines befreienden Aufschubs nach Art. 17 Abs. 4 MAR weiterhin auf den Börsenkurs zur Unternehmensbewertung abgestellt wird.[634] Laut Art. 17 Abs. 4 MAR kann der Emittent die Veröffentlichung einer Insiderinformation auf eigene Verantwortung aufschieben, wenn die unverzügliche Veröffentlichung dazu geeignet wäre, seine berechtigten Interessen zu beeinträchtigen, der Aufschub nicht zur Irreführung der Öffentlichkeit geeignet ist und er die Geheimhaltung der Information sicherstellen kann.[635]

In den Gesetzgebungsmaterialien wird die Veröffentlichungsaufschiebung beim Delisting damit begründet, dass bei einem zulässigen Aufschub der Veröffentlichung von Insiderinformationen ein Informationsungleichgewicht zum Schutz berechtigter Interessen des Emittenten gerechtfertigt sei. Hieraus schließen sie, dass in diesen Fällen auch eine Berücksichtigung des Börsenkurses sachgerecht wäre.[636] Diese Schlussfolgerung erscheint in Hinblick auf eine Unternehmensbewertung aber fragwürdig.

Für einen aussagefähigen Börsenkurs bedarf es der aktuellen Information des gesamten Marktes über sämtliche wertrelevante Informationen im Zeitpunkt ihres Vorliegens. Im Falle von aufgeschobenen Veröffentlichungen kann gerade keine den aktuellen tatsächlichen Verhältnissen entsprechende Information der Öffentlichkeit und des Marktes gewährleistet werden. Vielmehr besteht eine unzureichende Informationseffizienz. Es wird keine Abbildung des wahren Unternehmenswerts durch den Börsenkurs innerhalb des Aufschubzeitraums erfolgen. Zwar

---

troffenheit: *Langenbucher/Rataj/Vossen*, Rechtliche Grundlagen der Investor Relations und Finanzkommunikation, in: Handbuch Investor Relations und Finanzkommunikation, S. 10.

[633] Zu diesem Vorgehen vor dem Hintergrund der mit der Ad-hoc-Publizitätspflicht verbundenen Unsicherheit siehe: § 6 A.III.3.f).

[634] *Sanders*, Anlegerschutz bei Delisting zwischen Kapitalmarkt- und Gesellschaftsrecht, S. 104; vgl. *Ilyevich*, Delisting – Parallele zum Übernahmerecht, S. 161; vgl. *Morell*, AcP 2017, 61, 80; siehe zudem bereits Beschlussempfehlung und Bericht, BT-Drs. 18/6220, S. 85 in Bezug auf den damaligen § 15 Abs. 3 WpHG a. F.

[635] MAH-AktR/*Walz*, § 48 Rn. 56–60 mit weiteren Ausführungen.

[636] Beschlussempfehlung und Bericht, BT-Drs. 18/6220, S. 85 bzgl. des § 15 Abs. 3 WpHG a. F.; allgemein zum Zweck der Aufschubsregelung siehe Schwark/Zimmer/*Kumpan/Schmidt*, KMRK, Art. 17 VO (EU) 596/2014 Rn. 175.

findet im Rahmen des Art. 17 Abs. 4 MAR keine Irreführung der Öffentlichkeit statt. Dennoch wird ihr hierdurch eine wertrelevante Information mit erheblichem Kursbeeinflussungspotenzial zeitweise vorenthalten. Dies steht einer umfassenden Information aller Marktteilnehmer und einer unverfälschten Preisbildung im Wege. Gerade der Erwerb und die Veräußerung von Unternehmensanteilen wie auch öffentliche Übernahmen[637] sowie die Gefährdung laufender Verhandlungen über Fusionen, Übernahmen, Aufspaltungen und Umstrukturierungen[638] werden als Beispiele eines berechtigten Interesses für einen Aufschub der Veröffentlichung von Insiderinformationen genannt. Damit führt die Aufschiebung zu einem zwischenzeitlich unzureichend informierten Börsenkurs, dessen Aussagefähigkeit zum wahren Unternehmenswert zweifelhaft ist.

Die Rechtfertigung des Aufschubs rechtfertigt nicht zugleich eine Abfindungsbemessung anhand eines solchen Börsenkurses. Wenn auch in bestimmten Fällen eine asymmetrische Informationsverteilung zum Schutze der Emittenteninteressen gerechtfertigt sein mag[639], so kann ein unter deren Einfluss gebildeter Börsenkurs nicht zur Unternehmensbewertung herangezogen werden. Schließlich kommt es bei der Bewertung des Unternehmens in Abfindungssituationen nicht auf die Rechtmäßigkeit des Verhaltens des Emittenten, sondern auf eine dem Ideal des wahren Werts möglichst nahekommende Bewertungsmethode an. Sonach wohnt der Ablehnung einer marktorientierten Unternehmensbewertung kein Sanktionscharakter inne.

Darüber hinaus sind einzelne Gesichtspunkte des Art. 17 Abs. 4 MAR, wie etwa die Auslegung seiner Voraussetzungen[640] sowie die Frage nach der Einräumung eines Beurteilungsspielraums oder eines Beschlusserfordernisses[641], noch umstritten. Hierin offenbart sich eine Unsicherheitskomponente, die einer eindeutigen und leicht zu handhabenden Bewertung im Wege stehen könnte.[642]

Mithin empfiehlt es sich, entgegen der aktuellen Handhabung des Delisting einen Aufschub der Ad-hoc-Publizitätspflicht gemäß Art. 17 Abs. 4 MAR wie eine verspätete oder unterlassene Veröffentlichung zu behandeln und den Ausnahmefall der Informationspflichtverletzung eingreifen zu lassen. Andere Abfindungskonstellationen jenseits des Delisting sind ebenso zu behandeln.

---

[637] Schwark/Zimmer/*Kumpan/Schmidt*, KMRK, Art. 17 VO (EU) 596/2014 Rn. 236, 238.

[638] Schwark/Zimmer/*Kumpan/Schmidt*, KMRK, Art. 17 VO (EU) 596/2014 Rn. 216.

[639] So Beschlussempfehlung und Bericht, BT-Drs. 18/6220, S. 85 hins. des ursprünglichen § 15 Abs. 3 WpHG a.F.

[640] Vgl. Schwark/Zimmer/*Kumpan/Schmidt*, KMRK, Art. 17 VO (EU) 596/2014 Rn. 196–200, die hierbei einen weiten Ansatz vertreten.

[641] Vgl. *Sanders*, Anlegerschutz bei Delisting zwischen Kapitalmarkt- und Gesellschaftsrecht, S. 104–106 mit weiteren Erläuterungen.

[642] Siehe auch *Morell*, AcP 2017, 61, 80, der im Kontext des § 39 Abs. 3 S. 3 Nr. 1 BörsG hins. des Art. 17 Abs. 4 MAR kritisch anmerkt, dass hierdurch eine schwer vorhersehbare Abwägung zum ohnehin schon von Unklarheiten geprägten Art. 17 MAR hinzutritt.

Dieses Vorgehen steht auch nicht im Widerspruch zur gesetzlichen Intention. Dem Emittenten wird weiterhin eine Selbstbefreiung nach Art. 17 Abs. 4 MAR ermöglicht. Lediglich die alleinige Abfindungsbemessung anhand eines hiervon betroffenen Börsenkurses wird sodann versperrt, sodass auf eine rein fundamentale Unternehmensbewertung ohne Marktbezug hinsichtlich des quotalen Unternehmenswerts abzustellen ist.

Ungeachtet dessen dürfte eine kurzzeitig fehlende öffentliche Zugänglichkeit von Informationen hinzunehmen sein, sofern die gesetzlichen Veröffentlichungsfristen eingehalten werden. So wird der Zeitraum bis zur Veröffentlichung derart gering sein, dass der Börsenkurs als der aktuellen Situation entsprechend informiert betrachtet werden sollte. Es dürfte kaum eine relevante temporäre Fehlbewertung stattfinden. Auch würde ansonsten stets der Nichtberücksichtigungsfall der Informationspflichtverletzung zum Tragen kommen. Schließlich ist eine exakt zum Zeitpunkt des Auftretens einer Information stattfindende Veröffentlichung praktisch unmöglich.

f) Auffangregelung

Wie bereits erwähnt ist die Feststellung von Ad-hoc-Publizitätspflichtverletzungen mit Unsicherheiten verbunden.[643] Insgesamt werden sich Informationspflichtverletzungen oftmals Nachweisschwierigkeiten ausgesetzt sehen.[644]

Von daher drängt sich eine Auffangregelung auf, wie sie bereits im Kontext der Manipulation erwogen wurde.[645] Demnach würde auch im Falle einer anhand von ökonomischen Erkenntnissen zu vermutenden Kursbeeinflussung aufgrund einer Informationspflichtverletzung von der Berücksichtigung des Börsenkurses bei der Ermittlung des quotalen Unternehmenswerts abgesehen werden.

Hierbei ist zwischen einer möglichen Kursverzerrung durch unterlassene oder verspätete sowie inhaltlich falsche Veröffentlichungen zu differenzieren.

Der Nachweis des Kurseinflusses einer fehlenden Information wird kaum möglich und überaus unscharf sein.[646] Angesichts dessen sollte keine Vermutung auf

---

[643] Siehe hierzu: § 6 A.III.3.d).

[644] Vgl. *Burger*, NZG 2012, 281, 282–283, laut dem der Nachweis einer Kursmanipulation deutlich schwerer als der einer Marktenge zu führen ist, wobei er im Rahmen der Kursmanipulation explizit die Möglichkeit einer kurssenkenden Informationspolitik erwähnt; vgl *Drygala*, Die Neureglung des Delistings in: Gesellschaftsrecht in der Diskussion, 2015, S. 83, der auf die im Vergleich zur Marktenge schwerere Feststellbarkeit von Insiderverstößen für die Anleger beim Delisting hinweist.

[645] Siehe hierzu: § 6 A.III.2.b).

[646] *Reifschneider*, Informationeller Anlegerschutz, S. 141–142, die auf die Möglichkeit einer Ereignisstudie zum Zeitpunkt der verspäteten Bekanntgabe hinweist und hierbei anmerkt, dass sich der Einfluss weiterer neuer Informationen nicht eindeutig abtrennen lässt.

Basis ökonomischer Tests hinsichtlich etwaiger unterlassener oder verspäteter Veröffentlichungen angestellt werden.

Hinsichtlich einer möglichen Kursbeeinflussung durch Falschinformationen bietet sich hingegen eine Kursanalyse an, wobei im Wege der *Forensic Finance* vorgegangen werden kann.[647] Demgemäß wird die Vermutung einer kursbeeinflussenden unzutreffenden Information angestellt, was sich mit der vermuteten informationsgestützten Manipulation nach Maßgabe der *Forensic Finance* deckt. In Anbetracht der Unsicherheit der Testverfahren und der Möglichkeit eines legitimen Marktverhaltens gelten die zuvor aufgestellten hohen Anforderungen an die Auffangregelung auch hier. Demnach bedarf es anerkannter Tests, die sowohl historische Kurse des Unternehmens als auch Vergleichswerte berücksichtigen, wobei es einer nachvollziehbaren Begründung hinsichtlich der Auswahl der einzelnen Parameter bedarf. Der Umstand, dass der Kurs auch aufgrund einer irrationalen Informationsverarbeitung verzerrt sein kann[648], widerspricht der Auffangregelung nicht, da für die Abbildung des quotalen Unternehmenswerts auch keine irrationalen Verzerrungen vorliegen dürfen.

Mithin empfiehlt es sich, wie auch beim Ausnahmefall der Manipulation eine Auffangregelung vorzusehen, wonach eine Informationspflichtverletzung in Gestalt einer Falschinformation trotz eines nicht nachgewiesenen Verstoßes auf Basis ökonomisch anerkannter Testverfahren unter strengen Anforderungen vermutet wird. Auf diesem Wege kann der Gefahr unerkannter Informationspflichtverletzungen ansatzweise entgegengewirkt werden. Da sich die Auffangregelung aber nur auf die vermeintliche Veröffentlichung unwahrer Informationen mit gewissem Kurseinfluss beschränkt und die Testverfahren unsicher sind, wird hierdurch aber nicht jede unerkannte Informationspflichtverletzung aufgedeckt.

g) Erzeugte Kursbereinigung

Wie sich gezeigt hat, tragen Informationspflichten zu einem aussagefähigen Börsenkurs bei, dessen es zur Ermittlung des quotalen Unternehmenswerts bedarf. Eine unvollständige oder fehlerhafte Information des Kapitalmarkts hingegen führt zu Abweichungen des Börsenkurses vom inneren Wert des Unternehmens, sodass

---

[647] Vgl. *Reifschneider*, Informationeller Anlegerschutz, S. 141, 143–152, die zwar nicht den Ausdruck „*Forensic Finance*" verwendet, sondern auf *Event Studies* verweist, im Rahmen dessen aber einen Vergleich der tatsächlichen und erwarteten Rendite vornimmt und hierbei auf vergangene Kurse und Vergleichswerte abstellt sowie das CAPM erwähnt und mithin einen Ansatz wie die *Forensic Finance* verfolgt. Zusätzlich weist sie auf die Berücksichtigung fundamental begründeter Kursbewegungen, technischer Effekte und der möglichen irrationalen Informationsverarbeitung hin, *Reifschneider*, Informationeller Anlegerschutz, S. 152–158.

[648] Vgl. *Reifschneider*, Informationeller Anlegerschutz, S. 155–158, welche den möglichen Einfluss eines *Framings*, der *Overconfidence* und des *Herdings* anführt.

er nicht zur Unternehmensbewertung herangezogen werden sollte.[649] Somit vermag es die Informationspflichtverletzung als Grund für eine Nichtberücksichtigung des Börsenkurses, zahlreiche informationsbedingte Fehlbewertungen herauszufiltern. Die Ausführungen zum kapitalmarktrechtlichen Informationsmodell und der Wirkungsweise der Kapitalmarktkommunikation[650] werden durch die Bedeutung der Ad-hoc-Publizitätspflicht für einen informierten Markt und ihren Einfluss auf den Preisbildungsprozess[651] bestätigt. Sofern der Börsenkurs aber als Deinvestitionswert dient, greift dieser Ausnahmefall nicht, da es hierbei nur auf die hypothetische Deinvestitionsmöglichkeit und nicht auf die Informationsgrundlage der Marktteilnehmer ankommt.

Informationspflichtverletzungen können aber auch Marktmanipulationen nach Art. 12 MAR darstellen.[652] Sofern man die Möglichkeit einer Manipulation durch Unterlassen bejaht, könnte der Ausnahmefall der Informationspflichtverletzung möglicherweise als redundant betrachtet werden.[653] Da diese Auffassung aber umstritten ist[654], sollte der Ausnahmefall der Informationspflichtverletzung aus Klarstellungsgründen neben dem der Marktmanipulation angeführt werden. Sofern es im Falle einer möglichen informationsgestützten Manipulation nach Art. 12 Abs. 1

[649] Vgl. bereits *Hirte* (CDU/CSU), Plenarprotokoll 18/127, S. 12385 zum Delisting.

[650] Siehe hierzu: § 6 A.III.3.a).

[651] Siehe hierzu: § 6 A.III.3.d).

[652] Assmann/Schneider/Mülbert/*Mülbert*, Wertpapierhandelsrecht, Art. 12 VO (EU) Nr. 596/2014 Rn. 9, 10, 16 mit Beschränkung auf aktive Falschmeldungen; *BaFin*, Emittentenleitfaden 2020 Modul C, S. 80 III.7.1-III.7.2; vgl. *Buck-Heeb*, Kapitalmarktrecht, S. 187–188 Rn. 656–657 § 7. Zudem ist die Auffangregelung einer vermuteten Falschinformation nach Maßgabe der *Forensic Finance* (§ 6 A.III.3.f)) mit jener der vermuteten Manipulation (§ 6 A.III.2.b)) deckungsgleich.

[653] So *Verse*, FS Baums (2017), S. 1317, 1332 bzgl. Verstößen gegen die Ad-hoc-Publizitätspflicht und die Regelpublizität im Kontext des Delistings.

[654] Gegen eine Manipulation durch Unterlassen: Assmann/Schneider/Mülbert/*Mülbert*, Wertpapierhandelsrecht, Art. 12 VO (EU) Nr. 596/2014 Rn. 16, 58, 143, 180–181; *Bator*, BKR 2016, 1, 4; Park/*Saliger*, Kapitalmarktstrafrecht, §§ 119 Abs. 1, Abs. 4, 120 Abs. 2 Nr. 3, Abs. 15 Nr. 2 WpHG i.V.m. Art. 15, 12 MAR Rn. 277; *Sajnovits/Wagner*, WM 2017, 1189, 1191–1196, 1198–1199; Schwark/Zimmer/*Zimmer/Bator*, KMRK, Art. 12 VO (EU) 596/2014 Rn. 97–102. Für eine Manipulation durch Unterlassen: *BaFin*, Emittentenleitfaden 2020 Modul C, S. 80–81 III.7.2-III.7.3, wonach ein Verschweigen von Informationen eine Marktmanipulation gem. Art. 12 Abs. 1 lit. c) MAR darstellt; *Buck-Heeb*, Kapitalmarktrecht, S. 191 Rn. 668 § 7, S. 193 Rn. 674 § 7, S. 196 Rn. 687 § 7 hins. Art. 12 Abs. 1 lit. a), b) und c) MAR; Gesetzentwurf, BT-Drs. 18/7482, S. 64; Müller-Gugenberger/*Ambrosio*, Wirtschaftsstrafrecht, Kap. 68 Rn. 68.46; *Schmolke*, FS 25 Jahre WpHG (2019), S. 653, 661–664, laut dem dies grds. nicht für den Art. 12 Abs. 1 lit. c) MAR, wohl aber für Art. 12 Abs. 1 lit. b) MAR gilt; *Verse*, FS Baums (2017), S. 1317, 1332 Fn. 64 bzgl. Art 12 Abs. 1 lit. c) MAR. Auf eine Stellungnahme wird aus thematischen Gründen verzichtet. Für einen Überblick zu dieser Problematik siehe Müller-Gugenberger/*Ambrosio*, Wirtschaftsstrafrecht, Kap. 68 Rn. 68.44–68.49, laut dem es sich derzeit um eine hochgradig umstrittene Frage handelt.

lit. c) MAR am dort geforderten subjektiven Element[655] mangelt und man ein solches bei der verstoßbedingten Ausnahme von der Börsenkursberücksichtigung verlangt[656], kann dem Ausnahmefall der Informationspflichtverletzung überdies eine gesonderte Bedeutung zukommen. Mithin ist von keiner Redundanz auszugehen.

Folglich liefert der Ausnahmefall der Informationspflichtverletzung einen sinnvollen Beitrag zur Aufdeckung von Börsenkursen, die nicht zur Ermittlung des quotalen Unternehmenswerts geeignet sind.

Allerdings kann nicht jede Abkopplung des Börsenkurses vom quotalen Unternehmenswert allein durch diesen Ausnahmefall herausgefiltert werden.

So hat sich gezeigt, dass Informationspflichtverletzungen unerkannt fortbestehen können. Vor allem die immer wiederkehrenden Bilanzskandale[657] zeigen, dass oftmals eine nicht den gesetzlichen Anforderungen entsprechende Informationsgrundlage des Marktes vorliegt. Somit könnte trotz der Beachtung der Ad-hoc-Publizitätspflicht noch eine Fehlbewertung aufgrund einer unzureichenden oder falschen Informationslage vorliegen.

Selbst ein rechtmäßiges Verhalten führt zu keinem umfassend informierten Börsenkurs. Unternehmensinterne Informationen werden keinen Eingang in die Börsenpreisbildung finden.[658] Schließlich unterfällt ein großer Teil der unternehmensspezifischen Informationen, wie etwa die detaillierte Unternehmensplanung

---

[655] Zum subjektiven Element beim Art. 12 Abs. 1 lit. c) MAR, wonach es des Wissens oder „Wissenmüssens" bzgl. des Umstands bedarf, dass es sich um eine falsche oder irreführende Information handelt, siehe Schwark/Zimmer/*Zimmer/Bator*, KMRK, Art. 12 VO (EU) 596/2014 Rn. 94. Auf diese Variante wird bei *BaFin*, Emittentenleitfaden 2020 Modul C, S. 80–82 III.7.2-III.7.3 hins. unterlassener Anlass- und Regelveröffentlichungen und falscher oder irreführender Ad-hoc-Mitteilungen abgestellt, wobei die BaFin in diesem Kontext ausdrücklich auf das subjektive Element beim Art. 12 Abs. 1 lit. c) MAR hinweist. Ebenso nennt *Verse*, FS Baums (2017), S. 1317, 1332 Fn. 64 besagte Manipulationsvariante bzgl. unterlassener und fehlerhafter Ad-hoc-Mitteilungen in Hinblick auf die von ihm erwogene Redundanz des Ausnahmefalls der Informationspflichtverletzung beim Delisting. Auch *Buck-Heeb*, Kapitalmarktrecht, S. 196 Rn. 687 Fn. 72 § 7 führt eine Manipulation durch Unterlassen aufgrund gesetzlicher Offenlegungspflichten wie etwa Art. 17 MAR, §§ 10, 27, 35 WpÜG oder § 325 HGB im Rahmen des Art. 12 Abs. 1 lit. c) MAR an.

[656] Siehe aber zur hier vertretenen Ablehnung des subjektiven Elements zugunsten eines rein objektiven Verstoßes: § 6 A.III.5.a)bb).

[657] Für einen Überblick zu den bedeutenden Bilanzskandalen siehe *Dicken/Henssler*, Bilanzrecht, S. 77–79 Rn. 207–212 sowie im Ansatz *Bonnecke/Schneider*, StuB 2020, 665, 665. Siehe zudem *Dicken/Henssler*, Bilanzrecht, S. 79–83 Rn. 213–224 bzgl. der Schwächen des derzeitigen Bilanz- und Prüfungsrechts und *Dicken/Henssler*, Bilanzrecht, S. 85–87 Rn. 228–234 zum Reformbedarf der Abschlussprüfung.

[658] *Ruthardt/Hachmeister*, WPg 2016, 411, 414; vgl. *Schulte/Köller/Luksch*, WPg 2012, 380, 386, 389. Siehe zudem (§ 4 A.) zum Informationsgefälle zwischen dem Abfindungspflichtigen und den Abfindungsberechtigten sowie der Unternehmensführung und den aktuellen und potenziellen Anlegern im Kontext der abfindungsauslösenden Maßnahme.

mitsamt Angaben zu den Werttreibern, keiner Offenlegungspflicht.[659] Sie stehen den Anlegern gar nicht oder allenfalls zeitlich verzögert zur Verfügung.[660] Im Gegensatz zum Gutachter bei einer fundamentalen Unternehmensbewertung kann die Marktöffentlichkeit zumeist nicht auf detaillierte Daten zur Planungsrechnung und zum Unternehmenskonzept zugreifen.[661] Letztlich finden nur die öffentlich verfügbaren unternehmensbezogenen Informationen und die kommunizierten unternehmensspezifischen Informationen Eingang in den Börsenkurs.[662] Vor diesem Hintergrund besteht weiterhin eine asymmetrische Informationsverteilung.[663] Auch die hier geforderte Informationseffizienz in ihrer strengen Form kann unter Berücksichtigung der behandelten Informationspflichten i. d. R. nicht erreicht werden.[664] Wenn es bereits an der strengen Form der Informationseffizienz mangelt, kann der Mehrheitsaktionär seine überlegene Informationslage zuungunsten der Aktionärsminderheit ausnutzen.[665] Wertrelevante Unternehmensinterna bleiben den Minderheitsaktionären wie auch dem Großteil der Marktteilnehmer verborgen. Demgemäß kann auch schon bei der Einhaltung aller gesetzlichen Publizitätsvorschriften noch ein Informationsdefizit bestehen, welches einer alleinigen Börsenkursorientierung im Wege steht.[666] Ein perfekt informierter Kapitalmarkt wird wohl weiterhin ein unerreichtes Ideal bleiben.[667] Letzten Endes verbleibt es bei einem Börsenkurs, dessen Informationsgrundlage im Regelfall nicht ausreicht, um den quotalen Unternehmenswert wiederzugeben. Ein sachverständiger Gutachter, dem ein Einblick in die Unternehmensinterna gewährt wird, verfügt hingegen auch über diejenigen unternehmensspezifischen Informationen, die der Börsenkurs nicht enthält.[668] Dementsprechend wird er eine besser informierte Bewertung durchführen können.

---

[659] *Schulte/Köller/Luksch*, WPg 2012, 380, 386.

[660] *Schulte/Köller/Luksch*, WPg 2012, 380, 386, 389.

[661] IDW S 1 (2008) Rn. 14.

[662] *Schulte/Köller/Luksch*, WPg 2012, 380, 385–386, 389 Übers. 4, 394 Übers. 5.

[663] *Schulte/Köller/Luksch*, WPg 2012, 380, 386.

[664] Vgl. *Schulte/Köller/Luksch*, WPg 2012, 380, 386 Fn. 38.

[665] *Ruthardt/Hachmeister*, WPg 2016, 411, 414.

[666] A. A. *Schnorbus/Rauch/Grimm*, AG 2021, 391, 398–399 Rn. 37, die lediglich beim Verstoß gegen kapitalmarktrechtliche Veröffentlichungspflichten ein solches Informationsdefizit annehmen und entgegen der hier vertretenen Auffassung bereits eine mittelstrenge Informationseffizienz als ausreichend für eine alleinige Börsenkursorientierung erachten.

[667] A. A. *Steinhauer*, AG 1999, 299, 307, der einen umfassend informierten Markt als Regelfall unterstellt.

[668] *Karami*, Unternehmensbewertung in Spruchverfahren beim „Squeeze out", S. 141; vgl. *Adolff*, Unternehmensbewertung im Recht der börsennotierten Aktiengesellschaft, S. 347–348; vgl. *Große-Frericks*, Die Angemessenheit des Entgelts für die Übertragung von Eigentumsrechten als Problem rechtsgeprägter Unternehmensbewertung, S. 385; vgl. *Großfeld/Egger/Tönnes*, Recht der Unternehmensbewertung, S. 294 Rn. 1215–1216; vgl. *Hommel/Braun*, BB-Beilage 6 zu Heft 38/2002, 10, 12, laut denen der Börsenkurs jedoch den Vorteil aufweist, dass er im Idealfall den Sachverstand Vieler und nicht nur eines einzelnen Gutachters wiedergibt; vgl. IDW S 1 (2008) Rn. 14; vgl. *Ruthardt/Hachmeister*, WPg 2016, 411, 414; vgl.

Andererseits erscheint es aber verfehlt, eine Verpflichtung zur Veröffentlichung sämtlicher Unternehmensinterna zu fordern. Ansonsten würden die berechtigten Interessen des Unternehmens und Dritter entschieden verletzt.[669] So kann es dem Unternehmen und seinen Geschäftspartnern nicht zugemutet werden, der Öffentlichkeit Aspekte wie z. B. ihr *Know-How*, ihre Prozesse sowie sämtliche Planungen und strategische Erwägungen zugänglich zu machen. Hierdurch würden sie in ihrer Wettbewerbsfähigkeit stark eingeschränkt. Ohnehin könnten auch bei einer derart ausufernden Publizität noch wertrelevante Informationen bewusst verschwiegen werden. Ein umfassend informierter Markt nach Maßgabe der strengen Informationseffizienz würde somit auch nicht bei einer vollumfänglichen Offenlegungspflicht sicher gewährleistet werden.

Darüber hinaus können diejenigen unternehmensspezifischen Informationen, die zu veröffentlichen sind, im Wege einer gezielten Kapitalmarktkommunikation gefiltert an die Marktteilnehmer gelangen.[670] Schließlich kann gerade bei der Kommunikation von Unternehmensinformationen eine zielgerichtete Kursbeeinflussung stattfinden. Wie bereits erörtert wird der Hauptaktionär regelmäßig auf die Informationspolitik des Unternehmens entscheidenden Einfluss haben, wobei er durch eine entsprechende Ausgestaltung der Mitteilungen ein Absinken des Börsenkurses auf legalem Wege zu bewirken vermag.[671]

Des Weiteren ist die korrekte Verarbeitung der Informationen zweifelhaft. Sowohl unternehmensspezifische als auch unternehmensbezogene Informationen können von den Marktteilnehmern falsch interpretiert werden und verzerrenden Einflüssen unterliegen.[672] Angesichts der Erkenntnisse der *Behavioral-Finance*-Forschung dürfte es oftmals zu psychologischen Verzerrungen kommen.[673] So werden die Marktteilnehmer häufig irrational auf die veröffentlichten Informationen reagieren, was wiederum auf die Marktebene durchschlagen dürfte. Demgemäß kann selbst bei einer umfassenden Information des Marktes noch eine Fehlbewertung erfolgen. Die systematischen psychologisch bedingten Verzerrungen, welche die *Behavioral Finance* nachgewiesen hat, könnte sich ein Abfindungspflichtiger, der Einfluss auf die Informationspolitik hat, gezielt zu Nutze machen. Es besteht die

---

Schulte/Köller/Luksch, WPg 2012, 380, 394 Übers. 5, mit einem Vergleich zwischen dem Ertragswert und dem Börsenkurs.

[669] Zu den derzeitigen gesellschafts-, datenschutz-, kartell- und kapitalmarktrechtlichen sowie möglichen vertraglichen Grenzen der Offenlegung von Unternehmensinterna im Rahmen einer *Due Diligence* siehe *Hensel/Dörstling*, DStR 2021, 170, 170–177.

[670] *Schulte/Köller/Luksch*, WPg 2012, 380, 384 Übers. 2, 386.

[671] Siehe bereits die Erörterungen zur informationsgestützten Manipulation und der legalen kurssenkenden Informationspolitik unter: § 6 A.III.2.c). Im Kontext von Bilanzierungspraktiken siehe zudem *Rinker*, IRZ 2020, 285, 285–287, 289 zur Abgrenzung zwischen der legalen Bilanzpolitik und der illegalen Bilanzfälschung sowie der im Grenzbereich dazwischen liegenden Bilanzkosmetik.

[672] Vgl. *Schulte/Köller/Luksch*, WPg 2012, 380, 386–387, 389 Übers. 4.

[673] Siehe: § 2 C.

Möglichkeit, die Beurteilung von Informationen durch eine entsprechende Aufmachung und Wortwahl zu beeinflussen.[674] In Anbetracht dessen ist zu bezweifeln, dass eine vollständige Allokationseffizienz besteht. Da lediglich das Ergebnis der Preisbildung, nicht aber deren Vorgang aus dem Börsenkurs abgelesen werden kann, ist es auch nicht möglich, genau zu überprüfen, ob eine korrekte Informationsverarbeitung stattgefunden hat oder wertirrelevante Verzerrungen in den Kurs eingeflossen sind.[675] Hierin offenbart sich die Problematik der unzureichenden Nachprüfbarkeit des Börsenkurses.

Dabei baut das kapitalmarktrechtliche Informationsmodell gerade auf der Prämisse des effizienten Marktes und des *Homo Oeconomicus* auf.[676] Aus den bereits erfolgten Erörterungen zur *Behavioral Finance* ergeht aber eine Ablehnung dieses neoklassischen Ansatzes.[677] Damit konterkarieren die Erkenntnisse der verhaltensökonomischen Wissenschaft das Informationsmodell.[678] Eine umfassende Allokationseffizienz kann allein durch die Verpflichtung zur Information des Marktes nicht sicher erreicht werden. Diesem Idealzustand stehen stets die Empfänger der Informationen mitsamt ihren kognitiven Verzerrungen im Wege. Schließlich wird die Kapitalmarktkommunikation in ihrer Wirkungsweise durch irrationale Faktoren beeinflusst.[679] Ohnehin wäre das Instrumentarium der Kapitalmarktkommunikation auf einem streng effizienten Markt nutz- und wirkungslos, da es auf einem solchen keiner Anpassung des Börsenkurses an den fundamentalen Unternehmenswert bedarf und keinerlei Wertlücken sowie Informationsvorsprünge dahingehend beste-

---

[674] Siehe etwa *Theis*, Kommunikation zwischen Unternehmen und Kapitalmarkt, S. 190–191, 262, welcher einen Einfluss von Reihenfolgeeffekten bei der Chancen- und Risikoberichterstattung im Lagebericht nachweist und eine mögliche Beeinflussung der Einschätzung der Marktteilnehmer durch das Management des Unternehmens aufzeigt; siehe zudem *Koch*, BKR 2012, 485, 485 und *Peters*, Die BGH-Rechtsprechung zur Anlageberatung im Lichte der Behavioral-Finance-Forschung, S. 82 § 2 zur Beeinflussung der Anlageentscheidung durch ein *Framing* und ein *Priming* bei der Anlageberatung.

[675] *Schulte/Köller/Luksch*, WPg 2012, 380, 386, 387, die hierbei von einer „*Black Box*" sprechen.

[676] EBJS-HGB/*Poelzig*, Vor. WpHG Rn. 28; *Poelzig*, Kapitalmarktrecht, S. 21 § 1 Rn. 42; vgl. *Möllers/Kernchen*, ZGR 2011, 1, 7.

[677] Siehe: § 2 C., D., F. So auch EBJS-HGB/*Poelzig*, Vor. WpHG Rn. 29; *Möllers/Kernchen*, ZGR 2011, 1, 7–8; *Poelzig*, Kapitalmarktrecht, S. 21–22 § 1 Rn. 43.

[678] Vgl. *Stein*, Fundamentalanalyse und Börsenkurs, S. 201–202; siehe auch EBJS-HGB/*Poelzig*, Vor. WpHG Rn. 29–30 und *Poelzig*, Kapitalmarktrecht, S. 21–23 § 1 Rn. 43–44, die anführt, dass es an einem Alternativmodell mangelt und sich auf eine Schaffung möglichst informationseffizienter Märkte konzentriert wird.

[679] Vgl. *Theis*, Kommunikation zwischen Unternehmen und Kapitalmarkt, S. 48–49, 89–90, 190–193, 217–221, 262–264, der mögliche *Behavioral-Finance*-Aspekte bei der Kapitalmarktkommunikation in Betracht zieht, Verzerrungen in Gestalt von Reihenfolgeeffekten bei der Chancen- und Risikoberichterstattung im Lagebericht sowie teilweise irrationale Einflüsse auf die Risikowahrnehmung nachweist und eine umfassende Aufklärung der Marktteilnehmer dahingehend vorschlägt.

hen.[680] Ferner besteht die Gefahr, dass umfangreiche Informationen zur *Information Overload* bei den Anlegern führen[681], wobei zu bezweifeln ist, dass eine Lockerung der Informationspflichten dem irrationalen Anlegerverhalten entgegenwirkt[682]. In Ermangelung eines geeigneten Alternativmodells sollte dem Informationsmodell aber nicht seine Existenzberechtigung abgesprochen werden.[683] Insgesamt befürwortet die derzeitige Studienlage die Existenz von Offenlegungspflichten[684], wobei seitens der Rechtspolitik und Wissenschaft eher eine Optimierung als eine Abschaffung der Informationspflichten angestrebt wird[685].

Mithin bestehen mit der unzureichenden Informations- und Allokationseffizienz, der asymmetrischen Informationsverteilung sowie der Gefahr einer Kursbeeinflussung die zentralen Kritikpunkte an der Bewertungseignung des Börsenkurses auch bei einer Einhaltung der Publizitätsregelungen fort. Sie können lediglich abgeschwächt, nicht aber vollständig beseitigt werden. Auch sind das Informationsmodell und die Wirkungsweise der Kapitalmarktkommunikation von Mängeln hinsichtlich der Kapitalmarkteffizienz durchdrungen. In Anbetracht dessen ist davon auszugehen, dass die Einhaltung der Informationspflichten schon ihrem Grundgedanken nach den Börsenkurs nicht um sämtliche Verzerrungen bereinigen kann.

Folglich kann die Verletzung von Informationspflichten nach den hier entwickelten Maßgaben zwar als Fall einer Nichtberücksichtigung des Börsenkurses herangezogen werden. Sämtliche aufgezeigten Verzerrungen werden hiervon aber nicht erfasst. Schließlich kann dieses Vorgehen keine strenge Informations- sowie Allokationseffizienz mitsamt einer sicheren Manipulationsfreiheit gewährleisten. Dementsprechend können Börsenkurse lediglich als Wertindikator eines kurzfristig

---

[680] *Theis*, Kommunikation zwischen Unternehmen und Kapitalmarkt, S. 37.

[681] *Stein*, Fundamentalanalyse und Börsenkurs, S. 202; *Zimmer*, JZ 2014, 714, 718–719; vgl. EBJS-HGB/*Poelzig*, Vor. WpHG Rn. 29; vgl. *Möllers/Kernchen*, ZGR 2011, 1, 11–12; vgl. *Poelzig*, Kapitalmarktrecht, S. 22 § 1 Rn. 43. Weiterhin existieren Ansätze, mit denen versucht wird, der Problematik einer *Information Overload* Herr zu werden: *Zimmer*, JZ 2014, 714, 718–721, der verkürzte Anlegerinformationen und eine Ampellösung in Erwägung zieht, um einer Überinformation entgegenzuwirken; ferner EBJS-HGB/*Poelzig*, Vor. WpHG Rn. 30 und *Poelzig*, Kapitalmarktrecht, S. 23 § 1 Rn. 44 zu den Kurzinformationsblättern nach heutiger Rechtslage, durch die eine *Information Overload* vermieden werden soll; siehe zudem den Vorschlag zum Kurzfinanzbericht bei *Möllers/Kernchen*, ZGR 2011, 1, 17–26 und die kritische Auseinandersetzung hiermit bei KK-WpHG/*Mock*, § 37v WpHG Rn. 6.

[682] Vgl. KK-WpHG/*Mock*, § 37v WpHG Rn. 6 zum Regelpublizitätsregime.

[683] EBJS-HGB/*Poelzig*, Vor. WpHG Rn. 30; *Poelzig*, Kapitalmarktrecht, S. 23 § 1 Rn. 44.

[684] The Anatomy of Corporate Law/*Enriques/Hertig/Kraakman/Rock*, 9 Corporate Law and Securities Markets, S. 246–247. Erwähnenswert sind in diesem Zusammenhang die erhöhte Liquidität und verringerte Volatilität.

[685] Vgl. EBJS-HGB/*Poelzig*, Vor. WpHG Rn. 30 und *Poelzig*, Kapitalmarktrecht, S. 23 § 1 Rn. 44 hins. rechtspolitischer Anstrengungen zur Optimierung des Informationsmodells unter Verweis auf die Erwägungsgründe der MAR und der Transparenz-RL und auf den § 64 Abs. 2 WpHG; vgl. The Anatomy of Corporate Law/*Enriques/Hertig/Kraakman/Rock*, 9 Corporate Law and Securities Markets, S. 247 bzgl. der wissenschaftlichen Debatte zum Umfang von Offenlegungspflichten.

orientierten Anlegers herangezogen werden. Überdies kann auch der Problematik der Minderheitsabschläge im Börsenkurs durch die Informationspflichten nicht entgegengewirkt werden. Allenfalls in Verbindung mit weiteren Maßgaben ließe sich eventuell ein nachweislich unverfälschter aussagefähiger Börsenkurs ermitteln. Dennoch dürfte eine Einhaltung der relevanten Informationspflichten zu einem aussagekräftigeren, da besser informierten Kurs führen. Die aus den Informationspflichten erwachsenden Gefahren psychologisch bedingter Verzerrungen wie etwa des *Framings* oder der *Information Overload* sind angesichts des Ideals eines möglichst umfassend informierten Kurses hinzunehmen. Hieraus resultierenden Verzerrungen könnte u. U. mittels weiterer Fälle einer Nichtberücksichtigung[686] oder der Bildung eines Durchschnittskurses[687] entgegengewirkt werden.

h) Fazit: Verstoß gegen Informationspflichten

Mithin begründet die Verletzung von Informationspflichten einen notwendigen Fall der Ablehnung der Börsenkursorientierung bei der Ermittlung des quotalen Unternehmenswerts. Allein durch die Nichtverletzung von Informationspflichten kann aber kein aussagefähiger Börsenkurs gewährleistet werden.

Wie sich gezeigt hat, wird nach der derzeitigen Rechtslage keine umfassende informationsbedingte Bereinigung des Börsenkurses und damit nicht der erforderliche Schutz der Minderheitsaktionäre garantiert.

Der erarbeitete Vorschlag vermag es, dieser Kritik zumindest teilweise entgegenzuwirken. Bei einem Abstellen auf Ad-hoc-Publizitätsverstöße mit einer ergänzenden Auffangregelung wird ein vergleichsweise rechtssicherer Rahmen geschaffen und zugleich ein Börsenkurs gewährleistet, der zumindest im Idealfall mit allen zu veröffentlichenden preisrelevanten Informationen gespeist ist. Dennoch können selbst nach dem hier gewählten Ansatz noch Fehlbewertungen fortbestehen. So können Informationspflichtverstöße möglicherweise unentdeckt bleiben, wobei nicht sämtliche wertrelevante Informationen veröffentlicht werden müssen und die zu veröffentlichenden Informationen gefiltert an die Marktteilnehmer gelangen können. Vor allem aber leidet die Beurteilung der Informationen durch die Marktteilnehmer unter den Verzerrungen, welche die *Behavioral Finance* aufzeigt.

---

[686] So könnten Extremfälle der fehlenden Reaktion bei einer *Information Overload* von der Illiquidität und Marktenge (siehe: § 6 A.III.1.a)) abgedeckt werden und extreme Reaktionen auf ein *Framing* unter die weiter unten erörterten Überreaktionen auf öffentliche Informationen (siehe: § 6 A.III.6.e)) fallen.

[687] Der in dieser Arbeit angesetzte einjährige gewichtete Durchschnittskurs dürfte zumindest kurzfristige und teils auch mittelfristige Verzerrungen abfedern. Siehe: § 6 B.V.

Allenfalls unter Zuhilfenahme weiterer Fälle der Herausnahme[688] und Modifikationen des Börsenkurses[689] könnte möglicherweise sämtlichen Fehlbewertungen entgegengewirkt werden.

4. Insiderhandel

Als weiterer Grund für eine Ablehnung eines bewertungsgeeigneten Börsenkurses kommt der Komplex des Insiderhandels in Betracht, welcher bisher kaum Beachtung gefunden hat.

a) Insiderhandel als weiterer Fall der Nichtberücksichtigung

Erstmals benannte das LG Stuttgart 2018 den nachgewiesenen Insiderhandel als Einschränkung für die Orientierung am Börsenkurs.[690] Hierauf bezog es sich auch in einer späteren Beschluss von 2019.[691] Schon das OLG Frankfurt am Main betonte in einer Entscheidung im Jahre 2010, dass neben den erhöhten Informationspflichten auch die Verschärfung des Insiderhandelsverbots zu aussagefähigeren Börsenkursen geführt hat, als dies zur Zeit, in welcher der BGH dem Börsenkurs kritisch gegenüber stand, der Fall war.[692] Weitere Stimmen aus der Rechtsprechung oder gar eine höchstrichterliche Stellungnahme sucht man aber vergebens.

Seitens des Schrifttums finden sich nur vereinzelte Stellungnahmen, die keine klare Linie erkennen lassen.[693]

Bei der Normierung des Delisting hat der Gesetzgeber einen Verstoß gegen das Verbot des Insiderhandels nicht als Ausnahmefall von der grundsätzlichen Bör-

---

[688] Siehe hierzu die Nichtberücksichtigungsfälle der Marktenge und des fehlenden Handels (§ 6 A.III.1.), der Manipulation (§ 6 A.III.2.), des Insiderhandels (§ 6 A.III.4.) sowie der Kurs- und Marktverzerrungen (§ 6 A.III.6.).

[689] Siehe hierzu die Ausführungen zur Durchschnittskursbildung (§ 6 B.), zu weitergehenden Effizienzanforderungen (§ 6 C.), zur Zahlung einer zusätzlichen Pauschale (§ 6 D.) und zur Plausibilisierung durch weitere Werte (§ 6 E.).

[690] LG Stuttgart, Beschl. v. 03.04.2018 – 31 O 138/15 KfH SpruchG – Os. 3, Rn. 116, juris (nrkr.) zum § 327a AktG.

[691] LG Stuttgart, Beschl. v. 08.05.2019 – 31 O 25/13 KfH SpruchG – Rn. 373, juris, zu den §§ 304, 305 AktG.

[692] OLG Frankfurt a.M., Beschl. v. 03.09.2010 – 5 W 57/09 = ZIP 2010, 1947, 1953, zum § 15 UmwG a.F.

[693] Dafür: *Betzer/Budzinski/Thiele*, KSzW 2011, 426, 429 bei Squeeze-outs; Dreier/Fritzsche/Verfürth/*Dreier*, SpruchG, Annex zu § 11 SpruchG Rn. 202 hins. des Börsenkurses als Untergrenze; *Krog*, Marktorientierung und gesellschaftsrechtliche Unternehmensbewertung, S. 293 mit Bezug auf den § 14 WpHG a.F., dessen Einhaltung ihm zufolge aber nicht gesichert werden kann. Dagegen: *Kallweit*, Die angemessene Abfindung beim übernahmerechtlichen Squeeze-out, S. 241–242 § 5 im Kontext der Widerlegung des § 39a Abs. 3 S. 3 WpÜG, wobei er eine solche im Falle eines Insiderhandels bejaht, der mit einer deutlichen Verunsicherung des Marktes einhergeht, die wiederum zu starken Kursverlusten führt.

senkursorientierung aufgenommen.[694] Ebenso wurde bei der Neuregelung des Verwässerungsschutzes des § 255 AktG verfahren.

In Anbetracht dieser Unklarheiten bedarf es einer Stellungnahme dahingehend, ob Verstöße gegen das Insiderhandelsverbot zu einer Ablehnung der Berücksichtigung des Börsenkurses führen sollten.

Zunächst ist zu erläutern, was unter einem Insiderhandel zu verstehen ist. Hierfür können die Regelungen der MAR herangezogen werden. Schließlich wurden hier bereits Insiderhandelsverbote normiert. Art. 14 MAR beschreibt drei Formen der Insiderdelikte[695], wobei die Art. 8 und 10 MAR weitere Konkretisierungen enthalten[696].

So verbietet Art. 14 lit. a), 8 Abs. 1 MAR (Insiderhandelsverbot[697], Verwendungsverbot[698] oder Tätigungsverbot[699]) den Erwerb und die Veräußerung von Finanzinstrumenten unter Nutzung von Insiderinformationen.[700] Dies gilt nach Maßgabe von Art. 14 lit. a), 8 Abs. 3 MAR (Insiderhandelsverbot nach Empfehlung oder Verleitung[701] oder auch Tippempfängerhaftung[702]) auch für denjenigen, der auf eine Empfehlung oder Verleitung hin handelt.[703] Da das LG Stuttgart in seinen Urteilen

---

[694] Vgl. *Morell*, AcP 2017, 61, 89.

[695] BeckOK-WpHR/*Kulenkamp/v. Bonin*, Art. 14 VO (EU) 596/2014 Rn. 1; Schwark/Zimmer/*Kumpan/Grütze*, KMRK, Art. 14 VO (EU) 596/2014 Rn. 5; *Waschkowski*, Insiderhandel nach der Marktmissbrauchsverordnung, S. 208; vgl. *Poelzig*, Kapitalmarktrecht, S. 230 § 14 Rn. 423; zu den grundsätzlichen Voraussetzungen der Verbote siehe *Buck-Heeb*, Kapitalmarktrecht, S. 113 § 6 Rn. 404.

[696] Schwark/Zimmer/*Kumpan/Grütze*, KMRK, Art. 14 VO (EU) 596/2014 Rn. 5.

[697] BeckOK-WpHR/*Kulenkamp/v. Bonin*, Art. 14 VO (EU) 596/2014 Rn. 11; Schwark/Zimmer/*Kumpan/Grütze*, KMRK, Art. 14 VO (EU) 596/2014 Rn. 24–25. Bei *Poelzig*, Kapitalmarktrecht, S. 201 § 14 Rn. 376 hingegen wird der Art. 14 MAR insgesamt als Insiderhandelsverbot bezeichnet.

[698] *Buck-Heeb*, Kapitalmarktrecht, S. 113 § 6 Rn. 404, S. 118 § 6 Rn. 421.

[699] *Waschkowski*, Insiderhandel nach der Marktmissbrauchsverordnung, S. 208, 209.

[700] Jeweils mit weitergehenden Ausführungen zu den Voraussetzungen und Ausnahmen: *Buck-Heeb*, Kapitalmarktrecht, S. 113–118 § 6 Rn. 405–421; *Poelzig*, Kapitalmarktrecht, S. 230–235 § 14 Rn. 424–432; *Waschkowski*, Insiderhandel nach der Marktmissbrauchsverordnung, S. 209–214, 219–222. Übersichtlich zu den Voraussetzungen: BeckOK-WpHR/*Kulenkamp/v. Bonin*, Art. 14 VO (EU) 596/2014 Rn. 11; Schwark/Zimmer/*Kumpan/Grütze*, KMRK, Art. 14 VO (EU) 596/2014 Rn. 24–25. Zum Begriff der Insiderinformation siehe bereits die Erörterungen im Rahmen der Ad-hoc-Publizitätspflicht unter: § 6 A.III.3.d).

[701] BeckOK-WpHR/*Kulenkamp/v. Bonin*, Art. 14 VO (EU) 596/2014 Rn. 12–13; Schwark/Zimmer/*Kumpan/Grütze*, KMRK, Art. 14 VO (EU) 596/2014 Rn. 26–27.

[702] *Buck-Heeb*, Kapitalmarktrecht, S. 119 § 6 Rn. 426.

[703] Jeweils mit weiteren Erwägungen zu den Voraussetzungen: BeckOK-WpHR/*Kulenkamp/v. Bonin*, Art. 14 VO (EU) 596/2014 Rn. 12–13; *Buck-Heeb*, Kapitalmarktrecht, S. 119 § 6 Rn. 426; Schwark/Zimmer/*Kumpan/Grütze*, KMRK, Art. 14 VO (EU) 596/2014 Rn. 26–27; *Waschkowski*, Insiderhandel nach der Marktmissbrauchsverordnung, S. 217–219. Siehe aber auch *Poelzig*, Kapitalmarktrecht, S. 230 § 14 Rn. 423, S. 237–238 § 14 Rn. 435, die hierbei auf den Art. 14 lit. b) MAR abstellt.

von einem auf Grundlage eines nachgewiesenen Insiderhandels zustande gekommenen Börsenkurs spricht[704], liegt es nahe, dass es kursbeeinflussende Verstöße gegen das Insiderhandels- bzw. Tätigungs- oder Verwendungsverbot im Blick hatte.

Weiterhin ist es nach dem Empfehlungs- und Verleitungsverbot aus Art. 14 lit. b), 8 Abs. 2 MAR untersagt, Dritten aufgrund einer Insiderinformation zu empfehlen, Finanzinstrumente zu erwerben bzw. zu veräußern oder sie hierzu zu verleiten.[705]

Darüber hinaus ist nach Art. 14 lit. c), 10 Abs. 1 MAR (Offenlegungsverbot[706] oder Weitergabeverbot[707]) die unrechtmäßige Offenlegung von Insiderinformationen gegenüber einer anderen Person verboten.[708] Ebenso greift ein Offenlegungsverbot bei der Weitergabe von Empfehlungen und Verleitungen, Art. 14 lit. c), 10 Abs. 2 MAR.[709]

Sofern der Insiderhandel als Ablehnungsgrund von der Börsenkursorientierung gehandelt wird, stellt sich die Frage, ob dies lediglich für den verbotenen Insiderhandel im engeren Sinne nach Art. 14 lit. a), 8 Abs. 1 MAR oder auch für die übrigen Tatvarianten gelten soll.

Hinsichtlich der Relevanz der Einordnung als Nichtberücksichtigungsgrund ist dahingehend zu differenzieren, ob der Börsenkurs als Deinvestitionswert und damit als Untergrenze oder zur Bestimmung des quotalen Unternehmenswerts herangezogen werden soll.[710]

---

[704] LG Stuttgart, Beschl. v. 08.05.2019 – 31 O 25/13 KfH SpruchG – Rn. 373, juris; LG Stuttgart, Beschl. v. 03.04.2018 – 31 O 138/15 KfH SpruchG – Os. 3, Rn. 116, juris (nrkr.).

[705] Ausführlich: BeckOK-WpHR/*Kulenkamp/v. Bonin*, Art. 14 VO (EU) 596/2014 Rn. 14–17; *Buck-Heeb*, Kapitalmarktrecht, S. 118–120 § 6 Rn. 422–426; Schwark/Zimmer/*Kumpan/Grütze*, KMRK, Art. 14 VO (EU) 596/2014 Rn. 28–32; *Waschkowski*, Insiderhandel nach der Marktmissbrauchsverordnung, S. 214–216. Übersichtlich: *Poelzig*, Kapitalmarktrecht, S. 237–238 § 14 Rn. 435.

[706] BeckOK-WpHR/*Kulenkamp/v. Bonin*, Art. 14 VO (EU) 596/2014 Rn. 18; *Buck-Heeb*, Kapitalmarktrecht, S. 120 § 6 Rn. 427, S. 125 § 6 Rn. 444; Schwark/Zimmer/*Kumpan/Grütze*, KMRK, Art. 14 VO (EU) 596/2014 Rn. 33–34; *Waschkowski*, Insiderhandel nach der Marktmissbrauchsverordnung, S. 222.

[707] *Buck-Heeb*, Kapitalmarktrecht, S. 125 § 6 Rn. 444.

[708] Mit umfassenden Erläuterungen zu den Voraussetzungen und Ausnahmen: *Buck-Heeb*, Kapitalmarktrecht, S. 120–125 § 6 Rn. 427–444; *Poelzig*, Kapitalmarktrecht, S. 238–247 § 14 Rn. 436–447; *Waschkowski*, Insiderhandel nach der Marktmissbrauchsverordnung, S. 222–232. Übersichtlich zu den Voraussetzungen: BeckOK-WpHR/*Kulenkamp/v. Bonin*, Art. 14 VO (EU) 596/2014 Rn. 18–19; Schwark/Zimmer/*Kumpan/Grütze*, KMRK, Art. 14 VO (EU) 596/2014 Rn. 33–34.

[709] BeckOK-WpHR/*Kulenkamp/v. Bonin*, Art. 14 VO (EU) 596/2014 Rn. 21–22; Schwark/Zimmer/*Kumpan/Grütze*, KMRK, Art. 14 VO (EU) 596/2014 Rn. 35–36; vgl. *Waschkowski*, Insiderhandel nach der Marktmissbrauchsverordnung, S. 222.

[710] Siehe zu den beiden verschiedenen Wertmaßstäben in Bezug auf die Gründe für eine Nichtberücksichtigung des Börsenkurses: § 6 A.II.

Für eine Ablehnung der Berücksichtigung des Börsenkurses hinsichtlich des quotalen Unternehmenswerts spricht zunächst die Problematik der Informationsasymmetrie. So drückt sich im Insiderhandel die ungleiche Informationslage zwischen dem Insider und den übrigen Marktteilnehmern aus. Im Vorfeld einer abfindungsauslösenden Maßnahme könnte der Hauptaktionär versucht sein, sein überlegenes Wissen für Insidergeschäfte auszunutzen.[711] Gerade die beim Insiderhandel bestehende Informationsasymmetrie kann zu einer zwischenzeitlichen Fehlbepreisung beim Börsenkurs führen und mit einer Manipulierbarkeit einhergehen.[712] Durch ein Insiderhandelsverbot soll opportunistischen Verhaltensweisen vereinzelter Marktteilnehmer[713] und durch Informationsdefizite verfälschten Marktpreisen[714] entgegengewirkt werden. Dies gilt sowohl bei der Verwendung als auch bei der Empfehlung und Verleitung sowie der unrechtmäßigen Offenlegung von Insiderinformationen. In allen Fällen verfügt nur ein begrenzter Personenkreis über kursrelevante Informationen.

Auch streiten Effizienzgesichtspunkte für eine Herausnahme des Börsenkurses bei einem Insiderhandel. Schließlich widerspricht ein solcher der strengen Form der Markteffizienz.[715] Zwar wird dem Insiderhandelsverbot zum Teil entgegengehalten, dass durch den Insiderhandel wertrelevante Informationen zeitnah in die Preisbildung einfließen würden und er hierdurch gerade zu einem effizienten Markt beitrage.[716] Dem kann jedoch entgegengehalten werden, dass die Transaktionen eines Insiders von den übrigen Marktteilnehmern nicht unbedingt als solche wahrgenommen werden und keine direkte Signalwirkung entfalten.[717] Sie können lediglich etwaige Kursbewegungen und Handelsaktivitäten, nicht aber die dahinter stehenden Informationen erkennen. Angesichts dessen dürfte über die Ad-hoc-Publizität eher eine Markteffizienz erreicht werden.[718] Darüber hinaus deuten einige ökonomische Untersuchungen darauf hin, dass Insiderregeln gerade zur Effizienz des Marktes

---

[711] Vgl. *Betzer/Budzinski/Thiele*, KSzW 2011, 426, 429, die sich explizit auf Beherrschungs- und Gewinnabführungsverträge wie auch Squeeze-outs beziehen.

[712] *Betzer/Budzinski/Thiele*, KSzW 2011, 426, 429, 430 Tab., 431, die zudem auch bei *Directors' Dealings* nach § 15a WpHG a.F. eine zeitweise Fehlbewertung der Aktie bis zur Veröffentlichung annehmen.

[713] *Poelzig*, Kapitalmarktrecht, S. 20–21 § 1 Rn. 41.

[714] *Möllers*, AcP 2008, 1, 7.

[715] *Betzer/Budzinski/Thiele*, KSzW 2011, 426, 429; *Hinterleitner/Hornung*, Marktqualität und Insiderhandel auf Kapitalmärkten, S. 104.

[716] *Manne*, Vanderbilt Law Review, 1970, Vol. 23, Iss. 3, 547, 565–574; vgl. *Kallweit*, Die angemessene Abfindung beim übernahmerechtlichen Squeeze-out, S. 241–242 § 5, der die Möglichkeit einer verbesserten Effizienz als Grund anführt, den Insiderhandel grds. nicht zur Widerlegung des § 39a Abs. 3 S. 3 WpÜG heranzuziehen; kritisch hingegen *Poelzig*, Kapitalmarktrecht, S. 201–203 § 14 Rn. 377–378 und *Waschkowski*, Insiderhandel nach der Marktmissbrauchsverordnung, S. 66–67.

[717] *Poelzig*, Kapitalmarktrecht, S. 202–203 § 14 Rn. 378; *Waschkowski*, Insiderhandel nach der Marktmissbrauchsverordnung, S. 67.

[718] So *Waschkowski*, Insiderhandel nach der Marktmissbrauchsverordnung, S. 67.

beitragen.[719] Vor diesem Hintergrund liegt vielmehr die Annahme nahe, dass ein Insiderhandel negative Auswirkungen auf die Kapitalmarkteffizienz hat.[720] Die Normierung des Insiderhandelsverbots und der Publizitätspflicht bezüglich Insiderinformationen deuten darauf hin, dass der Gesetzgeber das Ideal eines effizienten Marktes verfolgt hat und davon ausgegangen ist, dass der Börsenkurs und der Unternehmenswert grundsätzlich zusammenhängen müssten.[721] Selbst wenn eine Effizienzsteigerung durch Insiderhandel bejaht wird, setzt dieser das Fehlen einer Informationseffizienz in strenger Form voraus.[722] Somit zeigt der Umstand, dass ein Insiderhandel in Bezug auf eine Aktie stattfand, dass bezüglich dieser zeitweise keine umfassende Effizienz vorherrschte. Ein unter diesen Umständen gebildeter Börsenkurs sollte nicht zur Bestimmung des quotalen Unternehmenswerts herangezogen werden. Dies gilt für jede Variante des Art. 14 MAR, da sie alle eine Situation beschreiben, in der nicht sämtliche Informationen mit Bezug zum Unternehmenswert zeitnah öffentlich verfügbar sind.

Eine unzureichende Kapitalmarkteffizienz, eine asymmetrische Informationsverteilung und die Manipulationsanfälligkeit der Kurse sind grundlegenden Kritikpunkte am *market approach*, die es mittels der Nichtberücksichtigungsfälle zu lokalisieren und herauszufiltern gilt. In Anbetracht der Tatsache, dass das Verbot des Insiderhandels gerade diesen Aspekten entgegenwirkt, sollten Verstöße hiergegen zur Ablehnung einer Berücksichtigung des Börsenkurses bei der Bestimmung des quotalen Unternehmenswerts führen.

Vor dem Hintergrund des lückenhaften Schutzes der übrigen Fälle einer Nichtberücksichtigung des Börsenkurses und der damit einhergehenden Umgehungsge-

---

[719] *Beny*, Journal of Corporation Law, 2007, Vol. 32, No. 2, 237, 237, 280–281, laut der Insiderregeln zur Informationseffizienz und zur Liquidität beitragen; *Chen/Huang/Kusnadi/John wie*, Journal of Corporate Finance, 2017, Vol. 45, 687, 687, 706, wonach Insiderregeln auf entwickelten Märkten der Allokationseffizienz zugutekommen; *Fernandes/Ferreira*, Review of Financial Studies, 2009, Vol. 22, No. 5, 1845, 1845, 1882–1883, laut denen Insiderregeln zur informierten Preisbildung auf entwickelten Märkten beisteuern. Auf die Studien zur positiven Auswirkung von Insiderregeln auf die Kapitalmarkteffizienz verweisen auch Ellenberger/Bunte/*Hopt/Kumpan*, BankR-HdB, § 86 Rn. 3; Schwark/Zimmer/*Kumpan/Misterek*, KMRK, Art. 1 VO (EU) 596/2014 Rn. 2; *Waschkowski*, Insiderhandel nach der Marktmissbrauchsverordnung, S. 67. Auch bei EBJS-HGB/*Poelzig*, Vor. WpHG Rn. 7–8; *Möllers*, AcP 2008, 1, 7–8 wird u. a. das Insiderhandelsverbot im Kontext der Allokationseffizienz und des Anlegervertrauens angeführt. Andererseits kann bei *Hinterleitner/Hornung*, Marktqualität und Insiderhandel auf Kapitalmärkten, S. 286–288, 308 eine verbesserte Informationseffizienz durch Insiderhandel nachgewiesen werden. Nach Schwark/Zimmer/*Kumpan/Misterek*, KMRK, Art. 1 VO (EU) 596/2014 Rn. 2 überwiegen aber diejenigen Studien, welche eine klare Verbesserung der Informationseffizienz und Liquidität eines Insiderhandelsverbots belegen.

[720] So jedenfalls *Waschkowski*, Insiderhandel nach der Marktmissbrauchsverordnung, S. 67.

[721] *Vaupel/Oppenauer*, AG 2019, 502, 504.

[722] Vgl. *Hinterleitner/Hornung*, Marktqualität und Insiderhandel auf Kapitalmärkten, S. 104, 107.

fahr gelten diese Erwägungen umso mehr. So greift das Insiderhandelsverbot an Stellen ein, an denen anderweitige Regelungen, die einen aussagefähigen Börsenkurs begünstigen, nicht zur Anwendung kommen.

Wenn dem Marktmanipulations- und dem Insiderhandelsverbot auch Überschneidungen zuzugestehen sind[723], so kann doch ein Insiderhandel stattfinden, ohne dass es sich um eine Marktmanipulation handeln muss[724]. Schließlich unterscheiden sich diese Verbotstatbestände in ihrer grundlegenden Mechanik: Ein Insider ist sich einer bestehenden Fehlbewertung bewusst und profitiert hiervon.[725] Der Manipulator hingegen führt eine Fehlbewertung erst herbei.[726]

Angesichts dessen besteht vor einem Delisting die Möglichkeit, dass der Hauptaktionär den Kurs beeinflussen könnte, ohne dass es sich um eine Marktmanipulation nach Maßgabe der MAR handeln würde.[727] So könnte dieser auf einem Markt mit geringer Liquidität während des bewertungsrelevanten Zeitraums[728] einige seiner Aktien verkaufen und hierdurch den Preis senken.[729] Wenn es ihm gelingt, den Kurs abzusenken, dürfte er die Aktien beim Übernahmeangebot zu einem geringeren Preis zurückerwerben können.[730] Andernfalls geschehe ein Rückerwerb zum selben Preis.[731] Da es sich bei der Delistingabsicht um eine Insiderinformation und bei den hiervon betroffenen Aktien um entsprechende Insiderpapiere handelt, stellt diese Verhaltensweise einen nach Art. 14 MAR verbotenen Insiderhandel da, bei welchem der Hauptaktionär die Information um das Delisting bewusst bei seiner preissenkenden Strategie nutzt.[732] Angesichts der zeitlichen Streckung seiner Erwerbsvorgänge kann bezweifelt werden, dass zugleich auch eine Marktmanipulati-

---

[723] So bereits Gesetzentwurf, BT-Drs. 14/8017, S. 98, wo von „sich zum Teil überschneidende(n) Phänomene(n)“ die Rede ist; dem zustimmend Assmann/Schneider/Mülbert/*Spoerr*, WpHG, § 119 WpHG Rn. 213, der aber auf die Unterschiede zwischen den Verboten hinweist; a.A. *Ziouvas*, ZGR 2003, 113, 130, welcher entgegen den gesetzgeberischen Erwägungen eine Deckungsgleichheit gänzlich ablehnt und ein Exklusivitätsverhältnis zwischen Manipulation und Insiderhandel annimmt.

[724] Siehe nur das bei *Morell*, AcP 2017, 61, 88–89 aufgeführte Beispiel.

[725] Assmann/Schneider/Mülbert/*Spoerr*, WpHG, § 119 WpHG Rn. 213; *Ziouvas*, ZGR 2003, 113, 130.

[726] Assmann/Schneider/Mülbert/*Spoerr*, WpHG, § 119 WpHG Rn. 213; vgl. *Ziouvas*, ZGR 2003, 113, 130.

[727] *Morell*, AcP 2017, 61, 88–89, wobei dieser als vorbeugenden Manipulationsschutz lieber den Ausnahmefall der Illiquidität ausweiten will und auf den schwierigen Nachweis eines Insiderhandels hinweist.

[728] Beim Delisting wären dies *de lege lata* sechs Monate (so auch im Beispiel bei *Morell*, AcP 2017, 61, 88). In dieser Arbeit wird eine Ausweitung jenes Zeitraums auf ein Jahr vertreten, siehe hierzu: § 6 B.II.2.d).

[729] *Morell*, AcP 2017, 61, 88.

[730] *Morell*, AcP 2017, 61, 88.

[731] *Morell*, AcP 2017, 61, 88.

[732] *Morell*, AcP 2017, 61, 88–89.

on in Gestalt eines sog. Ringkaufs vorliegt.[733] Da die Auswirkungen der Angebote des Mehrheitsaktionärs tatsächlich während des Referenzzeitraums bestanden, ist auch eine Manipulation mittels einer künstlichen Verknappung von Angebot und Nachfrage zweifelhaft.[734] Wenn nun aber keine Marktmanipulation nach Art. 17, 12 MAR vorliegt und auch die zuvor erarbeitete Auffangregelung nicht eingreift, ist der Fall der Ablehnung der Börsenkursberücksichtigung bei einer Manipulation trotz einer möglichen Kursbeeinflussung nicht einschlägig. Ein vergleichbares Vorgehen dürfte auch in den anderen relevanten Fallgruppen möglich sein.

Zwar kommt in einer solchen Situation regelmäßig die Ad-hoc-Publizitätspflicht und damit ein möglicher Ablehnungsgrund einer Börsenkursberücksichtigung zum Tragen. Allerdings kann bereits vor der Veröffentlichung, d.h. während der dem Emittenten zugestandenen Überprüfungsfrist[735], ein Insiderhandel stattfinden.[736] Ebenso wird bei einem Aufschub der Veröffentlichung[737] oder einer lediglich mittelbaren Betroffenheit des Emittenten[738] der Nichtberücksichtigungsfall der Ad-hoc-Publizitätsverletzung trotz eines tatsächlichen Insiderhandels ins Leere gehen. Wenn darüber hinaus nicht etwaige weitere relevante Informationspflichten oder die Auffangregelungen greifen, würde eine mögliche Fehlbewertung aufgrund einer unzureichenden öffentlichen Informationsgrundlage fortbestehen. Auch vor dem Hintergrund des kapitalmarktrechtlichen Informationsmodells stellt das Insiderhandelsverbot eine Ergänzung zu den Informationspflichten dar.[739] Im Rahmen dessen werden Informationspflichtverletzungen durch Verletzungen des Insiderhandelsverbots erweitert. Dem Börsenkurs ist durchaus zuzugestehen, dass ihn die

[733] *Morell*, AcP 2017, 61, 89.

[734] *Morell*, AcP 2017, 61, 89.

[735] Siehe hierzu Schwark/Zimmer/*Kumpan/Grütze*, KMRK, Art. 17 VO (EU) 596/2014 Rn. 73–75.

[736] Siehe auch *Betzer/Budzinski/Thiele*, KSzW 2011, 426, 429, laut denen für die Zeitspanne zwischen dem Stattfinden und der Veröffentlichung von *Directors' Dealings* gem. § 15a WpHG a.F. eine temporäre Fehlbewertung am Markt besteht.

[737] Siehe zu diesem Umstand, der laut der hier vertretenen Auffassung aber keinen Rückausnahmefall bilden soll: § 6 A.III.3.e).

[738] So wird bei *BaFin*, Emittentenleitfaden 2020 Modul C, S. 11 I.2.1.3, S. 33–34 I.3.2.2.2; Ellenberger/Bunte/*Hopt/Kumpan*, BankR-HdB, § 86 Rn. 135 darauf hingewiesen, dass ein Insiderhandelsverbot bei einem nur mittelbaren Emittentenbezug auch dann besteht, wenn keine Ad-hoc-Publizitätspflicht greift, da Art. 14 MAR im Gegensatz zum Art. 17 MAR nicht erst bei einem unmittelbaren Emittentenbezug zum Einsatz kommt. Bei Informationen zu den hier relevanten Strukturmaßnahmen wird aber ein unmittelbarer Emittentenbezug bestehen, siehe *BaFin*, Emittentenleitfaden 2020 Modul C, S. 33–34 I.3.2.2.2, wo Übernahmeangebote, Squeeze-outs, Verschmelzungen, Beherrschungs- und Gewinnabführungsverträge in Bezug auf eine unmittelbare Betroffenheit des Emittenten genannt werden, bei außerbörslichen Paketerwerben ohne strategische Zielsetzungen hingegen grds. von einer mittelbaren Betroffenheit des Emittenten ausgegangen wird.

[739] *Poelzig*, Kapitalmarktrecht, S. 20–21 § 1 Rn. 41; *Stein*, Fundamentalanalyse und Börsenkurs, S. 201. Zum kapitalmarktrechtlichen Informationsmodell siehe: § 6 A.III.3.a).

Ad-hoc-Publizitätspflicht und das Insiderhandelsverbot zu einem zuverlässigeren Bewertungsmaßstab gemacht haben.[740]

Überdies könnte ein Insiderhandel auch bei einer nach den hier erörterten Vorgaben noch ausreichenden Liquidität stattfinden, sodass der Nichtberücksichtigungsgrund der Marktenge leerlaufen würde.

Somit besteht die Gefahr einer gezielten Umgehung der Ablehnungsfälle zu Lasten der Abfindungsberechtigten. Dies legt nahe, den Katalog an Gründen einer Nichtberücksichtigung des Börsenkurses entsprechend zu erweitern.

Mithin empfiehlt es sich, den Insiderhandel als Fall einer Nichtberücksichtigung des Börsenkurses bei der Ermittlung des quotalen Unternehmenswerts einzuordnen. Hiervon wären Verstöße gegen sämtliche Varianten des Art. 14 MAR erfasst. Schließlich tritt die Problematik einer unzureichenden Markteffizienz und asymmetrisch verteilter Informationen nicht nur beim verbotenen Insiderhandel im engeren Sinne auf.

Anders ist hingegen die Konstellation zu bewerten, in welcher der Börsenkurs als Deinvestitionswert betrachtet und als Untergrenze verwendet wird.[741]

Die vorangegangenen Erwägungen fruchten hier nicht. Schließlich geht es unter deinvestitionsorientierten Gesichtspunkten nicht um die Abbildung des wahren Unternehmenswerts durch einen aussagekräftigen, umfassend informierten und unter Voraussetzung der Markteffizienz gebildeten Kurs. Vielmehr kommt es auf die hypothetische Deinvestitionsmöglichkeit an, die auch bei einem verzerrten Börsenkurs erfolgen kann. Auch die Problematik der Kursbeeinflussung durch Insidergeschäfte schlägt bei einem als Untergrenze dienenden Börsenkurs nicht durch. So steht ein vom Abfindungspflichtigen beeinflusster Kurs einer Veräußerungsmöglichkeit nicht im Wege. Wie bei der Manipulation würde es einen Fall des *venire contra factum proprium* bedeuten, wenn sich der Abfindungspflichtige auf einen eigenen Rechtsverstoß berufen würde.[742] Nebst der Widersprüchlichkeit eines solchen Verhaltens eröffnet sich ein immenses Missbrauchspotenzial, sofern der Abfindungspflichtige unter Verweis auf seinen rechtswidrigen Verstoß keine Abfindung mit dem Börsenkurs als Wertuntergrenze leisten müsste. Ungeachtet der Verzerrungsrichtung sollten ihm keine Insiderverstöße zugutekommen. Andernfalls

---

[740] Vgl. *Großfeld*, BB 2000, 261, 264, der einer alleinigen Orientierung am Börsenkurs aber kritisch gegenübersteht und laut dem die genaue Verbesserung des Börsenkurses als Wertmaßstab durch die Ad-hoc-Publizitätspflicht und das Insiderhandelsverbot nicht leicht abschätzbar ist; mit Verweis auf *Großfeld* auch OLG Frankfurt a. M., Beschl. v. 03.09.2010 – 5 W 57/09 = ZIP 2010, 1947, 1953, wo ein Verstoß gegen das Insiderhandelsverbot jedoch nicht explizit als Ablehnungsgrund von der Berücksichtigung des Börsenkurses genannt wird.

[741] A. A. Dreier/Fritzsche/Verfürth/*Dreier*, SpruchG, Annex zu § 11 SpruchG Rn. 202, der bei einer Kursbeeinflussung durch Insidergeschäfte den Börsenkurs nicht mehr als Wertuntergrenze heranziehen will.

[742] Vgl. *Adolff*, Unternehmensbewertung im Recht der börsennotierten Aktiengesellschaft, S. 342 zum Ausnahmefall der Manipulation beim Börsenkurs als Deinvestitionswert.

würde der Charakter des Deinvestitionswerts als Untergrenze konterkariert. Dies gilt erst recht für den Fall der gezielten Preissenkung unter Umgehung des Manipulationsverbots durch Insidergeschäfte. In Hinblick auf die verfassungsrechtlich geforderte volle Kompensation sollten die Ausnahmefälle zur Wertuntergrenze ohnehin eng bemessen sein.[743]

Folglich ist der Nichtberücksichtigungsgrund des Insiderhandels nicht anzuwenden, wenn der Börsenkurs dem Deinvestitionswert entsprechen und als Untergrenze dienen soll.

b) Auffangregelung

Es empfiehlt sich also, auch bei Verstößen gegen das Insiderhandelsverbot aus Art. 14, 8, 10 MAR nicht den Börsenkurs zur Ermittlung des quotalen Unternehmenswerts heranzuziehen. Allerdings sieht sich der gesetzlich verbotene Insiderhandel gewissen Nachweisschwierigkeiten ausgesetzt.[744] Dies dürfte vor allem dem subjektiven Element des Insiderhandelsverbots[745], den begrifflichen Unklarheiten[746] sowie den zahlreichen Verschleierungsmöglichkeiten[747] geschuldet sein. Dabei wird von einem gewichtigen Dunkelfeld ausgegangen.[748] Dementsprechend besteht bei einer Berücksichtigung des Börsenkurses bei der Unternehmensbewertung die Gefahr eines unerkannt bleibenden Insiderhandels.[749]

Damit offenbart sich erneut das Dilemma zwischen den Aspekten der Rechtssicherheit und der Einzelfallgerechtigkeit. So könnte man zwecks einer ansatzweise rechtssicheren und vorhersehbar zu handhabenden Abfindungsregelung allein auf die gesetzlichen Vorgaben abstellen. Wie sich gezeigt hat, kann sodann aber die Wirkung eines unerkannten Insiderhandels fortbestehen. Andererseits bietet es sich

---

[743] Siehe zur zugrundeliegenden Argumentation: § 6 A.II.

[744] Assmann/Schneider/Mülbert/*Spoerr*, WpHR, Vor. §§ 119–126 WpHG Rn. 17; *Morell*, AcP 2017, 61, 89; vgl. *Krog*, Marktorientierung und gesellschaftsrechtliche Unternehmensbewertung, S. 293.

[745] Assmann/Schneider/Mülbert/*Spoerr*, WpHR, Vor. §§ 119–126 WpHG Rn. 17; *Morell*, AcP 2017, 61, 89; vgl. MüKo-StGB/*Pananis*, § 119 WpHG Rn. 14. Grundlegend zum subjektiven Tatbestand (positive Kenntnis oder Wissenmüssen hins. des Vorliegens einer Insiderinformation) nach Art. 8 Abs. 4 MAR siehe *Poelzig*, Kapitalmarktrecht, S. 247 § 14 Rn. 448. Zur hier vertretenen Ablehnung eines erforderlichen subjektiven Elements siehe: § 6 A.III.5.a)bb).

[746] MüKo-StGB/*Pananis*, § 119 WpHG Rn. 14. Siehe zudem § 6 A.III.3.d) zu den umstrittenen Aspekten bzgl. des Begriffs der Insiderinformation nach Maßgabe der MAR.

[747] MüKo-StGB/*Pananis*, § 119 WpHG Rn. 14; vgl. Assmann/Schneider/Mülbert/*Spoerr*, WpHR, Vor. §§ 119–126 WpHG Rn. 17.

[748] MüKo-StGB/*Pananis*, § 119 WpHG Rn. 14–15 mit Verweis auf Verurteilungsstatistiken; zurückhaltender Assmann/Schneider/Mülbert/*Spoerr*, WpHR, Vor. §§ 119–126 WpHG Rn. 17.

[749] Vgl. *Krog*, Marktorientierung und gesellschaftsrechtliche Unternehmensbewertung, S. 293.

an, im Sinne der Einzelfallgerechtigkeit den konkreten Fall auf einen möglichen Insiderhandel hin zu untersuchen. Dies würde aber mit einer entsprechenden Unsicherheit und einem erhöhten Aufwand einhergehen.

Jedoch bietet sich hier ein mit dem beim Nichtberücksichtigungsgrund der Manipulation erarbeiteten Modell vergleichbares Vorgehen an.[750] Hierbei würde ein nachgewiesener Verstoß gegen die gesetzlichen Vorgaben der Art. 14, 8, 10 MAR grundsätzlich zur Ablehnung eines aussagefähigen Kurses führen, darüber hinaus im Einzelfall aber auch eine Verzerrung durch Insiderhandel anhand einer wirtschaftswissenschaftlich fundierten Untersuchung vermutet.

So wird die *Forensic Finance* auch beim Insiderhandel eingesetzt.[751] Mittels einer Ereignisstudie unter Zugrundelegung des CAPM oder eines Mehrfaktormodells kann dabei untersucht werden, ob eine abnormale Rendite vorliegt.[752] Die bereits erwähnte Kritik an diesem Testverfahren gilt aber auch hier. Dementsprechend sollten ebenso strenge Anforderungen wie bei der Auffangregelung im Rahmen der Manipulation verlangt werden. Letztlich haftet diesem Vorgehen aber weiterhin ein Element der Unsicherheit an. Auch wird nicht jeder Fall des Insiderhandels aufgedeckt. Dennoch ermöglicht die ergänzende Auffangregelung eine bessere Identifizierung von Fehlbepreisungen als das bloße Abstellen auf die Art. 14, 8, 10 MAR.

Dieses Modell vermag es, aufgrund der grundsätzlichen Orientierung an gesetzlichen Vorgaben eine gewisse Rechtssicherheit zu gewährleisten. Mittels der als Auffangregelung fungierenden ökonomisch fundierten Einzelfallbetrachtung kann zumindest teilweise unentdeckten Vorgängen des Insiderhandels und Informationsasymmetrien begegnet werden.

c) Erzeugte Kursbereinigung

Wie sich gezeigt hat, ist der Komplex des verbotenen Insiderhandels als weiterer Fall einer Abkehr von der Berücksichtigung des Börsenkurses erforderlich. Mögliche Fehlbewertungen aufgrund einer unzureichenden Kapitalmarkteffizienz, Informationsasymmetrien und gezielten Kursbeeinflussungen können hierdurch ausgemacht werden. Auch werden die Nichtberücksichtigungsfälle der Manipulation, der Informationspflichtverletzung und der Marktenge auf diesem Wege ergänzt. Insgesamt trägt die Herausnahme des verbotenen Insiderhandels dazu bei, dass aussagefähige Börsenkurse zur Unternehmensbewertung herangezogen werden. Dies ist jedoch nur für die Ermittlung des quotalen Unternehmenswerts, nicht aber des Deinvestitionswerts von Relevanz.

---

[750] Siehe zur vorgeschlagenen Auffangregelung für den Ausnahmefall der Manipulation: § 6 A.III.2.b). Zur Auffangregelung im Rahmen des Ausnahmefalls der Informationspflichtverletzung siehe: § 6 A.III.3.f).

[751] *Berninger/Kiesel/Schiereck*, BKR 2018, 408, 409.

[752] *Berninger/Kiesel/Schiereck*, BKR 2018, 408, 409–412.

Allerdings wird nicht jede Fehlbepreisung durch diesen Nichtberücksichtigungsfall abgedeckt werden. So besteht weiterhin die Gefahr eines verschleierten Insiderhandels. Selbst die hier vorgeschlagene Auffangregelung dürfte keinen lückenlosen Schutz gewährleisten. Hierbei zeigt sich erneut die Problematik der unzureichenden Überprüfbarkeit des Börsenkurses. Vor allem aber kann den Kursverzerrungen, die der bloßen Irrationalität der Marktteilnehmer geschuldet sind, nicht entgegengewirkt werden. Schließlich besteht das Problem der psychologischen Verzerrungen auch auf einem Markt, der gänzlich frei vom Insiderhandel ist. Eine ausreichende Kapitalmarkteffizienz ist damit nicht gesichert. Dementsprechend kann der Börsenkurs nur als Wertindikator für einen kurzfristig orientierten Anleger dienen. Überdies greift weiterhin die Kritik, dass der Börsenkurs Minderheitsabschläge enthalten kann.

Nichtsdestotrotz dürfte der Ablehnungsfall des Insiderhandels in Form des hier beschriebenen Modells zumindest in Kombination mit anderen Fällen einer Ablehnung der Marktorientierung[753] zum Ziel der Berücksichtigung lediglich aussagefähiger Börsenkurse beitragen.

d) Fazit: Insiderhandel

Insgesamt empfiehlt es sich, den Insiderhandel als weiteren Fall der Nichtberücksichtigung des Börsenkurses bei der Ermittlung des quotalen Unternehmenswerts heranzuziehen. Durch das soeben erörterte Vorgehen dürfte ein Teil bisher unberücksichtigter Fehlbewertungen aufgedeckt werden. Dennoch hat der Insiderhandel bisher keine Beachtung von der legislativen und eines Großteils der judikativen Seite erfahren. Aber selbst wenn dieser Aspekt wie vorgeschlagen berücksichtigt wird, kann der Börsenkurs noch vom wahren Wert des Unternehmens abweichen.

Lediglich in Kombination mit weiteren Ablehnungsfällen[754] und zusätzlichen Modifikationen des Börsenkurses[755] könnte möglicherweise ein aussagefähiger Börsenkurs zur Bestimmung des quotalen Unternehmenswerts herauskristallisiert werden.

---

[753] So kann etwa über die Nichtberücksichtigung des Börsenkurses im Falle der Marktenge (§ 6 A.III.1.) der Gefahr eines Insiderhandels zumindest in gewissen Maßen vorbeugen. Auch über den Ablehnungsgrund der Informationspflichtverletzung (§ 6 A.III.3.) werden bestimmte Informationsdefizite und -asymmetrien aufgedeckt.

[754] Siehe hierzu die Fälle der Marktenge und des fehlenden Handels (§ 6 A.III.1.), der Manipulation (§ 6 A.III.2.), des Informationspflichtverletzung (§ 6 A.III.3.) sowie der Kurs- und Marktverzerrungen (§ 6 A.III.6.).

[755] Siehe hierzu die Ausführungen zur Durchschnittskursbildung (§ 6 B.), zu weitergehenden Effizienzanforderungen (§ 6 C.), zur Zahlung einer zusätzlichen Pauschale (§ 6 D.) und zur Plausibilisierung durch weitere Werte (§ 6 E.).

5. Folgeprobleme bei Normverstößen

Wird sich für die Fälle der Nichtberücksichtigung des Börsenkurses auf Verstöße gegen Regelungen aus Gesetzen und Verordnungen berufen, eröffnet sich eine Fülle an Folgeproblemen. Dies betrifft die Fallgruppen der Marktmanipulation, der Informationspflichtverletzung und des Insiderhandels. Hierbei ist nach dem in dieser Arbeit verfolgten Modell primär auf Verstöße gegen Art. 14, 15 oder 17 MAR abzustellen. Die vorgeschlagene Zuhilfenahme einer Einzelfallbetrachtung anhand ökonomischer Maßstäbe ist in Ermangelung eines tatsächlich nachgewiesenen Verstoßes von diesen Folgefragen aber nicht direkt berührt. Sie unterliegt den bereits erörterten eigenständigen Maßgaben. Auf die Auffangregelungen wird an den Stellen eingegangen, an denen ihre Beurteilung von der der verstoßbedingten Herausnahme des Börsenkurses aus der Unternehmensbewertung abweicht.

a) Objektiver Verstoß ohne personelles und subjektives Element sowie Kausalität

Hinsichtlich der als Nichtberücksichtigungsfälle fungierenden Gesetzes- und Verordnungsverstöße sind personelle, subjektive und kausalitätsbezogene Aspekte zu erörtern.

aa) Personelles Element

Zunächst stellt sich die Frage, ob und inwiefern es auf die Person des Verstoßenden ankommt.

Gemäß der Gesetzgebung zum Delisting sind lediglich Verstöße des Emittenten oder des Bieters gegen Art. 15 MAR von der Ausnahmeregel erfasst.[756] Verstöße eines Dritten gegen das Manipulationsverbot, welche weder dem Emittenten noch dem Bieter zuzurechnen sind, führen hingegen zu keiner Ablehnung des Börsenkurses als Bewertungsgrundlage.[757] Die Ausnahmeregelung bei Verstößen gegen die Ad-hoc-Publizitätspflicht hat der Gesetzgeber auf Verstöße des Emittenten beschränkt.[758] Diese Eingrenzung der Beschränkungen durch ein personelles Element hat seitens der Literatur Kritik erfahren.[759] Beim § 255 Abs. 5 S. 2 Nr. 1 AktG

---

[756] Beschlussempfehlung und Bericht, BT-Drs. 18/6220, S. 85 zum damaligen § 20a WpHG a. F.; *Harnos*, ZHR 2015, 750, 763 unter Bezugnahme auf den § 20a WpHG a. F.; *Krug*, Der Rückzug von der Börse, S. 230 § 11; *Sanders*, Anlegerschutz bei Delisting zwischen Kapitalmarkt- und Gesellschaftsrecht, S. 107–108; *Schmidt* NZG 2020, 1361, 1366.

[757] Beschlussempfehlung und Bericht, BT-Drs. 18/6220, S. 85; *Harnos*, ZHR 2015, 750, 763; *Krug*, Der Rückzug von der Börse, S. 230–231 § 11; *Sanders*, Anlegerschutz bei Delisting zwischen Kapitalmarkt- und Gesellschaftsrecht, S. 108; *Yildirim*, TFM 2018, 111, 122.

[758] Beschlussempfehlung und Bericht, BT-Drs. 18/6220, S. 84–85, wo noch der § 15 WpHG a. F. bzw. eine entsprechende Vorschrift des anwendbaren ausländischen Rechts genannt werden; *Morell*, AcP 2017, 61, 81.

[759] Kritisch zur Marktmanipulation: *Harnos*, ZHR 2015, 750, 770, der sich noch auf § 20a WpHG a. F. bezieht; *Kastl*, Der Rückzug kapitalmarktfähiger Unternehmen von der Börse,

wurde sich ebenso auf Ad-hoc-Publizitätsverstöße der Aktiengesellschaft beschränkt. Die Manipulationsausnahme hingegen ist ohne Einschränkung auf den konkret Verstoßenden formuliert, § 255 Abs. 5 S. 2 Nr. 2 AktG. Auch ist im Regierungsentwurf zur Neuregelung des § 255 AktG lediglich von einer fehlerhaften Marktpreisbildung ohne personellen Bezug die Rede.[760]

Hinsichtlich der übrigen Fallgruppen schweigt die höchstrichterliche Rechtsprechung dazu, ob es eines personellen Elements mitsamt einer Zurechnung der Kursmanipulation[761] oder des Verstoßes gegen Informationspflichten[762] bedarf. Dies gilt auch im Hinblick auf die dünne Rechtsprechung zum Insiderhandel als Ablehnungsgrund von der Börsenkursorientierung.[763]

Angesichts der Kritik an der Gesetzgebung zum Delisting und der fehlenden Klarheit der Rechtsprechung bedarf es einer Stellungnahme zur Streitfrage, ob es eines personellen Elements und eines Zurechnungserfordernisses bei der Manipulation, des Insiderhandels und der Informationspflichtverletzung bedarf. Dabei könnte man entweder gänzlich von einem personellen Element absehen oder sich auf dem Abfindungspflichtigen zurechenbare oder nur von diesem begangene Verstöße beschränken.

Die nachfolgenden Erwägungen beziehen sich nur auf einen zur Ermittlung des quotalen Unternehmenswerts dienenden Börsenkurs, bei welchem es auf einen effizienten und verzerrungsfreien Markt ankommt. Wird der Börsenkurs als Deinvestitionswert herangezogen, so kommen lediglich Verstöße gegen das Manipulationsverbot durch Abfindungsberechtigte und Dritte außerhalb der Sphäre des Ab-

S. 324–325 § 6; *Krug*, Der Rückzug von der Börse, S. 236–240 § 11; *Morell*, AcP 2017, 61, 81 Fn. 78; *Schmidt* NZG 2020, 1361, 1366; *Yildirim*, TFM 2018, 111, 122. Kritisch zur Ad-hoc-Publizitätspflicht: *Harnos*, ZHR 2015, 750, 770 bzgl. § 15 WpHG a.F.; *Krug*, Der Rückzug von der Börse, S. 239–240 § 11; *Morell*, AcP 2017, 61, 81–82. Befürwortend hingegen: Habersack/Mülbert/Schlitt/*Habersack*, Unternehmensfinanzierung am Kapitalmarkt, § 40 Rn. 40.25; *Ilyevich*, Delisting – Parallele zum Übernahmerecht, S. 163–164; *Verse*, FS Baums (2017), S. 1317, 1330–1331. Strenger als die gesetzlichen Vorgaben *Wackerbarth*, WM 2016, 385, 387–388, der eine Zurechnung von Marktmanipulationen durch den Emittenten an den Bieter als verfassungswidrig ablehnt.

[760] Gesetzentwurf, BT-Drs. 20/8292, S. 118.

[761] Siehe BGH, Beschl. v. 12.03.2001 – II ZB 15/00 –, BGHZ 147, 108–125, Rn. 20, wonach der Börsenkurs nicht manipuliert sein darf, wobei die Person des Verstoßenden nicht weiter erläutert wird.

[762] Siehe BVerfG, Nichtannahmebeschl. v. 26.04.2011 – 1 BvR 2658/10 –, BVerfGK 18, 395–400 Rn. 25, wo eine unzureichende Information des Marktes aufgrund des Verstoßes gegen Mitteilungspflichten verlangt wird, sich jedoch nicht auf die Person des Verstoßenden bezogen wird. Auch wird bei BGH, Beschl. v. 12.01.2016 – II ZB 25/14 –, BGHZ 208, 265–278, Rn. 23 lediglich die Möglichkeit einer effektiven Informationsbewertung als Voraussetzung eines verlässlichen Börsenkurses angeführt.

[763] So erwähnen LG Stuttgart, Beschl. v. 08.05.2019 – 31 O 25/13 KfH SpruchG – Rn. 373, juris und LG Stuttgart, Beschl. v. 03.04.2018 – 31 O 138/15 KfH SpruchG – Os. 3, Rn. 116, juris (nrkr.) kein personelles Element.

findungspflichtigen in Betracht.[764] Hierbei findet bereits aufgrund der Natur der Untergrenze eine Einschränkung hinsichtlich der Person des Verstoßenden statt.

Gegen die Forderung, jede Marktmanipulation ausreichen zu lassen, wird das damit einhergehende schwer einschätzbare Risiko einer Nachzahlung des Bieters beim Delisting angeführt.[765]

Angesichts der Tatsache, dass das Verbot von Marktmanipulationen dem Schutz des Kapitalmarkts in seiner Gesamtheit dient, könnten aber sämtliche hieraus resultierende Belastungen, wie etwa die Nachzahlung des Unterschiedsbetrags aufgrund einer Manipulation durch einen Dritten, unter dem hinzunehmenden Marktrisiko verbucht werden.[766] Ebendies sollte auch für die anderen Fällen der Nichtberücksichtigung des Börsenkurses gelten. So dienen die Ad-hoc-Publizitätspflicht ebenso wie das Insiderhandelsverbot einem funktionsfähigen Markt mit aussagefähigen Börsenkursen. Darüber hinaus wird das Risiko des Bieters hinsichtlich etwaiger Gesetzesverstöße zum Teil an die nicht zu unterschätzende Darlegungs- und Beweislast zulasten der Abfindungsberechtigten gekoppelt.[767] Ferner wird verkannt, dass die Gründe einer Ablehnung Marktorientierung einzig deswegen bestehen, um verzerrte, nicht aussagekräftige Börsenkurse von einer Unternehmensbewertung auszunehmen. In Anbetracht der bereits aufgezeigten vielfältigen Möglichkeiten von Kursverzerrungen sollte die Heranziehung eines dem wahren Wert des Unternehmens möglichst nahekommenden Börsenkurses an erster Stelle stehen. Dementsprechend dürfte die Berücksichtigung von Fehlbewertungen Vorrang gegenüber etwaigen Nachzahlungsrisiken genießen. Ungeachtet dessen hat das Argument des schwer einschätzbaren Nachzahlungsanspruchs keine Basis, wenn von vornherein auf eine fundamentale Unternehmensbewertung abgestellt wird.

Ferner wird an der pauschalen Zurechnung sämtlicher Verstöße kritisiert, dass sie im Widerspruch zum Verschuldensprinzip stünde.[768] Noch weiter geht die Auffassung, die sich beim Delisting auf Verstöße des Bieters beschränken will und die Zurechnung von Verstößen des Emittenten als verfassungswidrige Haftung für fremdes Verschulden einstuft.[769]

Diese am Verschulden orientierten Erwägungen übersehen aber, dass es bei den Fällen der Abkehr von der Börsenkursorientierung um keinen Schadensersatz, sondern um eine Korrektur einer auf nicht aussagefähigen Werten basierenden

---

[764] Siehe hierzu: § 6 A.III.2.c).

[765] *Ilyevich*, Delisting – Parallele zum Übernahmerecht, S. 163–164; *Verse*, FS Baums (2017), S. 1317, 1330.

[766] *Krug*, Der Rückzug von der Börse, S. 239 § 11.

[767] So jedenfalls *Krug*, Der Rückzug von der Börse, S. 236–237 § 11. Zur Problematik der Darlegungs- und Beweislast, welche in dieser Arbeit hingegen dem Abfindungspflichtigen zugewiesen wird, siehe noch: § 6 A.III.7.

[768] *Ilyevich*, Delisting – Parallele zum Übernahmerecht, S. 164.

[769] *Wackerbarth*, WM 2016, 385, 387–388 unter Bezugnahme auf die Art. 20 Abs. 3, Art. 3 Abs. 1 GG.

Gegenleistung geht.[770] Im Ergebnis muss der Bieter lediglich den wahren Gegenwert der Aktien zahlen, nicht aber für den durch einen anderen verursachten Schaden einstehen.[771] Eine etwaige Haftung des Verstoßenden erfolgt separat von der Unternehmensbewertung.

Mithin lassen sich die Argumente, die für ein personelles Element und ein Zurechnungserfordernis bei den Ausnahmefällen ins Feld geführt werden, entkräften.

Für die Ablehnung eines personellen Elements streitet hingegen, dass mit der Vermeidung von Zurechnungsfragen auch eine erhöhte Rechtssicherheit einhergeht.[772] Andernfalls besteht auch das Risiko, dass die Ablehnung der Börsenkursorientierung durch eine gezielte Auslagerung der Manipulation auf Dritte umgangen wird.[773]

Ausschlaggebend aber ist der teleologische Hintergrund der Ausnahmeregelungen.

So ist eine Abfindung zu einem manipulierten Börsenkurs zu vermeiden, da ein solcher nicht aussagekräftig ist. Ungeachtet der Identität des gegen das Marktmanipulationsverbot Verstoßenden ist der Kurs verfälscht und sollte nicht zur Bewertung herangezogen werden.[774] Es würde einem konsequenten Anlegerschutz zuwiderlaufen, wenn die Abfindung anhand manipulierter Börsenkurse festgesetzt wird.[775] Insbesondere wäre es nicht sachgerecht, den Abfindungspflichtigen von negativen Kursbeeinflussungen profitieren zu lassen.[776] Die Abkehr von der Berücksichtigung des Börsenkurses bei einem Verstoß gegen die Ad-hoc-Publizität fußt auf dem Gedanken, dass in den Börsenkurs in diesen Fällen nicht das Mindestmaß an wertrelevanten Informationen eingepreist ist, sodass er keinen geeigneten Maßstab für den Unternehmenswert darstellt.[777] Hinsichtlich der Frage, ob ein aussagekräftiger Kurs vorliegt, ist die Person des gegen Art. 17 MAR Verstoßenden aber irrelevant.[778] Vielmehr sollten sämtliche Ad-hoc-Publizitätspflichtverstöße mit Einfluss auf den Kurs des zu bewertenden Unternehmens eine Ablehnung von der

---

[770] Vgl. *Krug*, Der Rückzug von der Börse, S. 237–238 § 11.

[771] *Krug*, Der Rückzug von der Börse, S. 237–238 § 11.

[772] *Harnos*, ZHR 2015, 750, 770; *Schmidt* NZG 2020, 1361, 1366. Hins. der konkreten Zurechnungsprobleme siehe *Harnos*, ZHR 2015, 750, 764–767; *Krug*, Der Rückzug von der Börse, S. 234–236 § 11.

[773] *Harnos*, ZHR 2015, 750, 767; *Kastl*, Der Rückzug kapitalmarktfähiger Unternehmen von der Börse, S. 325 § 6; *Krug*, Der Rückzug von der Börse, S. 231–234 § 11.

[774] *Harnos*, ZHR 2015, 750, 770; *Kastl*, Der Rückzug kapitalmarktfähiger Unternehmen von der Börse, S. 324–325 § 6; *Krug*, Der Rückzug von der Börse, S. 236 § 11; *Schmidt* NZG 2020, 1361, 1366.

[775] *Krug*, Der Rückzug von der Börse, S. 236 § 11; unter Heranziehung des Anlegerschutzes auch *Yildirim*, TFM 2018, 111, 122.

[776] *Krug*, Der Rückzug von der Börse, S. 239 § 11.

[777] *Morell*, AcP 2017, 61, 81–82.

[778] *Morell*, AcP 2017, 61, 82; vgl. *Krug*, Der Rückzug von der Börse, S. 239–240 § 11.

Berücksichtigung des Börsenkurses begründen.[779] Dies gilt auch für den Komplex des Insiderhandels. So besteht bei einem solchen ein Informationsungleichgewicht in Bezug auf wertrelevante Informationen, sodass die Aussagefähigkeit des Börsenkurses im Zweifel steht. Auf personelle Aspekte kommt es hier ebenfalls nicht an.

Insgesamt wohnt den erörterten Fällen der Nichtberücksichtigung des Börsenkurses gerade kein Sanktionscharakter inne, sondern der Grundgedanke der Gewährleistung eines möglichst unverfälschten Kurses.[780] Schließlich soll der Abfindungspflichtige durch die Ablehnung einer Börsenkursorientierung bei der Ermittlung des quotalen Unternehmenswerts nicht sanktioniert werden. Es kommt lediglich auf einen objektiv aussagefähigen Börsenkurs und eine dem wahren Wert des Unternehmens entsprechende angemessene Abfindung an. Folglich sollte auch an die Nichtberücksichtigungsfälle ein objektiver Maßstab angesetzt werden. Dies gilt sowohl dann, wenn von einer grundsätzlichen Alleinmaßgeblichkeit des Börsenkurses ausgegangen wird, als auch bei einer anfänglichen fundamentalen Unternehmensbewertung mit einem indirekten Marktbezug. Erst im Kontext etwaiger Haftungs-, Ordnungswidrigkeits- oder Straftatbestände ist die Person des Verstoßenden von Bedeutung. Diese tangieren aber nicht die Frage nach der Aussagekraft des Börsenkurses bei einer Abfindung. Damit dürfte sich der bei § 39 Abs. 3 S. 3 BörsG anklingende Sanktionscharakter als verfehlt erweisen.[781] Da es lediglich auf einen aussagefähigen Börsenkurs ankommt, kann auch der teilweise bemühte Verweis auf etwaige Schadensersatzansprüche der Abfindungsberechtigten gegen den Dritten[782] nicht fruchten. Der Umstand, dass die Fälle der Nichtberücksichtigung des Börsenkurses eine gewisse Abschreckungswirkung gegenüber dem Abfindungspflichtigen entfalten und ihn zu einem gesetzeskonformen Verhalten bewegen können, stellt lediglich einen zu begrüßenden Nebeneffekt dar.[783]

In Anbetracht der obigen Argumentation und insbesondere der teleologischen Erwägungen bezüglich der Fälle einer Ablehnung der Börsenkursorientierung vermag der Ansatz zu überzeugen, ein personelles Element und ein Zurechnungser-

---

[779] *Morell*, AcP 2017, 61–106, (81–82); vgl. *Krug*, Der Rückzug von der Börse, S. 239–240 § 11, die Ad-hoc-Publizitätspflichtverstöße „in Bezug auf die Wertpapiere, die Gegenstand des Antrags sind“ verlangt.

[780] Vgl. *Harnos*, ZHR 2015, 750–781, (770); vgl. *Krug*, Der Rückzug von der Börse, S. 236–238, 240 § 11.

[781] Vgl. *Harnos*, ZHR 2015, 750–781, (770); vgl. *Krug*, Der Rückzug von der Börse, S. 236 § 11.

[782] So etwa: *Ilyevich*, Delisting – Parallele zum Übernahmerecht, S. 164, die ein gewisses Prozessrisiko für die Anleger eingesteht, ein solches aber als hinnehmbar erachtet; *Verse*, FS Baums (2017), S. 1317, 1330. Siehe aber auch *Krug*, Der Rückzug von der Börse, S. 238 § 11, die umgekehrt mögliche Ansprüche des Bieters gegen den Verstoßenden anführt.

[783] Diese positive Nebenwirkung dürfte vor allem bei der hier vorgeschlagenen Erweiterung der Nichtberücksichtigungsfälle um den Insiderhandel und die Auffangregelungen bei vermuteten Verstößen zum Tragen kommen.

fordernis abzulehnen und sämtliche objektive Normverstöße ausreichen zu lassen. Dies gilt für alle abfindungsrelevanten Fallgruppen neben dem in der Literatur diskutierten Delisting. Schließlich kommt die Problematik einer Kursverzerrung ungeachtet der Person des Verstoßenden in allen Konstellationen zum Tragen.

bb) Subjektives Element

Ebenso ist fraglich, ob es für eine Abkehr von der Börsenkursorientierung bei Verstößen gegen die Ad-hoc-Publizitätspflicht sowie das Marktmanipulations- und Insiderhandelsverbot eines subjektiven Elements bedarf, sofern ein solches von den konkreten normierten Vorgaben gefordert wird.[784]

Wie auch dem personellen Element sollte einem subjektiven Element eine Absage zugunsten eines rein objektiven Verstoßes erteilt werden. Schließlich ist auch hier allein die Aussagekraft des Börsenkurses und nicht die Sanktion des Abfindungspflichtigen von Relevanz. Bereits ein objektiver Verstoß geht mit einer möglichen Fehlbewertung am Markt einher. Subjektive Aspekte sind dabei unbeachtlich. Es geht gerade nicht um einen Schadensersatzanspruch gegen den Abfindungspflichtigen.[785] Dementsprechend kommt es nicht auf ein Verschulden an.[786] So ist lediglich der objektive Verstoß, nicht aber der Vorsatz oder die Fahrlässigkeit des potenziell Verstoßenden von Bedeutung.[787] Es bedarf demnach keiner vollen Verwirklichung der jeweiligen Verbotsnorm, sondern nur einer objektiven Kursverzerrung.[788] Ungeachtet dessen sind subjektive Elemente schwer nachweisbar, sodass sie mit einer erhöhten Unsicherheit und Umgehungsgefahr hinsichtlich der

---

[784] So wird für eine Marktmanipulation nach Art. 12 Abs. 1 lit. c) MAR verlangt, dass der Täter den Umstand der Unrichtigkeit der Information oder ihren irreführenden Charakter kannte oder hätte kennen müssen (*Poelzig*, Kapitalmarktrecht, S. 262 § 15 Rn. 476). Beim Insiderhandel wird eine positive Kenntnis des Insiders und bei Sekundärinsidern zudem das Wissen oder Wissenmüssen hins. der Tatsache, dass es sich um eine Insiderinformation handelt, gefordert (EBJS-HGB/*Poelzig*, Art. 14 VO (EU) 596/2014 Rn. 70). Zur umstrittenen Frage, ob es bei der Ad-hoc-Publizitätspflicht Art. 17 MAR einer Kenntnis bedarf, siehe: BeckOGK-WpHR/*Buck-Heeb*, Art. 17 VO (EU) 596/2014 Rn. 100–108; EBJS-HGB/*Poelzig*, Art. 17 VO (EU) 596/2014 Rn. 30–31. Überdies sind die Sanktionen nach §§ 119, 120 WpHG sowie die Schadensersatzansprüche der §§ 97, 98 WpHG und des Deliktsrechts an subjektive Voraussetzungen geknüpft.

[785] *Drygala*, Die Neureglung des Delistings in: Gesellschaftsrecht in der Diskussion, 2015, S. 84 bzgl. des § 39 Abs. 3 BörsG beim Delisting.

[786] *Drygala*, Die Neureglung des Delistings in: Gesellschaftsrecht in der Diskussion, 2015, S. 84; Habersack/Mülbert/Schlitt/*Habersack*, Unternehmensfinanzierung am Kapitalmarkt, § 40 Rn. 40.25; *Ilyevich*, Delisting – Parallele zum Übernahmerecht, S. 161; *Verse*, FS Baums (2017), S. 1317, 1327, wobei die drei letztgenannten Quellen entgegen der hier vertretenen Auffassung ein Zurechenbarkeitserfordernis befürworten.

[787] *Drygala*, Die Neureglung des Delistings in: Gesellschaftsrecht in der Diskussion, 2015, S. 84.

[788] *Drygala*, Die Neureglung des Delistings in: Gesellschaftsrecht in der Diskussion, 2015, S. 84–85 zu den damaligen §§ 15, 20a WPHG a. F. im Kontext des Delistings.

Abfindung einhergehen. Da es stets auf die Bewertungseignung des Börsenkurses und nicht auf die Sanktion des Verstoßenden ankommt, gilt dies sowohl bei der Ermittlung des quotalen Unternehmenswerts mit direktem und indirektem Marktbezug als auch des Deinvestitionswerts.

cc) Kausalität

Des Weiteren stellt sich die Frage, ob es einer kausalen Kursverzerrung aufgrund des konkreten Verstoßes bedarf.

Auch hier sollte konsequenterweise ein objektiver Verstoß ohne Kausalitätsnachweis ausreichen.[789]

So steht die Aussagefähigkeit des Börsenkurses bereits dann im Zweifel, wenn objektiv gegen hierzu beitragende Normen verstoßen wurde.[790] Um einen Schadensersatz, der eine Kausalität erfordern würde, geht es hierbei gerade nicht.[791] Hinzu kommt, dass ein Kausalitätserfordernis mit zusätzlichen Nachweisschwierigkeiten und einer entsprechenden Unsicherheit wie auch einem Umgehungsrisiko einhergehen würde. Da aus dem Börsenkurs lediglich das Ergebnis des Preisbildungsprozesses ersichtlich ist, dürfte sich der Nachweis von Kursauswirkungen, die kausal auf bestimmte Verstöße zurückzuführen sind, als problematisch erweisen. Ohnehin legen die Erkenntnisse zur *Behavioral Finance* die Annahme regelmäßig verzerrter Kurse nahe, wobei im Rahmen der Manipulation, der Informationspflichtverletzung und des Insiderhandels unerkannte Verzerrungen fortbestehen können. Angesichts dessen leuchtet es nicht ein, bei tatsächlichen objektiven Verstößen, die eine Kursverzerrung implizieren, einen Kausalitätsnachweis zu fordern und andernfalls einen unverzerrten Kurs zu unterstellen. Dies gilt für eine grundsätzliche Orientierung am Börsenkurs als alleinige Messmethode für den quotalen Unternehmenswert wie auch für einen indirekten Marktbezug im Rahmen einer fundamentalen Bewertung. Da bereits ein Verstoß gegen das Verbot der Marktmanipulation durch einen Abfindungsberechtigten oder Dritten außerhalb der Sphäre des Abfindungspflichtigen einen nicht zur Ermittlung des Deinvestitionswerts geeigneten Börsenkurs nahelegt und ein Kausalitätsnachweis problematisch erscheint, ist ein solcher auch im Kontext des Deinvestitionswerts abzulehnen.

---

[789] *Drygala*, Die Neureglung des Delistings in: Gesellschaftsrecht in der Diskussion, 2015, S. 84; *Ilyevich*, Delisting – Parallele zum Übernahmerecht, S. 161, die aber ein personelles Element bejaht. Lediglich beim Sonderfall des fortwirkenden Verstoßes außerhalb des Referenzzeitraums (siehe hierzu: § 6 A.III.5.d)) und bei den einzelfallorientierten Auffangregelungen zur Kursuntersuchung anhand wirtschaftswissenschaftlicher Maßgaben (siehe hierzu: § 6 A.III.2.b), A.III.3.f) und § 6 A.III.4.b)) bedarf es einer feststellbaren Kursreaktion, die eine Kausalität des zurückliegenden oder vermuteten Verstoßes nahelegt.

[790] *Drygala*, Die Neureglung des Delistings in: Gesellschaftsrecht in der Diskussion, 2015, S. 84, der hierbei die §§ 15, 20a WpHG a. F. nennt.

[791] *Drygala*, Die Neureglung des Delistings in: Gesellschaftsrecht in der Diskussion, 2015, S. 84 in Bezug auf den § 39 Abs. 3 BörsG beim Delisting.

b) Rückausnahme bei nur unwesentlichen Auswirkungen

Hinsichtlich der Ausnahmefälle von der Berücksichtigung des Börsenkurses bei Verstößen gegen das Manipulationsverbot und die Ad-hoc-Publizitätspflicht hat der Gesetzgeber beim Delisting eine Rückausnahme dahingehend gesetzt, dass bei unwesentlichen Auswirkungen auf den Börsenkurs dieser weiterhin herangezogen werden dürfe, § 39 Abs. 3 S. 3 Hs. 2 BörsG.[792] Der Nachweis hinsichtlich der Unwesentlichkeit der Auswirkungen obliegt dabei dem Bieter.[793] Die Rückausnahme begründet der Gesetzgeber damit, dass in den genannten Fällen regelmäßig Zweifel an einer sachgerechten Unternehmensbewertung durch den Markt bestehen, bei nur unwesentlichen Kursauswirkungen es aber an hinreichenden Zweifeln hinsichtlich der Aussagekraft des Börsenkurses mangelt und nicht von einer Orientierung an diesem abgesehen werden müsse.[794] Letztlich spiegelt sich das intendierte Regel-Ausnahme-Verhältnis von Börsenkurs und sachverständiger Unternehmensbewertung in der Norm wider.[795] Dem Vorbild des Delisting entsprechend sieht auch der § 255 Abs. 5 S. 5 AktG eine solche Rückausnahmeregelung vor.

Hinsichtlich der übrigen Fallgruppen, in denen der Börsenkurs zur Unternehmensbewertung herangezogen wird, schweigt die Rechtsprechung hinsichtlich etwaiger Rückausnahmen. Dementsprechend liegt es nahe, dass diesbezüglich bisher keine Wesentlichkeitsschwelle besteht. Wird den anderen abfindungspflichtigen Maßnahmen neben dem Delisting und dem § 255 AktG aber auch ein Regel-Ausnahme-Verhältnis von Börsenkurs und fundamentaler Bewertung zugrunde gelegt, liegt der Gedanke nahe, auch hier eine entsprechende Rückausnahme zu normieren.

Fraglich ist, ob eine derartige Rückausnahme bei Verstößen, die andernfalls gegen eine Heranziehung des Börsenkurses zur Unternehmensbewertung sprechen würden, zielführend ist. Bevor diesbezüglich Stellung bezogen werden kann, ist auf die mit der Rückausnahmeregelung einhergehenden Folgeprobleme einzugehen.

---

[792] Beschlussempfehlung und Bericht, BT-Drs. 18/6220, S. 85 unter Nennung der damaligen §§ 15 und 20a WpHG a. F. Mit Bezug auf die heutigen Art. 15 und 17 MAR: Habersack/Mülbert/Schlitt/*Habersack*, Unternehmensfinanzierung am Kapitalmarkt, § 40 Rn. 40.28; *Krug*, Der Rückzug von der Börse, S. 248 § 11; *Sanders*, Anlegerschutz bei Delisting zwischen Kapitalmarkt- und Gesellschaftsrecht, S. 112.

[793] Beschlussempfehlung und Bericht, BT-Drs. 18/6220, S. 85; Habersack/Mülbert/Schlitt/*Habersack*, Unternehmensfinanzierung am Kapitalmarkt, § 40 Rn. 40.28; *Ilyevich*, Delisting – Parallele zum Übernahmerecht, S. 162; *Kocher/Seiz*, DB 2016, 153, 155; *Krug*, Der Rückzug von der Börse, S. 249 § 11; *Sanders*, Anlegerschutz bei Delisting zwischen Kapitalmarkt- und Gesellschaftsrecht, S. 112.

[794] Beschlussempfehlung und Bericht, BT-Drs. 18/6220, S. 85.

[795] Vgl. *Drygala*, Die Neureglung des Delistings in: Gesellschaftsrecht in der Diskussion, 2015, S. 80–81.

aa) Folgeprobleme bzgl. der unwesentlichen Auswirkungen

Die derzeitige Rechtslage zum Delisting und zum § 255 AktG wirft hinsichtlich der Rückausnahme bei lediglich unwesentlichen Auswirkungen eine Fülle von Folgeproblemen auf.

(1) Bestimmung unwesentlicher Auswirkungen

So geht weder aus dem Gesetz noch aus den Gesetzgebungsmaterialien hervor, wann von „unwesentlichen Auswirkungen" auszugehen ist.[796] Damit liegt ein unbestimmter Rechtsbegriff vor.[797]

(a) Begriff der unwesentlichen Auswirkungen

Zunächst ist fraglich, was genau unter dem Begriff der „unwesentlichen Auswirkungen" zu verstehen ist. Vereinzelt wird erwogen, eine einzelfallorientierte Betrachtung durchzuführen und bei Verlusten pro Aktie in Höhe von Cent-Beträgen lediglich unwesentliche Auswirkungen anzunehmen.[798] Hierbei wird aber missachtet, dass Cent-Schwankungen bei Aktien mit einem Börsenkurs im einstelligen Eurobereich durchaus wesentlich sind.[799] Dementsprechend erscheint die andernorts vorgeschlagene Orientierung in Relation zum Börsenkurs[800] vorzugswürdig. Im Rahmen dessen dürfte sich eine Orientierung an der 5%-Schwelle des § 39 Abs. 3 S. 4 BörsG anbieten.[801]

(b) Bezugspunkt der Unwesentlichkeit

Ferner stellt sich die Frage, wo der Bezugspunkt der unwesentlichen Abweichung zu setzen ist. So wird zum Teil punktuell auf das Ausmaß des aufgrund des Bekanntwerdens des Verstoßes eintretenden Kurssprungs abgestellt.[802] Anderweitig wird vertreten, dass für die Feststellung einer etwaigen Unwesentlichkeit die Aus-

---

[796] *Ilyevich*, Delisting – Parallele zum Übernahmerecht, S. 162; *Krug*, Der Rückzug von der Börse, S. 249 § 11; *Sanders*, Anlegerschutz bei Delisting zwischen Kapitalmarkt- und Gesellschaftsrecht, S. 112.

[797] *Krug*, Der Rückzug von der Börse, S. 249 § 11.

[798] *Harnos*, ZHR 2015, 750, 769.

[799] *Krug*, Der Rückzug von der Börse, S. 249 § 11.

[800] *Kocher/Seiz*, DB 2016, 153, 155 Fn. 36; *Krug*, Der Rückzug von der Börse, S. 249 § 11; vgl. auch *Wackerbarth*, WM 2016, 385, 388, wobei jener auf eine punktuelle Betrachtung des einzelnen Kurssprungs setzt.

[801] Habersack/Mülbert/Schlitt/*Habersack*, Unternehmensfinanzierung am Kapitalmarkt, § 40 Rn. 40.28; Hopt/*Kumpan*, HGB, § 39 BörsG Rn. 9; *Krug*, Der Rückzug von der Börse, S. 249 § 11; *Wackerbarth*, WM 2016, 385, 388; vgl. *Ilyevich*, Delisting – Parallele zum Übernahmerecht, S. 162–163; vgl. Marsch-Barner/Schäfer/*Eckhold*, HdB börsennotierte AG, § 63 Rn. 63.44.

[802] *Wackerbarth*, WM 2016, 385, 388; wohl auch *Ilyevich*, Delisting – Parallele zum Übernahmerecht, S. 162–163.

wirkungen auf den Durchschnittskurs zu untersuchen sind.[803] Zugegebenermaßen streitet für die punktuelle Betrachtung des einzelnen Kurssprungs die damit einhergehende erleichterte Ermittlung der Unwesentlichkeit.[804] Die grammatikalische und systematische Auslegung des § 39 Abs. 3 S. 3 Hs. 2 BörsG legt jedoch eine Orientierung am Durchschnittskurs nahe. Schließlich wird sich ausdrücklich auf den gemäß § 39 Abs. 3 S. 2 BörsG errechneten Durchschnittskurs bezogen.[805] Auch spricht die Norm anders als der Art. 7 Abs. 1 lit. a) MAR, der gerade situative Kursveränderungen abstellt, nicht von „erheblichen" Ausschlägen, sondern verwendet den Begriff der „Wesentlichkeit", der anders gedeutet werden muss.[806] Ausschlaggebend aber ist die Tatsache, dass eine isolierte Betrachtung eines vereinzelten Zeitpunkts keine sicheren Rückschlüsse auf eine Kursverzerrung über den gesamten bewertungsrelevanten Zeitraum bietet.[807] Dementsprechend sollte eine etwaige Unwesentlichkeit der Auswirkungen von Verstößen anhand des Durchschnittskurses beurteilt werden.

(2) Beweisführung

Die Rückausnahmeregelung bei unwesentlichen Auswirkungen beim Delisting wirft Beweisführungsprobleme für den Bieter auf.[808] Stellt man zur Bestimmung der Unwesentlichkeit auf den beeinflussten Durchschnittskurs ab, hat der Bieter die Differenz zwischen dem tatsächlichen und dem hypothetischen, um die Auswirkungen des Verstoßes bereinigten Börsenkurs darzulegen.[809] Für die Bestimmung dieses hypothetischen Kurses bietet sich die bei der Berechnung von Kursdifferenzschäden angewendete rückwärtige Induktion an, die auf die Kursreaktion bei Bekanntwerden der wahren Sachlage abstellt.[810] Sie ist aber mit deutlichen Unsi-

[803] Habersack/Mülbert/Schlitt/*Habersack*, Unternehmensfinanzierung am Kapitalmarkt, § 40 Rn. 40.28; Hopt/*Kumpan*, HGB, § 39 BörsG Rn. 9; *Krug*, Der Rückzug von der Börse, S. 250 § 11; Marsch-Barner/Schäfer/*Eckhold*, HdB börsennotierte AG, § 63 Rn. 63.44. Zum bewertungsrelevanten Durchschnittskurs siehe: § 6 B.II.

[804] *Krug*, Der Rückzug von der Börse, S. 250 § 11, die diesen Ansatz letztlich aber ablehnt; in diese Richtung wohl bereits *Wackerbarth*, WM 2016, 385, 388.

[805] *Krug*, Der Rückzug von der Börse, S. 250 § 11; dies gesteht trotz seiner Kritik auch *Wackerbarth*, WM 2016, 385, 388 ein.

[806] Hopt/*Kumpan*, HGB, § 39 BörsG Rn. 9; *Krug*, Der Rückzug von der Börse, S. 250 § 11; Marsch-Barner/Schäfer/*Eckhold*, HdB börsennotierte AG, § 63 Rn. 63.44.

[807] *Krug*, Der Rückzug von der Börse, S. 250–251 § 11.

[808] *Krug*, Der Rückzug von der Börse, S. 252 § 11; vgl. *Sanders*, Anlegerschutz bei Delisting zwischen Kapitalmarkt- und Gesellschaftsrecht, S. 112.

[809] *Krug*, Der Rückzug von der Börse, S. 252–253 § 11.

[810] *Krug*, Der Rückzug von der Börse, S. 253–254 § 11; so wahrscheinlich auch *Sanders*, Anlegerschutz bei Delisting zwischen Kapitalmarkt- und Gesellschaftsrecht, S. 112, der eine Nachholung der gesetzlich geschuldeten Handlung zwecks einer Feststellung der Kursrelevanz verlangt; grundlegend zur Schadensberechnung mittels rückwärtiger Induktion *Fleischer*, BB 2002, 1869, 1873–1874.

cherheiten[811] und einer gewissen Fehleranfälligkeit[812] behaftet. Ohnehin kann sich das Marktumfeld, welches die Kursentwicklung beeinflusst, im Vergleich zum ursprünglichen Veröffentlichungszeitpunkt stark verändert haben.[813] Einer Bereinigung der Kursveränderung um allgemeine Markteinflüsse mittels des CAPM[814] ist die berechtigte Kritik an diesem Modell entgegenzuhalten.[815] Auch die Modifikationen und Alternativen zur rückwärtigen Induktion liefern letztlich nur auf hypothetischen Werten basierende Ergebnisse und greifen lediglich in bestimmten Konstellationen.[816] Da aus dem Börsenkurs nur das Ergebnis des Preisbildungsprozesses ersichtlich ist, kann kein um die Auswirkungen eines Verstoßes bereinigter hypothetischer Kurs sicher ermittelt werden.[817] Folglich stellt ein eindeutig gesicherter Nachweis der Unwesentlichkeit ein kaum erreichbares Ideal dar.

Darüber hinaus kann ein Nachweis unwesentlicher Auswirkungen von Verstößen nicht erfolgen, wenn ein Verstoß erst nach dem Rückzug von der Börse bekannt wird.[818] In Ermangelung eines Börsenkurses zum Zeitpunkt des Bekanntwerdens lässt sich kein Vergleich mit einem hypothetischen Kurs im Wege der rückwärtigen Induktion durchführen.[819] In diesen Fällen können allenfalls Mutmaßungen hinsichtlich der Kursauswirkung stattfinden.[820] Diese dürften wohl kaum dafür ausreichen, weiterhin den Börsenkurs als bewertungsrelevant zu erachten und eine fundamentale Unternehmensbewertung abzulehnen.[821]

Den obigen Erwägungen folgend erweist sich der Unwesentlichkeitsnachweis als unsicher und teils sogar unmöglich.

bb) Nutzen einer Rückausnahme bei unwesentlichen Auswirkungen

In Anbetracht der mit der Wesentlichkeitsschwelle einhergehenden Folgeprobleme und der fehlenden Klarstellung seitens der Rechtsprechung stellt sich die

[811] *Krug*, Der Rückzug von der Börse, S. 253 § 11; vgl. auch *Verse*, FS Baums (2017), S. 1317, 1329 zur Ermittlung hypothetischer Kurse beim Delisting.

[812] *Klöhn/Rothermund*, ZBB 2015, 73, 75–79, 83.

[813] Vgl. *Sanders*, Anlegerschutz bei Delisting zwischen Kapitalmarkt- und Gesellschaftsrecht, S. 112 zum Fall der Nachholung der geforderten Handlung. Diese Erwägung gilt aber auch bzgl. eines späteren Bekanntwerdens.

[814] *Fleischer*, BB 2002, 1869, 1873.

[815] Siehe bereits: § 2 B.VI., C.

[816] Vgl. *Klöhn/Rothermund*, ZBB 2015, 73, 80–83.

[817] Vgl. *Schulte/Köller/Luksch*, WPg 2012, 380, 388, die sich hierbei auf die fehlende Adjustierungsmöglichkeit bei verzerrten Börsenkursen zur Abfindung beziehen.

[818] *Harnos*, ZHR 2015, 750, 769; *Krug*, Der Rückzug von der Börse, S. 256 § 11.

[819] *Krug*, Der Rückzug von der Börse, S. 256 § 11.

[820] *Harnos*, ZHR 2015, 750, 769; *Krug*, Der Rückzug von der Börse, S. 256 § 11.

[821] So auch *Harnos*, ZHR 2015, 750, 769.

Frage, ob die besagte Rückausnahme beim Delisting wie auch bei den anderen Fallgruppen hilfreich ist.

Wie bereits erwähnt begründet der Gesetzgeber die Rückausnahmeregel damit, dass bei nur unwesentlichen Auswirkungen auf den Börsenkurs keine hinreichenden Zweifel an dessen Eignung als Bewertungsgrundlage bestünden.[822] So könnte der Börsenkurs bei Verstößen mit nur unwesentlichen Auswirkungen möglicherweise noch als valide Bewertungsgrundlage betrachtet werden.[823] Vor diesem Hintergrund solle nicht auf eine fundamentale Unternehmensbewertung zurückgegriffen werden, die mit weiteren Unsicherheiten und Kosten verbunden wäre.[824]

Dem ist jedoch entgegenzuhalten, dass man dennoch auf einen Börsenkurs mit zweifelhafter Aussagekraft abstellen würde. Schließlich liegt sodann immer noch ein unter Informationsasymmetrien bzw. gezielten Beeinflussungen leidender Kurs vor. Es ist zu bezweifeln, dass ein solcher noch einen validen Bewertungsmaßstab darstellen kann. Darüber hinaus besteht bei der Anwendung der Wesentlichkeitsschwelle die Gefahr, dass einzelne Verstöße nicht beachtet werden, die jeweils separat betrachtet keine wesentliche Kursauswirkung aufweisen, eine solche aber in ihrer Summe bewirken.

Ohnehin konterkarieren die Erkenntnisse zur *Behavioral Finance*[825] sowie der Informationsasymmetrie[826] die der Rückausnahme unterliegende Vorstellung eines unverzerrten Börsenkurses als Regelfall. Vielmehr legen sie den Gedanken nahe, dass es dem Börsenkurs grundsätzlich an einer hinreichenden Aussagekraft bezüglich des wahren Unternehmenswerts mangeln und ein aussagefähiger Kurs eher die Ausnahme bilden dürfte. Die Berücksichtigung von Fallgruppen, in denen eine Fehlbewertung indiziert ist, dient diesem Ansatz folgend dazu, die zur Unternehmensbewertung geeigneten Börsenkurse von der Vielzahl der nicht aussagefähigen verzerrten Kursen zu abzugrenzen. Demnach wären die hier als Ausnahmefälle von der Börsenkursorientierung bezeichneten Fallgruppen eher als Rückausnahmefälle von grundsätzlich nicht bewertungsgeeigneten Kursen zu begreifen. Unter Zugrundelegung dieser Vorstellung wirkt eine Einschränkung dieser Fälle kontraproduktiv. Dies gilt angesichts des lückenhaften Schutzes durch das kapitalmarktrechtliche Informationsmodell sowie das Manipulations- und Insiderhandelsverbot und der Möglichkeit unerkannter Kursverzerrungen umso mehr. Selbst wenn von einem Regel-Ausnahme-Verhältnis wie beim Delisting und beim § 255 Abs. 4, 5 AktG *de lege lata* ausgegangen wird, erscheint es angesichts der Gefahr verzerrter Kurse fragwürdig, die Ausnahmefälle zu beschränken.

---

[822] Beschlussempfehlung und Bericht, BT-Drs. 18/6220, S. 85.

[823] *Krug*, Der Rückzug von der Börse, S. 248 § 11.

[824] *Krug*, Der Rückzug von der Börse, S. 248–249 § 11.

[825] Siehe: § 2 C.

[826] Siehe: § 4.

Auch vermag die Argumentation bezüglich Rechtssicherheits- und Kostenaspekten nicht zu überzeugen.

Der Nachteil der hohen Kosten und verminderten Rechtssicherheit bei einer fundamentalen Unternehmensbewertung steht dem schutzwürdigen Interesse der Abfindungspflichtigen in Gestalt ihres grundrechtlich geschützten Eigentums gegenüber.[827] So ist ihnen eine angemessene, den wahren Unternehmenswert entsprechende Abfindung zu gewähren. Demnach kann von einer Bewertung durch einen Sachverständigen nur dann abgesehen werden, wenn eine andere geeignete Bewertungsmethode zur Anwendung kommen kann.[828] Ein unter gesetzlichen Verstößen zustande gekommener Börsenkurs dürfte sich hierfür nicht eignen. Die auch bei Verstößen mit unwesentlichen Auswirkungen bestehende Gefahr einer Fehlbewertung schwächt das Kosten- und Unsicherheitsargument entschieden ab.

Dabei geht die Rückausnahme selbst mit Rechtsunsicherheiten[829] und Praktikabilitätsproblemen[830] einher. Schließlich ist die Bestimmung einer unwesentlichen Auswirkung nach der derzeitigen Rechtslage unklar. Vor allem aber gestaltet sich der Nachweis einer solchen als unsicher und teilweise sogar als unmöglich. In Anbetracht des intransparenten Preisbildungsprozesses am Markt und des Rückgriffs auf rein hypothetische Kurse sollte die bloße Vermutung einer Unwesentlichkeit nicht dazu gereichen, einen Börsenkurs trotz eines tatsächlichen Verstoßes als bewertungsgeeignet einzustufen. Zudem legt der unklare Nachweis eine gewisse Missbrauchsgefahr nahe, weshalb die Rückausnahmeregelung auch einem konsequenten Anlegerschutz zuwiderläuft.

Ungeachtet dessen greift die Kosten- und Unsicherheitsargumentation nicht, wenn von vornherein eine fundamentale Unternehmensbewertung durchgeführt wird und der Börsenkurs nur als Untergrenze oder im Rahmen des indirekten Marktbezugs Berücksichtigung findet. Hierbei bedarf es gerade keiner Abwägung zwischen dem Mehraufwand einer nachträglichen Bewertung durch einen Sachverständigen und der Berücksichtigung eines verzerrten Börsenkurses. Dementsprechend wird die Wesentlichkeitsschwelle bei diesem Ansatz entbehrlich.

Insgesamt erscheint es nicht sachgerecht, eine aufgrund eines Verstoßes naheliegende Fehlbewertung wegen ihres vermeintlich geringen Ausmaßes hinzunehmen und den Börsenkurs als bewertungsrelevant zu erachten.

---

[827] Vgl. *Schulte/Köller/Luksch*, WPg 2012, 380, 393, die sich hierbei auf das Ertragswertverfahren zur Bestimmung des Unternehmenswerts für Abfindungen beziehen. Zu dieser Relativierung des verfahrensökonomischen Arguments einer Alleinmaßgeblichkeit des Börsenkurses siehe bereits: § 5 A.

[828] Vgl. *Schulte/Köller/Luksch*, WPg 2012, 380, 393.

[829] *Harnos*, ZHR 2015, 750, 769; *Sanders*, Anlegerschutz bei Delisting zwischen Kapitalmarkt- und Gesellschaftsrecht, S. 112.

[830] *Kocher/Seiz*, DB 2016, 153, 155; *Krug*, Der Rückzug von der Börse, S. 257 § 11.

Unter Berücksichtigung der mit der Wesentlichkeitsschwelle einhergehenden Folgeprobleme und der naheliegenden Gefahr, dass anderweitig ein nicht aussagefähiger Börsenkurs zur Unternehmensbewertung herangezogen werden könnte, empfiehlt es sich, eine Rückausnahme bei nur unwesentlichen Kursauswirkungen abzulehnen.[831] Dies gilt sowohl für das Delisting und beim § 255 Abs. 5 S. 5 AktG, bei welchen eine Wesentlichkeitsschwelle gesetzlich vorgesehen ist, als auch für die übrigen Fallgruppen, die bisher noch keine ausdrückliche Regelung dahingehend erfahren haben.

cc) Fehlende Kausalität als Rückausnahme

Aus der Rückausnahme bei unwesentlichen Auswirkungen wird von Teilen der Literatur die logische Schlussfolgerung gezogen, dass dies erst recht gelten soll, wenn ein Verstoß keinerlei Einfluss auf den Börsenkurs hatte.[832] Demzufolge müsste beim Nachweis einer fehlenden Kausalität zwischen Verstößen und etwaigen Kursbewegungen der Börsenkurs weiterhin als Bewertungsgrundlage herangezogen werden.[833]

Im Falle einer gänzlich fehlenden Kausalität wird zwar keine Kursverzerrung vorliegen. Allerdings kommt die bei der Unwesentlichkeitsausnahme geäußerte Kritik hinsichtlich der Nachweisbarkeit auch hier zum Tragen. Das Fehlen einer Kausalität wird nicht sicher nachweisbar sein.[834] So kann nicht eindeutig festgestellt werden, wie sich der Börsenkurs bei einem rechtmäßigen Verhalten entwickelt hätte. Aufgrund der Intransparenz des Preisbildungsprozesses lässt sich nicht mit Sicherheit sagen, ob ein Verstoß zu einer Kursbewegung geführt oder beigetragen hat. Führt man sich die Bedeutung der Ad-hoc-Publizitätspflicht sowie des Manipulations- und Insiderhandelsverbots für aussagefähige Börsenkurse vor Augen, dürfte aber im Grundsatz eine zumindest gewisse kausale Kursbeeinflussung durch Verstöße hiergegen naheliegen. Eine vollständig ausbleibende Auswirkung auf den

---

[831] Anders sind hingegen die hier entwickelten einzelfallorientierten Auffangregelungen auf Basis wirtschaftswissenschaftlich fundierter Methoden zur Vermutung eines Verstoßes (siehe hierzu: § 6 A.III.2.b), § 6 A.III.3.f) und § 6 A.III.4.b)) zu beurteilen. Da hierbei eine Fehlbewertung lediglich vermutet wird und es einer Abgrenzung zum legitimen Marktverhalten bedarf, erscheint eine gewisse Wesentlichkeitsschwelle angebracht. Im Gegensatz zu den Ausnahmefällen sollte der Anwendungsbereich der Auffangregelungen auf nachvollziehbare Kursbeeinflussungen beschränkt sein.

[832] *Harnos*, ZHR 2015, 750, 769; vgl. *Krug*, Der Rückzug von der Börse, S. 252 § 11; vgl. *Sanders*, Anlegerschutz bei Delisting zwischen Kapitalmarkt- und Gesellschaftsrecht, S. 112.

[833] *Harnos*, ZHR 2015, 750, 769; vgl. *Krug*, Der Rückzug von der Börse, S. 252 § 11. Hiervon zu differenzieren ist die in dieser Arbeit abgelehnte Frage nach einem positiven Kausalitätsnachweis hins. der Kursverzerrung durch Verstöße (siehe hierzu: § 6 A.III.5.a)cc)).

[834] Siehe *Krug*, Der Rückzug von der Börse, S. 252 § 11, die aber lediglich von regelmäßig bestehenden Beweisführungsproblemen des Bieters beim Delisting spricht. Zur Problematik des Nachweises der Kursrelevanz eines Verstoßes auch *Sanders*, Anlegerschutz bei Delisting zwischen Kapitalmarkt- und Gesellschaftsrecht, S. 112.

Börsenkurs ist demnach grundsätzlich zu bezweifeln. Auch vor dem Hintergrund möglicher unerkannter Fehlbewertungen erweist sich eine Rückausnahme aufgrund einer vermeintlich fehlenden Kausalität als problematisch. Somit erscheint eine Rückausnahme bei einer mutmaßlich fehlenden kausalen Kursbewegung nicht zielführend. Dies gilt sowohl für die Ermittlung des quotalen Unternehmenswerts unter direktem oder indirektem Marktbezug als auch des Deinvestitionswerts.

c) Rechts- oder bestandskräftige Feststellung des Verstoßes

Des Weiteren stellt sich Frage, ob es einer rechts- oder bestandskräftigen Feststellung der Verstöße gegen die Ad-hoc-Publizitätspflicht sowie das Manipulations- und Insiderhandelsverbot durch die BaFin bedarf.

Laut der Beschlussempfehlung des Finanzausschusses zum Delisting müssen Verstöße gegen das Verbot der Marktmanipulation oder die Ad-hoc-Informationspflicht durch die zuständige Behörde rechts- oder bestandskräftig festgestellt worden sein.[835] Allerdings ist diese Aussage nicht bindend.[836] Zudem hat das Erfordernis der rechts- oder bestandskräftigen Feststellung keinen Einzug in den Wortlaut des § 39 Abs. 3 S. 3 BörsG gefunden.[837]

Auch aus systematischen Gesichtspunkten ist einem Feststellungserfordernis zu widersprechen.[838] Schließlich setzen die ebenso an einen Verstoß gegen Art. 17 Abs. 1 MAR anknüpfenden Schadensersatzansprüche aus §§ 97, 98 WpHG keinen von der BaFin festgestellten Verstoß voraus.[839] In Anbetracht des beim § 39 Abs. 3

---

[835] Beschlussempfehlung und Bericht, BT-Drs. 18/6220, S. 85. Wohl zustimmend: *Groß*, AG 2015, 812, 817–818; *Mense/Klie*, DStR 2015, 2782, 2786. Dies ablehnend: *Drygala*, Die Neureglung des Delistings in: Gesellschaftsrecht in der Diskussion, 2015, S. 83–84; *Harnos*, ZHR 2015, 750, 767–768; *Hirte*, Kapitalgesellschaftsrecht, S. 466 § 6 Rn. 6.6a; *Ilyevich*, Delisting – Parallele zum Übernahmerecht, S. 164–165, laut der es sich bei der Ablehnung wohl um die herrschende Meinung handelt; *Krug*, Der Rückzug von der Börse, S. 241–248 § 11; *Morell*, AcP 2017, 61, 80–81; *Sanders*, Anlegerschutz bei Delisting zwischen Kapitalmarkt- und Gesellschaftsrecht, S. 109–111; *Wackerbarth*, WM 2016, 385, 387.

[836] *Drygala*, Die Neureglung des Delistings in: Gesellschaftsrecht in der Diskussion, 2015, S. 83; *Ilyevich*, Delisting – Parallele zum Übernahmerecht, S. 165; *Wackerbarth*, WM 2016, 385, 387; vgl. *Hirte*, Kapitalgesellschaftsrecht, S. 466 § 6 Rn. 6.6a.

[837] *Drygala*, Die Neureglung des Delistings in: Gesellschaftsrecht in der Diskussion, 2015, S. 83; *Harnos*, ZHR 2015, 750, 767; *Hirte*, Kapitalgesellschaftsrecht, S. 466 § 6 Rn. 6.6a; *Ilyevich*, Delisting – Parallele zum Übernahmerecht, S. 165; *Krug*, Der Rückzug von der Börse, S. 241–242 § 11; *Morell*, AcP 2017, 61, 80; *Sanders*, Anlegerschutz bei Delisting zwischen Kapitalmarkt- und Gesellschaftsrecht, S. 109; *Wackerbarth*, WM 2016, 385, 388; vgl. *Verse*, FS Baums (2017), S. 1317, 1327.

[838] *Harnos*, ZHR 2015, 750, 767; *Krug*, Der Rückzug von der Börse, S. 243–244 § 11; *Sanders*, Anlegerschutz bei Delisting zwischen Kapitalmarkt- und Gesellschaftsrecht, S. 110.

[839] *Krug*, Der Rückzug von der Börse, S. 243 § 11; vgl. *Harnos*, ZHR 2015, 750, 767 bzgl. der §§ 37b, 37c WpHG a. F. und § 15 WpHG a. F.; vgl. *Sanders*, Anlegerschutz bei Delisting zwischen Kapitalmarkt- und Gesellschaftsrecht, S. 110 in Bezug auf die §§ 37b, 37c WpHG a. F. und den Art. 17 MAR.

S. 3 BörsG intendierten effektiven Anlegerschutzes sollte dieser keinen strengeren Anforderungen als den §§ 97, 98 WpHG unterliegen.[840] Grundsätzlich wird bei zivilrechtlichen Ersatzansprüchen keine rechts- oder bestandskräftige Feststellung vorausgesetzt.[841] Vielmehr wird eine solche an bestimmten Stellen im Gesetzestext explizit gefordert.[842] Angesichts der fehlenden ausdrücklichen Normierung im § 39 Abs. 3 S. 3 BörsG sollte ein objektiver Verstoß als Ausnahme von der Orientierung am Börsenkurs ausreichen.[843]

Vor allem aber streiten teleologische Aspekte gegen ein Feststellungserfordernis.[844] So kann die BaFin bei einem fahrlässigen oder unverschuldeten Verstoß kein Bußgeld verhängen, sodass es in diesen Fällen i.d.R. zu keiner Feststellung kommt.[845] Auch würde bei einer Einstellung gegen Auflage nach § 153a StPO die Nichtberücksichtigungsregelung trotz des Verstoßes nicht greifen.[846] Eine solche Einschränkung der Nichtberücksichtigungsfälle widerspricht aber der Ablehnung eines subjektiven Elements und eines Verschuldens zugunsten eines rein objektiven Verstoßes.[847] Schließlich geht es bei den Fällen der Herausnahme des Börsenkurses gerade nicht um eine Sanktionierung des Verstoßenden, sondern um eine effiziente und aussagefähige Bewertungsmethode, die der Abfindung zugrunde gelegt werden kann.[848] Im Falle eines objektiven Verstoßes liegt ein Börsenkurs mit mangelnder Aussagekraft vor, der sich ungeachtet des behördlichen Vorgehens und des Verschuldens des Verstoßenden nicht zur Unternehmensbewertung eignet. Dabei wäre es unsachgemäß, die Abfindung vom Ermessen der BaFin abhängig zu machen, auf deren Tätigwerden der einzelne Anleger keinen Einfluss hat.[849] Letztlich würde der

[840] *Krug*, Der Rückzug von der Börse, S. 244 § 11; vgl. *Sanders*, Anlegerschutz bei Delisting zwischen Kapitalmarkt- und Gesellschaftsrecht, S. 110.

[841] *Drygala*, Die Neureglung des Delistings in: Gesellschaftsrecht in der Diskussion, 2015, S. 83; *Ilyevich*, Delisting – Parallele zum Übernahmerecht, S. 165.

[842] *Drygala*, Die Neureglung des Delistings in: Gesellschaftsrecht in der Diskussion, 2015, S. 83; *Ilyevich*, Delisting – Parallele zum Übernahmerecht, S. 165; *Krug*, Der Rückzug von der Börse, S. 244 § 11.

[843] *Krug*, Der Rückzug von der Börse, S. 244 § 11.

[844] *Harnos*, ZHR 2015, 750, 767–768; *Krug*, Der Rückzug von der Börse, S. 244–248 § 11; *Sanders*, Anlegerschutz bei Delisting zwischen Kapitalmarkt- und Gesellschaftsrecht, S. 110–111.

[845] *Harnos*, ZHR 2015, 750, 768; *Krug*, Der Rückzug von der Börse, S. 244–245 § 11; *Sanders*, Anlegerschutz bei Delisting zwischen Kapitalmarkt- und Gesellschaftsrecht, S. 110–111.

[846] *Drygala*, Die Neureglung des Delistings in: Gesellschaftsrecht in der Diskussion, 2015, S. 83–84.

[847] Vgl. *Krug*, Der Rückzug von der Börse, S. 245 § 11. Zur Ablehnung des personellen sowie subjektiven Elements siehe bereits: § 6 A.III.5.a)aa) bzw. § 6 A.III.5.a)bb).

[848] Vgl. *Krug*, Der Rückzug von der Börse, S. 245 § 11.

[849] *Harnos*, ZHR 2015, 750, 768; vgl. *Ilyevich*, Delisting – Parallele zum Übernahmerecht, S. 165; vgl. *Krug*, Der Rückzug von der Börse, S. 246–247 § 11; vgl. *Morell*, AcP 2017, 61, 80–81; vgl. *Sanders*, Anlegerschutz bei Delisting zwischen Kapitalmarkt- und Gesellschaftsrecht, S. 111.

Anwendungsbereich der ohnehin schon lückenhaften Fälle der Nichtberücksichtigung des Börsenkurses noch weiter beschränkt, wenn man eine rechts- oder bestandskräftige Feststellung verlangt.

Mithin sollte beim Delisting hinsichtlich der Ausnahmefälle beim Verstoß gegen Art. 15 MAR oder Art. 17 MAR keine rechts- oder bestandskräftige Feststellung durch die zuständige Behörde verlangt werden. Dies müsste auch in Bezug auf etwaige Verstöße gegen das Insiderhandelsverbot gelten.

In Hinblick auf die übrigen abfindungsauslösenden Fallgruppen verlangen sowohl der Gesetzeswortlaut als auch die Rechtsprechung kein explizites Feststellungserfordernis. Die obigen Erwägungen zum Delisting gelten auch hier. Schließlich geht es in jedem Fall des Absehens einer Abfindungsbemessung am Börsenkurs nicht um die Sanktionierung eines Fehlverhaltens, sondern um die Berücksichtigung weitestgehend unverzerrter Kurse. Dementsprechend muss ein objektiver Verstoß bereits ausreichen. Mithin sollte in jeder weiteren relevanten Konstellation der Nichtberücksichtigung des Börsenkurses wegen Verstößen gegen das Verbot der Marktmanipulation, das Insiderhandelsverbot oder die Ad-hoc-Publizitätspflicht keine behördliche Feststellung verlangt werden. Dies gilt für die Ermittlung des quotalen Unternehmenswerts mit indirektem oder direktem Marktbezug wie auch des Deinvestitionswerts. So liegt stets ein nicht bewertungsgeeigneter Börsenkurs ungeachtet der behördlichen Feststellung vor.

d) Zeitliche Erstreckung auf vor dem Referenzzeitraum begangene Verstöße

Weiterhin sind die Verstöße auch mit Blick auf den Zeitpunkt ihres Auftretens hin zu untersuchen.

Rein grammatikalisch betrachtet muss ein Verstoß gegen das Verbot der Marktmanipulation oder die Ad-hoc-Publizitätspflicht beim Delisting innerhalb der sechsmonatigen Referenzperiode stattgefunden haben, § 39 Abs. 3 S. 3 BörsG.[850] Allerdings wird in den Gesetzgebungsmaterialien[851] und im Schrifttum[852] darauf hingewiesen, dass auch vor dem bewertungsrelevanten Zeitraum stattgefundene Verstöße noch in diesen hineinwirken können. Angesichts dessen ist fraglich, ob sich die Ausnahmefälle auch auf vor dem Bewertungszeitraum begangene Verstöße erstrecken sollten.

---

[850] *Casper*, FS Köndgen (2016), S. 117, 143; *Krug*, Der Rückzug von der Börse, S. 240 § 11; *Verse*, FS Baums (2017), S. 1317, 1331. Zum Referenzzeitraum siehe: § 6 B.

[851] *Hirte* (CDU/CSU), Plenarprotokoll 18/127, S. 12385.

[852] *Bayer*, NZG 2015, 1169, 1175–1176; *Casper*, FS Köndgen (2016), S. 117, 143–144; Habersack/Mülbert/Schlitt/*Habersack*, Unternehmensfinanzierung am Kapitalmarkt, § 40 Rn. 40.26; *Ilyevich*, Delisting – Parallele zum Übernahmerecht, S. 162; *Kocher/Seiz*, DB 2016, 153, 155; *Krug*, Der Rückzug von der Börse, S. 240–241 § 11; *Sanders*, Anlegerschutz bei Delisting zwischen Kapitalmarkt- und Gesellschaftsrecht, S. 103; *Verse*, FS Baums (2017), S. 1317, 1331–1332; a. A. wohl *Wackerbarth*, WM 2016, 385, 387, der sich auf Manipulationen und fehlerhafte Informationen, die während der Referenzperiode auftreten, bezieht.

Diese Frage stellt sich auch im Kontext der übrigen Fallgruppen. Weder die Gesetzestexte[853] noch die höchstrichterliche Rechtsprechung[854] treffen explizite zeitliche Einschränkungen an die eine Abkehr von der Börsenkursorientierung begründenden Verstöße.

Sofern bei einer zurückliegenden Informationspflichtverletzung keine Korrektur bzw. Nachholung innerhalb des bewertungsrelevanten Zeitraums vorgenommen wird, besteht der Verstoß fort.[855] So könnte eine unterlassene Korrektur als Verstoß gegen das Manipulationsverbot oder die Ad-hoc-Publizitätspflicht gewertet werden.[856] Jedenfalls lässt der Dauercharakter der Ad-hoc-Publizitätspflicht auf einen Verstoß innerhalb des Referenzzeitraums schließen.[857] Ungeachtet dessen sprechen bereits der Sinn und Zweck der Fälle einer Nichtberücksichtigung des Börsenkurses für eine derartige zeitliche Ausweitung.[858] So wird der Börsenkurs im Falle einer innerhalb des Bewertungszeitraums unterlassenen Berichtigung oder Nachholung bezüglich zurückliegender Informationspflichtverletzungen anhand einer unzureichenden bzw. inkorrekten Informationsgrundlage gebildet. Ihm fehlt sodann die nötige Aussagekraft für eine Unternehmensbewertung. Durch die Nichtberücksichtigungsfälle soll eine Abfindung zu einem solchen Börsenkurs gerade vermieden werden. Mit dem Verstoß wird auch die verstoßbedingte Fehlbewertung im bewertungsrelevanten Zeitraum fortbestehen. Folglich wird bei einer unterlassenen Korrektur bzw. Nachholung hinsichtlich einer zurückliegenden Informationspflichtverletzung kein aussagefähiger Börsenkurs vorliegen.

Aber selbst wenn die Nachholung oder Korrektur innerhalb der Referenzperiode geschieht, wirkt der Verstoß noch zeitweise in den bewertungsrelevanten Börsen-

---

[853] Diese erwähnen mit Ausnahme des § 255 AktG von vornherein keine Berücksichtigung des Börsenkurses bei der Unternehmensbewertung, geschweige denn Fälle einer Abkehr hiervon.

[854] Siehe etwa die Formulierungen bei BVerfG, Nichtannahmebeschl. v. 26.04.2011 – 1 BvR 2658/10 –, BVerfGK 18, 395–400 Rn. 25; BGH, Beschl. v. 12.03.2001 – II ZB 15/00 –, BGHZ 147, 108–125, Rn. 20. Ebenso spricht die ohnehin dünne einfachgerichtliche Rechtsprechung zum Insiderhandel lediglich von einem durch Insiderhandel zustande gekommenen Börsenkurs als Ablehnungsgrund, ohne diesen explizit auf den Bewertungszeitraum zu beschränken (LG Stuttgart, Beschl. v. 08.05.2019 – 31 O 25/13 KfH SpruchG – Rn. 373; LG Stuttgart, Beschl. v. 03.04.2018 – 31 O 138/15 KfH SpruchG – Os. 3, Rn. 116, juris (nrkr.)).

[855] *Bayer*, NZG 2015, 1169, 1175–1176; *Hirte* (CDU/CSU), Plenarprotokoll 18/127, S. 12385; *Ilyevich*, Delisting – Parallele zum Übernahmerecht, S. 162; *Krug*, Der Rückzug von der Börse, S. 240 § 11; *Sanders*, Anlegerschutz bei Delisting zwischen Kapitalmarkt- und Gesellschaftsrecht, S. 103; *Verse*, FS Baums (2017), S. 1317, 1331–1332; vgl. *Kocher/Seiz*, DB 2016, 153, 155.

[856] *Verse*, FS Baums (2017), S. 1317, 1331–1332.

[857] *Krug*, Der Rückzug von der Börse, S. 240 § 11; vgl. *Kocher/Seiz*, DB 2016, 153, 155.

[858] *Verse*, FS Baums (2017), S. 1317, 1332; vgl. *Casper*, FS Köndgen (2016), S. 117, 144.

kurs hinein.[859] Damit basiert er auf einer zwischenzeitlichen Fehlinformation. Darüber hinaus besteht die Gefahr einer Verzerrung aufgrund überschwänglicher Kursreaktionen hinsichtlich der verspäteten Information und des Bekanntwerdens des Verstoßes. Mithin sollte auch bei einer während des Bewertungszeitraums nachgeholten oder berichtigten Informationspflicht, gegen die zuvor verstoßen wurde, von einem Börsenkurs mit mangelnder Aussagefähigkeit ausgegangen werden.

Insofern empfiehlt es sich, im Falle von vor dem bewertungsrelevanten Zeitraum erfolgten Informationspflichtverstößen, bei denen eine Nachholung bzw. Berichtigung gar nicht oder erst innerhalb der Referenzperiode stattgefunden hat, eine Ausnahme von der Berücksichtigung des Börsenkurses zur Ermittlung des quotalen Unternehmenswerts vorzunehmen. Eine weitere Modifikation dahingehend, ein lediglich geringfügiges Hineinwirken herauszufiltern[860], ist angesichts der Unsicherheiten und Praktikabilitätsprobleme einer etwaigen Wesentlichkeitsschwelle[861] und des Umstands, dass eine Verfälschung des Referenzkurses naheliegt, abzulehnen.

Anderweitig können aber auch zurückliegende Verstöße bereits vor Beginn der Referenzperiode berichtigt worden sein und weiterhin verfälschende Auswirkungen auf den bewertungsrelevanten Börsenkurs haben.[862] Wie soeben erörtert sollen die Fälle einer Herausnahme verzerrter Kurse gewährleisten, dass kein Börsenkurs mit mangelnder Aussagefähigkeit zur Abfindungsbemessung herangezogen wird. Dementsprechend müssten auch vor dem Bewertungszeitraum begangene und beendete Verstöße, die erheblich in diesen hineinwirken, eine Ausnahme von der Börsenkursorientierung begründen.[863] Auch hier ist von einer fortwirkenden verstoßbedingten Kursverfälschung auszugehen.

Allerdings würde die Regelung ins Uferlose gleiten, wenn sämtliche vergangenen Verstöße berücksichtigt würden.[864] Dementsprechend liegt es nahe, sich auf zurückliegende korrigierte Verstöße mit erheblichen Nachwirkungen zu beschrän-

---

[859] So wohl auch *Verse*, FS Baums S. 1317, 1331–1332, bei dem von einem in den Referenzzeitraum hineinragenden Unterlassen einer Korrektur irreführender Informationen die Rede ist.

[860] So etwa *Casper*, FS Köndgen (2016), S. 117, 144.

[861] Siehe § 6 A.III.5.b)aa) und § 6 A.III.5.b)bb) zur Problematik und Ablehnung der Rückausnahme bei nur unwesentlichen Auswirkungen. Ebenso weist *Krug*, Der Rückzug von der Börse, S. 241 § 11 Fn. 343 auf die Rechtsunsicherheit und praktische Schwierigkeit einer derartigen Relativierung hin.

[862] *Krug*, Der Rückzug von der Börse, S. 241 § 11; siehe auch *Casper*, FS Köndgen (2016), S. 117, 143–144, bei dem die ausbleibende oder spätere Nachholung bzw. Berichtigung nicht erwähnt und lediglich auf erheblich in den Bewertungszeitraum hineinwirkende Verstöße abgestellt wird.

[863] So auch *Krug*, Der Rückzug von der Börse, S. 241 § 11; vgl. *Casper*, FS Köndgen (2016), S. 117, 144.

[864] Vgl. *Casper*, FS Köndgen (2016), S. 117, 143–144.

ken.[865] Mit Hinweis auf die Erörterungen zur Wesentlichkeitsschwelle des § 39 Abs. 3 S. 3 Hs. 2 BörsG bietet es sich an, in Anlehnung an den § 39 Abs. 3 S. 4 BörsG ab einer Abweichung von 5 % in Relation zum Durchschnittskurs von einer erheblichen Auswirkung auszugehen.[866] Die mit der Wesentlichkeitsschwelle einhergehenden Unsicherheiten und Praktikabilitätsprobleme sind dabei hinzunehmen. So würden lediglich bereits beendete Verstöße aus der Vergangenheit erfasst. Im Unterschied zu den Fällen der ausgebliebenen oder späteren Nachholung bzw. Korrektur kann eine in den Referenzkurs hineinwirkende Verzerrung nicht bedenkenlos unterstellt werden. Schließlich liegt bei Informationspflichtverstößen, die vor dem bewertungsrelevanten Zeitraum begangen und korrigiert wurden, keine unvollständige oder unzutreffende Informationsgrundlage innerhalb dieses Zeitraums vor. Lediglich eine verstoßbedingte fortwirkende Kursverzerrung ist in diesen Konstellationen von Belang. Zwecks einer Abgrenzung von legitimen Kursbewegungen bietet sich eine Wesentlichkeitsschwelle von 5 % an. Vorangegangene, bereits beendete Verstöße dürften nur bei tatsächlich merkbaren Auswirkungen auf den Kurs im untersuchten Zeitraum von Bedeutung sein.

Weiterhin stellt sich die Frage, ob auch vor der Referenzperiode begangene Verstöße gegen das Manipulations- oder Insiderhandelsverbot Berücksichtigung finden sollten. Auch derartigen Verstößen wohnt das Potenzial inne, auf den Referenzkurs fortzuwirken. In Ermangelung einer Berichtigung oder Nachholung durch den Verstoßenden findet die anfangs aufgeführte Möglichkeit des Fortwirkens hier keinen Halt. Allerdings kann der zweite, auf erhebliche Nachwirkungen beschränkte Ansatz greifen. So besteht die Möglichkeit, dass vor dem Bewertungszeitraum stattgefundene Manipulationen oder Insidergeschäfte eine verzerrende Auswirkung auf den bewertungsrelevanten Börsenkurs haben. Um eine solche von legitimen Kursbewegungen zu differenzieren, empfiehlt es sich, nach den soeben erörterten Maßgaben zu verfahren und eine 5-%-Wesentlichkeitsschwelle anzusetzen. Die Ausführungen zu den korrigierten zurückliegenden Verstößen gegen die Ad-hoc-Publizitätspflicht gelten auch hier. Da der Börsenkurs bei einer fortwirkenden Manipulation durch Abfindungsberechtigte oder Dritte außerhalb der Sphäre des Abfindungspflichtigen aus der Zeit vor der Referenzperiode nicht zur Feststellung des Deinvestitionswerts geeignet ist, sollte hier ebenso von einer Nachwirkung des Ausnahmefalls ausgegangen werden.

Zusammengefasst erscheint es ratsam, eine zeitliche Erstreckung auf Normverstöße vor dem eigentlichen Referenzzeitraum vorzunehmen. Hierbei bedarf es eines Hineinwirkens besagter Verstöße in die Referenzperiode. Dies ist bei einer unterlassenen Berichtigung oder Nachholung von Informationspflichten vor Beginn des

---

[865] Vgl. *Casper*, FS Köndgen (2016), S. 117, 144, der geringfügig hineinwirkende vergangene Verstöße herausfiltern will; siehe zudem *Krug*, Der Rückzug von der Börse, S. 241 § 11, die sich auf beendete zurückliegende Verstöße mit erheblichen Auswirkungen beschränkt.

[866] Siehe hierzu: § 6 A.III.5.b)aa)(1). Ebenso wird bei *Casper*, FS Köndgen (2016), S. 117, 144 in diesem Zusammenhang der § 39 Abs. 3 S. 3 Hs. 2 BörsG erwähnt.

Referenzzeitraums und im Falle einer Abweichung von 5% in Relation zum Durchschnittskurs bei bereits korrigierten Informationspflichtverletzungen und Verstößen gegen das Manipulations- oder Insiderhandelsverbot der Fall. Dies gilt für sämtliche Wertkomponenten der Abfindungszahlung, da nachwirkende Verstöße dem Börsenkurs stets die Bewertungseignung absprechen.

Ferner sei erwähnt, dass diese Ausweitung der Fälle einer Nichtberücksichtigung des Börsenkurses nur für tatsächliche objektive Verstöße gelten soll. Die hier vorgeschlagenen Auffangregelungen sind hingegen auf vermutete kursverzerrende Verstöße während des Referenzzeitraums zu beschränken. Wenn die Behandlung zurückliegender Verstöße schon mit einer gewissen Unsicherheit einhergeht[867] und ihnen oftmals wohl eine vergleichsweise geringere Kursauswirkung zukommen dürfte[868], sollte dies erst recht für die bloße Vermutung derartiger Verstöße gelten. So liefern die auf wirtschaftswissenschaftlichen Erwägungen beruhenden Auffangregelungen keine sicheren Ergebnisse.[869] Bei der Vermutung zurückliegender Verstöße, die in die Referenzperiode hineinwirken, käme es zu einer Häufung von Unsicherheitskomponenten. Eine solche ist vor dem Hintergrund einer effektiven angemessenen Abfindungsberechnung nicht hinnehmbar.

e) Eingreifen der verstoßbedingten Nichtberücksichtigungsfälle bei für Anleger vorteilhaften Verstößen

Fraglich ist, wie bei Verstößen verfahren werden sollte, die sich als vorteilhaft für die abfindungsberechtigten Anleger darstellen.

Diese Problematik ist bei einer grundsätzlichen Alleinmaßgeblichkeit des Börsenkurses von zentraler Bedeutung. Hierbei gilt der gesetzlichen Regelung des Delistings, welche zuvörderst auf den Börsenkurs als Abfindung abstellt, besonderes Interesse. So ist bei Verstößen gegen die Ad-hoc-Publizitätspflicht oder das Manipulationsverbot nach § 39 Abs. 3 S. 3 BörsG der Unterschiedsbetrag zwischen der im Angebot genannten Gegenleistung, welche auf einem sechsmonatigen gewichteten Durchschnittskurs basiert, und der auf Grundlage einer fundamentalen Unternehmensbewertung ermittelten Gegenleistung zu zahlen.

Dem Wortlaut der Regelung zufolge erhalten die Minderheitsaktionäre den Differenzbetrag, wenn der Börsenkurs unterhalb des anteiligen Unternehmenswerts liegt, womit ihnen im Ergebnis der Wert ihres Anteils gewährt wird.[870] Eine solche Konstellation dürfte wohl vom Gesetzgeber ins Auge gefasst worden sein.[871] Vor dem Hintergrund einer angemessenen Abfindung ist dieses Vorgehen sachgerecht.

---

[867] *Krug*, Der Rückzug von der Börse, S. 241 § 11.

[868] Vgl. *Casper*, FS Köndgen (2016), S. 117, 144.

[869] Siehe hierzu: § 6 A.III.2.b); § 6 A.III.3.f).

[870] *Krug*, Der Rückzug von der Börse, S. 257–258 § 11.

[871] *Harnos*, ZHR 2015, 750, 762; *Krug*, Der Rückzug von der Börse, S. 258 § 11.

Nach streng wortlautgetreuer Auslegung müsste den Minderheitsaktionären aber auch dann, wenn der Börsenkurs aufgrund eines Verstoßes höher ist als der anteilige Unternehmenswert, der Unterschiedsbetrag zusätzlich zum erhöhten Börsenkurs gezahlt werden.[872] Schließlich differenziert der Gesetzeswortlaut nicht zwischen positiv oder negativ auf den Kurs wirkenden Verstößen.[873] Allerdings würde die Abfindungshöhe über den Unternehmenswert hinausgehen. Es ist fraglich, ob dies dem Willen des Gesetzgebers entspricht.[874]

Die Handhabung letztgenannter Situation nach Maßgabe des Gesetzestextes wird von zahlreichen Literaturstimmen kritisch beäugt und größtenteils abgelehnt.[875] Dabei bieten sich verschiedene Alternativansätze an.

Zum einen kann in Betracht gezogen werden, eine Abfindung lediglich in der Höhe des anteiligen Unternehmenswerts auf Grundlage der fundamentalen Bewertung zu gewähren und den Börsenkurs bei Verstößen ungeachtet der Verzerrungsrichtung außen vor zu lassen.[876] Dies würde mit einer teilweisen Rückzahlung der bereits gewährten Gegenleistung einhergehen.[877]

Andererseits wird vorgeschlagen, trotz eines kursverzerrenden Verstoßes auf den Börsenkurs abzustellen, sofern dieser wertmäßig über dem Ergebnis der sachverständigen Unternehmensbewertung liegt.[878] Hierbei wird die Abweichungsrichtung des Börsenkurses von der fundamentalen Bewertung betrachtet.

Darüber hinaus liegt der Gedanke nahe, bei einem nach oben verzerrten Börsenkurs schon von vornherein von einer Unternehmensbewertung durch einen

---

[872] *Krug*, Der Rückzug von der Börse, S. 259–260 § 11.

[873] *Krug*, Der Rückzug von der Börse, S. 257 § 11.

[874] Dies ablehnend *Krug*, Der Rückzug von der Börse, S. 260 § 11.

[875] So wird bei Habersack/Mülbert/Schlitt/*Habersack*, Unternehmensfinanzierung am Kapitalmarkt, § 40 Rn. 40.26; *Kocher/Seiz*, DB 2016, 153, 155; *Krug*, Der Rückzug von der Börse, S. 260, 262 § 11; *Verse*, FS Baums (2017), S. 1317, 1328 eine teleologische Reduktion vorgeschlagen und von *Ilyevich*, Delisting – Parallele zum Übernahmerecht, S. 162 als jedenfalls als plausibel erachtet. Ebenso rät *Wackerbarth*, WM 2016, 385, 388 Fn. 10 zu einer weiteren Rückausnahme neben der des § 39 Abs. 3 S. 3 Hs. 2 BörsG bei kurserhöhenden Verstößen. Kritisch auch *Sanders*, Anlegerschutz bei Delisting zwischen Kapitalmarkt- und Gesellschaftsrecht, S. 106–107. Siehe zudem *Harnos*, ZHR 2015, 750, 762–763, laut dem zwar eine Unternehmensbewertung stattfinden soll, wobei er dies als „kontraintuitiv“ bezeichnet.

[876] Diesen Gedanken aufwerfend und anschließend ablehnend *Krug*, Der Rückzug von der Börse, S. 262 § 11.

[877] *Krug*, Der Rückzug von der Börse, S. 262 § 11.

[878] *Casper*, FS Köndgen (2016), S. 117, 143; Habersack/Mülbert/Schlitt/*Habersack*, Unternehmensfinanzierung am Kapitalmarkt, § 40 Rn. 40.27; *Krug*, Der Rückzug von der Börse, S. 261–262 § 11; *Sanders*, Anlegerschutz bei Delisting zwischen Kapitalmarkt- und Gesellschaftsrecht, S. 107.

Sachverständigen abzusehen.[879] Nach diesem Ansatz ist die Richtung der Kursverzerrung von Relevanz.

Angesichts der Fülle unterschiedlicher Vorgehensweisen, die zu abweichenden Ergebnissen in Bezug auf die Abfindungshöhe führen, ist eine Stellungnahme von Nöten.

Denn die Streitfrage zur Behandlung von positiv wirkenden Verstößen ist im Kontext einer alleinigen Börsenkursorientierung von Relevanz. Lässt man hingegen von Anfang an eine Unternehmensbewertung durch einen Sachverständigen durchführen, kommt es gar nicht erst zur Problematik der Zahlung eines Unterschiedsbetrags über § 39 Abs. 3 S. 3 BörsG. Aus diesem Grund findet der Streit auch nicht im Rahmen des Komplexes der Marktenge anhand fester Vorgaben statt. Denn anders als bei den Verstößen gegen die MAR ist im Falle der Marktenge beim Delisting die Gegenleistung des Angebots von Anfang an anhand einer fundamentalen Unternehmensbewertung zu ermitteln, da sie bereits im Rahmen des Angebots festgestellt werden kann.[880] Dies bestätigt auch der Wortlaut des § 39 Abs. 3 S. 4 BörsG, der gerade nicht von einem Unterschiedsbetrag spricht. Daneben stellt die Marktenge keinen kursverzerrenden Faktor dar, der sich positiv auf den Börsenwert auswirken könnte. Vielmehr geht mit ihr ein Börsenkurs von durchgängig mangelnder Aussagefähigkeit zum Anteilswert und zur hypothetischen Veräußerungsmöglichkeit einher. Allenfalls bei einer später festgestellten Illiquidität mittels ökonomischer Messmethoden oder einer unzutreffenden anfänglichen Ablehnung der Marktenge würde im Nachhinein ein aus Liquiditätsgesichtspunkten nicht bewertungsgeeigneter Börsenkurs aufgedeckt werden. In einer solchen Konstellation könnte ein Unterschiedsbetrag zwischen dem Börsenkurs und einer quotalen Unternehmensbewertung gefordert werden. Angesichts der Natur der Marktenge ließe sich dabei aber keine Verzerrungsrichtung ermitteln. Des Weiteren scheint der Nachzahlungsanspruch des § 39 Abs. 3 S. 3 BörsG auf Verzerrungen ausgelegt zu sein, die erst nach Veröffentlichung der Angebotsunterlage aufgedeckt werden.[881] Entdeckt die BaFin aber schon im Zeitpunkt der Angebotsveröffentlichung eine Kursverzerrung, so sollte sie aus Anlegerschutzgesichtspunkten bereits von Anfang

---

[879] *Verse*, FS Baums (2017), S. 1317, 1328, der eine zusätzliche Unternehmensbewertung bei nach oben verzerrten Kursen ablehnt; so wohl auch *Kocher/Seiz*, DB 2016, 153, 155, die bei einer unterlassenen Veröffentlichung negativer Insiderinformationen oder einer kurserhöhenden Manipulation eine teleologische Reduktion der Ausnahmefälle bei Kapitalmarktverstößen anstrengen und *Wackerbarth*, WM 2016, 385, 388 Fn. 10, der eine Rückausnahme bei Verstößen, die den Kurs in die Höhe treiben, verlangt; siehe zudem *Harnos*, ZHR 2015, 750, 762–763, laut dem die Durchführung einer Unternehmensbewertung bei kurssteigernden Ad-hoc-Publizitätspflichtverletzungen „kontraintuitiv" sei.

[880] *Ilyevich*, Delisting – Parallele zum Übernahmerecht, S. 167; *Krug*, Der Rückzug von der Börse, S. 269 § 11; *Mense/Klie*, DStR 2015, 2782, 2785; vgl. *Kocher/Seiz*, DB 2016, 153, 155–156; vgl. *Wackerbarth*, WM 2016, 385, 388.

[881] *Mense/Klie*, DStR 2015, 2782, 2785 unter praktischen Erwägungen; *Verse*, FS Baums (2017), S. 1317, 1328 aus grammatikalischer Sicht.

an eine fundamentale Unternehmensbewertung fordern müssen.[882] Wenn die mangelnde Bewertungseignung des Börsenkurses bereits vor der Veröffentlichung des Abfindungsangebots bekannt ist und diesem nicht zugrunde gelegt wird, kann der Abfindungspflichtige auch nicht hieran festgehalten werden. Somit ist die Streitfrage zur Behandlung von vorteilhaften Verstößen auf solche beschränkt, die erst nach der Veröffentlichung des Abfindungsangebots entdeckt werden. Zudem schwingt die Problematik auch bei der späteren Feststellung einer Marktenge mit.

Im Falle einer grundsätzlich alleinigen Börsenkursorientierung stellt sich die Frage hinsichtlich der Beurteilung von positiven Verstößen, die nach der Veröffentlichung des Abfindungsangebots aufgedeckt werden, ebenso bei den übrigen abfindungsauslösenden Fallgruppen neben dem Delisting, welche dahingehend keine ausdrückliche Regelung erfahren haben. Auf all jene Konstellation beziehen sich die nachfolgenden Erörterungen.

Gegen eine dem Wortlaut des § 39 Abs. 3 S. 3 BörsG entsprechende Zahlung des Differenzbetrags bei einem wertmäßig über dem Ergebnis der Unternehmensbewertung liegenden verzerrten Börsenkurs spricht, dass sie auf eine über dem anteiligen Unternehmenswert liegende Abfindung hinausläuft. Den Abfindungsberechtigten würde über den ohnehin schon überhöhten Börsenkurs hinaus noch eine Zuzahlung gewährt. Hierdurch wären sie ohne sachgerechten Grund übermäßig bevorteilt, während der Abfindungspflichtige eine unverhältnismäßige Benachteiligung erfahren würde.[883] Eine angemessene Abfindung auf Basis des wahren Unternehmenswerts wird hierdurch nicht gewährleistet. Es liegt ein Vergleich mit dem Rechtsgedanken des § 377 HGB nahe, demzufolge eine Obliegenheitsverletzung zu keinem „Mehr" an Ansprüchen führt. Auch deuten die Gesetzesmaterialien, in denen sich am Zuzahlungsanspruch des § 31 Abs. 5 WpÜG orientiert wird, darauf hin, dass der § 39 Abs. 3 S. 3 BörsG lediglich auf negativ beeinflusste Börsenkurse angelegt ist.[884] Schließlich sieht § 31 Abs. 5 S. 1 WpÜG eine Zahlung des Unterschiedsbetrags bei außerbörslichen Nacherwerben vor, welche wertmäßig über der angebotenen Gegenleistung eines durchschnittskursbasierten Übernahmeangebots liegen. Insgesamt läuft eine zusätzliche Nachzahlung zum höheren Börsenkurs dem intendierten Zweck Nichtberücksichtigungsfälle zuwider. Folglich ist dieser Ansatz abzulehnen.

Ebenso ist der Vorgehensweise eine Absage zu erteilen, nach welcher bei einem höheren verzerrten Börsenkurs lediglich auf das Ergebnis der fundamentalen Unternehmensbewertung abzustellen ist. Verlangt man eine möglichst realitätsgetreue objektive Bewertungsgrundlage für die Kompensation, mag dieses Vorgehen zwar zunächst vorzugswürdig erscheinen, wohingegen es dem Börsenkurs ungeachtet der

---

[882] *Verse*, FS Baums (2017), S. 1317, 1328.

[883] *Krug*, Der Rückzug von der Börse, S. 260 § 11.

[884] *Krug*, Der Rückzug von der Börse, S. 260 § 11; zur konkreten Formulierung innerhalb der Gesetzesmaterialien siehe Beschlussempfehlung und Bericht, BT-Drs. 18/6220, S. 85.

Verzerrungsrichtung an Aussagefähigkeit mangelt.[885] Die bereits erwähnte Rückzahlung durch die Minderheitsaktionäre würde jedoch die anlegerschützende Normkonzeption beim Delisting konterkarieren.[886] Ausweislich der Gesetzesmaterialien soll der Börsenkurs zwecks eines effektiven Anlegerschutzes auch bei Verstößen gegen die Ad-hoc-Publizitätspflicht und das Manipulationsverbot stets die Untergrenze der Gegenleistung darstellen.[887] Eine teilweise Rückzahlung ihrer erhaltenen Abfindung sollte den Abfindungsberechtigten nicht zugemutet werden. Ansonsten würde auch der Bieter beim Delisting durch eigene Pflichtverstöße privilegiert.[888] Im Falle von Verstößen durch Dritte könnte er sich im Wege von Schadensersatzansprüche gegen jene wenden.[889] Dies gilt ebenso für die übrigen Fallgruppen fernab des Delisting. Im Spruchverfahren kann es nicht zu einer Herabsetzung der Abfindung kommen.[890] So kommt etwa dem Hauptaktionär beim Squeeze-out keine Schutzwürdigkeit zu, da er selbst die Abfindung festgelegt hat.[891] Allgemein ist zu beachten, dass der Abfindungspflichtige bei der Berücksichtigung des Börsenkurses diesen als Mindestpreis anerkannt hat, sodass er an dieser Untergrenze festgehalten werden kann.[892] Gerade vor der verfassungsrechtlich gebotenen gleichzeitigen Berücksichtigung des quotalen Unternehmenswerts und des Deinvestitionswerts sollte der Börsenkurs grundsätzlich als Untergrenze beachtet werden.[893] Er stellt regelmäßig den Deinvestitionswert dar, sofern nicht die Ausnahmefälle der Marktenge sowie des fehlenden Handels oder Manipulation eingreifen.

Die vorherigen Gegenargumente der überhöhten Abfindung und der unsachgemäßen Rückzahlung streiten entschieden für die Auffassung, nach der bei einem über dem anteiligen Unternehmenswert nach Maßgabe einer fundamentalen Bewertung liegenden verstoßbedingt verzerrten Börsenkurs auf diesen abgestellt werden sollte. Auf diesem Wege wird keine Seite unverhältnismäßig belastet.

---

[885] Vgl. *Krug*, Der Rückzug von der Börse, S. 262 § 11.

[886] *Krug*, Der Rückzug von der Börse, S. 262 § 11.

[887] Beschlussempfehlung und Bericht, BT-Drs. 18/6220, S. 85. Ebenso wird bei Habersack/Mülbert/Schlitt/*Habersack*, Unternehmensfinanzierung am Kapitalmarkt, § 40 Rn. 40.27; *Krug*, Der Rückzug von der Börse, S. 261–262 § 11; *Sanders*, Anlegerschutz bei Delisting zwischen Kapitalmarkt- und Gesellschaftsrecht, S. 107 in diesem Kontext der Charakter des Börsenkurses als Untergrenze angeführt.

[888] *Krug*, Der Rückzug von der Börse, S. 262 § 11.

[889] *Krug*, Der Rückzug von der Börse, S. 262 § 11.

[890] BGH, Beschl. v. 29.09.2015 – II ZB 23/14 –, BGHZ 207, 114–135 Rn. 38 zum Squeeze-out; BGH, Urt. v. 18.10.2010 – II ZR 270/08 = NZG 2010, 1344, 1345 Rn. 12 zum § 320b AktG; Bürgers/Körber/Lieder/*Ruiz de Vargas*, Anh. § 305 AktG Rn. 7b, der im Kontext des § 305 AktG das Verbot einer *reformatio in peius* anführt; *Weimann*, Spruchverfahren nach Squeeze-out, S. 34 § 2 bzgl. eines Squeeze-outs; Emmerich/Habersack/*Emmerich*, SpruchG, § 11 SpruchG Rn. 2, 3 unter Nennung der §§ 304, 305 AktG.

[891] *Weimann*, Spruchverfahren nach Squeeze-out, S. 34 § 2.

[892] In diese Richtung bereits *Drukarczyk*, AG 1973, 357, 363.

[893] Siehe hierzu: § 1 B.I.1.c).

Dementsprechend ist besagter Ansatz den zuvor kritisierten Vorgehensweisen vorzuziehen. Es liegt nahe, so auch im Falle einer später festgestellten Marktenge vorzugehen. Schließlich ist auch hier eine Rückzahlung durch die Abfindungsberechtigten ebenso wie deren übermäßig hohe Abfindung zu vermeiden.

Angesichts der Vorzugswürdigkeit eines zugunsten der Abfindungsberechtigten verzerrten Börsenkurses stellt sich die Frage, ob der Anwendungsbereich der fundamentalen Unternehmensbewertung weiter verengt und bei kurserhöhenden Verstößen eine solche gar nicht erst durchgeführt werden sollte.

Dafür könnte angeführt werden, dass die abfindungsberechtigten Aktionäre bereits vom erhöhten Kurs profitieren und deshalb keinen weiteren Schutz benötigen.[894] Ferner streiten die verfahrensökonomischen Erwägungen des Regel-Ausnahme-Modells für eine Heranziehung des nach oben verzerrten Börsenkurses ohne zusätzliche Bewertung. So liegt diesem der Gedanke zugrunde, dass eine fundamentale Unternehmensbewertung mit einem erhöhten Kosten- und Zeitaufwand verbunden ist und nur im Ausnahmefall zum Einsatz kommen sollte. Da kurssteigernde Verstöße auf einen Börsenkurs hindeuten, der über einer alternativen Bewertung durch einen Sachverständigen liegt und der Abfindungspflichtige durch sein börsenkursbasiertes Angebot den Börsenkurs als Untergrenze anerkannt hat, erscheint dieses Vorgehen auf den ersten Blick sachgerecht. Eine zusätzliche fundamentale Unternehmensbewertung würde demzufolge einen unnötigen höheren Aufwand bedeuten und keinen Mehrwert für die Abfindungsberechtigten bieten.

Bei diesem Gedankengang wird aber missachtet, dass auch ein positiv beeinflusster Börsenkurs noch niedriger als der quotale Unternehmenswert sein kann. Eine alleinige Börsenkursorientierung würde sodann mit einer zu geringen Abfindung einhergehen. Dies könnte auf einem anderen kursmindernden Umstand oder auf einer späteren negativen Korrekturreaktion bezüglich des ursprünglich kurserhöhenden Verstoßes beruhen. Selbst wenn der konkrete Verstoß nur kurssteigernde Auswirkungen haben sollte, wäre eine Abfindungsbemessung an einem insgesamt zu niedrig bemessenen Börsenkurs nicht sachgerecht. Auch kann nicht immer mit voller Sicherheit festgestellt werden, ob sich ein Verstoß im Ergebnis positiv auf den Börsenkurs ausgewirkt hat. In der Praxis deuten zwar unterlassene oder verzögerte negative Ad-hoc-Mitteilungen[895], Verstöße anderer Personen als der des Emittenten und des Bieters[896], gezielte Kursbeeinflussungen durch Minderheitsgesellschafter[897] und unwahre positive Ad-hoc-Meldungen auf kurserhöhende Verstöße hin. Allerdings dürfte das Bekanntwerden derartiger Verstöße mit einer kurssenkenden Korrekturreaktion einhergehen. Dementsprechend muss ihre Ge-

[894] *Verse*, FS Baums (2017), S. 1317, 1328; vgl. *Kocher/Seiz*, DB 2016, 153, 155.

[895] Vgl. *Ilyevich*, Delisting – Parallele zum Übernahmerecht, S. 162; vgl. *Kocher/Seiz*, DB 2016, 153, 155; vgl. *Sanders*, Anlegerschutz bei Delisting zwischen Kapitalmarkt- und Gesellschaftsrecht, S. 106; vgl. *Verse*, FS Baums (2017), S. 1317, 1328.

[896] Vgl. *Krug*, Der Rückzug von der Börse, S. 259 Fn. 414 § 11.

[897] Vgl. *Burger*, NZG 2012, 281, 288.

samtauswirkung auf den für die Bewertung betrachteten Börsenkurs nicht notwendigerweise positiver Natur sein. Auch eine Untersuchung der Kursbewegung im Umfeld des Verstoßes ermöglicht keine gesicherte Aussage über dessen genaue Auswirkungen auf den Börsenkurs. So ist nur das Ergebnis der Preisbildung am Markt, nicht aber die Auswirkung der ihr zugrundeliegenden Faktoren ersichtlich.[898] Bei verstoßbedingten Kursentwicklungen wird auch eine Vielzahl weiterer Umstände mitschwingen. Es ist zu bezweifeln, dass eine exakte Differenzierung aller kursrelevanten Einflüsse und eine sichere Bestimmung der Auswirkung konkreter Verstöße gelingt. Darüber hinaus kommt auch hier das Problem nachträglicher Kursabfälle als Reaktion auf das Bekanntwerden des Verstoßes zum Tragen. Insgesamt wird dieses Vorgehen mit einer hohen Unsicherheit und einem gewissen Aufwand einhergehen. Ungeachtet dessen ist eine Bestimmung der Verzerrungsrichtung bei einer später festgestellten Marktenge nicht möglich. Angesichts der Unzulänglichkeiten bei der Bestimmung kurserhöhender Verstöße und der Gefahr dennoch bestehender Unterbewertungen am Markt sind die Abfindungsberechtigten nicht ausreichend geschützt, wenn lediglich auf einen vermeintlich positiv beeinflussten Börsenkurs abgestellt und von einer fundamentalen Unternehmensbewertung abgesehen wird. Zwecks einer angemessenen Abfindung empfiehlt es sich, im Falle von Verstößen, die eine Verfälschung des Börsenkurses nahelegen, ungeachtet der vermeintlichen Verzerrungsrichtung eine Unternehmensbewertung durch einen Sachverständigen durchzuführen. Der damit einhergehende erhöhte Aufwand sollte in Anbetracht der Tatsache hingenommen werden, dass eine Kompensation zum quotalen Unternehmenswert von zentraler Bedeutung ist und rein verfahrensökonomischen Argumenten überwiegt. Wie sich gezeigt hat, kann der Börsenkurs hierbei weiterhin als Untergrenze berücksichtigt werden.

Mithin sollte im Falle einer grundsätzlichen Alleinmaßgeblichkeit des Börsenkurses bei Verstößen gegen die Ad-hoc-Publizitätspflicht sowie das Manipulations- und Insiderhandelsverbot eine fundamentale Unternehmensbewertung zur Ermittlung des quotalen Unternehmenswerts durchgeführt werden. Dabei ist am Börsenkurs aber grundsätzlich als Untergrenze der Abfindung festzuhalten. Auf diese Weise sollte auch den Fällen einer später festgestellten Marktenge begegnet werden.

Ebenso ist bei den Auffangregelungen bezüglich der Verstöße zu verfahren. Schließlich legt auch die Vermutung eines kursbeeinflussenden Verstoßes eine fundamentale Unternehmensbewertung nahe. Ein vermeintlich verzerrter Börsenkurs, der über dem Ergebnis dieser Bewertung liegt, sollte aber erst recht als Mindestwert der Abfindung herangezogen werden.

Wie bereits angeklungen ist, besteht das Problem positiv wirkender Verstöße nicht bei einer anfänglichen fundamentalen Unternehmenswertung, da hierbei kein

---

[898] Vgl. *Schulte/Köller/Luksch*, WPg 2012, 380, 388, welche die hieraus folgende fehlende Nachvollziehbarkeit und Adjustierungsmöglichkeit dem Börsenkurs als Bewertungsgrundlage entgegenhalten.

nachträglicher Unterschiedsbetrag zwischen dem Börsenkurs und dem ermittelten Anteilswert zu zahlen ist.

Sofern man bei der Ermittlung des quotalen Unternehmenswerts im Rahmen der fundamentalen Bewertung auf den Börsenkurs zurückgreift, geschieht dies lediglich als indirekter Marktbezug bei der Bestimmung des Risikozuschlags oder der Plausibilisierung des Bewertungsergebnisses.[899] Auf diesem Wege fließt der Börsenkurs lediglich als Schätz- bzw. Richtwert in die Unternehmensbewertung ein und dient nicht als alleiniger Maßstab der Abfindungsbemessung. Dabei soll der Sachverständige den quotalen Unternehmenswert möglichst neutral und nachvollziehbar bestimmen, wohingegen verzerrte Börsenkurse das Bewertungsergebnis nur verfälschen würden. Dementsprechend sind verzerrte Börsenkurse bei einem indirekten Marktbezug innerhalb einer fundamentalen Unternehmensbewertung zur Ermittlung des quotalen Unternehmenswerts ungeachtet ihrer Verzerrungsrichtung nicht zu berücksichtigen.

Ungeachtet dessen ist auch dann, wenn man den quotalen Unternehmenswert von Anfang an anhand einer fundamentalen Unternehmensbewertung ermittelt, der Börsenkurs noch grundsätzlich als Deinvestitionswert zu berücksichtigen. So ist der Deinvestitionswert von Verfassungs wegen als Untergrenze der Abfindung zu gewährleisten, wobei er regelmäßig dem Börsenkurs entspricht. Lediglich in den Ausnahmefällen der Marktenge und des fehlenden Handels sowie der bereits bei der Veröffentlichung des Abfindungsangebots bekannten Manipulation durch Abfindungsberechtigte oder Dritte außerhalb der Sphäre des Abfindungspflichtigen kann der Börsenkurs nicht als Deinvestitionswert herangezogen werden. Sofern eine relevante Manipulation aber erst nach der Abfindungsangebotsveröffentlichung aufgedeckt wird, gilt das bereits Gesagte. Demnach ist der Börsenkurs trotz der Verzerrung als Untergrenze der Abfindung heranzuziehen. Schließlich hat ihn der Abfindungspflichtige als Mindestpreis anerkannt, wobei er gegen den Verstoßenden im Wege von Schadensersatzansprüchen vorgehen kann. Die abfindungsberechtigten Aktionäre, die den Kurs nicht manipuliert haben, sind hierbei keinen Rückzahlungsansprüchen ausgesetzt. Dies gilt auch für die seltenen Fälle einer nach der Veröffentlichung des Abfindungsangebots festgestellten Marktenge.

Letztlich ist festzuhalten, dass jedenfalls bei später festgestellten Verstößen gegen die Ad-hoc-Publizitätspflicht sowie die Verbote der Marktmanipulation und des Insiderhandels als auch im Falle einer später festgestellten Marktenge eine fundamentale Unternehmensbewertung durchzuführen ist. Hierbei ist der verzerrte Börsenkurs aber grundsätzlich als Untergrenze der Abfindung zu berücksichtigen.

---

[899] Umfassend hierzu: § 6 C. Zum indirekten Marktbezug siehe zudem bereits: § 1 C.I.

f) Ermittlung eines bereinigten Börsenkurses oder Abstellen auf fundamentale Unternehmensbewertung

Im Rahmen der Ermittlung des quotalen Unternehmenswerts stellt sich die Frage, ob der Börsenkurs bei Verstößen gegen die Ad-hoc-Publizitätspflicht sowie das Manipulations- und Insiderhandelsverbot gänzlich unberücksichtigt bleiben oder aber auf einen hypothetischen bereinigten Börsenkurs abgestellt werden sollte.[900]

Weder der Gesetzgeber noch die Rechtsprechung ziehen einen bereinigten Börsenkurs ausdrücklich in Betracht.[901] Demnach ist bei einer verstoßbedingt mangelnden Aussagekraft des Börsenkurses eine fundamentale Unternehmensbewertung durchzuführen.

Lediglich im Rahmen des novellierten Wertverwässerungsschutzes wählte der Gesetzgeber eine vorsichtigere Formulierung als beim Delisting. Nunmehr ist der Börsenkurs nach § 255 Abs. 5 S. 3 AktG im Falle einer Ad-hoc-Informationspflichtverletzung, einer Manipulation oder einer Marktenge „nicht allein maßgebend".[902] Dies legt nahe, dass Börsenkurse auch weiterhin in die Bewertung einbezogen werden können.[903] Hierbei könnte die Differenz zwischen dem verzerrten und einem bereinigten Börsenkurs ermittelt werden.[904]

Zum Teil findet sich etwa im Schrifttum der Ansatz, bei einer Kursverzerrung keine fundamentale Unternehmensbewertung durchzuführen, sondern stattdessen einen bereinigten Börsenkurs heranzuziehen.[905]

---

[900] Zur Behandlung nicht bewertungsgeeigneter Börsenkurse bei der Bestimmung des Deinvestitionswerts siehe: § 1 B.I.1.b)bb).

[901] Siehe etwa Beschlussempfehlung und Bericht, BT-Drs. 18/6220, S. 84–85 und BGH, Beschl. v. 12.01.2016 – II ZB 25/14 –, BGHZ 208, 265–278, Rn. 23, wonach bei einer unzureichenden Aussagekraft des Börsenkurses dieser nicht zur Ermittlung des Unternehmenswerts herangezogen werden kann und stattdessen auf eine (fundamentale) Unternehmensbewertung abzustellen ist. Siehe auch BGH, Beschl. v. 31.01.2024 – II ZB 5/22 = ZIP 2024, 1070, 1071 Rn. 26 sowie BGH, Beschl. v. 21.02.2023 – II ZB 12/21 –, BGHZ 236, 180–205, Rn. 20, wonach nicht auf den Börsenkurs zurückgegriffen werden kann, wenn im konkreten Fall nicht von einer effektiven Informationsbewertung durch die Marktteilnehmer ausgegangen werden kann.

[902] Koch/*Koch*, AktG, § 255 AktG Rn. 47; Schmidt/Lutter/*Bayer*, AktG, § 255 AktG Rn. 48; so bereits Gesetzentwurf, BT-Drs. 20/8292, S. 118.

[903] Koch/*Koch*, AktG, § 255 AktG Rn. 47; Schmidt/Lutter/*Bayer*, AktG, § 255 AktG Rn. 48.

[904] Koch/*Koch*, AktG, § 255 AktG Rn. 50, der diesem Vorgehen aber kritisch gegenübersteht; Schmidt/Lutter/*Bayer*, AktG, § 255 AktG Rn. 48.

[905] So etwa *Verse*, FS Baums (2017), S. 1317, 1329 zum Nachzahlungsanspruch beim Delisting. Im Ansatz bereits *Luttermann*, ZIP 1999, 45, 51, der von einer gezielten Bereinigung im Einzelfall bei einem übermäßig beeinflussten Kurs spricht, sowie *Weiler/Meyer*, NZG 2003, 669, 671, die eine Kursbereinigung bei Manipulationen in Betracht ziehen. Ferner wird die Frage bei *Burger*, Die Maßgeblichkeit von Börsekursen für die Bemessung der Barabfindung beim Gesellschafterausschluss, S. 106 und *Casper*, FS Köndgen (2016), S. 117, 143 hins. eines Squeeze-outs bzw. Delistings aufgeworfen, letztlich aber offen gelassen. Eine

Da es sich um eine für das Bewertungsergebnis bedeutsame Problematik handelt, bedarf es einer Stellungnahme.

Für einen bereinigten Börsenkurs kann ins Feld geführt werden, dass sich eine nachträgliche sachverständige Unternehmensbewertung als problematisch erweist.[906] Bei einer grundsätzlichen Alleinmaßgeblichkeit des Börsenkurses liegen keine vorbereitenden Unterlagen für eine fundamentale Bewertung vor, sodass der Sachverständige möglicherweise erst Jahre nach der Maßnahme berechnen muss, wie hoch der Unternehmenswert zum Maßnahmezeitpunkt mutmaßlich war.[907] Mögliche zwischenzeitliche Veränderungen des Unternehmens dürften die spätere Bewertung erschweren.[908] Angesichts der Kenntnis des Gutachters um spätere Entwicklungen nach der abfindungsrelevanten Maßnahme besteht zudem die Gefahr, dass seine Beurteilung der damaligen Prognosen unter einer *Hindsight Bias* leidet.[909] Auch bedeutet eine nachträgliche fundamentale Unternehmensbewertung einen höheren Zeit- und Kostenaufwand.[910] Jedoch lässt sich nicht mit Sicherheit behaupten, dass sich eine Kursbereinigung schneller und kostengünstiger als eine nachträgliche Unternehmensbewertung handhaben lässt.[911]

Diese Probleme stellen sich hingegen nicht, wenn von Anfang eine fundamentale Unternehmensbewertung durchgeführt wird und der Börsenkurs lediglich als Untergrenze dient und im Wege eines indirekten Marktbezugs Beachtung findet, soweit er aussagefähig ist. Allerdings werden der Unternehmensbewertung durch einen Sachverständigen grundsätzlich hohe Kosten, eine lange Verfahrensdauer und eine geringere Rechtssicherheit als Nachteile entgegengehalten.[912] Besagte Kritikpunkte erscheinen vor dem Hintergrund des vom grundrechtlich geschützten Eigentum erfassten Interesses der Abfindungspflichtigen an einer dem Unterneh-

Kursbereinigung beim Delisting ablehnend hingegen *Krug*, Der Rückzug von der Börse, S. 262–268 § 11.

[906] *Krug*, Der Rückzug von der Börse, S. 263 § 11; *Verse*, FS Baums (2017), S. 1317, 1329.

[907] *Drygala*, Die Neureglung des Delistings in: Gesellschaftsrecht in der Diskussion, 2015, S. 89; vgl. *Verse*, FS Baums (2017), S. 1317, 1329 Fn. 54.

[908] *Drygala*, Die Neureglung des Delistings in: Gesellschaftsrecht in der Diskussion, 2015, S. 89, laut dem diese Problematik „fast nicht lösbar" ist.

[909] *Drygala*, Die Neureglung des Delistings in: Gesellschaftsrecht in der Diskussion, 2015, S. 89–90.

[910] *Krug*, Der Rückzug von der Börse, S. 263 § 11; siehe auch *Drygala*, Die Neureglung des Delistings in: Gesellschaftsrecht in der Diskussion, 2015, S. 90 und *Mense/Klie*, DStR 2015, 2782, 2786 zur verlängerten Verfahrensdauer einer nachträglichen Unternehmensbewertung durch einen Sachverständigen beim Delisting.

[911] *Krug*, Der Rückzug von der Börse, S. 264 § 11.

[912] Vgl. *Schulte/Köller/Luksch*, WPg 2012, 380, 393 zur Ermittlung von Ertragswerten.

menswert entsprechenden Abfindung nicht sonderlich gravierend.[913] Vielmehr ist die Aussagekraft der Bewertungsmethode von Belang.

Weiterhin streitet für eine Heranziehung eines bereinigten Börsenkurses der Umstand, dass sich hierbei die unsichere Rückausnahme der unwesentlichen Kursauswirkung erübrigt.[914] So würde es bei diesem Vorgehen lediglich darauf ankommen, ob der bereinigte Kurs über der angebotenen Gegenleistung liegt.[915] Sofern man die Rückausnahme der Unwesentlichkeit aber wie hier vertreten ablehnt[916], hat dieses Argument keine Grundlage.

Andererseits ist der Heranziehung eines bereinigten Börsenkurses die mit der Bestimmung eines hypothetischen Kursverlaufs einhergehende Unsicherheit entgegenzuhalten.[917] So wird die aus der Kapitalmarktinformationshaftung stammende rückwärtige Induktion zur Berechnung des Differenzschadens angewendet.[918] Wie bereits erörtert ist ein solches Vorgehen mit einer nicht zu missachtenden Fehleranfälligkeit und Unsicherheit behaftet. Es hat sich gezeigt, dass nicht sicher nachgewiesen werden kann, ob und in welchem Ausmaß eine verstoßbedingte Kursbewegung stattgefunden hat.[919] Da der Preisbildungsprozess nicht genau nachvollzogen werden kann, ist es auch nicht möglich, den Börsenkurs dahingehend nachzubessern, um ihn zur Ermittlung des Unternehmenswerts heranziehen zu können.[920]

Im Kontext der Ermittlung des quotalen Unternehmenswerts zur Abfindungsbemessung fällt die Kritik an der rückwärtigen Induktion umso schwerer ins Gewicht. Sofern auf einen gewichteten Durchschnittskurs abgestellt wird[921], müsste etwa eine Bereinigung hinsichtlich aller gemäß § 22 Abs. 1 WpHG gemeldeten Geschäfte durchgeführt werden, womit nicht nur der Aufwand, sondern auch die mit der Bezifferung der Auswirkung von Verstößen einhergehende Unsicherheit

---

[913] Vgl. *Schulte/Köller/Luksch*, WPg 2012, 380, 393 in Bezug auf die Ertragswertmethode zur Ermittlung des Unternehmenswerts bei der Abfindung. Ausführlich zur Abwägung dieser Argumente bereits: § 5.

[914] *Krug*, Der Rückzug von der Börse, S. 263–264 § 11; *Verse*, FS Baums (2017), S. 1317, 1329 Fn. 55.

[915] *Verse*, FS Baums (2017), S. 1317, 1329 Fn. 55.

[916] Siehe hierzu: § 6 A.III.5.b)bb).

[917] *Krug*, Der Rückzug von der Börse, S. 264 § 11; vgl. Koch/*Koch*, AktG, § 255 AktG Rn. 50 zum § 255 Abs. 5 S. 3 AktG n. F.; dies gesteht auch *Verse*, FS Baums (2017), S. 1317, 1329 ein.

[918] *Krug*, Der Rückzug von der Börse, S. 264–265 § 11; vgl. im Ansatz *Verse*, FS Baums (2017), S. 1317, 1329. Zur rückwärtigen Induktion siehe bereits die Ausführungen im Kontext der Rückausnahme der Unwesentlichkeit unter: § 6 A.III.5.b)aa)(2).

[919] Siehe hierzu die Beweisführungsproblematik und die Kritik bei der Rückausnahme der unwesentlichen Auswirkung (§ 6 A.III.5.b)aa)(2), § 6 A.III.5.b)bb)) und die Ablehnung einer Rückausnahme bei fehlender Kausalität (§ 6 A.III.5.b)cc)).

[920] *Schulte/Köller/Luksch*, WPg 2012, 380, 388.

[921] Siehe zu diesem überwiegend und auch in dieser Arbeit angewandten Vorgehen: § 6 B. III.2.

deutlich erhöht wird.[922] Darüber hinaus würde bei der Zugrundelegung eines im Wege der rückwärtigen Induktion ermittelten bereinigten Kurses der Einfluss sog. Kollateralschäden auf die Abfindung missachtet.[923] Diese treten insofern auf, als beim Bekanntwerden eines Verstoßes gegen Art. 15 MAR bzw. Art. 17 MAR nebst der hierauf folgenden Korrektur des Marktes auch die Marktreaktion auf den Verstoß selbst und damit der Reputationsschaden des Emittenten mit eingepreist wird.[924] Bei einem Schadensersatzanspruch im Rahmen der Kapitalmarkthaftung hat regelmäßig eine Kursbeeinflussung nach oben stattgefunden, weshalb überwiegend vertreten wird, dass der Emittent den Kollateralschaden zu tragen habe.[925] Im Vorfeld abfindungsverpflichtender Maßnahmen hingegen wird aber regelmäßig eine kurssenkende Beeinflussung stattfinden.[926] Kann in diesen Fällen nicht zwischen der erfolgten Kurskorrektur und den Kollateralschäden differenziert werden, würde der bereinigte Börsenkurs letztere weiterhin enthalten und niedriger ausfallen.[927] Somit besteht die Gefahr einer zu geringen Abfindungshöhe. Gerade beim Delisting kommt hinzu, dass es aufgrund des Börsenrückzugs oftmals an einer Korrekturreaktion an der Börse mangelt, die für eine rückwärtige Induktion erforderlich ist.[928] In diesen Fällen ist eine Ermittlung des bereinigten Börsenkurses mittels rückwärtiger Induktion nicht möglich.[929] Folglich kann ein aussagefähiger bereinigter Börsenkurs, der sich zur Abfindungsbemessung eignet, nicht sicher ermittelt werden.

Ohnehin sollte der Ermittlung hypothetischer Kurse mit Vorsicht begegnet werden. Wenn schon die Aussagekraft tatsächlich vorhandener Börsenkurse angesichts naheliegender irrationaler Verzerrungen[930], Informationsasymmetrien[931] und des lückenhaften Schutzes der Ausnahmefälle mitsamt der Gefahr unerkannter Fehlbewertungen fragwürdig erscheint, so gilt dies erst recht für hieran anknüpfende rein fiktive Kurse.

Vor dem Hintergrund der zweifelhaften Aussagekraft eines hypothetischen bereinigten Kurses erscheint eine fundamentale Unternehmensbewertung gegenüber einem bereinigten Börsenkurs vorzugswürdig. Zwar mag sie insbesondere bei einer nachträglichen Durchführung nicht frei von Problemen sein. In Anbetracht der mit einer Kursbereinigung verbundenen Unsicherheit dürfte eine fundamentale Unter-

---

[922] *Krug*, Der Rückzug von der Börse, S. 265–266 § 11.

[923] Vgl. *Krug*, Der Rückzug von der Börse, S. 266 § 11.

[924] *Krug*, Der Rückzug von der Börse, S. 266 § 11.

[925] *Krug*, Der Rückzug von der Börse, S. 266 § 11.

[926] Vgl. *Krug*, Der Rückzug von der Börse, S. 266 § 11 zum Delisting, wobei diese Erwägung auch für sämtliche andere relevante Fallgruppen gelten sollte.

[927] *Krug*, Der Rückzug von der Börse, S. 266–267 § 11.

[928] *Krug*, Der Rückzug von der Börse, S. 265 § 11.

[929] *Krug*, Der Rückzug von der Börse, S. 265 § 11.

[930] Siehe: § 2.

[931] Siehe: § 4.

nehmensbewertung, die wenigstens an konkrete Parameter geknüpft ist, aber die geeignetere Methode darstellen.[932] Auch aus Anlegerschutzgesichtspunkten empfiehlt sich das rechtssicherste Vorgehen.[933]

Mithin sollte keine Anpassung des Börsenkurses über einen hypothetischen bereinigten Kurs bei Verstößen gegen die Ad-hoc-Publizitätspflicht sowie das Manipulations- und Insiderhandelsverbot vollzogen werden. Stattdessen ist auf eine fundamentale Unternehmensbewertung abzustellen.

Auch von einem indirekten Marktbezug sollte im Falle der genannten Verstöße abgesehen werden. Hier kommt ebenso zum Tragen, dass die Ermittlung eines bereinigten Börsenkurses keine sicheren aussagefähigen Resultate liefert. Der zusätzliche Aufwand einer Kursbereinigung käme ohne einen Mehrwert einher. Vielmehr besteht die Gefahr, dass das Ergebnis der fundamentalen Unternehmensbewertung verfälscht werden könnte, wenn teilweise auf hypothetische bereinigte Börsenkurse rekurriert würde.

Dies gilt ebenso für die Vermutung kursverfälschender Verstöße im Rahmen der Auffangregelungen. Zwar stützen sich diese teilweise auf hypothetische Kursentwicklungen.[934] In Anbetracht der Unsicherheit rein hypothetischer Kurse gereichen sie aber nur als Indikator eines nicht aussagefähigen tatsächlich vorliegenden Börsenkurses und nicht als Maßstab für die Unternehmensbewertung selbst.

Ebenfalls ist die in Teilen der Literatur anklingende Erwägung, auf einen bereinigten Börsenkurs als Untergrenze neben dem Ergebnis einer fundamentalen Unternehmensbewertung abzustellen[935], zurückzuweisen. Schließlich steht die zweifelhafte Aussagekraft hypothetischer Kurse mitsamt der Ungenauigkeit und des Aufwands ihrer Ermittlung auch einer sachgerechten Bestimmung des Deinvestitionswerts im Wege. Da beim Deinvestitionswert ohnehin schon die hypothetische Veräußerungsmöglichkeit ins Auge gefasst wird, würde eine zusätzliche Kursbereinigung mit einer Häufung hypothetischer Aspekte und einer erhöhten Unsicherheit einhergehen. Gerade eine Börsenkursbeeinflussung durch die Minderheitsaktionäre dürfte oftmals schwer von den Einflüssen der unternehmensspezifischen Entwicklung auf den Aktienkurs zu unterscheiden und damit kaum nachvollziehbar sein.[936] Somit erweist sich die sichere Ermittlung eines bereinigten Börsenkurses zur

---

932 *Krug*, Der Rückzug von der Börse, S. 267–268 § 11.

933 *Krug*, Der Rückzug von der Börse, S. 267–268 § 11.

934 Siehe etwa *Berninger/Kiesel/Schiereck*, BKR 2018, 408, 408 zur *Forensic Finance.*

935 So werfen etwa *Casper*, FS Köndgen (2016), S. 117, 143 und *Verse*, FS Baums (2017), S. 1317, 1329–1330 diesen Gedanken auf, ohne sich eindeutig zu positionieren, wohingegen *Krug*, Der Rückzug von der Börse, S. 262–263, 268 § 11 den Ansatz erwähnt und später ablehnt. Auch wird von Marsch-Barner/Schäfer/*Gehling*, HdB börsennotierte AG, § 13 Rn. 13.95, der einen kapitalmarktorientierten Ansatz beim Deinvestitionswert verfolgt, in Erwägung gezogen, einen korrigierten Börsenkurs als Verkehrswert heranzuziehen, sofern er sich sicher um die verzerrenden Einflüsse bereinigen lässt.

936 Vgl. *Burger*, NZG 2012, 281, 288.

Darstellung des Deinvestitionswerts als Sache der Unmöglichkeit. Dabei konterkariert die Ablehnung einer Kursbereinigung beim Deinvestitionswert auch keine Anlegerschutzgesichtspunkte. Unter Umständen können alternative Methoden zur Bestimmung des Deinvestitionswert zum Einsatz kommen, sodass dieser weiterhin bei der Abfindung berücksichtigt werden und im Falle eines niedrigeren quotalen Unternehmenswerts als Untergrenze greifen dürfte.[937] Ohnehin wird der verzerrte Börsenkurs bei erst nach der Veröffentlichung des Abfindungsangebots aufgedeckten Verstößen oder einer später entdeckten Marktenge noch als Untergrenze der Abfindung herhalten.[938]

6. Kurs- und Marktverzerrungen

Die weiteren von der Rechtsprechung entwickelten Fälle einer Nichtberücksichtigung des Börsenkurses lassen sich unter dem Oberbegriff der Kurs- und Marktverzerrungen einordnen. Hierbei handelt es sich um Fälle, in denen der Börsenkurs nicht den wahren Unternehmenswert darstellt, ohne dass ein nachweisbarer Fall unzureichender Liquidität oder des Verstoßes gegen das Manipulations- oder Insiderhandelsverbots oder Informationspflichten besteht. In Anbetracht der Tatsache, dass die Preisbildung oftmals einem irrationalen Verhalten der Marktteilnehmer geschuldet sein dürfte[939] und eine Fehlbewertung auch außerhalb der bereits erörterten Nichtberücksichtigungsfälle auftreten kann[940], erscheint eine derartige Herausnahme des Börsenkurses als notwendig. Dementsprechend sollten diese Fälle auch auf das Delisting und den § 255 AktG Anwendung finden, obwohl der Gesetzgeber keine dahingehende Regelung explizit vorgesehen hat.

Fraglich ist jedoch, ob und unter welchen Voraussetzungen die einzelnen Unterfälle einer Kurs- und Marktverzerrung herangezogen werden sollten. Das Fehlen einer einheitlichen Rechtsprechung und einer eindeutigen gesetzlichen Regelung wirft eine erhebliche Rechtsunsicherheit auf. Unter diesen Aspekten sind die verschiedenen Ansatzpunkte der Rechtsprechung aufzugliedern, zu bewerten, notfalls zu modifizieren und in einem Gesamtkonstrukt kataloghaft zusammenzuführen.

a) Schlechte Marktverfassung

Das BVerfG entschied 1999, dass Gerichte im Falle einer schlechten Marktverfassung bei einer Abfindung in Aktien hinsichtlich der herrschenden Gesellschaft bzw. Hauptgesellschaft einen höheren Wert als den Börsenkurs ansetzen können.[941]

---

[937] Siehe hierzu: § 1 B.I.1.b)bb).

[938] Siehe die hierzu vertretene Auffassung unter: § 6 A.III.5.e).

[939] Siehe hierzu: § 2 C.III.

[940] Siehe hierzu die jeweilige Kritik hinsichtlich des Anlegerschutzes bei den einzelnen Nichtberücksichtigungsfällen unter: § 6 A.III.1.d); § 6 A.III.2.d); § 6 A.III.3.h); § 6 A.III.4.d).

[941] BVerfG, Beschl. v. 27.04.1999 – 1 BvR 1613/94 – BVerfGE 100, 289–313, Rn. 70.

Dem schloss sich 2001 der BGH an, wobei er dies insoweit konkretisierte, dass sich dieser Umstand sowohl auf Unternehmensebene als auch in den Kursen der Indizes niedergeschlagen haben sollte.[942] Erwähnenswert ist hierbei, dass der BGH andere Anforderungen als an den Börsenkurs der Untergesellschaft stellt.[943] Auch wird im Schrifttum teilweise angeführt, dem Börsenkurs in Krisenzeiten bei allgemeinen negativen konjunkturellen Bedingungen seine Aussagekraft abzusprechen.[944] Weiterhin nennen Literaturstimmen Störungen des Marktes aufgrund eines Kriegsausbruchs oder einer Währungskrise[945] wie auch Verwerfungen durch externe Schocks[946] als Gründe für die Ablehnung einer Börsenkursorientierung

Sofern der Börsenkurs den quotalen Unternehmenswert widerspiegeln soll, erweist sich dieser Aspekt als sinnvoll. Schließlich bestehen bei einer schlechten Marktverfassung Zweifel daran, ob die Kurse auf Basis einer zutreffenden Einschätzung der Lage und Entwicklung des Unternehmens durch die Marktteilnehmer zustande kommen. Vielmehr dürften exogene Faktoren und psychologisch bedingte Überreaktionen Eingang in die Preisbildung finden.[947] In Krisen unterliegen Börsenkurse teils erheblichen Schwankungen.[948] Die Kritik der *Behavioral Finance* an einer aussagefähigen Bewertung durch den Markt fällt hierbei umso schwerer ins Gewicht. So wird das Verhalten der Marktteilnehmer oftmals von Panik und Unsi-

---

[942] BGH, Beschl. v. 12.03.2001 – II ZB 15/00 –, BGHZ 147, 108–125, Rn. 32.

[943] *Adolff*, Unternehmensbewertung im Recht der börsennotierten Aktiengesellschaft, S. 455–456.

[944] Becker/Heyder/Paudtke/*Becker*, WStFG, § 5 WStBG Rn. 17, der dies im Rahmen des § 255 Abs. 2 AktG jedenfalls bei bestands- oder insolvenzgefährdenden Unternehmen nahelegt; *Kastl*, Der Rückzug kapitalmarktfähiger Unternehmen von der Börse, S. 324, 331 § 6 bzgl. eines Delistings; Sagasser/Bula/Brünger/*Bula/Pernegger*, Umwandlungen, 4. Aufl. 2011, § 15 Rn. 25, die diesen Aspekt nebst möglichen Verzerrungen durch Spekulationen und eine Marktenge gegen eine Bewertung anhand des Börsenkurses bei Verschmelzungen anführen. Letzteres Werk erwähnt in seinen nachfolgenden Auflagen konjunkturelle Begebenheiten jedoch nicht mehr als Gegenargument zur Berücksichtigung des Börsenkurses, siehe Sagasser/Bula/Brünger/*Bula/Thees*, Umwandlungen, 6. Aufl. 2024, § 15 Rn. 15; Sagasser/Bula/Brünger/*Bula/Thees*, Umwandlungen, 5. Aufl. 2017, § 15 Rn. 25. Die Berücksichtigung des Börsenkurses beim Delisting im Falle eines ungünstigen Börsenumfelds kritisierend *Bayer*, NZG 2015, 1169, 1175.

[945] GK-AktG/*Hirte/Hasselbach*, § 305 AktG Rn. 139; Hüffer/Koch/*Koch*, AktG, § 305 AktG Rn. 45; in Bezug auf die österreichische Rechtslage unter Hinweis auf die deutsche Literatur auch MüKo-AktG/*Kalss*, § 2 GesAusG Rn. 14; siehe zudem noch Emmerich/Habersack/*Emmerich*, AktG, 6. Aufl. 2010, § 305 AktG Rn. 47a, wobei ab der 7. Auflage 2013 dieser Gesichtspunkt nicht mehr genannt wird, womit davon auszugehen ist, dass diese Auffassung nicht mehr vom Bearbeiter vertreten wird.

[946] *Florstedt*, NZG 2024, 179, 181 Rn. 9; Schmidt/Lutter/*Bayer*, AktG, § 255 AktG Rn. 49, 50.

[947] Zu den psychologischen Verzerrungen im Kontext von Krisensituationen wie etwa der Coronapandemie, des Ukrainekriegs sowie Finanzmarktkrisen und Crashs siehe § 2 C.III. Siehe auch *Thees/Grimmer*, BB 2020, 1259, 1259, die nebst psychologischen Einflüssen auch kurzfristige Liquiditätsbedürfnisse als preissenkende Faktoren in Krisensituationen nennen.

[948] *Thees/Grimmer*, BB 2020, 1259, 1259.

cherheit geprägt sein. Darüber hinaus besteht vor allem in Krisenzeiten die Gefahr eines missbräuchlichen Ausnutzens von Unterbewertungen an der Börse. Gerade bei einem wertvollen Unternehmen, dessen Aktien uneingeschränkt gehandelt werden, würde eine rein marktorientierte Abfindung bei einem krisenbedingt ungünstigen Börsenumfeld zu einer unterhalb des wahren Unternehmenswerts liegenden Kompensation führen.[949] Mit Blick auf das Insolvenzrecht zeigen das SanInsKG bzw-. das frühere COVInsAG zur Entlastung von Unternehmen während der Coronapandemie[950] sowie die gesetzlichen Sonderregelungen bei Naturkatastrophen[951] eine Krisengesetzgebung auf. Demnach sollten in einer Krise den besonderen wirtschaftlichen Umständen entsprechend zum Teil andere Normen gelten als im Normalzustand. Es liegt nahe, diesen Gedanken auch auf den Kapitalmarkt zu übertragen.

Da eine schlechte Marktverfassung und eine Krise nicht grundlos unterstellt werden dürfen, sollten seriöse Veröffentlichungen von Finanzanalysten oder Wirtschaftswissenschaftlern gefordert werden, die hierauf hindeuten.

Allerdings müssen Kursabfälle nicht zwingend Fehlbewertungen am Markt geschuldet sein. Sie könnten auch auf tatsächlichen Fundamentaldaten beruhen.[952] Schließlich kann ein Unternehmen in Krisenzeiten wirtschaftliche Rückschläge verzeichnen, was wiederum dessen Börsenkurs abbilden dürfte. Eine Differenzierung geht mit Beweisschwierigkeiten und einer gewissen Rechtsunsicherheit einher.[953] Dies legt nahe, allenfalls bei offensichtlichen Anzeichen für eine grobe Fehleinschätzung von einer Börsenkurorientierung abzusehen.[954] Nicht zu vernachlässigen ist jedoch, dass es gerade in Krisenzeiten zu psychologisch bedingten Verzerrungen und ausnutzbaren Unterbewertungen kommen kann. Die Gefahr einer ohnehin schon naheliegenden Fehlbewertung ist hierbei besonders ausgeprägt. Dementsprechend empfiehlt es sich, trotz der damit verbundenen Unsicherheiten eine Ausnahme von der Orientierung am Börsenkurs in Zeiten einer Krise und einer schlechten Marktverfassung vorzusehen. Zwecks einer Abgrenzung von fundamentalwertbasierten Kursentwicklungen müsste man aber weitere Anhaltspunkte

---

[949] *Bayer*, NZG 2015, 1169, 1175; *Kastl*, Der Rückzug kapitalmarktfähiger Unternehmen von der Börse, S. 323–324 § 6.

[950] Uhlenbruck/*Hirte*, Abmilderungsgesetz, I. Überblick über das Gesetz Rn. 8.

[951] Uhlenbruck/*Hirte*, Abmilderungsgesetz, I. Überblick über das Gesetz Rn. 14.

[952] *Kallweit*, Die angemessene Abfindung beim übernahmerechtlichen Squeeze-out, S. 237 § 5.

[953] Vgl. *Kallweit*, Die angemessene Abfindung beim übernahmerechtlichen Squeeze-out, S. 237 § 5.

[954] *Kallweit*, Die angemessene Abfindung beim übernahmerechtlichen Squeeze-out, S. 237 § 5. Dem von *Kallweit* sodann gegen derartige grobe Fehleinschätzungen angeführten Arbitrageargument sind die vorangegangenen Ausführungen zur limitierten Arbitrage entgegenzuhalten (siehe: § 2 C.II.).

für eine Fehlbewertung durch den Markt verlangen.[955] Auch sollte in Anschluss an den BGH gefordert werden, dass sich die schlechte Marktverfassung nicht nur im Börsenkurs des Unternehmens, sondern auch in den Indizes bemerkbar macht. Dies legt nahe, dass die Preisbildung eher von der Marktstimmung als von Fundamentaldaten geprägt ist.

Diese Erwägungen sollten gleichsam für Barabfindungen wie auch Abfindungen in Aktien gelten. In letzteren Fällen liegt es nahe, entgegen dem BGH auch beim beherrschten Unternehmen diesen Nichtberücksichtigungsfall greifen zu lassen.[956] Schließlich lassen eine schlechte Marktverfassung und Krisen Zweifel an der Aussagekraft sämtlicher Börsenkurse aufkommen.

Angesichts der erheblichen Kursschwankungen innerhalb der Coronakrise[957] liegt es nahe, auch diese zu den aufgeführten Fällen der krisenbedingt schlechten Marktverfassung zu zählen.[958] Gerade die Auswirkungen des neuen Coronavirus offenbaren, dass Börsenkurse eher krisenbedingten Schwankungen als fundamentalanalytisch berechnete Unternehmenswerte unterliegen.[959] So zeigt der vielfach kritisierte Börsenruckzug der *Rocket Internet SE* während der COVID-19-Pandemie, dass die pandemiebedingten Kursabfälle zu einer niedrigen Gegenleistung zulasten der Minderheitsaktionäre führen und eine alleinige Orientierung am Börsenkurs nicht angemessen erscheint.[960] Auch bezeugt die zuvor bereits erwähnte

---

[955] Siehe hierzu die auf Basis der *Hoechst*-Entscheidung erarbeiteten Anhaltspunkte: § 6 A. III.6.d). Siehe zudem *Kallweit*, Die angemessene Abfindung beim übernahmerechtlichen Squeeze-out, S. 237 § 5, der auf eine Untersuchung nach Maßgabe der *Behavioral Finance* hinweist, wobei besagter Aspekt in dieser Arbeit als eigenständiger Unterfall der Kurs- und Marktverzerrung behandelt wird (siehe: § 6 A.III.6.i)).

[956] Zur Behandlung der Konstellation einer Abfindung in Aktien und zur Kritik an den asymmetrischen Methodenvorgaben der Rechtsprechung siehe: § 1.

[957] Siehe (§ 2 C.III.1.c)aa)) zur übermäßigen Volatilität im Rahmen der Pandemie und *Thees/Grimmer*, BB 2020, 1259, 1259 zu dieser Problematik in Bezug auf Unternehmensbewertungen.

[958] In diese Richtung auch Becker/Heyder/Paudtke/*Becker*, WStFG, § 5 WStBG Rn. 17 bzgl. des § 255 Abs. 2 AktG a.F.

[959] *Thees/Grimmer*, BB 2020, 1259, 1259, 1261.

[960] Siehe *Hasselbach/Stepper*, BB 2021, 771, 772–773, die zudem auf kritische Pressestimmen verweisen und eine Erweiterung Ausnahmefälle beim Delisting um den Fall der offensichtlichen Unterbewertung der Aktie vorschlagen. Vor diesem Hintergrund plädiert auch *Koch*, AG 2021, 249, 249–250 Rn. 1–2, 258–259 Rn. 57 für eine Ausnahme von der Börsenkursorientierung, wobei er die Ausnahmefälle des § 39 Abs. 3 S. 3, 4 BörsG als nicht abschließend erachtet. Zum Reformbedarf des Delistings vor dem Hintergrund der *Causae Rocket Internet* und *Centrotec* mitsamt der dort stattgefundenen Ausnutzung niedriger Börsenkurse auch *Redenius-Hövermann*, ZIP 2021, 485, 488–490, 493–494. Auf die weit unterhalb des wahren Wertes liegende Gegenleistung beim Delisting der *Rocket Internet SE* und die Auffassungen von *Koch* und *Redenius-Hövermann* hinweisend *Bachmann*, NZG 2021, 609, 609–610. Diese Problematik beim Delisting auf den § 255 Abs. 5 AktG übertragend *Florstedt*, NZG 2024, 179, 181 Rn. 9; Schmidt/Lutter/*Bayer*, AktG, § 255 AktG Rn. 49, 50, die in diesem Kontext auch von Manipulationen des Mehrheitsaktionärs zulasten der Minderheit unterhalb der MAR-Grenzen sprechen.

insolvenzrechtliche Krisengesetzgebung, dass im Rahmen einer solchen Pandemie besondere wirtschaftliche Umstände vorherrschen, die einer vom Normalfall abweichenden Regelung bedürfen. Zwar wird vereinzelt vertreten, dass die kapitalmarktrechtliche Lösung des Delisting nicht während der Pandemie versagt habe.[961] Hierfür werden die Börsenkurse der *Rocket Internet SE* und der *Centrotec SE* angeführt, die zwischenzeitlich schon vor der Pandemie und dem Delisting der Unternehmen unter dem Angebotspreis lagen.[962] Dies würde vielmehr auf die allgemeine Volatilität mitsamt zeitweise günstiger bzw. ungünstiger Bewertungsphasen als auf ein Versagen der kapitalmarktrechtlichen Lösung zur Pandemiezeit hindeuten.[963] Zudem solle die Tatsache, dass im Rahmen der Coronakrise kein Delistingansturm stattgefunden hat, für die kapitalmarktrechtliche Lösung während der Pandemie streiten.[964] Diese Überlegung spricht aber vielmehr dafür, dass die kapitalmarktrechtliche Lösung von Anfang an zum Scheitern verurteilt ist. Wenn Kursverläufe bereits ohne die Pandemie hoch volatil sind, deutet dies auf eine unzureichende Kapitalmarkteffizienz und mögliche Verzerrungen hin. Eine zeitweise niedrige Marktbewertung ermöglicht dem Abfindungspflichtigen, einen für ihn günstigen Zeitrahmens gezielt zulasten der Abfindungsberechtigten auszunutzen. Besagte Kritikpunkte an der Börsenkursorientierung sollten demnach grundsätzlich und nicht nur im Kontext der COVID-19-Pandemie einschlägig sein. Diese Annahme stimmt mit den gesammelten Erkenntnissen zur irrationalen Kursbildung sowie der Macht- und Informationsasymmetrie überein. In Anbetracht der mit dem Virus einhergehenden übermäßigen Volatilität und der Kurseinbrüche sowie der nachvollziehbaren psychologischen Erklärungen hierfür[965] liegt eine Abweichung des Börsenkurses vom quotalen Unternehmenswert aber insbesondere in dieser Krise nahe. Auch bedeutet der bloße Umstand, dass während der Pandemie kein Anstieg von Delistingverfahren stattgefunden hat, nicht notwendigerweise eine Funktionalität der kapitalmarktrechtlichen Lösung. Schließlich könnte man hieraus auch schlussfolgern, dass bereits ohne die Pandemie ein Ausnutzungspotenzial bestand und die in Gesamtbetrachtung eher absinkenden Kurse zu Krisenzeiten zumindest theoretisch die Gefahr eines Ausnutzens der kapitalmarktrechtlichen Lösung für möglichst niedrige Abfindungen verstärken.

Ebenso sollte der Ukrainekrieg als eine Krise gesehen werden, die zu einer schlechten Marktverfassung führt. Wie auch bei der Covid-19-Pandemie widersprechen die im Rahmen dieses Konflikts vollzogenen Kursentwicklungen nach-

---

[961] So *Fromholzer*, Aktuelle Fragen und Beobachtungen zum Delisting, in: Öffentliche Unternehmensübernahmen, 2022, S. 237–239.

[962] *Fromholzer*, Aktuelle Fragen und Beobachtungen zum Delisting, in: Öffentliche Unternehmensübernahmen, 2022, S. 237–239.

[963] *Fromholzer*, Aktuelle Fragen und Beobachtungen zum Delisting, in: Öffentliche Unternehmensübernahmen, 2022, S. 239.

[964] *Fromholzer*, Aktuelle Fragen und Beobachtungen zum Delisting, in: Öffentliche Unternehmensübernahmen, 2022, S. 237.

[965] Siehe hierzu: § 2 C.III.1.c)aa).

weislich der Effizienzmarkthypothese.[966] In beiden Fällen liegen irrationale Verhaltensweisen und Herdeneffekte nahe[967], wobei auch eine erhöhte Volatilität vorherrscht[968]. Derart verzerrte Börsenkurse eignen sich nicht mehr zur Ermittlung des quotalen Unternehmenswerts.

Anders hingegen ist die Konstellation zu beurteilen, in welcher der Börsenkurs dem Deinvestitionswert entsprechen soll und als Untergrenze der Abfindung herangezogen wird. Nach dem hier vertretenen Ansatz kommt es hierbei lediglich auf die hypothetische Veräußerungsmöglichkeit zum Börsenkurs an. Sonach ist es nicht von Bedeutung, ob dieser Kurs den wahren Unternehmenswert richtig wiedergibt oder etwaigen Verzerrungen unterliegt. Sofern eine Veräußerung auch bei schlechten Marktverhältnissen möglich gewesen wäre, sollte der Börsenkurs weiterhin als Deinvestitionswert berücksichtigt werden.[969] In solchen Fällen kann die Aktie immer noch als eigenständiges Handelsobjekt genutzt werden. Sofern es zu einer krisenbedingten Unterbewertung durch den Markt kommt, sollte dieser Wert zumindest noch als Untergrenze der Abfindung herhalten. Mit Krisenlagen einhergehende Illiquiditätsprobleme werden bereits von den Nichtberücksichtigungsfällen der Marktenge und des fehlenden Handels erfasst.[970] Mithin ist der Ausnahmefall der schlechten Marktverfassung nicht auf den als Deinvestitionswert dienenden Börsenkurs anzuwenden.

b) Fehlbewertung der Branche des Unternehmens

Als Beispiel für Abweichungen des Börsenkurses vom wahren Unternehmenswert wurde von Teilen der Rechtsprechung eine zu beobachtende Unterbewertung von Unternehmen der sog. „*Old Economy*“ genannt.[971] Besagte Unternehmen hatten

---

[966] *Gaio/Stefanelli/Pimenta Júnior/Bonacim/Gatsios*, Finance Research Letters, 2022, Vol. 50, Art. 103302, S. 1, 5–7, die anhand der MF-DFA-Methode die Markteffizienz von Börsenindices der USA, des Vereinigten Königreichs, Deutschlands, Frankreichs, Italiens und Spaniens analysieren.

[967] *Gaio/Stefanelli/Pimenta Júnior/Bonacim/Gatsios*, Finance Research Letters, 2022, Vol. 50, Art. 103302, S. 7.

[968] *Gaio/Stefanelli/Pimenta Júnior/Bonacim/Gatsios*, Finance Research Letters, 2022, Vol. 50, Art. 103302, S. 3.

[969] Anders hingegen MüKo-AktG/*Kalss*, § 2 GesAusG Rn. 14 und wohl auch GK-AktG/*Hirte/Hasselbach*, § 305 AktG Rn. 137–139, 153, die hierbei eine Abweichung des Börsenkurses vom Verkehrswert annehmen und von einem Unterschreiten des Börsenkurses sprechen.

[970] Siehe hierzu: § 6 A.III.1.

[971] OLG Düsseldorf, Beschl. v. 31.01.2003 – 19 W 9/00 AktE = NZG 2003, 588, 591; vgl. OLG Stuttgart, Beschl. v. 06.07.2007 – 20 W 5/06 = AG 2007, 705, 708, welches die Zugehörigkeit zur *Old Economy* als Grund für eine Unterbewertung an der Börse anführt, hieraus aber nicht zwingend auf eine Ablehnung des Börsenkurses zur Unternehmensbewertung schließt. Zur Charakterisierung der *Old Economy*, welche begrifflich vor allem die traditionelle Wirtschaft und die klassische Industrie beschreibt, siehe: *Neuburger*, Gegenwartskunde 2001, 319, 319–320.

trotz eines hohen Ertragswerts keinen entsprechend hohen Börsenkurs.[972] Umgekehrt wurde eine Überbewertung von Unternehmen, die der sog. „*New Economy*“ zugeordnet werden, gegen den Börsenkurs angeführt.[973] Tatsächlich war zur Jahrtausendwende eine schwerwiegende Überbewertung der „*New Economy*“ zu beobachten.[974]

In den beschriebenen Konstellationen ist die Aussagekraft des Börsenkurses hinsichtlich des quotalen Unternehmenswerts zu bezweifeln. Eine dahingehende Nichtberücksichtigung sollte sich auf sämtliche Branchen erstrecken, die von Fehlbewertungen am Markt betroffen sind. Sofern die Branche eines Unternehmens und damit das Unternehmen selbst ungeachtet fundamentaler Daten unter- oder überbewertet wird, dürfte der Börsenkurs vom tatsächlichen Unternehmenswert abweichen. Gerade in der Problematik der Überbewertung in Gestalt von Spekulationsblasen offenbart sich die der Effizienzmarkthypothese widersprechende Irrationalität der Marktteilnehmer.[975] Denklogisch kann ein hiervon geprägter Börsenkurs nicht den quotalen Unternehmenswert abbilden. Eine Unterbewertung von Unternehmen mit hohen Ertragswerten hingegen würde im Falle einer Alleinmaßgeblichkeit des Börsenkurses eine zu niedrige Abfindung bedeuten, bei welcher der quotale Unternehmenswert keine sachgerechte Berücksichtigung finden würde.

Eine derartige Abkehr von der Berücksichtigung des Börsenkurses kommt aber erst dann in Betracht, wenn in seriösen Veröffentlichungen von Finanzanalysten oder Wirtschaftswissenschaftlern von einer möglichen Fehlbewertung der Branche des zu bewertenden Unternehmens die Rede ist. Zudem bedarf dieser Nichtberücksichtigungsfall weiterer Differenzierungen. So ist zu beachten, dass einer bestimmten Branche keine grundsätzliche jederzeitige Fehlbewertung unterstellt werden kann.[976] Selbst wenn eine Branche unter einer unzutreffenden Bewertung durch den Markt leidet, bedeutet dies nicht zwangsläufig, dass auch das konkrete Unternehmen über- oder unterbewertet sein muss. Angesichts dessen sollte zusätzlich eine einzelfallorientierte Analyse auf Basis nachvollziehbarer Anhaltspunkte

---

[972] OLG Düsseldorf, Beschl. v. 31.01.2003 – 19 W 9/00 AktE = NZG 2003, 588, 591; vgl. *Piltz*, ZGR 2001, 185, 194, der auf besagte Problematik hinweist, vor diesem Hintergrund aber gerade nicht den Börsenkurs als Bewertungsmaßstab ablehnen will.

[973] OLG Düsseldorf, Beschl. v. 31.01.2003 – 19 W 9/00 AktE = NZG 2003, 588, 591. Zu den Charakteristika und der Entwicklung der *New Economy*, die auf den informations- sowie kommunikationstechnischen Durchbrüchen der letzten Jahrzehnte und insb. der Etablierung des Internets aufbaut und von der Digitalisierung geprägt ist, siehe: *Neuburger*, Gegenwartskunde 2001, 319, 320–322.

[974] *Kitzmann*, Massenpsychologie und Börse, S. 12; *Malkiel*, A Random Walk Down Wall Street, S. 289–291; vgl. *Piltz*, ZGR 2001, 185, 194, 207–208, der einen hiervon betroffenen Börsenkurs aber als legitimen Wertmaßstab betrachtet.

[975] Ausführlich zur Problematik der Spekulationsblasen siehe: § 2 C.III.2.

[976] Siehe etwa *Kitzmann*, Massenpsychologie und Börse, S. 12, der das Platzen der Spekulationsblase um die *New Economy* als „heilsamen Schock“ bezeichnet.

gefordert werden, um eine konkrete Fehlbewertung zu unterstellen.[977] Demnach müsste sowohl der Börsenkurs des zu bewertenden Unternehmens als auch ein Branchenindex oder eine Gruppe von Vergleichsunternehmen der Branche auf eine mögliche Über- oder Unterbewertung hin untersucht werden.

Zwar lässt sich weiterhin nicht mit vollkommener Sicherheit feststellen, ob eine Aktie momentan über- oder unterbewertet ist.[978] Wenn aber in Fachkreisen eine Fehlbewertung der Branche am Markt vermutet wird und konkrete Anhaltspunkte auf eine unzutreffende Bewertung der Branche des Unternehmens hindeuten, die auf das Unternehmen selbst durchschlägt, dürfte eine solche aber wahrscheinlicher sein als eine korrekte Marktbewertung. Dies gilt vor dem Hintergrund der Erkenntnisse zur *Behavioral Finance* und zur Macht- und Informationsasymmetrie, die eine grundlegende Fehlbewertung implizieren, umso mehr.

Etwas anderes gilt jedoch dann, wenn der Börsenkurs den Deinvestitionswert darstellen soll. Da es hierbei lediglich auf die Veräußerungsmöglichkeit und nicht auf die Markteffizienz und den wahren Unternehmenswert ankommt, sind etwaige Fehlbewertungen nicht von Bedeutung. Wenn der Börsenkurs auch deutlich vom Ertragswert abweicht, so stellt er selbst bei zu hoch bzw. niedrig bewerteten Unternehmen der *New* oder *Old Economy* einen am Markt erzielbaren Geldwert und damit den Verkehrswert dar.[979] Mithin greift der Nichtberücksichtigungsgrund der Fehlbewertung der Branche des Unternehmens nicht bei einem als Untergrenze verwendeten Börsenkurs ein.

c) Unerklärliche Kursausschläge und auffällige Kursanomalien

Der BGH will in seinen jüngsten Entscheidungen aus den Jahren 2023 und 2024 dem Börsenkurs bei unerklärlichen Kursausschlägen eine hinreichende Aussagekraft absprechen.[980] Dabei führt er nicht weiter aus, wann ein Kursausschlag unerklärlich sein soll.

---

[977] Siehe hierzu die auf Basis der *Hoechst*-Entscheidung erarbeiteten Anhaltspunkte: § 6 A. III.6.d).

[978] *Piltz*, ZGR 2001, 185, 194, der diesen Umstand gegen das Konzept des „wahren Wertes“ und für eine börsenkursbasierte Unternehmensbewertung anführt.

[979] Vgl. *Piltz*, ZGR 2001, 185, 194. Die hierbei von *Piltz* verfolgte Argumentation, vom „wahren Unternehmenswert“ als Wertkomponente abzusehen und lediglich auf den Börsenkurs als Verkehrswert abzustellen, läuft der in dieser Arbeit vertretenen und verfassungsrechtlich geschützten Berücksichtigung der beiden Wertelemente, d.h. des Deinvestitionswerts und des quotalen Unternehmenswerts, zuwider, da sich die Abfindung sodann auf den Deinvestitionswert beschränken würde. In die Richtung von Piltz geht auch *Müller*, FS Röhricht (2005), S. 1015, 1026–1027, der lediglich die Bewertung durch den Markt berücksichtigen will.

[980] BGH, Beschl. v. 31.01.2024 – II ZB 5/22 = ZIP 2024, 1070, 1072 Rn. 27; BGH, Beschl. v. 21.02.2023 – II ZB 12/21 –, BGHZ 236, 180–205, Rn. 51.

Ähnlich ist schon die einfachgerichtliche Rechtsprechung vorgegangen. Seitens der OLG Frankfurt am Main und München soll neben den bekannten Gründen auch bei sonstigen auffälligen Kursanomalien dem Börsenkurs seine Aussagefähigkeit abgesprochen werden.[981] Explizite Vorgaben dahingehend, wann von auffälligen Kursanomalien auszugehen sei, treffen die Gerichte in ihren Entscheidungen von 2010 bzw. 2012 nicht.[982]

Allerdings bietet die *Hoechst*-Entscheidung des OLG Frankfurt am Main von 2013 eine nähere Konkretisierung.[983] Demzufolge seien historische Preisverläufe, Kurssprünge, ein Vergleich mit Aktienindices oder Wettbewerbern und vor der betreffenden Maßnahme erfolgte Ad-hoc-Mitteilungen ausreichende Anhaltspunkte für mögliche Börsenkursverzerrungen im Einzelfall.[984] Im konkreten Fall führte es zwei außerordentliche Kurssprünge, ein zuvor erfolgtes Übernahmeangebot und eine geringe Marktliquidität an.[985] In Zusammenschau begründeten diese Aspekte einen verzerrten und zur alleinigen Heranziehung bei der Unternehmensbewertung ungeeigneten Börsenkurs.[986]

Zunächst lassen sich aus diesen Ausführungen Indikatoren für eine Fehlbewertung herausarbeiten.[987] Diese könnten in denjenigen Fällen, in denen eine Fehlbewertung naheliegt, aber nicht sicher unterstellt werden kann, als weitere Anhaltspunkte herangezogen werden.[988] Da es hierbei um aussagefähige Kurse und nicht die fehlende Veräußerungsmöglichkeit geht, gelten die Indikatoren lediglich für ein Abweichen des Börsenkurses vom quotalen Unternehmenswert, nicht aber vom Deinvestitionswert.

---

[981] OLG München, Beschl. 26.07.2012 – 31 Wx 250/11 = AG 2012, 749, 752; OLG Frankfurt a. M., Beschl. v. 03.09.2010 – 5 W 57/09 = ZIP 2010, 1947, 1952; Fleischer/Hüttemann/*Adolff/Häller*, RhB Unternehmensbewertung, § 18 Rn. 18.87; in diese Richtung bereits *Meyer*, Abfindung und Unternehmensbewertung, S. 191.

[982] Vgl. OLG München, Beschl. 26.07.2012 – 31 Wx 250/11 = AG 2012, 749, 752, welches lediglich auf das Ausbleiben starker Schwankungen im Kurs hinweist; vgl. OLG Frankfurt a. M., Beschl. v. 03.09.2010 – 5 W 57/09 = ZIP 2010, 1947, 1952–1953, wo nur die Qualität des Preisbildungsprozesses und die vermeintliche Effizienz des Marktes angeführt werden.

[983] Fleischer/Hüttemann/*Adolff/Häller*, RhB Unternehmensbewertung, § 18 Rn. 18.87; vgl. auch *DAI*, Stellungnahme zur Evaluierung des Spruchverfahrens 06.08.2014, S. 6–7, nach welchem die in der Entscheidung genannten Anhaltspunkte zur Identifizierung von Kursanomalien heranzuziehen sind. Diese Konkretisierung dürfte sich auch auf die vom BGH beschriebenen „unerklärlichen Kursausschläge“ beziehen lassen.

[984] OLG Frankfurt a. M., Beschl. v. 05.12.2013 – 21 W 36/12 – Rn. 31, juris.

[985] OLG Frankfurt a. M., Beschl. v. 05.12.2013 – 21 W 36/12 – Rn. 43–45, juris; Fleischer/Hüttemann/*Adolff/Häller*, RhB Unternehmensbewertung, § 18 Rn. 18.87.

[986] Vgl. OLG Frankfurt a. M., Beschl. v. 05.12.2013 – 21 W 36/12 – Rn. 47, juris; vgl. Fleischer/Hüttemann/*Adolff/Häller*, RhB Unternehmensbewertung, § 18 Rn. 18.87.

[987] Siehe hierzu: § 6 A.III.6.d).

[988] Gemeint sind hiermit die Fälle der schlechten Marktverfassung (siehe: § 6 A.III.6.a)) und der Fehlbewertung der Branche (siehe: § 6 A.III.6.b)).

Andere Aspekte der *Hoechst*-Entscheidung bieten sich als eigenständige Fälle eines verzerrten Kurses ungeachtet der Marktlage und der Bewertung der jeweiligen Branche an. Dies betrifft den Fall der vorangegangenen Ad-hoc-Mitteilung und des Übernahmeangebots, welche unter den Gesichtspunkten der Überreaktion auf öffentliche Informationen[989] bzw. der Kursreaktion auf vorangegangene Transaktionen[990] separat beleuchtet werden. Die zusätzlichen Indikatoren für eine Fehlbewertung können dabei ebenso zum Tragen kommen. Auch hier ist zu beachten, dass sich diese Fälle der Abkehr von einer Marktorientierung lediglich auf eine fehlende Eignung des Börsenkurses zur Darstellung des quotalen Unternehmenswerts und nicht des Deinvestitionswerts beziehen, da eine hypothetische Veräußerungsmöglichkeit auch bei Kursverzerrungen noch fortbestehen kann.

d) Indikatoren einer Fehlbewertung

Die in der *Hoechst*-Entscheidung angeklungene Beobachtung von Kursbewegungen der zu bewertenden Aktie dürfte sich als nachvollziehbarer Indikator einer Fehlbewertung erweisen. So steht gerade die Aussagekraft dieses Kurses zur Debatte. Aus ihm könnten etwaige Verzerrungen abgelesen werden. Dabei dürfte ein Vergleich mit den historischen Kursverläufen des Unternehmens ebenso eine mögliche Fehleinschätzung des Marktes offenlegen wie der Nachweis außerordentlicher Kurssprünge. Im Rahmen dessen ist der Börsenkurs einzelfallabhängig unter Berücksichtigung des Charakters und der Entwicklung des Unternehmens zu untersuchen. Deutliche Unterschiede zu historischen Kursen und extreme, sich verfestigende Ausschläge sowie auf Kursanomalien hindeutende Entwicklungen legen hierbei einen verzerrten Börsenkurs nahe. In diese Richtung dürften auch die „unerklärlichen Kursausschläge" weisen, die in der aktuellen BGH-Rechtsprechung benannt werden.[991]

Ohne das Hinzutreten einer schlechten Marktverfassung oder Fehlbewertung der Branche des Unternehmens könnte es sich aber auch um die bloße Wiedergabe der tatsächlichen Wertentwicklung des Unternehmens handeln. Sodann wäre von keiner Anomalie und auch keinem unerklärlichen Kurssprung auszugehen. Im Zusammenspiel dürften die Aspekte der Kursentwicklung zum einen und des problematischen Marktumfelds zum anderen aber eine ausreichend sichere Indikatorwirkung für eine Fehlbewertung haben. Dementsprechend ist stets eine in Fachkreisen vermutete schlechte Marktverfassung oder Fehlbewertung der Branche des Unternehmens zu fordern. Andernfalls könnten die ungewöhnlichen Kursentwicklungen auch auf eine entsprechende Entwicklung tatsächlicher Unternehmenswerte hindeuten. Hierfür lassen sich veröffentlichte Finanzanalysen oder wirtschaftswissen-

---

[989] Siehe hierzu: § 6 A.III.6.e).

[990] Siehe hierzu: § 6 A.III.6.f).

[991] Siehe BGH, Beschl. v. 31.01.2024 – II ZB 5/22 = ZIP 2024, 1070, 1072 Rn. 27; BGH, Beschl. v. 21.02.2023 – II ZB 12/21 –, BGHZ 236, 180–205, Rn. 51.

schaftliche Aufsätze und Studien heranziehen. Die dort vertretene Auffassung muss aber nicht unumstritten sein. Schließlich lässt sich der „wahre Wert" eines Unternehmens nie zweifelslos feststellen. Auch können Fehlbewertungen oftmals erst *ex post* sicher belegt werden. Zudem muss sich die auf eine Verzerrung hindeutende Kursentwicklung sowohl beim Unternehmen selbst als auch beim Index bzw. Branchenindex oder den Unternehmen der Branche manifestieren und einen ähnlichen Verlauf vollziehen. Erst dann liegt eine Fehlbepreisung des Unternehmens aufgrund einer schlechten Marktverfassung bzw. einer Über- oder Unterbewertung seiner Branche und keine der fundamentalen Wertentwicklung geschuldete Kursbewegung nahe.

Ebenso vermag es die vorgeschlagene vergleichende Kursbetrachtung mit Blick auf Indizes oder Wettbewerber, Anhaltspunkte für das Unternehmen betreffende Preisverzerrungen liefern. Zwar wird die Aussagefähigkeit von Vergleichswerten zur Unternehmensbewertung berechtigterweise von zahlreichen Literaturstimmen in Zweifel gezogen.[992] Wenn es schon fragwürdig erscheint, den Börsenkurs des Unternehmens selbst zu dessen Bewertung heranzuziehen, so gilt dies erst recht für die Kurse anderer Unternehmen und sich hieraus zusammensetzender Indizes. Allerdings soll durch die Nichtberücksichtigungsfälle nicht der konkrete exakte Unternehmenswert ermittelt, sondern nur eine naheliegende Abweichung des Börsenkurses hiervon aufgezeigt werden. Auffällige Differenzen des Börsenkurses zu Vergleichswerten dürften trotz der Ungenauigkeit letzterer jedenfalls in Kombination mit weiteren Indizien auf eine Kursverzerrung hindeuten. Ferner erscheinen Vergleichswerte außerhalb des Unternehmens angebracht, wenn jenes keine ausreichenden historischen Kurse vorweist oder diese stark von der aktuellen Unternehmenslage abweichen. Da die Kritik an Vergleichswerten aber weiterhin bestehen bleibt, sollte nur bei extremen Abweichungen ein verzerrter Börsenkurs indiziert sein.

Jedoch ist zu beachten, dass beim Nichtberücksichtigungsgrund der schlechten Marktverfassung gerade auch die potenziellen Vergleichsunternehmen- und Indizes von der Kursverzerrung betroffen sind. Mithin ist dieser zusätzliche Indikator für solche Konstellationen nicht geeignet.

Sofern aber auf eine Fehlbewertung der Branche des Unternehmens abgestellt wird, erweist sich eine extreme Abweichung von Vergleichswerten als sinnvoller zusätzlicher Anhaltspunkt. Gerade hier ist ein Blick auf Werte von außerhalb des Unternehmens und seiner Branche von Interesse. So kann ein Vergleich des konkreten Unternehmens und seines Branchenindex oder anderer Unternehmen der Branche mit branchenfremden Indices oder branchenfremden Unternehmen auf eine Fehlbewertung der Branche hindeuten, die auch das Unternehmen selbst be-

---

[992] Siehe etwa *Große-Frericks*, Die Angemessenheit des Entgelts für die Übertragung von Eigentumsrechten als Problem rechtsgeprägter Unternehmensbewertung, S. 520–521 zur Kritik an Multiplikatorverfahren. Mit der vergleichswertbasierten Unternehmensbewertung wird sich in dieser Arbeit nicht weiter beschäftigt.

trifft. Hierbei muss eine extreme Abweichung vorliegen, die in Bezug auf das konkrete Unternehmen und den Branchenindex oder die Vergleichsunternehmen der Branche ähnlich ausgeprägt ist. Dies lässt eine auf das Unternehmen durchgeschlagene Fehlbewertung der Branche erahnen. Zwecks einer Abgrenzung von Kursentwicklungen, die fundamentalen Werten geschuldet sind, bedarf es wie auch bei der schlechten Marktverfassung einer in Fachkreisen vermuteten Fehlbewertung der Branche des Unternehmens, die aber nicht unumstritten sein muss.

Mithin können historische Kursverläufe, Kurssprünge sowie Vergleiche mit Indices und Wettbewerbern weitere Anhaltspunkte für einen verzerrten Börsenkurs liefern, der im Falle einer schlechten Marktverfassung oder einer Fehlbewertung der Branche des Unternehmens nicht zur Ermittlung des quotalen Unternehmenswerts dienen sollte.

Besagte Indikatoren dürften auch hinsichtlich der Feststellung einer Überreaktion auf eine öffentliche Information[993] und einer Kursreaktion auf eine vorangegangene Transaktion[994] hilfreich sein.

Weiterhin wird in der *Hoechst*-Entscheidung die Aussagekraft des Börsenkurses aufgrund der relativ geringen Anzahl an handelbaren Aktien beim Squeeze-out trotz eines ansonsten grundsätzlich ausreichend liquiden Kurses bezweifelt.[995] Zwar ist der Problematik von Illiquidität, Marktenge und fehlendem Handel ein eigener Fall der Herausnahme des Börsenkurses gewidmet.[996] Unter Berücksichtigung der Mehrdimensionalität der Liquidität können aber auch bereits einzelne Illiquiditätsaspekte durchaus Zweifel an einem aussagekräftigen Kurs aufkommen lassen. Dementsprechend bietet es sich an, in Fällen, in denen zwar eine Liquidität nach Maßgabe des hier vorgeschlagenen Modells[997] unterstellt werden kann, dennoch aber einzelne Aspekte, wie etwa ein geringer *Free Float*[998] oder eine Illiquidität anhand einer einzelnen Liquiditätsdimension[999], auf eine geringe Handelbarkeit schließen lassen, die Aussagekraft des Kurses kritisch zu beäugen. Tritt eine in der Fachwelt vermutete schlechte Marktverfassung oder Fehlbewertung der Branche des Unternehmens hinzu, liegt ein verzerrter Börsenkurs nahe. Sodann sollte er nicht zur Ermittlung des quotalen Unternehmenswerts herangezogen werden.

---

[993] Siehe hierzu: § 6 A.III.6.e).

[994] Siehe hierzu: § 6 A.III.6.f).

[995] OLG Frankfurt a. M., Beschl. v. 05.12.2013 – 21 W 36/12 – Rn. 44, juris.

[996] Siehe: § 6 A.III.1.

[997] Siehe hierzu: § 6 A.III.1.a)bb)(4).

[998] So auch OLG Frankfurt a. M., Beschl. v. 05.12.2013 – 21 W 36/12 – Rn. 44, juris.

[999] Zu den Liquiditätsdimensionen und deren Nachweis siehe: § 6 A.III.1.a)bb)(2).

Umgekehrt könnte aber auch eine übermäßige Liquidität auf eine verzerrte Preisbildung hindeuten.[1000] So werden gerade die *noise trader* für eine erhöhte Liquidität sorgen, wobei sie nicht bewertungsrelevante Informationen mit einpreisen und damit eine geringere Markteffizienz erzeugen dürften.[1001] Dementsprechend sollte auch eine anhand anerkannter Methoden erwiesene übermäßig hohe Liquidität[1002] jedenfalls im Zusammenspiel mit einer naheliegenden schlechten Marktverfassung oder einer Fehlbewertung der Branche des Unternehmens einen nicht bewertungsgeeigneten Börsenkurs implizieren.

Somit bietet sich eine geringe oder übermäßige Liquidität als brauchbarer zusätzlicher Indikator nebst einer schlechten Marktverfassung oder einer Fehlbewertung der Branche des Unternehmens an. *In toto* dürften diese Aspekte dem Börsenkurs die Bewertungseignung hinsichtlich des quotalen Unternehmenswerts absprechen. Dabei darf aber nicht nur eine geringe oder übermäßige Liquidität der zu bewertenden Aktie auf Basis einer anerkannten Messmethoden vorliegen. Auch die Indizes bzw. der Branchenindex oder die Branchenunternehmen sollten zumindest ansatzweise auf entsprechende Liquiditätsaspekte hindeuten. Nur dann ist davon auszugehen, dass die Handelsaktivitäten eher auf die schlechte Marktverfassung oder Fehlbewertung der Branche und weniger auf fundamentalen Werten beruhen und dass sich die Fehlbepreisung auch auf das konkrete Unternehmen durchschlägt.

Des Weiteren liegt es nahe, eine Abweichung des Börsenkurses vom Ergebnis einer fundamentalen Unternehmensbewertung als zusätzlichen Indikator für eine mögliche Fehleinschätzung durch den Markt heranzuziehen. Schließlich verfügt der Sachverständige über eine weitergehende Informationsgrundlage als der Großteil der Marktteilnehmer und dürfte das Bewertungsobjekt distanzierter betrachten. Somit wird eine nachvollziehbare gutachterliche Bewertung, die anhand einer in der Praxis anerkannten Methode durchgeführt wurde, eine aussagefähige Schätzung des quotalen Unternehmenswerts bieten.

Allerdings ist zu beachten, dass eine fundamentale Unternehmensbewertung wie auch der Börsenkurs nur einen Schätzwert liefert. Dementsprechend deutet nicht jedes Abweichen der Schätzwerte zwingend auf eine Fehlbewertung seitens des Marktes hin.[1003] Daher sollte eine deutliche Abweichung vom Ergebnis der funda-

---

[1000] Anders aber OLG Frankfurt a. M., Beschl. v. 05. 12. 2013 – 21 W 36/12 – Rn. 45, juris, wo das Fehlen einer extrem hohen Marktliquidität eher als Ablehnungsgrund einer Fehlbewertung erwogen wird.

[1001] *Black*, Journal of Finance, 1986, Vol. 41, No. 3, 529, 532; *Reifschneider*, Informationeller Anlegerschutz, S. 24. Zum umstrittenen Zusammenhang von Liquidität und Kapitalmarkteffizienz und der naheliegenden Ineffizienz bei einer übermäßig hohen Liquidität siehe: § 6 A.III.1.c).

[1002] Siehe hierzu: § 6 A.III.1.a)bb).

[1003] Siehe auch OLG Frankfurt a. M., Beschl. v. 05. 12. 2013 – 21 W 36/12 – Rn. 46, wo auf die Abweichungen zwischen den von verschiedenen Sachgutachtern ermittelten Ertragswerten und den Umstand, dass auch sachverständige Schätzungen Schwankungen unterliegen, hingewiesen wird.

mentalen Unternehmensbewertung und zudem eine schlechte Marktverfassung oder eine Fehlbewertung der Branche des Unternehmens aus Expertensicht verlangt werden. So könnten deutlich voneinander abweichende Werte auf die Fehlerhaftigkeit eines der Werte hindeuten. Herrscht zudem eine schlechte Marktverfassung oder eine Fehlbewertung der Branche des Unternehmens, drängt sich der Gedanke auf, dass hierdurch eine Kursverzerrung erzeugt wurde, die sich in der deutlichen Abweichung vom sachgutachterlich ermittelten Unternehmenswert äußert. In Zusammenschau lassen diese Aspekte einen verzerrten Börsenkurs, der nicht zur Ermittlung des quotalen Unternehmenswerts geeignet ist, wahrscheinlicher als eine aussagekräftige Marktbewertung erscheinen.

Für ein solches Vorgehen bedarf es aber einer Bewertung durch einen Sachverständigen. Hierdurch wird das verfahrensökonomische Argument des alleinmaßgeblichen Börsenkurses konterkariert.[1004] Dies gilt vor allem für eine nachträgliche gutachterliche Unternehmensbewertung.[1005] Allenfalls bei einer Verwendung des Börsenkurses zur Plausibilisierung einer ohnehin stattfindenden fundamentalen Bewertung des Unternehmens dürfte man ohne erheblichen Mehraufwand verfahren können. Sofern ein entsprechendes Wertgutachten bereits vorliegt oder gesondert durchgeführt wurde, sollte eine deutliche Abweichung vom Börsenkurs jedoch als Anhaltspunkt für eine Kursverzerrung herangezogen werden. Andernfalls würden Kurse mit fragwürdiger Aussagefähigkeit zur Abfindungsbemessung verwendet.

Somit empfiehlt es sich auch dann, wenn der Börsenkurs deutlich vom Ergebnis einer fundamentalen Unternehmensbewertung abweicht, bei einer in Fachkreisen angenommenen schlechten Marktverfassung oder Fehlbewertung der Branche einen nicht zur Ermittlung des quotalen Unternehmenswerts geeigneten Börsenkurs zu unterstellen.

Im Unterschied zu den zuvor erörterten Indikatoren beschränkt sich die erforderliche Abweichung zwischen Börsenkurs und Bewertungsergebnis aber auf das zu bewertende Unternehmen selbst. Sie muss nicht auch in Bezug auf etwaige Indizes oder Vergleichsunternehmen bestehen. Schließlich kann in einem deutlich vom Ergebnis einer fundamentalen Unternehmensbewertung abweichenden Börsenkurs bereits ein ausschlaggebender Anhaltspunkt für eine Kursverzerrung gesehen werden. Überdies dürfte ein Vergleich des vom Sachverständigen ermittelten Unternehmenswerts mit den Kursen etwaiger Indizes oder anderer Unternehmen kaum eine zielführende Aussage zu Tage bringen. Hierbei würden unterschiedliche Bewertungsobjekte verglichen. Von einer gutachterlichen Bewertung einer Vielzahl von Unternehmen eines Index oder einer Vergleichsgruppe zwecks der Gegenüberstellung mit deren Börsenkursen ist ebenso abzusehen. Schließlich wäre eine solche kaum durchführbar und höchst aufwendig.

[1004] So bereits auch *Meyer*, Abfindung und Unternehmensbewertung, S. 190.

[1005] Zu diesem Kritikpunkt siehe bereits: § 6 A.III.5.f).

e) Überreaktion auf öffentliche Information

Vor der Maßnahme erfolgte Ad-hoc-Mitteilungen können unter Umständen zu Rückschlüssen auf eine Kursverzerrung veranlassen. So besteht die Möglichkeit, dass der Markt übertrieben auf die Informationen reagiert. Im Falle solcher Überreaktionen fließen nicht wertrelevante Faktoren in die Preisbildung ein. Der Börsenkurs ist sodann von der Irrationalität der Marktteilnehmer und nicht nur vom fundamentalen Wert geprägt. Auch besteht die Gefahr einer Kursbeeinflussung durch eine gezielte Informationspolitik, wie etwa bewusst negativ gefärbte kurssenkende Mitteilungen vor der abfindungsauslösenden Maßnahme.[1006] All dies lässt auf einen Börsenkurs schließen, der nicht den quotalen Unternehmenswert abbildet. Den Deinvestitionswert kann der Börsenkurs hingegen weiterhin wiedergeben. Schließlich kommt es hierbei nicht auf etwaige Verzerrungen und die Informationslage des Marktes, sondern auf die bloße Veräußerungsmöglichkeit an.

Allerdings darf die bloße Einhaltung der Ad-hoc-Publizitätspflicht und die Reaktion der Anleger hierauf nicht schon als Anhaltspunkt für einen verzerrten Kurs gewertet werden. Schließlich wird es sich Normalfall um legitime Vorgänge handeln. Für einen aussagefähigen Börsenkurs bedarf es gerade einer umfassenden Information der Marktteilnehmer.[1007] Da es sich auch um eine korrekte Einpreisung wertrelevanter Informationen handeln kann, ist dieser Aspekt auf Extremfälle zu beschränken. Für die Unterstellung einer tatsächlichen Fehlbewertung bedarf es deshalb einer auffälligen und erheblichen Kursreaktion auf die Mitteilung. Eine solche muss sich anhand einer einzelfallorientierten Untersuchung besonders abheben. Hierfür sind historische Kursverläufe des Unternehmens und notfalls Vergleichswerte von Wettbewerbern und Indizes[1008] heranzuziehen. Zusätzlich kann auch ein Vergleich mit vorangegangenen Reaktionen auf Ad-hoc-Meldungen angestrengt werden. Darüber hinaus ist die Kursreaktion im Kontext der veröffentlichten Information zu betrachten. Im Rahmen dessen muss die Frage gestellt werden, ob die konkrete Information ungeachtet ihrer Aufmachung gewichtig genug war, um eine derartige Entwicklung am Markt zu rechtfertigen. Erst wenn sich extreme Kursbewegungen im zeitlichen Rahmen der Mitteilung abzeichnen, die unter Berücksichtigung ihres Inhalts nicht gerechtfertigt erscheinen, liegt eine Kursverzerrung und eine Abweichung vom wahren Unternehmenswert nahe. Weiterhin darf es sich nicht um Entwicklungen binnen weniger Tage handeln, die sich

---

[1006] Siehe § 6 A.III.2.c) und § 6 A.III.3.g) zur legalen Kursbeeinflussung durch eine gezielte Informationspolitik, bei welcher die Nichtberücksichtigungsfälle der Kursmanipulation und der Informationspflichtverletzung leerlaufen. In der *Hoechst*-Entscheidung hingegen wird einer gezielten Kurspflege durch eine dementsprechende Informationspolitik in erster Linie die Betrachtung des Börsenkurses über einen längeren Zeitraum entgegengehalten, OLG Frankfurt a.M., Beschl. v. 05.12.2013 – 21 W 36/12 – Rn. 31, juris.

[1007] Zur Bedeutung von Informationspflichten siehe die Ausführungen zum entsprechenden Ausnahmefall unter: § 6 A.III.3.

[1008] Siehe bereits die Erwägungen zu diesen Indikatoren einer Fehlbewertung: § 6 A.III.6. d).

sogleich wieder verflüchtigen, oder um bloße außergewöhnliche Tagesausschläge.[1009] Zwecks einer Abgrenzung von reinen Kursschwankungen sollte eine sich zumindest zwischenzeitlich verfestigende Entwicklung gefordert werden. Findet innerhalb des bewertungsrelevanten Zeitraums eine solche extreme Kursreaktion auf eine Ad-hoc-Mitteilung statt, ist eine Verzerrung zu vermuten.

Da jede Form der Kapitalmarktkommunikation Überreaktionen auslösen und zur gezielten Kursbeeinflussung genutzt werden können, bietet es sich an, diesen Nichtberücksichtigungsgrund auf alle Fälle der öffentlichen Unternehmenskommunikation mit Extremreaktionen zu erweitern.

Ebenso sind extreme Kursreaktionen aufgrund veröffentlichter Finanzanalysen zu behandeln. Vor dem Hintergrund sog. Leerverkaufs- bzw. *Short-Seller*-Attacken kommt der Veröffentlichung von Finanzanalysen eine besondere Bedeutung zu. Hierbei tätigt der Angreifer zunächst einen Leerverkauf von Aktien eines Unternehmens und veröffentlicht sodann Berichte (oftmals sog. *Research Reports*) über das Unternehmen, welche zu einem Kursabfall führen, sodass er die leerverkauften Positionen glattstellen kann, wobei er die Aktien zum niedrigeren Börsenkurs erwirbt.[1010] Prominentes Beispiel für ein derartiges Vorgehen ist der vielfach diskutierte Fall *Wirecard*.[1011] Durch Leerverkaufsattacken kann es zu extremen informationsinduzierten Kursreaktionen kommen.[1012]

Bei der Einordnung von *Short-Selling*-Attacken stellt sich regelmäßig das bereits angesprochene Problem der Abgrenzung unerwünschter Manipulationen zu einem

---

[1009] Die Behandlung derartiger Ausschläge wird im Rahmen der Durchschnittskursbildung erörtert (siehe: § 6 B.III.4.a)), wobei hier entgegen BGH, Beschl. v. 12.03.2001 – II ZB 15/00 –, BGHZ 147, 108–125, Ls. 3, Rn. 24 vertreten wird, außergewöhnliche Tagesausschläge und sprunghafter Entwicklungen binnen weniger Tage, die sich nicht verfestigen, nicht zu eliminieren.

[1010] Assmann/Schneider/Mülbert/*Mülbert/Sajnovits*, WpHR, Vor. Art. 1–41 VO (EU) Nr. 236/2012 Rn. 71; Assmann/Schütze/Buck-Heeb/*Schäfer*, KapAnlR-HdB, § 21 Rn. 24; *Bayram/Meier*, BKR 2018, 55, 56; *Commandeur*, AG 2020, 575, 576 Rn. 3; *Piepenburg/Schwarz*, BKR 2021, 760, 761; *Schmolke*, FS 25 Jahre WpHG (2019), S. 653, 665; *Schmolke*, ZGR 2020, 291, 294; *Voß*, FS 25 Jahre WpHG (2019), S. 715, 745–746.

[1011] Mit jeweils weiteren Beispielen siehe: Assmann/Schneider/Mülbert/*Mülbert/Sajnovits*, WpHR, Vor. Art. 1–41 VO (EU) Nr. 236/2012 Rn. 71; Assmann/Schütze/Buck-Heeb/*Schäfer*, KapAnlR-HdB, § 21 Rn. 24; *Bayram/Meier*, BKR 2018, 55, 55–56; *Commandeur*, AG 2020, 575, 575 Rn. 1; *Möllers*, NZG 2018, 649, 649–650; *Piepenburg/Schwarz*, BKR 2021, 760, 761; *Schmolke*, ZGR 2020, 291, 292; *Voß*, FS 25 Jahre WpHG (2019), S. 715, 745. Zur historischen Entwicklung von Leerverkaufsattacken siehe: *Schmolke*, ZGR 2020, 291, 294–295.

[1012] Für einen Überblick zu den empirischen Nachweisen des Markteinflusses von Leerverkaufsattacken siehe *Vollmerhausen*, Das Verbot der Marktmanipulation am Beispiel von aktivistischen Leerverkäufern, S. 78–81 § 7. Siehe zudem Ziemons/Binnewies/*Ziemons*, HdB-AG, 12. Rn. 12.1008, die einen durch Leerverkäufe beeinflussten Börsenkurs nicht als alleinigen Maßstab zur Abfindungsbemessung heranziehen will und überdies eine Alleinmaßgeblichkeit des Börsenkurses ablehnt.

legitimen Handeln.[1013] Zum Teil wird dabei der Nichtberücksichtigungsfall der Manipulation eingreifen können.[1014] Sofern das Interesse an einem Kursrückgang aufgrund des Haltens einer Short-Position nicht im *Research Report* ordnungsgemäß offengelegt wird, liegt eine Manipulation in Form des sog. *Scalping* nach Art. 12 Abs. 2 lit. d MAR vor.[1015] Wird dieser Interessenkonflikt offengelegt, besteht noch die Möglichkeit einer Marktmanipulation gem. Art. 12 Abs. 1 MAR, sofern die Stellungnahme zum Unternehmen falsche oder fehlerhafte Angaben enthält oder falsche wie auch irreführende Signale sendet.[1016] Allerdings stellen manipulative Leerverkaufsattacken eher die Ausnahme dar.[1017] Auch erweist sich die hierauf bezogenen Strafverfolgung und Verurteilungsrate als defizitär.[1018] Im Einzelfall könnte noch die hier vorgeschlagene Vermutung einer Manipulation

---

[1013] Vgl. Assmann/Schneider/Mülbert/*Mülbert*, WpHR, Vor. Art. 12, 13, 15, 16 VO (EU) 596/2014 Rn. 64.

[1014] Siehe zu diesem Fall der Nichtberücksichtigung des Börsenkurses: § 6 A.III.2. Die nähere Erörterung der Frage nach einer Manipulation durch Leerverkaufsattacken geht über den Themenbereich dieser Arbeit hinaus. Diesbezüglich wird auf die nachfolgenden Quellen verwiesen.

[1015] *Piepenburg/Schwarz*, BKR 2021, 760, 761–762; *Schmolke*, FS 25 Jahre WpHG (2019), S. 653, 665–666; *Schmolke*, ZGR 2020, 291, 306–308, 317; *Vollmerhausen*, Das Verbot der Marktmanipulation am Beispiel von aktivistischen Leerverkäufern, S. 253–255 § 19; *Wilken/Bertus*, BB 2019, 2754, 2756–2757; vgl. Assmann/Schneider/Mülbert/*Mülbert/Sajnovits*, WpHR, Vor. Art. 1–41 VO (EU) Nr. 236/2012 Rn. 75; vgl. Assmann/Schütze/Buck-Heeb/*Schäfer*, KapAnlR-HdB, § 21 Rn. 25; vgl. *Bayram/Meier*, BKR 2018, 55, 56–59, 61; vgl. *Commandeur*, AG 2020, 575, 578 Rn. 15–16, der aber darauf hinweist, dass ein *Scalping* in der Praxis im wohl eher seltenen Fall eines äußerst fahrlässigen aktivistischen Leerverkäufers auftreten wird; vgl. *Langenbucher/Hau/Wentz*, ZBB 2019, 307, 312.

[1016] *Bayram/Meier*, BKR 2018, 55, 59–60, 61; vgl. Assmann/Schneider/Mülbert/*Mülbert/Sajnovits*, WpHR, Vor. Art. 1–41 VO (EU) Nr. 236/2012 Rn. 74; vgl. Assmann/Schütze/Buck-Heeb/*Schäfer*, KapAnlR-HdB § 21 Rn. 26, wo jedoch angeführt wird, dass bei *Short-Seller*-Attacken i. d. R. nachvollziehbare Analysen und plausible Bewertungen stattfinden, bei welchen ein Verstoß ausgeschlossen ist; vgl. *Commandeur*, AG 2020, 575, 577–578 Rn. 12–18; vgl. *Langenbucher/Hau/Wentz*, ZBB 2019, 307, 312; vgl. *Schmolke*, FS 25 Jahre WpHG (2019), S. 653, 665, 667; vgl. *Schmolke*, ZGR 2020, 291, 308–309, 316–317; vgl. *Vollmerhausen*, Das Verbot der Marktmanipulation am Beispiel von aktivistischen Leerverkäufern, S. 246–252 § 19, der dies grds. auf den Art. 12 Abs. 1 lit. c) MAR beschränkt. Umstritten ist zudem, ob das Unterlassen einer nach Art. 6 EU-LeerverkaufsVO erforderlichen Veröffentlichung eine Markmanipulation durch Unterlassen gem. Art. 12 Abs. 1 lit. a) MAR darstellen kann (dafür: *Bayram/Meier*, BKR 2018, 55, 60–61; dagegen: Assmann/Schneider/Mülbert/*Mülbert/Sajnovits*, WpHR, Vor. Art. 1–41 VO (EU) Nr. 236/2012 Rn. 74; dies nur bzgl. Art. 12 Abs. 1 lit c) MAR bejahend: *Vollmerhausen*, Das Verbot der Marktmanipulation am Beispiel von aktivistischen Leerverkäufern, § 19 S. 252–253), wobei ein Verstoß gegen diese Offenlegungspflicht möglicherweise schon als Grund einer Abkehr von der Börsenkursorientierung gewertet werden könnte, sofern man den Nichtberücksichtigungsfall der Informationspflichtverletzung entsprechend weit versteht.

[1017] *Schmolke*, ZGR 2020, 291, 297.

[1018] Siehe nur *Commandeur*, AG 2020, 575, 579–580 Rn. 24–25 und *Wilken/Bertus*, BB 2019, 2754, 2759.

aufgrund wirtschaftswissenschaftlich fundierter Tests zum Tragen kommen.[1019] Jedoch wird ein manipulatives Verhalten hierbei nur unter erhöhtem Aufwand und ohne vollständige Sicherheit aufgedeckt. Auch wird der Nichtberücksichtigungsgrund des Verstoßes gegen das Insiderhandelsverbot bei *Short-Seller*-Attacken allenfalls nur bedingt zum Einsatz kommen.[1020] In Zusammenhang mit einer Leerverkaufsattacke könnte zumindest bei einer Nutzung von nicht öffentlich verfügbaren Informationen mit Insiderqualität ein verbotenes Insiderhandeln vorliegen.[1021] Darüber hinaus wird derjenige gegen das Insiderhandelsverbot verstoßen, der eine Leerverkaufsposition in Kenntnis einer bevorstehenden Anlageempfehlung eines Dritten, die Insiderinformationen enthält, eingeht.[1022] Ferner greift der Nichtberücksichtigungsfall der Ad-hoc-Publizitätspflichtverletzung allenfalls bezüglich vorangegangener Verstöße des Emittenten, welche durch den *Research Report* aufgedeckt werden.[1023] Letzten Endes wird eine mögliche Kursverzerrung durch eine *Short-Seller*-Attacke nur ansatzweise von den bisher erarbeiteten Fällen der Nichtberücksichtigung des Börsenkurses erfasst. Dies legt deren Ausweitung auf Leerverkaufsattacken nahe.[1024]

Mit Blick auf die weitere Behandlung der Thematik ist zwischen den zwei Facetten von *Short-Seller*-Attacken zu differenzieren. Zum einen können sie falsche oder irreführende Informationen beinhalten und den Kurs dementsprechend verzerren. Auf der anderen Seite sind Leerverkaufsattacken mit korrekten Analysen möglich, die über tatsächliche Missstände aufklären und zur informierten Preisbildung beitragen können.

[1019] Zu diesem Vorgehen siehe das unter § 6 A.III.2.b) erwogene Modell.

[1020] Siehe zu diesem Fall der Abkehr von der Börsenkursorientierung bzgl. des quotalen Unternehmenswerts: § 6 A.III.4.

[1021] *Wilken/Bertus*, BB 2019, 2754, 2757–2758, 2760, die ausnahmsweise bei einer besonderen Reputation des Analysten und/oder des Veröffentlichungsorgans auch bei Finanzanalysen auf Grundlage öffentlich bekannter Informationen einen Insiderhandel annehmen; vgl. *Piepenburg/Schwarz*, BKR 2021, 760, 762; siehe zudem *Langenbucher/Hau/Wentz*, ZBB 2019, 307, 313–315 und *Schmolke*, ZGR 2020, 291, 310–316, 317–318, die zwischen dem Inhalt des unveröffentlichten *Research Reports* und der Absicht zu dessen Veröffentlichung als potenzielle Insiderinformationen differenzieren, wobei *Schmolke* im erstgenannten Fall einen Insiderhandel verneint, wenn der Report auf öffentlich verfügbaren Informationen basiert und bei der Veröffentlichungsabsicht eine Nutzung der Insiderinformation ablehnt, wohingegen Langenbucher/Hau/Wentz das Ergebnis offen lassen. Eine weitergehende Beschäftigung mit dieser Problematik geht über die Thematik dieser Arbeit hinaus, weshalb auf die genannten Quellen verwiesen wird.

[1022] *Wilken/Bertus*, BB 2019, 2754, 2758.

[1023] Hierbei dürfte es sich um Fälle der unterlassenen oder unzutreffenden Ad-hoc-Pflichtveröffentlichungen (§ 6 A.III.3.d)) handeln.

[1024] Ebenso tendiert *Fromholzer*, Aktuelle Fragen und Beobachtungen zum Delisting, in: Öffentliche Unternehmensübernahmen, 2022, S. 240 dazu, missbräuchliche kurssenkende *Short-Seller*-Attacken unter die Ausnahmen einer Börsenkursorientierung beim Delisting zu zählen.

Werden falsche oder irreführende Informationen verbreitet, hat die Leerverkaufsattacke eine marktschädliche Wirkung.[1025] Sie wirkt sich negativ auf die Markteffizienz aus.[1026] Hierdurch kann der Börsenkurs vom fundamentalen Unternehmenswert abdriften.[1027] So werden Informationen eingepreist, die zu Abweichungen vom wahren Wert des Unternehmens führen. Darüber hinaus kann es zu panikgetriebenen überzogenen Reaktionen, d.h. zu irrationalen Kursverzerrungen kommen.[1028] Ein derart beeinflusster Kurs kann keine verlässliche Aussage über den quotalen Unternehmenswert treffen. Wie sich gezeigt hat, wird hierbei der Fall des Verstoßes gegen das Manipulationsverbot einschlägig sein. Aufgrund der hier vertretenen Ablehnung der rechts- oder bestandskräftigen Feststellung einer Manipulation[1029] sowie eines subjektiven[1030] und personellen[1031] Elements besteht auch keine Lücke, welche durch die Berücksichtigung manipulativer *Short-Seller*-Attacken geschlossen werden könnte. Mit Blick auf *Short-Seller*-Attacken, bei denen falsche oder irreführende Informationen verbreitet werden, erweist sich ein gesonderter Nichtberücksichtigungsfall der Kursverzerrung auf den ersten Blick als redundant. Angesichts der geringen Strafverfolgungs- und Verurteilungsrate manipulativer Leerverkaufsattacken besteht jedoch das Risiko unerkannter Manipulationen. Um etwaigen Fehlbewertungen zu entgehen, liegt es nahe, bei Leerverkaufsattacken mit extremen Kursreaktionen einen nicht aussagekräftigen und möglicherweise manipulierten Börsenkurs anzunehmen.

Zieht man zudem auch Leerverkaufsattacken mit zutreffenden und nicht irreführenden *Research Reports* heran, stellt sich die Beurteilung eines zusätzlichen Falles der Ablehnung des Börsenkurses aber anders dar. Zwar mögen diese zu einem informierten Börsenkurs beisteuern. So gilt die positive effizienzsteigernde Wirkung von Leerverkäufen grundsätzlich auch für Leerverkaufsattacken.[1032] Sofern durch den Bericht tatsächliche Missstände aufgedeckt und Informationsasymmetrien verringert werden, trägt eine *Short-Seller*-Attacke zur Markteffizienz bei

---

[1025] Assmann/Schneider/Mülbert/*Mülbert/Sajnovits*, WpHR, Vor. Art. 1–41 VO (EU) Nr. 236/2012 Rn. 71.

[1026] *Schmolke*, ZGR 2020, 291, 297.

[1027] *Bayram/Meier*, BKR 2018, 55, 56.

[1028] Vgl. *Langenbucher*, Aktien- und Kapitalmarktrecht, S. 418 § 16 Rn. 34; vgl. *Vollmerhausen*, Das Verbot der Marktmanipulation am Beispiel von aktivistischen Leerverkäufern, S. 62 § 6.

[1029] Siehe hierzu: § 6 A.III.5.c).

[1030] Siehe hierzu: § 6 A.III.5.a)bb).

[1031] Siehe hierzu: § 6 A.III.5.a)aa).

[1032] *Schmolke*, ZGR 2020, 291, 296; *Vollmerhausen*, Das Verbot der Marktmanipulation am Beispiel von aktivistischen Leerverkäufern, S. 65–66 § 7; vgl. Assmann/Schneider/Mülbert/*Mülbert/Sajnovits*, WpHR, Vor. Art. 1–41 VO (EU) Nr. 236/2012 Rn. 72.

und wirkt wohlfahrtsfördernd.[1033] Schließlich werden negative Informationen zum Unternehmen auf diesem Wege schneller oder überhaupt erst eingepreist.[1034] Angesichts dessen erscheint es auch sachgerecht, dass der Angreifer bei einer korrekten Analyse den *Short-Selling*-Gewinn einstreichen darf.[1035] Die nachvollziehbaren Zweifel an der Kapitalmarkteffizienz und die Problematik der Informationsasymmetrie zu Lasten der Abfindungsberechtigten stehen einer alleinigen Börsenkursorientierung gerade entgegen. Auf den ersten Blick könnte eine derartige Leerverkaufsattacke nicht als Grund einer Nichtberücksichtigung, sondern vielmehr als positives Indiz eines aussagefähigen Börsenkurses zu werten sein. Allerdings deutet eine Kursreaktion auf den Bericht des Angreifers auf eine anfängliche Fehlbewertung hin, die noch in den Referenzkurs hineinwirken kann. Darüber hinaus kann der Einbruch des Kurses auch eine Überreaktion darstellen, die keinen Aufschluss über den wahren Wert des Unternehmens bietet.[1036] Vor allem bei einer „nervösen" Marktstimmung könnten Leerverkaufsattacken zu drastischen Kurseinbrüchen jenseits des Fundamentalwerts und irrationalen Panikverkäufen durch die übrigen Anleger führen.[1037] Insgesamt wird die Abwärtsbewegung des Kurses einen entscheidenden Einfluss auf den hieran bemessenen Abfindungswert haben, welcher möglicherweise vom Fundamentalwert abweichen kann. Es ist zu bezweifeln, dass ein von diesen Aspekten beeinflusster Kurs den quotalen Unternehmenswert abzubilden vermag. Vielmehr dürfte erst bei einem eingependelten Kurs eine Aussagefähigkeit in Betracht kommen. Sofern der negative Trend und möglicherweise auch die vorherige Fehlbewertung in den abfindungsrelevanten Börsenkurs einfließen, kann dieser keine verlässliche Aussage zum quotalen Unternehmenswert liefern. Mithin besteht auch bei einer Leerverkaufsattacke mit einer korrekten Analyse und einer entsprechenden Kursreaktion innerhalb des Referenzzeitraums die Gefahr, dass der Börsenkurs nicht zur Bestimmung des quotalen Unternehmenswerts gereicht. In diesen Fällen kann dem Angreifer auch kein manipulatives Verhalten angelastet werden, sodass die übrigen Fälle der Abkehr von einer Börsenkursorientierung dahingehend nicht einschlägig sind. Allenfalls könnte eine Nichtberück-

---

[1033] *Bayram/Meier*, BKR 2018, 55, 56; *Schmolke*, ZGR 2020, 291, 296; vgl. Assmann/Schneider/Mülbert/*Mülbert/Sajnovits*, WpHR, Vor. Art. 1–41 VO (EU) Nr. 236/2012 Rn. 72; vgl. *Möllers*, NZG 2018, 649, 650; vgl. *Voß*, FS 25 Jahre WpHG (2019), S. 715, 747–748.

[1034] *Langenbucher/Hau/Wentz*, ZBB 2019, 307, 308–309; *Schmolke*, ZGR 2020, 291, 296; vgl. Assmann/Schneider/Mülbert/*Mülbert/Sajnovits*, WpHR, Vor. Art. 1–41 VO (EU) Nr. 236/2012 Rn. 72; vgl. *Möllers*, NZG 2018, 649, 650; vgl. *Voß*, FS 25 Jahre WpHG (2019), S. 715, 747–748.

[1035] *Langenbucher/Hau/Wentz*, ZBB 2019, 307, 309; *Möllers*, NZG 2018, 649, 650; *Schmolke*, ZGR 2020, 291, 296.

[1036] Vgl. *Schmolke*, ZGR 2020, 291, 296–297; vgl. *Vollmerhausen*, Das Verbot der Marktmanipulation am Beispiel von aktivistischen Leerverkäufern, S. 70 § 7.

[1037] Vgl. Assmann/Schneider/Mülbert/*Mülbert/Sajnovits*, WpHR, Vor. Art. 1–41 VO (EU) Nr. 236/2012 Rn. 72; vgl. *Langenbucher/Hau/Wentz*, ZBB 2019, 307, 308; vgl. *Schmolke*, ZGR 2020, 291, 296–297; vgl. *Vollmerhausen*, Das Verbot der Marktmanipulation am Beispiel von aktivistischen Leerverkäufern, S. 70 § 7; vgl. *Voß*, FS 25 Jahre WpHG (2019), S. 715, 748.

sichtigen des Börsenkurses aufgrund einer Informationspflichtverletzung des Emittenten stattfinden. Dies wäre aber nur dann der Fall, wenn der im *Research Report* aufgedeckte Missstand auf einer verletzten Veröffentlichungspflicht beruht.[1038] Ungeachtet dessen erscheint es nicht sachgerecht, wenn sich der Abfindungspflichtige bei der Abfindungszahlung auf Kurse berufen könnte, die aufgrund der Aufdeckung von aus seiner Sphäre entstammenden Missständen und einer unzureichenden Informationspolitik abgesunken sind. Zur Vermeidung möglicher Schutzlücken bietet es sich an, jedenfalls extreme Kursreaktionen auf eine rechtmäßige und theoretisch effizienzsteigernde *Short-Seller*-Attacke innerhalb des Referenzzeitraums in die Gruppe der Gründe einer Ablehnung der Börsenkursorientierung bei der Bestimmung des quotalen Unternehmenswerts aufzunehmen.

Mithin sollte zumindest bei extremen Kursreaktionen im Kontext von Leerverkaufsattacken ungeachtet des Inhalts der veröffentlichten Berichte ein verzerrter Börsenkurs angenommen werden.

Darüber hinaus müssten diese Erwägungen auch hinsichtlich überschwänglicher Reaktionen auf eine prominente mediale Berichterstattung über das Unternehmen gelten. Schließlich kommt den Medien eine tragende Rolle bei der Informationsversorgung des Kapitalmarkts zu.[1039] Aus journalistischen Print-, Rundfunk- und Online-Medien können Interessierte Informationen zu wirtschaftlichen Themen und Unternehmen beziehen.[1040] Dabei ist zu beachten, dass eine entsprechende Medienberichterstattung Herdeneffekte an der Börse auslösen kann.[1041] So können auch hierdurch Überreaktionen und eine weitere Auf- oder Abwertung des Kurses jenseits der tatsächlichen Fundamentaldaten verursacht werden. Dies wird insbeson-

---

[1038] Siehe zu diesem Grund der Nichtberücksichtigung des Börsenkurses, der sich in dieser Arbeit aber nur auf die Ad-hoc-Publizitätspflicht beschränkt: § 6 A.III.3.

[1039] *Döring*, Kreditwesen 2012, 637, 637; zurückhaltender *Schuster*, M&K 2004, 613, 613–615, 631.

[1040] Diesbezüglich kommen etwa Zeitschriften und hierbei vor allem Wirtschaftszeitschriften wie auch TV- und Onlinenachrichten in Betracht. Zu den reichweitestärksten Wirtschaftsmagazinen in Deutschland siehe: *IVW*, Ranking der Wirtschaftsmagazine mit den höchsten verkauften Auflagen in Deutschland im 1. Quartal 2024 (2024), https://de.statista.com/statistik/daten/studie/271298/umfrage/verkaufte-auflage-der-wirtschaftsmagazine-in-deutschland/, zuletzt abgerufen am 18.8.2024; *IVW*, Ranking der Wirtschaftsmagazine mit den höchsten verkauften E-Paper. Auflagen in Deutschland im 1. Quartal 2024 (2024), https://de.statista.com/statistik/daten/studie/1004221/umfrage/verkaufte-e-paper-auflage-der-wirtschaftsmagazine-in-deutschland/, zuletzt abgerufen am 18.8.2024. Zu den reichweitestärksten Nachrichtenseiten und den als am vertrauenswürdigsten eingeschätzten Nachrichtenquellen in Deutschland siehe: *Ag.ma*, Reichweite der Top-10-Nachrichtenseiten in Deutschland im März 2023 (2023), https://de.statista.com/statistik/daten/studie/165258/umfrage/reichweite-der-meistbesuchten-nachrichtenwebsites/, zuletzt abgerufen am 18.8.2024; *Reuters Institute for the Study of Journalism*, Ranking der Nachrichtenquellen in Deutschland, denen die Bürger am stärksten vertrauen im Jahr 2024 (2024), https://de.statista.com/statistik/daten/studie/877238/umfrage/ranking-der-vertrauenswuerdigsten-nachrichtenquellen-in-deutschland/, zuletzt abgerufen am 18.8.2024.

[1041] Vgl. *Kitzmann*, Massenpsychologie und Börse, S. 20.

dere bei der kurssenkenden Aufdeckung von Unternehmensskandalen und sog. *Shit Storms* durch die Medien der Fall sein. Umgekehrt dürften lobende Medienstimmen, die bis zu sog. *Hypes* führen, einen stark kurssteigernden Effekt haben. Vor allem letztere können das Phänomen des *Swarm Tradings*, welchem als Ausdruck eines irrationalen Anlegerverhaltens eine eigene Untergruppe der irrationalen Kurs- und Marktverzerrungen gewidmet ist[1042], begünstigen. Ohnehin werden die Medien möglicherweise zu einer eher positiven Berichterstattung über einzelne Unternehmen tendieren, da sie hiermit den Wunschvorstellungen derjenigen Leser, die Aktien hieran halten, nachkommen und zudem vom Unternehmen als Informationsquelle selbst beeinflusst sein könnten.[1043] In Anbetracht des Wettbewerbs um Auflagen und Internetaufrufe dürfte die mediale Berichterstattung oftmals zu einer gezielten Zuspitzung der Informationslage neigen.[1044] Dabei besteht auch die Gefahr, dass in Wahrheit weniger gewichtige Informationen medial aufgebauscht werden und unangebrachte Panikreaktionen an der Börse auslösen können.[1045] Gerade im Kontext von Krisen können auf entsprechende Nachrichten extreme Kursreaktionen folgen.[1046] Wenn eine korrekte Medienberichterstattung auch zur informierten Preisbildung beitragen wird, so ist es doch wie in den soeben erörterten Konstellationen der rechtmäßigen Informationsveröffentlichung durch das Unternehmen und der Verbreitung korrekter nachvollziehbarer Informationen bei Leerverkaufsattacken möglich, dass eine Überreaktion der Marktteilnehmer mitsamt einer irrationalen Fehlbepreisung stattfindet. Sofern sich die mediale Berichterstattung auf vorangegangene Informationsdefizite, Verstöße und Fehlbewertungen bezieht, können diese ebenso noch in den Referenzkurs einfließen. Erst nachdem sich der Kurs der aktuellen Informationslage entsprechend eingependelt hat, dürfte eine Bewertungsrelevanz in Betracht gezogen werden. Sofern sich etwaige Fehlbepreisungen und Überreaktionen im abfindungsrelevanten Börsenkurs niederschlagen, ist er nicht zur Bestimmung des quotalen Unternehmenswerts geeignet. Dies gilt umso mehr, wenn sich die Medienberichterstattung als haltlos oder gar manipulativ herausstellt.

Wie die „klassischen Medien“ sollten auch die sozialen Medien behandelt werden, denen mittlerweile eine tragende Bedeutung für die Informationslage und die Meinungsbildung der Bevölkerung zukommt. Auch von ihnen geht eine starke Beeinflussung auf den Kapitalmarkt aus, wobei sie den Herdeneffekt und die Vo-

---

[1042] Siehe hierzu: § 6 A.III.6.i).

[1043] So jedenfalls *Döring*, Kreditwesen 2012, 637, 638–639, der hierbei die überwiegend positive mediale Berichterstattung zum Neuen Markt, welche zu Auflagensteigerungen führte, als Beispiel nennt.

[1044] So jedenfalls *Döring*, Kreditwesen 2012, 637, 639.

[1045] *Kitzmann*, Massenpsychologie und Börse, S. 141.

[1046] Vgl. *Schuster*, M&K 2004, 613, 627–628, 631–632, der sich hierbei aber eher zurückhaltend zeigt. Zur Krise als Anhaltspunkt für eine Fehlbewertung siehe bereits: § 6 A. III.6.a).

latilität noch verstärken dürften.[1047] So können die Anlageempfehlungen sog. „*Financial Influencer*" oder „*Finfluencer*" einen maßgeblichen Einfluss auf den Markt haben.[1048] Ungeachtet ihres Inhalts kann eine solche Empfehlung zu einer übertriebenen Marktreaktion führen, durch welche der Börsenkurs deutlich vom fundamentalen Unternehmenswert abweicht. Auch besteht die Gefahr, dass eine aufgrund der vorherigen Unkenntnis der Öffentlichkeit hinsichtlich der veröffentlichten Umstände vorherrschende Fehlbepreisung in den Referenzkurs einfließt. Demgemäß ist eine kursbeeinflussende, der Öffentlichkeit zugängliche Anlageempfehlung eines reichweitestarken *Finfluencers* mit einer prominenten medialen Berichterstattung und den veröffentlichten Finanzanalysen und Empfehlungen bei Leerverkaufsattacken vergleichbar. Mithin sollte sie ebenso als Fall einer Abkehr von der Börsenkursorientierung gehandhabt werden. In Anbetracht der stetig steigenden Nutzung der sozialen Medien durch Unternehmen sowie deren Vorstandsmitgliedern als sog. „*Corporate Influencer*" mitsamt des hiermit verbundenen Kursbeeinflussungspotenzials[1049] und der dabei bestehenden Möglichkeit von Verstößen gegen das Insiderhandels- sowie Manipulationsverbot der MAR[1050] sollte derartigen emittentenbezogenen Veröffentlichungen ebenfalls so begegnet werden. Im Kontext der sozialen Medien ist sich zudem vor Augen zu führen, dass hierbei zumeist nicht die journalistische Qualität der „klassischen" Berichterstattung erreicht wird[1051], womit eine höhere Gefahr einer Fehlinformation des Marktes besteht.

Auch im Falle der Veröffentlichung von Finanzanalysen, der prominenten medialen Berichterstattung und der Veröffentlichung einer Anlageempfehlung durch einen *Finfluencer* mit hoher Reichweite sowie der Veröffentlichung emittentenbezogener Informationen von *Corporate Influencern* oder des Unternehmens über die sozialen Medien bedarf es zudem einer extremen Kursreaktion, ehe von einem verzerrten Börsenkurs ausgegangen werden darf. Andernfalls ist eine anfängliche

---

[1047] *Döring*, Kreditwesen 2012, 637, 637; bereits bei *Schuster*, M&K 2004, 613, 630 ist von Euphorie und Panik in den sozialen Netzwerken als Reaktion auf Medienberichte die Rede; allgemein zur Auswirkung der sozialen Medien auf den Aktienmarkt *Piñeiro-Chousa/Vizcaíno-González/Pérez-Pico*, Psychology & Marketing, 2017, Vol. 34, No. 1, 101, 101, 106–107.

[1048] *Laoutoumai/Cobe*, WRP 2022, 290, 291 Rn. 1, die hierbei die Geschehnisse um die Aktien von *GameStop* Anfang 2021 (siehe hierzu explizit: § 6 A.III.6.i)) anführen. Zum wohl kursrelevanten *Tweet* von *Elon Musk* in der *Causa GameStop* auch *Hirte*, Die große *Gamestop*-Wette, FAZ v. 3.2.2021, Nr. 28, S. 16. Siehe zudem *Schüller*, HV Magazin 2023, 8, 8–9 zur drastischen Kursauswirkung einer Twitternachricht bzgl. einer Unterbewertung von *Apple.*

[1049] *Möllers/Schauer*, NZG 2021, 1333, 1333, die beispielhaft die kursbeeinflussenden *Tweets* von *Elon Musk* anführen.

[1050] *Möllers/Schauer*, NZG 2021, 1333, 1334–1340, welche darauf hinweisen, dass die ESMA sowie die nationalen Finanzaufsichtsbehörden der EU-Staaten eine Erstveröffentlichung von Insiderinformationen über soziale Medien unter Berücksichtigung der MAR bislang ablehnen und zudem die Möglichkeit einer Mit- oder Nachveröffentlichung hierüber aufzeigen.

[1051] Schmidt/Taddicken/*Neuberger*, HdB Soziale Medien, Soziale Medien und Journalismus, S. 92–93.

Fehlbewertung mit Einfluss auf die Abfindungszahlung oder eine Überreaktion der Marktteilnehmer auf die Information zu bezweifeln.

Zusammengefasst sollte bei extremen Kursreaktionen infolge jeder Form der Unternehmenskommunikation, der Veröffentlichung von Finanzanalysen, einer prominenten medialen Berichterstattung, der öffentlichen Anlageempfehlung von reichweitestarken *Finfluencern* und der Veröffentlichung emittentenbezogener Informationen durch das Unternehmen oder *Corporate Influencer* in den sozialen Medien von einem nicht zur Darstellung des quotalen Unternehmenswerts geeigneten Börsenkurs ausgegangen werden.

Besagte Reaktionen auf Informationen müssen grundsätzlich innerhalb des Referenzzeitraums stattfinden. Weiterhin können aber auch vorangegangene informationsbedingte Überreaktionen in den Referenzkurs hineinwirken. Hierbei empfiehlt es sich, wie bei den bereits berichtigten, vor der Referenzperiode liegenden Ad-hoc-Pflichtverstößen und vergangenen Verstößen gegen das Manipulations- und Insiderhandelsverbot vorzugehen.[1052] Demnach dürfen nur erhebliche Nachwirkungen Beachtung finden. Zur Bestimmung der Erheblichkeit bietet sich die 5-%-Schwelle des § 39 Abs. 3 S. 4 Hs. 2 BörsG an, womit es einer Abweichung von 5% in Relation zum gewichteten Durchschnittskurs bedarf.[1053] Der schwierige Nachweis einer solchen Abweichung[1054] ist vor dem Hintergrund, dass der Nichtberücksichtigungsfall nicht ausufern darf, hinzunehmen.

f) Kursreaktion auf vorangegangene Transaktionen

Ebenso liegt es nahe, dass bei einer Kursreaktion auf vorangegangene Transaktionen ein Fall der bewertungsrelevanten Kurs- und Marktverzerrung einschlägig sein könnte.

So sprach sich das OLG Frankfurt am Main im Falle vorheriger öffentlicher Angebote mehrfach gegen eine Unternehmensbewertung anhand des Börsenkurses aus. Bereits 2010 begegnete es der Aussagekraft des Börsenkurses beim Vorliegen bindender öffentlicher Kauf- oder Umtauschangebote mit Argwohn.[1055] Wie gesagt führte das Gericht auch in seiner *Hoechst*-Entscheidung von 2013 an, dass der Börsenkurs bei einer Verzerrung aufgrund öffentlicher Angebote nicht herangezogen werden könne.[1056] Konkret äußerte es mit Blick auf die jeweils mit einem Kurssprung einhergehende Veröffentlichung und Erhöhung eines Übernahmean-

---

[1052] Siehe hierzu die Ausführungen unter § 6 A.III.5.d).

[1053] So auch: § 6 A.III.5.b)aa)(1) und § 6 A.III.5.d).

[1054] Zum problematischen Nachweis im Wege der rückwärtigen Induktion siehe: § 6 A. III.5.b)aa)(2).

[1055] OLG Frankfurt a. M., Beschl. v. 03.09.2010 – 5 W 57/09 = ZIP 2010, 1947, 1952; dem zustimmend: *Riegger/Wasmann*, FS Stilz (2014), S. 509, 513.

[1056] OLG Frankfurt a. M., Beschl. v. 05.12.2013 – 21 W 36/12 – Rn. 24, juris.

gebots Zweifel an der Aussagekraft des Börsenkurses.[1057] Ebenso bezweifelte das OLG Frankfurt am Main in einer Entscheidung aus dem Jahre 2016, dass ein durch ein vorheriges öffentliches Übernahmeangebot geprägter Börsenkurs zur Schätzung des Unternehmenswerts herangezogen werden kann.[1058]

Im Hinblick auf die Bestimmung des quotalen Unternehmenswerts mittels des Börsenkurses leuchtet dieses Vorgehen ein. So kann bei vorangegangenen öffentlichen Angeboten vielmehr die Reaktion auf jene anstatt der tatsächlichen Einschätzung des Unternehmens durch die Marktteilnehmer eingepreist werden.[1059] Gerade letztere gilt es aber bei der Berechnung des quotalen Unternehmenswerts zu ermitteln. Dabei zeigte eine Studie Bimbergs zu öffentlichen Kaufangeboten, dass diese sowohl am Ereignistag als auch in der Vorankündigungsphase signifikante Kursreaktionen hervorrufen konnten.[1060] Derart ausgeprägte Schwankungen dürften sich jedenfalls teilweise auf Erwartungen der Anleger an das jeweilige Angebot und dessen Folgen zurückführen lassen.[1061] Daher liegt es nahe, dass der Börsenkurs im Falle von öffentlichen Angeboten vom quotalen Unternehmenswert abweicht. Dies gilt umso mehr, wenn man bedenkt, dass besagte Angebote möglicherweise auch eine Überreaktion am Markt verursachen können.

Allerdings muss mit einem öffentlichen Angebot nicht notwendigerweise ein beeinflusster Kurs einhergehen. Vielmehr sollte zusätzlich gefordert werden, dass im zeitlichen Umfeld des öffentlichen Angebots auch eine deutlich erkennbare Kursreaktion erfolgt, die vermutlich hierauf zurückgeführt werden kann. Hierbei kann auf die Beobachtung von Kursverläufen und notfalls heranzuziehende Vergleichswerte als Indikatoren[1062] zurückgegriffen werden. Im Unterschied zur Fallgruppe der Überreaktion auf eine öffentliche Information[1063] bedarf es aber keiner besonders erheblichen Kursreaktion. Bei jener ist zwischen der legitimen Einpreisung von Informationen und der übertriebenen Reaktion auf sie zu differenzieren. Im Falle eines öffentlichen Angebots hingegen deutet bereits die bloße Kursreaktion

---

[1057] OLG Frankfurt a. M., Beschl. v. 05.12.2013 – 21 W 36/12 – Rn. 43, juris.

[1058] OLG Frankfurt a. M., Beschl. v. 01.03.2016 – 21 W 22/13 = AG 2016, 667, 671, wobei der Börsenkurs hier noch als Untergrenze der Abfindung berücksichtigt wurde.

[1059] Vgl. *Gude*, Strukturänderungen und Unternehmensbewertung zum Börsenkurs, S. 390 § 19 in Bezug auf Übernahmeangebote; siehe zudem *Betzer/Budzinski/Thiele*, KSzW 2011, 426, 429–431 bzgl. vorangegangener Transaktionen im Allgemeinen.

[1060] *Bimberg*, Unternehmensübernahmen und Erwerbsangebote in Deutschland, S. 174–176, der die Kursreaktionen hins. 88 öffentlicher Kaufangebote aus einem Zeitraum vom 01.01.2002 bis zum 31.03.2004 untersuchte.

[1061] Vgl. im Ansatz *Bimberg*, Unternehmensübernahmen und Erwerbsangebote in Deutschland, S. 17. Zudem wird bei *Bimberg*, Unternehmensübernahmen und Erwerbsangebote in Deutschland, S. 195 die Vermutung geäußert, dass die festgestellten abnormalen Kursreaktionen auch auf einer Unterbewertung am Markt und auf Spekulationen bzgl. eines späteren Squeeze-out fußen könnten.

[1062] Siehe hierzu: § 6 A.III.6.d).

[1063] Siehe hierzu: § 6 A.III.6.e).

darauf hin, dass Aspekte jenseits der Einschätzung des Unternehmens in den Börsenkurs eingeflossen sind.

Angesichts einer möglichen Kursrelevanz gelten diese Erwägungen auch für die Veröffentlichung von Änderungen öffentlicher Angebote, die mit einer entsprechenden Kursreaktion einhergehen.[1064]

Diese Erwägungen gelten aber nicht für den Börsenkurs als Deinvestitionswert. Wird der Börsenkurs durch ein öffentliches Übernahmeangebot beeinflusst, so darf ihm nicht seine Eignung als Untergrenze abgesprochen werden.[1065] Schließlich offenbart ein solches Angebot die tatsächliche Veräußerungsmöglichkeit der Aktionäre, auf welche es bei einem dem Verkehrswert entsprechenden Börsenkurs gerade ankommt.[1066] Die Minderheitsaktionäre sollten an einem erhöhten realisierbaren Kurs teilhaben.[1067] Abweichende Auffassungen[1068] vermischen entgegen dem hier vertretenen deinvestitionsorientierten Ansatz die Wertkomponenten des Verkehrswerts und des quotalen Unternehmenswerts, was zu einem verkürzten Anwendungsbereich des Börsenkurses als Untergrenze und einem Widerspruch zur verfassungsrechtlich geforderten vollen Entschädigung führt.[1069] Überdies ergibt sich die Beeinflussung des Kurses nicht aus der abfindungsauslösenden Maßnahme selbst, sondern aus einem vorangegangenen Vorgang[1070], womit auch weiterhin ein von Abfindungsspekulationen unbeeinflusster Deinvestitionswert gewährleistet wird.

Wenn dieser Nichtberücksichtigungsfall mit Blick auf den quotalen Unternehmenswert auch berechtigt sein mag, so scheint er doch nicht umfassend genug. Schließlich können auch anderweitige Abfindungsangebote und Strukturmaßnahmen mitsamt der Ankündigung hierzu innerhalb des Bewertungszeitraums den Börsenkurs verzerren.

[1064] So wohl auch OLG Frankfurt a. M., Beschl. v. 05. 12. 2013 – 21 W 36/12 – Rn. 43, juris bzgl. der späteren Erhöhung eines Übernahmeangebots.

[1065] OLG Frankfurt a. M., Beschl. v. 01. 03. 2016 – 21 W 22/13 = AG 2016, 667, 671; vgl. *Ruthardt/Popp*, AG 2020, 240, 245 Rn. 30; vgl. *Winter*, EWiR 2006, 737, 738 bzgl. eines durch ein anderes Abfindungsangebot geprägten Börsenkurses.

[1066] OLG Frankfurt a. M., Beschl. v. 01. 03. 2016 – 21 W 22/13 = AG 2016, 667, 671.

[1067] OLG Frankfurt a. M., Beschl. v. 01. 03. 2016 – 21 W 22/13 = AG 2016, 667, 671.

[1068] In diese Richtung etwa OLG Düsseldorf, Beschl. v. 04. 10. 2006 – I-26 W 7/06 AktE = AG 2007, 325, 329; LG Düsseldorf, Beschl. v. 09. 09. 2005 – 40 O 295/03 AktE = AG 2005, 929, 930; Schmidt/Lutter/*Schnorbus*, AktG, § 327b AktG Rn. 3a, die sich aber auf die Prägung des Börsenkurses durch Erwartungen an einen vorherigen Abfindungsanspruch beziehen; *Gude*, Strukturänderungen und Unternehmensbewertung zum Börsenkurs, S. 389–390 § 19, der das Bekanntwerden eines vorherigen freiwilligen Übernahmeangebots als Rückrechnungszeitpunkt für die Durchschnittskursbildung setzen will; *Riegger/Wasmann*, FS Stilz (2014), S. 509, 513, welche von einer unzutreffenden Darstellung des Verkehrswerts durch den Börsenkurs im Falle verzerrender öffentlicher Kauf- oder Umtauschangebote sowie einem Andienungsrecht aus einem vorherigen Unternehmensvertrag sprechen.

[1069] Siehe hierzu: § 6 A.II.

[1070] OLG Frankfurt a. M., Beschl. v. 01. 03. 2016 – 21 W 22/13 = AG 2016, 667, 671.

Das OLG Düsseldorf lehnte 2006 eine Berücksichtigung des Börsenkurses bei einer maßgeblichen Beeinflussung durch ein vorheriges Abfindungsangebot aus einem Unternehmensvertrag ab.[1071] Im konkreten Fall führte es eine mangelnde Aussagekraft des Börsenkurses aufgrund des Einflusses der fälschlichen Vorstellung eines übergehenden Abfindungsoptionsrechts aus einem vorangegangenen Spruchverfahren an.[1072]

Auch im Falle eines Abfindungsangebots aus einem früheren Unternehmensvertrag kann der Börsenkurs durch die Abfindungsspekulation geprägt und damit vom tatsächlichen Unternehmenswert abgekoppelt sein.[1073] Hierbei sollte sich der Börsenkurs ungeachtet des tatsächlichen Unternehmenswerts auf den angebotenen Preis festfahren, da kein Handel zu einem niedrigeren Preis stattfinden wird.[1074] Schon nach dem Abschluss eines Beherrschungs- und Gewinnabführungsvertrags beruht der Börsenkurs der beherrschten Gesellschaft in erster Linie auf den Erwartungen der Aktionäre hinsichtlich der Maßnahme, hiermit verbundener Kompensationszahlungen und möglicher anschließender Maßnahmen.[1075] Dementsprechend wird die Preisbildung an der Börse nicht mehr allein auf der Einschätzung der Lage und Entwicklung des Unternehmens durch die Marktteilnehmer basieren.

Dies gilt ebenso für ein vorangegangenes Delisting. Im Zusammenhang hiermit ist die Studie Weimanns hinsichtlich der Übernahme von Aktiengesellschaften nach der FRoSTA-Entscheidung aufschlussreich.[1076] Angesichts des Umstands, dass hiernach die Abfindung beim Delisting anhand des Börsenkurses bemessen wird, schalten Großaktionäre ein solches regelmäßig einem Unternehmensvertrag und einem Squeeze-out vor.[1077] Die Entwicklung des Handelsvolumens nach der Ankündigung des Delisting lässt auf einen erhöhten Verkaufsdruck der Minderheits-

---

[1071] OLG Düsseldorf, Beschl. v. 04.10.2006 – I-26 W 7/06 AktE = AG 2007, 325, 329; Fleischer/Hüttemann/*Adolff/Häller*, RhB Unternehmensbewertung, § 18 Rn. 18.86; so auch die Vorinstanz: LG Düsseldorf, Beschl. v. 09.09.2005 – 40 O 295/03 AktE = AG 2005, 929, 930; dem zustimmend: *Riegger/Wasmann*, FS Stilz (2014), S. 509, 513; *Winter*, EWiR 2006, 737, 738, wobei letzterer dies nur bzgl. einer Abkopplung des Börsenkurses vom quotalen Unternehmenswert, nicht aber vom Verkehrswert befürwortet; vgl. auch Schmidt/Lutter/*Schnorbus*, AktG, § 327b AktG Rn. 3a, der auf die Entscheidungen des OLG bzw. LG Düsseldorf Bezug nimmt, hierbei aber eine Kursverzerrung durch die Zahlung ungerechtfertigt hoher Preise als Ablehnungsgrund des Börsenkurses als Untergrenze erwägt.

[1072] OLG Düsseldorf, Beschl. v. 04.10.2006 – I-26 W 7/06 AktE = AG 2007, 325, 329; *Winter*, EWiR 2006, 737, 738.

[1073] Vgl. *Winter*, EWiR 2006, 737, 738.

[1074] Vgl. *Riegger/Wasmann*, FS Stilz (2014), S. 509, 513, die diese Erwägung aber gegen ein Übereinstimmen von Börsenkurs und Verkehrswert in jenen Fällen anführen.

[1075] *Betzer/Budzinski/Thiele*, KSzW 2011, 426, 429–430.

[1076] Vgl. *Weimann*, Ertragswert und Börsenwert, S. 99–100 § 2.

[1077] *Weimann*, Ertragswert und Börsenwert, S. 99–100 § 2. Zum Vergleich mit der Situation vor der FRoSTA-Entscheidung auf Basis der Macroton-Entscheidung siehe: *Weimann*, Ertragswert und Börsenwert, S. 97–98 § 2.

aktionäre schließen.[1078] Dabei kommt es zu einem Kursverfall[1079], den der Großaktionär zu einem Nachkauf von Aktien unter dem inneren Wert ausnutzen kann[1080]. Die Ankündigung eines Delisting mit Börsenkursabfindung vor einer weiteren Strukturmaßnahme beeinflusst den Kurs des Unternehmens somit nachweislich negativ, wobei ein Ausnutzungspotenzial zulasten der Abfindungsberechtigten besteht. Damit spiegelt sich eher der Umstand des Delisting an sich und weniger der wahre Unternehmenswert im Kurs wider.[1081] Mithin deutet auch eine zuvor erfolgte Delistingankündigung auf einen verzerrten Börsenkurs hin. Sofern das Delisting vor der konkreten abfindungsauslösenden Maßnahme wirksam wird, kann zudem von vornherein auf keinen Börsenkurs zur Abfindung abgestellt werden.[1082]

Da immer dann, wenn eine Abgabe von Aktien gegen eine Kompensation anhand des Börsenkurses erfolgt, eine Spekulation hinsichtlich der Zahlung sowie möglicher weiterer Maßnahmen erfolgt und sich in der Preisbildung niederschlägt, dürfte in diesen Fällen die Aussagekraft des Kurses fragwürdig sein. Schließlich wird weniger die Bewertung der tatsächlichen Unternehmenslage und -entwicklung durch die Marktteilnehmer, sondern eher die Spekulation auf Abfindungen den Börsenkurs bestimmen. Somit wird sich der Börsenkurs bei vorherigen Transaktionen vom intrinsischen Unternehmenswert abkoppeln.[1083] Als primäre Werttreiber fungieren sodann die Erwartungen an die vorangegangene Maßnahme und deren Ausgang.[1084] Den reinen quotalen Unternehmenswert wird ein derart beeinflusster Börsenkurs nicht mehr sicher darstellen können. Zudem besteht die Gefahr, dass mit der abfindungsauslösenden Maßnahme eine Überreaktion des Marktes einhergeht, durch welche der Börsenkurs weiter vom wahren Wert des Unternehmens abdriftet.

Dementsprechend sollte von einer Orientierung am Börsenkurs in Fällen der Ankündigung und Durchführung anderer Strukturmaßnahmen, der Veröffentlichung hierauf bezogener Abfindungsangebote sowie der noch ausstehenden Abfindung oder Entscheidung hierüber innerhalb des Referenzzeitraums abgesehen

---

[1078] *Weimann*, Ertragswert und Börsenwert, S. 99 § 2, S. 157 § 8. Hieran hat auch der novellierte § 39 BörsG nichts geändert, vgl. *Weimann*, Ertragswert und Börsenwert, S. 183, 186–187 § 8.

[1079] *Weimann*, Ertragswert und Börsenwert, S. 99 § 2, S. 137 § 8; im Ansatz bereits *Bayer*, ZfPW 2015, 163, 205. Auch hieran hat der novellierte § 39 BörsG kaum etwas geändert, vgl. *Weimann*, Ertragswert und Börsenwert, S. 162, 186–187 § 8. Zum nachgewiesenen durchschnittlichen Kursverfall vor dem Hintergrund der FRoSTA-Entscheidung und des § 39 BörsG n.F. siehe *Weimann*, Ertragswert und Börsenwert, S. 134–135 § 8, 159–160 § 8.

[1080] *Weimann*, Ertragswert und Börsenwert, S. 99 § 2.

[1081] Dieser Gedanke wird bereits bei *Bungert/Leyendecker-Langner*, BB 2014, 521, 522 in Bezug auf den Verkehrswert aufgeworfen.

[1082] OLG München, Beschl. v. 11.03.2020 – 31 Wx 341/17 = AG 2020, 440, 441 Rn. 39; *Bungert/Leyendecker-Langner*, BB 2014, 521, 522; Emmerich/Habersack/*Habersack*, AktG, § 327b AktG Rn. 9a. Zur Problematik der fehlenden Notierung siehe: § 6 B.III.3.e).

[1083] *Betzer/Budzinski/Thiele*, KSzW 2011, 426, 430 Tab., 431.

[1084] Vgl. *Betzer/Budzinski/Thiele*, KSzW 2011, 426, 429–431.

werden. Wie auch bei den öffentlichen Angeboten bedarf es für die Unterstellung eines beeinflussten Kurses zusätzlich einer erkennbaren Kursreaktion im zeitlichen Umfeld des fraglichen Umstands.

Auch diese Erweiterungen des Nichtberücksichtigungsfalls gelten nur für einen Börsenkurs, der den quotalen Unternehmenswert darstellen soll. Sofern er lediglich als Deinvestitionswert betrachtet wird, kommt es nur auf die hypothetisch mögliche Veräußerung, nicht aber die Aussagekraft der Kurse und ihren Bezug zum Unternehmen an.[1085] Ohnehin sollte es seltener zur gezielten Ausnutzung einer Unterbewertung durch den Hauptaktionär kommen, wenn der Börsenkurs lediglich als Untergrenze genutzt wird.[1086]

Zusammenfassend empfiehlt es sich, bei sämtlichen Kursreaktionen auf vorangegangene relevante Transaktionen bezüglich Aktien des zu bewertenden Unternehmens einen von der Berücksichtigung des Börsenkurses bei der Ermittlung des quotalen Unternehmenswerts abzusehen. Als relevante Transaktionen gelten hierbei öffentliche Angebote, deren Änderung, die Ankündigung und Durchführung anderer Strukturmaßnahmen mitsamt der entsprechenden Abfindungsangebote sowie noch ausstehende Abfindungen oder die Entscheidung hierüber.

Eine Korrektur oder Nichtbeachtung des Börsenkurses bereits bei börslichen Aktienerwerben des Mehrheitsaktionärs hingegen ist abzulehnen.[1087] So werden derartige Erwerbe i. d. R. keine kursverzerrenden Spekulationen wie etwa öffentliche Angebote und Strukturmaßnahmen auslösen. Erst eine theoretisch jedem Aktionär mögliche Veräußerung seiner Aktien infolge eines öffentlichen Angebots oder eine Kompensation des Aktienverlusts der Aktionäre wird das Investitionsverhalten der Anlegergesamtheit entscheidend prägen.

Grundsätzlich muss die Transaktion mit der einhergehenden Kursreaktion innerhalb des Referenzzeitraums erfolgen. Allerdings können vorangegangene Ankündigungen und Strukturmaßnahmen sowie vorherige Abfindungsangebote oder öffentliche Angebote auch vor dem Beginn des Bewertungszeitraums liegen und noch in ihn hineinwirken. Um diesen Aspekt zu berücksichtigen und den Ausnahmefall nicht ausufern zu lassen, empfiehlt es sich, wie bereits bei der Fallgruppe der Überreaktionen auf öffentliche Informationen zu verfahren. Demgemäß sollen nur erhebliche Nachwirkungen Beachtung finden, was bei einer Abweichung von 5 % in Relation zum gewichteten Durchschnittskurs anzunehmen ist.[1088]

[1085] So bereits *Winter*, EWiR 2006, 737, 738 zu einem von einem vorangegangenen Abfindungsangebot beeinflussten Börsenkurs.

[1086] Siehe hierzu den Vergleich zur Handhabung des Delisting bei Übernahmen nach heutiger Rechtslage mit der Situation vor der FRoSTA-Entscheidung auf Basis der Macroton-Entscheidung bei *Weimann*, Ertragswert und Börsenwert, S. 97–100 § 2.

[1087] So aber Marsch-Barner/Schäfer/*Gehling*, HdB börsennotierte AG, § 13 Rn. 13.94, der in solchen Fällen den Börsenkurs korrigieren und zudem Vorerwerbspreise unberücksichtigt lassen will.

[1088] Siehe hierzu: § 6 A.III.6.e).

g) Unternehmen in Abwicklung ohne operatives Geschäft

Das LG Düsseldorf spricht in einer Entscheidung von 2005 dem Börsenkurs auch dann seine Urteilskraft und Eignung als Untergrenze ab, wenn sich das Unternehmen in Abwicklung befindet und kein operatives Geschäft betreibt.[1089] Hierzu führt das Gericht an, dass es sich um eine anders zu beurteilende Situation als bei der *DAT/Altana*-Entscheidung des BVerfG handelt.[1090] Ihm zufolge sollten zur Bewertung eines Unternehmens, welches zur Liquidation bestimmt ist und nur noch sein eigenes Vermögen verwaltet, lediglich dessen Barmittel herangezogen werden.[1091]

Dabei macht das LG Düsseldorf eine Heranziehung des Börsenkurses als Untergrenze von der Bewertung des Unternehmens hinsichtlich dessen operativer Tätigkeit abhängig. Zudem will es den Börsenkurs auch deshalb nicht als Untergrenze heranziehen, weil er durch die Erwartung an den Ausgang eines vorherigen Spruchverfahrens geprägt war.[1092] Damit scheint es einen kapitalmarktorientierten Ansatz bezüglich des Deinvestitionswerts zu verfolgen. Die nächsthöhere Instanz geht ebenso vor. Wenn das Ergebnis zwar offengelassen wurde, so hält das OLG Düsseldorf der Vorinstanz zugute, dass die Heranziehung des Börsenkurses als Untergrenze auf der Vorstellung beruhe, dass der Markt eine zutreffende Bewertung der Ertragskraft des Unternehmens vornehmen würde.[1093] Hierbei greift es auf diejenigen Formulierungen der *DAT/Altana*-Entscheidung des BGH[1094] zurück, denen ein kapitalmarktorientierter Ansatz zugrunde liegt.[1095]

[1089] LG Düsseldorf, Beschl. v. 09.09.2005 – 40 O 295/03 AktE = AG 2005, 929, 929 Ls. 1, 930; dem zustimmend: Schmidt/Lutter/*Schnorbus*, AktG, § 327b AktG Rn. 3a. Die Folgeinstanz hat dies offengelassen, scheint die Auffassung des LG Düsseldorf aber zu befürworten (siehe: OLG Düsseldorf, Beschl. v. 04.10.2006 – I-26 W 7/06 AktE = AG 2007, 325, 329). In späteren Entscheidungen des OLG Düsseldorf wird der Umstand, dass es sich um ein Unternehmen in Abwicklung ohne operatives Geschäft handelt, nicht gegen die Berücksichtigung des Börsenkurses angeführt, wobei diese Problematik auch keiner Erörterung bedurfte (siehe: OLG Düsseldorf, Beschl. v. 29.07.2009 – 26 W 1/08 (AktE) Rn. 41–44, juris, wo bereits von Anfang an eine Abfindung zum Börsenkurs, der über dem Liquidationswert lag, gewährt wurde; OLG Düsseldorf, Beschl. v. 13.03.2008 – I-26 W 8/07 (AtkE) = AG 2008, 498, 501–502, wonach eine Berücksichtigung des Börsenkurses schon aufgrund eines fehlenden aussagekräftigen Handels im Bewertungszeitraum abgelehnt wurde).

[1090] LG Düsseldorf, Beschl. v. 09.09.2005 – 40 O 295/03 AktE = AG 2005, 929, 930.

[1091] LG Düsseldorf, Beschl. v. 09.09.2005 – 40 O 295/03 AktE = AG 2005, 929, 930.

[1092] So die Urteilspassage unter LG Düsseldorf, Beschl. v. 09.09.2005 – 40 O 295/03 AktE = AG 2005, 929, 930. Zu letzterem Aspekt, welcher in dieser Arbeit als Ausnahmefall für eine Berücksichtigung des Börsenkurses bei der Ermittlung des quotalen Unternehmenswerts, nicht aber des Deinvestitionswert eingeordnet wird, siehe bereits: § 6 A.III.6.f).

[1093] OLG Düsseldorf, Beschl. v. 04.10.2006 – I-26 W 7/06 AktE = AG 2007, 325, 329.

[1094] Siehe hierzu BGH, Beschl. v. 12.03.2001 – II ZB 15/00 –, BGHZ 147, 108–125, Rn. 19.

[1095] So die konkrete Urteilspassage bei OLG Düsseldorf, Beschl. v. 04.10.2006 – I-26 W 7/06 AktE = AG 2007, 325, 329.

Ein solches Vorgehen widerspricht aber dem zu befürwortenden deinvestitionsorientierten Ansatz, wonach es für den als Untergrenze dienenden Börsenkurs lediglich auf die hypothetische Veräußerungsmöglichkeit ankommt.[1096] Sofern ein Aktionär seine Aktie trotz der Abwicklung der Gesellschaft und ihres fehlenden operativen Geschäfts bei einem Ausbleiben der abfindungsauslösenden Maßnahme hätte veräußern können, bestand eine Deinvestitionsmöglichkeit, deren Verlust ihm zu ersetzen ist. Das verfassungsrechtliche Gebot der vollen Entschädigung gebietet es, die Abfindung mindestens an diesem Wert zu bemessen. Andernfalls würde der Charakter der Aktie als Handelsobjekt missachtet und eine unzureichende Kompensation gewährleistet. Sofern eine Veräußerung zum Börsenkurs aus Gründen der Liquidität und Nachfrageelastizität zu bezweifeln ist, können die Ausnahmefälle der Marktenge und des fehlenden Handels eingreifen.[1097] Eine gesonderten Ausnahme bei der Ermittlung des Deinvestitionswerts ist folglich nicht angebracht.

Mithin sollte der Ausnahmefall der Börsenkursorientierung bei einem Unternehmen in Abwicklung ohne operatives Geschäft entgegen der gerichtlichen Auffassung nicht für den Deinvestitionswert gelten.

Zuzustimmen ist dem LG Düsseldorf hingegen, sofern der Börsenkurs den quotalen Unternehmenswert abbilden soll.

So stellt bei einem Unternehmen, das lediglich sein eigenes Vermögen verwaltet und zur Liquidation bestimmt ist, nur noch die Summe seiner Barmittel dessen Wert dar. Es besteht dabei kein Bewertungsspielraum mehr.[1098] Auch kann keine Werteinschätzung des Unternehmens durch den Markt anhand von Prognosen zu dessen künftiger Entwicklung stattfinden.[1099] Schließlich existiert schlichtweg keine Ertragslage und keine prognostizierbare Entwicklung des Unternehmens, welche die

---

[1096] Siehe zu den verschiedenen Ansätzen hinsichtlich des Deinvestitionswerts, zum hier vertretenen (modifizierten) deinvestitionsorientierten Ansatz und zur Kritik am BGH: § 6 A.II. In diese Richtung wohl auch *Winter*, EWiR 2006, 737, 738, der jedenfalls die Erwägung des OLG Düsseldorf zur mangelnden Aussagekraft des Börsenkurses aufgrund des Einflusses der fälschlichen Vorstellung eines übergehenden Abfindungsoptionsrechts aus einem vorangegangenen Spruchverfahren lediglich für den quotalen Unternehmenswert, nicht aber den Verkehrswert gelten lassen will.

[1097] Zu besagten Ausnahmefällen, die auch für den Deinvestitionswert gelten, siehe: § 6 A. III.1. Gerade im Falle eines Unternehmens in Abwicklung ohne operatives Geschäft kann eine Marktenge vorliegen (siehe etwa die Ausführungen bei OLG Düsseldorf, Beschl. v. 29.07. 2009 – 26 W 1/08 (AktE) Rn. 44, juris; OLG Düsseldorf, Beschl. v. 13.03.2008 – I-26 W 8/07 (AtkE) = AG 2008, 498, 501–502; OLG Düsseldorf, Beschl. v. 04.10.2006 – I-26 W 7/06 AktE = AG 2007, 325, 329; *Winter*, EWiR 2006, 737, 738).

[1098] Vgl. LG Düsseldorf, Beschl. v. 09.09.2005 – 40 O 295/03 AktE = AG 2005, 929, 930, welches hiermit den Börsenkurs als Untergrenze ablehnen will. Sofern eine Fortführung aber dennoch lukrativer als eine Zerschlagung wäre, sollte sodann aber der quotale Unternehmenswert auf Basis des hypothetischen Fortführungswerts durch einen Sachverständigen berechnet werden (zu diesem Ansatz bereits: § 1 B.I.1.a)).

[1099] Vgl. OLG Düsseldorf, Beschl. v. 04.10.2006 – I-26 W 7/06 AktE = AG 2007, 325, 329, das diese Erwägung jedoch als mögliches Argument gegen den Börsenkurs als Untergrenze anführt.

Marktteilnehmer einpreisen könnten. Mithin liegt in derartigen Konstellationen kein Börsenkurs vor, der einen etwaigen quotalen Unternehmenswert abzubilden vermag. Darüber hinaus bestehen bezüglich der Aussagekraft des Börsenkurses schon aufgrund des oftmals nur im geringen Maße stattfindenden Handels berechtigte Zweifel.[1100]

Daher ist es ratsam, bei Unternehmen in Abwicklung ohne operatives Geschäft von einem nicht aussagefähigen Börsenkurs in Hinblick auf den quotalen Unternehmenswert auszugehen.

h) Konglomeratsabschlag

In einer Entscheidung von 2007 sah das OLG Stuttgart einen Konglomeratsabschlag als Grund für eine Abweichung des Börsenkurses vom Fundamentalwert.[1101] Hierin erblickte es ein Kapitalmarktphänomen, mit welchem eine Unterbewertung und damit ein ineffizienter Markt einhergehe.[1102]

Als Konglomeratsabschlag wird der Vorgang bezeichnet, bei dem der Gesamtwert eines Unternehmens mit verschiedenen Geschäftseinheiten am Kapitalmarkt zu niedrig eingeschätzt wird.[1103] Aufgrund der Kumulation der heterogenen Erwartungen der Anleger, von denen manche bestimmte Geschäftszweige als unprofitabel erachten, kommt es dabei zu einem Abschlag vom Börsenkurs des Gesamtunternehmens.[1104]

Allerdings ist sich die Forschung über die Existenz eines Konglomeratsabschlags uneinig, wobei zum Teil sogar eine positive Wirkung der Diversifikation auf den Marktwert behauptet wird.[1105] So wird die Aussagekraft der Belege für

---

[1100] Zur geringen Liquidität als Indikator einer Fehlbewertung im Kontext der Bestimmung des quotalen Unternehmenswerts unter Berücksichtigung des Börsenkurses siehe: § 6 A.III.6. d). Bzgl. der möglichen Marktenge bei Aktien von Unternehmen in Abwicklung ohne operatives Geschäft siehe: OLG Düsseldorf, Beschl. v. 29.07.2009 – 26 W 1/08 (AktE) Rn. 44, juris; OLG Düsseldorf, Beschl. v. 13.03.2008 – I-26 W 8/07 (AtkE) = AG 2008, 498, 501–502; OLG Düsseldorf, Beschl. v. 04.10.2006 – I-26 W 7/06 AktE = AG 2007, 325, 329; *Winter*, EWiR 2006, 737, 738.

[1101] OLG Stuttgart, Beschl. v. 06.07.2007 – 20 W 5/06 = AG 2007, 705, 708.

[1102] OLG Stuttgart, Beschl. v. 06.07.2007 – 20 W 5/06 = AG 2007, 705, 708; Fleischer/Hüttemann/*Adolff/Häller*, RhB Unternehmensbewertung, § 18 Rn. 18.86.

[1103] *Friedl*, BB, 2002, 1157, 1159. Grundlegend zur Begrifflichkeit des Konglomerats und dessen Bewertung siehe *Funke*, Konglomeratsabschlag und Transaktionskostentheorie, S. 3–11.

[1104] *Friedl*, BB, 2002, 1157, 1159, der hierbei die unterschiedliche Beurteilung des Investmentgeschäfts und des Privatkundengeschäfts einer Universalbank als Beispiel nennt.

[1105] *Funke*, Konglomeratsabschlag und Transaktionskostentheorie, S. 11–14; *Vollmar*, Spin-offs, Diversifikation und Shareholder Value, S. 127–143. Siehe zudem OLG Frankfurt a. M., Beschl. v. 03.09.2010 – 5 W 57/09 –, Rn. 101, juris, wo offengelassen wird, ob es sich beim Konglomeratsabschlag überhaupt um ein reales Phänomen handelt.

einen Konglomeratsabschlag grundlegend in Frage gestellt.[1106] Zudem ist anzumerken, dass es für einen sicheren Nachweis eines Konglomeratsabschlags des korrekten Unternehmenswerts als Vergleichsgröße bedarf.[1107] Auch herrschte bis in die 1990er Jahre die Vorstellung von Konglomeratszuschlägen.[1108] Der pauschalen Annahme eines Konglomeratsabschlags widersprechen vor allem die Ergebnisse einer Studie von Funke. Demnach treten an europäischen Kapitalmärkten sowohl Konglomeratsabschläge als auch -zuschläge auf, woraus Funke folgert, dass bei der Bewertung von Konglomeraten weder ein Abschlag noch ein Zuschlag mit einberechnet werden dürfe.[1109]

Angesichts der Uneinigkeit in Bezug auf die Bewertung von Konglomeraten durch den Markt und des problematischen Nachweises eines Konglomeratsabschlags sollte dieses umstrittene Phänomen nicht als mögliche Kursverzerrung und damit als Argument gegen die Berücksichtigung des Börsenkurses gewertet werden. So kann nicht mit Sicherheit festgestellt werden, ob es im konkreten Fall zu einem Konglomeratsabschlag und einer hieraus folgenden Fehlbewertung im konkreten Fall gekommen ist. Denklogisch ist ein pauschaler Konglomeratsabschlag erst recht abzulehnen.

Falls die Wissenschaft in Zukunft aber zu sicheren Erkenntnissen und entsprechenden Nachweismethoden hinsichtlich etwaiger Fehlbewertungen von Konglomeraten kommen sollte, bietet es sich an, auf dieser Basis eine Ausnahme von der Börsenkursorientierung bei der Ermittlung des quotalen Unternehmenswerts aufgrund einer Kursverzerrung anzunehmen. Bis dahin sollte aber auf andere Aspekte abgestellt werden, die auf einen verzerrten Kurs schließen lassen.

i) Verhaltensökonomisch bedingte Marktverzerrungen

Vor dem Hintergrund der Erkenntnisse zur *Behavioral Finance* drängt sich die Möglichkeit verhaltensökonomisch bedingter Marktverzerrungen als weiteres Ar-

---

[1106] *Vollmar*, Spin-offs, Diversifikation und Shareholder Value, S. 136–141.

[1107] OLG Frankfurt a.M., Beschl. v. 03.09.2010 – 5 W 57/09 –, Rn. 101, juris, welches aber offenlässt, ob ein Konglomeratsabschlag gegen die Berücksichtigung des Börsenkurses angeführt werden kann, da im konkreten Fall keine breit gestreuten Mischkonzerne zu bewerten waren.

[1108] OLG Frankfurt a.M., Beschl. v. 03.09.2010 – 5 W 57/09 –, Rn. 101, juris; vgl. *Funke*, Konglomeratsabschlag und Transaktionskostentheorie, S. 1.

[1109] *Funke*, Konglomeratsabschlag und Transaktionskostentheorie, S. 177–179, der eine Untersuchung auf Basis der Daten von 261 reinen Konglomeraten und 346 *Single-Segment*-Unternehmen aus dem Jahre 2003 sowie 232 reinen Konglomeraten und 263 *Single-Segment*-Unternehmen von 2001 durchführte. Hins. dieses Vorgehens gesteht er selbst ein, dass es sich um eine statistisch betrachtet kleine Gruppe handelt und weist zudem auf weitere Restriktionen seiner Studie hin, *Funke*, Konglomeratsabschlag und Transaktionskostentheorie, S. 179–183. Zudem sollte dem Untersuchungsergebnis angesichts der fehlenden Aktualität mit Vorsicht begegnet werden.

gument gegen die Berücksichtigung des Börsenkurses bei der Unternehmensbewertung auf.

Bereits 1967 führte der BGH mögliche psychologische Momente als nicht wertrelevante Außeneinflüsse gegen die Heranziehung des Börsenkurses bei einer Abfindung aufgrund einer möglichen Abweichung vom wahren Wert an, wobei er zur damaligen Zeit keine Börsenkursberücksichtigung bei der Unternehmensbewertung vornehmen wollte.[1110] Die Vorstellung irrationaler Verzerrungen des Kurses könnte auch in den Gerichtsentscheidungen, bei denen von auffälligen Kursanomalien die Rede ist, angeklungen sein.[1111]

Von besonderem Interesse ist die jüngere instanzgerichtliche Rechtsprechung, in welcher vereinzelt mögliche verhaltensökonomisch bedingte Marktverzerrungen zur Sprache kommen.[1112] Ihnen wird jedoch keine besondere Bedeutung hinsichtlich eines abfindungsrelevanten Börsenkurses beigemessen. So stößt der Einwand der Irrationalität zum Teil auf eine gänzliche Ablehnung.[1113] Andernorts heißt es, dass dieser Aspekt grundsätzlich nicht zu einer Infragestellung von Börsenkursen als Verkehrswerte verleite, wobei explizit offengelassen wird, in welcher Konstellation die Angemessenheit einer Abfindung zum Börsenkurs nicht doch aufgrund kursprägender irrationaler oder begrenzt rationaler Verhaltensweisen weitergehend zu überprüfen sei.[1114]

Hinsichtlich des Deinvestitionswerts, d. h. des Börsenkurses als Untergrenze, ist der ablehnenden Haltung beizupflichten. Unter Zugrundelegung eines deinvestitionsorientierten Ansatzes[1115] ist eine irrational verzerrte Kursbildung für die bloße Veräußerungsmöglichkeit nicht von Bedeutung. So können auch zu einem verzerrten Kurs, der dem inneren Wert des Unternehmens nicht gerecht wird, Deinvestitionen – eine entsprechende Liquidität und Nachfrageelastizität vorausgesetzt – erfolgen. Gerade diese entzogene Veräußerungsmöglichkeit ist dem Abfindungsberechtigten als Mindestwert zu ersetzen. Demgemäß sollte der Nichtbe-

---

[1110] BGH, Urt. v. 30.03.1967 – II ZR 141/64 (KG) = NJW 1967, 1464, 1464; vgl. *Meyer*, Abfindung und Unternehmensbewertung, S. 166, der zudem auf die bis in die späten 90er vorherrschende Rechtsprechungslage, die Börsenkursen ablehnend gegenüberstand, Bezug nimmt.

[1111] Siehe hierzu: § 6 A.III.6.c). Zu den Marktanomalien im Kontext der *Behavioral Finance* siehe: § 2 C.III.1.

[1112] OLG München, Beschl. v. 14.12.2021 – 31 Wx 190/20 = NZG 2022, 606, 614 Rn. 88; OLG Frankfurt a.M., Beschl. v. 26.04.2021 – 21 W 139/19 = AG 2021, 559, 562; LG Frankfurt a.M., Beschl. v. 27.06.2019 – 3–05 O 38/18 –, Rn. 97–98, juris (nrkr.); LG Stuttgart, Beschl. v. 08.05.2019 – 31 O 25/13 KfH SpruchG –, Os. 4, Rn. 350–351, 377, juris.

[1113] OLG München, Beschl. v. 14.12.2021 – 31 Wx 190/20 = NZG 2022, 606, 614 Rn. 88; OLG Frankfurt a.M., Beschl. v. 26.04.2021 – 21 W 139/19 = AG 2021, 559, 562.

[1114] LG Frankfurt a.M., Beschl. v. 27.06.2019 – 3–05 O 38/18 –, Rn. 98, juris (nrkr.); LG Stuttgart, Beschl. v. 08.05.2019 – 31 O 25/13 KfH SpruchG –, Os. 4, Rn. 351, 377, juris.

[1115] Zur näheren Begründung dieses Ansatzes siehe: § 6 A.II.

rücksichtigungsfall der verhaltensökonomisch bedingten Marktverzerrungen keine Anwendung finden, sofern der Börsenkurs dem Deinvestitionswert entsprechen und als Untergrenze herangezogen werden soll.[1116]

Einer abweichenden Beurteilung hingegen bedarf die Konstellation, in welcher der Börsenkurs den quotalen Unternehmenswert widerspiegeln und möglicherweise als alleinige Bewertungsgrundlage dienen soll.[1117]

Wie die vorangegangenen Ausführungen zur *Behavioral Finance* gezeigt haben, kommt psychologischen Effekten und hierauf beruhenden Fehlbewertungen eine entscheidende Rolle bei der Preisbildung an der Börse zu. Hierin offenbart sich ein zentraler Kritikpunkt an der Effizienzmarkthypothese und der Berücksichtigung des Börsenkurses zur Unternehmensbewertung. So weichen Kurse, die sich auf Basis irrationalen Anlegerverhaltens gebildet haben, vom wahren Wert des Unternehmens ab. In diesen Fällen ist der Börsenkurs durch psychologisch bedingte exogene Faktoren beeinflusst, die nicht mit dem tatsächlichen Unternehmenswert im Zusammenhang stehen. Zur Ermittlung des quotalen Unternehmenswerts kommt er sodann nicht mehr in Betracht. Da andernfalls das Bewertungsergebnis verfälscht würde, sollte ein derart verzerrter Kurs noch nicht einmal im Rahmen eines indirekten Marktbezugs Beachtung finden.

Dabei deutet die Forschungslage darauf hin, dass Börsenkurse grundsätzlich eher vom inneren Wert abweichen, als dass sie diesem entsprechen.[1118] Dies widerspricht der Auffassung der jüngeren Rechtsprechung und der heutzutage vorherrschenden Vorstellung eines Regel-Ausnahme-Verhältnisses mit einem aussagefähigen unverzerrten Börsenkurs als Regelfall.[1119]

Der Preisbildungsprozess ist von den Entscheidungen der Marktteilnehmer und somit von deren Wahrnehmung mitsamt naheliegenden psychologischen Verzer-

---

[1116] So auch *Ruthardt/Popp*, AG 2022, 347, 349 Rn. 28 unter Bezugnahme auf die Entscheidungen des OLG Frankfurt a. M. und des OLG München aus dem Jahre 2021. In diese Richtung wohl auch LG Stuttgart, Beschl. v. 08. 05. 2019 – 31 O 25/13 KfH SpruchG –, Os. 4, juris, wo vom Deinvestitionswert und Verkehrswert gesprochen wird. A. A. wohl *Meyer*, Abfindung und Unternehmensbewertung, S. 189, der einen durch Spekulationen überhöhten Börsenkurs auch nicht als Untergrenze der Abfindung berücksichtigen will.

[1117] Siehe auch *Ruthardt/Popp*, AG 2022, 347, 350–351 Rn. 31–39, die vor dem Hintergrund der Entscheidungen der OLG Frankfurt a. M. und München eine Alleinmaßgeblichkeit des Börsenkurses grds. ablehnen und eine solche nur im Idealfall einer strengen Informations- und Allokationseffizienz mit rationalen Marktteilnehmern für theoretisch vertretbar erachten. Ebenso äußert sich Ziemons/Binnewies/*Ziemons*, HdB-AG, 12. Rn. 12.1008, die eine Alleinmaßgeblichkeit des Börsenkurses ablehnt, dahingehend, dass ein durch Stimmungen beeinflusster Börsenkurs nicht als alleiniger Bewertungsmaßstab bei der Abfindung herhalten kann.

[1118] Ausführlich hierzu bereits: § 2 C., D., E.III., F. Siehe auch *Kartasôva/Vicoskaite*, KSI, 2013, Vol. 6, No. 4, 5, 10, nach denen Marktanomalien eher auftreten, als dass sie ausbleiben, wobei sie aber nicht immer vorliegen müssen.

[1119] Siehe: § 2 E.III. Zum Vorschlag eines umgedrehten Regel-Ausnahme-Verhältnisses hinsichtlich der fehlenden Übereinstimmung von Börsenkurs und quotalen Unternehmenswert siehe: § 6 C.

rungen abhängig. Einer gänzlich rationalen Wahrnehmung und Entscheidungsfindung steht die Psyche eines jeden Anlegers entgegen, was aus neurologischer und evolutiver Sicht erklärbar ist. Im Rahmen dessen führen die systematisch auftretenden Verhaltensanomalien einzelner Marktteilnehmer auf Mikroebene in Kumulation zu Marktanomalien auf Makroebene. Etwaige Kursschwankungen lassen sich dementsprechend nicht einfach mit der Situationsbezogenheit jeder Wertschätzung erklären.[1120] In Anbetracht der systematischen Verzerrungen und der lediglich begrenzten Arbitragemöglichkeiten möglicher rationaler Akteure[1121] kann der Irrationalität auch nicht entgegengehalten werden, dass es sich um unabhängige Einzelschätzungen handeln würde.[1122]

Auch vermögen es die übrigen Nichtberücksichtigungsfälle nicht, die verhaltensökonomisch begründeten Zweifel an einer aussagefähigen Marktbewertung zu entkräften.[1123] Selbst wenn der Börsenkurs hinsichtlich der Liquidität, der Manipulationsfreiheit und der Informationslage der Anleger nicht zu beanstanden ist, kann er noch irrationalen Verzerrungen unterliegen.

Ebenso wenig wird man psychologisch bedingten Kursverzerrungen allein im Wege einer Durchschnittskursbildung begegnen können.[1124] Hiergegen spricht schon die Existenz mittel- bis langfristige Marktanomalien, die sich kaum über die Bildung eines Durchschnittskurses glätten lassen. So konnte ein zu fünf Jahre andauernden *Winner-Loser-Effect* und ein einjähriges *Momentum* empirisch nachgewiesen werden.[1125] Darüber hinaus wirken sich besonders schwerwiegende Fehlbewertungen und Kursverzerrungen, an denen sich ein Trend abzeichnet, entschieden auf den Durchschnittskurs aus.

Weiterhin unterliegen die Gerichte einem Fehlschluss, wenn sie teilweise aus der Komplexitätsreduktion, die durch die Modelle des *Homo Oeconomicus*, des Gleichgewichtspreises und der Effizienzmarkthypothese erzielt wird, darauf schließen, dass die Marktpreise nicht bei jeder Abweichung von diesen Modellan-

---

[1120] So aber OLG Frankfurt a. M., Beschl. v. 26.04.2021 – 21 W 139/19 = AG 2021, 559, 562.

[1121] Siehe hierzu: § 2 C.II.

[1122] So aber OLG München, Beschl. v. 14.12.2021 – 31 Wx 190/20 = NZG 2022, 606, 606 Rn. 88.

[1123] Siehe hierzu die Kritik bzgl. der Fälle der Marktenge und des fehlenden Handels (§ 6 A.III.1.c)), der Manipulation (§ 6 A.III.2.c)), der Informationspflichtverletzung (§ 6 A.III.3. g)) sowie des Insiderhandels (§ 6 A.III.4.c)). Bereits *Meyer*, Abfindung und Unternehmensbewertung, S. 189 merkt an, dass Irrationalitäten an der Börse trotz der gesetzlichen Schutzvorschriften noch als sachfremde Einflüsse fortwirken können.

[1124] So aber OLG Frankfurt a. M., Beschl. v. 26.04.2021 – 21 W 139/19 = AG 2021, 559, 562, welches hierbei aber selbst nur sehr kurzfristige Bewegungen des Kurses sowie vorübergehende Kursanomalien ausgleichen will und dazu auf einen dreimonatigen Durchschnittskurs abstellt. Zur Durchschnittskursbildung, die nach dieser Arbeit anhand eines zwölfmonatigen Referenzzeitraums durchzuführen ist, siehe: § 6 B.

[1125] Siehe hierzu: § 2 C.III.1.b).

nahmen zu verwerfen seien.[1126] Bei einer Abfindung geht es gerade um einen realen Prozess, der anhand des tatsächlichen Erkenntnisstands und nicht nur auf Grundlage von Idealmodellen zu beurteilen ist. Entspricht die Realität nicht dem Modell, kann auch nicht aus Vereinfachungsgründen darauf abgestellt werden. Es wäre unsachgemäß, eine Modellannahme zur Vereinfachung eingreifen zu lassen, obwohl diese eine Ausgangslage unterstellt, die der des konkreten Falls nachweislich widerspricht. Dies lässt sich auch nicht mit dem Grundgedanken des Modells selbst, der Vereinfachung, begründen, da sie mit einer bewussten Verfälschung des Ergebnisses einhergeht.

Wenn die Verhaltensökonomie schon nahelegt, dass Börsenkurse grundsätzlich eher vom inneren Wert abweichen, als dass sie diesem entsprechen, muss erst recht von einem nicht bewertungsgeeigneten Kurs ausgegangen werden, wenn ein kursprägendes irrationales Verhalten festgestellt werden kann. Schließlich offenbaren die vielfach nachgewiesenen Marktanomalien und Spekulationsblasen psychologisch erklärbare Gegenbeweise von der Effizienzmarkthypothese.[1127] Zur Aufdeckung irrationaler Fehlbewertungen könnte nach Maßgabe der *Behavioral-Finance*-Forschung vorgegangen werden.[1128]

Allerdings wirft ein solches Vorgehen gewichtige Nachweisprobleme auf. Hinsichtlich des Nachweises speziell verhaltensökonomisch bedingter Marktverzerrungen kann auf die Kritik an der *Behavioral Finance* verwiesen werden. Der Vorwurf eines fehlenden einheitlichen Modells und die unterstellte antitheoretische Ausrichtung wurden bereits erörtert. Wenn diese Kritikpunkte auch nicht imstande sind, der *Behavioral Finance* ihre Wissenschaftlichkeit abzusprechen oder eine irrationale Preisbildung an der Börse zu negieren, so zeigen sie dennoch auf, dass es nach dem heutigen Forschungsstand nicht möglich ist, stets in jeder Situation einen zweifelsfreien Nachweis für das Bestehen einer bestimmten verhaltensbedingten Anomalie zu liefern.[1129] Angesichts möglicher längerfristiger Marktanomalien gilt dies umso mehr, wenn im Rahmen der Abfindung lediglich ein begrenzter Referenzzeitraum untersucht wird.[1130] Ebenso dürfte der Nachweis einer möglichen

[1126] So etwa LG Frankfurt a. M., Beschl. v. 27.06.2019 – 3–05 O 38/18 –, Rn. 97, juris (nrkr.); LG Stuttgart, Beschl. v. 08.05.2019 – 31 O 25/13 KfH SpruchG –, Rn. 350, juris; wohl auch OLG München, Beschl. v. 14.12.2021 – 31 Wx 190/20 = NZG 2022, 606, 606 Rn. 88.

[1127] Siehe bereits: § 2.

[1128] Vgl. *Kallweit*, Die angemessene Abfindung beim übernahmerechtlichen Squeeze-out, S. 237 § 5, der dies im Kontext des Ausnahmefalls der schlechten Marktverfassung (siehe hierzu bereits: § 6 A.III.6.a)) vorschlägt.

[1129] Ausführlich hierzu bereits: § 2 C.III.

[1130] Hins. der Durchschnittskursbildung wird ein Referenzzeitraum von 12 Monaten nahegelegt (siehe: § 6 B.II.2.d)). Bei der vielfach vertretenen drei- oder sechsmonatigen Bewertungsperiode stellt sich dieses Problem in noch stärkerem Ausmaß. Allerdings könnte auch ein weit über die Referenzperiode hinausgehender Zeitraum untersucht werden, sofern auf entsprechende Kurse zurückgegriffen werden kann.

Blasenbildung oftmals schwerfallen. Schließlich lässt sich die Existenz einer Spekulationsblase nur im Nachhinein erkennen.[1131] Da aus dem Börsenkurs nur das Ergebnis des Preisbildungsprozesses abgelesen werden kann, sind die Existenz und das Ausmaß wertirrelevanter Einflüsse aus diesem ohnehin nicht genau ersichtlich.[1132]

Daher wird eine verhaltensökonomisch bedingte Marktverzerrung oftmals schwer oder gar nicht nachweisbar sein. Damit ist der Anwendungsbereich dieses Nichtberücksichtigungsfalls stark eingeschränkt. Dieser Umstand kann ihm aber nicht entgegengehalten werden, da dem Börsenkurs gerade bei einer nachgewiesenen irrationalen Verzerrung keine Aussagekraft zukommt. Die unzureichende Überprüfbarkeit des Börsenkurses auf wertirrelevante Verzerrungen spricht schon gegen seine grundsätzliche Berücksichtigung bei der Unternehmensbewertung.[1133] Folglich kann man der Problematik irrationaler Verzerrungen selbst mit einer expliziten Ausnahmefallregelung nicht gänzlich Herr werden. Dennoch oder gerade deshalb empfiehlt es sich, jedenfalls bei nachgewiesenen verhaltensökonomisch bedingten Kursverzerrungen von einer Orientierung am Börsenkurs im Rahmen der Ermittlung des quotalen Unternehmenswerts abzusehen. So liegt in solchen Konstellationen eine klare Fehlbewertung vor.

Mithin sollte eine nachweisliche verhaltensökonomisch bedingte Verzerrung des Kurses als Fall der Nichtberücksichtigung des Börsenkurses bei der Unternehmensbewertung betrachtet werden.

Allerdings wird der Nachweis einer Marktanomalie regelmäßig mit einem beträchtlichen Aufwand in Gestalt einer umfangreichen Datenanalyse einer Vielzahl von Aktien verbunden sein.[1134] Dies läuft dem verfahrensökonomischen Vorteil der ausschließlichen Berücksichtigung des Börsenkurses zuwider. Aufgrund dieses Aufwands und des problematischen Nachweises kann von keiner Partei verlangt werden, eine verhaltensökonomisch bedingte Marktverzerrung nachzuweisen. Da irrationale Fehlbewertungen aber einen entscheidenden Kritikpunkt an der Aussagefähigkeit des Börsenkurses darstellen, sollte ihnen jedoch die Möglichkeit eingeräumt werden, den Beleg für solche zu liefern. Sofern der Nachweis gelingt, wäre es unsachgemäß, dem Börsenkurs noch eine etwaige Aussagekraft einzuräumen.

Einen praktisch nachweisbaren Fall nicht rational erklärbarer Kursverzerrungen stellt das immer relevanter werdende Phänomen des *Swarm Tradings* mittels sog. „*Meme Stocks*“ dar. Mit dem Begriff des *Swarm Tradings* lässt sich das in jüngerer Zeit zu beobachtende Verhalten von Kleinanlegern beschreiben, sich über das In-

---

[1131] *Großfeld*, Unternehmens- und Anteilsbewertung im Gesellschaftsrecht, S. 184; siehe auch *Malkiel*, A Random Walk Down Wall Street, S. 290 zur Spekulationsblase hinsichtlich Aktien von Internetunternehmen und der *New Economy* von 1999 bis 2000.

[1132] *Schulte/Köller/Luksch*, WPg 2012, 380, 387, 389.

[1133] Vgl. *Schulte/Köller/Luksch*, WPg 2012, 380, 387, 389.

[1134] *Kartasôva/Vicoskaite*, KSI, 2013, Vol. 6, No. 4, 5, 10.

ternet zu vernetzen und durch ihr schwarmartiges Handeln auf Kapitalmärkte einzuwirken.[1135] In seiner ursprünglichen Bedeutung ist ein *Meme* eine Idee bzw. ein Verhalten, welches sich innerhalb einer Kultur mittels Imitation verbreitet und als kulturelles Gegenstück zum Gen in der Evolution betrachtet werden kann.[1136] In der heutigen Internetkultur treten *Memes* in Form sich viral verbreitender schlichter Bilder oder Bild-Text-Bearbeitungen mit meist humoristischer Konnotation auf.[1137] Dabei wird oftmals ein Motiv aus der Popkultur oder dem Alltag rekontextualisiert und zur Kommunikation verwendet.[1138] *Internetmemes* lassen sich als Gruppe digitaler Einheiten mit gemeinsamen Eigenschaften bezeichnen, die in Kenntnis voneinander erzeugt und durch eine Vielzahl von Internetnutzern im Netz verbreitet sowie imitiert oder transformiert werden.[1139] Sie können sich inhaltlich auf Aktien sowie Marktentwicklungen und Anlagestrategien beziehen.[1140] *Meme Stocks* sind Aktien, denen eine besondere Aufmerksamkeit durch Nutzer sozialer Medien zukommt.[1141] Über diese Kanäle wird sich dahingehend koordiniert, eine bestimmte Aktie zu erwerben, was im Ergebnis zu starken Auswirkungen auf ihren Preis und ihr Handelsvolumen führt.[1142] Hierbei erwerben die Kleinanleger Aktien eher aufgrund von *Memes*, Trends und der Freude am verursachten Chaos an der Börse, als dass sie sich an Fundamentalwerten orientieren.[1143] Auch könnte sich eine gegen-

---

[1135] Vgl. *Klöhn/Franke*, NZG 2021, 257, 258; vgl. *Piepenburg/Schwarz*, BKR 2021, 760, 763 i. V. m. 766 Fn. 61.

[1136] So *Dawkins*, The Selfish Gene, S. 192, der diesen Begriff ins Leben gerufen hat; hierzu auch *Osterroth*, IMAGE 2015, 26, 31–32; weitergehend *Shifman*, Memes in Digital Culture, S. 37–41, die noch weitere *Meme*-Definitionen nennt und einen mehrdimensionalen Ansatz vorschlägt.

[1137] Vgl. *Merwald/Schauer*, BKR 2021, 280, 281; vgl. *Piepenburg/Schwarz*, BKR 2021, 760, 763.

[1138] *Osterroth*, IMAGE 2015, 26, 28–31 mit anschaulichen Beispielen.

[1139] So etwa *Shifman*, Memes in Digital Culture, S. 41–42 und sich hieran anschließend *Bauer*, Die Aneignung von Bildern, S. 74–75, die jeweils beispielhaft klassische *Memes* auflisten.

[1140] *Piepenburg/Schwarz*, BKR 2021, 760, 763; vgl. *Merwald/Schauer*, BKR 2021, 280, 282.

[1141] *Cao/Liu*, Advances in Economics, Business and Management Research, 2022, Vol. 648, 211, 211; vgl. *Costala/Iacopini/Santagiustina*, Economic Letters, 2021, Vol. 207, Art. 110021, S. 1; vgl. *Piepenburg/Schwarz*, BKR 2021, 760, 763; vgl. *SEC*, Staff Report on Equity an Options Market Structure Conditions in Early 2021, 14. 10. 2021, S. 2. Zur Bedeutung der sozialen Medien siehe bereits: § 6 A.III.6.e).

[1142] *Costala/Iacopini/Santagiustina*, Economic Letters, 2021, Vol. 207, Art. 110021, S. 1–3, die einen Zusammenhang zwischen *Twitter Posts* und dem Handelsvolumen sowie dem Börsenpreis von *Meme Stocks* ausmachen; vgl. *Piepenburg/Schwarz*, BKR 2021, 760, 763. Dieser Mechanismus ist deckungsgleich mit dem hier gewählten Terminus des *Swarm Tradings*. Bei *Sajnovits*, ZGR 2021, 804, 822 wird dementsprechend der Begriff „*Meme-Trading*" verwendet.

[1143] Vgl. *Chiu/Yahya*, Corporate & Business Law Journal, 2022, Vol. 3, 51, 56, 67; anders hingegen *Veil/Templer*, ZIP 2021, 981, 981–982, die vermuten, dass die Kleinanleger im Falle *GameStop* eine Chance für einen Aktienrückkauf aufgrund der hohen Barmittelausstattung des über Hedgefonds kritische Grundhaltung im Anlegerverhalten niederschlagen.[1144] Zumindest teilweise dürften einige Anleger zwecks des reinen Profits mit in den Handel einsteigen.[1145] Als prominentes Beispiel für ein *Swarm Trading* mit *Meme Stocks* sind die Geschehnisse um die *GameStop*-Aktie zu nennen, in deren Rahmen sich Kleinanleger über die *Social-News*-Plattform *Reddit* zusammenfanden und zum Erwerb besagter Aktie anspornten, sodass der Kurs einen enormen Anstieg verzeichnen konnte.[1146] Hierbei agierten sie entgegen den gegenläufig spekulierenden *Shortsellern*, die auf fallende Kurse setzten.[1147]

Unternehmens sowie dessen Potenzial hins. des Onlinehandels sahen und auch aus emotionaler Verbundenheit zu *GameStop* handelten; ebenso wird bei *Hirte*, Die große *Gamestop*-Wette, FAZ v. 3.2.2021, Nr. 28, S. 16 sowie *Hirte*, Was *Gamestop* und Robinhood mit Volkswagen und Wirecard zu tun haben, FAZ.NET v. 2.2.2021, https://www.faz.net/aktuell/wirtschaft/gamestop-ungeklaerte-fragen-des-kapitalmarktrechts-17177870.html, zuletzt abgerufen am 18.8.2024 ein Verbundenheitsgefühl mit *GameStop* angenommen; auch gehen *Merwald/Schauer*, BKR 2021, 280, 280 von einer „moralischen Verbundenheit" der Kleinanleger ggü. *GameStop* aus. Eine mögliche Solidarität vieler Kleinanleger mit *GameStop* kann angesichts der bereits in den Vorjahren weit verbreiteten Kritik an diesem Unternehmen jedoch bezweifelt werden.

[1144] *Cao/Liu*, Advances in Economics, Business and Management Research, 2022, Vol. 648, 211, 213; *Chiu/Yahya*, Corporate & Business Law Journal, 2022, Vol. 3, 51, 81; *Hirte*, Die große *Gamestop*-Wette, FAZ v. 3.2.2021, Nr. 28, S. 16; *Hirte*, Was *Gamestop* und Robinhood mit Volkswagen und Wirecard zu tun haben, FAZ.NET v. 2.2.2021, https://www.faz.net/aktuell/wirtschaft/gamestop-ungeklaerte-fragen-des-kapitalmarktrechts-17177870.html, zuletzt abgerufen am 18.8.2024; vgl. *Koch*, AG 2021, 249, 251 Rn. 10, der von „Börsenkritikern" spricht; vgl. *Libich/Lenten*, World Economics, 2021, Vol. 22, No. 1, 83, 100–101; vgl. *Merwald/Schauer*, BKR 2021, 280, 280. Ferner bemühen *Klöhn/Franke*, NZG 2021, 257, 257 ein „David-gegen-Goliath"-Narrativ. Auch bei *SEC*, Staff Report on Equity an Options Market Structure Conditions in Early 2021, 14.10.2021, S. 2–3, 25 wird darauf hingewiesen, dass der Handel mit Aktien von *GameStop* von Teilen der Medien als Rebellion gegen professionelle Leerverkäufer gedeutet wurde. Allerdings ist der Kursanstieg der *GameStop*-Aktie laut *Wegner*, BKR 2021, 181, 181 nur durch die Beteiligung von institutionellen Anlegern auf der Käuferseite erklärbar, was dem Bild von „David gegen Goliath" widersprechen würde. Offen zu letzterer Thematik hingegen *Piepenburg/Schwarz*, BKR 2021, 760, 763; *Veil/Templer*, ZIP 2021, 981, 981–982.

[1145] *Cao/Liu*, Advances in Economics, Business and Management Research, 2022, Vol. 648, 211, 213–214; *Chiu/Yahya*, Corporate & Business Law Journal, 2022, Vol. 3, 51, 67; *Veil/Templer*, ZIP 2021, 981, 986, die von „parasitäre(n) Händler(n)" sprechen.

[1146] Vgl. *Chiu/Yahya*, Corporate & Business Law Journal, 2022, Vol. 3, 51, 53–61, 100, welche nebst *GameStop* noch *BlackBerry* und *AMC* zu den *Meme Stocks* zählen, allerdings nicht von einem *Swarm Trading* sprechen; vgl. *Costala/Iacopini/Santagiustina*, Economic Letters, 2021, Vol. 207, Art. 110021, S. 1–2, die als genutzte Netzwerke im Falle *GameStop* nebst des *Subreddits* (zu deutsch in etwa „*Unterforum*") „*r/wallstreetbets*" auch die zugehörigen Kanäle auf *Discord* und *Twitter* anführen, hierbei aber nicht von einem *Swarm Trading* sprechen und zudem *AMC* und *KOSS* als *Meme Stocks* betiteln; vgl. *Hirte*, Was *Gamestop* und Robinhood mit Volkswagen und Wirecard zu tun haben, FAZ.NET v. 2.2.2021, https://www.faz.net/aktuell/wirtschaft/gamestop-ungeklaerte-fragen-des-kapitalmarktrechts-17177870.html, zuletzt abgerufen am 18.8.2024, der die Stilisierung zum Ausdruck eines Kulturkampfes durch *Memes* hervorhebt; vgl. *Klöhn/Franke*, NZG 2021, 257, 258, die jedoch nicht den Terminus „*Meme Stocks*" verwenden und auf die Aktien von *Tilray* als weiteres Beispiel

Dieses Phänomen ist gerade in Hinblick auf eine unzureichende Markteffizienz und der Gefahr psychologisch bedingter Verzerrungen von Bedeutung. So bestätigt das Aufkommen von *Meme Stocks* in jüngerer Zeit die Kritik an der Effizienzmarkthypothese.[1148] Sie werden vor allem im Rahmen eines auf Emotionen und Gerüchten basierenden *Noise Tradings* gehandelt.[1149] Die Kleinanleger folgen dabei einem Herdentrieb.[1150] Im Ergebnis weisen *Meme Stocks* eine hohe Kursvolatilität auf, die auf das von *Memes* geprägte Verhalten der Kleinanleger und nicht mehr auf fundamentale Kennzahlen zurückgeht.[1151] Der dem Erwerb von *Meme Stocks* durch Schwarmanleger obliegende Grundgedanke – sei es nun ein bloßer Scherz, aktive Systemkritik, eine emotionale Verbundenheit zum Emittenten, persönliche finanzielle Aspekte aufgrund durch das Schwarmverhalten erhöhter Kursgewinne oder ein Amalgam aus all diesen Gesichtspunkten – liegt außerhalb des fundamentalen Werts. Damit wirken exogene Faktoren auf die Börsenpreisbildung ein. Dementsprechend stand der enorm angestiegene Kurs der *GameStop*-Aktie in keiner Beziehung zum Fundamentalwert.[1152] Hierbei kam auch die Problematik der begrenzten Arbitragemöglichkeit zum Tragen.[1153] Die zu beobachtende langanhaltende Abweichung vom Fundamentalwert stand der Allokationseffizienz entgegen, während die hohe Volatilität der Marktliquidität abträglich war.[1154] Auf Makro-

---

hinweisen; vgl. *Libich/Lenten*, World Economics, 2021, Vol. 22, No. 1, 83, 85, die von „*bull runs*“ auf *Meme Stocks* von *GameStop* und *AMC* sprechen; vgl. *Piepenburg/Schwarz*, BKR 2021, 760, 762–764 i.V.m. 766 Fn. 61, welche zudem auf vergleichbare Vorgänge bei Kryptowährungen verweisen; vgl. *SEC*, Staff Report on Equity an Options Market Structure Conditions in Early 2021, 14.10.2021, S. 2, 15–17, 21, wo aber nicht von einem *Swarm Trading* die Rede ist und zudem weitere *Meme Stocks*, wie etwa *AMC* genannt werden. Zu den Vorkommnissen hins. der *GameStop*-Aktie siehe auch *Sajnovits*, ZGR 2021, 804, 804–807.

[1147] Vgl. *Merwald/Schauer*, BKR 2021, 280, 280; vgl. *Piepenburg/Schwarz*, BKR 2021, 760, 760–761, 763; vgl. *Veil/Templer*, ZIP 2021, 981, 981–982. Zur Thematik der Leerverkaufsattacken siehe: § 6 A.III.6.e).

[1148] *Libich/Lenten*, Journal of Economic Surveys, 2022, Vol. 36, 3, 13.

[1149] *Piepenburg/Schwarz*, BKR 2021, 760, 763–764; vgl. *Cao/Liu*, Advances in Economics, Business and Management Research, 2022, Vol. 648, 211, 213, die auf die sozialen Medien als Quelle der *Noise*-Informationen hinweisen; vgl. *Merwald/Schauer*, BKR 2021, 280, 281; siehe auch BeckOK-WpHR/*Nietsch*, Art. 7 VO (EU) 596/2014 Rn. 126, der den Einfluss der emotional agierenden Anleger im Falle *Gamestop* als Beispiel für die *Noise*-Problematik und als Kritikpunkt an der *ECMH* anführt.

[1150] *Cao/Liu*, Advances in Economics, Business and Management Research, 2022, Vol. 648, 211, 211, 213–214; *Lin/Wu/Zhang*, Journal of Behavioral Finance, 2023, Vol. 23, No. 2, 219, 219; vgl. *Merwald/Schauer*, BKR 2021, 280, 281.

[1151] *Piepenburg/Schwarz*, BKR 2021, 760, 763; vgl. *Costala/Iacopini/Santagiustina*, Economic Letters, 2021, Vol. 207, Art. 110021, S. 2–3, laut denen die rapide steigenden Handelsvolumina und Börsenpreise bei *Meme Stocks* in keinem Zusammenhang mit Fundamentalwerten stehen.

[1152] *Libich/Lenten*, World Economics, 2021, Vol. 22, No. 1, 83, 83, 85, 100–101; *Sajnovits*, ZGR 2021, 804, 806.

[1153] *Sajnovits*, ZGR 2021, 804, 806 Fn. 7.

[1154] *Sajnovits*, ZGR 2021, 804, 809–810.

ebene ist eine Marktanomalie in Gestalt eines sog. *„Mementums“* als *Momentum* aufgrund synchronisierter Kaufsignale, die sozialen Medien entstammen und signifikante Auswirkungen auf den Preis und das Handelsvolumen einer Aktie haben, zu verzeichnen.[1155] Dabei liegt es nahe, bei *Meme Stocks* von einer Spekulationsblase auszugehen.[1156] Letztlich dürfte im Falle eines nachweislichen *Swarm Tradings* mit *Meme Stocks* eine Kursverzerrung i. S. d. *Behavioral Finance* vorliegen. In einem solchen Fall gibt der Börsenkurs den Unternehmenswert nicht angemessen wieder, sodass eine Ausnahme von der Börsenkursorientierung bei der Abfindung gemacht werden sollte.[1157]

Gerade beim einem *Swarm Trading* mit *Meme Stocks* zeigt sich, dass verhaltensökonomisch bedingte Verzerrungen einer gesonderten Berücksichtigung bei der Unternehmensbewertung bedürfen. So werden die übrigen Nichtberücksichtigungsfälle allenfalls bedingt greifen.

In der Regel wird der Nichtberücksichtigungsgrund der Marktmanipulation nicht einschlägig sein.[1158] In Ermangelung einer Absprache mit Bindungswirkung zwischen den Kleinanlegern ist ihnen keine handelsgestützte Marktmanipulation anzulasten.[1159] Ebenso wird bei den meisten anonymen Internetposts keine informa-

---

[1155] Umfassend zu diesem Kapitalmarktphänomen *Costala/Iacopini/Santagiustina*, Economic Letters, 2021, Vol. 207, Art. 110021, S. 1–6; zum *Momentum* als der *ECMH* widersprechenden Anomalie siehe: § 2 C.III.1.b)bb).

[1156] *Libich/Lenten*, World Economics, 2021, Vol. 22, No. 1, 83, 83, 85.

[1157] Vgl. *Koch*, AG 2021, 249, 251 Rn. 10, bzgl. des Delistings; in diese Richtung auch *Fromholzer*, Aktuelle Fragen und Beobachtungen zum Delisting, in: Öffentliche Unternehmensübernahmen, 2022, S. 240, der einen Missbrauch im Einzelfall und hierbei explizit die *Causa Gamestop* als weiteren möglichen Ausnahmefall einer Orientierung am Börsenkurs beim Delisting in Erwägung zieht; siehe zudem Ziemons/Binnewies/*Ziemons*, HdB-AG, 12. Rn. 12.1008, die einen durch per Internet organisierte Kursralleys beeinflussten Börsenkurs nicht als alleinige Abfindungsbemessungsgrundlage heranziehen will und zudem eine Alleinmaßgeblichkeit des Börsenkurses von vornherein ablehnt; für eine Übertragung der beim Delisting diskutierten *Gamestop*-Problematik auf den § 255 Abs. 5 AktG *Florstedt*, NZG 2024, 179, 181 Rn. 9; siehe zudem *Hirte*, Die große *Gamestop*-Wette, FAZ v. 3.2.2021, Nr. 28, S. 16 und *Hirte*, Was *Gamestop* und Robinhood mit Volkswagen und Wirecard zu tun haben, FAZ.NET v. 2.2.2021, https://www.faz.net/aktuell/wirtschaft/gamestop-ungeklaerte-fragen-des-kapitalmarktrechts-17177870.html, zuletzt abgerufen am 18.8.2024, wo vor dem Hintergrund der *Causa GameStop* eine effektivere Kontrolle des Börsenkurses hinsichtlich der Aussagekraft des Börsenkurses in Abfindungssituationen gefordert wird.

[1158] Siehe zu diesem Nichtberücksichtigungsfall: § 6 A.III.2. Die Bewertung der Problematik des *Swarm Tradings* mit *Meme Stocks* vor dem Hintergrund der Manipulationsverbots gem. Art. 15, 12 MAR geht über das Thema dieser Arbeit hinaus und wird dementsprechend nur oberflächlich behandelt. Für eine nähere Befassung mit dieser Thematik wird auf die nachfolgend zitierten Quellen verwiesen.

[1159] *Sajnovits*, ZGR 2021, 804, 812–823; *Veil/Templer*, ZIP 2021, 981, 986–987; vgl. *Merwald/Schauer*, BKR 2021, 280, 285–286; vgl. *Wegner*, BKR 2021, 181, 183–185; auch nach Antwort der Bundesregierung, BT-Drs. 19/27219, S. 3 ist bei den Geschehnissen um die Aktie von *GameStop* keine handelsgestützte Marktmanipulation ersichtlich.

tionsgestützte Manipulation vorliegen.[1160] Zumindest die Wortführer und Initiatoren des *Swarm Tradings* mit *Meme Stocks* können bei der Verbreitung falscher oder irreführender Informationen eine informationsgestützte Manipulation nach Art. 12 Abs. 1 lit. c) MAR und bei unterlassener Offenlegung ihres Interessenkonflikts ein verbotenes *Scalping* gemäß Art. 12 Abs. 2 lit. d) MAR begehen.[1161] Darüber hinaus sind auch keine Insiderrechtsverstöße durch die Anleger ersichtlich.[1162] Ebenso wird sich ein Broker, der die Kauforder bzgl. *Meme Stocks* ausführt, regelmäßig nicht an einer Manipulation beteiligen.[1163] Schließlich wird oftmals keine Marktmanipulation seitens der Anleger vorliegen.[1164] Darüber hinaus müsste er in Kenntnis dieser Manipulation handeln.[1165] Allerdings könnte ein Broker, welcher auf ein *Swarm Trading* mit systematischen weitreichenden Handelsbeschränkungen ohne legitime Gründe reagiert, gegen das Marktmanipulationsverbot aus Art. 15, 12 Abs. 1 lit. a) MAR verstoßen.[1166] Folglich wird trotz der Kursverzerrung oftmals kein Normverstoß, der eine Ausnahme von der Börsenkursberücksichtigung mit sich zieht, vorliegen.

Der Rückgriff auf die vorgeschlagenen Auffangregelungen geht mit einer gewissen Unsicherheit und einem erhöhten Aufwand einher. In Anbetracht dessen dürfte es sich als effektiver erweisen, bereits bei stichhaltigen Nachweisen für ein *Swarm Trading* mit *Meme Stocks* dem Börsenkurs seine Aussagekraft abzusprechen.

Überdies wird die zuvor ausgearbeitete Ausnahme der Überreaktion auf die Veröffentlichung einer Information[1167] lediglich dann greifen, wenn eine Informationsquelle als Ursprung der Kursverzerrung festgestellt werden kann. Dies wäre dann der Fall, wenn eine prominente mediale Berichterstattung oder eine der Öffentlichkeit zugängliche Anlageempfehlung eines sog. *Finfluencers* mit großer Reichweite mitsamt einer extremen Kursreaktion vorliegt. Aber auch bereits ohne ein solches kursbeeinflussendes Ereignis kann ein *Swarm Trading* stattfinden. Schließlich zeigt sich bei diesem Phänomen gerade, welche Macht den anonymen Kleinanlegern in Form eines Schwarms zukommt. Wenn in der *Causa GameStop*

[1160] *Wegner*, BKR 2021, 181, 182–183; vgl. *Veil/Templer*, ZIP 2021, 981, 987. Allerdings kann die Verbreitung falscher oder irreführender Informationen im Internet nach Antwort der Bundesregierung, BT-Drs. 19/27219, S. 3 und *Sajnovits*, ZGR 2021, 804, 823 eine informationsgestützte Manipulation begründen, was im Falle *GameStop* jedoch nicht der Fall war.

[1161] *Merwald/Schauer*, BKR 2021, 280, 282–285; *Wegner*, BKR 2021, 181, 183; vgl. *Sajnovits*, ZGR 2021, 804, 823; vgl. *Veil/Templer*, ZIP 2021, 981, 987.

[1162] *Sajnovits*, ZGR 2021, 804, 824–826. Zu diesem Nichtberücksichtigungsfall siehe: § 6 A.III.4.

[1163] *Sajnovits*, ZGR 2021, 804, 843; in diese Richtung auch *Klöhn/Franke*, NZG 2021, 257, 258; siehe zudem *Veil/Templer*, ZIP 2021, 981, 987.

[1164] Vgl. *Sajnovits*, ZGR 2021, 804, 843.

[1165] *Veil/Templer*, ZIP 2021, 981, 987.

[1166] *Sajnovits*, ZGR 2021, 804, 833–844.

[1167] Siehe hierzu: § 6 A.III.6.e).

die Posts von „*TheRoaringKitty*" auch zu den entscheidenden Auslösern gehörten[1168] und ein entsprechendes Medienecho das Schwarmverhalten noch verstärken kann, so sind es doch in erster Linie die Anleger in ihrer Gesamtheit, welche sich über das Internet zusammenschließen und mittels *Memes* gegenseitig animieren, die das *Swarm Trading* mit *Meme Stocks* bestimmen und am Leben halten. Zwecks einer lückenlosen Regelung sollte dieses Phänomen auch gesondert als Argument gegen eine Börsenkursorientierung eingeordnet werden.

Sonach ist in der Problematik des *Swarm Tradings* mit *Meme Stocks* als Ausprägung der verhaltensökonomisch bedingten Kursverzerrung ein Fall der Nichtberücksichtigung des Börsenkurses bei der Unternehmensbewertung zu erblicken.

Dies gilt jedoch nicht in Hinblick auf den Deinvestitionswert. Im Rahmen dessen bedarf es lediglich einer Veräußerungsmöglichkeit zum Börsenkurs, die auch im Falle irrationaler Kursverzerrungen stattfinden kann. Nur dann, wenn im Kontext des *Swarm Tradings* mit *Meme Stocks* bis zur Angebotsveröffentlichung eine Manipulation durch einen Abfindungsberechtigten oder Dritten außerhalb der Sphäre des Abfindungspflichtigen aufgedeckt wird, kann der hiervon beeinflusste Börsenkurs nicht als Untergrenze der Abfindung herangezogen werden. Sofern aber kein manipulatives Verhalten vorliegt, erscheint es nicht unsachgerecht, den Abfindungsberechtigten die Überbewertung zugute kommen zu lassen. So koppelt sich die Kursentwicklung in diesen Fällen zwar vom Fundamentalwert ab, basiert aber weiterhin auf dem legitimen Vorgang von Angebot und Nachfrage. Auch hat es der Abfindungspflichtige selbst in der Hand, die abfindungsauslösende Maßnahme zu einem späteren Zeitpunkt durchzuführen, sodass er einen stark überbewerteten Kurs umgehen kann.

j) Nichtberücksichtigungsfall der Kurs- und Marktverzerrung

Im vorangegangenen Abschnitt wurden die Erwägungen der Rechtsprechung zu nicht aussagefähigen Börsenkursen aufgrund von Kurs- und Marktverzerrungen zusammengetragen, bewertet und teils modifiziert. Insgesamt ergibt sich ein Komplex aus Fällen, in denen eine Börsenkursorientierung abzulehnen ist. Sie kommen aber nur dann zum Einsatz, wenn der Börsenkurs den quotalen Unternehmenswert abbilden soll und als alleinige Bewertungsgrundlage oder zur Ermittlung des Risikozuschlags oder zur Plausibilisierung einer fundamentalen Unternehmensbewertung herangezogen wird.

Demnach ist der Börsenkurs bei einer in Fachkreisen angenommenen schlechten Marktverfassung, die sich sowohl auf Unternehmensebene als auch in den Kursen der Indizes niedergeschlagen hat, nicht zu berücksichtigen, wobei mindestens ein

---

[1168] *Merwald/Schauer*, BKR 2021, 280, 281; *Piepenburg/Schwarz*, BKR 2021, 760, 763; auch weisen *Laoutoumai/Cobe*, WRP 2022, 290, 291 Rn. 1 auf den Einfluss sog. *Finfluencer* bzgl. des *GameStop*-Falls hin.

weiterer Anhaltspunkt einer Verzerrung des Kurses des zu bewertenden Unternehmens einschlägig sein muss.

Darüber hinaus sollte dem Börsenkurs dann die Aussagekraft abgesprochen werden, wenn die Branche des Unternehmens nach Auffassung der Fachwelt unter einer Fehlbewertung durch den Markt leidet. Auch hier muss mindestens ein weiteres Indiz für eine Kursverzerrung hinzutreten.

Eine Untersuchung historischer Kursverläufe und außerordentlicher Kurssprünge kann einen solchen Anhaltspunkt bieten. Etwaige Auffälligkeiten müssen sich sowohl beim zu bewertenden Unternehmen selbst als auch in den Indizes bzw. Unternehmen der Branche oder Branchenindizes abzeichnen.

Bei einer Fehlbewertung der Branche des Unternehmens kann auch ein Vergleich mit den Kursen branchenfremder Indizes oder Unternehmen bemüht werden. Auch hier ist das eigentliche Bewertungsobjekt und dessen Branchenindex oder Branchenunternehmen miteinzubeziehen.

Ein weiterer Anhaltspunkt kann im Vorliegen einzelner Aspekte erblickt werden, die trotz der Annahme eines liquiden Kurses nach Maßgabe des hier vertretenen Lösungsmodells Zweifel an einer uneingeschränkten freien Handelbarkeit aufkommen lassen. Dies wäre etwa bei einer Illiquidität anhand einer einzelnen Liquiditätsdimension der Fall. Umgekehrt dürfte aber auch eine anhand anerkannter Methoden erwiesene übermäßig hohe Liquidität als Anhaltspunkt für eine Fehlbewertung gelten. Zusätzlich zur geringen oder übermäßigen Liquidität der zu bewertenden Aktie sollten zudem auch die Handelsaktivitäten hinsichtlich der Indizes bzw. des Branchenindex oder der Branchenunternehmen auf entsprechende Liquiditätsaspekte hindeuten.

Ferner kann eine deutliche Abweichung des Börsenkurses vom Wert, der durch eine fundamentale Unternehmensbewertung errechnet wurde, als Indiz dienen.

Ein vereinzelt auftretender Anhaltspunkt dürfte jedoch ebenso wenig für einen verzerrten Kurs ausreichen wie das bloße Vorliegen einer schlechten Marktverfassung oder einer Fehlbewertung der Branche des Unternehmens.

Ebenso sollte der Börsenkurs als verzerrt betrachtet werden, wenn eine Überreaktion auf eine öffentliche Information zu beobachten ist. Hiervon ist bei extremen Kursreaktionen infolge von jeder Form der Unternehmenskommunikation, der Veröffentlichung von Finanzanalysen, einer prominenten medialen Berichterstattung, der öffentlichen Anlageempfehlung von reichweitestarken *Finfluencern* und der Veröffentlichung emittentenbezogener Informationen durch das Unternehmen oder *Corporate Influencer* in den sozialen Medien auszugehen. Gerade im Kontext des Phänomens der Leerverkaufsattacken ist dieser Unterfall der Kursverzerrung von Relevanz. Als extrem ist besagte Reaktion dann zu werten, wenn sie im Vergleich zu historischen Kursen und vergangenen Kursreaktionen auf Informationen deutlich heraussticht. Notfalls können extreme Abweichungen der Kurse von Vergleichsunternehmen oder -indizes einen Anhaltspunkt bieten. Zudem darf es sich nicht um Entwicklungen binnen weniger Tage, die sich sogleich wieder verflüchtigen, oder bloße außergewöhnliche Tagesausschläge handeln. Bei extremen, sich verfestigenden Reaktionen auf Informationen, die vor dem Bewertungszeitraum liegen, sollen nur solche mit erheblichen Nachwirkungen auf den Referenzkurs beachtlich sein. Von einer erheblichen Nachwirkung ist ab einer Abweichung von über 5 % im Vergleich zum gewichteten Durchschnittskurs auszugehen.

Des Weiteren ist der Börsenkurs nicht zur Unternehmensbewertung geeignet, wenn der abfindungsauslösenden Maßnahme innerhalb des Referenzzeitraums eine andere Transaktion vorausgegangen ist und im zeitlichen Umfeld eine Kursreaktion stattgefunden hat, die möglicherweise hierauf zurückzuführen ist. Als relevante vorangegangene Transaktionen kommen öffentliche Angebote, deren Änderung, die Ankündigung und Durchführung anderer Strukturmaßnahmen mitsamt der entsprechenden Abfindungsangebote sowie noch ausstehende Abfindungen oder eine Entscheidung hierüber in Betracht. Fand eine derartige Transaktion vor dem Beginn des Bewertungszeitraums statt, so soll sie lediglich bei erheblichen Nachwirkungen in diesen Zeitraum Beachtung finden. Dies dürfte bei einer Abweichung von über 5 % vom gewichteten Durchschnittskurs der Fall sein.

Ungeachtet weiterer Anhaltspunkte sollte der Börsenkurs auch bei einem Unternehmen in Abwicklung, welches kein operatives Geschäft betreibt, nicht berücksichtigt werden.

Ebenso darf der Börsenkurs auch nicht im Falle einer nachgewiesenen verhaltensökonomisch bedingten Kursanomalie nach Maßgabe der *Behavioral Finance* zur Unternehmensbewertung herangezogen werden. Hiervon ist auch das jüngst zu beobachtende „*Mementum*“ im Falle eines *Swarm Tradings* mit *Meme Stocks* erfasst.

Die Verzerrung aufgrund eines Konglomeratsabschlags als Argument gegen einen aussagefähigen Börsenkurs hingegen ist abzulehnen. Vor dem Hintergrund des heutigen Forschungsstands kann ein solcher weder pauschal noch für den konkreten Fall unterstellt werden.

Diese katalogartige Zusammenfassung verschafft im Gegensatz zur derzeitigen Rechtslage eine gewisse Sicherheit und ermöglicht dennoch eine Berücksichtigung der Vielfalt an Einzelfällen von Kursverzerrungen.

Wie bereits erörtert erweist sich eine Ablehnung des Börsenkurses bei Kurs- und Marktverzerrungen als notwendig. So gewährleisten die bisherigen Fälle für dessen Nichtberücksichtigung einen nur lückenhaften Schutz. Insbesondere der Einfluss exogener Faktoren bei der Preisbildung und irrationaler Kursverzerrungen wird dabei missachtet. Das Schweigen des Gesetzgebers beim Delisting sowie beim § 255 AktG und die uneinheitliche Rechtsprechung zu den anderen Fallgruppen ermöglicht demnach keine vollumfängliche Gewährleistung eines aussagefähigen bewertungsrelevanten Börsenkurses. Das Gegenargument, die Instabilität, Volatilität und Abhängigkeit von Tagesereignissen sei charakteristisch für die Aktie als

Handelsobjekt[1169], vermengt die unterschiedlichen Wertelemente des Deinvestitionswerts und des quotalen Unternehmenswerts. Da Kurs- und Marktverzerrungen nur hinsichtlich einer Abweichung des Börsenkurses vom quotalen Unternehmenswert heranzuziehen sind, kommt es hierbei aber gerade auf die Aussagefähigkeit der Kurse und nicht auf die bloße Veräußerungsmöglichkeit an.

Allerdings vermag es selbst diese Reglung nicht, jede mögliche Abweichung des Börsenkurses vom wahren Unternehmenswert zu erfassen. Schließlich besteht auch dann noch die Gefahr eines verzerrten Börsenkurses, wenn keine schlechte Marktverfassung oder Fehlbewertung der Branche des Unternehmens vorherrscht. Der Ausnahmefall läuft bei Fehlbepreisungen ins Leere, die ungeachtet spezifischer Informationen und Umstände stattfinden. Auch können nur deutliche Überreaktionen, nicht aber mögliche Unterreaktionen oder leichte Überreaktionen mit ausreichender Sicherheit aufgedeckt werden.[1170] Ebenso wirken etwaige Informationsdefizite und verschleierte Manipulationen fort. Vor allem aber sind unerkannte irrationale Kursverzerrungen immer noch möglich. Da die Wahrnehmung und das Entscheidungsverhalten des Menschen nachweislich durch Heuristiken, *Frames* sowie psychologische Bedürfnisse geprägt ist und hierdurch Marktanomalien erklärt werden können, ist davon auszugehen, dass die Effizienzmarkthypothese nicht die Realität, sondern vielmehr ein anzustrebendes Ziel darstellt. Mit Blick auf die Erkenntnisse der *Behavioral Finance* liegt es nahe, dass ein irrational verzerrter Börsenkurs eher die Regel als die Ausnahme darstellen dürfte. Insbesondere können mittel- bis langfristige Marktanomalien über den Bewertungszeitraum hinweg regelmäßig nicht aufgedeckt oder gar eliminiert werden. Der für eine Alleinmaßgeblichkeit des Börsenkurses notwendige Grad an Markteffizienz ist somit weiterhin nicht gesichert. Dementsprechend wird der Börsenkurs auch nur als Wertindikator für einen kurzfristig orientierten Anleger in Betracht kommen. Überdies erfasst diese Ausnahmefallgruppe nicht die Problematik einer Unterbewertung aufgrund von Macht- und Informationsasymmetrien mitsamt der gezielten Kursbeeinflussung zulasten der Abfindungsberechtigten. Ferner wird durch diese Ausnahmeregelung nicht dem Umstand entgegengewirkt, dass der Börsenkurs Minderheitsabschläge enthalten kann. Auch verbleibt es bei einer unzureichenden Überprüfbarkeit hinsichtlich der Preisbildung an der Börse wie auch etwaiger Verzerrungen der Kurse.

Dennoch oder gerade deshalb liegt es nahe, dass der Börsenkurs vor allem bei den hier herausgearbeiteten Fällen einer Kursverzerrung nicht den tatsächlichen Wert des Unternehmens widerspiegelt. Sie erfassen zumindest diejenigen Konstellationen, in denen eine Fehlbewertung besonders naheliegt. In Kombination mit den zuvor erörterten Nichtberücksichtigungsfällen der Marktenge und des fehlenden Handels, der Manipulation, des Insiderhandels sowie der Verletzung von Informa-

[1169] So *Müller*, FS Röhricht (2005), S. 1015, 1026.

[1170] Zur aufwendigen und unsicheren Aufdeckung von Über- und Unterreaktionen im Rahmen positiver Effizienznachweise siehe: C.

tionsvorschriften wird eine Vielzahl von nicht aussagekräftigen Börsenkursen herausgefiltert.

7. Darlegungs- und Beweislast

Des Weiteren stellt sich die Frage nach der Darlegungs- und Beweislast in Bezug auf die erarbeiteten Fälle einer Abkehr von der Orientierung am Börsenkurs.

Hierfür ist sich eine grundlegende Beweislastregel vor Augen zu führen: Gemäß der *Rosenberg'schen Formel* hat grundsätzlich jede Partei die Voraussetzungen einer für sie günstigen Norm darzulegen und zu beweisen.[1171] Dabei strebt der Abfindungspflichtige eine möglichst niedrige, der Abfindungsberechtigte hingegen eine möglichst hohe Abfindung an. Im Spruchverfahren greift zudem der Amtsermittlungsgrundsatz in eingeschränkter Form[1172], wonach subsidiär gerichtsseitige Ermittlungen stattfinden[1173], was jedoch nicht für das Delisting gilt[1174].

Dementsprechend ist es nicht verwunderlich, dass laut dem BVerfG[1175] und der rechtswissenschaftlichen Literatur[1176] die Darlegungs- und Beweislast hinsichtlich

---

[1171] *Rosenberg*, Die Beweislast, S. 98–99 § 9. Siehe zu dieser Beweislastgrundregel auch *Lüke*, Zivilprozessrecht I, S. 281–282 § 23 Rn. 4; *Rosenberg/Schwab/Gottwald*, Zivilprozessrecht, S. 698 § 116 Rn. 9. Zur Darlegungs- und Beweislast bzw. Feststellungslast desjenigen, der für sich günstige Umstände im Spruchverfahren anführt, siehe Hölters/Weber/*Simons*, AktG, § 4 SpruchG Rn. 31; Hölters/Weber/*Simons*, AktG, § 8 SpruchG Rn. 16, 19; Schmitt/Hörtnagl/*Hörtnagl*, UmwG, UmwStG, § 8 SpruchG Rn. 15.

[1172] *DAV*, NZG 2014, 1144, 1145 Rn. 12; *Großfeld/Egger/Tönnes*, Recht der Unternehmensbewertung, S. 38 Rn. 172; Henssler/Strohn/*Junker*, GesR, § 15 UmwG Rn. 9; vgl. *Winter/Nießen*, NZG 2007, 13, 14–17. Zur Beschaffung des Tatsachenstoffs im Spruchverfahren auf primärer Basis des Beibringungsgrundsatzes unter Berücksichtigung des Amtsermittlungsgrundsatzes siehe Hölters/Weber/*Simons*, AktG, § 8 SpruchG Rn. 14–17.

[1173] Vgl. *Winter/Nießen*, NZG 2007, 13, 16–17. Siehe zudem Hölters/Weber/*Simons*, AktG, § 4 SpruchG Rn. 31; Hölters/Weber/*Simons*, AktG, § 8 SpruchG Rn. 16 bzgl. einer Ermittlung durch das Gericht bei konkreten Anhaltspunkten.

[1174] Vgl. *BRAK*, Stellungnahme Nr. 37/2015, S. 5; vgl. Dreier/Fritzsche/Verfürth/*Dreier/Fritzsche/Verfürth*, SpruchG, Annex zu § 1: Delisting Rn. 32; vgl. *Kastl*, Der Rückzug kapitalmarktfähiger Unternehmen von der Börse, S. 344–345 § 6; vgl. *Krug*, Der Rückzug von der Börse, S. 339–341 § 13; vgl. *Schmitz*, Die Entwicklung des Anlegerschutzes beim regulären Delisting in Deutschland, S. 198.

[1175] BVerfG, Beschl. v. 27.04.1999 – 1 BvR 1613/94 – BVerfGE 100, 289–313, Rn. 67; Marsch-Barner/Schäfer/*Gehling*, HdB börsennotierte AG, § 13 Rn. 13.87.

[1176] Emmerich/Habersack/*Emmerich* AktG, § 327b AktG Rn. 9; Grigoleit/*Rieder*, AktG, § 327b AktG Rn. 8; Henssler/Strohn/*Paschos*, GesR, § 305 AktG Rn. 23; Henssler/Strohn/*Wilsing/Paul*, GesR, § 327b AktG Rn. 5; Hüffer/Koch/*Koch* AktG, § 327b AktG Rn. 8; Schmidt/Lutter/*Schnorbus*, AktG, § 327b AktG Rn. 3a; vgl. *Henze*, FS Lutter (2000), S. 1101, 1110, der unter Bezugnahme auf das BVerfG anführt, dass im Rahmen der §§ 304, 305 AktG das herrschende Unternehmen Gründe für einen unter dem Börsenkurs liegenden Wert vorzubringen hat; vgl. *Ramesohl*, Aktieneigentum, „wahrer Wert" und Börsenkurs, S. 166 § 9, der hierbei auf die grundsätzliche Beweislastverteilung hinweist, zudem aber Kritik hinsichtlich der unscharfen Kriterien an die Ausnahmefälle seitens der Rechtsprechung äußert.

der Ausnahmefälle für ein Unterschreiten des Börsenkurses beim Abfindungspflichtigen liegen. Schließlich zahlt er die Abfindung und beruft sich hierbei darauf, dass sie eine angemessene Höhe hat, was auch den Börsenkurs als grundsätzliche Untergrenze beinhaltet. Dementsprechend hat der Abfindungspflichtige auch darzulegen und zu beweisen, dass die angebotene Gegenleistung angemessen ist und warum er von einer Berücksichtigung des Börsenkurses als Untergrenze abrücken will. So kommt es für die prozessuale Darlegungs- und Beweislast auf die materielle Rolle der Partei an. Auch ist ihm daran gelegen, dass der Börsenkurs nicht als Deinvestitionswert und damit als Untergrenze bei der Abfindung zum Tragen kommt, sodass er einen sich hieraus ergebenden Mindestpreis seiner Abfindung nicht zugrunde legen muss. Dies sollte ebenso für die hier vorgeschlagenen Auffangregelungen gelten, bei welchen eine wirtschaftswissenschaftlich fundierte Einzelfallanalyse eine Manipulation oder eine unzureichende Liquidität ungeachtet der gesetzlichen Vorgaben nahelegt. Die Abfindungsberechtigten hingegen müssten die Darlegungs- und Beweislast bezüglich des Rückausnahmefalls einer trotz des einschlägigen § 5 Abs. 4 WpÜG-AngebVO ausreichenden Liquidität tragen. So wollen diese den Börsenkurs als Mindestabfindungsgrenze berücksichtigt haben. Ein solches Vorgehen ist zu befürworten. Der Abfindungspflichtige wird i. d. R. über eine fundierte Informationsgrundlage verfügen, sodass ihm die grundlegenge Darlegungs- und Beweislast zuzumuten ist. Insbesondere wird ihm der Nachweis einer Marktenge nach den gesetzlichen Maßgaben leichtfallen. Zwar sieht er sich dem Risiko schwer nachweisbarer Manipulationen durch Abfindungsberechtigte oder Dritte außerhalb seiner Sphäre ausgesetzt. Dem wird aber durch den Umstand entgegengewirkt, dass der Abfindungspflichtige einen aus seiner Sicht günstigen Bewertungszeitraum abwarten und zur Not auf die hier entwickelten Auffangregelungen zurückgreifen kann. Angesichts des erhöhten Aufwands und der strengen Anforderungen der Rückausnahme- bzw. Auffangregelungen wird eine Klageflut seitens der Minderheitsaktionäre und eine Umgehungsmöglichkeit durch den Mehrheitsaktionär vermieden. In Anbetracht der Tatsache, dass besagte Regelungen lediglich im Einzelfall eingreifen sollen, ist ihr Nachweis der jeweiligen Partei auch zumutbar. Durch die Darlegungs- und Beweislast der Parteien hinsichtlich der für sie günstigen Umstände wird folglich ein Mechanismus begründet, nach welchem die einzelfallorientierte Bestimmung der Liquidität bzw. der Marktenge oder der Manipulation immer dann zum Einsatz kommt, wenn der mit ihr verbundene Vorteil einer sachgerechten individuellen Liquiditätsmessung oder Manipulationsvermutung den damit einhergehenden Nachteil eines aufwendigen und unsicheren Vorgehens überwiegt. Folglich dürfte eine Partei eine Rückausnahme oder eine Auffangregelung nur dann anstrengen, wenn sie sich ihrer sicher ist, was aus ökonomischer Sicht zu begrüßen ist.

In Hinblick auf die Berücksichtigung des Börsenkurses als Deinvestitionswert gestaltet sich die Darlegungs- und Beweislastverteilung somit als sachgerecht.

Umso erstaunlicher erscheint es, dass vielerorts den Abfindungsberechtigten die Darlegungs- und Beweislast für eine mangelnde Aussagekraft des Börsenkurses hinsichtlich des quotalen Unternehmenswerts aufgebürdet wird.

Indem der BGH nunmehr einen bewertungsgeeigneten Börsenkurs als Regelfall betrachtet, zeichnet er damit eine Darlegungs- und Beweislast desjenigen vor, der sich gegen die Aussagekraft des Börsenkurses wendet.[1177]

Eine derartige Beweislastverteilung schimmerte bereits zuvor in Teilen des Schrifttums zum § 305 AktG durch.[1178]

Dies spiegelt auch die Handhabung beim Delisting wider, bei welchem nach Maßgabe des Gesetzgebers eine primäre Orientierung am Börsenkurs stattfindet. Im Rahmen dessen wird einstimmig davon ausgegangen, dass der abfindungsberechtigte Minderheitsaktionär *de lege lata* die Darlegungs- und Beweislast hinsichtlich der Ausnahmefälle einer Ablehnung der Börsenkursorientierung zu tragen hat.[1179] Ebenso ist er hinsichtlich des Unterschiedsbetrags zwischen der gezahlten und der angemessenen Abfindung und dementsprechend bezüglich der Unternehmenswertermittlung darlegungs- und beweisbelastet.[1180] Der Abfindungspflichtige hat

---

[1177] *Bungert/Strohotte*, DB 2023, 1332, 1334; vgl. Fleischer/Hüttemann/*Fleischer*, RhB Unternehmensbewertung, § 41 Rn. 41.43.

[1178] Vgl. GK-AktG/*Hirte/Hasselbach*, § 305 AktG Rn. 154, wonach derjenige, der sich auf eine Abweichung des Börsenkurses vom Unternehmenswert beruft, hierfür die Darlegungs- und Beweislast trägt, sodass außenstehende Aktionäre im Rahmen der Abfindung nach § 305 AktG Argumente gegen die Angemessenheit des Börsenkurses vorzutragen haben; vgl. *Henze*, FS Lutter (2000), S. 1101, 1110, nach welchem der außenstehende Aktionär bei den §§ 304, 305 AktG Gesichtspunkte bzgl. eines über dem Börsenkurs liegenden Wertes vorzubringen hat; vgl. *Stein*, Fundamentalanalyse und Börsenkurs, S. 270, der anführt, dass derjenige, der sich auf den Ausnahmefall einer nicht funktionierenden Preisbildung an der Börse beruft, die Darlegungs- und Beweislast hierfür trägt und für eine grds. alleinige Börsenkursorientierung plädiert; vgl. *Stilz*, ZGR 2001, 875, 892–893, laut dem der außenstehende Aktionär bei den §§ 304, 305 AktG die Darlegungslast hins. einer über dem Börsenkurs hinausgehende Abfindung trägt.

[1179] *Bayer*, NZG 2015, 1169, 1175; *Harnos*, AG 2020, 601, 608 Rn. 33; Hüffer/Koch/*Koch*, AktG, § 119 AktG Rn. 39; *Kocher/Seiz*, DB 2016, 153, 155; *Krug*, Der Rückzug von der Börse, S. 323, 339 § 13; Marsch-Barner/Schäfer/*Eckhold*, HdB börsennotierte AG, § 63 Rn. 63.41; *Morell*, AcP 2017, 61, 105, laut dessen Ansatz der Minderheitsaktionär bzgl. der Ausnahmefälle und der von ihm vorgeschlagenen Auffanggeneralklausel die Beweislast trägt; *Sanders*, Anlegerschutz bei Delisting zwischen Kapitalmarkt- und Gesellschaftsrecht, S. 111–112; Schwark/Zimmer/*Heidelbach*, KMRK, § 39 BörsG Rn. 25; vgl. *Schmitz*, Die Entwicklung des Anlegerschutzes beim regulären Delisting in Deutschland, S. 198; mit Verweis auf den Vorschlag *Morells* auch *Krug*, Der Rückzug von der Börse, S. 278 § 11 bzgl. einer Darlegungs- und Beweislast des klagenden Anlegers hins. einer Erweiterung der Illiquiditätsausnahme.

[1180] *Krug*, Der Rückzug von der Börse, S. 325, 339 § 13; vgl. *Drygala*, Die Neureglung des Delistings in: Gesellschaftsrecht in der Diskussion, 2015, S. 85; vgl. *Schmitz*, Die Entwicklung des Anlegerschutzes beim regulären Delisting in Deutschland, S. 199. Als Lösungsmöglichkeiten für die mit einem fehlenden Einblick in Unternehmensinterna durch die Minderheitsaktionäre einhergehende spätere Unternehmensbewertung bieten sich eine sekundäre hingegen den Beweis für eine Rückausnahme zu erbringen.[1181] In der Praxis wird er zudem von vornherein eine Marktenge nach den gesetzlichen Vorgaben prüfen, damit die BaFin seiner Angebotsunterlage zustimmt, sodass es überhaupt erst zu einem Delisting kommen kann.[1182]

Auch beim novellierten § 255 AktG, bei dem grundsätzlich der Börsenkurs als bewertungsrelevant gilt, wird vertreten, dass der Abfindungsberechtigte die Darlegungs- und Beweislast für einen unangemessenen Betrag und das Vorliegen der Ausnahmefälle des § 255 Abs. 5 S. 3 AktG trägt.[1183]

Andernorts ist im Schrifttum aber die Auffassung anzutreffen, wonach die Darlegungs- und Beweislast für einen angemessenen Ausgabetrag beim § 255 Abs. 2 AktG a. F. bei der Gesellschaft[1184] bzw. für die Gründe einer Nichtberücksichtigung des Börsenkurses bei dessen grundsätzlicher Alleinmaßgeblichkeit beim Abfindungspflichtigen[1185] liegt.

Letztgenanntem Ansatz ist beizupflichten. Hierfür streitet eine konsequente Anwendung der *Rosenberg'schen Formel.* Schließlich hat derjenige, der eine Abfindung nach den gesetzlichen Maßgaben anbietet und sich damit auf ihre Angemessenheit beruft, darzulegen und zu beweisen, dass sie angemessen ist. Wenn der Abfindungspflichtige nun eine Abfindung allein auf Basis des Börsenkurses leistet,

---

Darlegungslast (siehe: *Harnos*, AG 2020, 601, 610 Fn. 103; *Krug*, Der Rückzug von der Börse, S. 325–326 § 13) oder die Möglichkeit unbezifferter Delistingklagen in bestimmten Fällen (siehe: *von Berg*, BKR 2020, 339, 341–343, 345; *Drygala*, Die Neureglung des Delistings in: Gesellschaftsrecht in der Diskussion, 2015, S. 86; *Harnos*, AG 2020, 601, 605–607 Rn. 21–30; *Ilyevich*, Delisting – Parallele zum Übernahmerecht, S. 242–243; dies explizit ablehnend: BGH, Beschl. v. 22.10.2019 – XI ZR 682/18 = BKR 2020, 305, 305 Ls. d. Rd. 1, 306 Rn. 6) an. Für den weiteren Verlauf dieser Arbeit ist eine nähere Erörterung der Problematik nicht von Belang. Erwähnenswert ist lediglich, dass die Problematik einer späteren Unternehmensbewertung durch die Minderheitsaktionäre ohne ausreichende Datengrundlage gegen eine anfängliche ausschließliche Berücksichtigung des Börsenkurses spricht.

[1181] Vgl. *Bayer*, NZG 2015, 1169, 1176; vgl. *Kocher/Seiz*, DB 2016, 153, 155; vgl. *Sanders*, Anlegerschutz bei Delisting zwischen Kapitalmarkt- und Gesellschaftsrecht, S. 112; vgl. Schwark/Zimmer/*Heidelbach*, KMRK, § 39 BörsG Rn. 26, die sich aber allesamt auf die Rückausnahme eines Verstoßes mit nur unwesentlichen Auswirkungen (siehe hierzu: § 6 A. III.5.b)) beziehen.

[1182] *Mense/Klie*, DStR 2015, 2782, 2785; *Sanders*, Anlegerschutz bei Delisting zwischen Kapitalmarkt- und Gesellschaftsrecht, S. 114.

[1183] Hüffer/Koch/*Koch*, AktG, § 255 AktG Rn. 30, 48, der dies als h. M. bezeichnet; wohl auch *Lieder/Hilser*, ZHR 2024, 186, 202, die aber den mit der Neuregelung des § 255 AktG geltenden (eingeschränkten) Amtsermittlungsgrundsatz im Spruchverfahren anführen. Für eine Darlegungs- und Beweislast des Anfechtungsklägers nach der vorherigen Rechtslage plädieren bereits Hölters/Weber/*Englisch*, AktG, § 255 AktG Rn. 20 und MüKo-AktG/*Koch*, § 255 AktG Rn. 16, 25.

[1184] Heidel/*Heidel*, AktR, § 255 AktG Rn. 36; *Hirte*, WM 1997, 1001, 1005; *Mülbert*, Aktiengesellschaft, Unternehmensgruppe und Kapitalmarkt, S. 341.

[1185] Schmidt/Lutter/*Schnorbus*, AktG, § 327b AktG Rn. 3a, der sich hierbei nicht auf den Börsenkurs als Untergrenze beschränkt.

trifft ihn die Darlegungs- und Beweislast hinsichtlich der Aussagekraft des Börsenkurses zum quotalen Unternehmenswert. Daher muss er darlegen und beweisen, dass der Börsenkurs nicht verzerrt und eine hierauf beruhende Abfindung angemessen ist. Wie schon beim Deinvestitionswert zeigt sich, dass die materielle Rolle der Partei ihre prozessuale Darlegungs- und Beweislast vorzeichnet. Da in das Aktieneigentum der Abfindungsberechtigten unter der Voraussetzung einer angemessenen Kompensation eingegriffen wird, sollte der Eingreifende auch die Angemessenheit und damit seine Berechtigung zum Eingriff nachweisen.[1186] Zudem ist gerade der Abfindungspflichtige, der sich bei seiner Abfindungszahlung von vornherein lediglich auf den Börsenkurs beruft, an dessen Bewertungsrelevanz interessiert und will eine Unternehmensbewertung durch einen Sachverständigen mit einem möglicherweise höheren Ergebnis vermeiden. Dementsprechend ist es für ihn günstig, wenn die Nichtberücksichtigungsfälle nicht einschlägig sind, womit er auch aufzeigen muss, dass die zuvor erörterten Gründe für eine fehlende Bewertungseignung nicht beim konkreten Börsenkurs zutreffen.

Ohnehin erweist sich die Darlegungs- und Beweislast der Abfindungsberechtigten bezüglich der Gründe einer Nichtberücksichtigung des Börsenkurses als problematisch. So wird ihnen der Nachweis regelmäßig schwerfallen.[1187] Wie sich gezeigt hat, können Fehlbewertungen und insbesondere Kursbeeinflussungen seitens des Abfindungspflichtigen oftmals verdeckt bleiben. Viele Kursverzerrungen dürften nur schwer nachweisbar sein. Die Nichtberücksichtigungsfälle ermöglichen selbst nach dem hier erarbeiteten Modell keinen lückenlosen Anlegerschutz. Auch werden die darlegungs- und beweispflichtigen Aktionäre mit zusätzlichen Kosten und einem erhöhten Prozesskostenrisiko belastet.[1188] Dabei stellt sich ein Vorgehen gegen eine unangemessene Abfindung auf Basis des Börsenkurses von vornherein schon als unpraktisch und unsicher dar. Bei einer ausschließlichen Börsenkursorientierung wird gerade kein Sachverständigengutachten zum Unternehmenswert bei der Vorbereitung der Strukturmaßnahme erstellt, welches im Falle einer Klage lediglich überprüft werden muss, sodass es einer nachträglichen sachverständigen

[1186] Vgl. Heidel/*Heidel*, AktR, § 255 AktG Rn. 36, der sich hierbei auf den angemessenen Ausgabebetrag beim § 255 AktG a. F. bezieht.

[1187] *Harnos*, ZHR 2015, 750, 769–770; *Krug*, Der Rückzug von der Börse, S. 324 § 13; *Sanders*, Anlegerschutz bei Delisting zwischen Kapitalmarkt- und Gesellschaftsrecht, S. 111–112; vgl. Heidel/*Heidel*, AktR, § 255 AktG Rn. 36, laut dem eine hinreichende substantiierte Darlegung der Grundlagen für eine Berechnung des inneren Wertes den Aktionären unmöglich ist; vgl. *Mülbert*, Aktiengesellschaft, Unternehmensgruppe und Kapitalmarkt, S. 341 unter Bezugnahme auf die Informationsgrundlage der Anfechungskläger beim § 255 AktG a. F.; vgl. *Ramesohl*, Aktieneigentum, „wahrer Wert" und Börsenkurs, S. 166 § 9, der sich hierbei aber auf die Perspektive des Abfindungspflichtigen bezieht; a. A. *Stilz*, ZGR 2001, 875, 892–893.

[1188] *Krug*, Der Rückzug von der Börse, S. 324 § 13; kritisch zum Kostenrisiko der Anleger beim Delisting auch *BRAK*, Stellungnahme Nr. 37/2015, S. 5.

Bewertung bedarf, welche mit weitergehenden Problemen[1189] und einer längeren Verfahrensdauer[1190] einhergeht. Weiterhin verfügen die Minderheitsaktionäre zumeist nicht über ausreichende Informationen, um zu bestimmen, wann von einer Angemessenheit auszugehen ist.[1191] All dies kann die ohnehin schon im Informationsgefälle unterlegenen Anleger davon abgehalten, einen verzerrten Börsenkurs aufzudecken und an eine angemessene Abfindung zu gelangen. Wenn eine Darlegungs- und Beweislast der Abfindungsberechtigten in Verbindung mit eng formulierten Ausnahmefällen von der Börsenkursorientierung auch eine Klageflut verhindern mag[1192], so darf dies doch nicht dem Abfindungspflichtigen dazu gereichen, Unterbewertungen zwecks niedrigerer Abfindungen unter dem Fundamentalwert auszunutzen. Auch kann einem etwaigen Blockaderisiko[1193] mit einer Verlagerung sämtlicher Abfindungsfälle ins Spruchverfahren entgegengewirkt werden. Angesichts seiner regelmäßig fundierten Informationsgrundlage und seines Einblicks in Unternehmensinterna ist dem Abfindungspflichtigen hingegen eine grundlegenge Darlegungs- und Beweislast zuzumuten.

Allerdings wirft die Darlegungs- und Beweislast des Abfindungspflichtigen Probleme auf, wenn grundsätzlich von einem aussagefähigen Börsenkurs und einer mangelnden Aussagekraft im Ausnahmefall ausgegangen wird. So entspricht es gerade der Natur eines Ausnahmefalls, dass dieser in der Regel nicht vorliegt und nur im Einzelfall positiv nachgewiesen werden kann. Dementsprechend wird es kaum möglich sein, einen sicheren negativen Nachweis zu erbringen, dass keiner der Ausnahmefälle einschlägig ist. Dies gilt ebenso, wenn man wie in dieser Arbeit lediglich von bestimmten Nichtberücksichtigungsgründen ausgeht, die gegen eine Börsenkursorientierung sprechen. Grundsätzlich kann nur das positive Vorliegen etwaiger Verstöße und Verzerrungen eindeutig nachgewiesen werden. Ungeachtet dessen könnte der Abfindungspflichtige in Anbetracht seiner überlegenen Informationslage tatsächliche Verstöße, Verzerrungen und ihm bekannte Fehlbepreisungen problemlos verschweigen. Aufgrund der kaum möglichen Nachprüfbarkeit des Börsenkurses vermag er es hierdurch, die Abfindungshöhe zu seinen Gunsten zu beeinflussen.

Jedoch ermöglichen zumindest vereinzelte Nichtberücksichtigungs- bzw. Ausnahmefälle eine abweichende Beurteilung.

[1189] *Krug*, Der Rückzug von der Börse, S. 325 § 13. Zur Problematik einer nachträglichen fundamentalen Unternehmensbewertung siehe bereits: § 6 A.III.5.f).

[1190] *Mense/Klie*, DStR 2015, 2782, 2786.

[1191] *Mülbert*, Aktiengesellschaft, Unternehmensgruppe und Kapitalmarkt, S. 341.

[1192] So *Harnos*, AG 2020, 601, 608 Rn. 33, 610 Rn. 45 zum Delisting *de lege lata*, der dies aber im Kontext der von ihm befürworteten Möglichkeit unbezifferter Delistingklagen anführt.

[1193] MüKo-AktG/*Koch*, § 255 AktG Rn. 25, der sich hierbei auf den § 255 AktG a. F. bezieht und im Rahmen dessen die Darlegungs- und Beweislast des Anfechtungsklägers als Gegengewicht für ein blockierendes Anfechtungsrisiko anführt. Diese Problematik hat sich mit der Neuregelung des § 255 AktG, der nunmehr ins Spruchverfahren verweist, erübrigt.

So zeigt die Handhabung der Marktenge nach § 39 Abs. 3 S. 4 BörsG beim Delisting einen anderen Weg auf. Wie bereits angeklungen ist, wird der Bieter den abfindungsrelevanten Börsenkurs schon im Rahmen seines Angebots auf eine solche hin überprüfen. Da eine Marktenge anhand der festen gesetzlichen Kriterien bereits im Vorfeld des Angebots festgestellt werden kann[1194], erscheint es sachgerecht, ihm die Darlegungs- und Beweislast für eine solche aufzuerlegen. Auf diese Weise kann einem erkennbar nicht bewertungsgeeigneten Börsenkurs von vornherein begegnet werden, ohne dass es eines weiteren Vorgehens der Abfindungsberechtigten bedarf. Auf Basis der einsehbaren Daten zu den Handelsaktivitäten und Kursbewegungen der fraglichen Aktie dürfte ein problemloser und nachvollziehbarer Nachweis erfolgen. Da ein gänzlich ausbleibender Handel bzw. das Stattfinden eines Handels innerhalb des Bewertungszeitraums von vornherein eindeutig nachgewiesen werden kann, sollte dies auch für den Nichtberücksichtigungsgrund des praktisch fehlenden Handels gelten. Somit ist zumindest für diese Fälle ein sicherer negativer Nachweis ihres Nichtvorliegen möglich. Die vorangegangenen Erwägungen lassen sich auch auf die übrigen abfindungsauslösenden Konstellationen übertragen.

Hinsichtlich der Fallgruppe der Kurs- und Marktverzerrungen dürfte zumindest der Umstand, dass es sich um keine Gesellschaft in Abwicklung ohne operatives Geschäft handelt, mittels aktueller Geschäftsdaten nachweisbar sein. Dementsprechend bietet es sich an, vom Abfindungspflichtigen zu verlangen, die Tatsache, dass es sich um keine Gesellschaft in Abwicklung ohne operatives Geschäft handelt, bereits im Rahmen seines Abfindungsangebots darzulegen.

Mit Blick auf weitergehende Rechtsverstöße und Verzerrungen könnte allenfalls gefordert werden, dass der Abfindungspflichtige im Abfindungsangebot Anhaltspunkte aufführt, dass diese nicht vorliegen. Hierfür dürfte ein Verweis auf den Kursverlauf des Unternehmens im Referenzzeitraum im Vergleich zu historischen Kursen und/oder Vergleichsunternehmen oder -indizes ausreichen. Etwaige Auffälligkeiten können auf den tatsächlichen Geschäftsverlauf und die voraussichtlichen Entwicklungen des Unternehmens zurückgeführt werden, soweit der Abfindungspflichtige dies nachvollziehbar erklären kann. Angesichts des wohl kaum durchführbaren umfassenden Nachweises eines Nichtvorliegens sämtlicher Nichtberücksichtigungsfälle und der ohnehin bestehenden Möglichkeit des gezielten Verschweigens dürften höhere Anforderungen nicht zielführend sein. Letztlich wird man auf diesem Wege aber nur schwerwiegende, nicht fundamental erklärbare Fehlbewertungen herausfiltern können.

Im Wege dieser teilweisen anfänglichen Darlegung durch den Abfindungspflichtigen kann man den Abfindungsberechtigten zumindest etwas entgegenkommen. Da der Abfindungspflichtige aber dennoch mögliche Verzerrungen gezielt verschweigen könnte, kann allerdings auch auf diesem Wege keine angemessene

---

[1194] *Ilyevich*, Delisting – Parallele zum Übernahmerecht, S. 167; *Krug*, Der Rückzug von der Börse, S. 269 § 11; *Mense/Klie*, DStR 2015, 2782, 2785.

Abfindung anhand des wahren Unternehmenswerts garantiert werden. Es wird lediglich ein leicht verbesserter Anlegerschutz erzielt.

Darüber hinaus käme es in Betracht, beim prozessualen Vorgehen gegen die Abfindungshöhe einen uneingeschränkten Amtsermittlungsgrundsatz anzuordnen. Ein derartiges Vorgehen läuft aber Gefahr, eine Klageflut loszutreten. So würde es dazu führen, dass Antragsteller ohne sachliche Begründung ein aufwendiges und kostspieliges Überprüfungsverfahren anstrengen könnten.[1195] Angesichts dessen könnten sie versucht sein, sich den Lästigkeitswert ihres Antrags abkaufen zu lassen.[1196] Ein solches Missbrauchspotenzial im Kontext der Abfindung gilt es gerade zu vermeiden. In derartigen Konstellationen wird nicht zu einer sachgerechten Kompensation beigetragen und der Abfindungspflichtige in seiner unternehmerischen Freiheit beschränkt. Mittels einer substantiierten Begründungspflicht der Antragsteller hingegen kann einem Missbrauch durch sie entgegengewirkt werden.[1197] Auch zieht eine umfassende gerichtliche Prüfung die Verfahrensdauer in die Länge.[1198] In Anbetracht dessen ist ein uneingeschränkter Amtsermittlungsgrundsatz nicht zielführend.

In seiner derzeitigen eingeschränkten Form erweist sich der Amtsermittlungsgrundsatz im Spruchverfahren jedoch als sachgerecht.[1199] Schließlich ist er der Rechtsdurchsetzung der Aktionäre dienlich.[1200] Unter Berücksichtigung aller Interessen stellt er einen nachvollziehbaren Kompromiss dar.[1201] Der eingeschränkte Amtsermittlungsgrundsatz kommt den Abfindungsberechtigten zugute, falls der nach der hier vertretenen Auffassung darlegungs- und beweisbelastete Abfindungspflichtige etwas verschweigt. Zwecks eines effektiven Rechtsschutzes empfiehlt es sich, auch beim Delisting auf einen eingeschränkten Amtsermittlungs-

[1195] Gesetzentwurf der Bundesregierung, BT-Drs. 15/371, S. 13, wo diese Problematik als Grund für die Mindestangaben bei der Antragsbegründung gem. § 4 Abs. 2 S. 2 SpruchG angeführt wird; vgl. *Follert*, Zur Unternehmensbewertung im Spruchverfahren aus interessentheoretischer Sicht, S. 72.

[1196] Vgl. *Winter/Nießen*, NZG 2007, 13, 14. In Bezug auf die Mindestanforderungen bei der Antragsbegründung aus § 4 Abs. 2 S. 2 Nr. 4 SpruchG auch Dreier/Fritzsche/Verfürth/*Antczak/Fritzsche*, SpruchG, § 4 SpruchG Rn. 2. Siehe aber auch *Noack*, ZRP 2015, 81, 81, wonach das Spruchverfahren mit Blick auf ein mögliches Auskaufen von Antragsstellern auch weiterhin noch missbrauchsanfällig ist.

[1197] Vgl. *Ilyevich*, Delisting – Parallele zum Übernahmerecht, S. 249–250.

[1198] Gesetzentwurf der Bundesregierung, BT-Drs. 15/371, S. 11; *Ilyevich*, Delisting – Parallele zum Übernahmerecht, S. 249; vgl. *Winter/Nießen*, NZG 2007, 13, 14–15. Siehe aber auch *Noack*, ZRP 2015, 81, 81; Sagasser/Bula/Brünger/*Sagasser/Luke*, Umwandlungen, § 9 Rn. 8, laut denen es auch nach der Reform des Spruchverfahrens bei einer langen Verfahrensdauer geblieben ist.

[1199] So auch *DAV*, NZG 2014, 1144, 1145 Rn. 12.

[1200] Vgl. *Kastl*, Der Rückzug kapitalmarktfähiger Unternehmen von der Börse, S. 344 § 6; vgl. *Krug*, Der Rückzug von der Börse, S. 334 § 13. Unter Ablehnung eines reinen Beibringungsgrundsatzes im Spruchverfahren auch *DAV*, NZG 2014, 1144, 1145 Rn. 12.

[1201] Vgl. *DAV*, NZG 2014, 1144, 1145 Rn. 12.

grundsatz abzustellen.[1202] Im Falle eines alleinmaßgeblichen Börsenkurses mangelt es aber an weiteren Kontrollwerten für eine gerichtliche Angemessenheitsprüfung.[1203] So wird auf eine anfängliche fundamentale Unternehmensbewertung verzichtet. Die Problematik einer nachträglichen Bewertung durch einen Sachverständigen besteht weiterhin.[1204] Dementsprechend müsste sich die gerichtsseitige Ermittlungstätigkeit im Rahmen eines eingeschränkten Amtsermittlungsgrundsatzes auf Konstellationen, in denen kein aussagefähiger Börsenkurs existiert[1205], und auf das Vorliegen ersichtlicher Fehlbewertungen beschränken. Im Grundsatz bleibt es damit bei der Gefahr unerkannter Fehlbewertungen.

Zwecks Vermeidung missbräuchlicher Klagen und aufwendiger Prozesse bedarf es aber konkreter Einwendungen seitens des Antragstellers, wohingegen pauschale Einwendungen oder Floskeln nicht ausreichen sollen.[1206]

Letztlich ist einer grundlegenden Darlegungs- und Beweislast der Abfindungspflichtigen in Bezug auf die Fälle der Nichtberücksichtigung des Börsenkurses bei der Ermittlung des quotalen Unternehmenswerts beizupflichten, wobei den Abfindungsberechtigten hierdurch ein nur unzureichender Rechtsschutz gewährt wird. Die Modifikationen in Gestalt einer teilweisen anfänglichen Darlegung durch den Abfindungspflichtigen im Rahmen seines Abfindungsangebots und des eingeschränkten Amtsermittlungsgrundsatzes bei einem gerichtlichen Vorgehen gegen die Abfindungshöhe können diesbezüglich nur bedingt Abhilfe leisten. Um einem missbräuchlichen Vorgehen der Abfindungsberechtigten vorzubeugen, sollten aber dennoch konkrete Einwendungen ihrerseits gegen den Börsenkurs verlangt werden.

Sofern es um die Auffang- und Rückausnahmeregelungen geht, gilt das bereits im Kontext des Deinvestitionswerts Gesagte mit einer umgekehrten Interessenkonstellation. Im Falle einer grundsätzlichen Alleinmaßgeblichkeit des Börsenkurses zur Ermittlung des quotalen Unternehmenswerts ist den Abfindungsberechtigten an den Auffangregelungen gelegen, wohingegen der Abfindungsberechtigte einen

---

[1202] *BRAK*, Stellungnahme Nr. 37/2015, S. 5–6, wo der derzeitigen Reglung des Delisting ein unzureichender Rechtsschutz aufgrund eines fehlenden (eingeschränkten) Amtsermittlungsgrundsatzes attestiert und ein solcher nebst anderen Maßgaben des Spruchverfahrens gefordert wird; *Kastl*, Der Rückzug kapitalmarktfähiger Unternehmen von der Börse, S. 344–348 § 6, die für eine Heranziehung des Spruchverfahrens beim Delisting *de lege ferenda* plädiert und hierfür u.a. den Amtsermittlungsgrundsatz anführt; offen hingegen *Krug*, Der Rückzug von der Börse, S. 338–341 § 13, laut der jedenfalls in Betracht gezogen werden könnte, den Amtsermittlungsgrundsatz, wie er im Spruchverfahren zum Einsatz kommt, auch beim Delisting vorzusehen.

[1203] *Ruiz de Vargas*, NZG 2021, 1001, 1004.

[1204] *Krug*, Der Rückzug von der Börse, S. 341 § 13.

[1205] Vgl. *Ruiz de Vargas*, NZG 2021, 1001, 1004.

[1206] *Ilyevich*, Delisting – Parallele zum Übernahmerecht, S. 249–250. Zu diesen Vorgaben beim Spruchverfahren siehe: BeckOGK-SpruchG/*Drescher*, § 4 SpruchG Rn. 22; Dreier/Fritzsche/Verfürth/*Antczak/Fritzsche*, SpruchG, § 4 SpruchG Rn. 25–26, 28; Hölters/Weber/*Simons*, AktG, § 4 SpruchG Rn. 1, 18.

Rückausnahmefall anstrengen will. Mit Blick auf die obigen ökonomischen Erwägungen sollten die Abfindungsberechtigten hinsichtlich der Auffangregelungen, der Abfindungspflichtige wiederum in Bezug auf etwaige Rückausnahmefälle darlegungs- und beweisbelastet sein. Wie bereits erörtert werden die Auffang- und Rückausnahmeregelungen hierdurch auf den engen Einzelfall beschränkt und kommen nur dann zum Einsatz, wenn der sich hierauf Berufende ihrer sicher ist.

Wenn der Sachverständige im Rahmen eines indirekten Marktbezugs innerhalb seiner fundamentalen Unternehmensbewertung zum quotalen Unternehmenswert auf Börsenkurse zurückgreift, hat er ein Eingreifen der Nichtberücksichtigungs- sowie Rückausnahmefälle und Auffangregelungen in nachvollziehbarer Weise in seinem Gutachten darzulegen. So bedient er sich bei einer aus seiner Sicht fehlenden Aussagekraft der Nichtberücksichtigungsgründe und bei einer seines Erachtens dennoch bestehenden oder unzureichenden Aussagekraft der Auffangregelungen bzw. Rückausnahmefälle. Zwecks Fehlervermeidung und effektiven Anlegerschutzes bietet sich auch hier die bereits im Rahmen der alleinigen Börsenkursorientierung angeführte Modifikation in Form einer teilweisen anfänglichen Darlegung des Nichtvorliegens von Argumenten gegen eine Börsenkursorientierung an. Weiterhin trägt der Abfindungspflichtige die Darlegungs- und Beweislast hinsichtlich der Nichtberücksichtigungs- und Rückausnahmefälle bezüglich der Aussagekraft des Börsenkurses, wobei der eingeschränkte Amtsermittlungsgrundsatz zu beachten ist. Sofern die Abfindungsberechtigten gegen den marktorientierten Aspekt prozessual vorgehen, bedarf es eines konkreten Einwands, wobei sie die Darlegungs- und Beweislast hinsichtlich der Auffangregelungen tragen. Zwar kommt hierbei die Problematik ihrer unterlegenen Stellung der hinsichtlich des Nachweises der Nichtberücksichtigungsfälle und einer verschleierten Fehlbepreisung erneut zum Tragen. Dieser Umstand dürfte aber hinnehmbar sein. Schließlich hat der Sachverständige Einsicht in die Unternehmensinterna und führt eine betriebswirtschaftlich anerkannte und in der Praxis erprobte umfassende Bewertung durch, sodass er die Aussagekraft des Börsenkurses besser als ein gewöhnlicher Anleger beurteilen kann. Auch ist er im Idealfall neutral und hat seine Erwägungen genau und in nachvollziehbarer Weise zu begründen. Dementsprechend dürfte es zu einem geringeren Ausmaß an Fehlbewertungen zulasten der Abfindungsberechtigten als bei einer alleinigen Börsenkursorientierung kommen. Ohnehin stellt der Börsenkurs beim indirekten Marktbezug nur ein Bewertungselement in Form eines Schätz- bzw. Richtwerts dar und dient nicht als alleiniger Maßstab des Unternehmenswerts.

Ungeachtet der Berücksichtigung des Börsenkurses als Deinvestitionswert, quotaler Unternehmenswert oder Richt- bzw. Schätzwert beim indirekten Marktbezug ist zudem ein anfängliches Einschreiten der BaFin hinsichtlich der Nichtberücksichtigungs- bzw. Ausnahmefälle in Betracht zu ziehen.

Schließlich prüft diese die Angebotsunterlage beim Delisting[1207] und bei öffentlichen Angeboten[1208] vor ihrer Veröffentlichung. Aufgrund der ihr vorliegenden Marktdaten wird die BaFin regelmäßig von vornherein feststellen können, ob ein Fall der Marktenge nach Maßgabe des § 5 Abs. 4 WpÜG-AngebVO bzw. § 39 Abs. 3 S. 4 BörsG vorliegt.[1209] In diesen Fällen müsste eine Berücksichtigung des Börsenkurses bereits ohne das Tätigwerden einer Partei für unzulässig erklärt werden. Eine später erforderliche Klage trotz der augenscheinlich mangelnden Bewertungseignung des Kurses ist aus verfahrensökonomischer Sicht abzulehnen. Da hierbei ebenso auf die von der BaFin ermittelten Marktdaten zurückgegriffen wird und ein Börsenkurs mit ersichtlich fehlender Aussagekraft vorliegt, gelten diese Erwägungen auch für den Nichtberücksichtigungsfall des fehlenden Handels. Ebenso sollte die BaFin bereits bei der Prüfung der Angebotsunterlage auf Verstöße reagieren, wie sie vom § 39 Abs. 3 S. 3 BörsG beschrieben werden.[1210] Nach der hier vertretenen Auffassung betrifft dies Verletzungen der Ad-hoc-Publizitätspflicht sowie des Insiderhandels- und des Manipulationsverbots. Auf diesem Wege sind die ohnehin schon unterlegenen Minderheitsaktionäre nicht zu einer Klageerhebung gezwungen, wenn bereits von vornherein die Aussagekraft des Börsenkurses aus Behördensicht zweifelhaft ist.[1211] Aus verfahrensökonomischen Gesichtspunkten wird sich die Prüfung durch die BaFin aber auf eine Evidenzkontrolle beschränken.[1212] Andernfalls würde es regelmäßig zu zeitintensiven Verfahren kommen,

---

[1207] *Gegler*, BKR 2016, 273, 278; *Harnos*, ZHR 2015, 750, 774; Hüffer/Koch/*Koch*, AktG, § 119 AktG Rn. 42; *Kocher/Seiz*, DB 2016, 153, 156; vgl. *Bayer*, NZG 2015, 1169, 1176–1177.

[1208] Assmann/Pötzsch/Schneider/*Assmann*, WpÜG, § 14 WpÜG Rn. 18–21; Marsch-Barner/Schäfer/*Drinkuth*, HdB börsennotierte AG, § 62 Rn. 62.86.

[1209] *Drygala*, Die Neureglung des Delistings in: Gesellschaftsrecht in der Diskussion, 2015, S. 88; *Schmitz*, Die Entwicklung des Anlegerschutzes beim regulären Delisting in Deutschland, S. 199; vgl. *Krug*, Der Rückzug von der Börse, S. 326 § 13; im Ergebnis auch *Harnos*, ZHR 2015, 750, 774. Hinsichtlich der Rückausnahme bzw. der Auffangregelung einer ungeachtet der Vorgaben des § 5 Abs. 4 WpÜG-AngebVO bestehenden bzw. nicht bestehenden Illiquidität nach wirtschaftswissenschaftlich fundierten Maßgaben (siehe hierzu: § 6 A.III.1.a) bb)(4)(b)) trägt sodann aber der sich hierauf Berufende die Darlegungs- und Beweislast.

[1210] Hüffer/Koch/*Koch*, AktG, § 119 AktG Rn. 42; *Kocher/Seiz*, DB 2016, 153, 156–157; *Schmitz*, Die Entwicklung des Anlegerschutzes beim regulären Delisting in Deutschland, S. 198–199; *Verse*, FS Baums (2017), S. 1317, 1328; vgl. auch *Gegler*, BKR 2016, 273, 278. Dies bezüglich Verstöße gegen die §§ 15, 20a WpHG a. F. bereits aufwerfend: *Bayer*, NZG 2015, 1169, 1175; im Ergebnis auch *Harnos*, ZHR 2015, 750, 774. Hierbei ist jedoch zu beachten, dass es im Falle einer Verwendung des Börsenkurses als Deinvestitionswert nur auf Manipulationen durch einen Abfindungsberechtigten oder einen Dritten außerhalb der Sphäre des Abfindungspflichtigen ankommt (siehe hierzu: § 6 A.III.2.c)).

[1211] Ebenso führt *Verse*, FS Baums (2017), S. 1317, 1328 hierfür den intendierten Anlegerschutz beim Delisting an.

[1212] *Gegler*, BKR 2016, 273, 278, der im Kontext des Delisting die nur zehntätige Regelfrist des § 14 Abs. 2 S. 1 WpÜG bei der Kontrolle der Angebotsunterlage durch die BaFin anführt und hierbei einen unzureichenden Rechtsschutz der Aktionäre kritisiert. Zur eingeschränkten Prüfungskompetenz der BaFin bei Unternehmensbewertungen im Rahmen von wenn sie stets eine umfassende Analyse des Einzelfalls durchführen müsste. Dies könnte einem effizienten Delisting im Wege stehen. Auch bestünde die Gefahr, die behördlichen Kapazitäten zu sprengen. Ohnehin hat die BaFin keine vollumfängliche Einsicht in die Unternehmensinterna, sodass selbst sie nicht sämtliche verschleierten Verstöße und Abweichungen des Börsenkurses vom wahren Wert aufdecken könnte. Dementsprechend sollte die BaFin lediglich bei offenkundigen Fällen einschreiten. Hierbei wird sie auf bereits festgestellte Verstöße zurückgreifen und dem Börsenkurs von vornherein seine Bewertungsrelevanz absprechen.[1213] Darüber hinaus käme in Betracht, dass die BaFin bereits im Anfangsstadium Nachforschungen hinsichtlich möglicher Verstöße anstellen könnte.[1214] Ein solches Vorgehen müsste aber auf aus behördlicher Sicht besonders naheliegende Normverstöße beschränkt sein, die mit entsprechenden Kursauffälligkeiten verbunden sind.[1215] Mit Blick auf die Verfahrensökonomie und Rechtssicherheit sollten die Rückausnahmefälle und Auffangregelungen nicht unter die beschriebene behördliche Kontrolle fallen. Dies gilt ebenso für die Nichtberücksichtigungsfälle der Kurs- und Marktverzerrungen, deren Nachweis oftmals mit einem hohen Aufwand und einer entsprechenden Unsicherheit verbunden ist.

Eine solche anfängliche Kontrolle durch die BaFin empfiehlt sich auch bei den übrigen abfindungsauslösenden Konstellationen außerhalb des BörsG und des WpÜG. Wenn hierbei auch keine behördliche Prüfung der Angebotsunterlage stattfindet, so werden die bewertungsrelevanten Börsenkurse doch bei der BaFin erfragt und von dieser ermittelt.[1216] Im Rahmen ihrer Ermittlung sollte sie auch die zuvor beschriebene eingeschränkte Prüfung durchführen und dem Börsenkurs seine Bewertungseignung absprechen können.

Somit empfiehlt sich ein teilweiser öffentlich-rechtlicher Kontrollmechanismus seitens der Behörde. Durch das anfängliche Einschreiten der BaFin kann auf erkennbare Fehlbewertungen in verfahrensökonomisch angebrachter Weise reagiert werden. Auch wird der Gefahr, dass die Parteien oder der Sachverständige Aspekte einer fehlenden Bewertungseignung des Börsenkurses bewusst oder versehentlich

---

§ 31 Abs. 1 WpÜG i. V. m. § 5 Abs. 4 WpÜG-AngebVO auch *Lappe/Stafflage*, BB 2002, 2185, 2189.

[1213] Vgl. *Kocher/Seiz*, DB 2016, 153, 157. Siehe aber auch *Krug*, Der Rückzug von der Börse, S. 323–324, 339 § 13, wonach der klagende Anleger auf einen bestandskräftigen Verwaltungsakt der BaFin, durch welchen der Verstoß festgestellt wurde, verweisen soll. Eine Ablehnung des Börsenkurses erst auf ein Tätigwerden der Anleger hin trotz der Kenntnis der BaFin von etwaigen Verstößen erscheint aber verfahrensökonomisch unsachgemäß.

[1214] In diese Richtung bereits *Bayer*, NZG 2015, 1169, 1175 und *Morell*, AcP 2017, 61, 101 Fn. 159.

[1215] Anders wohl *Morell*, AcP 2017, 61, 101 Fn. 159, der vor allem bei einem Delisting eine anfängliche volle Prüfung der BaFin in Erwägung zieht, was mit weiteren Verfahrensanpassungen einhergehen würde.

[1216] Zur Datengrundlage bei der Berechnung des abfindungsrelevanten Börsenkurses siehe: § 6 B.III.1.

übergehen könnten, durch die behördliche Prüfung entgegengewirkt. Dies gilt insbesondere für das mögliche Verschweigen von kursverzerrenden Umständen durch den Abfindungspflichtigen bei einer alleinigen Börsenkursorientierung bezüglich des quotalen Unternehmenswerts. Auf diesem Wege kann die Position der Abfindungsberechtigten zumindest etwas gestärkt werden. In Anbetracht der oberflächlichen Evidenzkontrolle der BaFin wird aber kein umfassender Rechtsschutz gewährleistet.[1217] Gerade die verschleierten Manipulationen und schwer nachweisbaren Kursverzerrungen bleiben weiterhin verborgen. Es kann lediglich offenkundig einschlägigen Gründen für eine Ablehnung der Börsenkursorientierung begegnet werden.

Letztlich kann die Darlegungs- und Beweislastproblematik auf Basis der erörterten Maßgaben nur ansatzweise zugunsten einer angemessenen und effizient ermittelbaren Abfindung modifiziert werden.

Jedenfalls erweist sich ein Vorgehen, bei welchem der Börsenkurs als Deinvestitionswert oder im Wege eines indirekten Marktbezugs beim quotalen Unternehmenswert berücksichtigt wird, vor dem Hintergrund der Beweislastverteilung hinsichtlich der Nichtberücksichtigungs-, Rückausnahme- und Auffangfälle als sachgerecht. Die Modifikationen in Gestalt der anfänglichen eingeschränkten Prüfung der BaFin sowie der Stellungnahme seitens des Sachverständigen innerhalb seiner Bewertungserwägungen und des eingeschränkten Amtsermittlungsgrundsatz tragen zusätzlich zur effizienten Ermittlung einer angemessenen Abfindung bei.

Anders hingegen ist die sich in der jüngeren Gesetzgebung und Rechtsprechung abzeichnende alleinige Börsenkursorientierung in Verbindung mit einer Darlegungs- und Beweislast der Abfindungsberechtigung hinsichtlich dessen mangelnder Aussagefähigkeit zu beurteilen. Bei einer solchen wird der ohnehin schon in seiner Informationsgrundlage unterlegene Abfindungsberechtigte durch die ihm obliegende Darlegungs- und Beweislast hinsichtlich der Ausnahmefälle einer grundsätzlichen Börsenkursberücksichtigung benachteiligt. So wird es ihm oftmals schwerfallen, einen Ausnahmefall nachzuweisen, wohingegen der Abfindungspflichtige etwaige ihm bekannte Fehlbepreisungen und sogar gezielte Kursbeeinflussungen verschleiern könnte. Erneut schlägt sich das Problem nieder, dass der Börsenkurs hinsichtlich einzelner Preisbildungskomponenten und möglicher unternehmenswertirrelevanter Faktoren nicht sicher überprüfbar ist. Demgemäß besteht kein ausreichender Rechtsschutz für die Abfindungsberechtigten. Vor dem Hintergrund, dass ein Abweichen des Börsenkurses vom quotalen Unternehmenswert entgegen dem vielerorts vertretenen Regel-Ausnahme-Verhältnis wohl eher den Regelfall darstellen dürfte, ist dieser Umstand umso gewichtiger. Auch wird eine weitere Modifikation in Gestalt einer teilweisen anfänglichen Stellungnahme des Abfindungspflichtigen, einer beschränkten vorherigen Prüfung durch die BaFin und des eingeschränkten Amtsermittlungsgrundsatzes zu keinem ausreichenden

[1217] *Gegler*, BKR 2016, 273, 278.

Rechtsschutz führen. Letztlich wird dem Abfindungspflichtigen eine gezielte Ausnutzung einer Unterbewertung des Unternehmens durch den Börsenkurs ermöglicht, wogegen die Abfindungsberechtigten nicht ausreichend vorgehen können. Somit werden sie daran gehindert, eine angemessene Abfindung sicher zu erhalten.

Schlussfolgernd sprechen die Darlegungs- und Beweislastprobleme gegen eine alleinige Berücksichtigung des Börsenkurses bei der Unternehmensbewertung.[1218] Sofern eine solche dennoch vertreten wird, empfiehlt es sich, sie dem Abfindungspflichtigen aufzulegen und zudem die aufgeführten Modifikationen zwecks eines effektiven Anlegerschutzes vorzusehen.

IV. Fazit: Gründe für eine Nichtberücksichtigung des Börsenkurses

Zunächst ist festzuhalten, dass es im Rahmen der Berücksichtigung des Börsenkurses bei Unternehmensbewertungen – sei es nun bei der Ermittlung des Deinvestitionswert oder des quotalen Unternehmenswerts – Ausnahmen von der Bewertungseignung des Kurses bedarf.

Dies gilt insbesondere für einen Börsenkurs, der den quotalen Unternehmenswert wiedergeben soll. Gerade die erwogenen Konstellationen der Marktenge und des fehlenden Handels, der unzureichenden oder falschen Informationsgrundlage aufgrund Ad-hoc-Publizitätspflichtverstößen, der Verletzungen des Manipulations- und Insiderhandelsverbots sowie der Kurs- und Marktverzerrungen bilden Fälle einer zweifelhaften Aussagekraft ab, in denen sich der Börsenkurs vom inneren Wert abgekoppelt hat. Die durchaus berechtigte Kritik am Regel-Ausnahme-Verhältnis, dass komplexe Ausnahmefälle das verfahrensökonomische Argument der Börsenkursorientierung konterkarieren können[1219], muss hinter dem Argument aussagefähiger Kurse zurücktreten, da gerade dieser Aspekt entscheidend für die Bestimmung des quotalen Unternehmenswerts ist.

Wie sich gezeigt hat, vermögen es die einzelnen Nichtberücksichtigungsfälle aber nicht, jegliche Fehlbewertungen herauszufiltern. Selbst im Zusammenspiel garantieren sie keinen aussagefähigen Börsenkurs. Schließlich besteht weiterhin die

[1218] Vor dem Hintergrund eines effektiven Rechtsschutzes wird auch bei *BRAK*, Stellungnahme Nr. 37/2015, S. 5–6 und *Weimann*, Ertragswert und Börsenwert, S. 92–94 § 2 für eine Aufnahme des Delisting in den § 1 SpruchG und eine anfängliche fundamentale Unternehmensbewertung bei jenem plädiert.

[1219] Vgl. *Burger*, Die Maßgeblichkeit von Börsekursen für die Bemessung der Barabfindung beim Gesellschafterausschluss, S. 306–307, laut dem der den Aufwand des Nachweises von Ausnahmefällen und einer Kapitalmarkteffizienz das Argument der Verfahrensökonomie entwertet und den Börsenkurs aufgrund seiner Unsicherheit und Unwägbarkeit auch nicht als Untergrenze heranziehen will; vgl. *Harnos*, ZHR 2015, 750, 769, der die Komplexität des Regel-Ausnahme-Verhältnisses beim Delisting als möglicherweise abträglich für ein leicht handhabbares und sicheres Delistingverfahren kritisiert.

Gefahr verschleierter Verstöße und legaler Kursbeeinflussungen. Ebenso wird keine vollumfängliche Information des Marktes gewährleistet. Somit sind die Abfindungsberechtigten immer noch der Problematik der Macht- und Informationsasymmetrie mitsamt möglichen Unterbewertungen sowie opportunistischen Verhaltensweisen ausgesetzt. Vor allem kann die Kritik seitens der *Behavioral Finance* nicht vollends entkräftet werden. So können Börsenkurse auch unter Berücksichtigung aller Fälle ihrer Ablehnung bei der Unternehmensbewertung noch von psychologisch bedingten Verzerrungen betroffen sein. Gerade die von Seiten der Rechtsprechung und Gesetzgebung erwogenen Fallgruppen reichen nicht aus, um jegliche Fehlbewertungen herauszufiltern.[1220] Die in dieser Arbeit erörterten Modifikationen und Erweiterungen dürften zahlreiche Lücken im Netz der Ausnahmeregelungen schließen. Allerdings besteht auch hier weiterhin die Gefahr, dass der Börsenkurs vom inneren Wert des Unternehmens abweicht. Auch dann bleiben die genannten Kritikpunkte am Börsenkurs – wenn auch in abgeschwächter Form – bestehen. Die für eine alleinige Börsenkursorientierung geforderte strenge Informationseffizienz und umfassende Allokationseffizienz[1221] ist auch unter Zuhilfenahme der Nichtberücksichtitungs-, Rückausnahme- und Auffangregelungen nicht gesichert. Folglich wird der Börsenkurs nur als Wertindikator eines kurzfristig orientierten Anlegers herhalten können. Letztendlich wird das vorgeschlagene Lösungsmodell zwar mehr Fehlbewertungen herausfiltern. Einen vollumfänglichen Anlegerschutz bei einer ausschließlichen Börsenkursorientierung kann es jedoch nicht garantieren. Schließlich decken die Fälle einer Abkehr von der Marktorientierung nur diejenigen Konstellationen ab, in denen eine mangelnde Aussagekraft des Börsenkurses besonders nahe liegt. Gerade dann, wenn den Abfindungsberechtigten die Darlegungs- und Beweislast hinsichtlich der Ausnahmefälle von einer ausschließlichen Berücksichtigung des Börsenkurses aufgebürdet wird, sind diese klar benachteiligt. Oftmals wird es mit Schwierigkeiten verbunden sein, den Beweis für einen Ausnahmefall zu erbringen. Hierbei schlägt die Problematik der unzureichenden Überprüfbarkeit des Börsenkurses zu Buche. So steigern die Ausnahmefälle weder die Transparenz des Preisbildungsprozesses, noch sind die von ihnen erfassten Fehlbepreisungen einer sicheren Überprüfung zugänglich. In Anbetracht der mangelnden Nachprüfbarkeit kann die Bewertungseignung des Börsenkurses nur vermutet werden.[1222] Dieser Umstand steht einer sicheren Bestimmung des quotalen Unternehmenswerts entschieden im Wege. Ungeachtet dessen bestehen etwaige Minderheitsabschläge im Börsenkurs auch bei einer Berücksichtigung der erörterten Argumente gegen dessen Heranziehung fort. Mithin kann auch mithilfe der Fälle einer Ablehnung der Börsenkursorientierung keine sachgerechte und sicher nachvollziehbare Abbildung des quotalen Unternehmenswerts allein durch den Börsenkurs erfolgen. Dies widerspricht dem vielerorts vertretenen Regel-Ausnah-

[1220] So im Ergebnis auch *Schulte/Köller/Luksch*, WPg 2012, 380, 394 zur Rechtsprechung des BVerfG und des OLG Frankfurt a. M.

[1221] Zum hier geforderten Effizienzgrad siehe: § 2 E.II.

[1222] *Schulte/Köller/Luksch*, WPg 2012, 380, 388.

me-Modell, in welchem ein aussagfähiger Börsenkurs den Regelfall bildet. Allenfalls könnte man mittels einer weiteren Modifikation des Kurses, wie etwa einer Durchschnittskursbildung[1223], diesem Ziel gerecht werden.

Sofern eine fundamentale Unternehmensbewertung zur Ermittlung des quotalen Unternehmenswerts durchgeführt und der Börsenkurs nur im Wege eines indirekten Marktbezugs berücksichtigt wird, sollte die Gefahr einer gezielten Unterbewertung seitens des Abfindungspflichtigen geringer sein als es bei einer alleinigen Börsenkursorientierung der Fall ist. Ebenso schlagen die übrigen Kritikpunkte hinsichtlich der Aussagefähigkeit des Börsenkurses zum quotalen Unternehmenswert weniger schwer zu Buche. So beruft sich hierbei ein idealerweise neutraler Gutachter auf den Börsenkurs und wird sich mit diesem unter Rückgriff auf die ihm vorliegenden Unternehmensdaten kritisch auseinandersetzen müssen. Auch dient der Börsenkurs sodann nicht als alleinige Bewertungsgrundlage, sondern lediglich als Baustein innerhalb der Bewertung in Gestalt eines Schätz- bzw. Richtwerts. Allerdings besteht die Gefahr einer unerkannten Fehlbewertung fort. Zwar könnte beim indirekten Marktbezug bereits eine partielle Effizienz als ausreichend erachtet werden.[1224] Aber auch an einer solchen könnte es bereits mangeln, obwohl keiner der erarbeiteten Nichtberücksichtigungsfälle zum Tragen kommt. Dieser Problematik könnte u. U. mit weiteren Modifikationen des Börsenkurses, wie etwa einer Durchschnittskursbildung[1225] oder weitergehender Effizienzanforderungen[1226] entgegengewirkt werden.

Besagte Fehlbepreisungen und Ineffizienzen sind aber dann unbeachtlich, wenn der Börsenkurs als Deinvestitionswert und damit als Untergrenze der Abfindung herangezogen wird. So kommt es hierbei lediglich auf die hypothetische Veräußerungsmöglichkeit an, die auch zu „falschen" Börsenkursen erfolgen kann. Der umfangreiche Katalog an Nichtberücksichtigungsfällen, der bei der Ermittlung des quotalen Unternehmenswerts erforderlich ist, würde den Charakter des Deinvestitionswerts als Untergrenze konterkarieren. Allerdings bedarf es der Ausnahmefälle der Marktenge und des fehlenden Handels sowie der Manipulationen durch Abfindungsberechtigte oder Dritte außerhalb der Sphäre des Abfindungspflichtigen. In diesen Fällen kann eine Veräußerungsmöglichkeit zum Börsenkurs bezweifelt werden. Auch besteht sodann keine ausreichende Datengrundlage für eine Extrapolation auf den Bewertungsstichtag beim hypothetischen Ausbleiben der Maßnahme. Folglich ist keine gesicherte schutzwürdige Deinvestition zum Börsenkurs ersichtlich, die es zu ersetzen gilt. Über diese Ausnahmefallregelungen können Börsenkurse herausgefiltert werden, die nicht zur Deinvestitionswertbestimmung gereichen. Zwar werden etwaige unerkannte kurssteigernde Manipulationen seitens

---

[1223] Siehe hierzu: § 6 B. Zu den weiteren Modifikationsmöglichkeiten siehe: § 6 C., § 6 D., § 6 E.

[1224] Siehe hierzu: § 6 C.

[1225] Siehe hierzu: § 6 B.

[1226] Siehe hierzu: § 6 C.

der Abfindungsberechtigten und kurssenkende Manipulationen des Abfindungspflichtigen noch fortbestehen. Ihnen könnte aber zumindest ansatzweise mittels einer Durchschnittskursbildung entgegengewirkt werden.[1227] Sofern sie dennoch einen Einfluss auf die Abfindung haben, ist dies hinzunehmen. Bei kurssenkenden Manipulationen des Abfindungspflichtigen ist der Börsenkurs zum Schutze der Abfindungsberechtigten zumindest als Untergrenze zu berücksichtigen. Es wäre nicht sachgerecht, ihm seine gezielte Kursbeeinflussung zugutekommen zu lassen und von einer Mindestabfindung zum Börsenkurs abzusehen. Im Falle kurssteigernder Manipulationen durch Abfindungsberechtigte ist zu beachten, dass der Abfindungspflichtige aufgrund seiner freien Wahl zur Durchführung der Maßnahme in Kenntnis der Berücksichtigung des Börsenkurses diesen als Mindestpreis anerkennt.[1228] Dementsprechend liegt es in seiner Hand, einen aus seiner Sicht günstigen Kurs mit Blick auf die Untergrenze der Abfindung festzusetzen. Sofern keine kurssteigernde Manipulation durch Abfindungsberechtigte oder Dritte außerhalb der Sphäre des Abfindungspflichtigen bis zum Zeitpunkt der Veröffentlichung des Abfindungsangebots nachgewiesen oder stichhaltig vermutet werden kann, ist der Abfindungspflichtige an dem von ihm anerkannten Mindestpreis festzuhalten. Aus diesem Grund sollte der Börsenkurs auch dann noch als Untergrenze der Abfindung gelten, wenn ein einschlägiger Ausnahmefall oder eine entsprechende Auffangregelung erst nach der Veröffentlichung des Abfindungsangebots aufgedeckt wird. Da grundsätzlich eine Veräußerung zum Börsenkurs möglich sein dürfte und die jederzeitige Veräußerungsmöglichkeit gerade ein typisches prägendes Charakteristikum der Aktie als Vermögensgegenstand ist, erscheint das Regel-Ausnahme-Modell mit einem grundsätzlich abfindungsrelevanten Börsenkurs hinsichtlich des Deinvestitionswerts sachgerecht. Durch die begrenzten Ausnahmefälle wird auch der Charakter des Deinvestitionswerts als Untergrenze der Abfindung gewahrt.

Zieht man den Börsenkurs unter Berücksichtigung der hier erarbeiteten Ausnahmefälle mitsamt der Rückausnahme- und Auffangregelungen als Untergrenze heran, dürfte er jedenfalls zu einer angemessenen Abfindung beitragen. Im Rahmen dessen empfiehlt es sich, explizit zwischen den Wertkomponenten des quotalen Unternehmenswerts und des Deinvestitionswerts zu unterscheiden und entgegen der bisherigen Rechtsprechungspraxis auch bei den Ausnahme- bzw. Nichtberücksichtigungsfällen diese Differenzierung zu treffen.

Bedenklich erscheint dabei auch, dass die Fälle einer Nichtberücksichtigung des Börsenkurses vielfach unbestimmt und folglich mit deutlicher Rechtsunsicherheit behaftet sind. So ist nicht eindeutig geklärt, ob § 39 Abs. 3 S. 3 und 4 BörsG einen abschließenden Katalog an Ausnahmeregelungen beim Delisting vorsehen, was auch für den § 255 Abs. 5 S. 2 Nr. 1 bis 3 AktG gelten dürfte. Gleichzeitig lassen die bisher normierten Ausnahmeregelungen daran zweifeln, dass auch dem kon-

---

[1227] Siehe hierzu: § 6 B.

[1228] Vgl. *Drukarczyk*, AG 1973, 357, 363.

kreten Einzelfall angemessen begegnet wird. Die übrigen abfindungsrelevanten Fallgruppen weisen keinerlei gesetzlich festgelegte Regelungen auf, womit ihnen eine umso höhere Unsicherheitskomponente anhaftet. Vor allem ist hierbei unklar, ob ein Verstoß gegen das Insiderhandelsverbot als Grund für eine Nichtberücksichtigung des Börsenkurses gelten soll. Ferner bestehen nach derzeitigem Rechtsstand noch eine Vielzahl offener Fragen in Hinblick auf die Einzelheiten bei den relevanten gesetzlichen Verstößen. Dies erzeugt weitere Unsicherheiten. Nach der hier vertretenen Auffassung sollten die erörterten Nichtberücksichtigungsfälle Eingang in den Gesetzestext jeder abfindungsrelevanten Norm finden, um eine entsprechende Rechtssicherheit zu gewährleisten.

Wenn eine kataloghafte Aufführung festgelegter Fälle eines nicht bewertungsgeeigneten Börsenkurses auch zu einer rechtssicheren Lösung beiträgt, so darf zugleich aber nicht der individuelle Einzelfall missachtet werden. In der Abwägung zwischen der Rechtssicherheit und der Einzelfallgerechtigkeit eröffnet sich ein zentrales Dilemma der Nichtberücksichtigungsfälle: Zum einen gewähren klar abgegrenzte Sachverhalte und einheitlich geltende Regelungen zwar Rechtssicherheit, unter Umständen werden sie aber einer Berücksichtigung des Einzelfalls mit all seinen individuellen Aspekten im Weg stehen. Auf der anderen Seite mag eine rein einzelfallorientierte Vorgehensweise diese Perspektive berücksichtigen, andererseits aber auch mit einem Unsicherheitselement und einem gewissen Willkürrisiko einhergehen. Dem könnte damit begegnet werden, dass grundsätzlich auf eine Fülle verschiedener, klar definierter Ausnahmeregelungen gesetzt und mittels Auffang- und Rückausnahmeregelungen eine Orientierung am Einzelfall nach Maßgabe anerkannter festgelegter ökonomischer Kennzahlen und Messmethoden vorgenommen wird. Der hier vorgeschlagene Katalog an Nichtberücksichtigungsfällen sollte eine ausreichende Rechtssicherheit gewähren. Durch den teilweisen Rückgriff auf ökonomisch fundierte Wertungen im Wege von Auffang- und Rückausnahmeregelungen dürfte man auch dem Einzelfall gerecht werden, wenn die starren gesetzlichen Vorgaben nicht ausreichen. Angesichts der relativ strengen Vorgaben an besagte Auffang- und Rückausnahmeregelungen und der primären Orientierung an festgelegten Werten bei der Marktenge und an nachgewiesenen Rechtsverstößen sollte dennoch das Rechtssicherheitselement gewahrt sein. Ebenso wird durch die Vielfalt an festgelegten Kurs- und Marktverzerrungen eine Einzelfallgerechtigkeit erreicht, die aufgrund der strengen Maßgaben und der deutlichen Normierung weiterhin eine gewisse Rechtssicherheit beibehält. Zwar wird es bei einer geringen Unsicherheitskomponente verbleiben, die aber vor dem Hintergrund der Einzelfallgerechtigkeit hinzunehmen ist.

Mithin mögen die Überlegungen der Gesetzgebung und Rechtsprechung zu den Fällen einer Ablehnung des Börsenkurses als Wertmaßstab durchaus in die richtige Richtung gehen. Allerdings ist der hierdurch erzeugte Anlegerschutz noch durch etliche Lücken geprägt. Zudem sind zahlreiche Gesichtspunkte unklar. Der hier erörterte Vorschlag erzeugt einen höheren Anlegerschutz und ein angebrachtes Maß an Rechtssicherheit. Dennoch kann auch auf diesem Wege keine stets angemessene

Börsenkursabfindung garantiert werden. Allenfalls über eine weitere Modifikation des abfindungsrelevanten Kurses, wie etwa eine Durchschnittskursbildung[1229] unter Berücksichtigung des erarbeiteten Katalogs an Nichtberücksichtigungsfällen mitsamt der Rückausnahme- und Auffangregelungen, könnte eventuell eine sachgerechte Ermittlung des quotalen Unternehmenswerts lediglich anhand des Börsenkurses und damit eine Unternehmensbewertung mit reinem *Market Approach* erfolgen. Allein die Fälle eines nicht bewertungsgeeigneten Kurses berechtigen aber nicht zu einem solchen Vorgehen und zum vielerorts erwogenen Regel-Ausnahme-Modell hinsichtlich der alleinigen Börsenkursorientierung.

B. Gemittelter Referenzwert

Weiterhin könnte ein gemittelter Referenzwert den Börsenkurs um Verzerrungen bereinigen. Auch hier ist zu untersuchen, ob dadurch ein aussagefähiger Kurs erzeugt und als alleinige Bewertungsgrundlage herangezogen werden kann.

I. Stichtagskurs oder Durchschnittskurs

Wird bei einer Unternehmensbewertung auf Börsenkurse zurückgegriffen, stellt sich die Frage, ob auf den Stichtagskurs oder aber einen Durchschnittskurs abzustellen ist.[1230] Beim Stichtagskurs handelt es sich um den an einem bestimmten Tag feststellbaren Kurs, wobei zumeist der Zeitpunkt der beschlussfassenden Hauptversammlung herangezogen wird.[1231] Ein Durchschnittskurs hingegen wird anhand der Kurse einer bestimmten Referenzperiode gebildet.[1232] Diese Möglichkeiten benannte das BVerfG im Fall *DAT/Altana* 1999.[1233] Hierbei äußerte es bereits Be-

---

[1229] Siehe hierzu die Erörterungen unter § 6 B. Zu den weiteren Vorschlägen zur Modifikation siehe: § 6 C, § 6 D, § 6 E.

[1230] Emmerich/Habersack/*Emmerich*, AktG, § 305 AktG Rn. 61; Hölters/Weber/*Deilmann*, AktG, § 305 AktG Rn. 40; *Probst*, Rechtsfragen des regulären Börsenrückzugs, S. 291.

[1231] Vgl. *Adolff*, Unternehmensbewertung im Recht der börsennotierten Aktiengesellschaft, S. 335, der hierbei zwischen dem Stichtagskurs (am Tag der Hauptversammlung) und dem Ankündigungskurs (Kurs kurz vor der Ankündigung bzw. dem Bekanntwerden des Vorhabens) unterscheidet; weitergehend *Brösel/Karami*, WPg 2011, 418, 422–423, die vier verschiedene Stichtagskurse (Zeitpunkt der Hauptversammlung, Zeitpunkt der Einberufung zur Hauptversammlung, Zeitpunkt der erstmaligen Ad-hoc-Mitteilung bzgl. der Übernahmeabsicht, Zeitpunkt des Vorliegens der zur Maßnahme erforderlichen Quote) aufführen. Auf diese Stichtagskurse im weiteren Sinne wird gesondert eingegangen. Allgemein zum Zeitpunkt der Hauptversammlung als Bewertungsstichtag bei der Ermittlung von Abfindungen im Aktienrecht siehe *Wollny*, DStR 2017, 949, 949–951.

[1232] Vgl. Emmerich/Habersack/*Emmerich*, AktG, § 305 AktG Rn. 61.

[1233] BVerfG, Beschl. v. 27.04.1999 – 1 BvR 1613/94 –, BVerfGE 100, 289–313, Rn. 68–69; *Ramesohl*, Aktieneigentum, „wahrer Wert" und Börsenkurs, S. 125 § 6; auf diese denken am Stichtagsprinzip dahingehend, dass Anleger den Börsenkurs in Kenntnis des Stichtags bewusst in die Höhe treiben könnten.[1234] Zudem betonte das BVerfG, dass eine Mindestabfindung zum Börsenkurs am Bewertungsstichtag nicht verfassungsrechtlich gefordert wird.[1235] Im Anschluss entschied der BGH in seiner *DAT/Altana*-Entscheidung von 2001, dass ein Durchschnittskurs maßgeblich und einem reinen Stichtagskurs überlegen sei.[1236] Dies entspricht der heute herrschenden Auffassung.[1237] Wie der § 39 Abs. 3 S. 2 BörsG offenbart, hat sich der Gesetzgeber beim Delisting ebenfalls für den Durchschnittskurs entschieden.[1238] Auch beim übernahmerechtlichen Squeeze-out nach § 39a WpÜG, der auf ein vorheriges Angebot nach Maßgabe der §§ 3 ff. WpÜG-AngebVO verweist, verlangt der Gesetzgeber einen Durchschnittskurs.[1239] Ebenso fordert der IDW S 1 i.d.F. 2008 stets eine Durchschnittskursbildung für einen Börsenkurs, der als Untergrenze dienen soll.[1240] Im Gegensatz dazu sprachen sich Literaturstimmen zum Anfang des Jahrtausends teilweise für einen Stichtagswert aus.[1241] Zudem ist nach § 255 Abs. 5 S. 5 AktG bei einem im Vergleich zum Durchschnittskurs niedrigeren Stichtagskurs auf letzteren abzustellen.[1242] Dabei kann ein Abstellen auf den Durchschnitts- oder Stichtagskurs zu deutlich divergierenden Ergebnissen führen.[1243] Mithin sind die

---

beiden verfassungsgerichtlichen Vorgaben verweist sodann auch BGH, Beschl. v. 12.03.2001 – II ZB 15/00 –, BGHZ 147, 108–125, Rn. 24, wobei sich der BGH letztlich für einen Durchschnittskurs ausspricht.

[1234] BVerfG, Beschl. v. 27.04.1999 – 1 BvR 1613/94 –, BVerfGE 100, 289–313, Rn. 68; dem zustimmend: BGH, Beschl. v. 12.03.2001 – II ZB 15/00 –, BGHZ 147, 108–125, Rn. 24.

[1235] BVerfG, Beschl. v. 27.04.1999 – 1 BvR 1613/94 –, BVerfGE 100, 289–313, Rn. 68; dem zustimmend: Bürgers/Körber/Lieder/*Ruiz de Vargas*, Anh. § 305 AktG Rn. 51; *Maier-Reimer/Kolb*, FS Müller (2001), S. 93, 102.

[1236] BGH, Beschl. v. 12.03.2001 – II ZB 15/00–, BGHZ 147, 108–125, Rn. 24; BeckOGK-AktG/*Veil/Preisser*, § 305 AktG Rn. 62; Emmerich/Habersack/*Emmerich*, AktG, § 305 AktG Rn. 44.

[1237] Hüffer/Koch/*Koch* AktG, § 305 Rn. 42; KK-AktG/*Koppensteiner*, § 305 AktG Rn. 107; *Kuhlmann/Ahnis*, Konzern- und Umwandlungsrecht, S. 312 § 5 Rn. 724; *Ramesohl*, Aktieneigentum, „wahrer Wert“ und Börsenkurs, S. 127 § 6; nach *Stilz*, ZGR 2001, 875, 888, handelte es sich bereits vor der BGH-Entscheidung um die überwiegende Auffassung.

[1238] Dies befürwortend: *Schmidt*, NZG 2020, 1361, 1365–1366.

[1239] *Großfeld/Egger/Tönnes*, Recht der Unternehmensbewertung, S. 281 Rn. 1159.

[1240] IDW S 1 (2008) Rn. 16.

[1241] *Bauer*, NZG 2001, 891, 892; *Bilda*, NZG 2000, 296, 299; *Hüttemann*, ZGR 2001, 454, 462–463; *Piltz*, ZGR 2001, 185, 200; zudem wird sich bei *Brösel/Karami*, WPg 2011, 418, 428–429; *Gude*, Strukturänderungen und Unternehmensbewertung zum Börsenkurs, S. 387; *Müller*, FS Röhricht (2005), S. 1015, 1031–1032; *Ruthardt/Hachmeister*, CF 2014, 174, 177 noch immer für einen Stichtagskurs ausgesprochen.

[1242] Hüffer/Koch/*Koch*, AktG, § 255 AktG Rn. 54; vgl. BeckOGK-AktG/*Stilz/Schumann*, § 255 AktG Rn. 49; siehe zudem bereits Gesetzentwurf, BT-Drs. 20/8292, S. 118.

[1243] Siehe nur die bei *Brösel/Karami*, WPg 2011, 418, 423 Übers. 2, 3 aufgeführte Kursbewegung und die verschiedenen Werte bei Zugrundelegung acht verschiedener Stichtagsbeiden Ansätze insbesondere vor dem Hintergrund der verschiedenen Wertkomponenten[1244] gegeneinander abzuwägen.

Vor allem werden Erwägungen zum Deinvestitionswert für einen Stichtagskurs und gegen einen Durchschnittskurs ins Feld geführt. Zugegebenermaßen beziffert der Stichtagskurs gerade den Wert, den der Aktionär im Falle einer freien Deinvestitionsentscheidung zum Zeitpunkt der relevanten Maßnahme erhalten hätte.[1245] Ein Durchschnittskurs hingegen könne nach dieser Auffassung keinen Marktpreis und damit keinen Verkehrswert zu einem bestimmten Stichtag darstellen.[1246] Es bestünde gerade keine Veräußerungsmöglichkeit zum Durchschnittskurs.[1247] Dieser Gedankengang übersieht jedoch, dass der Deinvestitionswert ein hypothetischer Wertansatz ist. So wird der hypothetische Wert ermittelt, zu dem ein typisierter Aktionär bei einem Ausbleiben der abfindungsauslösenden Maßnahme hätte veräußern können.[1248] Da dem der hypothetische Informationsstand der Marktteilnehmer ohne die Information zur Maßnahme selbst zugrunde zu legen und folglich der Kurseinfluss dieser Information auszublenden ist, sollte der Stichtagskurs nicht hinsichtlich des Deinvestitionswerts herangezogen werden.[1249] So hat eine Entschädigung abzüglich der Maßnahme mitsamt ihrer Vorwirkungen in Form von Abfindungsspekulationen stattzufinden.[1250] Aufgrund der notwendigen Fiktion einer Deinvestitionsentscheidung und der Ableitung aus tatsächlich gezahlten Preisen erscheint der Umstand unproblematisch, dass es sich beim Durchschnittskurs um einen fiktiven Kurs handelt.[1251] Ohnehin stellt auch ein Stichtagskurs le-

und Durchschnittskurse im Falle der *Bayer-Schering*-Übernahme und die Rechenbeispiele bei *Piltz*, ZGR 2001, 185, 201.

[1244] Siehe zur Differenzierung zwischen dem Deinvestitionswert und dem quotalen Unternehmenswert: § 1 B.I.1.

[1245] *Bilda*, NZG 2000, 296, 299; *Hüttemann*, ZGR 2001, 454, 462; vgl. *Probst*, Rechtsfragen des regulären Börsenrückzugs, S. 292; vgl. *Röhricht*, Die aktuelle höchstrichterliche Rechtsprechung zum Gesellschaftsrecht in: Gesellschaftsrecht in der Diskussion, 2001, S. 23.

[1246] *Müller*, FS Röhricht (2005), S. 1015, 1031; vgl. OLG Düsseldorf, Vorlagebeschl. v. 25.05.2000 – 19 W 1/93 AktE = AG 2000, 422, 423–424.

[1247] *Ruthardt/Hachmeister*, CF 2014, 174, 177; vgl. *Probst*, Rechtsfragen des regulären Börsenrückzugs, S. 292.

[1248] *Adolff*, Unternehmensbewertung im Recht der börsennotierten Aktiengesellschaft, S. 334–335; siehe auch *Probst*, Rechtsfragen des regulären Börsenrückzugs, S. 292, die darauf hinweist, dass der Börsenkurs zum Stichtag abstrakt festgelegt werden muss; im Ansatz auch Fleischer/Hüttemann/*Adolff/Häller*, RhB Unternehmensbewertung, § 18 Rn. 18.49.

[1249] *Adolff*, Unternehmensbewertung im Recht der börsennotierten Aktiengesellschaft, S. 334–335.

[1250] BGH, Beschl. v. 19.07.2010 – II ZB 18/09 –, BGHZ 186, 229–242, Rn. 12, 21–23, der sich mit dieser Argumentation gegen einen Stichtagskurs und gegen den Zeitpunkt der Hauptversammlung als Rückrechnungszeitpunkt des Durchschnittskurses richtet; *Maier-Reimer/Kolb*, FS Müller (2001), S. 93, 102; vgl. *Meilicke/Heidel*, DB 2001, 973, 974–975; vgl. *Wilm*, NZG 2000, 1070, 1071. Siehe zudem die Erwägungen zum deinvestitionsorientierten Ansatz und insbesondere seiner modifizierten Form unter § 6 A.II.

[1251] Vgl. *Wilm*, NZG 2000, 1070, 1071.

diglich eine Fiktion dar, da die Abfindungsberechtigten *realiter* keine Deinvestition am Stichtag getätigt haben.[1252] Mithin vermag die Kritik bezüglich der Durchschnittskursbildung zur Ermittlung des Deinvestitionswerts nicht zu überzeugen. Vielmehr spricht die Konzeption dieser Wertkomponente gerade für einen Durchschnittskurs.

Auch wenn der Börsenkurs den quotalen Unternehmenswert wiedergeben soll, kann einem Stichtagskurs dessen Prägung durch die Maßgabe selbst entgegengehalten werden. Schließlich bildet der Börsenkurs sodann weniger die Einschätzung des Unternehmens durch die Marktteilnehmer, sondern vielmehr den Wert der erwarteten Abfindung ab.[1253] Ein solcher Markt für Abfindungswerte koppelt sich vom fundamentalen Unternehmenswert ab.[1254] Mit Blick auf eine von der Maßnahme und den hiermit verbundenen Spekulationen möglichst unbeeinflusste Abfindung erscheint eine Durchschnittskursbildung auch im Kontext des quotalen Unternehmenswerts vorzugswürdig.

Des Weiteren wird für einen Stichtagskurs angeführt, dass er den aktuellen Unternehmenswert besser als ein Durchschnittskurs wiedergeben müsste.[1255] Dabei wird der Wortlaut von § 305 Abs. 3 S. 2 AktG und § 320b Abs. 1 S. 5 AktG, nach welchem die Verhältnisse der Gesellschaft im Zeitpunkt der Beschlussfassung zu berücksichtigen sind, als Argument für einen Stichtagskurs ausgelegt.[1256] Dem kann aber entgegnet werden, dass zu den Verhältnissen der Gesellschaft zur Zeit des Hauptversammlungsbeschlusses auch Vergangenheitswerte zählen.[1257] Da die Normen von einem „Berücksichtigen" sprechen, verlangen sie keine ausschließliche Betrachtung der Gesellschaftsverhältnisse zum Zeitpunkt der Hauptversammlung, sondern lediglich eine Beachtung dieses Aspekts bei der Ermittlung einer ange-

---

[1252] *Wilm*, NZG 2000, 1070, 1071.

[1253] Vgl. *Adolff*, Unternehmensbewertung im Recht der börsennotierten Aktiengesellschaft, S. 321, 335–336, 338–339, der sich hierbei aber auf den Deinvestitionswert nach einem wohl kapitalmarktorientierten Ansatz bezieht; vgl. *Betzer/Budzinski/Thiele*, KSzW 2011, 426, 430, 431, die jedoch nicht auf die Durchschnittskursbildung Bezug nehmen.

[1254] Vgl. *Adolff*, Unternehmensbewertung im Recht der börsennotierten Aktiengesellschaft, S. 336, 339; vgl. *Betzer/Budzinski/Thiele*, KSzW 2011, 426, 431; vgl. Hüffer/Koch/*Koch*, AktG, § 305 AktG Rn. 42.

[1255] *Bauer*, NZG 2001, 891, 892.

[1256] OLG Düsseldorf, Vorlagebeschl. v. 25.05.2000 – 19 W 1/93 AktE = AG 2000, 422, 423–424, in Bezug auf den § 305 Abs. 3 S. 2 AktG; *Bauer*, NZG 2001, 891, 892; vgl. *Bilda*, NZG 2000, 296, 299; vgl. *Ramesohl*, Aktieneigentum, „wahrer Wert" und Börsenkurs, S. 125 § 6; vgl. *Röhricht*, Die aktuelle höchstrichterliche Rechtsprechung zum Gesellschaftsrecht in: Gesellschaftsrecht in der Diskussion, 2001, S. 23. In Anbetracht des eindeutigen Wortlauts von § 39 Abs. 3 S. 2 BörsG und § 39a Abs. 6 WpÜG und des nicht erforderlichen Hauptversammlungsbeschlusses in jenen Fallgruppen mag dieses Argument beim Delisting und beim übernahmerechtlichen Squeeze-out kaum überzeugen.

[1257] KK-AktG/*Koppensteiner*, § 305 AktG Rn. 102; *Ramesohl*, Aktieneigentum, „wahrer Wert" und Börsenkurs, S. 127 § 6.

messenen Abfindung.[1258] Darüber hinaus beruht die bei § 305 Abs. 3 S. 2 AktG und § 320b Abs. 1 S. 5 AktG verlangte Berücksichtigung von Verhältnissen der Gesellschaft auf einer Betrachtung des Unternehmenswerts, welcher im Unterschied zum Börsenkurs gerade keinen Spekulationseinflüssen anheimfällt.[1259] Folglich widerspricht eine Durchschnittskursbildung auch nicht der geforderten Berücksichtigung der aktuellen Gesellschaftsverhältnisse.

Für einen Durchschnittskurs streiten hingegen Missbrauchsaspekte. So ist ein solcher einer niedrigeren Manipulationsgefahr ausgesetzt, als dies bei einem Stichtagskurs der Fall wäre.[1260] Bei einer reinen Stichtagskursorientierung stehen sowohl dem Abfindungspflichtigen als auch den Abfindungsberechtigten Manipulationsmöglichkeiten offen.[1261] Obliegt die Wahl des Stichtags dem Abfindungspflichtigen und wird auf einen vereinzelten Tageskurs abgestellt, besteht ein hohes Manipulationspotenzial zulasten der Abfindungsberechtigten.[1262] Er wird versucht sein, den Stichtagskurs gezielt nach unten zu drücken.[1263] Vor dem Hintergrund der Macht- und Informationsasymmetrie[1264] offenbart sich eine hohe Gefahr für eine gesteuerte Unterbewertung. Umgekehrt könnten die Abfindungsberechtigen den Börsenkurs zum Stichtag zuungunsten des Abfindungspflichtigen bewusst nach oben treiben.[1265] Es besteht die Gefahr, dass die Minderheitsaktionäre einen durch

---

[1258] *Wilm*, NZG 2000, 1070, 1071; vgl. *Maier-Reimer/Kolb*, FS Müller (2001), S. 93, 103.

[1259] *Maier-Reimer/Kolb*, FS Müller (2001), S. 93, 103. Dieser Unterschied wird bei OLG Düsseldorf, Vorlagebeschl. v. 25.05.2000 – 19 W 1/93 AktE = AG 2000, 422, 424, übersehen, wenn das Gericht den Umstand, dass sich der anhand des Ertragswertverfahrens ermittelte Unternehmenswert auf den Tag der Beschlussfassung bezieht, als Argument für ein Abstellen auf den Börsenkurs an diesem Stichtag anführt.

[1260] BGH, Beschl. v. 12.03.2001 – II ZB 15/00–, BGHZ 147, 108–125, Rn. 24; *Adolff*, Unternehmensbewertung im Recht der börsennotierten Aktiengesellschaft, S. 338; BeckOGK-AktG/*Veil/Preisser*, § 305 AktG Rn. 62; *Großfeld*, Unternehmens- und Anteilsbewertung im Gesellschaftsrecht, S. 193; *Hasselbach/Ebbinghaus*, Der Konzern 2010, 467, 469; *Kuhlmann/Ahnis*, Konzern- und Umwandlungsrecht, S. 312 § 5 Rn. 724; *Maier-Reimer/Kolb*, FS Müller (2001), S. 93, 105; *Ramesohl*, Aktieneigentum, „wahrer Wert“ und Börsenkurs, S. 127 § 6; *Wilm*, NZG 2000, 1070, 1072; vgl. *Behnke*, NZG 1999, 931, 934, welcher die Gefahr einer Manipulation seitens des Mehrheitsaktionärs betont; vgl. Hüffer/Koch/*Koch* AktG, § 305 Rn. 42; vgl. KK-AktG/*Koppensteiner*, § 305 AktG Rn. 102; siehe zudem bereits BVerfG, Beschl. v. 27.04.1999 – 1 BvR 1613/94 –, BVerfGE 100, 289–313, Rn. 68.

[1261] *Behnke*, NZG 1999, 931, 934, der die Manipulationsgefahr seitens des Mehrheitsaktionärs höher einschätzt; *Wilm*, NZG 2000, 1070, 1072; vgl. KK-AktG/*Koppensteiner*, § 305 AktG Rn. 102.

[1262] *Adolff*, Unternehmensbewertung im Recht der börsennotierten Aktiengesellschaft, S. 338.

[1263] *Behnke*, NZG 1999, 931, 934; vgl. *Hüttemann*, ZGR 2001, 454, 462; *Wilm*, NZG 2000, 1070, 1072.

[1264] Siehe hierzu: § 4.

[1265] BVerfG, Beschl. v. 27.04.1999 – 1 BvR 1613/94 –, BVerfGE 100, 289–313, Rn. 68; *Maier-Reimer/Kolb*, FS Müller (2001), S. 93, 105; *Wilm*, NZG 2000, 1070, 1072.

Spekulationen überhöhten Börsenkurs ausnutzen könnten.[1266] Ungeachtet eines missbräuchlichen Verhaltens mangelt es einem Aktionär, der sich wissentlich gegen eine Veräußerung ab der Bekanntmachung der Maßnahme entschieden hat, bereits an einer Schutzwürdigkeit hinsichtlich eines Deinvestitionswerts in Höhe des tatsächlichen Börsenkurses zum Zeitpunkt der Hauptversammlung.[1267]

Dem Argument der Manipulationsgefahr wird vereinzelt entgegengehalten, dass auch ein Durchschnittskurs noch durch Manipulationen beeinflusst sein kann.[1268] Zwar muss man diesem Aspekt im Ansatz zustimmen. Allerdings wird durch die Bildung eines durchschnittlichen Referenzkurses die Missbrauchsgefahr entschieden abgeschwächt. So ist zu beachten, dass Manipulationen oftmals schwer oder gar nicht nachweisbar sind, wobei die Bildung eines Durchschnittskurses diese zumindest teilweise abfedern und langwierige gerichtliche Auseinandersetzungen vermeiden kann.[1269] Wird hingegen auf einen Stichtagswert gesetzt, werden bereits vereinzelte unerkannte Manipulationen einen entscheidenden Einfluss auf die Abfindung haben. Wenn in einen Durchschnittskurs auch Manipulationen einfließen können, die keine Auswirkungen auf einen alternativ heranziehbaren Stichtagskurs haben[1270], so dürfte er doch angesichts der Glättung weniger verzerrt als ein gänzlich manipulierbarer einzelner Tageskurs sein. Zugegebenermaßen kann der Abfindungspflichtige auch bei einer Durchschnittskursbildung niedrige Kurse im Vorfeld der Maßnahme ausnutzen.[1271] Jedoch schlägt die gezielte Ausnutzung einer günstigen Referenzperiode nicht so stark auf die Abfindungssumme durch wie das bewusste Abstellen auf einen niedrigen Stichtagskurs. Mittels einer Durchschnittskursbildung werden zwischenzeitliche Unterbewertungen immerhin im Ansatz ausgeglichen und einem dahingehenden Ausnutzungspotenzial entgegengewirkt.

Letztlich besteht bei beiden Ansätzen die Gefahr von verschleierten Manipulationen und Ausnutzungsmöglichkeiten. Allerdings können im Wege der Bildung eines Durchschnittskurses deren Auswirkungen zumindest teilweise geglättet werden. Da nicht auf manipulierte Börsenkurse abgestellt werden darf[1272] und etwaige

---

[1266] *Maier-Reimer/Kolb*, FS Müller (2001), S. 93, 105.

[1267] *Maier-Reimer/Kolb*, FS Müller (2001), S. 93, 105.

[1268] *Bauer*, NZG 2001, 891, 892; *Ruthardt/Hachmeister*, CF 2014, 174, 177.

[1269] Vgl. *Hüttemann*, ZGR 2001, 454, 462–463, der sich letztlich aber gegen einen Durchschnittskurs positioniert; vgl. *Ramesohl*, Aktieneigentum, „wahrer Wert" und Börsenkurs, S. 127 § 6. Siehe zudem die Ausführungen zum problematischen Nachweis von Kursmanipulationen (§ 6 A.III.2.c)) und zur Darlegungs- und Beweislast im Rahmen der Abfindung (§ 6 A.III.7.).

[1270] So die Argumentation bei *Gude*, Strukturänderungen und Unternehmensbewertung zum Börsenkurs, S. 387 § 19, wo zudem behauptet wird, dass bei einem Stichtagskurs Manipulationen leichter erkennbar und korrigierbar wären.

[1271] Vgl. *BRAK*, Stellungnahme Nr. 37/2015, S. 5 zur Ausdehnung des Referenzzeitraums beim Delisting.

[1272] Siehe bereits die Ausführungen zum Nichtberücksichtigungsfall der Manipulation unter: § 6 A.III.2.

Manipulationen oftmals nicht aufgedeckt werden, erscheint eine Durchschnittskursbildung zwecks eines prophylaktischen Manipulationsschutzes hinsichtlich des Börsenkurses sachgerecht.

Darüber hinaus ist ein Durchschnittskurs repräsentativer und weniger zufallsabhängig als ein Stichtagswert.[1273] Eine punktuelle Betrachtung eines vereinzelten Zeitpunkts wird nicht der Lebenswirklichkeit gerecht, welche als Kontinuum zu begreifen ist.[1274] Dabei legen die oftmals beobachtbaren Kursschwankungen eine Mittelung von Börsenkursen nahe.[1275] So unterliegen Marktpreise temporären Abweichungen vom Fundamentalwert, an den sich nur auf lange Sicht wieder angepasst wird.[1276] Der Mittelwert einer Stichprobe schwankt weniger als die Werte vereinzelter Stichprobenelemente.[1277] Über einen längeren Referenzkurs dürften etwaige Kursausschläge eher ausgeglichen werden.[1278] Soll der innere Wert eines Unternehmens ermittelt werden, kann dies nicht unter Betrachtung eines einzigen Tageskurses erfolgen, der möglichen Unregelmäßigkeiten ausgesetzt ist. Auch würde man zu Zufallsergebnissen gelangen, wenn man auf den Kurs abstellt, den ein Aktionär an einem bestimmten Tag realisieren kann, wohingegen die Betrachtung eines Referenzzeitraums sachgerechter wäre.[1279] Die hypothetische Veräußerungsmöglichkeit kann nicht auf Basis eines zufälligen Werts ermittelt werden. Demgemäß streiten die Volatilität und Zufallsprägung der Börsenkurse sowohl bei der Ermittlung des quotalen Unternehmenswerts als auch des Deinvestitionswerts für eine Durchschnittskursbildung.

Weiterhin wird ein Durchschnittskurs eine Fülle an unerkannten Fehlbewertungen zumindest teilweise abfedern. Wie sich gezeigt hat, garantieren die erörterten Fälle einer Nichtberücksichtigung des Börsenkurses keine vollständige Kursberei-

---

[1273] KK-AktG/*Koppensteiner*, § 305 AktG Rn. 107; *Luttermann*, ZIP 2001, 869, 872; *Ramesohl*, Aktieneigentum, „wahrer Wert" und Börsenkurs, S. 127 § 6; *Röhricht*, Die aktuelle höchstrichterliche Rechtsprechung zum Gesellschaftsrecht in: Gesellschaftsrecht in der Diskussion, 2001, S. 23; vgl. Fleischer/Hüttemann/*Adolff/Häller*, RhB Unternehmensbewertung, § 18 Rn. 18.49, vgl. Hüffer/Koch/*Koch* AktG, § 305 Rn. 42; vgl. *Probst*, Rechtsfragen des regulären Börsenrückzugs, S. 292; vgl. *Wilm*, NZG 2000, 1070, 1072.

[1274] Vgl. *Großfeld/Egger/Tönnes*, Recht der Unternehmensbewertung, S. 283 Rn. 1165; vgl. *Großfeld*, Unternehmens- und Anteilsbewertung im Gesellschaftsrecht, S. 194.

[1275] Bürgers/Körber/Lieder/*Ruiz de Vargas*, AktG Anh. § 305 AktG Rn. 51; so auch *Weber*, ZGR 2004, 280, 290, der jedoch vor dem Hintergrund eines unterstellten *Random Walks* von lediglich kurzen zufälligen Schwankungen um den Fundamentalwert herum ausgeht und für einen relativ kurzen Referenzzeitraum plädiert.

[1276] Siehe *Ruthardt/Popp*, AG 2020, 240, 245–246 Rn. 36, die unter diesem Aspekt einen dreimonatigen Referenzzeitraum kritisch betrachten und eine alleinige Orientierung am Börsenkurs ablehnen.

[1277] Bürgers/Körber/Lieder/*Ruiz de Vargas*, AktG Anh. § 305 AktG Rn. 51.

[1278] *Meyer*, Abfindung und Unternehmensbewertung, S. 191.

[1279] *Wilm*, NZG 2000, 1070, 1072; vgl. *Probst*, Rechtsfragen des regulären Börsenrückzugs, S. 292.

nigung.[1280] Verschleierte Verstöße und vor allem psychologisch bedingte Verzerrungen können sich weiterhin in den Marktpreisen niederschlagen. Dieses Problem steht vor allem einer Alleinmaßgeblichkeit des Börsenkurses im Wege. Mit einer Durchschnittskursbildung kann dem Einfluss zahlreicher Faktoren auf den Börsenkurs entgegengewirkt werden.[1281] Auf diesem Wege dürfte er jedenfalls hinsichtlich zwischenzeitlicher Kursverzerrungen im Ansatz geglättet werden können. Dies vermag ein bloßer Stichtagskurs, der oftmals unentdeckten Marktverzerrungen unterliegt, nicht zu gewährleisten. Allenfalls durch die Bildung eines Durchschnittskurses scheint es möglich, den Auswirkungen der Marktanomalien zumindest in gewissem Maße entgegenzuwirken.

Zwar könnten mit der Bildung eines Durchschnittskurses entweder der Abfindungspflichtige oder die Abfindungsberechtigten aufgrund der Berücksichtigung höherer bzw. niedrigerer vergangener Kurse benachteiligt werden.[1282] In Anbetracht der abstrakten Gefahr unerkannter Fehlbepreisungen und der Zufallsprägung von Stichtagskursen ist dies aber hinzunehmen.[1283]

Angesichts dessen erscheint ein Durchschnittskurs einem Stichtagskurs überlegen.

Dies gilt auch dann, wenn der Kurs eines anderen Stichtags, wie etwa der Ankündigungskurs, d. h. der Kurs kurz vor der Ankündigung oder dem Bekanntwerden der Maßnahme[1284], herangezogen wird. So besteht hierbei eine Manipulationsgefahr durch die gezielte Bekanntgabe der Maßnahme zu einem bestimmten Zeitpunkt.[1285] Darüber hinaus kann der dem Kurs im Zeitpunkt des Bekanntwerdens oder der Bekanntgabe obliegende Informationsstand von jenem zum Bewertungsstichtag auch ohne die sich anbahnende Strukturmaßnahme abweichen.[1286] Weder die aktuelle Wertschätzung des Unternehmens durch den Markt noch der Wert der Veräußerungsmöglichkeit am Bewertungsstichtag beim hypothetischen Ausbleiben der Maßnahme kann durch ein alleiniges Abstellen auf den Ankündigungskurs ohne eine Verzerrungsgefahr abgebildet werden. Auch dieser Tageskurs wird zu sehr von Zufälligkeiten und unerkannten Verzerrungen geprägt sein, als dass er zur Unternehmensbewertung und zur Abfindungsbemessung verwendet werden könnte.

[1280] Siehe bereits: § 6 A.IV.

[1281] Vgl. GK-AktG/*Hirte/Hasselbach*, § 305 AktG Rn. 140.

[1282] *Hüttemann*, ZGR 2001, 454, 463; *Piltz*, ZGR 2001, 185, 201; vgl. *Brösel/Karami*, WPg 2011, 418, 428.

[1283] A. A. *Hüttemann*, ZGR 2001, 454, 463.

[1284] So etwa der Vorschlag bei *Gude*, Strukturveränderungen und Unternehmensbewertung zum Börsenkurs, S. 387–388 § 19; dies jedenfalls in Erwägung ziehend: *Müller*, FS Röhricht (2005), S. 1015, 1032; den Stichtagskurs zum Zeitpunkt der Ad-hoc-Mitteilung zur Übernahmeabsicht erwähnend auch *Brösel/Karami*, WPg 2011, 418, 422–423.

[1285] KK-AktG/*Koppensteiner*, § 305 AktG Rn. 103.

[1286] *Adolff*, Unternehmensbewertung im Recht der börsennotierten Aktiengesellschaft, S. 335.

Wenn anstatt des Zeitpunkts der beschlussfassenden Hauptversammlung auf ihre Einberufung als Stichtagskurs abgestellt wird[1287], kommt die Kritik der Manipulationsgefahr, der Zufallsprägung und des möglichen Einflusses unerkannter Kursverzerrungen ebenso zum Tragen. Folglich ist ein Durchschnittskurs auch diesem Stichtagskurs vorzuziehen.

Ebenso ist dem Vorschlag, auf den Stichtagskurs zum Zeitpunkt des Vorliegens der für die Maßnahme erforderlichen Quote abzustellen[1288], eine Absage zu erteilen. Zwar obliegt dieser Kurs einem geringeren Manipulationsrisiko als die an eine aktive Handlung des Abfindungspflichtigen knüpfenden Stichtagskurse. Da eine bereits vor diesem Zeitpunkt bestehende Ahnung der Anleger hinsichtlich der bevorstehenden Maßnahme eine kursbeeinflussende Wirkung hat[1289], würden aber auch hier Abfindungsspekulationen ihren Eingang in den Börsenkurs finden. Überdies ist ein Durchschnittskurs weniger von Zufälligkeiten und Verzerrungen beeinflusst, sodass er besagtem Stichtagskurs überlegen ist.

Mithin ist mit der vorherrschenden Auffassung und dem BGH eine Stichtagskursbetrachtung abzulehnen und ein Durchschnittskurs zu bilden. In Anbetracht der gewichtigen Kritik an Stichtagskursen vermag auch das Argument im Regierungsentwurf zum § 255 Abs. 5 S. 5 AktG zur Praktikabilität eines unter dem aktuellen Börsenkurs liegenden Ausgabebetrags[1290] nicht zu verfangen. Dementsprechend empfiehlt sich für sämtliche Fallgruppen eine ausschließliche Durchschnittskursbetrachtung.

II. Bestimmung der Referenzperiode

1. Rückrechnungszeitpunkt

Wird ein Durchschnittskurs gebildet, stellt sich zunächst die Frage, mit welchem Zeitpunkt die Rückrechnung enden soll.

a) Zeitpunkt der beschlussfassenden Hauptversammlung oder Bekanntmachung der Maßnahme

In seiner *DAT/Altana*-Entscheidung aus dem Jahre 2001 stellte der BGH auf einen unmittelbar vor dem Zeitpunkt der beschlussfassenden Hauptversammlung

[1287] Auf diese Möglichkeit weisen *Brösel/Karami*, WPg 2011, 418, 422–423 hin.

[1288] *Brösel/Karami*, WPg 2011, 418, 422–423, 428–429.

[1289] Siehe nur die bei *Brösel/Karami*, WPg 2011, 418, 423 Übers. 2 abgebildete Kursentwicklung.

[1290] Gesetzentwurf, BT-Drs. 20/8292, S. 118; vgl. BeckOGK-AktG/*Stilz/Schumann*, § 255 AktG Rn. 49.

liegenden Durchschnittskurs ab.[1291] Aus weiten Teilen der Rechtsprechung[1292] und des Schrifttums[1293] ertönte Kritik an dieser Bestimmung des Rückrechnungszeitpunkts. Das BVerfG beanstandete besagten Stichtag zwar nicht aus verfassungsrechtlichen Gesichtspunkten, erwog aber, dass auf Ebene des einfachen Rechts gute Gründe für eine Vorverlagerung des Durchschnittskurses in das Vorfeld der Bekanntgabe der Maßnahme sprächen.[1294]

Eine Korrektur erfuhr dieser Ansatz 2010 mit der *Stollwerck*-Entscheidung des BGH. Hierbei zog er als Rückrechnungsstichtag den Zeitpunkt der Bekanntmachung der Strukturmaßnahme heran.[1295] Wenn der BGH zwar nur zu einem Squeeze-out entschied, so spricht er doch mehrfach von „Strukturmaßnahmen" bzw. „Maßnahmen"[1296], womit die Wertung sachgerechter Weise auch in den übrigen Fällen gelten sollte.[1297] Dieses Vorgehen entspricht der herrschenden Literaturauffassung[1298], wobei vereinzelt eine Rückbesinnung auf den Hauptversammlungszeitpunkt gefordert wird[1299].

[1291] BGH, Beschl. v. 12.03.2001 – II ZB 15/00–, BGHZ 147, 108–125, Rn. 24; Emmerich/Habersack/*Emmerich*, AktG, § 305 AktG Rn. 61; Fleischer/Hüttemann/*Adolff/Häller*, RhB Unternehmensbewertung, § 18 Rn. 18.78; *Hasselbach/Ebbinghaus*, Der Konzern 2010, 467, 469.

[1292] OLG Stuttgart, Beschl. v. 18.12.2009 – 20 W 2/08 = AG 2010, 513, 516; OLG Düsseldorf, Beschl. v. 09.09.2009 – I-26 W 13/06 (AktE) = AG 2010, 35, 36–37; OLG Düsseldorf, Beschl. v. 13.03.2008 – I-26 W 8/07 (AktE) = AG 2008, 498, 501–502; OLG Stuttgart, Vorlagebeschl. v. 16.02.2007 – 20 W 6/06 = AG 2007, 209, 211–212.

[1293] *Adolff*, Unternehmensbewertung im Recht der börsennotierten Aktiengesellschaft, S. 338–339; *Bungert*, BB 2001, 1163, 1165; *Drukarczyk*, FS Scherrer (2004), S. 625, 638; *Großfeld*, Unternehmens- und Anteilsbewertung im Gesellschaftsrecht, S. 195–196; *Hasselbach/Ebbinghaus*, Der Konzern 2010, 467, 470; KK-AktG/*Koppensteiner*, § 305 AktG Rn. 104; *Meilicke/Heidel*, DB 2001, 973, 974–975; *Ramesohl*, Aktieneigentum, „wahrer Wert" und Börsenkurs, S. 128–129 § 6; *Schilling/Witte*, Der Konzern 2010, 477, 479; zustimmend hingegen *Röhricht*, Die aktuelle höchstrichterliche Rechtsprechung zum Gesellschaftsrecht in: Gesellschaftsrecht in der Diskussion, 2001, S. 25–27, der jedoch im Falle einer gezielten Kursbeeinflussung durch die Bekanntgabe den Rückrechnungszeitpunkt ausnahmsweise auf diesen Zeitpunkt vorzuverlegen gedenkt.

[1294] BVerfG, Beschl. v. 29.11.2006 – 1 BvR 704/03 = ZIP 2007, 175, 178 Rn. 18; Fleischer/Hüttemann/*Adolff/Häller*, RhB Unternehmensbewertung, § 18 Rn. 18.79.

[1295] BGH, Beschl. v. 19.07.2010 – II ZB 18/09 –, BGHZ 186, 229–242, Ls. 1, Rn. 10, 20; Emmerich/Habersack/*Emmerich*, AktG, § 305 AktG Rn. 61; Fleischer/Hüttemann/*Adolff/Häller*, RhB Unternehmensbewertung, § 18 Rn. 18.79; *Hasselbach/Ebbinghaus*, Der Konzern 2010, 467, 470; Wachter/*Müller*, AktG, § 305 AktG Rn. 20.

[1296] So die Formulierungen bei BGH, Beschl. v. 19.07.2010 – II ZB 18/09 –, BGHZ 186, 229–242, Ls. 1, 2 Rn. 7, 10, 12, 20, 25, 29. Dies für die Abfindungsfälle nach § 305 Abs. 3 S. 2 AktG bestätigend: BGH, Beschl. v. 28.06.2011 – II ZB 2/10 = ZIP 2011, 1708, 1708 Ls. 1, 1708–1709 Rn. 8.

[1297] *Bungert/Wettich*, BB 2010, 2227, 2231; Wachter/*Müller*, AktG, § 305 AktG Rn. 21; im Ergebnis auch *Großfeld/Egger/Tönnes*, Recht der Unternehmensbewertung, S. 286 Rn. 1177.

[1298] Angerer/Brandi/Süßmann/*Grzimek*, WpÜG, § 327b AktG Rn. 30; *Kuhlmann/Ahnis*, Konzern- und Umwandlungsrecht, S. 312 § 5 Rn. 724; *Schilling/Witte*, Der Konzern 2010,

Auch fokussiert sich die Legislative auf den Zeitpunkt der Bekanntmachung. So wird etwa bei Übernahme- und Pflichtangeboten nach dem WpÜG auf einen Referenzzeitraum vor der Veröffentlichung der Entscheidung zur Angebotsabgabe nach § 5 Abs. 1 WpÜG-AngebVO i. V. m. § 10 Abs. 1 WpÜG bzw. der Kontrollerlangung gemäß § 5 Abs. 1 WpÜG-AngebVO i. V. m. § 35 Abs. 1 WpÜG und damit auf Börsenkurse vor dem erstmaligen Bekanntwerden der Maßnahme abgestellt.[1300] Ferner hat der Gesetzgeber beim Delisting von einer Hauptversammlungskompetenz abgesehen und den Rückrechnungszeitpunkt auf die Veröffentlichung nach § 39 Abs. 3 S. 2 BörsG i. V. m. § 10 Abs. 1 S. 1 WpÜG bzw. § 35 Abs. 1 S. 1 WpÜG festgesetzt.[1301] Ebenso ist beim übernahmerechtlichen Squeeze-out ein Durchschnittskurs vorgesehen, der mit dem Zeitpunkt der Veröffentlichung der Entscheidung des Bieters zur Angabe des Angebots oder der Kontrollerlangung endet.[1302] Ferner stellt der Gesetzgeber beim § 255 Abs. 5 S. 3 AktG auf einen mit dem Ablauf des Tages vor der Entscheidung zur Ausgabe neuer Aktien endenden Zeitraum ab.

Vor dem Hintergrund dieser Entwicklungen bedarf es einer Stellungnahme zum Rückrechnungszeitpunkt.

Gegen den Zeitpunkt der Bekanntmachung der Strukturmaßnahme als Rückrechnungszeitpunkt ließe sich anführen, dass bis zu diesem Zeitpunkt die Abfindungshöhe und ihre Berechnungsgrundlage noch nicht bekannt ist, wobei es sich

---

477, 479. Auch wurde bereits bei *Drukarczyk*, AG 1973, 357, 363 auf den Zeitpunkt der Verkündung des Tagesordnungspunktes hins. der Beschlussfassung über die abfindungsauslösende Maßnahme abgestellt.

[1299] *Weimann*, AG 2020, R156, R157-R158; *Weimann*, Ertragswert und Börsenwert, S. 44 § 2, S. 264–265 § 13, S. 266–267 § 13, S. 269–270 § 13; *Weimann*, Spruchverfahren nach Squeeze-out, S. 299 § 14, S. 412 § 21, S. 427–428 § 23, *Weimann*, Strukturmaßnahmen und Kapitalmarktkommunikation, S. 266 § 6, der zudem beim Delisting und beim übernahmerechtlichen Squeeze-out eine Unternehmensbewertung mit Prüfbericht nach §§ 293a, 293e AktG, §§ 4 Abs. 2 S. 2 Nr. 4, 7 Abs. 3 SpruchG und eine Überprüfung der Angemessenheit der Kompensation in einem Spruchverfahren sowie einen Hauptversammlungsbeschluss zum Delisting vorschlägt. Kritisch zur *Stollwerck*-Entscheidung: *Brösel/Karami*, WPg 2011, 418, 418, 424–430, die in Erwägung ziehen, beim Squeeze-out auf den Zeitpunkt des Erreichens der 95-%-Quote abzustellen; *Große-Frericks*, Die Angemessenheit des Entgelts für die Übertragung von Eigentumsrechten als Problem rechtsgeprägter Unternehmensbewertung, S. 504–506; *Wollny*, DStR 2015, 2682, 2684–2686, der eine ergänzende Stichtagsprüfung am Tag der Hauptversammlung verlangt.

[1300] BGH, Beschl. v. 19.07.2010 – II ZB 18/09 –, BGHZ 186, 229–242, Rn. 25 unter Bezugnahme auf § 5 Abs. 1 WpÜG-AngebVO und § 35 Abs. 1 WpÜG; *Hasselbach*, CFL 2010, 24, 27–28 bzgl. § 5 Abs. 1 WpÜG-AngebVO und § 10 Abs. 1 WpÜG.

[1301] Kritisch zur fehlenden Hauptversammlungskompetenz und zum Referenzzeitraum beim Delisting: *Weimann*, Ertragswert und Börsenwert, S. 91–92 § 2. Zur gesonderten Behandlung des Delisting siehe: § 6 B.II.1.f).

[1302] Vgl. Santelmann/Hoppe/Suerbaum/Bukowski/*Santelmann/Hoppe*, Squeeze out, 3. Der übernahmerechtliche Squeeze out Rn. 333. Auch zu dieser Strukturmaßnahme erfolgt eine gesonderte Betrachtung (siehe hierzu: § 6 B.II.1.g)).

gerade um wertrelevante Informationen handelt.[1303] Bei einer Vorverlagerung des Referenzzeitraums würde nur der Mehrheitsaktionär über diese Angaben verfügen.[1304] Sofern die Informationen zur Höhe der Abfindung und deren Wertermittlung im Referenzzeitraum bekannt gemacht würden, könnte den Marktteilnehmern ein Bild vom inneren Unternehmenswert vermittelt und die Informationsgrundlage des Börsenkurses derer eines Ertragswertverfahrens angeglichen werden.[1305] Im selben Atemzug kann zudem auf die gesetzlich geforderte Berücksichtigung der Verhältnisse der Gesellschaft im Zeitpunkt der beschlussfassenden Hauptversammlung verwiesen werden[1306], die für das Abstellen auf einen reinen Stichtagskurs ins Feld geführt wurde[1307]. So würden neuere Markt- und Unternehmensentwicklungen bei der Abfindung außen vor gelassen.[1308]

Letzterer Erwägung ist aber entgegenzuhalten, dass aus der Berücksichtigung der Gesellschaftsverhältnisse zum Hauptversammlungszeitpunkt kein zwangsweises Abstellen auf diesen Stichtag folgt.[1309] Vielmehr ist zwischen dem Zeitpunkt, auf den sich die Wertermittlung bezieht, und dem Zeitraum, aus welchem die Daten zur Wertermittlung gewonnen und sodann auf den Bewertungsstichtag hochgerechnet werden, zu differenzieren.[1310] Es sollte der Rückrechnungszeitpunkt der Durchschnittskursbildung vom Bewertungsstichtag unterschieden werden. Darüber hinaus entspricht eine an der Bekanntmachung orientierte Rückrechnung angesichts des § 5 Abs. 1 WpÜG-AngebVO, der hierfür auf die Veröffentlichung der Entscheidung zur Angebotsabgabe oder der Kontrollerlangung abstellt, dem Willen des Verordnungsgebers.[1311]

[1303] *Weimann*, Spruchverfahren nach Squeeze-out, S. 299 § 14, S. 412 § 21.

[1304] *Weimann*, Spruchverfahren nach Squeeze-out, S. 412 § 21.

[1305] *Weimann*, AG 2020, R156, R157-R158.

[1306] Vgl. *Röhricht*, Die aktuelle höchstrichterliche Rechtsprechung zum Gesellschaftsrecht in: Gesellschaftsrecht in der Diskussion, 2001, S. 24–25.

[1307] Siehe hierzu: § 6 B.I.

[1308] *Röhricht*, Die aktuelle höchstrichterliche Rechtsprechung zum Gesellschaftsrecht in: Gesellschaftsrecht in der Diskussion, 2001, S. 25; vgl. *Große-Frericks*, Die Angemessenheit des Entgelts für die Übertragung von Eigentumsrechten als Problem rechtsgeprägter Unternehmensbewertung, S. 505, die unter Hinweis auf den Minderheitenschutz kritisiert, dass nach Maßgabe der *Stollwerck*-Entscheidung alle Erwartungen des Marktes an die geplante Transaktion und sich hieraus ergebenden Synergien im Börsenkurs ausgeblendet werden; auch befürchten GK-AktG/*Hirte/Hasselbach*, § 305 AktG Rn. 141, dass eine Vorverlegung der Referenzperiode etwaige kurssteigernde Synergieeffekte ausblendet.

[1309] BGH, Beschl. v. 19.07.2010 – II ZB 18/09 –, BGHZ 186, 229–242, Rn. 19; *Hasselbach/Ebbinghaus*, Der Konzern 2010, 467, 470; vgl. *Hasselbach*, CFL 2010, 24, 28.

[1310] BGH, Beschl. v. 19.07.2010 – II ZB 18/09 –, BGHZ 186, 229–242, Rn. 19; *Hasselbach/Ebbinghaus*, Der Konzern 2010, 467, 470.

[1311] BGH, Beschl. v. 19.07.2010 – II ZB 18/09 –, BGHZ 186, 229–242, Rn. 25 bzgl. der Kontrollerlangung; *Großfeld*, Unternehmens- und Anteilsbewertung im Gesellschaftsrecht, S. 195–196 bzgl. der Veröffentlichung der Angebotsabsicht und der Anzeige des Kontrollerwerbs nach dem sich damals noch Planung befindlichen WpÜG; *Hasselbach*, CFL 2010, 24, 27–28 bzgl. der Entscheidung zur Abgabe eines Angebots; *Kuhlmann/Ahnis*, Konzern- und

Ungeachtet dessen könnte der Kritik eines veralteten Informationsstands und der Missachtung zwischenzeitlicher Entwicklungen mit anderweitigen Mechanismen bei der Abfindungsbemessung begegnet werden. Beispielsweise bietet sich eine Anpassung des Börsenkurses beim Verstreichen eines längeren Zeitraums zwischen dem Ende der Referenzperiode und der beschlussfassenden Hauptversammlung als Korrektiv zum Schutz der Aktionärsminderheit hinsichtlich zwischenzeitlicher relevanter Kursentwicklungen an.[1312]

Ausschlaggebend aber ist der Umstand, dass der Einfluss der Maßnahme selbst mitsamt der einhergehenden Abfindungsspekulationen von der Durchschnittskursbildung auszuklammern ist. Schließlich ist der Börsenkurs ab dem Bekanntwerden der geplanten Maßnahme nicht mehr von der Einschätzung der wirtschaftlichen Entwicklung des Unternehmens durch den Markt, sondern von Abfindungsspekulationen geprägt.[1313] Wie bereits erörtert kann ein solcher durch die erwartete Abfindung beeinflusster Kurs weder den Deinvestitionswert noch den quotalen Unternehmenswert widerspiegeln.[1314] Sobald die Kenntnis um die Maßnahme selbst eingepreist wird, bildet der Börsenkurs weder die Wertschätzung des Unternehmens durch die Marktteilnehmer noch den verlustigen Verkehrswert einer Aktie bei einem hypothetischen Ausbleiben der Maßnahme ab.[1315] Gerade bei der Ermittlung des Deinvestitionswerts kommt es nicht auf einen informierten Börsenkurs, sondern auf die bloße Veräußerungsmöglichkeit an. Allerdings wurde in der *DAT/Altana*-Entscheidung des BGH übersehen, dass der Deinvestitionsmöglichkeit ein hypo-

---

Umwandlungsrecht, S. 312 § 5 Rn. 724 bzgl. des dreimonatigen Referenzzeitraums vor der Bekanntmachung der Übernahmeabsicht; *Wasmann*, ZGR 2011, 83, 87 unter Nennung des § 5 Abs. 1 WpÜG-AngebVO.

[1312] Ein solches Vorgehen wird bei BGH, Beschl. v. 19.07.2010 – II ZB 18/09 –, BGHZ 186, 229–242, Rn. 29 beschritten. Selbst *Große-Frericks*, Die Angemessenheit des Entgelts für die Übertragung von Eigentumsrechten als Problem rechtsgeprägter Unternehmensbewertung, S. 505, die der *Stollwerck*-Entscheidung kritisch gegenübersteht, erwähnt eine modifizierende Hochrechnung. Bereits *Weber*, ZGR 2004, 280, 287, der auf das erstmalige Bekanntwerden der Maßnahme als Stichtag abstellt, verlangt eine Kursanpassung zwecks der Berücksichtigung der Gesellschaftsverhältnisse im Zeitpunkt der beschlussfassenden Hauptversammlung. Ausführlich zu einer derartigen Modifikation des Durchschnittskurses siehe: § 6 B.IV.

[1313] BGH, Beschl. v. 19.07.2010 – II ZB 18/09 –, BGHZ 186, 229–242, Rn. 21–23; OLG Stuttgart, Beschl. v. 18.12.2009 – 20 W 2/08 = AG 2010, 513, 516; *Adolff*, Unternehmensbewertung im Recht der börsennotierten Aktiengesellschaft, S. 335–336, 338–339; *Großfeld*, Unternehmens- und Anteilsbewertung im Gesellschaftsrecht, S. 195–196; *Hasselbach*, CFL 2010, 24, 28; *Hasselbach/Ebbinghaus*, Der Konzern 2010, 467, 471; *Meilicke/Heidel*, DB 2001, 973, 974–975; Sagasser/Bula/Brünger/*Bula/Thees*, Umwandlungen, § 9 Rn. 88; vgl. *Betzer/Budzinski/Thiele*, KSzW 2011, 426, 430–431; vgl. Fleischer/Hüttemann/*Adolff/Häller*, RhB Unternehmensbewertung, § 18 Rn. 18.79; vgl. *Wilm*, NZG 2000, 234, 239; im Ansatz bereits *Drukarczyk*, AG 1973, 357, 363.

[1314] Siehe hierzu die Erwägungen zu den Nichtberücksichtigungsfällen bzgl. der Wertkomponenten (§ 6 A.II) und der Ablehnung eines reinen Stichtagskurses (§ 6 B.I). Abweichend hingegen BGH, Beschl. v. 12.03.2001 – II ZB 15/00 –, BGHZ 147, 108–125, Rn. 29.

[1315] BGH, Beschl. v. 19.07.2010 – II ZB 18/09 –, BGHZ 186, 229–242, Rn. 23.

thetischer Kausalverlauf zugrunde zu legen ist.[1316] Dabei soll der hypothetische Wert beim Ausbleiben der Maßnahme ermittelt werden, sodass gerade nicht auf einen durch die Kenntnis der Maßnahme beeinflussten Börsenkurs abgestellt werden darf.[1317]

Jedoch gehen kompensationspflichtige Maßnahmen und diese betreffende Informationen mit spürbaren Auswirkungen auf den Börsenkurs einher.[1318] Wird bei der Ankündigung einer Maßnahme eine Abfindungshöhe unter dem Börsenwert genannt, so sind deutliche Kurseinbrüche zu verzeichnen.[1319] Selbst Ankündigungen, bei denen die Höhe der Abfindung noch nicht beziffert wird, haben einen nachweislichen Kurseinfluss.[1320] Auch wenn es nach der Bekanntmachung zu steigenden Kursen kommt[1321], werden sie zuvörderst durch Abfindungsspekulationen beeinflusst sein.[1322]

Dementsprechend sollten die Kursauswirkungen von Abfindungsspekulationen auch dann möglichst ausgeblendet werden, wenn sie auf keinen Manipulationen beruhen.[1323] Zwar kann die Kursentwicklung auf einer Einschätzung der erwarteten Synergieeffekte der Maßnahme durch den Markt beruhen.[1324] Eine exakte Abbildung der Verbundvorteile im Börsenkurs nach dem Bekanntwerden der Maßnahme setzt aber eine kaum zu erreichende Markteffizienz voraus.[1325] Ohnehin dürften weniger die erwarteten Synergieeffekte, sondern vielmehr Spekulationen auf die Abfindungshöhe den Börsenkurs nach einer Bekanntmachung der Maßnahme beeinflussen.[1326]

[1316] Fleischer/Hüttemann/*Adolff/Häller*, RhB Unternehmensbewertung, § 18 Rn. 18.78.

[1317] Vgl. *Drukarczyk*, FS Scherrer (2004), S. 625, 638; vgl. Fleischer/Hüttemann/*Adolff/ Häller*, RhB Unternehmensbewertung, § 18 Rn. 18.49, 18.78; vgl. *Wasmann*, ZGR 2011, 83, 87. Siehe auch die Erörterungen zum hier vertretenen deinvestitionsorientierten Ansatz bei § 6 A.II.

[1318] Siehe bereits die Ausführungen hins. der Kursverzerrung durch anderweitige Maßnahmen und Transaktionen: § 6 A.III.6.f).

[1319] *Meilicke/Heidel*, DB 2001, 973, 974 mit praktischen Nachweisen.

[1320] *Schilling/Witte*, Der Konzern 2010, 477, 479 bzgl. Squeeze-outs.

[1321] Hierauf weist *Weimann*, Spruchverfahren nach Squeeze-out, S. 427–428 § 22 hin.

[1322] *Hasselbach*, CFL 2010, 24, 28; *Meilicke/Heidel*, DB 2001, 973, 975.

[1323] A. A. BGH, Beschl. v. 12.03.2001 – II ZB 15/00 –, BGHZ 147, 108–125, Rn. 29.

[1324] BGH, Beschl. v. 12.03.2001 – II ZB 15/00 –, BGHZ 147, 108–125, Rn. 25–28; *Große-Frericks*, Die Angemessenheit des Entgelts für die Übertragung von Eigentumsrechten als Problem rechtsgeprägter Unternehmensbewertung, S. 505; vgl. GK-AktG/*Hirte/Hasselbach*, § 305 AktG Rn. 141. Auf das umstrittene und von der h. M. abgelehnte Verbundberücksichtigungsprinzip wird nicht weiter eingegangen.

[1325] *Stilz*, ZGR 2001, 875, 890.

[1326] Sagasser/Bula/Brünger/*Bula/Thees*, Umwandlungen, § 9 Rn. 88.

Überdies fußt die Vorstellung eines hinsichtlich der Abfindung informierten aussagefähigen Börsenkurses auf der Effizienzmarkthypothese.[1327] Demnach könne der Börsenkurs erst dann den wahren Unternehmenswert wiedergeben, wenn sämtliche relevanten Informationen eingepreist sind.[1328] Wie bereits erörtert weist aber die Forschung zur *Behavioral Finance* der ECMH ihre Schranken auf.[1329] Die Auffassung Famas stellt vielmehr eher ein Idealmodell als die Realität dar. Unter psychologischen Aspekten werden die Marktteilnehmer die Informationen zum inneren Wert oftmals nicht rational einpreisen, sondern irrationalen Verzerrungen unterliegen. Dies dürfte insbesondere bei Kleinanlegern der Fall sein, denen es an umfassenden wirtschaftlichen Kenntnissen und Erfahrung mangelt. So besteht auch bei einer umfassenden Offenlegung die Gefahr einer Fehlbewertung durch kognitive Fehlschlüsse aufgrund einer *Information Overload* oder des Darstellungseffekts. Gerade ab dem Zeitpunkt der Bekanntmachung einer anstehenden Maßnahme könnte es zu irrationalen Überreaktionen und einem Herdenverhalten kommen. Von da an ist die Aussagekraft des Börsenkurses höchst zweifelhaft.

Stellt man hingegen auf den Bekanntmachungszeitpunkt ab, so nähert man sich so weit wie möglich an den Bewertungsstichtag an, ohne besagte unternehmenswertirrelevante Erwartungen in die Abfindung einfließen zu lassen.[1330] Auf diesem Wege kann einer Einpreisung der Maßnahme und einer hierdurch erfolgenden Preisverzerrung entschieden entgegengewirkt werden.[1331] Darüber hinaus werden die gesetzlichen Informationspflichten eine verzögerte Bekanntgabe und verdeckte Abfindungsspekulationen zumindest teilweise vermieden.[1332] Hierzu sollte auch ein weites Verständnis des Begriffs der Bekanntmachung mit Berücksichtigung eines der Bekanntgabe gleichwertigen Bekanntwerdens beitragen.[1333]

Endet die Referenzperiode mit dem Zeitpunkt der Hauptversammlung und damit nach der Bekanntmachung einer abfindungsverpflichtenden Maßnahme, eröffnen sich überdies Manipulationsmöglichkeiten von beiden Seiten: Der Abfindungspflichtige kann durch die Nennung einer Abfindungssumme weit unter dem Börsenkurs diesen bewusst durch die Bekanntgabe senken, wohingegen Abfindungsberechtigte durch gezielte Spekulation versuchen können, den Kurs zu erhöhen.[1334]

[1327] *Weimann*, AG 2020, R156, R157-R158; *Weimann*, Ertragswert und Börsenwert, S. 44 § 2, S. 273 § 13; *Weimann*, Spruchverfahren nach Squeeze-out, S. 412 § 21.

[1328] *Weimann*, Ertragswert und Börsenwert, S. 44 § 2.

[1329] Siehe hierzu: § 2 C.

[1330] *Adolff*, Unternehmensbewertung im Recht der börsennotierten Aktiengesellschaft, S. 338–339.

[1331] Vgl. *Kuhlmann/Ahnis*, Konzern- und Umwandlungsrecht, S. 312 § 5 Rn. 724.

[1332] BGH, Beschl. v. 19.07.2010 – II ZB 18/09 –, BGHZ 186, 229–242, Rn. 25. Zum hierauf aufbauenden Ausnahmefall siehe: § 6 A.III.3.

[1333] Siehe hierzu: § 6 B.II.1.b).

[1334] *Meilicke/Heidel*, DB 2001, 973, 975; vgl. BGH, Beschl. v. 19.07.2010 – II ZB 18/09 –, BGHZ 186, 229–242, Rn. 24 bzgl. einer gezielten Kurssenkung durch die Bekanntgabe eines zu niedrig bemessenen Abfindungsangebots; vgl. *Großfeld*, Unternehmens- und Anteilsbe-

Fungiert der Bekanntmachungszeitpunkt als Rückrechnungszeitpunkt, besteht ein Manipulationspotenzial lediglich dahingehend, dass der Abfindungspflichtige bewusst einen Zeitpunkt mit niedrigen vorangehenden Kursen auswählen kann.[1335] Allerdings ist der Mehrheitsaktionär hinsichtlich des Zeitpunkts von Strukturmaßnahmen weitestgehend frei.[1336] Zudem kann diese Wahlfreiheit ebenso ausgenutzt werden, wenn der Tag der beschlussfassenden Hauptversammlung als Rückrechnungszeitpunkt dienen soll. Darüber hinaus kommen weitere Mechanismen in Betracht, um die Abfindungsberechtigten vor einer gezielten Fixierung des Durchschnittskurses zu schützen. So kann einer Manipulation des Bekanntmachungszeitpunkts mittels der sanktionsbewehrten Informationspflichten des Kapitalmarktrechts entgegengewirkt werden.[1337] Auch wird eine spätere Anpassung in Form einer Hochrechnung des Börsenkurses beim Verstreichen eines längeren Zeitraums zwischen dem Rückrechnungszeitpunkt und dem Tag der Hauptversammlung dafür sorgen, dass die Abfindungsberechtigten nicht von zwischenzeitlichen positiven Entwicklungen ausgeschlossen werden.[1338] Das Ausnutzungspotenzial seitens des Abfindungspflichtigen dürfte auch dann gehemmt sein, wenn die Bekanntmachung nicht nur als gezielte Bekanntgabe, sondern auch als bloßes Bekanntwerden verstanden wird.[1339] Mithin besteht eine deutlich höhere Manipulationsgefahr, sofern der Zeitpunkt der beschlussfassenden Hauptversammlung als Ende der Referenzperiode gewählt wird.

Somit beugt die Vorverlagerung des Rückrechnungszeitpunkts dem Einfluss von Abfindungsspekulationen und etwaigen Missbrauchspotenzialen vor.[1340] Dementsprechend empfiehlt es sich, den Rückrechnungszeitpunkt zwecks eines möglichst unbeeinflussten Börsenkurses vom Bewertungsstichtag abzutrennen. Diese Diffe-

---

wertung im Gesellschaftsrecht, S. 196; vgl. *Hasselbach/Ebbinghaus*, Der Konzern 2010, 467, 470–471, welche die Möglichkeit kurssteigernder Spekulationen beim Squeeze-out anführen; vgl. Hölters/Weber/*Deilmann*, AktG, § 305 AktG Rn. 41; vgl. *Maier-Reimer/Kolb*, FS Müller (2001), S. 93, 106; im Ansatz bereits BVerfG, Beschl. v. 29.11.2006 – 1 BvR 704/03 = ZIP 2007, 175, 178 Rn. 18, nach welchem ein besserer Schutz der Minderheitsaktionäre im Hinblick auf Missbrauchsgefahren besteht, wenn die Referenzperiode im Vorfeld der Bekanntgabe der Maßnahme liegt; siehe zudem *Drukarczyk*, AG 1973, 357, 363, wo bereits eine mögliche Einflussnahme der Marktteilnehmer diskutiert und deshalb auf den Zeitpunkt der Verkündung des die Maßnahme betreffenden Tagesordnungspunkts abgestellt wird.

[1335] Siehe etwa *Brösel/Karami*, WPg 2011, 418, 425, die dies der *Stollwerck*-Entscheidung als zentralen Kritikpunkt entgegenhalten.

[1336] BGH, Beschl. v. 19.07.2010 – II ZB 18/09 –, BGHZ 186, 229–242, Rn. 27; vgl. *Hasselbach/Ebbinghaus*, Der Konzern 2010, 467, 470.

[1337] BGH, Beschl. v. 19.07.2010 – II ZB 18/09 –, BGHZ 186, 229–242, Rn. 27; vgl. *Hasselbach/Ebbinghaus*, Der Konzern 2010, 467, 471.

[1338] BGH, Beschl. v. 19.07.2010 – II ZB 18/09 –, BGHZ 186, 229–242, Rn. 29; vgl. *Hasselbach/Ebbinghaus*, Der Konzern 2010, 467, 471. Zu dieser Anpassung des Durchschnittskurses siehe: § 6 B.IV.

[1339] Siehe hierzu: § 6 B.II.1.b).

[1340] Vgl. Bürgers/Körber/Lieder/*Ruiz de Vargas*, Anh. § 305 AktG Rn. 53.

renzierung könnte auch zu einer etwaigen Berücksichtigung späterer Entwicklungen nach dem Rückrechnungszeitpunkt in bestimmten Fällen beitragen.[1341]

Ferner unterliegt der Ansatz der *DAT/Altana*-Entscheidung einem Zirkelschluss, wenn er die Abfindung in Abhängigkeit zu einem Börsenkurs stellt, der wiederum selbst von der Abfindung beeinflusst wird.[1342] Aufgrund des vor der Hauptversammlung bekanntzugebenden Abfindungsvorschlags stellt ein solches Vorgehen auch vor praktische Probleme.[1343]

Angesichts des Ideals eines von Abfindungsspekulationen unbeeinflussten und möglichst schwer manipulierbaren Kurses ist der *Stollwerck*-Entscheidung und der vorherrschenden Literaturmeinung beizupflichten und eine Rückrechnung zum Zeitpunkt der Bekanntmachung der Maßnahme durchzuführen. Eine Berücksichtigung anderer Zeitpunkte würde das Ergebnis grundsätzlich nur verzerren.[1344] Letztlich sollte zwischen dem Rückrechnungszeitpunkt für die Durchschnittskursbildung und dem Bewertungsstichtag, auf welchen die Wertermittlung hochgerechnet wird, unterschieden werden.

[1341] Siehe hierzu die Möglichkeit einer Kursanpassung bei einem längeren Zeitraum zwischen dem Rückrechnungszeitpunkt und dem Bewertungsstichtag (§ 6 B.IV.).

[1342] *Meilicke/Heidel*, DB 2001, 973, 975; vgl. *Großfeld*, Unternehmens- und Anteilsbewertung im Gesellschaftsrecht, S. 196.

[1343] BGH, Beschl. v. 19.07.2010 – II ZB 18/09 –, BGHZ 186, 229–242, Rn. 26; *Hasselbach*, CFL 2010, 24, 28; *Hasselbach/Ebbinghaus*, Der Konzern 2010, 467, 471; vgl. *Kuhlmann/Ahnis*, Konzern- und Umwandlungsrecht, S. 312 § 5 Rn. 724; vgl. *Maier-Reimer/Kolb*, FS Müller (2001), S. 93, 104, die sich hiermit gegen die reine Stichtagsbetrachtung richten; vgl. *Wasmann*, ZGR 2011, 83, 85, 88; siehe aber auch *Weimann*, Spruchverfahren nach Squeeze-out, S. 428 § 22, der die Möglichkeit einer Anpassung an die Verhältnisse der Hauptversammlung aufzeigt.

[1344] Dementsprechend ist auch der Vorschlag einer ergänzenden Stichtagsprüfung am Tag der Hauptversammlung von *Wollny*, DStR 2015, 2682, 2684–2686 abzulehnen, da hierbei Abfindungsspekulationen und gezielte Kursbeeinflussungen in die Abfindung einfließen könnten. Auch ist der Auffassung von *Brösel/Karami*, WPg 2011, 418, 429–430, die in Erwägung ziehen, beim Squeeze-out erst auf den Zeitpunkt des Erreichens der 95-%-Quote und nicht schon auf die erstmalige Absichtserklärung abzustellen, aufgrund des notwendigen Ausblendens von Abfindungsspekulationen eine Absage zu erteilen. Ebenso abzulehnen ist der bei *Schilling/Witte*, Der Konzern 2010, 477, 480 angedeutete Vorschlag, auf den Zeitpunkt eines vorangegangenen Übernahmeangebots oder der Erklärung zur Absicht einer anderen Strukturmaßnahme abzustellen, da hierdurch der Referenzzeitraum möglicherweise noch weiter vom abfindungsauslösenden Ereignis entfernt wäre und es gerade auf die Bekanntmachung der relevanten Maßnahme ankommen sollte. Aus diesem Grund ist auch das Vorgehen bei *Gude*, Strukturänderungen und Unternehmensbewertung zum Börsenkurs, S. 389–390 § 19, der das Bekanntwerden eines vorherigen freiwilligen Übernahmeangebots als Rückrechnungszeitpunkt für die Durchschnittskursbildung setzen will, abzulehnen. Etwaigen Kursverzerrungen durch vorherige öffentliche Angebote und anderweitige Strukturmaßnahmen kann mit dem hierauf bezogenen Nichtberücksichtigungsfall (§ 6 A.III.6.f)) begegnet werden.

b) Bekanntmachung als Bekanntgabe oder Bekanntwerden

Offen gelassen hat die *Stollwerck*-Entscheidung, wann genau von einer Bekanntmachung auszugehen sei.[1345] Der BGH nutzte hier die Begrifflichkeiten der Bekanntgabe, der Bekanntmachung und des Bekanntwerdens ohne weiter zu differenzieren als Synonyme.[1346] Zwar lassen sich „Bekanntgabe“ und „Bekanntmachung“ gleichbedeutend als aktive Information der Öffentlichkeit auslegen.[1347] Allerdings deutet ein „Bekanntwerden“ auch auf eine Kenntniserlangung jenseits der aktiven Information hin.[1348] Jedenfalls ist eine Ad-hoc-Mitteilung grundsätzlich als Bekanntmachung zu werten[1349], wobei der Gerichtshof betont, dass es sich nicht zwingend um eine Ad-hoc-Mitteilung handeln müsse[1350].

Fraglich aber bleibt, ob ein bloßes Bekanntwerden ungeachtet des Veranlassers der Information ausreichen sollte oder es einer aktiven, dem Abfindungspflichtigen zurechenbaren Bekanntgabe und damit einer offiziellen Bekanntmachung bedarf.

Zum Teil wird bereits auf ein Bekanntwerden der Maßnahme abgestellt und keine gezielte Bekanntgabe durch den Abfindungspflichtigen gefordert.[1351]

[1345] *Brösel/Karami*, WPg 2011, 418, 425; *Bungert/Wettich*, ZIP 2012, 449, 449; vgl. *Hasselbach/Ebbinghaus*, Der Konzern 2010, 467, 471.

[1346] *Hasselbach/Ebbinghaus*, Der Konzern 2010, 467, 471.

[1347] *Hasselbach/Ebbinghaus*, Der Konzern 2010, 467, 471.

[1348] *Hasselbach/Ebbinghaus*, Der Konzern 2010, 467, 471.

[1349] Marsch-Barner/Schäfer/*Gehling*, HdB börsennotierte AG, § 13 Rn. 13.75; Marsch-Barner/Schäfer/*Drinkuth*, HdB börsennotierte AG, § 64 Rn. 64.40; Fleischer/Hüttemann/*Adolff/Häller*, RhB Unternehmensbewertung, § 18 Rn. 18.81; vgl. *Bungert/Wettich*, ZIP 2012, 449, 450.

[1350] BGH, Beschl. v. 19.07.2010 – II ZB 18/09 –, BGHZ 186, 229–242, Rn. 20; *Bungert/Wettich*, ZIP 2012, 449, 450; Marsch-Barner/Schäfer/*Gehling*, HdB börsennotierte AG, § 13 Rn. 13.75. Siehe auch Schmidt/Lutter/*Schnorbus*, AktG, § 327b AktG Rn. 5a, der im Kontext der Bekanntgabe nebst einer Ad-hoc-Mitteilung auch die Einladung zur Hauptversammlung und eine Pressemitteilung anführt. Siehe zudem bereits *Maier-Reimer/Kolb*, FS Müller (2001), S. 93, 106, die jede Form der Presseveröffentlichung als ausreichend für den Rückrechnungszeitpunkt der Referenzperiode erachten.

[1351] OLG Karlsruhe, Beschl. v. 22.06.2015 – 12a W 5/15 = AG 2015, 789, 789 Ls. 1, 791; *Großfeld/Egger/Tönnes*, Recht der Unternehmensbewertung, S. 286 Rn. 1176; *Hasselbach/Ebbinghaus*, Der Konzern 2010, 467, 471–472; MüKo-AktG/*van Rossum*, § 305 AktG Rn. 106; vgl. OLG Düsseldorf, Beschl. v. 18.08.2016 – I-26 W 12/15 (AktE) = AG 2017, 827, 831–832, welches ein der Bekanntgabe gleichzustellendes Bekanntwerden als Rückrechnungszeitpunkt ausreichen lässt; vgl. *Bungert/Eckert*, BB 2000, 1845, 1849; vgl. Fleischer/Hüttemann/*Adolff/Häller*, RhB Unternehmensbewertung, § 18 Rn. 18.81; vgl. *Hasselbach/Klüsener*, DB 2010, 657, 658–659, laut denen ein „Informationsleck“ ausreicht; vgl. *Ruthardt/Hachmeister*, CF 2014, 174, 176–177; im Ansatz wohl bereits *Adolff*, Unternehmensbewertung im Recht der börsennotierten Aktiengesellschaft, S. 338, der nebst einer Ad-hoc-Mitteilung oder einer Hauptversammlungseinladung auch ein „auf anderem Wege bewirktes öffentliches Bekanntwerden“ als Rückrechnungszeitpunkt erwähnt sowie *Großfeld*, Recht der Unternehmensbewertung, S. 196 und KK-AktG/*Koppensteiner*, § 305 AktG Rn. 104, die auf einen Referenzreitraum vor dem Zeitpunkt des Bekanntwerdens abstellen

Andererseits wird eine informationell zurechenbare Bekanntgabe verlangt.[1352]

Für die aktive Bekanntgabe als relevanten Zeitpunkt wird angeführt, dass der Abfindungsverpflichtete den Referenzzeitraum selbst festlegen dürfe.[1353] Allerdings wird die Möglichkeit einer gezielten Bekanntgabe eine Machtasymmetrie mitsamt einer entsprechenden Manipulationsgefahr zulasten der abzufindenden Aktionäre eröffnen. Schließlich könnte der Abfindungspflichtige durch eine zeitlich abgestimmte Bekanntgabe eine etwaige Unterbewertung am Markt ausnutzen.[1354] Derartige Mechanismen gilt es aber gerade durch die Durchschnittskursbildung und die Vorverlagerung des Referenzzeitraums zu vermeiden. Ein weites, auch das Bekanntwerden der konkreten Maßnahme erfassendes, Verständnis des Bekanntmachungsbegriffs vermag es, der Gefahr einer verspäteten Bekanntgabe und dahingehenden Manipulationen entgegenzuwirken. Zwar besteht auch beim Abstellen auf den Zeitpunkt des Bekanntwerdens ein gewisses Manipulationspotenzial durch eine Geheimhaltung der anstehenden Maßnahme und eine gezielte Information der Öffentlichkeit in einer Zeit niedriger Börsenkurse. Da ein vorheriges Bekanntwerden aber zumindest theoretisch möglich ist und der Rückrechnungszeitpunkt damit nicht von vornherein allein in der Hand des Abfindungspflichtigen liegt, ist das Risiko eines gezielten Ausnutzens deutlich geringer.

Ferner könnte die mit dem Abstellen auf ein bloßes Bekanntwerden verbundene Rechtsunsicherheit als Argument für eine Maßgeblichkeit der Bekanntgabe streiten.[1355] Dem ist jedoch zu entgegnen, dass etwaige Abgrenzungsschwierigkeiten über besondere materielle[1356] und formelle[1357] Anforderungen an das Bekanntwerden aufgelöst werden könnten. Darüber hinaus kann die Bestimmung einer rele-

---

wollen; in diese Richtung bereits auch *Weber*, ZGR 2004, 280, 284, der auf den Tag, an welchem das abfindungsauslösende Ereignis zum ersten Mal bekannt wird, verweist.

[1352] *Bücker*, NZG 2010, 967, 969; Marsch-Barner/Schäfer/*Gehling*, HdB börsennotierte AG § 13 Rn. 13.74, 13.76, 13.77 und Marsch-Barner/Schäfer/*Drinkuth*, HdB börsennotierte AG, § 64 Rn. 64.40, die eine Veranlassung durch die Gesellschaft oder den Hauptaktionär und darüber hinaus eine schriftliche öffentlich zugängliche Bekanntgabe verlangen; *Wasmann*, ZGR 2011, 83, 91; vgl. Schmidt/Lutter/*Schnorbus*, AktG, § 327b AktG Rn. 5a, der auf eine Mitteilung seitens der Gesellschaft oder des Hauptaktionärs abstellt; wohl auch Bürgers/Körber/Lieder/*Ruiz de Vargas*, Anh. § 305 AktG Rn. 53a, der zwar von einem Bekanntwerden spricht, zugleich aber eine öffentliche Erklärung des Mehrheitsaktionärs verlangt.

[1353] *Bücker*, NZG 2010, 967, 969.

[1354] Diesen Umstand der *Stollwerck*-Entscheidung entgegenhaltend *Brösel/Karami*, WPg 2011, 418, 425. Bereits bei *Weber*, ZGR 2004, 280, 289–290 wird diese Problematik aufgeworfen.

[1355] Vgl. *Bungert/Wettich*, ZIP 2012, 449, 451, die sich mit dieser Argumentation gegen ein Abstellen auf jede erste öffentliche Verlautbarung mit nachweisbarem Kurseinfluss richten; vgl. *Hasselbach/Ebbinghaus*, Der Konzern 2010, 467, 472, welche entsprechende Gegenargumente anführen.

[1356] Zu den inhaltlichen Anforderungen siehe: § 6 B.II.1.c). Vgl. auch Fleischer/Hüttemann/*Adolff/Häller*, RhB Unternehmensbewertung, § 18 Rn. 18.81 und *Reichard*, GWR 2011, 157, wo von einem Bekanntwerden mit weiteren inhaltlichen Voraussetzungen die Rede ist.

[1357] Siehe zu den Erwägungen hins. etwaiger Formvorgaben: § 6 B.II.1.d).

vanten Bekanntgabe selbst mit rechtlicher Unsicherheit verbunden sein.[1358] Ohnehin ändert eine strengen Voraussetzungen unterliegende Bekanntgabe nichts an der Tatsache, dass der Markt auf die Kenntnis einer anstehenden Strukturmaßnahme ungeachtet der Art und Weise des Bekanntwerdens reagiert.[1359]

Gerade das erforderliche Ausblenden von Abfindungsspekulationen ist für den Rückrechnungszeitpunkt von entscheidender Bedeutung. Schließlich spricht für das Bekanntwerden als maßgeblichen Zeitpunkt, dass bereits durch das erstmalige Auftreten einer neuen Information das Marktverhalten hinsichtlich der erwarteten Abfindung beeinflusst wird.[1360] Dies dürfte dem der *Stollwerck*-Entscheidung zugrundeliegenden Gedanken der Vermeidung spekulationsbedingter Verzerrungen entsprechen.[1361] Wie bereits erörtert kann ein durch die Maßnahme selbst beeinflusster Börsenkurs weder zur Bestimmung des quotalen Unternehmenswerts noch des Deinvestitionswerts herangezogen werden.[1362] Stellt man aber auf den Zeitpunkt einer aktiven, dem Abfindungspflichtigen informationell zurechenbaren Bekanntgabe ab, so schlagen sich im Falle eines vorherigen Bekanntwerdens bereits Abfindungsspekulationen im Durchschnittskurs nieder. Dabei gereicht die Annahme, dass Kursausschläge im Vorfeld der förmlichen Bekanntgabe wegen der kapitalmarktrechtlichen Informationsvorschriften nicht allzu lang Bestand haben würden, nicht dazu, von einer Bezugnahme auf das faktische Bekanntwerden abzusehen.[1363] Schließlich ist jeglicher Einfluss von Abfindungsspekulationen auf den Durchschnittskurs zu vermeiden.

Weiterhin lässt sich anführen, dass der BGH den Terminus des Bekanntwerdens ohne weitere Unterscheidung neben dem der Bekanntgabe verwendet, was darauf schließen lässt, dass jegliches Bekanntwerden ausreichen dürfte.[1364]

Vor dem Hintergrund der Vermeidung von Abfindungsspekulationen im bewertungsrelevanten Börsenkurs und der andernfalls bestehenden hohen Manipulationsgefahr ist der Auffassung beizupflichten, bereits auf den Zeitpunkt des Bekanntwerdens und nicht erst der Bekanntgabe abzustellen. Dieser Ansatz sollte den Erwägungen der *Stollwerck*-Entscheidung des BGH auch nicht zuwiderlaufen. Als spätester Rückrechnungszeitpunkt kann im Zweifelsfall aber auf den Bekanntgabezeitpunkt zurückgegriffen werden.

[1358] *Hasselbach/Ebbinghaus*, Der Konzern 2010, 467, 472; vgl. *Bücker*, NZG 2010, 967, 969.

[1359] *Hasselbach/Ebbinghaus*, Der Konzern 2010, 467, 471–472.

[1360] *Hasselbach/Ebbinghaus*, Der Konzern 2010, 467, 471; vgl. OLG Karlsruhe, Beschl. v. 22.06.2015 – 12a W 5/15 = AG 2015, 789, 791; vgl. *Bücker*, NZG 2010, 967, 969, der sich jedoch für eine aktive Bekanntgabe ausspricht; im Ansatz bereits *Weber*, ZGR 2004, 280, 284–286.

[1361] Vgl. OLG Karlsruhe, Beschl. v. 22.06.2015 – 12a W 5/15 = AG 2015, 789, 791.

[1362] Siehe hierzu: § 6 B.I. und § 6 B.II.1.a).

[1363] So aber *Bücker*, NZG 2010, 967, 969.

[1364] *Hasselbach/Ebbinghaus*, Der Konzern 2010, 467, 471.

c) *Inhaltliche Mindestanforderungen*

Um einer Konturlosigkeit der Begrifflichkeiten der Bekanntgabe und insbesondere des Bekanntwerdens entgegenzuwirken, bedarf es gewisser Mindestanforderungen an diese.[1365] So ist nur dann eine Vorverlagerung des Referenzzeitraums von Nöten, wenn davon auszugehen ist, dass der Kurs ab dem fraglichen Zeitpunkt eher von Abfindungsspekulationen als vom Unternehmenswert geprägt ist.[1366] Im Rahmen dessen muss der fraglichen Information aus Sicht eines verständigen Anlegers ein nicht nur geringes Kursbeeinflussungspotential innewohnen, da die Umsetzung der Maßnahme wahrscheinlich erscheint.[1367] Hierfür muss die Information eine unbedingte Ankündigung enthalten, die Strukturmaßnahme durchführen zu wollen und die Offenlegung dahingehend enthalten, dass die Grundlagen zur Umsetzung der Ankündigung in absehbarer Zeit geschaffen sind.[1368] Liegen diese Voraussetzungen vor, sollte die Kursbildung von Abfindungsspekulationen dominiert sein.[1369] Genügt ein etwaiges Bekanntwerden nicht den genannten Mindestanforderungen, so ist auf den nächstgelegenen Zeitpunkt eines inhaltlich ausreichenden Bekanntwerdens oder einer Bekanntgabe abzustellen.

Bloße Andeutungen und Gerüchte hingegen dürfen angesichts der hiermit verbundenen Rechtsunsicherheit nicht als Rückrechnungszeitpunkt dienen.[1370]

[1365] Vgl. OLG Frankfurt a. M., Beschl. v. 21.12.2010 – 5 W 15/10 –, juris Rn. 34, 37–40, wobei in diesem Fall eine Ad-hoc-Mitteilung vorlag und die Frage nach einem Zurechenbarkeitserfordernis explizit offengelassen wurde. Laut *Reichard*, GWR 2011, 157, ist die Entscheidung aber dahingehend zu deuten, dass ein Bekanntwerden als Bekanntmachung ausreiche, wobei die vom OLG Frankfurt a. M. aufgeführten inhaltlichen Anforderungen vorliegen müssten.

[1366] OLG München, Beschl. v. 05.05.2015 – 31 Wx 366/13 = AG 2015, 508, 510 Rn. 26.

[1367] OLG Frankfurt a. M., Beschl. v. 21.12.2010 – 5 W 15/10 –, juris Rn. 39; vgl. *Bungert/Wettich*, ZIP 2012, 449, 450. Explizit auf ein bloßes Bekanntwerden bezogen: *Hasselbach/Ebbinghaus*, Der Konzern 2010, 467, 472; *Hasselbach/Klüsener*, DB 2010, 657, 658–659.

[1368] OLG München, Beschl. v. 05.05.2015 – 31 Wx 366/13 = AG 2015, 508, 510 Rn. 26; OLG Frankfurt a. M., Beschl. v. 21.12.2010 – 5 W 15/10 –, juris Rn. 40; *Bücker*, NZG 2010, 967, 969, der jedoch nur auf eine Bekanntgabe und nicht auf ein Bekanntwerden abstellen will; *Bungert/Wettich*, ZIP 2012, 449, 450; *Großfeld/Egger/Tönnes*, Recht der Unternehmensbewertung, S. 285 Rn. 1175. Explizit auf ein bloßes Bekanntwerden bezogen: Fleischer/Hüttemann/*Adolff/Häller*, RhB Unternehmensbewertung, § 18 Rn. 18.81; *Reichard*, GWR 2011, 157. Weniger strenge Anforderungen an das Bekanntwerden stellen hingegen *Hasselbach/Ebbinghaus*, Der Konzern 2010, 467, 472; *Hasselbach/Klüsener*, DB 2010, 657, 659–660, die lediglich eine aus Sicht eines rationalen Anlegers hinreichende Wahrscheinlichkeit der Umsetzung der Maßnahme verlangen.

[1369] OLG München, Beschl. v. 05.05.2015 – 31 Wx 366/13 = AG 2015, 508, 510 Rn. 26.

[1370] OLG Frankfurt a. M., Beschl. v. 01.03.2016 – 21 W 22/13= AG 2016, 667, 670; OLG Frankfurt a. M., Beschl. v. 21.12.2010 – 5 W 15/10 –, juris Rn. 36; Bürgers/Körber/Lieder/*Ruiz de Vargas*, Anh. § 305 AktG Rn. 53a; vgl. OLG München, Beschl. v. 05.05.2015 – 31 Wx 366/13 = AG 2015, 508, 510 Rn. 26; vgl. Fleischer/Hüttemann/*Popp/Ruthardt*, RhB Unternehmensbewertung, § 12 Rn. 12.181; vgl. *Großfeld/Egger/Tönnes*, Recht der Unternehmensbewertung, S. 286 Rn. 1176.

Schließlich sollen durch den vorverlagerten Rückrechnungszeitpunkt nur konkrete Abfindungsspekulationen, nicht aber allgemeine Spekulationen ausgeblendet werden.[1371] Aus Rechtssicherheitsgesichtspunkten kann auch keine weitere Modifikation des Kurses aufgrund etwaiger Gerüchte vor dem Rückrechnungszeitpunkt vorgenommen werden.[1372]

Diese Abgrenzung hat insbesondere bei der Bestimmung des relevanten Rückrechnungszeitpunkts bei einem Squeeze-out mit vorangehendem Übernahme- oder Pflichtangebot zu erfolgen.[1373] Denn das den inhaltlichen Mindestanforderungen entsprechende Bekanntwerden muss sich eindeutig auf die abfindungsrelevante Maßnahme beziehen. Literaturstimmen, die hingegen den Zeitpunkt eines vorangegangenen Übernahmeangebots oder der Bekanntmachung der Absicht zur Durchführung einer anderen Strukturmaßnahme erwägen[1374], missachten den Umstand, dass sich hierbei nicht notwendigerweise das Kursbeeinflussungspotenzial der gesicherten Information zur abfindungsauslösenden Maßnahme selbst niederschlagen muss. Erst wenn es zu einem den inhaltlichen Mindestanforderungen genügenden Bekanntwerden der konkreten Maßnahme kommt, ist davon auszugehen, dass der Börsenkurs durch hierauf bezogene Abfindungsspekulationen geprägt ist. Auf vorangegangenen Angeboten und Ankündigungen fußende Spekulationen und damit einhergehende Kursbeeinflussungen sind für den Deinvestitionswert, der keine Wertschätzung des Unternehmens durch den Markt wiedergeben muss, unbeachtlich. Sofern der Börsenkurs den quotalen Unternehmenswert darstellen soll, ist etwaigen Fehlbepreisungen im Wege des Nichtberücksichtigungsfalls der Markt- und Kursverzerrungen aufgrund öffentlicher Angebote und Ankündigungen anderweitiger abfindungspflichtiger Maßnahmen zu begegnen.[1375] Ein noch weiter vom abfindungsauslösenden Ereignis entfernter Rückrechnungszeitpunkt kann hierdurch aber nicht gerechtfertigt werden.

Angesichts der bereits zuvor stattfindenden Kursbeeinflussung durch die Kenntnis der Marktteilnehmer um die anstehende Maßnahme sollte es entgegen anderslautenden Stimmen des Schrifttums auch nicht erst auf den Zeitpunkt des tatsächlichen Vorliegens der für die Maßnahme erforderlichen Beteiligungsquote

---

[1371] Bürgers/Körber/Lieder/*Ruiz de Vargas*, Anh. § 305 AktG Rn. 53a.

[1372] So aber *Gude*, Strukturänderungen und Unternehmensbewertung zum Börsenkurs, S. 388 § 19.

[1373] *Bungert/Wettich*, ZIP 2012, 449, 451.

[1374] So der bei *Schilling/Witte*, Der Konzern 2010, 477, 480 angedeutete Vorschlag, auf den Zeitpunkt eines vorangegangenen Übernahmeangebots oder der Erklärung zur Absicht eines Delisting vor einem Squeeze-out abzustellen; ähnlich bereits *Gude*, Strukturänderungen und Unternehmensbewertung zum Börsenkurs, S. 389–390 § 19, der das Bekanntwerden eines vorherigen freiwilligen Übernahmeangebots als Rückrechnungszeitpunkt für die Durchschnittskursbildung setzen will.

[1375] Zu dieser Fallgruppe, die nur bei einer möglichen Berücksichtigung des Börsenkurses zur Ermittlung des quotalen Unternehmenswerts zum Einsatz kommen soll, siehe: § 6 A.III.6. f).

ankommen.[1376] Schließlich kommt es aus Sicht des Marktes nicht auf die sofortige Umsetzbarkeit einer Strukturmaßnahme, sondern auf deren hinreichende Wahrscheinlichkeit an.[1377]

Umgekehrt dürfen aber nicht – wie teilweise vertreten – geringere als die genannten Mindestanforderungen an ein relevantes Bekanntwerden gestellt werden. So empfiehlt es sich nicht, lediglich auf eine aus Sicht eines rationalen Anlegers bestehende hinreichend wahrscheinliche Durchführung der Maßnahme abzustellen.[1378] Eine Bestimmung des Rückrechnungszeitpunkts nach diesen weit gefassten Vorgaben ist als zu ungenau und unsicher abzulehnen. Auch sollte nicht schon jede erste Verlautbarung, bei der eine Kursreaktion zu beobachten ist, als Bekanntmachung verstanden[1379] oder bereits auf Basis eines veränderten Marktverhaltens von einem Bekanntwerden ausgegangen[1380] werden. Ein derartiges Vorgehen geht mit einer unzureichenden Rechtssicherheit einher, da die Möglichkeit einer erst nachträglichen Feststellung der Bekanntmachung besteht.[1381] Bereits die Untersuchung der Markt- und Kursentwicklung stellt sich als unsicher und ungenau dar. Auf diesem Wege lässt sich nicht exakt zwischen tatsächlichen Abfindungsspekulationen und bloßen allgemeinen Spekulationen differenzieren. Schließlich können Veränderungen hinsichtlich der Kursbewegung und des Marktverhaltens auch auf einer veränderten Wertschätzung des Unternehmens beruhen. Gerade wenn – wie hier vertreten – bereits das Bekanntwerden einer geplanten Maßnahme ungeachtet des

---

[1376] So der bei *Brösel/Karami*, WPg 2011, 418, 428–429 aufgeworfene und von *Große-Frericks*, Die Angemessenheit des Entgelts für die Übertragung von Eigentumsrechten als Problem rechtsgeprägter Unternehmensbewertung, S. 506 kommentierte Vorschlag, wonach beim Squeeze-out auf den Zeitpunkt, ab welchem der Mehrheitsaktionär 95 % der Aktien hält, abzustellen sei. Hins. des Kurseinflusses einer vor dem Zeitpunkt des Vorliegens der 95-%-Quote stattfindenden Übernahmeabsichtserklärung siehe beispielhaft *Brösel/Karami*, WPg 2011, 418, 423 Übers. 2. Ferner sei erwähnt, dass *Brösel/Karami*, WPg 2011, 418, 428–429 auf einen Stichtags- und keinen Durchschnittskurs setzen. Zudem bedarf es nach *Große-Frericks*, Die Angemessenheit des Entgelts für die Übertragung von Eigentumsrechten als Problem rechtsgeprägter Unternehmensbewertung, S. 506 einer Gesetzesänderung bzgl. der verpflichtenden Bekanntgabe der Quotenerreichung durch den Mehrheitsaktionär, womit sie anscheinend nicht bereits den Zeitpunkt des Bekanntwerdens heranziehen will.

[1377] *Hasselbach/Klüsener*, DB 2010, 657, 660.

[1378] In diese Richtung etwa *Hasselbach/Ebbinghaus*, Der Konzern 2010, 467, 472; *Hasselbach/Klüsener*, DB 2010, 657, 658–661.

[1379] So der Vorschlag bei *Schilling/Witte*, Der Konzern 2010, 477, 480.

[1380] So wohl *Hasselbach/Ebbinghaus*, Der Konzern 2010, 467, 472, welche die hier vertretenen Mindestanforderungen explizit ablehnen und Börsenkursentwicklungen jedenfalls als Indikator für ein Bekanntwerden heranziehen, wobei sie selbst eingestehen, dass ein solches nicht immer aus dem Börsenkurs abgelesen werden kann. Siehe zudem bereits *Weber*, ZGR 2004, 280, 286, demzufolge eine Untersuchung des Marktgeschehens nebst einer Presserecherche oftmals auf den Zeitpunkt des ersten Auftretens von Informationen hindeutet, wobei er keine inhaltlichen Mindestanforderungen an das Bekanntwerden bzw. die Bekanntgabe oder Bekanntmachung stellt.

[1381] *Bungert/Wettich*, ZIP 2012, 449, 451, die sich hiermit gegen den Vorschlag von *Schilling/Witte* richten.

Veranlassers ausreichend sein soll, müssen aus Rechtssicherheits- und Nachweisbarkeitsgesichtspunkten entsprechend strenge materielle Anforderungen an die Information gestellt werden. Überdies würde eine umfassende Kurs- und Marktbeobachtung mit einem zusätzlichen Aufwand einhergehen und das Verfahren weiter in die Länge ziehen.

d) Form

Weiterhin stellt sich Frage, ob die bekanntgegebene bzw. bekanntgewordene Information einer besonderen Form bedarf.[1382]

Teils werden bereits mündliche Äußerungen, die zum Beispiel im Rahmen von Interviews oder Pressekonferenzen getätigt worden sind, als ausreichend erachtet.[1383]

Andernorts wird eine öffentlich zugängliche Quelle verlangt, in der sich die Bekanntmachung etwa in Gestalt von Pressemitteilungen, Börsenpflichtblättern, dem elektronischen Bundesanzeiger oder Angaben auf der Internetseite des Unternehmens manifestiert.[1384]

Einem derartigen Formerfordernis kann entgegengehalten werden, dass die Kenntnis des Marktes einer Information ungeachtet der Form ihrer Quelle eine kursbeeinflussende Wirkung hat.[1385] Gerade diese Abfindungsspekulationen gilt es zu vermeiden.

[1382] So wird etwa bei OLG Frankfurt a. M., Beschl. v. 21.12.2010 – 5 W 15/10 –, juris Rn. 38 die Frage einer ausreichenden äußeren Form ausdrücklich offengelassen, wobei jedenfalls eine Ad-hoc-Mitteilung als ausreichend erachtet wird.

[1383] *Bücker*, NZG 2010, 967, 969, der jedoch eine informationelle Zurechenbarkeit fordert; vgl. OLG Karlsruhe, Beschl. v. 22.06.2015 – 12a W 5/15 = AG 2015, 789, 791, wo auf eine Bekanntgabe auf einer Hauptversammlung abgestellt wurde; vgl. *Hasselbach/Ebbinghaus*, Der Konzern 2010, 467, 472, die ein Bekanntwerden in jeder beliebigen Form als ausreichend erachten; wohl auch *Schilling/Witte*, Der Konzern 2010, 477, 480, welche die erste kursbeeinflussende öffentliche Verlautbarung als Rückrechnungszeitpunkt vorschlagen.

[1384] Marsch-Barner/Schäfer/*Gehling*, HdB börsennotierte AG, § 13 Rn. 13.77–13.78, der einer alleinigen Bekanntmachung auf der Interseite kritisch gegenübersteht und mündliche Äußerungen als unzureichend erachtet; *Wasmann*, ZGR 2011, 83, 91, der bezweifelt, ob eine mündliche Äußerung ausreicht; siehe zudem bereits *Weber*, ZGR 2004, 280, 284, 286, der sich zwar nicht explizit gegen eine mündliche Bekanntgabe ausspricht, hins. der Ermittlung des relevanten Stichtags aber auf Ad-hoc-Mitteilungen, öffentlich zugängliche Mitteilungen und Presseberichte verweist und eine Presserecherche vorschlägt.

[1385] Vgl. *Hasselbach/Ebbinghaus*, Der Konzern 2010, 467, 472. Selbst nach Marsch-Barner/Schäfer/*Gehling*, HdB börsennotierte AG, § 13 Rn. 13.79 ist die Auswirkung von mündlichen Äußerungen vor der eigentlichen Bekanntmachung zu klären, wobei ihnen zufolge dem Abfindungsschuldner die Darlegungs- und Beweislast zukommt.

Gegen eine bloße mündliche Äußerung sprechen allerdings die hiermit einhergehenden Beweisschwierigkeiten und Unsicherheiten.[1386] Dies gilt umso mehr, als schon das reine Bekanntwerden ohne besondere Anforderungen an den Veranlasser als ausreichend erachtet wird.

Der Konflikt zwischen einer Vermeidung von Abfindungsspekulationen und einem sicheren Rückrechnungszeitpunkt kann dahingehend gelöst werden, dass zwischen der bekanntwerdenden Information und ihrer Aufzeichnung als Nachweis differenziert wird.

Vor dem Hintergrund eines von der Maßnahme möglichst unbeeinflussten Börsenkurses empfiehlt es sich, keine besonderen formellen Voraussetzungen an das Bekanntwerden selbst zu stellen. Demzufolge ist schon in einer, den inhaltlichen Mindestanforderungen entsprechenden, mündlichen Äußerung der Rückrechnungszeitpunkt des Durchschnittskurses zu erblicken. Der Referenzkurs endet demnach bereits mit dem Zeitpunkt der Äußerung, die beispielsweise in einem Interview, einer Pressekonferenz oder einer nicht die Maßnahme betreffenden Hauptversammlung getätigt wurde, ohne dass es einer weiteren Veröffentlichung seitens der Medien oder des Unternehmens bedarf.

In Anbetracht der anderweitig bestehenden Unsicherheiten und Beweisschwierigkeiten liegt es aber nahe, zudem eine dem Nachweis zugängliche Aufzeichnung oder Wiedergabe der Äußerung zu verlangen. Jene dient primär nur dem Nachweis des erstmaligen Bekanntwerdens und nicht der Ermittlung des Referenzkurses und kann in physischer oder digitaler Form vorliegen. Es bedarf einer Video- oder Tonaufnahme oder einer glaubwürdigen schriftlichen oder digitalen Quelle, welche die Äußerung unter Berücksichtigung der inhaltlichen Mindestanforderungen wiedergibt. Hiervon sind Veröffentlichungen seitens des Abfindungspflichtigen und des Unternehmens erfasst. Allerdings sollte sich nicht auf offizielle förmliche Veröffentlichungen beschränkt werden.[1387] Andernfalls besteht die Gefahr des Einflusses von Abfindungsspekulationen und Manipulationen fort, aufgrund derer bereits der Bekanntgabe als Rückrechnungszeitpunkt eine Absage erteilt wurde.[1388] Insbesondere im Falle eines Bekanntwerdens durch ein Informationsleck empfiehlt es sich, auch auf Foreneinträge im Internet und die mediale Berichterstattung zurückzugreifen.[1389] Beobachtungen hinsichtlich der Kursentwicklung und des Marktverhaltens gereichen hingegen nicht als alleiniger Nachweis eines Bekanntwerdens. Ebenso wenig sollten sie zusätzlich zu den genannten Aufzeichnungen

---

[1386] *Wasmann*, ZGR 2011, 83, 91 Fn. 41; vgl. *Bungert/Wettich*, ZIP 2012, 449, 451, die der ersten kursbeeinflussenden Verlautbarung als Rückrechnungszeitpunkt ihre unzureichende Rechtssicherheit entgegenhalten. Auch *Bücker*, NZG 2010, 967, 969 rät Unternehmen aus Sicherheitsgründen zu einer förmlichen Bekanntgabe.

[1387] In diese Richtung wohl aber *Wasmann*, ZGR 2011, 83, 91.

[1388] Siehe hierzu: § 6 B.II.1.b).

[1389] Vgl. *Hasselbach/Ebbinghaus*, Der Konzern 2010, 467, 472, die diese Aspekte als Indikatoren zur Bestimmung des Bekanntwerdens nennen.

zwingend gefordert werden. Wie bereits erwähnt, ermöglichen derartige Untersuchungen keine sichere Abgrenzung zwischen Abfindungsspekulationen und allgemeinen Spekulationen.

Durch die hier vollzogene Trennung zwischen der Bekanntmachung und ihrem Nachweis wird ein möglichst unverfälschter Durchschnittskurs gewährleistet und zugleich etwaigen Beweisschwierigkeiten entgegengewirkt.

Darüber hinaus bedarf es einer gewissen Informationsverbreitung, ehe von einem Bekanntwerden oder gar einer Bekanntgabe ausgegangen werden kann.

Angesichts dessen mag sich zunächst der Gedanke aufdrängen, eine öffentlich zugängliche Bekanntmachung zu verlangen.[1390] Bei einer öffentlichen Zugänglichkeit der Information wird die anstehende Maßnahme die Anlageentscheidungen der Marktteilnehmer beeinflussen.[1391]

Jedoch werden bereits dann kursrelevante Abfindungsspekulationen stattfinden, wenn die durch die anstehende Maßnahme betroffenen Aktionäre von ihr Kenntnis erlangen. Diese Information dürfte regelmäßig auch eine zeitnahe Verbreitung an die Öffentlichkeit und den gesamten Markt erfahren. Dementsprechend sollte schon dann von einer Bekanntmachung ausgegangen werden, wenn noch nicht sämtliche Marktteilnehmer über die Information verfügen.[1392] Mithin ist zu fordern, dass eine Bekanntmachung, für die ein den inhaltlichen Mindestanforderungen entsprechendes Bekanntwerden ausreicht, zumindest den Aktionären, die von der Maßnahme betroffen sind, zugänglich sein muss und mit einer Kenntnisnahme sowie der Verbreitung der Information zu rechnen ist.[1393]

Sofern Zweifel hinsichtlich der Kenntnisnahme und Verbreitung der Information bestehen[1394], sollten zeitnahe Auffälligkeiten hinsichtlich der Kursentwicklung und des Marktverhaltens, die auf Abfindungsspekulationen hindeuten, als Indikatoren hierfür herangezogen werden.[1395] Wenn auch diese Beobachtungen keine ausreichend sicheren Ergebnisse liefern, empfiehlt es sich, auf die Veröffentlichung des

[1390] So etwa Marsch-Barner/Schäfer/*Gehling*, HdB börsennotierte AG, § 13 Rn. 13.77; *Wasmann*, ZGR 2011, 83, 91.

[1391] Marsch-Barner/Schäfer/*Gehling*, HdB börsennotierte AG, § 13 Rn. 13.77.

[1392] In diese Richtung auch Bürgers/Körber/Lieder/*Ruiz de Vargas*, Anh. § 305 AktG Rn. 53a.

[1393] Siehe auch *Wasmann*, ZGR 2011, 83, 91, der eine öffentlich zugängliche Quelle, deren regelmäßige Beobachtung zumindest durch die Zielgesellschaftsaktionäre erwartet werden darf, fordert und keine europaweite Veröffentlichung verlangt. In Anbetracht des abstrakten Kursbeeinflussungspotenzials und der Möglichkeit einer zeitnahen Informationsverbreitung sollte eine naheliegende Kenntnisnahme durch die betroffenen Aktionäre, welche auf die Information reagieren und diese weiterverbreiten können, jedoch ausreichen.

[1394] Dies wäre z. B. bei einer mündlichen Äußerung ggü. einem begrenzten Personenkreis möglich.

[1395] Vgl. *Hasselbach/Ebbinghaus*, Der Konzern 2010, 467, 472 und *Weber*, ZGR 2004, 280, 286, die diese Indizien für die Ermittlung des Rückrechnungszeitpunkts einsetzen wollen.

Nachweises der Bekanntmachung, d.h. die Aufzeichnung oder Wiedergabe der Information, als Rückrechnungszeitpunkt abzustellen. In der Regel dürfte der Börsenkurs spätestens ab diesem Zeitpunkt von Abfindungsspekulation dominiert werden. Ist die Kenntnisnahme und Verbreitung der Information durch diese Quelle ebenfalls zweifelhaft[1396], so müsste auch hier eine zusätzliche Beobachtung der Kurs- und Marktentwicklung stattfinden. Aus Sicherheitsaspekten sollte auch dann, wenn der genaue Zeitpunkt des Bekanntwerdens nicht festgestellt werden kann, auf den Zeitpunkt der als Nachweis dienenden Quelle abgestellt werden. Notfalls ist der Zeitpunkt der ersten offiziellen Bekanntgabe der Maßnahme heranzuziehen.

Zusammengefasst bedarf es keiner Formvorschriften für die Bekanntmachung bzw. die Bekanntgabe oder das Bekanntwerden. Sie braucht lediglich einer dem Nachweis zugänglichen Aufzeichnung oder Wiedergabe, welche grundsätzlich separat vom Rückrechnungszeitpunkt zu betrachten ist. Von der Bekanntmachung selbst ist lediglich zu fordern, dass sie zumindest den von der Maßnahme betroffenen Aktionären zugänglich ist und mit einer Kenntnisnahme sowie der Verbreitung der Information gerechnet werden kann. Dabei ist hilfsweise auf den Nachweis der eigentlichen Bekanntgabe zurückzugreifen.

e) Pflichtwidrig unterlassene Ad-hoc-Mitteilung

Einer gesonderten Behandlung bedarf jedoch die Konstellation, in der eine Ad-hoc-Mitteilung, durch welche die abfindungsauslösende Maßnahme bekannt gegeben worden wäre, pflichtwidrig unterlassen wird. Teilweise wird es bei einer pflichtwidrig unterlassenen Ad-hoc-Mitteilung für ausreichend erachtet, dass eine Abfindungsspekulation eintritt.[1397]

Auf den ersten Blick mögen diesem Vorgehen die gegen das Abstellen auf vermeintliche Abfindungsspekulationen angeführten Argumente entgegenstehen. Schließlich ist deren Nachweis unsicher und aufwändig, wobei keine exakte Abgrenzung zu bloßen allgemeinen Spekulationen gewährleistet werden kann.

Allerdings sollen gerade die Spekulationen auf die Abfindung gemäß der *Stollwerck*-Entscheidung aus dem Referenzwert herausgenommen werden, welche auch bei einer unterlassenen Bekanntgabe auftreten können.[1398] Des Weiteren besteht eine Ausnutzungsgefahr dahingehend, dass der Abfindungspflichtige den Rückrechnungszeitpunkt durch das bewusste Unterlassen einer Ad-hoc-Mitteilung auf einen aus seiner Sicht günstigen Börsenkurs festsetzen kann, sofern es an einem den zuvor erarbeiteten Anforderungen entsprechenden Bekanntwerden durch ein In-

---

[1396] Bspw. könnte dies bei Internetforumseinträgen und Onlineveröffentlichungen mit geringer Reichweite oder einer wenig prominenten medialen Berichterstattung durch eine kaum bekannte, nicht etablierte Quelle der Fall sein.

[1397] Lutter/*Drygala*, UmwG, § 5 UmwG Rn. 44; vgl. Fleischer/Hüttemann/*Adolff/Häller*, RhB Unternehmensbewertung, § 18 Rn. 18.81.

[1398] Vgl. Lutter/*Drygala*, UmwG, § 5 UmwG Rn. 44.

formationsleck fehlt. Es wäre nicht sachgerecht, dem Abfindungspflichtigen zu ermöglichen, durch ein rechtswidriges Verhalten die Höhe der Gegenleistung zu beeinflussen.[1399] Ohnehin ist ein durch Informationspflichtverstöße geprägter Börsenkurs nicht zur Ermittlung des quotalen Unternehmenswerts geeignet. Vor diesem Hintergrund erscheint es angebracht, im Falle einer pflichtwidrig unterlassenen Ad-hoc-Mitteilung, die bei einem rechtmäßigen Alternativverhalten eine Bekanntgabe der Maßnahme dargestellt hätte, bereits bei naheliegenden Abfindungsspekulationen von einem Bekanntwerden auszugehen. Zwecks eines möglichst unverzerrten Börsenkurses sind hierbei geringere Anforderungen als an das „gewöhnliche" Bekanntwerden zu stellen. So bedarf es nicht der inhaltlichen Mindestanforderungen und keines Nachweises in Gestalt einer Aufzeichnung oder Wiedergabe. Aus Gründen des effektiven Anlegerschutzes bietet es sich an, bereits einen objektiven Verstoß ungeachtet einer rechts- oder bestandskräftigen Feststellung und subjektiver sowie personeller Elemente ausreichen zu lassen. Mit Blick auf eine möglichst rechtssichere Abfindungsermittlung sollte jedoch nicht bereits die Vermutung eines Verstoßes ausreichen.

Da es beim Setzen des Rückrechnungszeitpunkts auf eine Bereinigung des Kurses um Abfindungsspekulationen und nicht etwa um die Sanktion von Pflichtverletzungen geht, sollte aber erst dann von einem Bekanntwerden ausgegangen werden, wenn erkennbare Spekulationen auf die erwartete Abfindung auftreten. Der Referenzzeitraum muss möglichst unmittelbar vor dem Einsetzen der ersten Abfindungsspekulationen enden, weshalb es nicht nur auf ein pflichtwidriges Unterlassen der Bekanntgabe, sondern auch auf ein vermutliches Bekanntwerden ankommt. Andernfalls würde sich weiter vom Bewertungsstichtag entfernt. Der Umstand, dass der Abfindungspflichtige bei einer erfolgreichen Geheimhaltung der anstehenden Maßnahme einen günstigen Referenzzeitraum wählen kann, ist vor diesem Hintergrund hinzunehmen. Dabei ist in Erinnerung zu rufen, dass er sich im Falle einer vor dem Ende der Referenzperiode stattfindenden Informationspflichtverletzung nicht mehr allein auf den Börsenkurs berufen kann. Schließlich darf ein solcher Kurs nicht zur Ermittlung des quotalen Unternehmenswerts herangezogen werden, wobei er dennoch als Untergrenze der Abfindung zu berücksichtigen ist.[1400] Folglich wird er lediglich den Mindestwert der Kompensation beeinflussen können. Da dem Abfindungspflichtigen sodann aber eine für ihn oftmals vorzugswürdige alleinige Börsenkursorientierung versperrt wäre und ohnehin ein nachträgliches Bekanntwerden aufgrund eines Informationslecks noch vor der aktiven Bekanntgabe möglich erscheint, ist die Manipulationsgefahr gering. Ungeachtet dessen

---

[1399] Vgl. BGH, Beschl. v. 29.07.2014 – II ZR 353/12 –, BGHZ 202, 180–202, Rn. 35; vgl. Schwark/Zimmer/*Noack/Zetzsche*, KMRK, § 31 WpÜG Rn. 13, jeweils hins. einer nicht fristgemäßen Veröffentlichung nach §§ 10 Abs. 1 S. 1, 35 Abs. 1 S. 1 WpÜG im Rahmen der nach § 31 WpÜG zu zahlender Gegenleistung. Auf diesen Komplex wird beim Delisting (§ 6 B.II.1.f)) und dem übernahmerechtlichen Squeeze-out (§ 6 B.II.1.g)) näher eingegangen.

[1400] Siehe hierzu bereits den Nichtberücksichtigungsfall der Informationspflichtverletzung: § 6 A.III.3.

werden Ausnutzungsmöglichkeiten durch die Durchschnittskursbildung eingeschränkt.

Als Anhaltspunkte für Abfindungsspekulationen können Beobachtungen am Markt, wie im Vergleich zum Gesamtmarkt ungewöhnliche Umsätze oder Preise[1401] oder erkennbare Kursausschläge[1402], herangezogen werden. Diese müssen auffällig genug sein, um ein Bekanntwerden der anstehenden Maßnahme zu implizieren. Als Rückrechnungszeitpunkt ist sodann auf den Tag vor dem erstmaligen Einsetzen der vermuteten Abfindungsspekulationen abzustellen. Finden sich keine derartigen Anhaltspunkte, so sollte aus Rechtssicherheitsgesichtspunkten der nächstgelegene Zeitpunkt einer Bekanntmachung anhand der zuvor erarbeiteten Vorgaben herangezogen werden. Ungeachtet dessen ist zu beachten, dass im Falle eines objektiven Ad-hoc-Publizitätspflichtverstoßes innerhalb des Referenzzeitraums der Börsenkurs nicht zur Ermittlung des quotalen Unternehmenswerts, sondern nur noch für den Deinvestitionswert herhalten kann.

Mithin sollte im Falle einer pflichtwidrigen Unterlassung der Ad-hoc-Mitteilung grundsätzlich auf ein naheliegendes Einsetzen von Abfindungsspekulationen und bei deren Nichtvorliegen auf eine den zuvor erörterten Anforderungen entsprechende Bekanntmachung abgestellt werden.

f) Gesetzgebung zum Delisting

Beim Delisting hingegen hat der Gesetzgeber den Rückrechnungszeitpunkt eindeutig geregelt.

Nach § 39 Abs. 3 S. 2 BörsG erfolgt die Rückrechnung ab dem Zeitpunkt der Veröffentlichung der Erwerbsabsicht nach § 10 Abs. 1 S. 1 WpÜG oder der Kontrollerlangung gemäß § 35 Abs. 1 S. 1 WpÜG, da es sich hierbei bereits um eine Information mit Einfluss auf den Börsenkurs handelt.[1403] Diese Veröffentlichungen markieren ein mögliches Bekanntwerden der abfindungsrelevanten Maßnahme.[1404] Da das Delisting an ein öffentliches Angebot geknüpft ist, liegt es nahe, bereits eine solche Veröffentlichung ungeachtet der zuvor erörterten Anforderungen an eine Bekanntmachung als Zeitpunkt der Rückrechnung zu setzen. Zwar besteht keine Verpflichtung des Bieters, schon im Rahmen seiner Veröffentlichung nach § 10

[1401] Vgl. *Weber*, ZGR 2004, 280, 286, welcher dieses Vorgehen ungeachtet einer Ad-hoc-Publizitätspflichtverletzung vorschlägt.

[1402] Vgl. *Hasselbach/Ebbinghaus*, Der Konzern 2010, 467, 472, die Kursveränderungen als Indikator für eine preisrelevante Umsetzungswahrscheinlichkeit der Maßnahme sehen; vgl. auch *Weber*, ZGR 2004, 280, 286, der davon ausgeht, dass im Idealfall mit der Bekanntgabe ein Kurssprung einhergeht.

[1403] Marsch-Barner/Schäfer/*Eckhold*, HdB börsennotierte AG, § 63 Rn. 63.39.

[1404] Vgl. BGH, Beschl. v. 19.07.2010 – II ZB 18/09 –, BGHZ 186, 229–242, Rn. 25 unter Bezugnahme auf § 5 Abs. 1 WpÜG-AngebVO und § 35 Abs. 1 WpÜG; vgl. *Hasselbach*, CFL 2010, 24, 27–28 bzgl. § 5 Abs. 1 WpÜG-AngebVO und § 10 Abs. 1 WpÜG.

Abs. 1 S. 1 WpÜG bzw. § 35 Abs. 1 S. 1 WpÜG ein Delistingangebot anzukündigen.[1405] Mit besagter Veröffentlichung wird der Markt aber eine künftige Übernahme oder ein Delisting erwarten.[1406] Spätestens zu diesem Zeitpunkt dürfte der Börsenkurs von Spekulationen auf eine anstehende Maßnahme geprägt sein, wenn auch die genaue Maßnahme noch unklar ist. Gerade durch diese Ungewissheit können die Marktteilnehmer in die Irre geführt und der Kurs beeinflusst werden.[1407] Ohnehin kann ein durch ein öffentliches Angebot oder Ankündigungen hierzu beeinträchtigter Börsenkurs nicht zur Ermittlung des quotalen Unternehmenswerts herangezogen werden.[1408] In Anbetracht dessen sollte bereits eine Veröffentlichung gemäß § 10 Abs. 1 S. 1 WpÜG oder § 35 Abs. 1 S. 1 WpÜG als Rückrechnungszeitpunkt beim Delisting ausreichen.[1409]

Allerdings besteht die Möglichkeit, dass eine Veröffentlichung gem. § 10 Abs. 1 S. 1 WpÜG oder § 35 Abs. 1 S. 1 WpÜG nicht fristgemäß erfolgt. Zwar knüpfen §§ 5 Abs. 1 S. 1, 6 Abs. 1 S. 1 WpÜG-AngebVO ihrem Wortlaut nach an den tatsächlichen Veröffentlichungszeitpunkt an.[1410] Jedoch wäre es unsachgemäß, wenn dem Bieter ermöglicht würde, durch ein rechtswidriges Verhalten die Höhe der Gegenleistung zu beeinflussen.[1411] Diesem Gedankengang folgend will der BGH in seiner *Postbank*-Entscheidung den Referenzzeitraum im Falle einer verspäteten Veröffentlichung jedenfalls bei sinkenden Kursen verlängern.[1412] Zwecks der Vermeidung von Manipulationen ist dem BGH im Grundsatz auch hinsichtlich der

[1405] *Wackerbarth*, WM 2016, 385, 386 mit kritischen Anmerkungen hierzu.

[1406] *Wackerbarth*, WM 2016, 385, 386.

[1407] *Wackerbarth*, WM 2016, 385, 386, der verlangt, dass dem Bieter gesetzlich vorgeschrieben werden müsse, im Rahmen einer dem Delisting vorangehenden Ankündigung gem. § 10 WpÜG oder einer Veröffentlichung gem. § 35 WpÜG bekannt zu geben, ob es sich um ein Delistingangebot handeln wird, da bereits zu jenem Zeitpunkt der Markt darüber informiert sein sollte, ob ein Delisting ansteht.

[1408] Siehe den hierzu entwickelten Fall der Nichtberücksichtigung des Börsenkurses unter: § 6 A.III.6.f).

[1409] Bzgl. anderer, nicht zwingend an ein öffentliches Angebot nach Maßgabe des WpÜG geknüpfter Maßnahmen sollten an ein vorangehenden Übernahme- oder Pflichtangebot aber die zuvor erörterten Anforderungen an eine Bekanntmachung gestellt werden, ehe von einer solchen auszugehen ist. So liegt bei Übernahme- und Pflichtangeboten eine derartige abfindungsauslösende Maßnahme nicht so nahe wie ein Delisting. Allerdings wird der Börsenkurs bei einem vorangegangenen kursbeeinflussenden öffentlichen Angebot nicht mehr zur Bestimmung des quotalen Unternehmenswerts, sondern lediglich des Investitionswerts gereichen (siehe hierzu: § 6 A.III.6.f)). Siehe auch *Bungert/Wettich*, ZIP 2012, 449, 451, die sich hierbei auf einen Squeeze-out oder einen Beherrschungs- und Gewinnabführungsvertrag mit vorangegangenem Übernahme- oder Pflichtangebot beziehen.

[1410] Schwark/Zimmer/*Noack/Zetzsche*, KMRK, § 31 WpÜG Rn. 13.

[1411] BGH, Beschl. v. 29.07.2014 – II ZR 353/12 –, BGHZ 202, 180–202, Rn. 35; Schwark/Zimmer/*Noack/Zetzsche*, KMRK, § 31 WpÜG Rn. 13.

[1412] BGH, Beschl. v. 29.07.2014 – II ZR 353/12 –, BGHZ 202, 180–202, Ls. 2, Rn. 35.

Börsenkursabfindung beim Delisting beizupflichten.[1413] Allerdings wirft sein Ansatz weitergehende Fragen auf.

Unklarheit besteht etwa dahingehend, ob der BGH tatsächlich von einer Verlängerung oder doch eher einer Vorverlagerung ausgeht.[1414] So verweist er auf die Literaturauffassung, die sich dafür ausspricht, den Referenzzeitraum vorzuverlegen, plädiert im selben Absatz aber dafür, ihn zu verlängern.[1415] Hinzu kommt aber, dass der BGH an späterer Stelle von einem Vorverlegen ausgeht.[1416] Angesichts dessen liegt es durchaus nahe, dass er lediglich eine unglückliche Formulierung gewählt hat und eine Vorverlagerung des Referenzzeitraums fordert.[1417] Ein solches Vorgehen erscheint auch vorzugswürdig. Andernfalls besteht die Gefahr, dass aufgrund fallender Kurse im verlängerten Zeitraum ein geringerer Durchschnittskurs zustande kommt.[1418] Eine derartige Vorteilsziehung aus einem rechtswidrigen Verhalten wollte der BGH aber gerade verhindern.[1419] Der umgekehrte Fall von Kursanstiegen innerhalb des verlängerten Zeitraums würde auf eine Sanktion der Verspätung hinauslaufen, die so im Gesetz nicht vorgesehen ist.[1420] Schließlich verfolgt die Unternehmensbewertung kein Sanktionsziel. Vielmehr soll eine angemessene, dem wahren Unternehmenswert bzw. dem hypothetischen Deinvestitionswert möglichst nahekommende Abfindung ermittelt werden.

Überdies lässt der BGH offen, ob es nur bei zwischenzeitlich gesunkenen Kursen oder auch bei Kursanstiegen zu einer Verlängerung bzw. Vorverlagerung kommen

---

[1413] Da der Einfluss von Abfindungsspekulationen, die sich auf die konkrete Maßnahme selbst beziehen, vermieden werden soll, kommt bei Maßnahmen, die nicht an ein vorheriges öffentliches Angebot nach Maßgabe des WpÜG anknüpfen und sich dahingehend vom Delisting und vom übernahmerechtlichen Squeeze-out unterscheiden, keine Verlegung des Referenzkurses im Falle eines unterlassenen vorangehenden Pflichtangebots oder freiwilligen Übernahmeangebots gemäß der *Postbank*-Entscheidung des BGH zur angemessenen Gegenleistung bei öffentlichen Übernahmeangeboten nach § 31 WpÜG in Betracht. Gegen die Geltung jener Entscheidung für §§ 305, 327b AktG, wenn auch mit anderer Begründung *Habersack*, NZG 2019, 881, 884–886.

[1414] Angerer/Brandi/Süßmann/*Süßmann*, WpÜG, § 31 WpÜG Rn. 99; *Scheibenpflug/Tönningsen*, BKR 2015, 140, 142–143; Schwark/Zimmer/*Noack/Zetzsche*, KMRK, § 31 WpÜG Rn. 13; *von Falkenhausen*, NZG 2014, 1368, 1370–1371.

[1415] *Scheibenpflug/Tönningsen*, BKR 2015, 140, 142; Schwark/Zimmer/*Noack/Zetzsche*, KMRK, § 31 WpÜG Rn. 13; *von Falkenhausen*, NZG 2014, 1368, 1370; siehe zur konkreten Stelle im Urteil unter: BGH, Beschl. v. 29.07.2014 – II ZR 353/12 –, BGHZ 202, 180–202, Rn. 35.

[1416] *Scheibenpflug/Tönningsen*, BKR 2015, 140, 143; zur konkreten Stelle im Urteil siehe BGH, Beschl. v. 29.07.2014 – II ZR 353/12 –, BGHZ 202, 180–202, Rn. 61.

[1417] So jedenfalls *Scheibenpflug/Tönningsen*, BKR 2015, 140, 143; vgl. auch *von Falkenhausen*, NZG 2014, 1368, 1370, der ein Versehen des BGH erwägt.

[1418] *Von Falkenhausen*, NZG 2014, 1368, 1370–1371; vgl. *Scheibenpflug/Tönningsen*, BKR 2015, 140, 143; vgl. Schwark/Zimmer/*Noack/Zetzsche*, KMRK, § 31 WpÜG Rn. 13.

[1419] Vgl. *Scheibenpflug/Tönningsen*, BKR 2015, 140, 143.

[1420] Siehe die Argumentation bei Angerer/Geibel/Süßmann/*Süßmann*, WpÜG, 3. Aufl. 2017, § 31 WpÜG Rn. 84.

soll.[1421] Zum Teil spricht er von einer Verlängerung bei versäumter Veröffentlichung, ohne auf die Kursrichtung abzustellen.[1422] An anderer Stelle verlangt er, dass „jedenfalls" bei sinkenden Kursen eine Verlängerung vorzunehmen ist, wobei er offenlässt, ob sich nur hierauf zu beschränken ist.[1423] Eine ungeachtet der Kursrichtung vorzunehmende Vorverlegung dürfte die sachgerechte Lösung darstellen. Auch hierfür streitet der fehlende Sanktionscharakter der Unternehmensbewertung und der Abfindung. Schließlich gilt es, Abfindungsspekulationen auszublenden, welche ungeachtet der Kursrichtung auftreten können. Gewährt man den Abfindungsberechtigten ein Wahlrecht zwischen verschiedenen Referenzzeiträumen[1424], übergeht man den Umstand, dass der Abfindung ein von ihr unbeeinflusster Durchschnittskurs zugrunde zu legen ist. Ferner sollten die Aktionäre zwar keinen Schaden durch die Verzögerung erleiden, zugleich aber auch nicht von ihr profitieren.[1425] Schließlich gibt das Gesetz bereits mit der Festlegung des Rückrechnungszeitpunkts die normative Anspruchshöhe vor.[1426] Zudem sprechen Rechtssicherheitsgesichtspunkte gegen eine derartige Begünstigung der Aktionäre.[1427]

Zudem empfiehlt es sich, abweichend vom BGH nicht bereits auf eine unterlassene Veröffentlichung abzustellen. Wie schon im Kontext der pflichtwidrig unterlassenen Ad-hoc-Mitteilung sollten zudem aus einer Kurs- und Marktbeobachtung implizierte Abfindungsspekulationen gefordert werden.[1428] Die diesbezüglich erfolgten Erwägungen gelten auch hier. Wie gesagt wohnt der Abfindungsbemessung kein Sanktionscharakter inne. Vielmehr geht es bei der Durchschnittskursbildung darum, etwaige Auswirkungen der Maßnahme selbst mitsamt den Erwartungen an sie auszusondern. Auch hier wird die verbleibende Ausnutzungsgefahr gering sein, da der Börsenkurs aufgrund der Informationspflichtverletzungen nicht mehr zur Ermittlung des quotalen Unternehmenswerts herangezogen werden kann und nur noch als Untergrenze der Abfindung Berücksichtigung findet. Demgemäß sollte bei einer unterlassenen oder verspäteten Veröffentlichung nach § 10 Abs. 1 S. 1 WpÜG oder § 35 Abs. 1 S. 1 WpÜG der Zeitpunkt des erstmaligen Einsetzens von Abfindungsspekulationen als Bekanntwerden der Maßnahme und damit als Rückrechnungszeitpunkt betrachtet werden. Sofern keine naheliegenden Abfin-

---

[1421] Schwark/Zimmer/*Noack/Zetzsche*, KMRK, § 31 WpÜG Rn. 13; *von Falkenhausen*, NZG 2014, 1368, 1371.

[1422] Schwark/Zimmer/*Noack/Zetzsche*, WpÜG, § 31 WpÜG Rn. 13; hins. der genauen Ausführungen im Urteil siehe BGH, Beschl. v. 29.07.2014 – II ZR 353/12 –, BGHZ 202, 180–202, Ls. 2, Rn. 34.

[1423] Schwark/Zimmer/*Noack/Zetzsche*, KMRK, § 31 WpÜG Rn. 13; zur konkreten Urteilsstelle siehe BGH, Beschl. v. 29.07.2014 – II ZR 353/12 –, BGHZ 202, 180–202, Rn. 35.

[1424] So etwa Angerer/Brandi/Süßmann/*Meyer*, WpÜG, § 35 WpÜG Rn. 60.

[1425] *Scheibenpflug/Tönningsen*, BKR 2015, 140, 143.

[1426] *Scheibenpflug/Tönningsen*, BKR 2015, 140, 143.

[1427] Ähnlich argumentierend Angerer/Geibel/Süßmann/*Süßmann*, WpÜG, 3. Aufl. 2017, § 31 WpÜG Rn. 84.

[1428] Siehe hierzu: § 6 B.II.1.e).

dungsspekulationen ersichtlich sind, liegt es aus Rechtssicherheitsgesichtspunkten nahe, auf die nächstgelegene tatsächliche Veröffentlichung abzustellen.

Zusammengefasst sollte im Falle einer pflichtwidrig unterlassenen oder verspäteten Veröffentlichung ungeachtet der Richtung der Kursentwicklung eine Vorverlegung auf den Zeitpunkt, ab welchem erstmalig erkennbare Abfindungsspekulationen auftreten, vorgenommen werden.

Weiterhin ist zwischen dem gesetzlich normierten Zeitpunkt der Veröffentlichung und der Delistingentscheidung selbst zu differenzieren. Regelmäßig werden die Veröffentlichungen der Entscheidung zum Delisting und des Erwerbsangebots zwar zum selben Zeitpunkt erfolgen, was aber nicht zwingend der Fall sein muss.[1429] Bei einer vorherigen Veröffentlichung einer Delistingentscheidung sollte gerade dieser Zeitpunkt relevant sein. So sorgen Delistingankündigungen nachweislich für Kurseinbrüche.[1430] Sie können das erstmalige Bekanntwerden der anstehenden Maßnahme und damit den sachgerechten Rückrechnungszeitpunkt darstellen. Vor dem Hintergrund einer sicheren sowie nachvollziehbaren Durchschnittskursberechnung, welche den Einfluss der abfindungsauslösenden Maßnahme selbst ausklammert und Ausnutzungspotenziale eindämmt, ist anzuraten, die bereits ausgeführten Maßgaben hinsichtlich einer Bekanntmachung auch hier gelten zu lassen.[1431] Zwecks der Vermeidung von Abfindungsspekulationen empfiehlt es sich, nicht nur auf die Veröffentlichung gemäß § 10 Abs. 1 S. 1 WpÜG oder § 35 Abs. 1 S. 1 WpÜG zu fokussieren. Vielmehr sollte es sowohl auf das Bekanntwerden des Delisting selbst als auch der Erwerbsabsicht oder Kontrollerlangung ankommen, wobei der zuerst eintretende Umstand als Rückrechnungszeitpunkt heranzuziehen ist. Diese Vielfalt an Anknüpfungspunkten dürfte auch der Problematik, dass der Mehrheitsaktionär beim Delisting trotz einer Referenzkursbildung noch einen niedrigen Börsenkurs ausnutzen kann[1432], zumindest teilweise entgegenwirken.

Im Kontext des Delisting ist zudem der Differenzierung zwischen dem Bewertungsstichtag und dem Rückrechnungszeitpunkt Beachtung zu schenken. Bei den Maßnahmen, die eines Hauptversammlungsbeschlusses bedürfen, markiert dieser den Bewertungsstichtag. Auf ihn wird der davor liegende Durchschnittskurs über-

---

[1429] Marsch-Barner/Schäfer/*Eckhold*, HdB börsennotierte AG, § 63 Rn. 63.51.

[1430] Siehe zum empirischen Nachweis von Kurseinbrüchen bei der Ankündigung eines Delisting *Weimann*, Ertragswert und Börsenwert, S. 134–135, 159–160 § 8; im Ansatz bereits *Bayer*, ZfPW 2015, 163, 205; anders aber Marsch-Barner/Schäfer/*Eckhold*, HdB börsennotierte AG, § 63 Rn. 63.51, wo behauptet wird, dass kein Kursverfall bei der Bekanntgabe einer Delistingentscheidung zu erwarten sei.

[1431] Dies betrifft das weite Verständnis der Bekanntmachung als Bekanntgabe und einem dem gleichzustellenden Bekanntwerden (§ 6 B.II.1.b)) sowie den inhaltlichen (§ 6 B.II.1.c)) und formellen (§ 6 B.II.1.d)) Anforderungen hieran als auch die Einordnung einer pflichtwidrig unterlassenen Ad-hoc-Mitteilung als Rückrechnungszeitpunkt (§ 6 B.II.1.e)).

[1432] Vgl. *BRAK*, Stellungnahme Nr. 37/2015, S. 5, die sich hiermit gegen eine Heranziehung des Börsenkurses zur Wertermittlung richtet und laut der auch eine Ausdehnung des Referenzzeitraums beim Delisting keine Abhilfe verschaffen könne.

tragen, welcher mit der Bekanntmachung bzw. dem Bekanntwerden der Maßnahme als Rückrechnungszeitpunkt endet. Das Delisting baut nach der hier vertretenen Auffassung ebenso auf das erstmalige Bekanntwerden als Zeitpunkt zur Rückrechnung der Durchschnittskursbildung auf. Da § 39 BörsG aber keinen Hauptversammlungsbeschluss vorsieht[1433], kann dieser keinen Bewertungsstichtag darstellen. Dementsprechend ist beim Delisting in Abweichung von den §§ 305 Abs. 3 S. 2, 320b Abs. 1 S. 5, 327b Abs. 1 S. 1 AktG auch nicht von zu berücksichtigenden Verhältnissen der Gesellschaft zum Zeitpunkt der Beschlussfassung die Rede. Allerdings bedarf es für ein freiwilliges Delisting stets des Widerrufs der Zulassung durch die Börsengeschäftsführung, § 39 Abs. 2 S. 1 BörsG.[1434] Sofern man auch in Delistingfällen den quotalen Unternehmenswert unter Beachtung der aktuellen Gesellschaftsverhältnisse bei der Abfindung berücksichtigen will, bietet es sich an, die Entscheidung der Geschäftsführung als Bewertungsstichtag zu betrachten. In Anbetracht der Tatsache, dass zu diesem Zeitpunkt das Delisting als beschlossen gilt, liegt ein Vergleich mit der über die abfindungsauslösende Maßnahme beschlussfassenden Hauptversammlung nahe.

g) Gesetzgebung zum übernahmerechtlichen Squeeze-out

Beim übernahmerechtlichen Squeeze-out gilt die Gegenleistung des Übernahme- oder Pflichtangebots als angemessene Abfindung, wenn der Bieter hierdurch mindestens 90% des vom Angebot betroffenen Grundkapitals erworben hat, § 39a Abs. 3 S. 3 WpÜG. Für die Abfindung ist sich an die § 31 WpÜG i. V. m. §§ 3 ff. WpÜG-AngebVO zu halten.[1435] Nach Maßgabe des § 5 WpÜG-AngebVO stellt die Veröffentlichung der Entscheidung des Bieters zur Angabe des Angebots oder der Kontrollerlangung den Rückrechnungszeitpunkt dar.[1436] Durch derartige Veröffentlichungen kann die abfindungsrelevante Maßnahme bekannt werden.[1437] Aufgrund der Tatsache, dass der übernahmerechtliche Squeeze-out stets an ein voran-

---

[1433] *Bayer*, NZG 2015, 1169, 1173; Hüffer/Koch/*Koch*, AktG, § 119 AktG Rn. 36; Schmidt/Lutter/*Spindler*, AktG, § 119 AktG Rn. 51. Kritisch hierzu *Bayer*, ZIP 2015, 853, 858; *BRAK*, Stellungnahme Nr. 37/2015, S. 7.

[1434] Hopt/*Kumpan*, HGB, § 39 BörsG Rn. 6; vgl. EBJS-HGB/*Groß*, § 39 BörsG Rn. 15, der darauf hinweist, dass es sich beim Widerruf der Zulassung um einen *actus contrarius* zur Zulassung und damit ebenso um einen Verwaltungsakt handelt.

[1435] Santelmann/Hoppe/Suerbaum/Bukowski/*Santelmann/Hoppe*, Squeeze out, 3. Der übernahmerechtliche Squeeze out Rn. 329.

[1436] Santelmann/Hoppe/Suerbaum/Bukowski/*Santelmann/Hoppe*, Squeeze out, 3. Der übernahmerechtliche Squeeze out Rn. 333. Siehe zudem *Bungert/Wettich*, ZIP 2012, 449, 451 und *Wasmann*, ZGR 2011, 83, 89–91, laut denen auch einem Squeeze-out gem. § 327a AktG vorangegangene Angebote nach § 35 oder § 10 WpÜG als Zeitpunkt der Bekanntgabe gelten können, sofern sie entsprechenden inhaltlichen Anforderungen genügen.

[1437] Vgl. BGH, Beschl. v. 19.07.2010 – II ZB 18/09 –, BGHZ 186, 229–242, Rn. 25 unter Bezugnahme auf § 5 Abs. 1 WpÜG-AngebVO und § 35 Abs. 1 WpÜG; vgl. *Hasselbach*, CFL 2010, 24, 27–28 bzgl. § 5 Abs. 1 WpÜG-AngebVO und § 10 Abs. 1 WpÜG.

gehendes öffentliches Angebot geknüpft ist und einem solchen ein Kursbeeinflussungspotenzial innewohnt, sollte wie schon beim Delisting die Veröffentlichung nach Maßgabe des WpÜG als Rückrechnungszeitpunkt ausreichen.[1438] Gerade dann, wenn sich der nach § 39a Abs. 1 S. 1 WpÜG geforderten Beteiligungshöhe von 95 % angenähert wird, dürften die Marktteilnehmer einen übernahmerechtlichen Squeeze-out erwarten. Den weitergehenden Anforderungen an eine Bekanntmachung als Rückrechnungszeitpunkt bedarf es dementsprechend nicht.

Ebenso besteht wie beim Delisting die Gefahr, dass eine Veröffentlichung gemäß § 10 Abs. 1 S. 1 WpÜG oder § 35 Abs. 1 S. 1 WpÜG verspätet erfolgt. Folglich gelten die bereits herausgearbeiteten Maßgaben zur Vorverlagerung des Rückrechnungszeitpunkts bei einer pflichtwidrig versäumten Veröffentlichung ungeachtet der Kursrichtung bei naheliegenden kursrelevanten Abfindungsspekulationen auch beim übernahmerechtlichen Squeeze-out.[1439]

Allerdings wäre es auch möglich, dass bereits im Vorfeld die Absicht des Bieters zur Durchführung eines übernahmerechtlichen Squeeze-out bekannt wird.[1440] Hierbei handelt es sich um eine Information mit erheblichem Einfluss auf den Börsenkurs.[1441] Um Abfindungsspekulationen möglichst weitgehend auszublenden und zugleich eine sichere und nachvollziehbare Durchschnittskursbildung zu gewährleisten, sollte auch hier nicht nur auf eine Veröffentlichung gemäß dem WpÜG, sondern auch auf eine mögliche Bekanntmachung und insbesondere auf ein Bekanntwerden der anstehenden Maßnahme als Rückrechnungszeitpunkt unter Berücksichtigung der diesbezüglich herausgearbeiteten Maßgaben abgestellt werden.[1442] Hierbei ist der zuerst vorliegende Umstand, durch welchen der übernahmerechtliche Squeeze-out erstmalig bekannt wird, maßgeblich.

Wie auch beim Delisting sollte zwischen dem Rückrechnungszeitpunkt und dem Bewertungsstichtag differenziert werden. Anders als beim aktienrechtlichen Pendant findet der Gesellschafterausschluss beim übernahmerechtlichen Squeeze-out nicht anhand eines Hauptversammlungsbeschlusses nach § 327a Abs. 1 S. 1 AktG, sondern auf Basis eines Gerichtsbeschlusses gemäß § 39a Abs. 1 S. 1 WpÜG

[1438] Zur gleichlaufenden Argumentation beim Delisting siehe: § 6 B.II.1.f).

[1439] Siehe hierzu die Ausführungen unter: § 6 B.II.1.f).

[1440] Siehe etwa Santelmann/Hoppe/Suerbaum/Bukowski/*Santelmann/Hoppe*, Squeeze out, 3. Der übernahmerechtliche Squeeze out Rn. 380, welche die Möglichkeit aufzeigen, dass der Bieter der Zielgesellschaft seine Entscheidung zur Durchführung eines übernahmerechtlichen Squeeze-out mitteilt und sich sodann eine Ab-hoc-Mitteilungspflicht jener ergibt.

[1441] Vgl. Santelmann/Hoppe/Suerbaum/Bukowski/*Santelmann/Hoppe*, Squeeze out, 3. Der übernahmerechtliche Squeeze out Rn. 381 bzgl. einer vor der Antragsstellung des Bieters mitgeteilten Entscheidung zur Durchführung eines übernahmerechtlichen Squeeze-outs.

[1442] Wie schon im Kontext des Delisting (§ 6 B.II.1.f)) ist von einer Bekanntmachung, die nicht nur als Bekanntgabe, sondern auch als Bekanntwerden (§ 6 B.II.1.b)) mitsamt den inhaltlichen (§ 6 B.II.1.c)) und formellen (§ 6 B.II.1.d)) Anforderungen an diese sowie einer möglichen Einordnung einer pflichtwidrig unterlassenen Ad-hoc-Mitteilung als Rückrechnungszeitpunkt (§ 6 B.II.1.e)) auszugehen.

statt.[1443] Die Entscheidung obliegt dem LG Frankfurt am Main, § 39a Abs. 5 WpÜG. Da mit dieser Entscheidung die Maßnahme festgesetzt wird, sollte sie mit der beschlussfassenden Hauptversammlung zum aktienrechtlichen Squeeze-out vergleichbar sein. Dementsprechend bietet es sich an, hieran den Bewertungsstichtag anzuknüpfen.

h) Gesetzgebung zum § 255 AktG

Im Rahmen der Neuregelung des § 255 AktG sieht der Gesetzgeber vor, bei der Börsenkursberechnung nicht auf eine Veröffentlichung nach § 10 Abs. 1 S. 1 WpÜG oder § 35 Abs. 1 S. 1 WpÜG, sondern auf den Ablauf des der Entscheidung über die Ausgabe neuer Aktien vorausgehenden Tages abzustellen, § 255 Abs. 5 S. 4 AktG. Diese Formulierung wird zurecht als unklar kritisiert.[1444] Es stellt sich die Frage, wann der Zeitpunkt der Entscheidung vorliegen soll.

Auch hier sollte es auf die Bekanntmachung der Maßnahme ankommen.[1445] Auf diesem Wege fließt die Maßnahme selbst nicht in den Börsenkurs ein.[1446] Zwecks einer sicheren Ermittlung eines nicht von Abfindungsspekulationen geprägten Durchschnittskurses mit möglichst geringem Manipulationspotenzial empfiehlt es sich, nach den zuvor erörterten Maßgaben zu verfahren.[1447]

i) Zwischenfazit: Rückrechnungszeitpunkt

Mithin sollte auf die erstmalige Bekanntmachung der geplanten abfindungsauslösenden Maßnahme als Rückrechnungszeitpunkt abgestellt werden. Eine solche kann bereits in Gestalt eines Bekanntwerdens ungeachtet der Form oder des Veranlassers stattfinden. Inhaltlich bedarf es der unbedingten Ankündigung zur Durchführung der Maßnahme mitsamt der Offenlegung, dass die Grundlagen zur

---

[1443] MAH-AktR/*Riehmer*, § 44 Rn. 56. Zum fehlenden Hauptversammlungsbeschluss beim übernahmerechtlichen Squeeze-out auch BeckHdB-AG/*Goslar*, § 15 Rn. 92; *Buck-Heeb*, Kapitalmarktrecht, S. 321 § 15 Rn. 1122; Marsch-Barner/Schäfer/*Drinkuth*, HdB börsennotierte AG, § 62 Rn. 62.339.

[1444] BeckOGK-AktG/*Stilz/Schumann*, § 255 AktG Rn. 48; *Schwarz*, AG 2024, S31, S47 Rn. 87–89; vgl. *Verse*, AG 2024, 297, 300 Rn. 11.

[1445] Hüffer/Koch/*Koch*, AktG, § 255 AktG Rn. 53; *Schwarz*, AG 2024, S31, S36 Rn. 33, S42 Rn. 61, S47 Rn. 90–91; *von den Linden/Schäfer*, DB 2023, 2292, 2294; *Verse*, AG 2024, 297, 302 Rn. 15; dies befürwortend dem jedoch den Wortlaut der Norm entgegenhaltend BeckOGK-AktG/*Stilz/Schumann*, § 255 AktG Rn. 48.

[1446] BeckOGK-AktG/*Stilz/Schumann*, § 255 AktG Rn. 48; Hüffer/Koch/*Koch*, AktG, § 255 AktG Rn. 53; *Verse*, AG 2024, 297, 302 Rn. 15, vgl. *Schwarz*, AG 2024, S31, S42 Rn. 61, S47 Rn. 91.

[1447] Gemeint ist hiermit die Wertung eines Bekanntwerdens als Bekanntmachung und damit als Rückrechnungszeitpunkt (§ 6 B.II.1.b)) sowie dessen inhaltliche (§ 6 B.II.1.c)) und formelle (§ 6 B.II.1.d)) Anforderungen als auch die mögliche Einordnung einer pflichtwidrig unterlassenen Ad-hoc-Mitteilung als Rückrechnungszeitpunkt (§ 6 B.II.1.e)).

Umsetzung der Maßnahme in absehbarer Zeit geschaffen sind. Zudem muss die Information zumindest den Aktionären, die von der Maßnahme betroffen sind, zugänglich sein und es sollte mit einer Kenntnisnahme sowie der Verbreitung der Information zu rechnen sein. Ferner ist ein Nachweis in Gestalt einer Aufzeichnung oder Wiedergabe der Bekanntmachung in physischer oder digitaler Form zu fordern.

Beim Delisting und beim übernahmerechtlichen Squeeze-out ist nebst dieser Bekanntmachung auf die Veröffentlichung der Erwerbsabsicht oder der Kontrollerlangung nach Maßgabe des WpÜG abzustellen, wenn die geplante Maßnahme selbst nicht zuvor bekannt wird.

Im Falle einer pflichtwidrig unterlassenen Ad-hoc-Mitteilung, durch die andernfalls die Maßnahme bekannt gegeben worden wäre, sollte bereits auf das Einsetzen naheliegender Abfindungsspekulationen abgestellt werden. Dies gilt ebenso für eine pflichtwidrig versäumte Veröffentlichung der Erwerbsabsicht oder der Kontrollerlangung durch den Bieter beim Delisting und beim übernahmerechtlichen Squeeze-out.

Hinsichtlich der Rückrechnung ist unter entsprechender Anwendung der §§ 187, 188 BGB der Tag der Bekanntgabe selbst nicht mitzuzählen, womit dieser aus dem Referenzzeitraum auszuklammern ist.[1448] Um Abfindungsspekulationen aus dem Durchschnittskurs herauszufiltern, sollte dies auch für den Tag des Bekanntwerdens, den Tag der Veröffentlichung der Erwerbsabsicht oder der Kontrollerlangung und den Tag des Einsetzens von Abfindungsspekulationen bei einem Verstoß gegen Art. 17 Abs. 1 MAR, § 10 Abs. 1 S. 1 WpÜG oder § 35 Abs. 1 S. 1 WpÜG gelten.

Trotz seines irreführenden Wortlauts sollte ebenso beim § 255 Abs. 5 AktG vorgegangen werden.

Eine solche Handhabung des Rückrechnungszeitpunkts ermöglicht eine nachvollziehbare und sichere Bestimmung des Durchschnittskurses, bei welcher Abfindungsspekulationen weitestgehend ausgeblendet sowie Manipulationspotenziale zumindest ansatzweise eingedämmt werden können. Sofern dennoch etwaige gerüchtebasierte Spekulationen auf die Maßnahme und die Abfindung auftreten sollten, dürfte deren Einfluss im Wege der Durchschnittskursbildung abgeschwächt werden.

Letztlich wird zwischen dem Rückrechnungszeitpunkt des Durchschnittskurses und dem Bewertungsstichtag differenziert.

[1448] OLG Düsseldorf, Beschl. v. 26.09.2016 – I-26 W 3/16 (AktE) = AG 2017, 121, 124; Emmerich/Habersack/*Emmerich*, AktG, § 305 AktG Rn. 61; siehe auch MüKo-AktG/*Wackerbarth*, § 31 WpÜG Rn. 45 und Schwark/Zimmer/*Noack*/Zetzsche, KMRK, § 31 WpÜG Rn. 15 zur Gegenleistung bei Übernahmeangeboten.

2. Länge des Referenzzeitraums

Weiterhin stellt sich die Frage nach der Länge des Referenzzeitraums. Hierfür bedarf es einer Sichtung der Auffassungen seitens der Gesetzgebung, Rechtsprechung und Literatur zu dieser Thematik. Diesbezüglich wird sodann Stellung bezogen und darauf aufbauend wird ein eigener Ansatz erarbeitet.

a) Rechtsprechung zu DAT/Altana und Stollwerck

Das BVerfG ließ im Fall *DAT/Altana* von 1999 den Zivilgerichten freie Hand bei der Wahl des Referenzkurses unter der Maßgabe, Missbräuchen von beiden Seiten vorzubeugen.[1449] Dementsprechend wurde auch die Länge des Zeitraums für die Ermittlung eines etwaigen Durchschnittskurses offen gelassen.

In der Zeit vor dem *DAT/Altana*-Urteil des BGH kamen unterschiedliche Auffassungen der Rechtsprechung zum Referenzzeitraum auf, wobei dieser zum Teil vergleichsweise lang bemessen wurde.[1450]

In seiner *DAT/Altana*-Entscheidung zur Abfindung nach §§ 304, 305 AktG stellte der BGH auf den Durchschnittskurs von drei Monaten unmittelbar vor der Hauptversammlung ab.[1451] Die relativ kurze Bemessung auf drei Monate begründete er mit einer größtmöglichen Nähe zum Stichtag.[1452] Jedoch sei erwähnt, dass es an fundierten empirischen Belegen oder konkreten ökonomischen Begründungen mangelt, die eine Dreimonatsperiode als besonders aussagekräftige Schätzungsgrundlage für den quotalen Unternehmenswert oder den Deinvestitionswert auszeichnen.[1453]

Mit seiner *Stollwerck*-Entscheidung zum Squeeze-out verlegte der BGH den Referenzzeitpunkt auf die Bekanntmachung der Maßnahme, behielt die Länge von drei Monaten aber bei.[1454] Es ist davon auszugehen, dass eine Bemessung des

---

1449 BVerfG, Beschl. v. 27.04.1999 – 1 BvR 1613/94 – BVerfGE 100, 289–313, Rn. 69.

1450 Siehe BayObLG, Beschl. v. 29.09.1998 – 3Z BR 159/94 = NZG 1998, 946, 949, welches auf einen Durchschnittswert der Kurse von 2 bis 2 ½ Jahren vor dem relevanten Unternehmensvertrag abstellt; LG München, Beschl. v. 27.03.2000 – 5 HKO 19156/98 = ZIP 2000, 1055, 1055, welches die Referenzperiode von Anfang 1997 bis zur Bekanntgabe des Umtauschverhältnisses am 18.02.1998 und damit auf über ein Jahr datiert; vgl. OLG Stuttgart, Beschl. v. 04.02.2000 – 4 W 15/98 = BB 2000, 1313, 1314, welches den Ansatz eines 2–3-jährigen Referenzzeitraums erwähnt und längerfristige Zeiträume als wünschenswert erachtet, im konkreten Fall aber von einer Ermittlung abgesehen und auf eine kürzere Periode zurückgegriffen hat, da keine Partei zu dem Durchschnittswert etwas vorgetragen hatte.

1451 BGH, Beschl. v. 12.03.2001 – II ZB 15/00 –, BGHZ 147, 108–125, Rn. 24; *Hasselbach/Ebbinghaus*, Der Konzern 2010, 467, 469.

1452 BGH, Beschl. v. 12.03.2001 – II ZB 15/00 –, BGHZ 147, 108–125, Rn. 24; *Hasselbach/Ebbinghaus*, Der Konzern 2010, 467, 469.

1453 *Ruiz de Vargas*, NZG 2021, 1056, 1061.

1454 BGH, Beschl. v. 19.07.2010 – II ZB 18/09 –, BGHZ 186, 229–242, Ls. 1 Rn. 10; *Hasselbach/Ebbinghaus*, Der Konzern 2010, 467, 470.

Zeitraums auf drei Monate dem überwiegenden Meinungsbild entspricht.[1455] Auch stimmt diese Referenzdauer mit jener des Übernahmerechts überein, § 5 Abs. 1 WpÜG-AngebVO.

b) Gesetzgebung zum Delisting und zum § 255 AktG

Der deutsche Gesetzgeber veranschlagt beim Delisting einen sechsmonatigen Durchschnittswert, womit er von den Regelungen der WpÜG-AngebVO abgewichen ist, an welcher er sich sonst orientiert hat.[1456] Die längere Referenzperiode wird mit dem Börsenumfeld in Delisting-Situationen begründet, welches regelmäßig von dem in Übernahmekonstellationen abweichen würde.[1457] Eine weitere Erläuterung dieses Gedankengangs fehlt in der Gesetzesbegründung.[1458] Allerdings könnte die Verlängerung ihren Grund in der beim Delisting oftmals bestehenden niedrigeren Liquidität und der dadurch verursachten erhöhten Volatilität haben.[1459] In der Literatur wird diese Verlängerung des Referenzzeitraums unterschiedlich bewertet.[1460] Wie auch beim Dreimonatszeitraum kann für einen Referenzzeitraum von sechs Monaten auf keine empirisch fundierte ökonomische Begründung zurückgegriffen werden.[1461]

[1455] So jedenfalls Bürgers/Körber/*Ruiz de Vargas*, AktG, Anh. § 305 AktG Rn. 52, der aber eine Verlängerung des Referenzzeitraums in Betracht zieht; Grigoleit/*Servatius*, AktG, § 305 AktG Rn. 16; vgl. *Großfeld/Egger/Tönnes*, Recht der Unternehmensbewertung, S. 284 Rn. 1168, die diesem Ansatz kritisch gegenüberstehen. Für einen Referenzkurs von drei Monaten plädieren etwa GK-AktG/*Hirte/Hasselbach*, § 305 AktG Rn. 140; Henssler/Strohn/*Paschos*, GesR, § 305 AktG Rn. 24; *Meilicke/Heidel*, DB 2001, 973, 974; Schmidt/Lutter/*Stephan*, AktG, § 305 AktG Rn. 103; *Schmidt*, NZG 2020, 1361, 1366, 1368.

[1456] Beschlussempfehlung und Bericht, BT-Drs. 18/6220, S. 84; *Casper*, FS Köndgen (2016), S. 117, 142; *Drygala*, Die Neureglung des Delistings in: Gesellschaftsrecht in der Diskussion, 2015, S. 79; *Verse*, FS Baums (2017), S. 1317, 1326; kritisch hierzu *Aders/Muxfeld/Lill*, Corporate Finance 2015, 389, 397.

[1457] Beschlussempfehlung und Bericht, BT-Drs. 18/6220, S. 84; *Bayer*, NZG 2015, 1169, 1175; *Casper*, FS Köndgen (2016), S. 117, 142; Habersack/Mülbert/Schlitt/*Habersack*, Unternehmensfinanzierung am Kapitalmarkt, § 40 Rn. 40.23; *Krug*, Der Rückzug von der Börse, S. 172, 183 § 11; *Verse*, FS Baums (2017), S. 1317, 1326.

[1458] *Bayer*, NZG 2015, 1169, 1175; *Krug*, Der Rückzug von der Börse, S. 172, 183 § 11.

[1459] So jedenfalls *Casper*, FS Köndgen (2016), S. 117, 142; *Krug*, Der Rückzug von der Börse, S. 183–184 § 11; *Verse*, FS Baums (2017), S. 1317, 1326.

[1460] Dafür: *Casper*, FS Köndgen (2016), S. 117, 142–143; *Krug*, Der Rückzug von der Börse, S. 183–185 § 11; *Verse*, FS Baums (2017), S. 1317, 1326. Dagegen: *Aders/Muxfeld/Lill*, Corporate Finance 2015, 389, 397; *Große*, DB 2016, 1330, 1333, 1334; *Morell*, AcP 2017, 62, 104; *Schmidt*, NZG 2020, 1361, 1366, 1368. Offen: *Bayer*, NZG 2015, 1169, 1175; *Probst*, Rechtsfragen des regulären Börsenrückzugs, S. 297; *Wackerbarth*, WM 2016, 385, 386.

[1461] *Ruiz de Vargas*, NZG 2021, 1056, 1061.

Anders hingegen hat sich die Gesetzgebung bezüglich des Verwässerungsschutzes beim § 255 AktG gestaltet. In Anlehnung an den § 5 WpÜG-AngebVO wird im Rahmen des § 255 Abs. 5 AktG auf einen Dreimonatskurs rekurriert.[1462]

c) Meinungsbild im Schrifttum

Innerhalb der rechtswissenschaftlichen Literatur wird eine Vielfalt unterschiedlicher Auffassungen zur Länge des Referenzzeitraums vertreten. Wie bereits erwähnt ist oftmals von einer Bezifferung auf drei Monate zu lesen.[1463] Andernorts wird ein sechsmonatiger Zeitraum herangezogen, um Kursverzerrungen auszuschließen.[1464] Wieder andere Vertreter des Schrifttums stellen auf deutlich längere Zeiträume ab.[1465] Diese reichen von einem Jahr[1466] bis hin zu zwei bis drei Jahren[1467]. Das andere Extrem bilden Literaturstimmen, die für eine kurze Referenzperiode von fünf bis 20 Tagen plädieren.[1468] Ein weiterer Ansatz versucht die Länge des Referenzzeitraums am Einzelfall zu bemessen.[1469] Hierfür wird vorgeschlagen

---

[1462] Gesetzentwurf, BT-Drs. 20/8292, S. 118.

[1463] GK-AktG/*Hirte/Hasselbach*, § 305 AktG Rn. 140; Henssler/Strohn/*Paschos*, GesR, § 305 AktG Rn. 24; *Meilicke/Heidel*, DB 2001, 973, 974; Schmidt/Lutter/*Stephan*, AktG, § 305 AktG Rn. 103; *Schmidt*, NZG 2020, 1361, 1366, 1368; wohl auch *Röhricht*, Die aktuelle höchstrichterliche Rechtsprechung zum Gesellschaftsrecht in: Gesellschaftsrecht in der Diskussion, 2001, S. 24–25. Siehe zudem Hüffer/Koch/*Koch*, AktG, § 305 AktG Rn. 45, der die Dreimonatsfrist jedenfalls als Richtschnur ansieht.

[1464] BeckOGK-AktG/*Veil/Preisser*, § 305 AktG Rn. 66. Zumindest für den Sechsmonatskurs beim Delisting: *Casper*, FS Köndgen (2016), S. 117, 142–143; *Krug*, Der Rückzug von der Börse, S. 183–185 § 11; *Verse*, FS Baums (2017), S. 1317, 1326.

[1465] *Bungert/Eckert*, BB 2000, 1845, 1849; *Luttermann*, NZG 2007, 611, 617; *Luttermann*, RIW 2009, 1, 10; *Luttermann*, ZIP 2001, 869, 872; *Luttermann*, ZIP 1999, 45, 51; vgl. *Wilm*, NZG 2000, 234, 239, der aber eine einzelfallorientierte Berechnung befürwortet.

[1466] *Bungert/Eckert*, BB 2000, 1845, 1849; vgl. *Luttermann*, EWiR 2011, 619, 620; vgl. *Luttermann*, NZG 2007, 611, 617; vgl. *Luttermann*, RIW 2009, 1, 10; vgl. *Luttermann*, ZIP 2001, 869, 872, wobei *Luttermann* dies nur als Mindestdauer betrachtet; vgl. *Wilm*, NZG 2000, 234, 239, der jedoch eine einzelfallorientierte Berechnung nahelegt und auch einen Zeitraum von über einem Jahr in Erwägung zieht.

[1467] *Luttermann*, EWiR 2011, 619, 620; *Luttermann*, RIW 2009, 1, 10; *Luttermann*, ZIP 2001, 869, 872; *Luttermann*, ZIP 1999, 45, 51; *Vetter*, AG 1999, 566, 571–572; vgl. KK-AktG/*Koppensteiner*, § 305 AktG Rn. 106, der auf ein einzelfallorientiertes Vorgehen setzt und von einem dreijährigen Zeitraum als Regelfall ausgeht.

[1468] *Busse von Colbe*, FS Lutter (2000), S. 1053, 1063, der für einen Zeitraum von fünf bis zehn Tagen plädiert, wobei er keine allgemeingültige Zeitspanne festlegen will; *Weber*, ZGR 2004, 280, 290, welcher auf einen Referenzzeitraum von fünf, zehn oder 20 Tagen abstellt; siehe auch *Wilken*, ZIP 1999, 1436, 1444, der einen Durchschnittskurs der letzten 30 oder 100 Tage vorschlägt.

[1469] Bürgers/Körber/*Ruiz de Vargas*, AktG, Anh. § 305 AktG Rn. 52; *Burger*, Die Maßgeblichkeit von Börsekursen für die Bemessung der Barabfindung beim Gesellschafterausschluss, S. 107; KK-AktG/*Koppensteiner*, § 305 AktG Rn. 106; *Ruiz de Vargas*, NZG 2021, 1056, 1059; *Wilm*, NZG 2000, 234, 239; im Ansatz wohl auch Hüffer/Koch/*Koch*, AktG, zu berechnen, wie lange ein Verkauf aller Aktien durch die Minderheit unter Berücksichtigung des tatsächlichen Handelsvolumens dauern würde, und diese Zeitspanne dem zu ermittelnden Durchschnittskurs zugrunde gelegt.[1470] Letzterer müsste umso länger sein, je weniger die fragliche Aktie gehandelt wird.[1471] Andererseits wird dafür plädiert, bei einer kontinuierlichen Kursentwicklung kürzere und im Falle deren Fehlens längere Referenzzeiträume heranzuziehen.[1472] Ferner findet sich der Vorschlag, im Falle einer Kursverzerrung den Referenzzeitraum zwecks einer Glättung zu verlängern.[1473]

d) Stellungnahme

Zusammengefasst werden als mögliche Dauer des Referenzzeitraums fünf bis 20 Tage, drei Monate, sechs Monate, ein Jahr, zwei bis drei Jahre oder eine einzelfallorientierte Berechnung erwogen. Angesichts der divergierenden Auffassungen ist eine Stellungnahme geboten. Da unterschiedlich lange Zeiträume zu verschiedenen Durchschnittswerten führen können[1474], ist die Dauer der Referenzperiode von zentraler Bedeutung.

Zunächst fällt die Einzelfallorientierung ins Auge. Dafür ließe sich anführen, dass man mit diesem Vorgehen dem Börsenwert als Verkehrswert aller Anteile der Minderheitsaktionäre gerecht werden könnte.[1475] Gegen eine Orientierung am Einzelfall spricht aber die damit einhergehende Unsicherheit. Insbesondere ist nicht abschließend geklärt, welche Voraussetzungen eine bestimmte Periode nahelegen.[1476] Darüber hinaus ist zu beachten, dass eine individuelle Berechnung der Länge der Referenzperiode einen entschieden höheren Aufwand mit sich bringt. Dies entwertet gerade den ökonomischen Vorteil, den eine Orientierung am Bör-

---

§ 305 AktG Rn. 45, der von der Dreimonatsfrist als Richtschnur ausgeht, wobei im Falle eines Vorliegens besonderer Umstände hiervon abgewichen werden soll.

[1470] *Burger*, Die Maßgeblichkeit von Börsekursen für die Bemessung der Barabfindung beim Gesellschafterausschluss, S. 107.

[1471] *Wilm*, NZG 2000, 234, 239, wobei jener einen Zeitraum von unter sechs Monaten als in jedem Fall zu kurz betrachtet und für Zeiträume von einem Jahr oder mehr plädiert.

[1472] KK-AktG/*Koppensteiner*, § 305 AktG Rn. 106, der eine Dauer von drei Jahren hierbei als Regelfall ansieht.

[1473] Bürgers/Körber/*Ruiz de Vargas*, AktG, Anh. § 305 AktG Rn. 52; *Ruiz de Vargas*, NZG 2021, 1056, 1059.

[1474] Siehe hierzu das bei OLG Stuttgart, Beschl. v. 06.07.2007 – 20 W 5/06 = AG 2007, 705, 710 und von *Großfeld/Egger/Tönnes*, Recht der Unternehmensbewertung, S. 284 Rn. 1168 zitierte Beispiel.

[1475] *Wilm*, NZG 2000, 234, 239; vgl. *Burger*, Die Maßgeblichkeit von Börsekursen für die Bemessung der Barabfindung beim Gesellschafterausschluss, S. 107.

[1476] Siehe nur die stark unterschiedlichen Ansätze bei Bürgers/Körber/*Ruiz de Vargas*, AktG, Anh. § 305 AktG Rn. 52; *Burger*, Die Maßgeblichkeit von Börsekursen für die Bemessung der Barabfindung beim Gesellschafterausschluss, S. 107; KK-AktG/*Koppensteiner*, § 305 AktG Rn. 106; *Ruiz de Vargas*, NZG 2021, 1056, 1059; *Wilm*, NZG 2000, 234, 239.

senkurs gegenüber einer fundamentalen Unternehmensbewertung bietet. Selbst wenn man den Börsenkurs nur als Untergrenze verwendet, würde die individuelle Bestimmung der Durchschnittskurslänge einen Mehraufwand und ein unsicheres Ergebnis bedeuten, ohne dass damit eine nachweislich höhere Aussagekraft des Referenzkurses gewonnen wäre. Die Kurse über eine festgelegte Frist hingegen können ohne besonderen Aufwand bei der BaFin nachgefragt werden.[1477] In Anbetracht dessen ist der Ansatz einer einzelfallorientierten Berechnung der Referenzperiode zu verwerfen.

Letztlich stehen sich damit kurzfristige und längerfristige Referenzzeiträume als Lösungsansätze gegenüber.

Hierbei eröffnet sich ein Dilemma. So ist zu beachten, dass ein Durchschnittskurs umso mehr einen Vergangenheitswert und weniger die aktuelle Unternehmenslage abbildet, je länger er bemessen wird.[1478] Mit einer Verlängerung des Referenzkurses wird sich weiter vom Bewertungsstichtag entfernt.[1479] Im Rahmen dessen kann gegen eine längerfristige Mittelung zudem ins Feld geführt werden, dass hierdurch Trends, Verbundvorteilen[1480] und dem Einfluss neuer wertrelevanter Informationen während der Referenzperiode weniger Bedeutung beigemessen wird.[1481] Auch mit Blick auf den Deinvestitionswert ist einem längeren Zeitraum entgegenzuhalten, dass man sich von dem Zeitpunkt entfernt, in welchem den Aktionären ihre freiwillige Veräußerungsmöglichkeit genommen wird.[1482] Allerdings bezieht sich auch eine längere Referenzperiode auf den Stichtag, da durch sie lediglich zum Stichtag bestehende Kursverzerrungen ausgeglichen werden sollen.[1483] Zudem wird man im Falle eines vergleichsweise langen Zeitraums auf eine umfangreichere Datengrundlage zur Ermittlung des hypothetischen Veräußerungser-

[1477] Vgl. Hüffer/Koch/*Koch* AktG, § 305 AktG Rn. 45, der sich explizit auf eine Dreimonatsfrist bezieht.

[1478] Vgl. *Adolff*, Unternehmensbewertung im Recht der börsennotierten Aktiengesellschaft, S. 156, der vor allem aber kürzere Referenzzeiträume kritisiert und vor diesem Hintergrund eine Darstellung des Fundamentalwerts durch einen Durchschnittskurs bezweifelt; vgl. *Piltz*, ZGR 2001, 185, 201, welcher sich mit dieser Argumentation gegen die Bildung eines Durchschnittskurses überhaupt richtet, explizit aber die Problematik langfristiger Durchschnittskurse betont.

[1479] *Röhricht*, Die aktuelle höchstrichterliche Rechtsprechung zum Gesellschaftsrecht in: Gesellschaftsrecht in der Diskussion, 2001, S. 23–24; vgl. *Probst*, Rechtsfragen des regulären Börsenrückzugs, S. 292.

[1480] Auf die seitens der h. M. abgelehnte Verbundberücksichtigung wird nicht näher eingegangen.

[1481] GK-AktG/*Hirte/Hasselbach*, § 305 AktG Rn. 140; *Karami/Schuster*, Kritische Anmerkungen zur Delisting-Neuregelung aus ökonomischer Sicht, S. 9–10; *Weber*, ZGR 2004, 280, 292–293; vgl. *Röhricht*, Die aktuelle höchstrichterliche Rechtsprechung zum Gesellschaftsrecht in: Gesellschaftsrecht in der Diskussion, 2001, S. 24.

[1482] Vgl. *Röhricht*, Die aktuelle höchstrichterliche Rechtsprechung zum Gesellschaftsrecht in: Gesellschaftsrecht in der Diskussion, 2001, S. 24.

[1483] KK-AktG/*Koppensteiner*, § 305 AktG Rn. 105.

löses und damit des Deinvestitionswerts zurückgreifen können. Kürzere Zeiträume vermögen die aktuelle Lage des Unternehmens mitsamt der erwarteten Verbundeffekte zwar besser abzubilden, wobei sie auch anfälliger für Beeinflussungen sind.[1484] Geht man davon aus, dass der Börsenkurs in einem labilen Regelkreis um den Fundamentalwert schwankt, so besteht bei kürzer bemessenen Referenzzeiträumen eher die Gefahr, dass nicht auf den gesamten Abweichungs- und Korrekturzyklus, sondern lediglich auf einen Ausschnitt hiervon abgestellt wird, was mit einem entsprechend verzerrten Ergebnis einhergeht.[1485] Eine Glättung um etwaige Kursverzerrungen über eine kurze Periode erscheint zweifelhaft. Unerkannte Fehlbepreisungen, gezielte Kursbeeinflussungen sowie gerüchteweise Abfindungsspekulationen werden sich bei kürzeren Referenzzeiträumen stärker niederschlagen. Dabei ist jedoch zu beachten, dass die Auswirkungen möglicher Manipulationen auch in einem langfristigen Durchschnittskurs noch enthalten sind.[1486] Letztlich geht jede gewählte Länge einer Referenzperiode mit Vor- und Nachteilen einher. Je kürzer der Referenzzeitraum ist, desto mehr wird er den aufgezeigten Verzerrungen und Manipulationen zum Opfer fallen, die es zu vermeiden gilt. Je weiter er verlängert wird, desto eher dürfte zwar eine Bereinigung des Börsenkurses stattfinden, wobei man sich aber gleichzeitig umso mehr von der tatsächlichen aktuellen Unternehmenslage, die es zu bewerten gilt, und dem hypothetischen Veräußerungszeitpunkt entfernt.[1487]

Folglich kann über die Bildung eines Durchschnittskurses niemals eine vollständig sichere Darstellung des Unternehmenswerts und des hypothetischen Veräußerungserlöses erfolgen. Es muss eine Kompromisslösung zwischen einer Kursbereinigung und einer Berücksichtigung der aktuellen Situation und Entwicklung gefunden werden.

Vor allem der Auffassung, einen wenige Tage abdeckenden Referenzkurs zu bilden, ist die Problematik der hohen Verzerrungsanfälligkeit entgegenzuhalten. So geht Weber, der für einen Zeitraum von fünf bis 20 Tagen plädiert, von lediglich kurzfristigen Abweichungen vom fundamentalen Wert und einer Angleichung von Schwankungen durch rationale Anleger aus.[1488] Er legt seinem Ansatz also eine Markteffizienz mitsamt eines *Random Walks* und einer funktionierenden Arbitrage zugrunde.[1489] Diese Erwägungen scheitern bereits angesichts der nachgewiesenen

---

[1484] *Burger*, Die Maßgeblichkeit von Börsekursen für die Bemessung der Barabfindung beim Gesellschafterausschluss, S. 107 zum Squeeze-out; vgl. *Bayer*, NZG 2015, 1169, 1175 zum Delisting.

[1485] *Adolff*, Unternehmensbewertung im Recht der börsennotierten Aktiengesellschaft, S. 156.

[1486] *Burger*, Die Maßgeblichkeit von Börsekursen für die Bemessung der Barabfindung beim Gesellschafterausschluss, S. 107; *Weber*, ZGR 2004, 280, 291.

[1487] Vgl. *Röhricht*, Die aktuelle höchstrichterliche Rechtsprechung zum Gesellschaftsrecht in: Gesellschaftsrecht in der Diskussion, 2001, S. 23–24.

[1488] *Weber*, ZGR 2004, 280, 290.

[1489] Kritisch zu diesen Annahmen bereits: § 2 C.

Existenz mittel- und langfristiger Marktanomalien und den Grenzen der Arbitrage. Die Unterstellung eines grundsätzlich effizienten Kapitalmarkts kann als widerlegt betrachtet werden. Selbst kurzfristige Kalenderanomalien, wie der *Day-of-week-Effekt* bei einer fünftägigen Referenzperiode oder der *Januareffekt* und der *Turn-of-the-month-Effekt* bei einem Zeitraum von einem Monat lassen sich bei diesem Ansatz nicht ausgleichen. Überdies eröffnet ein derart kurzer Referenzzeitraum Ausnutzungsmöglichkeiten für den Abfindungspflichtigen. Auch wird man auf diesem Wege kaum dem Einfluss unerkannter Kursverzerrungen und Manipulationen entgegenwirken können. Ebenso dürften sich etwaige Abfindungsspekulationen, die auf bloßen Gerüchten basieren und noch keinen Rückrechnungszeitpunkt markieren, nur schwer mittels eines kurzfristigen Durchschnittskurses angleichen lassen. Besagte Aspekte sind von derartiger Relevanz, dass sie den Vorteil einer nah am Stichtag gelegenen Kursbildung klar verdrängen. Mithin ist eine kurze Bemessung des Referenzzeitraums auf wenige Tage bis zu unter einem Monat abzulehnen.

Das andere Extrem eines zwei- bis dreijährigen Zeitraums dürfte zwar das geeignetste Gegenmittel gegen die mittel- bis langfristigen Marktanomalien und unerkannten Kursverzerrungen sein. Allerdings würde man sich aber auch entschieden von der aktuellen Unternehmenssituation und dem Zeitpunkt der hypothetischen Veräußerungsmöglichkeit entfernen. Schließlich wird der Kurs vor zwei bis drei Jahren kaum den Wert des Unternehmens und die Handelbarkeit der Aktie zum Stichtag wiedergeben. Denklogisch können die Lage und die Ausrichtung eines Unternehmens sowie die Handelspreise vor zwei Jahren deutlich von der derzeitigen Situation abweichen. Der Vorteil einer Glättung des Kurses um Verzerrungen tritt bei derart langen Referenzkursen hinter den Kritikpunkt ihrer mangelnden aktuellen Aussagekraft zurück. Angesichts dessen sollte ein zwei- bis dreijähriger Referenzzeitraum abgelehnt werden.

Damit verbleibt es bei einer Abwägung zwischen drei, sechs oder zwölf Monaten als relevante Zeitspanne.

Für einen dreimonatigen Zeitraum spricht, dass er näher am aktuellen Wert der Aktien liegt.[1490] Auch sollten Anleger eher von im Vorfeld von Strukturmaßnahmen steigenden Börsenkursen profitieren können.[1491] Somit wird ein Dreimonatskurs der Unternehmenslage und jüngeren Trends besser als längere Referenzkurse gerecht.

Dabei ist jedoch zu beachten, dass aktuelle Kursentwicklungen dann nicht in die den abfindungsrelevanten Börsenkurs einfließen dürfen, wenn sie auf Abfindungsspekulationen beruhen. Der mögliche Einfluss von Gerüchten und Insidergeschäften, die sich auf die konkrete Maßnahme selbst beziehen, muss dementsprechend

---

[1490] *Bayer*, NZG 2015, 1169, 1175; *Yildirim*, TFM 2018, 111, 120; vgl. *Probst*, Rechtsfragen des regulären Börsenrückzugs, S. 292, 297, welche hierbei eine Dauer von drei wie auch sechs Monaten befürwortet und einen Durchschnittskurs, der sechs Monate überschreitet, ablehnt.

[1491] GK-AktG/*Hirte/Hasselbach*, § 305 AktG Rn. 140. Diese Argumentation greift jedoch nicht beim Delisting, welches regelmäßig mit Kursabfällen einhergeht.

gerade auch als Argument gegen eine Dreimonatsperiode, innerhalb derer sich die jüngsten Entwicklungen abzeichnen, ins Feld geführt werden.

Auch sollte eine Berücksichtigung späterer Trends bei Zugrundelegung eines Zeitraums von über drei Monaten zumindest teilweise im Wege der Hochrechnung bei entsprechender Gebotenheit stattfinden können.[1492] Sofern zudem eine Einpreisung von Verbundeffekten im Börsenkurs erhofft wird, ist dem zu entgegnen, dass eine solche allenfalls unvollständig stattfindet.[1493]

Ungeachtet dessen findet sich der Dreimonatskurs auch im § 5 Abs. 1 WpÜG-AngebVO, womit er einen gesetzlichen Anhaltspunkt hat.[1494] Diesem Aspekt sollte aufgrund der gesetzgeberischen Abweichung hiervon beim Delisting und den fehlenden Angaben in den Normen zu den übrigen Fallgruppen aber kein besonderes Gewicht beigemessen werden.

Andererseits streitet für einen Zeitraum von sechs Monaten, dass es für den Abfindungspflichtigen schwieriger ist, durch eine bewusste Durchführung der Maßnahme in einer Zeit der Unterbewertung an der Börse die Abfindungshöhe zu beeinflussen.[1495] Kursverzerrungen können eher als bei einem dreimonatigen Referenzzeitraum ausgeglichen werden.[1496] So verschafft eine Berücksichtigung von sechs Monaten eine umfangreichere Datenbasis.[1497] Auch werden die Volatilität und etwaige Manipulationen bei einem Dreimonatskurs stärker zu Buche schlagen als bei einer längerfristigen Mittelung.[1498] Dabei können Krisen und manipulative Handlungen tiefgreifende Verzerrungen hervorrufen.[1499] Diese Erwägungen gelten umso mehr für den einjährigen Durchschnittskurs. Zwar führen Vertreter einer dreimonatigen Referenzperiode an, dass ein längerer Zeitraum mit einer erhöhten Gefahr von zusätzlichen kursverzerrenden außergewöhnlichen Ereignissen oder

---

[1492] Siehe hierzu: § 6 B.IV.

[1493] So bereits die Argumentation zum Rückrechnungszeitpunkt unter Berücksichtigung der *realiter* nicht anzutreffenden vollständigen Kapitalmarkteffizienz: § 6 B.II.1.a).

[1494] Hüffer/Koch/*Koch* AktG, § 305 AktG Rn. 45; vgl. *Probst*, Rechtsfragen des regulären Börsenrückzugs, S. 297; so bereits *Röhricht*, Die aktuelle höchstrichterliche Rechtsprechung zum Gesellschaftsrecht in: Gesellschaftsrecht in der Diskussion, 2001, S. 24–25, der sich hierbei auf die seinerzeit noch im Entwurfsstadium befindlichen Verordnung zum WpÜG bezieht.

[1495] *Yildirim*, TFM 2018, 111, 120; vgl. *Bayer*, NZG 2015, 1169, 1175.

[1496] BeckOGK-AktG/*Veil/Preisser*, § 305 AktG Rn. 66; *Casper*, FS Köndgen (2016), S. 117, 142 zu Delisting-Situationen; vgl. *Bayer*, NZG 2015, 1169, 1175, vgl. KK-AktG/*Koppensteiner*, § 305 AktG Rn. 105, der sich hiermit gegen eine dreimonatige Referenzperiode richtet und längere Zeiträume befürwortet.

[1497] *Casper*, FS Köndgen (2016), S. 117, 142 im Delisting-Kontext.

[1498] *Luttermann*, EWiR 2011, 619, 620; *Luttermann*, RIW 2009, 1, 10, der hierbei einen Referenzzeitraum von mind. einem und nach Möglichkeit zwei bis drei Jahren verlangt.

[1499] *Luttermann*, RIW 2009, 1, 10.

Vorerwerben einhergeht.[1500] Dieser durchaus validen Kritik kann aber der bereits erörterte Umstand, dass ein längerer Zeitraum eher zu einer Glättung von Verzerrungen führt, entgegengehalten werden. Wenn bei einem längeren Referenzzeitraum auch weitere mögliche Kursverzerrungen hinzukommen können, so dürfte der Umstand, dass eine umso stärkere Mittelung aller Ausschläge stattfindet, dies mehr als nur ausgleichen und zu einer sachgerechten Preisbestimmung beitragen.[1501]

Ausschlaggebend sind aber ökonomische Erwägungen. Schließlich ist entgegen der Effizienzmarkthypothese davon auszugehen, dass der Börsenkurs vom inneren Wert in der Regel abweicht.[1502] Dabei liegt es nahe, dass ein Einpendeln auf den wahren Wert allenfalls auf langfristige Sicht eintreten kann.[1503] Vor diesem Hintergrund vermag es ein dreimonatiger Referenzzeitraum allenfalls, kurzfristige Ausschläge auszugleichen.[1504] So konnte ein *Mean-Reversion-Effect* über fünf Jahre und einjähriger *Momentum-Effect* empirisch nachgewiesen werden. Angesichts dessen ist die Gefahr von Verzerrungen derart hoch, dass diesen das Hauptaugenmerk geschenkt werden sollte, was die erörterten Vorzüge eines kürzeren Referenzkurses entkräftet. Für eine Bestimmung des quotalen Unternehmenswerts anhand des Börsenkurses bedarf es gerade unverzerrter Kurse. Von daher erweist sich eine Periode von mehr als drei Monaten zur Ermittlung eines Durchschnittskurses, der dem wahren Wert des Unternehmens möglichst nahekommt, als vorzugswürdig. Aber auch mit Blick auf den Deinvestitionswert sind längere Referenzzeiträume von Vorteil. Sie bieten eine umfangreichere Datengrundlage zur Fortschreibung eines hypothetischen Kurses zum Bewertungsstichtag beim unterstellten Ausbleiben der Maßnahme als eine dreimonatige Periode. Auch wirken sie Manipulationen und gerüchteweisen Abfindungsspekulationen besser entgegen.

Diese Aspekte fallen gegen den Dreimonatszeitraum schwer ins Gewicht. Aber auch eine Sechsmonatsperiode erscheint unter den genannten Gesichtspunkten weniger attraktiv als ein einjähriger Referenzzeitraum. Letzterer könnte neben kurzfristigen auch zumindest kürzere mittelfristige Marktanomalien abdecken und weitere Manipulationen abschwächen. Vor allem wird ein bewusst vom Abfindungspflichtigen gesetzter Rückrechnungszeitpunkt keine übermäßig starke Auswirkung auf einen solchen Durchschnittskurs haben. Zudem scheinen zwölf Monate nicht allzu weit vom Stichtag entfernt, als dass ein realitätsfremdes Bild der aktuellen Gesellschaft und des Handels mit ihrer Aktie erzeugt wird.

[1500] *Aders/Muxfeld/Lill*, Corporate Finance 2015, 389, 397, die explizit die Verlängerung der Referenzperiode beim Delisting auf sechs Monate kritisieren.

[1501] So *Casper*, FS Köndgen (2016), S. 117, 142–143 zum Sechsmonatszeitraum beim Delisting.

[1502] *Ruthardt/Popp*, AG 2020, 240, 245 Rn. 35–36; vgl. *FAUB*, WPg 2021, 958, 960. Umfassend hierzu bereits: § 2.

[1503] *Ruthardt/Popp*, AG 2020, 240, 245 Rn. 36; vgl. *Gude*, Strukturveränderungen und Unternehmensbewertung zum Börsenkurs, S. 358.

[1504] Vgl. *Ruthardt/Popp*, AG 2020, 240, 245 Rn. 36, welche darüber hinaus eine alleinige Orientierung am Börsenkurs ablehnen.

Mithin sollte der Referenzzeitraum zur Bildung des Durchschnittskurses auf zwölf Monate bemessen werden.

e) Mindestzeitraum

Denklogisch ist die Periode aber kürzer anzusetzen, wenn das Unternehmen bis zum Rückrechnungszeitpunkt noch kein Jahr am Markt gehandelt wurde.[1505] Einem verkürzten Referenzreitraum sollte auch nicht von vornherein seine Bewertungseignung abgesprochen werden, da er möglicherweise noch einen Börsenkurs mit gewisser Aussagefähigkeit bereitstellen könnte.

Andererseits empfiehlt es sich aber nicht, bereits im Falle eines einschlägigen Falls der Nichtberücksichtigung des Börsenkurses auf eine kürzere Referenzperiode abzustellen, welche den nicht zur Abfindungsbemessung geeigneten Kursabschnitt ausklammert. Ein solches Vorgehen birgt die Gefahr einer gezielten Ausnutzung kürzerer Durchschnittskurse unter Berufung auf die Nichtberücksichtigungsfälle. Überdies könnte die hierdurch implizierte Fehlbewertung noch in den gewählten Referenzzeitraum hineinwirken. Sofern einer der erörterten Gesichtspunkte eines nicht bewertungsgeeigneten Börsenkurses einschlägig ist, sollte von einer Berücksichtigung des Börsenkurses gänzlich abgesehen werden und keine weitere Modifikation des Referenzkurses vorgenommen werden.

Vor dem Hintergrund verkürzter Referenzzeiträume wird im Kontext des Übernahmerechts nach dem WpÜG mancherorts für einen Mindestreitraum plädiert.[1506]

Grundsätzlich ist diesem Vorschlag jedenfalls mit Blick auf den quotalen Unternehmenswert beizupflichten. Im Falle einer extrem kurzen Zeitspanne dürfte der Kurs keine glaubhafte Aussage zum wahren Unternehmenswert treffen.[1507] So wird der Börsenkurs eines erst jüngst an der Börse gehandelten Unternehmens kaum mit dessen fundamentalen Wert übereinstimmen. Zunächst zielt die erstmalige Preisfestsetzung weniger auf eine korrekte Wiedergabe des inneren Werts, sondern vielmehr auf einen für Anleger attraktiven Preis ab.[1508] Des Weiteren können oftmals Fehlbewertungen im Nachgang eines IPO beobachtet werden. Im Rahmen

---

[1505] Siehe auch die übernahmerechtlichen Regelungen der §§ 5 Abs. 2 und 6 Abs. 2 WpÜG-AngebVO.

[1506] Ehricke/Ekkenga/Oechler/*Oechsler*, WpÜG, § 31 WpÜG Rn. 15; Steinmeyer/*Santelmann/Nestler*, WpÜG, § 31 WpÜG Rn. 31; siehe auch Baums/Thoma/Verse/*Marsch-Barner*, WpÜG, § 31 WpÜG Rn. 40 und Paschos/Fleischer/*Reinhardt/Kocher*, HdB Übernahmerecht nach dem WpÜG, § 15 Rn. 84, die aber einen Mindestzeitraum *de lege lata* ablehnen; kritisch zum Fehlen eines ausdrücklich vorgeschriebenen Mindestzeitraums im WpÜG auch FK-WpÜG/*Haarmann*, § 31 WpÜG Rn. 29 Fn. 68; a.A. wohl Assmann/Pötzsch/Schneider/*Krause*, WpÜG, § 5 WpÜG-AngVO Rn. 9; Schwark/Zimmer/*Noack/Zetzsche*, KMRK, § 31 WpÜG Rn. 12.

[1507] Ehricke/Ekkenga/Oechler/*Oechsler*, WpÜG, § 31 WpÜG Rn. 15; vgl. Paschos/Fleischer/*Reinhardt/Kocher*, HdB Übernahmerecht nach dem WpÜG, § 15 Rn. 84.

[1508] Vgl. *Schanz*, Börseneinführung, S. 243 § 7 Rn. 54.

dessen werden die drei Phänomene des unterbewerteten Emissionspreises (*initial underpricing*), der langfristigen Negativperformance nach der Erstemission (*long-term underperformance*) und der temporären IPO-Booms (*hot issue market*) angeführt.[1509] Im Falle eines *initial underpricings* ist der erstmals festgesetzte Preis zu niedrig, sodass es am ersten Handelstag zu einem Preisanstieg kommt.[1510] Hierbei kann der Börsenkurs den Fundamentalwert übersteigen, was zu einem späteren Kursabfall im Wege einer langfristigen Negativperformance führt.[1511] Ein *hot issue market* liegt bei einer zeitweise hohen Nachfrage nach IPOs seitens der Anleger vor, wodurch Unternehmen zu einem Börsengang verleitet werden können.[1512] Solche Perioden zeichnen sich durch eine hohe Überbewertung der Unternehmen aus.[1513] Diese Probleme könnten zumindest teilweise auf einen übermäßigen Optimismus und mithin auf psychologische Faktoren zurückzuführen sein.[1514] Ungeachtet einer genaueren Erklärung der IPO-Phänomene widersprechen sie der Markteffizienz.[1515] Insbesondere die verspätet erfolgende Anpassungsreaktion bei der langfristigen Negativperformance nach einer Neuemission lässt sich nicht mit der Effizienzmarkthypothese vereinbaren.[1516] Dabei bedarf es gerade eines effizienten Marktes, um den Börsenkurs als alleinige Bewertungsgrundlage heranziehen zu können. Letztlich wird der Börsenkurs im Nachgang eines Börsengangs oftmals vom quotalen Unternehmenswert abweichen. In Anbetracht dessen muss sich der Kurs nach einem Börsengang erst einpendeln, ehe er zur Unternehmensbewertung herangezogen werden kann. Überdies wird eine zu kurze Periode keinen um etwaige Ein-

---

[1509] *Daxhammer/Facsar*, Behavioral Finance, S. 306, welche die aufgeführten deutschen Termini nutzen; *Kapoor/Prosad*, Behavioural Finance, S. 298, 312; *Shefrin*, Behavioral Corporate Finance, S. 118; *Shefrin*, Beyond Greed and Fear, S. 239, 255, die allesamt die in Klammern gesetzten englischen Begriffe nennen; mit leicht abweichender Terminologie bereits *Ibbotson/Ritter*, Handbooks in Operations Research and Management Science, 1995, Vol. 9, Ch. 30, 993, 993–994, 1012.

[1510] *Kapoor/Prosad*, Behavioural Finance, S. 298; *Shefrin*, Behavioral Corporate Finance, S. 118; *Shefrin*, Beyond Greed and Fear, S. 239; vgl. *Ibbotson/Ritter*, Handbooks in Operations Research and Management Science, 1995, Vol. 9, Ch. 30, 993, 994–995.

[1511] *Kapoor/Prosad*, Behavioural Finance, S. 298; *Shefrin*, Beyond Greed and Fear, S. 239; vgl. *Shefrin*, Behavioral Corporate Finance, S. 118.

[1512] *Shefrin*, Behavioral Corporate Finance, S. 118; vgl. *Kapoor/Prosad*, Behavioural Finance, S. 298; vgl. *Shefrin*, Beyond Greed and Fear, S. 239.

[1513] *Daxhammer/Facsar*, Behavioral Finance, S. 307, welche auf die Dotcom-Spekulationsblase verweisen.

[1514] Vgl. *Kapoor/Prosad*, Behavioural Finance, S. 312; vgl. *Shefrin*, Beyond Greed and Fear, S. 250–251, 255; für eine weitergehende Auseinandersetzung mit den verschiedenen Erklärungsansätzen bzgl. der IPO-Phänomene siehe: *Daxhammer/Facsar*, Behavioral Finance, S. 306–308; *Ibbotson/Ritter*, Handbooks in Operations Research and Management Science, 1995, Vol. 9, Ch. 30, 993, 995–1003, 1006–1007 1012; *Kapoor/Prosad*, Behavioural Finance, S. 298–301, 312; *Shefrin*, Beyond Greed and Fear, S. 247–255.

[1515] *Shefrin*, Beyond Greed and Fear, S. 239, 255.

[1516] *Daxhammer/Facsar*, Behavioral Finance, S. 306; *Kapoor/Prosad*, Behavioural Finance, S. 301.

flüsse bereinigten Börsenkurs abbilden können.[1517] Den Wert des Unternehmens und dessen Geschäftsentwicklung vermag sie nicht widerzuspiegeln. Somit kann die angestrebte Bereinigung des Börsenkurses durch die Bildung eines gewichteten Durchschnittskurses erst ab einem gewissen Mindestzeitraum erfolgen.

Abweichend hiervon ist ein als Deinvestitionswert herangezogener Börsenkurs zu beurteilen. Hierbei kommt es gerade nicht auf eine Kapitalmarkteffizienz und eine korrekte Bewertung des Unternehmens, sondern die bloße Veräußerungsmöglichkeit an. Eine solche besteht auch bei verzerrten Kursen. Es sollte zumindest auf die vorhandene, wenn auch nicht sonderlich umfangreiche Datengrundlage abgestellt werden, anstatt eine Mindestabfindung gänzlich abzulehnen. Der Umstand, dass den Abfindungsberechtigten etwaige anfängliche Preisanstiege und überhöhte Börsenkurse zugutekommen, ist in Anbetracht des Charakters des Deinvestitionswerts als Untergrenze und des gebotenen Anlegerschutzes hinzunehmen. Schließlich wäre eine Veräußerung zu derartigen Kursen am Stichtag bei einem hypothetischen Ausbleiben der Maßnahme möglich gewesen. Dabei hat es der Abfindungspflichtige selbst in der Hand, eine anfängliche Überbewertung abzuwarten und erst später die Maßnahme durchzuführen, weshalb ihm eine aus seiner Sicht überhöhte Untergrenze der Abfindung zuzumuten ist. Andernfalls könnte er einen Mindestzeitraum beim Deinvestitionswert sogar gezielt ausnutzen, um der Mindestabfindungsgrenze zu entgehen. Auch wird eine etwaige Verzerrung des Kurses weniger auf gezielten Manipulationen der Minderheit, sondern vielmehr auf der erstmaligen Preisfestsetzung und dem anfänglichen Interesse an den Aktien des Unternehmens beruhen. Eine noch junge Börsennotierung darf den Abfindungsberechtigten nicht entgegengehalten werden. Vor dem Hintergrund der geforderten vollständigen Abfindung sollte kein Mindestzeitraum beim Deinvestitionswert gefordert werden.

Mithin erscheint ein Mindestzeitraum für die Durchschnittskursbildung lediglich dann angebracht, wenn der Börsenkurs zur Bestimmung des quotalen Unternehmenswerts herangezogen wird.

Fraglich bleibt, wie ein solcher Zeitraum bemessen sein soll und ob weitere Voraussetzungen für die fehlende Aussagekraft eines unter der Mindestschwelle liegenden Börsenkurses bestehen.

Von Seiten der Literatur wird teils vorgeschlagen, einen Referenzzeitraum von unter einem Monat, in welchem nacheinander festgestellte Börsenkurse um mehr als 5 % voneinander abweichen, nicht mehr als Bewertungsgrundlage heranzuziehen.[1518] Hierfür wird der § 5 Abs. 4 WpÜG-AngebVO analog herangezogen.[1519] Da

---

[1517] Steinmeyer/*Santelmann/Nestler*, WpÜG, § 31 WpÜG Rn. 31. Die gegen kurze Referenzzeiträume angeführte Kritik (siehe hierzu: § 6 B.II.2.d)) gilt auch hier.

[1518] Ehricke/Ekkenga/Oechler/*Oechsler*, WpÜG, § 31 WpÜG Rn. 15; Steinmeyer/*Santelmann/Nestler*, WpÜG, § 31 WpÜG Rn. 31.

[1519] Ehricke/Ekkenga/Oechler/*Oechsler*, WpÜG, § 31 WpÜG Rn. 15.

dieser dem ansonsten bewertungsrelevanten Börsenkurs der letzten drei Monate seine Aussagekraft dann abspricht, wenn an weniger als einem Drittel der Börsentage Börsenkurse festgestellt werden, wird hieraus eine Drittelschwelle abgeleitet und auf den Mindestzeitraum übertragen, wobei auch die weiteren Voraussetzungen des § 5 Abs. 4 WpÜG-AngebVO erfüllt sein müssen.[1520] Dem wird jedoch ein dreimonatiger Referenzkurs zugrunde gelegt. Verlangt man einen Durchschnittskurs von zwölf Monaten, so müsste der Mindestzeitraum nach der Drittelschwelle vier Monate betragen.[1521]

Zwar spricht für dieses Vorgehen seine Verankerung im Gesetz.[1522] In Anbetracht der fehlenden Normierung eines Mindestzeitraums *de lege lata* vermag der Rückgriff auf § 5 Abs. 4 WpÜG-AngebVO analog bzw. § 39 Abs. 3 S. 4 BörsG analog beim Delisting bzw. § 255 Abs. 5 S. 2 Nr. 3 AktG analog beim Wertverwässerungsschutz eine zeitliche Untergrenze des Referenzkurses durchaus ermöglichen.

Allerdings vermag dieser Ansatz im Ergebnis nicht zu überzeugen.

So erscheint bei einem Referenzzeitraum von grundsätzlich zwölf Monaten ein viermonatiger Mindestzeitraum als zu lang bemessen. Die Gefahr einer gänzlich mangelnden Aussagekraft besteht bei einem Durchschnittskurs von knapp unter vier Monaten gerade nicht in einem derartigen Ausmaß, als dass es hier einer Untergrenze bedarf. Wenn ein längerer Referenzkurs auch vorzugswürdig erscheint[1523], so kann einem dreimonatigen Durchschnittskurs nicht grundlegend seine Aussagekraft abgesprochen werden. Zumindest um kurzfristige Anomalien dürfte der Kurs bei einer Dreimonatsmittelung teilweise geglättet werden können. Jedenfalls nach Auffassung des Gesetzgebers beim § 255 Abs. 5 AktG, des Verordnungsgebers beim § 5 Abs. 1 WpÜG-AngebVO, des BGH[1524] und zahlreicher Literaturstimmen[1525] soll ein dreimonatiger Referenzkurs aussagefähig sein. Es erscheint nicht sachgerecht, bei feststellbaren Börsenkursen von drei Monaten auf eine Börsenkursorientierung trotz der verfügbaren Datengrundlage zu verzichten und die Konstellation wie einen der Gründe für eine Nichtberücksichtigung des Börsenkurses zu behandeln.

[1520] Ehricke/Ekkenga/Oechler/*Oechsler*, WpÜG, § 31 WpÜG Rn. 15.

[1521] Beim Delisting in der Fassung *de lege lata* würde sich der Mindestzeitraum nach diesem Ansatz auf zwei Monate belaufen, da § 39 Abs. 3 S. 2 BörsG einen sechsmonatigen Durchschnittskurs vorsieht und gem. § 39 Abs. 3 S. 4 BörsG eine Marktenge anhand einer auf die letzten sechs Monate bezogenen Drittelschwelle bestimmt wird.

[1522] Vgl. Ehricke/Ekkenga/Oechler/*Oechsler*, WpÜG, § 31 WpÜG Rn. 15.

[1523] So die Auffassung dieser Arbeit (siehe hierzu: § 6 B.II.2.d)).

[1524] BGH, Beschl. v. 19.07.2010 – II ZB 18/09 –, BGHZ 186, 229–242, Ls. 1 Rn. 10; BGH, Beschl. v. 12.03.2001 – II ZB 15/00 –, BGHZ 147, 108–125, Ls. 3, Rn. 24.

[1525] GK-AktG/*Hirte/Hasselbach*, § 305 AktG Rn. 140; Henssler/Strohn/*Paschos*, GesR, § 305 AktG Rn. 24; Schmidt/Lutter/*Stephan*, AktG, § 305 AktG Rn. 103; *Schmidt*, NZG 2020, 1361, 1366, 1368.

Ein Mindestzeitraum von nur einem Monat, wie dies unter Zugrundelegung eines grundsätzlichen Referenzkurses von drei Monaten gefordert wird, ist wiederum zu kurz bemessen. Ein solcher dürfte oftmals von kurzfristigen Marktanomalien geprägt sein, um die er nicht geglättet werden kann. Auch werden die Auswirkungen zufälliger Kursschwankungen und Manipulationen bei einem einmonatigen Durchschnittskurs nicht hinreichend ausgeglichen. Wie sich gezeigt hat, ist zudem die Aussagekraft von Börsenkursen bei einem erst kürzlich erfolgten Börsengang fragwürdig. Daher ist die Aussagefähigkeit eines Referenzzeitraum von einem Monat derart zweifelhaft, sodass er nicht als Mindestzeitraum in Betracht kommt.[1526] Allenfalls bei einem Zeitraum ab drei Monaten dürfte sich der Börsenkurs zumindest ansatzweise eingependelt haben und eine teilweise Glättung um Verzerrungen ermöglichen.

Zwar können deutliche Kursverzerrungen auf einen dreimonatigen Durchschnittskurs durchschlagen. Dies gilt vor allem bei einem zeitnah erfolgten Börsengang. Allerdings dürfte man diese über den Nichtberücksichtigungsfall der Kurs- und Marktverzerrung[1527] zumindest im Ansatz herausfiltern können.

Weiterhin ist die zusätzliche Forderung von mehreren 5-%-Abweichungen bei einer Unterschreitung des Mindestzeitraums abzulehnen. Zwar kann diese Voraussetzung dem Gesetzestext des § 5 Abs. 4 WpÜG-AngebVO bzw. des § 39 Abs. 3 S. 4 BörsG sowie des § 255 Abs. 5 S. 2 Nr. 3 AktG entnommen werden. Da die Idee eines Mindestzeitraums aber auf dem Gedanken fußt, dass ein zu kurzer Referenzkurs nicht aussagefähig ist und etwaige unbemerkte Verzerrungen hierbei nicht ausgeglichen werden können, sollte es keiner zusätzlichen Anforderungen bedürfen. Ohnehin geht die Forderung von nacheinander festgestellten Börsenkursen, die um mehr als 5 % voneinander abweichen, gerade dann ins Leere, wenn eine Börsenzulassung für nur einen Tag bestand.

Mithin ist die analoge Heranziehung von § 5 Abs. 4 WpÜG-AngebVO oder § 39 Abs. 3 S. 4 BörsG oder § 255 Abs. 5 S. 2 Nr. 3 AktG mitsamt einer Drittelschwelle abzulehnen. Demgegenüber erscheint ein Mindestzeitraum von drei Monaten ohne weitere Voraussetzungen als sachgerechte Lösung. Auch hier sind die Argumente gegen eine Berücksichtigung des Börsenkurses zu beachten. Zwar findet dieser Ansatz keinen Anker im Gesetz. Vor dem Hintergrund, dass die Börsenkursorientierung beim quotalen Unternehmenswert nur dann erfolgen darf, wenn hierdurch ein aussagekräftiger Wert ermittelt werden kann, liegt es aber nahe, den Mindestzeitraum frei von gesetzlichen Grenzen zu bestimmen.

Wird der dreimonatige Mindestzeitraum unterschritten, ist die Aussagekraft des Börsenkurses als derart fragwürdig einzustufen, dass auf eine andere Form der Unternehmensbewertung zurückgegriffen werden muss. Dies gilt sowohl für die

---

[1526] Dies gilt ebenso für einen Zweimonatskurs beim Delisting gem. § 39 Abs. 3 S. 4 BörsG analog.

[1527] Siehe zu dieser Fallgruppe: § 6 A.III.6.

alleinige Börsenkursorientierung als auch für den indirekten Marktbezug innerhalb einer fundamentalen Unternehmensbewertung zur Ermittlung des quotalen Unternehmenswerts. Für einen als Deinvestitionswert und damit als Untergrenze dienenden Börsenkurs ist ein Mindestzeitraum hingegen abzulehnen.

III. Berechnung des Durchschnittskurses

1. Datengrundlage

Zur Berechnung des Börsenkurses wird unter Rückgriff auf § 5 WpÜG-AngebotsVO der gewichtete durchschnittliche inländische Kurs herangezogen, welcher bei der BaFin erfragt werden muss.[1528] Umsatzgewichtete Börsenkurse lassen sich jedoch über eine Vielzahl von Internetquellen ermitteln.[1529] Hierbei kann es zu Abweichungen von der Berechnung durch die BaFin kommen.[1530] Es eröffnen sich aber Manipulationsmöglichkeiten hinsichtlich der Abfindungshöhe, wenn zwischen verschiedenen Datengrundlagen gewählt werden darf. Dementsprechend sollte die Quelle der Daten grundsätzlich vorgeschrieben sein.[1531] Angesichts der umfangreichen Datenbasis der BaFin dürfte sie grundsätzlich als Quelle ausreichen, sodass es keiner Heranziehung anderweitiger Datengrundlagen, wie etwa der von Bloomberg, bedarf.[1532] Da es nach § 5 Abs. 3 WpÜG-AngebotsVO auf die der BaFin gemeldeten Geschäfte ankommt, ist ohnehin nur sie dazu imstande, den gewichteten durchschnittlichen inländischen Börsenkurs exakt zu bestimmen.[1533] Soweit aber auch Freiverkehrskurse Beachtung finden[1534], sollten zudem Daten anerkannter privater Informationsdienste verwendet werden.[1535] Werden darüber hinaus auch

---

[1528] *Bungert/Wettich*, BB 2010, 2227, 2229; Marsch-Barner/Schäfer/*Gehling*, HdB börsennotierte AG, § 13 Rn. 13.73; vgl. *Bayer*, NZG 2015, 1169, 1174 zum Delisting.

[1529] *Großfeld/Merkelbach*, NZG 2008, 241, 246.

[1530] *Bungert/Wettich*, BB 2010, 2227, 2229 bzgl. einer Berechnung durch *Bloomberg*-Daten.

[1531] Anders aber Lutter/*Drygala*, UmwG, § 5 UmwG Rn. 45, der rechtliche Vorgaben hierzu als überflüssig erachtet und der Gesellschaft die Wahl überlassen will, auf Werte der BaFin oder privater Informationsdienste zurückzugreifen sowie Schmidt/Lutter/*Schnorbus*, AktG, § 327b AktG Rn. 5, laut dem nebst BaFin-Daten auch auf andere zuverlässig ermittelte Preise zurückgegriffen werden könne.

[1532] Marsch-Barner/Schäfer/*Gehling*, HdB börsennotierte AG, § 13 Rn. 13.63; vgl. *Bungert/Wettich*, BB 2010, 2227, 2229.

[1533] Assmann/Pötzsch/Schneider/*Krause*, WpÜG, § 5 WpÜG-AngVO Rn. 12–13; *Bayer*, NZG 2015, 1169, 1174.

[1534] Siehe hierzu: § 6 B.III.3.b).

[1535] Vgl. den Hinweis auf ein derartiges Verfahren durch Teile der Rechtsprechung bei Schmidt/Lutter/*Stephan*, AktG, § 305 AktG Rn. 100; ähnlich wohl auch *Ruthardt/Hachmeister*, CF 2014, 174, 185, die bei einem großteilig im Freiverkehr stattfindenden Handel eigene Berechnungen als sinnvoll erachten.

Auslandskurse als bewertungsrelevant eingestuft[1536], sollte zuvörderst auf eine der BaFin entsprechende staatliche Stelle als Datengrundlage und bei deren Fehlen auf anderweitig öffentlich verfügbare Informationen zurückgegriffen werden, wobei zwecks einer Überprüfung durch die BaFin eine Dokumentationspflicht zu berücksichtigen ist.[1537]

2. Umsatzgewichtung

In seiner *Stollwerck*-Entscheidung stellte der BGH auf einen umsatzgewichteten Durchschnittskurs ab.[1538] Hierbei fand eine Anlehnung an den § 5 WpÜG-AngebVO statt.[1539] Die grundsätzliche Heranziehung eines gewichteten Durchschnittskurses wird auch vielfach von der einfachgerichtlichen Rechtsprechung[1540] und der Literatur[1541] vertreten, womit es sich um die herrschende Meinung[1542] handeln dürfte. Ausweislich des § 39 Abs. 3 S. 2 BörsG entschied sich auch der Gesetzgeber beim Delisting für einen gewichteten Durchschnittskurs.[1543] Dabei ist ebenso nach Maßgabe des § 5 WpÜG-AngebVO ein umsatzgewichteter durchschnittlicher Kurs zu berechnen[1544], worauf auch beim § 255 Abs. 5 S. 4 AktG verwiesen wird.

Bei einem solchen gewichteten Börsenkurs werden zusätzlich zu den Kursen auch die Handelsvolumina miteinberechnet.[1545] Die Produkte von Kurs und Handelsvolumen der einzelnen Handelstage sind zu addieren und sodann durch das

---

[1536] Siehe hierzu: § 6 B.III.3.c).

[1537] Vgl. Assmann/Pötzsch/Schneider/*Krause*, WpÜG, § 6 WpÜG-AngVO Rn. 4–6, 11 mit weiteren Ausführungen zur Berechnung und Dokumentation von Auslandskursen im Rahmen des § 6 WpÜG-AngebVO. Effizienter wäre es, eine unionsweit agierende Behörde zu installieren, bei der sämtliche Marktdaten abgefragt werden könnten.

[1538] BGH, Beschl. v. 19.07.2010 – II ZB 18/09 –, BGHZ 186, 229–242, Ls. 1, Rn. 10; Schmidt/Lutter/*Schnorbus*, AktG, § 327b AktG Rn. 5; *Wasmann*, ZGR 2011, 83, 92.

[1539] BGH, Beschl. v. 19.07.2010 – II ZB 18/09 –, BGHZ 186, 229–242, Rn. 31; Schmidt/Lutter/*Schnorbus*, AktG, § 327b AktG Rn. 5.

[1540] Siehe nur OLG Frankfurt a.M., Beschl. v. 09.01.2003 – 20 W 434/93 = AG 2003, 581, 582; OLG München, Beschl. v. 11.07.2006 – 31 Wx 041/05 und 066/05 = AG 2007, 246, 246 Ls. 2, 247–248; OLG Stuttgart, Vorlagebeschl. v. 16.02.2007 – 20 W 6/06 = AG 2007, 209, 209; OLG Stuttgart, Beschl. v. 04.05.2011 – 20 W 11/08 = AG 2011, 560, 560 Ls. 1.

[1541] BeckOGK-AktG/*Veil/Preisser*, § 305 AktG Rn. 68; GK-AktG/*Hirte/Hasselbach*, § 305 AktG Rn. 142; Hölters/Weber/*Deilmann*, AktG, § 305 AktG Rn. 43; Hüffer/Koch/*Koch*, AktG, § 305 Rn. 42; MüKo-AktG/*van Rossum*, § 305 AktG Rn. 107; Schmidt/Lutter/*Schnorbus*, AktG, § 327b AktG Rn. 5; *Wasmann*, ZGR 2011, 83, 92.

[1542] So jedenfalls *Brandenstein/Höfling*, NZG 2021, 18, 19 und *Wasmann*, ZGR 2011, 83, 92.

[1543] Dies befürwortend: *Schmidt*, NZG 2020, 1361, 1365–1366.

[1544] *Bayer*, NZG 2015, 1169, 1174.

[1545] MüKo-AktG/*Pentz*, § 33a AktG Rn. 21; MüKo-AktG/*Wackerbarth*, § 31 WpÜG Rn. 47.

Handelsvolumen des gesamten Referenzzeitraums zu dividieren.[1546] Transaktionen mit höheren Umsätzen fallen dabei schwerer ins Gewicht als kleinere Transaktionen, womit übertriebene Kursschwankungen abgeschwächt werden sollen.[1547]

Mit einem nach Umsätzen gewichteten Börsenkurs können die Auswirkungen von Über- und Unterreaktionen zumindest ansatzweise geglättet werden.[1548] Des Weiteren streitet für eine Umsatzgewichtung nebst der Vermeidung von Verzerrungen, dass Börsenkurse erst bei entsprechenden Umsatzvolumina als aussagekräftig betrachtet werden können und hierdurch eine kontinuierliche Kursentwicklung abgebildet werden kann.[1549] Mithin steuert eine Gewichtung nach Umsätzen zur Aussagefähigkeit des Durchschnittskurses bei und wirkt etwaigen Fehlbepreisungen entgegen. Ein solches Vorgehen überzeugt auch mit Blick auf die verschiedenen Wertelemente. Kurse zu höheren Handelsvolumina bieten eine besser fundierte Datenbasis hinsichtlich der hypothetischen Veräußerungsmöglichkeit zum Bewertungsstichtag. Demgemäß dürfte eine Umsatzgewichtung zur Ermittlung eines plausiblen Deinvestitionswerts beitragen. Darüber hinaus deutet ein höheres Handelsvolumen auf eine aktive Einpreisung von wertrelevanten Informationen hin. Da hierbei die Wertschätzung der Marktteilnehmer zum Ausdruck kommt, sollte ein umsatzgewichteter Durchschnittskurs auch dem quotalen Unternehmenswert näher kommen.

Eine Gegenauffassung vertritt das OLG Düsseldorf, welches in zwei Entscheidungen von 2003 bzw. 2004 eine Umsatzgewichtung ablehnt.[1550] Hierfür wird angeführt, dass außergewöhnliche Tagesumsätze eine stärkere Auswirkung auf den Durchschnittskurs hätten als dies bei einem ungewichteten Kurs der Fall sei.[1551] Dem lässt sich aber entgegnen, dass umsatzgewichtete Durchschnittskurse das Marktgeschehen besser widerspiegeln und bei ungewichteten Kursen einzelnen Spitzenwerten ungerechtfertigterweise eine zu hohe Bedeutung beigemessen

---

[1546] *BaFin*, Mindestpreise, https://www.bafin.de/ref/19593414; *Land/Hallermayer*, AG 2015, 659, 665; MüKo-AktG/*Pentz*, § 33a AktG Rn. 21–22 mit einem Berechnungsbeispiel; vgl. auch Steinmeyer/*Santelmann/Nestler*, WpÜG, § 31 WpÜG Rn. 27.

[1547] Steinmeyer/*Santelmann/Nestler*, WpÜG, § 31 WpÜG Rn. 27.

[1548] Vgl. *Reifschneider*, Informationeller Anlegerschutz, S. 150.

[1549] OLG München, Beschl. v. 11.07.2006 – 31 Wx 041/05 und 066/05 = AG 2007, 246, 247–248; vgl. *Wasmann*, ZGR 2011, 83, 92.

[1550] OLG Düsseldorf, Beschl. v. 08.11.2004 – I-19 W 9/03 AktE = AG 2005, 538, 538 Ls. 3, 541; OLG Düsseldorf, Beschl. v. 31.01.2003 – 19 W 9/00 AktE = NZG 2003, 588, 588 Ls. 1, 591; vgl. Widmann/Mayer/*Wälzholz*, Umwandlungsrecht, § 30 UmwG Rn. 22; ebenso kritisiert *Große*, DB 2016, 1330, 1333 eine Umsatzgewichtung bei einem halbjährigen Durchschnittskurs beim Delisting. Die Auffassung des OLG Düsseldorf ablehnend: OLG Stuttgart, Vorlagebeschl. v. 16.02.2007 – 20 W 6/06 = AG 2007, 209, 212–213; OLG München, Beschl. v. 11.07.2006 – 31 Wx 041/05 und 066/05 = AG 2007, 246, 248; Schmidt/Lutter/*Stephan*, AktG, § 305 AktG Rn. 103 Fn. 261.

[1551] OLG Düsseldorf, Beschl. v. 08.11.2004 – I-19 W 9/03 AktE = AG 2005, 538, 541; OLG Düsseldorf, Beschl. v. 31.01.2003 – 19 W 9/00 AktE = NZG 2003, 588, 591.

wird.[1552] Die weitere Argumentation des OLG Düsseldorf, dass der fiktive Charakter des Durchschnittskurses bei einer Umsatzgewichtung noch vergrößert werde und sich die Deinvestitionsentscheidung i.d.R. auf den Tageskurs und keinen fiktiven Kurs beziehen würde[1553], überzeugt ebenso wenig. So fußt der Deinvestitionswert auf einem rein hypothetischen Kausalverlauf. Es ist nicht ersichtlich, warum er einen möglichst niedrigen Fiktionsgrad aufweisen müsse. Sofern der Börsenkurs den quotalen Unternehmenswert darstellen soll, greift diese Argumentation ohnehin nicht, da sie sich nur auf die Deinvestitionsentscheidung des Aktionärs bezieht.

Letzten Endes überwiegen die Vorteile einer Umsatzgewichtung, womit dem Gesetzgeber, dem BGH und der herrschenden Auffassung im Schrifttum beizupflichten ist.

3. Relevante Kurse

a) Mehrere Börsen

Gemäß der *DAT/Altana*-Entscheidung des BGH sind bei einem Handel der relevanten Aktie an mehr als einer Börse Durchschnittskurse in Hinblick auf alle Kursfestsetzungen zu bilden.[1554] In Anbetracht einer aussagekräftigen Marktbewertung durch eine Vielzahl von Anlegern und der hypothetischen Deinvestitionsmöglichkeit über verschiedene Börsenplätze ist dem zuzustimmen. Hierbei liegt es nahe, einen gewichteten Durchschnittskurs zu bilden, da an verschiedenen Börsen unterschiedliche Kurse und Handelsvolumina vorliegen können.[1555] Die Alternative eines Abstellens auf den Kurs einer einzelnen Börse, wie etwa der mit dem höchsten Umsatz[1556], hingegen erscheint zu zufallsabhängig, als dass hierdurch ein bewertungsrelevanter Referenzkurs ermittelt werden könnte.[1557]

[1552] OLG Stuttgart, Vorlagebeschl. v. 16.02.2007 – 20 W 6/06 = AG 2007, 209, 212–213.

[1553] OLG Düsseldorf, Beschl. v. 08.11.2004 – I-19 W 9/03 AktE = AG 2005, 538, 541; OLG Düsseldorf, Beschl. v. 31.01.2003 – 19 W 9/00 AktE = NZG 2003, 588, 591.

[1554] BGH, Beschl. v. 12.03.2001 – II ZB 15/00 –, BGHZ 147, 108–125, Rn. 39. So auch: BeckOGK-AktG/*Veil/Preisser*, § 305 AktG Rn. 68; Emmerich/Habersack/*Emmerich*, AktG, § 305 AktG Rn. 63; *Großfeld/Egger/Tönnes*, Recht der Unternehmensbewertung, S. 288 Rn. 1189; MüKo-AktG/*van Rossum*, § 305 AktG Rn. 107.

[1555] *Gude*, Strukturänderungen und Unternehmensbewertung zum Börsenkurs, S. 392; Hölters/Weber/*Deilmann*, AktG, § 305 AktG Rn. 43; vgl. Emmerich/Habersack/*Emmerich*, AktG, § 305 AktG Rn. 63; vgl. GK-AktG/*Hirte/Hasselbach*, § 305 AktG Rn. 142; vgl. *Großfeld/Egger/Tönnes*, Recht der Unternehmensbewertung, S. 288 Rn. 1189; vgl. *Großfeld*, Unternehmens- und Anteilsbewertung im Gesellschaftsrecht, S. 196. Zu den Vorzügen einer Umsatzgewichtung siehe: § 6 B.III.2. In der DAT/Altana-Entscheidung hingegen wird lediglich ein ungewichteter Durchschnittskurs aus den Kursen zweier Börsen berechnet, vgl. BGH, Beschl. v. 12.03.2001 – II ZB 15/00 –, BGHZ 147, 108–125, Rn. 39.

[1556] Dies wird etwa bei *Bauer*, NZG 2001, 891, 893 vorgeschlagen und bei *Gude*, Strukturänderungen und Unternehmensbewertung zum Börsenkurs, S. 392–393 erwähnt.

b) Berücksichtigung von Freiverkehrs- und MTF-Kursen

Ungeklärt ist, ob lediglich die amtlich festgelegten Kurse staatlicher Börsen oder auch der Freiverkehr oder sogar private Börsen heranzuziehen sind.[1558]

Beim Freiverkehr handelt es sich um einen privatrechtlich organisierten außerbörslichen Markt, der von einer Börse betrieben wird.[1559] Anders als bei einer Notierung im regulierten Markt bestehen bei einer Einbeziehung in den Freiverkehr keine Publizitätspflichten aus dem WpHG oder dem WpÜG.[1560] Auch bedarf es keiner Entsprechenserklärung zum Deutschen Corporate Governance Kodex, keiner Offenlegung von Vorstandsvergütungen[1561] und keiner *Related-Party-Transactions*-Publizität[1562]. Eine Prospektpflicht besteht nur beim öffentlichen Angebot von Wertpapieren gemäß Art. 3 Abs. 1 ProspektVO.[1563]

Seitens der obergerichtlichen Rechtsprechung wird die Frage nach seiner Berücksichtigung nicht einheitlich beantwortet.[1564] Auch in der Literatur ist dies umstritten.[1565]

[1557] Vgl. *Großfeld*, Unternehmens- und Anteilsbewertung im Gesellschaftsrecht, S. 196.

[1558] Emmerich/Habersack/*Emmerich*, AktG, § 305 AktG Rn. 64; Emmerich/Habersack/*Emmerich*, AktG, 9. Aufl. 2019, § 305 AktG Rn. 46, wo noch vom Freiverkehr und privaten Börsen die Rede ist; MüKo-AktG/*van Rossum*, § 305 AktG Rn. 107; *Schmidt*, NZG 2020, 1361, 1366. Zur hiermit verbundenen im Ergebnis zu bejahenden Frage nach der Berücksichtigung von Freiverkehrskursen im Rahmen der Liquiditätsbestimmung siehe: § 6 A.III.1. a)bb)(5)(a)(aa).

[1559] *Buck-Heeb*, Kapitalmarktrecht, S. 38 § 3 Rn. 135; *Poelzig*, Kapitalmarktrecht, § 8 S. 113 Rn. 219–220; siehe aber auch Schwark/Zimmer/*Schwark*, KMRK, § 48 BörsG Rn. 8–9, der auf das mittlerweile gemischte Regelungssystem mit öffentlich-rechtlichem Einschlag hinweist.

[1560] *Buck-Heeb*, Kapitalmarktrecht, S. 40 § 3 Rn. 145; vgl. *Poelzig*, Kapitalmarktrecht, § 10 S. 119 Rn. 232 zu MTF im Allgemeinen, was auch den Freiverkehr betrifft.

[1561] *Buck-Heeb*, Kapitalmarktrecht, S. 40 § 3 Rn. 146.

[1562] Marsch-Barner/Schäfer/*Vetter*, HdB börsennotierte AG, § 32 Rn. 32.3.

[1563] Vgl. *Poelzig*, Kapitalmarktrecht, S. 119 § 10 Rn. 232 bzgl. MTF im Allgemeinen.

[1564] *Brandenstein/Höfling*, NZG 2021, 18, 20; Fleischer/Hüttemann/*Popp/Ruthardt*, RhB Unternehmensbewertung, § 12 Rn. 12.199. Dafür: OLG Düsseldorf, Beschl. v. 28.11.2022 – I-26 W 4/21 (AktE) = ZIP 2023, 257, 257 Ls. 3 (bei einer Notierung in einem besonderen Handelssegment des Freiverkehrs); OLG Hamburg, Beschl. v. 07.09.2020 – 13 W 122/20 = NZG 2021, 29, 29 Ls. d. Red., 30 Rn. 24, 31 Rn. 37 (hins. der Untergrenze einer Barabfindung); OLG Düsseldorf, Beschl. v. 11.05.2015 – I-26 W 2/13 (AktE) = ZIP 2015, 1336, 1336 Ls. 2, 1337 (bei einem überwiegenden Handel im Freiverkehr); OLG Düsseldorf, Beschl. v. 13.03.2008 – I-26 W 8/07 (AktE) = AG 2008, 498, 498 Ls. 2 (jedenfalls bei ausschließlich im Freiverkehr gehandelten Aktien und einer ausreichenden Liquidität). Dagegen: OLG Karlsruhe, Beschl. v. 12.09.2017 – 12 W 1/17 = ZIP 2018, 122, 124 (jedenfalls gegen die Berücksichtigung des OTC-Handels). Offen: OLG München, Beschl. v. 17.07.2014 – 31 Wx 407/13 = AG 2014, 714, 715.

[1565] Hölters/Weber/*Deilmann*, AktG, § 305 AktG Rn. 39. Dafür: Emmerich/Habersack/*Emmerich*, AktG, § 305 AktG Rn. 64; *Ruthardt/Hachmeister*, CF 2014, 174, 179; Schmidt/Lutter/*Schnorbus*, AktG, § 327b AktG Rn. 3a; Schmidt/Lutter/*Stephan*, AktG, § 305 AktG

Jedenfalls beim Delisting hat sich der Gesetzgeber klar positioniert. So hat er den Freiverkehr vom Anwendungsbereich des § 39 BörsG ausgenommen.[1566] Dieses Vorgehen sieht sich jedoch kritischen Literaturstimmen ausgesetzt.[1567] Weiterhin bezieht sich der § 255 Abs. 5 S. 1 AktG auf börsennotierte Gesellschaften, weshalb Freiverkehrsgesellschaften mit Blick auf den § 3 Abs. 2 AktG nicht erfasst sind.[1568]

Angesichts der Kritik an der derzeitigen gesetzlichen Fassung des Delisting und der uneinheitlichen Beurteilung der übrigen Fallgruppen ist zur Berücksichtigung von Freiverkehrskursen Stellung zu beziehen. Aus Gründen der Rechtssicherheit bietet es sich an, eine eindeutige Formulierung in den Wortlaut einer jeden abfindungsrelevanten Norm aufzunehmen.

Grammatikalisch betrachtet liefern die jeweiligen abfindungsrelevanten Normen mit Ausnahme von § 39 BörsG und §§ 255 Abs. 5 S. 1, 3 Abs. 2 AktG diesbezüglich keinerlei Anhaltspunkte. Allerdings bezieht der § 5 WpÜG-AngebVO, auf den sich vielfach bei der Unternehmensbewertung bezogen wird, nur den regulierten Markt, nicht aber den Freiverkehr mit ein.[1569] Demgemäß ließe sich gegen eine Berücksichtigung des Freiverkehrs anführen, dass dieser keinen Börsenkurs i. S. d.

Rn. 100; *Schmidt*, NZG 2020, 1361, 1366; Ziemons/Binnewies/*Ziemons*, HdB-AG, 12. Rn. 12.1010; *Zwirner/Zimny*, BB 2018, 1387, 1391, die aber strengere Anforderungen an Freiverkehrskurse stellen. Dagegen: Bürgers/Körber/*Ruiz de Vargas*, AktG, Anh. § 305 AktG Rn. 54b, der allenfalls bei einem fehlenden aussagekräftigen Börsenkurs auf dem regulierten Markt Freiverkehrskurse mit hinreichender Liquidität heranziehen will; *Gude*, Strukturänderungen und Unternehmensbewertung zum Börsenkurs, S. 391–392; *Riegger/Wasmann*, FS Stilz (2014), S. 509, 510–511; *Schwichtenberg/Krenek*, BB 2021, 2127, 2133; *Wasmann/Glock*, DB 2014, 105, 109 zum § 39 BörsG in seiner ursprünglichen Fassung. Offen: *Brandenstein/Höfling*, NZG 2021, 18, 20–21; Hölters/Weber/*Deilmann*, AktG, § 305 AktG Rn. 39; Hüffer/Koch/*Koch*, AktG, § 305 AktG Rn. 41. Differenzierend nach Segmenten: BeckOGK-AktG/*Veil/Preisser*, § 305 AktG Rn. 60; *Bungert/Leyendecker-Langner*, BB 2014, 521, 524, 525.

[1566] *Redenius-Hövermann*, ZIP 2021, 485, 491; *Weimann*, Ertragswert und Börsenwert, S. 82–83 § 2.

[1567] *Redenius-Hövermann*, ZIP 2021, 485, 491; *Weimann*, Ertragswert und Börsenwert, S. 82–83 § 2; anders aber *Wasmann/Glock*, DB 2014, 105, 109, die hinsichtlich des § 39 BörsG in seiner ursprünglichen Fassung gegen eine Berücksichtigung von Freiverkehrskursen beim Delisting plädierten.

[1568] So bereits *Bungert/Strohotte*, DB 2023, 2422, 2425 zum Regierungsentwurf. Gegen eine Anwendung auf im Freiverkehr notierte Gesellschaften auch Hüffer/Koch/*Koch*, AktG, § 255 AktG Rn. 45 und Schmidt/Lutter/*Bayer*, AktG, § 255 AktG Rn. 38.

[1569] Siehe Assmann/Pötzsch/Schneider/*Krause*, WpÜG, § 5 WpÜG-AngVO Rn. 6; KK-WpÜG/*Kremer/Kulenkamp*, § 5 AngebVO Rn. 8; Marsch-Barner/Schäfer/*Drinkuth*, HdB börsennotierte AG, § 60 Rn. 60.260. Auch nach Auffassung der BaFin gehen nur die Kurse von regulierten inländischen Märkten in die Durchschnittskursberechnung ein, *BaFin*, Mindestpreise, https://www.bafin.de/ref/19593414. Für eine Berücksichtigung von Freiverkehrskurs entgegen der Praxis der BaFin plädieren jedoch Schwark/Zimmer/*Noack/Zetzsche*, KMRK, § 31 WpÜG Rn. 16 und Steinmeyer/*Santelmann/Nestler*, WpÜG, § 31 WpÜG Rn. 27.

WpÜG darstellt.[1570] Auch sind nur im Freiverkehr gelistete Gesellschaften nicht als kapitalmarktorientiert gemäß § 264d HGB oder börsennotiert i. S. v. § 3 Abs. 2 AktG einzuordnen.[1571] Hierbei ist zu beachten, dass sowohl das BVerfG[1572] als auch der BGH[1573] in ihren *DAT/Altana*-Entscheidungen explizit den Börsenkurs von börsennotierten Aktien berücksichtigen.[1574] Allerdings handelt es sich gemäß § 24 Abs. 1 S. 2 BörsG bei Freiverkehrspreisen um Börsenpreise, welche demnach bei einer Börsenkursorientierung rein begrifflich Beachtung finden sollten.[1575] Somit weist eine übernahme- und aktienrechtliche Deutung auf eine Ablehnung von Freiverkehrskursen hin, wohingegen eine börsenrechtlichen Betrachtung sie berücksichtigt.

Vor dem Hintergrund der beiden Wertkomponenten erscheint eine Einbeziehung von Freiverkehrskursen in die Durchschnittskursbildung aber vorzugswürdig.

In Hinblick auf den quotalen Unternehmenswert ist zu beachten, dass auch der Freiverkehr einen Markt darstellt, durch dessen Teilnehmer eine Bewertung des Unternehmens vorgenommen wird, wie dies auch bei einer regulierten Börse der Fall ist. Diesen Aspekt beim *Market Approach* auszublenden, würde bedeuten, eine unvollständige Bewertung durch den Markt trotz einer möglicherweise aussagekräftigen Datengrundlage der Unternehmensbewertung zugrunde zu legen. Versucht man, über den Börsenkurs den quotalen Unternehmenswert abzubilden, sollte auf eine möglichst umfassende Wertschätzung durch den Markt abgestellt werden. Dementsprechend liegt eine Berücksichtigung der Freiverkehrskurse nahe.

Aber auch dann, wenn der Börsenkurs als Deinvestitionswert betrachtet wird, empfiehlt es sich, die Kurse des Freiverkehrs einzubeziehen. So streitet für eine Berücksichtigung von Freiverkehrskursen, dass im Einklang mit dem BVerfG und dem BGH die Abfindung in Hinblick auf die Eigentumsgarantie des Art. 14 Abs. 1 GG mindestens auf den Deinvestitionswert beziffert werden soll, was auch den erzielbaren Wert bei einer tatsächlichen Veräußerungsmöglichkeit im Freiverkehr erfassen müsste.[1576]

[1570] Vgl. *Zwirner/Zimny*, BB 2018, 1387, 1389–1390.

[1571] *Zwirner/Zimny*, BB 2018, 1387, 1387.

[1572] BVerfG, Beschl. v. 27.04.1999 – 1 BvR 1613–94 – BVerfGE 100, 289–313, Os. 3a, Os. 3c, Rn. 53, 55, 62, 70.

[1573] BGH, Beschl. v. 12.03.2001 – II ZB 15/00 –, BGHZ 147, 108–125, Rn. 18.

[1574] *Wasmann/Glock*, DB 2014, 105, 109; vgl. *Riegger/Wasmann*, FS Stilz (2014), S. 509, 510–511.

[1575] Vgl. Ziemons/Binnewies/*Ziemons*, HdB-AG, 12. Rn. 12.1010.

[1576] OLG Hamburg, Beschl. v. 07.09.2020 – 13 W 122/20 = NZG 2021, 29, 30 Rn. 23–27. In eine solche Richtung auch *Ruthardt/Hachmeister*, CF 2014, 174, 179. Diesen Aspekt scheinen *Riegger/Wasmann*, FS Stilz (2014), S. 509, 510–511 und *Wasmann/Glock*, DB 2014, 105, 109 zu missachten. So wird in den *DAT/Altana*-Entscheidungen weder Freiverkehrskursen ihre Bewertungsrelevanz ausdrücklich abgesprochen noch die Möglichkeit einer freien Deinvestitionsentscheidung am Freiverkehr explizit verneint.

Weiterhin ist das regulatorische Umfeld des Freiverkehrs mit dem des regulierten Marktes zu vergleichen.

Jedenfalls unter der früheren Rechtslage sprachen die geringeren Publizitätspflichten gegen eine Heranziehung von Kursen des Freiverkehrs.[1577] Freiverkehrswerte lassen sich aber erst dann mit den Kursen einer regulierten Börse vergleichen, wenn auch hier alle relevanten Informationen eingepreist werden können.[1578] Da es für den Deinvestitionswert nicht auf Effizienzgesichtspunkte und die Information der Marktteilnehmer ankommt, greifen die Erwägungen hinsichtlich der Informationspflichten allerdings nur in Hinblick auf den quotalen Unternehmenswert.

Mit der EU-Marktmissbrauchsverordnung (kurz: MAR) bestehen seit Juli 2016 jedoch auch für Emittenten am Freiverkehr umfangreiche Folgepflichten. So unterliegen sie einer Ad-hoc-Publizitätspflicht, dem Verbot von Insidergeschäften und Marktmanipulationen sowie der Pflicht zur Veröffentlichung von *Directors' Dealings.*[1579] Mithin ist zumindest partiell eine Angleichung des Freiverkehrs an den regulierten Markt erfolgt, was nahelegt, auch Freiverkehrskurse als bewertungsrelevant zu erachten.[1580] Seit Inkrafttreten der MAR herrscht auch im Freiverkehr ein effizienzsteigerndes Pflichtenregime.[1581] Gerade diese MAR-Vorgaben decken die zentralen Nichtberücksichtigungsfälle von einer Börsenkursberücksichtigung ab. Darüber hinaus bestehen erweiterte Informationspflichten bei besonderen Segmenten innerhalb des Freiverkehrs, die eine Vergleichbarkeit mit regulierten Märkten auch schon nach der alten Rechtslage nahelegen.[1582]

Allerdings unterliegt der Freiverkehr weiterhin geringeren regulatorischen Anforderungen[1583], was das Risiko birgt, dass die erforderliche Transparenz nicht er-

[1577] OLG München, Beschl. v. 17.07.2014 – 31 Wx 407/13 = AG 2014, 714, 715; *Riegger/Wasmann*, FS Stilz (2014), S. 509, 511; Schmidt/Lutter/*Stephan*, AktG, § 305 AktG Rn. 100; *Wasmann/Glock*, DB 2014, 105, 109; hinsichtlich des einfachen Freiverkehrs: BeckOGK-AktG/*Veil/Preisser*, § 305 AktG Rn. 60; *Bungert/Leyendecker-Langner*, BB 2014, 521, 524.

[1578] *Bungert/Leyendecker-Langner*, BB 2014, 521, 524.

[1579] *Rubner/Pospiech*, GWR 2016, 228, 228–230; Schmidt/Lutter/*Stephan*, AktG, § 305 AktG Rn. 100; *Schmidt*, NZG 2020, 1361, 1366; vgl. BeckOGK-AktG/*Veil/Preisser*, § 305 AktG Rn. 60.

[1580] So auch Schmidt/Lutter/*Stephan*, AktG, § 305 AktG Rn. 100 und *Schmidt*, NZG 2020, 1361, 1366; in diese Richtung wohl auch OLG Hamburg, Beschl. v. 07.09.2020 – 13 W 122/20 = NZG 2021, 29, 31 Rn. 38.

[1581] OLG Hamburg, Beschl. v. 07.09.2020 – 13 W 122/20 = NZG 2021, 29, 31 Rn. 38.

[1582] BeckOGK-AktG/*Veil/Preisser*, § 305 AktG Rn. 60; *Bungert/Leyendecker-Langner*, BB 2014, 521, 524. Auch bei OLG Hamburg, Beschl. v. 07.09.2020 – 13 W 122/20 = NZG 2021, 29, 31 Rn. 38 wird eine zeitweise Notierung im *Basic Board* der FWB mitsamt den damit einhergehenden Auskunftspflichten nebst der Informationspflichten nach Maßgabe der MAR hinsichtlich einer vermuteten Effizienz und der Aussagekraft von Freiverkehrskursen angeführt.

[1583] *Zwirner/Zimny*, BB 2018, 1387, 1390. Auf die fehlende Geltung der Transparenz- und Publizitätsvorschriften des WpHG im Freiverkehr weisen auch *Brandenstein/Höfling*, NZG 2021, 18, 20 und *Land/Hallermayer*, AG 2015, 659, 663 hin. Siehe auch Bürgers/Körber/*Ruiz* reicht wird.[1584] Wenn für Freiverkehrsemittenten zwar auch nicht sämtliche Publizitätspflichten wie im regulierten Markt gelten, so greifen aber auch im Freiverkehr nebst den bereits genannten MAR-Regelungen zahlreiche Anlass- und Regelpublizitätsvorschriften ein.[1585] Ungeachtet dessen kommt es zumindest dann, wenn im Rahmen des Nichtberücksichtigungsfalls der Informationspflichtverletzung gemäß der überwiegend zu beobachtenden Praxis nur auf die Ad-hoc-Publizität abgestellt wird, lediglich auf diese an.[1586]

Mithin liegt es nahe, dass jedenfalls unter diesen Vorgaben eine im Vergleich zum regulierten Markt ausreichende Transparenz besteht. Eine weitergehende Untersuchung des Kurses dahingehend, ob er auf wertrelevante Informationen reagiert hat[1587], vermag zwar eine nähere Beurteilung der Informationseffizienz im Einzelfall zu ermöglichen. Dieser Aspekt ist jedoch auch für Börsenkurse des regulierten Marktes von Interesse. Auf ein solches Vorgehen mittels positiver Effizienzanforderungen wird in Bezug auf sämtliche zur Bewertung herangezogenen Börsenkurse noch gesondert eingegangen.[1588] Den im Freiverkehr fehlenden Transparenzpflichten kann auf diesem Wege jedoch nicht entgegengewirkt werden.

Denklogisch gelten auch die weiteren Fälle der Nichtberücksichtigung des Börsenkurses bezüglich des Freiverkehrs. Ebenso bedarf es eines dreimonatigen Mindestreferenzzeitraums[1589], wobei nach Möglichkeit eine Umsatzgewichtung vorzunehmen ist[1590]. Andernfalls würden Kurse mit von vornherein zweifelhafter Bewertungseignung zur Abfindungsbemessung herangezogen.

---

de Vargas, AktG, Anh. § 305 AktG Rn. 54b, laut welchem dem Freiverkehr eine im Vergleich zum regulierten Markt eingeschränkte Informationsgrundlage obliegt.

[1584] *Zwirner/Zimny*, BB 2018, 1387, 1390; vgl. *Brandenstein/Höfling*, NZG 2021, 18, 20; anders hingegen Ziemons/Binnewies/*Ziemons*, HdB-AG, 12. Rn. 12.1010, wonach die abweichenden Informations- und Publizitätsregelungen im Freiverkehr keine wertbildenden Unterschiede darstellen.

[1585] Siehe konkret etwa die handelsrechtliche Regelpublizität mitsamt der CSR- und LkSG-Berichtspflicht, die Mitteilungspflichten der §§ 20, 21 AktG und die Offenlegungspflicht hinsichtlich Netto-Leerverkaufspositionen sowie die maßnahmenspezifischen Informationspflichten. Auf die aktienrechtlichen Regelungen hinweisend: BeckHdB-AG/*Harrer*, § 20 Rn. 45; *Buck-Heeb*, Kapitalmarktrecht, S. 40 § 3 Rn. 145.

[1586] Siehe hierzu: § 6 A.III.3.c). Auf die Frage nach den weiteren erfassten Informationspflichten wird im Rahmen dieser Arbeit nicht weiter eingegangen.

[1587] So OLG München, Beschl. v. 17.07.2014 – 31 Wx 407/13 = AG 2014, 714, 715; dem zustimmend *Land/Hallermayer*, AG 2015, 659, 663, wobei sich in beiden Fällen noch auf die Rechtslage vor 2016 und die damals weitaus niedrigere Transparenz im Freiverkehr bezogen wird; ebenfalls eine differenzierende Analyse von Freiverkehrskursen aufgrund einer vermeintlich geringeren Informationseffizienz fordernd: *Zwirner/Zimny*, BB 2018, 1387, 1391.

[1588] Siehe hierzu: § 6 C.

[1589] Siehe hierzu: § 6 B.II.2.e).

[1590] Siehe zu diesem Vorgehen: § 6 B.III.2. Auch bei OLG Hamburg, Beschl. v. 07.09. 2020 – 13 W 122/20 = NZG 2021, 29, 30, ging es um einen umsatzgewichteten Durchschnittskurs einer im Freiverkehr notierten Aktie.

Bei einem Handel im Freiverkehr hat nach der Rechtsprechung eine genaue Untersuchung dahingehend zu erfolgen, ob ein liquider Börsenhandel stattgefunden hat.[1591] Nur dann bestehe die hypothetische Veräußerungsmöglichkeit zum festgestellten Kurs.[1592] Aber auch für die Darstellung des quotalen Unternehmenswerts ist der Liquiditätsaspekt von Bedeutung.

Hinsichtlich der Liquiditätsprüfung wird auf den § 5 Abs. 4 WpÜG-AngebVO, der keine direkte Anwendung im Freiverkehr findet, als Indiz verwiesen.[1593] Allerdings wird in der WpÜG-AngebVO nicht der Umfang des täglichen Handels berücksichtigt, was sich insbesondere bei Freiverkehrsaktien als problematisch erweisen dürfte. Schließlich kann gerade bei kleineren und mittleren Unternehmen zwar ein Handel an zwei Dritteln der Handelstage stattfinden, wobei aber lediglich eine einzelne Aktie gehandelt wird.[1594] Dabei stagniert der Kurs und ein Anstieg der Transaktionen würde zu plötzlichen signifikanten Kursreaktionen führen.[1595] Dementsprechend wird es häufig nicht ausreichen, eine Liquidität nach der WpÜG-AngebVO festzustellen, um beurteilen zu können, ob es sich um verkehrsfähige Aktien im Freiverkehr handelt.[1596] Ohnehin sieht sich der § 5 Abs. 4 WpÜG-AngebVO als alleiniger Liquiditätsmaßstab berechtigter Kritik ausgesetzt.[1597]

Zur Behebung dieser Unstimmigkeiten kann auf das bereits im Rahmen der Marktenge und Illiquidität entwickelte Lösungsmodell verwiesen werden.[1598] Hierdurch dürfte man dem Einzelfall gerecht werden und zugleich rechtssichere Rahmenbedingungen schaffen.

In eine ähnliche Richtung gehen bereits Zwirner und Zimny. Sie schlagen vor, zusätzlich die Kursbewegungen nach der Bekanntgabe der Maßgabe zu beobach-

---

[1591] OLG Hamburg, Beschl. v. 07.09.2020 – 13 W 122/20 = NZG 2021, 29, 30 Rn. 27; OLG München, Beschl. v. 17.07.2014 – 31 Wx 407/13 = AG 2014, 714, 715; OLG Düsseldorf, Beschl. v. 13.03.2008 – I-26 W 8/07 (AktE) = AG 2008, 498, 501; *Brandenstein/Höfling*, NZG 2021, 18, 20; vgl. Bürgers/Körber/*Ruiz de Vargas*, AktG, Anh. § 305 AktG Rn. 54b; kritisch diesbezüglich Ziemons/Binnewies/*Ziemons*, HdB-AG, 12. Rn. 12.1009.

[1592] OLG Hamburg, Beschl. v. 07.09.2020 – 13 W 122/20 = NZG 2021, 29, 30 Rn. 27; OLG München, Beschl. v. 17.07.2014 – 31 Wx 407/13 = AG 2014, 714, 715; vgl. Bürgers/Körber/*Ruiz de Vargas*, AktG, Anh. § 305 AktG Rn. 54b; vgl. *Bungert/Leyendecker-Langner*, BB 2014, 521, 524.

[1593] OLG Hamburg, Beschl. v. 07.09.2020 – 13 W 122/20 = NZG 2021, 29, 30 Rn. 29–30; OLG München, Beschl. v. 17.07.2014 – 31 Wx 407/13 = AG 2014, 714, 715; vgl. *Bungert/Leyendecker-Langner*, BB 2014, 521, 524–525. Siehe zu den Anforderungen des § 5 Abs. 4 WpÜG-AngebVO und den Liquiditätsvoraussetzungen: § 6 A.III.1.a)bb).

[1594] *Zwirner/Zimny*, BB 2018, 1387, 1390.

[1595] *Zwirner/Zimny*, BB 2018, 1387, 1390.

[1596] *Zwirner/Zimny*, BB 2018, 1387, 1390–1391.

[1597] Siehe hierzu bereits die Kritik unter: § 6 A.III.1.a)bb)(4)(b).

[1598] Siehe hierzu das Modell unter: § 6 A.III.1.a)bb)(4)(b).

ten.[1599] Dabei sei die Anzahl an Transaktionen und die hierdurch hervorgerufenen Kursbewegungen zu untersuchen.[1600] Führt eine relativ geringe Transaktionszahl zu deutlichen Kursreaktionen, sollte demnach der gewichtete Durchschnittskurs vor der Maßnahme auf keinem stabilen Börsenkurs fußen.[1601] In solchen Fällen ist eine Deinvestition zum Börsenkurs zweifelhaft.[1602] Auf diesem Wege soll der problematischen Feststellung der Verkehrsfähigkeit von Freiverkehrskursen mittels der WpÜG-AngebVO entgegengewirkt werden.[1603] Hierbei handelt es sich um eine preisbasierte Liquiditätsmessung.[1604] Zwecks eines genaueren Nachweises der Liquidität und einer flexiblen Handhabung empfiehlt sich aber auch bei Freiverkehrskursen, auf der Grundlage des bereits erörterten Modells mit grundsätzlich zwei Liquiditätsdimensionen, mindestens aber einer einzelnen Liquiditätsdimension, auf Basis anerkannter und hinsichtlich des konkreten Einzelfalls begründeter Kennzahlen, zu verfahren. Zwirner und Zimny ist allerdings dahingehend zuzustimmen, bei Freiverkehrskursen stets eine Beurteilung der Liquidität im Einzelfall zu fordern. Anders als bei regulierten Märkten sollte eine Kennzahlenanalyse immer neben den Anforderungen des § 5 Abs. 4 WpÜG-AngebVO erfolgen.[1605] Legt bereits einer dieser Aspekte eine mangelnde Liquidität nahe, ist der Freiverkehrskurs nicht zur Unternehmensbewertung heranzuziehen. Ähnlich will auch Ruiz de Vargas vorgehen, der für Kurse des regulierten Marktes eine ausreichende Liquidität anhand der Vorgaben des § 5 Abs. 4 WpÜG-AngebVO, bei Freiverkehrskursen hingegen eine hinreichende Liquidität auf Basis einer betriebswirtschaftlichen Analyse verlangt.[1606] Diese strengeren Anforderungen begründen sich darin, dass gerade im Freiverkehr der Maßstab des § 5 Abs. 4 WpÜG-AngebVO zur Bestimmung einer Marktenge an seine Grenzen stoßen kann. So indiziert dieses Vorgehen ein hinreichendes Liquiditätsniveau, welches für die Ermittlung des Deinvestitionswerts und des quotalen Unternehmenswerts notwendig ist. Mit Blick auf letztere Wertkomponente legt ein derart hohes Liquiditätsmaß auch eine durch den regen Handel informierte Preisbildung nahe.[1607] Zwar mag hierdurch ein höherer Aufwand bei der Durchschnittskursbestimmung anfallen. Dieser ist aber vor dem

---

[1599] *Zwirner/Zimny*, BB 2018, 1387, 1390–1391. Angesichts der hier vertretenen Relevanz des bloßen Bekanntwerdens der Maßnahme (siehe: § 6 B.II.1.i)), muss bereits den Kursbewegungen nach dem Bekanntwerden Beachtung geschenkt werden.

[1600] *Zwirner/Zimny*, BB 2018, 1387, 1390–1391.

[1601] *Zwirner/Zimny*, BB 2018, 1387, 1391.

[1602] *Zwirner/Zimny*, BB 2018, 1387, 1391.

[1603] *Zwirner/Zimny*, BB 2018, 1387, 1391.

[1604] Siehe zu den Liquiditätskennzahlen der ökonomischen Forschung: § 6 A.III.1.a)bb)(2).

[1605] Nach dem hier vertretenen Ansatz ist bei Börsenkursen des regulierten Marktes grds. eine Marktenge nach Maßgabe des § 5 Abs. 4 WpÜG-AngebVO anzunehmen und lediglich im Wege einer Auffanggeneralklausel bzw. einer Rückausnahmeregelung auf Liquiditätskennzahlen zurückzugreifen (siehe hierzu: § 6 A.III.1.a)bb)(4)).

[1606] Bürgers/Körber/Lieder/*Ruiz de Vargas*, AktG, Anh. § 305 AktG Rn. 54a-54b.

[1607] Siehe bereits die Erwägungen im Kontext der Marktenge: (§ 6 A.III.1.a)bb)(5)(a)(aa)).

Hintergrund hinzunehmen, dass ein bezüglich des Deinvestitionswerts und des quotalen Unternehmenswerts aussagekräftiger Kurs von zentraler Bedeutung ist.

In Anbetracht der obigen Argumentation vermag die Bewertungsrelevanz von Freiverkehrskursen unter strengeren Liquiditätsanforderungen zu überzeugen. In Verbindung mit dem an vielen Stellen angeglichenen regulatorischen Umfeld des Freiverkehrs sowie den auch hier geltenden Nichtberücksichtigungsfällen und Vorgaben zur Durchschnittskursbildung ist von Freiverkehrskursen auszugehen, die den Börsenkursen nach Maßgabe des WpÜG und der BaFin ebenbürtig sind. Zwar wird dieses Vorgehen mit einem zusätzlichen Aufwand und einer gewissen Unsicherheitskomponente verbunden sein. Zwecks einer möglichst aussagekräftigen Durchschnittskursbildung ist der damit einhergehende Vorteil aber höher zu gewichten.

Unter Berücksichtigung all dieser Aspekte ist festzuhalten, dass Kurse des Freiverkehrs für eine Bildung des Durchschnittskurses nur dann relevant sind, wenn eine Liquidität nach dem hier vorgeschlagenen Modell in strengerer Form anzunehmen ist und die übrigen Fälle eines Kurses ohne Bewertungseignung nicht einschlägig sind.

Dies sollte nicht nur im Falle eines ausschließlichen Handels im Freiverkehr, sondern auch bei einem parallelen Handel neben einem solchen im regulierten Markt und beim zwischenzeitlichen Freiverkehrshandel gelten, solange die weiteren Voraussetzungen für aussagefähige Kurse erfüllt sind.[1608] Andernfalls würde die Einschätzung des Unternehmens durch eine Vielzahl von Marktteilnehmern missachtet und keine umfassende Marktbewertung der Unternehmensbewertung zugrunde gelegt.[1609] Nach Möglichkeit ist ein umsatzgewichteter Durchschnitt all dieser Kurse zu bilden.[1610]

Diese Wertungen sollten auch für die anderen inländischen multilateralen Handelssysteme (*Multilateral Trading Facility*, kurz MTF) neben dem Freiverkehr gelten.[1611] Bei MTF handelt es sich um privatrechtlich betriebene, börsenähnliche

---

[1608] Ein solches Nebeneinander kann aufgrund des Verbots der Doppelnotierung von Wertpapieren an verschiedenen Marktsegmenten derselben Börse (siehe Kümpel/Mülbert/Früh/Seyfried/*Seiffert/Lembke*, Bankrecht und Kapitalmarktrecht, 14. Rn. 14.304; vgl. auch *Buck-Heeb*, Kapitalmarktrecht, § 2 Rn. 64) nur bei der Berücksichtigung verschiedener Börsen auftreten.

[1609] A.A. *Gude*, Strukturänderungen und Unternehmensbewertung zum Börsenkurs, S. 391–392, der vor dem Hintergrund der seinerzeit aufsteigend höheren Anforderungen der damaligen Börsensegmente des Freiverkehrs, des geregelten Marktes und des amtlichen Marktes davon ausgeht, dass der überwiegende Handel im Segment mit den höchsten Anforderungen stattfindet und ein weiterer Handel in einem weniger streng reglementierten Segment keine genauere Bewertungsgrundlage bietet.

[1610] Siehe zu diesem Vorgehen: § 6 B.III.3.a).

[1611] So auch Emmerich/Habersack/*Emmerich*, AktG, 9. Aufl. 2019, § 305 AktG Rn. 46 und *Ruthardt/Hachmeister*, CF 2014, 174, 179, die nebst Freiverkehrskursen auch die Kurse rein privater Börsen, d.h. MTF, als Börsenkurse anerkennen, die bei ausreichender Aussagekraft

Handelssysteme.[1612] Zwar mag sich der Freiverkehr deutlich von ihnen abheben.[1613] So ist dem Freiverkehr im Vergleich zu den übrigen MTF eine zumindest teilweise öffentlich-rechtliche Regulierung immanent.[1614] Anders als bei MTF müssen die Regeln des Freiverkehrs von einer Behörde genehmigt und durch eine öffentlich-rechtliche Stelle überwacht werden.[1615] Zudem gelten viele, den börslichen vom außerbörslichen Handel abgrenzende Bestimmungen, wie etwa die nach § 24 BörsG zu erfolgende Feststellung der Börsenpreise, auch im Freiverkehr.[1616] Ferner unterliegt er der staatlichen Kapitalmarktaufsicht.[1617] Angesichts seines erhöhten Regulierungsniveaus ließe er sich als „qualifiziertes MTF" betrachten.[1618] Da der Freiverkehr regelmäßig dieselbe Infrastruktur wie der regulierte Markt nutzt, weist er nebst der regulatorischen auch eine räumliche Nähe zu diesem auf, weshalb in der öffentlichen Außenwahrnehmung oftmals keine Abgrenzung zwischen den Märkten erfolgt.[1619] Darüber hinaus kommt den übrigen MTF auch nicht die volkswirtschaftliche Bedeutung des Freiverkehrs zu, der anders als jene oftmals für die Primärnotierung mittelständischer Unternehmen genutzt wird und eine entsprechende mediale Aufmerksamkeit genießt.[1620] Allerdings handelt es sich ausweislich des § 48 Abs. 3 S. 2 BörsG beim Freiverkehr nach heutiger Rechtslage dennoch um ein

---

zur Unternehmensbewertung bzw. als Hinweise für eine Deinvestitionsmöglichkeit genutzt werden könnten. Anders hingegen *Stein*, Fundamentalanalyse und Börsenkurs, S. 250–252, der die multilateralen Handelssysteme unter dem Überbegriff der alternativen Handelssysteme (*Alternative Trading Systems*, kurz ATS) aufzählt, deren Bewertungseignung er ablehnt. Zur einzelfallabhängigen Beurteilung von ATS siehe *Groß*, KapMarktR, § 2 BörsG Rn. 13–15.

[1612] *Buck-Heeb*, Kapitalmarktrecht, S. 36 § 3 Rn. 129.

[1613] *Schönemann*, Organisationsstruktur der Börse, S. 83; vgl. *Beer*, Die Verantwortung des Börsenträgers bei der Gestaltung alternativer Marktsegmente, S. 81–84; siehe auch *Weber*, NJW 2007, 3688, 3690, der von einem MTF *sui generis* spricht; wohl auch Schwark/Zimmer/*Schwark*, KMRK, § 48 BörsG Rn. 3, der von einer gesetzestechnischen Abgrenzung des Freiverkehrs von den anderen MTF und einem Vertrauensvorteil gegenüber diesen spricht.

[1614] *Beer*, Die Verantwortung des Börsenträgers bei der Gestaltung alternativer Marktsegmente, S. 77; siehe auch Schwark/Zimmer/*Schwark*, KMRK, § 48 BörsG Rn. 9, der dem Freiverkehr ein gemischtes Regelungssystem zuspricht.

[1615] *Beer*, Die Verantwortung des Börsenträgers bei der Gestaltung alternativer Marktsegmente, S. 82.

[1616] *Beer*, Die Verantwortung des Börsenträgers bei der Gestaltung alternativer Marktsegmente, S. 76–77, 82–83.

[1617] *Beer*, Die Verantwortung des Börsenträgers bei der Gestaltung alternativer Marktsegmente, S. 82.

[1618] *Beer*, Die Verantwortung des Börsenträgers bei der Gestaltung alternativer Marktsegmente, S. 83.

[1619] *Beer*, Die Verantwortung des Börsenträgers bei der Gestaltung alternativer Marktsegmente, S. 85; vgl. Kümpel/Mülbert/Früh/Seyfried/*Seiffert/Lembke*, Bankrecht und Kapitalmarktrecht, 14. Rn. 14.304.

[1620] *Beer*, Die Verantwortung des Börsenträgers bei der Gestaltung alternativer Marktsegmente, S. 83–84.

MTF.[1621] Trotz der regulatorischen Abweichungen wurden die MTF und der Freiverkehr gleichgestellt.[1622] Hinsichtlich der Unternehmensbewertung ist vor allem der Umstand von Bedeutung, dass die Regelungen für eine Abkehr von der Börsenkursorientierung auch bei MTF angewendet werden können. Der Anwendungsbereich der MAR erstreckt sich ebenso auf MTF, Art. 2 Abs. 1 lit. b) MAR.[1623] Mithin gelten die Verbote der Marktmanipulation und des Insiderhandels sowie die Ad-hoc-Publizitätspflicht und die Veröffentlichungspflicht hinsichtlich *Directors' Dealings* auch hier.[1624] Somit fand ebenso wie beim Freiverkehr eine partielle Angleichung an den regulierten Markt statt. Darüber hinaus gelten auch für Aktiengesellschaften, die an MTF gehandelt werden, zusätzliche handels- und gesellschaftsrechtliche Publizitätspflichten. Für den Handelsplatzbetreiber eines MTF bestehen Handelstransparenzreglungen sowie Aufzeichnungs- und Meldepflichten gegenüber der BaFin.[1625] Mithin sollte man auch hier auf die für Freiverkehrskurse anwendbaren Nichtberücksichtigungsfälle zurückgreifen können. Zwar zählen sie nicht als Börsenpreise i. S. d. § 24 Abs. 1 BörsG.[1626] Allerdings handelt es sich auch bei MTF um Handelsplätze, auf denen Angebot und Nachfrage zusammenkommen.[1627] Da hierbei eine Einschätzung des Unternehmenswerts durch den Markt stattfindet, sollten sämtliche MTF-Kurse hinsichtlich der Darstellung des quotalen Unternehmenswerts bei einer Marktorientierung herangezogen werden. Angesichts der Tatsache, dass eine hypothetische Veräußerung auch an einem MTF stattfinden kann und diese als empirische Datenbasis zur Fortschreibung von Referenzkursen dienen können, müssten sie auch bei der Ermittlung des Deinvestitionswerts Berücksichtigung finden. Daher dürften die übrigen MTF-Kurse jenen des Freiverkehrs in ihrer Aussagekraft nahezu gleichwertig sein. Wie auch die Freiverkehrskurse sollten sie im Rahmen einer vollständigen Berücksichtigung aller relevanter Marktdaten in die Durchschnittskursbildung nach den zuvor erarbeiteten strengeren Voraussetzungen einfließen.

Etwas anderes hingegen gilt hinsichtlich Geschäften des OTC-Handels (*over the counter*) und systematischen Internalisierern. Der OTC-Handel findet außerhalb der

---

[1621] *Buck-Heeb*, Kapitalmarktrecht, S. 38 § 3 Rn. 136; Marsch-Barner/Schäfer/*Schäfer*, HdB börsennotierte AG, § 15 Rn. 15.14; vgl. *Groß*, KapMarktR, § 48 BörsG Rn. 1b; vgl. *Poelzig*, Kapitalmarktrecht, § 8 S. 113 Rn. 219; vgl. *Wilhelm*, Kapitalgesellschaftsrecht, S. 446 Rn. 771; dies war nach der früheren Gesetzesfassung nicht der Fall, siehe *Groß*, KapMarktR, § 48 BörsG Rn. 1b; Marsch-Barner/Schäfer/*Schäfer*, HdB börsennotierte AG, § 15 Rn. 15.14.

[1622] Vgl. Marsch-Barner/Schäfer/*Schäfer*, HdB börsennotierte AG, § 15 Rn. 15.15.

[1623] EBJS-HGB/*Poelzig*, Art. 1 VO (EU) 596/2014 Rn. 1, 5; *Poelzig*, Kapitalmarktrecht, § 10 S. 119 Rn. 232; Schimansky/Bunte/Lwowski/*Seiler/Geier*, BankR-HdB, Vor § 104 Rn. 91.

[1624] Vgl. *Poelzig*, Kapitalmarktrecht, 2. Aufl., § 10 S. 118 Rn. 228.

[1625] *Poelzig*, Kapitalmarktrecht, § 9 S. 116–117 Rn. 227, S. 118–119 Rn. 229–231.

[1626] Hopt/*Kumpan*, HGB, § 24 BörsG Rn. 1; Schwark/Zimmer/*Kumpan*, KMRK, § 24 BörsG Rn. 9.

[1627] *Poelzig*, Kapitalmarktrecht, § 8 S. 112–113 Rn. 218.

Börse oder eines MTF statt.[1628] Dabei geschieht ein direkter Handel zwischen Käufer und Verkäufer oder über die Vermittlung durch einen Dritten.[1629] Systematische Internalisierer stellen eine besondere Ausformung des OTC-Handels dar, indem sie häufig in organisierter und systematischer Weise Handel mit Finanzinstrumenten außerhalb des organisierten Markts oder eines MTF auf eigene Rechnung betreiben.[1630] Zwar können auch im OTC-Handel die Pflichten aus der MAR bestehen.[1631] Allerdings gereicht das einem systematischen Internalisierer oder OTC-Handel obliegende Handelssystem nicht dazu, bewertungsrelevante Referenzkurse zu erzielen.[1632] So handelt es sich beim geregelten Markt und bei MTF um multilaterale Systeme[1633], wohingegen systematische Internalisierer[1634] und OTC[1635] bilaterale Systeme darstellen. Multilaterale Systeme lassen sich von bilateralen Systemen dahingehend abgrenzen, dass auf ersteren verschiedene Interessen anderer in Gestalt von Angebot und Nachfrage zusammengeführt werden, wohingegen letztere selbst einen Handel betreiben und dabei als Kontrahent auftreten.[1636] Über ein bilaterales Handelssystem erfolgt kein Börsenhandel.[1637] Es liegen auch keine Börsenpreise gemäß § 24 BörsG vor.[1638] Ebenso entsprechen OTC-Preise nicht dem § 5 WpÜG-AngebVO.[1639] Anders als auf der Börse, dem Freiverkehr oder den üb-

---

[1628] Schwark/Zimmer/*Schwark*, KMRK, § 48 BörsG Rn. 40.

[1629] *Beer*, Die Verantwortung des Börsenträgers bei der Gestaltung alternativer Marktsegmente, S. 67.

[1630] Schwark/Zimmer/*Schwark*, KMRK, § 48 BörsG Rn. 40; näher zu den systematischen Internalisierern siehe: *Buck-Heeb*, Kapitalmarktrecht, S. 42–44 § 3 Rn. 156–162; *Poelzig*, Kapitalmarktrecht, § 8 S. 115–116 Rn. 224–226.

[1631] *Poelzig*, Kapitalmarktrecht, § 10 S. 119 Rn. 232.

[1632] So wohl auch OLG Karlsruhe, Beschl. v. 12.09.2017 – 12 W 1/17 = ZIP 2018, 122, 124.

[1633] *Buck-Heeb*, Kapitalmarktrecht, S. 34 § 3 Rn. 120; *Kumpan/Müller-Lankow*, WM 2017, 1777, 1777.

[1634] *Beer*, Die Verantwortung des Börsenträgers bei der Gestaltung alternativer Marktsegmente, S. 66; *Buck-Heeb*, Kapitalmarktrecht, S. 34 § 3 Rn. 120; *Kumpan/Müller-Lankow*, WM 2017, 1777, 1777; *Poelzig*, Kapitalmarktrecht, § 8 S. 115 Rn. 224; Schwark/Zimmer/*Kumpan*, KMRK, § 2 WpHG Rn. 103.

[1635] *Buck-Heeb*, Kapitalmarktrecht, S. 34 § 3 Rn. 120; *Kumpan/Müller-Lankow*, WM 2017, 1777, 1777; Schimansky/Bunte/Lwowski/*Seiler/Geier*, BankR-HdB, Vor § 104 Rn. 30; *Wilhelm*, Kapitalgesellschaftsrecht, S. 431 Rn. 743.

[1636] *Kumpan/Müller-Lankow*, WM 2017, 1777, 1779–1782, mit näheren Ausführungen zur Abgrenzung multilateraler und bilateraler Systeme; Schwark/Zimmer/*Kumpan*, KMRK, § 2 WpHG Rn. 142–143; vgl. *Poelzig*, Kapitalmarktrecht, § 8 S. 115 Rn. 224; vgl. Schimansky/Bunte/Lwowski/*Seiler/Geier*, BankR-HdB, Vor § 104 Rn. 33; vgl. Schwark/Zimmer/*Kumpan*, KMRK, § 24 BörsG Rn. 11 unter dem Aspekt des Börsenhandels; wohl auch *BaFin*, Merkblatt Betrieb eines multilateralen Handelssystems, https://www.bafin.de/dok/7866836, unter 1. a).

[1637] Schwark/Zimmer/*Kumpan*, KMRK, § 24 BörsG Rn. 9.

[1638] Hopt/*Kumpan*, HGB, § 24 BörsG Rn. 1; Schwark/Zimmer/*Kumpan*, KMRK, § 24 BörsG Rn. 9, bzgl. systematischer Internalisierer. Allerdings gilt dies auch für die soeben als berücksichtigungswürdig erachteten MTF.

[1639] OLG Karlsruhe, Beschl. v. 12.09.2017 – 12 W 1/17 = ZIP 2018, 122, 124.

rigen MTF werden bei systematischen Internalisierern und beim OTC-Handel die Aktien nicht über einen Marktplatz vertrieben.[1640] Im Gegensatz zu den multilateralen Systemen erfolgt keine Preisbildung durch die Käufe und Verkäufe von Marktteilnehmern.[1641] In Anbetracht dessen können die einzelnen bei bilateralen Systemen erzielten Preise nicht mit den Kursen multilateraler Systeme verglichen werden. Auch ist der außerbörsliche Handel zu intransparent, als dass er zur Unternehmensbewertung geeignet wäre.[1642] Eine Bewertung des Unternehmens durch einen Markt, die verlässliche Rückschlüsse auf den quotalen Unternehmenswert liefert, ist ebenso zu bezweifeln wie eine Deinvestitionsmöglichkeit des typisierten Minderheitsaktionärs zu diesem Preis. Ohnehin dürften vereinzelte, über ein bilaterales Handelssystem erzielte Preise eine Durchschnittskursbildung verzerren, wenn sie in diese mit einberechnet würden. Ihre Gewichtung nebst vorhandener Referenzkurse ist unklar und würde mit einem erhöhten Aufwand und Unsicherheiten sowie einem Manipulationsrisiko einhergehen.

Zusammengefasst bietet es sich an, neben den Kursen des regulierten Marktes auch jene des Freiverkehrs und der übrigen MTF unter strengeren Voraussetzungen in die Durchschnittskursbildung miteinzubeziehen. Die außerbörslichen Preise bilateraler Systeme hingegen sollten keinen Eingang in die Durchschnittskursbildung finden.

c) Berücksichtigung ausländischer Kurse

Fraglich ist, ob im Rahmen einer Abfindung auch ausländische Börsenkurse miteinzubeziehen sind.[1643] In der Literatur wird dieser Thematik wenig Beachtung geschenkt, wobei keine einheitliche Beurteilung ersichtlich ist.[1644] In der Begrün-

---

[1640] Vgl. *Wilhelm*, Kapitalgesellschaftsrecht, S. 446 Rn. 771.

[1641] Vgl. *Buck-Heeb*, Kapitalmarktrecht, S. 43 § 3 Rn. 159.

[1642] *Stein*, Fundamentalanalyse und Börsenkurs, S. 249–252, bzgl. des außerbörslichen Handels im Allgemeinen und systematischen Internalisierern. Auf die grundsätzliche Intransparenz und den im Vergleich zu Börsen weitaus geringeren Organisationsgrad des außerbörslichen Handels weist auch Kümpel/Mülbert/Früh/Seyfried/*Oulds*, Bankrecht und Kapitalmarktrecht, 10. Rn. 10.45 hin.

[1643] Zur Behandlung dieser Problematik im Rahmen des Nichtberücksichtigungsfalls der Marktenge und Liquidität siehe: § 6 A.III.1.a)bb)(5)(a)(bb).

[1644] So äußern sich BeckOGK-AktG/*Veil/Preisser*, § 305 AktG Rn. 68 explizit für eine alleinige Berücksichtigung von Inlandskursen, wohingegen bei *Riegger/Wasmann*, FS Stilz (2014), S. 509, 510 ausdrücklich die Kurse von in- oder ausländischen Börsen zur Kompensationsbestimmung in Betracht kommen, wobei nach GK-AktG/*Hirte/Hasselbach*, § 305 AktG Rn. 142 bei einer ausschließlichen Auslandsnotierung auf die dortigen Börsenkurse abzustellen ist, während *Gude*, Strukturänderungen und Unternehmensbewertung zum Börsenkurs, S. 393 Kurse aus dem EWR jedenfalls dann nicht berücksichtigen will, wenn sie nicht von den inländischen Kursen abweichen und Kurse aus den USA oder Japan heranziehen will, sofern sie umsatzstärker als die deutschen Kurse sind, während Santelmann/Hoppe/Suerbaum/Bukowski/*Santelmann/Hoppe*, Squeeze out, 3.2 Rn. 335 jedenfalls im Falle einer ausschließlichen Notierung an einem organisierten Markt innerhalb des EWR die Heranziehung eines dung zum Regierungsentwurf des § 255 Abs. 5 AktG findet eine Auslandsnotierung Berücksichtigung.[1645] Seitens der Rechtsprechung[1646] und des Gesetzgebers beim Delisting[1647] hingegen wird nur ein inländischer Börsenkurs explizit erwähnt. So behandelt der § 5 WpÜG-AngebVO, auf den bei der Börsenkursorientierung regelmäßig verwiesen wird, explizit die Berücksichtigung inländischer Börsenkurse.

Allerdings liegt es nahe, in Hinblick auf ausländische Börsenkurse den § 6 WpÜG-AngebVO heranzuziehen.[1648] Andernfalls würden ein Teil der durch den Markt stattfindenden Unternehmensbewertung und etwaige Veräußerungsmöglichkeiten außer Acht gelassen. Auch verweist der Gesetzgeber beim Delisting auf die §§ 3 bis 7 WpÜG-AngebVO[1649] und folglich auch auf den § 6 WpÜG-AngebVO, der sich auf die Berücksichtigung ausländischer Börsenkurse bezieht. Angesichts dessen erscheint es unbegründet, hinsichtlich des Börsenkurses lediglich den § 5 WpÜG-AngebVO, nicht aber den § 6 WpÜG-AngebVO zu berücksichtigen. Jedoch hat der § 6 WpÜG-AngebVO keinen direkten Anwendungsbereich, da gemäß § 1 Abs. 2 WpÜG i. V. m. § 1 WpÜG-AnwendbkVO der § 31 WpÜG nicht mehr auf im Ausland gehandelte Gesellschaften anzuwenden ist.[1650] Wird für eine Abfindung auf den § 31 WpÜG und die WpÜG-AngebVO verwiesen[1651] so kann *de lege lata* auch nicht über § 6 WpÜG-AngebVO auf Auslandskurse zurückgegriffen werden. Dennoch bietet es sich in Anbetracht einer anderweitigen Missachtung möglicherweise relevanter Marktdaten an, besagte Regelung isoliert zu betrachten.

Gemäß § 6 WpÜG-AngebVO ist dann auf ausländische Börsenkurse zurückzugreifen, wenn die Aktien des Unternehmens ausschließlich zum Handel an einem

---

ausländischen Börsenkurses über § 6 WpÜG-AngebVO fordern, wohingegen Marsch-Barner/Schäfer/*Gehling*, HdB börsennotierte AG, § 13 Rn. 13.73 jedenfalls dann keine Einbeziehung ausländischer Börsenkurse vornehmen will, wenn keine erheblichen Abweichungen zum inländischen Kursgeschehen auftreten oder kein überwiegender Handel an ausländischen Börsen geschieht.

[1645] Gesetzentwurf, BT-Drs. 20/8292, S. 118.

[1646] BVerfG, Beschl. v. 16. 05. 2012 – 1 BvR 96/09, 1 BvR 117/09, 1 BvR 118/09, 1 BvR 128/09 = NZG 2012, 907, 907; BVerfG, Beschl. v. 29. 11. 2006 – 1 BvR 704/03 = ZIP 2007, 175, 177 Rn. 13; BGH, Beschl. v. 22. 10. 2019 – XI ZR 682/18 = BKR 2020, 305, 307; BGH, Beschl. v. 19. 07. 2010 – II ZB 18/09 –, BGHZ 186, 229–242, Rn. 20.

[1647] Siehe nur § 39 Abs. 3 S. 2 BörsG und Beschlussempfehlung und Bericht, BT-Drs. 18/6220, S. 84.

[1648] So auch Santelmann/Hoppe/Suerbaum/Bukowski/*Santelmann/Hoppe*, Squeeze out, 3.2 Rn. 335 zum Squeeze-out.

[1649] Beschlussempfehlung und Bericht, BT-Drs. 18/6220, S. 84.

[1650] Siehe Angerer/Brandi/Süßmann/*Süßmann*, WpÜG, § 31 WpÜG Rn. 113 und Assmann/Pötzsch/Schneider/*Krause*, WpÜG, § 31 WpÜG Rn. 24, nach welchen die Regelung gestrichen werden sollte. Siehe auch Beschlussempfehlung und Bericht, BT-Drs. 16/1541, S. 13 und KK-WpÜG/*Kremer/Kulenkamp*, § 6 AngebVO Rn. 1, 3, 7, wonach der § 6 WpÜG-AngebVO lediglich im Rahmen von Tauschangeboten über § 7 WpÜG-AngebVO anzuwenden ist.

[1651] So jedenfalls explizit Beschlussempfehlung und Bericht, BT-Drs. 18/6220, S. 84 und MAH-AktR/*Zitzelsberger*, § 20 Rn. 73.

organisierten Markt in einem anderen Staat im Europäischen Wirtschaftsraum (kurz: EWR) zugelassen sind.[1652] Da es nicht in allen europäischen Ländern möglich ist, Daten über Börsenkurse im entsprechenden Umfang wie in Deutschland zu erhalten, wird lediglich ein Durchschnittskurs ohne Umsatzgewichtung gebildet.[1653] Zwecks einer Vereinfachung wird dabei nur die Börse mit dem höchsten Umsatz bezüglich der fraglichen Aktie berücksichtigt.[1654] Bei fehlender Aussagekraft mangels Liquidität sei auch ein ausländischer Börsenkurs nicht heranzuziehen.[1655] Diese Regelungen vermögen nur zum Teil überzeugen.

Zunächst ist der Einschränkung auf regulierte Märkte im EWR zuzustimmen. So gewährleistet die Beschränkung auf EWR-Staaten eine gewisse Transparenz und Sicherheit, da von mit deutschem Recht vergleichbaren Vorschriften und einer den deutschen Verhältnissen nahekommenden Marktaufsicht auszugehen ist. Schließlich unterliegen alle im EWR zugelassenen organisierten Märkte im selben Maße der Wertpapierrichtlinie.[1656] Für Märkte außerhalb des EWR kann ein der Richtlinie entsprechender Mindeststandard nicht garantiert werde. Zwar könnten insbesondere Börsen aus den USA eine verlässliche Kursbildung vollziehen.[1657] Eine gesonderte Untersuchung des jeweiligen Auslandsmarktes und seiner regulatorischen Rahmenbedingungen würde aber einen deutlich höheren Aufwand und eine weitere Unsicherheitskomponente darstellen, was regelmäßig nicht im Verhältnis zu dem Vorteil einer erweiterten Datengrundlage stehen dürfte. Weiterhin erscheint die Ausklammerung von ausländischen Freiverkehrskursen sachgerecht. Wie bereits erörtert können bei Aktien im Freiverkehr Probleme hinsichtlich der Liquidität und Transparenz bestehen, wobei deren Behandlung mit einem zusätzlichen Aufwand und einer gewissen Unsicherheit verbunden ist.[1658] Aber auch Auslandskurse warten mit einem erhöhten Aufwand und einem Unsicherheitselement auf. So sind eine ansatzweise Markteffizienz und ein tatsächlich richtlinienkonformes Verhalten im Ausland nicht zwangsweise garantiert. Ebenso wird die Untersuchung von Auslandskursen und den Kriterien ihrer Bewertungsrelevanz mit Unsicherheitsaspekten und einem höheren Aufwand einhergehen. Eine Häufung zweier Komponenten, denen ein erhöhter Aufwand und eine gewisse Unsicherheit inhärent sind, wird einer ökonomischen und sicheren Durchschnittskursbildung im Wege stehen. Ein in zweierlei Hinsicht höherer Aufwand entkräftet das Effizienzargument der Börsenkursorientierung. Zudem dürfte bei einer Anhäufung von Unsicherheitsgesichts-

---

[1652] Angerer/Brandi/Süßmann/*Süßmann*, WpÜG, § 31 WpÜG Rn. 112; Steinmeyer/*Santelmann/Nestler*, WpÜG, § 31 WpÜG Rn. 37.

[1653] Gesetzentwurf, BT-Drs. 14/7034, S. 80; Steinmeyer/*Santelmann/Nestler*, WpÜG, § 31 WpÜG Rn. 38.

[1654] Gesetzentwurf, BT-Drs. 14/7034, S. 80.

[1655] Angerer/Brandi/Süßmann/*Süßmann*, WpÜG, § 31 WpÜG Rn. 119; Steinmeyer/*Santelmann/Nestler*, WpÜG, § 31 WpÜG Rn. 45.

[1656] Vgl. Steinmeyer/*Santelmann/Nestler*, WpÜG, § 31 WpÜG Rn. 37.

[1657] So *Gude*, Strukturänderungen und Unternehmensbewertung zum Börsenkurs, S. 393.

[1658] Siehe: § 6 B.III.3.b).

punkten die Repräsentativität des ermittelten Durchschnittskurses fraglich sein. Dementsprechend liegt es nahe, lediglich inländische Freiverkehrskurse zu berücksichtigen und Auslandskurse nur hinsichtlich regulierter Märkte hinzuzuziehen.

Hinsichtlich der Absage an eine Umsatzgewichtung ist jedoch Kritik angebracht. Wie bereits erörtert erhöht jene die Aussagekraft der Referenzkurse.[1659] Zudem dürfte die Auffassung des Gesetzgebers, dass durchschnittsgewichtete Kurse lediglich an deutschen Börsen ermittelt und nur von einer deutschen Behörde übermittelt werden können, mittlerweile überholt sein.[1660] Dementsprechend sollten jedenfalls dann, wenn die Ermittlung umsatzgewichteter Börsenkurse nach der Rechtslage des fraglichen EWR-Staates möglich ist, auch gewichtete Börsenkurse ermittelt werden. Ansonsten ist auf den einfachen Durchschnittskurs abzustellen.

Fragwürdig erscheint aber auch die Vorstellung, dass beim Vorliegen eines inländischen Börsenkurses nur dieser heranzuziehen sei. Dies birgt die Gefahr, dass sich an einem aufgrund eines geringen Handels verzerrten inländischen Börsenkurs orientiert wird und zugleich etwaige unverzerrte ausländische Börsenkurse unbeachtet bleiben.[1661] Gerade bei starken Auslandsumsätzen würde eine Missachtung von ausländischen Kursen eine Verzerrung des Mindestpreises aus Sicht des Marktes bedeuten.[1662] Dabei unterliegen alle im EWR zugelassenen organisierten Märkte im selben Maße der Wertpapierrichtlinie, sodass es keines besonderen Schutzes der Anleger hinsichtlich des Ortes ihres Handels bedarf.[1663] Bei einer zuverlässigen Preisbildung an einem ausländischen Markt sollte der Wert der dort gehandelten Aktien korrekt wiedergegeben werden. Dies lässt einen Rückgriff auf die Kurse organisierter Märkte im EWR-Ausland sinnvoll erscheinen.[1664] In Anbetracht dieser Überlegungen birgt ein Vorgehen, nach welchem nur bei einem ausschließlichen Handel im Ausland auf ausländische Börsenkurse zurückgegriffen wird, ein hohes Potential für Fehlbewertungen. Zudem stellen Auslandskurse wie auch Inlandskurse eine Einschätzung des Unternehmens durch die Marktteilnehmer und einen möglichen Veräußerungspreis dar, womit sie zur Ermittlung des quotalen

---

[1659] Siehe: § 6 B.III.2. Für die Umsatzgewichtung von Auslandskursen aus Gerechtigkeits- und Praktikabilitätsgründen auch Assmann/Pötzsch/Schneider/*Krause*, WpÜG, § 6 WpÜG-AngVO Rn. 8a.

[1660] So Assmann/Pötzsch/Schneider/*Krause*, WpÜG, § 6 WpÜG-AngVO Rn. 8a, der die Praxis in Polen als Gegenbeispiel und den Informationsanspruch aus Art. 26 MiFIR zur weiteren Entkräftung der gesetzgeberischen Bedenken aufführt.

[1661] Steinmeyer/*Santelmann/Nestler*, WpÜG, § 31 WpÜG Rn. 37.

[1662] Paschos/Fleischer/*Reinhardt/Kocher*, HdB Übernahmerecht nach dem WpÜG, § 15 Rn. 87.

[1663] Steinmeyer/*Santelmann/Nestler*, WpÜG, § 31 WpÜG Rn. 37.

[1664] Vgl. Assmann/Pötzsch/Schneider/*Krause*, WpÜG, § 5 WpÜG-AngVO Rn. 24, nach welchem aber erst bei einer mangelnden Aussagekraft des inländischen Börsenkurses auf den ausländischen Börsenkurs zurückzugreifen sei, da ihm zufolge bei einem aussagefähigen Kurs an einem regulierten Markt im EWR keine aufwendige Unternehmensbewertung erforderlich sei.

Unternehmenswerts und des Deinvestitionswerts beitragen. Dementsprechend sollte eine Berücksichtigung von Kursen des EWR-Auslands eher geschehen, als es nach der Maßgabe der WpÜG-AngebVO erfolgt.

Allerdings geht eine Ermittlung sämtlicher Börsenkurse im EWR mit einem entsprechend erhöhten Aufwand und einem gewissen Unsicherheitsrisiko einher. Die BaFin hingegen wird hinsichtlich der Inlandskurse regelmäßig über eine breite Datenbasis verfügen.[1665] In Anbetracht dessen erscheint eine grundsätzliche Einbeziehung ausländischer Kurse nicht von Nöten. Vielmehr sollten sie nur in besonderen Fällen berücksichtigt werden, in welchen der Vorteil einer erweiterten Datenbasis dem Nachteil des erhöhten Aufwands und der Unsicherheit überwiegt.

Ein derartiger Fall ist in der Konstellation zu erblicken, in der die Aktien überwiegend im Ausland gehandelt werden.[1666] So deutet ein überwiegender Handel der fraglichen Aktie an einer ausländischen Börse auf eine höhere Aussagekraft des Auslandkurses hin, weshalb er trotz der Existenz inländischer Kurse neben diesen Beachtung finden sollte. Auch würden ansonsten die Einschätzung des Unternehmens durch einen Großteil der Marktteilnehmer und eine naheliegende hypothetische Veräußerungsmöglichkeit missachtet. Umgekehrt erscheint es zweifelhaft, ob ein nur geringer Handel im Ausland überhaupt repräsentativ für den Durchschnittskurs – sei es als Wertschätzung des Unternehmens durch die Marktteilnehmer oder als empirische Datenbasis für eine Extrapolation auf den hypothetischen Deinvestitionswert – sein kann.

Weiterhin müssten ausländische Börsenkurse auch dann mit einbezogen werden, wenn erhebliche Abweichungen zu den Inlandskursen erkennbar sind.[1667] Andernfalls erfolgt keine umfassende Berücksichtigung der unterschiedlichen Bewertung verschiedener Marktteilnehmer. Schließlich könnten besagte Differenzen auf einer anderen Informationsgrundlage als derjenigen des inländischen Marktes fußen. Einer Abweichung, die durch Irrationalität oder eine schlechtere Informationslage entsteht, kann dadurch abgeholfen werden, dass die Argumenten gegen eine Börsenkursorientierung auch hier angewendet werden. Sofern ein Inlands- oder Auslandskurs unerkannte Fehlbepreisungen beinhaltet, dürften diese durch die Einbeziehung der anderen abweichenden Kurse zumindest ansatzweise geglättet werden. Bei erheblichen Abweichungen sollten ausländische Börsenkurse auch mit Blick auf die hypothetische Veräußerungsmöglichkeit der Aktionäre Berücksichtigung finden. Sofern die Kurse nicht auseinanderdriften, was im EWR jedenfalls bei

---

[1665] Vgl. Marsch-Barner/Schäfer/*Gehling*, HdB börsennotierte AG, § 13 Rn. 13.73.

[1666] Vgl. Marsch-Barner/Schäfer/*Gehling*, HdB börsennotierte AG, § 13 Rn. 13.73; im Ansatz bereits *Gude*, Strukturänderungen und Unternehmensbewertung zum Börsenkurs, S. 393, der im Falle eines Nebeneinanders US-amerikanischer, japanischen und deutscher Börsenkurse auf den umsatzstärksten Markt abstellen will.

[1667] Vgl. Marsch-Barner/Schäfer/*Gehling*, HdB börsennotierte AG, § 13 Rn. 13.73; wohl auch *Gude*, Strukturänderungen und Unternehmensbewertung zum Börsenkurs, S. 393 hins. EWR-Kursen.

großen Gesellschaften aufgrund von Arbitrageuren der Fall sein kann, sollte zwecks einer einfachen Wertermittlung aber lediglich auf Inlandskurse zurückgegriffen werden.[1668]

Weichen ausländische Börsenkurse also nicht sonderlich von Inlandskursen ab und weisen sie kein höheres Volumen hinsichtlich der fraglichen Aktien im Vergleich zu jenen auf, so erscheint es unter Berücksichtigung des erhöhten Aufwands und der unsicheren Wertbestimmung nicht erforderlich, Auslandskurse neben inländischen Börsenkursen miteinzubeziehen.

Überdies sollten Auslandskurse dann Berücksichtigung finden, wenn zwar Inlandskurse festgestellt werden können, diese aber aufgrund eines einschlägigen Falls der Ablehnung einer Börsenkursorientierung nicht zur Unternehmensbewertung herangezogen werden können.[1669] Im Falle einer alleinigen Berücksichtigung des Börsenkurses würde trotz eines möglicherweise aussagekräftigen Auslandskurses eine aufwendige fundamentale Unternehmensbewertung durchgeführt.[1670] Dies läuft dem verfahrensökonomischen Argument des Regel-Ausnahme-Verhältnisses zuwider. Aber auch bei einer Heranziehung des Börsenkurses als Untergrenze wäre es in Anbetracht des Anlegerschutzes nicht sachgemäß, eine denkbare Deinvestitionsmöglichkeit an einem ausländischen Markt zu missachten.

Darüber hinaus ist die alleinige Berücksichtigung der Auslandsbörse mit den höchsten Umsätzen zu hinterfragen. Zwar mag hiermit durchaus eine Vereinfachung stattfinden[1671], während die Berücksichtigung lediglich der Börse mit dem höchsten Umsatz bezüglich der fraglichen Aktie einer möglichst repräsentativen Kursermittlung dienlich sein könnte[1672]. Allerdings werden hierdurch ein Teil der Bewertung des Unternehmens durch den Markt missachtet und etwaige Veräußerungsmöglichkeiten ausgeblendet. Hierbei ist an die Entscheidung *DAT/Altana* des BGH zu erinnern, wonach bei einem Handel der relevanten Aktie an mehr als einer Börse Durchschnittskurse in Hinblick auf alle Kursfestsetzungen zu bilden sind.[1673] Zur Vermeidung eines unnötigen Aufwands und zwecks der Ermittlung eines repräsentativen Durchschnittskurses sind zudem die vorangegangenen Erwägungen

---

[1668] *Gude*, Strukturänderungen und Unternehmensbewertung zum Börsenkurs, S. 393.

[1669] Vgl. Assmann/Pötzsch/Schneider/*Krause*, WpÜG, § 5 WpÜG-AngVO Rn. 24 und KK-WpÜG/*Kremer/Kulenkamp*, § 5 AngebVO Rn. 23, die sich jedoch nur auf den Ausnahmefall der mangelnden Liquidität gem. § 5 Abs. 4 WpÜG-AngebVO beziehen. Zu den Nichtberücksichtigungsfällen in ihrer Gesamtheit siehe: § 6 A.III. Zur Berücksichtigung von Auslandskursen im Rahmen von § 5 Abs. 4 WpÜG-AngebVO siehe: § 6 A.III.1.a)bb)(5)(a)(bb).

[1670] Vgl. Angerer/Brandi/Süßmann/*Süßmann*, WpÜG, § 31 WpÜG Rn. 107 und Assmann/Pötzsch/Schneider/*Krause*, WpÜG, § 5 WpÜG-AngVO Rn. 24, jeweils in Bezug auf die Illiquidität.

[1671] So die Erwägung des Gesetzgebers, siehe Gesetzentwurf, BT-Drs. 14/7034, S. 80.

[1672] So jedenfalls Steinmeyer/*Santelmann/Nestler*, WpÜG, § 31 WpÜG Rn. 38.

[1673] BGH, Beschl. v. 12.03.2001 – II ZB 15/00 –, BGHZ 147, 108–125, Rn. 39. Siehe zur Berücksichtigung mehrerer Börsen: § 6 B.III.3.a).

zur Berücksichtigung eines ausländischen Börsenkurses neben dem inländischen Kurs zu beachten. Demnach sollten alle Auslandskurse eines regulierten Marktes im EWR Beachtung finden, die erhebliche Abweichungen zu den in die Durchschnittskursbildung einfließenden Inlandskursen erkennen lassen oder an denen der Handel mit den fraglichen Aktien gegenüber dem an den bewertungsrelevanten inländischen Börsen überwiegt. Zwecks einer möglichst repräsentativen Durchschnittskursbildung sind bei mehreren Inlands- oder Auslandsbörsen stets die einzelnen Börsen zu betrachten. Mangelt es gänzlich an einem aussagefähigen Inlandskurs, so bietet es sich an, grundsätzlich sämtliche Kurse von regulierten EWR-Börsen im Ausland heranzuziehen.

Überdies sollten für relevante Auslandskurse wie auch für inländische Kurses nicht nur die Liquiditätsvoraussetzungen, sondern auch die weiteren Gründe für eine Nichtberücksichtigung des Börsenkurses gelten[1674], da andernfalls verzerrte Kurse zur Unternehmensbewertung herangezogen würden. Ebenso gelten hier auch die Erwägungen zum Mindestreferenzzeitraum.[1675]

Zusammengefasst ist anzuraten, die Kurse von Börsen im regulierten Markt innerhalb des EWR neben den Inlandskursen zu berücksichtigen, wenn der Handel mit der fraglichen Aktie dem an inländischen Börsen überwiegt oder erhebliche Abweichungen zu den Kursen von Inlandsbörsen zu verzeichnen sind. Beim Fehlen eines aussagekräftigen inländischen Börsenkurses dürften grundsätzlich sämtliche ausländische Kurse regulierter Märkte im EWR herangezogen werden. Dabei sind die Voraussetzungen an inländische Börsenkurse in Gestalt der Gründe einer Ablehnung der Börsenkursorientierung, des Mindestreferenzzeitraums und einer zumindest grundsätzlich durchzuführenden Umsatzgewichtung auch bei Auslandskursen einzuhalten.

d) Keine Relevanz von Geld-, Brief- und Taxkursen

Wie bereits unter den Aspekten der Marktenge[1676] und des fehlenden Handels[1677] erörtert wurde, sollte Geldkursen keine Relevanz beigemessen werden.[1678]

[1674] Hinsichtlich etwaiger nachweisbarer gesetzlicher Verstöße ist auf die den deutschen Regelungen entsprechenden anwendbaren ausländischen Rechtsnormen zurückzugreifen. Auch bei § 39 Abs. 3 S. 3 Nr. 1 BörsG und § 255 Abs. 5 S. 3 Nr. 1 AktG wird auf eine der Ad-hoc-Publizitätspflicht der MAR entsprechende anwendbare Vorschrift des ausländischen Rechts verwiesen.

[1675] Siehe hierzu: § 6 B.II.2.e).

[1676] Siehe: § 6 A.III.1.a)bb)(5)(a)(cc).

[1677] Siehe: § 6 A.III.1.b)aa).

[1678] So auch *Land/Hallermayer*, AG 2015, 659, 666 und Marsch-Barner/Schäfer/*Gehling*, HdB börsennotierte AG, § 13 Rn. 13.94; ebenso *Gude*, Strukturänderungen und Unternehmensbewertung zum Börsenkurs, S. 407, 410 § 20, welcher Geld-, Brief- und Taxkurse von den berücksichtigungsfähigen Kursen ausnimmt, bei der Ermittlung der Marktenge aber größenmäßig bestimmbare Geldkurse einbeziehen will.

Schließlich findet bei Geldkursen gerade kein tatsächlicher Umsatz statt, womit kein umsatzgewichteter Durchschnittskurs nach Maßgabe des BGH unter Berücksichtigung des § 5 Abs. 1 WpÜG-AngebVO gebildet werden kann und auch kein Börsenpreis i. S. d. § 24 BörsG vorliegt.[1679] Bloße Geldkurse bilden keine hinreichenden Anhaltspunkte für eine Deinvestitionsmöglichkeit oder eine Unternehmensbewertung durch den Markt.[1680] Auch hier gelten diese Erwägungen erst recht für Briefkurse, die lediglich ein Angebot ohne Nachfrage darstellen.[1681] Ebenso sollten Taxkurse, welche eine bloße Schätzung wiedergeben, bei der Durchschnittskursbildung unberücksichtigt bleiben.[1682] All diese Kurse eignen sich nicht dazu, den quotalen Unternehmenswert oder den Deinvestitionswert abzubilden.

Kurzum sind etwaige Geld-, Brief- und Taxkurse für die Bildung des durchschnittlichen Börsenkurses unbeachtlich.

e) Keine Relevanz historischer oder fortgeschriebener Kurse bei fehlenden tatsächlichen Kursen im Referenzzeitraum

Liegen aufgrund einer fehlenden Notierung an einem Markt keine Kurse im Referenzzeitraum vor, so können etwaige Kurswerte weder als alleinige Bewertungsgrundlage noch als Untergrenze fungieren.[1683] Dies gilt ebenso für den Fall des

---

[1679] *Land/Hallermayer*, AG 2015, 659, 665. Zur weiteren Argumentation siehe die Ausführungen unter: § 6 A.III.1.a)bb)(5)(a)(cc).

[1680] *Land/Hallermayer*, AG 2015, 659, 664–666.

[1681] *Gude*, Strukturänderungen und Unternehmensbewertung zum Börsenkurs, S. 407, 410 § 20; wohl auch OLG München, Beschl. v. 11.07.2006 – 31 Wx 041/05 und 066/05 = AG 2007, 246, 247, welches die fehlende Veräußerungsmöglichkeit bei Angebotskursen ohne Nachfrage erwähnt, Geldkurse aber als Indiz einer Veräußerungsmöglichkeit ansieht. Siehe auch die Erwägungen zur Marktenge (§ 6 A.III.1.a)bb)(5)(a)(cc)) und zum fehlenden Handel (§ 6 A.III.1.b)aa)).

[1682] *Gude*, Strukturänderungen und Unternehmensbewertung zum Börsenkurs, S. 407 § 20. Auch hier kann auf Ausführungen unter § 6 A.III.1.a)bb)(5)(a)(cc) und § 6 A.III.1.b)aa) verwiesen werden.

[1683] Vgl. OLG München, Beschl. v. 11.03.2020 – 31 Wx 341/17 = AG 2020, 440, 441 Rn. 39, zur Konstellation, in der vor dem Bewertungsstichtag einer Barabfindung für einen Beherrschungs- und Gewinnabführungsvertrag ein Delisting durchgeführt wurde, sodass kein Börsenkurs im dreimonatigen Referenzzeitraum mehr vorlag. In diese Richtung bereits *Bungert/Leyendecker-Langner*, BB 2014, 521, 522 und Emmerich/Habersack/*Habersack*, AktG, § 327b AktG Rn. 9a. Die Wertungen dieses Urteils und der Literaturstimmen sind auf die nach dieser Arbeit zu berücksichtigenden Freiverkehrskurse mitsamt der weiteren MTF (§ 6 B.III.3. b)) und ausländischen Kurse (§ 6 B.III.3.c)) übertragbar. Dies sollte nicht nur für eine widerrufene oder von vornherein fehlende Zulassung, sondern auch für die Fälle einer für den bewertungsrelevanten Zeitraum geltenden Aussetzung, Einstellung, Untersagung bzw. des Ausschlusses des Handels gem. § 6 Abs. 2 S. 4 WpHG, § 25 BörsG, § 73 WpHG, § 48 Abs. 2 BörsG gelten. Schließlich können sich auch in diesen Fällen keine bewertungsrelevanten Börsenkurse bilden. Ferner greift im Falle eines Verstoßes gegen die MAR, der mit einer Handelsaussetzung einhergehen kann, ohnehin regelmäßig ein Grund der Ablehnung der Börsenkursorientierung. Bedenken an der Bedeutung des Börsenkurses für die Unternehpraktisch fehlenden Handels über einen längeren Zeitraum.[1684] Denklogisch kann in diesen Fällen kein bewertungsrelevanter Kurs herangezogen werden. So liegen weder Kurse vor, die im Wege der Preisbildung die Wertschätzung der Marktteilnehmer und den quotalen Unternehmenswert wiedergeben, noch ist eine Veräußerungsmöglichkeit zum Kurs und damit ein Deinvestitionswert ersichtlich, welcher den Abfindungsberechtigten zu gewähren wäre. Im Falle einer nur zwischenzeitlich ausbleibenden Notierung empfiehlt es sich aber, die Börsenkurse jedenfalls dann, wenn ein zusammenhängender dreimonatiger Mindestzeitraum vorliegt und keine Gegenargumente gegen die Berücksichtigung des Börsenkurses einschlägig sind[1685], bei der Abfindungsbemessung zu berücksichtigen. Schließlich könnten sie gleichwohl noch hinreichende Anhaltspunkte in Bezug auf die Unternehmensbewertung durch den Markt und die hypothetische Deinvestitionsmöglichkeit liefern.

Bezüglich des Deinvestitionswerts kann aber auch nur dann auf den Börsenkurs abgestellt werden, wenn am Bewertungsstichtag, d.h. zum Zeitpunkt der beschlussfassenden Hauptversammlung, noch eine Börsennotierung besteht.[1686] Andernfalls existiert keine Deinvestitionsmöglichkeit, die mit der abfindungsauslösenden Maßnahme entfällt. Dementsprechend bedarf es einer Börsennotierung noch bis zum Bewertungsstichtag, auf den der Durchschnittskurs übertragen wird. Kommt bei bestehender Notierung lediglich kein Handel zum Bewertungsstichtag zustande, entfällt nicht zwingend eine hypothetische Veräußerungsmöglichkeit, womit nur der Extremfall der gänzlich fehlenden Notierung relevant ist. Ein fehlender Handel trotz Notierung führt hingegen nur dann zur Ablehnung der Börsenkursorientierung, wenn er den gesamten Referenzzeitraum abdeckt.[1687]

Da es für die Ermittlung des quotalen Unternehmenswerts nicht auf den Verlust einer Veräußerungsmöglichkeit ankommt, ist eine Notierung an der Börse zum

---

mensbewertung aufgrund einer oftmals fehlenden Börsennotierung äußern bereits Hüffer/ Schmidt-Aßmann /Weber/*Hüffer/Schmidt-Aßmann*, Anteilseigentum, Unternehmenswert und Börsenkurs, S. 20 § 3.

[1684] Es sei erwähnt, dass es in besagtem Urteil des OLG München um den Fall einer gänzlich unmöglichen Veräußerung an einem bestimmten Markt aufgrund einer im Bewertungszeitraum fehlenden Notierung und nicht etwa den Ausnahmefall des fehlenden Handels (siehe hierzu: § 6 A.III.1.b)) ging.

[1685] Vor dem Hintergrund möglicher Kursverzerrungen und Normverstößen dürfte aber oftmals einer der Nichtberücksichtigungsfälle greifen.

[1686] Vgl. Bürgers/Körber/Lieder/*Ruiz de Vargas*, AktG, Anh. § 305 AktG Rn. 49e, der sich hierbei aber allgemein auf die Börsenwertmethode bezieht und nicht explizit vom Beschlussfassungszeitpunkt spricht. Bereits *Bungert/Leyendecker-Langner*, BB 2014, 521, 522, 525 erwägen, dass die Existenz eines Börsenkurses bis zur beschlussfassenden Hauptversammlung gefordert werden könnte. Wie auch bei der fehlenden Notierung im gesamten Referenzzeitraum sollte dies ebenso bei einer Aussetzung, Einstellung, Untersagung bzw. einem Ausschluss des Handels gem. § 6 Abs. 2 S. 4 WpHG, § 25 BörsG, § 73 WpHG, § 48 Abs. 2 BörsG gelten.

[1687] Zu diesem Grund einer Nichtberücksichtigung des Börsenkurses siehe: § 6 A.III.1.b) bb).

Bewertungsstichtag, auf welchen der Durchschnittskurs übertragen wird, hingegen nicht von Nöten. Allerdings bedarf es einer Abbildung der aktuellen Verhältnisse der Gesellschaft. Demgemäß liegt es nahe, grundsätzlich eine zum Rückrechnungszeitpunkt der Referenzperiode, d.h. dem Bekanntwerden der Maßnahme, bestehende Börsennotierung zu verlangen.[1688] Auf diesem Wege wird gewährleistet, dass die aktuelle, noch nicht durch die Kenntnis der Maßnahme verzerrte Preisbildung bei der Unternehmensbewertung berücksichtigt wird. Mangelt es an einer Börsennotierung zum Rückrechnungszeitpunkt, so kann kein hieran heranreichender Durchschnittskurs gebildet werden. Etwaige jüngere Entwicklungen, die andernfalls Berücksichtigung fänden, würden ausgeblendet. Dies ist vor allem bei einer länger zurückliegenden Notierung problematisch.[1689] Allerdings besteht die Möglichkeit, dass die Lage des Unternehmens während der fehlenden Notierung unverändert bleibt, sodass auch keine Kursänderung eingetreten wäre. Dementsprechend sollte jedenfalls dann, wenn keine unternehmensspezifischen Veränderungen mit Ausnahme der abfindungsauslösenden Maßnahme in der Zwischenzeit eingetreten sind, auf den zurückliegenden Börsenkurs zurückgegriffen werden.[1690] Ist die Gesellschaft hingegen zum Rückrechnungszeitpunkt noch börsennotiert und findet lediglich kein Handel statt, darf nicht darauf geschlossen werden, dass der Kurs die Informationslage in diesem Zeitpunkt unzutreffend wiedergibt. Schließlich kann ein solcher Umstand auch auf die Annahme einer korrekten Bewertung des Marktes aus Sicht aller Marktteilnehmer und das tatsächliche Ausbleiben etwaiger wertrelevanter Informationen hindeuten. Mithin darf dem Börsenkurs nur bei einer fehlenden Börsennotierung zum Rückrechnungszeitpunkt seine Aussagekraft zum quotalen Unternehmenswert gänzlich abgesprochen werden.

Auch auf historische oder hochgerechnete Kurse sollte in den obigen Konstellationen der fehlenden Börsennotierung nicht zurückgegriffen werden.[1691] So wird ein historischer Wert regelmäßig nicht die Ertragslage zum Stichtag abbilden.[1692] Es

---

[1688] Auch hier gilt dies bei einer widerrufenen oder von vornherein fehlenden Zulassung wie auch bei einer Aussetzung, Einstellung, Untersagung bzw. einem Ausschluss des Handels gem. § 6 Abs. 2 S. 4 WpHG, § 25 BörsG, § 73 WpHG, § 48 Abs. 2 BörsG.

[1689] Vgl. *Gude*, Strukturänderungen und Unternehmensbewertung zum Börsenkurs, S. 407 § 20; vgl. *Kallweit*, Die angemessene Abfindung beim übernahmerechtlichen Squeeze-out, S. 235 § 5, die sich jedoch beide auf den Ausnahmefall des fehlenden Handels beziehen.

[1690] Vgl. *Gude*, Strukturänderungen und Unternehmensbewertung zum Börsenkurs, S. 407–408 § 20; vgl. *Kallweit*, Die angemessene Abfindung beim übernahmerechtlichen Squeeze-out, S. 235 § 5.

[1691] Vgl. OLG München, Beschl. v. 11.03.2020 – 31 Wx 341/17 = AG 2020, 440, 441 Rn. 39–41, 43; vgl. Bürgers/Körber/Lieder/*Ruiz de Vargas*, AktG, Anh. § 305 AktG Rn. 55; a.A.: *Busse von Colbe*, FS Lutter (2000), S. 1053, 1065; *Gude*, Strukturänderungen und Unternehmensbewertung zum Börsenkurs, S. 407–408 § 20, die im Falle eines über einen längeren Zeitraum fehlenden Handels eine Fortschreibung des letzten festgestellten Kurses in Betracht ziehen, wobei letzterer fordert, dass in der Zwischenzeit keine wesentlichen Veränderungen laut der unternehmensspezifischen Nachrichten stattgefunden haben dürfen.

[1692] Vgl. OLG München, Beschl. v. 11.03.2020 – 31 Wx 341/17 = AG 2020, 440, 441 Rn. 41.

würde sich noch weiter von den Verhältnissen der Gesellschaft im Zeitpunkt der beschlussfassenden Hauptversammlung entfernt, die es bei der Abfindung zu berücksichtigen gilt. Eine Fortschreibung anhand der allgemeinen oder branchentypischen Kursentwicklung, wie sie etwa nach der *Stollwerck*-Entscheidung des BGH bei einem längeren Zeitraum zwischen dem Rückrechnungszeitpunkt und der Beschlussfassung zu erfolgen hat[1693], darf hierbei ebenso wenig stattfinden.[1694] Im Gegensatz zum vom BGH behandelten Fall existiert gerade kein den ganzen Referenzzeitraum abdeckender Aktienwert, den es hochzurechnen gilt.[1695] Ungeachtet dessen kann ein fiktiver Kurswert der tatsächlichen Lage und Entwicklung des Unternehmens nicht immer gerecht werden, womit der quotale Unternehmenswert nicht sicher abgebildet wird. Auch gereichen weit zurückliegende historische Kurse nicht als empirische Datenbasis für eine Extrapolation auf den hypothetischen Kurs zum Stichtag, weshalb auch kein Deinvestitionswert ermittelt werden kann.

4. Korrekturen

Im Rahmen der Bildung des Durchschnittskurses stellt sich die Frage, ob er etwaigen Korrekturen unterzogen werden sollte.

a) Ausnahme von außergewöhnlichen Tagesausschlägen und kurzfristigen sprunghaften Entwicklungen

Laut der *DAT/Altana*-Entscheidung des BGH von 2001 sind außergewöhnliche Tagesausschläge und kurzfristige sprunghafte Entwicklungen, die sich nicht verfestigen, ungeachtet ihrer Richtung vom Durchschnittskurs auszunehmen.[1696]

Hierdurch soll eine Abbildung der kontinuierlichen Kursentwicklung über einen bestimmten Zeitraum gewährt werden.[1697] Ferner wird versucht, einem etwaigen Einfluss der Ankündigung der relevanten Maßnahme auf den Börsenkurs zu entgegnen.[1698]

[1693] Siehe hierzu: § 6 B.IV.

[1694] Vgl. OLG München, Beschl. v. 11.03.2020 – 31 Wx 341/17 = AG 2020, 440, 441 Rn. 40; vgl. *Bungert/Leyendecker-Langner*, BB 2014, 521, 522.

[1695] Vgl. OLG München, Beschl. v. 11.03.2020 – 31 Wx 341/17 = AG 2020, 440, 441 Rn. 40; vgl. *Bungert/Leyendecker-Langner*, BB 2014, 521, 522.

[1696] BGH, Beschl. v. 12.03.2001 – II ZB 15/00 –, BGHZ 147, 108–125, Ls. 3 Rn. 24; *Bungert*, BB 2001, 1163, 1165; KK-AktG/*Koppensteiner*, § 305 AktG Rn. 108; siehe auch *Burger*, Die Maßgeblichkeit von Börsekursen für die Bemessung der Barabfindung beim Gesellschafterausschluss, S. 112, der diese Gesichtspunkte als über die anderen Ausnahmetatbestände hinausgehend bezeichnet.

[1697] BGH, Beschl. v. 12.03.2001 – II ZB 15/00 –, BGHZ 147, 108–125, Rn. 24; *Adolff*, Unternehmensbewertung im Recht der börsennotierten Aktiengesellschaft, S. 339.

[1698] *Ramesohl*, Aktieneigentum, „wahrer Wert“ und Börsenkurs, S. 128 § 6.

Allerdings lässt der BGH offen, was unter „außergewöhnlichen Tagesausschlägen" und „kurzfristigen sprunghafte Entwicklungen" zu verstehen ist, womit es an einem sinnvollen Abgrenzungskriterium mangelt.[1699] Unklar ist zudem, ab wann ein Börsenkurs derart durch Tagesausschläge oder sprunghafte Entwicklungen verfälscht ist, dass er nicht zu berücksichtigen oder zu korrigieren wäre.[1700] Bei einer hohen Volatilität erweist sich die Abgrenzung zu regulären Kursentwicklungen als problematisch.[1701] Mithin sprechen praktische Gesichtspunkte gegen die Auffassung des BGH.[1702] Ebenso dürfte das Vorgehen mit einem erhöhten Aufwand verbunden sein.[1703] All dies geht mit einer entsprechenden Rechtsunsicherheit einher.

In erster Linie streiten aber inhaltliche ökonomische Bedenken gegen die geforderte Korrektur des Durchschnittskurses. So können sprunghafte Entwicklungen gerade auf einen informationseffizienten Markt hindeuten, in welchem neue Informationen äußerst schnell eingepreist werden.[1704] Dabei lässt sich anhand des Kursverlaufs nicht herleiten, ob die Kurssprünge einer effizienten Informationsverwertung oder bloßen Spekulationen entwachsen sind.[1705] Kurzfristige Kursanomalien und Abfindungsspekulationen können folglich nicht herausgefiltert werden. Auch widerspricht dieser Umstand der Idealvorstellung des BGH von einer kontinuierlich verlaufenden Entwicklung des Kurses.[1706]

Ferner dürften einzelne Ausreißer bereits durch die Bildung eines Durchschnittskurses geglättet werden.[1707] Weist dieser eine Tendenz auf, so deutet dies darauf hin, wie die Kursentwicklung ohne die Maßnahme weiter verlaufen wäre,

---

[1699] *Adolff*, Unternehmensbewertung im Recht der börsennotierten Aktiengesellschaft, S. 339; kritisch bereits *Stilz*, ZGR 2001, 875, 891.

[1700] Vgl. *Burger*, Die Maßgeblichkeit von Börsekursen für die Bemessung der Barabfindung beim Gesellschafterausschluss, S. 112, S. 307.

[1701] KK-AktG/*Koppensteiner*, § 305 AktG Rn. 108.

[1702] Vgl. *Adolff*, Unternehmensbewertung im Recht der börsennotierten Aktiengesellschaft, S. 339.

[1703] Vgl. *Burger*, Die Maßgeblichkeit von Börsekursen für die Bemessung der Barabfindung beim Gesellschafterausschluss, S. 307, laut dem umfangreiche Gutachten zum Börsenkurs und zum Unternehmenswert heranzuziehen sind.

[1704] *Adolff*, Unternehmensbewertung im Recht der börsennotierten Aktiengesellschaft, S. 339–340.

[1705] *Adolff*, Unternehmensbewertung im Recht der börsennotierten Aktiengesellschaft, S. 339.

[1706] *Adolff*, Unternehmensbewertung im Recht der börsennotierten Aktiengesellschaft, S. 340.

[1707] *Adolff*, Unternehmensbewertung im Recht der börsennotierten Aktiengesellschaft, S. 340; vgl. KK-AktG/*Koppensteiner*, § 305 AktG Rn. 108, der die Erwägung des BGH auf die von ihm herangezogene kurze Referenzperiode zurückführt und jedenfalls bei einem Referenzzeitraum von über einem Jahr auf besagte Korrektur verzichten will; vgl. *Stilz*, ZGR 2001, 875, 891, der eine Durchschnittsgewichtung einer Eliminierung von Kursausreißern vorzieht.

was dem Grundgedanken zum Deinvestitionswert entspricht.[1708] Sofern eine Tendenz des Kurses missachtet wird, ist zudem zu bezweifeln, dass die aktuelle Unternehmensentwicklung in der Durchschnittskursbildung Beachtung findet, womit auch eine Abbildung des quotalen Unternehmenswerts fraglich ist. In Anbetracht dessen verringert eine Kurskorrektur in Richtung einer höheren Kontinuität eher die Aussagekraft des Durchschnittskurses.[1709]

Zudem ist nicht garantiert, dass durch die Aussonderung außergewöhnlicher Tagesausschläge und sprunghafter Entwicklungen notwendigerweise der gesamte Einfluss der Ankündigung der Maßnahme beseitigt wird.[1710] Auch mangelt es an einer objektiven Überprüfbarkeit für eine Bereinigung des Börsenkurses dahingehend.[1711] Vielmehr sollte einer Kursauswirkung der Maßnahme selbst dadurch entgegengewirkt werden, den Rückrechnungszeitpunkt des Referenzkurses entgegen der *DAT/Altana*-Entscheidung des BGH nicht auf den Tag der beschlussfassenden Hauptversammlung festzusetzen, sondern vorzuverlegen.[1712]

Angesichts all dessen vermag eine Herausrechnung außergewöhnlicher Tagesausschläge und kurzfristiger sprunghafter Entwicklungen, die sich nicht verfestigen, nicht, die Aussagekraft eines Durchschnittskurses zu erhöhen. Vielmehr kann hierdurch eine weitere Verfälschung erfolgen, wobei ein zusätzliches Rechtsunsicherheitselement hinzutritt. Mithin ist diese vorgeschlagene Korrektur des Referenzkurses abzulehnen.

b) Zusätzliche Trendanalyse

Anstelle der Bereinigung des Durchschnittskurses bei einem sprunghaftem Kursverlauf käme eine tiefergehende Korrektur in Betracht. Vereinzelte Literaturstimmen verlangen eine den Durchschnittskurs ergänzende Trendanalyse.[1713]

[1708] *Adolff*, Unternehmensbewertung im Recht der börsennotierten Aktiengesellschaft, S. 340.

[1709] Vgl. *Adolff*, Unternehmensbewertung im Recht der börsennotierten Aktiengesellschaft, S. 340.

[1710] *Ramesohl*, Aktieneigentum, „wahrer Wert“ und Börsenkurs, S. 128–129 § 6.

[1711] *Ramesohl*, Aktieneigentum, „wahrer Wert“ und Börsenkurs, S. 129 § 6.

[1712] *Ramesohl*, Aktieneigentum, „wahrer Wert“ und Börsenkurs, S. 129–130 § 6, der zur Beseitigung derartiger Verzerrungen vorschlägt, den Stichtag auf den Zeitpunkt der Mitteilung der Maßnahme und nicht wie der BGH im Urteil *DAT/Altana* auf den Zeitpunkt der Beschlussfassung zu legen. Siehe zu dieser Vorverlagerung des Rückrechnungszeitpunkts: § 6 B. II.1.a).

[1713] *Großfeld*, BB 2000, 261, 266; KK-AktG/*Koppensteiner*, § 305 AktG Rn. 109, wobei letzterer sich auf stark wachsende oder krisengeprägte Unternehmen beschränkt.

Hierfür streitet, dass andernfalls die Gefahr besteht, dass der errechnete Durchschnittskurs in besonderen Wachstums- oder Krisenphasen eklatant von den Gegebenheiten am Stichtag abweicht.[1714]

Gegen ein derartiges Vorgehen ist jedoch der damit verbundene erhöhte Aufwand anzuführen. So konterkariert eine umfangreiche Trendanalyse das verfahrensökonomische Argument der ausschließlichen Börsenkursorientierung. Aber auch bei einer Nutzung des Börsenkurses als Untergrenze würde die zusätzliche Analyse den ohnehin schon hohen Aufwand einer fundamentalen Unternehmensbewertung weiter erhöhen. Überdies ist ungewiss, ab wann und in welchem Ausmaß eine Korrektur stattfinden soll. Dies geht mit einer entsprechenden Unsicherheit und einer Manipulationsgefahr einher. Auch kann nicht mit vollkommener Sicherheit davon ausgegangen werden, dass es sich um einen der Unternehmens- und Marktentwicklung geschuldeten Trend und nicht etwa um eine Korrektur von Fehlbewertungen oder gar um Kursverzerrungen handelt. Gerade dieser Aspekt spricht für die Beibehaltung des einjährigen Durchschnittskurses, durch den unter Umständen eine Glättung der Kursbewegungen stattfinden kann. Verbleibt es im Referenzkurs bei einer Tendenz, sollte diese berücksichtigt werden, da sie ein Indiz für die hypothetische Kursentwicklung ohne die kompensationsauslösende Maßnahme bietet.[1715] Im Wege einer zusätzlichen Trendanalyse könnte es aber zu einer Überbetonung der Kurstendenz kommen. Dies birgt die Gefahr, dass mögliche Fehlbepreisungen und insbesondere Überreaktionen stärker ins Gewicht fallen. Gerade wenn jüngere Kursentwicklungen besonders betont werden sollen, könnte sich die gezielte Wahl eines niedrigen Börsenkurses seitens des Abfindungspflichtigen mitsamt seinen bewussten kurssenkenden Beeinflussungen im Vorfeld der Maßnahme entscheidend auf die Abfindungshöhe auswirken. Ungeachtet dessen ist eine rechnerische Bereinigung des Börsenkurses unter Zugrundelegung hypothetischer Kurse angesichts der berechtigten Kritik hieran und ihrer zweifelhaften Aussagekraft[1716] abzulehnen.

Daher sollte der Korrektur des Durchschnittskurses mittels einer ergänzenden Trendanalyse eine Absage erteilt werden.

c) Fazit: Korrekturen

Da sie nicht zwingend zur Aussagefähigkeit des Referenzkurses beitragen, sondern vielmehr eine weitergehende Fehlbepreisung bewirken können und zudem den

---

[1714] KK-AktG/*Koppensteiner*, § 305 AktG Rn. 109; vgl. auch den Hinweis bei GK-AktG/*Hirte/Hasselbach*, § 305 AktG Rn. 141 Fn. 342, welche die Vorschläge *Großfelds* und *Koppensteiners* im Rahmen der Berücksichtigung von Synergieeffekten beim Börsenkurs anführen.

[1715] Vgl. *Adolff*, Unternehmensbewertung im Recht der börsennotierten Aktiengesellschaft, S. 340.

[1716] Siehe hierzu: § 6 A.III.5.f).

Aufwand und die Unsicherheit einer Börsenkursorientierung erhöhen, sind keine zusätzlichen Kurskorrekturen durchzuführen.

5. Keine Abschläge auf den Durchschnittskurs

Fraglich ist, ob der Durchschnittskurs weiteren Abschlägen zu unterziehen ist.

Die Veranschlagung eines Minderheitenabschlags dahingehend, den Wert von Minderheitsbeteiligungen angesichts ihrer geringeren Einflussmöglichkeiten niedriger zu bemessen, ist abzulehnen.[1717] Schließlich würde anderweitig gegen die geforderte Gleichbehandlung der Aktionäre und das Vorgehen der indirekten Anteilsbewertung verstoßen.[1718] Weiterhin sollte der Börsenwert schon ohnehin grundsätzlich den Minderheitenwert verkörpern.[1719] So ist zu bedenken, dass der Börsenkurs bereits aufgrund der verschiedenen Wertdeterminanten für einzelne Aktien und ganze Unternehmen Minderheitsabschläge verzeichnet.[1720]

Aus diesen Gründen sollte auch kein mit der mangelnden Fungibilität von Aktien nicht börsennotierter Unternehmen begründeter Fungibilitätsabschlag vorgenommen werden.[1721] Vor allem aber darf dem zwangsweise ausscheidenden Minderheitsaktionär, der seine Anteile nicht freiwillig veräußert hätte, nicht das Fungibilitätsrisiko bei einem fremdinduzierten Ausscheiden angelastet werden.[1722]

[1717] Bürgers/Körber/*Ruiz de Vargas*, AktG, Anh. § 305 AktG Rn. 54e, der sich hierbei explizit auf den Börsenkurs bezieht; Emmerich/Habersack/*Emmerich*, AktG, § 305 AktG Rn. 119; Hüffer/Koch/*Koch*, AktG, § 305 AktG Rn. 32, 35, laut dem die Ablehnung eines Minderheitenabschlags der h. M. entspricht; KK-AktG/*Koppensteiner*, § 305 AktG Rn. 95; *Komp*, Zweifelsfragen des aktienrechtlichen Abfindungsanspruchs nach §§ 305, 320b AktG, S. 403; vgl. *Großfeld/Egger/Tönnes*, Recht der Unternehmensbewertung, S. 35 Rn. 156; vgl. MüKo-AktG/*van Rossum*, § 305 AktG Rn. 177.

[1718] Hüffer/Koch/*Koch*, AktG, § 305 AktG Rn. 32; vgl. *Großfeld/Egger/Tönnes*, Recht der Unternehmensbewertung, S. 35 Rn. 156.

[1719] Bürgers/Körber/*Ruiz de Vargas*, AktG, Anh. § 305 AktG Rn. 54e.

[1720] Siehe: § 3.

[1721] Emmerich/Habersack/*Emmerich*, AktG, § 305 AktG Rn. 119; Hüffer/Koch/*Koch*, AktG, § 305 AktG Rn. 32, wonach ein Fungibilitätsabschlag auch von der hM abgelehnt wird; MüKo-AktG/*van Rossum*, § 305 AktG Rn. 177; siehe auch *Fleischer*, FS Hoffmann-Becking (2013), S. 331, 343–344; Fleischer/Hüttemann/*Fleischer*, RhB Unternehmensbewertung, § 20 Rn. 20.25–20.26, 20.31–20.32, der hierbei aber nur den Grundsatz der indirekten Anteilsbewertung und die Problematik des fremdinduzierten Ausscheidens, nicht aber den Gleichbehandlungsgrundsatz ins Feld führt; siehe auch *Komp*, Zweifelsfragen des aktienrechtlichen Abfindungsanspruchs nach §§ 305, 320b AktG, S. 397–399, der von einem unzulässigen Immobilitätsabschlag spricht; a. A.: *Steck*, AG 1998, 460, 463–464; offen hingegen *Großfeld/Egger/Tönnes*, Recht der Unternehmensbewertung, S. 35–36 Rn. 157–160.

[1722] Fleischer/Hüttemann/*Fleischer*, RhB Unternehmensbewertung, § 20 Rn. 20.32; Hüffer/Koch/*Koch*, AktG, § 305 AktG Rn. 32; *Komp*, Zweifelsfragen des aktienrechtlichen Abfindungsanspruchs nach §§ 305, 320b AktG, S. 399.

Ein etwaiger Abschlag aufgrund des Ausscheidens von Schlüsselpersonen hingegen verstößt weder gegen den Grundsatz der indirekten Anteilsbewertung noch gegen den Gleichbehandlungsgrundsatz.[1723] Hierbei findet ein Bewertungsabschlag auf Unternehmensebene statt, indem personenbezogene Beiträge einer ausscheidenden Schlüsselperson zum Unternehmenserfolg aus der zukünftigen Ertragsplanung vom Sachverständigen ausgeblendet werden.[1724] Im Rahmen einer fundamentalen Unternehmensbewertung erscheinen derartige Abschläge zulässig.[1725] Hinsichtlich der Durchschnittskursbildung vermag dieses Vorgehen aber nicht zu überzeugen. Zunächst besteht die Möglichkeit, dass bereits der Markt selbst Abschläge reflektiert. Scheidet eine Schlüsselperson während des Referenzzeitraums aus, werden mögliche Kursreaktionen hierauf bereits in die Durchschnittskursbildung eingepreist. Etwaigen Überreaktionen kann im Wege des entsprechenden Falles der Herausnahme von Börsenkursen begegnet werden.[1726] Sofern es nach dem Rückrechnungszeitpunkt zu einem Ausscheiden kommt, sind hiervon beeinflusste Kurse bereits durch Abfindungsspekulationen geprägt und dementsprechend nicht zur Abfindungsbemessung heranzuziehen.[1727] Jenseits der tatsächlichen Börsenkursbewegung lässt sich der ohnehin schon schwer quantifizierbare einfallabhängige Status einer Schlüsselperson[1728] allenfalls schätzungsweise auf eine Marktbewertung übertragen. Dabei würde die Bewertung durch die Marktteilnehmer zum Teil in die Hände eines Bewertungsgutachters gelegt und sich dabei dessen Einschätzung des Unternehmens angenähert. Eine derartige Vermischung der Bewertungsverfahren ist angesichts der damit einhergehenden Willkürgefahr und Unsicherheit abzulehnen. Vielmehr bietet es sich an, die Unternehmensbewertung durch den Markt neben der des Sachverständigen zu berücksichtigen.

Überdies ist eine vor der Strukturmaßnahme bekannte Dividende nicht vom abfindungsrelevanten Börsenkurs in Abzug zu bringen.[1729] Zwar besteht die Gefahr

---

[1723] Fleischer/Hüttemann/*Fleischer*, RhB Unternehmensbewertung, § 20 Rn. 20.39; *Fleischer*, ZIP 2012, 1633, 1641–1642, in Bezug auf eine GmbH.

[1724] Fleischer/Hüttemann/*Fleischer*, RhB Unternehmensbewertung, § 20 Rn. 20.39; *Fleischer*, ZIP 2012, 1633, 1641–1642.

[1725] Vgl. Fleischer/Hüttemann/*Fleischer*, RhB Unternehmensbewertung, § 20 Rn. 20.39; vgl. *Fleischer*, ZIP 2012, 1633, 1641–1642.

[1726] Siehe hierzu die Ausführungen zu eindeutigen Überreaktionen auf Unternehmensmitteilungen und die mediale Berichterstattung unter: § 6 A.III.6.e).

[1727] Im Rahmen einer nachträglichen Anpassung des Durchschnittskurses bei einem längeren Zeitraum zwischen dem Rückrechnungszeitpunkt und der Maßnahmendurchführung bei Gebotenheit kann das zwischenzeitliche Ausscheiden einer Schlüsselperson aber beachtet werden (siehe hierzu: § 6 B.IV.2.b)).

[1728] Siehe zu dieser Problematik: Fleischer/Hüttemann/*Fleischer*, RhB Unternehmensbewertung, § 20 Rn. 20.39; *Fleischer*, ZIP 2012, 1633, 1641.

[1729] OLG Frankfurt a.M., Beschl. v. 01.03.2016 – 21 W 22/13 = AG 2016, 667, 670–671; OLG Frankfurt a.M., Beschl. v. 21.09.2010 – 5 W 40/09 –, juris Os. 2, Rn. 27; a.A.: Bürgers/Körber/*Ruiz de Vargas*, AktG, Anh. § 305 AktG Rn. 54f-54g; *Ruthardt/Hachmeister*, CF 2014, 174, 185–186, die eine Bereinigung des Börsenkurses um Ausschüttungen und Auseiner doppelten Berücksichtigung der Dividende zugunsten der Abfindungsberechtigten, wenn sie zum einen in die Preisbildung des Börsenkurses einfließt und zudem noch ein separater Dividendenauszahlungsanspruch gewährt wird.[1730] Jedoch kann der Börsenkurs nicht in einzelne Bestandteile zerlegt werden, die hinsichtlich unterschiedlicher Preisfindungsaspekte differenzierbar sind.[1731] Angesichts der Tatsache, dass der Abfindungsberechtigte aufgrund der Durchschnittskursbildung auch schlechter gestellt werden kann, als dies bei einer unbeeinflussten Deinvestitionsentscheidung zum Bewertungsstichtag der Fall wäre, kommt es dabei nicht zu einer systematischen Benachteiligung des Abfindungspflichtigen.[1732] Dies gilt umso mehr, wenn man sich vor Augen führt, dass der Abfindungspflichtige den Zeitpunkt der Maßnahme und im gewissen Maße auch den Referenzzeitraum gezielt auswählen und damit etwaige Dividenden abwarten kann. Mithin ist die Gefahr einer doppelten Dividendenberücksichtigung hinzunehmen.

All diese Abschläge auf die Abfindung dürften den Börsenkurs auch nicht um etwaige Verzerrungen bereinigen können. Vielmehr besteht die Gefahr, eine ohnehin schon bestehende Unterbewertung noch weiter zu vertiefen und das Machtgefälle von Abfindungspflichtigen und -berechtigten zu verstärken.

Mithin sollten keine weiteren Abschläge auf den Durchschnittskurs bei der Abfindung der Aktionäre aufgrund ihrer Minderheitenstellung, einer erschwerten Veräußerungsmöglichkeit, des Ausscheidens einer Schlüsselperson oder etwaiger Dividenden vorgenommen werden. Da mögliche Fehlbepreisungen fortbestehen, vermag es die Ablehnung dieser Abschläge aber nicht, den bewertungsrelevanten Börsenkurs zu bereinigen.

IV. Anpassung bei längerem Zeitraum und Gebotenheit

Gemäß der *Stollwerck*-Entscheidung des BGH hat – zurückgehend auf einen Vorschlag Webers[1733] – eine Hochrechnung des Börsenkurses anhand der allge-

---

gleichszahlungen, welche den Aktionären in der Zeit zwischen dem Rückrechnungszeitpunkt und dem Bewertungsstichtag, zugeflossen sind, verlangen. Dieser Aspekt zwischenzeitlicher Dividenden und Ausgleichszahlungen kann allerdings bei der Hochrechnung des Durchschnittskurses bei Verstreichen eines längeren Zeitraums bis zur Durchführung der Maßnahme Berücksichtigung finden (siehe hierzu: § 6 B.IV.2.b)).

[1730] Bürgers/Körber/*Ruiz de Vargas*, AktG, Anh. § 305 AktG Rn. 54 f-54 g. Dies gesteht auch OLG Frankfurt a.M., Beschl. v. 21.09.2010 – 5 W 40/09 –, juris Rn. 28–29 ein.

[1731] OLG Frankfurt a.M., Beschl. v. 01.03.2016 – 21 W 22/13 = AG 2016, 667,670–671; OLG Frankfurt a.M., Beschl. v. 21.09.2010 – 5 W 40/09 –, juris Rn. 34.

[1732] Vgl. OLG Frankfurt a.M., Beschl. v. 21.09.2010 – 5 W 40/09 –, juris Rn. 34, wobei sich in der Urteilspassage auf den Zeitpunkt unmittelbar vor der Hauptversammlung bezogen wird.

[1733] *Weber*, 2004, 280, 287; siehe zum expliziten Bezug hierauf: BGH, Beschl. v. 19.07. 2010 – II ZB 18/09 = BGHZ 186, 229–242, Rn. 29; auch wird bereits bei *Adolff*, Unternehmeinen oder branchentypischen Wertentwicklung unter Berücksichtigung der seitherigen Kursentwicklung stattzufinden, wenn zwischen der Bekanntgabe der Strukturmaßnahme und dem Tag der Hauptversammlung ein längerer Zeitraum liegt und eine Anpassung geboten scheint.[1734] Dahingehend wurde die *Stollwerck*-Entscheidung auch durch zwei weitere BGH-Beschlüsse bestätigt.[1735]

Es geht darum, den Durchschnittskurs an die zwischenzeitliche Entwicklung anzupassen, wenn sich dessen Rückrechnungszeitpunkt, welcher wie hier vertreten bereits auf das erstmalige Bekanntwerden der Maßnahme datiert wird, zu weit vom rechtlichen Bewertungsstichtag, d. h. der beschlussfassenden Hauptversammlung, entfernt. Hierbei wird versucht, einen fiktiven Kurs zu ermitteln, der bestünde, wenn es zu keiner Bekanntgabe der Maßnahme gekommen wäre.[1736] Die Anpassung soll zum Schutze der Abfindungsberechtigten vor einem Ausschluss positiver Kursentwicklungen geschehen.[1737] So kann einem missbräuchlichen Verhalten des Abfindungsverpflichteten entgegengewirkt werden, welcher andernfalls im Wege einer frühzeitigen Bekanntgabe einen besonders niedrigen Börsenkurs zu seinen Gunsten ausnutzen könnte.[1738] Auf diesem Wege können die Verhältnisse der Gesellschaft zum Zeitpunkt der beschlussfassenden Hauptversammlung trotz eines Auseinanderfallens dieses Bewertungsstichtages und des Rückrechnungszeitpunktes berücksichtigt werden.[1739] Aufgrund einer möglichen Abmilderung verfälschender Kursschwankungen und der andernfalls bestehenden Missbrauchsgefahr vermag die Hochrechnung auch dazu beitragen, dass der Börsenkurs eine hinrei-

---

mensbewertung im Recht der börsennotierten Aktiengesellschaft, S. 336–337; *Busse von Colbe*, FS Lutter (2000), S. 1053, 1064; *Gude*, Strukturänderungen und Unternehmensbewertung zum Börsenkurs, S. 390–391 § 19 für eine Kursfortschreibung plädiert.

[1734] BGH, Beschl. v. 19.07.2010 – II ZB 18/09 = BGHZ 186, 229–242, Ls. 2, Rn. 29, zum § 327b AktG; *Bungert/Wettich*, BB 2010, 2227, 2228; *Große-Frericks*, Die Angemessenheit des Entgelts für die Übertragung von Eigentumsrechten als Problem rechtsgeprägter Unternehmensbewertung, S. 502–503 mit Verweis auf die hiermit einhergehende offenen Folgefragen.

[1735] BGH, Beschl. v. 28.06.2011 – II ZB 2/10 = ZIP 2011, 1708, 1708 Ls. 1, 1708–1709 Rn. 8 zum § 305 AktG und ebenso für die Geltung beim § 30 UmwG und beim Delisting, sofern eine Hauptversammlung stattzufinden hat; BGH, Beschl. v. 28.06.2011 – II ZB 10/10 = AG 2011, 590, 590 Rn. 7 zum § 327b AktG; *Bungert/Wettich*, ZIP 2012, 449, 450.

[1736] OLG Frankfurt a.M., Beschl. v. 27.08.2020 – 21 W 59/19 = WM 2021, 593, 596; *Ruthardt/Hachmeister*, CF 2014, 174, 183; *Wasmann*, ZGR 2011, 83, 97.

[1737] BGH, Beschl. v. 19.07.2010 – II ZB 18/09 = BGHZ 186, 229–242, Rn. 29; OLG Karlsruhe, Beschl. v. 16.04.2024 – 12 W 27/23 = Der Konzern 2024, 212, 218 Rn. 77; *Wasmann*, ZGR 2011, 83, 93.

[1738] OLG Frankfurt a. M., Beschl. v. 27.08.2020 – 21 W 59/19 = WM 2021, 593, 594–595 Rn. 23; OLG Stuttgart, Beschl. v. 14.09.2011 – 20 W 6/08 = AG 2012, 49, 52–53; OLG Stuttgart, Beschl. v. 08.07.2011 – 20 W 14/08 = AG 2011, 795, 800; *Bungert/Becker*, DB 2021, 940, 941; *Wasmann*, ZGR 2011, 83, 93; vgl. *Schnorbus/Rauch/Grimm*, AG 2021, 391, 400 Rn. 46.

[1739] *Weber*, ZGR 2004, 280, 287.

chende Aussage zum Wert des Unternehmens trifft.[1740] Daher kann eine nachträgliche Anpassung des Börsenkurses dessen Aussagekraft zum quotalen Unternehmenswert verbessern. Zudem sollen die Aktionäre den Wert erhalten, den sie im Wege einer freien Deinvestition im Zeitpunkt der Durchführung der Maßnahme erhalten hätten.[1741] Dementsprechend erscheint eine derartige Kursanpassung auch zur Ermittlung des Deinvestitionswerts angebracht.[1742]

Da andernfalls die praktischen Vorteile verlorengingen, die mit dem Abstellen auf die Bekanntgabe bzw. das Bekanntwerden der Maßnahme als Rückrechnungszeitpunkt des Referenzkurses einhergehen und eine Hochrechnung stets hohe Unsicherheiten birgt, sollte diese nachträgliche Korrektur des Börsenkurses jedoch als Ausnahmeregelung gehandelt werden.[1743] Angesichts des Umstands, dass der Börsenkurs des zu bewertenden Unternehmens selbst von Abfindungsspekulationen und weniger von der Entwicklung des Unternehmens geprägt ist, hat die Hochrechnung anhand von Vergleichswerten stattzufinden.[1744] Anders als bei der Durchschnittskursbildung muss auf Anhaltspunkte außerhalb der Referenzkurse des zu bewertenden Unternehmens selbst abgestellt werden. Da diese Werte eine geringere Aussagekraft hinsichtlich der hypothetischen Wertentwicklung des Unternehmens als dessen eigene Vergangenheitskurse haben dürften, ist eine Durchschnittskursanpassung nur dann durchzuführen, wenn sie notwendig erscheint. Von daher stellt eine Beschränkung der Anpassungsmöglichkeit auf den Fall der Verzögerung der Maßnahmendurchführung, die eine Teilhabe der Aktionärsminderheit an einer Steigerung des Wertes der Aktien versperrt, einen sachgerechten Kom-

---

[1740] Vgl. *Schnorbus/Rauch/Grimm*, AG 2021, 391, 400 Rn. 45–46, die zu einer alleinigen Börsenkursorientierung tendieren.

[1741] *Ruthardt/Hachmeister*, CF 2014, 174, 183; *Zeeck/Reichard*, AG 2010, 699, 704.

[1742] So wohl auch Fleischer/Hüttemann/*Popp/Ruthardt*, RhB Unternehmensbewertung, § 12 Rn. 12.179, welche auf die Hochrechnungsmöglichkeit im Rahmen des Deinvestitionswerts hinweisen.

[1743] OLG Frankfurt a.M., Beschl. v. 29.04.2011 – 21 W 13/11 = AG 2011, 832, 833 Rn. 19; vgl. Hüffer/Koch/*Koch*, AktG, § 305 AktG Rn. 44; vgl. Schmidt/Lutter/*Schnorbus*, AktG, § 327b AktG Rn. 5a, die eine enge Handhabung dieses Ausnahmefalls verlangen; den Ausnahmecharakter der Hochrechnung betont auch *Wasmann*, ZGR 2011, 83, 93–94; siehe zudem *Gude*, Strukturänderungen und Unternehmensbewertung zum Börsenkurs, S. 390–391 § 19, der anführt, dass eine Kursfortschreibung mittels des Betafaktors lediglich *ex post* erfolgen kann und bei längeren Zeiträumen unzuverlässig sei und stattdessen die Verzinsungsvorschriften analog anwenden will, wobei dieser Vorschlag aufgrund des mangelnden Bezugs zur hypothetischen Unternehmens- und Kursentwicklung abzulehnen ist; anders hingegen *Ruthardt/Hachmeister*, CF 2014, 174, 183, die eine Hochrechnung aus ökonomischen Gesichtspunkten generell als sinnvoll erachten und einer Mindestschwelle hinsichtlich der Dauer des verstrichenen Zeitraums und der prozentualen Abweichung kritisch gegenüberstehen, einer Hochrechnung aber Schätzungsunsicherheiten eingestehen; siehe aber auch *Weber*, 2004, 280, 287, der keine explizite Einschränkung hinsichtlich der Hochrechnung auf den Tag der Hauptversammlung erwähnt.

[1744] Marsch-Barner/Schäfer/*Gehling*, Hdb börsennotierte AG, § 13 Rn. 13.86; vgl. *Hasselbach/Ebbinghaus*, Der Konzern 2010, 467, 473–474.

promiss dar.[1745] Hierbei soll insbesondere der Gefahr begegnet werden, dass der Abfindungspflichtige möglicherweise gezielt auf ein weites zeitliches Auseinanderfallen des Rückrechnungszeitpunkts und des Bewertungsstichtags hinwirkt. Aufgrund von Nachweisschwierigkeiten und der Möglichkeit ungewollter längerfristiger Verzögerungen darf aber nicht auf subjektive Aspekte abgestellt werden. Dementsprechend erscheinen eine zeitliche Mindestschwelle[1746] und eine erforderliche Gebotenheit der Anpassung[1747] als geeignete Kriterien, um diesen Ausnahmefall einzuschränken.

Da es beim Delisting und beim übernahmerechtlichen Squeeze-out *de lege lata* keines Hauptversammlungsbeschlusses bedarf[1748], ist in diesen Fällen keine derartige Kursanpassung möglich.[1749] Sofern aber wie hier vertreten wird, dass der Zeitpunkt der Entscheidung der Börsengeschäftsführung zum Widerruf der Zulassung nach § 39 Abs. 2 S. 1 BörsG in den Delistingfällen[1750] bzw. der Entscheidung des LG Frankfurt am Main zum Ausschluss der übrigen Aktionäre gemäß § 39a Abs. 5 WpÜG im Rahmen eines übernahmerechtlichen Squeeze-out[1751] als Bewertungsstichtag heranzuziehen ist, könnte auch hier eine Hochrechnung wie in den anderen Fallgruppen stattfinden. In Anbetracht des zeitlichen Zusammenhangs zwischen der Veröffentlichung des Erwerbsangebots und des Delistingantrags[1752] und der Tatsache, dass über den Antrag letztlich die Börsengeschäftsführung ent-

---

[1745] Vgl. *Zeeck/Reichard*, AG 2010, 699, 704.

[1746] Siehe hierzu: § 6 B.IV.1.b).

[1747] Siehe hierzu: § 6 B.IV.3.

[1748] Zum Delisting: *Bayer*, NZG 2015, 1169, 1173; Hüffer/Koch/*Koch*, AktG, § 119 AktG Rn. 36; Schmidt/Lutter/*Spindler*, AktG, § 119 AktG Rn. 51; kritisch hierzu *Bayer*, ZIP 2015, 853, 858; *BRAK*, Stellungnahme Nr. 37/2015, S. 7 und bereits *Hirte*, NJW 2000, 3321, 3325. Zum übernahmerechtlichen Squeeze-out: BeckHdB-AG/*Goslar*, § 15 Rn. 92; *Buck-Heeb*, Kapitalmarktrecht, S. 321 § 15 Rn. 1122; Marsch-Barner/Schäfer/*Drinkuth*, HdB börsennotierte AG, § 62 Rn. 62.339.

[1749] Verlangt man aber auch hier einen Hauptversammlungsbeschluss *de lege ferenda*, so gelten die Erwägungen zur Anpassung des Durchschnittskurses hier ebenso. Ein derartiges, möglicherweise zum Anlegerschutz beitragendes Vorgehen liegt jedoch außerhalb des Themenbereichs dieser Arbeit. So hat laut BGH, Beschl. v. 28.06.2011 – II ZB 2/10 = ZIP 2011, 1708, 1709 Rn. 8 unter Verweis auf KK-AktG/*Riegger/Gayk*, Anh. § 11 SpruchG Rn. 5 (aktuell Rn. 7) eine Anpassung auch beim Delisting stattzufinden. Siehe zur Streitfrage hins. eines Hauptversammlungsbeschluss beim Delisting: *Bayer*, NZG 2015, 1169, 1173–1174; *Bayer*, ZIP 2015, 853, 858; *BRAK*, Stellungnahme Nr. 37/2015, S. 7.

[1750] Siehe zum Delisting: § 6 B.II.1.f).

[1751] Siehe zum übernahmerechtlichen Squeeze-out: § 6 B.II.1.g).

[1752] Über den zeitlichen Abstand zwischen der Angebotsveröffentlichung und dem Antrag schweigt der Gesetzestext. Allerdings soll der Antragssteller nach § 39 Abs. 2 S. 3 Nr. 1 BörsG bei der Antragsstellung auf ein Angebot, welches bereits veröffentlicht wurde, hinweisen, wobei der Gesetzgeber gem. Beschlussempfehlung und Bericht, BT-Drs. 18/6220, S. 84 ein aktuelles Erwerbsangebot verlangt. Auf eine Stellungnahme zum erforderlichen zeitlichen Abstand wird aus thematischen Gründen verzichtet und auf die Ausführungen bei *Krug*, Der Rückzug von der Börse, S. 201–206 sowie *Zimmer/von Imhoff*, NZG 2016, 1056, 1057, 1059–1061 verwiesen.

scheidet, sollte die Gefahr einer gezielten Verzögerung durch den Abfindungspflichtigen beim Börsenrückzug eher gering sein. Dies gilt auch für den übernahmerechtlichen Squeeze-out. Aufgrund der dreimonatigen Frist zur Stellung des Antrags auf Übertragung der Aktien nach Ablauf der Annahmefrist gemäß § 39a Abs. 4 S. 1 WpÜG[1753] und der letztlich relevanten Entscheidung des LG Frankfurt am Main über besagten Antrag wird es wohl kaum zu einer bewussten Verzögerung kommen. In beiden Konstellationen könnte aber dennoch zwischen dem Rückrechnungszeitpunkt und dem Bewertungsstichtag ein längerer Zeitraum mit positiven Wertentwicklungen vorliegen, von welchen die Abzufindenden abgeschnitten wären. Dementsprechend empfiehlt es sich, auch hier eine Kursanpassung bei Gebotenheit durchzuführen, die wohl selten zum Einsatz kommen dürfte.

Zudem sei erwähnt, dass es im Falle von Verschmelzungen und Unternehmensverträgen, bei denen den Aktionären börsennotierte Aktien der Obergesellschaft gewährt werden, keiner Anpassung bedarf, wenn beide Unternehmen derselben Branche angehören und ihre Börsenkurse gleichermaßen von einer positiven Marktentwicklung profitiert hätten.[1754] Aufgrund der Gewährung börsennotierter Aktien wird kein Aktionär von der allgemeinen Kursentwicklung ausgeschlossen.[1755] Angesichts der Branchenzugehörigkeit beider Unternehmen können sie auch an der branchenspezifischen Kursentwicklung teilhaben.[1756] Sind die beiden ursprünglichen Gesellschaften aber unterschiedlichen Branchen zuzuordnen und weichen sie in ihrer voraussichtlichen fiktiven Kursentwicklung erkennbar voneinander ab, so bedarf es auch hier einer Anpassung des Durchschnittskurses nach Ablauf eines längeren Zeitraums, wenn dies geboten ist.

1. Längerer Zeitraum

Fraglich ist, ab wann ein längerer Zeitraum vorliegt. Hierbei ist dessen zeitlicher Rahmen und die erforderliche Dauer zu bestimmen.

a) Zeitlicher Rahmen

Es sollte der Zeitraum zwischen dem Bekanntwerden, d.h. dem Rückrechnungszeitpunkt des Durchschnittskurses und dem Tag der Hauptversammlung, betrachtet werden. Wenn in der *Stollwerck*-Entscheidung hinsichtlich der Kursanpassung auch nur von einer Bekanntgabe die Rede ist, dürfte dies dem Grundgedanken des BGH entsprechen, da er ausdrücklich auf das Ende des Referenzzeitraums ab-

[1753] Weitergehend zu dieser Dreimonatsfrist siehe Schwark/Zimmer/*Noack/Zetzsche*, KMRK, § 39a WpÜG Rn. 35–40.

[1754] *Bungert/Wettich*, ZIP 2012, 449, 453–454; *Decher*, ZIP 2010, 1673, 1677; Lutter/*Drygala*, UmwG, § 5 UmwG Rn. 50.

[1755] *Decher*, ZIP 2010, 1673, 1677.

[1756] *Decher*, ZIP 2010, 1673, 1677.

stellt.[1757] In Bezug auf den Tag der Hauptversammlung als Ende des Zeitraums ist dem BGH zu folgen.[1758] Der in Teilen der Literatur zu findende alternative Vorschlag, auf den Tag des Abschlusses der Bewertungsarbeiten abzustellen[1759], ist abzulehnen.[1760] So kann zwischen der Bewertung und der die Maßnahme betreffenden Hauptversammlung noch längere Zeit vergehen, wobei der Abfindungspflichtige den Zeitpunkt der Bewertung gezielt setzen könnte, sodass die übrigen Aktionäre von der weiteren Marktentwicklung ausgeschlossen wären.[1761] Gerade dies soll bei der Anpassung verhindert werden. Auch bezieht sich der Deinvestitionswert auf die fiktive Veräußerung zum Bewertungsstichtag und nicht auf den Zeitpunkt, an welchem die Bewertungsarbeiten abgeschlossen sind.[1762] Ausschlaggebend aber ist der einer Hochrechnung des Börsenkurses bei einem Auseinanderfallen von Stichtag und Hauptversammlung von Weber geäußerte Grundgedanke.[1763] Demnach dient die Anpassung dazu, dass man den laut Gesetz zu berücksichtigenden Verhältnissen der Gesellschaft im Zeitpunkt der Beschlussfassung der Hauptversammlung gerecht wird.[1764] Zieht man einen Zeitpunkt vor dem Tag der Hauptversammlung heran, werden besagte Verhältnisse missachtet. Aus diesem Grund ist auch dem Ansatz, auf den Zeitpunkt der Einberufung der Hauptversammlung abzustellen[1765], eine Absage zu erteilen. Der Umstand, dass eine Erhöhung der Abfindung aufgrund der Hochrechnung des Börsenkurses erst im Nachgang, d. h. frühestens während der Hauptversammlung, stattfinden könnte[1766], ist vor

---

[1757] So die Formulierung unter BGH, Beschl. v. 19.07.2010 – II ZB 18/09 –, BGHZ 186, 229–242, Rn. 29.

[1758] So auch *Ruthardt/Hachmeister*, CF 2014, 174, 183 und *Wasmann*, ZGR 2011, 83, 94, 96; zu den Ausführungen des Gerichtshofs siehe BGH, Beschl. v. 19.07.2010 – II ZB 18/09 = BGHZ 186, 229–242, Ls. 2, Rn. 29.

[1759] BeckOGK-AktG/*Singhof*, § 327b AktG Rn. 10; *Bücker*, NZG 2010, 967, 970; Emmerich/Habersack/*Emmerich*, AktG, § 305 AktG Rn. 62.

[1760] *Hasselbach/Ebbinghaus*, Der Konzern 2010, 467, 475; *Ruthardt/Hachmeister*, CF 2014, 174, 183; *Wasmann*, ZGR 2011, 83, 96 Fn. 61.

[1761] *Hasselbach/Ebbinghaus*, Der Konzern 2010, 467, 475.

[1762] *Ruthardt/Hachmeister*, CF 2014, 174, 183.

[1763] Auf ihn bezieht sich der BGH ausdrücklich in seinen Erwägungen, BGH, Beschl. v. 19.07.2010 – II ZB 18/09 –, BGHZ 186, 229–242, Rn. 29.

[1764] *Weber*, 2004, 280, 287; so wohl auch *Decher*, ZIP 2010, 1673, 1676.

[1765] *Hasselbach/Ebbinghaus*, Der Konzern 2010, 467, 475; vgl. Schmidt/Lutter/*Schnorbus*, AktG, § 327b AktG Rn. 5a, der auf den Zeitpunkt der endgültigen Festlegung der Barabfindung, welcher spätestens auf den Zeitpunkt der Einladung zur Hauptversammlung datiert wird, abstellt.

[1766] Siehe *Wasmann*, ZGR 2011, 83, 96 Fn. 61, der eingesteht, dass eine Hochrechnung nach diesen Maßgaben frühestens in der Hauptversammlung oder auch später in einem Spruchverfahren stattfinden kann. Siehe auch *Decher*, ZIP 2010, 1673, 1676, der auf die praktischen Schwierigkeiten, den dieser Aspekt der *Stollwerck*-Entscheidung mit sich bringt, hinweist. Siehe aber auch *Hasselbach/Ebbinghaus*, Der Konzern 2010, 467, 475, die zwar auf den Zeitpunkt der Einberufung zur Hauptversammlung abstellen, allerdings eine zusätzliche Aufzinsung für den Zeitraum zwischen Einberufung und Durchführung der Hauptversammdem Hintergrund der Berücksichtigung der Gesellschaftsverhältnisse zum Zeitpunkt des Hauptversammlungsbeschlusses und einer Teilhabe aller Aktionäre an den bis dahin ergehenden relevanten Wertänderungen hinzunehmen. Da es sich bei der Anpassung lediglich um einen Ausnahmefall handelt, fällt die Praktikabilitätsproblematik auch nicht so schwer ins Gewicht, wie es bei der Bestimmung des Rückrechnungszeitpunkts zur Durchschnittskursbildung[1767], die stets durchzuführen ist, der Fall ist. Letztlich liegt der abfindungsrelevante Durchschnittskurs bereits vor der beschlussfassenden Hauptversammlung vor. Lediglich seine ausnahmsweise Anpassung hat am selben Tag stattzufinden, was zu bewerkstelligen sein dürfte.[1768]

b) Dauer

Während der BGH in der *Causa Stollwerck* die genaue Bestimmung eines „längeren Zeitraums" nicht vorgegeben hat, so wurde jedenfalls im Falle einer Zeitspanne von siebeneinhalb Monaten ein solcher angenommen.[1769] In seinen nachfolgenden Beschlüssen verneinte er dies zumindest bei einer Dauer von zwei bzw. dreieinhalb Monaten.[1770] Damit ist laut Auffassung des BGH jedenfalls bei 7,5 Monaten ein längerer Zeitraum zu bejahen und bei einer Dauer von 3,5 Monaten abzulehnen.[1771] Weitestgehend ungeklärt bleibt aber, ob auch ein anderer Zeitraum unterhalb der 7,5 Monate eine Hochrechnung auslösen soll.[1772]

Die instanzgerichtliche Rechtsprechung orientiert sich überwiegend an der Linie des BGH.

---

lung verlangen. Siehe zudem auch Schmidt/Lutter/*Schnorbus*, AktG, § 327b AktG Rn. 5a, der auf den Zeitpunkt der endgültigen Festlegung der Barabfindung vor der Hauptversammlung abstellt, im Falle einer späteren Steigerung der Vergleichskurse aber eine nachträgliche Korrektur nach oben verlangt. Siehe auch *Bungert/Wettich*, BB 2010, 2227, 2230–2231, laut denen eine Prognose zur Entwicklung der Vergleichswerte bis zum Tag der Hauptversammlung durchzuführen ist. Siehe aber auch *Ruthardt/Hachmeister*, CF 2014, 174, 183, laut denen eine Hochrechnung am Tag der Hauptversammlung keinen hohen Zeitaufwand und damit kein Praktikabilitätsproblem darstellt.

[1767] Siehe hierzu die entsprechende Kritik hinsichtlich des Tages der Hauptversammlung als Rückrechnungszeitpunkt: § 6 B.II.1.a).

[1768] So auch *Ruthardt/Hachmeister*, CF 2014, 174, 183.

[1769] BGH, Beschl. v. 19.07.2010 – II ZB 18/09 –, BGHZ 186, 229–242, Rn. 29; *Bungert/Wettich*, BB 2010, 2227, 2229; *Bungert/Wettich*, ZIP 2012, 449, 451; vgl. *Große-Frericks*, Die Angemessenheit des Entgelts für die Übertragung von Eigentumsrechten als Problem rechtsgeprägter Unternehmensbewertung, S. 503.

[1770] BGH, Beschl. v. 28.06.2011 – II ZB 2/10 = ZIP 2011, 1708, 1709 Rn. 8; BGH, Beschl. v. 28.06.2011 – II ZB 10/10 = AG 2011, 590, 590 Rn. 7; *Bungert/Wettich*, ZIP 2012, 449, 450. Für die genaueren Zeitpunkte siehe BGH, Beschl. v. 28.06.2011 – II ZB 2/10 = ZIP 2011, 1708, 1708 Rn. 1.

[1771] Dies ebenso zusammenfassend: BeckOF-Vetrag/*Schilha*, 7.9.13.1 Rn. 9; *Bungert/Wettich*, ZIP 2012, 449, 451.

[1772] Vgl. *Bungert/Becker*, DB 2021, 940, 941, die hierbei aber nicht die vom BGH abgelehnten 3,5 bzw. 2 Monate miteinbeziehen.

So finden sich Urteile zu Zeiträumen jenseits der 7,5 Monate, bei welchen ein längerer Zeitraum nach Maßgabe des BGH bejaht wurde.[1773]

Weitere Entscheidungen, die zu niedrigeren Zeiträumen ergingen, führen an, dass bei unter sieben Monaten[1774], etwas mehr als sechs Monaten[1775], fünf Monaten[1776] oder jedenfalls bei 4,5 Monaten[1777] kein längerer Zeitraum vorliegen würde, ohne dabei dem BGH zu widersprechen.

Das OLG Stuttgart hat den üblichen Zeitraum von der Bekanntgabe der Strukturmaßnahme bis zur Durchführung der Hauptversammlung mit sechs Monaten bemessen.[1778] Bei einer Einhaltung dieser zeitlichen Vorgabe sei keine nachträgliche Hochrechnung angebracht.[1779] Allerdings schweigt es dahingehend, ob bereits beim Überschreiten einer Sechsmonatsschwelle ein längerer Zeitraum anzunehmen ist. Es wird lediglich auf die vom BGH genannten 7,5 Monate verwiesen.[1780]

Von besonderem Interesse ist die jüngere Rechtsprechung des OLG Frankfurt am Main. Es nimmt bei einem Überschreiten von sieben Monaten einen längeren Zeitraum an, wobei es anführt, dass nach empirischen Befunden die Dauer zwischen der Bekanntgabe eines Squeeze-out und dem anschließenden Hauptversammlungsbeschluss i. d. R. vier bis fünf Monate beträgt.[1781] Hierbei wurde erstmals eine Periode unterhalb der 7,5 Monate ausdrücklich als längerer Zeitraum obergerichtlich eingeordnet.[1782]

Auch der Großteil der Literaturstimmen weist in Richtung der Rechtsprechung.

[1773] Siehe OLG Karlsruhe, Beschl. v. 22. 06. 2015 – 12a W 5/15 = AG 2015, 789, 791, (12 Monate); OLG Frankfurt a. M., Beschl. v. 20. 12. 2013 – 21 W 40/11–, juris Rn. 46 (10 Monate und 8 Tage); OLG Frankfurt a. M., Beschl. v. 21. 12. 2010 – 5 W 15/10 –, juris Rn. 51 (ca. 8 Monate).

[1774] OLG Saarbrücken, Beschl. v. 11. 06. 2014 – 1 W 18/13 = AG 2014, 866, 867 Rn. 43.

[1775] LG München I, Beschl. v. 28. 04. 2017 – 5 HK O 26513/11 = AG 2017, 501, 507.

[1776] OLG Karlsruhe, Beschl. v. 16. 04. 2024 – 12 W 27/23 = Der Konzern 2024, 212, 218 Rn. 78.

[1777] OLG Frankfurt a. M., Beschl. v. 09. 02. 2024 – 21 W 129/22 = AG 2024, 505, 510; OLG Frankfurt a. M., Beschl. v. 29. 04. 2011 – 21 W 13/11 = AG 2011, 832, 833 Rn. 17.

[1778] OLG Stuttgart, Beschl. v. 14. 09. 2011 – 20 W 6/08 = AG 2012, 49, 53; OLG Stuttgart, Beschl. v. 08. 07. 2011 – 20 W 14/08 = AG 2011, 795, 800.

[1779] OLG Stuttgart, Beschl. v. 14. 09. 2011 – 20 W 6/08 = AG 2012, 49, 53; OLG Stuttgart, Beschl. v. 08. 07. 2011 – 20 W 14/08 = AG 2011, 795, 800.

[1780] OLG Stuttgart, Beschl. v. 14. 09. 2011 – 20 W 6/08 = AG 2012, 49, 53; OLG Stuttgart, Beschl. v. 08. 07. 2011 – 20 W 14/08 = AG 2011, 795, 800.

[1781] OLG Frankfurt a. M., Beschl. v. 27. 08. 2020 – 21 W 59/19 = WM 2021, 593, 593 Os. 1, 594–595 Rn. 22–24, wo der Zeitraum 7 Monate und 8 Tage betrug; so auch die Vorinstanz: LG Frankfurt a. M., Beschl. v. 04. 02. 2019 – 3–05 O 68/17 = AG 2019, 574, 574 Os. 1, 575–576; kritisch hierzu *Bungert/Becker*, DB 2021, 940, 942.

[1782] Vgl. *Bungert/Becker*, DB 2021, 940, 942 zu den Entscheidungen des OLG und des LG.

Vielerorts werden die 7,5 Monate als Schwellenwert eines längeren Zeitraums erachtet.[1783] An anderer Stelle soll ab einer Dauer von sieben bis siebeneinhalb[1784] oder gar acht Monaten[1785] ein längerer Zeitraum vorliegen. Dabei wird zum Teil bei Verschmelzungen aufgrund ihrer höheren Komplexität ein verlängerter Zeitraum veranschlagt.[1786]

Weitere Quellen, die sich nicht genau festlegen, lehnen wohl bei einer Zeitspanne von unter siebeneinhalb, jedenfalls aber unter sechs Monaten[1787] oder explizit unter sieben Monaten[1788] einen längeren Zeitraum ab.

Ferner finden sich auch Aufassungen im Schrifttum, bei denen von einer durchschnittlichen Umsetzungszeit von bis zu sechs Monaten ausgegangen und ein Überschreiten dieser Zeitspanne als längerer Zeitraum gewertet wird.[1789]

Vereinzelt wird diese Zeitspanne noch tiefer angesetzt und ein längerer Zeitraum angenommen, wenn eine Dauer von vier Monaten überschritten wird.[1790]

Damit zeichnet sich zumindest eine Tendenz der Rechtsprechung und Literatur dahingehend ab, bei sechs bis siebeneinhalb Monaten einen längeren Zeitraum anzunehmen.

[1783] BeckOGK-AktG/*Singhof*, § 327b AktG Rn. 10; *Bücker*, NZG 2010, 967, 970; *Bungert/Becker*, DB 2021, 940, 941–942; *Decher*, ZIP 2010, 1673, 1676; *Goette*, Gesellschaftsrecht in der Diskussion, 2010, Die aktuelle gesellschaftsrechtliche Rechtsprechung des BGH, IV. 11.; offen hingegen *Große-Frericks*, Die Angemessenheit des Entgelts für die Übertragung von Eigentumsrechten als Problem rechtsgeprägter Unternehmensbewertung, S. 503, die eine Zeitspanne von vier bis sieben Monaten als Regelfall ansieht und die vom BGH angelegten 7,5 Monate als großen zeitlichen Abstand erachtet, der zu einer Hochrechnung als Ausnahmefall führt.

[1784] *Bungert/Wettich*, ZIP 2012, 449, 452; wohl auch *Zeeck/Reichard*, AG 2010, 699, 705, die das Vorgehen des BGH in der *Stollwerck*-Entscheidung befürworten und davon ausgehen, dass ein Zeitraum von vier Monaten bei einem schnellen Vorantreiben eines Squeeze-out machbar ist und bei einer Überschreitung dieses Zeitraums um mehr als drei Monate einen längeren Zeitraum nahelegen.

[1785] Lutter/*Drygala*, UmwG, § 5 UmwG Rn. 46, bzgl. einer Verschmelzung, wobei er den längeren Zeitraum bei einem Squeeze-out einen Monat kürzer bemisst; Wachter/*Rothley*, AktG, § 327b AktG Rn. 10, bzgl. eines Squeeze-outs.

[1786] *Bungert/Becker*, DB 2021, 940, 941; *Bungert/Wettich*, BB 2010, 2227, 2231; *Bungert/Wettich*, ZIP 2012, 449, 454; *Decher*, ZIP 2010, 1673, 1677; Lutter/*Drygala*, UmwG, § 5 UmwG Rn. 46; a. A. *Hasselbach/Ebbinghaus*, Der Konzern 2010, 467, 473, die auf einen *safe haven* von sechs Monaten abstellen und sich gegen dessen Ausdehnung bei komplexen Strukturmaßnahmen wie Verschmelzungen aussprechen.

[1787] *Wasmann*, ZGR 2011, 83, 96.

[1788] *Bungert/Wettich*, BB 2010, 2227, 2229, die von einem praxisüblichen Zeitraum von i. d. R. vier bis sechs Monaten und bei größeren Unternehmen und komplexen Bewertungen von sieben Monaten ausgehen.

[1789] *Hasselbach/Ebbinghaus*, Der Konzern 2010, 467, 473; MüKo-AktG/*van Rossum*, § 305 AktG Rn. 108; *Weimann*, Strukturmaßnahmen und Kapitalmarktkommunikation, S. 266 § 6; vgl. Hölters/Weber/*Deilmann*, AktG, § 305 AktG Rn. 43.

[1790] *Weimann*, Spruchverfahren nach Squeeze-out, S. 234 § 12, S. 410 § 21.

Hinsichtlich der erforderlichen Dauer des längeren Zeitraums sollten dessen Sinn und Zweck berücksichtigt werden. So heißt es seitens der Rechtsprechung zum längeren Zeitraum, dass dieser über den normalen bzw. üblichen Zeitraum hinausgehen muss.[1791] Wird der übliche Zeitraum überschritten, liege eine missbräuchliche Verzögerung nahe, die es zu vermeiden gelte.[1792] Überdies werde durch diese restriktive Handhabung dem Ausnahmecharakter der Hochrechnung gerecht.[1793] Diese Erwägungen vermögen zu überzeugen. Angesichts des Umstands, dass über die Kursanpassung eine übermäßig lange Dauer zwischen dem Ende des Referenzzeitraums und der Durchführung der Strukturmaßnahme korrigiert werden soll, liegt es auch nahe, dass eine Anpassungsbedürftigkeit grundsätzlich erst beim Überschreiten des üblicherweise zu erwartenden Zeitraums anzunehmen ist.[1794]

Vor diesem Hintergrund ist die Studie Weimanns bezüglich Squeeze-out-Verfahren von 2002 bis 2013 von Bedeutung. Demnach vergehen zwischen der Bekanntgabe der Maßnahme und der beschlussfassenden Hauptversammlung im Durchschnitt nicht mehr als vier Monate.[1795] Ausgehend davon folgert er, dass ein über die übliche oder normale Zeit hinausgehender Zeitraum, wie er seitens der Rechtsprechung gefordert wird, bei einem Überschreiten von vier Monaten anzunehmen sei.[1796] Unter Fortschreibung seiner Untersuchung bis ins Jahr 2022 kommt Weimann nunmehr zum Ergebnis, dass eine Hochrechnung bei einem sechs Monate überschreitenden Zeitraum vorgenommen werden muss.[1797] So verzeichnet er in den 2020er Jahren einen Anstieg des durchschnittlichen Zeitraums zwischen der Ankündigung eines Squeeze-out und der darüber beschlussfassenden Hauptversammlung, welcher sich mit den wirtschaftlichen Unsicherheiten in dieser Zeit erklären ließe.[1798] Einer weiteren Studie zu aktienrechtlichen Strukturmaßnahmen aus den Jahren 2010 bis 2023 zufolge beläuft sich der Zeitraum zwischen der Ankündigung

[1791] OLG Stuttgart, Beschl. v. 14.09.2011 – 20 W 6/08 = AG 2012, 49, 53; OLG Stuttgart, Beschl. v. 08.07.2011 – 20 W 14/08 = AG 2011, 795, 800; OLG Frankfurt a.M., Beschl. v. 29.04.2011 – 21 W 13/11 = AG 2011, 832, 833 Rn. 19–21; vgl. OLG Stuttgart, Beschl. v. 24.07.2013 – 20 W 2/12 = NZG 2013, 1179, 1181; vgl. OLG Karlsruhe, Beschl. v. 16.04.2024 – 12 W 27/23 = Der Konzern 2024, 212, 218 Rn. 78; vgl. *Weimann*, Spruchverfahren nach Squeeze-out, S. 232 § 12.

[1792] OLG Stuttgart, Beschl. v. 14.09.2011 – 20 W 6/08 = AG 2012, 49, 52–53; OLG Stuttgart, Beschl. v. 08.07.2011 – 20 W 14/08 = AG 2011, 795, 800; vgl. OLG Frankfurt a.M., Beschl. v. 27.08.2020 – 21 W 59/19 = WM 2021, 593, 595–596 Rn. 27.

[1793] Vgl. OLG Frankfurt a.M., Beschl. v. 27.08.2020 – 21 W 59/19 = WM 2021, 593, 594–595 Rn. 23; vgl. OLG Frankfurt a.M., Beschl. v. 29.04.2011 – 21 W 13/11 = AG 2011, 832, 833 Rn. 19.

[1794] *Bücker*, NZG 2010, 967, 970, laut dem der längere Zeitraum aber nicht zu nahe an den „Normalfahrplan" heranrücken soll; *Hasselbach/Ebbinghaus*, Der Konzern 2010, 467, 473, die ein „deutliches Überschreiten" verlangen.

[1795] *Weimann*, Spruchverfahren nach Squeeze-out, S. 233 § 12, S. 409–410 § 21.

[1796] *Weimann*, Spruchverfahren nach Squeeze-out, S. 233–234 § 12 I.5, S. 409–410 § 21.

[1797] *Weimann*, Strukturmaßnahmen und Kapitalmarktkommunikation, S. 266 § 6.

[1798] *Weimann*, Strukturmaßnahmen und Kapitalmarktkommunikation, S. 264 § 6.

der Maßnahme und dem Tag der beschlussfassenden Hauptversammlung auf durchschnittlich 5,2 Monate.[1799] Dies legt eine übliche Zeitspanne von 5,2 Monaten nahe, deren Überschreiten zu einer Anpassung nach dem Verständnis der Rechtsprechung führen sollte.[1800] Wenn die beiden Studienergebnisse auch nicht zum selben Ergebnis kommen, so weisen sie mit einem Durchschnittswert von sechs bzw. 5,2 Monaten eine ähnliche Tendenz auf, die erkennbar von den siebeneinhalb Monaten abweicht, welche die Rechtsprechung und das vorherrschende Schrifttum unterstellen.[1801] Angesichts ihrer umfassenderen Bewertungsgrundlage sollte primär auf die Studie Weimanns abgestellt werden.[1802]

Gegen den Ansatz Weimanns führt das LG München I ins Feld, dass hierbei nicht die Größe und Komplexität des Unternehmens im Einzelfall berücksichtigt werde, wobei es weiterhin auf eine Grenzziehung von siebeneinhalb Monaten besteht.[1803] Ebenso merkten Bungert und Wettich als Kritik am *Stollwerck*-Urteil an, dass anstatt einer festen Grenze eher die Unternehmensgröße und der Umfang sowie die Komplexität einer Bewertung für die Bestimmung des Zeitraums herangezogen werden sollten, wobei sie sieben Monate als Regelfall erwägen.[1804] Zwar mag diesen Gesichtspunkten insoweit zu folgen sein, als eine einzelfallorientierte Betrach-

---

[1799] *I-Advise*, Studie zur Bewertungspraxis bei gesellschaftsrechtlichen Anlässen, 2024, S. 9. Die Studie vom Vorjahr kommt auf 5,3 Monate, *I-Advise*, Studie zur Bewertungspraxis bei gesellschaftsrechtlichen Anlässen, 2023, S. 8.

[1800] Anders aber *Bungert/Becker*, DB 2021, 940, 941–942, die in dem Umstand, dass in der vorherigen Studie von *I-Advise* aus dem Jahre 2021 in ca. 15 % der Fälle ein Zeitraum von sieben Monaten oder mehr bemessen wurde, eine Bestätigung der vom BGH erwogenen 7,5 Monate als üblichen Zeitraum erblicken. Da sich der Großteil der in dieser Studie nachgewiesenen Zeiträume aber auf weniger als 7,5 Monate bemisst und bei der Bestimmung eines üblichen bzw. normalen Werts gerade der Durchschnitt von Relevanz sein sollte, ist diesem Gedankengang nicht zu folgen.

[1801] Dies deckt sich auch mit den empirischen Befunden bei OLG Frankfurt a. M., Beschl. v. 27.08.2020 – 21 W 59/19 = WM 2021, 593, 594–595 Rn. 22–24; LG Frankfurt a. M., Beschl. v. 04.02.2019 – 3–05 O 68/17 = AG 2019, 574, 575–576, die von einer durchschnittlichen Dauer von 4 bis 5 Monaten ausgehen.

[1802] So wurden in jener bis 2013 insgesamt 477 aktien- und verschmelzungsrechtliche Squeeze-outs ausgewertet und versucht, alle relevanten Fälle zu erfassen (*Weimann*, Spruchverfahren nach Squeeze-out, S. 2–3) bzw. 652 Gesellschafterausschlüsse untersucht (*Weimann*, Strukturmaßnahmen und Kapitalmarktkommunikation, S. XX), wohingegen die Studie von *I-Advise* zwar auch andere rechtliche Bewertungsanlässe abdeckt, jedoch nur 261 Unternehmensbewertungen erfasst und keine Auswertung der Rechtsprechung vornimmt, *I-Advise*, Studie zur Bewertungspraxis bei gesellschaftsrechtlichen Anlässen, 2024, S. 5. Einen genaueren Wert würde eine Untersuchung mit der Vielfalt an Bewertungsanlässen wie bei der *I-Advise*-Studie und einer der Studie von *Weimann* entsprechenden umfangreichen Datengrundlage liefern. Bis dahin ist auf das Ergebnis von *Weimann* als bisher realistischsten Wert abzustellen. Alternativ könnte auch ein Zwischenwert von 5,6 Monaten herangezogen werden.

[1803] So zuletzt LG München, Beschl. v. 30.05.2018 – 5 HK O 10044/16 –, juris Rn. 197; LG München I, Beschl. v. 28.04.2017 – 5 HK O 26513/11 –, juris Rn. 188.

[1804] *Bungert/Wettich*, BB 2010, 2227, 2229, ebenso plädieren *Meinert*, DB 2011, 2455, 2460 und wohl auch *Schilling/Witte*, Der Konzern 2010, 477, 481, 485 gegen eine feste Zeitspanne.

tung eher die Realität abzubilden vermag. Dementsprechend empfiehlt es sich, gerade bei komplexen Maßnahmen den üblichen Zeitraum am Einzelfall zu beurteilen, sofern hierfür stichhaltige Anhaltspunkte geltend gemacht werden. Angesichts der empirischen Grundlage sollte aber bei einem Überschreiten von sechs Monaten regelmäßig von einem längeren Zeitraum ausgegangen werden, wenn nichts anderes vorgetragen wird.[1805] So kann einer etwaigen Rechtsunsicherheit mit einer Orientierung am Sechsmonatszeitraum im Zweifelsfall begegnet werden.

Weiterhin könnte gegen eine im Vergleich zur *Stollwerck*-Entscheidung kürzere Bemessung des längeren Zeitraums streiten, dass sich zu sehr an den üblichen Zeitraum angenähert wird.[1806] Dieser Umstand könnte dem Ausnahmecharakter der nachträglichen Anpassung zuwiderlaufen.[1807] Diesem Gedankengang wird wohl auch das OLG Frankfurt am Main 2020 gefolgt sein, wenn es einen üblichen Zeitraum von vier bis fünf Monaten unterstellt, zugleich aber erst von einem längeren Zeitraum ausgeht, wenn sieben Monate überschritten sind.[1808] Allerdings spricht die Charakterisierung der Hochrechnung als Ausnahmeregel nicht gegen eine grundsätzliche Bemessung des längeren Zeitraums auf über sechs Monate. Da es sich bei dieser Dauer um den Regelfall handelt, stellt ein Überschreiten gerade die Ausnahme dar. Dies wird umso mehr der Fall sein, wenn wie hier auch eine Einzelfallorientierung mit einer entsprechenden Verlängerung des üblichen Zeitraums für komplexe Fälle ermöglicht wird und darüber hinaus eine weitere Einschränkung über das Gebotenheitskriterium erfolgt. Jede unbegründete Überschreitung des üblichen Zeitraums legt hingegen eine bewusste Verzögerung seitens des Abfindungspflichtigen nahe, wodurch die Abfindungspflichtigen von einer Teilhabe an positiven Kursentwicklungen ausgeschlossen werden könnten. Zwecks eines effektiven Anlegerschutzes sollte eine Kursanpassung nicht auf einen allzu engen Ausnahmefall beschränkt werden. Darüber hinaus wird der Abfindungspflichtige dazu geneigt sein, eine zügige Bewertung, Prüfung und Vorbereitung der Haupt-

---

[1805] Siehe auch OLG Frankfurt a. M., Beschl. v. 27.08.2020 – 21 W 59/19 = WM 2021, 593, 595 Rn. 25, das einen längeren Zeitraum grundsätzlich ab einer Dauer von mehr als sieben Monaten annimmt, in eng begrenzten Ausnahmefällen aber trotz des Überschreitens dieser Schwelle keinen längeren Zeitraum unterstellen will.

[1806] *Bücker*, NZG 2010, 967, 970; siehe auch *Hasselbach/Ebbinghaus*, Der Konzern 2010, 467, 473, die ein „deutliches Überschreiten" verlangen; im Ansatz wohl auch *Bungert/Wettich*, BB 2010, 2227, 2229, die von einem praxisüblichen Zeitraum von i. d. R. vier bis sechs Monaten und bei größeren Unternehmen und komplexen Bewertungen von sieben Monaten ausgehen und die vom BGH erwogenen 7,5 Monate als längeren Zeitraum bereits als eng bemessen ansehen und jedenfalls eine Dauer von unter sieben Monaten noch nicht als längeren Zeitraum klassifizieren; ebenso im Ansatz wohl auch *Zeeck/Reichard*, AG 2010, 699, 705, die einen Zeitraum von vier Monaten bei einem schnellen Vorantreiben eines Squeeze-out als durchaus machbar erachten und bei einer Überschreitung dieses Zeitraums um mehr als drei Monate einen längeren Zeitraum nahelegen.

[1807] Vgl. *Bücker*, NZG 2010, 967, 970.

[1808] Siehe OLG Frankfurt a. M., Beschl. v. 27.08.2020 – 21 W 59/19 = WM 2021, 593, 593 Os. 1, 594–595 Rn. 22–24; ebenso bereits die Vorinstanz: LG Frankfurt a. M., Beschl. v. 04.02.2019 – 3-05 O 68/17 = AG 2019, 574, 574 Os. 1, 575–576.

versammlung anzustrengen, wenn jedes Überschreiten des hierfür üblicherweise anfallenden Zeitraums zu einer Hochrechnung führt. Auf diesem Wege wird eine rasche und effektive Durchführung von Strukturmaßnahmen begünstigt.

Hinsichtlich anderer abfindungsverpflichtender Strukturmaßnahmen liegt es nahe, dass diese eines ähnlich zu bemessenden üblichen Zeitraums bedürfen.[1809] Auch hier sollte einzelfallorientiert vorgegangen und die übliche Dauer im Zweifel grundsätzlich auf sechs Monate beziffert werden.

Problematisch könnten sich aber hoch komplexe und regelmäßig sehr zeitaufwendige Maßnahmen wie etwa Verschmelzungen börsennotierter Unternehmen darstellen. Zwar dürfte der übliche Zeitraum bei derartigen Fällen grundsätzlich sehr lang bemessen sein, was im Wege der Einzelfallorientierung berücksichtigt werden kann.[1810] Allerdings soll durch die Kursanpassung verhindert werden, dass Abfindungsberechtigte von Kursentwicklungen ausgeschlossen werden, die über einen längeren Zeitraum auftreten. Relevante Kursentwicklungen können aber nach einiger Zeit ungeachtet der üblichen Länge einer Strukturmaßnahme auftreten.[1811] Wenn hier auch keine Verzögerung durch den Abfindungspflichtigen geschieht, so erscheint es unsachgerecht, aufgrund der übermäßigen Dauer der Maßnahme keine Anpassung an die Verhältnisse der Gesellschaft zum Zeitpunkt der beschlussfassenden Hauptversammlung vorzunehmen und der Aktionärsminderheit eine Teilhabe an zwischenzeitlichen Entwicklungen zu verwehren. Es liegt nahe, ab einer gewissen Dauer stets eine Anpassung durchzuführen, sofern diese geboten er-

---

[1809] Vgl. *Hasselbach/Ebbinghaus*, Der Konzern 2010, 467, 473, die auf einen sechsmonatigen Zeitraum abstellen. Siehe auch *I-Advise*, Studie zur Bewertungspraxis bei gesellschaftsrechtlichen Anlässen, 2024, S. 5, 9, wo zwar ein durchschnittlicher Zeitraum von 5,2 Monaten ermittelt wird und es sich beim Großteil der Fälle um Squeeze-outs handelt. Da jedoch 56 der 261 untersuchten Unternehmensbewertungen aus anderen rechtlichen Anlässen erfolgten und dieses Studienergebnis zumindest eine Tendenz in die Richtung von *Weimann*, Strukturmaßnahmen und Kapitalmarktkommunikation, S. 266 § 6 sowie *Weimann*, Spruchverfahren nach Squeeze-out, S. 233–234 § 12, S. 409–410 § 21 aufweist, kann auch in den Fällen jenseits des Squeeze-out im Zweifel ein üblicher Zeitraum von sechs Monaten angenommen werden. Auch hier kann auf die Alternative eines Zwischenwertes der Studien von *Weimann* und *I-Advise* i. H. v. 5,6 Monaten hingewiesen werden. Angesichts fehlender Anhaltspunkte dahingehend, dass andere Maßnahmen wie etwa ein Beherrschungs- und Gewinnabführungsvertrag stets einen nachweislich längeren Zeitraum als Squeeze-outs beanspruchen, sollten bei diesen auch die sechs Monate als üblicher Zeitraum angesetzt werden. Besonders komplexen Maßnahmen wie etwa Verschmelzungen kann im Rahmen der Einzelfallorientierung entgegengekommen werden. Ein pauschaler Aufschlag auf den Zeitraum für Verschmelzungen, wie bei *Decher*, ZIP 2010, 1673, 1677; Lutter/*Drygala*, UmwG, § 5 UmwG Rn. 46 gefordert, ist aufgrund einer fehlenden ausreichenden Datengrundlage für die durchschnittliche Dauer zwischen dem Bekanntwerden einer Verschmelzung und der beschlussfassenden Hauptversammlung hierzu abzulehnen.

[1810] Wenn im konkreten Einzelfall nicht anders belegt, ist in Ermangelung an einer empirischen Datengrundlage im Zweifel dennoch ein üblicher und normaler Zeitraum von vier Monaten zu unterstellen. Dieses Vorgehen wird einem effektiven und rechtssicheren Anlegerschutz gerecht.

[1811] *Hasselbach/Ebbinghaus*, Der Konzern 2010, 467, 473.

scheint, um den aktuellen Unternehmenswert unter Berücksichtigung der Gesellschaftsverhältnisse im Zeitpunkt der Hauptsammlung und die zu dieser Zeit herrschenden Handelbarkeit der Aktie zu reflektieren. Dahingehend erscheint eine Abweichung von der Rechtsprechung, die lediglich bei einem implizierten Missbrauch des Abfindungspflichtigen eine Hochrechnung vornehmen will[1812], angebracht. Auch könnte hierdurch einer mit der individuellen Bemessung einhergehenden Unsicherheit entgegengewirkt werden. Dementsprechend sollte unabhängig von der zu erwartenden Länge des üblichen Zeitraums eine weitere, bei jeder Maßnahme bestehende Schwelle gesetzt werden, deren Überschreiten eine Kursanpassung ermöglicht.[1813]

Die vereinzelt geforderte feste sechsmonatige Schwelle[1814] ist jedoch abzulehnen. Wie sich gezeigt hat ist der übliche Zeitraum durchschnittlich sechs Monate lang. Dabei wird der Sechsmonatszeitraum nachweislich zwar selten, aber immer noch zu häufig überschritten[1815], als dass er einen absoluten Maximalwert darstellen könnte. Dies wird vor allem bei komplexen Strukturmaßnahmen der Fall sein, bei welchen der übliche Zeitraum im Rahmen der Einzelfallorientierung möglicherweise weit länger bemessen ist. Vor diesem Hintergrund würde der Hochrechnung ihr Ausnahmecharakter genommen, wenn sie stets beim Überschreiten einer Halbjahresschwelle durchzuführen wäre. Auch dürfte in diesen Fällen noch regelmäßig eine hinreichende Nähe zum Tag der Hauptversammlung der Gesellschaft bestehen, deren Verhältnisse zu diesem Zeitpunkt zu berücksichtigen sind.[1816]

Angesichts des auf zwölf Monaten zu beziffernden Referenzzeitraums des Durchschnittskurses[1817] bietet sich eine ebenso lang bemessene maximale Dauer eines anpassungsbedürftigen längeren Zeitraums an. In derartigen Fällen ist der Bewertungsstichtag derart weit vom Zeitpunkt der beschlussfassenden Hauptversammlung entfernt, dass eine Hochrechnung auf diesen Tag gefordert werden sollte. Schließlich sind die Verhältnisse der Gesellschaft in diesem Zeitpunkt bei der Abfindung von Gesetzes wegen zu berücksichtigen. Ab einer solchen Zeitspanne

---

[1812] OLG Frankfurt a. M., Beschl. v. 27.08.2020 – 21 W 59/19 = WM 2021, 593, 594–595 Rn. 23; OLG Stuttgart, Beschl. v. 08.07.2011 – 20 W 14/08 = AG 2011, 795, 800; OLG Stuttgart, Beschl. v. 14.09.2011 – 20 W 6/08 = AG 2012, 49, 52–53; *Bungert/Becker*, DB 2021, 940, 941; siehe aber *Meinert*, DB 2011, 2455, 2459, der sich ebenfalls nicht auf missbräuchliche Verhaltensweisen beschränken will.

[1813] Vgl. *Hasselbach/Ebbinghaus*, Der Konzern 2010, 467, 473, die stets einen sechsmonatigen Zeitraum bei jeglichen Strukturmaßnahmen verlangen.

[1814] So auch *Hasselbach/Ebbinghaus*, Der Konzern 2010, 467, 473.

[1815] Siehe *I-Advise*, Studie zur Bewertungspraxis bei gesellschaftsrechtlichen Anlässen, 2024, S. 9, wonach in 19,2 % aller Fälle der Zeitraum sechs oder mehr Monate betrug; siehe *Weimann*, Strukturmaßnahmen und Kapitalmarktkommunikation, S. 264 § 6 sowie *Weimann*, Spruchverfahren nach Squeeze-out, S. 233 § 12, wonach in 15,9 % bzw. 17,09 % der Fälle ein Zeitraum von sechs Monaten überschritten wurde.

[1816] So im Ansatz wohl *Bungert/Wettich*, BB 2010, 2227, 2229 zu einem Zeitraum von unter sieben Monaten.

[1817] Siehe hierzu: § 6 B.II.2.d).

dürfte die Möglichkeit einer relevanten Kursänderung auch hoch genug sein, sodass eine grundsätzliche Anpassung bei Gebotenheit ungeachtet der tatsächlich üblichen Dauer zwischen dem Bewertungsstichtag und dem Hauptversammlungsbeschluss angebracht erscheint. Da ein solcher Zeitraum nachweislich selten auftritt[1818] dürfte dieser feste Wert auch nicht mit einer unsachgerechten Belastung des Abfindungspflichtigen einhergehen oder den Ausnahmecharakter der Hochrechnung konterkarieren. Dementsprechend müsste eine absolute Schwelle von zwölf Monaten bestehen, ab deren Erreichen stets ein längerer Zeitraum angenommen werden sollte.

Folglich liegt es nahe, die Dauer des längeren Zeitraums anhand des Einzelfalls zu bemessen, wobei im Zweifel eine sechs Monate überschreitende Zeitspanne anzunehmen ist. Ungeachtet dieser Zeitdauer sollte in jedem Fall ab einem Verstreichen von zwölf Monaten stets ein längerer Zeitraum angenommen werden.

2. Hochrechnungsmethodik

Für die Hochrechnung sind Vergleichswerte festzulegen, aus denen eine Kursrendite abgeleitet wird, welche auf die zu bewertende Gesellschaft übertragen werden soll.[1819] Dabei bieten sich verschiedene Hochrechnungsmethoden an.[1820]

a) Vergleichswerte

Fraglich ist zunächst, welche Vergleichswerte für die Hochrechnung heranzuziehen sind.

Da eine Einpreisung von Abfindungsspekulationen vermieden werden soll, ist nicht auf spätere Börsenkursbewegungen der zu bewertenden Gesellschaft selbst, sondern auf Vergleichskurse abzustellen.[1821] In Anbetracht der üblichen Kursschwankungen liegt es zudem nahe, Durchschnitts- anstatt Stichtagskurse heranzuziehen.[1822] Mithin bedarf es durchschnittlicher Vergleichskurse als Vergleichswerte. Allerdings stehen unterschiedliche Kurse als Vergleichsmaßstab zur Auswahl.

[1818] Siehe *I-Advise*, Studie zur Bewertungspraxis bei gesellschaftsrechtlichen Anlässen, 2024, S. 9, wonach in 7,3 % der Fälle eine Zeitspanne von acht Monaten überschritten wurde; siehe *Weimann*, Spruchverfahren nach Squeeze-out, S. 233 Abb. 48 § 12, nach welchem der Zeitraum bei 0,63 % der untersuchten Squeeze-outs elf bis zwölf Monate betrug und in 1,90 % der Fälle die Zwölfmonatsgrenze überschritt sowie *Weimann*, Strukturmaßnahmen und Kapitalmarktkommunikation, S. 265 Abb. 56 § 6, wonach zwölf Monate in 2,3 % der Fälle überschritten wurden.

[1819] *Bungert/Becker*, DB 2021, 940, 943.

[1820] Vertiefend zu den unterschiedlichen Hochrechnungsmethoden mit Beispielrechnungen *Popp/Ruthardt*, WPg 2017, 1222, 1224–1228.

[1821] Vgl. *Hasselbach/Ebbinghaus*, Der Konzern 2010, 467, 473–474; vgl. Marsch-Barner/Schäfer/*Gehling*, Hdb börsennotierte AG, § 13 Rn. 13.86.

[1822] *Hasselbach/Ebbinghaus*, Der Konzern 2010, 467, 473–474.

In der *Stollwerck*-Entscheidung wird offengelassen, welche Vergleichswerte der Hochrechnung zugrunde zu legen sind.[1823] Der BGH spricht lediglich von einer „allgemeinen oder branchentypischen Wertentwicklung".[1824] Die Erwähnung einer allgemeinen Kursentwicklung legt nahe, dass laut BGH auf allgemeine Aktienindizes wie den DAX abgestellt werden könnte.[1825] Branchentypische Kursentwicklungen hingegen könnten mittels Branchenindizes nachvollzogen werden.[1826] Zwar mag die sprachliche Fassung des *Stollwerck*-Urteils auf ein Alternativverhältnis von allgemeinen und branchentypischen Entwicklungen schließen lassen und der allgemeinen Kursentwicklung den Vorzug gewähren.[1827] Aber schon nach Weber, auf den sich der BGH in seiner *Stollwerck*-Entscheidung bezieht[1828], erscheint es sinnvoller, einen branchenrelevanten Index heranzuziehen.[1829] Dem ist zuzustimmen. Schließlich wird die Entwicklung der Branche eines bestimmten Unternehmens aufgrund ihrer Ähnlichkeit eher vergleichbar sein als dies bei gesamtwirtschaftlichen Entwicklungen der Fall sein dürfte.[1830] In Ausnahmefällen kann sich eine Einordnung der betroffenen Gesellschaft in einen Branchenindex jedoch als problematisch darstellen.[1831] Diesbezüglich sind die mögliche fehlende eindeutige Zuordnung des Unternehmens zu einer Branche[1832], ein fehlender passender Bran-

[1823] *Bücker*, NZG 2010, 967, 970–971; *Bungert/Wettich*, BB 2010, 2227, 2230; *Wasmann*, ZGR 2011, 83, 96.

[1824] BGH, Beschl. v. 19.07.2010 – II ZB 18/09 –, BGHZ 186, 229–242, Ls. 2, Rn. 29.

[1825] *Bücker*, NZG 2010, 967, 971; *Hasselbach/Ebbinghaus*, Der Konzern 2010, 467, 475; *Schilling/Witte*, Der Konzern 2010, 477, 481–482.

[1826] *Decher*, ZIP 2010, 1673, 1676; *Hasselbach/Ebbinghaus*, Der Konzern 2010, 467, 475; *Schilling/Witte*, Der Konzern 2010, 477, 482.

[1827] *Wasmann*, ZGR 2011, 83, 97–98; vgl. *Meinert*, DB 2011, 2455, 2460.

[1828] BGH, Beschl. v. 19.07.2010 – II ZB 18/09 –, BGHZ 186, 229–242, Rn. 29.

[1829] *Weber*, ZGR 2004, 280, 287; dem folgend: OLG Frankfurt a.M., Beschl. v. 27.08.2020 – 21 W 59/19 = WM 2021, 593, 596 Rn. 31; OLG Frankfurt a.M., Beschl. v. 21.12.2010 – 5 W 15/10 –, juris Rn. 53; LG Frankfurt a.M., Beschl. v. 04.02.2019 – 3–05 O 68/17 = AG 2019, 574, 574 Ls. 2, 576; *Bücker*, NZG 2010, 967, 971; *Bungert/Wettich*, BB 2010, 2227, 2230; *Bungert/Wettich*, ZIP 2012, 449, 453; *Decher*, ZIP 2010, 1673, 1676, der darüber hinaus allein branchenspezifische Kursentwicklungen berücksichtigen will und die allgemeine Kursentwicklung unbeachtet lässt; *Hasselbach/Ebbinghaus*, Der Konzern 2010, 467, 475; *Meinert*, DB 2011, 2455, 2460; *Popp/Ruthardt*, WPg 2017, 1222, 1226; *Wasmann*, ZGR 2011, 83, 97–98.

[1830] OLG Frankfurt a.M., Beschl. v. 27.08.2020 – 21 W 59/19 = WM 2021, 593, 596 Rn. 31; OLG Frankfurt a.M., Beschl. v. 21.12.2010 – 5 W 15/10 – Rn. 53; LG Frankfurt a.M., Beschl. v. 04.02.2019 – 3–05 O 68/17 = AG 2019, 574, 576; *Bungert/Wettich*, ZIP 2012, 449, 453; *Hasselbach/Ebbinghaus*, Der Konzern 2010, 467, 475; *Ruthardt/Hachmeister*, CF 2014, 174, 183 *Schilling/Witte*, Der Konzern 2010, 477, 482; *Wasmann*, ZGR 2011, 83, 98.

[1831] *Weber*, ZGR 2004, 280, 287 Fn. 14.

[1832] *Bungert/Wettich*, BB 2010, 2227, 2230; *Popp/Ruthardt*, WPg 2017, 1222, 1226; *Ruthardt/Hachmeister*, CF 2014, 174, 183; *Schilling/Witte*, Der Konzern 2010, 477, 482; *Wasmann*, ZGR 2011, 83, 98; *Weber*, ZGR 2004, 280, 287 Fn. 14; *Weimann*, Spruchverfahren nach Squeeze-out, S. 411 § 21.

chenindex[1833], nicht feststellbare Branchenentwicklungen[1834] und Sonderentwicklungen innerhalb der Branche, an denen die zu bewertende Gesellschaft nicht teilhaben konnte[1835], zu nennen. In diesen Fällen kann kein Branchenindex als Vergleichswert dienen. Da das konkrete Unternehmen jedenfalls an der allgemeinen Wirtschaftsentwicklung teilhaben wird, bietet sich ein allgemeiner Index als Vergleichskurs an.[1836] Dementsprechend sollte grundsätzlich auf branchentypische und subsidiär auf allgemeine Kursentwicklungen abgestellt werden.[1837]

Hinsichtlich der branchentypischen Kursentwicklung wird von Teilen des Schrifttums auch ein Vergleich über ein *Peer-Group*-Verfahren vorgeschlagen.[1838] Ein derartiges Vorgehen ist teilweise auch in der instanzgerichtlichen Rechtsprechung auszumachen.[1839] Dabei wird eine Vergleichsgruppe von Unternehmen derselben Branche der zu bewertenden Gesellschaft, die dieser ähneln, zusammengestellt.[1840] Es stellt sich die Frage, ob ein *Peer-Group*-Vergleich neben den Vergleichsindizes Eingang in die Hochrechnung finden sollte.

Hierfür streitet die erhöhte Aussagekraft einer *Peer-Group*, die vor allem im Vergleich zur Heranziehung eines allgemeinen Index regelmäßig eine genauere Abbildung der fiktiven Kursentwicklung der relevanten Aktie hervorbringen wird.[1841]

[1833] *Bücker*, NZG 2010, 967, 971; *Bungert/Wettich*, BB 2010, 2227, 2230; *Weimann*, Spruchverfahren nach Squeeze-out, S. 411 § 21.

[1834] *Wasmann*, ZGR 2011, 83, 98.

[1835] *Popp/Ruthardt*, WPg 2017, 1222, 1226; *Ruthardt/Hachmeister*, CF 2014, 174, 183; *Wasmann*, ZGR 2011, 83, 98.

[1836] *Wasmann*, ZGR 2011, 83, 98–99; vgl. *Ruthardt/Hachmeister*, CF 2014, 174, 183.

[1837] *Bücker*, NZG 2010, 967, 971; *Hasselbach/Ebbinghaus*, Der Konzern 2010, 467, 475; *Popp/Ruthardt*, WPg 2017, 1222, 1226; *Ruthardt/Hachmeister*, CF 2014, 174, 183; *Wasmann*, ZGR 2011, 83, 98; *Weimann*, Spruchverfahren nach Squeeze-out, S. 411 § 21.

[1838] BeckOGK-AktG/*Singhof*, § 327b AktG Rn. 10; *Bücker*, NZG 2010, 967, 971; *Bungert/Wettich*, BB 2010, 2227, 2230; *Decher*, ZIP 2010, 1673, 1676–1677; Emmerich/Habersack/*Emmerich*, AktG, § 305 AktG Rn. 62, der auf eine Peer-Group abstellen will, wenn kein Branchenindex vorhanden ist; *Hasselbach/Ebbinghaus*, Der Konzern 2010, 467, 475–476, die sich für einen Peer-Group-Vergleich bei fehlenden aussagefähigen Indices aussprechen; Marsch-Barner/Schäfer/*Gehling*, Hdb börsennotierte AG, § 13 Rn. 13.86, wonach hingegen nur subsidiär auf einen Index zurückgegriffen werden soll; *Meinert*, DB 2011, 2455, 2460; MüKo-AktG/*van Rossum*, § 305 AktG Rn. 108; *Popp/Ruthardt*, WPg 2017, 1222, 1226; *Schilling/Witte*, Der Konzern 2010, 477, 482; Schmidt/Lutter/*Schnorbus*, AktG, § 327b AktG Rn. 5a; *Zeeck/Reichard*, AG 2010, 699, 706; Wachter/*Rothley*, AktG, § 327b AktG Rn. 10. Kritisch hierzu hingegen: *Ruthardt/Hachmeister*, CF 2014, 174, 183; *Wasmann*, ZGR 2011, 83, 99; *Weimann*, Spruchverfahren nach Squeeze-out, S. 411 § 21.

[1839] OLG Frankfurt a. M., Beschl. v. 27.08.2020 – 21 W 59/19 = WM 2021, 593, 596 Rn. 31; OLG Karlsruhe, Beschl. v. 22.06.2015 – 12a W 5/15 = AG 2015, 789, 791; LG Frankfurt a. M., Beschl. v. 04.02.2019 – 3–05 O 68/17 = AG 2019, 574, 574 Ls. 3.

[1840] *Zeeck/Reichard*, AG 2010, 699, 706.

[1841] *Bücker*, NZG 2010, 967, 971, im Vergleich zu einem allgemeinen Index; *Hasselbach/Ebbinghaus*, Der Konzern 2010, 467, 475, im Vergleich zu einem Branchenindex und einem

Ferner wird eine *Peer-Group* regelmäßig schon bei der Bestimmung des Risikozuschlags und des Beta-Faktors im Rahmen einer Ertragswertberechnung[1842] oder eines DCF-Verfahrens[1843] ermittelt worden sein. Mithin erscheint ein *Peer-Group*-Vergleich jedenfalls dann, wenn eine fundamentale Unternehmensbewertung vorgenommen wurde, bei der bereits eine *Peer-Group* ermittelt und bewertet wurde, auf den ersten Blick ökonomisch günstig und ratsam.[1844] Dies gilt jedoch nur für den Fall, in dem eine umfassende Unternehmensbewertung durchgeführt wurde und der Börsenkurs als Untergrenze oder im Wege des indirekten Marktbezugs herangezogen wird.[1845] Anderweitig würde ein erheblicher Zeitaufwand anfallen. Hierdurch wird das verfahrensökonomische Argument der Alleinmaßgeblichkeit des Börsenkurses entschieden abgeschwächt. Da durch die Hochrechnung von vornherein nur ein fiktiver und kaum überprüfbarer Wert ermittelt wird, der gar nicht erst den Anspruch auf eine exakte Wiedergabe des aktuellen Unternehmenswerts erhebt, ist mit ihr auch kein derart hoher Mehrwert verbunden, als dass ein erhöhter Aufwand gerechtfertigt wäre. Mithin ist die Heranziehung von *Peer-Groups* jedenfalls bei einer ausschließlichen Orientierung am Börsenkurs abzulehnen.

Des Weiteren kommt es auch bei einer bereits vorliegenden *Peer-Group* zu einem erhöhten Aufwand. So existiert für eine *Peer-Group* keine einfach ablesbare Kursentwicklung, wie dies bei einem Index der Fall ist.[1846] Weiterhin ist ein *Peer-Group*-Vergleich zwingend mit der Frage nach der Gewichtung der ermittelten Werte verbunden.[1847] Dies geht mit einem erheblichen Aufwand und praktischen Problemen einher.[1848] Somit kann dem *Peer-Group*-Vergleich stets der damit einhergehende Mehraufwand entgegengehalten werden.[1849]

---

allgemeinen Börsenindex; *Schilling/Witte*, Der Konzern 2010, 477, 482, im Vergleich zu Branchenindices und vor allem zu allgemeinen Indices; vgl. auch *Zeeck/Reichard*, AG 2010, 699, 706.

[1842] *Schilling/Witte*, Der Konzern 2010, 477, 482; *Wasmann*, ZGR 2011, 83, 99.

[1843] *Vettiger/Hirzel*, IRZ 2010, 387, 388–389.

[1844] So jedenfalls *Schilling/Witte*, Der Konzern 2010, 477, 482.

[1845] Vgl. *Schilling/Witte*, Der Konzern 2010, 477, 482.

[1846] *Wasmann*, ZGR 2011, 83, 99; vgl. *Ruthardt/Hachmeister*, CF 2014, 174, 183.

[1847] *Popp/Ruthardt*, WPg 2017, 1222, 1226–1227, welche die Möglichkeiten einer Mittelwert- oder Medianbildung oder aber einer Marktgewichtung und zudem die Wahl zwischen Durchschnitts- und Stichtagskursen nennen; *Ruthardt/Hachmeister*, CF 2014, 174, 183; *Wasmann*, ZGR 2011, 83, 99; siehe auch *Bungert/Becker*, DB 2021, 940, 943, laut denen sich die Frage nach der Bildung von Mittel- oder Medianwerten beim Heranziehen von Peer-Group-Werten wie auch beim Abstellen auf mehrere Indices stellt; siehe aber auch *Schilling/Witte*, Der Konzern 2010, 477, 482, die zwecks der Vereinfachung eine gleiche Gewichtung aller Unternehmen der Peer-Group vorschlagen.

[1848] *Wasmann*, ZGR 2011, 83, 99.

[1849] Vgl. *Wasmann*, ZGR 2011, 83, 99; siehe zudem *Weimann*, Spruchverfahren nach Squeeze-out, S. 411 § 21, welcher die Heranziehung einer Peer-Group aus Rechtssicherheitsgesichtspunkten ablehnt; grundsätzlich zum erhöhten Aufwand: *Bücker*, NZG 2010, 967, 971; *Hasselbach/Ebbinghaus*, Der Konzern 2010, 467, 475–476. Abweichend hingegen

Darüber hinaus ist die Auswahl der *Peer-Group* stets von einer gewissen Subjektivität geprägt.[1850] Dies birgt ein weiteres Missbrauchspersonal in Form der gezielten Auswahl von vergleichsweise niedrig bewerteten Unternehmen. Dabei dient der Anpassungsmechanismus doch gerade dem Schutze der Abfindungsberechtigten. Auch geht mit der Auswahl von Vergleichsunternehmen eine höhere Gefahr eines späteren Vorgehens der Aktionärsminderheit hiergegen einher.[1851] Wenn hierdurch die Maßnahme selbst zwar nicht aufgehalten wird[1852], so sprechen aber mit Blick auf die letztendlich zu zahlende angemessene Kompensation und die gesamte Unternehmensbewertung verfahrensökonomische Gesichtspunkte gegen einen *Peer-Group*-Vergleich. Eine rechtssichere branchentypische Wertentwicklung kann ein *Peer-Group*-Verfahren nicht gewährleisten.[1853]

Ungeachtet dessen werden *Peer-Group*-Unternehmen zumindest im Einzelfall, wie etwa bei einer fehlenden Börsennotierung, eine geringe Aussagekraft hinsichtlich des Wertes der betroffenen Gesellschaft haben.[1854] In einer solchen Konstellation sollte von einem *Peer-Group*-Vergleich abgesehen werden.

Trotz der damit einhergehenden praktischen Schwierigkeiten und Unsicherheiten erscheint die Heranziehung einer aussagefähigen *Peer-Group* jedenfalls bei einer bereits durchgeführten fundamentalen Unternehmensbewertung aufgrund der Nähe zum individuellen Unternehmen für eine Hochrechnung als brauchbare Hochrechnungsmethode.

Fraglich ist, wie sich der *Peer-Group*-Vergleich in das Subsidiaritätssystem der Vergleichsindizes einfügt. Wie bereits erörtert sind Branchenindizes den allgemeinen Börsenindizes vorzugswürdig, wobei es durchaus Fälle gibt, in denen nicht auf sie abgestellt werden kann. Ein allgemeiner Index vermag es zumeist nur eingeschränkt, die individuelle Unternehmensentwicklung abzubilden. Dennoch kommt ein Rückgriff auf ihn jedenfalls dann in Betracht, wenn kein branchenspezifischer Index herangezogen werden kann.

Unter Berücksichtigung der vorangegangenen Erwägungen lassen sich die Vor- und Nachteile der verschiedenen Werte miteinander vergleichen. Über eine *Peer-Group* wird man der tatsächlichen Wertentwicklung des Unternehmens ohne die Maßnahme regelmäßig näher als mit einem allgemeinen Index kommen. Allerdings

---

Meinert, DB 2011, 2455, 2460, laut dem bei einer Hochrechnung anhand einer Peer-Group wie auch beim Heranziehen eines Branchenindex kein besonderer Arbeitsaufwand anfallen würde.

[1850] *Hasselbach/Ebbinghaus*, Der Konzern 2010, 467, 476.

[1851] *Bücker*, NZG 2010, 967, 971; *Hasselbach/Ebbinghaus*, Der Konzern 2010, 467, 476.

[1852] So *Bücker*, NZG 2010, 967, 971.

[1853] *Weimann*, Spruchverfahren nach Squeeze-out, S. 411 § 21.

[1854] Vgl. *Hasselbach/Ebbinghaus*, Der Konzern 2010, 467, 476, hins. der Heranziehung zurückliegender Preise aus M&A-Transaktionen bei einer fehlenden Börsennotierung der Vergleichsunternehmen; vgl. *Schilling/Witte*, Der Konzern 2010, 477, 482, hins. nicht verfügbarer Notierungen in der Vergangenheit und Wechselkurseffekte.

ist dieses Verfahren im Vergleich zur Heranziehung von Indizes aufwendiger, manipulationsanfälliger und unsicherer. In erster Linie steht der Aspekt der Verfahrensökonomie einer möglichst genauen individuellen Wertbestimmung gegenüber.

Die Gewichtung dieser Argumente muss mit Blick auf den Charakter der Hochrechnung erfolgen. Zwar hat die Hochrechnung anhand von Vergleichswerten stattzufinden, welche die individuelle Entwicklung des Unternehmens möglichst wirklichkeitstreu abbilden. Allerdings wird lediglich ein fiktiver und kaum überprüfbarer Wert ermittelt, der nicht den Anspruch erhebt, den wahren Unternehmenswert wiederzugeben. Schließlich wird nur eine hypothetische Wertentwicklung nachvollzogen, die allenfalls zu einer ausnahmsweisen nachträglichen Anpassung der Abfindung führen kann. Da in jedem Fall lediglich Vergleichswerte herangezogen werden, kann die Hochrechnung ohnehin nie sonderlich genau sein und den tatsächlichen Unternehmensverhältnissen vollends gerecht werden. Daher sollte der möglichst genauen individuellen Wertbestimmung innerhalb der Hochrechnung kein derart hoher Stellenwert beigemessen werden, wie dies etwa bei der Durchschnittskursberechnung und der Unternehmensbewertung selbst der Fall ist. Ohnehin wird die individuellere Anpassung durch ein *Peer-Group*-Verfahren gerade vor dem Hintergrund der Manipulationsanfälligkeit nicht immer notwendigerweise einen genaueren Hochrechnungswert liefern.

Der Verfahrensökonomie hingegen dürfte ein besonderes Gewicht zukommen. So sollte eine schnelle und einfach zu handhabende Hochrechnung von Bedeutung sein. Schließlich handelt es sich nur um eine ausnahmsweise Nachbesserung der eigentlichen Bestimmung des Deinvestitionswerts bzw. des quotalen Unternehmenswerts. Dies gilt vor allem vor dem Hintergrund, dass die nachträgliche Anpassung unter einem gewissen Zeitdruck erfolgen wird. Da der längere Zeitraum nach der hier vertretenen Auffassung am Tag der Hauptversammlung endet[1855], hat die Hochrechnung bestenfalls währenddessen stattzufinden. Dementsprechend sollte eine einfache, schnelle und rechtssichere Handhabung Vorrang haben.

Angesichts dessen vermag das verfahrensökonomische Argument der Heranziehung von Indizes das der möglichst genauen individuellen Prognose der Wertentwicklung durch eine *Peer-Group* überwiegen. Der Mehrwert des individuelleren Ansatzes wird vom damit einhergehenden Mehraufwand überschattet.

Vor diesem Hintergrund erscheinen vor allem branchenspezifische Indizes aufgrund der relativ geringen Übertypisierung[1856] bei gleichzeitiger verfahrensökonomischer Überlegenheit gegenüber einem *Peer-Group*-Vergleich vorzugswürdig.[1857] Aber auch bei allgemeinen Börsenindizes schlägt sich das argumentative Überge-

[1855] Siehe: § 6 B.IV.1.a).

[1856] So gestehen auch *Schilling/Witte*, Der Konzern 2010, 477, 482 den Branchenindizes eine deutlich geringere Übertypisierungsgefahr als den allgemeinen Indizes zu.

[1857] Eine Subsidiarität des Peer-Group-Vergleichs zu Branchenindices unterstellt auch Emmerich/Habersack/*Emmerich*, AktG, § 305 AktG Rn. 62.

wicht der Verfahrensökonomie im Rahmen der Hochrechnung nieder. Folglich ist es ratsam, auch jenen grundsätzlich den Vorrang vor einem *Peer-Group*-Vergleich zu gewähren.[1858] Weist jedoch nichts auf einen Zusammenhang der allgemeinen Marktlage und der Wertentwicklung des Unternehmens hin, sollte stattdessen auf eine *Peer-Group* zurückgriffen werden. Dies wäre beispielsweise bei Sonderentwicklungen, die nur den Index und nicht das Unternehmen oder umgekehrt nur das Unternehmen, dessen Branche oder Teile hiervon, nicht jedoch den allgemeinen Index betreffen, der Fall.

Letztlich ergibt sich ein entsprechend ihres am Aufwand gemessenen Nutzens verlaufendes Stufenverhältnis der möglichen Vergleichswerte in der Reihenfolge Branchenindex, allgemeiner Index, *Peer-Group.* Erst wenn auf der vorangehenden Stufe keine oder keine ausreichend aussagekräftigen Vergleichswerte verfügbar sind, ist auf die nächste Stufe abzustellen. Kommt keine der Stufen in Betracht, verbietet sich eine Hochrechnung. Zwecks einer verfahrensökonomischen und den Umständen entsprechend genauen Ermittlung der hypothetischen Unternehmensentwicklung sollten die einzelnen Stufen nicht miteinander vermischt werden.[1859] Soweit es aufgrund einer mehrfachen Branchenzugehörigkeit oder deutlich abweichender Indizes erforderlich erscheint, liegt es jedoch nahe, mehrere Vergleichswerte einer Stufe heranzuziehen. Zwecks der Komplexitätsvermeidung erscheint hierbei eine gleichgewichtete Mittelwertbildung vorzugswürdig.[1860] Hinsichtlich der Vergleichsindizes sei angemerkt, dass die zu bewertende Gesellschaft nach Möglichkeit aus diesen herausgerechnet werden muss, falls sie dort gelistet ist.[1861] Ferner dürfte die letzte Stufe des *Peer-Group*-Vergleichs bei einer alleinigen Börsenkursorientierung wegfallen.

[1858] Siehe auch *Hasselbach/Ebbinghaus*, Der Konzern 2010, 467, 476, laut denen eine Peer-Group nur bei fehlenden oder nicht aussagekräftigen Indizes herangezogen werden soll; vgl. zudem *Wasmann*, ZGR 2011, 83, 99, laut dem man eine *Peer-Group* allenfalls im Rahmen der Gebotenheit berücksichtigen könnte; noch strenger geht *Weimann*, Spruchverfahren nach Squeeze-out, S. 411 § 21 mit dem *Peer-Group*-Vergleich ins Gericht, da er ihn grundlegend ablehnt.

[1859] Anders OLG Karlsruhe, Beschl. v. 22.06.2015 – 12a W 5/15 = AG 2015, 789, 791, welches den allgemeinen CDAX-Performanceindex und eine branchespezifische Wertentwicklung der Peer-Group heranzieht; abweichend auch OLG Frankfurt a. M., Beschl. v. 01.03. 2016 – 21 W 22/13 = AG 2016, 667, 672, wo ein Mittelwert aus dem allgemeinen DAX 30 und dem branchenspezifischen DIMAX gebildet wird; anders auch LG Frankfurt a. M., Beschl. v. 04.02.2019 – 3–05 O 68/17 = AG 2019, 574, 576, welches einen Mittelwert aus den Kursen von Branchenindices und *Peer-Group*-Unternehmen bildet; insgesamt zur Vorgehensweise der Gerichte, die zum Teil diesen Erwägungen widerspricht, siehe *Bungert/Becker*, DB 2021, 940, 944.

[1860] Vgl. *Schilling/Witte*, Der Konzern 2010, 477, 482, hinsichtlich der Gleichgewichtung der Unternehmen beim *Peer-Group*-Vergleich.

[1861] *Bücker*, NZG 2010, 967, 971; *Bungert/Becker*, DB 2021, 940, 943; *Bungert/Wettich*, BB 2010, 2227, 2230; *Decher*, ZIP 2010, 1673, 1676; vgl. *Weimann*, Spruchverfahren nach Squeeze-out, S. 411 § 21, der dies aber nur bei einer Rückbeeinflussung des Index aufgrund der Gewichtung der Aktien der zu bewertenden Gesellschaft verlangt.

b) Übertragung der Kursentwicklung

Weiterhin stellt sich die Frage, ob die Vergleichswerte im Verhältnis 1:1 auf die Gesellschaft zu übertragen sind oder ob eine weitere Anpassung zu erfolgen hat.[1862]

Zum Teil gehen Rechtsprechung und Schrifttum von einer unveränderten proportionalen Übertragung 1:1 aus.[1863] Andernorts wird der Beta-Faktor berücksichtigt[1864] oder gar ein Abschlag aufgrund einer Abkopplung von den Vergleichskursen zu einem gewissen Grad vorgenommen[1865].

Letzterer Auffassung ist beizupflichten. Eine proportionale Hochrechnung würde auf nicht begründbare Weise unterstellen, dass der Börsenkurs des Unternehmens ab dem Bewertungsstichtag exakt dem Kurs des Vergleichsindex oder der *Peer-Group* gefolgt wäre.[1866] Hieraus könnte möglicherweise ein Wert abgeleitet werden, zu dem den Aktionären nie eine Veräußerung möglich war.[1867] Der Realität dürfte eine Modifikation um den Beta-Faktor oder individuelle Zu- und Abschläge aufgrund einer geringeren Nachvollziehung der Vergleichskurse eher gerecht werden.[1868] Diese Vorgehensweise sollte auch mit keinem allzu hohen Mehraufwand einhergehen, sodass weiterhin eine einfach und schnell zu handhabende Hochrechnung gewährleistet wird.

[1862] *Bungert/Becker*, DB 2021, 940, 943–944.

[1863] OLG Frankfurt a. M., Beschl. v. 01.03.2016 – 21 W 22/13 = AG 2016, 667, 672; LG Frankfurt a. M., Beschl. v. 04.02.2019 – 3–05 O 68/17 = AG 2019, 574, 576; *Bungert/Wettich*, BB 2010, 2227, 2230; *Wasmann*, ZGR 2011, 83, 101–103; *Weber*, ZGR 2004, 280, 287.

[1864] Fleischer/Hüttemann/*Popp/Ruthardt*, RhB Unternehmensbewertung, § 12 Rn. 12.188; *Hasselbach/Ebbinghaus*, Der Konzern 2010, 467, 476; *Popp/Ruthardt*, WPg 2017, 1222, 1227–1228; wohl auch Schmidt/Lutter/*Schnorbus*, AktG, § 327b AktG Rn. 5a.

[1865] OLG Karlsruhe, Beschl. v. 22.06.2015 – 12a W 5/15 = AG 2015, 789, 791, welches einen hälftigen Abschlag auf einen Kursrückgang von 20 % auf 10 % aufgrund einer teilweisen Abkopplung wegen einer nach einem Unternehmensvertrag bestehenden Garantiedividende vornimmt; Fleischer/Hüttemann/*Popp/Ruthardt*, RhB Unternehmensbewertung, § 12 Rn. 12.188, 12.190. Zwar mögen die Quellen von einer „Abkopplung" sprechen, damit aber wohl eher ein Nachvollziehen der Vergleichskurse von geringerer Intensität und nicht etwa eine Abkopplung meinen, wie sie als Grund für eine fehlende Gebotenheit der Anpassung erwogen wird (siehe hierzu: § 6 B.IV.3.b)). Diese Differenzierung hinsichtlich der Entscheidung des OLG Karlsruhe treffen auch *Bungert/Becker*, DB 2021, 940, 944. Siehe auch Lutter/*Drygala*, UmwG, § 5 UmwG Rn. 51, der die Möglichkeit einer geminderten Anpassung aufgrund unternehmensinternen Sonderfaktoren bei Verschmelzungen erwägt. Vgl. auch *Ruthardt/Hachmeister*, CF 2014, 174, 185–186, die eine Bereinigung des Börsenkurses um Ausschüttungen und Ausgleichszahlungen, welche den Aktionären in der Zeit zwischen der Bekanntgabe als Rückrechnungszeitpunkt und dem Tag der beschlussfassenden Hauptversammlung, d. h. dem Bewertungsstichtag, zugeflossen sind, vorschlagen.

[1866] Fleischer/Hüttemann/*Popp/Ruthardt*, RhB Unternehmensbewertung, § 12 Rn. 12.188; *Popp/Ruthardt* WPg 2017, 1222, 1227.

[1867] Fleischer/Hüttemann/*Popp/Ruthardt*, RhB Unternehmensbewertung, § 12 Rn. 12.188.

[1868] Fleischer/Hüttemann/*Popp/Ruthardt*, RhB Unternehmensbewertung, § 12 Rn. 12.188; vgl. *Popp/Ruthardt*, WPg 2017, 1222, 1227 zum Rückgriff auf den Beta-Faktor der Aktie.

So zeigt der Beta-Faktor (kurz: b) auf, wie sich die Aktienkurse des Unternehmens in Relation zu den Vergleichskursen entwickelt haben.[1869] Eine Modifikation der Hochrechnung mittels des b bietet einen nachvollziehbaren Anhaltspunkt für den Deinvestitionswert zum Zeitpunkt der Hauptversammlung.[1870] Der Beta-Faktor wird im Rahmen einer Unternehmensbewertung anhand der Ertragswert- oder DCF-Methode bereits ermittelt worden sein.[1871] Findet eine fundamentale Unternehmensbewertung statt, kann also regelmäßig auf ein b zurückgegriffen werden. Im Falle einer alleinigen Börsenkursorientierung würde die Ermittlung des Beta-Faktors mit einem entsprechenden Mehraufwand einhergehen, was dem Argument der Verfahrenseffizienz widerspricht. Daher sollte eine Hochrechnung anhand des b nur dann erfolgen, wenn ein solcher bereits vorliegt.

Über etwaige Zu- oder Abschläge auf die Hochrechnung kann einer teilweisen Abkopplung von den Vergleichskursen Rechnung getragen werden.[1872] Da lediglich die hypothetische Fortschreibung des Kurses modifiziert wird und keine Abschläge auf den realen Börsenkurs, zu welchem die Aktionäre tatsächlich veräußern konnten, erfolgen, wird hierdurch nicht gegen das Gebot der vollen Entschädigung verstoßen. Zudem wird der Mehraufwand von Zu- und Abschlägen noch geringer als bei einer Modifikation über den Beta-Faktor ausfallen. Um eine willkürliche Hochrechnung zu vermeiden, sollte diese Modifikation nur bei erkennbaren und nachweisbaren Umständen, die auf eine teilweise Abkopplung der Wertentwicklung hindeuten, durchgeführt werden. Mithin empfiehlt es sich, jedenfalls dann, wenn historische Kursverläufe, unternehmensindividuelle Ereignisse oder eine nicht das Unternehmen betreffende Marktentwicklung dies nahelegen, zusätzliche Zu- oder Abschläge auf die Hochrechnung vorzunehmen.

Liegen aber keine Anhaltspunkte für eine Abkopplung zu einem gewissen Grad vor und wurde auch kein Beta-Faktor ermittelt, so sollte eine proportionale Hochrechnung im Verhältnis 1:1 erfolgen. Etwaige Ungenauigkeiten sind vor dem Hintergrund eines effektiven Anlegerschutzes und einer einfachen Handhabung der Hochrechnung hinzunehmen.

[1869] *Popp/Ruthardt*, WPg 2017, 1222, 1226.

[1870] *Popp/Ruthardt*, WPg 2017, 1222, 1226, 1229.

[1871] Vgl. *Großfeld/Stöver*, BB 2004, 2799, 2802.

[1872] Dieser Aspekt darf trotz der Wortwahl bei OLG Karlsruhe, Beschl. v. 22.06.2015 – 12a W 5/15 = AG 2015, 789, 791; Fleischer/Hüttemann/*Popp/Ruthardt*, RhB Unternehmensbewertung, § 12 Rn. 12.188, 12.190 nicht mit der Abkopplung als Fall der fehlenden Gebotenheit (siehe: § 6 B.IV.3.b)) verwechselt werden.

3. Anpassung nur bei Gebotenheit

Weiterhin muss die Anpassung laut BGH geboten erscheinen.[1873] Dabei lässt er offen, ab wann von einer Gebotenheit auszugehen ist.[1874]

Die Gebotenheit dürfte als zusätzliches qualitatives Kriterium einzuordnen sein.[1875] So soll nach Maßgabe des BGH nur „unter Umständen" eine Hochrechnung erfolgen.[1876] Folglich hat eine Hochrechnung nicht automatisch bei einem längeren Zeitraum, sondern erst dann, wenn sie auch geboten erscheint, stattzufinden.[1877] Dabei sollten stets die Umstände des Einzelfalls beachtet werden.[1878]

Das Kriterium der Gebotenheit richtet sich nach dem Ziel der Hochrechnung, d.h. der Vermeidung eines Ausschlusses von der Partizipation der Minderheitsaktionäre an einer positiven Kursentwicklung aufgrund einer Fixierung auf den Zeitpunkt der Bekanntgabe bzw. des Bekanntwerdens.[1879] Dabei soll der hypothetische Kurs am Bewertungsstichtag ohne das Bekanntwerden der Maßnahme ermittelt werden.[1880] Demgemäß ist keine Hochrechnung vorzunehmen, sofern nicht mit einer Kursänderung zu rechnen gewesen wäre, wenn es zu keinem Bekanntwerden der Maßnahme gekommen wäre.[1881] Schließlich ist eine Anpassung nur dann geboten, wenn hierbei eine realistische Prognose des hypothetischen Börsenkurses am Bewertungsstichtag erfolgt.[1882]

Allerdings stellt sich weiterhin die Frage, welche Vorgaben an das Gebotenheitselement zu stellen sind.

1873 BGH, Beschl. v. 19.07.2010 – II ZB 18/09 –, BGHZ 186, 229–242 – Ls. 2, Rn. 29; BGH, Beschl. v. 28.06.2011 – II ZB 2/10 = ZIP 2011, 1708, 1708 Ls. 1, 1709 Rn. 8; BGH, Beschl. v. 28.06.2011 – II ZB 10/10 = AG 2011, 590, 590 Rn. 7.

1874 *Bücker*, NZG 2010, 967, 968; *Bungert/Wettich*, BB 2010, 2227, 2230.

1875 So auch BeckOGK-AktG/*Singhof*, § 327b AktG Rn. 10; *Bungert/Wettich*, BB 2010, 2227, 2230; *Bungert/Wettich*, ZIP 2012, 449, 452; vgl. auch *Meinert*, DB 2011, 2455, 2460, nach dem es sich um eine quantitative Einschränkung handelt; siehe zudem *Zeeck/Reichard*, AG 2010, 699, 705, die von einem Korrektiv der Anpassung sprechen.

1876 BGH, Beschl. v. 19.07.2010 – II ZB 18/09 –, BGHZ 186, 229–242 – Rn. 7; *Bungert/Wettich*, BB 2010, 2227, 2230; *Bungert/Wettich*, ZIP 2012, 449, 452.

1877 *Bungert/Wettich*, ZIP 2012, 449, 452; vgl. BeckOGK-AktG/*Singhof*, § 327b AktG Rn. 10.

1878 BeckOGK-AktG/*Singhof*, § 327b AktG Rn. 10; *Bungert/Wettich*, ZIP 2012, 449, 452.

1879 OLG Frankfurt a.M., Beschl. v. 27.08.2020 – 21 W 59/19 = WM 2021, 593, 596 Rn. 29, welches auf den Zeitpunkt der Bekanntgabe eines Squeeze-out abstellt.

1880 OLG Frankfurt a.M., Beschl. v. 27.08.2020 – 21 W 59/19 = WM 2021, 593, 596 Rn. 29; *Bungert/Becker*, DB 2021, 940, 942.

1881 OLG Frankfurt a.M., Beschl. v. 27.08.2020 – 21 W 59/19 = WM 2021, 593, 596 Rn. 29.

1882 OLG Frankfurt a.M., Beschl. v. 27.08.2020 – 21 W 59/19 = WM 2021, 593, 597 Rn. 35; BeckOGK-AktG/*Singhof*, § 327b AktG Rn. 10; *Bungert/Becker*, DB 2021, 940, 942.

a) Erheblichkeitsschwelle

Insbesondere wird eine Erheblichkeitsschwelle hinsichtlich der Divergenz der verglichenen Kurse angenommen.[1883] Abweichungen innerhalb einer bestimmten Bandbreite seien demnach unbeachtlich.[1884] Dem ist zuzustimmen. So vermögen es minimale Veränderungen des Marktniveaus nicht, eine hypothetische unbeeinflusste Kursentwicklung der zu bewertenden Aktie vorzuzeichnen.[1885] Angesichts der Tatsache, dass ein wahrer Unternehmenswert nie exakt ermittelt werden kann und die Börsenkurse einer gewissen Volatilität unterliegen, erscheint eine tolerierbare Schwankungsbreite auch angebracht.[1886] Da in der konkreten Konstellation lediglich ein fiktiver Kurs berechnet wird, sollten etwaige Schwankungen umso eher berücksichtigt werden.[1887] Letztlich ist die Anpassung des Durchschnittskurses nicht frei von Berechnungsunsicherheiten[1888], was eine Erheblichkeitsschwelle hinsichtlich der prozentualen Abweichungen nahelegt. Für einen Schwellenwert sprechen zudem die Prozessökonomie[1889] und der Umstand, dass der Abfindungspflichtige nicht bei jedem unbedeutenden Trend mit einer nachträglichen Anpassung belastet werden sollte[1890].

Allerdings besteht Uneinigkeit hinsichtlich der Höhe der Erheblichkeitsschwelle. So werden zum Teil Schwankungen von bis zu 5 % toleriert.[1891] Andernorts wird die Erheblichkeitsschwelle bei 10 % angesetzt.[1892] Darüber hinaus finden sich Literaturstimmen, die lediglich auf zu tolerierende Schwankungen von 5 bis 10 % verweisen.[1893]

Es ist zu berücksichtigen, dass der Aspekt der Gebotenheit eine Abwägung gegenläufiger Interessen beinhaltet.[1894] Aus der Abwägung der Mehrheits- und Min-

---

[1883] BeckOGK-AktG/*Singhof*, § 327b AktG Rn. 6; *Bungert/Wettich*, BB 2010, 2227, 2230; *Bungert/Wettich*, ZIP 2012, 449, 453; Lutter/*Drygala*, UmwG, § 5 UmwG Rn. 49; *Hasselbach/Ebbinghaus*, Der Konzern 2010, 467, 474; vgl. *Wasmann*, ZGR 2011, 83, 102; dies ablehnend hingegen *Weimann*, Spruchverfahren nach Squeeze-out, S. 411 § 21.

[1884] *Bungert/Wettich*, BB 2010, 2227, 2230.

[1885] *Hasselbach/Ebbinghaus*, Der Konzern 2010, 467, 474.

[1886] *Wasmann*, ZGR 2011, 83, 102; vgl. LG München, Beschl. v. 27.03.2000 – 5 HKO 19156/98 = ZIP 2000, 1055, 1057 zum Abweichen von Börsenkurs und Ertragswert.

[1887] *Wasmann*, ZGR 2011, 83, 102.

[1888] So aber *Weimann*, Spruchverfahren nach Squeeze-out, S. 411 § 21.

[1889] *Meinert*, DB 2011, 2455, 2460.

[1890] *Hasselbach/Ebbinghaus*, Der Konzern 2010, 467, 474.

[1891] *Hasselbach/Ebbinghaus*, Der Konzern 2010, 467, 474; Lutter/*Drygala*, UmwG, § 5 UmwG Rn. 49.

[1892] Emmerich/Hasselbach/*Emmerich*, AktG, § 305 AktG Rn. 62; Hölters/Weber/*Deilmann*, AktG, § 305 AktG Rn. 43; *Meinert*, DB 2011, 2455, 2460; *Wasmann*, ZGR 2011, 83, 102; wohl auch *Bungert/Wettich*, BB 2010, 2227, 2230.

[1893] BeckOGK-AktG/*Singhof*, § 327b AktG Rn. 10; *Bungert/Wettich*, ZIP 2012, 449, 453; Hüffer/Koch/*Koch* AktG, § 305 Rn. 44.

[1894] *Zeeck/Reichard*, AG 2010, 699, 705.

derheitsaktionärsinteressen und der Untersuchung dahingehend, ob eine bewusste Verzögerung stattgefunden hat, lässt sich ableiten, dass die Dauer der Überschreitung des üblichen Zeitraums und die Höhe der Abweichung vom Vergleichswert in einem proportionalen Verhältnis zueinander stehen.[1895] Je mehr der übliche Zeitraum zwischen dem Bewertungsstichtag und der Hauptversammlung überschritten wird, desto geringere Schwankungen zwischen den Vergleichswerten sollten toleriert werden.[1896] Schließlich erscheint das Interesse des Abfindungspflichtigen umso weniger schutzwürdig, je weiter er die Umsetzung der Maßnahme hinauszögert.[1897] Eine lediglich geringe Überschreitung um etwa einen Monat oder weniger dürfte eine Erheblichkeitsschwelle von 10% erfordern. Wird der Zeitraum aber um die gesamte Dauer des individuellen „längeren Zeitraums", welcher im Zweifel sechs Monate beträgt, überschritten, so liegt eine bewusste Verzögerung besonders nahe, sodass Schwankungen bis lediglich 5% zu tolerieren sind. Ein derartiges Vorgehen wird auch der erforderlichen Orientierung am Einzelfall gerecht. In Anbetracht der vorangegangenen Erwägungen zu den tolerierbaren Kursschwankungen sind entsprechend strenge Anforderungen an die Gebotenheit einer Anpassung zu stellen, sodass im Zweifelsfall auf eine Schwelle von 10% abzustellen ist. Für eine zehnprozentige Schwelle sprechen auch verfahrensökonomische Aspekte.[1898]

Mithin sollte eine Erheblichkeitsschwelle bei der Hochrechnung von 5 bis 10%, je nachdem, wie weit der übliche Zeitraum überschritten wurde, bestehen, wobei sie im Zweifel auf 10% zu bemessen ist.

b) Abkopplung von Vergleichswerten vor dem Bewertungsstichtag

Eine jüngere Entscheidung des OLG Frankfurt am Main aus dem Jahre 2020 wirft einen weiteren Gedanken zur Gebotenheit jenseits etwaiger Schwellenwerte auf. Demzufolge bedarf es keiner Hochrechnung, wenn sich der Börsenkurs des zu bewertenden Unternehmens von den Kursen vergleichbarer Unternehmen bereits vor der Bekanntmachung eines Squeeze-out abgekoppelt hat.[1899] Im konkreten Fall

---

[1895] Vgl. *Zeeck/Reichard*, AG 2010, 699, 705, die sich auf das Verhältnis der Dauer der Überschreitung des üblichen Zeitraums und der Wertsteigerung in diesem Zeitraum beziehen.

[1896] Vgl. *Zeeck/Reichard*, AG 2010, 699, 705.

[1897] *Zeeck/Reichard*, AG 2010, 699, 705.

[1898] *Meinert*, DB 2011, 2455, 2460.

[1899] OLG Frankfurt a.M., Beschl. v. 27.08.2020 – 21 W 59/19 = WM 2021, 593, 593 Ls. 2; 596 Rn. 29–32; BeckOGK-AktG/*Singhof*, § 327b AktG Rn. 7; *Bungert/Becker*, DB 2021, 940, 940; *Döding/Wentz*, EWiR 2021, 107, 107. Dabei wird im Urteil sowohl auf den breiten Marktindex CDAX als auch auf einen Branchenindex und eine *Peer-Group* abgestellt, OLG Frankfurt a.M., Beschl. v. 27.08.2020 – 21 W 59/19 = WM 2021, 593, 596 Rn. 30–32. Dem wird sich bei OLG Karlsruhe, Beschl. v. 16.04.2024 – 12 W 27/23 = Der Konzern 2024, 212, 218 Rn. 80 angeschlossen. Eine Anpassung aufgrund einer Abkopplung von Markttrends lehnten im Schrifttum bereits *Decher*, ZIP 2010, 1673, 1677; *Hasselbach/Ebbinghaus*, Der Konzern 2010, 467, 474; *Schilling/Witte*, Der Konzern 2010, 477, 483–484 ab. Derartige Anlässe lassen sich bereits bei *Wasmann*, ZGR 2011, 83, 99–101 und *Weber*, ZGR 2004, 280, wich die Kursentwicklung des Unternehmens in den Jahren vor der Maßnahmebekanntmachung eindeutig von jener der Vergleichsindizes ab.[1900] In einer derartigen Konstellation könne aufgrund des fehlenden Zusammenhangs zwischen dem Kurs des Unternehmens und der Vergleichswerte keine realistische Schätzung eines hypothetischen Kursverlaufs vorgenommen werden.[1901] Diesen Erwägungen ist zu folgen. Denklogisch können keine Vergleichsunternehmen und -indizes zwecks einer Hochrechnung herangezogen werden, wenn es bereits an einer Vergleichbarkeit mangelt.[1902] Nur dann, wenn zu erwarten ist, dass die Aktie einem Trend folgt, kann ein solcher bei der Bewertung berücksichtigt werden.[1903] Diese Argumentation dürfte auch für sämtliche relevante Fallgruppen neben dem Squeeze-out gelten.

Genaue Anforderungen an die Abweichung von den Referenzkursen hat das OLG Frankfurt am Main allerdings nicht aufgestellt. Stattdessen führte es an, dass im konkreten Fall die Sachlage derart unverkennbar gewesen sei, dass es einer weiteren Untersuchung bedürfe.[1904] Das OLG Karlsruhe berief sich in einer sich hierauf beziehenden Entscheidung von 2024 auf eine graphische Gegenüberstellung der Kursentwicklung.[1905] Um der Individualität eines jeden Unternehmens gerecht zu werden, erscheint eine einzelfallorientierte Vorgehensweise ohne festgelegte Werte vorzugswürdig. In Anbetracht eines effektiven Anlegerschutzes und der Rechtsunsicherheit, die unbestimmten Rechtsbegriffen anhaftet, liegt es jedoch nahe, nur in offensichtlichen Fällen, in denen eine Abkopplung nicht von der Hand zu weisen ist, die Gebotenheit einer Anpassung abzulehnen. Dies dürfte bei eindeutig abweichenden Kursverläufen der Fall sein.[1906] Darüber hinaus kann eine

---

287–288 Fn. 14 erahnen. Siehe auch Lutter/*Drygala*, UmwG, § 5 UmwG Rn. 51, der eine Verhinderung der Anpassung aufgrund unternehmensinternen Sonderfaktoren bei Verschmelzungen erwägt.

[1900] OLG Frankfurt a. M., Beschl. v. 27.08.2020 – 21 W 59/19 = WM 2021, 593, 596 Rn. 30–32.

[1901] OLG Frankfurt a. M., Beschl. v. 27.08.2020 – 21 W 59/19 = WM 2021, 593, 596 Rn. 29, 597 Rn. 35; BeckOGK-AktG/*Singhof*, § 327b AktG Rn. 10; *Bungert/Becker*, DB 2021, 940, 942; *Döding/Wentz*, EWiR 2021, 107, 108; so auch OLG Karlsruhe, Beschl. v. 16.04.2024 – 12 W 27/23 = Der Konzern 2024, 212, 218 Rn. 80.

[1902] Ebenso zustimmend: BeckOGK-AktG/*Singhof*, § 327b AktG Rn. 10; *Bungert/Becker*, DB 2021, 940, 942; *Döding/Wentz*, EWiR 2021, 107, 107.

[1903] So bereits *Hasselbach/Ebbinghaus*, Der Konzern 2010, 467, 474; vgl. auch *Schilling/Witte*, Der Konzern 2010, 477, 483.

[1904] OLG Frankfurt a. M., Beschl. v. 27.08.2020 – 21 W 59/19 = WM 2021, 593, 596 Rn. 33; *Bungert/Becker*, DB 2021, 940, 942.

[1905] OLG Karlsruhe, Beschl. v. 16.04.2024 – 12 W 27/23 = Der Konzern 2024, 212, 218 Rn. 80.

[1906] Vgl. OLG Karlsruhe, Beschl. v. 16.04.2024 – 12 W 27/23 = Der Konzern 2024, 212, 218 Rn. 80; vgl. OLG Frankfurt a. M., Beschl. v. 27.08.2020 – 21 W 59/19 = WM 2021, 593, 596 Rn. 32, 33; vgl. auch *Schilling/Witte*, Der Konzern 2010, 477, 483–484, die einen Vergleich historischer Kursrenditen unter Zuhilfenahme des Korrelationkoeffizienten vorschlagen.

Abkopplung vom Markttrend auch aus dem Beta-Faktor[1907] oder der individuellen Entwicklung der Gesellschaft[1908] abgeleitet werden, falls Werte dahingehend vorliegen und hohe Abweichungen implizieren.[1909]

Folglich ist eine Gebotenheit der Hochrechnung auch dann abzulehnen, wenn sich der Börsenkurs des zu bewertenden Unternehmens bereits vor der Bekanntmachung der Strukturmaßnahme von der Kursentwicklung der Vergleichsindizes oder -unternehmen erkennbar abgekoppelt hat.

4. Keine Anpassung nach unten

Weiterhin stellt sich die Frage, ob eine Adjustierung des Börsenkurses auch nach unten erfolgen kann.

Da laut der *Stollwerck*-Entscheidung explizit ein Ausschluss der Minderheitsaktionäre von einer positiven Börsenentwicklung verhindert werden soll, liegt es nahe, dass der BGH lediglich eine Anpassung nach oben durchführen will.[1910] Dementsprechend scheint es ihm bei der Adjustierung des Kurses in erster Linie um den Minderheitenschutz als um eine tatsächliche Kursbereinigung zu gehen.[1911] Dieser Auffassung folgen auch Teile des Schrifttums.[1912]

Jedoch hat laut Weber, auf welchen der BGH hinsichtlich der Kursanpassung Bezug nimmt, eine Hochrechnung in beide Richtungen zu erfolgen.[1913] Ein derar-

---

[1907] *Hasselbach/Ebbinghaus*, Der Konzern 2010, 467, 474.

[1908] *Hasselbach/Ebbinghaus*, Der Konzern 2010, 467, 474, die eine lediglich das Unternehmen betreffende wirtschaftliche Schieflage als Beispiel nennen; vgl. *Decher*, ZIP 2010, 1673, 1677, der im Falle einer Überkompensation durch die individuelle Kursentwicklung eine weitere Anpassung ablehnt. Siehe bereits *Weber*, ZGR 2004, 280, 287–288 Fn. 14, der offen lässt, inwiefern unternehmensspezifische Ereignisse im Zeitraum zwischen dem Bewertungsstichtag und der Hauptversammlung zu berücksichtigen sind und hierbei den überraschenden Rohstofffund eines Bergbauunternehmens als Beispiel nennt und laut dem Dividenden- und Sonderausschüttungen zu berücksichtigen sind. Zu den Erwägungen *Webers* auch *Wasmann*, ZGR 2011, 83, 99–101.

[1909] Dementsprechend ließe sich die zur fehlenden Gebotenheit führende Abkopplung als Extremfall der modifizierten Hochrechnung (siehe hierzu: § 6 B.IV.2.b)) betrachten. So werden auch hier grds. der Beta-Faktor und die individuelle Gesellschaftsentwicklung, die zu einer Abkopplung „zu einem gewissen Grad“ führt, berücksichtigt.

[1910] *Bücker*, NZG 2010, 967–970; *Wasmann*, ZGR 2011, 83, 99; siehe zur konkreten Urteilsstelle: BGH, Beschl. v. 19.07.2010 – II ZB 18/09 –, BGHZ 186, 229–242 – Rn. 29; offen gelassen mit dem Verweis auf Weber hingegen bei *Bungert/Wettich*, BB 2010, 2227, 2231; *Schilling/Witte*, Der Konzern, 2010, 477, 484.

[1911] Vgl. *Bücker*, NZG 2010, 967, 970.

[1912] MüKo-AktG/*van Rossum*, § 305 AktG Rn. 108; *Wardenbach*, GWR 2011, 332, 332; *Wasmann*, ZGR 2011, 83, 99; wohl auch *Bücker*, NZG 2010, 967, 970.

[1913] *Weber*, ZGR 2004, 280, 287; siehe zur konkreten Urteilsstelle: BGH, Beschl. v. 19.07. 2010 – II ZB 18/09 = BGHZ 186, 229–242 – Rn. 29; diesen Umstand führen OLG Karlsruhe, Beschl. v. 22.06.2015 – 12a W 5/15 = AG 2015, 789, 792; *Hasselbach/Ebbinghaus*, Der tiger Ansatz ist in der obergerichtlichen Rechtsprechung[1914] und vielerorts in der Literatur[1915] vorzufinden.

In Anbetracht der eindeutig am Minderheitenschutz orientierten Ausführungen des BGH und seines lediglich vergleichsweise erfolgten Verweises auf Weber dürfte die *Stollwerck*-Entscheidung wohl eher dahingehend zu deuten sein, dass lediglich eine Anpassung nach oben erfolgen soll.[1916]

Ungeachtet der Einschätzung des BGH bedarf es mit Hinblick auf die Vielzahl divergierender Meinungen einer Stellungnahme zur möglichen Richtung der Anpassung.

Für eine Adjustierung in beide Richtungen lässt sich die gesetzlich geforderte Berücksichtigung der Gesellschaftsverhältnisse im Zeitpunkt ihrer beschlussfassenden Hauptversammlung anführen, wovon auch negative Entwicklungen erfasst sein müssten.[1917] Kommt es zu keiner nachträglichen Anpassung bei einer negativen Entwicklung der Vergleichswerte, so könnte dies mit einer Überkompensation der Abfindungsberechtigten einhergehen.[1918] Ferner wird deren Schutzbedürftigkeit bezweifelt, da sie ihre Aktien zwischenzeitlich am Markt hätten veräußern hätten können, um damit einer verminderten Abfindung zu entgehen.[1919] Letzterer Argumentation kann jedoch entgegengehalten werden, dass die Abfindungsberechtigten unter Zugzwang gesetzt werden könnten, wobei die daraus resultierenden höheren Verkäufe den Börsenkurs weiter nach unten treiben sollten. Darüber hinaus würden sie zu einem von Abfindungsspekulationen beeinflussten Kurs verkaufen. Ferner wird für die Möglichkeit einer Anpassung zulasten der Abfindungsberechtigten

Konzern 2010, 467, 474 für, *Bücker*, NZG 2010, 967, 970; *Wasmann*, ZGR 2011, 83, 99, gegen eine Anpassung in beide Richtungen nach Maßgabe des BGH ins Feld; offen gelassen mit dem Verweis auf die Ausführungen der *Stollwerck*-Entscheidung hingegen *Bungert/Wettich*, BB 2010, 2227, 2231; *Schilling/Witte*, Der Konzern, 2010, 477, 484.

1914 OLG Frankfurt a. M., Beschl. v. 01.03.2016 – 21 W 22/13 = AG 2016, 667, 672; OLG Karlsruhe, Beschl. v. 22.06.2015 – 12a W 5/15 = AG 2015, 789, 792; offen gelassen hingegen bei OLG Frankfurt a. M., Beschl. v. 21.12.2010 – 5 W 15/10 –, juris Rn. 52.

1915 *Bungert/Becker*, DB 2021, 940, 943; *Hasselbach/Ebbinghaus*, Der Konzern 2010, 467, 474; Lutter/*Drygala*, UmwG, § 5 UmwG Rn. 47; *Meinert*, DB 2011, 2455, 2459; *Ruthardt/Hachmeister*, CF 2014, 174, 183; Schmidt/Lutter/*Schnorbus*, AktG, § 327b AktG Rn. 5a; Schmidt/Lutter/*Stephan*, AktG, § 305 AktG Rn. 105a; offener hingegen Emmerich/Habersack/*Emmerich*, AktG, § 305 AktG Rn. 62.

1916 Siehe nur die Formulierungen bei BGH, Beschl. v. 19.07.2010 – II ZB 18/09 –, BGHZ 186, 229–242, Rn. 29.

1917 OLG Frankfurt a. M., Beschl. v. 01.03.2016 – 21 W 22/13 = AG 2016, 667, 672; OLG Karlsruhe, Beschl. v. 22.06.2015 – 12a W 5/15 = AG 2015, 789, 792; *Hasselbach/Ebbinghaus*, Der Konzern 2010, 467, 474; Lutter/*Drygala*, UmwG, § 5 UmwG Rn. 47; so wohl bereits *Weber*, ZGR 2004, 280, 287; vgl. auch *Ruthardt/Hachmeister*, CF 2014, 174, 183 in Bezug auf den hypothetischen Deinvestitionswert, zu welchem eine Veräußerung am Bewertungsstichtag hätte stattfinden können.

1918 *Meinert*, DB 2011, 2455, 2459.

1919 *Hasselbach/Ebbinghaus*, Der Konzern 2010, 467, 474.

angeführt, dass sie zumindest eine Abfindung zum fundamentalen Unternehmenswert laut Sachverständigengutachten erhalten würden, wenn der Börsenkurs als Untergrenze fungiere.[1920] Denklogisch geht diese Erwägung jedoch dann ins Leere, sofern eine alleinige Börsenkursorientierung vorgenommen wird. Sofern bei der fundamentalen Unternehmensbewertung eine Unterbewertung der Gesellschaft stattfindet, wird ein Rückgriff auf diese auch bei einem Börsenkurs als Untergrenze zu keiner angemessenen Abfindung führen. Mithin vermag lediglich das Argument der erforderlichen Berücksichtigung der Gesellschaftsverhältnisse im Zeitpunkt der Beschlussfassung und der möglichen Überkompensation der Minderheitsaktionäre zu überzeugen.

Gegen eine negative Adjustierung streitet aber die daraus resultierende Gefahr einer Manipulation.[1921] Schließlich kann der Abfindungspflichtige die Durchführung der Maßnahme gezielt verzögern und damit eine negative Kursentwicklung ausnutzen, um den Abfindungsbetrag weiter zu senken.[1922] Hierbei kommt die Problematik einer zielgerichteten Verlagerung von bewertungsrelevanten Zeitpunkten und -räumen erneut zum Vorschein, die es zu vermeiden gilt.[1923] So offenbart sich die Informations- und Machtasymmetrie zulasten der Abfindungsberechtigten. Gerade dieser Themenkomplex wurde als schwerwiegendes Gegenargument gegen die Orientierung am Börsenkurs angeführt.[1924] Der durch den frühen Rückrechnungszeitpunkt erlangte Schutz der Abfindungsberechtigten vor Manipulationen würde durch eine negative Kursanpassung wieder abgeschwächt.[1925] Vor dem Hintergrund des aufgrund ihrer unterlegenen Position besonders relevanten Minderheitenschutzes dürfte das Risiko einer etwaigen Überkompensation hinzunehmen sein. Auch aus Wertungsgesichtspunkten erscheint es unsachgerecht, den Abfindungspflichtigen von einer Verzögerung profitieren zu lassen. Andernfalls würde er eine höhere Abfindung zahlen müssen, wenn er die Maßnahme im üblichen Zeitraum durchgeführt hätte. Ohnehin soll die nachträgliche Anpassung nur im Ausnahmefall erfolgen, was einer Beschränkung auf eine Hochrechnung nach oben nicht abträglich ist.

[1920] OLG Karlsruhe, Beschl. v. 22.06.2015 – 12a W 5/15 = AG 2015, 789, 792; *Hasselbach/Ebbinghaus*, Der Konzern 2010, 467, 474.

[1921] MüKo-AktG/*van Rossum*, § 305 AktG Rn. 108.

[1922] Dies gesteht auch OLG Karlsruhe, Beschl. v. 22.06.2015 – 12a W 5/15 = AG 2015, 789, 792 ein.

[1923] Siehe hierzu die Erwägungen zur Heranziehung eines Durchschnitts- anstatt eines Stichtagskurses (§ 6 B.I.) und zur Ausweitung des Rückrechnungszeitpunkts auf das Bekanntwerden der Maßnahme anstatt einer Begrenzung auf die Bekanntmachung (§ 6 B.II.1. b)).

[1924] Siehe: § 4.

[1925] Anders OLG Karlsruhe, Beschl. v. 22.06.2015 – 12a W 5/15 = AG 2015, 789, 792, welches die Schutzwirkung des frühen Stichtags als ausreichend erachtet und gerade für eine negative Adjustierung anführt.

Letztendlich sind im Rahmen der Anpassung zwar die Verhältnisse der Gesellschaft zum Zeitpunkt der Hauptversammlung zu beachten. In Anbetracht der obigen Erwägungen fällt der Schutz der Abfindungsberechtigten aufgrund des Informations- und Machtgefälles und der Manipulationsgefahr aber derart stark ins Gewicht, dass eine Hochrechnung nur zu ihren Gunsten erfolgen sollte.

Dementsprechend erscheint es ratsam, im Einklang mit dem BGH lediglich eine positive Anpassung des Kurses vorzunehmen.

5. Fazit: Anpassung bei längerem Zeitraum und Gebotenheit

Die Notwendigkeit einer Anpassung des Börsenkurses beim Verstreichen eines längeren Zeitraums ist grundsätzlich zu befürworten. Zum einen kann hierdurch der Kritik begegnet werden, dass bei einem Anknüpfen an das Bekanntwerden der Maßnahme als Rückrechnungszeitpunkt des Referenzkurses die aktuellen Verhältnisse der Gesellschaft nicht ausreichend berücksichtigt werden. Zugleich wird den Abfindungsberechtigten eine Teilhabe an späteren positiven Entwicklungen ermöglicht. Im Wege einer lediglich zu ihren Gunsten erfolgenden Anpassung werden zudem weiterhin der erforderliche Minderheitenschutz gewährleistet und dem Abfindungspflichtigen weitere Manipulationsmöglichkeiten genommen.

Eine Anpassung des Börsenkurses nach der aktuellen Rechtslage geht zwar mit einer entsprechenden Rechtsunsicherheit einher.[1926] So bestehen noch etliche ungeklärte Streitpunkte. Eine gesetzliche Anpassungsregel nach den hier erwogenen Maßgaben dürfte aber ein sicher zu handhabendes Konzept bieten. Ohnehin lässt sich durch eine innerhalb des üblichen Zeitraums durchgeführte Maßnahme eine nachträgliche Anpassung vermeiden.[1927]

Wenn auch die Kursanpassung vor allem aus Anlegerschutzgesichtspunkten zu begrüßen ist, so kann hierdurch keine vollständige Bereinigung des Durchschnittskurses um etwaige Fehlbewertungen erfolgen. Schließlich können die herangezogenen Vergleichskurse selbst verzerrt sein. Dabei stellen sie nie die exakte Unternehmenslage dar, weshalb auch hierdurch nicht der wahre Wert des konkreten Unternehmens ermittelt werden kann. Der hieraus ermittelte fortgeschriebene Kurs ist von rein hypothetischer Natur. Überdies bestehen unerkannte Verzerrungen des ursprünglichen Durchschnittskurses fort.

Mithin wird eine Anpassung des durchschnittlichen Börsenkurses dessen Aussagekraft unter Berücksichtigung des Schutzes der Abfindungsberechtigten zu-

---

[1926] *Hasselbach/Ebbinghaus*, Der Konzern 2010, 467, 476; Hüffer/Koch/*Koch*, AktG, § 305 AktG Rn. 44, der eine dementsprechend enge Handhabung der Anpassung empfiehlt; *Weimann*, Spruchverfahren nach Squeeze-out, S. 411 § 21, der angesichts der Unsicherheiten am Mehrwert der Anpassung zweifelt.

[1927] *Bücker*, NZG 2010, 967, 970; *Hasselbach/Ebbinghaus*, Der Konzern 2010, 467, 476.

mindest im Einzelfall erhöhen. Dennoch vermag es dieses Vorgehen nicht, ihn zur alleinigen Bewertungsgrundlage zu befähigen.

V. Fazit: Gemittelter Referenzwert

Wie sich gezeigt hat, wird man mit der Bildung eines Durchschnittskurses zumindest eine teilweise Glättung von Verzerrungen erreichen. In Anbetracht der Tatsache, dass mittels der Nichtberücksichtigungsfälle nicht sämtliche Fehlbewertungen herausgefiltert werden können[1928], erscheint eine Durchschnittskursbildung notwendig.

Allerdings dürften mittel- und längerfristige Anomalien wie auch schwerwiegende Fehlbewertungen nicht aus dem Referenzkurs getilgt werden können. Dabei sind die Erkenntnisse der *Behavioral Finance* in Erinnerung zu rufen. Demgemäß basieren Börsenkurse auf den Entscheidungen der Anleger, welche wiederum durch kognitive Verzerrungen geprägt sind. Eine Durchschnittskursbildung kann nicht garantieren, all diese Fehlbewertungen auszugleichen. Schließlich liegt eine systematische Verzerrung auf Makroebene nahe, welcher auch nicht mit dem Arbitrageargument begegnet werden kann. Die teils in der Rechtsprechung zu vernehmende Äußerung, dass durch die Bildung eines umsatzgewichteten Durchschnittskurses eine Angleichung an den fundamentalen Wert, um welchen der Börsenkurs in einem labilen Regelkreis schwanken würde, stattfinden könnte[1929], geht aufgrund des mangelnden Realitätsbezugs der *Random-Walk-Theory*[1930] ins Leere. So sind das Ausmaß, die Dauer und die Richtung etwaiger Abweichungen vom fundamentalen Wert nicht verallgemeinerungsfähig.[1931] Selbst wenn man von derartigen Kursschwankungen ausgeht, vermögen kurze Referenzperioden es nur, Ausschnitte des Abweichungs- und Korrekturzyklus abzubilden, was mit verzerrten Ergebnissen einhergeht.[1932] Allenfalls könnten längerfristige Referenzzeiträume zu einer Wertangleichung führen.[1933] Derartige Kurse werden aber oftmals nicht mehr die aktuelle Lage des Unternehmens wiedergeben.[1934] Vor diesem Hintergrund stellt der hier gewählte Zwölfmonatszeitraum lediglich eine Kompromisslösung dar. Ohnehin

---

[1928] Siehe die Kritik bei (§ 6 A.IV.), die selbst für das hier vorgeschlagene Lösungsmodell gilt.

[1929] So LG Frankfurt a.M., Beschl. v. 27.06.2019 – 3–05 O 38/18 –, juris Rn. 99; LG Stuttgart, Beschl. v. 08.05.2019 – 31 O 25/13 KfH SpruchG –, juris Rn. 352.

[1930] Siehe hierzu: § 2 B.V.2.a), C.III.1.b), c).

[1931] *FAUB*, WPg 2021, 958, 960.

[1932] *Adolff*, Unternehmensbewertung im Recht der börsennotierten Aktiengesellschaft, S. 156.

[1933] *Adolff*, Unternehmensbewertung im Recht der börsennotierten Aktiengesellschaft, S. 156; vgl. *Ruthardt/Popp*, AG 2020, 240, 245 Rn. 36.

[1934] Vgl. *Adolff*, Unternehmensbewertung im Recht der börsennotierten Aktiengesellschaft, S. 156. Zu diesem Dilemma siehe bereits: § 6 B.II.2.d).

garantieren auch längere Referenzperioden keine vollständige Kursbereinigung. Eine Markteffizienz kann weiterhin bezweifelt werden. Demgemäß wird der Börsenkurs nur einen Wertindikator für kurzfristig orientierte Anleger darstellen. Überdies bietet er lediglich einen Wertindikator für diejenigen Anleger, die innerhalb der Referenzperiode Aktien veräußert haben.

Zudem besteht die Macht- und Informationsasymmetrie zulasten der Abfindungsberechtigten mitsamt ihrem Potenzial für eine Unterbewertung am Markt fort. So kann der Abfindungspflichtige bewusst niedrige Kurse innerhalb eines potenziellen Referenzzeitraums ausnutzen und hierdurch von einer Abfindung zum Marktwert unterhalb des wahren Unternehmenswerts gezielt profitieren.[1935] Der Umstand, dass die Aktionärsminderheit u. U. einen für sie ungünstigen Bewertungsstichtag hinnehmen muss, legt den Gedanken nahe, dass sie den Börsenkurs nicht als alleinigen Abfindungswert akzeptieren muss.[1936]

Überdies sind die Auswirkungen etwaiger Manipulationen auch in einem Durchschnittskurs noch enthalten.[1937] Vor dem Hintergrund unerkannter Kursbeeinflussungen ist ein sicherer aussagefähiger Referenzkurs zu bezweifeln.

Weiterhin kann auch ein durchschnittsgemittelter Börsenkurs noch Minderheitsabschläge aufweisen. Auch dahingehend fehlt es an einer ausreichenden Überprüfbarkeit des Börsenkurses als Bewertungsgrundlage.

In Anbetracht der Vielzahl umstrittener Einzelheiten bei der Durchschnittskursbildung offenbart sich eine hohe Rechtsunsicherheit. Ihr kann in weiten Teilen durch eine gesetzliche Normierung der einzelnen Anforderungen und Berechnungsgrundlagen nach den obigen Erörterungen entgegengewirkt werden. Dabei ist dem Delisting zugutezuhalten, dass hier bereits Ansätze zum Durchschnittskurs geregelt wurden. Wie aber auch den Erwägungen der Rechtsprechung zur Berechnung des Referenzkurses ist diesen Ausgestaltungen eine unzureichende Bereinigung des Börsenkurses entgegenzuhalten. Das in diesem Abschnitt erarbeitete Lösungsmodell, welches sich vor allem durch die Anknüpfung an das Bekanntwerden als möglichen Rückrechnungszeitpunkt, den längeren Referenzzeitraum von zwölf Monaten und die Berücksichtigung von Freiverkehrs-, MTF- sowie Auslandkursen auszeichnet, wird dem Ideal eines unverzerrten Durchschnittskurses eher gerecht. Jedoch stößt auch dieser Ansatz vor allem bei Fehlbepreisungen auf mittel- bis längerfristige Sicht an seine Grenzen. Ferner besteht weiterhin die Möglichkeit des Ausnutzens niedriger Börsenkurse in Form einer gezielten Bekanntgabe der Maßnahme bei vorheriger erfolgreicher Zurückhaltung dieser Information. Folglich kann auch das hier vorgeschlagene Modell die Kritikpunkte seitens der *Behavioral*

[1935] Vgl. *BRAK*, Stellungnahme Nr. 37/2015, S. 5 zur Ausdehnung des Referenzzeitraums beim Delisting.

[1936] *Happ/Bednarz*, FS Stilz (2014), S. 219, 233–234.

[1937] *Bauer*, NZG 2001, 891, 892; vgl. *Weber*, ZGR 2004, 280, 291, der sich hiermit aber nur gegen die langfristige Mittelung von Börsenkursen ausspricht.

Finance und der Macht- und Informationsasymmetrie nicht vollends entkräften. Angesichts des nach wie vor bestehenden Risikos unerkannter Verzerrungen dürften Durchschnittskurse kaum eine präzisere Bestimmung des Unternehmenswerts als eine fundamentale Unternehmensbewertung durch einen Sachverständigen bieten. Vielmehr wecken die schematischen Berechnungsvorgaben bei der Durchschnittskursbestimmung lediglich den Anschein einer präzisen Schätzung, ohne dass eine solche gesichert ist.[1938]

Mithin kann allein durch einen gemittelten Referenzwert kein aussagekräftiger Börsenkurs errechnet werden, der als einzige Bewertungsgrundlage dienen könnte.[1939] Dementsprechend kann der quotale Unternehmenswert nicht durch einen Durchschnittskurs ermittelt werden. Allenfalls in Kombination mit weiteren Modifikationen der Börsenkursorientierung oder anderweitigen Bewertungsmethoden könnte eine sachgerechte Unternehmensbewertung erfolgen.

Mit Bedacht auf die erhöhte Aussagekraft des Durchschnittskurses und der damit einhergehenden Rechtssicherheit ist jedoch anzuraten, bei einer Heranziehung des Börsenkurses nach den soeben dargelegten Vorgaben zu verfahren.

Die zuvor genannten Kritikpunkte gelten auch für den Fall, dass der Börsenkurs im Wege eines indirekten Marktbezugs als Plausibilisierungswert oder zur Ermittlung des Risikozuschlags bei einer fundamentalen Unternehmensbewertung bezüglich des quotalen Unternehmenswerts eingesetzt wird. Allerdings dient der Börsenkurs hierbei nur als Einzelbaustein der Bewertung und nicht als alleinige Bewertungsgrundlage. Überdies wird ein gut informierter und neutraler Gutachter den Börsenkurs kritisch betrachten und zur Not nicht oder nur in angepasster Form heranziehen. Dementsprechend liegt hierbei eine Berücksichtigung des Börsenkurses zumindest unter Einsatz weiterer Modifikationen[1940] zur Bereinigung nahe.

Ein Durchschnittskurs nach den hier erarbeiteten Vorgaben vermag jedoch zur Bestimmung des Deinvestitionswerts gereichen. Schließlich wird etwaigen verschleierten Manipulationen und insbesondere der bewussten Ausnutzung niedriger Börsenkurse seitens des Abfindungspflichtigen durch die Wahl des Bekanntgabezeitpunkts entgegengewirkt.[1941] Hierdurch wird die Problematik eines künstlichen Hochtreibens des Börsenkurses durch Abfindungsberechtigte ebenso abgeschwächt wie die gezielte Herabsetzung der Mindestabfindung. In Kombination mit der Nichtberücksichtigung des Börsenkurses in den Fällen der Manipulation durch Abfindungsberechtigte oder Dritte außerhalb der Sphäre des Abfindungspflichti-

[1938] *Ruiz de Vargas*, NZG 2021, 1056, 1060–1061.

[1939] So auch *FAUB*, WPg 2021, 958, 960.

[1940] Siehe hierfür die Fälle einer Nichtberücksichtigung des Börsenkurses (§ 6 A.) und die weitergehenden Effizienzanforderungen (§ 6 C.), welche nebst der Durchschnittskursbildung nach dem hier vertretenen Ansatz einen indirekten Marktbezug ermöglichen.

[1941] Vgl. *Adolff*, Unternehmensbewertung im Recht der börsennotierten Aktiengesellschaft, S. 338.

gen[1942] sowie der Marktenge und des fehlenden Handels[1943] kann aus einem zwölfmonatigen gewichteten Durchschnittskurs auf sachgerechtem Wege ein Deinvestitionswert ermittelt werden. Die dennoch bestehende Gefahr einer unerkannten Fehlbepreisung und die weiteren Kritikpunkte zum *Market Approach* sind beim Deinvestitionswert irrelevant, da es hier nicht auf Aussagekraft zum Unternehmenswert, sondern die hypothetische Veräußerungsmöglichkeit ankommt. Ohnehin wird der Börsenkurs hierbei lediglich als Untergrenze der Abfindung herangezogen.

C. Weitergehende Effizienzanforderungen

Bisher wurden vor allem besondere Fälle gesucht, in denen der Börsenkurs nicht bewertungsgeeignet ist. Umgekehrt könnten aber auch bestimmte Anforderungen an den Börsenkurs gestellt werden, ehe er zur Unternehmensbewertung herangezogen wird. So liegt der Gedanke nahe, weitergehende Effizienzanforderungen aufzustellen.

Wie die Ausführungen zur *Behavioral Finance* gezeigt haben, ist von einer unzureichenden Kapitalmarkteffizienz und verzerrten Börsenkursen als Regel- und nicht als Ausnahmefall auszugehen. Dementsprechend liegt der Gedanke nahe, von einem Regel-Ausnahme-Verhältnis dahingehend auszugehen, dass der Börsenkurs regelmäßig nicht den quotalen Unternehmenswert darstellt und nur ausnahmsweise als Bewertungsgrundlage hierfür herangezogen werden kann. Hierbei wird der Grundgedanke der alleinigen Börsenkursorientierung umgekehrt. Im Wege dessen sind positive Voraussetzungen aufzustellen, bei deren Vorliegen von einer Markteffizienz auszugehen ist. Bei einem solchen Vorgehen können die erarbeiteten Nichtberücksichtigungsfälle weiterhin als Negativkriterien für eine Ablehnung der Orientierung am Börsenkurs dienen. Sie würden sodann als Rückausnahmeregelungen greifen. Ebenso kann auf die vorangegangenen Überlegungen zur Durchschnittskursbildung zurückgegriffen werden. Mittels der Bildung eines Referenzkurses mitsamt umfangreicher Rückausnahmefälle einer alleinigen Berücksichtigung des Börsenkurses können zumindest teilweise verzerrte Kurse innerhalb der Unternehmensbewertung vermieden werden. Der bereits aufgezeigten Problematik, dass ein Durchschnittskurs mitsamt festgelegter Fallgruppen für dessen Außerachtlassung keine aussagekräftigen Werte garantiert, könnte durch positive Effizienzkriterien entgegengewirkt werden. Im Idealfall würden hierdurch solche Börsenkurse herausgefiltert, die sich auf einem effizienten Markt gebildet haben und nicht durch exogene Faktoren beeinflusst sind. Auf den ersten Blick erscheint es naheliegend, derartige Kurse als alleinige Bewertungsgrundlage heranzuziehen. Die nachfolgenden Erwägungen gelten jedoch nur für die Abbildung des quotalen Un-

[1942] Zur Kursmanipulation siehe: § 6 A.III.2.

[1943] Siehe zu dieser Fallgruppe der Ablehnung einer Börsenkursberücksichtigung: § 6 A. III.1.

ternehmenswerts durch den Börsenkurs. Da es beim Deinvestitionswert gerade nicht auf eine Allokations- und Informationseffizienz ankommt[1944], sind hierfür keinerlei Effizienzanforderungen von Nöten. Die grundlegende Funktionsfähigkeit des Marktes, die als institutionelle Effizienz bezeichnet werden kann, wird bereits durch die Berücksichtigung der Ausnahmefälle der Marktenge, des fehlenden Handels und der Manipulation gewährleistet.

I. US-amerikanische Rechtsprechung

Hinsichtlich positiver Anforderungen an die Effizienz von Börsenkursen lohnt sich ein Blick in Richtung der US-Rechtsprechung.

Hierbei ist vor allem die Entscheidung *Cammer v. Bloom* des *District Court of New Jersey* aus dem Jahre 1989 von Interesse. Konkret wurde zur *Fraud-on-the-market-theory* entschieden – einer Beweiserleichterung hinsichtlich des Vertrauens von Anlegern auf die Richtigkeit irreführender Angaben, bei welcher es unter anderem auch auf den Handel an einem effizienten Markt ankommt.[1945] Im Rahmen dessen führte das Gericht fünf Faktoren auf, die seines Erachtens auf einen effizienten Markt hindeuten.[1946] Demzufolge seien das durchschnittliche wöchentliche Handelsvolumen, die Anzahl an Analysten, die der Aktie folgen, die Zahl der mit ihr handelnden *Market Maker* und Arbitrageure, das Zugeständnis erleichterter Publizitätspflichten aufgrund eines *S-3 Registration Statements* durch die SEC (*Securities and Exchange Commission*) sowie nachgewiesene unverzügliche Reaktionen auf unerwartete Ereignisse und Mitteilungen, die das Unternehmen betreffen, zu überprüfen.[1947] Dem Urteil zufolge müssen aber nicht sämtliche Faktoren erfüllt sein, um von einem effizienten Markt auszugehen.[1948] Auch wurde nicht näher ausgeführt, wie viele Anforderungskriterien erfüllt sein müssen und welche

---

[1944] Vgl. OLG München, Beschl. v. 14.12.2021 – 31 Wx 190/20 = NZG 2022, 606, 608 Rn. 41; vgl. *Adolff*, Unternehmensbewertung im Recht der börsennotierten Aktiengesellschaft, S. 340–341; vgl. *FAUB*, AG 2021, 588, 589 Rn. 4; vgl. Fleischer/Hüttemann/*Adolff/Häller*, RhB Unternehmensbewertung, § 18 Rn. 18.49, 18.71; vgl. *Ruthardt/Popp*, AG 2020, 240, 244 Rn. 29.

[1945] Cammer v. Bloom, 711 F. Supp. 1264, 1275–1277 (D.N.J. 1989); allgemein zur *Fraud-on-the-market-theory* und ihren Voraussetzungen siehe Assmann/Schneider/Mülbert/*Hellgardt*, WpHG, § 97 WpHG Rn. 11; *Reifschneider*, Informationeller Anlegerschutz, S. 161–163.

[1946] Cammer v. Bloom, 711 F. Supp. 1264, 1286–1287 (D.N.J. 1989); *Klöhn*, AG 2014, 807, 809; *Reifschneider*, Informationeller Anlegerschutz, S. 163–164.

[1947] Cammer v. Bloom, 711 F. Supp. 1264, 1286–1287 (D.N.J. 1989); *Heaton*, William & Mary Business Law Review, 2020, Vol. 11, Iss. 2, 417, 420–421; *Klöhn*, AG 2014, 807, 809; *Reifschneider*, Informationeller Anlegerschutz, S. 163–164.

[1948] *Reifschneider*, Informationeller Anlegerschutz, S. 164; vgl. Cammer v. Bloom, 711 F. Supp. 1264, 1287 (D.N.J. 1989).

Bedeutung den einzelnen Gesichtspunkten zukommen soll.[1949] Die *Cammer-Factors* wurden später durch drei weitere Faktoren, namentlich die Marktkapitalisierung des Unternehmens, den *Bid-Ask-Spread* und den prozentualen Anteil an Aktien, die nicht von Insidern gehalten werden, ergänzt.[1950] Jedoch sei erwähnt, dass die *Fraud-on-the-market-theory* bei einer Fehlinformation auf dem Kapitalmarkt, nicht aber bei den hier relevanten Fällen der Kompensation ausscheidender Aktionäre zum Einsatz kommt.

In Bezug auf die Abfindungspraxis ist dem *Supreme Court of Delaware* Beachtung zu schenken. Dieser führte in zwei Urteilen von 2017 an, dass auf einem effizienten Markt gebildete Preise regelmäßig eine verlässlichere Aussage zum *Fair Value* des Unternehmens als ein einzelner Sachverständiger liefern würden.[1951] Hierbei sei jedoch angemerkt, dass anders als in der deutschen Rechtspraxis kein unabhängiger gerichtlich bestellter Sachverständiger die Bewertung durchführt.[1952] Dem *Supreme Court of Delaware* zufolge deuten eine hohe Anzahl an Aktionären, das Fehlen eines kontrollierenden Aktionärs, eine hohe Handelsaktivität und der Umstand, dass Informationen zur Gesellschaft öffentlich zugänglich sind und sich schnell verbreiten, auf eine Markteffizienz hin.[1953] In Anbetracht seiner Wortwahl ist davon auszugehen, dass er ein kumuliertes Vorliegen der genannten Faktoren verlangt.[1954]

Zwecks des Nachweises einer Markteffizienz sind sich zudem die bereits erörterten wirtschaftswissenschaftlichen Studien in Erinnerung zu rufen.[1955] Vor allem werden Ereignisstudien hinsichtlich des fünften *Cammer-Factors* verwendet.[1956]

[1949] *Reifschneider*, Informationeller Anlegerschutz, S. 164.

[1950] Krogman v. Sterritt, 202 F.R.D. 467, 474, 477–478, (N.D. Tex. 2001); *Heaton*, William & Mary Business Law Review, 2020, Vol. 11, Iss. 2, 417, 421; *Klöhn*, AG 2014, 807, 810.

[1951] DFC Global Corporation v. Muirfield Value Partner, L.P., et al., 172 A.3d 346, 369–370 (Del. Sup. Ct. 2017); Dell, Inc. v. Magnetar Global Event Driven Master Fund Ltd, et al., 177 A.3d 1, 24 (Del. Sup. Ct. 2017); vgl. *Ruthardt/Popp*, AG 2020, 240, 246 Rn. 39.

[1952] *Ruthardt/Popp*, AG 2020, 240, 246 Rn. 40.

[1953] Dell, Inc. v. Magnetar Global Event Driven Master Fund Ltd, et al., 177 A.3d 1, 25 (Del. Sup. Ct. 2017); *Ruthardt/Popp*, AG 2020, 240, 246 Rn. 43–44; siehe auch DFC Global Corporation v. Muirfield Value Partner, L.P., et al., A.3d 346, 373 (Del. Sup. Ct. 2017), wonach diese Aspekte zu einem aussagekräftigen Wert in Hinblick auf den *Fair Value* des Unternehmens führen.

[1954] So werden bei Dell, Inc. v. Magnetar Global Event Driven Master Fund Ltd, et al., 177 A.3d 1, 25 (Del. Sup. Ct. 2017) die Anforderungen in einer Und-Aufzählung und mithin als Summe angeführt und sodann als „*circumstances*" zusammengefasst; ebenso gehen *Ruthardt/Popp*, AG 2020, 240, 246 Rn. 44 von einem geforderten kumulierten Vorliegen der Faktoren aus.

[1955] Siehe hierzu: § 2.

[1956] *Fisher*, Emory Law Journal, 2005, Vol. 54, 843, 871.

II. Deutsche Rechtsprechung

Auch in der deutschen Rechtsprechung wird auf Indizien für eine erhöhte Aussagekraft des Börsenkurses als alleinige Bewertungsgrundlage hingewiesen.

So hat das OLG Frankfurt am Main 2010 angeführt, dass eine Börsenkursorientierung einem Ertragswertverfahren vor allem dann überlegen sei, wenn die Aktien in einem bedeutenden Aktienindex aufgenommen sind und auf einem Markt mit hoher Liquidität gehandelt werden.[1957] Dieses Vorgehen hat das BVerfG als verfassungsrechtlich unbedenklich eingestuft.[1958] Auch in einem späteren Urteil des OLG Frankfurts am Main wird zur Ermittlung der Informationseffizienz auf die Liquidität des Marktes abgestellt.[1959] In einer Entscheidung aus dem Jahre 2021 verfolgt das Gericht weiterhin diesen Ansatz. Hierbei führte es an, dass die Aussagefähigkeit von Börsenkursen anhand des Einzelfalls zu bestimmen ist, wobei gerade in sehr hoher Stückzahl gehandelte Aktien auf eine aussagekräftige Marktbewertung hindeuten würden.[1960] Im konkreten Fall betonte es die hohe Liquidität und die Aufnahme in mehrere Aktienindizes sowie das Ausbleiben feststellbarer weitreichender Informationsdefizite, Kursmanipulationen oder auffälliger Kurssprünge hinsichtlich eines aussagefähigen Börsenkurses.[1961]

In diese Kerbe schlägt auch das OLG München mit einem Beschluss aus demselben Jahr. Demzufolge könne bei einer hinreichenden Liquidität, einer ausreichenden Informationsbasis der Marktteilnehmer sowie fehlenden ersichtlichen Verfälschungen von einem zur Unternehmensbewertung geeigneten Börsenkurs ausgegangen werden.[1962] Hinsichtlich der Informationsmöglichkeiten der Marktteilnehmer weist es sowohl auf veröffentlichte Bewertungsüberlegungen sowie Presseeinschätzungen und insbesondere Analystenschätzungen als auch die Publizitätspflichten des Unternehmens hin.[1963]

[1957] OLG Frankfurt a.M., Beschl. v. 03.09.2010 – 5 W 57/09 = ZIP 2010, 1947, 1947 Ls. 3; MüKo-AktG/*van Rossum*, § 305 AktG Rn. 96; *Stein*, Fundamentalanalyse und Börsenkurs, S. 248.

[1958] BVerfG, Nichtannahmebeschl. v. 26.04.2011 – 1 BvR 2658/10 –, BVerfGK 18, 395–400 Rn. 23–25; MüKo-AktG/*van Rossum*, § 305 AktG Rn. 96; *Stein*, Fundamentalanalyse und Börsenkurs, S. 248.

[1959] OLG Frankfurt a.M., Beschl. v. 17.01.2017 – 21 W 37/12 = AG 2017, 626, 628; dem zustimmend Emmerich/Habersack/*Emmerich*, AktG, § 305 AktG Rn. 65, laut dem ein besonders geringes Handelsvolumen, ein nur noch an wenigen Tagen stattfindender Handel und ein hoher *Bid-Ask-Spread* eine fehlende Kapitalmarkteffizienz indizieren.

[1960] OLG Frankfurt a.M., Beschl. v. 26.04.2021 – 21 W 139/19 = AG 2021, 559, 562.

[1961] OLG Frankfurt a.M., Beschl. v. 26.04.2021 – 21 W 139/19 = AG 2021, 559, 563.

[1962] OLG München, Beschl. v. 14.12.2021 – 31 Wx 190/20 = NZG 2022, 606, 614 Rn. 86, 615 Rn. 97 (nrkr.).

[1963] OLG München, Beschl. v. 14.12.2021 – 31 Wx 190/20 = NZG 2022, 606, 614 Rn. 86, 615 Rn. 97 (nrkr.).

Explizit bei Freiverkehrskursen und in Abgrenzung zu Preisen des regulierten Marktes verlangt das OLG München in einer Entscheidung von 2014 eine genauere Prüfung hinsichtlich einer umfassend informierten Preisbildung.[1964] So fordert es, dass eingehend untersucht werden muss, ob die wesentlichen preisrelevanten Informationen in den Kurs eingeflossen sind.[1965] Hierbei führt es an, dass fehlende signifikante Kursreaktionen auf Unternehmensmitteilungen und bewertungsrelevante Ereignisse eine Preisbildung ohne Einfluss preisrelevanter Informationen bedeuten.[1966] Auf diesem Wege wird der Informationseffizienz Beachtung geschenkt. Bei der geforderten erkennbaren Einpreisung wertrelevanter Informationen handelt es sich um eine positive Effizienzanforderung an den Freiverkehrskurs. Diese Vorgabe ist mit dem fünften *Cammer-Factor* und dem Vorgehen mittels *Event Studies* vergleichbar.

III. Deutsches Schrifttum

Ferner finden sich in der deutschsprachigen Literatur zur Abfindungsproblematik Aussagen zur Bewertungsrelevanz des Börsenkurses und dessen Effizienz bzw. positive Vorgaben hierfür.

So sieht Hüttemann eine ausreichende Liquidität und hinreichende Unternehmenspublizität als entscheidende Faktoren für eine Effizienz des Marktes an, bei deren Vorliegen der Börsenkurs grundsätzlich nicht weniger bewertungsgeeignet sei als das Gutachten eines Sachverständigen[1967] Hinsichtlich der Voraussetzung eines hinreichend informierten Marktes schlägt er vor, bei tatsächlichen Anhaltspunkten für Verstöße gegen die Ad-hoc-Publizitätspflicht eine nähere Untersuchung des Marktes durch einen Sachverständigen mit Einblick in die internen Unternehmensdaten vornehmen zu lassen.[1968] Auch nach Steinhauer sind die Liquidität und das Bekanntsein aller kurserheblichen Informationen Voraussetzung für einen effizienten Kapitalmarkt.[1969] Im Rahmen dessen geht er von einem grundsätzlich hinreichend informierten Markt aus, sofern keine gegenteiligen Anhaltspunkte vorliegen.[1970] Emmerich zufolge deuten Illiquiditätsgesichtspunkte, wie ein beson-

---

[1964] OLG München, Beschl. v. 17.07.2014 – 31 Wx 407/13 = AG 2014, 714, 715. Siehe zur Berücksichtigung von Freiverkehrskursen und der Ablehnung deren strengeren Behandlung hinsichtl. der informierten Preisbildung: § 6 B.III.3.b).

[1965] OLG München, Beschl. v. 17.07.2014 – 31 Wx 407/13 = AG 2014, 714, 715; dem zustimmend *Land/Hallermayer*, AG 2015, 659, 663, wobei sich in beiden Fällen noch auf die Rechtslage vor 2016 und die damals weitaus niedrigere Transparenz im Freiverkehr bezogen wird.

[1966] OLG München, Beschl. v. 17.07.2014 – 31 Wx 407/13 = AG 2014, 714, 715.

[1967] *Hüttemann*, ZGR 2001, 455, 468–469, 471.

[1968] *Hüttemann*, ZGR 2001, 455, 472.

[1969] *Steinhauer*, AG 1999, 299, 306–307.

[1970] *Steinhauer*, AG 1999, 299, 307.

ders geringes Handelsvolumen, ein nur noch an wenigen Tagen stattfindender Handel und ein hoher *Bid-Ask-Spread* sowie schwer erklärbare kurzfristige Kursausschläge auf eine fehlende Kapitalmarkteffizienz hin.[1971] Unter Bezugnahme auf die zuvor erwähnten Urteile des OLG Frankfurt am Main und des BVerfG von 2010 bzw. 2011 zählt Stein den Organisationsgrad des Marktes, die Liquidität und das Fehlen von Marktmanipulationen als Anhaltspunkte eines funktionierenden und für die alleinige Börsenkursorientierung geeigneten Marktes auf.[1972] Ihm zufolge soll sich der Beurteilungsspielraum eines über die Angemessenheit der Abfindung entscheidenden Gerichts auf einen den gesetzlichen Vorgaben entsprechend informierten Kapitalmarkt und Anzeichen für eine Beeinträchtigung der effizienten Preisbildung beschränken.[1973]

Sowohl Hüttemann[1974] als auch Steinhauer[1975] sowie Emmerich[1976] und Stein[1977] tendieren dabei zu einer alleinigen Börsenkursorientierung. Sie gehen damit entgegen dem hier verfolgten Modell vom aussagefähigen Börsenkurs als Regel- und nicht als Ausnahmefall aus.

Ähnlich wollen auch Hommel und Braun vorgehen. Ihnen zufolge ist der Börsenkurs nur im Ausnahmefall abzulehnen und stattdessen auf Gutachten eines Sachverständigen abzustellen, wenn dieser nachweisen und dokumentieren kann, dass er über bewertungsrelevante Informationen verfügt, auf welche die Marktteilnehmer nicht zugreifen können oder dass der Börsenkurs manipuliert wurde.[1978] Hierbei sollen Börsenkurs und Ertragswert ergänzend nebeneinander stehen[1979], wobei der Börsenkurs grundsätzlich dem tatsächlichen Unternehmenswert am nächsten käme[1980]. Mithin gehen auch sie von einem aussagefähigen Börsenkurs als Regelfall aus.

Letztlich verfahren die soeben genannten Literaturstimmen nach dem hier kritisierten Regel-Ausnahme-Verhältnis mit den Aspekten der unzureichenden Liquidität, verletzten Informationspflichten, Manipulationen und schwer erklärlichen Kursausschlägen als Ausnahmefälle.

[1971] Emmerich/Habersack/*Emmerich*, AktG, § 305 AktG Rn. 65.

[1972] *Stein*, Fundamentalanalyse und Börsenkurs, S. 247–263, 270, wobei er keinen Anspruch auf Vollständigkeit erhebt.

[1973] *Stein*, Fundamentalanalyse und Börsenkurs, S. 247.

[1974] *Hüttemann*, ZGR 2001, 455, 478.

[1975] *Steinhauer*, AG 1999, 299, 307–308.

[1976] Emmerich/Habersack/*Emmerich*, AktG, § 305 AktG Rn. 57, 59.

[1977] *Stein*, Fundamentalanalyse und Börsenkurs, S. 270.

[1978] *Hommel/Braun*, BB-Beilage 6 zu Heft 38/2002, 10, 12, die unter *Hommel/Braun*, BB-Beilage 6 zu Heft 38/2002, 10, 12 Fn. 33–34 auf *Hüttemann*, ZGR 2001, 455–478 verweisen.

[1979] *Hommel/Braun*, BB-Beilage 6 zu Heft 38/2002, 10, 17.

[1980] *Hommel/Braun*, BB-Beilage 6 zu Heft 38/2002, 10, 12.

Happ und Bednarz hingegen ziehen eine alleinige Börsenkursorientierung innerhalb eines Spruchverfahrens lediglich im Einzelfall in Erwägung, wenn etwa eine Notierung in einem bedeutenden Aktienindex und kein konkreter Anhaltspunkt für einen über dem Börsenkurs liegenden Unternehmenswert besteht.[1981] Jedoch raten sie von einer schematisierenden Betrachtungsweise ab.[1982]

Ebenso vertreten Adolff und Häller eine alleinige Börsenkursorientierung im Einzelfall.[1983] Mit Verweis auf die *DAT/Altana*-Entscheidung des BGH soll ihnen zufolge bereits eine partielle Informations- und Allokationseffizienz dafür ausreichen, den Börsenkurs als Indiz für den quotalen Unternehmenswert heranzuziehen.[1984] Hierfür sei eine sorgfältige und begründete Analyse der Umstände des Einzelfalls vorzunehmen.[1985] Als mögliche Bedingungen einer alleinigen Maßgeblichkeit des Börsenkurses nennen sie einen liquiden Markt und das Fehlen von Manipulationen und Kursverzerrungen durch außergewöhnliche Ereignisse oder die Transaktion selbst.[1986]

Einen ähnlichen Ansatz scheint bereits Meyer zu verfolgen, wenn er den Börsenkurs allenfalls im Anschluss an eine wirtschaftliche und juristische Plausibilitätskontrolle mit Blick auf Manipulationen, irrationale Verhaltensweisen und außergewöhnliche Kursverläufe als alleinigen Bewertungsmaßstab in Betracht zieht.[1987]

Ruiz de Vargas, der eine alleinige Börsenkursorientierung nach der derzeitigen Rechtslage ablehnt, plädiert für zusätzliche Effizienzanforderungen hinsichtlich einer Alleinmaßgeblichkeit des Börsenkurses.[1988] Hierfür führt er beispielhaft die Gesichtspunkte der Liquidität, der Informationsversorgung des Marktes sowie dessen Verfassung und etwaige Ineffizienzen an.[1989] Besagte Kriterien seien weiter auszuarbeiten, wobei sie über die bisherigen Mindeststandards, wie etwa den § 5 Abs. 4 WpÜG-AngebVO, hinausgehen sollten.[1990]

Mit der US-Rechtsprechung vergleichbare Erwägungen finden sich bei Ruthardt und Popp. Sie gehen davon aus, dass ein hoch liquider Handel, ein breiter Streu-

---

[1981] *Happ/Bednarz*, FS Stilz (2014), S. 219, 234.

[1982] *Happ/Bednarz*, FS Stilz (2014), S. 219, 234.

[1983] Fleischer/Hüttemann/*Adolff/Häller*, RhB Unternehmensbewertung, § 18 Rn. 18.73, 18.75–18.76. Strenger aber noch *Adolff*, Unternehmensbewertung im Recht der börsennotierten Aktiengesellschaft, S. 377–378, wo eine Ermittlung des Fundamentalwerts allein durch den Börsenkurs gänzlich abgelehnt wird.

[1984] Fleischer/Hüttemann/*Adolff/Häller*, RhB Unternehmensbewertung, § 18 Rn. 18.75–18.76.

[1985] Fleischer/Hüttemann/*Adolff/Häller*, RhB Unternehmensbewertung, § 18 Rn. 18.76.

[1986] Fleischer/Hüttemann/*Adolff/Häller*, RhB Unternehmensbewertung, § 18 Rn. 18.76.

[1987] Vgl. *Meyer*, Abfindung und Unternehmensbewertung, S. 190–191.

[1988] *Ruiz de Vargas*, NZG 2021, 1056, 1062.

[1989] *Ruiz de Vargas*, NZG 2021, 1056, 1062.

[1990] *Ruiz de Vargas*, NZG 2021, 1056, 1062.

besitz bzw. das Fehlen eines kontrollierenden Aktionärs, umfassende Publizitätspflichten und eine breite Analystenabdeckung die Möglichkeit einer mittelstrengen Informationseffizienz erhöhen.[1991] Allerdings lehnen sie eine Alleinmaßgeblichkeit des Börsenkurses bei der Abfindungsbemessung ab.[1992]

Schließlich ist der jüngst von Decher aufgeworfene Vorschlag zur Bestimmung der Maßgeblichkeit des Börsenkurses von Interesse. Er geht von einem aussagekräftigen Börsenkurs aus, wenn dieser eine hinreichende Liquidität und eine effektive Informationsverarbeitung verzeichnet, welche bereits bei ausbleibenden Manipulationen oder kapitalmarktrechtlichen Informationspflichtverstößen anzunehmen sei, und hierauf eine ökonomische Analyse anhand von Vergleichswerten hindeutet.[1993] Allerdings lehnt auch er einen alleinmaßgeblichen Börsenkurs ab und verlangt eine Plausibilisierung durch andere Werte oder eine gleichgewichtige Gesamtbeurteilung mit diesen.[1994]

IV. Stellungnahme und eigener Ansatz

Sofern mittels positiver Voraussetzungen die Effizienz festgestellt werden soll, stellt sich zunächst die Frage, ob auf Basis fester Vorgaben und Werte oder anhand des konkreten Einzelfalls vorzugehen ist. Festgelegte, generell für jeden Fall anwendbare Effizienzanforderungen können nicht ermittelt werden.[1995] Weder existiert eine allgemein anerkannte Anzahl noch eine Kombination von Faktoren, bei deren Vorliegen zwingend eine Markteffizienz anzunehmen ist.[1996] Auch sind keine belegbaren Schwellenwerte für die einzelnen Faktoren ersichtlich.[1997] Darüber hinaus ist zu beachten, dass es nicht um die Effizienz als Eigenschaft eines Marktes an sich, sondern einer konkreten Aktie innerhalb einer bestimmten Periode geht.[1998] Selbst für eine Aktie innerhalb einer Zeitspanne kann noch eine unterschiedlich

[1991] *Ruthardt/Popp*, AG 2022, 347, 350 Rn. 31.

[1992] *Ruthardt/Popp*, AG 2022, 347, 351 Rn. 39; so bereits *Ruthardt/Popp*, AG 2020, 240, 246 Rn. 37, 247 Rn. 47, 248 Rn. 57 unter ausdrücklicher Nennung der einschlägigen US-Rechtsprechung.

[1993] *Decher*, AG 2023, 106, 111–115 Rn. 46–75. Der Vergleich des Börsenkurses mit anderen Werten wird als weiterer Ansatz zu dessen Bereinigung unter (§ 6 E.) erörtert.

[1994] *Decher*, AG 2023, 106, 115–116 Rn. 76–80, 117 Rn. 91. Zu diesem Vorgehen siehe: § 6 E.

[1995] Vgl. *Fisher*, Emory Law Journal, 2005, Vol. 54, 843, 863; so wohl auch Fleischer/Hüttemann/*Adolff/Häller*, RhB Unternehmensbewertung, § 18 Rn. 18.76 und *Happ/Bednarz*, FS Stilz (2014), S. 219, 234.

[1996] *Fisher*, Emory Law Journal 2005, Vol. 54, 843, 863.

[1997] *Barber/Griffin/Lev*, Journal of Corporation Law, 1994, Vol. 19, Iss. 2, 285, 290; *Fisher*, Emory Law Journal 2005, Vol. 54, 843, 863–864.

[1998] *Barber/Griffin/Lev*, Journal of Corporation Law, 1994, Vol. 19, Iss. 2, 285, 290.

hohe Effizienz hinsichtlich verschiedener Informationen gelten.[1999] Beispielsweise könnte eine effiziente Preisbildung bei regelmäßig auftretenden Informationen stattfinden, zugleich aber auch eine Ineffizienz bei seltenen, schwer interpretierbaren Informationen bestehen.[2000] Die Allokations- und Informationseffizienz lässt sich nicht einheitlich für alle Märkte und sämtliche Zeiträume bestimmen.[2001] Mithin kann eine mögliche Feststellung der Effizienz nur über ein einzelfallorientiertes Vorgehen erfolgen. Feste Anforderungen und Werte hingegen dürften dem Einzelfall oftmals nicht gerecht werden. Allerdings birgt dieser notwendigerweise einzelfallbezogene Ansatz auch Nachteile. So ist bei den US-Gerichten im Nachgang zu *Cammer v. Bloom* ein inkonsistentes Vorgehen zu beobachten.[2002] Hierin offenbart sich ein Element der Rechtsunsicherheit.[2003] Wenn zwar weniger Fehler als bei starren Effizienzvorgaben auftreten sollten, kann es auch bei der Einzelfallorientierung zu einer fälschlichen Annahme einer Effizienz bzw. Ineffizienz kommen. Überdies geht eine individuelle Orientierung am Einzelfall mit einem erhöhten Aufwand einher. Letzterer Kritikpunkt schwächt das verfahrensökonomische Argument einer alleinigen Börsenkursorientierung entschieden ab.

Will man trotz der damit einhergehenden Unsicherheit und des höheren Aufwands eine Effizienz hinsichtlich der konkreten Aktie innerhalb der Referenzperiode anhand einzelfallorientierter positiver Voraussetzungen nachweisen, bleibt fraglich, ob hierfür auf stichhaltige Faktoren zurückgegriffen werden kann. Dabei stellt sich die Frage, inwiefern die von der Rechtsprechung und Literatur angeführten Vorgaben brauchbare Effizienznachweise darstellen.

Seitens der US-amerikanischen Literatur werden die *Cammer-Factors* allenfalls bedingt befürwortet. In ihrer 1994 veröffentlichten Studie konnten Barber, Griffin und Lev nur das durchschnittliche Handelsvolumen und die Anzahl an Analysten, welche die Aktie beobachten, als Faktoren zur Unterscheidung zwischen effizienten und ineffizienten Kursen belegen.[2004] Eine im selben Jahr veröffentlichte Studie von Bernard, Botosan und Phillips hingegen weist das absolute Handelsvolumen

[1999] *Barber/Griffin/Lev*, Journal of Corporation Law, 1994, Vol. 19, Iss. 2, 285, 290.

[2000] *Barber/Griffin/Lev*, Journal of Corporation Law, 1994, Vol. 19, Iss. 2, 285, 290–291.

[2001] Fleischer/Hüttemann/*Adolff/Häller*, RhB Unternehmensbewertung, § 18 Rn. 18.76.

[2002] *Rapp*, University of Miami Business Law Review, 2002, Vol. 10, Iss. 2, 303, 304–305, 316–317, 326, 328 App. A mit weitergehenden Ausführungen; vgl. *Reifschneider*, Informationeller Anlegerschutz, S. 164.

[2003] Vgl. *Reifschneider*, Informationeller Anlegerschutz, S. 164.

[2004] *Barber/Griffin/Lev*, Journal of Corporation Law, 1994, Vol. 19, Iss. 2, 285, 285–286, 290, 310; *Fisher*, Emory Law Journal, 2005, Vol. 54, 843, 864–865; *Rapp*, University of Miami Business Law Review, 2002, Vol. 10, Iss. 2, 303, 321; *Reifschneider*, Informationeller Anlegerschutz, S. 165. Für ihre Untersuchung nutzten Barber/Griffin/Lev die Kursreaktion auf neue Informationen als Variable, sodass sie diesen Aspekt als Effizienzfaktor nicht überprüften, *Rapp*, University of Miami Business Law Review, 2002, Vol. 10, Iss. 2, 303, 321–322.

in Dollar und das prozentuale Handelsvolumen als entscheidende Indikatoren einer Markteffizienz aus.[2005]

Bezüglich dieser Studien ist jedoch anzumerken, dass sie sich lediglich auf die Informationseffizienz, nicht aber die Allokationseffizienz beziehen.[2006] So gestehen Bernard, Botosan und Phillips selbst ein, dass mittels der untersuchten Faktoren Börsenkurse nur auf die Anomalie der verspäteten Kursreaktion auf Gewinnankündigungen, nicht aber andere Anomalien wie etwa Überreaktionen überprüft werden.[2007] Auch stellen Barber, Griffin und Lev explizit auf eine Effizienzdefinition ab, die lediglich die Kursreaktion auf wichtige unerwartete Informationen beinhaltet.[2008] Allerdings bedarf es gerade eines allokationseffizienten Marktes, wenn der Börsenkurs den quotalen Unternehmenswert widerspiegeln soll. Mithin wurde in den Studien ein nach Maßgabe dieser Arbeit unzureichender Effizienzgrad angelegt. Auch ist anzumerken, dass weder die genannten Studien noch andere Testmethoden zur Differenzierung effizienter und ineffizienter Märkte in der Finanzwissenschaft allgemein anerkannt sind.[2009] Vielmehr beruht die akademische Debatte zur Markteffizienz gerade darauf, dass es nicht möglich ist, genau festzustellen, ob die beobachteten Preise effizient sind oder nicht.[2010]

Andernorts wird der Einsatz der bei *Cammer v. Bloom* und späteren Entscheidungen aufgeführten Faktoren gänzlich abgelehnt.[2011] Dabei sehen sich die einzelnen *Cammer-Factors* berechtigter Kritik ausgeliefert.

Das Handelsvolumen deutet nicht notwendigerweise auf einen effizienten Markt hin.[2012] Vielmehr kann ein hohes Handelsvolumen auch auf Unstimmigkeiten hinsichtlich der Einschätzung einer Information durch verschiedene Marktteilnehmer

---

[2005] *Bernard/Botosan/Phillips*, Nebraska Law Review, 1994, Vol. 73, Iss. 4, 781, 796, 805; *Fisher*, Emory Law Journal, 2005, Vol. 54, 843, 865. Auch Bernard/Botosan/Phillips zählen die Kursreaktion auf neue Informationen nicht zu den von ihnen überprüften Faktoren, da es sich hierbei um eine direkte Messmethode der Markteffizienz, nicht aber um einen Faktor zur Bestimmung des Effizienzgrades handelt, *Bernard/Botosan/Phillips*, Nebraska Law Review, 1994, Vol. 73, Iss. 4, 781, 794 Fn. 72.

[2006] Vgl. *Fisher*, Emory Law Journal, 2005, Vol. 54, 843, 868, welcher nicht die Begriffe der Informations- und Allokationseffizienz verwendet, jedoch anführt, dass die Faktoren nicht darauf untersucht wurden, ob sie einen Preis begünstigen, der dem Ergebnis einer fundamentalen Analyse nahekommt.

[2007] *Bernard/Botosan/Phillips*, Nebraska Law Review, 1994, Vol. 73, Iss. 4, 781, 797–798.

[2008] Siehe *Barber/Griffin/Lev*, Journal of Corporation Law, 1994, Vol. 19, Iss. 2, 285, 290, die von einer *„operational definition of stock efficiency"* sprechen.

[2009] *Brav/Heaton*, Journal of Corporation Law, 2003, Vol. 28, Iss. 4, 517, 535–536.

[2010] *Brav/Heaton*, Journal of Corporation Law, 2003, Vol. 28, Iss. 4, 517, 536.

[2011] *Bajaj/Mazumdar/McLaughlin*, Research in Law and Economics, 2014, Vol. 26, 161, 192–193; *Brav/Heaton*, Journal of Corporation Law, 2003, Vol. 28, Iss. 4, 517, 536; *Heaton*, William & Mary Business Law Review, 2020, Vol. 11, Iss. 2, 417, 417, 426, 476–477; *Langevoort*, Arizona Law Review, 2015, Vol. 57, Iss. 1, 37, 53; kritisch auch *Langevoort*, Wisconsin Law Review, 2009, No. 2, 151, 167–168.

[2012] *Heaton*, William & Mary Business Law Review, 2020, Vol. 11, Iss. 2, 417, 459.

oder ihres persönlichen Liquiditätsbedarfs beruhen.[2013] Überdies gehen auch Panik- und Herdenkäufe, welche durch psychologisch bedingte exogene Faktoren bestimmt sind und gegen eine Kapitalmarkteffizienz sprechen, mit einem erhöhten Handelsvolumen einher.

Auch der Umstand, dass Analysten der Aktie folgen, muss nicht zwingend mit effizienten Preisen einhergehen.[2014] Ihre Handelsempfehlungen können sogar eine kursverzerrende Wirkung haben.[2015] Wie Studien zur *Behavioral Finance* gezeigt haben, sind auch professionelle Marktteilnehmer nicht vor einer psychologisch bedingten Fehleinschätzung gefeit.[2016] Vor allem diejenigen Analysten, die der Aktie während einer Spekulationsblase folgen, können den *Biases* anheimfallen.[2017] Darüber hinaus greift dieser Faktor eher bei großen Unternehmen mit hoher Marktkapitalisierung.[2018] Kleinere Gesellschaften, die möglicherweise ebenso unter dem Umstand der Markteffizienz gehandelt werden könnten, würden hierbei missachtet.[2019]

Ebenso impliziert die Existenz von *Market Makern* und Arbitrageuren nicht zwangsläufig, dass eine Markteffizienz mit zügig reagieren Preisen vorliegt.[2020] Lediglich dann, wenn ein gut informierter *Market Maker* seiner Aufgabe korrekt nachgeht, vermag er für eine effiziente Preisbildung zu sorgen.[2021] Den Arbitrageuren als Effizienzfaktor stehen vor allem die bereits erörterten Grenzen der Arbitrage entgegen.[2022] Weiterhin sei erwähnt, dass auch hier eher Unternehmen mit hoher Marktkapitalisierung im Fokus stehen und kleinere Gesellschaften trotz einer möglichen Effizienz übergangen werden.[2023]

Angesichts der Tatsache, dass der Faktor des *S-3 Registration Statement* durch die SEC auf der Annahme beruht, dass in solchen Fällen eine Markteffizienz aufgrund der Vielzahl an der Aktie folgenden Analysten bestünde, ist er aus denselben Gründen wie der zweite *Cammer-Factor* abzulehnen.[2024] Ohnehin greift dieser Aspekt nicht im deutschen Recht.

[2013] *Heaton*, William & Mary Business Law Review, 2020, Vol. 11, Iss. 2, 417, 459.

[2014] *Heaton*, William & Mary Business Law Review, 2020, Vol. 11, Iss. 2, 417, 460.

[2015] Vgl. *Heaton*, William & Mary Business Law Review, 2020, Vol. 11, Iss. 2, 417, 460–461.

[2016] Siehe hierzu: § 2 C.I.

[2017] *Fisher*, Emory Law Journal 2005, Vol. 54, 843, 934–966, 972.

[2018] *Heaton*, William & Mary Business Law Review, 2020, Vol. 11, Iss. 2, 417, 461.

[2019] Vgl. *Heaton*, William & Mary Business Law Review, 2020, Vol. 11, Iss. 2, 417, 461.

[2020] *Heaton*, William & Mary Business Law Review, 2020, Vol. 11, Iss. 2, 417, 462.

[2021] *Heaton*, William & Mary Business Law Review, 2020, Vol. 11, Iss. 2, 417, 462.

[2022] *Heaton*, William & Mary Business Law Review, 2020, Vol. 11, Iss. 2, 417, 463. Ausführlich zur limitierten Arbitrage siehe: § 2 C.II.

[2023] Vgl. *Heaton*, William & Mary Business Law Review, 2020, Vol. 11, Iss. 2, 417, 463.

[2024] Vgl. *Heaton*, William & Mary Business Law Review, 2020, Vol. 11, Iss. 2, 417, 464.

Da es sich beim fünften *Cammer-Factor* – der raschen Kursanpassung an neue Informationen – um eine Standardgröße zur Messung der Informationseffizienz handelt, könnte allein dieses Kriterium genügen.[2025] Allerdings sieht sich auch dieser Faktor berechtigter Kritik ausgesetzt. Zum einen bedarf es nicht notwendigerweise Kursreaktionen auf unerwartete unternehmensbezogene Ereignisse oder Nachrichten, um von einer Markteffizienz auszugehen.[2026] Schließlich könnten die Marktteilnehmer bei einer ausbleibenden Reaktion eine Information bereits selbst vor ihrer Offenlegung herausgefunden und eingepreist haben.[2027] Gerade bei einem streng informationseffizienten Markt wären sämtliche Insiderinformationen eingepreist, wobei eine Analyse historischer Kursreaktionen diese Effizienz nicht aufdecken dürfte.[2028] Auch wäre es verfehlt, lediglich bei statistisch signifikanten Kursreaktionen auf eine Effizienz zu schließen.[2029] So besagt nichts, dass ein Ereignis ein bestimmtes Ausmaß haben muss, um im Sinne der Kapitalmarkteffizienz in den Börsenkurs eingepreist zu sein, zumal die Information bereits im Vorfeld in die Preisbildung geflossen sein könnte.[2030] Zwar mag eine Kursreaktion von statistischer Signifikanz auf eine unternehmensbezogene Information darauf hindeuten, dass besagte Information vom Kurs widergespiegelt wird.[2031] Das Ausbleiben einer derart signifikanten Reaktion bedeutet aber nicht, dass es sich um einen ineffizienten Markt handelt.[2032] Es kann auch darauf beruhen, dass der korrekt eingeschätzte Einfluss der Information auf den Wert innerhalb weniger Standardabweichungen vom Mittelwert liegt.[2033] Darüber hinaus sollte von einer starken Kursreaktion nicht zwingend auf eine Effizienz geschlossen werden.[2034] Eine derartige Reaktion deutet nicht notwendigerweise auf einen korrekten Preis hin, wobei gerade Überreaktionen zu signifikanten Kursbewegungen führen dürften.[2035] Letztlich bietet das Merkmal der raschen Kursreaktion auf neue Informationen allenfalls einen Indikator für eine mittelstrenge Informationseffizienz, wobei selbst diese als nicht gesichert angesehen werden kann.

[2025] *Klöhn*, AG 2014, 807, 809; *Langevoort*, Wisconsin Law Review, 2009, No. 2, 151, 167.

[2026] Vgl. *Heaton*, William & Mary Business Law Review, 2020, Vol. 11, Iss. 2, 417, 465; vgl. *Rapp*, University of Miami Business Law Review, 2002, Vol. 10, Iss. 2, 303, 319.

[2027] Vgl. *Heaton*, William & Mary Business Law Review, 2020, Vol. 11, Iss. 2, 417, 465; vgl. *Langevoort*, Arizona Law Review, 2015, Vol. 57, Iss. 1, 37, 54; vgl. *Rapp*, University of Miami Business Law Review, 2002, Vol. 10, Iss. 2, 303, 319.

[2028] *Rapp*, University of Miami Business Law Review, 2002, Vol. 10, Iss. 2, 303, 319.

[2029] *Heaton*, William & Mary Business Law Review, 2020, Vol. 11, Iss. 2, 417, 465–466.

[2030] *Heaton*, William & Mary Business Law Review, 2020, Vol. 11, Iss. 2, 417, 466.

[2031] *Heaton*, William & Mary Business Law Review, 2020, Vol. 11, Iss. 2, 417, 466.

[2032] *Heaton*, William & Mary Business Law Review, 2020, Vol. 11, Iss. 2, 417, 466.

[2033] Vgl. *Heaton*, William & Mary Business Law Review, 2020, Vol. 11, Iss. 2, 417, 466.

[2034] *Heaton*, William & Mary Business Law Review, 2020, Vol. 11, Iss. 2, 417, 468.

[2035] *Heaton*, William & Mary Business Law Review, 2020, Vol. 11, Iss. 2, 417, 468–469.

Auch die Aussagekraft der weiteren Gesichtspunkte, um welche die *Cammer-Factors* erweitert wurden, kann bezweifelt werden.[2036] Besagte Faktoren sehen sich ebenso einer berechtigten Kritik ausgesetzt.

Wenn Unternehmen mit höherer Marktkapitalisierung auch effizienter am Markt bewertet sein können, so muss die Preisbildung bei kleineren Unternehmen nicht zwingend ineffizient sein.[2037] Umgekehrt beseitigt eine hohe Marktkapitalisierung eines Unternehmens nicht die psychologische Komponente der Investitionsentscheidung seiner Anleger, womit es auch hier zu den von der Forschung zur *Behavioral Finance* aufgezeigten Verzerrungen kommen kann. Eine Kapitalmarkteffizienz wird durch die höhere Marktkapitalisierung nicht garantiert.

Weiterhin bemisst der *Bid-Ask-Spread* die Liquidität, nicht aber die Effizienz.[2038] Als Kriterium zum Nachweis einer Kapitalmarkteffizienz kann er folglich nicht gereichen.

Ebenso deutet ein hoher Insideranteil an Aktionären nicht notwendigerweise auf eine ineffiziente Preisbildung hin.[2039] Zwar hat ein jedes Unternehmen Insider, die möglicherweise über Informationen verfügen, die noch nicht in den Börsenkurs eingeflossen sind.[2040] Allerdings ist nicht ersichtlich, warum bei einem Unternehmen mit höherem Insideranteil mehr solcher Informationen vorliegen sollten.[2041]

Zusammengefasst ermöglichen die im Rahmen der *Fraud-on-the-market-theory* seitens der US-Gerichte angeführten Faktoren keine sichere Abgrenzung zwischen effizienten und ineffizienten Märkten. Sofern Faktoren einschlägig sind, kann es dennoch an einer Kapitalmarkteffizienz mangeln. Umgekehrt könnte tatsächlich eine Effizienz bestehen, obwohl die Faktoren auf deren Fehlen hindeuten.

Zudem baut die *Fraud-on-the-market-theory* auf der Effizienzmarkthypothese auf, welche vielfach von der Wissenschaft in Frage gestellt wird.[2042] Wie die bereits erfolgten Ausführungen zur *Behavioral Finance* gezeigt haben, handelt es sich bei einer Markteffizienz aber eher um einen Idealfall, welcher allenfalls im Ausnahmefall in der Realität vorzufinden ist. Mithin ist schon die Grundannahme der aufgeführten Faktoren in Zweifel zu ziehen. Darüber hinaus setzt die US-amerikanische Rechtsprechung regelmäßig die halbstrenge Form der Effizienzmarkthypo-

---

[2036] *Heaton*, William & Mary Business Law Review, 2020, Vol. 11, Iss. 2, 417, 469; vgl. *Barber/Griffin/Lev*, Journal of Corporation Law, 1994, Vol. 19, Iss. 2, 285, 290, 310; vgl. *Rapp*, University of Miami Business Law Review, 2002, Vol. 10, Iss. 2, 303, 322.

[2037] *Heaton*, William & Mary Business Law Review, 2020, Vol. 11, Iss. 2, 417, 470.

[2038] *Heaton*, William & Mary Business Law Review, 2020, Vol. 11, Iss. 2, 417, 470–471.

[2039] Vgl. *Heaton*, William & Mary Business Law Review, 2020, Vol. 11, Iss. 2, 417, 471.

[2040] *Heaton*, William & Mary Business Law Review, 2020, Vol. 11, Iss. 2, 417, 472.

[2041] *Heaton*, William & Mary Business Law Review, 2020, Vol. 11, Iss. 2, 417, 472.

[2042] *Bajaj/Mazumdar/McLaughlin*, Research in Law and Economics, 2014, Vol. 26, 161, 171, 193; *Ferrillo/Dunbar/Tabak*, St. John's Law Review, 2004, Vol. 78, No. 1, 81, 83, 117–118, 126; *Rapp*, University of Miami Business Law Review, 2002, Vol. 10, Iss. 2, 303, 323–324.

these voraus.[2043] Auch wird bei *Cammer v. Bloom* und den darauffolgenden Entscheidungen lediglich die Effizienz in Hinblick auf eine Kursreaktion auf neue Informationen, nicht aber auf eine Abbildung des fundamentalen Unternehmenswerts durch den Börsenkurs berücksichtigt.[2044] Mithin wird wie bei den Studien, die zumindest einzelne Faktoren als Effizienzindizien erachten, nur der Informationseffizienz und nicht der Allokationseffizienz Beachtung geschenkt. Dies widerspricht der laut dieser Arbeit für einen alleinmaßgeblichen Börsenkurs vorausgesetzten strengen Informationseffizienz und umfassenden Allokationseffizienz.[2045] Mangelt es bereits an einer strengen Form der Markteffizienz, wovon im Regelfall auszugehen ist, unterliegt der Börsenkurs temporären Fehlbewertungen, womit er i.d.R. vom inneren Wert des Unternehmens abweicht.[2046] Selbst wenn sämtliche Informationen nach Maßgabe der strengen Informationseffizienz eingepreist wären, kann aufgrund der psychologischen Komponente der Marktteilnehmer eine verzerrte Preisbildung mit unzureichender Allokationseffizienz stattfinden. Daher werden unzureichende Anforderungen an den Börsenkurs gestellt. Ohnehin kann lediglich aus dem Faktor der Kursreaktion auf neue Informationen ein Indiz für eine mittelstrenge Informationseffizienz abgeleitet werden. Nebst dem zu niedrigen Anforderungsgrad ist an diesem Kriterium aber auch die unsichere Differenzierung zwischen effizienten und ineffizienten Märkten zu bemängeln.

Auch der vom *Supreme Court of Delaware* gewählte Ansatz eignet sich nicht für die hier untersuchten Strukturmaßnahmen. Wie bereits erörtert, impliziert ein hoch aktiver Handel nicht notwendigerweise eine Markteffizienz. Auch bezieht sich das Kriterium der öffentlich zugänglichen Informationen mitsamt ihrer schnellen Verbreitung lediglich auf die Informationseffizienz, wobei die Allokationseffizienz unberücksichtigt bleibt. Die weiteren Faktoren der breiten Aktionärsbasis und des Fehlens eines kontrollierenden Aktionärs basieren auf dem Misstrauen hinsichtlich funktionierender Marktmechanismen zum Ausgleich subjektiver Einschätzungen im Preis bei sog. *Conflict Transactions*, d.h. unfreiwilligen Transaktionen mit Interessenkonflikten.[2047] Da bei den Strukturmaßnahmen wie etwa dem Beherrschungs- und Gewinnabführungsvertrag, dem Squeeze-out oder der Konzernver-

---

[2043] *Fisher*, Emory Law Journal, 2005, Vol. 54, 843, 850, 867.

[2044] *Fisher*, Emory Law Journal, 2005, Vol. 54, 843, 867–868; auch *Heaton*, William & Mary Business Law Review, 2020, Vol. 11, Iss. 2, 417, 450–451 Fn. 128, der sich auf die *Cammer-Factors* und deren Erweiterung bezieht, beschränkt sich ausdrücklich nur auf die Informationseffizienz.

[2045] Zum erforderlichen Effizienzgrad siehe: § 2 E.II. So auch *FAUB*, AG 2021, 588, 590 Rn. 10; *FAUB*, WPg 2021, 958, 959; *Ruthardt/Popp*, AG 2020, 240, 244 Rn. 26; vgl. *Adolff*, Unternehmensbewertung im Recht der börsennotierten Aktiengesellschaft, S. 347–348; vgl. *Drukarczyk*, FS Scherrer (2004), S. 625, 641; anders hingegen Fleischer/Hüttemann/*Adolff/Häller*, RhB Unternehmensbewertung, § 18 Rn. 18.76, die eine einzelfallbezogene Prüfung der Informations- und Allokationseffizienz für eine alleinige Börsenkursorientierung verlangen und hierbei eine partielle Effizienz ausreichen lassen wollen.

[2046] *FAUB*, WPg 2021, 958, 960; *Ruthardt/Popp*, AG 2020, 240, 245 Rn. 35–36.

[2047] *Ruthardt/Popp*, AG 2020, 240, 246–247 Rn. 45–46.

schmelzung ein Interessenkonflikt zwischen Mehrheits- und Minderheitsaktionären besteht, handelt es sich gerade um *Conflict Transactions*, bei denen auch nach diesem Grundgedanken nicht allein auf den Börsenkurs und etwaige Marktmechanismen zurückgegriffen werden kann.[2048] Demgemäß wäre eine Kapitalmarkteffizienz in den Abfindungsfällen regelmäßig abzulehnen.

Ebenso vermögen die seitens der deutschen Rechtsprechung und Literatur genannten Effizienzkriterien nicht zu überzeugen.

Die Notierung in einem bedeutenden Index bedeutet nicht zwangsweise, dass stets eine Markteffizienz herrscht. Schließlich sind die Marktteilnehmer auch beim Handel mit Aktien, die an einem bedeutsamen Index gelistet sind, nicht vor psychologisch bedingten Verzerrungen gefeit. Auch hier kann es zu Fehlbepreisungen kommen. Beispielsweise verzeichneten *DAX*, *EuroStoxx50* und *Dow Jones* im Zuge der Coronakrise Anfang März 2020 deutliche Kurseinbrüche, die eine Panik der Marktteilnehmer nahelegen.[2049] Ein weiteres prominentes Beispiel ist die *Causa Wirecard*, bei welcher ein *DAX*-Unternehmen einer Fehlbewertung am Markt unterlag.[2050] Gerade bei der Aufnahme und Entfernung einer Aktie aus einem prominenten Index sind oftmals erhebliche positive bzw. negative Überrenditen zu verzeichnen. Da sich die Zusammensetzung eines Index an Handels- und nicht an Fundamentaldaten orientiert, widerspricht dieser *Index-Effekt* der Effizienzmarkthypothese.[2051] Umgekehrt könnte auch außerhalb bedeutender Aktienindizes eine Markteffizienz herrschen. Mithin deutet die fehlende Notierung nicht notwendigerweise auf eine Ineffizienz hin.

Ferner geht eine höhere Liquidität nicht unbedingt mit einer erhöhten Effizienz des Marktes einher, da sie auch auf dem Handel der *Noise Trader* beruhen kann.[2052] Zwar deuten eine niedrige Liquidität und der Extremfall des gänzlich fehlenden Handels über einen längeren Zeitraum eher auf einen ineffizienten Markt hin. Da Liquidität und Effizienz aber nicht zwingend korrelieren müssen, sollte eine unzureichende Liquidität lediglich als Ausnahmefall eines mit Blick auf die Liquidität grundsätzlich bewertungsrelevanten Börsenkurses fungieren. Nur bei einer Illiquidität oder einem fehlenden Handel nach dem bereits erörterten Modell kann von einer derart mangelhaften Liquidität ausgegangen werden, die auch eine Ineffizienz

---

[2048] *Ruthardt/Popp*, AG 2020, 240, 247 Rn. 47.

[2049] *Daube*, Ein weiterer schwarzer Montag, ZBW, 2020, S. 8–11; siehe zur COVID-19-Pandemie im Kontext der *Behavioral Finance:* § 2 C.III.1.c)aa).

[2050] Vgl. *Mock*, ECFR 2021, 519, 548, der hierbei Manipulationen und Implikationen für die Markteffizienz aufwirft; vgl. *Möllers*, The International Lawyer, 2021, Vol. 54, No. 3, 325, 325, 333–334, 358–359 zur Auswirkung von *Behavioral-Finance*-Aspekten beim *Wirecard*-Fall.

[2051] *Adolff*, Unternehmensbewertung im Recht der börsennotierten Aktiengesellschaft, S. 126–128. Zum Index-Effekt als Gegenargument zur ECMH siehe bereits: § 2 B.V.2.d).

[2052] *Reifschneider*, Informationeller Anlegerschutz, S. 24, die hierbei auf die deutsche und US-amerikanische Rechtsprechungspraxis verweist; siehe eingehend zu dieser Problematik: § 6 A.III.1.c).

des Marktes impliziert.[2053] Mithin eignen sich Liquiditätsgesichtspunkte eher als Negativkriterium und weniger als positive Effizienzanforderung.[2054]

Auch das bloße Ausbleiben von Informationspflichtverletzungen, Manipulationen und schwer erklärbaren kurzfristigen Kursausschlägen indiziert noch keine Effizienz des Marktes. Zwar legen diese Umstände eine Kursverzerrung nahe. Sind sie nicht einschlägig, kann aber dennoch ein ineffizienter Markt mit unerkannten Fehlbepreisungen vorliegen.[2055] Überdies sind der von Teilen der Literatur befürworteten Aussagefähigkeit des Börsenkurses als Regelfall die bereits erörterte Unzulänglichkeit von Ausnahmefällen zur Bereinigung des Börsenkurses[2056] und die fundierten Zweifel an einer grundsätzlich bestehenden Markteffizienz[2057] entgegenzuhalten. Allein die Einhaltung von Informationspflichten, die bloße Liquidität der Aktien, ein Fehlen nachweisbarer Kursmanipulationen sowie kurzfristiger schwer erklärlicher Kursausschläge und ein hoher Organisationsgrad des Marktes gereichen noch nicht dazu, einen aussagekräftigen Börsenkurs mit einer effizienten Preisbildung zu anzunehmen. Insbesondere verschaffen die Publizitätspflichten und Veröffentlichungen von Analysten den Marktteilnehmern keine Informationsgrundlage, anhand derer der Wert des Unternehmens vollumfänglich eingeschätzt werden kann. Schließlich fließen hierdurch keine unternehmensinternen Informationen ein.[2058] Eine strenge Informationseffizienz und eine Annäherung an den Wissensstand des sachverständigen Gutachters bei einer fundamentalen Unternehmensbewertung ist damit nicht gesichert.

Ebenso vermag es eine weitergehende Analyse von Kursverläufen und -reaktionen mittels Studien zur Effizienzmarkthypothese nicht, zu einem überzeugenden Ergebnis für eine alleinige Börsenkursorientierung zu führen.

Schließlich mangelt es an einer wissenschaftlich belegten Methode zum Nachweis der Markteffizienz.[2059] Wie sich gezeigt hat, ist die Aussagekraft der Studien

---

[2053] Zu diesen Nichtberücksichtigungsfällen siehe: § 6 A.III.1. Zur strengeren Behandlung von Freiverkehrs- und anderen MTF-Kursen siehe: § 6 B.III.3.b).

[2054] Dies gilt ebenso für den *Bid-ask-spread*, den tatsächlichen Handel an nur wenigen Börsentagen und das Handelsvolumen als liquiditätsbezogene Faktoren.

[2055] Eingehend hierzu die Erörterungen zu den Nichtberücksichtigungsfällen der Informationspflichtverstöße (§ 6 A.III.3.), der Manipulationen (§ 6 A.III.2.) sowie der Kurs- und Marktverzerrungen (§ 6 A.III.6.) mitsamt den entsprechenden Kritikpunkten.

[2056] Siehe hierzu: § 6 A.IV.

[2057] Siehe hierzu: § 2 B.V.2., VI:, C., D., E.III., F.

[2058] Vgl. OLG München, Beschl. v. 14.12.2021 – 31 Wx 190/20 = NZG 2022, 606, 614 Rn. 86 (nrkr.), welches diesen Umstand den Analystenschätzungen eingesteht, aber dennoch von einer ausreichenden Informationsgrundlage ausgeht.

[2059] *Brav/Heaton*, Journal of Corporation Law, 2003, Vol. 28, Iss. 4, 517, 520, 535–537, die von der Problematik der „*Market Indeterminacy*“ sprechen und die Unmöglichkeit einer sicheren Abgrenzung effizienter von ineffizienten Märkten der *Fraud-on-the-market-theory* und der Aussagekraft von *Event Studies* entgegenhalten; *Langevoort*, Arizona Law Review, 2015, Vol. 57, Iss. 1, 37, 53 in Bezug auf die *Cammer-Factors*; *Reifschneider*, Informatiozur Kapitalmarkteffizienz in ihren verschiedenen Ausprägungen zu bezweifeln. Darüber hinaus wird in der ökonomischen Forschung mangels statistischer Aussagekraft nicht die Effizienz einer einzelnen Aktie, sondern eines Portfolios aus mehreren Aktien verschiedener Unternehmen überprüft.[2060] Vor diesem Hintergrund erscheint es fragwürdig, ob man im Wege einer einzelfallbezogenen Effizienzstudie zu einem aussagefähigen Ergebnis kommt. Umgekehrt ist es oftmals nicht und allenfalls erst Jahre später möglich, eine Kapitalmarktanomalie oder Blasenbildung und damit eine konkrete Ineffizienz nachzuweisen.[2061] Da aus dem Börsenkurs nur das Ergebnis des Preisbildungsprozesses abgelesen werden kann, können auch etwaige wertirrelevante Einflüsse nicht genau bestimmt werden.[2062] Von daher ist eine sichere Abgrenzung zwischen effizienten und ineffizienten Märkten nicht garantiert. Letztlich kann bezweifelt werden, dass die Analyse von Kursverläufen und -reaktionen eine fundamentalen Unternehmensbewertung ersetzen kann.[2063] Zudem ist eine tiefergehende Analyse der Markteffizienz mit einem nicht zu vernachlässigenden Aufwand verbunden. Dieser Kritikpunkt konterkariert das verfahrensökonomische Argument der alleinigen Börsenkursorientierung.

Die vielfach angeführten *Event Studies* untersuchen lediglich die Reaktion auf neue Informationen und damit die Informationseffizienz, nicht aber die Frage, ob der Preis den fundamentalen Wert des Unternehmens widerspiegelt, d. h. die Allokationseffizienz.[2064] Allerdings bedarf es gerade letzterer, um eine Alleinmaßgeblichkeit des Börsenkurses zu begründen. Vor allem bei Spekulationsblasen reicht eine reine Informationseffizienz nicht aus.[2065] Zudem dienen Ereignisstudien dem Nachweis einer mittelstrengen Informationseffizienz, obwohl es nach der hier vertretenen Auffassung der strengen Form bedarf. Überdies ist zu beachten, dass die *Event Studies* in der ökonomischen Forschung gerade nicht die effiziente Preisbildung einer einzelnen Aktie überprüfen, sondern eine Mehrzahl an Aktien ver-

---

neller Anlegerschutz, S. 163; zur mangelnden unmittelbaren Überprüfbarkeit der Effizienzmarkthypothese siehe zudem *Adolff*, Unternehmensbewertung im Recht der börsennotierten Aktiengesellschaft, S. 101 und § 2 B.V.2.e).

[2060] *Heaton*, William & Mary Business Law Review, 2020, Vol. 11, Iss. 2, 417, 457.

[2061] Siehe hierzu: § 2 C.III.

[2062] *Schulte/Köller/Luksch*, WPg 2012, 380, 387, 389.

[2063] So jedenfalls ausdrücklich *FAUB*, AG 2021, 588, 590 Rn. 11; *FAUB*, WPg 2021, 958, 961; *Ruthardt/Popp*, AG 2020, 240, 246 Rn. 37, die das DCF- und Ertragswertverfahren als vorzugswürdig erachten.

[2064] Vgl. *Adolff*, Unternehmensbewertung im Recht der börsennotierten Aktiengesellschaft, S. 123–124, 129–130, der aber eine besondere Form der Ereignisstudie hinweist, die zudem den Kurs auf Reaktionen, die nicht stattfinden sollten, untersucht; vgl. *Fisher*, Emory Law Journal, 2005, Vol. 54, 843, 873–874, welcher jedoch nicht die Termini „Informationseffizienz“ und „Allokationseffizienz“ verwendet.

[2065] Vgl. *Fisher*, Emory Law Journal, 2005, Vol. 54, 843, 975, der hierbei den Begriff „*mechanical efficiency*“ verwendet.

schiedener Unternehmen zur Grundlage haben.[2066] Dabei hat eine Ereignisstudie, die sich auf die Aktie eines konkreten einzelnen Unternehmens bezieht, eine weitaus geringere statistische Aussagekraft als die üblicherweise auf einer Vielzahl von Unternehmen beruhenden *Event Studies.*[2067] Ohnehin unterliegt man einem logischen Fehlschluss, wenn man von einer schnellen Anpassung an neue Informationen zwingend auf einen effizienten Markt schließt, nur weil auf effizienten Märkten eine rasche Preisanpassung vollzogen wird.[2068] Letzten Endes stellt das Ergebnis einer Ereignisstudie lediglich einen nicht gesicherten Indikator für eine mittelstrenge Informationseffizienz dar.

Wie sich gezeigt hat, bieten allenfalls eine Beobachtung von Kursreaktionen auf neue Informationen und eine *Event Study* ein Indiz für eine Informationseffizienz in mittelstrenger Form. Allerdings kann hierdurch keine sichere Abgrenzung von effizienten und ineffizienten Märkten erfolgen. So besteht die Gefahr, eine tatsächliche strenge Informationseffizienz aufgrund fehlender Kursreaktionen als Ineffizienz einzuordnen. Ohnehin wird sich lediglich auf die Informationseffizienz in ihrer mittelstrengen Form und nicht auf die erforderliche strenge Informationseffizienz und Allokationseffizienz bezogen.

Aufgrund dieser Kritikpunkte drängt sich der Gedanke auf, den Effizienznachweis mittels Ereignisstudien bzw. das Kriterium der schnellen Kursreaktion auf neue Informationen weiter zu modifizieren.

Da auch auf effizienten Märkten bereits eine Einpreisung vor der eigentlichen Bekanntgabe einer Information stattfinden kann, liegt es nahe, keine allzu hohen Anforderungen an die Signifikanz und Sofortigkeit der Kursreaktionen zu stellen und es bereits ausreichen zu lassen, wenn der Börsenkurs bereits in der Regel auf neue Informationen in einer angemessenen Zeitspanne reagiert.[2069] Hierdurch können zwar diejenigen Fälle einer tatsächlich bestehenden strengen Markteffizienz erfasst werden, die andernfalls als ineffizient beurteilt würden. Allerdings weichen die Anforderungen an einen effizienten Markt hierdurch noch weiter auf, obwohl ein solcher eher den Ausnahmefall darstellen dürfte. Dabei besteht die Gefahr, dass selbst Fälle fehlender mittelstrenger Informationseffizienz als effizient ausgewiesen werden. Hierdurch wird nur ansatzweise die Informationseffizienz in ihrer mittelstrengen Form überprüft, womit weiterhin unzureichende Effizienzanforderungen bestehen.

Börsenkurse befinden sich in ständiger Bewegung, weshalb bei der Untersuchung des Kurses bezüglich Reaktionen auf Informationen ein Vergleich zwischen

---

[2066] *Brav/Heaton*, Washington University Law Review, 2015, Vol. 93, Iss. 2, 583, 583; *Heaton*, William & Mary Business Law Review, 2020, Vol. 11, Iss. 2, 417, 457.

[2067] *Brav/Heaton*, Washington University Law Review, 2015, Vol. 93, Iss. 2, 583, 583–584, 612; *Heaton*, William & Mary Business Law Review, 2020, Vol. 11, Iss. 2, 417, 457.

[2068] *Heaton*, William & Mary Business Law Review, 2020, Vol. 11, Iss. 2, 417, 451–452.

[2069] Vgl. den Ansatz bei *Langevoort*, Arizona Law Review, 2015, Vol. 57, Iss. 1, 37, 53–54.

der Kursbildung mit und ohne Informationen angestellt werden könnte.[2070] Letzten Endes verbleibt man aber auch hier bei einer mittelstrengen Informationseffizienz.

Eine strenge Informationseffizienz ist auf empirischem Wege kaum erfassbar und wird ohnehin in der Realität selten anzutreffen sein.[2071] Allenfalls dann, wenn ein Sachverständiger das Unternehmen mittels eines fundamentalen Ansatzes bewertet, könnte er die ihm zur Verfügung stehende Informationsgrundlage mit jener der Marktteilnehmer vergleichen und hieraus Indizien für eine fehlende strenge Informationseffizienz ableiten.[2072] Bei einer alleinigen Börsenkursorientierung findet jedoch keine fundamentale Unternehmensbewertung statt. Zwecks eines zügigen und einfachen Verfahrens wird gerade auf eine tiefergehende Analyse unternehmensinterner Daten verzichtet. Dementsprechend kann auch nicht auf den Informationsstand eines Sachverständigen zurückgegriffen werden. Zudem sei angemerkt, dass selbst einem sachverständigen Prüfer noch Insiderinformationen verborgen bleiben können, womit auch durch diesen eine strenge Informationseffizienz nicht vollkommen sicher festgestellt werden kann.

Letztlich führt eine Modifikation der Kursanalyse in Bezug auf die Informationseffizienz nicht zur erwünschten Aussagekraft. Eine strenge Informationseffizienz kann nicht nachgewiesen werden. Darüber hinaus geht jede zur Komplexität der Untersuchung beitragende Modifikation mit einem erhöhten Aufwand und jede Aufweichung der Anforderungen mit einer weiteren Verfälschung des Ergebnisses einher.

Weiterhin stellt sich die Frage, ob eine Ereignisstudie bzw. Beobachtung von Kursreaktionen um weitere Aspekte zwecks eines Nachweises der Allokationseffizienz ergänzt werden könnte.

So können im Rahmen einer Ereignisstudie auch solche Informationen untersucht werden, die nicht mit den Fundamentaldaten des Unternehmens zusammenhängen und auf einem allokationseffizienten Kapitalmarkt keine Kursauswirkung haben dürften.[2073] Hierzu gehören z. B. das Bekanntwerden der Veräußerung eines größeren Aktienpakets oder der Veränderung der Zusammensetzung eines Index.[2074] Allerdings könnte eine solche Information u. U. als bloßes Signal eines anderen

---

[2070] *Ferrillo/Dunbar/Tabak*, St. John's Law Review, 2004, Vol. 78, No. 1, 81, 119–122, 128 mit näheren Beispielen zur Durchführung.

[2071] Vgl. *Adolff*, Unternehmensbewertung im Recht der börsennotierten Aktiengesellschaft, S. 128–129. Ausführlich hierzu bereits § 2 B.V.2.c).

[2072] Siehe den Vorschlag bei *Hommel/Braun*, BB-Beilage 6 zu Heft 38/2002, 10, 12, die jedoch von einer regelmäßig höheren Aussagekraft des Börsenkurses ausgehen und es als Ausnahmefall erachten, dass der Sachverständige über zusätzliche bewertungsrelevante Informationen verfügt.

[2073] *Adolff*, Unternehmensbewertung im Recht der börsennotierten Aktiengesellschaft, S. 124.

[2074] *Adolff*, Unternehmensbewertung im Recht der börsennotierten Aktiengesellschaft, S. 124–128.

Ereignisses wahrgenommen werden, welches wiederum einen Fundamentalwertbezug hat.[2075] Da in derartigen Konstellationen eine Allokationseffizienz besteht, kann auch diese besondere Gattung der Ereignisstudie keine eindeutigen Ergebnisse liefern.[2076] Darüber hinaus vermag ein solches Vorgehen auch nicht, eine Fehlbewertung von Informationen mit Bezug zum Fundamentalwert seitens der Marktteilnehmer aufzudecken. Folglich wird hierdurch kein umfassender Nachweis einer Allokationseffizienz gewährleistet.

Des Weiteren käme eine Analyse des Börsenkurses auf Über- und Unterreaktionen mittels der Untersuchung von Kursmustern oder Autokorrelationstests in Betracht.[2077] Auch wenn sich der Kurs ohne Informationen volatil verhält, könnte dies als Anzeichen einer mangelnden Effizienz gedeutet werden.[2078] Aber auch auf diesem Wege können nicht sämtliche möglichen Fehlbepreisungen herausgefiltert werden. Vor allem wird es in der Regel unmöglich sein, die Existenz oder das Ausbleiben etwaiger psychologische Verzerrungen und deren Auswirkungen auf den Börsenkurs nachzuweisen. Umgekehrt können Kursreaktionen auch die Einpreisung von Informationen widerspiegeln.[2079] Mithin bietet dieses Vorgehen keinen sicheren Nachweis der Allokationseffizienz.

Da der Börsenkurs nur als Ergebnis seines Preisbildungsprozesses beobachtbar ist, sind die korrekte Informationsverarbeitung und der Einfluss wertirrelevanter Verzerrungen nicht konkret überprüfbar.[2080]

Zusammengefasst gibt es keine Möglichkeit, sicher nachzuweisen, dass hinsichtlich der Aktie des zu bewertenden Unternehmens ein allokationseffizienter Markt vorliegt. Allenfalls können Indizien für eine fehlende Allokationseffizienz abgeleitet werden, die aber keine gesicherte Aussage liefern. Darüber hinaus gehen die Untersuchungen zur Allokationseffizienz mit einem erhöhten Aufwand einher, was dem verfahrensökonomischen Argument der Alleinmaßgeblichkeit des Börsenkurses widerspricht.

Folglich kann das Vorgehen mittels der Untersuchung von Kursreaktionen und Ereignisstudien auch nicht durch weitere Modifikationen zu einem geeigneten Effizienznachweis umgestaltet werden.

[2075] *Adolff*, Unternehmensbewertung im Recht der börsennotierten Aktiengesellschaft, S. 124; vgl. *Gilson/Kraakman*, Virginia Law Review, 1984, Vol. 70, 549, 572–575; vgl. *Kraus/Stoll*, Journal of Finance, 1972, Vol. 72, No. 3, 569, 577. Zur Problematik des Nachweises einer Allokationseffizienz im Allgemeinen bereits: § 2 B.V.2.d).

[2076] *Adolff*, Unternehmensbewertung im Recht der börsennotierten Aktiengesellschaft, S. 124.

[2077] *Ferrillo/Dunbar/Tabak*, St. John's Law Review, 2004, Vol. 78, No. 1, 81, 118; vgl. *Bienert*, Der Marktprozeß an Aktienbörsen, S. 43–45.

[2078] Vgl. *Ferrillo/Dunbar/Tabak*, St. John's Law Review, 2004, Vol. 78, No. 1, 81, 84.

[2079] Vgl. *Bienert*, Der Marktprozeß an Aktienbörsen, S. 45; vgl. *Ferrillo/Dunbar/Tabak*, St. John's Law Review, 2004, Vol. 78, No. 1, 81, 118–119.

[2080] *Schulte/Köller/Luksch*, WPg 2012, 380, 387, 389.

Letztlich sind keinerlei Faktoren ersichtlich, die sicher auf einen effizienten Markt hindeuten. Somit mangelt es an positiven Effizienzvoraussetzungen, deren Vorliegen eine Abbildung des quotalen Unternehmenswerts durch den Börsenkurs und eine alleinige Börsenkursorientierung begründen könnten. Hierbei kommt die Kritik an der unzureichenden Überprüfbarkeit des Börsenkurses erneut zum Tragen.

Ohnehin dürfte es mit Blick auf die Erkenntnisse der *Behavioral Finance* i. d. R. an einer vollumfänglichen Kapitalmarkteffizienz mangeln. Diesem Umstand kann angesichts der mangelnden Überprüfbarkeit auch nicht mit der Modifikation des bewertungsrelevanten Börsenkurses um Effizienzanforderungen begegnet werden. Fehlt es bereits an einer strengen Informationseffizienz, kommt zudem die Informationsasymmetrie zulasten der Abfindungsberechtigten mitsamt einer möglichen Unterbewertung zum Tragen.[2081] In Ermangelung vollkommen effizienter Märkte wird der Börsenkurs zudem nur als Wertindikator für kurzfristig orientierte Anleger dienen können.

Selbst wenn eine vollständige Markteffizienz bestehen würde, genügt der Börsenkurs noch nicht zur Darstellung des quotalen Unternehmenswerts.[2082] So greifen weiterhin unterschiedliche Wertdeterminanten für Einzelaktien und Gesamtunternehmen.[2083] Dementsprechend kann der quotale Unternehmenswert, welcher nach der hier vertretenen Auffassung den Preis darstellt, den ein typisierter Dritter für das gesamte Unternehmen gezahlt hätte, nicht allein über den Börsenkurs ermittelt werden.[2084] Dies zeigt sich in der bereits erörterten Problematik der Minderheitsabschläge im Börsenkurs. Da beim Börsenkurs nur das Ergebnis der Preisbildung und nicht die einzelne Preiskomponente ersichtlich ist, können etwaige Minderheitsabschläge auch nicht eindeutig aufgedeckt werden.[2085] Hierfür bedarf es der Heranziehung weiterer Werte, wie etwa des Ergebnisses einer fundamentalen Unternehmensbewertung.

Zudem wird auch bei einer Börsenkursorientierung auf eine Schätzung abgestellt, sodass auch bei erhöhten Effizienzanforderungen noch Schätzfehler unterlaufen können.[2086] Auch durch weitere Korrekturen wird die Berücksichtigung des Börsenkurses einer fundamentalen Unternehmensbewertung nicht überlegen.

[2081] *Ruthardt/Hachmeister*, WPg 2016, 411, 414; wohl auch *Adolff*, Unternehmensbewertung im Recht der börsennotierten Aktiengesellschaft, S. 377–378. Weitergehend zu dieser Problematik siehe: § 4.

[2082] *Adolff*, Unternehmensbewertung im Recht der börsennotierten Aktiengesellschaft, S. 377–378, 385.

[2083] *Adolff*, Unternehmensbewertung im Recht der börsennotierten Aktiengesellschaft, S. 378, 385. Ausführlich zu diesem Kritikpunkt siehe: § 3.

[2084] So auch *Adolff*, Unternehmensbewertung im Recht der börsennotierten Aktiengesellschaft, S. 377–378, 384–385.

[2085] Vgl. *Schulte/Köller/Luksch*, WPg 2012, 380, 386, 389.

[2086] *Ruiz de Vargas*, NZG 2021, 1056, 1062.

Darüber hinaus sprechen verfahrensökonomische Gesichtspunkte gegen ein Vorgehen mittels positiver Effizienzanforderungen. Besonders strenge Anforderungen beschränken die alleinige Börsenkursorientierung auf bloße Ausnahmefälle.[2087] Dies gilt umso mehr bei dem hier angenommenen umgekehrten Regel-Ausnahme-Verhältnis. Da grundsätzlich von einer unzureichenden Aussagekraft ausgegangen wird und eine tatsächliche Abbildung des wahren Werts durch den Börsenkurs kaum nachgewiesen werden kann, dürfte der Börsenkurs als Messmethode des quotalen Unternehmenswerts zu einem engen Ausnahmefall verkommen und i.d.R. nicht herangezogen werden. Wenn eine ohnehin schon aufwendige fundamentale Unternehmensbewertung den Regelfall bildet, führt eine mit zusätzlichem Aufwand verbundene Untersuchung des Börsenkurses auf eine Markteffizienz, die zumeist abzulehnen und ohnehin höchst unsicher ist, regelmäßig zu einem zeit- und kostenintensiveren Verfahren ohne einen entsprechenden Mehrwert. Dementsprechend erweist sich eine alleinige Börsenkursorientierung unter Voraussetzung effizienzindizierender Faktoren als nicht zielführend.

Letztlich ist der Idee, eine alleinige Börsenkursorientierung von positiven Effizienzanforderungen abhängig zu machen, eine Absage zu erteilen. So ist kein Vorgehen ersichtlich, den notwendigen Effizienzgrad nachzuweisen. Überdies geht ein Effizienznachweis mit einem erhöhten Aufwand einher, wobei lediglich ein unsicherer Schätzwert ermittelt wird. Ohnehin bedarf es mehr als nur einer Markteffizienz, ehe der Börsenkurs als Maßstab des quotalen Unternehmenswerts herangezogen werden kann. Durch die Hinzunahme von Rückausnahmeregelungen und einer Durchschnittskursbildung entschärft man diesen Kritikpunkten nicht, da auf diesem Wege nicht sämtliche Fehlbewertungen aufgedeckt werden können und keine umfassende Bereinigung des Kurses garantiert ist.[2088] Darüber hinaus würde eine alleinige Börsenkursorientierung zu einem engen Ausnahmefall verkürzt und praktisch kaum stattfinden, sodass aus verfahrensökonomischer Sicht besser gleich auf eine fundamentale Unternehmensbewertung abgestellt werden sollte. Die zusätzlichen Rückausnahmefälle einer Börsenkursorientierung dürften den Anwendungsbereich noch weiter eingrenzen.

Etwas anderes gilt hingegen bei einem teilweisen Rückgriff auf den Börsenkurs innerhalb einer fundamentalen Unternehmensbewertung zur Ermittlung des quotalen Unternehmenswerts.

Wie bereits erörtert wird zum Teil ein indirekter Marktbezug bei der Bestimmung des Risikozuschlags beim Kapitalisierungszinssatz und der Plausibilisierung des Bewertungsergebnisses vorgenommen.

In Anbetracht der zweifelhaften Aussagekraft von Börsenkursen und der soeben aufgezeigten Unmöglichkeit, einen vollständig effizienten Markt im Einzelfall

---

[2087] *Ruiz de Vargas*, NZG 2021, 1056, 1062.

[2088] Siehe hierzu: § 6 A.IV. und B.V.

nachzuweisen, mag sich der Gedanke aufdrängen, jeglichen Börsenkursbezug bei der Ermittlung des quotalen Unternehmenswerts abzulehnen.[2089]

Aus den vorherigen Erwägungen zu den Effizienzanforderungen hat sich aber ergeben, dass an Börsenkurse, die lediglich in Gestalt eines indirekten Marktbezugs bei der fundamentalen Unternehmensbewertung berücksichtigt werden, nicht die strengen Voraussetzungen wie an alleinmaßgebliche Börsenkurse zu stellen sind. So sind sie lediglich als einzelner Baustein innerhalb einer Bewertung durch einen Sachverständigen zu begreifen, die zur Objektivierung seines Bewertungsergebnisses beitragen dürften. Sofern jedenfalls Anhaltspunkte für eine teilweise Informations- und Allokationseffizienz vorliegen und keine Kursverzerrung ersichtlich ist, werden sie dieser Rolle gerecht.[2090]

Sowohl beim Risikozuschlag als auch bei der Plausibilisierung kommt dem Börsenkurs nicht die Rolle des alleinigen Wertmaßstabs des quotalen Unternehmenswerts zu. Das hier abgelehnte vielfach vertretene Regel-Ausnahme-Verhältnis mit einem aussagefähigen Börsenkurs als Regelfall kommt dabei ebenso wenig zum Tragen wie das ebenso abzulehnende vorgeschlagene umgekehrte Regel-Ausnahme-Verhältnis mit positiven Effizienzanforderungen. Anders als bei einem alleinmaßgeblichen Börsenkurs bedarf es keiner sicheren vollkommenen Kapitalmarkteffizienz, sondern lediglich einer ausreichend implizierten partiellen Effizienz.

Mithin erscheint ein indirekter Bezug auf Börsenkurse im Rahmen einer fundamentalen Unternehmensbewertung in Gestalt des Risikozuschlags und der Plausibilisierung vertretbar. In beiden Fällen bedarf es einer gewissen Markteffizienz mit aussagekräftigen Kursen innerhalb der bewertungsrelevanten Periode. Andernfalls würde das Bewertungsergebnis verfälscht bzw. eine sachgerechte Plausibilisierung unmöglich. In Anbetracht der unzureichenden Gewährleistung eines aussagefähigen Börsenkurses durch den bereits aufgestellten Katalog an Nichtberücksichtigungsfällen[2091] als Negativvoraussetzungen sind weitere Indizien eines effizienten Marktes angebracht. Da es sich lediglich um einen Anhaltspunkt bzw. Schätzwert als Teilaspekt der fundamentalen Unternehmensbewertung und nicht den alleinigen Bewertungsmaßstab handelt und die aufgezeigten Faktoren trotz des erhöhten Aufwands ohnehin keine Markteffizienz garantieren, sind jedoch keine allzu strengen Effizienzanforderungen zu stellen. Bloße Indizien für eine partielle Effizienz sollten ausreichen. Zunächst liegt es nahe, eine Untersuchung des Börsenkurses auf Reaktionen auf neue unternehmensrelevante Informationen und Ereignisse vorzunehmen. Wie bereits erörtert, kann hieraus zumindest ein schwaches

---

[2089] Siehe etwa *Gleißner*, CF 2014, 151, 167 und *Große-Frericks*, Die Angemessenheit des Entgelts für die Übertragung von Eigentumsrechten als Problem rechtsgeprägter Unternehmensbewertung, S. 478–484, 536–537, die einem Rückgriff auf das CAPM beim Risikozuschlag ablehnend gegenüberstehen; kritisch zum CAPM im Rahmen von Risikozuschlägen auch Hölters/*Lenckner/Müller*, HdB Unternehmenskauf, Kap. 3 Rn. 3.423.

[2090] Ausführlich hierzu siehe: § 2 E.II.

[2091] Siehe hierzu: § 6 A.IV.

Indiz für eine mittelstrenge Informationseffizienz abgeleitet werden. Im Rahmen dessen könnte ebenso eine tiefergehende *Event Study* durchgeführt werden, wobei sie aufgrund ihres höheren Aufwands bei einem immer noch unsicheren Ergebnis nicht notwendig erscheint. Hierbei ist stets zu beachten, dass eine schwache oder ausbleibende Kursreaktion auch auf einer zwischenzeitlichen strengen Informationseffizienz beruhen kann. Angesichts des Umstands, dass dieser Effizienzgrad wohl kaum im gesamten Bewertungszeitraum vorliegen wird, sollte auch bei vereinzelt ausbleibenden oder schwachen Reaktionen eine ausreichende Informationseffizienz vermutet werden. Im Ergebnis wird lediglich ein Indikator für eine mittelstrenge Informationseffizienz als positive Voraussetzung verlangt. Da eine partielle Effizienz ausreicht und eine strenge Informationseffizienz einen kaum nachweisbaren Ausnahmefall darstellt, sollte deren positives Vorliegen nicht vorausgesetzt werden. Zwecks eines möglichst hohen Effizienzgrades liegt es jedoch nahe, zumindest das Fehlen erkennbarer Anzeichen für eine nicht vorliegende strenge Informationseffizienz als negative Anforderung zu verlangen. Hierfür kann ein Vergleich der Informationsgrundlage des Sachverständigen mit jener des Marktes stattfinden. Sofern der Prüfer darlegt, dass er über wertrelevante Informationen verfügt, die den Marktteilnehmern nicht zur Verfügung standen und die augenscheinlich nicht eingepreist wurden, kann auf eine fehlende strenge Informationseffizienz geschlossen werden.[2092] Um zumindest die Fälle einer erkennbaren Fehlbepreisung auszuschließen, sollte zudem ein negatives Indiz für eine nicht eindeutig fehlende Allokationseffizienz gefordert werden. Hier könnte eine Analyse des Börsenkurses hinsichtlich etwaiger Über- und Unterreaktionen sowie Anzeichen für Blasenbildungen oder Marktanomalien mittels einer einfachen Untersuchung von Kursmustern stattfinden.[2093] Weitergehende Tests sind angesichts ihrer unsicheren Ergebnisse bei gleichzeitig höherem Aufwand nicht notwendig, aber dennoch möglich.[2094] Zwecks einer möglichst effizienten Ermittlung eines ausreichend aussagefähigen Börsenkurses sollte eine oberflächliche Betrachtung der Kursmuster genügen, die entsprechend dem konkreten Einzelfall durch das bereits erarbeitete Modell der Fälle einer Nichtberücksichtigung des Börsenkurses bei einer Kurs- und Marktverzerrung ergänzt wird.[2095] Hierdurch erhält man einen Anhaltspunkt für eine zumindest nicht eindeutig abzulehnende Allokationseffizienz. Zusammengefasst verlangt dieses Lösungsmodell ein positives Indiz für eine mittel-

[2092] Siehe hierzu bereits den Ansatz bei *Hommel/Braun*, BB-Beilage 6 zu Heft 38/2002, 10, 12, die sich jedoch nicht ausdrücklich auf die Informationseffizienz beziehen und zudem von einem Börsenkurs mit höherer Aussagekraft als Regelfall und einem Bewerter mit überlegener Informationsgrundlage als Ausnahme ausgehen.

[2093] Vgl. *Ferrillo/Dunbar/Tabak*, St. John's Law Review, 2004, Vol. 78, No. 1, 81, 118, laut denen es sich bei der Beobachtung von Kursmustern um die einfachste Form zur Feststellung von Fehlbepreisungen handelt.

[2094] Diese Problematik wurde bereits im Rahmen des ANichtberücksichtigungsfalls der verhaltensökonomisch bedingten Marktverzerrungen (§ 6 A.III.6.i)) aufgeworfen.

[2095] Zu dieser Gruppe von Nichberücksichtigungsgründe mitsamt den dort erörterten Anhaltspunkten siehe: § 6 A.III.6.

strenge Informationseffizienz, ein negatives Indiz für eine nicht erkennbar fehlende strenge Informationseffizienz und ein negatives Indiz für eine nicht eindeutig abzulehnende Allokationseffizienz. Hierbei handelt es sich um nachvollziehbare, wenn auch schwache, Hinweise auf eine partielle Effizienz. Letztlich wird lediglich ein gewisser, von Indizien gestützter, Grad an Markteffizienz verlangt, bei welchem der Börsenkurs zwar nicht als alleinige Maßgabe für den quotalen Unternehmenswert herangezogen werden kann, allerdings einen zumindest nicht zu missachtenden Bezug zu diesem Wert hat, sodass er als Wertkomponente innerhalb des Risikozuschlags und zur Plausibilisierung einer fundamentalen Unternehmensbewertung verwendet werden kann. In Verbindung mit den zuvor ausgearbeiteten Vorgaben zu den Fällen der Ablehnung einer Börsenkursorientierung als Negativvoraussetzung und der Durchschnittskursbildung werden zumindest teilweise Fehlbepreisungen aus der Bewertung ausgenommen. Da keine umfangreichen Analysen gefordert werden und der Sachverständige sich bei einer fundamentalen Unternehmensbewertung ohnehin intensiv mit dem Unternehmen befasst, dürfte ein solches Vorgehen lediglich mit einem geringen Mehraufwand einhergehen.

Mithin erscheinen zusätzliche Effizienzanforderungen in Gestalt von Indizien für eine partielle Informations- und Allokationseffizienz, die vom Katalog der Gründe für eine Ablehnung der Börsenkursorientierung ergänzt werden, bei einem indirekten Marktbezug einer fundamentalen Unternehmensbewertung zur Bestimmung des quotalen Unternehmenswerts angebracht.

Bei einer alleinigen Börsenkursorientierung ist ein solches Vorgehen hingegen nicht zielführend. Schließlich bedarf es hierfür einer sicheren strengen Informationseffizienz und einer vollkommenen Allokationseffizienz. Bloße Indizien für eine partielle Effizienz reichen für einen Börsenkurs, der allein den quotalen Unternehmenswert darstellen soll, nicht aus. Auch das hier erwogene umgekehrte Regel-Ausnahme-Verhältnis mit positiven Effizienzanforderungen garantiert keinen Börsenkurs, der den quotalen Unternehmenswert ausreichend widerspiegelt. Ohnehin würde die Börsenkursorientierung auf derart enge Ausnahmefälle beschränkt, dass es kaum mehr zu einer Alleinmaßgeblichkeit des Börsenkurses kommen dürfte. Sofern man aber der vielerorts vertretenen Auffassung folgt, nach welcher eine partielle Kapitalmarkteffizienz für eine alleinige Darstellung des quotalen Unternehmenswerts durch den Börsenkurs ausreicht, empfiehlt es sich jedoch, auf die soeben für den indirekten Marktbezug erarbeitete Vorgehensweise zurückzugreifen. Hierdurch werden zumindest etwas höhere Anforderungen an einen aussagefähigen Kurs gestellt, als es in der derzeitigen Praxis der Fall ist. Zwecks eines effektiven Anlegerschutzes sollten die Indizien einer partiellen Effizienz vom Abfindungspflichtigen bereits im Rahmen seines Abfindungsangebots in nachvollziehbarer Weise aufgezeigt werden.[2096]

D. Zahlung einer zusätzlichen Pauschale

Mittels einer Pauschalierung kann gerade in Kollektivverfahren auf effizientem Wege ein Schadensbegehren durchgesetzt werden.[2097]

Ein alternativer Weg der angemessenen Abfindung unter Berücksichtigung des Börsenkurses ist vor diesem Hintergrund möglicherweise in einer zusätzlich zum Börsenkurs erfolgenden Zahlung einer Abfindungspauschale an die Anleger zu erblicken.[2098] Hierdurch könnten etwaige Abweichungen des Börsenkurses vom tatsächlichen Wert abgefedert werden.[2099] Da auf diesem Wege versucht wird, Fehlbewertungen auszugleichen, kommt ein solches Vorgehen nur mit Blick auf den quotalen Unternehmenswert in Betracht.

Dies könnte zum einen dergestalt erfolgen, dass stets eine Pauschale auf die börsenkursorientierte Abfindung zu zahlen wäre.[2100] Andererseits wäre es möglich, die Zahlung der zusätzlichen Pauschale nur dann zu fordern, wenn einer der Fälle einer Ablehnung der Berücksichtigung des Börsenkurses einschlägig ist.[2101]

Eine grundsätzlich zu leistende Pauschale hätte den Vorteil, dass selbst bei Zweifeln an einem aussagefähigen Börsenkurs keine Rechtsunsicherheit mehr bestünde.[2102] Auch würden die Anleger möglicherweise nicht mehr Gefahr laufen, eine zu niedrige Abfindung aufgrund einer Unterbewertung an der Börse zu erhalten.[2103] Vor allem aber streitet für eine grundsätzlich zu zahlende Pauschale, dass hierdurch

---

[2096] Zur Darlegungs- und Beweislast hins. der Nichtberücksichtigungsfälle und der vorgeschlagenen teilweisen anfänglichen Darlegung durch den Abfindungspflichtigen siehe: § 6 A. III.7.

[2097] *74. Deutscher Juristentag 2024*, Beschlüsse, D. Massenverfahren Beschluss 39, S. 9 für eine stärkere Pauschalierung bei Massenverfahren; *Gsell/Meller-Hannich*, JZ 2022, 421, 426–427, 430 zur Schadenspauschalierung im Rahmen der Verbandsklagen-RL; siehe auch die Äußerung zur pauschalen Entschädigung bei Verbandsklagen von *Hirte* bei *Müller*, DisputeResolution 4/2020, 20, 23.

[2098] Siehe in Bezug auf das Delisting *Kastl*, Der Rückzug kapitalmarktfähiger Unternehmen von der Börse, S. 331–332 § 6, welche ein solches Vorgehen im Ergebnis ablehnt.

[2099] *Kastl*, Der Rückzug kapitalmarktfähiger Unternehmen von der Börse, S. 331 § 6.

[2100] *Kastl*, Der Rückzug kapitalmarktfähiger Unternehmen von der Börse, S. 331 § 6.

[2101] Vgl. *Kastl*, Der Rückzug kapitalmarktfähiger Unternehmen von der Börse, S. 332 § 6. Zu den Nichtberücksichtigungsfällen wird auf die hier erarbeiteten Fallgruppen (siehe hierzu: A.) verwiesen.

[2102] *Kastl*, Der Rückzug kapitalmarktfähiger Unternehmen von der Börse, S. 331 § 6.

[2103] *Kastl*, Der Rückzug kapitalmarktfähiger Unternehmen von der Börse, S. 331 § 6.

der Problematik einer unerkannten Fehlbewertung durch den Markt und der schwer nachweisbaren Verzerrungen entgegengewirkt werden kann.

Allerdings müsste auch im Falle einer korrekten unverzerrten Preisbildung eine zusätzliche Pauschale gezahlt werden. Dies käme einem Generalverdacht der Unterbewertung an der Börse gleich.[2104] Wenn auch die berechtigte Annahme naheliegt, dass ein Abweichen des Börsenkurses vom wahren Unternehmenswert eher die Regel und eine Übereinstimmung beider Werte die Ausnahme darstellt, so lässt sich hieraus nicht zwangsweise darauf schließen, dass stets eine Unterbewertung stattfindet. Zwar legen die Aspekte der Informations- und Machtasymmetrie mitsamt der Minderheitsabschläge[2105] eine Unterbewertung nahe, wobei auch eine dahingehende Tendenz empirisch bewiesen ist. Die *Biases* und die damit verbundenen Marktverzerrungen können aber sowohl zu einer Unter- als auch einer Überbewertung führen.[2106] Gerade im Falle von Spekulationsblasen wird das Unternehmen enorm überbewertet sein. Eine generelle Abfindungspauschale vermag jedoch nur, Unterbewertungen auszugleichen. Hierdurch wird sich nicht notwendigerweise dem quotalen Unternehmenswert angenähert. Ohnehin bleibt unklar, auf welchen Wert die Pauschale anzusetzen sei. Abweichungen des Börsenkurses vom wahren Wert sind stets einzelfallabhängig und können nicht durch einen generellen gesetzlich bestimmten Prozentsatz ausgedrückt werden.

Die Zahlung einer Abfindungspauschale beim Vorliegen eines der Fälle zur Nichtberücksichtigung des Börsenkurses ginge mit dem Vorteil einher, bei berechtigten Zweifeln am Börsenkurs eine Korrektur vornehmen zu können, ohne dabei auf eine aufwendige fundamentale Unternehmensbewertung zurückgreifen zu müssen. Aber auch dieser Ansatz sieht sich der Kritik ausgesetzt, dass die Verzerrung des Kurses vom konkreten Einzelfall abhängt und kein pauschalisierter Prozentsatz gebildet werden kann.[2107]

Ungeachtet dessen ist jeder Form der zusätzlichen Pauschale entgegenzuhalten, dass immer noch auf einen Börsenkurs mit möglicherweise unzureichender Aussagekraft abgestellt wird. Dieser wird lediglich einer Modifikation unterzogen, sodass etwaige Fehlbepreisungen fortbestehen können. Wie bereits erörtert erweisen sich hypothetische bereinigte Kurse als nicht zielführend.[2108]

Da eine genaue Abweichung des Börsenkurses vom fundamentalen Unternehmenswert ohne sachverständige Unternehmensbewertung nicht bestimmbar und vor allem nicht pauschal festlegbar ist, vermag es ein Vorgehen mittels einer zusätzli-

---

[2104] *Kastl*, Der Rückzug kapitalmarktfähiger Unternehmen von der Börse, S. 332 § 6, die anmerkt, dass dies der Auffassung des Gesetzgebers zum Delisting widerspricht.

[2105] Siehe hierzu: § 4 und § 3.

[2106] Siehe hierzu: § 2 C.III.

[2107] *Kastl*, Der Rückzug kapitalmarktfähiger Unternehmen von der Börse, S. 332 § 6.

[2108] Siehe hierzu: § 6 A.III.5.f), wobei die bloße Zahlung einer zusätzlichen Pauschale zum Börsenkurs eine noch höhere Ungenauigkeit als der Versuch einer rechnerischen Bereinigung aufweist.

chen Abfindungspauschale nicht, den Börsenkurs um etwaige Verzerrungen derart zu bereinigen, dass es zu einer angemessenen Abfindung kommt. Mithin ist dieser Ansatz abzulehnen.[2109]

E. Plausibilisierung des Börsenkurses durch weitere Werte

Zwecks einer Ermittlung aussagekräftiger Börsenkurse käme eine Plausibilisierung mittels weiterer Werte in Betracht. Wie auch bei einer fundamentalen Unternehmensbewertung könnten die Ergebnisse anderweitiger Bewertungsmethoden zu einer kritischen Überprüfung des Börsenkurses anhalten.[2110] Ein solches Vorgehen dürfte aber nur hinsichtlich des quotalen Unternehmenswerts fruchten, da allein hier der wahre Wert des Unternehmens von Belang ist. Der Deinvestitionswert, welcher lediglich die verlustige Veräußerungsmöglichkeit abbildet, bedarf keiner weiteren Plausibilisierung. Als Plausibilisierungswerte kommen das Ergebnis einer fundamentalen Unternehmensbewertung, vom Abfindungspflichtigen gezahlte Vor-, Parallel- und Nacherwerbspreise, der Barwert von Ausgleichszahlungen, ein etwaiger Liquidationswert, Analystenreports, Vergleichswerte nach Maßgabe des *Comparative Company Approach* oder des *Market Multiples Approach* und als angemessen erachtete Abfindungssummen aus historischen Strukturmaßnahmen des Unternehmens in Frage.[2111] Durch einen Vergleich mit solchen Werten könnten möglicherweise Fehlbepreisungen im Kurs aufgedeckt werden. Dies kann im Rahmen einer Plausibilisierung des als maßgebliche Schätzgrundlage fungierenden Börsenkurses[2112] oder aber eine gleichgewichtige Gesamtbeurteilung der Werte[2113] stattfinden.

[2109] So auch *Kastl*, Der Rückzug kapitalmarktfähiger Unternehmen von der Börse, S. 332 § 6 zum Delisting, wobei diese Erwägungen auch auf die übrigen abfindungsrelevanten Maßnahmen übertragbar sein sollten.

[2110] Zu diesem Vorgehen bei einer fundamentalen Unternehmensbewertung siehe IDW S 1 (2008) S. 6 Rn. 15; *Schulte/Köller/Luksch*, WPg 2012, 380, 395.

[2111] Vgl. OLG München, Beschl. v. 14.12.2021 – 31 Wx 190/20 = NZG 2022, 606, 617–618 Rn. 113–119, wo Multiplikatorberechnungen, Analystenschätzungen sowie ein Vorerwerbspreis und ein nachträgliches öffentliches Erwerbsangebot angeführt werden; vgl. *Decher*, AG 2023, 106, 115 Rn. 77, welcher den Ertragswert und kapitalmarktgestützte Multiplikatoren nennt. Auf diese Bewertungsansätze wird nicht weiter eingegangen.

[2112] *Decher*, AG 2023, 106, 115 Rn. 77–78, der dies im Falle eines aussagekräftigen Börsenkurses vorsieht; so wohl auch OLG München, Beschl. v. 14.12.2021 – 31 Wx 190/20 = NZG 2022, 606, 617–618 Rn. 113–119 (nrkr.).

[2113] *Decher*, AG 2023, 106, 115 Rn. 77, 79, 116 Rn. 80, welcher eine solche Gleichgewichtung bei einem Börsenkurs mit nicht eindeutiger Aussagekraft befürwortet. Siehe zudem den Vorschlag bei *DVFA Expert Group „Corporate Transactions and Valuation"*, CFB 2012, 43, 50, wonach mindestens zwei verschiedene Bewertungsverfahren anzuwenden sind, die grds. gleichberechtigt nebeneinanderstehen, allerdings vom Gutachter unterschiedlich gewichtet werden können. Zur Methodenpluralität der DVFA-Empfehlungen auch *Aders/Muxfeld*, CF 2021, 233, 235–236; *Fleischer*, AG 2014, 97, 113. Ähnlich bereits *Großfeld*, BB

Allerdings wäre es verfehlt, den Börsenkurs als Ausgangspunkt zu wählen und ihn lediglich einer Plausibilitätsprüfung durch anderweitige Werte zu unterziehen. Wie sich gezeigt hat, kann der Börsenkurs aufgrund der ihm inhärenten Minderheitsabschläge, seiner bloßen Eignung als Wertindikator eines kurzfristig orientierten Anlegers, der regelmäßig unzureichenden Markteffizienz, der Möglichkeit unentdeckter Manipulationen und Fehlbepreisungen, dem Einfluss bloßer Zufälligkeiten sowie der eingeschränkten Informationsgrundlage des Marktes mitsamt der Informations- und Machtasymmetrie zulasten der Minderheitsaktionäre sowie der nicht gesicherten Überprüfbarkeit dieser Aspekte und des Zustandekommens der Börsenpreise nicht zur alleinigen Bestimmung des quotalen Unternehmenswerts herangezogen werden. Auch ist eine vollständige Bereinigung des Kurses um etwaige Verzerrungen nicht möglich. Dementsprechend liegt es nahe, grundsätzlich von einem Börsenkurs mit mangelnder Aussagekraft zum quotalen Unternehmenswert auszugehen. Ein zu plausibilisierender Wert sollte aber bereits allein einen plausiblen Maßstab bieten. Die nachgehende Plausibilisierung dient lediglich einer Absicherung des Ergebnisses. Bei unzureichender Aussagekraft der zuvörderst verwendeten Bewertungsmethode ist auch eine Plausibilisierung nicht zielführend. Darüber hinaus kann die Preisbildung eines Börsenkurses nicht begründet und in nachvollziehbarer Weise angepasst werden, da lediglich das Ergebnis des Preisbildungsprozesses ersichtlich ist.[2114] Ebenso wenig eignet sich eine gleichgewichtige Gesamtbeurteilung mit dem Börsenkurs als einen der Werte zur Ermittlung des quotalen Unternehmenswerts. Auch stehen dem die beim Börsenkurs naheliegenden Fehlbewertungen, die nicht sicher nachprüfbar sind, und der Umstand, dass er als Wertmaßstab der einzelnen Aktie schon konzeptionell nicht zur Bewertung des gesamten Unternehmens als Einheit geeignet ist, entgegen. Vor diesem Hintergrund würde er das Ergebnis einer anderen sachgerechteren Bewertungsmethode eher verfälschen, als zu deren Aussagekraft beizutragen. Daher kommen Börsenkurse allenfalls selbst als Plausibilisierungswert in Betracht, wobei lediglich sachlich nicht begründbare wesentliche Abweichungen des Bewertungsergebnisses vom Börsenkurs zur kritischen Nachprüfung veranlassen.[2115] Ohnehin ist sich vor Augen zu führen, dass die Zuhilfenahme weiterer Bewertungsmethoden und insbesondere einer fundamentalen Unternehmensbewertung neben dem Börsenkurs mit einem entsprechenden Mehraufwand einhergeht. Hierdurch würde das verfahrensökonomische Argument der alleinigen Börsenkursorientierung konterkariert.[2116]

2000, 261, 265, demzufolge das Ertragswertverfahren und der Börsenkurs „im Gespräch miteinander" stehen sollen. Einen marktorientierten Methodenpluralismus aufzeigend *Fleischer*, AG 2016, 185, 192; *Fleischer/Kolb*, AG 2019, 57, 65, 68. Gegen die Empfehlungen der DVFA hingegen *Ruthardt*, Normzweckkonforme Unternehmensbewertung und Abfindungsbemessung beim aktienrechtlichen Squeeze Out, S. 280.

[2114] *Schulte/Köller/Luksch*, WPg 2012, 380, 388.

[2115] Siehe hierzu IDW S 1 (2008) S. 6 Rn. 15; *Schulte/Köller/Luksch*, WPg 2012, 380, 395.

[2116] Vgl. *Ruiz de Vargas*, NZG 2022, 599, 603 zum Vorgehen bei OLG München, Beschl. v. 14. 12. 2021 – 31 Wx 190/20 = NZG 2022, 606, wonach auch weiterhin nicht auf ein Ertragswertverfahren verzichtet werden kann.

Mithin führt eine Plausibilisierung des Börsenkurses durch weitere Werte nicht dazu, dass auf diesen zur Ermittlung des quotalen Unternehmenswerts abgestellt werden kann. Somit ist diesem Vorgehen eine Absage zu erteilen.

F. Fazit: Bereinigung des Börsenkurses

Durch die hier angestrengte Bereinigung des Börsenkurses kann nur teilweise ein aussagekräftiger Wert hinsichtlich der Abfindung gefunden werden.

Wird der Börsenkurs als Deinvestitionswert herangezogen, so sind die Ausnahmefälle der Marktenge und des fehlenden Handels sowie der Manipulation durch einen Abfindungsberechtigten oder einen Dritten außerhalb der Sphäre des Abfindungspflichtigen zu beachten. Ebenso ist eine Durchschnittskursbildung nach den vorgeschlagenen Maßgaben durchzuführen. Auf diesem Wege können zur Deinvestitionswertbestimmung ungeeignete Kurse herausgefiltert und etwaige Kursbeeinflussungen, die zulasten einer der Parteien gehen würden, ansatzweise abgefedert werden. Hierdurch wird der Börsenkurs seiner Aufgabe gerecht, den hypothetischen Wert widerzugeben, zu dem eine freie Veräußerung durch einen typisierten Minderheitsaktionär bei einem unterstellten Ausbleiben der Maßnahme möglich gewesen wäre. Angesichts der grundsätzlichen Berücksichtigung des Börsenkurses und der beschränkten Ausnahmefälle bleibt dessen Charakter als Untergrenze der Abfindung gewahrt.

Allerdings vermögen es die Nichtberücksichtigungsfälle und die Durchschnittskursbildung nach dem hier erörterten Modell nicht, einen Börsenkurs zu gewährleisten, aus dem sich der quotale Unternehmenswert ableiten lässt. Auch in Kombination garantieren sie keinen unverzerrten Börsenkurs. Wie sich gezeigt hat, gewährleisten die Fälle einer Ablehnung des Rückgriffs auf den Börsenkurs selbst nach dem hier erörterten Modell einen nur lückenhaften Schutz. Die unerkannten Verzerrungen werden sodann im Wege einer Durchschnittskursbildung allenfalls im Ansatz geglättet. Vor allem bestehen berechtigte Zweifel an einer Kapitalmarkteffizienz. Der seitens der *Behavioral Finance* aufgezeigten Kritik kann keine geeignete Bereinigungsmethode entgegengesetzt werden. Weitergehende Effizienzanforderungen sind nicht zielführend, da eine für die alleinige Börsenkursorientierung erforderliche strenge Informationseffizienz und umfassende Allokationseffizienz nicht sicher nachgewiesen werden kann. Allenfalls können Indizien für eine partielle Effizienz abgeleitet werden, unter welcher der Börsenkurs aber immer noch vom Fundamentalwert abweichen kann. In Anbetracht der unzureichenden Markteffizienz eignet sich auch ein modifizierter Börsenkurs lediglich als Wertindikator eines kurzfristig orientierten Anlegers. Ungeachtet dessen verzeichnet der Börsenkurs zumeist einen Minderheitsabschlag, welchem nur durch andere Bewertungsmethoden, wie etwa einer sachgutachterlichen Analyse begegnet werden kann. Zudem existieren trotz des Versuchs einer Kursbereinigung noch Macht- und

Informationsasymmetrien zulasten der Abfindungsberechtigten mitsamt Anreizen für ein opportunistisches Verhalten des Abfindungspflichtigen. Es verbleibt bei einer unzureichenden Informationsgrundlage des Marktes, da unternehmensspezifische Informationen vielfach nicht veröffentlicht werden oder durch eine gezielte Kapitalmarktkommunikation gefiltert an die Anleger gelangen. Weiterhin besteht die Gefahr verdeckter Kursbeeinflussungen zulasten der Abfindungsberechtigten, deren Glättung nicht garantiert ist. Auch unter den erörterten Modifikationen gereicht der Börsenkurs allein nicht zur Bestimmung des quotalen Unternehmenswerts. Fehlbewertungen und Kursverzerrungen können hierdurch nur ansatzweise herausgefiltert bzw. ausgeglichen werden. Weitere Modifikationen in Gestalt einer pauschalen Zuzahlung oder einer Plausibilisierung durch andere Werte sind von vorherein abzulehnen, da der Börsenkurs schon keine sichere Grundlage zur sachgerechten Unternehmensbewertung bietet. Letzten Endes liegt auch nach der hier angestrengten Bereinigung des Börsenkurses eine Abweichung vom wahren Unternehmenswert immer noch nahe. Vor allem besteht die Gefahr einer Unterbewertung zulasten der Abfindungsberechtigten und ein entsprechendes Missbrauchspotenzial. Dabei können weder die möglichen Abweichungen vom quotalen Unternehmenswert und etwaige Verzerrungen noch der Börsenkurs in seiner Preisbildung selbst sicher nachgeprüft werden. Dementsprechend wird auch ein vermeintlich bereinigter Börsenkurs dem Ziel einer sachgerechten Unternehmensbewertung und einer sicheren angemessenen Abfindung in Gestalt einer vollen wirtschaftlichen Entschädigung nicht gerecht. Selbst unter Zuhilfenahme der vorgeschlagenen Modifikationen dürften Börsenkurse nicht der Qualität einer fundamentalen Unternehmensbewertung durch einen Sachverständigen nahekommen.

Sofern den Erkenntnissen der *Behavioral Finance* entsprechend Börsenkursen ihre grundsätzliche Eignung zur Ermittlung einer angemessenen Abfindung abgesprochen wird, steht dies auch nicht dem gesetzgeberischen Vorgehen entgegen.[2117] So strebt der Gesetzgeber durch das Informationsmodell zwar eine gesteigerte Kapitalmarkteffizienz an. In Anbetracht der Irrationalität des Menschen dürfte die Effizienzmarkthypothese aber weiterhin eine Idealvorstellung bleiben. Der Umstand, dass eine vollständige und überprüfbare Effizienz des Marktes nie erreicht werden kann, macht die gesetzgeberische Intention jedoch nicht obsolet. Vielmehr ist ihr zugutezuhalten, dass zumindest auf das Idealmodell hingearbeitet wird. Wenn die Forschungsergebnisse der *Behavioral Finance* die ECMH auch konterkarieren mögen, so bleibt die Markteffizienz als Metaziel der Kapitalmarktregulierung bestehen.[2118] Für eine alleinige Börsenkursorientierung reicht die hierdurch erzielte allenfalls partielle Kapitalmarkteffizienz hingegen nicht aus. Sofern man eine Darstellung des quotalen Unternehmenswerts allein durch den Börsenkurs aufgrund der unzureichenden Effizienz ablehnt, erklärt man die Maßnahmen des Gesetzgebers

[2117] So aber *Stein*, Fundamentalanalyse und Börsenkurs, S. 247.

[2118] *Bayram*, Manipulative Handelspraktiken gem. Art. 12 MAR, S. 24 § 2.

nicht für unbeachtlich.[2119] Es wird lediglich dem Umstand Rechnung getragen, dass sie nicht dazu ausreichen, einen für die Ermittlung des quotalen Unternehmenswerts genügenden Börsenkurs zu gewährleisten. Der durchaus bestehenden Möglichkeit einer partiellen Effizienz kann gerade im Wege des indirekten Marktbezugs Rechnung getragen werden.

Sofern auf den Börsenkurs in Form eines indirekten Marktbezugs innerhalb einer fundamentalen Unternehmensbewertung bezüglich des quotalen Unternehmenswert durch einen Sachverständigen zurückgegriffen wird, erscheint die angestrebte Kursbereinigung angebracht. Hierbei sind die Fälle einer Nichtberücksichtigung des Börsenkurses nach den zuvor erarbeiteten Maßgaben zu beachten und eine Durchschnittskursbildung vorzunehmen. Überdies sind die erörterten weitergehenden Effizienzanforderungen zu berücksichtigen. Auf diesem Wege werden diejenigen Börsenkurse herauskristallisiert, die sich in einem zumindest partiell effizienten Marktumfeld gebildet haben, wobei naheliegende Fehlbepreisungen aufgedeckt und unerkannte Verzerrungen jedenfalls teilweise geglättet werden. Zwar besteht weiterhin die Gefahr etwaiger abfindungsrelevanter Fehlbewertungen. Allerdings dient der Börsenkurs beim indirekten Marktbezug nur als einzelnes Element innerhalb einer fundamentalen Unternehmensbewertung in Form eines bloßen Schätz- bzw. Richtwerts, der nicht im Alleingang den Wert des Unternehmens bestimmt. Durch eine zusätzliche Berücksichtigung der Sicht des Marktes wird die Bewertung des Gutachters weiter objektiviert. Auch hat sich ein neutraler Sachverständiger kritisch mit dem Börsenkurs auseinanderzusetzen, wobei er auf eigene Erwägungen und eine umfangreiche Informationsgrundlage zurückgreifen kann. Unter diesen Aspekten erscheint eine partielle Effizienz und teilweise Kursbereinigung für den indirekten Marktbezug ausreichend.

Zusammengefasst kann der Börsenkurs im Wege einer versuchten Kursbereinigung nur als Deinvestitionswert und im Rahmen des indirekten Marktbezugs bei der fundamentalen Bewertung zum quotalen Unternehmenswert überzeugen. Die vielerorts angeführte Modifikation in Gestalt von Nichtberücksichtigungsfällen und einer Durchschnittskursbildung vermag es jedoch nicht, einen Börsenkurs zu gewährleisten, der allein den quotalen Unternehmenswert abbildet. Letzten Endes kann auch im Wege der hier angestrengten Bereinigung des Börsenkurses dieser nicht als alleinige Bewertungsgrundlage bei einer Abfindung dienen. Die zentralen Kritikpunkte hinsichtlich des Börsenkurses zur Unternehmensbewertung können nicht entkräftet werden. Vor diesem Hintergrund ist die gesetzlich vorgesehene grundsätzliche Alleinmaßgeblichkeit des Börsenkurses beim Delisting und beim Verwässerungsschutz des § 255 AktG abzulehnen. Ebenso erweist sich der Markttest mit einer widerleglichen Vermutung beim übernahmerechtlichen Squeeze-out als nicht haltbar. Einer unwiderleglichen Vermutung ist erst recht eine Absage zu erteilen. Stattdessen empfiehlt es sich, das Delisting, den übernahmerechtlichen Squeeze-out und die Kapitalerhöhung mit Bezugsrechtsausschluss wie die gesell-

[2119] So etwa die Behauptung bei *Stein*, Fundamentalanalyse und Börsenkurs, S. 247.

schaftsrechtlichen Strukturmaßnahmen zu behandeln und den Börsenkurs lediglich als Untergrenze der Abfindung sowie allenfalls in Form eines indirekten Marktbezugs heranzuziehen.

Sofern aber dem jüngeren Meinungsbild gefolgt wird und eine alleinige Börsenkursorientierung stattfinden soll, ist es ratsam, anhand der zuvor erarbeiteten Maßgaben vorzugehen. Demgemäß hat eine Durchschnittskursbildung zu erfolgen, wobei der Katalog an Ausnahmefällen zu beachten und eine indizierte partielle Kapitalmarkteffizienz zu fordern ist. Überdies ist der Börsenkurs grundsätzlich mindestens in Gestalt des Deinvestitionswerts nach den oben erörterten Vorgaben zu berücksichtigen. Wie bereits erörtert, gereicht ein solches Vorgehen aber nicht dazu, eine angemessene Abfindung zu gewährleisten.

Fazit

Die Frage nach der Berücksichtigung des Börsenkurses bei der Unternehmensbewertung trifft in der Tatsache, dass der „eine“ für jedermann geltende Wert nicht existiert, auf eine entscheidende Hürde. Vielmehr bedarf es einer anlass- und subjektbezogenen Bewertung.

Vor dem Hintergrund des verfassungsrechtlichen Schutzes des Aktieneigentums aus Art. 14 Abs. 1 GG wird eine wirtschaftlich volle Entschädigung gefordert. Hierbei ist die Doppelnatur der Aktie zu beachten. Zum einen stellt sie einen Anteil am Unternehmen als arbeitende Einheit mitsamt den hiermit einhergehenden mitgliedschaftlichen Herrschafts- und Vermögensrechten dar (quotaler Unternehmenswert). Zugleich tritt sie aber auch als fungibles Handelsobjekt in Erscheinung, welches jederzeit frei veräußert werden kann (Deinvestitionswert). Es gilt, sowohl den quotalen Unternehmenswert als auch den Deinvestitionswert im Wege eines wertbegriffsbezogenen Meistbegünstigungsprinzips zu berücksichtigen. Hierdurch wird die Kompensationsebene der Abfindung bzw. des Umtauschverhältnisses abgebildet.

Beim Deinvestitionswert stellt die einzelne Aktie das Bewertungsobjekt dar. Als Bewertungssubjekt dient der typisierte Minderheitsaktionär. Der Deinvestitionswert wird regelmäßig dem Börsenkurs entsprechen. Hierfür ist ein Durchschnittskurs nach den erörterten Maßgaben zu errechnen, wobei die streng begrenzten Ausnahmefälle einer fehlenden Eignung des Börsenkurses zu beachten sind. Sofern es an einem Börsenkurs mangelt oder er nicht zur Wiedergabe des Deinvestitionswerts geeignet ist, sollte eine fundamentale Bewertung des einzelnen Anteils aus der Perspektive eines Minderheitsaktionärs durch einen Sachverständigen stattfinden.

Der quotale Unternehmenswert hat das Unternehmen als Ganzes zum Bewertungsobjekt. Als Bewertungssubjekt ist auf einen markttypischen Gesamtunternehmenserwerber abzustellen, der das Unternehmen verbundunabhängig betrachtet. Zur Ermittlung des quotalen Unternehmenswerts kommt nur eine fundamentale Unternehmensbewertung durch einen Sachverständigen in Betracht. Börsenkurse sind diesbezüglich nicht bewertungsgeeignet. Sie können lediglich in Gestalt eines indirekten Marktbezugs zur Ermittlung des Kapitalisierungszinssatzes und zur Plausibilisierung des Bewertungsergebnisses herhalten. Hieran sind aber strenge Anforderungen in Form eines umfangreichen Regimes von Fällen der Nichtberücksichtigung des Börsenkurses und einer indizierten partiellen Markteffizienz zu stellen.

Besagte Vorgaben sollen für die Barabfindungsfälle wie auch die Umtauschfälle gelten.

Bei den Barabfindungsfällen ist der höhere Wert aus dem Vergleich des quotalen Unternehmenswerts und des Deinvestitionswerts für die Kompensationsebene der Abfindung heranzuziehen. Dabei findet der Börsenkurs nur als Untergrenze und im Wege des indirekten Marktbezugs Berücksichtigung.

Bezüglich der Umtauschfälle bedarf es einer Fundamentalwertrelation zur Bestimmung der Kompensationsebene. Auch hierfür ist eine fundamentale Unternehmensbewertung mit einem möglichen indirekten Marktbezug durchzuführen. Dabei sollte grundsätzlich eine Methodengleichheit angestrengt werden, wobei der Einsatz unterschiedlicher Bewertungsmethoden und Annahmen aufgrund des konkreten Einzelfalls gerechtfertigt werden kann. Der Deinvestitionswert ist separat für die einzelne unverbundene Aktie zu ermitteln und immer dann, wenn er über der anteiligen Wertrelation liegt, als bare Zuzahlung in Gestalt einer zusätzlichen Barabfindung zu gewähren.

Anhand des erarbeiteten Vorgehens wird eine sachgerechte Berücksichtigung der Doppelnatur der Aktie ermöglicht.

Eine Alleinmaßgeblichkeit des Börsenkurses bei der Unternehmensbewertung ist vor diesem Hintergrund abzulehnen.

So vermag er es nicht, den quotalen Unternehmenswert wiederzugeben. Zunächst mangelt es an der hierfür erforderlichen strengen Informations- und Allokationseffizienz. Selbst die vielfach verlangte mittelstrenge Informationseffizienz wird regelmäßig nicht vorliegen. Mit Blick auf die Erkenntnisse der *Behavioral Finance* ist vielmehr davon auszugehen, dass der Börsenkurs grundsätzlich verzerrt ist und allenfalls zufälligerweise mit dem quotalen Unternehmenswert übereinstimmt.

Darüber hinaus beinhalten Börsenkurse zumeist unzulässige Minderheitsabschläge. Da sie lediglich den Wert einer Minderheitsbeteiligung abbilden, sind sie schon rein konzeptionell nicht zur Bewertung eines Gesamtunternehmens geeignet.

Ferner haftet den Börsenkursen das Problem der Macht- und Informationsasymmetrie zulasten der Minderheitsaktionäre an. Dementsprechend wird der Markt nicht über die wertrelevante Informationsgrundlage verfügen, auf die ein Sachverständiger bei seiner Bewertung zugreift. Überdies führen der *Lemon-Market*-Effekt und mögliche opportunistische Verhaltensweisen zu einem tendenziell niedrigen abfindungsrelevanten Börsenkurs.

Die Kritikpunkte der Minderheitsabschläge sowie der Macht- und Informationsasymmetrie zeigen sich auch in der aktuellen Studienlage, die auf eine systematische Unterbewertung an der Börse hindeutet.

Zu den genannten Aspekten kommt erschwerend hinzu, dass ihr tatsächliches Vorliegen und ihre Auswirkung auf die Börsenpreisbildung nicht sicher überprüft werden kann. Dies gilt auch allgemein für Börsenkurse, da aus ihnen lediglich das Ergebnis des Preisbildungsprozesses ersichtlich ist.

Dahingehend erweist sich die fundamentale Unternehmensbewertung als überlegen. Wenn sie zwar auch unter Fehlern leiden kann und keinen exakten Wert hervorbringen wird, so kommen die aufgeführten Kritikpunkte bei ihr nicht derart schwer zum Tragen.

Auch ein ökonomischer Vergleich des Börsenkurses und der fundamentalen Bewertung spricht für letztere. Zwar kann der Börsenkursmethode ihr verfahrensökonomischer Vorteil zugutegehalten werden. In Anbetracht des verfassungsrechtlichen Schutzes des Aktieneigentums und der schwerwiegenden Kritik am Börsenkurs darf dies aber nicht für dessen Alleinmaßgeblichkeit ausschlaggebend sein. Aus gesamtökonomischer Sicht hingegen ist der Börsenkurs als alleinige Bewertungsmethode und die damit einhergehende verringerte Abfindung abzulehnen.

Eine Bereinigung des Börsenkurses kann den genannten Kritikpunkten keinen Einhalt gebieten. Allerdings sind die hierzu erörterten Ansätze zu den Nichtberücksichtigungsfällen, zur Durchschnittskursbildung und zur indizierten partiellen Effizienz hinsichtlich der angeführten Einsatzgebiete des Börsenkurses zu berücksichtigen.

Mithin muss einer rein marktorientierten Bewertung eine Absage erteilt werden. Der Börsenkurs ist nicht als alleinige Bewertungsmethode für die Fälle der Barabfindung und des Aktientauschs geeignet. Vor diesem Hintergrund sollte die Tendenz zu dessen alleiniger Maßgeblichkeit in Gesetzgebung, Rechtsprechung und Schrifttum mit Argwohn betrachtet werden.

Sofern man wie die in den Vordergrund dringende Auffassung eine Alleinmaßgeblichkeit des Börsenkurses vertritt und lediglich eine partielle Markteffizienz verlangt, ist nach Maßgabe des hier entwickelten Alternativmodells zu verfahren. Demgemäß hat eine Durchschnittskursbildung zu erfolgen, wobei der Katalog an strengeren Nichtberücksichtigungsfällen zu beachten und eine indizierte partielle Kapitalmarkteffizienz zu fordern ist. Im Rahmen dessen werden die bisherigen rein negativen Anforderungen an aussagefähige Börsenkurse um positive Effizienzanforderungen ergänzt. Allerdings gereicht ein solches Vorgehen nicht dazu, eine angemessene Abfindung zu gewährleisten, und geht entgegen dem verfahrensökonomischen Vorteil der Börsenkursorientierung mit einem zusätzlichen Aufwand einher.

Literaturverzeichnis

Aders, Christian/*Muxfeld*, Dennis: LG Köln bestätigt die DVFA-Empfehlungen für Unternehmensbewertungen als Methode zur Ermittlung des Verkehrswerts der Aktien, CF 2021, 233–236 (zitiert: *Aders/Muxfeld*, CF 2021, 233)

Aders, Christian/*Muxfeld*, Dennis/*Lill*, Felix: Die Delisting-Neuregelung und die Frage nach dem Wert der Börsennotierung, Corporate Finance 2015, 389–399 (zitiert: *Aders/Muxfeld/Lill*, Corporate Finance 2015, 389)

Admati, Anat R./*Pfleiderer*, Paul: A Theory of Intraday Patterns: Volume and Price Variability, The Review of Financial Studies, 1988, Vol. 1, Iss. 1, 3–40 (zitiert: *Admati/Pfleiderer*, Review of Financial Studies, 1988, Vol. 1, Iss. 1, 3)

Adolff, Johannes: Unternehmensbewertung im Recht der börsennotierten Aktiengesellschaft, München, 2007 (zitiert: *Adolff*, Unternehmensbewertung im Recht der börsennotierten Aktiengesellschaft)

Agenjo-Calderón, Astrid/*Gálvez-Munoz*, Lina: Feminist Economics: Theoretical and Political Dimensions, The American Journal of Economics and Sociology, 2019, Vol. 78, Iss. 1, 137–166 (zitiert: *Agenjo-Calderón/Gálvez-Munoz*, American Journal of Economics and Sociology, 2019, Vol. 78, Iss. 1, 137)

Akerlof, George A.: The Market for „Lemons": Quality Uncertainty and the Market Mechanism, The Quarterly Journal of Economics, 1970, Vol. 84, No. 3, 488–500 (zitiert: *Akerlof*, The Quarterly Journal of Economics, 1970, Vol. 84, No. 3, 488)

Akerlof, George A./*Shiller*, Robert J.: Animal Spirits, aus dem Englischen von Ute Gräber-Seißinger, Ingrid Proß-Gill und Doris Gerstner, Frankfurt am Main 2009 (zitiert: *Akerlof/Shiller*, Animal Spirits)

Aljukhadar, Muhammad/*Senecal*, Sylvain/*Daoust*, Charles-Etienne: Using Recommendation Agents to Cope with Information Overload, International Journal of Electronic Commerce, 2012, Vol. 17, No. 2, 41–70 (zitiert: *Aljukhadar/Senecal/Daoust*, International Journal of Electronic Commerce, 2012, Vol. 17, No. 2, 41)

Altmann, Jörn: Volkswirtschaftslehre, 7. Auflage, Stuttgart 2009 (zitiert: *Altmann*, Volkswirtschaftslehre)

Amir, Eli/*Ganzach*, Yoav: Overreaction and underreaction in analysts' forecasts, Journal of Economic Behavior & Organization, 1998, Vol. 37, 333–347 (zitiert: *Amir/Ganzach*, Journal of Economic Behavior & Organization, 1998, Vol. 37, 333)

Angerer, Lutz: Der Squeeze-out, BKR 2002, 260–268 (zitiert: *Angerer*, BKR 2002, 260)

Angerer, Lutz (Hrsg.)/*Brandi*, Tim Oliver (Hrsg.)/*Süßmann*, Rainer (Hrsg.): Wertpapiererwerbs- und Übernahmegesetz (WpÜG) Kommentar, 4. Auflage, München 2023 (zitiert: Angerer/Brandi/Süßmann/*Bearbeiter*, WpÜG)

Angerer, Lutz (Hrsg.)/*Geibel*, Stephan (Hrsg.)/*Süßmann*, Rainer (Hrsg.): Wertpapiererwerbs- und Übernahmegesetz (WpÜG) Kommentar, 3. Auflage, München 2017 (zitiert: Angerer/Geibel/Süßmann/*Bearbeiter*, WpÜG, 3. Aufl. 2017)

Antoniou, Antonios/*Galariotis*, Emilios/*Spyrou*, Spyros: Profits From Buying Losers And Selling Winners In The London Stock Exchange, International Journal of Business & Economics Research, 2011, Vol. 1, No. 11, 59–66 (zitiert: *Antoniou/Galariotis/Spyrou*, International Journal of Business & Economics Research, 2011, Vol. 1, No. 11, 59)

Arbeitsgemeinschaft Media-Analyse (Ag.ma): Reichweite der Top-10-Nachrichtenseiten in Deutschland im März 2023 (2023), in Statista, abrufbar unter: https://de.statista.com/statistik/daten/studie/165258/umfrage/reichweite-der-meistbesuchten-nachrichtenwebsites/, zuletzt abgerufen am 18. 8. 2024 (zitiert: *Ag.ma*, Reichweite der Top-10-Nachrichtenseiten in Deutschland im März 2023 (2023), https://de.statista.com/statistik/daten/studie/165258/umfrage/reichweite-der-meistbesuchten-nachrichtenwebsites/, zuletzt abgerufen am 18. 8. 2024)

Arnsten, Amy F. T.: The Biology of Being Frazzled, Science, 1998, Vol. 280, No. 5370, 1711–1712 (zitiert: *Arnsten*, Science, 1998, Vol. 280, No. 5370, 1711)

Asch, Solomon E.: Opinions and Social Pressure, Scientific American, 1955, Vol. 193, No. 5, 31–35 (zitiert: *Asch*, Scientific American, 1955, Vol. 193, No. 5, 31)

Assmann, Heinz-Dieter (Hrsg.)/*Pötzsch*, Thorsten (Hrsg.)/*Schneider*, Uwe H. (Hrsg.): Wertpapiererwerbs- und Übernahmegesetz Kommentar, 4. Auflage, Köln 2024 (zitiert: Assmann/Pötzsch/Schneider/*Bearbeiter*, WPÜG)

Assmann, Heinz-Dieter (Hrsg.)/*Pötzsch*, Thorsten (Hrsg.)/*Schneider*, Uwe H. (Hrsg.): Wertpapiererwerbs- und Übernahmegesetz Kommentar, 3. Auflage, Köln 2020 (zitiert: Assmann/Pötzsch/Schneider/*Bearbeiter*, WPÜG, 3. Aufl. 2020)

Assmann, Heinz-Dieter (Hrsg.)/*Schneider*, Uwe H. (Hrsg.)/*Mülbert*, Peter O. (Hrsg.): Wertpapierhandelsrecht Kommentar, 7. Auflage, Köln 2019 (zitiert: Assmann/Schneider/Mülbert/*Bearbeiter*, Wertpapierhandelsrecht)

Assmann, Heinz-Dieter (Hrsg.)/*Schütze*, Rolf A. (Hrsg.)/*Buck-Heeb*, Petra (Hrsg.): Handbuch des Kapitalanlagerechts, 5. Auflage, München 2020 (zitiert: Assmann/Schütze/Buck-Heeb/*Bearbeiter*, KapAnlR-HdB)

Augier, Mie (Hrsg.)/*Teece*, David J. (Hrsg.): The Palgrave Encyclopedia of Strategic Management, London, 2018 (zitiert: Augier/Teece/*Bearbeiter*, The Palgrave Encyclopedia of Strategic Management)

Averbeck, Daniel: Added Value von Behavioral-Finance-Fonds, Berlin 2018 (zitiert: *Averbeck*, Added Value von Behavioral-Finance-Fonds)

Avgouleas, Emilios: The Mechanics and Regulation of Market Abuse, Oxford 2005 (zitiert: *Avgouleas*, The Mechanics and Regulation of Market Abuse)

Azzutti, Alessio: Artificial Intelligence and Market Manipulation, Hambur, 2024 (zitiert: *Azzutti*, Artificial Intelligence and Market Manipulation)

Bachmann, Gregor: Rocket Internet – Ein Fall für den Gesetzgeber?, NZG 2021, 609–610 (zitiert: *Bachmann*, NZG 2021, 609)

Bachmann, Kremena/*De Giorgi*, Enrico G./*Hens*, Thorsten: Behavioral Finance for Private Banking, 2. Auflage, Hoboken 2018 (zitiert: *Bachmann/De Giorgi/Hens*, Behavioral Finance for Private Banking)

Baddeley, Michelle: Behavioural Economics and Finance, New York, 2013 (zitiert: *Baddeley*, Behavioural Economics and Finance)

Bajaj, Mukesh/*Mazumbar*, Sumon C./*McLaughlin*, Daniel A.: Assessing Market Efficiency for Reliance on the Fraud-on-the-market Doctrine After Wal-Mart and Amgen, Research in Law and Economics, 2014, Vol. 26, 161–207 (zitiert: *Bajaj/Mazumdar/McLaughlin*, Research in Law and Economics, 2014, Vol. 26, 161)

Bak, Jacek/*Bigus*, Jochen: Kapitalmarkteffizienz versus zwingender Anlegerschutz im Aktienrecht, ZBB 2006, 430–443 (zitiert: *Bak/Bigus*, ZBB 2006, 430)

Baker, Harold Kent/*Filbek*, Greg/*Nofsinger*, John R.: Behavioral Finance: What everyone needs to know, New York 2019 (zitiert: *Baker/Filbeck/Nofsinger*, Behavioral Finance)

Baker, Harold Kent (Hrsg.)/*Nofsinger*, John R. (Hrsg.): Behavioral Finance, Hoboken 2010 (zitiert: Baker/Nofsinger/*Bearbeiter*, Behavioral Finance)

Ballwieser, Wolfgang/*Hachmeister*, Dirk: Unternehmensbewertung, 6. Auflage, Stuttgart 2021 (zitiert: *Ballwieser/Hachmeister*, Unternehmensbewertung)

Banerjee, Abhijit V.: A Simple Model of Herd Behavior, The Quarterly Journal of Economics, 1992, Vol. 107, Iss. 3, 797–817 (zitiert: *Banerjee*, Quarterly Journal of Economics, 1992, Vol. 107, Iss. 3, 797)

Bank, Matthias/*Kottke*, Nils: Die Auswirkungen von Overconfidence auf die Rationalität von Entscheidungen, Working Paper des Instituts für betriebliche Finanzwirtschaft der Universität Innsbruck, Januar, 2005 (zitiert: *Bank/Kottke*, Overconfidence)

Baranzini, Mauro (Hrsg.)/*Scazzieri*, Roberto (Hrsg.): Foundations of Economics, New York 1986 (zitiert: Baranzini/Scazzieri/*Bearbeiter*, Foundations of Economics)

Barber, Brad M./*Griffin*, Paul A./*Lev*, Baruch: The Fraud-on-the-Market Theory and the Indicators of Common Stocks' Efficiency, The Journal of Corporation Law, 1994, Vol. 19, Iss. 2, 285–312 (zitiert: *Barber/Griffin/Lev*, Journal of Corporation Law, 1994, Vol. 19, Iss. 2, 285)

Barber, Brad M./*Odean*, Terrance: All That Glitters: The Effect of News on the Buying Behavior of Individual and Institutional Investors, The Review of Financial Studies, Vol.2, April 2008, 785–818 (zitiert: *Barber/Odean*, The Review of Financial Studies, Vol.2, April 2008, 785)

Barber, Brad M./*Odean*, Terrance: Trading Is Hazardous to Your Wealth: The Common Stock Investments Performance of Individual Investors, The Journal of Finance, 2000, Vol. 55, No. 2, 773–806 (zitiert: *Barber/Odean*, Journal of Finance, 2000, Vol. 55, No. 2, 773)

Barberis, Nicholas: Advances in Behavioral Economics, The Psychology of Tail Events: Progress and Challenges, American Economic Review: Papers & Proceedings, 2013, Vol. 103, No. 3, 611–616 (zitiert: *Barberis*, American Economic Review: Papers & Proceedings, 2013, Vol. 103, No. 3, 611)

Barberis, Nicholas/*Shleifer*, Andrei/*Vishny*, Robert: A model of Investor sentiment, Journal of Financial Economics 1998, Vol. 49, Iss. 3, 307–343 (zitiert: *Barberis/Shleifer/Vishny*, Journal of Financial Economics 1998, Vol. 49, Iss. 3, 307)

Barouk, Naima: Der angemessene Preis im deutschen und französischen Übernahmerecht, Berlin 2008 (zitiert: *Barouk*, Der angemessene Preis im deutschen und französischen Übernahmerecht)

Bator, Jakob: Die Marktmanipulation im Entwurf zum Finanzmarktnovellierungsgesetz – unionskonform?, BKR 2016, 1–7 (zitiert: *Bator*, BKR 2016, 1)

Bauer, Eva-Maria: Die Aneignung von Bildern, Baden-Baden 2020 (zitiert: *Bauer*, Die Aneignung von Bildern)

Bauer, Patrick: BGH: Abfindung außenstehender Aktionäre, NZG 2001, 891–893 (zitiert: *Bauer*, NZG 2001, 891)

Baums, Theodor: Rechtsfragen der Bewertung bei Verschmelzung börsennotierter Gesellschaften, ILF Working Paper No. 104, 06/2009 (zitiert: *Baums*, ILF Working Paper No. 104, 06/2009)

Bayer, Walter: Aktionärsschutz beim Delisting: Empfehlungen an den Gesetzgeber, ZIP 2015, 853–859 (zitiert: *Bayer*, ZIP 2015, 853)

Bayer, Walter: Kapitalerhöhung mit Bezugsrechtsschluß und Vermögensschutz der Aktionäre nach § 255 Abs. 2 AktG, ZHR 1999, 505–553 (zitiert: *Bayer*, ZHR 1999, 505)

Bayer, Walter: Delisting: Korrektur der Frosta-Rechtsprechung durch den Gesetzgeber, NZG 2015, 1169–1178 (zitiert: *Bayer*, NZG 2015, 1169)

Bayer, Walter: Die Delisting-Entscheidungen „Macroton" und „Frosta" des II. Zivilsenats des BGH, ZfPW 2015, 163–226 (zitiert: *Bayer*, ZfPW 2015, 163)

Bayer, Walter: 1 000 Tage neues Umwandlungsrecht – eine Zwischenbilanz, ZIP 1997, 1613–1626 (zitiert: *Bayer*, ZIP 1997, 1613)

Bayern, Shawn J.: Rational Ignorance, Rational Closed-Mindedness, and Modern Economic Formalism in Contract Law, California Law Review, 2009, Vol. 97, No. 3, 943–973 (zitiert: *Bayern*, California Law Review, 2009, Vol. 97, No. 3, 943)

Bayram, Milan: Manipulative Handelspraktiken gem. Art. 12 MAR, Berlin 2020 (zitiert: *Bayram*, Manipulative Handelspraktiken gem. Art. 12 MAR)

Bayram, Milan/*Meier*, Dominik: Marktmanipulation durch Leerverkaufsattacken, BKR 2018, 55–61 (zitiert: *Bayram/Meier*, BKR 2018, 55)

Bebchuk, Lucian Arye/*Kahan*, Marcel: Adverse Selection and Gains to Controllers in Corporate Freezeouts, S. 247–259, in: Concentrated Corporate Ownership, Chicago 2000 (zitiert: *Bebchuk/Kahan*, Adverse Selection and Gains to Controllers in Corporate Freezeouts, in: Concentrated Corporate Ownership (2000), S. 247)

Bebchuk, Lucian Arye/*Kahan*, Marcel: The „Lemons Effect" in Corporate Freeze-Outs, NBER Workings Paper 6938, 1999 (zitiert: *Bebchuk/Kahan*, NBER Working Paper 6938, 1999)

Beck, Hanno: Behavioral Economics, Wiesbaden 2014 (zitiert: *Beck*, Behavioral Economics)

Becker, Christian (Hrsg.)/*Heyder*, Stefan (Hrsg.)/*Paudtke*, Berndt (Hrsg.): Wirtschaftsstabilisierungsfondsgesetz (WStFG), 1. Auflage, München 2021 (zitiert: Becker/Heyder/Paudtke/*Bearbeiter*, WStFG)

Becker, Florian: Umwandlungsmaßnahmen im Insolvenzplan und die Grenzen einer Überlagerung des Gesellschaftsrechts durch das Insolvenzrecht, ZInsO 2013, 1885–1892 (zitiert: *Becker*, ZInsO 2013, 1885)

Beer, Florian: Die Verantwortung des Börsenträgers bei der Gestaltung alternativer Marktsegmente, 1. Auflage, Baden-Baden 2018 (zitiert: *Beer*, Die Verantwortung des Börsenträgers bei der Gestaltung alternativer Marktsegmente)

Behnke, Thorsten: BVerfG: Verfassungswidrigkeit der Nichtberücksichtigung des Börsenkurses für Abfindungs-/Ausgleichsanspruch von außenstehenden/ausgeschiedenen Aktionären (DAT/Altana), Anmerkung zu BVerfG, Beschl. v. 27.04.1999 – 1 BvR 1613/94, NZG 1999, 931–934 (zitiert: *Behnke*, NZG 1999, 931)

Behrens, Peter: Rechtspolitische Grundsatzfragen zu einer Europäischen Regelung für Übernahmeangebote, ZGR 1975, 433–458 (zitiert: *Behrens*, ZGR 1975, 433)

Behringer, Stefan: Eine kurze Geschichte der Unternehmensbewertung, Wiesbaden 2020 (zitiert: *Behringer*, Eine kurze Geschichte der Unternehmensbewertung)

Behringer, Stefan (Hrsg.): Compliance kompakt, 4. Auflage, Berlin 2018 (zitiert: Behringer/*Bearbeiter*, Compliance kompakt)

Beisel, Wilhelm (Begr., Hrsg.)/*Klumpp*, Hans-Hermann (Begr., Hrsg.): Der Unternehmenskauf, 7. Auflage, München 2016 (zitiert: Beisel/Klumpp/*Bearbeiter*, Der Unternehmenskauf)

Benic, Vladimir/*Franic*, Ivna: Stock Market Liquidity: Comparative Analysis of Croatian and Regional Markets, Financial Theory and Practice, 2008, Vol. 32, Iss. 4, 477–498 (zitiert: *Benic/Franic*, Financial Theory and Practice, 2008, Vol. 32, Iss. 4, 477)

Beny, Laura Nyantung: Insider Laws and Stock Markets Around the World: Empirical Contribution to the Theoretical Law and Economics Debate, The Journal of Corporation Law, 2007, Vol. 32, No. 2, 237–300 (zitiert: *Beny*, Journal of Corporation Law, 2007, Vol. 32, No. 2, 237)

Berg, Catharina S. von: Der Marktrückzug des Emittenten: Dynamische Marktstrukturregulierung im Schnittfeld von Kapitalmarkt- und Gesellschaftsrecht, Tübingen 2018 (zitiert: *von Berg*, Der Marktrückzug des Emittenten)

Berg, Catharina S. von: Zur gerichtlichen Kontrolle von Abfindungen im Rahmen des Delistings, BKR 2020, 339–345 (zitiert: *von Berg*, BKR 2020, 339)

Berlin-Brandenburgische Akademie der Wissenschaften (o.J.): „mehrere“, in: DWDS – Digitales Wörterbuch der deutschen Sprache, hrsg. v. d. Berlin-Brandenburgischen Akademie der Wissenschaften, abrufbar unter: https://www.dwds.de/wb/mehrere, zuletzt abgerufen am 16.8.2024 (zitiert: „mehrere“, in: DWDS – Digitales Wörterbuch der deutschen Sprache, hrsg. v. d. Berlin-Brandenburgischen Akademie der Wissenschaften, URL: https://www.dwds.de/wb/mehrere (Abrufdatum: 16.8.2024))

Bernard, Victor L./*Botosan*, Christine Ann/*Phillips*, Gregory D.: Challenges to the Efficient Market Hypothesis: Limits to the Applicability of Fraud-on-the-Market Theory, Nebraska

Law Review, 1994, Vol. 73, Iss. 4, 781–811 (zitiert: *Bernard/Botosan/Phillips*, Nebraska Law Review, 1994, Vol. 73, Iss. 4, 781)

Bernard, Victor L./*Thomas*, Jacob K.: Post-Earnings-Announcement Drift: Delayed Price Response or Risk Premium?, Journal of Accounting Research, 1989, Vol. 27, 1–36 (zitiert: *Bernhard/Thomas*, Journal of Accounting Research, 1989, Vol. 27, 1)

Berninger, Marc/*Kiesel*, Florian/*Schiereck*, Dirk: Marktmanipulationen und Forensic Finance: Die Bedeutung von Faktormodellen für kurzfristige Bewertungshorizonte, BKR 2018, 408–412 (zitiert: *Berninger/Kiesel/Schiereck*, BKR 2018, 408)

Betzer, André/*Budzinski*, Alexander/*Thiele*, Stefan: Der Börsenkurs als Grundlage der Abfindungsbemessung, KSzW 2011, 426–431 (zitiert: *Betzer/Budzinski/Thiele*, KSzW 2011, 426)

Beumer, Jochen: I-Advise, Studie zur Bewertungspraxis bei gesellschaftsrechtlichen Anlässen, 9. Auflage (2010–2022), Düsseldorf 2023, abrufbar unter: https://www.i-advise.de/wp-content/uploads/2023/07/I-ADVISE-Studie-Bewertungspraxis-9.-Auflage.pdf, zuletzt abgerufen am 16. 8. 2024 (zitiert: I-Advise, Studie zur Bewertungspraxis bei gesellschaftsrechtlichen Anlässen, 2023)

Beumer, Jochen: I-Advise, Studie zur Bewertungspraxis bei gesellschaftsrechtlichen Anlässen, 10. Auflage (2010–2023), Düsseldorf 2024, abrufbar unter: https://www.i-advise.de/wp-content/uploads/2024/04/Studie-Bewertungspraxis-2023.pdf, zuletzt abgerufen am 16. 8. 2024 (zitiert: I-Advise, Studie zur Bewertungspraxis bei gesellschaftsrechtlichen Anlässen, 2024)

Bianchi, Sergio/*Frezza*, Massimiliano: Liquidity, Efficiency and the 2007–2008 Global Financial Crisis, Annals of Economics and Finance, 2018, 19–2, 375–404 (zitiert: *Bianchi/Frezza*, Annals of Economics and Finance, 2018, 19–2, 375)

Bienert, Horst: Der Marktprozeß an Aktienbörsen, Wiesbaden 1996 (zitiert: *Bienert*, Der Marktprozeß an Aktienbörsen)

Bilda, Klaus: Zur Dauer der Spruchstellenverfahren, NZG 2000, 296–301 (zitiert: *Bilda*, NZG 2000, 296)

Bimberg, Mathias Cyril: Unternehmensübernahmen und Erwerbsangebote in Deutschland, 1. Auflage, Wiesbaden, 2009 (zitiert: *Bimberg*, Unternehmensübernahmen und Erwerbsangebote in Deutschland)

Black, Fischer: Noise, The Journal of Finance, 1986, Vol. 41, No. 3, 529–543 (zitiert: *Black*, Journal of Finance, 1986, Vol. 41, No. 3, 529)

Blanton, Hart/*Pelham*, Brett W./*DeHart*, Tracy/*Carvallo*, Mauricio: Overconfidence as Dissonance Reduction, Journal of Experimental Social Psychology, 2001, Vol. 37, 373–385 (zitiert: *Blanton/Pelham/DeHart/Carvallo*, Journal of Experimental Social Psychology, 2001, Vol. 37, 373)

Bloomfield, Robert/*O'Hara*, Maureen/*Saar*, Gideon: How Noise Trading Affects Markets: An Experimental Analysis, The Review of Financial Studies, 2009, Vol. 22, Iss. 6, 2275–2302 (zitiert: *Bloomfield/O'Hara/Saar*, Review of Financial Studies, 2009, Vol. 22, Iss. 6, 2275)

Böcking, Hans-Joachim: Das Verbundberücksichtigungsprinzip als Grundsatz ordnungsmäßiger Unternehmensbewertung, S. 1407–1434, in: Bilanzrecht und Kapitalmarkt, Festschrift zum 65. Geburtstag von Professor Dr. Dr. h. c. Dr. h. c. Adolf Moxter, Düsseldorf 1994 (zitiert: *Böcking*, FS Moxter (1994), S. 1407)

Bonnecker, Tim/*Schneider*, Christian: Bilanzanalytische Möglichkeiten zur Aufdeckung von Bilanzmanipulationen, StuB 2020, 665–670 (zitiert: *Bonnecke/Schneider*, StuB 2020, 665)

Boos, Karl-Heinz (Hrsg.)/*Fischer*, Reinfrid (Hrsg.)/*Schulte-Mattler*, Hermann (Hrsg.): KWG, CRR-VO, Kommentar zu Kreditwesengesetz, VO (EU) Nr. 575/2013 (CRR) und Ausführungsvorschriften, 5. Auflage, München 2016 (zitiert: Boos/Fischer/Schulte-Mattler/*Bearbeiter*, KWG, CSR-VO)

Bormann, Jens/*Stelmaszczyk*, Peter: Grenzüberschreitende Verschmelzungen nach dem EU-Company Law Package, ZIP 2019, 300–312 (zitiert: *Bormann/Stelmaszczyk*, ZIP 2019, 300)

Bormann, Michael/*Hellwig*, Hans-Jürgen: Die Abfindungsregeln beim Going Private – Der Gesetzgeber ist gefordert!, ZGR 2002, 465–496) (zitiert: *Hellwig/Bormann*, ZGR 2002, 465)

Boujong, Karlheinz (Begr.)/*Ebenroth*, Carsten Thomas (Begr.)/*Joost*, Detlev (Hrsg.)/*Strohn*, Lutz (Hrsg.): Ebenroth/Boujong/Joost/Strohn, Handelsgesetzbuch, Band 2, 4. Auflage, München 2020 (zitiert: EBJS-HGB/*Bearbeiter*, 4. Aufl. 2020)

Boujong, Karlheinz (Begr.)/*Ebenroth*, Carsten Thomas (Begr.)/*Joost*, Detlev (Hrsg.)/*Strohn*, Lutz (Hrsg.)/*Poelzig*, Dörte (Hrsg.)/*Sander*, Volker (Hrsg.): Ebenroth/Boujong/Joost/Strohn, Handelsgesetzbuch, Band 2, 5. Auflage, München 2024 (zitiert: EBJS-HGB/*Bearbeiter*)

Brandenstein, Pia/*Höfling*, Tobias: Sind Freiverkehrskurse eine taugliche Untergrenze der Barabfindung in Spruchverfahren?, NZG 2021, 18–21 (zitiert: *Brandenstein/Höfling*, NZG 2021, 18)

Brav, Alon/*Heaton*, J. B.: Market Indeterminacy, The Journal of Corporation Law, 2003, Vol. 28, Iss. 4, 517–539 (zitiert: *Brav/Heaton*, Journal of Corporation Law, 2003, Vol. 28, Iss. 4, 517)

Brav, Alon/*Heaton*, J. B.: Event Studies in Securities Litigation: Low Power, Confounding Effects, and Bias, Washington University Law Review, 2015, Vol. 93, Iss. 2, 583–614 (zitiert: *Brav/Heaton*, Washington University Law Review, 2015, Vol. 93, Iss. 2, 583)

Brellochs, Michael: Der Rückzug von der Börse nach „Frosta“, AG 2014, 633–647 (zitiert: *Brellochs*, AG 2014, 633)

Brellochs, Michael: Zur Angemessenheit der Gegenleistung im Übernahmerecht, ZGR 2018, 811–833 (zitiert: *Brellochs*, ZGR 2018, 811)

Brösel, Gerrit/*Karami*, Behzad: Der Börsenkurs in der Rechtsprechung: Zum Spannungsverhältnis zwischen Minderheitenschutz und Rechtssicherheit – Anmerkungen zum Stollwerck-Beschluss vom 19.07.2010, WPg 2011, 418–430 (zitiert: *Brösel/Karami*, WPg 2011, 418)

Brummer, Chris/*Strine*, Jr., Leo E.: Duty and Diversity, Vanderbilt Law Review, 2022, Vol. 75, No. 1, 1–92 (zitiert: *Brummer/Strine*, Vanderbilt Law Review, 2022, Vol. 75, No. 1, 1)

Bücker, Thomas: Die Berücksichtigung des Börsenkurses bei Strukturmaßnahmen – BGH revidiert DAT/Altana, NZG 2010, 967–971 (zitiert: *Bücker*, NZG 2010, 967)

Buck-Heeb, Petra: Kapitalmarktrecht, 13. Auflage, Heidelberg 2023 (zitiert: *Buck-Heeb*, Kapitalmarktrecht)

Bundesanstalt für Finanzdienstleistungsaufsicht (BaFin): BaFin, Emittentenleitfaden Modul C, Stand: 25.3.2020, abrufbar unter: https://www.bafin.de/ref/19600474, zuletzt abgerufen am 16.8.2024 (zitiert: *BaFin*, Emittentenleitfaden 2020 Modul C)

Bundesanstalt für Finanzdienstleistungsaufsicht (BaFin): Merkblatt: Tatbestand des Betriebs eines multilateralen Handelssystems gemäß § 1 Abs. 1a Satz 2 Nr. 1b KWG, 07.12.2009, geändert am 27.04.2023, abrufbar unter: https://www.bafin.de/dok/7866836, zuletzt abgerufen am 16.8.2024 (zitiert: *BaFin*, Merkblatt Betrieb eines multilateralen Handelssystems, https://www.bafin.de/dok/7866836)

Bundesanstalt für Finanzdienstleistungsaufsicht (BaFin): Mindestpreise, geändert am 01.01.2024, abrufbar unter: https://www.bafin.de/ref/19593414, zuletzt abgerufen am 16.8.2024 (zitiert: *BaFin*, Mindestpreise, https://www.bafin.de/ref/19593414)

Bundesrechtsanwaltskammer (BRAK): Stellungnahme Nr. 37/2015, Oktober 2015, zum Entwurf eines Gesetzes zur Umsetzung der Transparenzrichtlinie-Änderungsrichtlinie (Delisting) – BT-Drucks. 18/5010 (zitiert: *BRAK*, Stellungnahme Nr. 37/2015)

Bungert, Hartwin: DAT/Altana: Der BGH gibt der Praxis Rätsel auf, BB 2001, 1163–1166 (Bungert, BB 2001, 1163)

Bungert, Hartwin/*Becker*, Eric: Neuer zur Hochrechnung des Börsenkurses bei Strukturmaßnahmen, DB 2021, 940–945 (zitiert: *Bungert/Becker*, DB 2021, 940)

Bungert, Hartwin/*Eckert*, Jan: Unternehmensbewertung nach Börsenwert: Zivilgerichtliche Umsetzung der BVerfG-Rechtsprechung, BB 2000, 1845–1849 (zitiert: *Bungert/Eckert*, BB 2000, 1845)

Bungert, Hartwin/*Leyendecker-Langner*, Benjamin E.: Börsenkursrechtsprechung beim vorgeschalteten Delisting, BB 2014, 521–525 (zitiert: *Bungert/Leyendecker-Langner*, BB 2014, 521)

Bungert, Hartwin/*Leyendecker-Langner*, Benjamin E.: Die Neuregelung des Delisting, ZIP 2016, 49–54 (zitiert: *Bungert/Leyendecker-Langner*, ZIP 2016, 49)

Bungert, Hartwin/*Leyendecker-Langner*, Benjamin E.: Unternehmensbewertung oder Durchschnittsbörsenkurs beim Delisting?, DB 2015, 2251–2256 (zitiert: *Bungert/Leyendecker-Langner*, DB 2015, 2251)

Bungert, Hartwin/*Strohotte*, Christian: Neues zur Börsenwertrechtsprechung bei Unternehmensverträgen – Zugleich Besprechung des BGH-Beschlusses vom 21.02.2023 – II ZB 12/21, DB 2023, 1332–1337 (zitiert: *Bungert/Strohotte*, DB 2023, 1332)

Bungert, Hartwin/*Strohotte*, Christian: Kapitalerhöhung ohne Blockaderisiko – Die Neuerungen der §§ 255 bis 255b AktG im RegE des Zukunftsfinanzierungsgesetzes, DB 2023, 2422–2430 (zitiert: *Bungert/Strothotte*, DB 2023, 2422)

Bungert, Hartwin/*Wettich*, Carsten: Die zunehmende Bedeutung des Börsenkurses bei Strukturmaßnahmen im Wandel der Rechtsprechung, S. 157–189, in: Festschrift für Michael

Hoffmann-Becking zum 70. Geburtstag, München 2013 (zitiert: *Bungert/Wettich*, FS Hoffmann-Becking (2013), S. 157)

Bungert, Hartwin/*Wettich*, Carsten: Neues zur Ermittlung des Börsenwerts bei Strukturmaßnahmen, ZIP 2012, 449–455 (zitiert: *Bungert/Wettich*, ZIP 2012, 449)

Bungert, Hartwin/*Wettich*, Carsten: Vorgaben aus Karlsruhe zum Referenzzeitraum des Börsenwerts für die Abfindung bei Strukturmaßnahmen, BB 2010, 2227–2232 (zitiert: *Bungert/Wettich*, BB 2010, 2227)

Bünzli, Simon/*Eichenberger*, Alexander/*Gantenbein*, Alexander/*Kley*, Christoph: Messung der Marktliquidität am Beispiel des schweizerischen Aktienmarkts, Banking & Finance-Arbeitspapier Nr. 1 der ZHAW School of Management and Law, Stand: 15. 12. 2013 (zitiert: *Bünzli/Eichenberger/Gantenbein/Kley*, Messung der Marktliquidität am Beispiel des schweizerischen Aktienmarkts)

Burger, Anton: Die Maßgeblichkeit von Börsekursen für die Bemessung der Barabfindung beim Gesellschafterausschluss, Dissertation, Wien 2011 (zitiert: *Burger*, Die Maßgeblichkeit von Börsekursen für die Bemessung der Barabfindung beim Gesellschafterausschluss)

Burger, Anton: Keine angemessene Abfindung durch Börsenkurse bei Squeeze-out, NZG 2012, 281–289 (zitiert: *Burger*, NZG 2012, 281)

Bürgers, Tobias (Hrsg.)/*Körber*, Torsten (Hrsg.)/*Lieder*, Jan (Hrsg.): Aktiengesetz, 5. Auflage, Heidelberg 2020 (zitiert: Bürgers/Körber/Lieder/*Bearbeiter*, AktG)

Burton, Edwin T./*Shah*, Sunit N.: Behavioral Finance, Hoboken 2013 (zitiert: *Burton/Shah*, Behavioral Finance)

Buss, David M. (Hrsg.): The Handbook of Evolutionary Psychology, 2. Auflage, Hoboken 2016 (zitiert: Buss/*Bearbeiter*, Handbook of Evolutionary Psychology)

Busse von Colbe, Walther: Berücksichtigung von Synergien versus Stand-alone-Prinzip bei der Unternehmensbewertung, ZGR 1994, 595–609 (zitiert: *Busse von Colbe*, ZGR 1994, 595)

Busse von Colbe, Walther: Der Vernunft eine Gasse: Abfindung von Minderheitsaktionären nicht unter dem Börsenkurs ihrer Aktien, S. 1053–1067, in: Festschrift für Marcus Lutter zum 70. Geburtstag: Deutsches und europäisches Gesellschafts-, Konzern- und Kapitalmarktrecht, Köln 2000 (zitiert: *Busse von Colbe*, FS Lutter (2000) S. 1053)

Buth, Andrea K. (Hrsg.)/*Hermanns*, Michael (Hrsg.): Restrukturierung, Sanierung, Insolvenz, Handbuch, 4. Auflage, München 2014 (zitiert: Buth/Hermanns/*Bearbeiter*, Restrukturierung, Sanierung, Insolvenz)

Camerer, Colin F.: Taxi Drivers and Beauty Contests, Engineering & Science, 1997, Vol. 60, No. I, 10–19 (zitiert: *Camerer*, Engineering & Science, 1997, Vol. 60, No. I, 10)

Camerer, Colin F./*Babcockm*, Linda/*Loewenstein*, George/*Thaler*, Richard: Labor Supply of New York City Cabdrivers: One Day at a Time, Quarterly Journal of Economics, 1997, 407–441 (zitiert: *Camerer/Babcock/Loewenstein/Thaler*, Quarterly Journal of Economics, 1997, 407)

Cao, Hanqi/*Liu*, Siyuan: Proceedings of the 2022 7th International Conference on Financial Innovation and Economic Development (ICFIED 2022), The Consideration of Meme Stock, Case Study of GameStop Saga, Advances in Economics, Business and Management Research, 2022, Vol. 648, 211–214 (zitiert: *Cao/Liu*, Advances in Economics, Business and Management Research, 2022, Vol. 648, 211)

Caplin, Andrew/*Leahy*, John: Business as Usual, Market Crashes, and Wisdom After the Fact, The American Economic Review, 1994, Vol. 84, No. 3, 548–565 (zitiert: *Caplin/Leahy*, The American Economic Review, 1994, Vol. 84, No. 3, 548)

Cascante, Christian/*Weigel*, Johannes: Liquide Aktien als Gegenleistung bei Pflicht- und Übernahmeangeboten, NZG 2021, 1110–1117 (zitiert: *Cascante/Weigel*, NZG 2021, 1110)

Casper, Matthias: Delisting – das Ende einer unendlichen Geschichte?, S. 117–165, in: Festschrift für Johannes Köndgen zum 70. Geburtstag, Köln 2016 (zitiert: *Casper*, FS Köndgen (2016), S. 117)

Chamley, Christoph P.: Rational Herds Economic Models of Social Learning, Cambridge 2004 (zitiert: *Chamley*, Rational Herds)

Chen, Zhihong/*Huang*, Yan/*Kusnadi*, Yuanto/*Wei*, K. C. John: The real effect of the initial enforcement of insider trading laws, Journal of Corporate Finance, 2017, Vol. 45, 687–709 (zitiert: *Chen/Huang/Kusnadi/Wei*, Journal of Corporate Finance, 2017, Vol. 45, 687)

Chiu, Victoria/*Yahya*, Moin A.: The Meme Stock Paradox, Corporate & Business Law Journal, 2022, Vol. 3, 51–101 (zitiert: *Chiu/Yahya*, Corporate & Business Law Journal, 2022, Vol. 3, 51)

Choi, James J./*Laibson*, David/*Madrian*, Brigitte C./*Metrick*, Andrew: Reinforcement Learning and Saving Behavior, The Journal of Finance, 2009, Vol. 64, No. 6, 2515–2534 (zitiert: *Choi/Laibson/Madrian/Metrick*, Journal of Finance, 2009, Vol. 64, No. 6, 2515)

Chordia, Tarun/*Roll*, Richard/*Subrahmanyam*, Avanidhar: Liquidity and market efficiency, Journal of Financial Economics, 2008, Vol. 87, Iss. 2, 249–268 (zitiert: *Chordia/Roll/Subrahmanyam*, Journal of Financial Economics, 2008, Vol. 87, Iss. 2, 249)

Chung, Dennis/*Hrazdil*, Karel: Liquidity and market efficiency: A large sample study, Journal of Banking & Finance, 2010, Vol. 34, Iss. 10, 2346–2357 (zitiert: *Chung/Hrazdil*, Journal of Banking & Finance, 2010, Vol. 34, Iss. 10, 2346)

Chung, Dennis Y./*Hrazdil*, Karel/*Novak*, Jiri/*Suwanyangyuan*, Nattavut: Does the large amount of information in corporate disclosures hinder or enhance price discovery in the capital market?, Journal of Contemporary Accounting & Economics, 2019, Vol. 15, Iss. 1, 36–52 (zitiert: *Chung/Hrazdil/Novak/Suwanyangyuan*, Journal of Contemporary Accounting & Economics, 2019, Vol. 15, Iss. 1, 36)

Claussen, Carsten Peter/*Bröcker*, Norbert: Der Corporate Governance-Kodex aus der Perspektive der kleinen und mittleren Börsen-AG, DB 2002, 1199–1206 (zitiert: *Claussen/Bröcker*, DB 2002, 1199)

Coates, John C. IV: Fair Value As An Avoidable Rule of Corporate Law: Minority Discounts in Conflict Transactions, University of Pennsylvania Law Review, 1999, Vol. 147 No. 6, 1251–1359 (zitiert: *Coates*, University of Pennsylvania Law Review, 1999, Vol. 147, No. 6, 1251)

Commandeur, Marcus: Short-Attacken aktivistischer Leerverkäufer, AG 2020, 575–583 (zitiert: *Commandeur*, AG 2020, 575)

Cory, Gerald A., Jr.: Dual motive theory as the biological mecca of the economist. Fulfilling the undeveloped insight of Alfred Marshall. Famed synthesizer of neoclassical economics, Journal of Behavioral Economics for Policy, 2021, Vol. 5, John Tomer Memorial Issue, 7–38 (zitiert: *Cory*, Journal of Behavioral Economics for Policy, 2021, Vol. 5, John Tomer Memorial Issue, 7)

Cory, Gerald A., Jr.: Reappraising MacLean's Triune Brain Concept, S. 9–27, in: The Evolutionary Neuroethology of Paul MacLean: Convergences and Frontiers, Westport 2002 (zitiert: *Cory*, Reappraising MacLean's Triune Brain Concept, S. 9, in: The Evolutionary Neuroethology of Paul MacLean: Convergences and Frontiers, 2002)

Costala, Michele/*Iacopini*, Matteo/*Santagiustina*, Carlo R.M.A.: On the „momentum" of meme stocks, Economic Letters, 2021, Vol. 207, Art. 110021 (zitiert: *Costala/Iacopini/Santagiustina*, Economic Letters, 2021, Vol. 207, Art. 110021)

Cowan, Nelson: The magical number 4 in short-term memory: A reconsideration of mental storage capacity, Behavioral and Brain Sciences, 2000, Vol. 24, Iss. 1, 85–187 (zitiert: *Cowan*, Behavioral and Brain Sciences, 2000, Vol. 24, Iss. 1, 85)

Daniel, Kent/*Hirshleifer*, David/*Subrahmanyam*, Avanidhar: Investor Psychology and Security Market Under- and Overreactions, The Journal of Finance, 1998, Vol. 53, 1839–1885 (zitiert: *Daniel/Hirshleifer/Subrahmanyam*, Journal of Finance, 1998, Vol. 53, 1839)

Daniel, Kent/*Hirshleifer*, David/*Teoh*, Siew Hong: Investor psychology in capital markets: evidence and policy implications, Journal of Monetary Economics, 2002, Vol. 49, Iss. 1, 139–209 (zitiert: *Daniel/Hirshleifer/Teoh*, Journal of Monetary Economics, 2002, Vol. 49, Iss. 1, 139)

Daniel, Kent/*Titman*, Sheridan: Market Efficiency in an Irrational World, Financial Analysts Journal, 1999, Vol. 55, Iss. 6, 28–40 (zitiert: *Daniel/Titman*, Financial Analysts Journal, 1999, Vol. 55, Iss. 6, 28)

Daniel, Kent D./*Hirshleifer*, David/*Subrahmanyam*, Avanidhar: Overconfidence, Arbitrage, and Equilibrium Asset Pricing, The Journal of Finance, 2001, Vol. 56, No. 3, 921–965 (zitiert: *Daniel/Hirshleifer/Subrahmanyam*, Journal of Finance, 2001, Vol. 56, No. 3, 921)

Daske, Holger/*Bassemir*, Moritz/*Fischer*, Felix F.: Manipulation des Börsenkurses durch gezielte Informationspolitik im Rahmen von Squeeze-Outs? – Eine empirische Untersuchung am deutschen Kapitalmarkt, Schmalenbachs Zeitschrift betriebswirtschaftliche Forschung, zfbf 2010, 254–288 (zitiert: *Daske/Bassemir/Fischer*, zfbf 2010, 254)

Daske, Stefan: Winner-loser-Effekte am deutschen Aktienmarkt, SFB 373 Discussion Paper, No. 2002, 87, Humboldt-Universität zu Berlin, Sonderforschungsbereich 373: Quantification and Simulation of Economic Processes, Band 2002, Ausgabe 87, 2002 (zitiert: *Daske*, SFB 373 Discussion Paper, No. 2002, 87)

Daube, Carl Heinz: Ein weiterer schwarzer Montag, ZBW – Leibnitz Information Centre for Economics, Kiel, Hamburg 2020 (zitiert: *Daube*, Ein weiterer schwarzer Montag, ZBW, 2020)

Dauses, Manfred A. (Begr.)/*Ludwigs*, Markus (Hrsg.): Handbuch des EU-Wirtschaftsrechts, München, Werkstand: 60. Ergänzungslieferung Februar 2024 (zitiert: Dauses/Ludwigs/*Bearbeiter*, EU-WirtschaftsR-HdB)

Dawkins, Richard: The Selfish Gene, New Edition, Oxford 1989 (zitiert: *Dawkins*, The Selfish Gene)

Daxhammer, Rolf J./*Facsar*, Máté: Behavioral Finance, Studienausgabe, 2. Auflage, Konstanz/München 2018 (zitiert: *Daxhammer/Facsar*, Behavioral Finance)

Daxhammer, Rolf J./*Facsar*, Máté: Stages of a speculative bubble in the asset class Cryptocurrencies, Reutlinger Diskussionsbeiträge zu Finanz & Rechnungswesen, Nr. 2018–1, 2019 (zitiert: *Daxhammer/Facsar*, Reutlinger Diskussionsbeiträge zu Finanz & Rechnungswesen, 2018–1)

Daxhammer, Rolf J./*Hagenbuch*, Raphael: Financial Nudging – Verhaltenswissenschaftliche Ansätze für bessere Finanzentscheidungen, Reutlinger Diskusionsbeiträge zu Finanz & Rechnungswesen, Nr. 2016 – 2, 2016 (zitiert: *Daxhammer/Hagenbuch*, Reutlinger Diskusionsbeiträge zu Finanz & Rechnungswesen, 2016 – 2)

De Bondt, Werner F. M./*Thaler*, Richard H.: Anomalies A Mean-Reverting Walk Down Wall Street, Journal of Economic Perspectives, 1989, Vol. 3, No. 1, 189–202 (zitiert: *De Bondt/Thaler*, Journal of Economic Perspectives, 1989, Vol. 3, No. 1, 189)

De Bondt, Werner F. M./*Thaler*, Richard: Does the Stock Market Overreact?, The Journal of Finance, 1985, Vol. 40, No. 3, 793–805 (zitiert: *De Bondt/Thaler*, Journal of Finance, 1985, Vol. 40, No. 3, 793)

De Bondt, Werner F. M./*Thaler*, Richard: Do Security Analysts Overreact?, The American Economic Review, 1990, Vol. 80, No. 2, 52–57 (zitiert: *De Bondt/Thaler*, American Economic Review, 1990, Vol. 80, No. 2, 52)

De Bondt, Werner F. M./*Thaler*, Richard: Further Evidence On Investor Overreaction and Stock Market Seasonality, The Journal of Finance, 1987, Vol. 4, No. 3, 557–581 (zitiert: *De Bondt/Thaler*, Journal of Finance, 1987, Vol. 4, No. 3, 557)

De Bruyn, Benedikt/*Ehmke*, Daivd C.: StaRUG & InsO: Sanierungswerkzeuge des Restrukturierungs- und Insolvenzverfahrens, NZG 2021, 661–672 (zitiert: *De Bruyn/Ehmke*, NZG 2021, 661)

Decher, Christian E.: Die Bedeutung des Börsenkurses für die Unternehmensbewertung bei Strukturmaßnahmen, AG 2023, 106–117 (zitiert: *Decher*, AG 2023, 106)

Decher, Christian E.: Die Ermittlung des Börsenkurses für Zwecke der Barabfindung beim Squeeze out, ZIP 2010, 1673–1678 (zitiert: *Decher*, ZIP 2010, 1673)

Degutis, Augustas/*Novickyte*, Lina: The Efficient Market Hypothesis: A Critical Review of Literature and Methology, Ekonomika, 2014, Vol. 93, No. 2, 7–23 (zitiert: *Degutis/Novickyte*, Ekonomika, 2014, Vol. 93, No. 2, 7)

De Long, J. Bradford/*Shleifer*, Andrei/*Summers*, Lawrence H./*Waldmann*, Robert J.: Noise Trader Risks in Financial Markets, Journal of Political Economy, 1990, Vol. 98, No. 4, 703–738 (zitiert: *De Long/Shleifer/Summers/Waldmann*, Journal of Political Economy, 1990, Vol. 98, No. 4, 703)

De Martino, Benedetto/*Kumaran*, Dharshan/*Seymour*, Ben/*Dolan*, Raymond J.: Frames, Biases, and rational Decision-Making in the Human Brain, Science, 2006, Vol. 313, 684–687 (zitiert: *De Martino/Kumaran/Seymour/Dolan*, Science, 2006, Vol. 313, 684)

Deininger, Claus: Der Indexeffekt am deutschen Kapitalmarkt und dessen Ursachen, Dissertation, Würzburg 2006 (zitiert: *Deininger*, Der Indexeffekt am deutschen Kapitalmarkt und dessen Ursachen)

De Souza, Michael Cândido/*Souza*, Elder Tiago da Costa de/*Pereira*, Hugo Carcanholo Iasco: Cryptocurrencies Bubbles: New Evidences, The Empirical Economics Letters, 2017, Vol. 16, No. 7, S. 739 (zitiert: *De Souza/de Souza/Pereira*, The Empirical Economics Letters, 2017, Vol. 16, No. 7, 739)

Deutsch, Morton/*Gerard*, Harold B.: A Study of Normative and Informational Social influences upon Individual Judgment, Journal of Abnormal and Social Psychology 1955, Vol. 51, 629–636 (zitiert: *Deutsch/Gerard*, Journal of Abnormal and Social Psychology 1955, Vol. 51, 629)

Deutsche Schutzvereinigung für Wertpapierbesitz e. V. (DSW): Stellungnahme vom 03.09. 2015 für die öffentliche Anhörung zu dem Gesetzesentwurf der Bundesregierung „Entwurf eines Gesetzes zur Umsetzung der Transparenzrichtlinie-Änderungsrichtlinie“ BT-Drucksache 18/5010 (zitiert: *DSW*, Stellungnahme vom 03.09.2015)

Deutscher Juristentag e. V.: Beschlüsse des 74. Deutschen Juristentages Stuttgart 2024 (zitiert: 74. Deutscher Juristentag 2024, Beschlüsse)

Deutsches Aktieninstitut (DAI): Evaluierung des Spruchverfahrens, Kommentar des Deutschen Aktieninstituts e.V. vom 06.08.2014 (zitiert: *DAI*, Stellungnahme zur Evaluierung des Spruchverfahrens 06.08.2014)

Dharan, Bala G./*Ikenberry*, David L.: The Long-Run Negative Drift of Post-Listing Stock Returns, The Journal of Finance, 1995, Vol. 50, Iss. 5, 1547–1574 (zitiert: *Dharan/Ikenberry*, Journal of Finance, 1995, Vol. 50, Iss. 5, 1547)

Dias, Rui/*Heliodoro*, Paula/*Teixeira*, Nuno/*Godinho*, Teresa: Testing the Weak Form of Efficient Market Hypothesis: Empirical Evidence from Equity Markets, International Journal of Accounting, Finance and Risk Management, 2020, Vol. 5, Iss. 1, 40–51 (zitiert: *Dias/Heliodoro/Teixeira/Godinho*, International Journal of Accounting, Finance and Risk Management, 2020, Vol. 5, Iss. 1, 40)

Dicken, André Jacques/*Henssler*, Martin: Bilanzrecht, 2. Auflage, München 2021 (zitiert: *Dicken/Henssler*, Bilanzrecht)

Diekmann, Hans: Abfindung von Aktionären börsennotierter Gesellschaften – Eine Bestandsaufnahme mit Vorschlag zur Reform –, S. 97–108, in: Unternehmensbewertung, Festschrift für Bernhard Großfeld zum 85. Geburtstag, Heidelberg 2019 (zitiert: *Diekmann*, FS Großfeld (2019), S. 97)

Döding, Karl/*Wentz*, Kilian L.: Keine Hochrechnung des Börsenkurses zur Berechnung der Abfindungsuntergrenze trotz eines Zeitraums von mehr als sieben Monaten zwischen Bekanntgabe und Beschluss des Squeeze out bei Abkopplung des Börsenkurses vom Branchenindex, EWiR 2021, 107–108 (zitiert: *Döding/Wentz*, EWiR 2021, 107)

Döring, Claus: Die Rolle und Bedeutung der Medien für den Kapitalmarkt, Kreditwesen 2012, 637–63 (zitiert: *Döring*, Kreditwesen 2012, 637)

Dou, Winston Wei/*Goldstein*, Itay/*Ji*, Yan: AI-Powered Trading, Algorithmic Collusion, and Price Efficiency, NBER Working Paper 34054, 2025 (zitiert: *Dou/Goldstein/Ji*, NBER Working Paper 34054, 2025)

Downs, Anthony: An Economic Theory of Political Action in a Democracy, Journal of Political Economy, 1957, Vol. 65, No. 2, S. 135–150 (zitiert: *Downs*, Journal of Political Economy, 1957, Vol. 65, No. 2, 135)

Dreier, Peter (Hrsg.)/*Fritzsche*, Michael (Hrsg.)/*Verfürth*, Ludger C. (Hrsg.): Spruchverfahrensgesetz Kommentar, 2. Auflage, Berlin 2016 (zitiert: Dreier/Fritzsche/Verfürth/*Bearbeiter*, SpruchG)

Drinhausen, Florian (Hrsg.)/*Eckstein*, Hans-Martin (Hrsg.): Beck'sches Handbuch der AG, 3. Auflage, München 2018 (zitiert: BeckHdB-AG/*Bearbeiter*)

Drosdeck, Thomas: Die herrschende Meinung – Autorität als Rechtsquelle –, Berlin 1989 (zitiert: *Drosdeck*, Die herrschende Meinung – Autorität als Rechtsquelle)

Drukarczyk, Jochen: Squeeze-out gemäß §§ 327a ff. AktG – Konzeption und das Problem der Abfindung, S. 625–648, in: Unternehmensrechnung: Konzeption und praktische Umsetzung, Festschrift zum 68. Geburtstag von Gerhard Scherrer, München 2004 (zitiert: *Drukarczyk*, FS Scherrer (2004), S. 625)

Drukarczyk, Jochen: Zum Problem der angemessenen Barabfindung bei zwangsweise ausscheidenden Anteilseignern, AG 1973, 357–365 (zitiert: *Drukarczyk*, AG 1973, 357)

Drukarczyk, Jochen/*Schüler*, Andreas: Unternehmensbewertung, 8. Auflage, München 2021 (zitiert: *Drukarczyk/Schüler*, Unternehmensbewertung)

Drygala, Tim: Die Neureglung des Delistings, S. 75–92, in: Gesellschaftsrecht in der Diskussion, 2015, Köln 2016 (zitiert: *Drygala*, Die Neureglung des Delistings, in: Gesellschaftsrecht in der Diskussion, 2015)

Dudenreaktion (o. J.): „mehrere“ auf Duden online, abrufbar unter https://www.duden.de/node/152230/revision/152266, zuletzt abgerufen am 16. 8. 2024 (zitiert: „mehrere“ auf Duden online, URL: https://www.duden.de/node/152230/revision/152266 (Abrufdatum: 16. 8. 2025))

Dumas, Bernard/*Kurshev*, Alexander/*Uppal*, Raman: Equilibrium Portfolio Strategies in the Presence of Sentiment Risk and Excess Volatility, The Journal of Finance, 2009, Vol. 64, No. 2, 579–629 (zitiert: *Dumas/Kurshev/Uppal*, Journal of Finance, 2009, Vol. 64, No. 2, 579)

DVFA-Arbeitskreis „Corporate Transactions and Valuation“: Best-Pratice-Empfehlungen Unternehmensbewertung, Dezember 2012 (zitiert: DVFA Best-Pratice-Empfehlungen Unternehmensbewertung 2012)

DVFA Expert Group „Corporate Transactions and Valuation“: Die Best Practice Empfehlungen der DVFA zur Unternehmensbewertung, CFB 2012, 43–50 (zitiert: DVFA Expert Group „Corporate Transactions and Valuation“, CFB 2012, 43)

Easterwood, John C./*Nutt*, Stacey R.: Ineffiency in Analysts' Earnings Forecasts: Systematic Misreaction or Systematic Optimism?, The Journal of Finance, 1999, Vol. 54, No. 5, 1777–1797 (zitiert: *Easterwood/Nutt*, Journal of Finance, 1999, Vol. 54, No. 5, 1777)

Eckstein, Peter P.: Angewandte Statistik mit SPSS, 8. Auflage, Wiesbaden 2016 (zitiert: *Eckstein*, Angewandte Statistik mit SPSS)

Edwards, Tim/*Ganti*, Anu R./*Lazzara*, Craig J./*Nelesen*, Joe/*Di Gioia*, Davide: SPIVA U. S. Scorecard Year-End 2022 (zitiert: *Edwards/Ganti/Lazzara/Nelesen/Di Gioia*, SPIVA U. S. Scorecard Year-End 2022)

Ehricke, Ulrich (Hrsg.)/*Ekkenga*, Jens (Hrsg.)/*Oechsler*, Jürgen (Hrsg.): WpÜG Kommentar, München 2003 (zitiert: Ehricke/Ekkenga/Oechsler/*Bearbeiter*, WpÜG)

Ehrlinger, Joyce/*Gilovich*, Thomas/*Ross*, Lee: Peering Into the Bias Blind Spot: People's Assessments of Bias in Themselves and Others, Personality and Social Psychology Bulletin, 2005, Vol. 31 No. 5, 680–692 (zitiert: *Ehrlinger/Gilovich/Ross*, Personality and Social Psychology Bulletin, 2005, Vol. 31 No. 5, 680)

Eidenmüller, Horst: Der homo oeconomicus und das Schuldrecht: Herausforderungen durch Behavioral Law and Economics, JZ 2005, 216–224 (zitiert: *Eidenmüller*, JZ 2005, 216)

Eidenmüller, Horst: Schlusswort zu Fritz Rittner JZ 2005, 668 ff., JZ 2005, 670–671 (zitiert: *Eidenmüller*, JZ 2005, 670)

Ekkenga, Jens/*Hofschroer*, Josef: Das Wertpapiererwerbs- und Übernahmegesetz (Teil I), DStR 2002, 724–734 (zitiert: *Ekkenga/Hofschroer*, DStR 2002, 724)

Ekkenga, Jens/*Schirrmacher*, Carsten/*Schneider*, Björn: Offene Fragen zur rechtlichen Steuerung nachhaltigen Unternehmertums, NJW 2021, 1509–1513 (zitiert: *Ekkenga/Schirrmacher/Schneider*, NJW 2021, 1509)

Elton, Edwin J./*Gruber*, Martin J./*Brown*, Stephen J./*Goetzmann*, William N.: Modern Portfolio Theory and Investment Analysis, 8. Auflage, Hoboken 2011 (zitiert: *Elton/Gruber/Brown/Goetzmann*, Modern Portfolio Theory)

Emmerich, Volker (Hrsg.)/*Habersack*, Mathias (Hrsg.): Aktien- und GmbH-Konzernrecht, Aktiengesetz, 6. Auflage, München 2010 (zitiert: Emmerich/Habersack/*Bearbeiter*, AktG, 6. Aufl. 2010)

Emmerich, Volker (Hrsg.)/*Habersack*, Mathias (Hrsg.): Aktien- und GmbH-Konzernrecht, Kommentar, Aktiengesetz, 10. Auflage, München 2022 (zitiert: Emmerich/Habersack/*Bearbeiter*, AktG)

Emmerich, Volker (Hrsg.)/*Habersack*, Mathias (Hrsg.)/*Schürnbrand*, Jan (Hrsg.): Aktien- und GmbH-Konzernrecht, 9. Auflage, München 2019 (zitiert: Emmerich/Habersack/*Bearbeiter*, AktG, 9. Aufl. 2019)

Enriques, Luca/*Hertig*, Gerard/*Kraakman*, Reinier/*Rock*, Edward: Corporate Law and Securities Markets (DOI: 10.1093/acprof:oso/9780198739630.003.0009), in: The Anatomy of Corporate Law: A Comparative and Functional Approach (DOI: 10.1093/acprof:oso/9780198739630.001.0001), 3. Auflage, Oxford 2017, abrufbar unter: http://dx.doi.org/10.1093/acprof:oso/9780198739630.001.0001, zuletzt abgerufen am 16. 8. 2024 (zitiert: The Anatomy of Corporate Law/Enriques/Hertig/Kraakman/Rock, 9 Corporate Law and Securities Markets)

Erb, Volker (Hrsg.)/*Schäfer*, Jürgen (Hrsg.): Münchener Kommentar zum Strafrecht, Band 8, Nebenstrafrecht II, 4. Auflage, München 2023 (zitiert: MüKo-StGB/*Bearbeiter*)

Fachausschuss für Unternehmensbewertung und Betriebswirtschaft des IDW (FAUB): Zur Bedeutung des Börsenkurses für die Abfindungsbemessung aus Sicht der wirtschaftswissenschaftlichen Theorie und Praxis, AG 2021, 588–590 (zitiert: *FAUB*, AG 2021, 588)

Fachausschuss für Unternehmensbewertung und Betriebswirtschaft des IDW (FAUB): Zur Bedeutung des Börsenkurses für die Abfindungsbemessung aus Sicht der wirtschaftswissenschaftlichen Theorie und Praxis, WPg 2021, 958–961 (zitiert: *FAUB*, WPg 2021, 958)

Falk, Armin: Wirtschaftswissenschaftliche Experimente: Homo Oeconomicus auf dem Prüfstand, Wissenschaft für die Praxis, 2001, Vol. 81, Iss. 5, 300 (zitiert: *Falk*, Wissenschaft für die Praxis, 2001, Vol. 81, Iss. 5, 300)

Falk, Armin/*Szech*, Nora: Morals and Markets, Science, 2013, Vol. 340, 707–709 (zitiert: *Falk/Szech*, Science, 2013, Vol. 340, 707)

Falk, Ulrich: Die Konkursübel. Forschungsfragen zur Geschichte des Konkursverfahrens in Deutschland, ZRG GA 2014, 266–324 (zitiert: *Falk*, ZRG GA 2014, 266)

Fama, Eugene F.: Efficient Capital Markets: A Review of Theory and Empirical Work, The Journal of Finance, 1970, Vol. 25, No. 2, 383–417 (zitiert: *Fama*, Journal of Finance, 1970, Vol. 25, No. 2, 383)

Fama, Eugene F.: Efficient Capital Markets: Reply, Journal of Finance, 1976, Vol. 31, No. 1, 143–145 (zitiert: *Fama*, Journal of Finance, 1976, Vol. 31, No. 1, 143)

Fama, Eugene F.: Efficient Capital Markets: II, Journal of Finance, 1991, Vol. 46, No. 5, 1575–1617 (zitiert: *Fama*, Journal of Finance, 1991, Vol. 46, No. 5, 1575)

Fama, Eugene F.: Market efficiency, long-term returns and behavioral finance, Journal of Financial Economics, 1998, 49, 283–306 (zitiert: *Fama*, Journal of Financial Economics, 1998, 49, 283)

Fama, Eugene F.: Random Walks in Stock Market Prices, Financial Analysts Journal, 1965, Vol. 21, No. 5, 55–59 (zitiert: *Fama*, Financial Analysts Journal, 1965, Vol. 21, No. 5, 55)

Fama, Eugene F.: The Behavior of Stock-Market Prices, The Journal of Business, 1965, Vol. 38, No. 1, 34–105 (zitiert: *Fama*, Journal of Business, 1965, Vol. 38, No. 1, 34)

Fama, Eugene F./*Fisher*, Lawrence/*Jensen*, Michael C./*Roll*, Richard: The Adjustment of Stock Prices to New Information, International Economic Review, 1969, Vol. 10, No. 1, 1–21 (zitiert: *Fama/Fisher/Jensen/Roll*, International Economic Review, 1969, Vol. 10, No. 1, 1)

Fama, Eugene F./*French*, Kenneth R.: A five-factor asset pricing model, Journal of Financial Economics, 2015, Vol. 116, Iss. 1, 1–22 (zitiert: *Fama/French*, Journal of Financial Economics, 2015, Vol. 116, Iss. 1, 1)

Fama, Eugene F./*French*, Kenneth R.: Common risk factors in the returns on stocks and bonds, Journal of Financial Economics, 1993, Vol. 33, Iss. 1, 3–56 (zitiert: *Fama/French*, Journal of Financial Economics, 1993, Vol. 33, Iss. 1, 3)

Fama, Eugene F./*French*, Kenneth R: International tests of a five-factor asset pricing model, Journal of Financial Economics, 2017, Vol. 123, Iss. 3, 441–463 (zitiert: *Fama/French*, Journal of Financial Economics, 2017, Vol. 123, Iss. 3, 441)

Fama, Eugene F./*French*, Kenneth R.: The Cross-Section of Expected Stock Returns, The Journal of Finance, 1992, Vol. 47, Iss. 2, 427–465 (zitiert: *Fama/French*, Journal of Finance, 1992, Vol. 47, Iss. 2, 427)

Feker, Bayoudh/*Ali*, Houfi Mohamed/*Kais*, Tissaouri/*Sana*, Zamouri: An empirical analysis of the excessive volatility-overconfidence relationship: Evidence from the Tunisian Stock

Market, Asian Economic and Financiel Review, 2012, Vol. 2, No. 1, 100–118 (zitiert: *Feker/Ali/Kais/Sana*, Asian Economic and Financiel Review, 2012, Vol. 2, No. 1, 100)

Fernandes, Nuno/*Ferreira*, Miguel A.: Insider Trading Laws and Stock Price Informativeness, The Review of Financial Studies, 2009, Vol. 22, No. 5, 1845–1887 (zitiert: *Fernandes/ Ferreira*, Review of Financial Studies, 2009, Vol. 22, No. 5, 1845)

Ferrillo, Paul A./*Dunbar*, Frederick C./*Tabak*, David: The „Less Than" Efficient Capital Markets Hypothesis: Requiring More Proof from Plaintiffs in Fraud-on-the-Market Cases, St. John's Law Review, 2004, Vol. 78, No. 1, 81–129 (zitiert: *Ferrillo/Dunbar/Tabak*, St. John's Law Review, 2004, Vol. 78, No. 1, 81)

Festinger, Leon: Theorie der kognitiven Dissonanz, aus dem Englischen übersetzt von Volker Möntmann, Bern 1978 (zitiert: *Festinger*, Theorie der kognitiven Dissonanz)

Festinger, Leon/*Riecken*, Henry W./*Schachter*, Stanley: When Prophecy Fails, Minneapolis 1956 (zitiert: *Festinger/Riecken/Schachter*, When Prophecy Fails)

Fezer, Karl-Heinz: Aspekte einer Rechtskritik an der economic analysis of law und am property rights approach, JZ 1986, 817–824 (zitiert: *Fezer*, JZ 1986, 817)

Fezer, Karl-Heinz: Nochmals: Kritik an der ökonomischen Analyse des Rechts, JZ 1988, 223–228 (zitiert: *Fezer*, JZ 1988, 223)

Fischhoff, Baruch/*Beyth*, Ruth: „I knew it would happen" Remembered Probabilities of Once-Future Things, Organizational Behavior and Human Performance, 1975, Vol. 13, 1–16 (zitiert: *Fischhoff/Beyth*, Organizational Behavior and Human Performance, 1975, Vol. 13, 1)

Fisher, William O.: Does the Efficient Market Theory Help Us Do Justice in a Time of Madness, Emory Law Journal 2005, Vol. 54, 843–978 (zitiert: *Fisher*, Emory Law Journal 2005, Vol. 54, 843)

Fleischer, Holger: Abfindungsbemessung gem. § 728 BGB nach der Reform des Personengesellschaftsrechts, GmbHR 2023, 1005–1019 (zitiert: *Fleischer*, GmbHR 2023, 1005)

Fleischer, Holger: Behavioral Law and Economics im Gesellschafts- und Kapitalmarktrecht – ein Werkstattbericht, S. 575–587, in: Wirtschafts- und Privatrecht im Spannungsfeld von Privatautonomie, Wettbewerb und Regulierung, Festschrift für Ulrich Immenga zum 70. Geburtstag, München 2004 (zitiert: *Fleischer*, FS Immenga (2004), S. 575)

Fleischer, Holger: Das neue Recht des Squeeze out, ZGR 2002, 757–789 (zitiert: *Fleischer*, ZGR 2002, 757)

Fleischer, Holger: Der Inhalt des Schadensersatzanspruchs wegen unwahrer oder unterlassener unverzüglicher Ad-hoc-Mitteilungen, BB 2002, 1869–1874 (zitiert: *Fleischer*, BB 2002, 1869)

Fleischer, Holger: Die Barabfindung außenstehender Aktionäre nach den §§ 305 und 320b AktG: Stand-alone-Prinzip oder Verbundberücksichtigungsprinzip?, ZGR 1997, 368–400 (zitiert: *Fleischer*, ZGR 1997, 368)

Fleischer, Holger: Grundlagen der ökonomischen Theorie im Gesellschafts- und Kapitalmarktrecht, ZGR 2001, 1–32 (zitiert: *Fleischer*, ZGR 2001, 1)

Fleischer, Holger: Rechtsfragen der Unternehmensbewertung bei geschlossenen Kapitalgesellschaften – Minderheitsabschlag, Fungibilitätsabschlag, Abschlag für Schlüsselperson, ZIP 2012, 1633–1642 (zitiert: *Fleischer*, ZIP 2012, 1633)

Fleischer, Holger: Unternehmensbewertung bei aktienrechtlichen Abfindungsansprüchen: Bestandsaufnahme und Reformperspektiven im Lichte der Rechtsvergleichung, AG 2014, 97–114 (zitiert: *Fleischer*, AG 2014, 97)

Fleischer, Holger: Unternehmensbewertung zwischen Tat- und Rechtsfrage, AG 2016, 185–199 (zitiert: *Fleischer*, AG 2016, 185)

Fleischer, Holger: Zur Behandlung des Fungibilitätsrisikos bei der Abfindung außenstehender Aktionäre (§§ 305, 320b AktG), S. 331–345, in: Festschrift für Michael Hoffmann-Becking zum 70. Geburtstag, München 2013 (zitiert: *Fleischer*, FS Hoffmann-Becking (2013), S. 331)

Fleischer, Holger/*Bong*, Sebastian: Unternehmensbewertung bei konzernfreien Verschmelzungen zwischen Geschäftsleiterermessen und Gerichtskontrolle, NZG 2013, 881–890 (zitiert: *Fleischer/Bong*, NZG 2013, 881)

Fleischer, Holger (Hrsg.)/*Hüttemann*, Rainer (Hrsg.): Rechtshandbuch Unternehmensbewertung, 2. Auflage, Köln 2019 (zitiert: Fleischer/Hüttemann/*Bearbeiter*, RhB Unternehmensbewertung)

Fleischer, Holger/*Kolb*, Christian: Abfindungsarbitrage und Unternehmensbewertung, AG 2019, 57–68 (zitiert: *Fleischer/Kolb*, AG 2019, 57)

Florstedt, Tim: Das Zukunftsfinanzierungsgesetz – Erleichterte Kapitalaufnahme, elektronische Aktie und weitere Reformthemen, NZG 2024, 179–184 (zitiert: *Florstedt*, NZG 2024, 179)

Follert, Florian: Akteursinteressen in Spruchverfahren, SpruchZ Nr. 1/2020, 2–10 (zitiert: *Follert*, SpruchZ Nr. 1/2020, 2)

Follert, Florian: Zur Unternehmensbewertung im Spruchverfahren aus interessentheoretischer Sicht, Wiesbaden 2020 (zitiert: *Follert*, Zur Unternehmensbewertung im Spruchverfahren aus interessentheoretischer Sicht)

Forbes, William: Behavioural Finance, Chichester 2010 (zitiert: *Forbes*, Behavioural Finance)

Foster, George/*Olsen*, Chris/*Shevlin*, Terry: Earnings Releases, Anomalies, and the Behavior of Security Returns, The Accounting Review, 1984, Vol. 59, No. 4, 574–603 (zitiert: *Foster/Olsen/Shevlin*, Accounting Review, 1984, Vol. 59, No. 4, 574)

Fox, Craig/*Tom*, Sabrina/*Trepel*, Christopher/*Poldrack*, Russel: The Neural Basis of Loss Aversion in Decision-Making Under Risk, Advances in Consumer Research, 2008, Vol. 35, 129–132 (zitiert: *Fox/Tom/Trepel/Poldrack*, Advances in Consumer Research, 2008, Vol. 35, 129)

Frankfurter, George M./*McGoun*, Elton G.: Resistance is futile: the assimilation of behavioral finance, Journal of Economic Behavior & Organization, 2002, Vol. 48, 375–389 (zitiert: *Frankfurter/McGoun*, Journal of Economic Behavior & Organization, 2002, Vol. 48, 375)

Frege, Michael C./*Keller*, Ulrich/*Riedel*, Ernst: Handbuch Insolvenzrecht, 9. Auflage, 2022 (zitiert: *Frege/Keller/Riedel*, HdB Insolvenzrecht)

Freiherr von Falkenhausen, Joachim: Flexibilität beim Preis des Pflichtangebots, NZG 2013, 409–411 (zitiert: *von Falkenhausen*, NZG 2013, 409)

Friedl, Markus J.: Ein Plädoyer für Tracking Stocks, BB, 2002, 1157–1164 (zitiert: *Friedl*, BB, 2002, 1157)

Frodermann, Jürgen (Hrsg.)/*Jannott*, Dirk (Hrsg.)/*Henn*, Günther (Begr.): Handbuch des Aktienrechts, 9. Auflage, Heidelberg 2017 (zitiert: Frodermann/Jannott/*Bearbeiter*, HdB AktR)

Fromholzer, Ferdinand: Aktuelle Fragen und Beobachtungen zum Delisting, S. 221–240, in: Öffentliche Unternehmensübernahmen, Tübingen 2022 (zitiert: *Fromholzer*, Aktuelle Fragen und Beobachtungen zum Delisting, in: Öffentliche Unternehmensübernahmen, 2022)

Fudenberg, Drew: Advancing Beyond Advances in Behavioral Economics, Journal of Economic Literature, 2006, Vol. 44, No. 3, 694–711 (zitiert: *Fudenberg*, Journal of Economic Literature, 2006, Vol. 44, No. 3, 694)

Funke, Andreas: Konglomeratsabschlag und Transaktionskostentheorie, 1. Auflage, Wiesbaden 2006 (zitiert: *Funke*, Konglomeratsabschlag und Transaktionskostentheorie)

Gaio, Luiz Eduardo/*Stefanelli*, Nelson Oliveira/*Pimenta Júnior*, Tabajara/*Bonacim*, Carlos Alberto Grespan/*Gatsios*, Rafael Confetti: The impact of the Russia-Ukraine conflict on market efficiency: Evidence for the developed stock market, Finance Research Letters 2022, Vol. 50 Art. 103302 (zitiert: *Gaio/Stefanelli/Pimenta Júnior/Bonacim/Gatsios*, Finance Research Letters 2022, Vol. 50 Art. 103302)

Galariotis, Emilios C./*Krokida*, Styliani Iris/*Spyrou*, Spyros I.: The Effect of Liquidity on Herding: A Comparative Study, 2016, abrufbar unter: https://papers.ssrn.com/sol3/papers.cfm?abstract_id=2720152 (zuletzt abgerufen am 16.8.2024) (zitiert: *Galariotis/Krokida/Spyrou*, The Effect of Liquidity on Herding: A Comparative Study, 2016)

Garber, Peter M.: Famous First Bubbles, Journal of Economic Perspectives, 1990, Vol. 4, No. 2, 35–54 (zitiert: *Garber*, Journal of Economic Perspectives, 1990, Vol. 4, No. 2, 35)

Gärtner, Christian: Liquidität am deutschen Kapitalmarkt, 1. Auflage, Wiesbaden 2007 (zitiert: *Gärtner*, Liquidität am deutschen Kapitalmarkt)

Gärtner, Olaf/*Handke*, Björn: Unternehmenswertermittlung im Spruchverfahren – Schrittweiser Abschied vom Meistbegünstigungsprinzip des BGH (DAT/Altana)?, NZG 2012, 247–249 (zitiert: *Gärtner/Handke*, NZG 2012, 247)

Geczy, Christopher C./*Samonov*, Mikhail: Two Centuries of Price-Return Momentum, Financial Analysts Journal, 2016, Vol. 72, No. 5, 32–56 (zitiert: *Geczy/Samonov*, Financial Analysts Journal, 2016, Vol. 72, No. 5, 32)

Gegler, Felix: Die Neuregelung des Delistings – Angemessener Aktionärsschutz oder „Dolchstoß"?, BKR 2016, 273–279 (zitiert: *Gegler*, BKR 2016, 273)

Gei, Marc Christian/*Kiesewetter*, Matthias: Praxisrelevante Aspekte öffentlicher Übernahmen in Zeiten volatiler Märkte, AG 2012, 741–749 (zitiert: *Gei/Kiesewetter*, AG 2012, 741)

Geiger, Katrin/*Mahr*, Jürgen Thomas: Ein unternehmensinterner Reportingprozess für den Abhängigkeitsbericht und Geschäfte mit nahestehenden Personen nach ARUG II, NZG 2021, 216–222 (zitiert: *Geiger/Mahr*, NZG 2021, 216–222)

Gentaz, Edouard/*Hatwell*, Yvette: Geomatrical haptic illusions: The role of exploration in the Müller-Lyer, vertical-horizontal, and Delboeuf illusions, Psychonomic Bulletin & Review, 2004, Vol. 11, Iss. 1, 31–40 (zitiert: *Gentaz/Hatwell*, Psychonomic Bulletin & Review, 2004, Vol. 11, Iss. 1, 31)

Gigerenzer, Gerd: On Narrow Norms and Vague Heuristics: A Reply to Kahneman and Tversky, Psychological Review, 1996, Vol. 103, No. 3, 592–596 (zitiert: *Gigerenzer*, Psychological Review, 1996, Vol. 103, No. 3, 592)

Gigerenzer, Gerd: The Bias bias in Behavioral Economics, Review of Behavioral Economics, 2018, Vol. 5, 303–336 (zitiert: *Gigerenzer*, Review of Behavioral Economics, 2018, Vol. 5, 303)

Gigerenzer, Gerd/*Goldstein*, Daniel G.: Reasoning the Fast and Frugal Way: Models of Bounded Rationality, Psychological Review, 1996, Vol. 103, No. 4, 650–669 (zitiert: *Gigerenzer/Goldstein*, Psychological Review, 1996, Vol. 103, No. 4, 650)

Gilson, Ronald J./*Kraakman*, Reinier H.: The Mechanisms of Market Efficiency, Virginia Law Review, 1984, Vol. 70, No. 4, 549–644 (zitiert: *Gilson/Kraakman*, Virginia Law Review, 1984, Vol. 70, No. 4, 549)

Glaser, Markus/*Langer*, Thomas/*Reynders*, Jens/*Weber*, Martin: Framing Effects in Stock Market Forecasts: The Difference Between Asking for Prices and Asking for Returns, Review of Finance, 2007, Vol. 11, 325–357 (zitiert: *Glaser/Langer/Reynders/Weber*, Review of Finance, 2007, Vol. 11, 325)

Gleißner, Werner: Kapitalmarktorientierte Unternehmensbewertung: Erkenntnisse der empirischen Kapitalmarktforschung und alternative Bewertungsmethoden, CF 2014, 151–167 (zitiert: *Gleißner*, CF 2014, 151)

Godefroy, Asken: Informationseffizienz von Kapitalmärkten. Der Zusammenhang von Google Trends und Aktienkursen, Hamburg 2018 (zitiert: *Godefroy*, Informationseffizienz von Kapitalmärkten)

Goette, Wulf: Die aktuelle gesellschaftsrechtliche Rechtsprechung des BGH, in: Gesellschaftsrecht in der Diskussion 2010, 1. Auflage, Köln 2011 (zitiert: *Goette*, Gesellschaftsrecht in der Diskussion 2010, Die aktuelle gesellschaftsrechtliche Rechtsprechung des BGH)

Goette, Wulf (Hrsg.)/*Habersack*, Matthias (Hrsg.)/*Kalss*, Susanne (Hrsg.): Münchener Kommentar zum Aktiengesetz, Band 1, §§ 1–75 AktG, 5. Auflage, München 2019 (zitiert: MüKo-AktG/*Bearbeiter*)

Goette, Wulf (Hrsg.)/*Habersack*, Matthias (Hrsg.)/*Kalss*, Susanne (Hrsg.): Münchener Kommentar zum Aktiengesetz, Band 2, §§ 76–117 AktG, MtbestG, DrittelbG, 5. Auflage, München 2019 (zitiert: MüKo-AktG/*Bearbeiter*)

Goette, Wulf (Hrsg.)/*Habersack*, Matthias (Hrsg.)/*Kalss*, Susanne (Hrsg.): Münchener Kommentar zum Aktiengesetz, Band 5, §§ 278–328 AktG, SpruchG, ÖGesAusG, Österreichisches Konzernrecht, 5. Auflage, München 2020 (zitiert: MüKo-AktG/*Bearbeiter*)

Goette, Wulf (Hrsg.)/*Habersack*, Matthias (Hrsg.)/*Kalss*, Susanne (Hrsg.): Münchener Kommentar zum Aktiengesetz, Band 6, §§ 329–410 AktG, WpÜG, Österreichisches Übernahmerecht, 4. Auflage, München, 2017 (zitiert: MüKo-AktG/*Bearbeiter*)

Goette, Wulf (Hrsg.)/*Habersack*, Matthias (Hrsg.)/*Kalss*, Susanne (Hrsg.): Münchener Kommentar zum Aktiengesetz, Nachtrag zum ARUG II, 5. Auflage, München 2021 (zitiert: MüKo-AktG-NachtragARUGII/*Bearbeiter*)

Goetz, Axel: Fragwürdige Neuregelung des Börsenrückzugs, BB 2015, 2691–2694 (zitiert: *Goetz*, BB 2015, 2691)

Goldberg, Joachim/*Nitzsch*, Rüdiger von: Behavioral Finance: Gewinnen mit Kompetenz, 6. Auflage, München 2015 (zitiert: *Goldberg/von Nitzsch*, Behavioral Finance)

Goodell, John W.: COVID-19 and finance: Agendas for future research, Finance Research Letters, 2020, 35, 101512 (zitiert: *Goodell*, Finance Research Letters, 2020, 35, 101512)

Goodwin, Paul: Why Hindsight Can Damage Foresight, Foresight: the International Journal of Applied Forecasting 2010, Iss. 17, 5–7 (zitiert: *Goodwin*, Foresight 2010, Iss. 17, 5)

Graham, John R.: Herding among Investment Newsletters: Theory and Evidence, Journal of Finance, 1999, Vol. 54, No. 1, 237–268 (zitiert: *Graham*, Journal of Finance, 1999, Vol. 54, No. 1, 237)

Graßl, Bernd/*Nikoleyczik*, Tobias: Shareholder Activism und Investor Activism, AG 2017, 49–60 (zitiert: *Graßl/Nikoleyczik*, AG 2017, 49)

Greif-Werner, Cathrin: Umwandlungen im Insolvenzplanverfahren, Berlin 2018 (zitiert: *Greif-Werner*, Umwandlungen im Insolvenzplanverfahren)

Grigoleit, Hans Christoph (Hrsg.): Aktiengesetz Kommentar, 2. Auflage, München 2020 (zitiert: Grigoleit/*Bearbeiter*, AktG)

Groß, Wolfgang: Die Neuregelung des Anlegerschutzes beim Delisting, AG 2015, 812–820 (zitiert: *Groß*, AG 2015, 812)

Groß, Wolfgang: Kapitalmarktrecht, 8. Auflage, München 2022 (zitiert: *Groß*, KapMarktR)

Große, Christian: Analyse der Ermittlung der Erwerbsangebotshöhe bei Delisting- und Downlistingvorgängen, DB 2016, 1330–1334 (zitiert: *Große*, DB 2016, 1330–1334)

Große-Frericks, Christina: Die Angemessenheit des Entgelts für die Übertragung von Eigentumsrechten als Problem rechtsgeprägter Unternehmensbewertung, Wiesbaden 2015 (zitiert: *Große-Frericks*, Die Angemessenheit des Entgelts für die Übertragung von Eigentumsrechten als Problem rechtsgeprägter Unternehmensbewertung)

Großfeld, Bernhard: Börsenkurs und Unternehmenswert, BB 2000, 261–266 (zitiert: *Großfeld*, BB 2000, 261)

Großfeld, Bernhard: Unternehmensbewertung als Rechtsproblem, JZ 1981, 641–647 (zitiert: *Großfeld*, JZ 1981, 641)

Großfeld, Bernhard: Unternehmens- und Anteilsbewertung im Gesellschaftsrecht, 4. Auflage, Köln 2002 (zitiert: *Großfeld*, Unternehmens- und Anteilsbewertung im Gesellschaftsrecht)

Großfeld, Bernhard (Begr.)/*Egger*, Ulrich/*Tönnes*, Wolf Achim: Recht der Unternehmensbewertung, 9. Auflage, Köln 2020 (zitiert: *Großfeld/Egger/Tönnes*, Recht der Unternehmensbewertung)

Großfeld, Bernhard/*Merkelbach*, Matthias: Wirtschaftsdaten für Juristen: Grundlagen einer disziplinierten Unternehmensbewertung, NZG 2008, 241–247 (zitiert: *Großfeld/Merkelbach*, NZG 2008, 241)

Großfeld, Bernhard/*Stöver*, Rüdiger: Ermittlung des Betafaktors in der Unternehmensbewertung: Anleitung zum ‚Do it yourself', BB 2004, 2799–2809 (zitiert: *Großfeld/Stöver*, BB 2004, 2799)

Grossman, Sanford J./*Stiglitz*, Joseph E.: On the Impossibility of Informationally Efficient Markets, The American Economic Review, 1980, Vol. 70, No. 3, 393–408 (zitiert: *Grossman/Stiglitz*, American Economic Review, 1980, Vol. 70, No. 3, 393)

Grunert, Jens/*Schael*, Tatiana: Neue empirische Erkenntnisse zum Erfolg von Momentumstrategien am deutschen Aktienmarkt, CF 2016, 63–67 (zitiert: *Grunert/Schael*, CF 2016, 63)

Grunewald, Barbara (Hrsg.)/*Schlitt*, Michael (Hrsg.): Einführung in das Kapitalmarktrecht, 4. Auflage, München 2020 (zitiert: Grunewald/Schlitt/*Bearbeiter*, Einführung in das Kapitalmarktrecht)

Grüter, Gerhard: Anlegerschutz beim regulären Delisting, Berlin 2025 (zitiert: *Grüter*, Anlegerschutz)

Grüter, Gerhard: Der gestohlene Optionswert – Fortbestehende Schutzlücke beim regulären Delisting auch nach dem ZuFinG II-E, DB 2025, 2420–2427 (zitiert: *Grüter*, DB 2025, 2420)

Gsell, Beate/*Meller-Hannich*, Caroline: Die Umsetzung der Verbandsklagen-Richtlinie als Chance für eine Bewältigung von Streu- und Massenschadensereignissen, JZ 2022, 421–430 (zitiert: *Gsell/Meller-Hannich*, JZ 2022, 421)

Gude, Christian: Strukturveränderungen und Unternehmensbewertung zum Börsenkurs, Köln 2004 (zitiert: *Gude*, Strukturveränderungen und Unternehmensbewertung zum Börsenkurs)

Guo, Zhaohui: Behavioral Finance: Die empirische Überprüfbarkeit behavioraler Modelle, Dissertation, Sankt Gallen 2002 (zitiert: *Guo*, Behavioral Finance: Die empirische Überprüfbarkeit behavioraler Modelle)

Gutsche, Robert/*Gratwohl*, Michael/*Fauser*, Daniel: Bewertungsrelevanz von Corporate Social Responsibility (CSR-)Informationen – Eine empirische Analyse, IRZ 2015, 455–458 (zitiert: *Gutsche/Gratwohl/Fauser*, IRZ 2015, 455)

Haarmann, Wilhelm (Hrsg.)/*Schüppen*, Matthias (Hrsg.): Frankfurter Kommentar zum WpÜG, 2. Auflage, Frankfurt am Main 2005 (zitiert: FK-WpÜG/*Bearbeiter*)

Habersack, Mathias: Angemessene Gegenleistung (§ 31 WpÜG) versus angemessene Abfindung (§§ 305, 327b AktG) nach „BKN" und „Postbank", NZG 2019, 881–886 (zitiert: *Habersack*, NZG 2019, 881)

Habersack, Matthias: Stellungnahme zum Entwurf eines Gesetzes zur Änderung des Aktiengesetzes (Aktienrechtsnovelle 2014), 2015, abrufbar unter: https://www.bundestag.de/resource/blob/372592/4fa5dcc6925299639e78e4ee209de2f5/habersack-data.pdf, zuletzt abgerufen am 16. 8. 2024 (zitiert: *Habersack*, Stellungnahme zur Aktienrechtsnovelle 2014)

Habersack, Mathias (Hrsg.)/*Mülbert*, Peter O. (Hrsg.)/*Schlitt*, Michael (Hrsg.): Unternehmensfinanzierung am Kapitalmarkt, 4. Auflage, Köln 2019 (zitiert: Habersack/Mülbert/Schlitt/*Bearbeiter*, Unternehmensfinanzierung am Kapitalmarkt)

Hachmeister, Dirk/*Ruthardt*, Frederik: Die Bedeutung von Börsenkursen und Vorerwerbspreisen im Rahmen von Unternehmensbewertungen, DB 2014, 1689–1695 (zitiert: *Hachmeister/Ruthardt*, DB 2014, 1689–1695)

Hamannt, Manfred/*Stibi*, Bernd: Stellungnahme vom 14.09.2015 für den Finanzausschuss zum Änderungsantrag der Fraktionen der CDU/CSU und SPD zum Regierungsentwurf eines Gesetzes zur Umsetzung der Transparenzrichtline-Änderungsrichtlinie – Thema Delisting (zitiert: *IDW*, Stellungnahme v. 14.09.2015 für den Finanzausschuss)

Hamermesh, Lawrence A./*Wachter*, Michael L.: Finding the Right Balance in Appraisal Litigation, The Business Lawyer, 2018, Vol. 73, No. 4, 961–1010 (zitiert: *Hamermesh/Wachter*, The Business Lawyer, 2018, Vol. 73, No. 4, 961)

Happ, Wilhelm/*Bednarz*, Sebastian: Aktienrechtliche Abfindungs- und Ausgleichsansprüche – Zu offenen Fragestellungen nach den höchstrichterlichen Entscheidungen in Sachen Ytong, DAT/Altana und Stollwerck, S. 219–236, in: Festschrift für Eberhard Stilz zum 65. Geburtstag, München 2014 (zitiert: *Happ/Bednarz*, FS Stilz (2014), S. 219)

Harnos, Rafael: Aktionärsschutz bei Delisting, ZHR 2015, 750–781 (zitiert: *Harnos*, ZHR 2015, 750)

Harnos, Rafael: Rechtsschutzlücken bei Bezifferung einer Delisting-Klage, AG 2020, 601–610 (zitiert: *Harnos*, AG 2020, 601)

Harnos, Rafael: Unternehmensrechtliche Reformvorschläge im Referentenentwurf des Zukunftsfinanzierungsgesetzes, AG 2023, 348–359 (zitiert: *Harnos*, AG 2023, 348)

Hasselbach, Kai: Aktuelle Rechtsfragen des aktien- und übernahmerechtlichen Ausschlusses von Minderheitsaktionären, CFL 2010, 24–34 (zitiert: *Hasselbach*, CFL 2010, 24)

Hasselbach, Kai: Überprüfung der Unternehmensplanung im Spruchverfahren, DB 2023, 814–819 (zitiert: *Hasselbach*, DB 2023, 814)

Hasselbach, Kai/*Ebbinghaus*, Felix: Auswirkungen der Stollwerck-Entscheidung des BGH auf die Transaktions- und Bewertungspraxis bei börsennotierten Gesellschaften, Der Konzern 2010, 467–477 (zitiert: *Hasselbach/Ebbinghaus*, Der Konzern 2010, 467)

Hasselbach, Kai/*Klüsener*, André: Referenzstichtag für Unternehmensbewertungen auf der Basis des Börsenkurses, DB 2010, 657–661 (zitiert: *Hasselbach/Klüsener*, DB 2010, 657)

Hasselbach, Kai/*Stepper*, Simon: Aktuelle Themen des Rechts der börsennotierten Unternehmen, BB 2021, 771–778 (zitiert: *Hasselbach/Stepper*, BB 2021, 771)

Hayes, Mark: The Economics of Keynes, Cheltenham 2006 (zitiert: *Hayes*, The Economics of Keynes)

Heaton, J. B.: Kill Cammer: Securities Litigation Without Junk Science, William & Mary Business Law Review, 2020, Vol. 11, Iss. 2, 417–477 (zitiert: *Heaton*, William & Mary Business Law Review, 2020, Vol. 11, Iss. 2, 417)

Hecker, Renate: Regulierung von Unternehmensübernahmen und Konzernrecht, Teil I: Empirische Analyse des aktienrechtlichen Minderheitenschutzes im Vertragskonzern, 1. Auflage, Wiesbaden 2000 (zitiert: *Hecker*, Regulierung von Unternehmensübernahmen und Konzernrecht, Teil I)

Hecker, Renate/*Wenger*, Ekkehard: Der Schutz von Minderheiten im Vertragskonzern, ZBB 1995, 321–341 (zitiert: *Hecker/Wenger*, ZBB 1995, 321)

Heidel, Thomas (Hrsg.): Aktienreicht und Kapitalmarktrecht, 5. Auflage, Baden-Baden 2020 (zitiert: Heidel/*Bearbeiter*, AktR)

Heidel, Thomas (Hrsg.)/*Hirte*, Heribert (Hrsg.): Das neue Personengesellschaftsrecht, 1. Auflage, Baden-Baden 2023 (zitiert: Heidel/Hirte/*Bearbeiter*, Das neue Personengesellschaftsrecht)

Heim, Sebastian: Erklärungsansätze der Behavioral Finance zur Entstehung und Entwicklung der Finanzkrise, Ilmenau 2013 (zitiert: *Heim*, Erklärungsansätze der Behavioral Finance zur Entstehung und Entwicklung der Finanzkrise)

Hell, Patrick: Grundsatzfragen der Ausgestaltung der nichtfinanziellen Unternehmenspublizität, EuZW 2018, 1015–1020 (zitiert: *Hell*, EuZW 2018, 1015)

Hensel, Christian/*Dörstling*, Daniel: Grenzen der Offenlegung im Rahmen der Due Diligence, DStR 2021, 170–177 (zitiert: *Hensel/Dörstling*, DStR 2021, 170)

Henssler, Martin (GesamtHrsg. Handels- u. GesellschaftsR)/*Spindler*, Gerald (Hrsg.)/*Stilz*, Eberhard (Hrsg.): beck.online Grosskommentar AktG, München, Werkstand: 2024 (zitiert: BeckOGK-AktG/*Bearbeiter*)

Hinterleitner, Gernot/*Hornung*, Philipp: Marktqualität und Insiderhandel auf Kapitalmärkten, Wiesbaden 2016 (zitiert: *Hinterleitner/Hornung*, Marktqualität und Insiderhandel auf Kapitalmärkten)

Hirshleifer, David: Behavioral Finance, Annual Review of Financial Economics, 2015, Vol. 7, 133–159 (zitiert: *Hirshleifer*, Annual Review of Financial Economics, 2015, Vol. 7, 133)

Hirshleifer, David: Investor Psychology and Asset Pricing, The Journal of Finance, 2001, Vol. 56, No. 4, 1533–1597 (zitiert: *Hirshleifer*, Journal of Finance, 2001, Vol. 56, No. 4, 1533)

Hirshleifer, David: Investor Psychology and Asset Pricing, Working Paper, 2001 (zitiert: *Hirshleifer*, Investor Psychology and Asset Pricing, 2001)

Hirte, Heribert: Anmerkungen und Anregungen zur geplanten gesetzlichen Neuregelung des Bezugsrechts, ZIP 1994, 356–363 (zitiert: *Hirte*, ZIP 1994, 356)

Hirte, Heribert: Berufshaftung, München 1996 (zitiert: *Hirte*, Berufshaftung)

Hirte, Heribert: Bezugsrechtsausschluß und Konzernbildung, Köln 1986 (zitiert: *Hirte*, Bezugsrechtsausschluß und Konzernbildung)

Hirte, Heribert: Die Entwicklung des Unternehmens- und Gesellschaftsrechts in Deutschland in den Jahren 1998 und 199–1. Teil: Allgemeines Unternehmens- und Aktienrecht sowie 1. Teil des GmBH-Rechts, NJW 2000, 3321–3332 (zitiert: *Hirte*, NJW 2000, 3321)

Hirte, Heribert: Die Entwicklung des Unternehmens- und Gesellschaftsrechts in Deutschland in den Jahren 2000 bis 2002 – 3. Teil: Gesellschaften ohne Rechtspersönlichkeit, Recht der verbundenen Unternehmen, Umwandlungs- und Mitbestimmungsrecht, NJW 2003, 1285–1293 (zitiert: *Hirte*, NJW 2003, 1285)

Hirte, Heribert: Die große Gamestop-Wette, FAZ v. 3.2.2021, Nr. 28, S. 16 (zitiert: *Hirte*, Die große Gamestop-Wette, FAZ v. 3.2.2021, Nr. 28, S. 16)

Hirte, Heribert: Geldausgleich statt Inhaltskontrolle, WM 1997, 1001–1008 (zitiert: *Hirte*, WM 1997, 1001)

Hirte, Heribert: Kapitalgesellschaftsrecht, 9. Auflage, Köln 2023 (zitiert: *Hirte*, Kapitalgesellschaftsrecht)

Hirte, Heribert: Protokoll Nr. 55, Öffentliche Anhörung vor dem Rechtsausschuss des Deutschen Bundestages am 29.06.2011, S. 12–23 (zitiert: *Hirte*, Protokoll Nr. 55, Öffentliche Anhörung vor dem Rechtsausschuss des Deutschen Bundestages am 29.06.2011)

Hirte, Heribert: Was Gamestop und Robinhood mit Volkswagen und Wirecard zu tun haben, FAZ.NET v. 2.2.2021, abrufbar unter: https://www.faz.net/aktuell/wirtschaft/gamestop-ungeklaerte-fragen-des-kapitalmarktrechts-17177870.html, zuletzt abgerufen am 18.8.2024 (zitiert: *Hirte*, Was Gamestop und Robinhood mit Volkswagen und Wirecard zu tun haben, FAZ.NET v. 2.2.2021, https://www.faz.net/aktuell/wirtschaft/gamestop-ungeklaerte-fragen-des-kapitalmarktrechts-17177870.html, zuletzt abgerufen am 18.8.2024)

Hirte, Heribert: Wer „setzt das Recht" im Gesellschaftsrecht? Unabhängigkeitsfragen bei Stakeholdern im Gesetzgebungsprozess, S. 57–77, in: Festschrift für Thomas Heidel, Baden-Baden 2021 (zitiert: *Hirte*, FS Heidel (2021), S. 57)

Hirte, Heribert/*Knof*, Béla/*Mock*, Sebastian: Das Gesetz zur weiteren Erleichterung der Sanierung von Unternehmen (Teil I), DB 2011, 632–643 (zitiert: *Hirte/Knof/Mock*, DB 2011, 632)

Hirte, Heribert (Hrsg.)/*Möllers*, Thomas M. J. (Hrsg.): Kölner Kommentar zum WpHG, 2. Auflage, Köln 2014 (zitiert: KK-WpHG/*Bearbeiter*)

Hirte, Heribert/*Schall*, Alexander: Zum faktischen Beherrschungsvertrag, Der Konzern, 2006, 243–328 (zitiert: *Hirte/Schall*, Der Konzern, 2006, 243)

Hirte, Heribert (Hrsg.)/*Seibt*, Christoph H. (Hrsg.)/*Mock*, Sebastian (Hrsg.)/*Schwarz*, Simon (Hrsg.): Kölner Kommentar zum WpÜG, 3. Auflage, Köln 2022 (zitiert: KK-WpÜG/*Bearbeiter*)

Hirte, Heribert (Hrsg.)/*Vallender*, Heinz (Hrsg.): Uhlenbruck Insolvenzordnung, Band 1: InsO, 15. Auflage, München 2019 (zitiert: Uhlenbruck/*Bearbeiter*, InsO)

Hoffmann-Becking, Michael (Hrsg.): Münchener Handbuch des Gesellschaftsrechts, Band 4, Aktiengesellschaft, 5. Auflage, München 2020 (zitiert: MHdB-GesR IV/*Bearbeiter*)

Höfling, Tobias: Die (un)mögliche Suche nach der Wahrheit bei der Unternehmensbewerung im Spruchverfahren, NZG 2020, 136–139 (zitiert: *Höfling*, NZG 2020, 136)

Hölters, Wolfgang (Hrsg.): Handbuch Unternehmenskauf, 10. Auflage, Köln 2022 (zitiert: Hölters/*Bearbeiter*, HdB Unternehmenskauf)

Hölters, Wolfgang (Hrsg.)/*Weber*, Markus (Hrsg.): Aktiengesetz Kommentar, 4. Auflage, München 2022 (zitiert: Hölters/Weber/*Bearbeiter*, AktG)

Holtfort, Thomas: Emotionsökonomie: Der Faktor Mensch im Finanzdienstleistungssektor, 1. Auflage, Lohmar 2010 (zitiert: *Holtfort*, Emotionsökonomie)

Holtfort, Thomas: Turn-of-the-month Effekte am deutschen Aktienmarkt, FB 2009, 343–348 (zitiert: *Holtfort*, FB 2009, 343)

Holzmeister, Felix/*Huber*, Jürgen/*Schredelseker*, Klaus: Grundlagen der Finanzwirtschaft, Berlin, Boston, 2019 (zitiert: *Holzmeister/Huber/Schredelseker*, Grundlagen der Finanzwirtschaft)

Hommel, Michael/*Braun*, Inga: Marktorientierte Unternehmensbewertung – der Börsenkurs auf dem Prüfstand, BB-Beilage 6 zu Heft 38/2002, 10–17 (zitiert: *Hommel/Braun*, BB-Beilage 6 zu Heft 38/2002, 10)

Hopt, Klaus (Hrsg.): Beck'sche Kurz-Kommentare Band 9, Handelsgesetzbuch mit GmbH & Co., Handelsklauseln, Bank- und Kapitalmarktrecht, Transportrecht (ohne Seerecht), 43. Auflage, München 2024 (zitiert: Hopt/*Bearbeiter*, HGB)

Hopt, Klaus J. (Hrsg.)/*Wiedemann*, Herbert (Hrsg.): Aktiengesetz Großkommentar, Achter Band, §§ 278–310, 4. Auflage, Berlin 2013 (zitiert: GK-AktG/*Bearbeiter*)

Houben, Eike: Die Gestaltung des Pflichtangebots unter dem Aspekt des Minderheitenschutzes und der effizienten Allokation der Unternehmenskontrolle, WM 2000, 1873–1883 (zitiert: *Houben*, WM 2000, 1873)

Hsu, Ming/*Krajbich*, Ian/*Zhao*, Chen/*Camerer*, Colin F.: Neural Response to Reward Anticipation under Risk Is Nonlinear in Probabilities, The Journal of Neuroscience, 2009, Vol. 29, Iss. 7, 2231–2237 (zitiert: *Hsu/Krajbich/Zhao/Camerer*, Journal of Neuroscience, 2009, Vol. 29, Iss. 7, 2231)

Huang, Roger D./*Stoll*, Hans R.: The Components of the Bid-Ask Spread: A General Approach, Review of Financial Studies, 1997, Vol. 10, No. 4, 995–1034 (zitiert: *Huang/Stoll*, Review of Financial Studies, 1997, Vol. 10, No. 4, 995)

Hüffer, Uwe (Begr.)/*Koch*, Jens: Beck'sche Kurz-Kommentare Aktiengesetz, 18. Auflage, München 2024 (zitiert: Hüffer/Koch/*Bearbeiter*, AktG)

Hüffer, Uwe (Hrsg.)/*Schmidt-Aßmann*, Eberhard (Hrsg.)/*Weber*, Martin (Hrsg.): Anteilseigentum, Unternehmenswert und Börsenkurs, München 2005 (zitiert: Hüffer/Schmidt-Aßmann/Weber/*Bearbeiter*, Anteilseigentum, Unternehmenswert und Börsenkurs)

Hüttemann, Rainer: Börsenkurs und Unternehmensbewertung, ZGR 2001, S. 454–478 (zitiert: *Hüttemann*, ZGR 2001, 454)

Hüttemann, Rainer: Börsenkurs und Unternehmensbewertung, ZGR 2001, 455–478 (zitiert: *Hüttemann*, ZGR 2001, 455–478)

Hüttemann, Rainer: Die angemessene Barabfindung im Aktienrecht, S. 603–616, in: Festschrift für Michael Hoffmann-Becking zum 70. Geburtstag, München 2013 (zitiert: *Hüttemann*, FS Hoffmann-Becking (2013), S. 603)

Hüttemann, Rainer: Neue Entwicklungen bei der Unternehmensbewertung im Gesellschaftsrecht, CF 2016, 467–475 (zitiert: *Hüttemann*, CF 2016, 467)

Hüttemann, Rainer/*Meyer*, André: Zur Abfindung ausscheidender Personengesellschafter nach dem MoPeG, ZIP 2022, 935–943 (zitiert: *Hüttemann/Meyer*, ZIP 2022, 935)

Ibbotson, Roger G./*Ritter*, Jay R.: Initial Public Offerings, Handbooks in Operations Research and Management Science, 1995, Vol. 9, Ch. 30, 993–1016 (zitiert: *Ibbotson/Ritter*, Handbooks in Operations Research and Management Science, 1995, Vol. 9, Ch. 30, 993–1016)

Ihlau, Susann/*Zwenger*, Katharina: Berücksichtigung von Nachhaltigkeitsaspekten bei Anlageentscheidungen und Unternehmensbewertungen, BB 2020, 2091–2095 (zitiert: *Ihlau/Zwenger*, BB 2020, 2091)

Ihrig, Hans-Christoph/*Schäfer*, Carsten: Rechte und Pflichten des Vorstands, 2. Auflage, Köln 2020 (zitiert: Ihrig/Schäfer/*Bearbeiter*, Rechte und Pflichten des Vorstands)

Ikenberry, David/*Lakonishok*, Josef/*Vermaelen*, Theo: Market underreaction to open market share repurchases, Journal of Financial Economics, 1995, Vol. 39, Iss. 2–3, 181–208 (zitiert: *Ikenberry/Lakonishok/Vermaelen*, Journal of Financial Economics, 1995, Vol. 39, Iss. 2–3, 181)

Ilyevich, Natalia: Delisting – Parallele zum Übernahmerecht, 1. Auflage, Baden-Baden 2019 (zitiert: *Ilyevich*, Delisting – Parallele zum Übernahmerecht)

Informationsgemeinschaft zur Feststellung der Verbreitung von Werbeträgern (IVW): Ranking der Wirtschaftsmagazine mit den höchsten verkauften Auflagen in Deutschland im 1. Quartal 2024 (2024), in Statista, abrufbar unter: https://de.statista.com/statistik/daten/studie/271298/umfrage/verkaufte-auflage-der-wirtschaftsmagazine-in-deutschland/, zuletzt abgerufen am 18. 8. 2024 (zitiert: *IVW*, Ranking der Wirtschaftsmagazine mit den höchsten verkauften Auflagen in Deutschland im 1. Quartal 2024 (2024), https://de.statista.com/statistik/daten/studie/271298/umfrage/verkaufte-auflage-der-wirtschaftsmagazine-in-deutschland/, zuletzt abgerufen am 18. 8. 2024)

Informationsgemeinschaft zur Feststellung der Verbreitung von Werbeträgern (IVW): Ranking der Wirtschaftsmagazine mit den höchsten verkauften E-Paper. Auflagen in Deutschland im 1. Quartal 2024 (2024), in Statista, abrufbar unter: https://de.statista.com/statistik/daten/studie/1004221/umfrage/verkaufte-e-paper-auflage-der-wirtschaftsmagazine-in-deutschland/, zuletzt abgerufen am 18. 8. 2024 (zitiert: *IVW*, Ranking der Wirtschaftsmagazine mit den höchsten verkauften E-Paper. Auflagen in Deutschland im 1. Quartal 2024 (2024), https://de.statista.com/statistik/daten/studie/1004221/umfrage/verkaufte-e-paper-auflage-der-wirtschaftsmagazine-in-deutschland/, zuletzt abgerufen am 18. 8. 2024)

International Organization of Securities Commissions (IOSCO): Investigating and Prosecuting Market Manipulation, IOSCO-Report vom Mai 2000, Addendum vom April 2013 (zitiert: *IOSCO*, Investigating and Prosecuting Market Manipulation, May 2000/April 2013)

Jaunich, Arthur Oliver: Anlagestrategie Behavioral Finance, Dissertation, Bonn 2008 (zitiert: *Jaunich*, Anlagestrategie Behavioral Finance)

Jegadeesh, Narasimhan/*Titman*, Sheridan: Returns to Buying winners and Selling Losers: Implications for Stock Market Efficiency, The Journal of Finance, 1993, Vol. 48, Iss. 1, 65–91 (zitiert: *Jegadeesh/Titman*, Journal of Finance, 1993, Vol. 48, Iss. 1, 65)

Jegadeesh, Narasimhan/*Titman*, Sheridan: Momentum, Annual Review of Financial Economics, 2011, Vol. 3, 493–509 (zitiert: *Jegadeesh/Titman*, Annual Review of Financial Economics, 2011, Vol. 3, 493)

Jehmilch, Tommy: Effizienz und Preiskontinuität von Aktienmärkten, Hamburg 2019 (zitiert: *Jehmilch*, Effizienz und Preiskontinuität von Aktienmärkten)

Kahneman, Daniel: Maps of Bounded Rationality: Psychology for Behavioral Economics, The American Economic Review, 2003, Vol. 93 No. 5, 1449–1475 (zitiert: *Kahneman*, The American Economic Review, 2003, Vol. 93 No. 5, 1449)

Kahneman, Daniel: Schnelles Denken, langsames Denken, aus dem Englischen von Thorsten Schmidt, 16. Auflage, München 2012 (zitiert: *Kahneman*, Schnelles Denken, langsames Denken)

Kahneman, Daniel (Hrsg.)/*Slovic*, Paul (Hrsg.)/*Tversky*, Amos (Hrsg.): Judgment under uncertainty: Heuristics and biases, 24. Auflage, New York 2008 (zitiert: Kahneman/Slovic/Tversky/*Bearbeiter*, Judgment under uncertainty)

Kahneman, Daniel/*Tversky*, Amos: Choices, Values and Frames, American Psychologist, 1984, Vol. 39, No. 4, 341–350 (zitiert: *Kahneman/Tversky*, American Psychologist, 1984, Vol. 39, No. 4, 341)

Kahneman, Daniel/*Tversky*, Amos: On the psychology of prediction, Psychological Review, 1973, Vol. 80, No. 4, 237–251 (zitiert: *Kahneman/Tversky*, Psychological Review, 1973, Vol. 80, No. 4, 237)

Kahneman, Daniel/*Tversky*, Amos: Prospect Theory: An analysis of decision under risk, Econometrica, 1979, Vol. 47, No. 2, 263–291, (zitiert: *Kahneman/Tversky*, Econometrica, 1979, Vol. 47, No. 2, 263)

Kahneman, Daniel/*Tversky*, Amos: Subjective Probability: A Judgment of Representativeness, Cognitive Psychology, 1972, Vol. 3, No. 3, 430–454 (zitiert: *Kahneman/Tversky*, Cognitive Psychology, 1972, Vol. 3, No. 3, 430)

Kahneman, Daniel/*Tversky*, Amos: The Psychology of Preferences, Scientific American, 1982, Vol. 246, No. 1, 160–173 (zitiert: *Kahneman/Tversky*, Scientific American, 1982, Vol. 246, No. 1, 160)

Kalayci, Deniz/*Sommer*, Friedrich: Bewertung von Synergien bei Unternehmensakquisitionen, WiSt 2012, 134–142 (zitiert: *Kalayci/Sommer*, WiSt 2012, 134)

Kallmeyer, Harald (Hrsg.): Umwandlungsgesetz, 7. Auflage, 2020 (zitiert: Kallmeyer/*Bearbeiter*, UmwG)

Kallweit, Andrej: Die angemessene Abfindung beim übernahmerechtlichen Squeeze-out, 1. Auflage, Baden-Baden, 2014 (zitiert: *Kallweit*, Die angemessene Abfindung beim übernahmerechtlichen Squeeze-out)

Kapoor, Sujata/*Prosad*, Jaya Mamta: Behavioural Finance, Neu-Delhi 2019 (zitiert: *Kapoor/Prosad*, Behavioural Finance)

Karami, Behzad: Hedgefonds in Übernahmeprozessen: eine fallorientierte Untersuchung mit bewertungstheoretischen Anmerkungen, SpruchZ Nr. 2/2018, 13–66 (zitiert: *Karami*, SpruchZ Nr. 2/2018, 13)

Karami, Behzad: Stand und (Weiter-)Entwicklung der rechtsgeprägten Unternehmensbewertung – Eine kritische Bestandsaufnahme vor dem Hintergrund der Dominanz des IDW und der jüngsten Rechtsprechung des OLG Zweibrücken vom 06. 09. 2019 (9 W 3/14), Bewertung im Recht, 2017 (zitiert: *Karami*, Stand und (Weiter-)Entwicklung der rechtsgeprägten Unternehmensbewertung, 2017)

Karami, Behzad: Unternehmensbewertung in Spruchverfahren beim „Squeeze out", Wiesbaden 2014 (zitiert: *Karami*, Unternehmensbewertung in Spruchverfahren beim „Squeeze-out")

Karami, Behzad/*Schuster*, René: Anlegerschutz beim Börsenrückzug im Spannungsfeld zwischen Rechtsdogmatik, Jurisprudenz und Rechtstatsachenforschung – Problemskizze und Würdigung aus ökonomischer Sicht, CF 2016, 106–119 (zitiert: *Karami/Schuster*, CF 2016, 106)

Karami, Behzad/*Schuster*, René: Eine empirische Analyse des Kurs- und Liquiditätseffekts im „Frosta"-Zeitalter, Bewertung im Recht Working Paper, 2015 (zitiert: *Karami/Schuster*, Eine empirische Analyse des Kurs- und Liquiditätseffekts im „Frosta"-Zeitalter)

Karami, Behzad/*Schuster*, René: Kritische Anmerkungen zur Delisting-Neuregelung aus ökonomischer Sicht, Bewertung im Recht, 2015 (zitiert: *Karami/Schuster*, Kritische Anmerkungen zur Delisting-Neuregelung aus ökonomischer Sicht)

Kartasôva, Jekaterina/*Vicoskaite*, Ina: Financial Market Anomalies: efficient market non-existence evidence, KSI Transactions on Knowledge Society 2013, Vol. 6, No. 4, 5–11 (zitiert: *Kartasôva/Vicoskaite*, KSI 2013, Vol. 6, No. 4, 5)

Kastl, Stephanie: Der Rückzug kapitalmarktfähiger Unternehmen von der Börse, 1. Auflage, Baden-Baden 2016 (zitiert: *Kastl*, Der Rückzug kapitalmarktfähiger Unternehmen von der Börse)

Katzenstein, Matthias: Schätzung des Unternehmenswerts nach Maßgabe von § 287 Abs. 2 ZPO im Spruchverfahren, AG 2018, 739–746 (zitiert: *Katzenstein*, AG 2018, 739)

Kelman, Mark: Behavioral Economics as Part of a Rhetorical Duet: A Response to Jolls, Sunstein, and Thaler, Stanford Law Review, 1998, Vol. 50, No. 5, 1577–1591 (zitiert: *Kelman*, Stanford Law Review, 1998, Vol. 50, No. 5, 1577)

Keynes, John Maynard: Allgemeine Theorie der Beschäftigung, des Zinses und des Geldes, aus dem Englischen von Nicola Liebert, Berlin 2017 (zitiert: *Keynes*, Allgemeine Theorie der Beschäftigung, des Zinses und des Geldes)

Kircher, Tobias: Kompensationsleistungen für erzwungene Rechtsverluste der Minderheitsaktionäre im deutschen und französischen Recht, 1. Auflage, Baden-Baden 2007 (zitiert: *Kircher*, Kompensationsleistungen für erzwungene Rechtsverluste der Minderheitsaktionäre im deutschen und französischen Recht)

Kirchner, Jörg/*Sailer*, Viola: Rechtsprobleme bei Einbringung und Verschmelzung, NZG 2002, 305–314 (zitiert: *Kirchner/Sailer*, NZG 2002, 305)

Kitzmann, Arnold: Massenpsychologie und Börse, 1. Auflage, Wiesbaden 2009 (zitiert: *Kitzmann*, Massenpsychologie und Börse)

Klement, Joachim/*Weisser*, Veronica/*Wacker*, Thomas: UBS Wealth Management Research, Behavioral Finance, Juni 2008 (zitiert: UBS Wealth Management Research, Behavioral Finance, Juni 2008)

Klepsch, Oliver: Delisting, BaFin-Journal, Januar 2016, 23–25 (zitiert: *Klepsch*, BaFin-Journal, Januar 2016, 23)

Klimonczyk, Sebastian: Spekulationsblasen. Ursachen und Folgen von Überbewertungen an Finanzmärkten, Hamburg, 2016 (zitiert: *Klimonczyk*, Spekulationsblasen)

Klöhn, Lars: Das System der aktien- und umwandlungsrechtlichen Abfindungsansprüche, Tübingen 2009 (zitiert: *Klöhn*, Das System der aktien- und umwandlungsrechtlichen Abfindungsansprüche)

Klöhn, Lars: Kapitalmarkt, Spekulation und Behavioral Finance, Berlin 2006 (zitiert: *Klöhn*, Kapitalmarkt, Spekulation und Behavioral Finance)

Klöhn, Lars: Nach 26 Jahren: US Supreme Court verfeinert die fraud-on-the-market theory, AG 2014, 807–813 (zitiert: *Klöhn*, AG 2014, 807)

Klöhn, Lars (Hrsg.): Marktmissbrauchsverordnung, München 2018 (zitiert: Klöhn/*Bearbeiter*, MAR)

Klöhn, Lars/*Franke*, Julian: GameStop, Reddit und Swarm Trading, NZG 2021, 257–258 (zitiert: *Klöhn/Franke*, NZG 2021, 257)

Klöhn, Lars/*Rothermund*, Marius: Haftung wegen fehlerhafter Ad-hoc-Publizität – Die Tücken der Rückwärtsinduktion bei der Schadensberechnung in sechs Fallgruppen, ZBB 2015, 73–83 (zitiert: *Klöhn/Rothermund*, ZBB 2015, 73)

Koch, Jens: § 255 AktG nach dem ZuFinG – Was wird aus den Rechten des Aktionärs?, AG 2024, 1–3 (zitiert: *Koch*, AG 2024, 1)

Koch, Jens: Der Börsenrückzug von Rocket Internet: Delisting zu Schleuderpreisen?, AG 2021, 249–259 (zitiert: *Koch*, AG 2021, 249)

Koch, Jens: Grenzen des informationsbasierten Anlegerschutzes – Die Gradwanderung zwischen angemessener Aufklärung und information overload, BKR 2012, 485–493 (zitiert: *Koch*, BKR 2012, 485)

Koch, Jens: Informationsweitergabe und Informationsasymmetrien im Gesellschaftsrecht, ZGR 2020, 183–216 (zitiert: *Koch*, ZGR 2020, 183)

Koch, Jens: Stellungnahme zur Aktienrechtsnovelle 2014 und Änderungsanträgen, 2015, abrufbar unter: https://www.bundestag.de/resource/blob/373420/7f7973bb06ba786c2060c6795ce4b7d7/koch-data.pdf, zuletzt abgerufen am 16.8.2024 (zitiert: *Koch*, Stellungnahme zur Aktienrechtsnovelle 2014)

Koch, Jens/*Harnos*, Rafael: Die Neuregelung des Delistings zwischen Anleger- und Aktionärsschutz, NZG 2015, 729–737 (zitiert: *Koch/Harnos*, NZG 2015, 729)

Kocher, Dirk/*Bedkowski*, Dorothea: Berichts- und Prüfungserfordernisse beim Delisting?, NZG 2008, 135–137 (zitiert: *Kocher/Bedkowski*, NZG 2008, 135)

Kocher, Dirk/*Seiz*, Elke: Das neue Delisting nach § 39 Abs. 2–6 BörsG, DB 2016, 153–158 (zitiert: *Kocher/Seiz*, DB 2016, 153)

Koehler, Derek J./*Brenner*, Lyle/*Griffin*, Wesley Dale: The Calibration of Expert Judgment: Heuristics and Biases Beyond the Laboratory, S. 686–715, 2002, in: Heuristics and Biases: The Psychology of Intuitive Judgment, herausgegeben von Thomas Gilovich, 8. Auflage, Cambridge 2009 (zitiert: *Koehler/Brenner/Griffin*, The Calibration of Expert Judgment, in: Heuristics and Biases, 2002, S. 686)

Koehler, Derek J. (Hrsg.)/*Harvey*, Nigel (Hrsg.): Blackwell Handbook of Judgment and Decision Making, Malden 2004 (zitiert: Koehler/Harvey/*Bearbeiter*, Blackwell Handbook of Judgment and Decision Making)

Kolb, Gerhard: Ökonomische Ideengeschichte: Volks- und betriebswirtschaftliche Entwicklungslinien von der Antike bis zum Neoliberalismus, 3. Auflage, Berlin/Boston 2017 (zitiert: *Kolb*, Ökonomische Ideengeschichte)

Komp, Ralf: Zweifelsfragen des aktienrechtlichen Abfindungsanspruchs nach §§ 305, 320b AktG, Berlin 2002 (zitiert: *Komp*, Zweifelsfragen des aktienrechtlichen Abfindungsanspruchs nach §§ 305, 320b AktG)

Kraupe, Fabian: Delisting – von Macroton bis heute, ZJS 2021, 691–707 (zitiert: *Kraupe*, ZJS 2021, 691)

Kraus, Alan/*Stoll*, Hans R.: Price Impacts of Block Trading on the New York Tsock Exchange, Journal of Finance, 1972, Vol. 72, No. 3, 569–588 (zitiert: *Kraus/Stoll*, Journal of Finance, 1972, Vol. 72, No. 3, 569)

Krauß, Hans-Frieder (Hrsg.)/*Weise*, Stefan (Hrsg.): Beck'sche Online-Formulare Vertrag, 69. Edition, München 2024 (zitiert: BeckOF-Vetrag/*Bearbeiter*)

Krawczyk, Daniel: Reasoning: The Neuroscience of How We Think, London 2018 (zitiert: *Krawczyk*, Reasoning)

Kreiß, Jens-Peter/*Neuhaus*, Georg: Einführung in die Zeitreihenanalyse, Berlin 2006 (zitiert: *Kreiß/Neuhaus*, Einführung in die Zeitreihenanalyse)

Krieger, Gerd: Squeeze-Out nach neuem Recht: Überblick und Zweifelsfragen, BB 2002, 53–62 (zitiert: *Krieger*, BB 2002, 53)

Krug, Kirsten: Der Rückzug von der Börse, 1. Auflage, Baden-Baden 2019 (zitiert: *Krug*, Der Rückzug von der Börse)

Krüger, Ulrich/*Tiffe*, Achim: It's a research gift! Interessenkonflikte in der (Rechts-)Wissenschaft, myops 2021, 45–55 (zitiert: *Krüger/Tiffe*, myops 2021, 45)

Kübler, Bruno M. (Begr.)/*Prütting*, Hanns (Hrsg.)/*Bork*, Reinhard (Hrsg.)/*Jacoby*, Florian (Hrsg.): Kommentar zur Insolvenzordnung, Werkstand: 100. Lieferung 06.2024, Köln 2024 (zitiert: Kübler/Prütting/Bork/*Bearbeiter*, InsO)

Kuhn, Thomas S.: Die Struktur wissenschaftlicher Revolutionen, 2. Auflage, Frankfurt am Main 1976 (zitiert: *Kuhn*, Die Struktur wissenschaftlicher Revolution)

Kuhner, Christoph/*Maltry*, Helmut: Unternehmensbewertung, 2. Auflage, Berlin 2017 (zitiert: *Kuhner/Maltry*, Unternehmensbewertung)

Kumar, Gaurav/*Misra*, Arun Kumar: Closer Look at the Stock Market Liquidity: A Literature Review, Asian Journal of Finance & Accounting, 2015, Vol. 7, No. 2, 35–57 (zitiert: *Kumar/Misra*, Asian Journal of Finance & Accounting, 2015, Vol. 7, No. 2, 35)

Kumar, Satish: A Review on the Evolution of Calendar Anomalies, Studies in Business and Economics, 2017, Vol. 12, No. 1, 95–109 (zitiert: *Kumar*, Studies in Business and Economics, 2017, Vol. 12, No. 1, 95)

Kumpan, Christoph/*Misterek*, Robin: Der verständige Anleger in der Marktmissbrauchsverordnung, ZHR 2020, 180–221 (zitiert: *Kumpan/Misterek*, ZHR 2020, 180)

Kumpan, Christoph/*Müller-Lankow*, Hendrik: Ein-Market-Maker-Systeme in der neuen Kapitalmarktregulierung – Abgrenzung zwischen multilateralen und bilateralen Systemen, WM 2017, 1777–1786 (zitiert: *Kumpan/Müller-Lankow*, WM 2017, 1777)

Kümpel, Siegfried (Begr.)/*Mülbert*, Peter O. (Hrsg.)/*Früh*, Andreas (Hrsg.)/*Seyfried*, Thorsten (Hrsg.): Bankrecht und Kapitalmarktrecht, 6. Auflage, Köln 2022 (zitiert: Kümpel/Mülbert/Früh/Seyfried/*Bearbeiter*, Bankrecht und Kapitalmarktrecht)

Küting, Karlheinz: Auf dem Weg zu einem umfassenden Business Reporting, BB 2000, 451–456 (zitiert: *Küting*, BB 2000, 451)

Kyle, Albert S.: Continuous Auctions and Insider Trading, Econometrica, 1985, Vol. 53, No. 6, 1315–1335 (zitiert: *Kyle*, Econometrica, 1985, Vol. 53, No. 6, 1315)

Land, Volker/*Hallermayer*, Jessica: Grenzen der Bedeutung des Börsenkurses bei der Unternehmensbewertung bei Strukturmaßnahmen, AG 2015, 659–666 (zitiert: *Land/Hallermayer*, AG 2015, 659)

Langenbucher, Katja: Aktien- und Kapitalmarktrecht, 5. Auflage, München 2022 (zitiert: *Langenbucher*, Aktien- und Kapitalmarktrecht)

Langenbucher, Katja: In Brüssel nichts Neues? – Der „verständige Anleger" in der Marktmissbrauchsverordnung, AG 2016, 417–422 (zitiert: *Langenbucher*, AG 2016, 417)

Langenbucher, Katja/*Hau*, Daniel/*Wentz*, Jasper: „Aktivistische Leerverkäufer" – eine Überlegung zur Markteffizienz und deren Grenzen im Kapitalmarktrecht, ZBB 2019, 307–316 (zitiert: *Langenbucher/Hau/Wentz*, ZBB 2019, 307)

Langenbucher, Katja/*Rataj*, Piotr/*Vossen*, Lukas: Rechtliche Grundlagen der Investor Relations und Finanzkommunikation, in: Handbuch Investor Relations und Finanzkommunikation, Wiesbaden 2021, abrufbar unter: https://doi.org/10.1007/978-3-658-23389-1_6-1, zuletzt abgerufen am 17. 8. 2024) (zitiert: *Langenbucher/Rataj/Vossen*, Rechtliche Grundlagen der Investor Relations und Finanzkommunikation, in: Handbuch Investor Relations und Finanzkommunikation)

Langevoort, Donald C.: Basic at Twenty: Rethinking Fraud on the Market, Wisconsin Law Review 2009, No. 2, 151–198 (zitiert: *Langevoort*, Wisconsin Law Review 2009, No. 2, 151)

Langevoort, Donald C.: Judgement Day for Fraud-on-the-Market: Reflections on Amgen and the Second Coming of Halliburton, Arizona Law Review, 2015, Vol. 57, Iss. 1, 37–59 (zitiert: *Langevoort*, Arizona Law Review, 2015, Vol. 57, Iss. 1, 37)

Lánsky, Jan: Analysis of Cryptocurrencies Price Development, Acta Informatica Pragensia, 2016, Iss. 2, 118–137 (zitiert: *Lánsky*, Acta Informatica Pragensia, 2016, Iss. 2, 118)

Laoutoumai, Sebastian/*Cobe*, Matondo: Anlageempfehlungen und Finanztipps von sog. „Finfluencers", WRP 2022, 290–296 (zitiert: *Laoutoumai/Cobe*, WRP 2022, 290)

Lappe, Thomas/*Stafflage*, Axel: Unternehmensbewertungen nach dem Wertpapiererwerbs- und Übernahmegesetz, BB 2002, 2185–2192 (zitiert: *Lappe/Stafflage*, BB 2002, 2185)

Laro, David/*Pratt*, Shannon P.: Business Valuation and Taxes, Hoboken 2005 (zitiert: *Laro/Pratt*, Business Valuation and Taxes)

Laux, Helmut/*Gillenkirch*, Robert M./*Schenk-Mathes*, Heike Y.: Entscheidungstheorie, 10. Auflage, Berlin 2018 (zitiert: *Laux/Gillenkirch/Schenk-Mathes*, Entscheidungstheorie)

Leković, Miljan: Evidence for and against the Validity of Efficient Market Hypothesis, Economic Themes, 2018, Vol. 56, Iss. 3, 369–387 (zitiert: *Leković*, Economic Themes, 2018, Vol. 56, Iss. 3, 369)

LeRoy, Stephen F./*Porter*, Richard D.: The Present-Value Relation: Tests Based on Implied Variance Bounds, Econometrica, 1981, Vol. 49, No. 3, 555–574 (zitiert: *LeRoy/Porter*, Econometrica, 1981, Vol. 49, No. 3, 555)

Libich, Jan/*Lenten*, Liam J. A.: Bitcoin, Tesla and GameStop Bubbles as a Flight to Focal Points, World Economics, 2021, Vol. 22, No. 1, 83–107 (zitiert: *Libich/Lenten*, World Economics, 2021, Vol. 22, No. 1, 83)

Libich, Jan/*Lenten*, Liam J. A.: Hero or villain? The financial system in the 21st century, Journal of Economic Surveys, 2022, Vol. 36, 3–40 (zitiert: *Libich/Lenten*, Journal of Economic Surveys, 2022, Vol. 36, 3)

Lim, Sonya Seongyeon: Do Investors Integrate Losses and Segregate Gains? Mental Accounting and Investor Trading Decisions, The Journal of Business, 2006, Vol. 79, No. 5, 2539–2573 (zitiert: *Lim*, Journal of Business, 2006, Vol. 79, No. 5, 2539)

Lin, Zhilu/*Wu*, Wentao/*Zhang*, Haoran: Momentum, Information, and Herding, Journal of Behavioral Finance, 2023, Vol. 24, No. 2, 219–237 (zitiert: *Lin/Wu/Zhang*, Journal of Behavioral Finance, 2023, Vol. 24, No. 2, 219)

Linden, Klaus von den/*Schäfer*, Tom: Der RegE des Zukunftsfinanzierungsgesetzes: Neues zu Mehrstimmrechten, Kapitalerhöhungen und SPACs, DB 2023, 2292–2297 (zitiert: *von den Linden/Schäfer*, DB 2023, 2292)

Lintner, John: Security Prices, Risk, and Diversification, The Journal of Finance, 1965, Vol. 20, No. 4, 587–615 (zitiert: *Lintner*, Journal of Finance, 1965, Vol. 20, No. 4, 587)

Loh, Roger K.: Investor Inattention and Underreaction to Stock Recommendations, Financial Management, 2010, Vol. 39, Iss. 3, 1223–1251 (zitiert: *Loh*, Financial Management, 2010, Vol. 39, Iss. 3, 1223)

Loritz, Karl-Georg/*Wagner*, Klaus-R.: Das „Zwangsübernahmeangebot“ der EG-Takeover-Richtlinie aus verfassungsrechtlicher Sicht, WM 1991, 709–722 (zitiert: *Loritz/Wagner*, WM 1991, 709)

Loughnan, Steve/*Bratanova*, Boyka/*Puvia*, Elisa: The Meat Paradox: How Are We Able to Love Animals and Love Eating Animals?, In-Mind Italia, 2012, Vol. I, 15–18 (zitiert: *Loughnan/Bratanova/Puvia*, In-Mind Italia, 2012, Vol. I, 15)

Lüdemann, Jörn: Die Grenzen des homo oeconomicus und die Rechtswissenschaft, Bonn 2006 (zitiert: *Lüdemann*, Die Grenzen des homo oeconomicus und die Rechtswissenschaft)

Lüke, Wolfgang: Zivilprozessrecht I, 11. Auflage, München 2020 (zitiert: *Lüke*, Zivilprozessrecht I)

Lutter, Marcus: Das neue „Gesetz für kleine Aktiengesellschaften und zur Deregulierung des Aktienrechts“, AG 1994, 429–447 (zitiert: *Lutter*, AG 1994, 429)

Lutter, Marcus (Begr.)/*Bayer*, Walter (Hrsg.)/*Vetter*, Jochen (Hrsg.): Umwandlungsgesetz Kommentar, 7. Auflage, Köln 2024 (zitiert: Lutter/*Bearbeiter*, UmwG)

Luttermann, Claus: Berechnung der Abfindung nach einem Beherrschungs- und Gewinnabführungsvertrag anhand Börsenkurs in dreimonatigem Zeitraum vor Bekanntmachung, EWiR 2011, 619–620 (zitiert: *Luttermann*, EWiR 2011, 619)

Luttermann, Claus: Der „durchschnittliche“ Börsenkurs bei Barabfindung von Aktionären und Verschmelzungswertrelation, ZIP 2001, 869–872 (zitiert: *Luttermann*, ZIP 2001, 869)

Luttermann, Claus: „Fair Value“: Mythos, Methoden und Maß international, RIW 2009, 1–11 (zitiert: *Luttermann*, RIW 2009, 1)

Luttermann, Claus: Zum Börsenkurs als gesellschaftsrechtliche Bewertungsgrundlage, ZIP 1999, 45–52 (zitiert: *Luttermann*, ZIP 1999, 45)

Luttermann, Claus: Zur Rechtspraxis internationaler Unternehmensbewertung bei der Publikums-Aktiengesellschaft (zitiert: *Luttermann*, NZG 2007, 611)

MacLean, Paul D.: The Triun Brain in Conflict, Psychotherapy and Psychosomatics, 1977, Vol. 28, 207–220 (zitiert: *MacLean*, Psychotherapy and Psychosomatics, 1977, Vol. 28, 207)

Madaus, Stephan: Umwandlungen als Gegenstand eines Insolvenzplans nach dem ESUG, ZIP 2012, 2133–2139 (zitiert: *Madaus*, ZIP 2012, 2133)

Maier-Reimer, Georg/*Kolb*, Franz-Josef: Abfindung und Börsenkurs – Verfassungsrecht vs. Aktienrecht?, S. 93–112, in: Gesellschaftsrecht Rechnungslegung Steuerrecht, Festschrift für Welf Müller zum 65. Geburtstag, München 2001 (zitiert: *Maier-Reimer/Kolb*, FS Müller, (2001), S. 93)

Malkiel, Burton G.: A Random Walk Down Wall Street: The time-tested Strategy for Succesful Investing, New York 2011 (zitiert: *Malkiel*, A Random Walk Down Wall Street)

Malkiel, Burton G.: Reflections on the Efficient Market Hypothesis: 30 Years Later, The Financial Review, 2005, Vol. 40, 1–9 (zitiert: *Malkiel*, The Financial Review, 2005, Vol. 40, 1)

Mallard, Graham: Behavioural Economics, Newcastle upon Tyne 2017 (zitiert: *Mallard*, Behavioural Economics)

Mandl, Gerwald/*Rabel*, Klaus: Zur Abfindung von Minderheitsaktionären: Die Auswahl des Bewertungsverfahrens, S. 205–222, in: Zum Erkenntnisstand der Betriebswirtschaftslehre am Beginn des 21. Jahrhunderts, Festschrift für Erich Loitlsberger zum 80. Geburtstag, Berlin 2001 (zitiert: *Mandl/Rabel*, FS Loitlsberger (2001), S. 205)

Mankiw, N. Gregory/*Taylor*, Mark P.: Grundzüge der Volkswirtschaftslehre, aus dem Englischen von Adolf Wagner und Marco Herrmann, 5. Auflage, Stuttgart 2012 (zitiert: *Mankiw/Taylor*, Grundzüge der Volkswirtschaftslehre)

Manne, Henry Girard: Insider Trading and the Law Professors, Vanderbilt Law Review, 1970, Vol. 23, Iss. 3, 547–590 (zitiert: *Manne*, Vanderbilt Law Review, 1970, Vol. 23, Iss. 3, 547)

Markworth, David: Kapitalmarktinformationshaftung wegen Bilanzmanipulation, BKR 2020, 438–447 (zitiert: *Markworth*, BKR 2020, 438)

Marsch-Barner, Reinhard (Hrsg.)/*Schäfer*, Frank A. (Hrsg.): Handbuch börsennotierte AG, 4. Auflage, Köln 2018 (zitiert: Marsch-Barner/Schäfer/*Bearbeiter*, HdB börsennotierte AG)

Martens, Klaus-Peter: Die Unternehmensbewertung nach dem Grundsatz der Methodengleichheit oder dem Grundsatz der Meistbegünstigung, AG 2003, 593–600 (zitiert: *Martens*, AG 2003, 593)

Matschke, Manfred Jürgen/*Brösel*, Gerrit: Unternehmensbewertung: Funktionen – Methoden – Grundsätze, 4. Auflage, Wiesbaden 2013 (zitiert: *Matschke/Brösel*, Unternehmensbewertung)

Mattes, Sabine/*Graf von Maldeghem*, Maximilian: Unternehmensbewertung beim Squeeze Out, BKR 2003, 531–537 (zitiert: *Mattes/Graf von Maldeghem*, BKR 2003, 531)

Maunz, Theodor (Begr.)/*Dürig*, Günter (Begr.)/*Herzog*, Roman (Hrsg.)/*Scholz*, Rupert (Hrsg.)/*Herdegen*, Matthias (Hrsg.)/*Klein*, Hans H. (Hrsg.): Grundgesetz Kommentar,

München 2022, Werkstand: 99. Ergänzungslieferung September 2022 (zitiert: Dürig/Herzog/Scholz/*Bearbeiter*, GG)

Mayer, Dieter: Praxisfragen des verschmelzungsrechtlichen Squeeze-out-Verfahrens, NZG 2012, 561–575 (zitiert: *Mayer*, NZG 2012, 561)

McMaster, Christine/*Lee*, Christina: Cognitive Dissonance in Tobacco Smokers, Addictive Behaviors, 1991, Vol. 16, 349–353 (zitiert: *McMaster/Lee*, Addictive Behaviors, 1991, Vol. 16, 349)

Meilicke, J. Frédéric: Erzielbarer Veräußerungserlös vs. Objektivierten Unternehmenswert bei der Abfindung von Gesellschaftern, ZIP 2014, 605–612 (zitiert: *Meilicke*, ZIP 2014, 605)

Meilicke, Wienand/*Heidel*, Thomas: Ausgleichs-/Abfindungsverfahren bei Beherrschungs- und Gewinnabführungsvertrag: Anforderungen an die Berücksichtigung des Börsenkurses, DB 2001, 973–975 (zitiert: *Meilicke/Heidel*, DB 2001, 973)

Meinert, Carsten: Neuere Entwicklungen in der Unternehmensbewertung (Teil II), DB 2011, 2455–2460 (zitiert: *Meinert*, DB 2011, 2455)

Mense, Christian/*Klie*, Marcus: Neues zum Going Private – Praxisfragen zur aktuellen Rechtslage zum Delisting, DStR 2015, 2782–2786 (zitiert: *Mense/Klie*, DStR 2015, 2782–2786)

Mercer, Z. Christopher/*Harms*, Travis W.: Business Valuation, 3. Auflage, Hoboken 2021 (zitiert: *Mercer/Harms*, Business Valuation)

Merkt, Hanno: „Creeping in" aus internationaler Sicht, NZG 2011, 561–568 (zitiert: *Merkt*, NZG 2011, 561)

Merkt, Hanno: Das Informationsmodell im Gesellschafts- und Kapitalmarktrecht, zfbf Sonderheft 55/06, 2006, 24–60 (zitiert: *Merkt*, zfbf Sonderheft 55/06, 24)

Merwald, Maximilian/*Schauer*, Pirmin Jonas: Marktmanipulation, Social Media und Noise Trader im Fall GameStop (zitiert: *Merwald/Schauer*, BKR 2021, 280)

Meyer, André: Möglichkeiten und Grenzen der Einbeziehung nachträglich erlangter Informationen bei der Bewertung von Unternehmen, AG 2015, 16–24 (zitiert: *Meyer*, AG 2015, 16)

Meyer, Andreas (Hrsg.)/*Rönnau*, Thomas (Hrsg.)/*Veil*, Rüdiger (Hrsg.): Handbuch zum Marktmissbrauchsrecht, 1. Auflage, München 2018 (zitiert: Meyer/Veil/Rönnau/*Bearbeiter*, HdB Marktmissbrauchsrecht)

Meyer, Daniel E.: Maybe Publius Was Right: Relying on Merger Price to Determine Fair Value in Delaware Appraisal Cases, University of Pennsylvania Law Review, 2016, Vol. 165, 153–192 (zitiert: *Meyer*, University of Pennsylvania Law Review, 2016, Vol. 165, 153)

Meyer, Siegfried-Michael: Abfindung und Unternehmensbewertung, Regensburg 2004 (zitiert: *Meyer*, Abfindung und Unternehmensbewertung)

Michaely, Roni/*Thaler*, Richard H./*Womack*, Kent L.: Price Reactions to Dividend Initiations and Omissions: Overreaction or Drift?, The Journal of Finance, 1995, Vol. 50, No. 2, 573–608 (zitiert: *Michaely/Thaler/Womack*, Journal of Finance, 1995, Vol. 50, No. 2, 573)

Miller, George A.: The Magical Number Seven, Plus or Minus Two: Some Limits on our Capacity for Processing Information, The Psychological Review, 1956, Vol. 63, No. 2, 81–97 (zitiert: *Miller*, The Psychological Review, 1956, Vol. 63, No. 2, 81)

Mitchell, Gregory: Taking Behavioralism Too Seriously? The Unwarranted Pessimism of the New Behavioral Analysis of Law, Mitchell, William & Mary Law Review, 2002, Vol. 43, Iss. 5, 1907–2021 (zitiert: *Mitchell*, William & Mary Law Review, 2002, Vol. 43, Iss. 5, 1907)

Mock, Sebastian: Wirecard and European Company and Financial Law, ECFR 2021, 519–554 (zitiert: *Mock*, ECFR 2021, 519)

Mock, Sebastian/*Stüber*, Katharina: Das neue Wertpapierhandelsrecht, 1. Auflage, München 2018 (zitiert: *Mock/Stüber*, Das neue Wertpapierhandelsrecht)

Moeller, Sara B./*Schlingemann*, Frederik B./*Stulz*, René M.: Wealth Destruction on a Massive Scale? A Study of Acquiring-Firm Returns in the Recent Merger Wave, The Journal Finance, 2005, Vol. 60, No. 2, 757–782 (zitiert: *Moeller/Schlingmann/Stulz*, The Journal Finance, 2005, Vol. 60, No. 2, 757)

Mohamed, Jean: Delisting nach dem Entwurf eines Zweiten Zukunftsfinanzierungsgesetzes (ZuFinG II), BKR 2025, 1–9 (zitiert: *Mohamed*, BKR 2025, 1)

Mohamed, Jean: Delisting reloaded (?) – Eine Bestandsaufnahme der rechtspolitischen Diskussion, ZIP 2023, 1975–1982 (zitiert: *Mohamed*, ZIP 2023, 1975)

Möllers, Thomas M. J.: Effizienz als Maßstab des Kapitalmarktrechts, AcP 2008, 1–36 (zitiert: *Möllers*, AcP 2008, 1)

Möllers, Thomas M. J.: Marktmanipulationen durch Leerverkaufsattacken und irreführende Finanzanalysen, NZG 2018, 649–658 (zitiert: *Möllers*, NZG 2018, 649)

Möllers, Thomas M. J.: The Wirecard accounting scandal in Germany, and how the financial industry failed to proof it, The International Lawyer, 2021, Vol. 54, No. 3, 325–360 (zitiert: *Möllers*, The International Lawyer, 2021, Vol. 54, No. 3, 325)

Möllers, Thomas M. J./*Kernchen*, Eva: Information Overload am Kapitalmarkt, ZGR 2011, 1–26 (zitiert: *Möllers/Kernchen*, ZGR 2011, 1)

Möllers, Thomas M. J./*Schauer*, Pirmin Jonas: Twitternde Vorstandsmitglieder und die Fallstricke des Kapitalmarktrechts, NZG 2021, 1333–1340 (zitiert: *Möllers/Schauer*, NZG 2021, 1333)

Montier, James: Global Equity Strategy: Part man, part monkey, Dresdner Kleinwort Wasserstein Research, 2002 (zitiert: *Montier*, Global Equity Strategy 2002)

Montier, James: Behavioural Finance: Insights into Irrational Minds and Markets, Chichester 2007 (zitiert: *Montier*, Behavioural Finance)

Moosa, Imad A.: The bitcoin: a sparkling bubble or price discovery?, Journal of Industrial and Business Economics, 2020, Vol. 47, Iss. 1, 93–113 (zitiert: *Moosa*, Journal of Industrial and Business Economics, 2020, Vol. 47, Iss. 1, 93)

Moosa, Imad A./*Ramiah*, Vikash: The Financial Consequences of Behavioural Biases, Cham 2017 (zitiert: *Moosa/Ramiah*, The Financial Consequences of Behavioural Biases)

Morawski, Jarosław: Investment Decisions on Illiquid Assets, 1. Auflage, Wiesbaden 2008 (zitiert: *Morawski*, Investment Decisions on Illiquid Assets)

Morell, Alexander: Rechtssicherheit oder Einzelfallgerechtigkeit im neuen Recht des Delistings, AcP 2017, 61–106 (zitiert: *Morell*, AcP 2017, 61)

Morell, Alexander: Gefahr erkannt, Gefahr gebannt? Ist eine Abfindung beim regulären Delisting aus Effizienzsicht überhaupt geboten?, ZBB 2016, 67–88 (zitiert: *Morell*, ZBB 2016, 67)

Morningstar, Inc.: Market Fair Value, abrufbar unter: https://www.morningstar.com/markets/fair-value, zuletzt abgerufen am 17.8.2024 (zitiert: *Morningstar*, Market Fair Value, https://www.morningstar.com/markets/fair-value, zuletzt abgerufen am 17.8.2024)

Mossin, Jan: Equilibrium in a Capital Asset Market, Econometrica, 1966, Vol. 34, No. 4, 768–783 (zitiert: *Mossin*, Econometrica, 1966, Vol. 34, No. 4, 768)

Moxter, Adolf: Grundsätze ordnungsmäßiger Unternehmensbewertung, 2. Auflage, Wiesbaden 1990 (zitiert: *Moxter*, Grundsätze ordnungsmäßiger Unternehmensbewertung)

Mülbert, Peter O.: Aktiengesellschaft, Unternehmensgruppe und Kapitalmarkt, 2. Auflage, München 1996 (zitiert: *Mülbert*, Aktiengesellschaft, Unternehmensgruppe und Kapitalmarkt)

Mülbert, Peter O.: Grundsatz- und Praxisprobleme der Einwirkungen des Art. 14 GG auf das Aktienrecht, S. 1040–1078, in: Festschrift für Klaus J. Hopt zum 70. Geburtstag am 24. August 2010, Berlin 2010 (zitiert: *Mülbert*, FS Hopt (2010), S. 1040)

Mülbert, Peter O./*Sajnovits*, Alexander: Insiderrecht und Ad-hoc-Publizität im anbrechenden ESG-Zeitalter, WM 2020, 1557–1567 (zitiert: *Mülbert/Sajnovits*, WM 2020, 1557)

Mülbert, Peter O./*Sajnovits*, Alexander: Vertrauen und Finanzmarktrecht, ZfPW 2016, 1–51 (zitiert: *Mülbert/Sajnovits*, ZfPW 2016, 1)

Mulert, Martin/*Steiner*, Jan-Mark: Gesellschaftsrechtlich zulässige Regelungen im Insolvenz- und Restrukturierungsplan, NZG 2021, 673–683 (zitiert: *Mulert/Steiner*, NZG 2021, 673)

Müller, Welf: Anteilswert oder anteiliger Unternehmenswert? – Zur Frage der Barabfindung bei der kapitalmarktorientierten Aktiengesellschaft, S. 1015–1032, in: Festschrift für Volker Röhricht zum 65. Geburtstag, Köln 2005 (zitiert: *Müller*, FS Röhricht (2005), S. 1015)

Müller, Welf: Die Unternehmensbewertung in der Rechtsprechung, S. 705–719, in: Festschrift für Gerold Bezzenberger zum 70. Geburtstag am 13. März 2000, Berlin 2000 (zitiert: *Müller*, FS Bezzenberger (2000), S. 705)

Müller, Werner: Law – Made in Germany, DisputeResolution 4/2020, 20–25 (zitiert: *Müller*, DisputeResolution 4/2020, 20)

Müller-Gugenberger, Christian (Hrsg.)/*Gruhl*, Jens (Hrsg.)/*Hadamitzky*, Anke (Hrsg.): Wirtschaftsstrafrecht, 7. Auflage, Köln 2021 (zitiert: Müller-Gugenberger/*Bearbeiter*, Wirtschaftsstrafrecht)

Murschall, Oliver: Behavioral Finance als Ansatz zur Erklärung von Aktienrenditen, Hamburg 2007 (zitiert: *Murschall*, Behavioral Finance als Ansatz zur Erklärung von Aktienrenditen)

Nash, John F., Jr.: The Bargaining Problem, Econometrica, 1950, Vol. 18, No. 2, 155–162 (zitiert: *Nash*, Econometrica, 1950, Vol. 18, No. 2, 155)

Navarro, María G.: Vague Heuristics, S. 281–294, in: Accuracy and Fuzziness – A Life in Science and Politics, A Festschrift Book to Enric Trillas Ruiz, Cham 2015 (zitiert: *Navarro*, FS Trillas Ruiz (2015), S. 281)

Needham, Sean/*Müller*, Stefan/*Krueger*, Katharina: Vorschläge für die Fortentwicklung der Berichterstattung über eine nachhaltige Corporate Governance auf Basis normativer und empirischer Analysen, IRZ 2021, 403–409 (zitiert: *Needham/Müller/Krueger*, IRZ 2021, 403)

Nelles, Michael/*Uzík*, Martin/*Holtfort*, Thomas: Rollierende Momentum-Strategien am deutschen Aktienmarkt, FB 2007, 444–449 (zitiert: *Nelles/Uzík/Holtfort*, FB 2007, 444)

Nelson, Julie A.: Feminism and Economics, Journal of Economic Perspectives, 1995, Vol. 9, No. 2, 131–148 (zitiert: *Nelson*, Journal of Economic Perspectives, 1995, Vol. 9, No. 2, 131)

Nerlich, Jörg (Hrsg.)/*Römermann*, Volker (Hrsg.): Insolvenzordnung (InsO), Kommentar, 40. Ergänzungslieferung, München 2020 (zitiert: Nerlich/Römermann/*Bearbeiter*, InsO)

Neth, Hansjörg/*Meder*, Björn/*Kothiyal*, Amit/*Gigerenzer*, Gerd: Homo heuristicus in the financial world: From risk management to managing uncertainty, S. Journal of Risk Management in Financial Institutions, 2014, Vol. 7, 2, 134–144 (zitiert: *Neth/Meder/Kothiyal/Gigerenzer*, Journal of Risk Management in Financial Institutions, 2014, Vol. 7, 2, 134)

Neuburger, Rahild: New economy + old economy = one economy, Gegenwartskunde 2001, 319–331 (zitiert: *Neuburger*, Gegenwartskunde 2001, 319)

Neumann, John von/*Morgenstern*, Oskar: Theory of Games and Economic Behavior, 6. Auflage, Princeton 1955 (zitiert: *von Neumann/Morgenstern*, Theory of Games and Economic Behavior)

Noack, Max: Das Company Law Package – Vorschläge der Europäischen Kommission zur Harmonisierung des materiellen Schutzes der Minderheitsgesellschafter bei grenzüberschreitenden Verschmelzungen, AG 2018, 780–788 (zitiert: *Noack*, AG 2018, 780)

Noack, Max: Das Spruchverfahren nach dem Spruchverfahrensgesetz, Berlin 2014 (zitiert: *Noack*, Das Spruchverfahren nach dem Spruchverfahrensgesetz)

Noack, Max: Evaluierung des Spruchverfahrens, ZRP 2015, 81–84 (zitiert: *Noack*, ZRP 2015, 81)

Noack, Max: Grenzüberschreitende Umwandlungen nach der neuen Umwandlungsrichtlinie – Das Austrittsrecht gegen angemessene Barabfindung, ZGR 2020, 90–123 (zitiert: *Noack*, ZGR 2020, 90)

Noack, Max: Nationaler Rechtsrahmen für grenzüberschreitende Umwandlungen, MDR 2023, 465–471 (zitiert: *Noack*, MDR 2023, 465)

Noack, Ulrich: Stellungnahme zur Aktienrechtsnovelle 2014 und zur Regelung eins sog. Delisting, 2015, abrufbar unter: https://www.bundestag.de/resource/blob/373542/7ca5d39034fa08336cd40001e7ced860/noack-data.pdf, zuletzt abgerufen am 16. 8. 2024 (zitiert: *Noack*, Stellungnahme zur Aktienrechtsnovelle 2014)

Noack, Ulrich/*Schneiders*, Tobias: „Gesellschaftsrechtlich zulässige" Regelungen im Insolvenzplan (§ 225a III InsO), DB 2016, 1619–1624 (zitiert: *Noack/Schneiders*, DB 2016, 1619)

Northcraft, Gregory B./*Neale*, Margaret A.: Experts, Amateurs, and Real Estate: An Anchoring-Adjustment Perspective on Property Pricing Decisions, Organizational Behavior and Human Decision Processes, 1987, Vol. 39, 84–97 (zitiert: *Northcraft/Neale*, Organizational Behavior and Human Decision Processes, 1987, Vol. 39, 84)

Novemsky, Nathan/*Kahneman*, Daniel: The Boundaries of Loss Aversion, Journal of Marketing Research, 2005, Vol. 42, 119–128 (zitiert: *Novemsky/Kahneman*, Journal of Marketing Research, 2005, Vol. 42, 119)

Odean, Terrace: Are Investors Reluctant to Realize Their Losses?, The Journal of Finance, 1998, Vol. 53, No. 5, 1775–1798 (zitiert: *Odean*, The Journal of Finance, 1998, Vol. 53, No. 5, 1775)

Oehlrich, Marcus: Multiplikatoren in der Unternehmensbewertung, IRZ 2021, 171–176 (zitiert: *Oehlrich*, IRZ 2021, 171)

Oesterhelweg, Olaf/*Schiereck*, Dirk: Meßkonzepte für die Liquidität von Finanzmärkten, Manuskripte aus den Instituten für Betriebswirtschaftslehre der Universität Kiel, No. 308, Kiel 1993 (zitiert: *Oesterhelweg/Schiereck*, Manuskripte aus den Instituten für Betriebswirtschaftslehre der Universität Kiel, No. 308)

Ogaki, Masao/*Tanaka*, Saori C.: Behavioral Economics, Singapur 2017 (zitiert: *Ogaki/Tanaka*, Behavioral Economics)

Ogawa, Akitoshi/*Onozaki*, Tamotsu/*Mizuno*, Takayuki/*Asamizuya*, Takeshi/*Ueno*, Kenichi/*Cheng*, Kang/*Iriki*, Atsushi: Neural basis of economic bubble behavior, Neuroscience, 2014, Vol. 265, 37–47 (zitiert: *Ogawa/Onozaki/Mizuno/Asamizuya/Ueno/Cheng/Iriki*, Neuroscience, 2014, Vol. 265, 37)

O'Hara, Maureen: Liquidity and Financial Market Stability, NBB Working Paper, No. 55, 2004, Brüssel 2004 (zitiert: *O'Hara*, Liquidity and Financial Market Stability, NBB Working Paper, No. 55, 2004)

Olbrich, Michael/*Rapp*, David: Zur Berücksichtigung des Börsenkurses bei der Unternehmensbewertung zum Zweck der Abfindungsbemessung – Besprechung des BGH-Beschlusses vom 19.7.2010 (II ZB 18/09), DStR 2011, 2005–2007 (zitiert: *Olbrich/Rapp*, DStR 2011, 2005)

Ong, Andy Swee-Jin/*Frewer*, Lynn/*Chan*, Mei-Yen: Cognitive dissonance in food and nutrition – A review, Reviews in Food Science and Nutrition, 2017, Vol. 57, No. 11, 2330–2342 (zitiert: *Ong/Frewer/Chan*, Critical Reviews in Food Science and Nutrition, 2017, Vol. 57, No. 11, 2330)

Osterroth, Andreas: Das Internet-Meme als Sprache-Bild-Text, IMAGE. Zeitschrift für interdisziplinäre Bildwissenschaft, 2015, Heft 22, Nr. 2, 26–46 (zitiert: *Osterroth*, IMAGE 2015, 26)

Pachur, Thorsten/*Suter*, Renata/*Hertwig*, Ralph: How the twain can meet: Prospect theory and models of heuristics in risky choice, Cognitive Psychology, 2017, Vol. 93, 44–73 (zitiert: *Pachur/Suter/Hertwig*, Cognitive Psychology, 2017, Vol. 93, 44)

Palan, Stefan: Bubbles and Crashes in Experimental Asset Markets, Berlin 2009 (zitiert: *Palan*, Bubbles and Crashes in Experimental Asset Markets)

Papadamou, Stephanos/*Fassas*, Athanasios P./*Kenourgios*, Dimitris/*Dimitriou*, Dimitris: Direct and Indirect Effects of COVID-19 Pandemic on Implied Stock Market Volatility: Evidence from Panel Data Analysis, MPRA Paper No. 100020, 2020 (zitiert: *Papadamou/Fassas/Kenourgios/Dimitrou*, Direct and Indirect Effects of COVID-19 Pandemic on Implied Stock Market Volatility: Evidence from Panel Data Analysis, MPRA Paper No. 100020, 2020)

Pape, Gerhard (Begr., Verf)/*Uhlenbruck*, Wilhelm (Begr.)/*Reichelt*, Daniel (Verf.)/*Schultz*, Volker (Verf.)/*Voigt-Salus*, Joachim (Verf.): Insolvenzrecht, 3. Auflage, München 2022 (zitiert: Pape/Reichelt/Schultz/Voigt-Salus/*Bearbeiter*, InsR)

Park, Tido (Hrsg.): Kapitalmarktstrafrecht, Handkommentar, 5. Auflage, Baden-Baden 2019 (zitiert: Park/*Bearbeiter*, Kapitalmarktstrafrecht)

Paschos, Nikolaos (Hrsg.)/*Fleischer*, Holger (Hrsg.): Handbuch Übernahmerecht nach dem WpÜG, 1. Auflage, München 2017 (zitiert: Paschos/Fleischer/*Bearbeiter*, HdB Übernahmerecht nach dem WpÜG)

Peemöller, Volker H.: Grundsätze der Unternehmensbewertung – Anmerkungen zum Standard IDW S 1, DStR 2001, 1401–1408 (zitiert: *Peemöller*, DStR 2001, 1401)

Pernsteiner, Helmut (Hrsg.)/*Sumer*, Haluk (Hrsg.)/*Ulusan Polat*, Meltem (Hrsg.): Behavioral Finance, Wien 2019 (zitiert: Pernsteiner/Sumer/Ulusan Polat/*Bearbeiter*, Behavioral Finance)

Persky, Joseph: Retrospectives The Ethology of Homo Economicus, Journal of Ecomic Perspectives, 1995, Vol. 9, No. 2, 221–231 (zitiert: *Persky*, Journal of Ecomic Perspectives, 1995, Vol. 9, No. 2, 221)

Peters, Gary: AI in the Real World: Hedge Funds‘ Use of Artificial Intelligence in Trading, Homeland Security and Governmental Affairs Committee Majority Staff Report, June 2024 (zitiert: *Peters*, HSGAC Majority Staff Report, June 2024)

Peters, Kerstin: Die BGH-Rechtsprechung zur Anlageberatung im Lichte der Behavioral-Finance-Forschung, Baden-Baden 2019 (zitiert: *Peters*, Die BGH-Rechtsprechung zur Anlageberatung im Lichte der Behavioral-Finance-Forschung)

Petersen, Karl (Hrsg.)/*Zwirner*, Christian (Hrsg.): Handbuch Unternehmensbewertung, 2. Auflage, Köln 2017 (zitiert: Petersen/Zwirner/*Bearbeiter*, HdB Unternehmensbewertung)

Pfister, Matthias/*Wyss*, Rico von: Delistings of secondary listings: price and volume effects, Financial Markets and Portfolio Management, 2010, Vol. 24, No. 4, 395–418 (zitiert: *Pfister/von Wyss*, Financial Markets and Portfolio Management, 2010, Vol. 24, No. 4, 395)

Piepenburg, Jannik/*Schwarz*, Moritz: Shortseller-Attacken und das „Phänomen GameStop" im Kontext des Kapitalmarktstrafrechts, BKR 2021, 760–766 (zitiert: *Piepenburg/Schwarz*, BKR 2021, 760)

Piltz, Detlev J.: Unternehmensbewertung und Börsenkurs im aktienrechtlichen Spruchstellenverfahren, zugleich Besprechung der Entscheidung BVerfGE 100, 289, ZGR 2001, 185–213 (zitiert: *Piltz*, ZGR 2001, 185)

Piltz, Detlev J.: Die Unternehmensbewertung in der Rechtsprechung, 3. Auflage, Düsseldorf 1994 (zitiert: *Piltz*, Die Unternehmensbewertung in der Rechtsprechung, 3. Auflage, Düsseldorf 1994)

Pindyck, Robert S./*Rubinfeld*, Daniel L.: Mikroökonomie, 9. Auflage, München 2018 (zitiert: *Pindyck/Rubinfeld*, Mikroökonomie)

Piñeiro-Chousa, Juan/*Vizcaíno-González*, Marcos/*Pérez-Pico*, Ada María: Influence of Social Media over the Stock Market, Psychology & Marketing, 2017, Vol. 34, No. 1, 101–108 (zitiert: *Piñeiro-Chousa/Vizcaíno-González/Pérez-Pico*, Psychology & Marketing, 2017, Vol. 34, No. 1, 101)

Poelzig, Dörte: Kapitalmarktrecht, 3. Auflage, München 2023 (zitiert: *Poelzig*, Kapitalmarktrecht)

Poelzig, Dörte: Kapitalmarktrecht, 2. Auflage, München 2021 (zitiert: *Poelzig*, Kapitalmarktrecht, 2. Aufl.)

Poelzig, Dörte: Kapitalmarktrecht, 1. Auflage, München 2018 (zitiert: *Poelzig*, Kapitalmarktrecht, 1. Aufl.)

Poelzig, Dörte: Insider- und Marktmanipulationsverbot im neuen Marktmissbrauchsrecht, NZG 2016, 528–538 (zitiert: *Poelzig*, NZG 2016, 528)

Pompian, Michael M.: Behavioral Finance and Wealth Management, 2. Auflage, New Jersey 2012 (zitiert: *Pompian*, Behavioral Finance and Wealth Management)

Popp, Matthias/*Ruthardt*, Frederik: Abfindung zum Börsenkurs: Hochrechnungsmethodik, WPg 2017, 1222–1230 (zitiert: *Popp/Ruthardt*, WPg 2017, 1222)

Popp, Matthias/*Ruthardt*, Frederik: Das entscheidungsorientierte Stichtagsprinzip bei der Unternehmensbewertung, AG 2015, 857–866 (zitiert: *Popp/Ruthardt*, AG 2015, 857)

Posner, Richard A.: Rational Choice, Behavioral Economics, and the Law, Stanford Law Review, 1998, Vol. 50, No. 5, 1551–1575 (zitiert: *Posner*, Stanford Law Review, 1998, Vol. 50, No. 5, 1551)

Poterba, James M./*Summers*, Lawrence H.: Mean reversion in stock prices, Journal of Financial Economics, 1988, Vol. 22, 27–59 (zitiert: *Poterba/Summers*, Journal of Financial Economics, 1988, Vol. 22, 27)

Prast, Henriette M.: Herding and financial panics: a role for cognitive psychology? De Nederlandische Bank report, 2000 (zitiert: *Prast*, Herding and financial panics: a role for cognitive psychology?)

Preis, Tobias: Ökonophysik, 1. Auflage, Wiesbaden 2011 (zitiert: *Preis*, Ökonophysik)

Probst, Melanie: Rechtsfragen des regulären Börsenrückzugs, 1. Auflage, Baden-Baden 2013 (zitiert: *Probst*, Rechtsfragen des regulären Börsenrückzugs)

Pronin, Ernst/*Lin*, Daniel Y./*Ross*, Lee: The Bias Blind Spot: Perceptions of Bias in Self Versus Others, Personality and Social Psychology Bulletin, 2002, Vol. 28 No. 3, 369–381 (zitiert: *Pronin/Lin/Ross*, Personality and Social Psychology Bulletin, 2002, Vol. 28 No. 3, 369)

Puce, Liga: Criticism of Behavioural Economics: Attacks towards Ideology, Evidence and Practical Application, Journal of WEI Business and Economics, 2019, Vol. 8, 32–46 (zitiert: *Puce*, Journal of WEI Business and Economics, 2019, Vol. 8, 32)

Quill, Tobias: Interessengeleitete Unternehmensbewertung, Wiesbaden 2016 (zitiert: *Quill*, Interessengeleitete Unternehmensbewertung)

Raab, Gerhard/*Unger*, Alexander/*Unger*, Fritz: Marktpsychologie, 3. Auflage, Wiesbaden 2010 (zitiert: *Raab/Unger/Unger*, Marktpsychologie)

Raitzsch, Nicolas: Die Rechtsfolgen eines unrechtmäßigen Bezugsrechtsausschlusses bei der ordentlichen Kapitalerhöhung und beim genehmigten Kapital, Berlin 2019 (zitiert: *Raitzsch*, Die Rechtsfolgen eines unrechtmäßigen Bezugsrechtsausschlusses bei der ordentlichen Kapitalerhöhung und beim genehmigten Kapital)

Ramelli, Stefano/*Wagner*, Alexander F.: Feverish Stock Price Reactions to COVID-19, Swiss Finance Institute Research Paper No. 20–12, 2020 (zitiert: *Ramelli/Wagner*, Feverish Stock Price Reactions to COVID-19, Swiss Finance Institute Research Paper No. 20–12, 2020)

Ramesohl, Ralph: Aktieneigentum, „wahrer Wert" und Börsenkurs, Hamburg 2007 (zitiert: *Ramesohl*, Aktieneigentum, „wahrer Wert" und Börsenkurs)

Rapp, Geoffrey Christopher: Proving Markets Inefficient: The Variability of Federal Court Decisions on Market Efficiency in Cammer v. Bloom and Its Progeny, University of Miami Business Law Review, 2002, Vol. 10, Iss. 2, 303–328 (zitiert: *Rapp*, University of Miami Business Law Review, 2002, Vol. 10, Iss. 2, 303)

Rathausky, Uwe: Die Berücksichtigung von Vorerwerbspreisen und Synergieeffekten bei der Abfindung von Minderheitsaktionären, FB 2008, 114–125 (zitiert: *Rathausky*, FB 2008, 114)

Read, Collin: The Efficient Market Hypothesis, 1. Auflage, New York 2013 (zitiert: *Read*, The Efficient Market Hypothesis)

Redenius-Hövermann, Julia: Zum Anlegerschutz beim Delisting – de lege lata/de lege ferenda, ZIP 2021, 485–494 (zitiert: *Redenius-Hövermann*, ZIP 2021, 485)

Reichard, Michael: Referenzzeitraum für Bestimmung der Abfindung bei Squeeze out kann bereits mit erstmaliger Bekanntgabe enden (Konkretisierung zu „Stollwerck"), GWR 2011, 157 (zitiert: *Reichard*, GWR 2011, 157)

Reifschneider, Christina: Informationeller Anlegerschutz Ökonomische Analyse der Konkretisierung und Durchsetzung sekundärmarktbezogener Informationspflichten in Deutschland und den USA, 1. Auflage, Wiesbaden 2007 (zitiert: *Reifschneider*, Informationeller Anlegerschutz)

Reimann, Martin (Hrsg.)/*Weber*, Bernd (Hrsg.): Neuroökonomie,1. Auflage, Wiesbaden 2011 (zitiert: Reimann/Weber/*Bearbeiter*, Neuroökonomie)

Rendleman, Richard J., Jr./*Jones* Charles P./*Latané*, Henry A.: Empirical anomalies based on unexpected earnings and the importance of risk adjustments, Journal of Financial Economics, 1982, Vol. 10, Iss. 3, 269–287 (zitiert: *Rendleman/Jones/Latané*, Journal of Financial Economics, 1982, Vol. 10, Iss. 3, 269)

Reuter, Alexander: Börsenkurs und Unternehmenswertvergleich aus Eignersicht – Gleichbehandlung der Aktionäre, Synergie und die Lage bei Verschmelzungen nach BGH-DAT/Altana, DB 2001, 2483–2490 (zitiert: *Reuter*, DB 2001, 2483)

Reuters Institute for the Study of Journalism: Ranking der Nachrichtenquellen in Deutschland, denen die Bürger am stärksten vertrauen im Jahr 2024 (2024), in Statista, abrufbar unter: https://de.statista.com/statistik/daten/studie/877238/umfrage/ranking-der-vertrauenswuerdigsten-nachrichtenquellen-in-deutschland/, zuletzt abgerufen am 18.8.2024 (zitiert: *Reuters Institute for the Study of Journalism*, Ranking der Nachrichtenquellen in Deutschland, denen die Bürger am stärksten vertrauen im Jahr 2024 (2024), https://de.statista.com/statistik/daten/studie/877238/umfrage/ranking-der-vertrauenswuerdigsten-nachrichtenquellen-in-deutschland/, zuletzt abgerufen am 18.8.2024)

Richar, Mathias: Der Indexeffekt, Düren 2020 (zitiert: *Richar*, Der Indexeffekt)

Richard, Jörg/*Weinheimer*, Stefan: Der Weg zurück: Going Private, BB 1999, 1613–1620 (zitiert: *Richard/Weinheimer*, BB 1999, 1613)

Ricke, Markus: What is the Link between Margin Loans and Stock Market Bubbles?, Proceedings of the 53rd Annual Meeting of the Midwest Finance Association, 2004, abrufbar unter: https://ssrn.com/abstract=473781, zuletzt abgerufen am 17.8.2024 (zitiert: *Ricke*, What is the Link between Margin Loans and Stock Market Bubbles?, 2004)

Rieger, Marc Oliver: Why Do Investors Buy Bad Financial Products? Probability Misestimation and Preferences in Financial Investment Decision, The Journal of Behavioral Finance, 2012, Vol. 13, Iss. 2, 108–118 (zitiert: *Rieger*, Journal of Behavioral Finance, 2012, Vol. 13, Iss. 2, 108)

Riegger, Bodo/*Wasmann*, Dirk: Ausnahmen von der Berücksichtigung des Börsenkurses bei der Ermittlung gesetzlich geschuldeter Kompensationen im Rahmen von Strukturmaßnahmen, S. 509–516, in: Festschrift für Eberhard Stilz zum 65. Geburtstag, München 2014 (zitiert: *Riegger/Wasmann*, FS Stilz (2014), S. 509)

Rinker, Carola: Rechnungslegung in Zeiten der Corona-Krise: Erlaubte Bilanzpolitik und Bilanzfälschung – eine Gratwanderung, IRZ 2020, 285–289 (zitiert: *Rinker*, IRZ 2020, 285)

Risse, Jörg: Die Bestimmung des Unternehmenswertes als Rechtsproblem, ZIP 2021, 2309–2320 (zitiert: *Risse*, ZIP 2021, 2309)

Ritter, Jay R.: Forensic Finance, Journal of Economic Perspectives, 2008, Vol. 22, No. 3, 127–147 (zitiert: *Ritter*, Journal of Economic Perspectives, 2008, Vol. 22, No. 3, 127)

Ritter, Jay R.: Behavioral Finance, Pacific-Basin Finance Journal, 2003, 11, 429–437 (zitiert: *Ritter*, Pacific-Basin Finance Journal, 2003, 11, 429)

Rittner, Fritz: Das Modell des homo oeconomicus und die Jurisprudenz, JZ 2005, 668–670 (zitiert: *Rittner*, JZ 2005, 668)

Röhricht, Volker: Die aktuelle höchstrichterliche Rechtsprechung zum Gesellschaftsrecht, S. 3–37, in: Gesellschaftsrecht in der Diskussion, 2001, Köln 2002 (zitiert: *Röhricht*, Die aktuelle höchstrichterliche Rechtsprechung zum Gesellschaftsrecht in: Gesellschaftsrecht in der Diskussion, 2001)

Roll, Richard: A Possible Explanation of the Small Firm Effect, The Journal of Finance, 1981, Vol. 36, No. 4, 879–888 (zitiert: *Roll*, Journal of Finance, 1981, Vol. 36, No. 4, 879)

Rosenberg, Leo: Die Beweislast, 5. Auflage, München 1965 (zitiert: *Rosenberg*, Die Beweislast)

Rosenberg, Leo/*Schwab*, Karl Heinz/*Gottwald*, Peter: Zivilprozessrecht, 18. Auflage, München 2018 (zitiert: *Rosenberg/Schwab/Gottwald*, Zivilprozessrecht)

Roßbach, Peter: Behavioral Finance: eine Alternative zur vorherrschenden Kapitalmarkttheorie?, Arbeitsberichte der Hochschule für Bankwirtschaft, No. 31, Frankfurt am Main 2001 (zitiert: *Roßbach*, Behavioral Finance: eine Alternative zur vorherrschenden Kapitalmarkttheorie?, 2001)

Rostek, Marzena/*Weretka*, Marek: Thin Markets, 2008, (DOI: https://doi-1org-10039ffmn0267.emedien3.sub.uni-hamburg.de/10.1057/978-1-349-95121-5_2174-1, zuletzt abgerufen am 18.8.2024), in: The New Palgrave Dictionary of Economics, Living Edition, London 2020, (DOI: https://doi-1org-10039ffmn0267.emedien3.sub.uni-hamburg.de/10.1057/978-1-349-95121-5, zuletzt abgerufen am 18.8.2024) (zitiert: *Rostek/Weretka* (2008), Thin Markets, in: The New Palgrave Dictionary of Economics)

Rottnauer, Achim E.: Ausgabebetragsbemessung bei effektiver Kapitalerhöhung in einer personalistischen Kapitalgesellschaft, ZGR 2007, 401–439 (zitiert: *Rottnauer*, ZGR 2007, 401)

Rouwenhorst, K. Geert: International Momentum Strategies, The Journal of Finance, 1998, Vol. 53, No. 1, 267–284 (zitiert: *Rouwenhorst*, Journal of Finance, 1998, Vol. 53, No. 1, 267)

Rozeff, Michael S./*Kinney*, William R. Jr.: Capital Market Seasonality: The Case of Stock Returns, Journal of Financial Economics, 1976, Vol. 3, Iss. 4, 379–402 (zitiert: *Rozeff/Kinney*, Journal of Financial Economics, 1976, Vol. 3, Iss. 4, 379)

Rubel, Jörgen/*Kunz*, Eugen: Notwendigkeit eines Hauptversammlungsbeschlusses beim „Delisting“ aus einem Qualitätssegment des Freiverkehrs?, AG 2011, 399–407 (zitiert: *Rubel/Kunz*, AG 2011, 399)

Rubinstein, Mark: Rational Markets: Yes or No? The Affirmative Case, Financial Analysts Journal, 2001, Vol. 57, Iss. 3, 15–29 (zitiert: *Rubinstein*, Financial Analysts Journal, 2001, Vol. 57, Iss. 3, 15)

Rubner, Daniel/*Pospiech*, Lutz: Die EU-Marktmissbrauchsverordnung – verschärfte Anforderungen an die kapitalmarktrechtliche Compliance auch für den Freiverkehr, GWR 2016, 228–230 (zitiert: *Rubner/Pospiech*, GWR 2016, 228)

Rückert, Christian: Marktmanipulation durch Unterlassen und Bestimmtheitsprinzip, NStZ 2020, 391–397 (zitiert: *Rückert*, NStZ 2020, 391)

Ruiz de Vargas, Santiago: Börsenwert: Alleinige Maßgeblichkeit oder nur Wertuntergrenze? – Teil I, NZG 2021, 1001–1010 (zitiert: *Ruiz de Vargas*, NZG 2021, 1001)

Ruiz de Vargas, Santiago: Börsenwert: Alleinige Maßgeblichkeit oder nur Wertuntergrenze? – Teil II, NZG 2021, 1056–1062 (zitiert: *Ruiz de Vargas*, NZG 2021, 1056)

Ruiz de Vargas, Santiago: Der Börsenwert als (neuer) Referenzwert?, NZG 2022, 599–603 (zitiert: *Ruiz de Vargas*, NZG 2022, 599)

Ruthardt, Frederik: Angemessene Barabfindung und Gleichbehandlung von Minderheits- und Mehrheitsaktionären, NZG 2014, 972–980 (zitiert: *Ruthardt*, NZG 2014, 972)

Ruthardt, Frederik: Abfindungsbemessung beim Squeeze Out, NZG 2015, 1387–1392 (zitiert: *Ruthardt*, NZG 2015, 1387)

Ruthardt, Frederik: Normzweckkonforme Unternehmensbewertung und Abfindungsbemessung beim aktienrechtlichen Squeeze Out, 1. Auflage, Baden-Baden 2014 (zitiert: *Ruthardt*, Normzweckkonforme Unternehmensbewertung und Abfindungsbemessung beim aktienrechtlichen Squeeze Out)

Ruthardt, Frederik/*Hachmeister*, Dirk: 15 Jahre DAT/Altana – Ein (weiterer) Aufsatz zum Börsenkurs: Ermittlung des Desinvestitionswertes statt Indikation für „wahre Werte", CF 2014, 174–186 (zitiert: *Ruthardt/Hachmeister*, CF 2014, 174–186)

Ruthardt, Frederik/*Hachmeister*, Dirk: Der Verkehrswert des Unternehmens als rechtliche Wertkategorie, NZG 2014, 885–892 (zitiert: *Ruthardt/Hachmeister*, NZG 2014, 885)

Ruthardt, Frederik/*Hachmeister*, Dirk: Ermittlung der angemessenen Barabfindung beim Squeeze-out, NZG 2014, 41–48 (zitiert: *Ruthardt/Hachmeister*, NZG 2014, 41)

Ruthardt, Frederik/*Hachmeister*, Dirk: Unternehmens- und Anteilsbewertung für die Erbschaft- und Schenkungssteuer in den USA – Die Wertkategorie: „Fair Market Value", Hohenheimer Schriften, Diskussionspapier 2015 – 01 (zitiert: *Ruthardt/Hachmeister*, Unternehmens- und Anteilsbewertung für die Erbschaft- und Schenkungssteuer in den USA – Die Wertkategorie: „Fair Market Value", Hohenheimer Schriften, Diskussionspapier 2015 – 01)

Ruthardt, Frederik/*Hachmeister*, Dirk: Verkehrswert des Anteils und Verkehrswert des Unternehmens, WPg 2016, 411–422 (zitiert: *Ruthardt/Hachmeister*, WPg 2016, 411)

Ruthardt, Frederik/*Popp*, Matthias: Unternehmensbewertung im Spiegel der Rechtsprechung, Entwicklungen im Jahre 2021, AG 2022, 347–357 (zitiert: *Ruthardt/Popp*, AG 2022, 347)

Ruthardt, Frederik/*Popp*, Matthias: Unternehmensbewertung im Spiegel der Rechtsprechung, AG 2020, 240–249 (zitiert: *Ruthardt/Popp*, AG 2020, 240)

Saenger, Ingo: Gesellschaftsrecht, 5. Auflage, München 2020 (zitiert: *Saenger*, Gesellschaftsrecht)

Sagasser, Bernd (Hrsg.)/*Bula*, Thomas (Hrsg.): Umwandlungen, 6. Auflage, München 2024 (zitiert: Sagasser/Bula/Brünger/*Bearbeiter*, Umwandlungen)

Sagasser, Bernd (Hrsg.)/*Bula*, Thomas (Hrsg.)/*Brünger*, Thomas R. (Hrsg.): Umwandlungen, 5. Auflage, München 2017 (zitiert: Sagasser/Bula/Brünger/*Bearbeiter*, Umwandlungen, 5. Aufl. 2017)

Sagasser, Bernd (Hrsg.)/*Bula*, Thomas (Hrsg.)/*Brünger*, Thomas R. (Hrsg.): Umwandlungen, 4. Auflage, München 2011 (zitiert: Sagasser/Bula/Brünger/*Bearbeiter*, Umwandlungen, 4. Aufl. 2011)

Sajnovits, Alexander: GameStop im Lichte der MAR, ZGR 2021, 804–845 (zitiert: *Sajnovits*, ZGR 2021, 804)

Sajnovits, Alexander/*Wagner*, Sebastian: Marktmanipulation durch Unterlassen? – Untersuchung der Rechtslage unter MAR und FiMaNoG sowie deren Konsequenz für Alt-Taten, WM 2017, 1189–1199 (zitiert: *Sajnovits/Wagner*, WM 2017, 1189)

Sanders, Carl C. H.: Anlegerschutz bei Delisting zwischen Kapitalmarkt- und Gesellschaftsrecht, Berlin 2017 (zitiert: *Sanders*, Anlegerschutz bei Delisting zwischen Kapitalmarkt- und Gesellschaftsrecht)

Sandroni, Alvaro: Efficient markets and Bayes's rule, Economic Theory, 2005, Vol. 26, 741–764 (zitiert: *Sandroni*, Economic Theory, 2005, Vol. 26, 741)

Santelmann, Matthias (Hrsg.)/*Hoppe*, Matthias (Hrsg.)/*Suerbaum*, Andreas (Hrsg.)/*Bukowski*, Michael (Hrsg.): Squeeze out Handbuch für die Praxis, 1. Auflage, Berlin 2010 (zitiert: Santelmann/Hoppe/Suerbaum/Bukowski/*Bearbeiter*, Squeeze out)

Sapusek, Annemarie: Informationseffizienz auf Kapitalmärkten, Wiesbaden 1998 (zitiert: *Sapusek*, Informationseffizienz auf Kapitalmärkten)

Sarr, Abdourahmane/*Lybek*, Tonny: Measuring Liquidity in Financial Markets, IMF Working Paper, WP/02/232, 2002 (zitiert: *Sarr/Lybek*, IMF Working Paper, WP/02/232)

Schäfer, Carsten (Hrsg.): Das neue Personengesellschaftsrecht, München 2022 (zitiert: Schäfer/*Bearbeiter*, Das neue Personengesellschaftsrecht)

Schanz, Kay-Michael: Börseneinführung, Handbuch für den Börsengang und die börsennotierte Gesellschaft, 4. Auflage, München 2012 (zitiert: *Schanz*, Börseneinführung)

Scharfstein, David S./*Stein*, Jeremy C.: Herd Behavior and Investment, American Economic Review, 1990, Vol. 80, No. 3, 465–479 (zitiert: *Scharfstein/Stein*, American Economic Review, 1990, Vol. 80, No. 3, 465)

Scheibenpflug, Philipp/*Tönningsen*, Gerrit: Interessenschutzklausel als acting in concert und Rechtsfolgen eines verspäteten Übernahmeangebots – Eine Untersuchung aus Anlass des Urteils zur Postbank-Übernahme BGH, 29. 7. 2014 – II ZR 353/12, ZBB 2014, 344, BKR 2015, 140–145 (zitiert: *Scheibenpflug/Tönningsen*, BKR 2015, 140)

Scheible, Matthias/*Kauffmann*, Philipp K.: Marktmanipulation im Rechtsvergleich zwischen Deutschland und den USA, NZWiSt 2014, 166–172 (zitiert: *Scheible/Kauffmann*, NZWiSt 2014, 166)

Schilling, Dirk: Der Ausschluss von Minderheitsaktionären, 1. Auflage, Wiesbaden 2006 (zitiert: *Schilling*, Der Ausschluss von Minderheitsaktionären)

Schilling, Dirk/*Witte*, Jeanette: Die Bestimmung des Börsenwerts einer Aktie im Lichte der aktuellen BGH-Rechtsprechung – eine Erörterung praktischer Bewertungsfragen, Der Konzern 2010, 477–486 (zitiert: *Schilling/Witte*, Der Konzern 2010, 477)

Schimansky, Herbert (Hrsg.)/*Bunte*, Hermann-Josef (Hrsg.)/*Lwowski*, Hans-Jürgen (Hrsg.): Bankrechts-Handbuch Band I, 5. Auflage, München 2017 (zitiert: Schimansky/Bunte/Lwowski BankR-HdB/*Bearbeiter*)

Schmid, Friedrich/*Trede*, Mark: Finanzmarktstatistik, Berlin/Heidelberg 2006 (zitiert: *Schmid/Trede*, Finanzmarktstatistik)

Schmidbauer, Dirk: Öffentliche Übernahmen und Strukturmaßnahmen im Visier aktivistischer Aktionäre – Methoden und Strategien, NZG 2023, 972–978 (zitiert: *Schmidbauer*, NZG 2023, 972)

Schmidt, Carsten (Hrsg.): Insolvenzordnung, 20. Auflage, München 2023 (zitiert: Schmidt/*Bearbeiter*, InsO)

Schmidt, Hartmut/*Iversen*, Peter: Geld-Brief-Spannen deutscher Standardwerte in IBIS und MATIS, ZBB 1991, 209–226 (zitiert: *Schmidt/Iversen*, ZBB 1991, 209)

Schmidt, Jan-Hinrik (Hrsg.)/*Taddicken*, Monika (Hrsg.): Handbuch Soziale Medien, Wiesbaden 2017 (zitiert: Schmidt/Taddicken/*Bearbeiter*, HdB Soziale Medien)

Schmidt, Jessica: Die weitreichende Reform des Umwandlungsrechts, NJW 2023, 1241–1246 (zitiert: *Schmidt*, NJW 2023, 1241)

Schmidt, Jessica: Das Abstellen auf den Börsenkurs bei der Ermittlung von Abfindung und Ausgleich, NZG 2020, 1361–1368 (zitiert: *Schmidt*, NZG 2020, 1361)

Schmidt, Karsten (Hrsg.): Beck'sche Kurz-Kommentare, Insolvenzordnung, 19. Auflage, München 2016 (zitiert: Schmidt/*Bearbeiter*, InsO)

Schmidt, Karsten (Hrsg.)/*Lutter*, Marcus (Hrsg.): Aktiengesetz, Kommentar, 4. Auflage, Köln 2020 (zitiert: Schmidt/Lutter/*Bearbeiter*, AktG)

Schmidt-Preuß, Matthias: Entschädigungspflicht für den Verlust von Anteilseigentum in der Insolvenz, NJW 2016, 1269–1273 (zitiert: *Schmidt-Preuß*, NJW 2016, 1269)

Schmitt, Joachim (Hrsg.)/*Hörtnagl*, Robert (Hrsg.): Umwandlungsgesetz, Umwandlungssteuergesetz, 9. Auflage, München 2020 (zitiert: Schmitt/Hörtnagl/*Bearbeiter*, UmwG, UmwStG)

Schmitz, Marc Benjamin: Die Entwicklung des Anlegerschutzes beim regulären Delisting in Deutschland, Berlin 2020 (zitiert: *Schmitz*, Die Entwicklung des Anlegerschutzes beim regulären Delisting in Deutschland)

Schmitz, Sven-Uwe: Konservativismus, 1. Auflage, 2009, Wiesbaden (zitiert: *Schmitz*, Konservativismus)

Schmolke, Klaus Ulrich: Das Verbot der Marktmanipulation nach dem neuen Marktmissbrauchsregime, AG 2016, 434–445 (zitiert: *Schmolke*, AG 2016, 434)

Schmolke, Klaus Ulrich: „Leerverkaufsattacken" und Marktmissbrauch, ZGR 2020, 291–318 (zitiert: *Schmolke*, ZGR 2020, 291)

Schmolke, Klaus Ulrich: Informationsgestützte Marktmanipulation, S. 653–668, in: Festschrift 25 Jahre WpHG, Berlin 2019 (zitiert: *Schmolke*, FS 25 Jahre WpHG (2019), S. 653)

Schnorbus, York/*Rauch*, Stephan/*Grimm*, Manon: Die marktorientierte Bewertungsmethode im Spruchverfahren, AG 2021, 391–402 (zitiert: *Schnorbus/Rauch/Grimm*, AG 2021, 391)

Schockenhoff, Martin/*Lumpp*, Stephanie: Der verschmelzungsrechtliche Squeeze out in der Praxis, ZIP 2013, 749–760 (zitiert: *Schockenhoff/Lumpp*, ZIP 2013, 749)

Schollmeyer, Eberhard: Neuerungen für Umwandlungen durch das UmRUG, NJW-Spezial 2023, 207–208 (zitiert: *Schollmeyer*, NJW-Spezial 2023, 207)

Schön, Wolfgang: Der Aktionär im Verfassungsrecht, S. 1359–1392, in: Festschrift für Peter Ulmer zum 70. Geburtstag am 2. Januar 2003, Berlin 2003 (zitiert: *Schön*, FS Ulmer (2003), S. 1359)

Schön, Wolfgang: „Nachhaltigkeit" in der Unternehmensbewertung, ZfPW 2022, 207–256 (zitiert: *Schön*, ZfPW 2022, 207)

Schönemann, Frank: Die Organisationsstruktur der Börse, Berlin 2010 (zitiert: *Schönemann*, Die Organisationsstruktur der Börse)

Schremper, Ralf: Informationseffizienz des Kapitalmarkts, WiSt 2002, 687–686 (zitiert: *Schremper*, WiSt 2002, 687)

Schrenker, Claudia: Planungsrechnung und Planungsgüte in der Unternehmensbewertung aufgrund aktienrechtlicher Strukturmaßnahmen – Eine empirische Analyse, Corporate Finance biz, 2011, 484–495 (zitiert: *Schrenker*, Corporate Finance biz, 2011, 484)

Schüller, Thorsten: Das Comeback der Aktivisten, HV Magazin 2023, 8–12 (zitiert: *Schüller*, HV Magazin 2023, 8)

Schulte, Jörn/*Köller*, Georg/*Luksch*, Felix: Eignung des Börsenkurses und des Ertragswerts als Methoden zur Ermittlung von Unternehmenswerten für die Bestimmung eines angemessenen Umtauschverhältnisses bei (Konzern-)Verschmelzungen, WPg 2012, 380–395 (zitiert: *Schulte/Köller/Luksch*, WPg 2012, 380)

Schüppen, Matthias: Barabfindung gem. § 327b AktG beim Squeeze out im Vertragskonzern – Klärendes, Erhellendes und Verwirrendes, ZIP 2016, 1413–1419 (zitiert: *Schüppen*, ZIP 2016, 1413)

Schüppen, Matthias (Hrsg.)/*Schaub*, Bernhard (Hrsg.): Münchener Anwaltshandbuch Aktienrecht, 3. Auflage, München 2018 (zitiert: MAH-AktienR/*Bearbeiter*)

Schuster, Thomas: Nachrichten und Börsenkurse, M&K 2004, 613–636 (zitiert: *Schuster*, M&K 2004, 613)

Schwark, Eberhard (Hrsg.)/*Zimmer*, Daniel (Hrsg.): Kapitalmarktrechts-Kommentar, 5. Auflage, München, 2020 (zitiert: Schwark/Zimmer/*Bearbeiter*, KMRK)

Schwarz, Norbert/*Strack*, Fritz/*Bless*, Herbert/*Klumpp*, Gisela/*Rittenauer-Schatka*, Helga/*Simons*, Anette: Ease of Retrieval as Information: Another Look at the Availability Heuristic, Journal of Personality and Social Psychology 1991, Vol. 61, No. 2, 195–202 (zitiert: *Schwarz*, Journal of Personality and Social Psychology 1991, Vol. 61, No. 2, 195)

Schwarz, Simon: Auswirkungen der Reform des § 255 AktG auf das Recht der Unternehmensbewertung, AG 2024, S31-S52 (zitiert: *Schwarz*, AG 2024, S31)

Schwetzler, Bernhard: Der Verkehrswert als angemessene Abfindung beim Squeeze-out – Anmerkungen aus ökonomischer Sicht –, S. 401–415, in: Unternehmensbewertung, Festschrift für Bernhard Großfeld zum 85. Geburtstag, Heidelberg 2019 (zitiert: *Schwetzler*, FS Großfeld (2019), S. 401)

Schwichtenberg, Jörg/*Krenek*, Helmut: BB-Rechtsprechungsreport zum Aktienrecht im OLG-Bezirk München, BB 2021, 2127–2134 (zitiert: *Schwichtenberg/Krenek*, BB 2021, 2127)

Seibt, Christoph H.: „Das Ende der Wahrheit" Bewältigung der KI-Manipulationsrisiken durch das Kapitalmarktrecht, BKR 2025, 241–246 (zitiert: *Seibt*, BKR 2025, 241)

Seibt, Christoph H.: BGH 21.02.2023, Börsenwert der Gesellschaft als geeigneter Maßstab für Ermittlung der bisherigen Ertragslage und künftiger Ertragsaussichten („WCM/TLG"), EWiR 2023, 325–327 (zitiert: *Seibt*, EWiR 2023, 325)

Seibt, Christoph H. (Hrsg.)/*Buck-Heeb*, Petra (Hrsg.)/*Harnos*, Rafael (Hrsg.): Beck'scher Online-Kommentar Wertpapierhandelsrecht, 12. Edition, München, Stand: 01.07.2024 (zitiert: BeckOK-WpHR/*Bearbeiter*)

Seibt, Christoph H./*Wollenschläger*, Bernward: Downlisting einer börsennotierten Gesellschaft ohne Abfindungsangebot und Hauptversammlungsbeschluss, AG 2009, 807–817 (zitiert: *Seibt/Wollenschläger*, AG 2009, 807)

Seinmeyer, Roland/*Santelmann*, Matthias: Zur Widerleglichkeit der Angemessenheitsvermutung beim übernahmerechtlichen Squeeze out, BB 2009, 674–678 (zitiert: *Steinmeyer/Santelmann*, BB 2009, 674)

Semler, Johannes (Mitbegr.)/*Stengel*, Arndt (Hrsg.)/*Leonard*, Nina (Hrsg.): Beck'sche Kurz-Kommentare, Umwandlungsgesetz, 5. Auflage, München 2021 (zitiert: Semler/Stengel/Leonard/*Bearbeiter*, UmwG)

Severini, Thomas A.: Introduction to Statistical Methods for Financial Models, Boca Raton, 2018 (zitiert: *Severini*, Introduction to Statistical Methods for Financial Models)

Seyhun, H. Nejat: Insiders' Profits, Costs of Trading, and Market Efficiency, Journal of Financial Economics, 1986, 16, 189–212 (zitiert: *Seyhun*, Journal of Financial Economics, 1986, 16, 189)

Sharpe, William F.: Capital Asset Prices: A Theory of Market Equilibrium under Conditions of Risk, The Journal of Finance, 1964, Vol. 19, No. 3, 425–442 (zitiert: *Sharpe*, Journal of Finance, 1964, Vol. 19, No. 3, 425)

Shefrin, Hersh M.: Beyond Greed and Fear: Understanding Behavioral Finance and the Psychology of Investing, Oxford 2002 (zitiert: *Shefrin*, Beyond Greed and Fear)

Shefrin, Hersh M.: Behavioral Corporate Finance: Concepts and Cases for Teaching Behavioral Finance, 2. Auflage, international student edition, New York 2018 (zitiert: *Shefrin*, Behavioral Corporate Finance)

Shefrin, Hersh M./*Statman*, Meir: Explaining Investors Preference for Cas Dividents, Journal of Financial Economics, 1984, Vol. 13, Iss. 2, 253–282 (zitiert: *Shefrin/Statman*, Journal of Financial Economics, 1984, Vol. 13, Iss. 2, 253)

Shefrin, Hersh M./*Statman*, Meir: The Disposition to Sell Winners Too Early and Ride Losers Too Long: Theory and Evidence, The Journal of Finance, 1985, Vol. 40, No. 3, 777–790 (zitiert: *Shefrin/Statman*, The Journal of Finance, 1985, Vol. 40, No. 3, 777)

Shifman, Limor: Memes in Digital Culture, Cambridge 2014, abrufbar unter: https://ieeexplore-1ieee-1org-1004af4qy0324.emedien3.sub.uni-hamburg.de/servlet/opac?bknumber=6658626, zuletzt abgerufen am 17. 8. 2024 (zitiert: *Shifman*, Memes in Digital Culture)

Shiller, Robert J.: Irrationaler Überschwang, aus dem Englischen von Egbert Neumüller, 3. Auflage, Kulmbach 2015 (zitiert: *Shiller*, Irrationaler Überschwang)

Shiller, Robert J.: From efficient Markets Theory to Behavioral Finance, Journal of Economic Perspectives, 2003, Vol. 17, No. 1, 83–104 (zitiert: *Shiller*, Journal of Economic Perspectives, 2003, Vol. 17, No. 1, 83)

Shiller, Robert J.: Do Stock Prices Move Too Much to be Justified by Subsequent Changes in Dividents? The American Economic Review, 1981, Vol. 71, No. 3, 421–436 (zitiert: *Shiller*, American Economic Review, 1981, Vol. 71, No. 3, 421)

Shiller, Robert J.: Human Behavior and the Efficiency of the Financial System, Cowles Foundation Discussion Paper No. 1172, New Haven 1998 (zitiert: *Shiller*, Human Behavior and the Efficiency of the Financial System, 1998)

Shiller, Robert J.: Speculative Prices and Popular Models, Journal of Economic Perspectives, 1990, Vol. 4, No. 2, 55–65 (zitiert: *Shiller*, Journal of Economic Perspectives, 1990, Vol. 4, No. 2, 55)

Shleifer, Andrei: Inefficient Markets: An introduction to Behavioral Finance, Oxford 2000 (zitiert: *Shleifer*, Inefficient Markets)

Shleifer, Andrei/*Summers*, Lawrence H.: Noise Trader Approach to Finance, Journal of Economic Perspectives, 1990, Vol. 4, No. 2, 19–33 (zitiert: *Shleifer/Summers*, Journal of Economic Perspectives, 1990, Vol. 4, No. 2, 19)

Siegel, Laurence B.: Black Swan or Black Turkey? The State of Economic Knowledge and the Crash of 2007–2009, Financial Analysts Journal, 2010, Vol. 66, Iss. 4, 6–10 (zitiert: *Siegel*, Financial Analysts Journal, 2010, Vol. 66, Iss. 4, 6)

Simon, Herbert A.: Models of Man: Social and Rational; Mathematical Essays on Rational Human Behavior in a Social Setting, 5. Auflage, New York 1967 (zitiert: *Simon*, Models of Man: Social and Rational)

Simon, Herbert A.: Rational Choice and the Structure of the Environment, Psychological Review, 1956, Vol. 63, No. 2, 129–138 (zitiert: *Simon*, Psychological Review, 1956, Vol. 63, No. 2, 129)

Simon, Herbert A.: Rationality, Bounded, 2018, (DOI: https://doi.org/10.1057/978-1-349-95189-5_472, zuletzt abgerufen am 17. 8. 2024), in The New Palgrave Dictionary of Economics, Living Edition, London 2020, (DOI: https://doi.org/10.1057/978-1-349-95121-5, zuletzt abgerufen am 17. 8. 2024) (zitiert: *Simon* (2018), Rationality, Bounded, in: The New Palgrave Dictionary of Economics)

Simon, Herbert A.: Satisficing, 2008, (DOI: https://doi.org/10.1057/978-1-349-95121-5_1767-2, zuletzt abgerufen am 17. 8. 2024), in The New Palgrave Dictionary of Economics, Living Edition, London 2020, (DOI: https://doi.org/10.1057/978-1-349-95121-5, zuletzt abgerufen am 17. 8. 2024) (zitiert: *Simon* (2008), Satisficing, in: The New Palgrave Dictionary of Economics)

Simon, Stefan/*Merkelbach*, Matthias: Gesellschaftsrechtliche Strukturmaßnahmen im Insolvenzplanverfahren nach dem ESUG, NZG 2012, 121–129 (zitiert: *Simon/Merkelbach*, NZG 2012, 121)

Sinewe, Patrick: Die Relevanz des Börsenkurses im Rahmen des § 255 II AktG, NZG 2002, 314–317 (zitiert: *Sinewe*, NZG 2002, 314)

Skauradszun, Dominik (Hrsg.)/*Fridgen*, Alexander (Hrsg.): Beck'scher Online-Kommentar StaRUG, 7. Edition, Stand: 01. 01. 2023, München 2023 (zitiert: BeckOK-StaRUG/*Bearbeiter*)

Smith, Adam: Der Wohlstand der Nationen, aus dem Englischen von Horst Claus Recktenwald, 11. Auflage, München 2005 (zitiert: *Smith*, Der Wohlstand der Nationen)

Solnik, Bruno H.: Note on the Validity of the Random Walk for the European Stock Prices, The Journal of Finance, 1973, Vol. 28, No. 5, 1151–1159 (zitiert: *Solnik*, Journal of Finance, 1973, Vol. 28, No. 5, 1151)

Sonnleitner, Wolfgang (Hrsg.)/*Witfeld*, Alexander (Hrsg.): Insolvenz- und Sanierungssteuerrecht, 2. Auflage, München 2022 (zitiert: Sonnleitner/Witfeld/*Bearbeiter*, Insolvenz- und Sanierungssteuerrecht)

Spremann, Klaus/*Gantenbein*, Pascal: Finanzmärkte, 5. Auflage, München 2019 (zitiert: *Spremann/Gantenbein*, Finanzmärkte)

Steck, Kai-Uwe: Das Gesellschaftsrecht des „kalten Delisting", AG 1998, 460–466 (zitiert: *Steck*, AG 1998, 460)

Stein, Philip: Fundamentalanalyse und Börsenkurs als Grundlage richterlicher Schätzung bei der Ermittlung aktienrechtlicher Barabfindungen, Hamburg 2014 (zitiert: *Stein*, Fundamentalanalyse und Börsenkurs)

Steinhauer, Carsten: Der Börsenpreis als Bewertungsgrundlage für den Abfindungsanspruch von Aktionären, AG 1999, 299–308 (zitiert: *Steinhauer*, AG 1999, 299)

Steinmeyer, Roland (Hrsg.): WpÜG Kommentar, 4. Auflage, Berlin 2019 (zitiert: Steinmeyer/*Bearbeiter*, WpÜG)

Stelmaszczyk, Peter: Der materielle Stakeholderschutz nach der neuen Umwandlungsrichtlinie, ZIP 2019, 2437–2447) (zitiert: *Stelmaszczyk*, ZIP 2019, 2437)

Stephan, Ekkehard/*Kiell*, Guido: Decision processes in professional investors: Does expertise moderate judgemental biases?, Zeitschrift für Arbeitswissenschaft (ZfA) 2017, 142–156 (zitiert: *Stepahn/Kiell*, ZfA 2017, 142)

Stilz, Eberhard: Die Anwendung der Business Judgement Rule auf die Feststellung des Unternehmenswerts bei Verschmelzungen, S. 423–439, in: Festschrift für Karl Peter Mailänder zum 70. Geburtstag am 23. Oktober 2006, Berlin 2006 (zitiert: *Stilz*, FS Mailänder (2006) S. 423)

Stilz, Eberhard: Unternehmensbewertung und angemessene Abfindung – Zur vorrangigen Maßgeblichkeit des Börsenkurses –, S. 529–544, in: Festschrift für Wulf Goette zum 65. Geburtstag, München 2011 (zitiert: *Stilz*, FS Goette (2011), S. 529)

Stilz, Eberhard: Börsenkurs und Verkehrswert, ZGR 2001, 875–900 (zitiert: *Stilz*, ZGR 2001, 875)

Stöber, Michael: Die Zukunft der Macroton-Regeln zum Delisting nach den jüngsten Entscheidungen des BVerfG und des BGH, BB 2014, 9–16 (zitiert: *Stöber*, BB 2014, 9)

Stracca, Livio: Behavioral finance and asset prices: Where do we stand?, Journal of Economic Psychology, 2004, Vol. 25, 373–405 (zitiert: *Stracca*, Journal of Economic Psychology, 2004, Vol. 25, 373)

Stürner, Rolf (Hrsg.)/*Eidenmüller*, Horst (Hrsg.)/*Schoppmeyer*, Heinrich (Hrsg.): Münchener Kommentar zur Insolvenzordnung, 4. Auflage, München 2019 (zitiert: MüKo-InsO/*Bearbeiter*)

Süßmann, Rainer: Die Unwiderleglichkeit der Abfindungshöhe beim übernahmerechtlichen Squeeze-out, NZG 2009, 980–982 (zitiert: *Süßmann*, NZG 2009, 980)

Sustmann, Marco/*Retsch*, Alexander/*Gerding*, Martin: Kapitalmarktrechtliche Pflichten und Haftungsrisiken im Zusammenhang mit der ESG-Berichterstattung, AG 2022, 602–611 (zitiert: *Sustmann/Retsch/Gerding*, AG 2022, 602)

Suter, Renata/*Pachur*, Thorsten/*Hertwig*, Ralph: How does Prospect Theory Reflect Heuristics' Probability Sensitivity in Risky Choice?, Proceedings of the Annual Meeting of the Cognitive Science Society, 2013, Vol. 35, 1408–1413 (zitiert: *Suter/Pachur/Hertwig*, Proceedings of the Annual Meeting of the Cognitive Science Society, 2013, Vol. 35, 1408)

Szyszka, Adam: Behavioral Finance and Capital Markets, 1. Auflage, New York 2013 (zitiert: *Szyszka*, Behavioral Finance and Capital Markets)

Taleb, Nassim Nicholas: Der schwarze Schwan: Die Macht höchst unwahrscheinlicher Ereignisse, aus dem Englischen von Ingrid Proß-Gill, Pantheon-Ausgabe, 1. Auflage, München 2018 (zitiert: *Taleb*, Der Schwarze Schwan)

Teigelack, Lars: Finanzanalysen und Behavioral Finance, 1. Auflage, Baden-Baden 2009 (zitiert: *Teigelack*, Finanzanalysen und Behavioral Finance)

Thaler, Richard H. (Hrsg.): Advances in Behavioral Finance, Volume I, New York 1993 (zitiert: Thaler/*Bearbeiter*, Advances in Behavioral Finance Vol. I)

Thaler, Richard H. (Hrsg.): Advances in Behavioral Finance, Volume II, New York 2005 (zitiert: Thaler/*Bearbeiter*, Advances in Behavioral Finance Vol. II)

Thaler, Richard H.: Anomalies: The January-Effect, Economic Perspectives, 1987, Vol. 1, No. 1, 197–201 (zitiert: *Thaler*, Economic Perspectives, 1987, Vol. 1, No. 1, 197)

Thaler, Richard H.: Anomalies: Seasonal Movements in Security Prices II: Weekend, Holiday, Turn of the Month and Intraday Effects, Economic Perspectives, 1987, Vol. 1, No. 1, 169–177 (zitiert: *Thaler*, Economic Perspectives, 1987, Vol. 1, No. 1, 169)

Thaler, Richard H.: Mental Accounting and Cosumer Choice, Marketing Science, 1985, Vol. 4, No. 3, 199–214 (zitiert: *Thaler*, Marketing Science, 1985, Vol. 4, No. 3, 199)

Thaler, Richard H.: Mental Accounting Matters, Journal of Behavioral Decision Making, 1999, Vol. 12, 183–206 (zitiert: *Thaler*, Journal of Behavioral Decision Making, 1999, Vol. 12, 183)

Thaler, Richard H.: Toward a positive theory of consumer choice, Journal of Economic Behavior and Organization, 1980, Vol. 1, 39–60 (zitiert: *Thaler*, Journal of Economic Behavior and Organization, 1980, Vol. 1, 39)

Thaler, Richard H./*Johnson*, Eric J.: Gambling with the House Money and Trying to Break Even: The Effects of Prior Outcomes on Risky Choice, Management Science, 1990, Vol. 36, No. 6, 643–660 (zitiert: *Thaler/Johnson*, Management Science, 1990, Vol. 36, No. 6, 643)

Thaler, Richard H./*Tversky*, Amos/*Kahneman*, Daniel/*Schwartz*, Alan: The Effect of Myopia and Loss Aversion on Risk Taking: An Experimental Test, Quarterly Journal of Economics, 1997, 647–661 (zitiert: *Thaler/Tversky/Kahneman/Schwartz*, Quarterly Journal of Economics, 1997, 647)

Thees, Alexander/*Grimmer*, Dennis: Auswirkungen des neuen Coronavirus auf die Unternehmensbewertung, BB 2020, 1259–1261 (zitiert: *Thees/Grimmer*, BB 2020, 1259)

Thoma, Georg F. (Hrsg.)/*Baums*, Theodor (Hrsg.): Kommentar zum Wertpapiererwerbs- und Übernahmegesetz, Köln 13. Lieferung, 12.2020 (zitiert: Baums/Thoma/Verse/*Bearbeiter*, WpÜG)

Thomas, Michael Daniel: Die Volatilität der Finanzmärkte, Hamburg 2008 (zitiert: *Thomas*, Die Volatilität der Finanzmärkte)

Tobin, James: On the Efficiency of the Financial System, Lloyds Bank Review, 1984, Vol. 153, 1–15 (zitiert: *Tobin*, Lloyds Bank Review, 1984, Vol. 153, 1)

Toll, Christian/*Leonhardt*, Tobias: Der Kalkulationszinsfuß in der Unternehmensbewertungspraxis – Möglichkeiten und Grenzen von Ermessensentscheidungen, ZBB 2019, 195–216 (zitiert: *Toll/Leonhardt*, ZBB 2019, 195)

Tomer, John F.: Brain Physiology, Egoistic and Empathic Motivation, and Brain Plasticity: Toward a More Human Economics, World Economic Review, 2012, Vol. 1, 76–90 (zitiert: *Tomer*, World Economic Review, 2012, Vol. 1, 76)

Tonner, Martin: Die Maßgeblichkeit des Börsenkurses bei der Bewertung des Anteilseigentums – Konsequenzen aus der Rechtsprechung des Bundesverfassungsgerichts, S. 1581–1602, in: Festschrift für Karsten Schmidt zum 70. Geburtstag, Köln 2009 (zitiert: *Tonner*, FS Schmidt (2009), S. 1581)

Tuckett, David/*Taffler*, Richard: Phantastic objects and the financial market's sense of reality: A psychoanalytic contribution to the understanding of stock market instability, The International Journal of Psychoanalysis, 2008, Vol. 89, 389–412 (zitiert: *Tuckett/Taffler*, International Journal of Psychoanalysis, 2008, Vol. 89, 389)

Tversky, Amos/*Kahneman*, Daniel: Advances in Prospect Theory: Cumulative Representation of Uncertainty, Journal of Risk and Uncertainty, 1992, Vol. 5, 297–323 (zitiert: *Tversky/ Kahneman*, Journal of Risk and Uncertainty, 1992, Vol. 5, 297)

Tversky, Amos/*Kahneman*, Daniel: Availability: A Heuristic for Judging Frequency and Probability, Cognitive Psycology, 1973, Vol. 5, Iss. 2, 207–232 (zitiert: *Tversky/Kahneman*, Cognitive Psychology, 1973, Vol. 5, Iss. 2, 207)

Tversky, Amos/*Kahneman*, Daniel: Extensional Versus Intuitive Reasoning: The Conjunction Fallacy in Probability Judgment, Psychological Review, 1983, Vol. 90, No. 4, 293–315 (zitiert: *Tversky/Kahneman*, Psychological Review, 1983, Vol. 90, No. 4, 293)

Tversky, Amos/*Kahneman*, Daniel: Judgment under Uncertainty: Heuristics and Biases, Science, 1974, Vol. 185, 1124–1131 (zitiert: *Tversky/Kahneman*, Science, 1974, Vol. 185, 1124)

Tversky, Amos/*Kahneman*, Daniel: Loss Aversion in Riskless Choice: A Refrerence-Dependent Model, Quarterly Journal of Economics, 1991, 1039–1061 (zitiert: *Tversky/Kahneman*, Quarterly Journal of Economics, 1991, 1039)

Tversky, Amos/*Kahneman*, Daniel: Rational Choice and the Framing of Decisions, The Journal of Business, 1986, Vol. 59, No. 4, Pt. 2, 251–278 (zitiert: *Tversky/Kahneman*, Journal of Business, 1986, Vol. 59, No. 4, Pt. 2, 251)

Tversky, Amos/*Kahneman*, Daniel: The Framing of Decisions and the Psychology of Choice, Science, 1981, Vol. 211, 453–458 (zitiert: *Tversky/Kahneman*, Science, 1981, Vol. 211, 453)

Tyrolt, Jochen/*Bingel*, Adrian: Short Selling – Neue Vorschriften zur Regulierung von Leerverkäufen, BB 2010, 1419–1426 (zitiert: *Tyrolt/Bingel*, BB 2010, 1419)

US Securities and Exchange Commission (SEC): Staff Report on Equity an Options Market Structure Conditions in Early 2021, 14.10.2021, abrufbar unter: https://www.sec.gov/files/staff-report-equity-options-market-struction-conditions-early-2021.pdf, zuletzt abgerufen am 18.8.2024 (zitiert: *SEC*, Staff Report on Equity an Options Market Structure Conditions in Early 2021, 14.10.2021)

Vaupel, Christoph F./*Oppenauer*, Li Alena: Zur Strafbarkeit eines unterlassenen, verspäteten oder verfrühten Aufschubs von der Ad-hoc-Veröffentlichungspflicht, AG 2019, 502–515 (zitiert: *Vaupel/Oppenauer*, AG 2019, 502)

Veil, Rüdiger/*Baumann*, Cornelius: Informationsasymmetrien bei der Restrukturierung nach dem StaRUG, ZIP 2022, 1301–1311 (zitiert: *Veil/Baumann*, ZIP 2022, 1301)

Veil, Rüdiger/*Templer*, Lena: GameStop, Reddit und die Hedgefonds – Betrachtungen aus der Perspektive des europäischen Kapitalmarktrechts, ZIP 2021, 981–989 (zitiert: *Veil/Templer*, ZIP 2021, 981)

Verse, Dirk A.: Aktionärsschutz beim Delisting, S. 1317–1339, in: Festschrift für Theodor Baums zum siebzigsten Geburtstag Band II, Tübingen 2017 (zitiert: *Verse*, FS Baums (2017), S. 1317)

Verse, Dirk A.: Wertverwässerungsschutz bei Sachkapitalerhöhungen nach dem Zukunftsfinanzierungsgesetz, AG 2024, 297–309 (zitiert: *Verse*, AG 2024, 297)

Vetter, Eberhard: Bemessung von Abfindung und Ausgleich, Anmerkung zu BVerfG, Beschl. v. 27.04.1999 – 1 BvR 1613/94, AG 1999, 566–572 (zitiert: *Vetter*, AG 1999, 566)

Vetter, Eberhard: Börsenkurs und Unternehmensbewertung, Anmerkung zum Beschluss des BGH vom 12.3.2001, DB 2001 S. 969 – (DAT/Altana), DB 2001, 1347–1353 (zitiert: *Vetter*, DB 2001, 1347)

Vettinger, Thomas/*Hirzel*, Christian: Herausforderungen bei der Bestimmung der Kapitalkosten in Einklang mit IFRS 3, IAS 38 und IAS 36, IRZ 2010, 387–392 (zitiert: *Vettiger/Hirzel*, IRZ 2010, 387)

Virigineni, Mydhili/*Rao*, M. Bhaskara: Contemporary Developments in Behavioral Finance, International Journal of Economics and Financial Issues, 2017, Vol. 7, Iss. 1, 448–459 (zitiert: *Virigineni/Rao*, International Journal of Economics and Financial Issues, 2017, Vol. 7, Iss. 1, 448)

Vollmar, Jens: Spin-offs, Diversifikation und Shareholder Value, Wiesbaden 2014 (zitiert: *Vollmar*, Spin-offs, Diversifikation und Shareholder Value)

Vollmer, Robert: Rechnungslegung auf informationseffizienten Kapitalmärkten, 1. Auflage, Wiesbaden 2008 (zitiert: *Vollmer*, Rechnungslegung auf informationseffizienten Kapitalmärkten)

Vollmerhausen, Marcel: Das Verbot der Marktmanipulation am Beispiel von aktivistischen Leerverkäufern, Baden-Baden 2022 (zitiert: *Vollmerhausen*, Das Verbot der Marktmanipulation am Beispiel von aktivistischen Leerverkäufern)

Voß, Thorsten: Leerverkäufe, S. 715–756, in: Festschrift 25 Jahre WpHG, Berlin 2019 (zitiert: *Voß*, FS 25 Jahre WpHG (2019), S. 715)

Wachter, Thomas (Hrsg.): AktG Kommentar, 4. Auflage, Köln 2022 (zitiert: Wachter/*Bearbeiter*, AktG)

Wackerbarth, Ulrich: Das neue Delisting-Angebot nach § 39 BörsG oder: Hat der Gesetzgeber hier wirklich gut nachgedacht?, WM 2016, 385–388 (zitiert: *Wackerbarth*, WM 2016, 385)

Wang, Mei/*Fischbeck*, Paul S.: Incorporating Framing into Prospect Theory Modeling: A Mixture-Model Approach, The Journal of Risk and Uncertainty, 2004, Vol. 29, Iss. 2, 181–197 (zitiert: *Wang/Fischbeck*, Journal of Risk and Uncertainty, 2004, Vol. 29, Iss. 2, 181)

Wardenbach, Frank: „Stollwerck"-Grundsätze zum Referenzzeitraum für den Börsenwert gelten bei allen aktienrechtlichen Barabfindungsfällen einschließlich Delisting, GWR 2011, 332 (zitiert: *Wardenbach*, GWR 2011, 332)

Waschkowski, Boris: Insiderhandel nach der Marktmissbrauchsverordnung, Berlin 2019 (zitiert: *Waschkowski*, Insiderhandel nach der Marktmissbrauchsverordnung)

Wasmann, Dirk: Bewegung im Börsenkurs: Kippt die ‚Dreimonats'-Rechtsprechung?, BB 2007, 680–682 (zitiert: *Wasmann*, BB 2007, 680)

Wasmann, Dirk: Endlich Neuigkeiten zum Börsenkurs – Besprechung der Stollwerck-Entscheidung des BGH –, ZGR 2011, 83–103 (zitiert: *Wasmann*, ZGR 2011, 83)

Wasmann, Dirk: Kommentar: Neuere Rechtsprechung zur Kompensation bei Strukturmaßnahmen und Gesetzesvorhaben sind sich einig: Es ist der Börsenkurs!, AG 2023, 810–813 (zitiert: *Wasmann*, AG 2023, 810)

Wasmann, Dirk: Zur Evaluation des Spruchverfahrens: Kein Abschaffungs- und überschaubarer Änderungsbedarf – Die Richter können es richten, AG 2021, 179–193 (zitiert: *Wasmann*, AG 2021, 179)

Wasmann, Dirk/*Glock*, Jana: Die FRoSTA-Entscheidung des BGH – Das Ende der Macroton-Grundsätze zum Delisting, DB 2014, 105–109 (zitiert: *Wasmann/Glock*, DB 2014, 105)

Weber, Martin: Börsenkursbestimmung aus ökonomischer Perspektive, ZGR 2004, 280–300 (zitiert: *Weber*, ZGR 2004, 280)

Weber, Martin: Die Entwicklung des Kapitalmarktrechts im Jahre 2007, NJW 2007, 3688–3696 (zitiert: *Weber*, NJW 2007, 3688)

Weber, Martin: Einfach genial investieren, Frankfurt am Main 2007 (zitiert: Weber/*Bearbeiter*, Genial einfach investieren)

Weber, Martin/*Camerer*, Colin F.: The disposition effect in securities trading: an experimental analysis, Journal of Economic Behavior & Organization, 1998, Vol. 33, 167–184 (zitiert: *Weber/Camerer*, Journal of Economic Behavior & Organization, 1998, Vol. 33, 167)

Weimann, Martin: Empirische Daten zu Ertragswert und Börsenwert, AG Report, AG 2020, R156-R158 (zitiert: *Weimann*, AG 2020, R156)

Weimann, Martin: Empirische Erkenntnisse zum Ertragswert/DCF-Wert und Börsenkurs, WPg 2021, 530–535 (zitiert: *Weimann*, WPg 2021, 530)

Weimann, Martin: Ertragswert und Börsenwert, Berlin 2020 (zitiert: *Weimann*, Ertragswert und Börsenwert)

Weimann, Martin: Innerer Wert: Ertragswert und Börsenwert, Fortschreibung von „Spruchverfahren nach Squeeze-out, Berlin, 2015", Berlin 2020, abrufbar unter: http://www.vzfk.de/fortschreibung-31-maerz-2020/, zuletzt abgerufen am 18. 8. 2024 (zitiert: *Weimann*, Innerer Wert: Ertragswert und Börsenwert, 2020)

Weimann, Martin: Spruchverfahren nach Squeeze-Out, Berlin 2015 (zitiert: *Weimann*, Spruchverfahren nach Squeeze-Out)

Widmann, Siegfried (Hrsg.)/*Mayer*, Dieter (Hrsg.): Umwandlungsrecht, Kommentar, 213. Ergänzungslieferung, Juli 2024, Bonn 2024 (zitiert: Widmann/Mayer/*Bearbeiter*, Umwandlungsrecht)

Wiest, Gerald: Neural and mental hierachies, Frontiers in Psychology, 2012, Vol. 3, Art. 516 (zitiert: *Wiest*, Frontiers in Psychology, 2012, Vol. 3, Art. 516)

Wilhelm, Jan: Kapitalgesellschaftsrecht, 5. Auflage, Berlin 2020 (zitiert: *Wilhelm*, Kapitalgesellschaftsrecht)

Wilken, Oliver: Börsenkurs grundsätzliche Untergrenze für die Abfindung ausscheidender Aktionäre („DAT/Altana"), ZIP 1999, 1436–1444 (zitiert: *Wilken*, ZIP 1999, 1436)

Wilken, Oliver/*Bertus*, Jana: Professionelle Leerverkaufsattacken – rechtliche Grundlagen und Grenzen, BB 2019, 2754–2760 (zitiert: *Wilken/Bertus*, BB 2019, 2754)

Wilm, Daniel: Abfindung zum Börsenkurs – Konsequenzen aus der Entscheidung des BVerfG, NZG 2000, 234–240 (zitiert: *Wilm*, NZG 2000, 234)

Wilm, Daniel: Nochmals: Abfindung zum Börsenkurs – Kommentar zu OLG Düsseldorf, NZG 2000, 1075, NZG 2000, 1070–1073 (zitiert: *Wilm*, NZG 2000, 1070)

Winner, Martin: Wert und Preis im Zivilrecht, Wien 2008 (zitiert: *Winner*, Wert und Preis im Zivilrecht)

Winter, Michael: Keine Berücksichtigung einer Abfindungsoption aus zwischenzeitlich beendetem Beherrschungs- und Gewinnabführungsvertrag bei Barabfindung nach Squeeze-out („Siemens/DUEWAG"), EWiR 2006, 737–738 (zitiert: *Winter*, EWiR 2006, 737)

Winter, Michael/*Nießen*, Tobias: Amtsermittlung und Beibringung im Spruchverfahren, NZG 2007, 13–17 (zitiert: *Winter/Nießen*, NZG 2007, 13)

Wollny, Christoph: Die Desinvestitionsmöglichkeit des Aktionärs im Squeeze-out, DStR 2015, 2682–2686 (zitiert: *Wollny*, DStR 2015, 2682)

Wollny, Christoph: Der Bewertungsstichtag für Unternehmenswerte bei aktienrechtlichen Abfindungen, M&A-Transaktionen und Schadensersatz, DStR 2017, 949–955 (zitiert: *Wollny*, DStR 2017, 949)

Yildirim, Ebru: Die Neuregelung des Delisting im deutschen Börsengesetz, TFM 2018, 111–129 (zitiert: *Yildirim*, TFM 2018, 111)

Young, Nicara/*Auret*, Christo: Liquidity and the convergence to market efficiency, Investment Analysts Journal, 2018, Vol. 47, No. 3, 209–228 (zitiert: *Young/Auret*, Investment Analysts Journal, 2018, Vol. 47, No. 3, 209)

Zeeck, Sebastian/*Reichard*, Michael: Der Referenzzeitraum für die Bestimmung des Börsenwerts eines Unternehmens bei Strukturmaßnahmen, AG 2010, 699–707 (zitiert: *Zeeck/Reichard*, AG 2010, 699)

Zeelenberg, Marcel/*Beattie*, Jane/*Pligt*, Joop van der/*Vries*, Nanne K. de: Consequences of Regret Aversion: Effects of Expected Feedback on Risky Decision Making, Behavior and Human Decision Processes, 1996, Vol. 65, No. 2, 148–158 (zitiert: *Zeelenberg/Beattie/van der Pligt/de Vries*, Organizational Behavior and Human Decision Processes, 1996, Vol. 65, No. 2, 148)

Zhang, Dayong/*Hu*, Min/*Ji*, Qiang: Financial markets under the global pandemic of COVID-19, Finance Research Letters, 2020, 36, 101528 (zitiert: *Zhang/Hu/Ji*, Finance Research Letters, 2020, 36, 101528)

Ziemons, Hildegard (Hrsg.)/*Binnewies*, Burkhard (Hrsg.): Handbuch Aktiengesellschaft, Werkstand: 94. Lieferung, 4/2024, Köln 2024 (zitiert: Ziemons/Binnewies/*Bearbeiter*, HdB-AG)

Zimmer, Daniel: Vom Informationsmodell zu Behavioral Finance: Brauchen wir „Ampeln“ oder Produktverbote für Finanzanlagen?, JZ 2014, 714–721 (zitiert: *Zimmer*, JZ 2014, 714)

Zimmer, Lutz/*Imhoff*, Julian von: Die Neuregelung des Delisting in § 39 BörsG, NZG 2016, 1056–1062 (zitiert: *Zimmer/von Imhoff*, NZG 2016, 1056)

Ziouvas, Dimitri: Das neue Recht gegen Kurs- und Marktpreismanipulation im 4. Finanzmarktförderungsgesetz, ZGR 2003, 113–146 (zitiert: *Ziouvas*, ZGR 2003, 113)

Zöllner, Wolfgang: Aktienrechtsreform in Permanenz – Was wird aus den Rechten des Aktionärs?, AG 1994, 336–342 (zitiert: *Zöllner*, AG 1994, 336)

Zöllner, Wolfgang: Gerechtigkeit bei der Kapitalerhöhung, AG 2002, 585–592 (zitiert: *Zöllner*, AG 2002, 585)

Zöllner, Wolfgang (Hrsg.)/*Noack*, Ulrich (Hrsg.): Kölner Kommentar zum Aktiengesetz, Band 6, 3. Auflage, Köln 2004 (zitiert: KK-AktG/*Bearbeiter*)

Zwirner, Christian/*Zimny*, Gregor: Unternehmensbewertung unter Rückgriff auf Börsenkurse – geeignete Methode für den Mittelstand?, BB 2018, 1387–1391 (zitiert: *Zwirner/Zimny*, BB 2018, 1387–1391)

Sachverzeichnis

Arno Dieckmann

Schadensersatz bei Unternehmenskäufen

Die Arbeit beleuchtet die Haftung und Schadensersatzberechnung bei Unternehmenskäufen aufgrund privatautonomer Garantievereinbarungen, der gesetzlichen Kaufgewährleistung sowie vorvertraglicher Aufklärungspflichtverletzungen (culpa in contrahendo). Die Haftung wegen Verletzung der – bei Unternehmenskäufen zentralen – Bilanzgarantien führt zum Ersatz des Minderwerts des Unternehmens. Die Normen und Grundsätze des Schadensersatzrechts (§§ 249 ff. BGB) geben vor, welche Methoden der Unternehmensbewertung zur Berechnung dieses Unternehmenswertschaden herangezogen werden können. Je nach Art der betroffenen Vermögensposition einer Bilanz fällt die Schadensberechnung in Abhängigkeit des jeweiligen Wertes für das Unternehmen individuell unterschiedlich aus. Die Arbeit zeigt in Bezug auf die verschiedenen Bilanzpositionen (z.B. nicht betriebsnotwendiges Vermögen, betriebsnotwendiges Vermögen wie Sachanlagen, Finanzanlagen, Forderungen oder immaterielle Vermögensgüter sowie Passiva wie Verbindlichkeiten oder Rückstellungen) auf, wie der Schaden jeweils zu bestimmen ist.

Schriften zum Wirtschaftsrecht, Band 363
2 Abb., 397 Seiten, 2025
ISBN 978-3-428-18554-2, € 99,90
Titel auch als E-Book erhältlich.

Duncker & Humblot · Berlin